ESTATUTO DA CRIANÇA E DO ADOLESCENTE
COMENTADO

O GEN | Grupo Editorial Nacional – maior plataforma editorial brasileira no segmento científico, técnico e profissional – publica conteúdos nas áreas de concursos, ciências jurídicas, humanas, exatas, da saúde e sociais aplicadas, além de prover serviços direcionados à educação continuada.

As editoras que integram o GEN, das mais respeitadas no mercado editorial, construíram catálogos inigualáveis, com obras decisivas para a formação acadêmica e o aperfeiçoamento de várias gerações de profissionais e estudantes, tendo se tornado sinônimo de qualidade e seriedade.

A missão do GEN e dos núcleos de conteúdo que o compõem é prover a melhor informação científica e distribuí-la de maneira flexível e conveniente, a preços justos, gerando benefícios e servindo a autores, docentes, livreiros, funcionários, colaboradores e acionistas.

Nosso comportamento ético incondicional e nossa responsabilidade social e ambiental são reforçados pela natureza educacional de nossa atividade e dão sustentabilidade ao crescimento contínuo e à rentabilidade do grupo.

GUILHERME DE SOUZA NUCCI

ESTATUTO DA CRIANÇA E DO ADOLESCENTE COMENTADO

6ª edição revista, atualizada e reformulada

■ O autor deste livro e a editora empenharam seus melhores esforços para assegurar que as informações e os procedimentos apresentados no texto estejam em acordo com os padrões aceitos à época da publicação, e todos os dados foram atualizados pelo autor até a data de fechamento do livro. Entretanto, tendo em conta a evolução das ciências, as atualizações legislativas, as mudanças regulamentares governamentais e o constante fluxo de novas informações sobre os temas que constam do livro, recomendamos enfaticamente que os leitores consultem sempre outras fontes fidedignas, de modo a se certificarem de que as informações contidas no texto estão corretas e de que não houve alterações nas recomendações ou na legislação regulamentadora.

■ Fechamento desta edição: *11.10.2024*

■ O autor e a editora se empenharam para citar adequadamente e dar o devido crédito a todos os detentores de direitos autorais de qualquer material utilizado neste livro, dispondo-se a possíveis acertos posteriores caso, inadvertida e involuntariamente, a identificação de algum deles tenha sido omitida.

■ **Atendimento ao cliente: (11) 5080-0751 | faleconosco@grupogen.com.br**

■ Direitos exclusivos para a língua portuguesa
Copyright © 2025 by
Editora Forense Ltda.
Uma editora integrante do GEN | Grupo Editorial Nacional
Travessa do Ouvidor, 11 – Térreo e 6º andar
Rio de Janeiro – RJ – 20040-040
www.grupogen.com.br

■ Reservados todos os direitos. É proibida a duplicação ou reprodução deste volume, no todo ou em parte, em quaisquer formas ou por quaisquer meios (eletrônico, mecânico, gravação, fotocópia, distribuição pela Internet ou outros), sem permissão, por escrito, da Editora Forense Ltda.

■ Capa: Fabricio Vale

CIP-BRASIL. CATALOGAÇÃO NA PUBLICAÇÃO
SINDICATO NACIONAL DOS EDITORES DE LIVROS, RJ

N876
6. ed.

    Nucci, Guilherme de Souza
    Estatuto da criança e do adolescente comentado / Guilherme de Souza Nucci. - 6. ed., rev. e atual. - Rio de Janeiro : Forense, 2025.
    840 p. ; 24 cm.

    Inclui bibliografia
    Índice alfabético-remissivo
    ISBN 978-85-3099-550-8

    1. Brasil. [Estatuto da criança e do adolescente (1990)]. 2. Menores - Estatuto legal, leis, etc. - Brasil. 3. Direito das crianças - Brasil. 4. Direito dos adolescentes - Brasil. I. Título.

24-93986   CDU: 347.157(81)(094)

Meri Gleice Rodrigues de Souza - Bibliotecária - CRB-7/6439

Sobre o Autor

Livre-docente em Direito Penal, Doutor e Mestre em Direito Processual Penal pela PUC-SP.

Professor Associado da PUC-SP, atuando nos cursos de Graduação e Pós-graduação (Mestrado e Doutorado).

Desembargador na Seção Criminal do Tribunal de Justiça de São Paulo.

www.guilhermenucci.com.br

Índice Geral

Índice Sistemático do Estatuto da Criança e do Adolescente IX

Índice Sistemático da Lei 12.594, de 18 de janeiro de 2012 – Sinase e Execução das Medidas Socioeducativas XIII

Estatuto da criança e do adolescente – Lei 8.069, de 13 de julho de 1990 1

Sinase e execução das medidas socioeducativas – Lei 12.594, de 18 de janeiro de 2012 729

Referências bibliográficas 803

Índice alfabético-remissivo 815

Obras do autor 825

Índice Sistemático
do Estatuto da Criança e do Adolescente

ESTATUTO DA CRIANÇA E DO ADOLESCENTE
Lei 8.069, de 13 de Julho de 1990

Livro I
Parte Geral

TÍTULO I – DAS DISPOSIÇÕES PRELIMINARES	3
Arts. 1º a 6º	4
TÍTULO II – DOS DIREITOS FUNDAMENTAIS	25
Capítulo I – Do Direito à Vida e à Saúde (arts. 7º a 14)	25
Capítulo II – Do Direito à Liberdade, ao Respeito e à Dignidade (arts. 15 a 18-B)	41
Capítulo III – Do Direito à Convivência Familiar e Comunitária (arts. 19 a 52-D)	52
Seção I – Disposições Gerais (arts. 19 a 24)	52
Seção II – Da Família Natural (arts. 25 a 27)	83
Seção III – Da Família Substituta (arts. 28 a 52-D)	87
Subseção I – Disposições Gerais (arts. 28 a 32)	87
Subseção II – Da Guarda (arts. 33 a 35)	97
Subseção III – Da Tutela (arts. 36 a 38)	110
Subseção IV – Da Adoção (arts. 39 a 52-D)	113
Capítulo IV – Do Direito à Educação, à Cultura, ao Esporte e ao Lazer (arts. 53 a 59)	196
Capítulo V – Do Direito à Profissionalização e à Proteção no Trabalho (arts. 60 a 69)	214

TÍTULO III – DA PREVENÇÃO 221

Capítulo I – Disposições Gerais (arts. 70 a 73) 221

Capítulo II – Da Prevenção Especial 226

Seção I – Da Informação, Cultura, Lazer, Esportes, Diversões e Espetáculos (arts. 74 a 80) 226

Seção II – Dos Produtos e Serviços (arts. 81 e 82) 238

Seção III – Da Autorização para Viajar (arts. 83 a 85) 240

LIVRO II
PARTE ESPECIAL

TÍTULO I – DA POLÍTICA DE ATENDIMENTO 245

Capítulo I – Disposições Gerais (arts. 86 a 89) 245

Capítulo II – Das Entidades de Atendimento (arts. 90 a 97) 253

Seção I – Disposições Gerais (arts. 90 a 94-A) 253

Seção II – Da Fiscalização das Entidades (arts. 95 a 97) 276

TÍTULO II – DAS MEDIDAS DE PROTEÇÃO 283

Capítulo I – Disposições Gerais (art. 98) 283

Capítulo II – Das Medidas Específicas de Proteção (arts. 99 a 102) 292

TÍTULO III – DA PRÁTICA DE ATO INFRACIONAL 329

Capítulo I – Disposições Gerais (arts. 103 a 105) 332

Capítulo II – Dos Direitos Individuais (arts. 106 a 109) 346

Capítulo III – Das Garantias Processuais (arts. 110 e 111) 352

Capítulo IV – Das Medidas Socioeducativas (arts. 112 a 125) 356

Seção I – Disposições Gerais (arts. 112 a 114) 357

Seção II – Da Advertência (art. 115) 375

Seção III – Da Obrigação de Reparar o Dano (art. 116) 376

Seção IV – Da Prestação de Serviços à Comunidade (art. 117) 377

Seção V – Da Liberdade Assistida (arts. 118 e 119) 379

Seção VI – Do Regime de Semiliberdade (art. 120) 382

Seção VII – Da Internação (arts. 121 a 125) 386

Capítulo V – Da Remissão (arts. 126 a 128) 412

TÍTULO IV – DAS MEDIDAS PERTINENTES AOS PAIS OU RESPONSÁVEL 423

Arts. 129 e 130 423

TÍTULO V – DO CONSELHO TUTELAR 431

Capítulo I – Disposições Gerais (arts. 131 a 135) 431

Capítulo II – Das Atribuições do Conselho (arts. 136 e 137) 442

Capítulo III – Da Competência (art. 138) 450

Capítulo IV – Da Escolha dos Conselheiros (art. 139)... 451

Capítulo V – Dos Impedimentos (art. 140) 453

TÍTULO VI – DO ACESSO À JUSTIÇA.. 455

Capítulo I – Disposições Gerais (arts. 141 a 144)... 455

Capítulo II – Da Justiça da Infância e da Juventude (arts. 145 a 151) 461

Seção I – Disposições Gerais (art. 145).. 461

Seção II – Do Juiz (arts. 146 a 149) 462

Seção III – Dos Serviços Auxiliares (arts. 150 e 151) 481

Capítulo III – Dos procedimentos (arts. 152 a 197-F) 484

Seção I – Disposições Gerais (arts. 152 a 154)... 484

Seção II – Da Perda e da Suspensão do Poder Familiar (arts. 155 a 163)...................... 489

Seção III – Da Destituição da Tutela (art. 164)... 507

Seção IV – Da Colocação em Família Substituta (arts. 165 a 170)................................... 508

Seção V – Da Apuração de Ato Infracional Atribuído a Adolescente (arts. 171 a 190)........ 517

Seção V-A – Da Infiltração de Agentes de Polícia para a Investigação de Crimes contra
a Dignidade Sexual de Criança e de Adolescente (arts. 190-A a 190-E) 562

Seção VI – Da Apuração de Irregularidades em Entidade de Atendimento (arts. 191 a
193)... 566

Seção VII – Da Apuração de Infração Administrativa às Normas de Proteção à Criança e
ao Adolescente (arts. 194 a 197)... 568

Seção VIII – Da Habilitação de Pretendentes à Adoção (arts. 197-A a 197-F)............... 573

Capítulo IV – Dos Recursos (arts. 198 a 199-E)... 595

Capítulo V – Do Ministério Público (arts. 200 a 205) 600

Capítulo VI – Do Advogado (arts. 206 e 207) 610

Capítulo VII – Da Proteção Judicial dos Interesses Individuais, Difusos e Coletivos (arts.
208 a 224)... 614

TÍTULO VII – DOS CRIMES E DAS INFRAÇÕES ADMINISTRATIVAS 629

Capítulo I – Dos crimes (arts. 225 a 244-B).. 629

Seção I – Disposições Gerais (arts. 225 a 227-A) 629

Seção II – Dos Crimes em Espécie (arts. 228 a 244-C) 632

Capítulo II – Das Infrações Administrativas (arts. 245 a 258-C)... 692

DISPOSIÇÕES FINAIS E TRANSITÓRIAS.. 723

Arts. 259 a 267 723

Índice Sistemático da Lei 12.594, de 18 de janeiro de 2012 Sinase e Execução das Medidas Socioeducativas

TÍTULO I – DO SISTEMA NACIONAL DE ATENDIMENTO SOCIOEDUCATIVO (SINASE) 731

Capítulo I – Disposições Gerais (arts. 1º e 2º) 731

Capítulo II – Das Competências (arts. 3º a 6º) 734

Capítulo III – Dos Planos de Atendimento Socioeducativo (arts. 7º e 8º) 738

Capítulo IV – Dos Programas de Atendimento (arts. 9º a 17) 738

Seção I – Disposições Gerais (arts. 9º a 12) 738

Seção II – Dos Programas de Meio Aberto (arts. 13 e 14) 740

Seção III – Dos Programas de Privação da Liberdade (arts. 15 a 17) 742

Capítulo V – Da Avaliação e Acompanhamento da Gestão do Atendimento Socioeducativo
(arts. 18 a 27) 744

Capítulo VI – Da Responsabilização dos Gestores, Operadores e Entidades de Atendimento
(arts. 28 a 29) 747

Capítulo VII – Do Financiamento e das Prioridades (arts. 30 a 34) 747

TÍTULO II – DA EXECUÇÃO DAS MEDIDAS SOCIOEDUCATIVAS 751

Capítulo I – Disposições Gerais (art. 35) 751

Capítulo II – Dos Procedimentos (arts. 36 a 48) 756

Capítulo III – Dos Direitos Individuais (arts. 49 a 51) 776

Capítulo IV – Do Plano Individual de Atendimento (PIA) (arts. 52 a 59) 780

Capítulo V – Da Atenção Integral à Saúde de Adolescente em Cumprimento De Medida
Socioeducativa 786

Seção I – Disposições Gerais (arts. 60 a 63) 786

Seção II – Do Atendimento a Adolescente com Transtorno Mental e com Dependência
de Álcool e de Substância Psicoativa (arts. 64 a 66) 787

Capítulo VI – Das Visitas a Adolescente em Cumprimento de Medida de Internação (arts. 67 a 70).. 790

Capítulo VII – Dos Regimes Disciplinares (arts. 71 a 75).. 791

Capítulo VIII – Da Capacitação para o Trabalho (arts. 76 a 80)... 794

TÍTULO III – DISPOSIÇÕES FINAIS E TRANSITÓRIAS.. 797

Arts. 81 a 90... 797

ESTATUTO DA CRIANÇA E DO ADOLESCENTE

LEI 8.069, DE 13 DE JULHO DE 1990

Dispõe sobre o Estatuto da Criança e do Adolescente e dá outras providências.

O PRESIDENTE DA REPÚBLICA: Faço saber que o Congresso Nacional decreta e eu sanciono a seguinte Lei:

LIVRO I
PARTE GERAL

Título I
Das Disposições Preliminares[1-2]

1. Fundamento constitucional: preceitua o art. 227 da Constituição Federal: "é dever da família, da sociedade e do Estado assegurar à criança, ao adolescente e ao jovem, com absoluta prioridade, o direito à vida, à saúde, à alimentação, à educação, ao lazer, à profissionalização, à cultura, à dignidade, ao respeito, à liberdade e à convivência familiar e comunitária, além de colocá-los a salvo de toda forma de negligência, discriminação, exploração, violência, crueldade e opressão". Neste dispositivo faz-se a concentração dos principais e essenciais direitos da pessoa humana, embora voltados, especificamente, à criança e ao adolescente. Evidencia-se o comando da *absoluta prioridade*, que alguns preferem denominar como *princípio*. Parece-nos, entretanto, um determinismo constitucional, priorizando, em qualquer cenário, a criança e o adolescente. Sob outro prisma, cria-se a imunidade do infante acerca de atos prejudiciais ao ideal desenvolvimento do ser humano em tenra idade. É a proteção integral voltada à negligência, discriminação, exploração, violência, crueldade e opressão. Sobre o princípio da proteção integral, ver a nota abaixo.

2. Autonomia científica do Direito da Infância e Juventude: a começar da análise dos dispositivos constitucionais, cuidando das crianças e dos adolescentes, com normas próprias e específicas, passando pela edição deste Estatuto, até atingir outras leis esparsas, mas referentes ao menor de 18 anos, torna-se indiscutível o surgimento de um ramo relevante e destacado do Direito: Infância e Juventude. Alguns também o tratam de Direito da Criança e do Adolescente. Entretanto, não se trata de submatéria de Direito Civil, muito menos de Direito Penal. Da mesma forma que hoje se reconhece a autonomia do Direito de Execução Penal, embora contenha princípios comuns ao Direito Penal e ao Processo Penal, deve-se acatar a distinção do Direito da Infância e Juventude como regente de seus próprios passos, embora se servindo, igualmente, de princípios de outras áreas. Suas normas ladeiam o Direito Civil, servem-se dos

Art. 1.º

Processos Civil e Penal, sugam o Direito Penal, adentram o Direito Administrativo e, sobretudo, coroam o Direito Constitucional. Mas são normas da *Infância e Juventude*, cujas peculiaridades são definidas neste Estatuto e, mais importante, consagradas pela Constituição Federal. Dedicar-se a este ramo é um objetivo ímpar, formando os infantojuvenilistas ou infancistas (já que se evita o termo *menorista*, para não mais trazer à baila o Código de Menores), que podem até ser, concomitantemente, constitucionalistas, penalistas, processualistas, civilistas etc. Compreendendo a importância de se destacar esta disciplina, retirando-se do contexto das demais, atinge-se um nível de perfeição teórica muito superior, podendo-se extrair resultados práticos positivos e eficientes para o trato da criança e do adolescente. Diante disso, não se trata de mera questão acadêmica, mas de ponto vibrante no cotidiano das Varas da Infância e Juventude e da política dos Direitos da criança e do adolescente. A bem da verdade, os juízes e promotores que subestimarem o Direito da Infância e Juventude, recusando-se a estudá-lo minuciosamente, convencidos de que, civilistas ou penalistas que são, estão aptos a operar com crianças e adolescentes, causam imensos danos concretos aos propósitos deste Estatuto. Somos avessos à ideia de um Direito Penal Juvenil ou Direito Penal do Adolescente. Como dissemos, jamais se poderá considerar este relevante ramo autônomo como subespécie do Direito Penal, seja para fins científicos, seja para finalidades práticas.

> **Art. 1.º** Esta Lei[2-A] dispõe sobre a proteção integral[3] à criança e ao adolescente.[4-6]

2-A. Aplicabilidade do Estatuto: abrange todos os menores de 18 anos, independentemente da situação de vida. "Diferentemente dos Códigos de Menores que se destinavam ao menor abandonado ou em situação irregular, o Estatuto *se aplica a toda e qualquer criança ou adolescente*, impondo consequente e necessária interpretação de *todas* as normas relativas aos menores de idade à luz dos princípios ali estabelecidos" (Heloísa Helena Barboza, *O Estatuto da Criança e do Adolescente e a disciplina da filiação no Código Civil*, p. 104). "É um modelo do exercício da cidadania, uma vez que chama a sociedade para buscar soluções para os problemas infantojuvenis" (Naiara Brancher, *O Estatuto da Criança e do Adolescente e o novo papel do Poder Judiciário*, p. 152).

3. Princípio da proteção integral: um dos princípios exclusivos do âmbito da tutela jurídica da criança e do adolescente é o da *proteção integral*. Significa que, além de todos os direitos assegurados aos adultos, afora todas as garantias colocadas à disposição dos maiores de 18 anos, as crianças e os adolescentes disporão de um *plus*, simbolizado pela *completa e indisponível* tutela estatal para lhes afirmar a vida digna e próspera, ao menos durante a fase de seu amadurecimento. "A melhor exegese que se aplica à concepção dos princípios é a de que são *standards* que impõem o estabelecimento de normas específicas. Violar um princípio implica ofensa ao mandado específico como a todo o sistema de comandos por ele embasado" (Hélia Barbosa, *A arte de interpretar o princípio do interesse superior da criança e do adolescente à luz do direito internacional dos direitos humanos*, p. 18). A *proteção integral* é princípio da dignidade da pessoa humana (art. 1.º, III, CF) levado ao extremo quando confrontado com idêntico cenário em relação aos adultos. Possuem as crianças e adolescentes uma *hiperdignificação* da sua vida, superando quaisquer obstáculos eventualmente encontrados na legislação ordinária para regrar ou limitar o gozo de bens e direitos. Essa *maximização* da proteção precisa ser eficaz, vale dizer, consolidada na realidade da vida – e não somente prevista em dispositivos abstratos. Assim não sendo, deixa-se de visualizar a *proteção integral* para se constatar uma proteção parcial, como outra qualquer, desrespeitando-se o princípio ora comentado e, acima de tudo, a Constituição e a lei ordinária. "A proteção, *com prioridade absoluta*, não é mais obrigação exclusiva da família e do Estado: é um dever social. As crianças e os adolescentes devem ser protegidos em razão de serem *pessoas em condição peculiar de desenvolvimento*" (Tânia da Silva Pereira, O *"melhor interesse da criança"*, p. 14). Aliás, a Constituição Federal esmera-se na previsão de dispositivos que contemplem os direitos e as garantias fundamentais da criança e do adolescente, buscando a efetividade da denominada *proteção integral*. No Título VIII (Da Ordem Social), Capítulo II (Da Seguridade Social), encontra-se a Seção IV (Da Assistência Social), em que se encontra o disposto pelo art. 203, II: "A assistência social será prestada a quem dela necessitar, independentemente de contribuição à seguridade social, e tem por objetivos: I – a proteção à família, à maternidade, à *infância*, à *adolescência* e à velhice; II – o amparo às *crianças e adolescentes* carentes (...)" (grifamos). No Capítulo III (Da Educação, da Cultura e do Desporto), na Seção I (Da Educação), encontra-se o art. 208: "O dever do Estado com a educação será efetivado mediante a garantia de: I – *educação básica obrigatória e gratuita* dos 4 (quatro) aos 17 (dezessete) anos de idade, assegurada inclusive sua oferta gratuita para todos os que a ela não tiveram acesso na idade própria; (...) IV – *educação infantil*, em creche e pré-escola, às crianças até 5 (cinco) anos de idade" (grifamos). Porém, os Poderes da República respeitam esses princípios? Seguramente, não. A Constituição Federal ultrapassa três décadas; o Estatuto possui muitos anos. Não poderíamos, em hipótese alguma, hoje, visualizar unidades de internação de jovens em péssimas condições; o cadastro de adoção já deveria estar unificado em todo o Brasil há anos (o que somente ocorreu em 2019 por meio da Portaria Conjunta 4, de 04.07.2019, do CNJ); nas Varas da Infância e Juventude já existiriam equipes técnicas sobrando para emitir laudos e pareceres de um dia para o outro; as leis da infância e juventude seriam editadas todos os meses, sempre complementando o que falta; o administrador público teria providenciado escola para *todas* as crianças; nunca faltaria vaga em hospital para jovens e infantes; as mães sem recursos financeiros teriam ampla proteção estatal para o pré-natal; enfim, a lista iria longe para evidenciar o descaso em face do princípio da proteção integral. "O princípio da proteção integral – emergente da Constituição Federal de 1988 – impõe e vincula iniciativas legislativas e administrativas dos poderes da República, de forma a atender, promover, defender ou, no mínimo, considerar a prioridade absoluta dos direitos fundamentais de crianças e adolescentes" (Paulo Hermano Soares Ribeiro, Vivian Cristina Maria Santos & Ionete de Magalhães Souza, *Nova lei de adoção comentada*, p. 31). Na jurisprudência: STF: "*Habeas corpus*. Penal e processual penal. Atos infracionais análogos aos crimes de lesão corporal no âmbito da violência doméstica e de dano. Artigos 129, § 9.º, e 163 do Código Penal. *Execução de medida socioeducativa antes do trânsito em julgado*. Possibilidade. Reincidência. *Finalidade protetiva da medida*. *Princípios da proteção integral e da atualidade*. Inexistência de teratologia, abuso de poder ou flagrante ilegalidade" (HC 172.545, 1.ª T., rel. Luiz Fux, 19.11.2019, maioria, grifamos); "3. A proteção contra a exposição da gestante e lactante a atividades insalubres caracteriza-se como importante direito social instrumental protetivo tanto da mulher quanto da criança, tratando-se de normas de salvaguarda dos direitos sociais da mulher e de efetivação de integral proteção ao recém-nascido, possibilitando seu pleno desenvolvimento, de maneira harmônica, segura e sem riscos decorrentes da exposição a ambiente insalubre (CF, art. 227). 4. A proteção à maternidade e a integral proteção à criança são direitos irrenunciáveis e não podem ser afastados pelo desconhecimento, impossibilidade ou a própria negligência da gestante ou lactante em apresentar um atestado médico, sob pena de prejudicá-la e prejudicar o recém-nascido. 5. Ação Direta julgada procedente" (ADI 5.938/DF, Tribunal Pleno, rel. Alexandre de Moraes, 29.05.2019, m.v.). STJ: "2. O princípio da prioridade absoluta no atendimento dos direitos e interesses da criança e do adolescente, em cujo rol se inscreve o direito à convivência familiar (art. 227 da CF), direciona, *in casu*, para solução que privilegie a permanência do genitor em território brasileiro, em harmonia, também, com a doutrina da proteção integral (art. 1.º do ECA). 3. *Habeas corpus* concedido, com a consequente revogação da portaria de expulsão. Resta prejudicado o agravo interno" (HC 666.247/DF, 1.ª Seção, rel. Sérgio Kukina, 10.11.2021, v.u.).

4. Subprincípios da proteção integral: os denominados, pela própria Constituição Federal (art. 227, § 3.º, V), princípios da brevidade, excepcionalidade e respeito à condição peculiar de pessoa em desenvolvimento, na verdade, integram o princípio da *proteção especial ou integral*, constante do art. 227, § 3.º, *caput* ("o direito a proteção especial abrangerá os seguintes aspectos..."). Eles são aplicáveis apenas ao contexto do adolescente infrator, quando recebe medida privativa da liberdade. Eis por que não podem ser considerados princípios norteadores do Direito da Infância e da Juventude. Como subprincípios: a) *brevidade*: encontra similar na *duração razoável da prisão cautelar*, no processo penal. Entretanto, possui maior amplitude, pois a privação da liberdade do adolescente deve ser a mais breve possível tanto na fase cautelar quanto após a decisão de internação. Conecta-se aos dois outros que vêm a seguir; b) *excepcionalidade*: seu semelhante, no processo penal, é a presunção de inocência (aplicável igualmente ao adolescente), que dá ensejo ao caráter excepcional das medidas cautelares restritivas de direitos. Se o réu é inocente até sentença condenatória definitiva, logicamente a sua prisão cautelar somente pode ocorrer em situação excepcional. No caso do adolescente, pela sua própria condição de pessoa em formação, a segregação é a *ultima ratio (última opção); c) condição peculiar de pessoa em desenvolvimento*: no cenário da privação da liberdade do adolescente, entende-se a preocupação do constituinte, afinal, a segregação pode afetar gravemente a formação da personalidade do jovem. Aliás, a privação da liberdade é capaz de modificar até mesmo a personalidade do adulto, portanto, com muito mais força o fará no tocante ao menor de 18 anos. Por isso, a orientação ao juiz é tríplice, ao impor uma internação: observe que se trata de pessoa em desenvolvimento físico-mental, de modo que a privação da liberdade precisa ser excepcional e breve.

5. Princípio da absoluta prioridade ou do superior interesse: cuida-se de princípio autônomo, encontrando respaldo no art. 227, *caput*, da Constituição Federal, significando que, à frente dos adultos, estão crianças e adolescentes. Todos temos direito à vida, à integridade física, à saúde, à segurança etc., mas os infantes e jovens precisam ser tratados em *primeiríssimo lugar* (seria em primeiro lugar, fosse apenas prioridade; porém, a absoluta prioridade é uma ênfase), em todos os aspectos. Precisam ser o foco principal do Poder Executivo na destinação de verbas para o amparo à família e ao menor em situação vulnerável; precisam das leis votadas com prioridade total, em seu benefício; precisam de processos céleres e juízes comprometidos. Se conjugarmos este princípio com a proteção integral, verificar-se-á o universo de equívocos lamentáveis cometidos pelos Poderes do Estado. O poder público sempre alega falta de recursos para prover unidades de acolhimento e de internação de maneira satisfatória, mas nunca falta verba para alargar uma avenida, construir uma ponte, comprar viaturas, dar festas, entre outros gastos. O legislador demora anos e anos para atualizar o Estatuto da Criança e do Adolescente e, quando comete erros, jamais os conserta de pronto. O Judiciário é omisso no controle dos procedimentos e processos em trâmite nas Varas da Infância e Juventude. Exemplifique-se com o caso do rapaz G. S. (hoje com 20 anos), que ficou 15 anos da sua vida num abrigo, sem ingressar no cadastro de adoção, porque foi "esquecido" (*Folha de S. Paulo*, dia 2 de fevereiro de 2014, caderno Cotidiano, p. 6). A indenização é o mínimo que pode pleitear, mas o dano à sua formação é permanente. Pode-se, então, dizer que se cumpre, minimamente, o princípio da absoluta prioridade no Brasil? Definitivamente, não. Segundo Simone Franzoni Bochnia, "os termos absoluta e prioridade inseridos na Constituição Federal desempenham forte significado a princípio constitucional consagrado, obrigando a *primazia do atendimento contra todos*. Vale ressaltar que não há desrespeito à igualdade de todos, muito pelo contrário, há sim o respeito pela diferença entre os sujeitos de direito, pois elas são a própria exigência da igualdade. A igualdade por sua vez consiste em tratar, igualmente os iguais, e desigualmente os desiguais, na proporção que se desigualam. No caso em tela, é notória a diferença de condições entre criança e adolescente e os demais sujeitos de direito. É neste sentido que a Constituição Federal tratou de 'compensar' a desigualdade com busca na igualdade, não ferindo de forma alguma o princípio da igualdade, porque leva em consideração a condição especial – a condição peculiar da criança e do adolescente como pessoas em desenvolvimento. A condição peculiar da criança e do adolescente refere-se à fragilidade natural desses sujeitos de direito, por estarem em crescimento. Faticamente aparece a vulnerabilidade de crianças e adolescentes em relação aos adultos como geradora fundante de um sistema especial de proteção" (*Da adoção. Categorias, paradigmas e práticas do direito de família*, p. 79-80). "Dentre os diversos princípios que consubstanciam o Direito da Criança e do Adolescente e que goza do *status* da primazia das suas necessidades como critério de interpretação da lei, destaca-se o *interesse superior* da criança, ao qual se deve conferir uma interpretação extensa e sistêmica de seu alcance, orientador de todos aqueles que irão aplicá-lo na garantia dos direitos fundamentais, enquanto sujeito de direitos e titular de todos os direitos: sempre o que for melhor para a criança e para o adolescente. (...) O superior interesse da criança e do adolescente é um princípio que, por sua natureza e extensão, está inserido nos documentos e tratados internacionais e interamericanos de proteção dos direitos humanos, como um instrumento de proteção e garantia para uma população que, também, por sua própria natureza, é especial, priorizada, portanto, pelo direito humanitário. (...) Esse princípio do *best interest of the child* ou o *melhor interesse da criança* é peremptório em atribuir ao Estado a obrigação de colocar a criança e o adolescente acima de todos os interesses, com prioridade absoluta como mandamento constitucional constante do art. 227, uma construção embasada nesse princípio como dever social, moral e ético, compartilhado com a família e a sociedade e com todos os habitantes do território nacional sob sua jurisdição, como um dever de todos" (Hélia Barbosa, *A arte de interpretar o princípio do interesse superior da criança e do adolescente à luz do direito internacional dos direitos humanos*, p. 19-24). Sob outro aspecto, jamais se pode utilizar esse princípio para prejudicar a criança ou adolescente. Por vezes, determinados juízes, afirmando o *superior interesse* infantojuvenil, atropelam a ampla defesa, descuidam do estrito cumprimento desta Lei, lesam interesses de terceiros (família biológica, guardião etc.), dentre outras medidas. Adverte, com razão, Nayara Aline Schmitt Azevedo: "verificou-se ainda que, em certa medida, é o próprio Estatuto que contribui para a legitimação dessa 'bondade totalitária' (Lopes; Rosa, 2011, p. XXII), pois, ao mesmo tempo em que silencia sobre muitos aspectos, prevê o princípio do superior interesse da criança, o que, somando-se um ao outro, acaba servindo de fundamento à supressão de garantias individuais do adolescente suposto autor de ato infracional e à aplicação, por exemplo, de uma medida socioeducativa de internação quando, nas mesmas circunstâncias, um adulto não seria privado da liberdade" (*Apontamentos para uma abordagem criminológica do sistema socioeducativo a partir da aproximação entre o Estatuto da Criança e do Adolescente e a Lei dos Juizados Especiais*, p. 198). Na jurisprudência: STJ: "1. A expulsão é ato discricionário praticado pelo Poder Executivo, ao qual incumbe a análise da conveniência, necessidade, utilidade e oportunidade da permanência de estrangeiro que cometa crime em território nacional, caracterizando verdadeiro poder inerente à soberania do Estado. Contudo, a matéria poderá ser submetida à apreciação do Poder Judiciário, que ficará limitado ao exame do cumprimento formal dos requisitos e à inexistência de entraves à expulsão. 2. Nos termos do art. 55, II, *a* e *b*, da Lei n. 13.445/2017, não se realizará a expulsão quando o estrangeiro tiver filho brasileiro que esteja sob sua guarda ou dependência econômica ou socioafetiva, assim como quando tiver cônjuge ou companheiro residente no Brasil. 3. No caso, a documentação acostada aos autos comprova que o paciente possui filho brasileiro, nascido em 3/2/2019, o qual se encontra sob sua guarda, dependência econômica e socioafetiva. Da mesma forma, há elementos probatórios, os quais indicam que o paciente convive em regime de união estável com pessoa residente no Brasil. 4. Muito embora a portaria de expulsão tenha sido editada em 21/6/2017, anteriormente, portanto, à formação de família no Brasil pelo paciente, o certo é que não se pode exigir, para a configuração das hipóteses legais de inexpulsabilidade, a contemporaneidade dessas mesmas causas em relação aos fatos que deram ensejo ao ato expulsório. 5. Além disso, deve-se aplicar o princípio da prioridade absoluta no atendimento dos direitos e interesses da criança e do adolescente, previsto no art. 227 da CF/1988, em cujo rol se encontra o direito à convivência familiar, o que justifica, no presente caso, uma solução que privilegie a permanência da genitora em território brasileiro, em consonância com a doutrina da proteção integral insculpida no art. 1.º do ECA. Precedentes. 6. *Habeas Corpus* deferido para invalidar a portaria de expulsão" (HC 452.975/DF, 1.ª Seção, rel. Og Fernandes, 12.02.2020, v.u.); "1. Não se viabiliza a expulsão de estrangeiro visitante ou migrante do território nacional quando comprovado tratar-se de pai de criança brasileira, que se encontre sob sua dependência socioafetiva (art. 55, II, *a*, da Lei 13.445/2017). 2. O princípio da prioridade absoluta no atendimento dos direitos e interesses da criança e do adolescente, em cujo rol se inscreve o direito à convivência familiar (art. 227 da CF), direciona, *in casu*, para solução que privilegie a permanência do genitor em território brasileiro, em harmonia, também, com a doutrina da proteção integral (art. 1.º do ECA). 3. *Habeas corpus* concedido, com a consequente revogação da portaria de expulsão" (HC 420.022/SP, 1.ª Seção, rel. Sérgio Kukina, 20.06.2018, v.u.).

5-A. Estrita observância pelo Poder Judiciário: não somente por se tratar de um princípio constitucional expresso, mas sobretudo por constituir o alicerce do Direito Infantojuvenil, deve o *superior interesse da criança e do adolescente* ser fielmente cumprido pelo Judiciário. Quando outros Poderes do Estado não o fizerem, a última esperança concentra-se no magistrado. Por isso, aguarda-se deste o exemplo, cumprindo rigorosamente os prazos previstos neste Estatuto, enfocando cada infante e cada jovem em seu caso concreto e fazendo valer, acima de tudo, o interessante aos menores de 18 anos. "A observância desse princípio pela autoridade judiciária da infância ou juízo comum é indispensável, sobremaneira quando se tratar do exercício do 'poder familiar', nas hipóteses de conflitos, divergências, suspensão ou perda, porque necessariamente, ao decidir, deverá identificar o que for melhor para a criança/adolescente, sempre e em qualquer circunstância, ainda que tiver que decidir por colocar a criança ou adolescente sob a responsabilidade de outra pessoa que não os pais. Inclusive, quando se tratar de tutela, matéria disciplinada pelo Código Civil, a autoridade judiciária deverá escolher entre os ascendentes aquele que for mais apto a exercê-la em benefício do menor de idade. Maior exigência na observância desse *superior interesse* quando se tratar de pedidos de adoção, especialmente, por estrangeiros, porquanto deverá avaliar os legítimos motivos e quando apresentar reais vantagens para o adotando, nada mais do que significa o *maior interesse*" (Hélia Barbosa, *A arte de interpretar o princípio do interesse superior da criança e do adolescente à luz do direito internacional dos direitos humanos*, p. 28).

5-B. Escorço histórico do princípio do superior interesse da criança: "dois julgados do Juiz Mansfield em 1763, envolvendo medidas semelhantes ao nosso procedimento de 'busca e apreensão do menor', identificados como caso *Rex v. Delaval* e caso *Blissets*, são conhecidos no Direito Costumeiro inglês como os precedentes que consideraram a primazia do interesse da criança e o que era mais próprio para ela. Somente em 1836, porém, este princípio tornou--se efetivo na Inglaterra. (...) Daniel B. Griffith informa que o princípio do *best interest* foi introduzido em 1813 nos Estados Unidos no julgamento do caso *Commonwealth v. Addicks*, da Corte da Pensilvânia, onde havia a disputa da guarda de uma criança numa ação de divórcio em que o cônjuge-mulher havia cometido adultério. A Corte considerou que a conduta da mulher em relação ao marido não estabelecia ligação com os cuidados que ela dispensava à criança. Naquela oportunidade, foi introduzida naquele país a *Tender Years Doctrine*, a qual considerava que, em razão da pouca idade, a criança precisava dos cuidados da mãe, de seu carinho e atenção e que ela seria a pessoa ideal para dispensar tais cuidados e assistência. Esta Doutrina proliferou por todo o país, passando a vigorar uma 'presunção de preferência materna', que somente não seria levada em conta caso ficasse comprovado o despreparo da mãe. (...) Pela primeira vez, coube à Declaração Universal dos Direitos da Criança de 1959 mencionar, pela primeira vez, o superior interesse da criança" (Tânia da Silva Pereira, *O "melhor interesse da criança"*, p. 2-4).

6. Outros princípios: são citados, ainda, por parcela da doutrina, os princípios da dignidade da pessoa humana e da participação popular, como pertencentes ao Direito da Infância e Juventude. Permitimo-nos discordar. Em primeiro lugar, como já dissemos em Direito Penal e em Processo Penal, o princípio da dignidade da pessoa humana realmente é um princípio, mas não privativo da área das crianças e adolescentes (como não é exclusivo do campo penal, tampouco de processo penal). Cuida-se de um princípio regente de todas as disciplinas, integrando a base do Estado Democrático de Direito, como indica o art. 1.º, III, da Constituição Federal. "Assim, o princípio da dignidade humana é considerado um macroprincípio, de valor nuclear da ordem constitucional, demonstrando a preocupação com a promoção dos direitos humanos e da justiça social, do qual irradiam todos os demais, como a liberdade, autonomia privada, cidadania, igualdade, solidariedade, uma coleção de princípios éticos. Representa o epicentro axiológico da ordem constitucional, irradiando efeitos sobre todo o ordenamento jurídico, podendo ser identificado como o princípio de manifestação primeira dos valores constitucionais, carregado de valores afetivos" (Dimas Messias de Carvalho, *Adoção, guarda e convivência familiar*, p. 16). A participação popular na área da infância e juventude é um predicado do sistema legislativo, mas não um princípio a orientar a interpretação de normas ordinárias. Da mesma forma que se conclama a sociedade a colaborar, diretamente, no processo de execução da pena (Conselho da Comunidade, Patronato etc.) – e jamais foi considerado um princípio do Direito de Execução Penal –, incita-se a comunidade a participar dos problemas vividos pelas crianças e adolescentes. Uma regra importante, mas não um princípio.

> **Art. 2.º** Considera-se[7] criança, para os efeitos desta Lei,[8] a pessoa até doze anos de idade incompletos, e adolescente aquela entre doze e dezoito anos de idade.[9-10]
>
> **Parágrafo único.** Nos casos expressos em lei, aplica-se excepcionalmente este Estatuto às pessoas entre dezoito e vinte e um anos de idade.[11]

7. Criança e adolescente: estabelece-se, neste Estatuto, constituir *criança* o ser humano até 11 anos completos; *adolescente*, o ser humano com 12 anos completos. Associando-se ao disposto pelo Código Civil, torna-se adulto, para fins civis, o ser humano que atinge 18 anos de idade; no mesmo prisma, o Código Penal fixa em 18 anos a idade da responsabilidade para fins criminais. Diante disso, aplica-se o conteúdo da Lei 8.069/1990, como regra, à pessoa com até 17 anos.

8. Para os efeitos desta lei: não nos parece adequada essa pretensa limitação, indicando o limite de 12 anos como marco de separação entre criança e adolescente, somente para fins de aplicação do Estatuto da Criança e do Adolescente. O legislador deveria ter sido ousado, porém racional, impondo os conceitos de *criança* e *adolescente* para todo o contexto jurídico. Ilustrando, o Código Penal especifica como agravante o cometimento de crime

Art. 2.º

Estatuto da Criança e do Adolescente Comentado · **Nucci**

contra *criança*, sem maiores detalhes. Debate-se, até hoje, quem se deve considerar *criança*, existindo três correntes: a) o ser humano até sete anos; b) o ser humano até 11 anos; c) o ser humano até 13 anos. A primeira posição lastreia-se no amadurecimento indicado pelos critérios psicológicos, que aponta os sete anos como estágio final da primeira infância. A segunda, baseia-se no Estatuto da Criança e do Adolescente. A terceira, fundamenta-se na idade para o consentimento sexual, que se dá aos 14 anos, nos termos do art. 217-A do Código Penal. Temos defendido ser correta a segunda, justamente com base no art. 2.º desta Lei – e é o que tem predominado. Parece-nos insensato desprezar o estabelecimento dos conceitos de criança e adolescente previstos neste Estatuto, razão pela qual as demais correntes penais devem sucumbir à realidade da Lei 8.069/1990.

9. Reflexo penal: disciplina o art. 228 da CF: "são penalmente inimputáveis os menores de dezoito anos, sujeitos às normas da legislação especial". Esta legislação especial à qual se refere o mencionado artigo constitucional é o Estatuto da Criança e do Adolescente. Estão os menores de 18 anos *imunes* integralmente à legislação penal comum, por mais grave que possa ser o fato criminoso praticado. Cuida-se de política criminal do Estado, visando à mais eficiente proteção à pessoa em fase de amadurecimento. Debate-se, dentre outras medidas, a redução da idade para responsabilização criminal normal, segundo as regras do Código Penal. Cuidaremos desse tema mais adiante em comentário específico ao art. 104 desta Lei.

10. Terminologia para criança e adolescente: muitos estudiosos do Direito da Infância e da Juventude têm criticado o uso do termo *menor* para designar crianças e adolescentes, na atualidade. Segundo André Karst Kaminski, "o menor, como era identificada a *criança pobre brasileira*, sempre ocupou um lugar desprestigiado na nossa sociedade, colocado em situação de dependência, sem o exercício natural de direitos, ou seja, sempre encarado como um verdadeiro 'coitadinho' e um objeto necessário de tutela penal (Neto, in Ribeiro & Barbosa, 1987, p. 69). Nesse sentido, as categorias jurídicas *criança* e *adolescente*, enquanto sujeito de direitos, foram inaugurações do legislador constitucional, que as tratou pela primeira vez por sua condição de seres humanos plenamente equipados de potencialidades nas relações sociais (Sêda, 1991, p. 64). (...) a palavra *menor*, em regra, sempre foi objeto de estigmatização, de rotulagem, significando o 'filho dos outros' (o menor era a clientela do sistema Funabem/Febem. Segundo Severiano (1999): 'menor – aplicar a garoto(a) pobre. Chamar remediados e ricos de *teens*: é chique. Mas, decididamente, jamais usar *teens* para pobre'), ou aquele de quem se tem dó ou pena por sua situação de incapacidade" (*O Conselho Tutelar, a criança e o ato infracional: proteção ou punição?*, p. 39). "O Código de Menores, a rigor, 'não passava de um Código Penal do Menor' (cf. Liberati), uma vez que suas normas tinham mais um caráter sancionatório do que protetivo ou assistencial. Trouxe consigo a 'Doutrina do Menor em Situação Irregular', quando poucas foram as modificações; era o tempo do 'menor', do 'menor abandonado', do 'menor delinquente', expressões que estigmatizavam crianças e adolescentes e que ainda hoje albergam uma espécie de ranço, quando se ouve dizer: 'ele é de menor'. Nessa fase o juiz não julgava o menor, apenas definia a 'situação irregular' aplicando medidas tera-pêuticas" (Antonio Cezar Lima da Fonseca, *Direitos da criança e do adolescente*, p. 8). Sem dúvida, com o passar do tempo, o desgaste do termo *menor* tornou-se visível, por variadas razões: a) havia o anterior *Código de Menores*, que conferia às crianças e adolescentes poucos direitos e várias punições, tornando a terminologia um sinônimo de extremada rigidez; b) os próprios adolescentes infratores, quando eram apreendidos, intitulavam-se para os agentes da polícia como sendo *de menor*; c) como o maior contingente de crianças e adolescentes a frequentar as Varas de *Menores* eram originários de famílias pobres, terminou-se por associar *menor* a *pessoa pobre*; d) os menores oriundos de famílias abastadas, se fossem surpreendidos em atos infracionais, também eram considerados *menores*, mas a proporção era ínfima, motivo pelo qual o estigma ficou saliente para as camadas menos favorecidas economicamente. Concordamos, portanto, que o termo desgastou-se; porém, aboli-lo do dicionário é medida inócua e ingênua. *Proibi-lo* nos escritos relativos à infância e juventude é um autoritarismo às avessas. Há autores, hoje, que, a pretexto de serem *modernos*, criticam todos os que *ainda* usam a palavra *menor* para designar criança ou adolescente. Nesse cenário, segundo nos parece, devemos evitar o falso proselitismo e a infantil *caça aos antiquados*. O termo *menor* é apenas a óbvia designação de quem tem menos de 18 anos, enquanto a palavra *maior* é destinada ao adulto, que já superou os 18. Nada mais que isso. O Estatuto da *Criança* e do *Adolescente*, por certo, trouxe modernidade ao direito infantojuvenil e, somente por isso, deve prevalecer, na maioria das citações, a terminologia adequada à novel legislação. Nem por isso, o termo *menor de 18 anos* tornou-se dogmaticamente incorreto ou um símbolo da tirania. Os filhos de pessoas pobres ou ricas são menores de 18 anos, logo, crianças e adolescentes. Aliás, se a singela troca de *palavras* resolvesse algum problema real do Brasil, já estaríamos com esse Estatuto implementado e os infantes e jovens não enfrentariam terríveis situações de descaso, a maioria delas provocadas pelo próprio Estado, omisso em seus deveres legais.

11. Excepcionalidade de aplicação do ECA aos maiores de 18 anos: quando editada a Lei 8.069/1990, a maioridade civil ocorria aos 21 anos. A penal, aos 18. Portanto, visualizou--se, à época, um período intermediário, no qual se poderia considerar a pessoa penalmente capaz, porém, civilmente incapaz (relativamente). Tornava-se lógico sustentar que o menor, com 17 anos, por exemplo, ao cometer um ato infracional, pudesse ser internado até os 20 anos (a internação máxima é de 3 anos). Hoje, a situação não deixa de ser estranha, pois a pessoa, com 18 anos, é maior e capaz para todos os atos da vida civil. Diante disso, soa-nos incongruente mantê-lo, após os 18, sob tutela estatal, seja ela qual for. Porém, cuida-se de lei especial, que prevalece sobre lei geral (Código Civil e Código Penal). Para Nazir e Rodolfo Milano: "temos como melhor interpretação aquela que admite a aplicação de medida socioeducativa ao adolescente, mesmo que venha ele, no decorrer do processo de apuração de ato infracional ou no decorrer da própria medida aplicada, alcançar os dezoito anos de idade, seja qual for a medida socioeducativa (art. 112), respeitada, entretanto, a idade limite para aplicação, ou seja, aos vinte e um anos de idade, em consonância com a própria estipulação contida no art. 121, parágrafo 5.º, do Estatuto, dispondo sobre medida mais grave (internação)" (*Estatuto da Criança e do Adolescente comentado e interpretado de acordo com o novo Código Civil*, p. 217). Pela aplicação, na jurisprudência: STF: "1. Não se vislumbra qualquer contrariedade entre o novo Código Civil e o Estatuto da Criança e do Adolescente relativamente ao limite de idade para aplicação de seus institutos. 2. O Estatuto da Criança e do Adolescente não menciona a maioridade civil como causa de extinção da medida socioeducativa imposta ao infrator: ali se contém apenas a afirmação de que suas normas podem ser aplicadas excepcionalmente às pessoas entre dezoito e vinte e um anos de idade (art. 121, § 5.º). 3. Aplica-se, na espécie, o princípio da especialidade, segundo o qual se impõe o Estatuto da Criança e do Adolescente, que é norma especial, e não o Código Civil ou o Código Penal, diplomas nos quais se contêm normas de caráter geral. 4. A proteção integral da criança ou adolescente é devida em função de sua faixa etária, porque o critério adotado pelo legislador foi o cronológico absoluto, pouco importando se, por qualquer motivo, adquiriu a capacidade civil, quando as medidas adotadas visam não apenas à responsabilização do interessado, mas o seu aperfeiçoamento como membro da sociedade, a qual também pode legitimamente exigir a recomposição dos seus componentes, incluídos aí os menores. Precedentes. 5. *Habeas corpus* indeferido" (HC 94.938/RJ, 1.ª T., rel. Cármen Lúcia, 12.08.2008, v.u.). STJ: "2. TESE: a superveniência da maioridade penal não interfere na apuração de ato infracional nem na aplicabilidade de medida socioeducativa em curso, inclusive na liberdade assistida, enquanto não atingida a idade de 21 anos. 3. CASO CONCRETO: a despeito da maioridade civil (18 anos) adquirida posteriormente, o agente era menor de idade na data em que cometeu o ato infracional análogo ao delito tipificado no art. 157 do Código Penal, portanto se faz possível o cumprimento da liberdade assistida cumulada com prestação de serviços à comunidade até os 21 anos de idade nos termos da Lei n. 8.069/1990 (Súmula 605/STJ)" (REsp 1.705.149/RJ, 3.ª Seção, rel. Sebastião Reis Júnior, 13.06.2018, v.u.); "O Superior Tribunal de Justiça, seguindo entendimento firmado pelo Supremo Tribunal Federal, passou a não admitir o conhecimento de *habeas corpus* substitutivo de recurso previsto para a espécie. No entanto, deve-se analisar o pedido formulado na inicial, tendo em vista a possibilidade de se conceder a ordem de ofício, em razão da existência de eventual coação ilegal. Esta Corte assentou o entendimento segundo o qual a superveniência de maioridade relativa (período entre 18 e 21 anos) não libera o infrator de responder pelos atos cometidos quando menor, não importando, ainda, o tipo de medida socioeducativa que foi aplicada. No caso, o Tribunal de origem manteve a medida de liberdade assistida, considerando que o jovem ainda necessita alcançar algumas metas, inferindo-se, em decorrência, que o processo de reeducação do paciente não está concluído, razão pela qual não se vislumbra a alegada arbitrariedade na decisão que indeferiu o pedido de extinção da medida socioeducativa. *Habeas corpus* não conhecido" (HC 345.812/SC, 5.ª T., rel. Reynaldo Soares da Fonseca, 01.03.2016, v.u.).

> **Art. 3.º** A criança e o adolescente[12] gozam de todos os direitos fundamentais inerentes à pessoa humana,[13-14] sem prejuízo da proteção integral de que trata esta Lei,[15] assegurando-se-lhes, por lei ou por outros meios, todas as oportunidades e facilidades, a fim de lhes facultar o desenvolvimento físico, mental, moral, espiritual e social, em condições de liberdade e de dignidade.[16]
>
> **Parágrafo único.** Os direitos enunciados nesta Lei aplicam-se a todas as crianças e adolescentes, sem discriminação de nascimento, situação familiar, idade, sexo, raça, etnia ou cor, religião ou crença, deficiência, condição pessoal de desenvolvimento e aprendizagem, condição econômica, ambiente social, região e local de moradia ou outra condição que diferencie as pessoas, as famílias ou a comunidade em que vivem.[16-A]

12. Escorço histórico: na lição de André Karst Kaminski, na época medieval, "sob os olhos europeus, os menores não tinham quase nenhum valor, pois não produziam com a mesma capacidade do adulto e ainda tinham de ser alimentados, cuidados, vestidos... Enfim, eram indivíduos dependentes, motivo pelo qual muitos acabavam morrendo pelo abandono, pela negligência ou pela exploração quando vendidos para servir de escravos, ou embarcados para servir de mão de obra nas navegações, empreendendo esforços sobre-humanos, consumindo alimentação estragada e convivendo em um ambiente desprovido das mínimas condições de saúde e higiene. Além disso, e em decorrência da proibição da presença de mulheres nos navios, o que envolvia também um certo misticismo de que atraíam o azar à expedição, o menor era também seviciado, servindo de 'mulher' nas embarcações, que às vezes lotavam mais de 80 homens e ficavam no mar por quase um ano. (...) Essa, então, foi a primeira criança – portuguesa – que aqui chegou: a abandonada, a vendida, a explorada, a seviciada. Depois, sabemos, a mesma forma de tratamento dos conquistadores continuou com a criança indígena – brasileira – que aqui foi encontrada, ludibriada, dominada, reduzida em sua liberdade e escravizada, mesmo contra a vontade dos jesuítas católicos, que depois para cá vieram, a fim de catequizá-las (em 1570, D. Sebastião redige Carta Régia, garantindo liberdade aos índios, cuja escravidão só seria definitivamente proibida em 1595). E isso também se seguiu por um longo período com a criança africana, já nascida filha da escravidão (em 1538, começam a chegar os primeiros escravos africanos; no Período Colonial, mais de quatro milhões foram trazidos, a grande maioria jovens e do sexo masculino)" (*O Conselho Tutelar, a criança e o ato infracional: proteção ou punição?*, p. 15). "Desde a Antiguidade, em praticamente todas as sociedades, o abandono ou exposição de crianças e, mesmo o infanticídio, eram práticas comuns. Nesta época a família estava sob a autoridade do pai, o qual tinha direito de vida e morte sobre seus filhos. Para os romanos, o direito à vida era outorgado em um ritual, geralmente pelo pai, que tinha direitos ilimitados sobre seus filhos. O recém-nascido era depositado aos pés de seu pai e, se ele desejasse reconhecê-lo, tomava-o em seus braços; se o pai saía da sala, a criança era levada para fora da casa e exposta na rua. Se a criança não morria de fome ou de frio, pertencia a qualquer pessoa que desejasse criá-la e transformá-la em escravo. Legalmente, esse direito durou até o século IV d.C., mas informalmente, o infanticídio e o abandono eram práticas comuns até o final da Idade Média. É possível perceber o clima reinante por um pensamento do famoso filósofo Aristóteles, que dizia: 'um filho e um escravo são propriedades dos pais e nada do que se faça com sua propriedade é injusto, pois não pode haver injustiça com a propriedade de alguém' (Roig e Ochotorena, 1993)" (Lidia Natalia Dobrianskyj Weber, *Laços de ternura. Pesquisas e histórias de adoção*, p. 28). Portanto, somente em época recente principiou-se a valorização da criança e do adolescente, conferindo-lhes cada vez mais direitos, menos obrigações e deveres e, acima de tudo, maior proteção. Um dos objetivos deste Estatuto é justamente esse: permitir que o menor de 18 anos goze de todos os direitos fundamentais do adulto, além de outros, especificamente destinados a ele.

13. Desfrutar e ter direito a usufruir: o uso do verbo *gozar*, que significa, nesse contexto, *desfrutar* ou *usufruir* foi mal-empregado, pois tem a conotação de algo real, efetivo, muito diverso do cenário abstrato das leis. As crianças e os adolescentes têm o *direito* de desfrutar dos mesmos direitos fundamentais dos adultos; porém, se efetivamente usufruem, é questão totalmente diversa. Aliás, a maior parte, infelizmente, não goza de nada disso, no atual estágio de desenvolvimento do nosso País. "Ser cidadão, numa visão de cidadania enquanto marco de relações sociais igualitárias, não se resume a ter uma certidão de nascimento, ter declarado os direitos numa carta constitucional, vai além: é praticar a cidadania, é exigir direitos, é conhecer o seu papel numa sociedade dita democrática. Não basta a cidadania apenas do ponto de vista jurídico; é fundamental sua análise, através das relações de sujeitos sociais, nas quais o modelo econômico vai determinar o tipo de cidadania que se tem. Cidadania relaciona-se não apenas à aquisição de direitos e a respectiva inscrição no texto legal, no modelo de Estado liberal, mas, essencialmente, na materialização desses direitos. (...) A prescrição legal da cidadania para a criança e o adolescente é um marco importante, contudo, para a efetividade dessa garantia constitucional, há necessidade de uma nova consciência da sociedade civil, pautada na: participação integral; inclusão; e na relação que essa estabelece com o Estado, para que políticas públicas adequadas possam ser elaboradas e tornarem efetivos os direitos garantidos às crianças e aos adolescentes brasileiros" (Maria Cristina Rauch Baranoski, *A adoção em relações homoafetivas*, p. 36). Na jurisprudência: STJ: "4. Com o advento da Lei n. 13.257/2016, nomeada Estatuto da Primeira Infância, o rol de hipóteses em que é permitida a inserção da mãe em um regime de prisão domiciliar foi ampliado, ficando evidente o compromisso do legislador com a proteção da criança e seu desenvolvimento nos primeiros anos de vida. Ademais, os adolescentes gozam de todos os direitos fundamentais inerentes à pessoa humana, de maneira que as garantias processuais asseguradas àquele que atingiu a maioridade poderiam ser aplicadas aos menores infratores, em atenção ao disposto no art. 3.º da Lei 8.069/1990" (HC 543.279/SP, 5.ª T., rel. Reynaldo Soares da Fonseca, 10.03.2020, v.u.).

14. Direito à visibilidade: a miserabilidade econômica da pessoa, especialmente a infantojuvenil, retira-lhe, muitas vezes, a visibilidade social. Inúmeras crianças e adolescentes vivem nas ruas e nem mesmo são "vistas" pela sociedade, que as encara como integrantes da paisagem cotidiana, sem despertar as preocupações inerentes a tal situação, já que é dever da família, da sociedade e do Estado cuidar do bem-estar e da segurança delas (art. 227, *caput*, CF). Fávero, Vitale e Baptista lembram de ser "essencial ouvir, ver e qualificar as crianças, os adolescentes e seus familiares. Nessa direção, finalizamos essas breves ponderações lembrando a fala de um jovem, pai de uma criança, morador da periferia de São Paulo, que, sem acesso ao trabalho formal, sem qualquer perspectiva de transformação dessa condição em direção ao acesso a direitos sociais, vivendo cotidianamente no limite na entrada na criminalidade, fala a um sujeito que vive do 'lado oposto do seu mundo': 'olha para mim!! Você está me vendo?! Você está me vendo, *playboy*?!'" (*Famílias de crianças e adolescentes abrigados. Quem são, como vivem, o que pensam, o que desejam*, p. 205). Uma das principais atuações de todos (poder público, sociedade, família), no cenário infantojuvenil, é não ignorar a existência dos que mais necessitam serem vistos e ouvidos, pois, além de pobres, encontram-se em pleno desenvolvimento físico-intelectual, o que lhes confere dupla inferioridade.

15. Sem prejuízo da proteção integral: a ressalva encontra-se mal-empregada, pois uma coisa não exclui a outra. As crianças e adolescentes possuem os mesmos direitos fundamentais dos adultos, que são maximizados pela *proteção integral*. Logo, essa proteção nada mais é do que um complemento fortificador; jamais excludente de direitos.

16. Norma programática: muitas normas incluídas neste e em outros Estatutos (Juventude, Pessoa com deficiência, Pessoa idosa etc.) preveem *programas ideais* de tratamento humano, não somente do Estado em relação a determinado grupo, mas também de certas pessoas no tocante a outras. Nota-se haver generalização excessiva de direitos, muitos dos quais são até incompatíveis com seus destinatários, além de haver prodigalização de adjetivos fortes, como se adiantasse na vida real. Esse é o perfil do legislador brasileiro: pródigo em "conceder" direitos, mas tímido em cobrá-los dos outros Poderes do Estado. Verifique-se o seguinte trecho, extraído deste artigo: "assegurando-se-lhes, por lei ou por outros meios, todas as oportunidades e facilidades, a fim de lhes facultar o desenvolvimento físico, mental, moral, espiritual e social, em condições de liberdade e de dignidade". Frase de conteúdo forte, mas esquálida em matéria de utilização prática. Observa-se um quadro muito similar em matéria penal, prevendo uma série de direitos aos sentenciados que não são nem de longe colocados em prática. Inexiste responsável, na prática, para esse quadro lamentável. O mesmo ocorre no cenário da criança e do adolescente. Em lugar de criar textos ideais e tecidos em linhas de felicidade abstrata, deveria o legislador atentar-se para o orçamento da União, dos Estados e dos Municípios para a execução dessas mesmas normas. Deveria concentrar seus esforços em atribuir responsabilidade ao governante e às autoridades ligadas à Infância e Juventude para a concretização desse universo ideal de direitos infantojuvenis.

16-A. Nenhuma forma de discriminação: este é o conteúdo do parágrafo único, introduzido pela Lei 13.257/2016. O mais relevante, nesse cenário, é garantir a efetividade do que foi preceituado, situação que demanda o empenho do poder público em divulgar e assegurar o implemento de formas e instrumentos concretos em prol das crianças e dos adolescentes.

> **Art. 4.º** É dever[17-17-A] da família, da comunidade,[18] da sociedade em geral e do poder público assegurar, com absoluta prioridade, a efetivação dos direitos referentes à vida, à saúde,[19-19-B] à alimentação,[19-C] à educação,[20] ao esporte, ao lazer, à profissionalização,[21] à cultura, à dignidade, ao respeito,[21-A] à liberdade[22-23] e à convivência familiar e comunitária.[24]

> **Parágrafo único.** A garantia de prioridade[25] compreende:
>
> a) primazia de receber proteção e socorro em quaisquer circunstâncias;[26]
>
> b) precedência de atendimento nos serviços públicos ou de relevância pública;[27]
>
> c) preferência na formulação e na execução das políticas sociais públicas;[28]
>
> d) destinação privilegiada de recursos públicos nas áreas relacionadas com a proteção à infância e à juventude.[29]

17. Banalização dos deveres: é constante, na legislação brasileira, a prodigalidade com que se trata o termo *dever*. Em várias leis, impõe-se o *dever* de fazer muito, mas não se cobra nenhuma produção, nem se impõe qualquer espécie de punição a quem o descumpre. E ainda se aloca o dever para entes indeterminados (como a *comunidade*), em relação aos quais, ainda que houvesse, a cobrança seria integralmente ineficiente. Neste artigo, há um rol extenso de direitos, tão relevantes quanto vagos, e não precisaria constar de lei alguma, pois a Constituição Federal já o prevê para todos os indivíduos. É o fenômeno legislativo denominado de *banalização dos deveres*. O dever é imposto por lei, mas não há nenhuma forma de cobrá-lo, em especial dos governantes. "A prioridade absoluta, prevista no art. 4.º do ECA, como obrigação legal em relação à população infantojuvenil significa que deve ser garantida, sobretudo, a formulação de políticas públicas para a preservação dos direitos das crianças e adolescentes. Desta forma, os critérios de elegibilidade para qualquer programa de atendimento ou defesa de direitos devem contemplar a dramática situação da infância e da adolescência brasileira" (Camila Renault Pradez de Faria, *Educação como direito fundamental: sua estrutura política e econômica em face das novas regras constitucionais e legais*, p. 212-213).

17-A. Leis novas: muito do que o poder público sabe fazer, no Brasil, pela criança e pelo adolescente, no plano ideal, é editar mais leis. Essas normas têm a tendência de repetir as anteriores, de fazer, eventualmente, novas promessas, e tudo fica exatamente como sempre foi. A Lei 13.257/2016 dispõe, no art. 4.º: "as políticas públicas voltadas ao atendimento dos direitos da criança na primeira infância serão elaboradas e executadas de forma a: I – atender ao interesse superior da criança e à sua condição de sujeito de direitos e de cidadã; II – incluir a participação da criança na definição das ações que lhe digam respeito, em conformidade com suas características etárias e de desenvolvimento; III – respeitar a individualidade e os ritmos de desenvolvimento das crianças e valorizar a diversidade da infância brasileira, assim como as diferenças entre as crianças em seus contextos sociais e culturais; IV – reduzir as desigualdades no acesso aos bens e serviços que atendam aos direitos da criança na primeira infância, priorizando o investimento público na promoção da justiça social, da equidade e da inclusão sem discriminação da criança; V – articular as dimensões ética, humanista e política da criança cidadã com as evidências científicas e a prática profissional no atendimento da primeira infância; VI – adotar abordagem participativa, envolvendo a sociedade, por meio de suas organizações representativas, os profissionais, os pais e as crianças, no aprimoramento da qualidade das ações e na garantia da oferta dos serviços; VII – articular as ações setoriais com vistas ao atendimento integral e integrado; VIII – descentralizar as ações entre os entes da Federação; IX – promover a formação da cultura de proteção e promoção da criança, com apoio dos meios de comunicação social. Parágrafo único. A participação da criança na formulação das políticas e das ações que lhe dizem respeito tem o objetivo de promover sua inclusão social como cidadã e dar-se-á de acordo com a especificidade de sua idade, devendo ser realizada por profissionais qualificados em processos de escuta adequados às diferentes formas de expressão infantil". Essas disposições não são inéditas. Elas constam neste Estatuto e em várias outras leis.

18. Comunidade e sociedade: o art. 4.º deste Estatuto inovou, indo além do texto constitucional, previsto no art. 227, *caput*, inserindo, dentre os obrigados a garantir inúmeros direitos às crianças e adolescentes, a *comunidade*. Dalmo Dallari diz: "foi bem inspirada essa referência expressa à comunidade, pois os grupos comunitários, mais do que o restante da sociedade, podem mais facilmente saber em que medida os direitos das crianças e dos adolescentes estão assegurados ou negados em seu meio, bem como os riscos a que eles estão sujeitos" (Munir Cury [org.], *Estatuto da Criança e do Adolescente comentado*, p. 41). Assim não nos parece. O disposto no art. 4.º é uma repetição do conteúdo de várias outras normas e, na essência, qualquer *comunidade* inclui-se em *sociedade*, não apresentando nenhuma diferença substancial.

19. Tutela integral à saúde: segundo o art. 227, § 1.º, "o Estado promoverá programas de assistência integral à saúde da criança, do adolescente e do jovem, admitida a participação de entidades não governamentais, mediante políticas específicas e obedecendo aos seguintes preceitos: I – aplicação de percentual dos recursos públicos destinados à saúde na assistência materno-infantil; II – criação de programas de prevenção e atendimento especializado para as pessoas portadoras de deficiência física, sensorial ou mental, bem como de integração social do adolescente e do jovem portador de deficiência, mediante o treinamento para o trabalho e a convivência, e a facilitação do acesso aos bens e serviços coletivos, com a eliminação de obstáculos arquitetônicos e de todas as formas de discriminação. § 2.º A lei disporá sobre normas de construção dos logradouros e dos edifícios de uso público e de fabricação de veículos de transporte coletivo, a fim de garantir acesso adequado às pessoas portadoras de deficiência. No § 3.º, VII: "programas de prevenção e atendimento especializado à criança, ao adolescente e ao jovem dependente de entorpecentes e drogas afins". Na jurisprudência: TJSP: "Deferimento da tutela de urgência para determinar o fornecimento dos exames descritos na inicial (laringotraqueoscopia diagnóstica, exame endoscópico sob anestesia e laringoscopia de suspensão sob anestesia). Insurgência do ente público estadual que não prospera. Presença dos pressupostos necessários à concessão. Demonstrado que a criança, com grave comprometimento de saúde, necessita da avaliação diagnóstica, pois não há como definir o procedimento a ser realizado para retirada da traqueostomia sem um diagnóstico preciso, conforme expressa indicação de médico ligado à própria rede pública. Criança submetida à lista de espera; contudo, já transcorridos 08 meses, e ainda não obteve êxito na realização dos exames. Direito à saúde. Preservação dos princípios da proteção integral e superior interesse da adolescente. Artigos 5.º e 196 da CF. Dever do poder público de assegurar, com absoluta prioridade, a efetivação dos direitos referentes à saúde de crianças e adolescentes, compreendidas a primazia de receber proteção e socorro em quaisquer circunstâncias e a precedência de atendimento nos serviços públicos ou de relevância pública (art. 4.º, parágrafo único, alíneas *a* e *b* do ECA). Recurso não provido" (AI 30052448720228260000/SP, Câm. Especial, rel. Wanderley José Federighi, 28.11.2022, v.u.). TJPR: "Plano de saúde. Cancelamento unilateral de atendimento domiciliar pela agravante. Impossibilidade. Garantia do direito à saúde da criança. Art. 4.º e 7.º, ECA. Recusa das empresas credenciadas em prosseguir com o atendimento, sob alegação de intervenções da família. Necessidade de manutenção do *home care* com fornecimento de equipamentos e medicamentos pela agravante. Contratação direta pela família do autor de profissionais de saúde. Reembolso pela operadora de planos de saúde, conforme o art. 12, VI, da Lei 9.656/1998. Decisão parcialmente reformada. Recurso parcialmente provido. 1. De acordo com o art. 4.º, ECA, 'é dever da família, da comunidade, da sociedade em geral e do poder público assegurar, com absoluta prioridade, a efetivação dos direitos referentes à vida, à saúde (...)' da criança, mediante efetivação de políticas sociais públicas adequadas. 2. Diante das peculiaridades do caso concreto, que impedem a prestação do atendimento por profissionais credenciados ao plano de saúde, imperiosa a manutenção do *home care* com o emprego de equipamentos e medicamentos fornecidos pelo agravante e mediante a contratação direta de prestadores de serviço pela família, com adoção de sistema de reembolso" (AI 00000261120228160000, 10.ª Câm. Cível, rel. Angela Khury, 14.07.2022, v.u.).

19-A. Competência da Vara da Infância e Juventude: quando o menor de 18 anos necessitar de tratamento médico, havendo a tutela dos pais, bem como plano de saúde envolvido, naturalmente, a competência para discutir eventual tratamento é da Vara Cível. Porém, quando a criança ou jovem é carente de recursos, mesmo estando em companhia dos pais, debate-se a sua necessidade de tratamento médico em Vara da Infância e Juventude. Geralmente, nesta última hipótese, o encargo é do Estado, motivo pelo qual o juiz da infância e juventude determina as medidas cabíveis. Nos julgados: TJMG: "Em se tratando de menor, que busca ver amparado seu direito à saúde, o Estatuto da Criança e do Adolescente (Lei 8.069/90) adota a doutrina da proteção integral de amparo e proteção da criança e do adolescente e efetivação de seus direitos fundamentais. Independentemente da situação em que se encontra o menor, para julgar as ações que versam sobre o direito à saúde da criança ou adolescente, é competente o Juízo da Infância e Juventude. Preliminar de incompetência do Juízo *a quo* acolhida, determinada a remessa dos autos a uma das Varas da Infância e Juventude desta Comarca" (Agravo de Instrumento 1.0079.14.067440-3/001, 4.ª Câm. Cível, rel. Heloisa Combat, 23.04.2015, m.v.).

19-B. Direito a fraldas: quando em exercício das funções jurisdicionais na Vara da Fazenda Pública de São Paulo, deparei-me com vários pedidos de fornecimento de fraldas a pessoas de todas as idades, enfermas, sem condições de irem sozinhas ao banheiro. A maioria era composta por crianças e idosos. A Fazenda contestava *sempre*, alegando que *fralda* era um luxo desnecessário e não estava incluído no *direito à saúde*. Difícil até mesmo comentar esse tipo de impugnação, pois é mais que sabido ser a higiene do enfermo elementar para o seu bom tratamento. Diante disso, somente se pode reputar como *contestação obrigatória* a resposta estatal. É evidente o *direito às fraldas* como parte inerente da própria saúde de quem não consegue se locomover ao banheiro. Na jurisprudência: STJ: "1. Cuida-se, na origem, de Agravo de Instrumento interposto pelo ora agravante, nos autos da Ação Ordinária, contra decisão que concedeu a antecipação dos efeitos da tutela, e determinou que o agravante forneça ao agravado fraldas descartáveis antialérgicas, tipo infantil, tamanho grande, na quantidade prescrita pelo médico, sob pena de multa. 2. O Tribunal *a quo* assim consignou: 'Assim, é patente que, por ser a saúde um serviço de relevância pública e, por ser o direito à saúde e à integridade física um direito indisponível do cidadão, cumpre ao Estado de Minas Gerais garantir o acesso a políticas públicas de saúde e ao fornecimento de medicamentos essenciais e insumos a assegurar uma qualidade mínima de vida necessária à garantia da dignidade da pessoa humana, como um dos fundamentos do Estado Democrático de Direito' (fl. 255). 3. Conforme a decisão à fl. 18, o neurologista solicitou fraldas descartáveis para o agravado, menor com 5 anos de idade, portador de 'transtorno do espectro autista'. 4. As fraldas, no presente caso, não visam suprir um mero desconforto, ao contrário, são, diante da solicitação médica, recursos indispensáveis ao tratamento e à reabilitação do agravado. Assim, a decisão recorrida encontra amparo no art. 11, §§ 1.º e 2.º, do Estatuto da Criança e do Adolescente – ECA. 5. Modificar a conclusão a que chegou a Corte de origem, de modo a acolher a tese do recorrente, demandaria reexame do acervo fático-probatório dos autos, o que é inviável em Recurso Especial, sob pena de violação da Súmula 7 do STJ. 6. Por fim, constato que não se configura a ofensa ao art. 535 do Código de Processo Civil, uma vez que o Tribunal de origem julgou integralmente a lide e solucionou a controvérsia, tal como lhe foi apresentada. 7. Agravo Regimental não provido" (AgRg no AREsp 601.458/MG, 2.ª T., rel. Herman Benjamin, 17.03.2015, v.u.).

Art. 4.º

19-C. Direito à alimentação: não há dúvida de que a família e o Estado são os principais responsáveis pela alimentação mínima e saudável das crianças e adolescentes. Não se pode perder de vista, igualmente, a alimentação especial, destinada a alguns menores, com maior razão dedicada a quem dela necessita. Neste caso, não sendo possível obter da família, por carência de recursos, cabe ao Estado fornecer. Na jurisprudência: TJRS: "Havendo a indicação por profissional da rede pública de saúde dando conta de que a infante é portadora de alergia à proteína do leite, deve o Estado, conforme preceituam os arts. 196 e 227, ambos da CF/88, e arts. 4.º, 7.º e 11, todos do ECA, fornecer o alimento especial pleiteado" (Apelação Cível 70063791446, 8.ª Câm. Cível, rel. Ricardo Moreira Lins Pastl, 07.05.2015); "1. O direito à saúde, superdireito de matriz constitucional, há de ser assegurado com absoluta prioridade às crianças e adolescentes e é dever do Estado (União, Estados e Municípios) como corolário do direito à vida e do princípio da dignidade da pessoa humana. 2. *Não é dado ao Estado discutir a adequação do uso da fórmula alimentar prescrita à doença que acomete o menor, uma vez que há indicação médica suficiente para tanto, através de laudo firmado por profissional idôneo.* 3. Está o Estado obrigado a fornecer medicamentos através da Denominação Comum Brasileira – denominação genérica – e não pelo nome comercial, como reiteradamente se tem decidido por esta Câmara. 4. Não se verifica qualquer afronta aos princípios da universalidade, da isonomia e da igualdade na sentença atacada, uma vez que a determinação de fornecimento da fórmula alimentar pleiteada se trata de aplicação da Lei Maior, cabendo ao Judiciário vigiar seu cumprimento, mormente quando se cuida de tutelar superdireitos de matriz constitucional como vida e saúde, ainda mais de crianças e adolescentes" (Apelação Cível 70063552335, 8.ª Câm. Cível, rel. Luiz Felipe Brasil Santos, 07.05.2015, grifo nosso).

20. Tutela integral à educação: o poder público *deve* implementar os direitos previstos neste Estatuto para atender as crianças e adolescentes no contexto da educação, pouco importando as insistentes desculpas de falta de verba orçamentária. Por outro lado, é dever, igualmente, da família providenciar os meios adequados para a educação das crianças. Em decisão de 2019, o Plenário do STF negou o direito público subjetivo do aluno ou da sua família em promover o estudo em casa, longe da escola, ou mesmo não proporcionar estudo em estabelecimento apropriado. Na jurisprudência: STF: "1. A educação é um direito fundamental relacionado à dignidade da pessoa humana e à própria cidadania, pois exerce dupla função: de um lado, qualifica a comunidade como um todo, tornando-a esclarecida, politizada, desenvolvida (CIDADANIA); de outro, dignifica o indivíduo, verdadeiro titular desse direito subjetivo fundamental (DIGNIDADE DA PESSOA HUMANA). No caso da educação básica obrigatória (CF, art. 208, I), os titulares desse direito indisponível à educação são as crianças e adolescentes em idade escolar. 2. É dever da família, sociedade e Estado assegurar à criança, ao adolescente e ao jovem, com absoluta prioridade, a educação. A Constituição Federal consagrou o dever de solidariedade entre a família e o Estado como núcleo principal à formação educacional das crianças, jovens e adolescentes com a dupla finalidade de defesa integral dos direitos das crianças e dos adolescentes e sua formação em cidadania, para que o Brasil possa vencer o grande desafio de uma educação melhor para as novas gerações, imprescindível para os países que se querem ver desenvolvidos. 3. A Constituição Federal não veda de forma absoluta o ensino domiciliar, mas proíbe qualquer de suas espécies que não respeite o dever de solidariedade entre a família e o Estado como núcleo principal à formação educacional das crianças, jovens e adolescentes. São inconstitucionais, portanto, as espécies de *unschooling* radical (desescolarização radical), *unschooling* moderado (desescolarização moderada) e *homeschooling* puro, em qualquer de suas variações. 4. O ensino domiciliar não é um direito público subjetivo do aluno ou de sua família, porém não é vedada constitucionalmente sua criação por meio de lei federal, editada pelo Congresso Nacional, na modalidade 'utilitarista' ou 'por conveniência circunstancial', desde que se cumpra a obrigatoriedade, de 4 a 17 anos, e se respeite o dever solidário Família/Estado, o núcleo básico de matérias acadêmicas, a supervisão, avaliação e fiscalização pelo Poder Público; bem como as demais previsões impostas diretamente pelo texto constitucional, inclusive no tocante às finalidades e objetivos do ensino; em especial, evitar a evasão escolar e garantir a socialização do indivíduo, por meio de ampla convivência familiar e comunitária (CF, art. 227). 5. Recurso extraordinário desprovido, com a fixação da seguinte tese (TEMA 822): "Não existe direito público subjetivo do aluno ou de sua família ao ensino domiciliar, inexistente na legislação brasileira" (RE 888.815, Pleno, rel. Alexandre de Moraes, Tribunal Pleno, 12.09.2018, maioria).

21. Tutela do trabalho: no art. 227, § 3.º, vê-se: "o direito a proteção especial abrangerá os seguintes aspectos: I – idade mínima de quatorze anos para admissão ao trabalho, observado o disposto no art. 7.º, XXXIII; II – garantia de direitos previdenciários e trabalhistas; III – garantia de acesso do trabalhador adolescente e jovem à escola". "A situação de pobreza a que está submetida a maior parte das crianças e adolescentes brasileiros, por seu lado, acaba geralmente por levá-las à entrada precoce no mundo do trabalho, que tem sido uma das estratégias utilizadas com maior frequência pelas famílias pobres para compensar a sua redução de renda, consequente de fatores como o desemprego, a perda do valor real do salário e/ou outros" (Mario Volpi, *O adolescente e o ato infracional*, p. 53). Os maiores cuidados devem voltar-se às camadas mais pobres da sociedade, de modo a garantir que crianças e adolescentes não sejam explorados, em atividades laborativas, antes da idade legal, além de se assegurar ambiente salubre de trabalho e acesso à escola.

21-A. Licença-maternidade: embora seja vedado o trabalho do menor de 16 anos na própria Constituição Federal, essa proibição foi efetivada em benefício e não em prejuízo das crianças e dos adolescentes. Por isso, deve-se conceder a licença-maternidade (ou outro benefício previdenciário) ao menor trabalhador. Nessa ótica: STF: "Agravo regimental em recurso extraordinário. Direito previdenciário. Trabalhadora rural. Menor de 16 anos de idade. Concessão de salário-maternidade. Art. 7.º, XXXVIII, da Constituição Federal. Norma protetiva que não pode privar direitos. Precedentes. Nos termos da jurisprudência do Supremo Tribunal Federal, o art. 7.º, XXXIII, da Constituição 'não pode ser interpretado em prejuízo da criança ou adolescente que exerce atividade laboral, haja vista que a regra constitucional foi criada para a proteção e defesa dos trabalhadores, não podendo ser utilizada para privá-los dos seus direitos' (RE 537.040, rel. Min. Dias Toffoli). Agravo regimental a que se nega provimento" (RE 600.616 AgR/RS, 1.ª T., rel. Roberto Barroso, 26.08.2014, v.u.).

22. Liberdade: é o estado de quem é livre, podendo fazer tudo o que a lei não proíbe ou deixar de fazer o que a lei não obriga. Abrange vários aspectos relevantes, desde o direito de ir, vir e ficar, passando pela viabilidade de expressão do pensamento, das ideias e manifestações, até atingir a escolha plena dos caminhos a seguir quanto à profissionalização e vida pessoal. Mas, para crianças e adolescentes, a liberdade deve ser limitada, conforme o seu próprio interesse, sob pena de se converter em nefasta alternativa para sofrer danos materiais ou morais. Quem se encontra em desenvolvimento físico e psíquico, formando a sua personalidade, precisa de apoio e suporte dos adultos, que lhes impõem restrições próprias à sua faixa etária. Liberdade para infantes e jovens é, sempre, cercada de cautelas e fronteiras. "A liberdade que se outorga a crianças e adolescentes, embora tenha a dimensão daquela conferida aos adultos, envolve certa complexidade 'dada a sua posição jurídica no seio da família e da escola e a sua condição peculiar de pessoa em desenvolvimento'. Não estamos diante de uma liberdade absoluta, que não é outorgada sequer aos adultos, pois, quando o exercício pleno do direito de liberdade – de crianças e adolescentes – colidir ou obstar a condição de pessoa em processo de desenvolvimento, estaremos diante de uma barreira limitativa àquele direito. Em outras palavras: ocorre a limitação da liberdade de crianças e adolescentes quando para

Art. 4.º

Estatuto da Criança e do Adolescente Comentado · **Nucci**

o asseguramento da proteção integral. Assim a liberdade de crianças e adolescentes liga-se à sua condição peculiar. Por isso é que se afirma uma 'gradação de autorresponsabilidade que poderá exigir-se do menor em função de sua idade'. A ampla liberdade de atuação econômica, aspecto da liberdade nas democracias liberais, *v. g.*, não se defere a crianças e adolescentes" (Antonio Cezar Lima da Fonseca, *Direitos da criança e do adolescente*, p. 55).

23. Tutela à ampla defesa visando à garantia da liberdade individual: dispõe o art. 227, § 3.º, IV, da CF: "garantia de pleno e formal conhecimento da atribuição de ato infracional, igualdade na relação processual e defesa técnica por profissional habilitado, segundo dispuser a legislação tutelar específica".

24. Deveres genéricos: a Constituição Federal assegura a todos o respeito à dignidade humana (art. 1.º, III). Assim sendo, nada mais seria preciso dizer; bastaria fazer. O bom governante, o preocupado legislador e o operante magistrado estariam harmonizados em tecer atitudes concretas em prol dos brasileiros em geral. Mas assim não é. Prevê-se a *dignidade humana* como o *princípio dos princípios*, ao mesmo tempo em que se percebe proliferar um emaranhado de normas, visando garantir direitos básicos da dignidade da pessoa humana. Um princípio tão amplo e satisfatório como esse deveria ser suficiente.

25. Garantia de prioridade: estabelece-se um cenário de abstração, pois inexiste sanção específica para quem não cumprir o disposto neste artigo. Para tanto, na maior parte das vezes, a criança ou adolescente, quando necessitado, depende da intervenção do Poder Judiciário para fazer valer a lei. Conferir: TJPE: "2. O atendimento de crianças e adolescentes constitui prioridade legal, e o art. 4.º, parágrafo único, do ECA dispõe que as crianças e os adolescentes têm (a) primazia de receber proteção e socorro em quaisquer circunstâncias, (b) precedência do atendimento nos serviços públicos ou de relevância pública e (c) fazem jus a destinação privilegiada de recursos públicos nas áreas relacionadas com a proteção à infância e à juventude. 3. A notificação judicial da médica subscritora da medicação vindicada, consoante o Enunciado 58 do CNJ, é desnecessária, em razão do receituário médico constituir prova suficiente para demonstrar a eficácia da medicação de que necessita a impetrante, além de que os enunciados se tratam de recomendações, não estando o magistrado obrigado a segui-los. 4. A prescrição *off label* ou não licenciada, consiste na prescrição de medicamentos para indicações, usos e finalidades distintos daqueles constantes na bula aprovada pela autoridade sanitária competente, cujos efeitos, porém, são reconhecidamente positivos pela comunidade médica para determinado quadro clínico. No Brasil, segundo a Anvisa, o uso *off label* não é proibido. 5. Uma vez que foram esgotadas as alternativas disponíveis na rede pública para o tratamento da doença que aflige a impetrante e constatada a sua gravidade, além da imprescindibilidade da medicação requerida, é possível, excepcionalmente, face à peculiaridade do caso, condenar o Estado de Pernambuco ao fornecimento da *somatropina* para uso *off label*, conforme prescrição médica, devendo a impetrante comprovar semestralmente, por meio de atestado atualizado fornecido por seu médico, a necessidade/adequação da continuidade do tratamento com o medicamento indicado. 6. Indefiro o pedido da impetrante de retificação da decisão liminar para que seja a medicação vindicada concedida em miligrama diverso do pedido na inicial, uma vez que seria necessário laudo médico atualizado que demonstrasse a necessidade do fármaco em miligramas maiores. 7. À unanimidade, concedida a segurança postulada, prejudicado o agravo regimental interposto" (MS 0000555-13.2016.8.17.0000/PE, Grupo de Câmaras de Direito Público, rel. Fernando Cerqueira, 13.04.2016, v.u.).

26. Prioridade e estado de necessidade: o atendimento emergencial e prioritário a crianças (especialmente) e adolescentes (dependendo do caso concreto) é previsto em muitos textos normativos e costumes em geral. Deve-se, basicamente, à força física (o que traz para esse campo as mulheres também), que, como regra, é reduzida. Portanto, num naufrágio, a título de ilustração, os adultos homens devem ser os últimos a deixar o navio, pois têm maiores condições de levantar pesos, romper obstáculos e carregar feridos. O próprio Código Penal, ao cuidar da situação de necessidade, estipulou que as pessoas encarregadas de enfrentar o perigo não podem alegar a excludente do *estado de necessidade* (art. 24, § 1.º, CP). Mas ninguém é obrigado a perecer para salvar vida alheia, mesmo sendo de criança ou adolescente. Em autêntico estado de necessidade, o Direito não faz escolhas; vigora o *salve-se quem puder*. A norma em comento atribui prioridade de proteção e socorro aos menores de 18 anos, não afetando em nada o teor do art. 24 do Código Penal, disciplinador do *estado de necessidade*. Em suma, num quadro trágico qualquer, crianças e adolescentes possuem primazia de proteção e socorro, porém, em estado de necessidade, ninguém tem prioridade.

27. Precedência de atendimento nos serviços públicos ou de relevância pública: a preferência de atendimento em todos os serviços públicos é o ideal a perseguir em favor de crianças e adolescentes, sem dúvida. Entretanto, o Estado se contenta com várias aparências, enquanto muitos processos de Varas da Infância e Juventude ficam paralisados nos escaninhos de cartórios em vários pontos do Brasil. Ilustrando, realmente importante à criança e ao adolescente é a definição da sua situação familiar para que possa ter a chance de ser acolhido em família substituta, almejando uma vida mais digna do que o abandono, logo, a prioridade deve iniciar no andamento dos feitos de interesses dos menores de 18 anos. Portanto, o ideal é priorizar a efetividade das normas em lugar de meras previsões.

28. Políticas sociais públicas: trata-se de norma destinada ao legislador, em todos os níveis, para que atenda, em primeiro lugar, ao tecer as prioridades de governo, tudo o que envolver o bem-estar da criança e do adolescente. Não é o que se vê. Gasta-se mais dinheiro para alargar uma avenida do que para custear um abrigo ou uma creche. Aliás, faltam verbas dignas para tais entidades, enquanto se assiste o dinheiro público ser simplesmente jogado num imenso gargalo de inutilidades. A solução é prever, *expressamente*, qual o órgão responsável pela fiscalização *direta* da política social pública voltada ao menor de 18 anos, cobrando dele atitudes, inclusive com ingresso de ação judicial, para fazer valer a primazia infantojuvenil.

29. Recursos públicos para a proteção da criança ou adolescente: este Estatuto prevê, em vários dispositivos, a tutela integral dos interesses infantojuvenis, razão pela qual *toda e qualquer necessidade* deve ser atendida pelos recursos públicos. Na jurisprudência: TJRS: "1 – Compete à União, aos Estados e aos Municípios o resguardo dos direitos fundamentais relativos à saúde e à vida dos cidadãos, conforme regra expressa do art. 196 da Constituição Federal 2 – O atendimento de crianças e adolescentes constitui prioridade legal, ensejando a pronta responsabilização dos entes públicos, que têm responsabilidade solidária, pois o Estatuto da Criança e do Adolescente dispõe no seu art. 4.º, parágrafo único, que as crianças e os adolescentes têm (a) primazia de receber proteção e socorro em quaisquer circunstâncias, (b) precedência do atendimento nos serviços públicos ou de relevância pública e (c) fazem jus a destinação privilegiada de recursos públicos nas áreas relacionadas com a proteção à infância e à juventude. 3 – A cadeira de rodas pleiteada auxilia diretamente no tratamento e na qualidade de vida do menor enfermo, advindo daí a obrigação dos entes públicos ao seu fornecimento gratuito àquele que não possui condições de adquiri-la" (Apelação Cível 70045879277, 7.ª Câm. Cível, rel. Roberto Carvalho Fraga, j. 16.05.2012).

Art. 5.º

Art. 5.º Nenhuma criança ou adolescente será objeto de qualquer forma de negligência, discriminação, exploração, violência, crueldade e opressão, punido na forma da lei qualquer atentado, por ação ou omissão, aos seus direitos fundamentais.[30]

30. Criança e adolescente: o disposto neste artigo consagra direitos estabelecidos em diversas outras normas, mesmo se utilizando de alguns termos duvidosos. Nenhum ser humano deve sofrer discriminação, exploração, violência, crueldade, opressão e muitas outras situações prejudiciais à sua dignidade. Logo, é desnecessário frisar essa obviedade para o universo da pessoa menor de 18 anos, a não ser para *reproduzir* trechos de tratados internacionais – estes, sim, programáticos –, conclusões de congressos, simpósios ou teses acadêmicas. Quanto ao termo *negligência*, ambíguo por natureza, restaria esclarecer tratar-se da negligência criminosa (art. 18, II, do Código Penal) ou toda e qualquer forma de desatenção. Referindo-se à negligência em sentido estrito, é desnecessário mencionar, pois já se encontra inserido no seu cenário natural, o Código Penal. Cuidando-se da mera desatenção, a previsão é muito vaga, pois todo ser humano pode agir, vez ou outra, de maneira desatenciosa ou preguiçosa. Nem sempre causa danos a outrem, seja de que idade for. Na realidade, observa--se a mínima atenção dada pelas autoridades do âmbito da persecução penal quanto aos pais de crianças e adolescentes que os abandonam à própria sorte, maltratam os filhos e não cuidam de seus estudos, alimentação e saúde. Basta checar quantos pais são processados criminalmente por maus-tratos (art. 136, CP), abandono de incapaz (art. 133, CP) ou abandono material (art. 244, CP) e intelectual (art. 246, CP). Pouquíssimos no universo das causas criminais. Ora, considerando-se que a primazia absoluta e a proteção integral são da criança e do adolescente, conforme este Estatuto estabelece, bem como a Constituição Federal, é preciso acabar com a impunidade de pais irresponsáveis. Há os que trocam, facilmente, o dinheiro do leite pela bebida alcoólica. Há os que abandonam seus filhos em qualquer lixeira, fazendo-o dolosamente, sem qualquer piedade. Aliás, este Estatuto não contém uma figura típica incriminadora cuidando de negligência, discriminação, exploração (exceto sexual) e outras formas diretas de opressão à criança e ao adolescente carentes, o que já é uma contradição. Um aspecto relevante, não tipificado em lei penal, que pode gerar danos psicológicos, é o abandono afetivo. Não se cuida de mera negligência ou desatenção, mas de um desamparo prolongado, quando produzido por quem tenha estreito vínculo sentimental, decorrente de laços sanguíneos ou civis, como os pais em relação aos filhos. Disso pode decorrer um ilícito civil, viabilizando uma indenização por dano moral. Na jurisprudência: STJ: "2 – O propósito recursal é definir se é admissível a condenação ao pagamento de indenização por abandono afetivo e se, na hipótese, estão presentes os pressupostos da responsabilidade civil. 3 – É juridicamente possível a reparação de danos pleiteada pelo filho em face dos pais que tenha como fundamento o abandono afetivo, tendo em vista que não há restrição legal para que se apliquem as regras da responsabilidade civil no âmbito das relações familiares e que os arts. 186 e 927, ambos do CC/2002, tratam da matéria de forma ampla e irrestrita. Precedentes específicos da 3.ª Turma. 4 – A possibilidade de os pais serem condenados a reparar os danos morais causados pelo abandono afetivo do filho, ainda que em caráter excepcional, decorre do fato de essa espécie de condenação não ser afastada pela obrigação de prestar alimentos e nem tampouco pela perda do poder familiar, na medida em que essa reparação possui fundamento jurídico próprio, bem como causa específica e autônoma, que é o descumprimento, pelos pais, do dever jurídico de exercer a parentalidade de maneira responsável. 5 – O dever jurídico de exercer a parentalidade de modo responsável compreende a obrigação de conferir ao filho uma firme referência parental, de modo a propiciar o seu adequado desenvolvimento mental, psíquico e de personalidade, sempre com vistas a não apenas observar, mas efetivamente concretizar os princípios do melhor interesse da criança e do adolescente e da dignidade da pessoa humana, de modo que, se de sua inobservância, resultarem traumas, lesões ou prejuízos perceptíveis na criança ou adolescente, não haverá óbice para que os pais sejam condenados a reparar os danos experimentados pelo filho. 6 – Para que seja admissível a condenação a reparar danos em virtude do abandono afetivo, é imprescindível a adequada demonstração dos pressupostos da responsabilização civil, a saber, a conduta dos pais (ações ou omissões relevantes e que representem violação ao dever de cuidado), a existência do dano (demonstrada por elementos de prova que bem demonstrem a presença de prejuízo material ou moral) e o nexo de causalidade (que das ações ou omissões decorra diretamente a existência do fato danoso). 7 – Na hipótese, o genitor, logo após a dissolução da união estável mantida com a mãe, promoveu uma abrupta ruptura da relação que mantinha com a filha, ainda em tenra idade, quando todos vínculos afetivos se encontravam estabelecidos, ignorando máxima de que existem as figuras do ex-marido e do ex--convivente, mas não existem as figuras do ex-pai e do ex-filho, mantendo, a partir de então, apenas relações protocolares com a criança, insuficientes para caracterizar o indispensável dever de cuidar. 8 – Fato danoso e nexo de causalidade que ficaram amplamente comprovados pela prova produzida pela filha, corroborada pelo laudo pericial, que atestaram que as ações e omissões do pai acarretaram quadro de ansiedade, traumas psíquicos e sequelas físicas eventuais à criança, que desde os 11 anos de idade e por longo período, teve de se submeter às sessões de psicoterapia, gerando dano psicológico concreto apto a modificar a sua personalidade e, por consequência, a sua própria história de vida. 9 – Sentença restabelecida quanto ao dever de indenizar, mas com majoração do valor da condenação fixado inicialmente com extrema modicidade (R$ 3.000,00), de modo que, em respeito à capacidade econômica do ofensor, à gravidade dos danos e à natureza pedagógica da reparação, arbitra-se a reparação em R$ 30.000,00. 10 – É incabível condenar o réu ao pagamento do custeio do tratamento psicológico da autora na hipótese, tendo em vista que a sentença homologatória de acordo firmado entre as partes no bojo de ação de alimentos contemplava o valor da mensalidade da psicoterapia da autora, devendo eventual inadimplemento ser objeto de discussão naquela seara. 11 – Recurso especial conhecido e parcialmente provido, a fim de julgar procedente o pedido de reparação de danos morais, que arbitro em R$ 30.000,00, com juros contados desde a citação e correção monetária desde a publicação deste acórdão, carreando ao recorrido o pagamento das despesas, custas e honorários advocatícios em razão do decaimento de parcela mínima do pedido, mantido o percentual de 10% sobre o valor da condenação fixado na sentença. Quando a parentalidade é irresponsavelmente exercida de modo a configurar um ato ilícito, seja na forma de traumas, lesões ou prejuízos de vida, sobretudo a partir de prova técnicas, é possível vislumbrar uma espécie de reparação pelos danos morais, 'como qualquer outra espécie de reparação moral indenizável' (pág. 14 do voto), especialmente na hipótese, em que concretamente a jovem desenvolveu um trauma psíquico, inclusive com repercussões físicas, que evidentemente modificaram a sua personalidade e violaram os artigos 227 da Constituição Federal e 1.634 do Código Civil de 2002 e 5.º do ECA. Isso porque, apesar de não existir no ordenamento pátrio o dever de amar, de índole privada, moral e existencial, o art. 5.º do Estatuto da Criança e do Adolescente dispõe que 'nenhuma criança ou adolescente será objeto de qualquer forma de negligência, discriminação, exploração, violência, crueldade e opressão, punido na forma da lei qualquer atentado, por ação ou omissão, aos seus direitos fundamentais'. Ao fim e ao cabo, na hipótese concreta e excepcional, ficou demonstrado o abuso de direito (arts. 186 e 187 do Código Civil de 2002)" (REsp 1.887.697/RJ 2019/0290679-8, 3.ª T., rel. Nancy Andrighi, 21.09.2021, v.u.).

Art. 6.º

> **Art. 6.º** Na interpretação desta Lei levar-se-ão em conta os fins sociais a que ela se dirige, as exigências do bem comum, os direitos e deveres individuais e coletivos, e a condição peculiar da criança e do adolescente como pessoas em desenvolvimento.[31]

31. Prumo hermenêutico: indica-se aos operadores do Direito, basicamente ao Poder Judiciário, a forma mais adequada para *interpretar* o conteúdo deste Estatuto: na dúvida, deve prevalecer o interesse da criança e do adolescente. Fazemos questão de frisar: o ganho mais relevante há de ser sempre o da criança e do adolescente. Na jurisprudência: STJ: "O próprio Estatuto, frise-se, traz dispositivo, aduzindo que na interpretação desta Lei levar-se-ão em conta os fins sociais a que ela se dirige, as exigências do bem comum, os direitos e deveres individuais e coletivos, e a condição peculiar da criança e do adolescente como pessoas em desenvolvimento (art. 6.º). (...) 4. Dito de outra forma, o dever imposto pelo art. 78 do ECA que, em caso de descumprimento, resulta na infração do seu art. 257, não se destina apenas às editoras e ao comerciante direto, ou seja, àquele que expõe o produto ao público, abrange também os transportadores e distribuidores de revistas, de forma a garantir a máxima eficácia das normas protetivas. É equivocado o entendimento de que normas de proteção podem ser flexibilizadas para atender pretensões que lhes sejam opostas, pois isso seria o mesmo que deixar a proteção sob o controle de quem ofende as situações ou as pessoas protegidas. Assim, correto o entendimento da Corte de origem, que manteve a aplicação da multa à parte recorrente. 5. Parecer do Ministério Público Federal opinando pelo não conhecimento do Apelo Nobre. 6. Recurso Especial da Empresa a que se nega provimento" (REsp 1.610.989/RJ 2015/0109755-5, 1.ª T., rel. Napoleão Nunes Maia Filho, 20.02.2020, v.u.); "O objetivo principal da aplicação das medidas socioeducativas é o pedagógico, nos moldes previstos nos arts. 112 a 125 da Lei n.º 8.069/90, pois se destinam à formação e reeducação do adolescente infrator, considerado pessoa em desenvolvimento (art. 6.º da Lei n.º 8.069/90) e sujeito à proteção integral (art. 1.º da Lei n.º 8.069/90) pelos organismos estatais. Nesse contexto, a adoção da medida ressocializadora mais adequada deve considerar tanto a gravidade do ato infracional como, também, as condições pessoais do menor e as circunstâncias em que o ato fora cometido, visando sempre a reeducação (art. 112, § 2.º, do Estatuto da Criança e do Adolescente) e o resguardo da segurança e incolumidade física e psicológica do menor, retirando, se for necessário, de eventual situação de risco" (RHC 86.700/BA, 5.ª T., rel. Reynaldo Soares da Fonseca, 05.10.2017, v.u.).

Título II
Dos Direitos Fundamentais

Capítulo I
DO DIREITO À VIDA E À SAÚDE

> **Art. 7.º** A criança e o adolescente têm direito a proteção à vida e à saúde, mediante a efetivação de políticas sociais públicas que permitam o nascimento e o desenvolvimento sadio e harmonioso, em condições dignas de existência.[1]

1. Direito ao nascimento amparado pelo Estado: abstraídas as formulas genéricas, que dominam este Estatuto (como dizer que a criança tem direito à proteção à vida, como todo e qualquer ser humano, bastando conferir a Constituição Federal), o objetivo deste dispositivo, em verdade, é garantir que o Poder Público seja obrigado a tutelar o nascimento daqueles que não têm amparo suficiente, seja por falta de recursos financeiros dos pais, seja porque a mãe não deseja mantê-lo sob sua guarda e proteção. Em suma, é dever do Estado assegurar esse nascimento saudável. Na sequência, zelar para que obtenha um desenvolvimento físico e mental sadio, em família natural ou substituta. O abrigamento em instituições governamentais ou privadas é a *derradeira* hipótese. Pior que o abrigo só existe um lugar: a rua. Mas não se menciona tal frase como algo puramente abstrato; cremos, firmemente, inexistir desenvolvimento sadio e harmonioso, em condições dignas de existência longe do aconchego de uma família. Se a natural não se presta a amparar o filho, busca-se a substituta, porém sempre a família. Na jurisprudência: TJPE: "5. Destarte, tendo em vista que a saúde é direito de todos e dever do Estado (CF, art. 196), sendo este entendido todos os entes políticos da Federação (CF, art. 23, II), que podem ser acionados, isolada ou conjuntamente, para o fornecimento de medicamentos necessários à população financeiramente hipossuficiente (Súmula 130/TJPE), porquanto a Constituição Federal determinou ser da família, da sociedade e do Estado assegurar assistência à criança, de modo que atuem solidariamente, sem exclusão da responsabilidade, *verbis*: 'Art. 227. É dever da família, da sociedade e do Estado assegurar à criança, ao adolescente e ao jovem, com absoluta prioridade, o direito à vida, à saúde, à alimentação, à educação, ao lazer, à profissionalização, à cultura, à dignidade, ao respeito, à liberdade e à convivência familiar e comunitária, além de colocá-los a salvo de toda forma de negligência, discriminação, exploração, violência, crueldade e opressão.' Mais ainda, o Estatuto

Art. 8.º

da Criança e Adolescente dispõe em seu art. 7.º o direito à vida e à saúde: 'Art. 7.º A criança e o adolescente têm direito a proteção à vida e à saúde, mediante a efetivação de políticas sociais públicas que permitam o nascimento e o desenvolvimento sadio e harmonioso, em condições dignas de existência.' Outrossim, a Súmula n.º 18 desta Corte de Justiça dispõe que 'É dever do Estado-membro fornecer ao cidadão carente, sem ônus para este, medicamento essencial ao tratamento de moléstia grave, ainda que não previsto em lista oficial'" (Agravo de Instrumento 0012339-06.2023.8.17.9000, 3.ª Câm. de Direito Público, rel. Itamar Pereira da Silva Junior, 04.06.2024, v.u.).

> **Art. 8.º** É assegurado a todas as mulheres o acesso aos programas e às políticas de saúde da mulher e de planejamento reprodutivo e, às gestantes, nutrição adequada, atenção humanizada à gravidez, ao parto e ao puerpério e atendimento pré-natal, perinatal e pós-natal integral no âmbito do Sistema Único de Saúde.[2]
>
> § 1.º O atendimento pré-natal será realizado por profissionais da atenção primária.
>
> § 2.º Os profissionais de saúde de referência da gestante garantirão sua vinculação, no último trimestre da gestação, ao estabelecimento em que será realizado o parto, garantido o direito de opção da mulher.
>
> § 3.º Os serviços de saúde onde o parto for realizado assegurarão às mulheres e aos seus filhos recém-nascidos alta hospitalar responsável e contrarreferência na atenção primária, bem como o acesso a outros serviços e a grupos de apoio à amamentação.[2-A]
>
> § 4.º Incumbe ao poder público proporcionar assistência psicológica[3] à gestante e à mãe, no período pré e pós-natal, inclusive como forma de prevenir ou minorar as consequências do estado puerperal.[4]
>
> § 5.º A assistência referida no § 4.º deste artigo deverá ser prestada também a gestantes e mães que manifestem interesse em entregar seus filhos para adoção,[5] bem como a gestantes e mães que se encontrem em situação de privação de liberdade.[5-A]
>
> § 6.º A gestante e a parturiente têm direito a 1 (um) acompanhante de sua preferência durante o período do pré-natal, do trabalho de parto e do pós-parto imediato.
>
> § 7.º A gestante deverá receber orientação sobre aleitamento materno, alimentação complementar saudável e crescimento e desenvolvimento infantil, bem como sobre formas de favorecer a criação de vínculos afetivos e de estimular o desenvolvimento integral da criança.[5-B]
>
> § 8.º A gestante tem direito a acompanhamento saudável durante toda a gestação e a parto natural cuidadoso, estabelecendo-se a aplicação de cesariana e outras intervenções cirúrgicas por motivos médicos.
>
> § 9.º A atenção primária à saúde fará a busca ativa da gestante que não iniciar ou que abandonar as consultas de pré-natal, bem como da puérpera que não comparecer às consultas pós-parto.
>
> § 10. Incumbe ao poder público garantir, à gestante e à mulher com filho na primeira infância que se encontrem sob custódia em unidade de privação de liberdade, ambiência que atenda às normas sanitárias e assistenciais do Sistema Único de Saúde para o acolhimento do filho, em articulação com o sistema de ensino competente, visando ao desenvolvimento integral da criança.[5-C]

Título II – Dos Direitos Fundamentais   Art. 8.º

> **§ 11.** A assistência psicológica à gestante, à parturiente e à puérpera deve ser indicada após avaliação do profissional de saúde no pré-natal e no puerpério, com encaminhamento de acordo com o prognóstico.

2. Apoio à mulher e à gestante: o Sistema Único de Saúde deve proporcionar à mulher o acesso à política de saúde e de planejamento reprodutivo, bem como à gestante, de qualquer nível social, assegura-se o acesso à nutrição adequada, atenção humanizada à gravidez, ao parto e ao puerpério, além de atendimento pré-natal, perinatal e pós-natal. Eventual negativa de atendimento dá ensejo ao ingresso em juízo para exigir esse direito cristalinamente consagrado em lei. Porém, o que se observa, na prática, é o descaso de muitas gestantes com o pré-natal, pois são pessoas vivendo na erraticidade, envolvidas em situações de risco (portadoras de graves enfermidades, como a AIDS, viciadas em drogas de toda espécie, dentre outros quadros de abandono), que não prezam nem mesmo pela própria saúde. Diante disso, cabe ao Estado promover não somente campanhas de esclarecimento à gestante, acerca de seus direitos durante essa fase da sua vida, mas também lhe fornecer o atendimento direto e domiciliar, quando for preciso atingir quem não se cuida, deixando de procurar o posto de saúde. No mais, os direitos previstos nos parágrafos deste artigo são proveitosos à gestante, restando saber como exigi-los, se o próprio poder público não se incumbir, realmente, de implementá-los. Deveria o Ministério Público zelar pelo interesse das gestantes? Ou seria um direito individual, que somente a própria interessada poderia exigir? De todo modo, a conscientização dos direitos é a maior arma para a sua implementação. Mulheres sem recursos podem se valer da Defensoria Pública para conseguir, na Justiça, o apoio pré-natal, perinatal e pós-natal. Porém, quando alguém vai a juízo pedir um simples remédio, que o posto de saúde não fornece, alega o Estado-Executivo estar o Judiciário se imiscuindo em seara alheia, pois a política de saúde pública lhe compete. Ora, se cumprisse o seu papel, como determina a lei – e a própria Constituição –, as pessoas sem recursos não iriam se desgastar, dirigindo-se ao juiz para conseguir um mero medicamento. Na jurisprudência: TJRS: "1. Enquanto não houver manifestação definitiva do STF no RE 566.471/RN, ainda pendente de julgamento, cuja repercussão geral já foi admitida, para efeitos práticos – ante a jurisprudência consolidada no STJ – admite-se a solidariedade entre União, Estados e Municípios nas demandas que dizem respeito ao atendimento à saúde. 2. O direito à saúde, superdireito de matriz constitucional, há de ser assegurado, com absoluta prioridade às crianças e adolescentes e é dever do Estado (União, Estados e Municípios) como corolário do direito à vida e do princípio da dignidade da pessoa humana. 3. Em face do precedente do Superior Tribunal de Justiça (EREsp 699545/RS) que uniformizou a jurisprudência se tratando de reexames necessários em sentenças ilíquidas desfavoráveis aos Entes Públicos, é de ser conhecido o reexame necessário. No caso, verificada a necessidade de transferência da gestante para hospital que disponha de UTI Neonatal para fins de resguardo do direito à vida e à saúde dos nascituros, a sentença atacada deve ser confirmada por seus próprios e jurídicos fundamentos" (Apelação Cível 70056268113, 8.ª Câm. Cível, rel. Luiz Felipe Brasil Santos, 28.11.2013).

2-A. Política para quem não procura assistência: deixa-se de estipular qualquer espécie de política estatal para as mães e gestantes que não procuram qualquer tipo de assistência. Algumas estão grávidas, mas não fazem pré-natal, não vão ao médico; outras são drogaditas; ou até possuem algum tipo de retardamento. Enfim, nada se disse acerca de quem gera um ser humano, mas não tem interesse em apoio estatal.

3. Assistência psicológica: a valorização dessa prestação, ao longo do pré-natal, já deveria consistir em cartilha obrigatória de qualquer serviço público de saúde. É justamente nessa delicada fase da mulher que se acumulam os traumas, dissabores e fortes emoções,

Art. 8.º

Estatuto da Criança e do Adolescente Comentado · Nucci

quando não possui o apoio familiar, desencadeando o incremento do estado puerperal (ver a próxima nota), que dá ensejo à prática do crime de infanticídio ou mesmo do delito de abandono de recém-nascido.

4. Estado puerperal: trata-se do conjunto de alterações físico-psíquicas da mulher parturiente. É inquestionável que a gestante passa por emoções intensas ao longo da gestação; se tiver apoio da família e do marido, companheiro ou pai da criança, ultrapassa tal fase com maior equilíbrio e segurança; porém, caso tenha sido abandonada à própria sorte, psicologicamente, tende a culpar a criança pelas desgraças vividas. No momento do parto, há dores físicas penosas a enfrentar que, associadas ao abalo emocional de estar sozinha, sem qualquer assistência, provoca uma nítida perturbação da saúde mental. É justamente esse estado de desnorteamento que pode levá-la à prática do infanticídio (art. 123, CP), matando o próprio filho, após o parto.

5. Conscientização para adoção: além da assistência psicológica à gestante e à mãe, conforme previsto no parágrafo anterior, para o fim de receber bem seu filho, dando-lhe todos os cuidados necessários, abrandando os efeitos negativos do estado puerperal, é muito importante que se possa prover a gestante de cuidados psicológicos, quando ela não quer ficar com seu filho. Deve ser apoiada e orientada no sentido de, sendo mesmo esse o seu desejo, não abandonar o recém-nascido em qualquer lugar ou submetê-lo a maus-tratos, mas entregá-lo à Vara da Infância e Juventude para que possa ser adotado. Muitas mulheres atiram seus filhos em lugares públicos por completa ignorância, achando que a entrega à autoridade da criança pode representar algum ilícito, passível de punição. É justamente o contrário. Abandonar o filho pode constituir infração penal, mas não a sua entrega para inserção em família substituta. O suporte psicológico, ao longo da gestação, pode acalmá-la, evitar um aborto provocado e malfeito – este sim, criminoso – conseguindo dar prumo ao parto que se aproxima.

5-A. Mulheres presas: as leis têm modificado esse Estatuto para demonstrar preocupação com as mulheres presas que terão ou têm filhos. Quer-se acreditar que o objetivo é a maior proteção às crianças, para que convivam com as genitoras no período da amamentação, ao menos. De todo modo, os presídios em geral encontram-se em condições insatisfatórias, de forma que a previsão para a existência de espaços destinados ao convívio entre mãe e filho se torna uma hipótese longínqua de ser alcançada.

5-B. Orientações sobre *como ser mãe*: em patamar ideal, todas as mulheres deveriam obter essa assistência com as diversas orientações (aleitamento materno, alimentação complementar e saudável, crescimento e desenvolvimento infantil, criação de vínculos afetivos, estímulo ao desenvolvimento integral da criança). Desde 1990, quando foi editada a primeira versão deste Estatuto, muitos direitos são previstos e pouca efetividade se encontra, enquanto o poder público insiste em prorrogar as expectativas em torno da tutela de infantes e jovens inserindo outras normas em igual sentido. A trilha mais coerente deveria ser implementar direitos existentes antes de criar outros, sem a perspectiva de concretizá-los.

5-C. Ambiente prisional: embora se possa argumentar em prol do benefício à criança em tenra idade ter contato com sua mãe, não nos parece sensato a inserção do filho em cenário carcerário, por mais que seja adaptado. Descontada eventual fase de amamentação, feita com zelo por parte da genitora, quando possível, é preciso identificar se existem familiares da presa para ficar com o infante. Parece-nos o ideal. Se houver pena longa a cumprir e nenhum parente a permanecer com a criança, quanto mais cedo ela puder ser encaminhada a família substituta, mais positivo para a sua adaptação.

Título II – Dos Direitos Fundamentais

Art. 9.º

> **Art. 8.º-A.** Fica instituída a Semana Nacional de Prevenção da Gravidez na Adolescência, a ser realizada anualmente na semana que incluir o dia 1.º de fevereiro, com o objetivo de disseminar informações sobre medidas preventivas e educativas que contribuam para a redução da incidência da gravidez na adolescência.[5-D]
>
> **Parágrafo único.** As ações destinadas a efetivar o disposto no *caput* deste artigo ficarão a cargo do poder público, em conjunto com organizações da sociedade civil, e serão dirigidas prioritariamente ao público adolescente.

5-D. Semana Nacional de Prevenção da Gravidez na Adolescência: institui-se um período, no ano, para promover medidas de orientação aos adolescentes e suas famílias no sentido de prevenir a gravidez na adolescência, o que se revela positivo; afinal, a gestação em fase precoce da vida pode prejudicar a jovem de modos variados, impedindo-a de ter um desenvolvimento normal até a fase adulta. Além disso, pode obstar o processo educacional e provocar uma precoce ruptura familiar. Parece-nos que o foco dessa semana deve abranger, igualmente, os adolescentes do sexo masculino, que também terminam sofrendo as consequências da gestação por via reflexa, podendo trazer-lhes complicações e obrigações em plena fase de formação da sua personalidade.

> **Art. 9.º** O poder público, as instituições e os empregadores propiciarão condições adequadas ao aleitamento materno, inclusive aos filhos de mães submetidas a medida privativa de liberdade.[6]
>
> § 1.º Os profissionais das unidades primárias de saúde desenvolverão ações sistemáticas, individuais ou coletivas, visando ao planejamento, à implementação e à avaliação de ações de promoção, proteção e apoio ao aleitamento materno e à alimentação complementar saudável, de forma contínua.
>
> § 2.º Os serviços de unidades de terapia intensiva neonatal deverão dispor de banco de leite humano ou unidade de coleta de leite humano.

6. Aleitamento materno em qualquer condição: a medida é certamente positiva, dependendo, em grande parte, da conscientização de todos acerca de relevância ao aleitamento materno. Assim ocorrendo, o empregador terá satisfação em proporcionar intervalos à sua funcionária, para que amamente o filho recém-nascido, pois colaborará com a efetiva saúde de alguém. Porém, algumas considerações merecem destaque: a) a sociedade precisa ter consciência da importância do aleitamento materno, vendo-o como algo essencial à saúde da criança; b) abusos também merecem limitação, pois inexiste cabimento para a mãe pretender amamentar seu filho de cinco anos de idade no horário de trabalho; c) quanto às mães presas, é preciso que elas queiram amamentar seus filhos pequenos, tendo em vista que o poder público não pode obrigar a realização do aleitamento, mas proporcionar condições para que ocorra. Muitas mulheres presas não têm o menor interesse em seus filhos, nascidos dentro ou fora do presídio, demonstrado pelo seu descaso – inclusive com a ausência de amamentação – pelo filho. Noutros termos, mães presas também podem abandonar seus bebês; não se pode partir da presunção de que, por estarem detidas, não dão atenção aos filhos porque não podem; muitas delas simplesmente *não querem*. As que realmente desejam aleitar os recém-nascidos e ficar com eles, dirigem requerimentos à direção da cadeia ou presídio, insistem com o juiz, procuram advogado para isso. Se elas sabem pedir benefícios (liberdade provisória, progressão de regime etc.), sozinhas ou por defensor dativo ou público, por certo, têm plenas condições de lutar pelo filho, que se encontra fora do cárcere. A maternidade não é apenas um laço de parentesco, mas um sentimento intenso acima de tudo. Não fosse assim, mães adotivas nem poderiam criar seus filhos com amor, amor este muitas vezes mais forte do que o nutrido por várias mães biológicas. Na jurisprudência: TJPB: "Nos termos do art. 9.º da Lei n.º 8.069/90 (Estatuto da Criança), cabe ao Poder Público propiciar condições adequadas ao aleitamento materno, impondo-se, para tanto, o dever de proteção especial à servidora lactante, inclusive mediante a adequação ou mudança temporária de suas funções, a fim de garantir a amamentação durante o horário do expediente, daí porque merece guarida a pretensão de suspensão de viagens com pernoites para fora da área de lotação da servidora lactante até que sua filha de tenra idade, que ainda se encontra em período de aleitação, complete dois anos de idade, correspondente ao período de amamentação, de modo a conferir efetividade ao princípio da proteção integral da criança e primazia ao melhor interesse da menor, bem como ao princípio da razoabilidade" (00200378020148152001, 3.ª Câm. Cível, rel. Maria das Graças Morais Guedes, 18.09.2023).

> **Art. 10.** Os hospitais e demais estabelecimentos de atenção à saúde de gestantes, públicos e particulares, são obrigados a:[7]
>
> I – manter registro das atividades desenvolvidas, através de prontuários individuais, pelo prazo de dezoito anos;
>
> II – identificar o recém-nascido mediante o registro de sua impressão plantar e digital e da impressão digital da mãe, sem prejuízo de outras formas normatizadas pela autoridade administrativa competente;
>
> III – proceder a exames visando ao diagnóstico e terapêutica de anormalidades no metabolismo do recém-nascido, bem como prestar orientação aos pais;
>
> IV – fornecer declaração de nascimento onde constem necessariamente as intercorrências do parto e do desenvolvimento do neonato;
>
> V – manter alojamento conjunto, possibilitando ao neonato a permanência junto à mãe;[8]
>
> VI – acompanhar a prática do processo de amamentação, prestando orientações quanto à técnica adequada, enquanto a mãe permanecer na unidade hospitalar, utilizando o corpo técnico já existente;
>
> VII – desenvolver atividades de educação, de conscientização e de esclarecimentos a respeito da saúde mental da mulher no período da gravidez e do puerpério.
>
> § 1.º Os testes para o rastreamento de doenças no recém-nascido serão disponibilizados pelo Sistema Único de Saúde, no âmbito do Programa Nacional de Triagem Neonatal (PNTN), na forma da regulamentação elaborada pelo Ministério da Saúde, com implementação de forma escalonada, de acordo com a seguinte ordem de progressão:
>
> I – etapa 1:
>
> a) fenilcetonúria e outras hiperfenilalaninemias;
>
> b) hipotireoidismo congênito;
>
> c) doença falciforme e outras hemoglobinopatias;
>
> d) fibrose cística;
>
> e) hiperplasia adrenal congênita;
>
> f) deficiência de biotinidase;
>
> g) toxoplasmose congênita;

Título II – Dos Direitos Fundamentais
Art. 10

II – etapa 2:

a) galactosemias;

b) aminoacidopatias;

c) distúrbios do ciclo da ureia;

d) distúrbios da betaoxidação dos ácidos graxos;

III – etapa 3: doenças lisossômicas;

IV – etapa 4: imunodeficiências primárias;

V – etapa 5: atrofia muscular espinhal.

§ 2.º A delimitação de doenças a serem rastreadas pelo teste do pezinho, no âmbito do PNTN, será revisada periodicamente, com base em evidências científicas, considerados os benefícios do rastreamento, do diagnóstico e do tratamento precoce, priorizando as doenças com maior prevalência no País, com protocolo de tratamento aprovado e com tratamento incorporado no Sistema Único de Saúde.

§ 3.º O rol de doenças constante do § 1.º deste artigo poderá ser expandido pelo poder público com base nos critérios estabelecidos no § 2.º deste artigo.

§ 4.º Durante os atendimentos de pré-natal e de puerpério imediato, os profissionais de saúde devem informar a gestante e os acompanhantes sobre a importância do teste do pezinho e sobre as eventuais diferenças existentes entre as modalidades oferecidas no Sistema Único de Saúde e na rede privada de saúde.

7. Obrigações dos hospitais e estabelecimentos congêneres de atenção a gestantes: os deveres previstos no art. 10 comunicam-se com os arts. 228 e 229 deste Estatuto, que preveem figuras típicas incriminadoras. A mantença de registro das atividades desenvolvidas durante o parto (antes e após), em prontuário individual, por 18 anos é um cuidado excessivo. Não esclarece a lei qual é o propósito e não indica quais são os dados exatos a serem guardados. Ademais, é curioso comparar a figura típica do art. 228 (ver os nossos comentários) com o prazo de 18 anos do inciso I deste artigo. Deixar de manter esse registro (imagine-se que, logo após o parto, ele foi descartado ou nem houve qualquer anotação) durante 18 anos vai muito além do que o prazo prescricional do delito em abstrato, que é de 4 anos. Portanto, se o encarregado se desfizer de tais registros logo após o parto, quatro anos depois já não responderá por crime algum. O contrassenso nasce quando se constata que o responsável pelo registro, ao descartá-lo após 17 anos, ainda poderá ser punido, pois o delito se consuma no exato momento em que as anotações são desperdiçadas – e deveriam ficar arquivadas por precisos 18 anos. Passa a correr a prescrição a partir daí (17 anos depois), enquanto o outro encarregado, muito mais negligente, nem mesmo anotou o que deveria durante o parto, embora quatro anos depois já se possa considerar impune. Por outro lado, pode-se indagar o motivo da fixação do período de 18 anos. Quer-se crer seja viabilizar à pessoa que nasceu, ao atingir a maioridade, consultar os registros de seu nascimento. Entretanto, se tal anotação deve ser mantida por 18 anos, nem bem o interessado completa a maioridade, o registro pode ser descartado, vale dizer, ele nem terá tempo de empreender sua consulta. A menos que corra ao hospital no dia em que completa os 18 anos, como prioridade absoluta da sua vida, o que foge totalmente à logicidade. Outro problema surge no tocante à realização de exames visando ao diagnóstico e terapêutica de anormalidade no metabolismo do recém-nascido, sem que a lei indique quais são esses exames e quem exatamente deve fazê-los. A responsabilidade penal é individualizada, depende de dolo ou culpa e está bem longe de aceitar uma responsabilização objetiva, como no Direito Civil.

Art. 11

Estatuto da Criança e do Adolescente Comentado · **Nucci**

8. Alojamento conjunto: manter o recém-nascido junto da mãe é o maior desafio do hospital público e daqueles que atendem no SUS, pois há nítida falta de leitos para casos graves, razão pela qual é quase impossível viabilizar a estada do filho junto da sua genitora no mesmo quarto.

Art. 11. É assegurado acesso integral às linhas de cuidado voltadas à saúde da criança e do adolescente, por intermédio do Sistema Único de Saúde, observado o princípio da equidade no acesso a ações e serviços para promoção, proteção e recuperação da saúde.[9-9-A]

§ 1.º A criança e o adolescente com deficiência serão atendidos, sem discriminação ou segregação, em suas necessidades gerais de saúde e específicas de habilitação e reabilitação.[10]

§ 2.º Incumbe ao poder público fornecer gratuitamente, àqueles que necessitarem, medicamentos, órteses, próteses e outras tecnologias assistivas relativas ao tratamento, habilitação ou reabilitação para crianças e adolescentes, de acordo com as linhas de cuidado voltadas às suas necessidades específicas.[11-12]

§ 3.º Os profissionais que atuam no cuidado diário ou frequente de crianças na primeira infância receberão formação específica e permanente para a detecção de sinais de risco para o desenvolvimento psíquico, bem como para o acompanhamento que se fizer necessário.

---

9. Atendimento integral à saúde: trata-se de outra norma desnecessária na exata medida em que a Constituição Federal é bem clara: "a saúde é direito de todos e dever do Estado..." (art. 196, CF). Todos têm direito ao Sistema Único de Saúde – e não somente crianças e adolescentes. Aliás, a redação do *caput* do art. 11 foi até modificada pela Lei 11.185/2005. Antes, falava-se em assegurar *atendimento médico* à criança e ao adolescente; agora, menciona-se o *atendimento integral à saúde* da criança e do adolescente. Com o perdão da ironia, de 2005 para cá tudo mudou; agora, os infantes e os jovens gozam de boa saúde por conta disso. Mas, se já não bastasse, a Lei 13.257/2016 alterou a redação novamente, trazendo agora: "acesso integral às linhas de cuidado voltadas à saúde da criança e do adolescente", como se resolvesse alguma coisa, na prática. Muitos infantes e jovens somente conseguem o tratamento que buscam por intermédio de ordens judiciais, tendo que contar com o Judiciário para isso. Ora, bastaria o poder público seguir o art. 196 da Constituição e tudo se resolveria; bastaria ter vontade política para se destinar à criança e ao adolescente tudo o que eles precisassem para a sua saúde. A mera alteração de frases na lei não representa algo positivo para a política social no tocante à infância e juventude. Muitos são os casos em que a pessoa necessitada somente consegue o prometido pelo poder público, na Constituição e neste Estatuto, por meio de ação judicial. Na jurisprudência: STF: "I – A reclamação não é sucedâneo recursal nem é admissível contra atos sem aderência estrita a decisões vinculantes deste Supremo Tribunal Federal. No entanto, o caso em questão trata de direitos fundamentais da maior grandeza, os direitos à vida e à saúde de uma criança, a quem a Constituição Federal atribui prioridade absoluta (art. 227). II – Após a incorporação do medicamento à lista do SUS, não existem dúvidas sobre a eficácia do medicamento para o tratamento da doença que acomete a agravada, não se identificando óbices à concessão do tratamento requerido, uma vez que preenchidos os critérios definidos por este Supremo Tribunal Federal no Tema 500 da Repercussão Geral" (Rcl 62.049 AgR/CE, 1.ª T., rel. Cristiano Zanin, 02.10.2023, v.u.); "1. Esta Corte tem determinado o fornecimento do medicamento Zolgensma a crianças portadoras de Amiotrofia Muscular

Espinhal, considerando a excepcionalidade do caso em questão, o direito à saúde previsto no art. 196 da Constituição da República, especialmente, o direito à vida, o que tem justificado a manutenção dos efeitos da antecipação de tutela (STP), porquanto, inexistente risco de lesão à ordem e à economia pública e julgado procedentes reclamações para restabelecer os efeitos dos acórdãos que obrigavam a União a fornecer o fármaco requerido. 2. O STF tem reconhecido, ainda, a sua eficácia e importância no tratamento da doença também em relação às crianças acima de 2 (dois) anos de idade, não sendo este um obstáculo ao fornecimento do medicamento Zolgensma. 3. Agravo regimental a que se nega provimento" (RE 1.399.165 AgR/PR, 2.ª T., rel. Edson Fachin, 03.05.2023, m.v.).

9-A. Legitimidade ativa e passiva: a legitimidade ativa pode caber tanto ao menor necessitado, por seu representante legal, como ao Ministério Público (art. 201, V, ECA). A passiva engloba o Estado da Federação ou o Município onde reside o infante ou adolescente. A União faz os repasses necessários, por meio do SUS. Conferir: TJBA: "1. Comprovado nos autos, através dos relatórios médicos de fls. 17/18, que indicam o tratamento com a bomba de insulina, explicando o porquê o referido tratamento é mais adequado ao caso dos autos, por ser menos agressivo à criança. 2. São legítimos o Estado da Bahia e o Município de Feira de Santana para serem partes da presente demanda, posto que recaem sob tais entes a responsabilidade de prestação de atendimento médico e ambulatorial à população, devendo valer-se, para tanto, de todos os meios necessários para restabelecimento da saúde dos cidadãos, sendo legítima a pretensão quando comprovada a necessidade do tratamento. 3. Em se tratando de interesse de menor, é imperativa a adoção das medidas protetivas consagradas pelo Estatuto da Criança e do Adolescente – ECA, nos termos da jurisprudência do Superior Tribunal de Justiça. Reexame necessário improvido" (Remessa Necessária 0037154-79.2009.8.05.0080/BA, 3.ª Câm. Cível, rel. Sandra Inês Moraes Rusciolelli Azevedo, 15.06.2016, v.u.).

10. Portadores de deficiência: o atendimento especializado, ao qual se refere este dispositivo, deve ser interpretado de maneira ampla, de modo a garantir o princípio da proteção integral. A Lei 13.257/2016 apenas acrescentou que não deve haver nenhuma espécie de segregação ou discriminação. Na jurisprudência: STJ: "1. Mandado de Segurança impetrado pelo Ministério Público, em face de município, visando à proteção de direito líquido e certo de menor portador de 'Síndrome de Down' e hipotiroidismo, ao transporte gratuito e adequado a deficiência, para o deslocamento a centro de tratamento para reabilitação. 2. A análise da comprovação, pelo menor, dos requisitos necessários a inserção no programa, a fim de garantir o acesso ao transporte pelo Município implica em análise fático-probatória, razão pela qual descabe a esta Corte Superior referida apreciação em sede de recurso especial, porquanto é--lhe vedado atuar como Tribunal de Apelação reiterada ou Terceira Instância revisora, ante a *ratio essendi* da Súmula 07/STJ, *verbis*: 'A pretensão de simples reexame de prova não enseja Recurso Especial'. 3. *In casu*, assentou o Tribunal *a quo* que uma vez demonstrada a deficiência e constatada a necessidade do transporte, a fim de ser realizado o tratamento necessário a saúde do menor, este direito é constitucionalmente garantido, *verbis*: 'A pretensão não atende aos interesses do infante, pois não há como negar que ele tem esse direito, em vista do princípio da proteção integral do menor frente à legislação especial e constitucional. Não se pode deixar de aplicar direito absoluto, interligado aos direitos à vida, à saúde, à educação, essenciais para o menor, como prescreve a legislação, em detrimento de um atendimento cronológico, não previsto em lei.' (fls. 102/103) 4. Configurada a necessidade do recorrido de ver atendida a sua pretensão posto legítima e constitucionalmente garantida, uma vez assegurado o direito à saúde e, em última instância, à vida. A saúde, como de sabença, é direito de todos e dever do Estado. 5. À luz do Princípio da Dignidade da Pessoa Humana, valor erigido com um dos fundamentos da República, impõe-se a concessão do transporte para realização de tratamento

Art. 11

da deficiência, como instrumento de efetividade da regra constitucional que consagra o direito à saúde. 4. O Município de São Paulo é parte legítima para figurar no polo passivo de demandas cuja pretensão é o fornecimento de medicamentos e condições para tratamento imprescindíveis à saúde de pessoa carente. 5. Recurso especial parcialmente conhecido e, nesta parte, negado provimento" (REsp 937.310/SP, 1.ª T., rel. Luiz Fux, 09.12.2008, v.u.).

11. Fornecimento gratuito de medicamentos e outros recursos: mais uma vez, seguindo-se o disposto no art. 196 da CF, como vigor político, poder-se-ia resolver vários problemas sem a necessidade de edição de lei. Por outro lado, como já mencionamos em nota anterior, chega a ser interessante e peculiar este dispositivo, pois, na prática, o Estado deixa de fornecer medicamentos e outros recursos a quem necessita, obrigando muitos enfermos a recorrer ao Judiciário para obter o indispensável à sua sobrevivência. E quando os juízes deferem os pedidos, obrigando o Estado a fornecer determinado medicamento básico (e nem se insira nesse contexto qualquer remédio importado) para a saúde do autor da ação, a Procuradoria do Estado ou a Advocacia da União impugna, sob o argumento de estar o Judiciário exorbitando, pois a política de saúde é privativa do Executivo. Seria o mesmo que dizer: se o Executivo quiser fornecer o remédio, fornece; se não quiser, provocando a morte do doente, não é problema do Judiciário. Ora, quem, afinal, zela pelo fiel cumprimento da Constituição Federal? Os Três Poderes, sem dúvida. E quando um falha, há o outro para corrigir. Na jurisprudência: TJMS: "Comprovada a imprescindibilidade de utilização de determinado tratamento, constitui-se em dever – e, portanto, responsabilidade – do Estado *in abstrato* o fornecimento do tratamento adequado (CF, art. 23, II), considerando-se a importância da proteção à vida e à saúde (art. 196, CF), mormente por se tratar, no caso, de interesse de menor, ao qual se aplica o Estatuto da Criança e do Adolescente (art. 11, § 2.º)" (Ap. 0801827-08.2016.8.12.0110-MS, 1.ª Câm. Cível, rel. Marcelo Câmara Rasslan, 29.08.2017, v.u.). TJMG: "Em observância ao disposto, sobretudo aos arts. 6.º e 196, da Constituição Federal, os municípios, assim como os estados--membros e a própria União Federal, estão obrigados, ainda que por intermédio de prestações positivas, a promover o direito fundamental à saúde dos munícipes, mormente quando se trata de criança e adolescente cujo estatuto próprio reforça mencionado dever estatal, (arts. 7.º, 11, parágrafos 1.º e 2.º, do ECA)" (Ap. Cível/Reex. Necessário 1.0223.08.245761-3/001, 6.ª Câm. Cível, rel. Selma Marques, 07.01.2014, v.u.). TJRS: "1. O ECA estabelece tratamento preferencial a crianças e adolescentes, mostrando-se necessário o pronto fornecimento do atendimento de que necessitam o nascituro e a gestante, cuja família não tem condições de custear. 2. Há exigência de atuação integrada da União, dos Estados e dos Municípios para garantir o direito à saúde de crianças e adolescentes, do qual decorre o direito ao fornecimento do amplo atendimento à saúde. Inteligência dos art. 196 e 198 da CF e art. 11, § 2.º, do ECA. 3. A prioridade estabelecida pela lei enseja a responsabilização do poder público, sendo irrelevante a alegação de escassez de recursos ou inexistência nos estoques, o que o obrigaria a alcançar o atendimento à saúde, ainda que obtido sem licitação, em estabelecimento particular, a ser custeado pelo Estado e ou pelo Município" (Apelação Cível 70056864952, 7.ª Câm. Cível, rel. Sérgio Fernando de Vasconcellos Chaves, j. 13.11.2013).

12. Fornecimento de fraldas: o poder público deve fornecer não apenas medicamentos e próteses, mas *todos* os recursos relativos ao tratamento, habilitação e reabilitação da criança ou adolescente, significando, portanto, o fornecimento de fraldas. Quem está em tratamento, sem poder sair da cama, por exemplo, necessita disso para ter qualidade de vida enquanto se cuida. Conferir: TJMG: "Reexame necessário. Ação cominatória. Direito à saúde. Menor deficiente. Hipossuficiência. Fraldas descartáveis prescritas por médico do SUS. Necessidade comprovada. Atendimento integral assegurado pelo ECA (Lei 8.069/90). Responsabilidade do município. Direito constitucional assegurado. Sentença mantida. Diante da comprovação do debilitado estado clínico do autor e da indispensabilidade das fraldas descartáveis requeridas, tendo em vista a necessária manutenção de sua dignidade e de seu mínimo bem-estar, além da impossibilidade financeira de custear o uso continuado deste insumo, deve ser mantida a sentença que determinou ao Município de Belo Horizonte o custeio do tratamento, mesmo porque prevalece, na hipótese, o direito à vida, devendo também ser respeitada a doutrina do atendimento integral a crianças e adolescentes, assegurado pelo ECA" (Reexame Necessário-Cv 1.0024.12.114552-8/002, 1.ª Câm. Cível, rel. Geraldo Augusto, 05.11.2013).

> **Art. 12.** Os estabelecimentos de atendimento à saúde, inclusive as unidades neonatais, de terapia intensiva e de cuidados intermediários, deverão proporcionar condições para a permanência em tempo integral de um dos pais ou responsável, nos casos de internação de criança ou adolescente.[13]
>
> **Parágrafo único.** Será garantido à criança e ao adolescente o direito de visitação à mãe ou ao pai internados em instituição de saúde, nos termos das normas regulamentadoras.[13-A] *(Parágrafo único acrescido pela Lei 14.950/2024, em vigor após decorridos 180 dias de sua publicação oficial – DOU 05.08.2024)*

13. Acompanhante de criança ou adolescente: qualquer estabelecimento de atendimento à saúde (clínicas, hospitais, prontos-socorros etc.), público ou particular, deve viabilizar a permanência do pai, da mãe ou de um responsável junto do internado durante as 24 horas do dia. A medida é salutar, pois o infante ou jovem sempre é um doente mais frágil que o adulto, até pela falta de amadurecimento e compreensão do que lhe acontece. Entretanto, é preciso destacar que se trata de um direito e não de uma obrigação. Há estabelecimentos que se recusam a internar o menor de 18 anos se não tiver o acompanhamento de um adulto responsável. Essa conduta é negar atendimento a quem precisa; verdadeira omissão de socorro. Por outro lado, em especial, nos hospitais públicos as *condições* oferecidas aos pais ou responsáveis da criança ou adolescente não passam de uma cadeira ao lado do leito hospitalar – isso quando se encontra um leito. É preciso coragem legislativa para ir além da mera previsão de um direito; torna-se fundamental fixar as condições exatas para o seu exercício, dentro da órbita da dignidade humana, prevendo-se sanção para o descumprimento. Do mesmo modo, exageros devem ser evitados, pois há situações em que a presença dos pais ou responsáveis pode influenciar negativamente o tratamento médico, caso eles interfiram nas recomendações e procurem impedir medidas essenciais à saúde do internado; assim, o mais relevante é atender o interesse superior da criança ou adolescente. Na jurisprudência: STJ: "2. A controvérsia posta no presente *writ* destina-se em saber se a limitação de horário da visita dos guardiães à criança que se encontra hospitalizada, em razão de inúmeros incidentes e desentendimentos destes com a equipe médica interdisciplinar, com 'intervenções desautorizadas', a ensejar o acionamento de força policial, evidencia ou não violação ao superior direito da infante de obter o acompanhamento próximo e em período integral de seus responsáveis em seu tratamento médico, bem como ao direito de locomoção dos pacientes. 3. Em virtude do indispensável tratamento protetivo a que faz jus a criança, cujos melhores interesses são prioritários, o acompanhamento dos pais ou dos responsáveis durante o tratamento médico hospitalar, em período integral, tem expressa previsão legal no Estatuto da Criança e do Adolescente (art. 12). Dispositivo legal semelhante consta, também em virtude de seu caráter protetivo, no Estatuto da Pessoa com Deficiência (art. 22). 4. Os preceitos legais em exame comportam um único norte interpretativo, voltado a promover, necessariamente, o atendimento aos melhores e superiores interesses do destinatário da norma protetiva, que é a criança, no caso dos autos, portadora de deficiência, a exigir maior cautela e cuidado na salvaguarda

Art. 13

de seus direitos. 4.1 Em situação concreta, na qual a detida observância da norma protetiva não promove, idealmente, a preservação dos interesses da criança, mas, ao contrário, a coloca em risco, o regramento legal não poderá ser aplicado ou, ao menos, deverá ser flexibilizado, para que o direito e os melhores interesses da criança sejam efetivamente preservados. 5. No específico caso dos autos, o acompanhamento dos guardiães no tratamento médico da criança em ambiente hospitalar, em tempo integral, segundo os elementos de prova até aqui colacionados, tem se apresentado absolutamente temerário ao tratamento de saúde a que a criança se encontra submetida, o que, sob os auspícios dos melhores e prioritários direitos e interesses da criança, não se pode admitir. 5.1 A fundamentação central adotada na origem está lastreada justamente no reconhecimento de que a permanência dos guardiães, em período integral, no ambiente hospitalar, compromete o tratamento médico da criança, essencial a sua sobrevivência, colocando, portanto, em clara em situação de risco a sua segurança e saúde. Nessa medida, sem tecer dúvida alguma quanto à boa intenção dos guardiães, não se antevê nenhuma ilegalidade ou abuso de poder na decisão liminar que lhes impôs restrição na visita à criança, assegurando-lhes uma hora por dia, todos os dias. 5.2 Ademais, conforme assentado pelo Tribunal de origem em caráter liminar, o tratamento de saúde da criança tem demonstrado resultados positivos, a ensejar, em curto prazo de tempo, possivelmente, a tão desejada alta hospitalar da infante, o que não pode ser olvidado na presente deliberação. 6. Ordem não concedida" (HC 632.992/MG, 3.ª T., rel. Marco Aurélio Bellize, 27.04.2021, v.u.).

13-A. Direito de visita aos pais internados: cuida-se de política infantojuvenil, iniciada há alguns anos, prevendo neste estatuto o direito de visitação da criança ou adolescente aos pais, quando estes estiverem privados da liberdade. A Lei 14.950/2024 incluiu o parágrafo único neste artigo, considerando os genitores internados em instituição de saúde. Idêntica providência foi tomada pela Lei 12.962/2014 ao introduzir o art. 19, § 4.º, deste estatuto, disciplinando a visita do infante ou jovem aos pais condenados a pena privativa de liberdade, assim como aos genitores que possam estar em acolhimento institucional. A Lei 13.509/2017 introduziu o art. 19, § 5.º, no estatuto, para assegurar a convivência da criança com mãe adolescente em acolhimento institucional. O propósito dessas alterações legislativas visa atingir o saudável convívio do filho menor de 18 anos com pai ou mãe privado da liberdade, por qualquer origem, tendo em vista não ser admissível cortar os laços parentais, com a perda do poder familiar e colocação da criança ou adolescente em família substituta, de maneira automática. Noutros termos, a situação enfrentada pelos pais, se privados da liberdade, não é causa absoluta para a perda do poder familiar, razão pela qual, por coerência, quer-se assegurar o direito de visita. No entanto, é preciso levar em consideração o superior interesse do infante ou jovem, que não pode ser obrigado a visitar o pai ou a mãe que esteja preso, além de que muitos genitores ignoram seus filhos, sem qualquer interesse na visitação. Então, é inviável aguardar muito tempo, inserindo-se o menor em abrigo, por exemplo, sem contato efetivo com os genitores, pois há uma perda inestimável de convívio familiar, com educação e amor. É preciso analisar cada caso com cautela.

> **Art. 13.** Os casos de suspeita ou confirmação de castigo físico, de tratamento cruel ou degradante e de maus-tratos contra criança ou adolescente serão obrigatoriamente[14] comunicados[15-16] ao Conselho Tutelar da respectiva localidade, sem prejuízo de outras providências legais.[17]
>
> § 1.º As gestantes ou mães que manifestem interesse em entregar seus filhos para adoção serão obrigatoriamente encaminhadas, sem constrangimento, à Justiça da Infância e da Juventude.[18-19]

> § 2.º Os serviços de saúde em suas diferentes portas de entrada, os serviços de assistência social em seu componente especializado, o Centro de Referência Especializado de Assistência Social (Creas) e os demais órgãos do Sistema de Garantia de Direitos da Criança e do Adolescente deverão conferir máxima prioridade ao atendimento das crianças na faixa etária da primeira infância com suspeita ou confirmação de violência de qualquer natureza, formulando projeto terapêutico singular que inclua intervenção em rede e, se necessário, acompanhamento domiciliar.[19-A]

14. Comunicação obrigatória: está-se no cenário do atendimento à saúde infantojuvenil, motivo pelo qual a obrigação prevista neste dispositivo diz respeito ao responsável pelo estabelecimento médico-hospitalar. Faz par com o art. 245 deste Estatuto, prevendo multa administrativa para o médico ou outro responsável pelo estabelecimento de atenção à saúde que deixar de comunicar os maus-tratos constatados à autoridade competente. Esta pode ser o Conselho Tutelar, o delegado de polícia, o membro do Ministério Público e até mesmo o juiz da Infância e da Juventude. Embora o art. 13 determine seja avisado o Conselho Tutelar, *sem prejuízo* de outras providências (como o registro de um boletim de ocorrência ou termo circunstanciado), na realidade, a infração administrativa não exige o Conselho Tutelar, podendo ser avisada qualquer autoridade competente da área infantojuvenil. Trata-se de uma contradição – dentre tantas – constante nesta Lei. "A informação às autoridades é obrigação do médico. Muitas vezes, a proteção implica abrigar a criança, devido à gravidade da violência. Convém lembrar que o agressor, na maioria das vezes, reside sob o mesmo teto. Outras ocasiões comportam medidas legitimadas pela Procuradoria de Estado para o cumprimento, por parte dos pais e demais, das metas terapêuticas predeterminadas pela equipe, tanto da criança quanto de familiares. O discurso entre a equipe de saúde e o Ministério Público deve ter fluência e comprometimento, pois a tendência é que os fatos caiam no esquecimento" (Marcia Regina Machado Santos Valiati, *Desenvolvimento da criança e do adolescente. Avaliação e intervenção*, p. 189).

15. *Denuncismo*: na anterior redação do art. 13, mencionava-se apenas os maus-tratos sofridos pela criança ou adolescente. Podia-se encontrar uma base para a expressão no art. 136 do Código Penal: "expor a perigo a vida ou a saúde de pessoa sob sua autoridade, guarda ou vigilância, para fim de educação, ensino, tratamento ou custódia, quer privando-a de alimentação ou cuidados indispensáveis, quer sujeitando-a a trabalho excessivo ou inadequado, quer abusando de meios de correção ou disciplina". Entretanto, a Lei 13.010/2014 (denominada *Lei da Palmada*) incluiu os seguintes dados: castigo físico e tratamento cruel ou degradante. Manteve a expressão *maus-tratos*. É fundamental não haver uma onda inadequada de *denúncias* levianas, vindas de pessoas bisbilhoteiras, cuja principal diversão ou ocupação é cuidar da vida dos outros. Assim sendo, invasões da intimidade alheia podem levar a *supor* que pais ou outros responsáveis estejam *excedendo-se* no trato com seus filhos, tutelados ou pupilos, quando, na realidade, cumprem a sua função básica de criar e educar, conforme o poder familiar lhes autoriza. Uma simples *suspeita*, levada a um membro de Conselho Tutelar (leigo em questões jurídicas), por exemplo, pode incomodar, gravemente, a paz e a tranquilidade de uma família de bem. É preciso considerar a seriedade de um processo administrativo, instaurado para apurar uma simples *palmada*, considerada por alguém como *castigo físico*. Enfim, somente o bom senso irá ditar os caminhos seguidos por este artigo.

16. Suspeita fundada: se há o dever, imposto em lei, para noticiar às autoridades qualquer forma de violência ou abuso contra criança ou adolescente, naturalmente não se deve processar – civil ou criminalmente – quem o faz, a menos que atue dolosamente, comunicando algo que sabe ser falso. Conferir: TJSC: "Responsabilidade civil. Indenização

Art. 13

por danos morais. Autor indiciado em inquérito policial e preso temporariamente em razão de suspeita da prática de crime de estupro em desfavor da própria filha. *Notitia criminis* formulada pelos réus perante a autoridade policial. Exame de conjunção carnal que atesta a integridade do hímen da infante. Arquivamento do inquérito policial e revogação da prisão temporária. Inexistência de denúncia ou vinculação do autor a qualquer ação penal. Fato que ficou restrito ao conhecimento das partes e das autoridades policiais competentes. Inexistência de graves prejuízos ao autor. Mero dissabor incapaz de configurar dano à moral. Réus que apenas declararam suas suspeitas para as autoridades, mas que não foram responsáveis pela abertura do inquérito policial ou pela segregação do autor. Dever de indenizar inexistente. Requisitos dos arts. 159 do Código Civil/1916 (correspondente ao art. 186 do CC/2002) e 927 do atual Código Civil não configurados. Inteligência, ademais, dos arts. 4.º, 5.º, 13, 17 e 18 do Estatuto da Criança e do Adolescente. Sentença reformada. Recurso dos réus provido. Prejudicado o recurso adesivo. A provocação da autoridade policial a fim de que seja apurada suposta prática de infração penal é um direito não apenas do ofendido, como de toda e qualquer pessoa do povo (art. 5.º, II e § 3.º, do CPP). Diante disto, a jurisprudência tem entendido, quase que unanimemente, como descabida a indenização ao indiciado por danos decorrentes de inquérito policial posteriormente arquivado, a menos que aquele que deu causa à instauração tenha, comprovadamente, agido dolosamente ou de má-fé. É dizer, somente quando a pretensa vítima descamba do exercício regular para o abuso de seu direito poderá ser civilmente responsabilizada (Des.ª Maria do Rocio Luz Santa Ritta). 'É dever da família, da comunidade, da sociedade em geral e do poder público assegurar, com absoluta prioridade, a efetivação dos direitos referentes à vida, à saúde, à alimentação, à educação, ao esporte, ao lazer, à profissionalização, à cultura, à dignidade, ao respeito, à liberdade e à convivência familiar e comunitária.' (art. 4.º do ECA). 'Nenhuma criança ou adolescente será objeto de qualquer forma de negligência, discriminação, exploração, violência, crueldade e opressão, punido na forma da lei qualquer atentado, por ação ou omissão aos seus direitos fundamentais.' (art. 5.º do ECA). 'Os casos de suspeita ou confirmação de maus-tratos contra criança ou adolescente serão obrigatoriamente comunicados ao Conselho Tutelar da respectiva localidade, sem prejuízo de outras providências.' (art. 13 do ECA). 'O direito ao respeito consiste na inviolabilidade da integridade física, psíquica e moral da criança e do adolescente, abrangendo a preservação da imagem, da identidade, da autonomia, dos valores, ideias e crenças, dos espaços e objetos pessoais.' (art. 17 do ECA). 'É dever de todos velar pela dignidade da criança e do adolescente, pondo-os a salvo de qualquer tratamento desumano, violento, aterrorizante, vexatório ou constrangedor.' (art. 18 do ECA)" (AC 190.974/SC 2006.019097-4, 3.ª Câm. de Direito Civil, rel. Marcus Tulio Sartorato, 08.10.2007, v.u.).

17. Outras providências legais: conforme o grau de lesão sofrida pela criança ou adolescente, detectado pela equipe hospitalar, o principal é comunicar à polícia para a instauração de inquérito. Pode-se levar o caso ao conhecimento direto do membro do Ministério Público ou até mesmo ao Juiz da Infância e Juventude. Por isso, a comunicação ao Conselho Tutelar é, em verdade, suplementar (somente em casos mais leves). Ou, ainda, quando se faz paralelamente a cientificação de outras autoridades.

18. Encaminhamento obrigatório: a disposição do § 1.º é, no mínimo, estranha. Em primeiro lugar, deve-se ressaltar o ponto positivo deste Estatuto, ao prever, no art. 8.º, § 5.º, a assistência psicológica à gestante ou mãe que manifeste o interesse em entregar seu filho para adoção. Cessa-se o elogio e inicia-se a crítica, pois neste art. 13, § 1.º, fixa-se o encaminhamento *obrigatório* dessas gestantes ou mães à Vara da Infância e Juventude. Aconselhar e orientar, em nível psicológico, é uma coisa, inclusive recomendando às gestantes ou mãe a procura da referida Vara, mas encaminhar à força é algo totalmente inadequado. Finalmente, uma alteração salutar. A Lei 13.257/2016 deixou claro que tal encaminhamento deve ser feito *sem constrangimento*. Assim, pode-se dizer que o termo *obrigatoriamente* é somente um alerta aos médicos e demais profissionais de saúde para que não desviem as gestantes e mães do Judiciário, permitindo, por exemplo, que elas contatem outros pais para seus filhos. Mesmo assim, duas observações: a) não há sanção alguma aos responsáveis pelo estabelecimento de saúde se não encaminharem as gestantes ou mães à Vara da Infância e Juventude; b) à força, por qualquer meio coercitivo, constitui nítido abuso à liberdade de locomoção, sanável por *habeas corpus*. Em suma, é mais uma norma de pura recomendação. Quer-se a colaboração do médico, por exemplo, para levar a gestante ou mãe ao fórum para que ali "entregue" seu filho, que entrará na lista para satisfazer um casal qualquer, pouco interessando se a sua mãe biológica gosta ou não, confia ou não nessas pessoas. Trataremos da adoção dirigida mais adiante.

19. Preconceito com relação às mães: um ponto importante é preciso ser abordado. As gestantes ou mães que decidem doar seus filhos, por razões variadas, não devem ser criticadas ou consideradas pessoas maldosas ou desonestas. Ao contrário, essas são as mães conscientes, que assim agem em benefício e por amor aos seus filhos, pois têm plena noção de que não poderão cuidar deles satisfatoriamente. É muito melhor para as crianças a entrega em juízo para adoção do que o abandono, puro e simples, em qualquer terreno baldio. O que se critica, na verdade, é o impedimento criado, já há algum tempo, pela Lei 12.010/2009 para que tais mães possam entregar seus filhos a pessoas conhecidas, de sua confiança, com as quais poderão, no futuro, ter contato e notícias da criança. A vedação à adoção dirigida, segundo entendemos, é um malefício. No mais, sem dúvida, entregar a criança ao poder público é positivo, pois evita abuso, maus-tratos, violência e outros males dirigidos ao menor. "A atitude social preconceituosa em relação a essas mulheres é um dos fatores que em muito contribui para que essas crianças não cheguem ao Judiciário. (...) Uma vez nascida a criança e entregue em adoção, ocorre uma abrupta modificação. As regras e até a linguagem para designá-la relegam, então, a mãe biológica a um estado de 'não ser', ou à categoria de pessoa má, desumana e sem princípios morais e éticos. Configura-se assim a postura paradoxal que caracteriza a atitude em relação a estas mulheres no decorrer de todo o processo: de um lado, a expectativa para que a entrega se concretize; de outro, a censura feroz em relação à mesma. (...) Permanecer com a criança sem que a mãe tenha 'ciência' dos motivos e das consequências da decisão pode ser igualmente desastroso. Se a mãe permanece com a criança sem realmente desejar fazê-lo, pode futuramente vir a engrossar as fileiras das mães que maltratam seus filhos, que os ignoram, que lhes infligem castigos inomináveis ou os criam nas ruas ou até chegam a situações extremas de abandono ou infanticídio. (...) As crianças que *não são entregues* ao Judiciário porque a mãe sente-se envergonhada ou temerosa de fazê-lo e que são depois entregues ao 'primeiro interessado', ou deixadas na igreja, na rua, no metrô também testemunham a importância de que se cuide do processo de decisão da mãe. Igualmente fazem seus testemunhos as crianças que nos escandalizam quando aparecem na mídia abandonadas, expostas, correndo perigo de vida" (Maria Antonieta Pisano Motta, "As mães que abandonam e as mães abandonadas". In: Luiz Schettini Filho e Suzana Sofia Moeller Schettini (org.). *Adoção. Os vários lados dessa história*, p. 20-23).

19-A. Proteção máxima ao infante: disciplina o § 2.º do art. 13, incluído pela Lei 13.257/2016, que os serviços de saúde, os de assistência social e outros órgãos devem dar prioridade máxima ao atendimento de crianças (até 6 anos completos) com suspeita ou confirmação de violência de qualquer natureza. Muito positiva a norma. No entanto, esqueceu-se a lei de que há denúncias anônimas de ordem inferior, vale dizer, vingativas, invasivas ou especuladoras, advindas de vizinhos, empregados e outras fontes. É preciso cuidado do poder público ao invadir a privacidade e a intimidade do lar onde habita a família, para ter certeza

Art. 14

de que crianças ali estão ou não sendo abusadas. O direito ao contraditório e o direito à ampla defesa, que estão previstos na Constituição Federal, valem para os pais ou responsável pela criança. É importante que essas garantias funcionem tanto quanto a fiscalização do poder público em face de *eventual* violência contra a criança.

> **Art. 14.** O Sistema Único de Saúde promoverá programas de assistência médica e odontológica para a prevenção das enfermidades que ordinariamente afetam a população infantil, e campanhas de educação sanitária para pais, educadores e alunos.
>
> § 1.º É obrigatória a vacinação das crianças nos casos recomendados pelas autoridades sanitárias.[20]
>
> § 2.º O Sistema Único de Saúde promoverá a atenção à saúde bucal das crianças e das gestantes, de forma transversal, integral e intersetorial com as demais linhas de cuidado direcionadas à mulher e à criança.
>
> § 3.º A atenção odontológica à criança terá função educativa protetiva e será prestada, inicialmente, antes de o bebê nascer, por meio de aconselhamento pré-natal, e, posteriormente, no sexto e no décimo segundo anos de vida, com orientações sobre saúde bucal.
>
> § 4.º A criança com necessidade de cuidados odontológicos especiais será atendida pelo Sistema Único de Saúde.
>
> § 5.º É obrigatória a aplicação a todas as crianças, nos seus primeiros 18 meses de vida, de protocolo ou outro instrumento construído com a finalidade de facilitar a detecção, em consulta pediátrica de acompanhamento da criança, de risco para o seu desenvolvimento psíquico.

20. Obrigatoriedade de vacinação: é perfeitamente admissível – e até recomendável – que o poder público obrigue, por meio de ordem judicial ou do Conselho Tutelar, que os pais encaminhem seus filhos à vacinação obrigatória. Na jurisprudência: STF: "II – As crianças e adolescentes, sujeitos de direitos, são pessoas em condição peculiar de desenvolvimento e destinatários do postulado constitucional da 'prioridade absoluta', de maneira que a esta Corte cabe preservar essa diretriz, garantindo a proteção integral dos menores segundo o seu melhor interesse, em especial de sua vida e saúde, de forma a evitar que contraiam ou que transmitam a outras crianças – além das conhecidas doenças infectocontagiosas como o sarampo, caxumba e rubéola – a temível covid-19. III – Como os menores não tem autonomia, seja para rejeitar, seja para consentir com a vacinação, revela-se indiscutível que, havendo consenso cientifico demonstrando que os riscos inerentes à opção de não vacinar são significativamente superiores àqueles postos pela vacinação, cumpre privilegiar a defesa da vida e da saúde, em prol não apenas desses sujeitos especialmente protegidos pela lei, mas também de toda a coletividade. IV – Constitui obrigação do Estado, inclusive à luz dos compromissos internacionais assumidos pelo Brasil, proporcionar à toda a população indicada o acesso à vacina para prevenção da Covid-19, de forma universal e gratuita, em particular às crianças de 5 a 11 anos de idade, potenciais vítimas – aliás, indefesas –, e propagadoras dessa insidiosa virose, sobretudo porquanto já há comprovação científica acerca de sua eficácia e segurança atestada pelo órgão governamental encarregado de tal mister, qual seja, a Agencia Nacional de Vigilância Sanitária – Anvisa (...)" (ADPF 754 TPI, Tribunal Pleno, rel. Ricardo Lewandowski, 21.03.2022, v.u.).

Capítulo II
DO DIREITO À LIBERDADE, AO RESPEITO E À DIGNIDADE

> **Art. 15.** A criança e o adolescente têm direito à liberdade, ao respeito e à dignidade como pessoas humanas em processo de desenvolvimento e como sujeitos de direitos civis, humanos e sociais garantidos na Constituição e nas leis.[21]

21. Direitos já previstos: outras normas mencionaram esses direitos, todos eles previstos igualmente na Constituição Federal. Embora relevantes, não há necessidade de reiteração.

> **Art. 16.** O direito à liberdade compreende os seguintes aspectos:[22]
>
> I – ir, vir e estar nos logradouros públicos e espaços comunitários, ressalvadas as restrições legais;[23]
>
> II – opinião e expressão;[24]
>
> III – crença e culto religioso;[25]
>
> IV – brincar, praticar esportes e divertir-se;[26]
>
> V – participar da vida familiar e comunitária, sem discriminação;[27-28-B]
>
> VI – participar da vida política, na forma da lei;[29]
>
> VII – buscar refúgio, auxílio e orientação.[30]

22. Direito à liberdade detalhado: compreende-se o intuito do legislador em estabelecer diversos aspectos da liberdade infantojuvenil em estatuto específico, mas não será a repetição de direitos em inúmeros dispositivos, por vezes com diferentes termos, o meio de solucionar a carência de atuação do poder público nessa sensível área.

23. Ir, vir e estar: ao conceituar o direito à liberdade, concentrando-se na liberdade de locomoção, pelo menos, o legislador foi feliz ao estabelecer o direito de ir, vir e estar – diversamente de outras leis, que somente veem o direito de ir e vir. Logicamente, esse direito é torneado pelos espaços públicos (o termo *comunitário* é relativo, visto existirem *comunidades fechadas*), respeitadas as restrições legais, que são concernentes ao interesse do próprio infante ou jovem. Ilustrando, viver na rua, para uma criança, não é direito de locomoção, mas situação nitidamente indevida.

24. Opinião e expressão: seguindo postulados estabelecidos pela Constituição Federal, todo indivíduo tem direito à liberdade de pensamento e de expressão, logo, de opinião. Assim também a criança e o adolescente. Entretanto, como nenhum direito é ilimitado, é fundamental que, assim como o adulto, o jovem seja educado a não extravasar no campo das suas opiniões, evitando-se ofensas à honra alheia. Crianças, por certo, possuem opinião e expressão mitigadas pela falta de amadurecimento, embora devam igualmente ser orientadas a respeitar a honra e a imagem alheias, outro direito fundamental. A liberdade prevista neste dispositivo não afasta a possibilidade de o jovem cometer ato infracional (conduta descrita como crime ou contravenção, nos termos do art. 103 desta Lei). Portanto, um adolescente pode praticar o ato infracional relativo a calúnia, difamação ou injúria. Vislumbra-se, inclusive, a possibilidade de preenchimento do elemento subjetivo específico, consistente na nítida vontade de menosprezar alguém. Aliás, a Lei 14.811/2024 incluiu o art. 146-A no Código Penal,

Art. 16

Estatuto da Criança e do Adolescente Comentado · Nucci

tipificando o *bullying* e o *cyberbullyng*, condutas que muitas vezes se concretizam por meio do abuso na liberdade de expressão, proferindo ofensas sequenciais a vítimas, em especial no ambiente escolar, gerando humilhação e discriminação. Em decorrência disso, a intimidação sistemática pode configurar ato infracional. A criança, por seu turno, não tem malícia suficiente para o cometimento de atos infracionais contra a honra ou a liberdade de alguém. Pode aborrecer terceiros com xingamentos, sem dúvida, mas é caso de aprimoramento da disciplina e fornecimento de orientação, longe dos caminhos forenses.

25. Crença e culto: assegura o art. 5.º, VI, da CF, a liberdade de crença e culto a todos os indivíduos, de modo que este dispositivo apenas confirma o direito fundamental. Uma das consequências dessa liberdade é assegurar à criança e ao adolescente, enquanto estiver abrigado em qualquer instituição, pública ou privada, apenas uma orientação de cunho religioso, mas jamais a obrigação de seguir esta ou aquela religião. Sabe-se, por certo, que muitos abrigos são constituídos e mantidos por instituições religiosas; entretanto, promover a caridade, seu principal objetivo, não pode confundir-se com a difusão de um culto ou uma crença. Tratando-se de criança, possuindo algum vínculo com a família biológica, convém que esta autorize a orientação religiosa; cuidando-se de adolescente, com maior capacidade de discernimento, ele mesmo deve decidir se aceita participar de reuniões com esse desiderato. Qualquer abuso nessa área fere a liberdade do infante ou jovem, cabendo a intervenção inibitória do juiz.

26. Brinquedo, esporte e diversão: nada mais natural a uma criança ou adolescente do que incluir, na sua liberdade, as condutas de brincar, praticar esportes e divertir-se. O difícil, nesse campo, é garantir a consecução de tais direitos decorrentes da sua liberdade. Nada mais sensato do que incluir no cenário dos maus-tratos (art. 136, CP), a depender do caso concreto, a privação do(a) menino(a) de tempo para brincar e do jovem de seu tempo para se divertir ou praticar esportes. Maltratar não significa apenas agredir fisicamente, mas também prejudicar a saúde de alguém, sob sua autoridade, para fins de educação, privando-o de cuidados indispensáveis, sujeitando-o a trabalho excessivo ou inadequado (como, por exemplo, obrigar crianças e jovens às tarefas domésticas, em lugar das brincadeiras e diversões) ou abusando dos meios de correção e disciplina, que envolvem, em grande parte, a vedação aos prazeres infantojuvenis (brincar, praticar esportes, divertir-se). É hora de os membros do Conselho Tutelar e do Ministério Público atentarem para o cumprimento dos direitos das crianças e adolescentes de forma mais ampla do que simplesmente ter o que comer e um teto para dormir. Famílias castradoras violam a liberdade de meninos(as) e jovens; não podem passar impunes somente porque têm alto poder aquisitivo. Se assim for feito, somente os pobres sofrerão a fiscalização dos órgãos da Infância e da Juventude. Além disso, os abrigos, igualmente, necessitam da mesma atenção. É inviável manter uma criança dentro de um berço desde que nasce até quando alguém resolva adotá-la, não importando a idade que tenha. As instituições abrigadoras *devem* proporcionar brincadeiras e diversão aos internos. Para isso, o Conselho Tutelar, o Ministério Público e, também, o juiz da Vara da Infância e Juventude da região *devem* visitá-las periodicamente. "Sabe-se que *brincar* faz parte do desenvolvimento sadio de crianças e adolescentes, pois ensina e encaminha ao raciocínio. Daí por que se assegura a 'diversão' como uma consequência do direito de brincar, o que deve ser exercido de forma sadia onde todos se divertem. O direito de brincar, todavia, não é absoluto e pode ser violado, o que sucede, por exemplo, quando crianças e/ou adolescentes se divertem à custa de outros que sofrem, como ocorre na prática do *bullying* escolar. A prática de esportes, mesma forma, auxilia o desenvolvimento físico e intelectual desses sujeitos de direitos, preparando-os para a vida, pelo que deve existir uma política integrada para que o direito a esporte os alcance. Na verdade, pouco ou nada vale assegurarmos direito a esportes sem que haja a vontade política, orientação técnica ou fiscalização adequadas, não apenas porque é nessa fase que todas as nações descobrem e desenvolvem seus desportistas, mas porque existem esportes que são perigosos a crianças e adolescentes" (Antonio Cezar Lima da Fonseca, *Direitos da criança e do adolescente*, p. 59). "A liberdade de brincar, praticar esportes e divertir-se, caracterizada como específica das crianças e dos adolescentes, refere-se ao direito que eles têm de fantasiar e agir como seres criativos, livres, sem impedimentos para a expressão de sua alegria de viver e para as explorações cognitivas típicas das primeiras fases da vida. Trata-se da garantia dada pela lei ao direito de a criança correr, pular, ter amigos, festejar, sujar-se, dançar, praticar esportes, nadar... Trata-se, enfim, do fundamental direito da criança de simplesmente ser criança" (Naves e Gazoni, *Direito ao futuro*, p. 67). Carlos Amadeu Botelho Byington expõe a importância da *brincadeira* na vida da criança: "Winnicott (1971) mostrou como o brincar é uma função estruturante da maior importância na vida da criança. E de fato o é, por representar a avidez do Arquétipo Central e da função estruturante transcendente da imaginação para elaborar símbolos. Quando deixamos as crianças à vontade, elas brincam até cair de sono, e exaurem a energia de qualquer adulto (...) É impressionante como as crianças percebem e dão importância à relação emocional, afetiva ou agressiva entre os pais, seja em situações de normalidade ou de patologia" (*A viagem do ser em busca da eternidade e do infinito*, p. 78).

27. Discriminação: somos levados a elogiar essa previsão, assim como a anterior, pois a discriminação é uma das armas mais potentes para cercear, camufladamente, a liberdade individual. Tenho sustentado, há muito, que a injúria racial é pura discriminação, logo, atitude racista e segregatória. Nesse cenário, as crianças e os adolescentes jamais devem sofrer a pior das agressões silentes e traiçoeiras: a discriminação. Destrói-se um espírito jovem com tamanha atrocidade. Como o art. 16, V, não distinguiu – e fez bem, qualquer discriminação é lesiva à liberdade da criança e do adolescente, como, por exemplo, a realizada em função da sua pobreza. Não faz muito tempo, emergiu a polêmica do denominado *rolezinho*. Jovens da periferia de grandes cidades, pelas redes sociais da internet, marcavam encontros num local para um "rolé" (dar um giro, uma volta). Enquanto tais reuniões ocorriam na via pública, ninguém se incomodou, mas quando partiram para *shoppings*, especialmente os mais elegantes, tudo isso virou um transtorno, praticamente um caso para a polícia resolver. Vozes de todos os lados foram ouvidas, apoiando ou execrando o tal *rolezinho*. "Coisa de desocupados"; "*shopping* é um lugar para fazer compras"; "eles querem fazer arrastão" e por aí seguem as frases de efeito puramente discriminatório. Jovens de classe média alta quando se reúnem num *shopping*, em qualquer número, jamais são importunados. Mas jovens pobres são candidatos em potencial à prática de delitos, especialmente patrimoniais. Em suma, o ponto crucial não é debater o direito ao *rolezinho*, mas a discriminação que a criança e o adolescente sofrem no Brasil, em função de fatores variados, inclusive pela classe social.

28. *Bullying* e *cyberbullying*: advém do inglês (*bully* = valentão; *bullying* = amedrontar, aterrorizar), significa atos de agressão física e moral, com o intuito de apavorar alguém mais fraco, transformando a sua vida, em determinado ambiente, num tormento. Sempre houve, mas somente agora se começa a detectá-lo com mais facilidade, buscando combatê-lo, em particular, nos lugares de trabalho e estudo. A vítima do *bullying* tende a ficar atemorizada, largando o emprego, o estudo ou qualquer outra atividade, traumatizando-se, por vezes, para a vida em sociedade. Atualmente, encontra-se tipificado no Código Penal ("Art. 146-A. Intimidar sistematicamente, individualmente ou em grupo, mediante violência física ou psicológica, uma ou mais pessoas, de modo intencional e repetitivo, sem motivação evidente, por meio de atos de intimidação, de humilhação ou de discriminação ou de ações verbais, morais, sexuais, sociais, psicológicas, físicas, materiais ou virtuais: Pena – multa, se a conduta não constituir crime mais grave. Parágrafo único. Se a conduta é realizada por meio da rede de computadores, de rede social, de aplicativos, de jogos *on-line* ou por qualquer outro meio ou ambiente digital, ou transmitida em tempo real: Pena – reclusão, de 2 (dois) anos a 4 (quatro) anos, e multa, se a conduta não constituir crime mais grave"), podendo ser considerado igualmente ato infracional. Além disso, algumas condutas integrantes do *bullying* constituem crimes autônomos (lesão corporal, ameaça, constrangimento ilegal etc.), enquanto outras devem ser reputadas ilícitos civis (entendidos como sendo os não penais), pois a perturbação do sossego alheio por capricho, vaidade ou outro motivo negativo deve ser coibida. A criança ou adolescente pode ser vítima do *bullying*, devendo ser protegida, mas também pode atuar como agente. Nessa situação, não se pode argumentar com a liberdade de agir do menor de 18 anos. "Como violação do direito ao respeito, afora a gravidade do abuso sexual, atualmente, apresenta-se a prática do *bullying* entre crianças e adolescentes, que pode surgir na escola, na comunidade, condomínios, acampamentos de férias, enfim. Incrementado nos anos 70, ao que consta foi detectado na Noruega. O *bully* diz respeito a alguém que usa sua força ou o poder para magoar ou assustar as pessoas. *Bully* é o valentão. Trata-se da agressão continuada ou não a um aluno (criança ou adolescente) por um ou um grupo de colegas, os quais passam a utilizar-se de pressão psicológica, agressões físicas e morais, sem motivo plausível" (Antonio Cezar Lima da Fonseca, *Direitos da criança e do adolescente*, p. 62). "De origem inglesa, o termo *bullying* é utilizado para qualificar comportamentos agressivos no âmbito escolar, praticados tanto por meninos quanto por meninas. Os atos de violência (física ou não) ocorrem de forma intencional e repetitiva contra um ou mais alunos que se encontram impossibilitados de fazer frente às agressões sofridas, ou seja, em uma relação em que há desequilíbrio de poder (Silva, 2001; Vieira; Mendes; Guimarães, 2009). Tais comportamentos não apresentam motivações específicas ou justificáveis. Em última instância, significa dizer que, de forma 'natural', os mais fortalecidos utilizam os mais frágeis como meros objetos de diversão, prazer e poder, com o intuito de maltratar, intimidar, humilhar e amedrontar suas vítimas, causando dor e angústia (Silva, 2011; Lopes Neto, 2005) (...) Segundo Smith et al., 2008, o *cyberbullying* pode ser definido como 'um ato agressivo, intencional, movido por um grupo ou indivíduo, utilizando meios eletrônicos de comunicação, repetidamente e ao longo do tempo contra uma vítima que não pode facilmente se defender' (...) Nas agressões por *cyberbullying*, a vítima geralmente não sabe quem é o agressor, sendo que o anonimato constitui uma das importantes motivações. Além disso, o agressor não presencia a reação de sua vítima perante a agressão, o que minimiza o processo de culpabilização e empatia com a vítima, não adquirindo, assim, consciência das consequências de seus atos (Smith et al., 2008; Sourander et al., 2010; Varela et al., 2009). Outra característica do *cyberbullying* é a capacidade de atingir uma grande audiência, as agressões não ficam restritas ao pequeno grupo ou ao espaço escolar (Slonje; Smith, 2008). As agressões são indiretas, propagam-se boatos, histórias inverídicas, insultos ou mensagens que determinam a exclusão social da vítima (Slonje; Smith, 2008). São utilizados *e-mails*, mensagens no celular, fotos, vídeos, *sites*, *blogs* e também as redes sociais, como Orkut, MSN, Facebook. (...) *Bullying* e o *cyberbullying* são modalidades de violência independentemente da faixa etária, conforme revisão, com predominância na infância e juventude. O *bullying* geralmente ocorre no ambiente escolar e tem diversos protagonistas: agressor ou agressores (*bully*, *bullies*), vítima ou vítimas, assistentes, incentivadores, defensores das vítimas e os que se omitem. O *cyberbullying*, por sua vez, tem como ambiente todas as ferramentas em meio digital com os mesmos protagonistas, mas atingindo uma repercussão maior e mais veloz, com caráter de permanência" (Marcia Regina Machado Santos Valiati, *Desenvolvimento da criança e do adolescente. Avaliação e intervenção*, p. 251-252 e 256).

28-A. Lei Federal de combate à intimidação sistemática: por meio da Lei 13.185/2015, buscam-se fórmulas de luta contra o *bullying*. Por ora, definindo-o e reservando as atitudes para a alçada do poder público. *In verbis*: "Art. 1.º Fica instituído o Programa de Combate à Intimidação Sistemática (*Bullying*) em todo o território nacional. § 1.º No contexto e para os fins desta Lei, considera-se intimidação sistemática (*bullying*) todo ato de violência física ou psicológica, intencional e repetitivo que ocorre sem motivação evidente, praticado por indivíduo ou grupo, contra uma ou mais pessoas, com o objetivo de intimidá-la ou agredi-la, causando dor e angústia à vítima, em uma relação de desequilíbrio de poder entre as partes envolvidas. § 2.º O Programa instituído no *caput* poderá fundamentar as ações do Ministério da Educação e das Secretarias Estaduais e Municipais de Educação, bem como de outros órgãos, aos quais a matéria diz respeito. Art. 2.º Caracteriza-se a intimidação sistemática (*bullying*) quando há violência física ou psicológica em atos de intimidação, humilhação ou discriminação e, ainda: I – ataques físicos; II – insultos pessoais; III – comentários sistemáticos e apelidos pejorativos; IV – ameaças por quaisquer meios; V – grafites depreciativos; VI – expressões preconceituosas; VII – isolamento social consciente e premeditado; VIII – pilhérias. Parágrafo único. Há intimidação sistemática na rede mundial de computadores (*cyberbullying*), quando se usarem os instrumentos que lhe são próprios para depreciar, incitar a violência, adulterar fotos e dados pessoais com o intuito de criar meios de constrangimento psicossocial. Art. 3.º A intimidação sistemática (*bullying*) pode ser classificada, conforme as ações praticadas, como: I – verbal: insultar, xingar e apelidar pejorativamente; II – moral: difamar, caluniar, disseminar rumores; III – sexual: assediar, induzir e/ou abusar; IV – social: ignorar, isolar e excluir; V – psicológica: perseguir, amedrontar, aterrorizar, intimidar, dominar, manipular, chantagear e infernizar; VI – físico: socar, chutar, bater; VII – material: furtar, roubar, destruir pertences de outrem; VIII – virtual: depreciar, enviar mensagens intrusivas da intimidade, enviar ou adulterar fotos e dados pessoais que resultem em sofrimento ou com o intuito de criar meios de constrangimento psicológico e social. Art. 4.º Constituem objetivos do Programa referido no *caput* do art. 1.º: I – prevenir e combater a prática da intimidação sistemática (*bullying*) em toda a sociedade; II – capacitar docentes e equipes pedagógicas para a implementação das ações de discussão, prevenção, orientação e solução do problema; III – implementar e disseminar campanhas de educação, conscientização e informação; IV – instituir práticas de conduta e orientação de pais, familiares e responsáveis diante da identificação de vítimas e agressores; V – dar assistência psicológica, social e jurídica às vítimas e aos agressores; VI – integrar os meios de comunicação de massa com as escolas e a sociedade, como forma de identificação e conscientização do problema e forma de preveni-lo e combatê-lo; VII – promover a cidadania, a capacidade empática e o respeito a terceiros, nos marcos de uma cultura de paz e tolerância mútua; VIII – evitar, tanto quanto possível, a punição dos agressores, privilegiando mecanismos e instrumentos alternativos que promovam a efetiva responsabilização e a mudança de comportamento hostil; IX – promover medidas de conscientização, prevenção e combate a todos os tipos de violência, com ênfase nas práticas recorrentes de intimidação sistemática (*bullying*), ou constrangimento físico e psicológico, cometidas por alunos, professores e outros profissionais integrantes de escola e de comunidade escolar. Art. 5.º É dever do estabelecimento de ensino, dos clubes e das agremiações recreativas assegurar medidas de conscientização, prevenção, diagnose e combate à violência e à intimidação sistemática (*bullying*). Art. 6.º Serão produzidos e publicados relatórios bimestrais das ocorrências de intimidação sistemática (*bullying*) nos Estados e Municípios para planejamento das ações. Art. 7.º Os entes federados poderão firmar convênios e estabelecer parcerias para a implementação e a correta execução dos objetivos e diretrizes do Programa instituído por esta Lei".

28-B. Pais ou responsáveis coniventes com o *bullying*: infelizmente, há pais e/ou responsáveis pelo menor de 18 anos que, tomando conhecimento das atitudes de seu filho ou pupilo, nesse cenário, incentiva-as e até instiga-as, para demonstrar ser ele o *melhor* da escola, o *mais respeitado* ou alguém que sabe *se proteger* de outros. Esses genitores ou responsáveis infringem seus deveres educacionais, pois estão incentivando crianças ou jovens a lesionar a lei vigente, cometendo atos infracionais. Diante da descoberta de atitudes de incentivo dos

Art. 17

Estatuto da Criança e do Adolescente Comentado • **Nucci**

pais ou responsáveis – e até mesmo omissões propositais na correção de seus filhos ou pupilos –, constitui-se motivação suficiente para a intervenção do poder público, tendo em vista que o infante ou adolescente, perseguidor de outros, é também um sofredor, por ausência de disciplina e apoio psicológico.

29. Vida política: a participação na vida política refere-se apenas ao maior de 16 anos, que tem a faculdade de se alistar para votar, nos termos do art. 14, § 1.º, II, *c*, da Constituição Federal.

30. Refúgio, auxílio e orientação: esta hipótese de *liberdade* encontra-se despersonalizada, pois não possui substrato material. Pretende-se inserir no *direito à liberdade* do menor de 18 anos a possibilidade de refugiar-se (procurar abrigo ou proteção) em local diverso de onde se encontra, certamente para buscar auxílio e orientação. Mas isso é direito de qualquer pessoa, vale dizer, defender-se, caso esteja sofrendo agressão ou outra forma de maus-tratos. Nada há de exclusivo ou peculiar à criança ou ao adolescente. Seria uma previsão de *legítima defesa* ou *estado de necessidade* aplicável no campo menorista. De todo modo, se alguma vantagem há nesse dispositivo, significa deixar claro a terceiros a viabilidade de uma criança ou adolescente *fugir de casa* (ou do abrigo), quando sofrer maus-tratos, podendo encontrar proteção noutro lugar (vizinho, parente, amigo), sem que essa pessoa possa ser processada pelos pais do *refugiado* (ou pelo responsável pelo abrigo). Imagine-se o disposto pelo art. 249 do Código Penal: "subtrair menor de 18 anos ou interdito ao poder de quem o tem sob sua guarda em virtude de lei ou de ordem judicial" (crime de subtração de incapaz); o vizinho que der abrigo ao menor fugitivo, até que a autoridade competente apure a realidade dos fatos (se há ou não maus-tratos), pratica um fato típico, mas *lícito*, logo, não é crime, pois constitui exercício regular de *direito* do menor procurar refúgio em outro lugar, diverso de sua família ou abrigo institucional.

> **Art. 17.** O direito ao respeito[31] consiste na inviolabilidade da integridade[32] física, psíquica e moral da criança e do adolescente, abrangendo a preservação da imagem, da identidade, da autonomia, dos valores, ideias e crenças,[33] dos espaços e objetos pessoais.[34]

31. Direito ao respeito: trata-se de uma novidade em matéria de direitos individuais, não reproduzido no universo do maior de 18 anos. Somente a título de comparação, o adulto tem direito à imagem, enquanto a criança, o direito *ao respeito* à imagem. Na realidade, sob o inadequado título *direito ao respeito*, inseriram-se vários elementos que nem mesmo guardam sintonia entre si, além de alguns serem completamente vagos. Misturou-se *integridade física* com *preservação da imagem*. Incluíram-se no referido *direito ao respeito* fatores abertos, de definição impossível para fins de aplicação prática, como *valores* e *ideias*. Repetiu-se o *respeito* à crença, que já constava no artigo anterior como inerente ao direito à liberdade. Talvez, a *crença* deste art. 17 seja diversa da religiosa, abrangendo a credulidade em qualquer coisa, como no Papai Noel, no Coelho da Páscoa, dentre outros. São as constantes repetições de termos já previstos, tornando este estatuto um rol assistemático de direitos, muitos dos quais mal definidos. Fábio Maria de Mattia afirma que, como fruto do direito de personalidade, ligado à integridade moral, encontra-se o direito ao segredo, "que é o direito do segredo epistolar, que se pode admitir na forma de a criança, o adolescente, se corresponder com seus parentes e amigos respeitada sua privacidade, dentro das normais condições de controle necessárias com relação à criança e ao adolescente" (Munir Cury [org.], *Estatuto da Criança e do Adolescente comentado*, p. 100). Essa temática é tão delicada quanto ingrata. Cuida-se muito mais de uma questão vinculada à moral, à ética e à educação familiar do que algo inerente ao direito infantojuvenil. O próprio autor, buscando defender o *direito ao segredo*, mencionando a correspondência, termina por torná-lo relativo ao mencionar "dentro das normas de controle". Ora, significa dizer, de maneira bem simples, que crianças e adolescentes não têm *direito* ao segredo coisa nenhuma. Cartas podem ser violadas pelos seus pais, no mais absoluto exercício regular de direito. Essas tais "normas de controle", evidentemente indispensáveis para a boa educação, eliminam o tal *direito ao segredo*. Ademais, é tempo de se abstrair do *segredo epistolar* (o autor escreveu pensando na sua época, quando inexistia a internet), pois, hoje, as crianças e os jovens se comunicam facilmente pela rede mundial de computadores, em redes sociais de alcance rápido, pelo celular – que os pais têm entregado nas mãos de crianças cada vez mais cedo – pelo *tablet*, enfim, uma infinita gama de novidades tecnológicas ao seu dispor todos os dias. Devem os pais correr atrás da tecnologia para conseguir fiscalizar, a tempo de evitar males graves, com quem seus filhos conversam e que tipo de manifestação é mantida, aonde eles vão e com quem andam. Alegar que crianças e adolescentes têm *direito ao segredo*, ou à *intimidade*, podendo entrar na internet e navegar por onde bem quiserem, é algo ilógico, pois quem assim age (pais e responsáveis) está viabilizando a entrega de seu filho ou pupilo ao alcance de criminosos de toda sorte. O mundo da rede de computadores não é seguro nem para o adulto, quanto mais para o menor de 18 anos. Por isso, como mencionamos linhas acima, a questão da privacidade e da intimidade dos infantes e dos jovens deve ser tratada no âmbito da família, com responsabilidade e sensibilidade. Os pais devem respeitar a intimidade de seus filhos na *exata medida* em que isso contribua para sua boa formação. Há quem sustente poder o jovem trancar-se em seu quarto, como e quando quiser, como se ali fosse seu *asilo inviolável*. O cômodo não é o domicílio, mas parte de um, como regra, devendo respeitar o estipulado pela família. Diante disso, quem leva essa situação para o contexto da *intimidade* e *privacidade* da criança e do adolescente faz uma leitura extremamente aberta e discricionária do art. 17.

32. Integridade física, psíquica e moral: a integridade física, psíquica e moral dos infantes e jovens deve ser compreendida no cenário da proibição de qualquer abuso por parte de pais e responsáveis, mas jamais como inibidor dos deveres inerentes ao poder familiar, cuja meta principal é educar os filhos. Os excessos de toda ordem constituem conduta criminosa; fora disso, trata-se do exercício regular de direito, advindo do poder familiar.

33. Imagem, identidade, autonomia, valores, ideias e crenças: a imagem (foto, filme, enfim, o retrato de alguém) das crianças e dos adolescentes não deve ser exposta a público, por meios de comunicação, sem autorização dos pais ou responsável; em alguns casos, do juiz. Diga-se o mesmo quanto à identidade (nome, filiação e outros dados individualizadores do ser humano em sociedade). Essa preservação da identidade pode ser particularmente relevante para o caso de processos envolvendo a prática de atos infracionais (art. 247 deste Estatuto, prevendo infração administrativa para essa divulgação). Quanto aos valores, ideias e crenças formam o conjunto dos objetivos a serem atingidos pelo amadurecimento de qualquer pessoa. Portanto, a norma, nesse caso, é programática ou sugestiva do que os pais devem cuidar e como devem zelar pelo bem-estar de seus filhos para que consigam formar seus próprios valores, ter suas próprias ideias e, se quiserem, a sua própria crença. Nada pode ser imposto nesse campo; inexiste o *direito* aos valores, ideias e crenças que nem mesmo estão consolidados, mas em plena fermentação. Pode-se extrair a via inversa: em lugar de *preservar* valores, ideias e crenças, deve-se compreender a norma como proibitiva para a coerção dos jovens a adotar este ou aquele valor, esta ou aquela ideia, esta ou aquela crença. Então, a *preservação* significa, simplesmente, permitir que o infante ou o adolescente atinja seus próprios objetivos, cuidados pelos pais ou responsável, orientados pelos professores e assistidos pelo Estado. A regra pode ser particularmente interessante para os abrigos, públicos ou particulares, onde

Art. 17

menores de 18 anos são mantidos, quando ausente família a tutelá-los. Tais instituições não possuem autonomia – até porque não são os pais – para impor valores, ideias e crenças a seus internos. Quanto mais neutros forem os seus dirigentes, mais positivo será o amadurecimento dos jovens. Na jurisprudência: STJ: "5. Os cuidados a serem dispensados pelos órgãos de imprensa, quando da divulgação de notícias envolvendo menores de idade, devem ser redobrados, face ao dever imposto à toda sociedade de zelar pelos direitos e o bem-estar da pessoa em desenvolvimento (arts. 16 e 17 do ECA). 6. Ainda que a notícia não contenha dados objetivos que possam identificar a vítima ao público em geral, é evidente, contudo, que ela própria e aqueles que circundam seus relacionamentos mais próximos têm conhecimento de que os fatos ofensivos lhe foram atribuídos, ressaindo daí dano psíquico-psicológico decorrente dos termos infamantes contidos na chamada da matéria, sobretudo por se cuidar a ofendida de menor de idade e por ter a manchete denotado a ideia de que esta fora a responsável pelo episódio" (REsp 1.875.402/SP, 4.ª T., rel. Marco Buzzi, 23.04.2024, v.u.); "2. Na espécie, a emissora de televisão exibia programa vespertino chamado 'B. P.', no qual havia um quadro que expunha a vida e a intimidade de crianças e adolescentes cuja origem biológica era objeto de investigação, tendo sido cunhada, inclusive, expressão extremamente pejorativa para designar tais hipervulneráveis. 3. A análise da configuração do dano moral coletivo, na espécie, não reside na identificação de seus telespectadores, mas sim nos prejuízos causados a toda sociedade, em virtude da vulnerabilização de crianças e adolescentes, notadamente daqueles que tiveram sua origem biológica devassada e tratada de forma jocosa, de modo a, potencialmente, torná-los alvos de humilhações e chacotas pontuais ou, ainda, da execrável violência conhecida por *bullying*. 4. Como de sabença, o artigo 227 da Constituição da República de 1988 impõe a todos (família, sociedade e Estado) o dever de assegurar às crianças e aos adolescentes, com absoluta prioridade, o direito à dignidade e ao respeito e de lhes colocar a salvo de toda forma de discriminação, violência, crueldade ou opressão. 5. No mesmo sentido, os artigos 17 e 18 do ECA consagram a inviolabilidade da integridade física, psíquica e moral das crianças e dos adolescentes, inibindo qualquer tratamento vexatório ou constrangedor, entre outros. 6. Nessa perspectiva, a conduta da emissora de televisão – ao exibir quadro que, potencialmente, poderia criar situações discriminatórias, vexatórias, humilhantes às crianças e aos adolescentes – traduz flagrante dissonância com a proteção universalmente conferida às pessoas em franco desenvolvimento físico, mental, moral, espiritual e social, donde se extrai a evidente intolerabilidade da lesão ao direito transindividual da coletividade, configurando-se, portanto, hipótese de dano moral coletivo indenizável, razão pela qual não merece reforma o acórdão recorrido. 7. *Quantum* indenizatório arbitrado em R$ 50.000,00 (cinquenta mil reais). Razoabilidade e proporcionalidade reconhecidas. 8. Recurso especial não provido" (REsp 1.517.973/PE, 4.ª T., rel. Luis Felipe Salomão, 16.11.2017, v.u.).

34. Espaços e objetos pessoais: qualquer pessoa preza pelo seu espaço e seus objetos pessoais, justamente instrumentos de sua individualidade. Por isso, cabe aos pais procurar proporcionar aos seus filhos, desde cedo, tais noções: o *seu* quarto, os *seus* brinquedos. Mas com a cautela imposta pelo dever de educar e orientar. Ter um espaço para brincar e objetos para cuidar não torna crianças e adolescentes titulares desses bens como se fossem adultos. Aliás, há que se ponderar a existência de famílias, cuja situação econômica nem mesmo permite a concessão de espaços e bens pessoais às crianças e adolescentes. Pode haver um esforço para que tenham suas coisas, mas nem sempre isso é fácil. De todo modo, o objetivo desta norma é indicar aos pais a relevância de assegurar aos seus filhos o ambiente adequado para formarem, consolidando a própria individualidade e personalidade. Sob outro prisma, a norma é importante no que concerne aos abrigos. Deve-se evitar o formato de alojamento coletivo, onde tudo é de todos, pois isso prejudica a formação infantojuvenil. O ideal é exigir dos abrigos que *imitem*, na medida do possível, o ambiente familiar, proporcionando um

Título II – Dos Direitos Fundamentais

Art. 18

quarto à criança ou adolescente, mesmo que dividido com outros – como se fossem irmãos; propiciar armários individuais para que tenham objetos só seus. Não são poucos os jovens que reclamam justamente da falta de *individualidade* em abrigos, algo que os perturba diuturnamente. Eis um ponto para o poder público interferir e corrigir.

> **Art. 18.** É dever de todos[35] velar pela dignidade da criança e do adolescente, pondo-os a salvo de qualquer tratamento desumano, violento, aterrorizante, vexatório ou constrangedor.[36]

35. Norma programática: a imposição do *dever de todos* de pôr a criança ou o adolescente a salvo de lesões de toda ordem não gera a posição de *garante* a qualquer pessoa, de modo que a hipótese não se subsome ao conteúdo do art. 13, § 2.º, *a*, do Código Penal (omissão penalmente relevante). Se essa cláusula genérica produzisse tal efeito, toda sociedade seria garante dos menores de 18 anos, o que não tem lógica. Cuida-se de norma cuja finalidade é a indicação de uma cautela particular que se deve ter no tocante às crianças e adolescentes, reiterando-se o quadro existente nesta lei e em diversas outras. Quem tem o dever legal de proteger, cuidar e vigiar são os pais do menor de 18 anos em decorrência do poder familiar, advindo nitidamente do direito civil, como garantidores da segurança de filhos sob sua guarda. Assim também a posição de João Benedito de Azevedo Marques: "o princípio contido na norma é programático, vela pela dignidade da criança e do adolescente, impedindo, por isso, qualquer tratamento antiético, nas formas discriminadas no art. 18, e implica a construção de um novo País" (Munir Cury [org.], *Estatuto da Criança e do Adolescente comentado*, p. 105).

36. Tratamento desumano, violento, aterrorizante, vexatório ou constrangedor: mencionar o termo *desumano* já seria mais que suficiente para abranger todas as demais formas de tratamento indevido às crianças e adolescentes. Mas, como se sabe ser esta norma programática, objetivando orientar a sociedade no trato com os jovens, seguiram-se as especificações. A *violência* é toda forma de constrangimento físico ou moral – geralmente, reserva-se esse termo, em Direito, para sinalizar a agressão física. *Aterrorizante* é um termo forte, significando infundir pavor ou medo em alguém. *Vexatório* insere-se no cenário da vergonha, criando situação humilhante. *Constrangedor* é um termo residual, que pode simbolizar violência, humilhação, imposição de medo, enfim, torna-se cláusula aberta, pois envolve qualquer tipo de coação. Na jurisprudência: STJ: "1. O Estatuto da Criança e do Adolescente (art. 18) e a Constituição Federal (art. 227) impõem, como dever de toda a sociedade, zelar pela dignidade da criança e do adolescente, colocando-os a salvo de toda forma de negligência, discriminação, exploração, violência, crueldade e opressão, com a finalidade, inclusive, de evitar qualquer tipo de tratamento vexatório ou constrangedor. 1.1. As leis protetivas do direito da infância e da adolescência possuem natureza especialíssima, pertencendo à categoria de diploma legal que se propaga por todas as demais normas, com a função de proteger sujeitos específicos, ainda que também estejam sob a tutela de outras leis especiais. 1.2. Para atender ao princípio da proteção integral consagrado no direito infantojuvenil, é dever do provedor de aplicação na rede mundial de computadores (Internet) proceder à retirada de conteúdo envolvendo menor de idade – relacionado à acusação de que seu genitor havia praticado crimes de natureza sexual – logo após ser formalmente comunicado da publicação ofensiva, independentemente de ordem judicial. 2. O provedor de aplicação que, após notificado, nega-se a excluir publicação ofensiva envolvendo menor de idade, deve ser responsabilizado civilmente, cabendo impor-lhe o pagamento de indenização pelos danos morais causados à vítima da ofensa. 2.1. A responsabilidade civil, em tal circunstância, deve ser analisada sob o

Art. 18-A

Estatuto da Criança e do Adolescente Comentado · **Nucci**

enfoque da relevante omissão de sua conduta, pois deixou de adotar providências que, indubitavelmente sob seu alcance, minimizariam os efeitos do ato danoso praticado por terceiro, o que era seu dever. 2.2. Nesses termos, afigura-se insuficiente a aplicação isolada do art. 19 da Lei Federal 12.965/2014, o qual, interpretado à luz do art. 5.º, X, da Constituição Federal, não impede a responsabilização do provedor de serviços por outras formas de atos ilícitos, que não se limitam ao descumprimento da ordem judicial a que se refere o dispositivo da lei especial. 3. Recurso especial a que se nega provimento" (REsp 1.783.269/MG, 4.ª T., rel. Antonio Carlos Ferreira, 14.12.2021, m.v.).

> **Art. 18-A.** A criança e o adolescente têm o direito de ser educados e cuidados sem o uso de castigo físico ou de tratamento cruel ou degradante, como formas de correção, disciplina, educação ou qualquer outro pretexto, pelos pais, pelos integrantes da família ampliada, pelos responsáveis, pelos agentes públicos executores de medidas socioeducativas ou por qualquer pessoa encarregada de cuidar deles, tratá-los, educá-los ou protegê-los.[37]
>
> **Parágrafo único.** Para os fins desta Lei, considera-se:
>
> I – castigo físico:[38] ação de natureza disciplinar ou punitiva aplicada com o uso da força física sobre a criança ou o adolescente que resulte em:
>
> a) sofrimento físico; ou
>
> b) lesão;
>
> II – tratamento cruel ou degradante:[39] conduta ou forma cruel de tratamento em relação à criança ou ao adolescente que:
>
> a) humilhe; ou
>
> b) ameace gravemente; ou
>
> c) ridicularize.

37. Direito de não sofrer castigo físico e tratamento cruel e degradante: quer-se evitar o abuso, a ponto de se atingir o campo do direito penal, cometendo-se crime a pretexto de educar e orientar infantes ou jovens. No mais, a previsão feita neste artigo depende de fatores culturais, conforme a região e os costumes locais, devendo-se contrabalançar os valores em jogo, pois há os bons genitores, cujo objetivo é realmente *educar* o filho e aqueles cuja meta é extravasar seus próprios problemas, agredindo o filho, sob o *pretexto de educar*. A estes deve-se voltar o disposto na Lei 13.010/2014, que introduziu os arts. 18-A e 18-B. O bom senso deve imperar na interpretação desta norma, a ponto de não tolher a atuação parental e pedagógica em geral, tendo em vista que as agências estatais não devem imiscuir-se na vida familiar de maneira excessiva, salvo para impedir visíveis arbitrariedades. "A educação tradicional vai da reprovação à repressão com várias medidas, desde repreensões, gritos, sermões e castigos, até palmadas, beliscões, enclausuramentos, banhos frios e agressões físicas. Conheci um pai que, ao não saber lidar com as crises de birra da filha, depois de usar vários métodos de reprovação e de repressão, acabou por adotar uma variante que consistia em enfiar a menina embaixo do chuveiro até que parasse de gritar. Contei a ele o método do afogamento, usado no 'tratamento' da psicose na Idade Média e nas sessões de tortura por afogamento para se obter confissões (traçando um paralelo com o bom comportamento que ele impunha à filha). O pai ficou muito chocado e teve um *insight* na natureza da sua própria Sombra como 'educador'. (...) Devido à influência da Psicanálise na sociedade americana, e da identificação da neurose com a repressão, muitos pais, na segunda metade do século XX, adotaram uma educação liberal exageradamente permissiva, quase sem limites. O que se observou foi a diminuição dos casos de neurose e o aumento dos casos de distúrbios de caráter, ou seja, de delinquência e psicopatia. Acredito que houve a substituição da repressão pelo abandono, que é a grande causa da patologia de caráter. Por isso, recomendo *não empregar a repressão, mas também não substitui-la pelo abandono, e sim pelo acompanhamento compreensivo e inteligente da criança, colocando limites sem repressão, ou seja, ensinando o patriarcal junto com o matriarcal*" (Carlos Amadeu Botelho Byington, *A viagem do ser em busca da eternidade e do infinito*, p. 83 e 86). Na jurisprudência: TJMG: "Apelação criminal. Vias de fato. Recurso do Ministério Público. Exercício regular de direito. Excludente não configurada. Condenação. Necessidade. Recurso provido. 1. Se o acusado se valeu do seu dever de correção, inerente ao poder familiar (*jus corrigendi*), mas sua conduta ultrapassou o ato regular de correção, não tendo utilizado de meios moderados para tanto, a condenação é medida que se impõe. 2. Ainda que sob o pretexto de educar sua filha, o artigo 18-A do ECA veda o uso de castigo físico ou de tratamento cruel ou degradante, como formas de correção, disciplina, educação ou qualquer outro pretexto, pelos pais. 3. Recurso provido" (Ap. Criminal 00968512420198130382, 9.ª Câm. Criminal Especializada, rel. Daniela Villani Bonaccorsi Rodrigues, 21.06.2023, v.u.).

38. Castigo físico: define-se, neste artigo, o castigo físico como o emprego de força física sobre a criança ou adolescente, resultando *sofrimento físico* ou *lesão*. No caso da lesão corporal, existe crime prevendo essa conduta (art. 129, CP). Quanto ao sofrimento físico, há de se buscar uma interpretação teleológica, tendo em vista que qualquer espécie de castigo pode gerar alguma aflição e faz parte da imposição de limites, a fim de impedir os excessos da criança ou adolescente.

39. Tratamento cruel ou degradante: consiste em *humilhar* (desdenhar, rebaixar, oprimir), *ameaçar gravemente* (anunciar algum mal severo e rigoroso) e *ridicularizar* (zombar, pôr em situação risível). Note-se que as três condutas não representam *toques físicos* na pessoa da criança ou adolescente. Portanto, reitera-se a indispensabilidade de interpretar a norma teleologicamente, buscando-se equilibrar o dever dos pais para educar e orientar os filhos e o direitos destes de receber uma coordenação pedagógica adequada às suas finalidades. Os termos utilizados – cruel e degradante – podem indicar que apenas os excessos são ilícitos.

Art. 18-B. Os pais, os integrantes da família ampliada, os responsáveis, os agentes públicos executores de medidas socioeducativas ou qualquer pessoa encarregada de cuidar de crianças e de adolescentes, tratá-los, educá-los ou protegê-los que utilizarem castigo físico ou tratamento cruel ou degradante[40] como formas de correção, disciplina, educação ou qualquer outro pretexto estarão sujeitos, sem prejuízo de outras sanções cabíveis, às seguintes medidas, que serão aplicadas de acordo com a gravidade do caso:[41]

I – encaminhamento a programa oficial ou comunitário de proteção à família;

II – encaminhamento a tratamento psicológico ou psiquiátrico;

III – encaminhamento a cursos ou programas de orientação;

IV – obrigação de encaminhar a criança a tratamento especializado;

V – advertência;

VI – garantia de tratamento de saúde especializado à vítima.

Parágrafo único. As medidas previstas neste artigo serão aplicadas pelo Conselho Tutelar, sem prejuízo de outras providências legais.[42]

40. Maus-tratos: a base para a interpretação do significado de *maus-tratos* é o tipo do art. 136 do Código Penal: "expor a perigo a vida ou a saúde de pessoa sob sua autoridade, guarda ou vigilância, para fim de educação, ensino, tratamento ou custódia, quer privando-a de alimentação ou cuidados indispensáveis, quer sujeitando-a a trabalho excessivo ou inadequado, quer abusando de meios de correção ou disciplina". Esta é uma definição plausível, pois se refere a *abuso* dos meios de correção ou disciplina.

41. Sanções aos pais e demais responsáveis: aparentemente, as *punições* são brandas, mas, na essência, não são, pois implicam humilhação a famílias de bem, quando forem injustamente levadas à Vara da Infância e Juventude.

42. Atribuição do Conselho Tutelar: seguindo-se a linha adotada no art. 136, II, desta Lei, o Conselho Tutelar pode impor medidas aos pais. Entretanto, essa norma sempre objetivou os abusos cometidos no cenário do art. 98. É preciso evitar os excessos, se pessoas da comunidade começarem a invadir a privacidade de famílias bem estruturadas, a pretexto de lhes ensinar como educar seus filhos. Assim sendo, em caso de *abuso* do Conselho Tutelar, os interessados devem socorrer-se do juiz da Infância e Juventude.

Capítulo III

DO DIREITO À CONVIVÊNCIA FAMILIAR E COMUNITÁRIA

Seção I

Disposições Gerais

Art. 19. É direito da criança e do adolescente ser criado e educado no seio de sua família [43] e, excepcionalmente, [44] em família substituta, assegurada a convivência familiar e comunitária, em ambiente que garanta seu desenvolvimento integral. [45]

§ 1.º Toda criança ou adolescente que estiver inserido em programa de acolhimento familiar [46] ou institucional [47] terá sua situação reavaliada, no máximo, a cada 3 (três) meses, [48-50] devendo a autoridade judiciária competente, [51] com base em relatório elaborado por equipe interprofissional ou multidisciplinar, [52] decidir de forma fundamentada [53] pela possibilidade de reintegração familiar ou pela colocação em família substituta, [54] em quaisquer das modalidades previstas no art. 28 desta Lei.

§ 2.º A permanência da criança e do adolescente em programa de acolhimento institucional não se prolongará por mais de 18 (dezoito) meses, [55] salvo comprovada necessidade que atenda ao seu superior interesse, devidamente fundamentada pela autoridade judiciária. [56-57]

§ 3.º A manutenção ou a reintegração de criança ou adolescente à sua família terá preferência em relação a qualquer outra providência, [58] caso em que será esta incluída em serviços e programas de proteção, apoio e promoção, [59] nos termos do § 1.º do art. 23, dos incisos I e IV do *caput* do art. 101 e dos incisos I a IV do *caput* do art. 129 desta Lei.

§ 4.º Será garantida a convivência da criança e do adolescente com a mãe ou o pai privado de liberdade, por meio de visitas periódicas promovidas pelo responsável ou, nas hipóteses de acolhimento institucional, pela entidade responsável, independentemente de autorização judicial. [60]

§ 5.º Será garantida a convivência integral da criança com a mãe adolescente que estiver em acolhimento institucional. [60-A]

§ 6.º A mãe adolescente será assistida por equipe especializada multidisciplinar. [60-B]

43. Norma programática: dispõe o art. 229 da CF: "os pais têm o dever de assistir, criar e educar os filhos menores, e os filhos maiores têm o dever de ajudar e amparar os pais na velhice, carência ou enfermidade". Esse é o ideal não somente para a família, mas também para toda a sociedade e, inclusive, para o Estado. Aliás, se os pais cumprissem tal dever, não haveria tanto abandono de crianças e adolescentes. No tocante aos idosos, aos poucos, o Brasil sentirá, igualmente, o descaso e o abandono nesse campo, tendo em vista que somente atualmente atingiu um padrão de desenvolvimento, a ponto de permitir o aumento da média de vida para cerca de 75 anos. Infelizmente, por mais que as normas estabeleçam o óbvio, que é o dever de solidariedade – para dizer o mínimo – entre parentes, a realidade nem sempre se concretiza desse modo. Eis o motivo de se ter tantas normas ordinárias disciplinando e regrando os laços familiares naturais ou substitutos. Se, por um lado, não se impõe o amor e a dedicação de pais em relação aos filhos e reciprocamente, por lei, deve o Estado intervir em famílias desestruturadas, a fim de assegurar o nível mínimo ideal, afinal, crianças e adolescentes, bem como idosos, carecem de defesa natural. É o *mal necessário* em matéria de intervenção estatal no âmbito familiar. Na jurisprudência: STJ: "3. A jurisprudência desta Eg. Corte Superior, em observância a tal princípio, consolidou-se no sentido da primazia do acolhimento familiar em detrimento da colocação de menor em abrigo institucional, salvo quando houver evidente risco concreto à sua integridade física e psíquica, de modo a se preservar os laços afetivos eventualmente configurados com a família substituta. Precedentes. 4. Criança já acolhida pelos padrinhos que a receberam da avó materna, com bom desenvolvimento e que não merece os transtornos do abrigamento desnecessário. 5. A ordem cronológica de preferência das pessoas previamente cadastradas para adoção não tem um caráter absoluto, devendo ceder ao lema do melhor interesse da criança ou do adolescente, razão de ser de todo o sistema de defesa erigido pelo Estatuto da Criança e do Adolescente, que tem na doutrina da proteção integral sua pedra basilar (HC 468.691/SC, Rel. Ministro Luis Felipe Salomão, 4.ª T., *DJe* de 11.03.2019)" (HC 901.927/SC, 3.ª T., rel. Moura Ribeiro, 21.05.2024, v.u.).

44. Família substituta por exceção: a inserção da criança ou adolescente em família substituta, especialmente para adoção, dar-se-á em caráter excepcional. O ideal, em todas as sociedades, é a união da família natural pelo bem de todos. Ocorre que nem sempre isso é viável e quem termina por sofrer é a parte mais fraca da relação: a criança ou adolescente. O poder público jamais deve perder de vista, antes de qualquer coisa, o *superior interesse* infantojuvenil. Em segundo lugar, a relevância da vida em família – não somente na família natural. Em terceiro, quanto mais se prorrogar, artificialmente, uma situação forçada de convivência em família biológica, pior para a formação do filho. É inadequado o círculo vicioso da retirada, recolocação, retirada, recolocação etc. de crianças e jovens em suas famílias naturais, como se elas não tivessem sentimentos e não percebessem exatamente o que se passa. "Muito se tenta, e, por isso, a Lei exige que aconteça a reintegração familiar. Muitas voltam para a família e continuam recebendo maus-tratos, e por esse motivo voltam para a instituição. A criança sofre, o tempo passa, ela cresce e perde muitas oportunidades. Só aí será destituída e irá para a adoção. (...) Também existem situações de a criança ou o jovem não aceitar viver numa nova família, seja por não saberem mais o que é família ou devido ao sofrimento causado pelos pais. Optam pela vida que conhecem: a instituição" (Hália Pauliv de Souza & Renata Pauliv de Souza Casanova, *Adoção. O amor faz o mundo girar mais rápido*, p. 64). Na jurisprudência: TJRS: "1. Preconiza o art. 19 do ECA que é direito de toda criança e de todo adolescente ser criado e educado no seio de sua família e, apenas excepcionalmente, em outro meio que garanta melhor o seu pleno desenvolvimento. Nessa esteira, o que se verifica é a excepcionalidade da retirada do menor do seio de sua família natural, por meio da destituição do poder familiar dos genitores, como forma de melhor garantir o desenvolvimento saudável do protegido. 2. Imperiosa a medida de destituição do poder familiar dos apelantes sobre a filha menor, uma

Art. 19

Estatuto da Criança e do Adolescente Comentado · **Nucci**

vez que não possuem as mínimas condições pessoais para cuidar e proteger a menina, jamais tendo exercido de modo adequado a maternidade e a paternidade, mantendo a infante em constante situação de risco – tanto que sofreu reiterados episódios de abuso sexual sob sua guarda, inclusive dentro de casa e por pessoas da família. Negaram provimento. Unânime" (Ap. Cív. 70073908782-RS, 8.ª Câm. Cível, rel. Luiz Felipe Brasil Santos, 17.08.2017, v.u.).

45. Desenvolvimento integral: a Lei 13.257/2016 removeu a parte da lei que mencionava constituir direito da criança ser criada em ambiente "livre da presença de pessoas dependentes de substâncias entorpecentes", substituindo por "ambiente que garanta seu desenvolvimento integral". O que era objetivo, tornou-se subjetivo. Se, antes, filhos de drogados eram retirados de sua guarda para serem colocados em famílias substitutas, hoje, com essa redação, pode-se interpretar que, mesmo morando com drogaditos, o infante está auferindo "desenvolvimento integral". Espera-se que o Judiciário continue achando inadequado o ambiente *drogado* para a criança. Ensina Luiz Carlos de Barros Figueiredo, "ou seja, independentemente de ser a família natural ou substituta, para a lei a não aproximação e permanência junto com pessoas drogaditadas, pelos riscos de influência malévola, é regra fundamental e primária para se definir, por exemplo, deferimento ou não de um pedido de guarda; procedência ou não de uma suspensão de pátrio poder, afastamento ou não do ambiente familiar e inserção em regime de abrigamento etc." (*Guarda. Estatuto da Criança e do Adolescente. Questões controvertidas*, p. 22). Na jurisprudência: TJES: "1) O argumento de que a destituição do poder familiar demonstra-se medida desnecessária pelo fato de existir ação de guarda do menor em favor da avó materna não merecer prosperar pelo fato de que a demanda de maior abrangência e radicalidade é justamente a ação de destituição do poder familiar. Outras ações que tenham por objeto a guarda do menor pleiteada por terceiro, no caso a avó materna, podem ou não depender do resultado dessa lide, mas necessariamente guardarão coerência com o que for aqui decidido. Ou seja, outros processos envolvendo a guarda do menor não constituem matéria de prejudicialidade externa a este, pelo contrário, pois na hipótese de procedência da presente demanda, a definição da colocação do menor em família substituta nas modalidades previstas no ECRIAD será imperiosa, podendo ou não ser feita em favor da avó materna. 2) Pelas provas existentes nos autos foi constatada a veemente violação dos deveres inerentes ao poder familiar. A genitora, em virtude do seu vício em 'crack', expôs a prole a situações de risco por diversas vezes. Além disso, evadiu-se da clínica de reabilitação em que havia sido internada, retomou o vício e engravidou do sétimo filho. Sendo assim, o fato de inexistir Estudo Social recente, diferentemente do que sustenta a apelante, não impede a solução definitiva desta lide, que necessita de urgente desfecho para que o menor não seja privado do direito de crescer e se desenvolver em um ambiente saudável enquanto aguarda que a sua genitora reúna, eventualmente, condições para o exercício da maternagem" (Apelação Cível 0015608-44.2012.8.08.0026, 3.ª Câm. Cível, rel. Eliana Junqueira Munhos Ferreira, 14.04.2015, v.u.).

46. Acolhimento familiar: ver a nota 22 ao art. 90, III.

47. Acolhimento institucional: ver a nota 25 ao art. 90, IV.

48. Reavaliação trimestral: este prazo é *impróprio*, significando que, sendo ultrapassado, inexiste sanção específica para o responsável, prevista nesta lei. É preciso ter cuidado especial para essa avaliação, pois qualquer forma de acolhimento *provisório* deixa a situação pendente, o que não é ideal para o infante ou jovem. Há quem esteja em abrigos sem qualquer limitação de tempo, inexistindo a reavaliação imposta neste parágrafo pela autoridade judiciária competente. Com isso, a institucionalização se torna a realidade da sua vida e a chance de ter uma família esvai-se por completo. O ideal é *fiscalizar* com efetividade no mais perfeito interesse da criança e do adolescente, que tem direito à proteção integral. "O tempo não é complacente para as crianças que crescem em instituições, e, quanto mais ele passa, menores são as chances de elas conseguirem uma família substituta. (...) o tempo é cruel e na prática muitas vezes o fato de existir família biológica e ausência de equipe interprofissional capaz de diagnosticar a impossibilidade de retorno ou não ao convívio familiar, condena nossas crianças à eterna institucionalização" (Simone Franzoni Bochnia, *Da adoção. Categorias, paradigmas e práticas do direito de família*, p. 189 e 242).

49. Prazos previstos neste estatuto: o estabelecimento de prazos variados para se tomar providência em relação ao destino de criança ou adolescente vem desacompanhado de qualquer sanção. Com precisão, alerta Luiz Carlos de Barros Figueiredo: "é de bom alvitre que se faça um reflexo sobre os prazos máximos permitidos na lei para acolhimento institucional ou familiar. Se pessoas menos comprometidas com o futuro das crianças e adolescentes forem atores importantes nos diversos estágios, veja-se, a título meramente exemplificativo, o que pode ocorrer: 4 (quatro) relatórios a cada 6 (seis) meses; acrescente-se 30 (trinta) dias para ajuizar; dias para tramitar; dias para julgar; dias para definição de eventual apelação, resultando na quase que total inviabilidade de inserção em família, seja natural, extensa, substituta nacional ou substituta internacional. Penso que este simples exercício aritmético comprova que, se por uma banda deve-se comemorar prazos certos, diante do caos hoje instalado, por outro há que se pensar em reduzi-los ou, pelo menos, desencadear campanhas de conscientização entre todos os que atuam na área de convivência familiar no sentido de que abreviem a execução das atribuições que lhes são pertinentes até a definição da situação de vida da criança ou adolescente" (*Comentários à nova lei nacional da adoção*, p. 92). De fato, a simples fixação de prazos não tem resolvido, concretamente, nada. É preciso encurtar prazos e atribuir responsabilidade pessoal a cada um que o descumprir, sem clara e justa motivação.

50. O fator *tempo* na vida da criança e do adolescente: vários juízes, promotores e equipes técnicas de Juizados da Infância e Juventude esquecem, por completo, que o processo (ou procedimento) envolvendo menores de 18 anos *devem* ter trâmite absolutamente prioritário. Não é somente porque consta em lei, mas, por uma questão de humanidade, pois *cada dia passado pelo infante longe de uma família representa uma sofrível perda*. "Quanto maior o intervalo entre a separação da mãe natural e sua adoção definitiva, maior o estado de 'privação'. A criança pequena, ainda imatura de mente e de corpo, não pode lidar bem com estas perturbações, e isto pode acarretar distúrbios nervosos e uma personalidade instável. (...) Crianças que passaram por privações importantes antes da adoção, como a vida numa instituição com muitas outras crianças, sérios problemas de saúde e permanência prolongada num hospital, sem poder ainda contar com o cuidado de uma mãe adotiva, mostravam na transferência as marcas profundas que tais experiências deixaram no seu psiquismo, através da exacerbação das fantasias de sadismo oral, de seus medos e sua agressividade" (Gina Khafif Levinzon, *A criança adotiva na psicoterapia psicanalítica*, p. 35 e 56). Se todos operarem com eficiência (magistrado, membro do Ministério Público, equipe técnica), a inserção do infante ou jovem em família substituta rapidamente amenizará os males da separação da família natural. "O tempo da pauta judicial é naturalmente diverso do tempo da criança. As linguagens não se comunicam. O tempo judicial é o tempo da audiência. Os profissionais do direito, em regra, não saem da faculdade preparados para lidar com dinâmicas das famílias vulnerabilizadas, não dispondo da paciência necessária aos que lidam com a garantia de direitos humanos em sede familiar para lidar com as evoluções e involuções que implica trabalhar com pessoas carentes" (Manoel Onofre de Souza Netto e Sasha Alves do Amaral, *A tutela de urgência e a criança e o adolescente: em defesa de uma atuação especializada efetiva*, p. 71).

51. Autoridade judiciária competente: é o juiz da infância e juventude – ou o magistrado que exerce tais funções –, na Comarca, responsável pela fiscalização do abrigo ou da

Art. 19

família substituta e, igualmente, responsável pelo procedimento envolvendo o menor de 18 anos institucionalizado. Sobre o juiz, suas aptidões e vocação para o cargo, consultar a nota 14 ao art. 146.

52. Equipe interprofissional ou multidisciplinar: trata-se do conjunto de profissionais de apoio, que são designados pelos tribunais, para compor a equipe auxiliar do juízo. Geralmente – e pelo menos – é formada por um(a) assistente social e um(a) psicólogo(a). Poderia ter, também, um médico psiquiatra, um(a) pedagogo(a) e outros técnicos da área de humanas e biológicas. Porém, as condições financeiras impõem limitações orçamentárias às Cortes para a contratação desses valorosos profissionais (art. 150 desta Lei). É importante ressaltar que a equipe interprofissional não *determina* absolutamente nada ao juiz; apenas e tão somente opina e sugere. É lamentável detectar casos em que o magistrado faz tudo o que é "orientado" pela equipe; em lugar de apoio, torna-se a *real* autoridade judiciária. Essa situação é fácil de ser constatada, bastando analisar o conteúdo das decisões tomadas por alguns juízes, que simplesmente *copiam e colam* trechos inteiros dos laudos e pareceres. Não se trata de uma crítica ao trabalho significativo das equipes multidisciplinares; ao contrário, é fundamental valorizar essa participação técnica sem que se siga, cegamente, a sua conclusão. Os laudos e pareceres precisam fornecer subsídios aos promotores e juízes da infância e juventude para que apliquem os seus conhecimentos jurídicos e seu particular bom senso para decidir o futuro da criança ou adolescente. Do mesmo modo, também é inadequada a conduta do julgador que despreza, por completo, o trabalho da equipe multidisciplinar, dando um desfecho estranho ao caso. Em suma, a integração de todos é o propósito deste estatuto.

53. Fundamentação: não é de hoje que se discute o alcance da motivação das decisões proferidas pelos juízes, dando cumprimento ao disposto pelo art. 93, IX, da Constituição Federal. Temos analisado o tema no cenário do processo penal, cuja importância se assemelha ao procedimento pertinente ao infante e ao jovem. Cada decisão é o espelho fiel de um processo, que retrata caso particular da vida de alguém. Não pode haver padronização de sentenças na área da infância e juventude. Destituir o poder familiar é de capital relevância para a vida daquela criança; deferir a adoção, igualmente; cadastrar um casal interessado em adotar não foge à regra; julgar um ato infracional, dentre tantos outros. Portanto, para manter uma criança ou adolescente abrigado, por mais de seis meses – tempo longo sob o prisma do crescimento infantojuvenil –, deve ser proferida decisão efetivamente *fundamentada*.

54. Reintegração familiar ou colocação em família substituta: o propósito deste dispositivo não é prorrogar, indefinidamente, a decisão do juiz acerca do destino da criança ou do adolescente, cumprindo, pró-forma, o período de seis meses, vale dizer, a cada transcurso desse prazo, o juiz o prorroga, "fundamentando", para que continuem as tentativas de encontrar a família biológica ou mesmo de reintegração *quase forçada* naquela já localizada. Tudo isso termina por manter a criança em situação indefinida, quando não ingressa em listas de adoção, nem tem a chance de encontrar um novo lar *definitivo*. Não se trata de retirar o infante de sua família natural e passá-lo, rápida e automaticamente, para uma família substituta. Cuida-se de agir com celeridade nesse processo, pois a infância é efêmera e todos os sonhos e fantasias da criança logo transformam-se em pesadelos diários. Por isso, é essencial decidir em breve tempo e definir a situação da criança ou adolescente. Na jurisprudência: TJSP: "Apelação Cível. Ação de destituição do poder familiar. Preliminar de nulidade afastada. Insurgência da genitora que não merece guarida. Demonstração da incapacidade para exercer com responsabilidade o poder familiar. Histórico da genitora de uso abusivo de drogas. Criança submetida à situação de extrema vulnerabilidade. Observância à prioridade de manutenção dos vínculos com a família de origem. Ausência de membros da família extensa para assumirem o encargo. Colocação da menor em família substituta que atende ao disposto no art. 19, §§ 1.º e 2.º, do ECA. Configuração da hipótese prevista no art. 1.638, incisos I e II, do Código Civil. Prevalência do superior interesse da menor a impor a manutenção da sentença. Recurso não provido" (AC 10009630720238260415, Câm. Especial, rel. Claudio Teixeira Villar, 22.09.2023, v.u.).

55. Dezoito meses como prazo impróprio: tal como outros, se descumprido, não acarreta nenhuma sanção. Mais uma vez, mesmo com reforma ao texto deste estatuto (Lei 13.509/2017), permanece-se sem estabelecer qualquer sanção efetiva em relação ao cumprimento do prazo referido. Muitos infantes e jovens estão abrigados há muito mais que dezoito meses e absolutamente nada se faz a respeito, nem medida alguma se toma contra qualquer autoridade responsável por tal desatino. Somente para ilustrar, quando se trata de Vara Criminal e réu preso, o processo segue curso célere – na maior parte das vezes –, pois o juiz sabe estar sujeito à avaliação igualmente rápida do *habeas corpus*. Entretanto, ninguém impetra *writ* algum em favor de criança ou adolescente inserido em abrigo. Eis um foco de responsabilidade geral, abrangendo órgãos do Judiciário, do Ministério Público, do Poder Executivo e, finalmente, do Legislativo, que continua a dever a tomada de medidas efetivas na modificação deste Estatuto para prever *responsabilidade pessoal* às autoridades envolvidas com o menor de 18 anos e o desrespeito aos seus direitos constitucionais e legais. Referindo-se à pesquisa da Associação Brasileira de Magistrados, Promotores de Justiça e Defensores Públicos da Infância e Juventude, Simone Franzoni Bochnia expõe: "ao longo da pesquisa, observa-se que os órgãos públicos não dão a devida atenção às crianças institucionalizadas, desobedecendo ao princípio da prioridade absoluta. Os processos que possuem crianças abrigadas acabam por não ter preferência efetiva nos trâmites legais. Deveriam ser tratados com prazos diferenciados, de forma semelhante aos adolescentes que cumprem medidas socioeducativas" (*Da adoção. Categorias, paradigmas e práticas do direito de família*, p. 180-181). Fávero, Vitale e Baptista afirmam que "a volta para casa de crianças e adolescentes pode ser mais desejada do que conseguida, pois este processo não ocorre de forma fácil, como tão bem mostram os depoimentos dos participantes da pesquisa. A provisoriedade própria da medida de proteção do abrigo, que deveria ser utilizada em caráter excepcional, não se sustenta, pois é alto o número de membros familiares jovens que permanecem abrigados por longo tempo" (*Famílias de crianças e adolescentes abrigados. Quem são, como vivem, o que pensam, o que desejam*, p. 201). E também: "a lei prioriza a família natural sobre a extensa ou substituta. Mas também é da lógica da normativa que ante a impossibilidade de retorno à família biológica, a solução jamais deve ser a permanência na instituição, como infelizmente tem sido comum, e sim a inclusão em outra família" (Luiz Carlos de Barros Figueiredo, *Comentários à nova lei nacional da adoção*, p. 90-91); "a criança que não foi objeto de carinho, cuidado e atenção pessoais e prolongados poderá ter dificuldades de relacionamento futuro, desenvolver comportamentos antissociais, doenças psicossomáticas ou ter dificuldade em constituir uma família saudável. Por melhor que seja a instituição de abrigo, ela nunca será capaz de substituir o carinho personalizado, a atenção exclusiva, o amor especial que a criança só pode conhecer se tiver a oportunidade de crescer como filho no seio de uma família" (Maria Antonieta Pisano Motta, "As mães que abandonam e as mães abandonadas". In: Luiz Schettini Filho e Suzana Sofia Moeller Schettini (org.). *Adoção. Os vários lados dessa história*, p. 33). "Para um bom desenvolvimento emocional, é preciso que a criança possa crescer inserida em um ambiente familiar. A vida em uma instituição caracteriza-se pela situação de 'anonimato', e falta de relações afetivas íntimas. Cientes destas questões, os profissionais que trabalham com crianças institucionalizadas têm a responsabilidade de minimizar os prejuízos que esta situação acarreta à criança, e de facilitar a sua acolhida em um ambiente adotivo, diminuindo ao máximo sua estada na instituição" (Gina Khafif Levinzon, *Adoção*, p. 95).

56. Comprovada necessidade, superior interesse e decisão fundamentada: os termos utilizados neste parágrafo são corretamente fortes e claros e precisam ser implementados na prática. Após dezoito meses de internação num abrigo, o juiz responsável deve proferir uma decisão *fundamentada* para mantê-lo ali, expondo todas as medidas tomadas ao longo desse período, para que se possa verificar o grau de empenho, celeridade e comprometimento da autoridade judiciária nesse procedimento. É essencial demonstrar, nessa decisão judicial, ter sido respeitado o *superior interesse* da criança ou adolescente. "Hoje, tanto o ordenamento pátrio como as legislações europeias e demais convenções internacionais sobre adoção de crianças e adolescentes buscam o interesse do adotando, como fundamento principal. Este postulado do princípio do superior interesse da criança é importantíssimo, considerando que a adoção só se justifica partindo do interesse maior das crianças a serem adotadas" (Simone Franzoni Bochnia, *Da adoção. Categorias, paradigmas e práticas do direito de família*, p. 85).

57. Criança ou adolescente institucionalizado: "Sofia é uma menina de 10 anos de idade e mora em orfanatos desde os dois anos. No seu prontuário consta que a sua mãe, que tinha mais três filhos, a deixou lá 'somente por um tempo, até encontrar um emprego'. Hoje, Sofia tem o adjetivo de 'institucionalizada', pois sua mãe nunca mais voltou para buscá-la. Ela não sabe responder por que está morando em um orfanato e não lembra nem de sua mãe nem de seus irmãos. Nesses oito anos, ela já morou em três instituições diferentes e nunca recebeu visita de ninguém. Quando lhe perguntamos qual era o seu maior desejo, o maior presente que ela poderia ganhar, Sofia respondeu: 'uma família'. Depois de alguns segundos pensativa, ela completou: 'eu queria alguém que me chamasse de filha, queria dormir numa cama aconchegante e ser feliz para sempre'" (Lidia Natalia Dobrianskyj Weber, *Laços de ternura. Pesquisas e histórias de adoção*, p. 32). Há várias *Sofias*, crianças e adolescentes *institucionalizados*, que passam praticamente a vida inteira, até atingir a maioridade, num abrigo. Tiveram as refeições necessárias, foram à escola, obtiveram roupas, camas para dormir, não passaram frio, tiveram atendimento médico e odontológico, enfim, o conforto material mínimo para a sobrevivência. Mas todas elas não tiveram o que sempre almejaram – e o que todos os seres humanos desejam: amor e afeto individualizados. Não gozaram do calor humano de uma família estruturada, algo insubstituível. Essas crianças e jovens institucionalizados conhecem muito bem o que *não possuem*. "Ainda existe outra tragédia na vida dessas crianças: o descaso das autoridades competentes (Instituições de Abrigo, Poder Judiciário e Promotoria Pública) em relação à tutela dessas crianças. Supõe-se que se não foi possível um retorno à sua família de origem, se elas estão abandonadas, então podem ser colocadas para a adoção, certo? Errado. Apesar de estarem esquecidas nas instituições, de não receberem visitas de sua família e do seu maior desejo configurar-se na adoção, somente 8% dos pais dessas crianças foram destituídos do pátrio poder e somente elas estão legalmente disponíveis para adoção. As outras crianças, que nunca sequer receberam uma visita de suas famílias, não são consideradas *oficialmente* 'abandonadas', pois seus pais ainda detêm o pátrio poder. Poderiam ser classificadas como 'esquecidas', 'filhos de ninguém', 'filhos do Estado' ou alguma outra expressão que possa definir a falta de compreensão sobre o desenvolvimento infantil, a lentidão burocrática e o desapreço dos poderes constituídos. (...) Não adianta somente revoltar-se, ou como ressalta Jabor (1997), dizer que a injustiça é sempre feita pelos 'outros' e sentir-se salvo por ter-se indignado e esquecer o assunto" (Lidia Natalia Dobrianskyj Weber, *Laços de ternura. Pesquisas e histórias de adoção*, p. 34). Sobre as instituições de acolhimento, prossegue a autora: "nessas instituições, quase sempre, tudo é muito limpo, organizado e... coletivo. Nada é de ninguém e a máxima é o funcionamento do lugar como uma indústria: planejamento de atividades com ênfase na ordem e na rotina, falta de privacidade (quartos coletivos, que são trancados durante o dia), falta de contato físico, disciplina embasada no silêncio, na submissão e ausência de autonomia e quebra periódica de vínculos afetivos.

Nestas instituições existe uma total destituição do direito à palavra, dificultando ao sujeito o autoconhecimento e sua constituição enquanto sujeito singular. Essa coletividade excessiva faz com que até mesmo seus comportamentos privados sejam descobertos; sua subjetividade transforma-se em uma interação mecânica e massificada do cotidiano, tornando os seres sem uma história diferenciada. A criança institucionalizada está sujeita a uma rotina artificial de relações estereotipadas que fala por ela, privando-a de seu espaço subjetivo, de seus conteúdos individuais e da possibilidade de construção de vínculos afetivos" (ob. cit., p. 36). Mais um relato de crianças institucionalizadas por responsabilidade do Juizado, nas palavras de uma mãe que possui filhas abrigadas: "faz cinco anos que as minhas filhas estão internadas aqui; elas vieram porque eu fiquei doente, fui internada em um hospital e me separei do pai delas. Sou lavadeira e tenho três filhas e tenho muita vontade de levar 'elas' pra casa. Eu acho que tenho condições de ficar com elas. Eu sofro bastante, queria ter elas do meu lado, né. Eu tenho mais um piá, porque casei de novo. E elas devem pensar porque o menino fica comigo e elas não. Vai ver que elas pensam isso. Mas é o juiz que não deixa eu levar 'elas', cada vez que eu vou lá pra pedir para tirarem elas, eles falam que não dá, que vai ter outra audiência, outra audiência, outra audiência... e nunca se decide nada. O juiz nunca fala nada pra começar, a gente nem conversa com ele, são secretários dele que atendem a gente, nunca, nunca a gente vê a cara dele. As meninas têm muita vontade de ir para casa, sempre estão pedindo, toda vez que venho aqui. É um sofrimento" (Lidia Natalia Dobrianskyj Weber, *Laços de ternura. Pesquisas e histórias de adoção*, p. 58). O ponto central desse caso é simples: a indecisão perpetuando o abrigamento. As meninas não vão viver com a mãe, provavelmente, porque a equipe técnica do juízo vislumbrou falta de condições materiais da mãe, porém, também não há destituição do poder familiar, para que possam ter a chance de serem adotadas.

58. Preferência da família natural: estabelece este dispositivo ser preferencial manter (não a retirar do convívio onde se encontra no presente) ou reintegrar (devolvê-la ao convívio familiar antes de ter sido retirada e abrigada) a criança ou adolescente em sua família natural em confronto com qualquer outra medida (abrigamento em instituição ou colocação em família substituta). Indica-se, então, para o exercício dessa preferência, já que o infante ou o jovem deve estar em situação vulnerável, a proteção, o apoio e a promoção necessários à família natural. A menção ao parágrafo único do art. 23 deve ser entendida como o atual § 1.º, que nada mais é do que a inclusão em programa oficial de auxílio. O mesmo cenário se encontra na referência aos arts. 101, I e IV (inclusão em programa comunitário ou oficial de auxílio à família, à criança e ao adolescente), e 129, I a IV (encaminhamento a programa oficial ou comunitário de proteção à família, tratamento de viciados, tratamento de enfermos mentais, cursos de orientação). É exatamente neste parágrafo que alguns juízes, promotores ou integrantes de equipes multidisciplinares se apegam para prorrogar, indefinidamente, a situação vulnerável de crianças e adolescentes. Estão certos? Sim e não. Vamos às ponderações fundamentais deste dispositivo em prol da família natural: a) a família biológica tem preferência sobre o abrigamento ou a família substituta; é algo inquestionável, que simboliza o *superior* interesse da própria criança ou jovem; ser criado pelos seus pais, com irmãos e demais parentes, num ambiente de amor e carinho, é a verdadeira família, base da sociedade e da qual ninguém deve ser retirado; a formação da personalidade depende disso e o Estado deve proteger e tutelar esse cenário; b) a pobreza material não é e jamais deve ser *motivo suficiente* e *exclusivo* para retirar o menor de 18 anos de sua família natural, desvinculando-o em definitivo; pode ser razão para o afastamento provisório, sob tutela estatal, até que pais e irmãos se aprumem e, contando com o apoio de órgãos governamentais, superem a fase aguda e retomem seu filho; c) se o pai é viciado em qualquer droga, mas a mãe não é – e cuida bem de seu filho –, não há motivo para retirar a criança ou adolescente do seu convívio, a menos que o genitor coloque em risco a integridade física ou moral do infante ou jovem, nos termos do art. 19, *caput*, parte final, deste Estatuto. Quanto aos fatores negativos à preferência da família natural: a) a criança é abandonada logo após o nascimento pela mãe – e não possui pai registrado ou interessado; não adianta *forçar* quem não quer o filho, prorrogando, na base da insistência ou ameaça, a genitora; o abandono, quando feito em lugar apropriado, não deve ser visto como um ato ilícito ou inaceitável; ao contrário, a mãe não deve ser pressionada e a criança deve ser logo encaminhada para família substituta, desde que não se localize parentes dispostos e aptos a receber o infante; b) os pais são viciados em drogas de qualquer espécie; sabe-se que o filho foi um acontecimento fortuito e não desejado; desde o nascimento já enfrenta privações e maus-tratos; não é caso de se prorrogar indefinidamente essa relação perniciosa, buscando um tratamento de desintoxicação possível, mas na maior parte das vezes improvável; c) pais violentos – ou um deles o é e o outro é omisso – também são inadequados para criar filhos, de nada resolvendo inseri-los em programas comunitários – aliás, algo inexistente na maioria das Comarcas – para *obrigá-los* a ficar com o(s) filho(s) pequenos; d) pais enfermos mentais não são responsáveis para cuidar de ninguém, nem de si mesmos; por vezes, é somente a mãe – o pai é ignorado – e não há familiares com condições para assumir a criança; é inconsistente encaminhar aquela genitora para tratamento psiquiátrico, enquanto o infante fica literalmente abandonado num abrigo. Enfim, por isso o *sim* e o *não*, devendo prevalecer o bom senso e a responsabilidade. Sem haver pré-julgamento, cada autoridade judiciária deve abrir a sua mente para *manter* o filho com a família, *reintegrá-lo* ou *retirá-lo dela* em definitivo, a depender do caso concreto. O disposto neste parágrafo não pode servir de escudo à superação dos prazos previstos nos §§ 1.º (três meses) e 2.º (18 meses) deste artigo. Ilustrando, um tratamento psicológico ou psiquiátrico pode levar anos; não se pode segurar a criança num abrigo a pretexto de estar esperando seu pai ou sua mãe se recuperar de enfermidade mental. "Aparecem casos de maus-tratos das mães ou de mães com estado mental comprometido, e estas são encaminhadas para psicoterapia enquanto a criança fica no abrigo. Quanto tempo de terapia será preciso? Se passados os 2 anos de abrigamento, a situação terá que ser resolvida. Será que a família estará pronta para receber o filho de volta? (...) Quando se constata a impossibilidade ao retorno à família de origem, será destituído o poder familiar. O ideal é que isso aconteça no menor tempo possível, quando for constatado que a restituição não será possível" (Hália Pauliv de Souza & Renata Pauliv de Souza Casanova, *Adoção. O amor faz o mundo girar mais rápido*, p. 70). Como lembra Wilson Donizeti Liberati, "é evidente que a criança ou o adolescente somente permanecerão com seus pais se não houver conflitos de interesses entre eles, sendo prejudiciais à sua educação e ao desenvolvimento de sua personalidade o conflito e desajustes entre pais e filhos" (*Comentários ao Estatuto da Criança e do Adolescente*, p. 104). "Embora a família seja idealmente um ambiente protetor, é fundamental a compreensão de que a reaproximação familiar deve ser vista dentro de uma perspectiva processual da trajetória de vida da criança e do adolescente em situação de rua, tal como o foi a partida para a rua. *Por isso, independentemente de maior ou menor vínculo familiar, não se pode tomar a reunificação familiar como uma prioridade, de modo acrítico.* Sustenta-se, pelo contrário, a necessidade de um trabalho pedagógico que promova um desenvolvimento participativo, num processo de transformação e reconstrução identitária que permita essas reconexões e confiança com a própria família, com o aprendizado e a recuperação de habilidades e hábitos de boas relações interpessoais. Do contrário as ações transformam-se rapidamente em correcionais ou salvacionistas, violando direitos dessas crianças e adolescentes" (Eduardo Rezende Melo, *Crianças e adolescentes em situação de rua: direitos humanos e justiça*, p. 80-81). Na jurisprudência: TJSP: "Execução de medida de acolhimento institucional. Insurgência da genitora contra decisão que deferiu a aproximação dos filhos a pretendentes à adoção localizados pelo setor psicossocial por meio de busca ativa. Não cabimento. Crianças em situação de abandono. Ausência de efetiva adesão dos genitores aos encaminhamentos propostos e falta de perspectiva de desacolhimento a curto ou médio prazo pela família natural ou extensa. Tramitação de ação de destituição do poder familiar, com decisão de suspensão do poder familiar, anterior à decisão agravada. Ausência de violação às resoluções do Conselho Nacional de Justiça no que se refere à colocação em família substituta antes do trânsito em julgado da ação de destituição do poder familiar. Inteligência do art. 157 do ECA. Colocação dos infantes em família substituta que se mostra como medida necessária para assegurar aos infantes o pleno desenvolvimento de ordem física e mental, bem como a convivência familiar e comunitária. Recurso desprovido" (AI 20074785920228260000/SP, Câm. Especial, rel. Ana Luiza Villa Nova, 26.05.2022, v.u.).

59. Programas de orientação e auxílio: se existentes na Comarca, onde se encontra a criança ou adolescente, privado do nível de vida básico, por conta da completa desestruturação de sua família natural, deve o juiz utilizá-lo para tentar sanar o problema. Porém, em Comarcas onde não existe absolutamente nada nesse sentido, retirar o menor da família natural, lançando-o no abrigo, e assim permanecer por *tempo indefinido*, é um verdadeiro contrassenso.

60. Visitas de convivência: a novidade introduzida pela Lei 12.962, de 8 de abril de 2014, certamente, possui bons propósitos, mas não é milagreira. Há casos e casos de presos e filhos, devendo cada um deles ser avaliado de *per si*. Duas situações contrapostas: a) pais vivem juntos com seus filhos; o genitor pratica um roubo e vai preso; a mãe deve levar o(s) filho(s) para visitar o pai; manter o vínculo é importante, pois ele sairá do regime fechado, seguirá para o semiaberto e logo estará em casa, no aberto; b) pais cometem crimes juntos; são traficantes e tiveram o filho por acidente; estão ambos presos para cumprir vários anos; laudos detectam essa situação de desinteresse dos genitores; levar a criança para uma visita *obrigatória* torna-se algo ilógico, em contrariedade ao superior interesse do infante. Aliás, é preciso registrar que muitos indivíduos presos também são perfeitamente capazes de *abandonar* o filho, especialmente em tenra idade. Seja o pai, seja a mãe – por vezes, ambos –, está mais interessado na sua própria vida do que na de seu filho. Não deseja saber onde está, não se move, nem mostra interesse em qualquer visita. Não aciona parentes para cuidar da criança, enfim, ocupa-se de si mesmo. O Estado não deve, em hipótese nenhuma, lançar essa infeliz criança no ambiente prisional à força; ao contrário, ela precisa de uma família substituta, pois foi abandonada. Nem se diga que o preso, possuindo sua liberdade cerceada, não tem condições de buscar convívio com seu filho, pois ele sabe perfeitamente peticionar ao juízo por benefícios de execução penal. Em suma, o disposto no § 4.º procura servir de contraponto ao preceituado pelo art. 23, § 2.º, deste Estatuto, segundo o qual a condenação criminal do pai ou da mãe contra estranho não é motivo para a destituição do poder familiar. Se assim é, prevê-se o direito de visita. Mas, por trás de ambos os dispositivos, há a leitura do *superior interesse* da criança ou do jovem. Se – e somente se – for melhor para o infante ou adolescente, mantém-se o poder familiar e a visitação. Este estatuto é pela criança e pelo jovem – e não pelo criminoso, que, muitas vezes, no momento de delinquir, não quer nem saber se tem filhos. Na jurisprudência: TJRS: "Entre o direito de visita dentro do estabelecimento prisional assegurado na lei ao apenado e o direito de proteção ao menor, previsto no art. 18 do Estatuto da Criança e do Adolescente – ECA e no art. 227 da CF, impõe-se a prevalência deste último. Assim, deve ser mantida a decisão que indeferiu a visita, visando ao bem estar da criança. Agravo desprovido" (Ag 70073269060/RS, 5.ª Câmara Criminal, rel. Lizete Andreis Sebben, 10.05.2017, v.u.); "O direito do preso à visitação é legalmente garantido, devendo ser resguardado ao fim de incremento dos laços familiares e facilitação do processo de reinserção. Não se sobrepõe, todavia, à dignidade e respeito à criança e ao adolescente, protegidos pelo ECA e de observância pela família, sociedade e Estado, assegurados pela Magna Carta (art. 227 da

CF). Flexibilização da questão, trazida pela Lei n.º 12.962/2014, incluindo o § 4.º no art. 19 do ECA, garantindo a convivência da criança e do adolescente com a mãe ou o pai privado de liberdade, que não engloba outros vínculos familiares. Em se tratando de enteada do recluso, aliás de apenas 1 ano de idade, o vínculo socioafetivo não se presume *iure et de iure*, como o é nos casos de descendentes. Ambiente carcerário que não se constitui em local adequado para ingresso de crianças e adolescentes. Precedentes desta Corte. Decisão indeferitória mantida. Agravo em execução improvido" (Ag 70073599896/RS, 8.ª Câmara Criminal, rel. Fabianne Breton Baisch, 28.06.2017, v.u.); "O direito à reintegração do preso (art. 41, inciso X, Lei 7.210/84) e o direito do menor ao convívio familiar (art. 19, § 4.º, Lei 8.069/90) não podem ser considerados absolutos, pois sofrem mitigação em razão do dever de proteção integral das crianças e adolescentes (art. 18 e 70, Lei 8.069/90), de colocá-los a salvo de toda forma de tratamento desumano, violento, aterrorizante, vexatório ou constrangedor. Se por um lado, o ambiente do cárcere é impróprio para as crianças, por outro, mal maior pode haver em a criança perder a referência paterna, mesmo que o pai ou padrasto seja um preso. Desse modo, a ponderação necessária para se alcançar uma solução normativa para o caso concreto passa pela comprovação do laço afetivo do menor com o preso, de modo a justificar a preponderância do direito à convivência familiar. No caso, a criança possui apenas 2 anos e 9 meses de idade, e não há comprovação da existência de sólido vínculo afetivo entre a criança e o padrasto, considerando que o reeducando cumpre pena há 10 anos. Em regime fechado está há mais de 3 anos, ou seja, está recluso desde antes do nascimento de seu enteado. Assim, ausente comprovação de qualquer vínculo afetivo entre o apenado e a criança. Ademais, não se mostra viável a realização de avaliação psiquiátrica/psicológica do menor, por equipe interprofissional prevista no art. 151 do ECA, junto a juizado da infância e da juventude, para fins de verificação da possibilidade e conveniência de visitação ao seu padrasto, porque a criança, com 2 anos de idade, ainda não tem condições de manifestar sua vontade de convivência familiar com o detento. Agravo desprovido, por maioria" (Ag 70074247917/RS, 3.ª Câmara Criminal, rel. Rinez da Trindade, 23.08.2017, m.v.). TJDFT: "O direito à visita não constitui valor absoluto ou ilimitado, devendo ser interpretado à luz da razoabilidade e sopesado com outros valores envolvidos no caso concreto. Deveras, é necessário empreender a concordância prática entre o direito de ressocialização do apenado e o direito ao desenvolvimento mental saudável das crianças e jovens, conforme intelecção do artigo 227 da Constituição Federal e artigos 17 e 18 do Estatuto da Criança e do Adolescente. O pedido de visita formulado por adolescente de 14 (anos) deve ser avaliado sob o prisma da formação física e mental, concluindo-se que ainda não é adequado que se exponha ao ambiente carcerário, conforme intelecção do artigo 227 da Constituição Federal e artigos 17 e 18 do Estatuto da Criança e do Adolescente" (RAG 20170020126549-DFT, 1.ª T. Criminal, rel. Romão C. Oliveira, 13.07.2017, v.u.); "1. É direito do menor a visitação periódica ao pai ou mãe em cumprimento de pena privativa de liberdade (art. 19, § 4.º, do ECA). 2. A paternidade socioafetiva tem seu reconhecimento jurídico decorrente da relação de afeto no contexto familiar, possuindo proteção constitucional. 3. Demonstrada a existência de vínculo entre a criança e seu padrasto, impõe-se a autorização de visitação da menor ao apenado no estabelecimento prisional, conforme prevê o § 1.º do artigo 2.º da Portaria n.º 8/2016-VEP. 4. Recurso de agravo conhecido e provido" (RAG 20170020138932-DFT, 3.ª T. Criminal, rel. Jesuino Rissato, 31.08.2017, v.u.).

60-A. Convivência com mãe adolescente: o § 5.º foi inserido pela Lei 13.509/2017, voltando-se à jovem, em acolhimento institucional, que dê à luz uma criança. Pretende-se assegurar o convívio *integral* do filho com a mãe, ambos abrigados. Em verdade, cuida-se de uma triste realidade, pois a adolescente encontra-se privada do convívio com a família biológica, não possui laços com família substituta e já tem um descendente, cuja situação é, igualmente, irregular. É preciso muito cuidado para saber como lidar com essa hipótese, pois o abrigo não pode pretender substituir a família tanto para a jovem como para a criança. Espera-se que as equipes multidisciplinares tenham o bom senso para detectar se a mãe adolescente, de fato, pretende ficar com o filho, pois, do contrário, o mais adequado é encaminhar a criança à adoção, buscando, também, uma família substituta para a genitora.

60-B. Assistência especializada: embora seja uma norma de conteúdo evidente, ratifica-se a necessidade de acompanhamento da mãe adolescente por equipe multidisciplinar (psicólogo e assistente social, basicamente). Aliás, como mencionado na nota anterior, é preciso que essa equipe tenha efetiva participação no acompanhamento da jovem mãe para que se apure o seu real intento – ou não – de cuidar e permanecer com o filho. São duas pessoas carentes de afeto familiar, significando que o fato de *ser mãe* não torna alguém automaticamente responsável e independente. O errático caminho pode ser a mantença de ambos em acolhimento institucional, sem oportunidade de se encaixarem em família substituta ou retornarem ao convívio da família biológica.

> **Art. 19-A.** A gestante ou mãe que manifeste interesse em entregar seu filho para adoção, antes ou logo após o nascimento, será encaminhada à Justiça da Infância e da Juventude.[60-C]
>
> § 1.º A gestante ou mãe será ouvida pela equipe interprofissional da Justiça da Infância e da Juventude, que apresentará relatório à autoridade judiciária, considerando inclusive os eventuais efeitos do estado gestacional e puerperal.[60-D]
>
> § 2.º De posse do relatório, a autoridade judiciária poderá determinar o encaminhamento da gestante ou mãe, mediante sua expressa concordância, à rede pública de saúde e assistência social para atendimento especializado.[60-E]
>
> § 3.º A busca à família extensa, conforme definida nos termos do parágrafo único do art. 25 desta Lei, respeitará o prazo máximo de noventa dias, prorrogável por igual período.[60-F]
>
> § 4.º Na hipótese de não haver a indicação do genitor e de não existir outro representante da família extensa apto a receber a guarda, a autoridade judiciária competente deverá decretar a extinção do poder familiar e determinar a colocação da criança sob a guarda provisória de quem estiver habilitado a adotá-la ou de entidade que desenvolva programa de acolhimento familiar ou institucional.[60-G]
>
> § 5.º Após o nascimento da criança, a vontade da mãe ou de ambos os genitores, se houver pai registral ou pai indicado, deve ser manifestada na audiência a que se refere o § 1.º do art. 166 desta Lei, garantido o sigilo sobre a entrega.[60-H]
>
> § 6.º Na hipótese de não comparecerem à audiência nem o genitor nem representante da família extensa para confirmar a intenção de exercer o poder familiar ou a guarda, a autoridade judiciária suspenderá o poder familiar da mãe, e a criança será colocada sob a guarda provisória de quem esteja habilitado a adotá-la.[60-I]
>
> § 7.º Os detentores da guarda possuem o prazo de quinze dias para propor a ação de adoção, contado do dia seguinte à data do término do estágio de convivência.[60-J]
>
> § 8.º Na hipótese de desistência pelos genitores – manifestada em audiência ou perante a equipe interprofissional – da entrega da criança após o nascimento, a criança será mantida com os genitores, e será determinado

Art. 19-A

> pela Justiça da Infância e da Juventude o acompanhamento familiar pelo prazo de 180 dias.[60-K]
>
> § 9.º É garantido à mãe o direito ao sigilo sobre o nascimento, respeitado o disposto no art. 48 desta Lei.[60-L]
>
> § 10. Serão cadastrados para adoção recém-nascidos e crianças acolhidas não procuradas por suas famílias no prazo de 30 (trinta) dias, contado a partir do dia do acolhimento.[60-M]

60-C. Interesse de entrega do filho: renunciar à maternidade, inserindo o filho a nascer ou recém-nascido, deve ser enfocado como uma atitude desprendida e positiva de uma mãe desinteressada na sua relação de parentesco. Por vezes, adolescentes engravidam e, não desejando abortar, mormente quando feito na clandestinidade, sem apoio médico suficiente e ideal, preferem dar à luz para, depois, entregar a criança à adoção. Menos traumática a situação, sem dúvida. No passado, havia uma abertura na Santa Casa de S. Paulo, que se situava na parede externa, formando uma caixa de madeira que, girando, virava-se de fora do prédio para dentro, permitindo que mães colocassem bebês ali, dispondo-se deles. Era a chamada *roda dos expostos*. Desativada essa roda, atinge-se o mecanismo ideal para a genitora disposta a dar em adoção seu filho. Formada a convicção, durante a gestação ou após o nascimento, o rumo correto é o encaminhamento da mãe à Vara da Infância e Juventude para essa formalização. Aceitando-se que a mãe (e, quando existir, também o pai) possa dispor da criança, torna-se mais simples e adequado ao superior interesse desta que o poder familiar seja logo retirado da família biológica para a transferência à família substituta. Sabe-se ser muito mais fácil a adoção de um bebê do que de criança mais velha ou adolescente. Sob tal prisma, agiliza-se o processo de colocação em família substituta. Na jurisprudência: STJ: "2. Em demandas envolvendo interesse de criança ou adolescente, a solução da controvérsia deve sempre observar o princípio do melhor interesse do menor, introduzido em nosso sistema jurídico como corolário da doutrina da proteção integral, consagrada pelo art. 227 da Constituição Federal, o qual deve orientar a atuação tanto do legislador quanto do aplicador da norma jurídica, vinculando-se o ordenamento infraconstitucional aos seus contornos. 3. O art. 19-A do ECA prevê que a genitora tem o legítimo direito de manifestar o interesse em entregar seu filho para adoção antes mesmo do nascimento, hipótese em que deverá ser encaminhada à Justiça da Infância e da Juventude para que seja ouvida pela equipe profissional, considerados eventuais efeitos do estado gestacional e puerperal. 4. De outro lado, o consentimento para colocação em família substituta somente é válido após o nascimento da criança e, ainda assim, oportuniza-se aos pais o direito de arrependimento no prazo de 10 (dez) dias, contados da prolação da sentença de extinção do poder familiar. 5. A decisão que, em tutela de urgência, determina a busca e apreensão da criança logo após o parto, ainda no hospital, pelo simples fato de que a mãe teria demonstrado o interesse em entregar o menor à adoção irregular e sem que tenha se demonstrado algum ato concreto de prejuízo à saúde física e psicológica do recém-nascido, é flagrantemente ilegal, ignorando todas as determinações legais que garantem a proteção integral e o melhor interesse da criança. 6. Ordem de *habeas corpus* concedida de ofício" (HC 776.461/SC, 3.ª T., rel. Marco Aurélio Bellizze, 29.11.2022, v.u.).

60-D. Acompanhamento da mãe: durante a gestação, pode haver abalo emocional e a mulher grávida decidir entregar o filho à adoção sem a devida reflexão; o mesmo ocorre com a fase do estado puerperal (perturbações físico-psíquicas presentes durante e após o parto), podendo a mãe rejeitar a criança por um certo período. Em face disso, manifestando o intento de entrega do filho, encaminha-se a gestante ou mãe à equipe multidisciplinar da Vara da Infância Juventude, cuja função será detectar o seu *real* interesse em não manter os laços familiares. Se houver dúvida, o profissional de psicologia ou de assistência social será capaz de mostrar o melhor rumo a tomar, inclusive, se for o caso, de permanecer com a criança, mas assumindo a responsabilidade de ser mãe. A conclusão da avaliação será formalmente apresentada ao juízo por meio de um relatório: pela confirmação da vontade de entregar a criança à adoção ou pela retratação desse intento. Cremos ser fundamental, nessas hipóteses, conferir a existência e interesse do pai biológico da criança, pois a mãe não é a única a deter o poder familiar, incluindo-o no relatório. Se o genitor discordar da entrega, poderá assumir a criação do filho. O mesmo interesse será buscado na família extensa.

60-E. Encaminhamento à assistência: considerando-se a hipótese de retratação da gestante ou mãe, preferindo ficar com o filho, mas demonstrando não haver condições materiais para tanto, deve-se encaminhá-la à assistência social e às equipes de saúde para assegurar um parto seguro ou uma criação amparada da criança. Não cremos deva ser feito o referido encaminhamento se o relatório apontar o efetivo intento de entrega do filho à adoção. Noutros termos, o atendimento especializado deve ser destinado a quem pretende *ficar* com a criança, sem ter condições econômicas ou familiares para isso. Por outro lado, deve a equipe técnica agir com celeridade, a fim de não prorrogar, indefinidamente, a avaliação da mãe, o que tende a ocorrer em inúmeras Varas da Infância e Juventude.

60-F. Família extensa: nos termos do art. 25, parágrafo único, "entende-se por família extensa ou ampliada aquela que se estende para além da unidade pais e filhos ou da unidade do casal, formada por parentes próximos com os quais a criança ou adolescente convive e mantém vínculos de afinidade e afetividade". Tomando conhecimento, pelo relatório ofertado pela equipe multidisciplinar, do real intento de entrega da criança para adoção, o juiz determina a busca por parentes, a fim de saber se algum deles pode assumir a criação do recém-nascido. Estabelece-se o prazo de 90 dias, prorrogável por igual período. Portanto, o período máximo de procura pode atingir 6 meses. Não sendo possível localizar a família extensa ou sendo esta reticente ao recebimento da criança, devem cessar os instrumentos para manter o laço da família natural, buscando-se a família substituta. Lembre-se o fundamento da nova redação ao art. 19 deste Estatuto: agilizar a adoção.

60-G. Ausência da família natural ou extensa: se a mãe gestante ou parturiente manifestou expresso desejo de entregar a criança à adoção, confirmando essa vontade durante o acompanhamento multidisciplinar, bem como, após certo período, nenhum parente foi localizado com interesse pelo bebê, caberia ao juiz decretar, de pronto, a *extinção do poder familiar*, inserindo a criança em lar substituto (chamando interessado em adotar, conforme cadastro) ou, provisoriamente, em acolhimento institucional. Inexistiria razão plausível para perpetuar os laços biológicos, mantendo o bebê indisponível para adoção, em abrigo (afinal, ninguém o quer), por prazo indefinido. Porém, deve-se seguir o disposto no art. 166, § 1.º, desta Lei. Ver a nota abaixo.

60-H. Procedimento em audiência: há, neste estatuto, uma consistente desconfiança em relação ao desfazimento dos laços naturais em prol dos estabelecidos por força de lei, referentes a uma família substituta. Nem mesmo a modificação de certos dispositivos, trazida pela Lei 13.509/2017, resolveu esse enfoque. Tanto é verdade que a mãe biológica, expressando seu intento de entregar o filho à adoção, encaminhada à Vara da Infância e Juventude, passando por equipe técnica, ratificando seu desejo, ainda assim precisa ser intimada a comparecer em audiência para, novamente, concordar com a disposição da criança a outrem. É o que estatui este § 5.º, fazendo referência ao § 1.º do art. 166 ("na hipótese de concordância dos pais, o juiz: I – na presença do Ministério Público, ouvirá as partes, devidamente assistidas por advogado ou por defensor público, para verificar sua concordância com a adoção, no prazo máximo de dez dias, contado da data do protocolo da petição ou da entrega da criança em juízo, tomando por termo as declarações; e II – declarará a extinção do poder familiar"). Além da genitora, havendo pai registral ou indicado, deve ele também comparecer à referida audiência, manifestando sua vontade. Não bastasse, após a prolação da decisão de perda do poder familiar, ainda há o prazo de 10 dias para o exercício do *direito de arrependimento* contado a partir da data da prolação da sentença de extinção do poder familiar (art. 166, § 5.º, desta Lei). Deve o magistrado designar data próxima para a realização da mencionada audiência, depois de receber o relatório contendo a concordância da mãe com a entrega da criança para adoção. O que prorroga, indefinidamente, o período no qual os infantes e jovens permanecem em acolhimento institucional é justamente as medidas concretas, tomadas pelas autoridades que lidam com o procedimento de extinção do poder familiar ou com o processo de adoção.

60-I. Ausência da audiência: ao menos, a lei impõe algo produtivo ao especificar que, no não comparecimento dos pais ou parentes, o juiz pode suspender o poder familiar e inserir a criança sob guarda provisória. É o mínimo para um sistema legislativo que realmente pretenda acelerar os procedimentos de adoção. Resta, agora, esperar o fiel cumprimento dos novos dispositivos pela autoridade judiciária competente.

60-J. Propositura da ação de adoção: a lei estabelece o prazo de quinze dias para os detentores da guarda proporem a ação de adoção, computado o período a partir do dia seguinte à data do término do estágio de convivência (90 dias, como regra; prorrogável por outros 90 dias, excepcionalmente – art. 46, *caput* e § 2.º-A desta Lei). Quer-se crer que o Ministério Público deve zelar pela referida propositura de ação de adoção, justamente para não prorrogar o estágio de convivência (provisório, por natureza) de modo indeterminado. Assim, se os detentores da guarda não ajuizarem a ação, há de se questionar a razão e, conforme o caso, encaminhar a criança a outro interessado pela adoção.

60-K. Desistência da entrega da criança: a mãe, gestante ou parturiente, pode manifestar desejo de entregar o filho e voltar atrás nas duas oportunidades legais que possui (avaliação pela equipe técnica e audiência). Isso se pode dizer do pai biológico. Nessa situação, a lei busca assegurar que os pais naturais fiquem com a guarda do filho – e não em acolhimento institucional ou com terceiros – para avaliação, por meio de acompanhamento familiar por equipe multidisciplinar do Juízo da Infância e Juventude, pelo prazo de 180 dias. Este artigo cuida, basicamente, do recém-nascido, considerando-se razoável que a criança permaneça com os genitores (ou qualquer deles) *antes* de seguir para adoção, se houver dúvida quanto à ruptura dos laços naturais.

60-L. Sigilo sobre o nascimento: esse dispositivo é razoável, pois evita constrangimento indevido à mãe, quando resolver entregar seu filho para adoção. Aplica-se o mesmo ao pai. Assegura-se o segredo quanto ao nascimento, não permitindo o acesso de terceiros à certidão. Completando-se, depois, a adoção, mantém-se o sigilo, salvo quando o próprio adotado desejar conhecer a sua origem biológica (vide art. 48 desta lei). Na jurisprudência: TJMG: "O Estatuto da Criança e do Adolescente, em seu art. 48, preocupou em garantir o direito ao sigilo da gestante ou mãe que manifeste interesse em entregar seu filho para adoção. A ressalva feita quanto ao art. 19-A, § 9.º, do mesmo diploma legal, em nada influencia no desejo da mãe em ter garantido o sigilo da sua opção pela adoção. A recente Resolução n. 485, de 18 de janeiro de 2023, editada pelo CNJ, que dispõe sobre o adequado atendimento de gestante ou parturiente que manifeste desejo de entregar o filho para adoção e a proteção integral da criança, também prevê o direito ao sigilo conforme previsto no art. 48 do ECA. A nomeação de Defensor Público em favor da genitora é medida que não tem o condão de acarretar tumulto processual, mas sim de promover a orientação e a defesa dos interesses de pessoa hipossuficiente do ponto de vista financeiro e necessitada, conforme art. 134 da CF/88. Ademais, a própria Resolução n. 485/2023 dispõe a respeito desta possibilidade em seu art. 3.º, § 2.º" (AI 13599284620238130000, 8.ª Câm. Cível, rel. Carlos Roberto de Faria, 14.09.2023, v.u.).

60-M. Cadastramento para adoção: este dispositivo merece aplauso, pois, antes dele, muitos juízes esperavam o longo procedimento de perda do poder familiar, até a sua consolidação, para inserir a criança no cadastro de adoção. Por isso, muitos recém-nascidos, que teriam facilidade para serem adotados, passam a ter uma idade superior ao maior interesse dos candidatos à adoção (crianças até 2 anos), prejudicando a colocação em família substituta. São essas crianças que poderiam tornar-se adolescentes em abrigos, vitimadas pela demora imposta pela antiga lei (antes da reforma introduzida pela Lei 13.509/2017) e pelo Judiciário. Na jurisprudência: TJPR: "1. Destituído o poder familiar e inexistindo elementos hábeis a demonstrar a possibilidade de reversão da decisão, não há que se aguardar o trânsito em julgado para o prosseguimento do processo de adoção e a colocação dos infantes em família substitutas, ante a priorização do melhor interesse da criança" (Rec 0011285-66.2023.8.16.0000, 11.ª Câm. Cível, rel. Fabio Haick Dalla Vecchia, 15.05.2023).

> **Art. 19-B.** A criança e o adolescente em programa de acolhimento institucional ou familiar poderão participar de programa de apadrinhamento.[60-N]
>
> § 1.º O apadrinhamento consiste em estabelecer e proporcionar à criança e ao adolescente vínculos externos à instituição para fins de convivência familiar e comunitária e colaboração com o seu desenvolvimento nos aspectos social, moral, físico, cognitivo, educacional e financeiro.[60-O]
>
> § 2.º Podem ser padrinhos ou madrinhas pessoas maiores de 18 (dezoito) anos não inscritas nos cadastros de adoção, desde que cumpram os requisitos exigidos pelo programa de apadrinhamento de que fazem parte.[60-P]
>
> § 3.º Pessoas jurídicas podem apadrinhar criança ou adolescente a fim de colaborar para o seu desenvolvimento.[60-Q]
>
> § 4.º O perfil da criança ou do adolescente a ser apadrinhado será definido no âmbito de cada programa de apadrinhamento, com prioridade para crianças ou adolescentes com remota possibilidade de reinserção familiar ou colocação em família adotiva.[60-R]
>
> § 5.º Os programas ou serviços de apadrinhamento apoiados pela Justiça da Infância e da Juventude poderão ser executados por órgãos públicos ou por organizações da sociedade civil.[60-S]
>
> § 6.º Se ocorrer violação das regras de apadrinhamento, os responsáveis pelo programa e pelos serviços de acolhimento deverão imediatamente notificar a autoridade judiciária competente.[60-T]

60-N. Apadrinhamento: *apadrinhar* significa proteger, sustentar, favorecer, tutelar, enfim, tomar conta de algo ou alguém. Ilustrando, os padrinhos de batismo ou de casamento são as pessoas escolhidas pelos pais (batismo) ou pelo casal (matrimônio) para espelhar a amizade existente e os laços afetivos entre quem apadrinha e quem é apadrinhado. O objetivo de um padrinho é proteger, favorecer ou apoiar alguém. Portanto, a criação de um programa oficial de apadrinhamento torna situações já existentes, promovidas por entidades assistenciais ou ONGs, que lidam com crianças e adolescentes, um cenário previsto em lei. Destina-se a esse programa os menores de 18 anos que estiverem em acolhimento familiar ou institucional, portanto, distantes, ainda, de sua família natural ou de uma família substituta.

60-O. Mecanismo do programa: este parágrafo estabelece as regras para o apadrinhamento, proporcionando às crianças e adolescentes *vínculos externos* à instituição com o objetivo de viabilizar uma convivência familiar ou comunitária. Observa-se uma certa contradição entre o disposto pelo *caput* e este parágrafo, vez que, naquele, firma-se o entendimento de que o programa de apadrinhamento destina-se tanto a quem esteja em acolhimento familiar quanto institucional – situações diferentes –, enquanto neste se menciona somente a *instituição*. De fato, se o infante ou jovem encontra-se em acolhimento familiar quer-se crer não necessitar de *padrinhos* para o fim de vivenciar uma convivência similar à família. A meta do programa de apadrinhamento *é* proporcionar um mais adequado desenvolvimento do menor nos aspectos social, moral, físico, cognitivo, educacional e financeiro, como prevê *este parágrafo. Para tanto, quem vive em acolhimento familiar já deve ter essa experiência, enquanto o vivente em abrigo, por certo, carece disso.* No entanto, sabe-se que o acolhimento familiar, no Brasil, ainda é uma utopia; por isso, o apadrinhamento deve ser voltado ao acolhimento institucional.

60-P. Padrinhos e madrinhas não inscritos no cadastro de adoção: essa cautela tem por finalidade fazer com que as pessoas sejam incentivadas a apadrinhar um menor, sem necessidade de adotá-lo. Por outro lado, quer-se que o cadastro de candidatos a adoção respeite, fielmente, a *fila*, sem que um padrinho ou madrinha, por conquistar laços afetivos com a criança ou jovem, corte à frente de quem esperava a sua vez. No entanto, deve-se repensar esse ponto. Talvez, como forma de incentivo à adoção, pudesse haver um cadastro de candidatos à adoção concomitante a um cadastro de padrinhos interessados em adotar.

60-Q. Pessoas jurídicas: preceitua-se a viabilidade de pessoas jurídicas apadrinharem crianças ou adolescentes, a fim de colaborar para o seu desenvolvimento. Soa estranho que pessoas jurídicas consigam atuar como se fossem uma *família ou mesmo uma comunidade, nos termos do § 1.º* deste artigo. O apadrinhamento realizado por pessoas jurídicas só pode representar apoio financeiro, educacional, em suma, material. Torna-se discutível atingir o objetivo de desenvolver o infante ou o jovem nos aspectos social, moral e, principalmente, afetivo, embora este não seja meta especificada em lei. Quem se encontra abrigado em determinadas instituições precisa ter contato externo, para a convivência em família ou comunidade, recebendo e dando afetividade, justamente o que o acolhimento institucional raramente consegue suprir. Portanto, reitere-se mais uma vez, deve-se evitar o apadrinhamento por pessoa jurídica, *caso inexistam voluntários pessoas físicas para ter o contato direto com as crianças ou jovens em acolhimento institucional.* Por certo, à falta de voluntários, a pessoa jurídica poderá apadrinhar apenas para garantir maior amparo material.

60-R. Perfil para apadrinhamento: cada programa deve estipular o delineamento exigido para inserir a criança ou jovem no campo do apadrinhamento; por certo, não significa estabelecer distinções ou preferências discriminatórias, mas apontar para os menores mais frágeis e com menor possibilidade de reinserção na família natural ou de colocação em família adotiva. Trata-se, isto sim, de implantar o princípio da isonomia: tratar desigualmente os desiguais. As pessoas preferenciais para o apadrinhamento são deficientes físicos ou mentais, adolescentes, grupos de irmãos, entre outros, com maior dificuldade de aceitação para fins de adoção ou retorno ao lar natural. O ideal, por óbvio, é que todos os menores acolhidos institucionalmente possam gozar desse cenário benéfico do apadrinhamento.

60-S. Desenvolvedores do programa de apadrinhamento: podem ser órgãos públicos ou organizações da sociedade civil, estas, como demonstra a realidade, em maior número. Tanto umas quanto outras devem contar com o apoio da Justiça da Infância e Juventude, cabendo-lhes, inclusive, a fiscalização do programa. De toda forma, os padrinhos precisam ser pessoas físicas, aquelas que terão contato direto com os infantes e jovens, pois o convívio familiar ou comunitário é essencialmente afetivo. O programa pode ser desenvolvido por pessoas jurídicas – estas podem até apadrinhar menores –, mas o contato depende de seres humanos. Afinal, *apadrinhar* sempre significou, nos programas informais existentes, levar uma criança abrigada para a casa dos padrinhos, onde experimentará uma vivência familiar, tendo oportunidade de ter outros contatos, com familiares, amigos e conhecidos dos referidos padrinhos.

60-T. Violação das regras do programa: a lei não fixa quais são as regras específicas do programa, impondo apenas vetores gerais (proporcionar vivência externa à instituição; assegurar desenvolvimento social, moral, físico, cognitivo, educacional ou financeiro). Assim sendo, os órgãos instituidores do programa devem ter autonomia para estipular outras regras de interesse das crianças e adolescentes, devidamente supervisionadas pela Justiça infantojuvenil.

> **Art. 20.** Os filhos, havidos ou não da relação do casamento, ou por adoção, terão os mesmos direitos e qualificações, proibidas quaisquer designações discriminatórias relativas à filiação.[61-62]

61. Discriminação de filiação e alienação parental: houve época, felizmente ultrapassada, em que filhos eram discriminados pelo próprio Estado, por terem sido havidos fora do casamento ou por adoção. A Constituição Federal de 1988 colocou um fim nisso: "os filhos, havidos ou não da relação do casamento, ou por adoção, terão os mesmos direitos e qualificações, proibidas quaisquer designações discriminatórias relativas à filiação" (art. 227, § 6.º). As crianças e adolescentes havidos fora do casamento são filhos do cônjuge traidor da fidelidade matrimonial do mesmo modo que os concebidos entre marido e mulher. Não têm culpa de nenhuma atitude irresponsável de adultos. Por isso, fazem jus ao nome do genitor ainda casado com outra pessoa, a eventual direito a alimentos e à herança; tudo isso sem contar que, como crianças e adolescentes, têm direito de serem assistidas, criadas e educadas por seus pais (art. 229, *caput*, CF). Gozam, ainda, dos direitos previstos na Lei 12.318/2010 (alienação parental). Pode-se debater o direito à indenização pelo abandono sentimental que o genitor casado impõe ao filho havido fora do casamento. Além disso, pode a criança ou adolescente rejeitado, caso não tenha a opção de viver com outro parente, ser colocado em família substituta, destituindo-se o poder familiar daquele que a abandonou, estando casado com pessoa estranha ao infante. Quanto ao filho adotivo, a mesma proteção do filho natural lhe é assegurada. Há de se acrescentar – a ambos – a discriminação camuflada existente em sociedade, que merece ser coibida. Em determinados ambientes (escola, condomínio, clube, associação etc.), sente-se, até mesmo por comentários e expressões, a diferença que terceiros fazem entre os filhos naturais e os adotivos (e mesmo no tocante aos havidos fora do casamento). Trata-se de ato ilícito, que comporta reparação do dano, particularmente do dano moral à criança ou adolescente e seus pais. E vamos além. Por vezes, a discriminação se dá no seio familiar. Filhos naturais mais velhos discriminam e ofendem os menores adotados (ou havidos fora do casamento); parentes (avós, tios, primos etc.) são capazes de fazer o mesmo. Inexiste imunidade para isso, motivo pelo qual também praticam ato ilícito, sujeito a indenização por dano moral. E, conforme o caso específico, podem estar sujeitos a qualquer crime contra a honra. O Estado não pode tolerar a discriminação velada contra filhos adotivos e havidos fora da relação matrimonial, acolhendo, portanto, os pedidos indenizatórios feitos em nome dos discriminados contra quem quer que seja. Na jurisprudência: STJ: "1. O Supremo Tribunal Federal, ao reconhecer, em sede de repercussão geral, a possibilidade da multiparentalidade, fixou a seguinte tese: 'a paternidade socioafetiva, declarada ou não em registro

Art. 20

público, não impede o reconhecimento do vínculo de filiação concomitante baseado na origem biológica, com os efeitos jurídicos próprios' (RE 898.060, Relator: Luiz Fux, Tribunal Pleno, j. 21.09.2016, processo eletrônico repercussão geral – mérito *DJe*-187 divulg. 23-08-2017 public. 24-08-2017). 2. A possibilidade de cumulação da paternidade socioafetiva com a biológica contempla especialmente o princípio constitucional da igualdade dos filhos (art. 227, § 6.º, da CF). Isso porque conferir 'status' diferenciado entre o genitor biológico e o socioafetivo é, por consequência, conceber um tratamento desigual entre os filhos. 3. No caso dos autos, a instância de origem, apesar de reconhecer a multiparentalidade, em razão da ligação afetiva entre enteada e padrasto, determinou que, na certidão de nascimento, constasse o termo 'pai socioafetivo', e afastou a possibilidade de efeitos patrimoniais e sucessórios. 3.1. Ao assim decidir, a Corte estadual conferiu à recorrente uma posição filial inferior em relação aos demais descendentes do 'genitor socioafetivo', violando o disposto nos arts. 1.596 do CC/2002 e 20 da Lei 8.069/1990. 4. Recurso especial provido para reconhecer a equivalência de tratamento e dos efeitos jurídicos entre as paternidades biológica e socioafetiva na hipótese de multiparentalidade" (REsp 1.487.596/MG, 4.ª T., rel. Antonio Carlos Ferreira, 28.09.2021, v.u.).

62. Equiparação da licença-maternidade e da licença-paternidade quando se tratar de filho adotado: as licenças não constituem benefícios dos pais, mas dos filhos; são estes que merecem toda a atenção possível assim que nascem. Porém, este artigo do Estatuto é claro, repetindo o disposto no art. 227, § 6.º, da Constituição Federal, no sentido de que todos os filhos, não importando a origem, tenham os mesmos direitos. Em face disso, os pais adotivos devem desfrutar dos mesmos períodos de licença-maternidade e licença-paternidade que os pais naturais. Resta enfocar o início dessas licenças. Segundo nos parece, deve ser a partir do momento em que recebem a *guarda provisória*, para *fins de adoção*, pois é o início do período do estágio de convivência. Trata-se da fase mais delicada de entrosamento entre os futuros pais e o filho, não importando a sua idade. Precisa a mãe de maior tempo para o estreitamento dos laços afetivos e o pai, ao menos, dos cinco dias de licença. Aguardar a sentença concessiva da adoção, para, depois, obter a licença é ilógico, pois o menor já estará entrosado e a finalidade das referidas licenças perde o objeto. Entretanto, se a licença (para a mãe e para o pai) não tiver sido concedida antes, cabe o seu deferimento a contar da decisão da adoção. Pode-se argumentar que o gozo da licença (maternidade ou paternidade) durante o estágio de convivência estaria equivocado, pois, em tese, a adoção pode não ocorrer. Ora, se isto se der, o funcionário ou empregado encarrega-se de resolver como compensar o período de licença, no futuro (com férias, por exemplo). O mais importante é que a criança ou adolescente conte com a integral atenção dos pais nos primeiros dias, justamente para que dê certo o entrosamento, permitindo a concretização da adoção. Na jurisprudência: STF: "1. A licença maternidade prevista no artigo 7.º, XVIII, da Constituição abrange tanto a licença gestante quanto a licença adotante, ambas asseguradas pelo prazo mínimo de 120 dias. Interpretação sistemática da Constituição à luz da dignidade da pessoa humana, da igualdade entre filhos biológicos e adotados, da doutrina da proteção integral, do princípio da prioridade e do interesse superior do menor. 2. As crianças adotadas constituem grupo vulnerável e fragilizado. Demandam esforço adicional da família para sua adaptação, para a criação de laços de afeto e para a superação de traumas. Impossibilidade de se lhes conferir proteção inferior àquela dispensada aos filhos biológicos, que se encontram em condição menos gravosa. Violação do princípio da proporcionalidade como vedação à proteção deficiente. 3. Quanto mais velha a criança e quanto maior o tempo de internação compulsória em instituições, maior tende a ser a dificuldade de adaptação à família adotiva. Maior é, ainda, a dificuldade de viabilizar sua adoção, já que predomina no imaginário das famílias adotantes o desejo de reproduzir a paternidade biológica e adotar bebês. Impossibilidade de conferir proteção inferior às crianças mais velhas. Violação do princípio da proporcionalidade como vedação à proteção deficiente.

4. Tutela da dignidade e da autonomia da mulher para eleger seus projetos de vida. Dever reforçado do Estado de assegurar-lhe condições para compatibilizar maternidade e profissão, em especial quando a realização da maternidade ocorre pela via da adoção, possibilitando o resgate da convivência familiar em favor de menor carente. Dívida moral do Estado para com menores vítimas da inepta política estatal de institucionalização precoce. Ônus assumido pelas famílias adotantes, que devem ser encorajadas. 5. Mutação constitucional. Alteração da realidade social e nova compreensão do alcance dos direitos do menor adotado. Avanço do significado atribuído à licença parental e à igualdade entre filhos, previstas na Constituição. Superação de antigo entendimento do STF. 6. Declaração da inconstitucionalidade do art. 210 da Lei n.º 8.112/1990 e dos parágrafos 1.º e 2.º do artigo 3.º da Resolução CJF n.º 30/2008. 7. Provimento do recurso extraordinário, de forma a deferir à recorrente prazo remanescente de licença parental, a fim de que o tempo total de fruição do benefício, computado o período já gozado, corresponda a 180 dias de afastamento remunerado, correspondentes aos 120 dias de licença previstos no art. 7.º, XVIII, CF, acrescidos de 60 dias de prorrogação, tal como estabelecido pela legislação em favor da mãe gestante. 8. Tese da repercussão geral: 'Os prazos da licença adotante não podem ser inferiores aos prazos da licença gestante, o mesmo valendo para as respectivas prorrogações. Em relação à licença adotante, não é possível fixar prazos diversos em função da idade da criança adotada'" (RE 778.889, Pleno, rel. Roberto Barroso, Tribunal Pleno, 10.03.2016, maioria). TJSC: "Pedido de concessão de licença-paternidade pelo período de 180 (cento e oitenta) dias. Previsão legal de licença-maternidade de 120 (cento e vinte) dias. Direito do adotante equiparado ao direito da gestante. Impossibilidade de distinção de prazos. Aplicação do tema 782/STF. Situação, ademais, que trata de adoção por pai solo. Tema 1.182/STF que deve ser aplicado, por analogia, ao caso concreto. 'Se a licença adotante é assegurada a homens e mulheres indistintamente, não há razão lógica para que a licença e o salário-maternidade não seja estendido ao homem quando do nascimento de filhos biológicos que serão criados unicamente pelo pai. Entendimento contrário afronta os princípios do melhor interesse da criança, da razoabilidade e da isonomia' (Tema 1.182/STF, RE 1.348.854, Rel. Min. Alexandre de Moraes, j. 12.05.2022, destaquei)" (Agravo de Instrumento 5055394-58.2023.8.24.0000, 3.ª Câm. de Direito Público, rel. Sandro Jose Neis, 19.12.2023, v.u.).

> **Art. 21.** O poder familiar será exercido, em igualdade de condições, pelo pai e pela mãe, na forma do que dispuser a legislação civil, assegurado a qualquer deles o direito de, em caso de discordância, recorrer à autoridade judiciária competente para a solução da divergência.[63]

63. Poder familiar em igualdade de condições: o Código Civil anterior (1916) previa ser o marido o chefe da relação conjugal e quem dava a última palavra na criação dos filhos. A Constituição Federal de 1988 (antes mesmo do advento do atual Código Civil – Lei 10.406/2002) já havia corrigido tal distorção: "os direitos e deveres referentes à sociedade conjugal são exercidos igualmente pelo homem e pela mulher" (art. 226, § 5.º). Atualmente, tal preceito é regulado pelo Código Civil: "durante o casamento e a união estável, compete o poder familiar aos pais; na falta ou impedimento de um deles, o outro o exercerá com exclusividade. Parágrafo único. Divergindo os pais quanto ao exercício do poder familiar, é assegurado a qualquer deles recorrer ao juiz para solução do desacordo" (art. 1.631). Vale lembrar quais são os direitos e deveres impostos pelo *poder familiar*: "compete a ambos os pais, qualquer que seja a sua situação conjugal, o pleno exercício do poder familiar, que consiste em, quanto aos filhos: I – dirigir-lhes a criação e a educação; II – exercer a guarda unilateral ou compartilhada nos termos do art. 1.584; III – conceder-lhes ou negar-lhes consentimento

Art. 22

Estatuto da Criança e do Adolescente Comentado · Nucci

para casarem; IV – conceder-lhes ou negar-lhes consentimento para viajarem ao exterior; V – conceder-lhes ou negar-lhes consentimento para mudarem sua residência permanente para outro Município; VI – nomear-lhes tutor por testamento ou documento autêntico, se o outro dos pais não lhe sobreviver, ou o sobrevivo não puder exercer o poder familiar; VII – representá-los judicial e extrajudicialmente até os 16 (dezesseis) anos, nos atos da vida civil, e assisti-los, após essa idade, nos atos em que forem partes, suprindo-lhes o consentimento; VIII – reclamá-los de quem ilegalmente os detenha; IX – exigir que lhes prestem obediência, respeito e os serviços próprios de sua idade e condição" (art. 1.634 do CC, alterado pela Lei 13.058/2014). A igualdade no exercício do poder familiar é o caminho adequado; acima disso, o ideal é a sintonia e harmonia dos pais em relação à criação e à educação dos filhos, sem necessidade de recorrer ao Judiciário, como órgão de *arbitragem* dos problemas familiares. Se isto se der, quem realmente sofre o prejuízo são as crianças ou adolescentes, tendo em vista que a *decisão judicial* nunca será satisfatória para todos os membros da família, ainda que esteja separada. Porém, a realidade evidencia a ocorrência de situações incontornáveis, devendo haver, nessas hipóteses, o recurso ao juiz. Como regra, as contendas serão da competência da Vara de Família. Excepcionalmente, quando se vislumbrar qualquer das situações do art. 98 desta Lei, passa-se à competência da Vara da Infância e Juventude.

> **Art. 22.** Aos pais incumbe o dever de sustento, guarda e educação dos filhos menores, cabendo-lhes ainda, no interesse destes, a obrigação de cumprir e fazer cumprir as determinações judiciais.[64]
>
> **Parágrafo único.** A mãe e o pai, ou os responsáveis, têm direitos iguais e deveres e responsabilidades compartilhados no cuidado e na educação da criança, devendo ser resguardado o direito de transmissão familiar de suas crenças e culturas, assegurados os direitos da criança estabelecidos nesta Lei. (NR)[64-A]

64. Deveres dos pais: o disposto pelo art. 22 deste Estatuto é somente um complemento ao preceituado pelo art. 1.634 do Código Civil, mencionado em nota anterior. Os pais, naturais ou adotivos, *devem* criar seus filhos menores de 18 anos, pessoalmente, educá-los, com amor e sensibilidade, mantê-los no lar sob sua guarda e sustentá-los, na medida de suas posses. Esses constituem os principais deveres dos genitores, cuja omissão deliberada – proposital ou negligente – pode (e deve) acarretar a perda do poder familiar. O *superior interesse* e a *proteção integral* da criança e do adolescente, conforme assegurado pela Constituição Federal (art. 227, *caput*) e por este Estatuto (arts. 1.º e 19, § 2.º), demandam dos pais plena dedicação aos seus filhos, sem desculpas e tergiversações. Embora a pobreza não sirva de justificativa para a destituição do poder familiar, nos termos do art. 23, *caput*, deste Estatuto, também não pode servir de escudo protetor para abusar dos filhos pequenos, obrigando-os a pedir esmola nas ruas, explorando o seu trabalho, impedindo-os de estudar, bem como os fazendo passar privações completamente inadequadas para a sua faixa etária. O Estado não seria tão irresponsável a preferir que uma criança morra de fome nas mãos de seus pais naturais, simplesmente alegando que pobreza não justifica nenhuma medida contra essa situação. Portanto, há que se distinguir os genitores pobres interessados no bem-estar dos filhos daqueles que os desprezam e, em nome da pobreza, abusam dos pequenos. Lembremos, ainda, que criar e educar com amor e sensibilidade não significa, em absoluto, permitir a formação de autênticos déspotas mirins em casa. No cenário do poder familiar encontra-se o direito dos pais de exigir obediência, respeito e os serviços adequados à sua condição (como, por exemplo, arrumar a própria cama, a partir de certa idade). Por outro lado, o dever de sustento, guarda e educação dos filhos decorre de lei, não cabendo ao Judiciário explicitá-los por sentença declaratória – nem para afirmá-los, nem para negá-los. Na jurisprudência *sobre guarda*: TJRS: "Guarda. Regularização. Menor que se encontra sob os cuidados maternos desde o nascimento, sem oposição do pai. Exclusão do genitor da incumbência. Desnecessidade de manifestação judicial. Extinção do feito. Interesse de agir ausente. 1. Tanto ao pai como à mãe incumbe o dever de sustento, guarda e educação dos filhos, devendo ser exercido o poder familiar em igualdade de condições, a teor do que dispõem os arts. 21 e 22 da Lei 8.069/90. 2. A guarda é um atributo do poder familiar, afigurando-se desnecessária a ação que busca a declaração judicial sobre situação que decorre de lei, quando o filho está sob a guarda materna, sem qualquer oposição do pai ou de quem quer que seja. 3. Inexistente o interesse processual, imperiosa a extinção do processo sem exame de mérito. Recurso desprovido" (Ap. Cível 70011989456, 7.ª C. Cível, rel. Sérgio Fernando de Vasconcellos Chaves, 19.10.2005). *Reflexos sobre a igualdade de condições no exercício do poder familiar*: TJSC: "Conforme expresso na Lei n. 8.069/90, incumbe aos pais o dever de sustento, guarda e educação dos filhos menores (art. 22). É presumível a dependência econômica da criança e do adolescente, consideradas pela lei como pessoas em desenvolvimento (ECA, art. 6.º), a quem são asseguradas 'todas as oportunidades e facilidades, a fim de lhes facultar o desenvolvimento físico, mental, moral, espiritual e social, em condições de liberdade e de dignidade' (ECA, art. 3.º). O arbitramento dos alimentos a filho menor deve ser feito em consonância com o disposto no art. 1.694, parágrafo único, do Código Civil. Do ponto de vista da necessidade do alimentando, deve-se atentar ao disposto no art. 3.º do Estatuto da Criança e do Adolescente. Em relação à disponibilidade, deve-se observar a proporcionalidade entre os pagamentos pelos pais, conforme sua capacidade econômica, sendo relevante observar que quem exerce a guarda presta alimentos *in natura* (por exemplo de moradia, alimentação e transporte)" (AI 4005236-26.2017.8.24.0000-SC, 2.ª Câmara de Direito Civil, rel. Sebastião César Evangelista, 06.07.2017, v.u.). *Conferir, sobre o descumprimento dos deveres dos genitores*: STJ: "Recurso especial. Família. Abandono material. Menor. Descumprimento do dever de prestar assistência material ao filho. Ato ilícito (CC/2002, arts. 186, 1.566, IV, 1.568, 1.579, 1.632 e 1.634, I; ECA, arts. 18-A, 18-B e 22). Reparação. Danos morais. Possibilidade. Recurso improvido. 1. O descumprimento da obrigação pelo pai, que, apesar de dispor de recursos, deixa de prestar assistência material ao filho, não proporcionando a este condições dignas de sobrevivência e causando danos à sua integridade física, moral, intelectual e psicológica, configura ilícito civil, nos termos do art. 186 do Código Civil de 2002. 2. Estabelecida a correlação entre a omissão voluntária e injustificada do pai quanto ao amparo material e os danos morais ao filho dali decorrentes, é possível a condenação ao pagamento de reparação por danos morais, com fulcro também no princípio constitucional da dignidade da pessoa humana. 3. Recurso especial improvido" (REsp 1.087.561/RS, 4.ª T., rel. Raul Araújo, 13.06.2017, v.u.). TJSC: "Deve ser decretada a perda do poder familiar, nos termos dos arts. 22 do Estatuto da Criança e do Adolescente e 1.638 do Código Civil, quando comprovado o comportamento nocivo e irresponsável por parte dos genitores, consistente na prática de crimes, uso de substâncias entorpecentes e voluntária instabilidade de moradia, aliado à completa falta de estrutura psicológica para garantir o desenvolvimento sadio do infante" (Ap. 0031957-82.2015.8.24.0023/SC, 5.ª Câm. de Direito Civil, rel. Luiz Cézar Medeiros, 16.05.2016, v.u.). TJES: "1. A doutrina da proteção integral encontra-se insculpida no artigo 227 da Constituição da República, em uma perfeita integração com o princípio fundamental da dignidade da pessoa humana, ou seja, a criança e o adolescente são tratados como sujeitos de direitos, em sua integralidade, a eles assegurando a Carta Magna, com cláusula de absoluta prioridade, direitos fundamentais, determinando à família, à sociedade e ao Estado o dever legal e concorrente de assegurá-los. 2. Deve-se, portanto, buscar atender ao melhor interesse da

Art. 23

adolescente no deslinde do conflito de interesses entre apelante e apelados (respectivamente, pai biológico e pais socioafetivos dela), de forma que a solução do caso propicie o maior benefício possível para aquela, dando concretude aos seus direitos fundamentais. 3. Comprovação pelos apelados do vínculo familiar socioafetivo (paternidade e maternidade) com a criança Raquel, bem como dos aspectos psicossociais, econômico-financeiro, etc. 4. No caso, o apelante – pai biológico de Raquel – se despiu [após a morte de sua esposa] da função paternal responsável, entregando sua filha para os apelados (padrinhos de batismo da criança) quando ela tinha poucos meses de vida (isto é, ainda bebê), os quais assumiram a função de criador, guardião (fls. 23-4), educador e provedor – em completa integração familiar com os demais filhos. 5. Segundo posicionamento do colendo Superior Tribunal de Justiça, 'a paternidade socioafetiva realiza a própria dignidade da pessoa humana por permitir que um indivíduo tenha reconhecido seu histórico de vida e a condição social ostentada, valorizando, além dos aspectos formais, como a regular adoção, a verdade real dos fatos' (REsp 1500999/RJ, Rel. Ministro Ricardo Villas Bôas Cueva, 3.ª T., *DJ* 19-04-2016). 6. A destituição do poder familiar do pai biológico é inevitável quando negligenciados os deveres de que trata o art. 22, *caput*, parágrafo único, c/c o art. 24 da Lei n. 8.069, de 13 de julho de 1990, especialmente na hipótese de estabilização do *status* de paternidade/maternidade socioafetiva entre a filha biológica (Raquel) e os apelados (pais gerados da relação de afeto). 7. Recurso desprovido" (Ap. 0000435-73.2010.8.08.0050-ES, 3.ª Câm. Cível, rel. Dair José Bregunce de Oliveira, 14.03.2017). TJRS: "A prova dos autos demonstrou a negligência e a falta de condições da genitora para exercer o poder familiar em relação ao filho, consoante preconizam os artigos 227 e 229 da Constituição Federal, 1.634 do Código Civil e 22 da Lei n.º 8.069/90. Logo, é de rigor a manutenção da sentença que decretou a perda do poder familiar da ré. Negaram provimento ao apelo" (Ap. Cív. 70074703117, 8.ª Câm. Cível, rel. Rui Portanova, 31.08.2017, v.u.).

64-A. Direitos iguais: desde o advento da Constituição de 1988, encontram-se assegurados direitos iguais a pais e mães no trato com seus filhos e o dever de criá-los, assisti-los e educá-los (Capítulo VII, art. 226 et seq.). Repete-se, nesse parágrafo único, algo que já se pratica há mais de 25 anos. Depois, acrescenta-se fazer parte do direito dos genitores ou responsáveis transmitir aos infantes e jovens a sua crença e cultura, como se alguma vez essa situação, envolvida pelo *direito de educar*, tivesse sido impedida.

> **Art. 23.** A falta ou a carência de recursos materiais não constitui motivo suficiente para a perda ou a suspensão do poder familiar.[65]
>
> § 1.º Não existindo outro motivo que por si só autorize a decretação da medida, a criança ou o adolescente será mantido em sua família de origem, a qual deverá obrigatoriamente ser incluída em serviços e programas oficiais de proteção, apoio e promoção.[66]
>
> § 2.º A condenação criminal do pai ou da mãe não implicará a destituição do poder familiar,[67-68] exceto na hipótese de condenação por crime doloso sujeito à pena de reclusão contra outrem igualmente titular do mesmo poder familiar ou contra filho, filha ou outro descendente.[69-70]

65. Recursos materiais e poder familiar: a pobreza, como já frisamos na nota anterior, não serve de justificativa para retirar, de qualquer modo, o poder familiar dos pais, privando-os do contato com seu(s) filho(s). Mas, como se sabe, nenhuma regra é absoluta e todas elas ingressam num contexto sistemático de interpretação. O poder familiar impõe o dever de criar, educar e sustentar o filho (art. 1.634, CC; art. 22, ECA), de modo que a falta ou carência de recursos materiais também não pode servir de proteção a genitores negligentes, ociosos e que não têm o menor empenho em trabalhar honestamente para sustentar os filhos que trouxeram ao mundo, de maneira espontânea. Há pessoas pobres vivendo em favelas que cuidam de seus filhos de maneira exemplar; podem experimentar dificuldades, mas isso não representa maus-tratos nem abandono. Por outro lado, é mais que sabido da existência dos pais (ou apenas um deles) exploradores de crianças e adolescentes; aqueles que obrigam seus filhos a esmolar o dia todo, vivendo nas ruas, sem cuidado, trato, educação ou proteção. Permitem que seus filhos se envolvam com drogas em tenra idade ou, pior, no cenário criminoso. São aqueles que, a pretexto da pobreza, abandonam seus filhos em qualquer lugar por horas a fio, dias mesmo, sem nem se preocupar se estão alimentados ou cuidados. Muitos desses genitores, que se dizem carentes no momento em que o Conselho Tutelar ou a autoridade judiciária intervém, para tomar-lhes a criança, são os que bebem ou drogam-se o tempo todo, vivendo justamente do que os filhos pequenos trazem para casa. Portanto, é preciso avaliar este artigo com o objetivo de entender o princípio maior da dignidade humana, nesse caso da criança e do adolescente, além do princípio da proteção integral. O Estado não pode ser omisso no tocante a *crianças de rua*, a pretexto de cumprir o disposto pelo art. 23, *caput*, deste Estatuto, quando nem mesmo investiga, detalhadamente, a situação desses menores. Em suma, se a falta ou carência de recursos materiais não é motivo suficiente para a perda ou suspensão do poder familiar, também não é desculpa para manter a criança ou adolescente em péssima situação, maltratado, privado de cuidados básicos e sofrendo toda sorte de horrores impróprios à sua idade. Tudo isso depende da autoridade judiciária efetivamente preocupada em solucionar os casos de menores abandonados. Ver o conceito de *abandono* na nota 9 ao art. 98, II, desta Lei. Na jurisprudência, avaliando o conjunto das circunstâncias fáticas que cercam o menor: TJSC: "Apelação cível. Ação de perda do poder familiar. Audiência concentrada não realizada. Dispensa autorizada. Art. 1.º, § 1.º, do Provimento 32 do CNJ. Falta de nulidade processual. Mãe biológica. Exposição dos seis filhos à situação de risco. Prole inserida na faixa etária de 3 a 17 anos. Situação de negligência. Descaso com alimentação, educação, higiene e progresso dos menores. Ambiente familiar inapto ao desenvolvimento sadio. Acervo probatório positivo à destituição. Tutela estatal deferida com vista à preservação do bem-estar da criança e do adolescente. Sentença mantida. Recurso desprovido. É dever da família, da sociedade e do Estado assegurar à criança e ao adolescente, com a mais absoluta prioridade, o direito à vida, à saúde, à alimentação, à educação, ao lazer, à dignidade, ao respeito, à liberdade, e, especialmente, à convivência familiar, ainda que em família substituta, além de colocá-lo a salvo de toda forma de negligência, discriminação, exploração, violência, crueldade e opressão" (Ap. 0033426-89.2013.8.24.0038/SC, 3.ª Câm. de Direito Civil, rel. Fernando Carioni, 31.05.2016, v.u.).

66. Inclusão em programa oficial de auxílio: o disposto neste parágrafo deve ser avaliado em conjunto com as demais regras protetoras da criança e do adolescente. A exclusiva falta ou carência de recursos materiais não é motivo para a perda do filho e a solução para os interessados pais, pobres, em manter a família unida é a inclusão em *serviços e programas oficiais de proteção, apoio e promoção*. Duas observações são relevantes: a) é preciso haver os tais serviços e programas estatais de apoio à família carente, pois seria extremamente injusto permitir que pais (adultos) passem fome juntamente com filhos em tenra idade; nesse cenário, é preferível, sim, recolher as crianças, inserindo-as em abrigos ou famílias acolhedoras, para que tenham o mínimo indispensável à sua sobrevivência; se a situação de miserabilidade dos pais, juntamente com a ausência de programa oficial de auxílio, perdurar, a última pessoa a ser prejudicada com isso é a criança; dizer o contrário implica negar a proteção integral; b) é preciso constatar o interesse dos carentes pais em ingressar em programa oficial de auxílio e, a partir disso, cuidar efetivamente de seu(s) filho(s); receber qualquer verba do Estado para gastar consigo mesmo, deixando o(s) filho(s) ainda na miséria, está bem longe de ser

Art. 23

aceito como adequado. Aliás, como regra, a pobreza dos pais nunca é o motivo exclusivo para suspensão ou perda do poder familiar; o que se observa, na prática, é a desculpa infundada de maus genitores, escudada na falta ou carência de recursos, para largarem seus filhos ao abandono. Os bons pais, mesmo pobres, são dedicados e jamais seus filhos são lançados a situações extremadas de nítidos maus-tratos. Na jurisprudência: TJSP: "Não é permitido que dirigentes e cuidadores de entidades de abrigamento postulem a guarda e adoção de crianças e adolescentes que se encontram sob sua responsabilidade, mormente quando o abrigamento ocorreu sem a determinação ou autorização judicial. 2. Antes da possível inserção das crianças em uma família substituta, que é medida excepcional, convém permitir que elas convivam com a mãe, pois esta está mobilizada no sentido de acolher os filhos e lhes assegurar um desenvolvimento saudável, sendo que entre eles persiste vínculo afetivo, o que não pode ser ignorado nem desconsiderado. 3. A falta de cuidado com os filhos configura situação de risco capaz de justificar a suspensão ou a perda do poder familiar. 4. A perda ou suspensão do poder familiar devem ser evitadas quando a genitora demonstra condições de se reestruturar e dar aos filhos condições de vida com um mínimo de dignidade. 5. É necessário, porém, que o Estado desenvolva um plano de trabalho tendente a amparar a família e fortalecer os vínculos familiares, sendo inadmissível que a ausência de políticas públicas e a inércia dos órgãos de proteção acarretem desagregação definitiva do grupo familiar. 6. A falta ou a carência de recursos materiais não constitui motivo suficiente para se decretar a perda do poder familiar. Inteligência do art. 23 do ECA. 7. Aplicação das medidas de proteção do art. 101 do ECA. Recurso provido em parte" (AI 70033868761, 7.ª Câm. Cível, rel. Sérgio Fernando de Vasconcellos Chaves, 24.03.2010).

67. Condenação criminal e poder familiar: este parágrafo foi introduzido pela Lei 12.962/2014, contando com alteração pela Lei 13.715/2018, fazendo par com o disposto pelo § 4.º do art. 19, que assegura visitas aos pais presos. Novamente, a visão articulada do novel dispositivo é curial. Quer-se evitar que o bom pai ou a boa mãe, somente porque cometeu um erro na vida (prática de crime), termine por perder o poder familiar de seu(s) filho(s). Esse seria o lado bom da novel lei. Se a criança ou adolescente está em mãos responsáveis, enquanto o genitor cumpre pena, havendo o direito de visita, permitindo o convívio, tudo pode ser resolver em curto espaço de tempo. Entretanto, é preciso ponderar o seguinte: a) em primeiro lugar, continua em vigor o disposto pelo art. 1.637, parágrafo único, do Código Civil (ver a nota abaixo), podendo-se suspender o poder familiar do pai ou da mãe (ou de ambos), quando condenados criminalmente, em definitivo, a uma pena superior a dois anos de prisão. Deve-se dedicar interpretação razoável a este preceito. A condenação superior a dois anos, que permite a suspensão do poder familiar, é a que não possui qualquer benefício (pena alternativa, regime aberto), determinando o encarceramento do sentenciado (regime fechado ou semiaberto). Afinal, estando segregado, não pode cuidar do(s) filho(s), enquanto perdurar tal situação, motivo pelo qual se justifica a *suspensão* do poder familiar; b) conforme a situação concreta, a condenação criminal do pai ou da mãe (ou de ambos) pode gerar o abandono integral da criança ou do adolescente, sendo inconcebível que o Estado fique omisso. Imagine-se a criança que só possui o pai, pois a mãe faleceu; o genitor comete latrocínio e é condenado a 25 anos de reclusão, em regime inicial fechado; somente poderá conseguir algum benefício (passando para o regime semiaberto) após 10 anos (se primário) ou 15 anos (se reincidente); outros parentes não existem ou não se interessam pelo menor. Por óbvio, é um abandono nítido, constituindo motivo mais que razoável para a destituição do poder familiar e o encaminhamento do infante ou adolescente para adoção. É cruel pensar em manter o menor abrigado por mais de 10 anos, contando com a possibilidade de, um dia, esse pai tornar a educá-lo e criá-lo. A década perdida da criança nunca mais será recuperada e a proteção integral é do infante e jamais do pai. Mesmo em casos de condenações a penas menores, o filho não é *coisa* para ficar aguardando o pai ou a mãe sair da prisão para, então, ter a possibilidade de obter amor, carinho, sustento, educação etc. Portanto, o disposto neste parágrafo não foge à regra do parágrafo anterior, concernente à pobreza. Se – e somente se – o pai ou a mãe for condenado criminalmente e houver plena possibilidade de o menor de 18 anos ficar devidamente cuidado por outro responsável, mantém-se o poder familiar. Exemplo disso seria a mãe ser condenada por tráfico de drogas, mas o filho ficar em poder da avó, visitando a mãe e esperando-a sair. Porém, há mulheres que engravidam no cárcere e, dando à luz, não têm o menor interesse em zelar por seu filho; é motivo de destituição do poder familiar, pois o foco é o abandono – e não a condenação em si; c) o Código Civil estabelece que a simples prática de ato imoral ou contrário aos bons costumes é suficiente para a perda do poder familiar (art. 1.638, III), mas este Estatuto permite que o pai pratique uma chacina, matando dezenas de pessoas, e, pouco importando a pena recebida, mantenha o poder familiar (art. 23, § 2.º). A dúvida se resolve em favor da lei mais recente, que é o referido art. 23, § 2.º, introduzido pela Lei 12.962/2014 e alterado pela Lei 13.715/2018. Entretanto, isso não resolve a contradição de leis, pensamentos de legisladores conflitantes e, sem dúvida, uma ilogicidade. Segundo o ECA, pode ser bom pai o estuprador dos filhos pequenos de outras pessoas, desde que ele não toque no seu próprio (ou no seu companheiro ou companheira); afinal, ele mantém o poder familiar nesse caso. Pode também roubar, praticar tráfico de drogas e homicídios, mas não pode tocar na integridade física do seu filho. Uma estranha moral foi instituída pela Lei 12.962/2014. Alguém poderia ser um perverso indivíduo quando se trata de terceiros, mas um exemplar pai de família em casa. Desacreditamos disso. Como mencionamos no início desta nota, alguns condenados, conforme o delito, podem ser pais dedicados e ter curta passagem pelo cárcere, de modo que não se deve privá-los do poder familiar. Mas essa situação jamais deveria comportar a generalização feita pelo art. 23, § 2.º. Esperamos que o Judiciário interprete esse novo dispositivo de maneira conjuntural e não literal, evitando que filhos sofram nas mãos de pais criminosos, que nem mesmo respeitam as leis, envolvendo-se em graves delitos. Na jurisprudência, demonstrando que a condenação do pai tem influência direta na perda do poder familiar: TJRS: "Situação de fato em que a menor apresenta histórico de abuso sexual perpetrado por pessoa que não integra seu núcleo familiar, na mesma época em que seu pai foi condenado criminalmente por prática de crime sexual contra outra menor. Adolescente que atualmente se encontra reinserida no núcleo familiar, sob a guarda da genitora, afastada do convívio com o pai há muito tempo. Prova técnica que recomenda a adoção da medida extrema, demonstrando que o genitor não apresenta condições de cumprir satisfatoriamente os deveres decorrentes do poder familiar" (Apelação Cível 70061593950, 7.ª Câm. Criminal, rel. Sandra Brisolara Medeiros, 05.03.2015).

68. Suspensão do poder familiar: segundo o art. 1.637 do Código Civil, "se o pai, ou a mãe, abusar de sua autoridade, faltando aos deveres a eles inerentes ou arruinando os bens dos filhos, cabe ao juiz, requerendo algum parente, ou o Ministério Público, adotar a medida que lhe pareça reclamada pela segurança do menor e seus haveres, até suspendendo o poder familiar, quando convenha. Parágrafo único. Suspende-se igualmente o exercício do poder familiar ao pai ou à mãe condenados por sentença irrecorrível, em virtude de crime cuja pena exceda a dois anos de prisão".

69. Perda do poder familiar imposta como efeito da condenação: este dispositivo não alterou em nada o preceituado pelo art. 92, II, do Código Penal: "são também efeitos da condenação: (...) II – a incapacidade para o exercício do poder familiar, da tutela ou da curatela nos crimes dolosos sujeitos à pena de reclusão cometidos contra outrem igualmente titular do mesmo poder familiar, contra filho, filha ou outro descendente ou contra tutelado ou curatelado". Esse efeito é facultativo; o juiz o impõe se achar conveniente, fazendo-o na

Art. 24

sentença condenatória. E, uma vez aplicado, é definitivo; nem mesmo a reabilitação o recupera. Imagine-se o pai que estupra a filha; por óbvio, é totalmente incapaz de exercer o poder familiar. Mas a mãe, se não tiver sido cúmplice, mantém a filha sob sua responsabilidade. Como mencionado, o efeito do art. 92, II, do Código Penal é facultativo, pois há *casos e casos*. Não há sentido em se destituir, por exemplo, o pai que lesiona a integridade física do filho (lesão dolosa grave, sujeita a reclusão), quando se vê um abuso correcional, acompanhado de um profundo arrependimento. Diversa situação é o estupro, crime hediondo, contra a filha. Em suma, o § 2.º seguiu a linha do Código Penal e, nesse ponto, não trouxe nenhuma inovação. Nem se diga que, agora, qualquer condenação criminal, por delito doloso, sujeito a reclusão, contra filho (ou filha) *deve* gerar a perda do poder familiar. A obrigatoriedade não é o que consta do § 2.º do art. 23 deste Estatuto e há norma específica – não revogada – no Código Penal a respeito (art. 92, II). Houve apenas o estabelecimento da regra de que a condenação criminal não faz perder o poder familiar, *exceto* na hipótese do art. 92, II, do CP.

70. Filho ou filha: inovando nesse contexto, sem razão plausível – aliás, estilo não adotado no restante deste Estatuto –, o legislador houve por bem destacar que a perda do poder familiar pode ocorrer se o pai ou a mãe cometer crime doloso, apenado com reclusão, contra o filho ou a filha, sendo que bastaria mencionar *filho*.

> **Art. 24.** A perda e a suspensão do poder familiar serão decretadas judicialmente, em procedimento contraditório,[71-71-A] nos casos previstos na legislação civil,[72-76-C] bem como na hipótese de descumprimento injustificado dos deveres e obrigações a que alude o art. 22.[77-78]

71. Devido processo legal: "ninguém será privado da liberdade ou de seus bens sem o devido processo legal" (art. 5.º, LIV, CF) e "aos litigantes, em processo judicial ou administrativo, e aos acusados em geral são assegurados o contraditório e ampla defesa, com os meios e recursos a ela inerentes" (art. 5.º, LV, CF). Essas duas garantias constitucionais são fundamentais para qualquer pessoa, quando sujeita a perder algum bem jurídico relevante – como o poder familiar – ou responda a qualquer tipo de processo.

71-A. Legitimidade para agir: a propositura da ação de destituição do poder familiar, como regra, compete ao membro do Ministério Público, atuante na Comarca (ou área da Vara da Infância e Juventude responsável pelo caso). Porém, são legitimados os guardiães da criança ou adolescente, que podem ter interesse na adoção e os parentes, eventualmente tutores no futuro. De qualquer maneira, na ação de adoção, embora seja possível, não se deve cumular o pedido, a menos que ambas as demandas (destituição do poder familiar e adoção) tenham sido propostas pelos mesmos interessados. Se a ação de destituição do poder familiar tiver sido ajuizada pelo MP, a demanda de adoção não precisa ser cumulativa com o mesmo pleito. Na jurisprudência: TJRJ: "A existência de demanda anterior ajuizada pelo Ministério Público, objetivando a destituição do poder familiar, dispensa a cumulação de tal pedido na ação de adoção. No caso em tela, a cumulação do pedido, na forma em que foi determinada pela decisão recorrida, implicaria em litispendência parcial, da ação originária com aquela ajuizada pelo Ministério Público, já que teriam o mesmo pedido e a mesma causa de pedir. Precedentes do TJERJ. Recurso provido para afastar a exigência de cumulação do pedido de destituição do poder familiar na ação de adoção" (AI 0066917-74.2015.8.19.0000/RJ, 16.ª Câm. Cível, rel. Lindolpho Morais Marinho, 03.05.2016).

72. Perda do poder familiar: segundo dispõe o art. 1.638 do Código Civil, "perderá por ato judicial o poder familiar o pai ou a mãe que: I – castigar imoderadamente o filho; II – deixar o filho em abandono; III – praticar atos contrários à moral e aos bons costumes; IV – incidir, reiteradamente, nas faltas previstas no artigo antecedente; V – entregar de forma irregular o filho a terceiros para fins de adoção. Parágrafo único. Perderá também por ato judicial o poder familiar aquele que: I – praticar contra outrem igualmente titular do mesmo poder familiar: a) homicídio, feminicídio ou lesão corporal de natureza grave ou seguida de morte, quando se tratar de crime doloso envolvendo violência doméstica e familiar ou menosprezo ou discriminação à condição de mulher; b) estupro ou outro crime contra a dignidade sexual sujeito à pena de reclusão; II – praticar contra filho, filha ou outro descendente: a) homicídio, feminicídio ou lesão corporal de natureza grave ou seguida de morte, quando se tratar de crime doloso envolvendo violência doméstica e familiar ou menosprezo ou discriminação à condição de mulher; b) estupro, estupro de vulnerável ou outro crime contra a dignidade sexual sujeito à pena de reclusão". Quanto a tais hipóteses, veremos em notas distintas. Na jurisprudência: TJRS: "Embora se constitua decisão indubitavelmente gravosa, a destituição do poder familiar é plenamente justificável quando cabalmente comprovado o descumprimento injustificado dos deveres inerentes ao poder familiar, com fundamento no art. 24 do Estatuto da Criança e do Adolescente, mormente quando se constata a reiteração dessa conduta por parte da genitora, que, no caso, inclusive já havia sido destituída do poder familiar anteriormente em relação a outras três filhas. É certo que o ECA, ao tratar da aplicação de medidas de proteção aos menores que se encontrarem em situação de risco, mesmo por omissão dos pais, estabelece como princípio norteador a prevalência das medidas que mantenham ou reintegrem os menores na sua família natural (art. 100, inc. X, do ECA), porém isso deve se dar a partir de um mínimo interesse e comprometimento dos genitores em se organizarem para buscar exercer a função parental de forma responsável e protetiva aos filhos, o que não se verifica na espécie em relação à demandada. Negaram provimento. Unânime" (Ap. Cív. 70068773795/RS, 8.ª Câm. Cível, rel. Luiz Felipe Brasil Santos, 30.06.2016, v.u.). TJDFT: "1. O poder familiar, que por sua natureza é indelegável, deve ser exercido em absoluta sintonia com os interesses dos filhos e da família como entidade em si. 2. A destituição do poder familiar consubstancia medida extrema, autorizada, tão somente, quando constatado que os genitores não apresentam condições de exercer o poder familiar, segundo os ditames legais. 3. Presente uma das causas de destituição do poder familiar, prevista no art. 1.638 do Código Civil, mediante a qual se observou o risco social e pessoal a que menores estariam sujeitos, bem como a ameaça a seus direitos, viável a decretação da perda do poder familiar. 4. Negou-se provimento aos apelos" (Ap. 20140130075007APC-DFT, 3.ª T. Cível, rel. Flavio Rostirola, 15.06.2016, v.u.).

73. Castigo imoderado pelos pais e solidão imposta pelo juízo: note-se, em primeiro plano, ser perfeitamente admissível o castigo moderado, sem precisão da sua forma, método ou conteúdo. Na ótica penal, é o que se denomina de *exercício regular de direito* (art. 23, III, CP), configurando ato lícito. Aliás, está em harmonia com o preceituado pelo art. 1.634 do Código Civil, quanto ao exercício do poder familiar, por meio do qual os pais devem criar e educar os filhos, exigindo-lhes obediência e respeito. Não vemos nenhum obstáculo a que cada pai e cada mãe configure o seu próprio método educacional; alguns podem ser mais liberais e condescendentes; outros, mais rigorosos. Entretanto, a displicência na educação atinge qualquer extremo: rigidez exacerbado e liberalismo acentuado. Não é segredo a ninguém que crianças e adolescentes precisam – e até apreciam – disciplina, mormente quando percebem que, graças a isso, seus pais lhe dedicam atenção e amor. Os genitores que se mantêm na mais plena neutralidade educacional, permitindo aos filhos que de tudo façam, em lugar de boa criação, na realidade, infringem os deveres impostos pelo poder familiar. Pais devem ser obedecidos e respeitados – isso consta expressamente em lei. O Estado não deve intrometer-se

Art. 24 — Estatuto da Criança e do Adolescente Comentado · NUCCI

na linha educacional dos pais, respeitando a privacidade da família, desde que não se atinja a linha do *abuso* ou do *excesso*, pois é sabido que se desdobra para a seara do ato ilícito, seja civil, seja penal. Inexiste autorização legal para ferir a integridade física dos filhos, acorrentá--los em situação humilhante, ofendê-los moralmente em público, enfim, tomar atitudes que se configurem descompromissadas com a educação. Os pais não podem descontar nos filhos as suas frustrações do cotidiano; criar e educar não quer dizer atormentar e aterrorizar. Nesse ponto, ingressa a intervenção do Estado para, conforme a gravidade do castigo, suspender e, depois, destituir o poder familiar. Mas tal providência é urgente, não se podendo *condenar* a criança maltratada à solidão do abrigo por tempo indeterminado. "Existem inúmeras crianças cuja história mostra evidência de que o retorno à família de origem não é mais possível e que continuam por longos anos internadas e abandonadas 'de fato' mas não 'de direito' pois a sua tutela legal ainda pertence a seus pais biológicos e, portanto, elas não podem ser adotadas. Um exemplo: 'Maria' chegou a uma instituição quando tinha 8 meses de idade. Ela estava engessada da cintura para cima de tanto sofrer maus-tratos. Hoje Maria tem 3 anos e 6 meses de idade. Ela nunca recebeu visitas de ninguém. Ela nem imagina o que é uma 'mãe' ou um 'pai', mas ela não pode ser adotada porque ainda não foi feita a destituição do pátrio poder de seus pais" (Lidia Natalia Dobrianskyj Weber, *Laços de ternura. Pesquisas e histórias de adoção*, p. 63).

74. Abandono do filho: *abandonar* possui vários significados, abrangendo desamparar, desistir de algo ou alguém, descuidar, desprezar e desdenhar. Todos são negativos e inadmissíveis no cenário da infância e da juventude. Convém mencionar os tipos penais, que preveem os crimes de abandono material (art. 244, CP) e abandono intelectual (art. 246, CP). O primeiro prevê o abandono do filho menor de 18 anos no tocante às condições de subsistência (envolve o sustento material, quando há possibilidade de fazê-lo); o segundo tutela a instrução do filho em idade escolar, quando não é encaminhado à escola pelos pais. Por certo, no contexto da Infância e Juventude, há maior incidência de abandonos não criminosos, pois, para a configuração do delito, depende-se da prova do dolo, nem sempre fácil de demonstração. Muitos genitores escusam-se, sob a desculpa da pobreza, o que não representa, necessariamente, algo aceitável. Como já mencionamos em nota anterior, abandonar o filho significa, para efeito civil, independentemente de se concentrar somente no aspecto da subsistência ou da instrução, ignorá-lo, deixando de educá-lo ou de se preocupar onde está, como está, onde vai, com quem vai etc. Nesse contexto, há pais carentes de recursos materiais que abandonam seus filhos, sem qualquer afeto ou conexão, o que lhes prejudica o crescimento saudável e a formação da sua personalidade. O abandono afetuoso também é motivo para a destituição do poder familiar, desde que nitidamente demonstrado. Ilustrando: a mãe que insere o filho pequeno num abrigo, a pretexto de não ter condições financeiras de criá-lo, esquecendo-o ali, termina por abandoná-lo. Essa criança não deve passar toda a sua infância desligada de mãe ou pai; portanto, a autoridade judiciária ou o Conselho Tutelar precisa tomar providências. Há, ainda, o abandono caracterizado pela rejeição desde o nascimento, quando a mãe (e por vezes também o pai) entrega a criança para terceiros, sejam órgãos oficiais ou não. Em suma, o desamparo da criança e do adolescente, caracterizador de motivo para a perda do poder familiar, espelha-se em vários matizes: a) sustento; b) educação; c) afeto; d) presença; e) criação, entre outros fatores. Em contraposição ao abandono, demonstrando que a pobreza não influi para isso, há inúmeros casos conhecidos de mães que, sozinhas, cuidam de vários filhos pequenos, contando com o apoio de vizinhos, de parentes, de terceiros estranhos, mas não abrem mão de suas crianças em hipótese alguma. São famílias que passam por enormes dificuldades financeiras, mas o afeto reina entre todos. Enfim, um bom pai e uma boa mãe independem de condições econômico-financeiras. Na jurisprudência: TJSC: "A destituição do poder familiar é medida extrema, que deve ser aplicada quando verificada a impossibilidade de manutenção da autoridade parental dos genitores. Todavia, no intuito de resguardar o interesse da criança e considerando negligência dos genitores pelo abandono e descaso com o crescimento e desenvolvimento, imperiosa torna-se a destituição do poder familiar, com o encaminhamento da menor para família substituta, capaz de prover o afeto e o cuidado necessários ao crescimento sadio" (Ap. 0902567-91.2015.8.24.0039/SC, 2.ª Câm. de Direito Civil, rel. João Batista Góes Ulysséa, 23.06.2016, v.u.).

75. Prática de atos contrários à moral e aos bons costumes: esta é uma causa indevidamente aberta e vaga, que pouca aplicação deve ter. Em primeira abordagem, deve-se anotar que a Lei 12.962/2014, de 8 de abril de 2014, com o acréscimo da Lei 13.715/2018, ao art. 23, § 2.º, deste Estatuto, estabeleceu a impossibilidade jurídica de se destituir do poder familiar o pai ou a mãe *condenado criminalmente*, pouco importando o delito cometido e a quantidade de pena – a menos que seja contra outrem igualmente titular do mesmo poder familiar ou contra o próprio filho ou filha, com pena de reclusão e doloso. Ora, se a prática de uma infração penal é irrelevante para esse contexto, torna-se inócuo falar em prática de atos contrários à moral e aos bons costumes, como regra. Isso envolve o cenário das prostitutas, que têm filhos pequenos ou adolescentes. Pode-se até considerar que elas exerçam atividade imoral ou contrária aos bons costumes – o que é discutível –, mas isso não pode significar, por si só, motivo suficiente para retirar-lhe o poder familiar. Entretanto, não se pode desconsiderar esta norma por completo. Por vezes, a atividade imoral, seja ela qual for (vício de jogos, prostituição, cafetinagem etc.), pode representar o abandono da criança ou do adolescente (nos mesmos moldes que o[a] genitor[a] criminoso[a]). Imagine-se a mãe que se prostitui, recebendo os clientes em casa e tendo relações sexuais na frente dos filhos pequenos: constitui motivo para averiguação de justa causa para a suspensão ou destituição do poder familiar.

76. Reiteração de abusos e/ou suspensões do poder familiar: quando o pai ou a mãe abusa de sua autoridade – na realidade, significa exceder-se nos seus direitos educacionais –, prejudicando o patrimônio do filho (quando houver) ou tendo o poder familiar suspenso por mais de uma vez, igualmente, pode dar ensejo à destituição do poder familiar. A hipótese é mais rara, pois tais abusos terminam por configurar outros incisos do art. 1.638, como castigo imoderado, abandono ou atos impróprios.

76-A. Entrega irregular de filho a terceiro para fins de adoção: parece-nos que se deva reservar essa hipótese à entrega *criminosa* de filho a outra pessoa, para fins de adoção, quando houver paga ou promessa de recompensa ("Art. 238. Prometer ou efetivar a entrega de filho ou pupilo a terceiro, mediante paga ou recompensa: Pena – reclusão de um a quatro anos, e multa", deste estatuto). Nesse caso, os pais perderiam o poder familiar, e quem recebeu a criança, mediante recompensa, não consumaria a adoção. Por outro lado, não nos soa justa a perda do poder familiar dos pais que, porventura, entregarem seu filho para um casal conhecido e estimado, para fins de adoção (adoção *intuitu personae* ou dirigida), sem envolver qualquer recompensa, pois cremos legítima a escolha de outras pessoas para assumirem a missão de pais adotivos (*vide* as notas 176 ao art. 45 e 112 ao art. 166). Por óbvio, essa hipótese de perda do poder familiar somente teria sentido se os pais entregarem o filho à adoção para um casal, por exemplo, não inscrito em cadastro e, portanto, fora da fila que se cria para adotar uma criança; feito isso, ao tentar regularizar a situação, o juízo toma essa criança dos pretendentes à adoção e, em vez de devolvê-la aos pais biológicos, resolve destituir o poder familiar destes, colocando o infante em acolhimento institucional. Em suma, o ideal seria os pais poderem dirigir o filho a quem confiem para exercer, em lugar deles, a paternidade adotiva. Se o juízo não permitir, ao menos, que não retire o poder familiar dos genitores biológicos por conta disso. Afinal, eles podem ter em mente que a entrega do filho para adoção somente seria válida se fosse para pessoa(s) conhecida(s) e de sua confiança.

Na jurisprudência: TJSP: "Demonstrado nos autos da ação de destituição do poder familiar que a genitora descumpriu os deveres inerentes ao poder familiar, visto que entregou a filha recém-nascida a terceiros, de forma irregular, para fins de adoção *intuito personae*, burlando o cadastro nacional de adoção. Pai registral que não é o pai biológico da infante. Registro de nascimento realizado pelo recorrente que encobriu interesses particulares. Imposição da destituição do poder familiar. Prevalência dos princípios da proteção integral e do superior interesse da criança" (AC 10031930320228260368, Câm. Especial, rel. Wanderley José Federighi, 06.09.2023, v.u.).

76-B. Autoria de crime contra a vida ou contra a integridade corporal: há duas hipóteses, previstas no art. 1.638, parágrafo único, I, *a*, e II, *a*, do Código Civil. A primeira é cometer homicídio contra o titular masculino do mesmo poder familiar (pode ser o marido, o companheiro ou apenas o pai) ou feminicídio contra a titular feminina do mesmo poder familiar (pode ser a esposa, a companheira ou apenas a mãe). Inclui-se, ainda, a prática de lesão corporal de natureza grave (art. 129, §§ 1.º e 2.º, CP) ou seguida de morte (art. 129, § 3.º, CP) contra o titular do mesmo poder familiar (homem ou mulher). A norma em comento não preza pelo primor técnico-penal, pois indica deva ser o delito doloso, quando se sabe que somente o homicídio pode ser doloso ou culposo, mas feminicídio e lesão grave são apenas dolosos; a lesão seguida de morte, por seu turno, é um delito qualificado pelo resultado, razão pela qual se inicia com dolo, porém é finalizado com culpa. Além disso, situa tais delitos no cenário da violência doméstica e familiar ou menosprezo ou discriminação à condição de mulher, sendo que essas situações já são típicas do feminicídio, como se pode constatar do art. 121, § 2.º, VI, c.c. § 2.º-A, I e II, do Código Penal. Entretanto, não houve referência expressa ao mencionado § 2.º-A, de modo que o homicídio (cometido contra homem) também precisa estar no contexto da violência doméstica e familiar (cenário aplicável ao convivente do sexo masculino). A segunda hipótese envolve todos os delitos suprarreferidos quando praticados contra filho, filha ou outro descendente (neto, bisneto etc.).

76-C. Autoria de crime contra a dignidade sexual: há, igualmente, duas hipóteses, previstas no art. 1.638, parágrafo único, I, *b*, e II, *b*, do Código Civil. A primeira diz respeito aos crimes cometidos contra outrem igualmente titular do mesmo poder familiar (marido, esposa, companheiro, companheira, pai ou mãe) sujeitos à pena de reclusão, no cenário da dignidade sexual. Optou o legislador por citar o estupro (art. 213, CP) – possivelmente, porque o mais frequente – para depois ampliar a todos os demais punidos com reclusão, tais como: violação sexual mediante fraude (art. 215, CP), importunação sexual (art. 215-A, CP), divulgação de cena de estupro ou de cena de estupro de vulnerável, de cena de sexo ou de pornografia (art. 218-C, CP), mediação para servir a lascívia de outrem (art. 227, CP), favorecimento da prostituição ou outra forma de exploração sexual (art. 228, CP), rufianismo (art. 230, CP), promoção de migração ilegal (art. 232-A). A segunda hipótese envolve os delitos praticados contra filho, filha ou outro descendente (neto, bisneto etc.), a saber, como regra: violação sexual mediante fraude (art. 215, CP), importunação sexual (art. 215-A), estupro de vulnerável (art. 217-A e art. 218, CP), satisfação de lascívia mediante presença de criança ou adolescente (art. 218-A, CP), favorecimento da prostituição ou de outra forma de exploração sexual de criança ou adolescente ou de vulnerável (art. 218-B, CP), divulgação de cena de estupro ou de cena de estupro de vulnerável, de cena de sexo ou de pornografia (art. 218-C, CP), mediação para servir a lascívia de outrem (art. 227, CP), rufianismo (art. 230, CP), promoção de migração ilegal (art. 232-A).

77. Dever de sustento, guarda e educação dos filhos menores: dentre os diversos deveres dos pais, muitos dos quais previstos no art. 1.634 do Código Civil, coincidentes com os estabelecidos no art. 22 deste Estatuto, o principal foco é manter o filho material e moralmente.

Fugir a esse encargo só se houver motivo justificado, nos termos do *caput* do art. 24 ("descumprimento injustificado dos deveres e obrigações a que alude o art. 22"). Na jurisprudência: TJRS: "Conquanto se trate de medida extrema, a destituição do poder familiar, prevista no art. 129, inc. X, do Estatuto da Criança e do Adolescente, é plenamente justificável quando cabalmente comprovada a negligência da genitora relativamente à saúde e bem-estar do filho, tendo em vista o descumprimento injustificado dos deveres inerentes ao poder familiar, com fundamento no art. 24 do ECA. Negaram provimento. Unânime" (Ap. Cív. 70074596115/RS, 8.ª Câm. Cível, rel. Luiz Felipe Brasil Santos, 14.09.2017, v.u.). TJSC: "I – Consoante o disposto no art. 22 do Estatuto da Criança e do Adolescente, 'aos pais incumbe o dever de sustento, guarda e educação dos filhos menores', além dos demais deveres previstos no art. 1.634 do Código Civil, podendo o descumprimento injustificado dessas obrigações resultar aos genitores tanto a suspensão quanto a perda do poder familiar (art. 24 do ECA). II – A negligência da genitora ao colocar os filhos em situação de risco e permitir que fossem vítimas da violência paterna, além da impossibilidade de fornecer condições adequadas para o desenvolvimento afetivo, psicológico, moral e educacional da prole, implicam no descumprimento injustificado dos direitos e deveres inerentes ao poder familiar, dando azo a sua destituição. Assim, recomendável é o encaminhamento das menores à adoção, que, certamente, será a medida mais salutar para a sua formação e desenvolvimento" (Ap. Cív. 0900084-63.2016.8.24.0036-SC, 4.ª Câmara de Direito Civil, rel. Joel Figueira Júnior, 17.08.2017, v.u.); "Comprovado nos autos que recorrente não cumpriu com os deveres de sustento, guarda e educação do filho, inerentes ao poder familiar, deixando-o em situação de risco, abandono material e afetivo, e não proporcionou, durante o curso do processo, as condições necessárias para mudar sua realidade, como trabalhar em emprego fixo ou buscar ajuda na família extensa (avós paternos), a destituição do poder familiar é medida que se impõe, com base no art. 1.638 do Código Civil e art. 24 do Estatuto da Criança e do Adolescente. Ademais, em casos desse naipe, o melhor interesse da criança deve prevalecer, merecendo ter um lar digno, estável e afetuoso para que tenha um desenvolvimento pleno e sadio" (Ap. 0900188-89.2015.8.24.0036/SC, 1.ª Câm. de Direito Civil, rel. Saul Steil, 30.06.2016, v.u.).

78. Cumprimento de determinações judiciais: há diversas possibilidades para a intervenção da autoridade judiciária fixando obrigações para os pais cumprir, tais como "matricular o filho ou o pupilo e acompanhar sua frequência e aproveitamento escolar" (art. 129, V, desta Lei), "encaminhar a criança ou adolescente a tratamento especializado" (art. 129, VI, desta Lei), dentre outras. Deixar de cumprir o determinado pelo juiz, sem justo motivo, é razão para a destituição do poder familiar.

Seção II

Da Família Natural

Art. 25. Entende-se por família natural[79] a comunidade formada pelos pais ou qualquer deles e seus descendentes.

Parágrafo único. Entende-se por família extensa ou ampliada[80] aquela que se estende para além da unidade pais e filhos ou da unidade do casal, formada por parentes próximos com os quais a criança ou adolescente convive e mantém vínculos de afinidade e afetividade.

79. Família natural: é o equivalente à família biológica, constituída pelos laços de sangue. Nos termos constitucionais, repetidos neste dispositivo, "entende-se, também, como entidade familiar a comunidade formada por qualquer dos pais e seus descendentes" (art. 226, § 4.º, CF). A família é constituída pela união entre o homem e a mulher, quando se casam, bem como pelo homem e pela mulher, em união estável (art. 226, CF). Porém, após decisão histórica do Supremo Tribunal Federal, igualmente entende-se por entidade familiar a união entre pessoas do mesmo sexo, desde que estável. Para se incluir um filho no seio da família *natural* é preciso advir da gestação da mulher, tendo em vista os laços de sangue. Quando qualquer casal, homo ou heteroafetivo, adotar uma criança ou adolescente, forma-se a família substituta.

80. Família extensa ou ampliada: além do casal ou do casal com seus filhos, os parentes próximos formam a denominada *família extensa ou ampliada*, tais como avós, tios, primos, entre outros. Porém, segundo nosso entendimento, de maneira correta, para constituir a família extensa não basta o laço de parentesco; é preciso que a criança ou adolescente *conviva* com tais parentes e possua com eles vínculos de afinidade (identidade, coincidência de gostos e sentimentos) e afetividade (relação de amor, carinho, proximidade, intimidade). Por vezes, há parentes que a criança nunca viu na vida, de modo que não se pode considerá-los integrantes de sua família extensa. Há que se considerar, no entanto, a companheira ou companheiro, em relação à criança, filha do outro convivente, mas que, juntos, nos termos da CF, constituem uma família. Na jurisprudência: TJSC: "1 O Estatuto da Criança e do Adolescente prevê em seu art. 25, parágrafo único, ser 'família extensa ou ampliada aquela que se estende para além da unidade pais e filhos ou da unidade do casal, formada por parentes próximos com os quais a criança ou adolescente convive e mantém vínculos de afinidade e afetividade'. 2 Apesar da previsão legal de demonstração de convivência e manutenção de vínculos de afinidade e afetividade, para os casos de guarda provisória ou definitiva, quando há interesse de integrante da família extensa deter o menor sob sua responsabilidade e cuidados, deve-se observar sua idoneidade e condições materiais adequadas, além da indicação de carinho e proximidade, não se revelando adequado exigir inequívoco vínculo afetivo quando o infante for recém-nascido. 3 Entre manter o recém-nascido em instituição de acolhimento ou com a família extensa, em observância à proteção integral e ao melhor interesse da criança, deve-se priorizar a manutenção e o convívio com esta, quando a situação fática demonstrar ser a melhor medida" (AI 40114843720198240000-Araranguá, 5.ª Câm. de Direito Civil, rel. Luiz Cézar Medeiros, 02.07.2019, v.u.). Sobre a união estável: TJSC: "A união estável é reconhecida como entidade familiar e, portanto, a companheira daquele que pleiteia a guarda do sobrinho detém legitimidade para formular o requerimento conjuntamente. Isto porque a família extensa é, nos termos do parágrafo único do art. 25 do Estatuto da Criança e do Adolescente, 'aquela que se estende para além da unidade pais e filhos ou da unidade do casal, formada por parentes próximos com os quais a criança ou adolescente convive e mantém vínculos de afinidade e afetividade'. Ademais, inexiste expressa vedação legal para que figure no polo ativo, pois a existência de vínculo biológico direto não é requisito legal para a concessão da guarda" (AI 2015.060833-8/SC, 2.ª Câm. de Direito Cível, rel. Gilberto Gomes de Oliveira, 11.02.2016, v.u.).

> **Art. 26.** Os filhos havidos fora do casamento poderão ser reconhecidos pelos pais, conjunta ou separadamente, no próprio termo de nascimento, por testamento, mediante escritura ou outro documento público, qualquer que seja a origem da filiação.[81]
>
> **Parágrafo único.** O reconhecimento pode preceder o nascimento do filho ou suceder-lhe ao falecimento, se deixar descendentes.

81. Reconhecimento de filhos: segundo o disposto pelo Código Civil, "o filho havido fora do casamento pode ser reconhecido pelos pais, conjunta ou separadamente" (art. 1.607); "quando a maternidade constar do termo do nascimento do filho, a mãe só poderá contestá-la, provando a falsidade do termo, ou das declarações nele contidas" (art. 1.608); "o reconhecimento dos filhos havidos fora do casamento é irrevogável e será feito: I – no registro do nascimento; II – por escritura pública ou escrito particular, a ser arquivado em cartório; III – por testamento, ainda que incidentalmente manifestado; IV – por manifestação direta e expressa perante o juiz, ainda que o reconhecimento não haja sido o objeto único e principal do ato que o contém. Parágrafo único. O reconhecimento pode preceder o nascimento do filho ou ser posterior ao seu falecimento, se ele deixar descendentes" (art. 1.609); "o reconhecimento não pode ser revogado, nem mesmo quando feito em testamento" (art. 1.610); "o filho havido fora do casamento, reconhecido por um dos cônjuges, não poderá residir no lar conjugal sem o consentimento do outro" (art. 1.611); "o filho reconhecido, enquanto menor, ficará sob a guarda do genitor que o reconheceu, e, se ambos o reconheceram e não houver acordo, sob a de quem melhor atender aos interesses do menor" (art. 1.612); "são ineficazes a condição e o termo apostos ao ato de reconhecimento do filho" (art. 1.613); "o filho maior não pode ser reconhecido sem o seu consentimento, e o menor pode impugnar o reconhecimento, nos quatro anos que se seguirem à maioridade, ou à emancipação" (art. 1.614); "qualquer pessoa, que justo interesse tenha, pode contestar a ação de investigação de paternidade, ou maternidade" (art. 1.615); "a sentença que julgar procedente a ação de investigação produzirá os mesmos efeitos do reconhecimento; mas poderá ordenar que o filho se crie e eduque fora da companhia dos pais ou daquele que lhe contestou essa qualidade" (art. 1.616); "a filiação materna ou paterna pode resultar de casamento declarado nulo, ainda mesmo sem as condições do putativo" (1.617). Além disso, dispõe sobre o tema a Lei 8.560/1992: "Art. 1.º O reconhecimento dos filhos havidos fora do casamento é irrevogável e será feito: I – no registro de nascimento; II – por escritura pública ou escrito particular, a ser arquivado em cartório; III – por testamento, ainda que incidentalmente manifestado; IV – por manifestação expressa e direta perante o juiz, ainda que o reconhecimento não haja sido o objeto único e principal do ato que o contém. Art. 2.º Em registro de nascimento de menor apenas com a maternidade estabelecida, o oficial remeterá ao juiz certidão integral do registro e o nome e prenome, profissão, identidade e residência do suposto pai, a fim de ser averiguada oficiosamente a procedência da alegação. § 1.º O juiz, sempre que possível, ouvirá a mãe sobre a paternidade alegada e mandará, em qualquer caso, notificar o suposto pai, independente de seu estado civil, para que se manifeste sobre a paternidade que lhe é atribuída. § 2.º O juiz, quando entender necessário, determinará que a diligência seja realizada em segredo de justiça. § 3.º No caso do suposto pai confirmar expressamente a paternidade, será lavrado termo de reconhecimento e remetida certidão ao oficial do registro, para a devida averbação. § 4.º Se o suposto pai não atender no prazo de trinta dias, a notificação judicial, ou negar a alegada paternidade, o juiz remeterá os autos ao representante do Ministério Público para que intente, havendo elementos suficientes, a ação de investigação de paternidade. § 5.º Nas hipóteses previstas no § 4.º deste artigo, é dispensável o ajuizamento de ação de investigação de paternidade pelo Ministério Público se, após o não comparecimento ou a recusa do suposto pai em assumir a paternidade a ele atribuída, a criança for encaminhada para adoção. § 6.º A iniciativa conferida ao Ministério Público não impede a quem tenha legítimo interesse de intentar investigação, visando obter o pretendido reconhecimento da paternidade".

Art. 27

Estatuto da Criança e do Adolescente Comentado • **Nucci**

> **Art. 27.** O reconhecimento do estado de filiação é direito personalíssimo, indisponível e imprescritível, podendo ser exercitado contra os pais ou seus herdeiros, sem qualquer restrição, observado o segredo de Justiça.[82]

82. Direito personalíssimo: cuida-se de direito a ser exercido pelo próprio interessado em pessoa, não comportando que terceiro o faça em seu lugar. Em vários campos, a lei contempla essa espécie de direito, como, por exemplo, no Direito Penal, preceituando que somente um dos cônjuges pode ingressar com ação penal privada contra o outro, no caso do crime do art. 236 do Código Penal (induzimento a erro essencial e ocultação de impedimento). Denomina-se ação penal privada *personalíssima*. O estado de filiação é um direito essencial da pessoa humana, considerado *personalíssimo*, tanto assim que pode ser exercido a qualquer tempo, considerado imprescritível. A relevância disso transcende o âmbito civil e atinge a prescrição penal, dispondo o art. 111, IV, do Código Penal, que o cômputo da prescrição, para quem falsifica o registro civil de nascimento, suprimindo o estado de filiação, somente tem início quando o fato se torna conhecido, de maneira completamente diferente dos demais delitos, cujo prazo prescricional começa da consumação. Além disso, o direito ao reconhecimento do estado de filiação é indisponível, não cabendo renúncia ou desistência. Assim sendo, mesmo no caso de morte dos pais biológicos, pode o filho ajuizar ação para ser reconhecido como filho, movendo-a contra os herdeiros. Na jurisprudência: STJ: "2. A socioafetividade é contemplada pelo art. 1.593 do Código Civil, no sentido de que 'o parentesco é natural ou civil, conforme resulte da consanguinidade ou outra origem'. 3. A autora não se desincumbiu do ônus de afastar a inequívoca vontade do falecido em registrar filho como seu, bem como descaracterizar a filiação socioafetiva, demonstrada nos autos em virtude do tratamento conferido ao menor e o conhecimento público dessa condição. 4. A paternidade socioafetiva realiza a própria dignidade da pessoa humana por permitir que um indivíduo tenha reconhecido seu histórico de vida e a condição social ostentada, valorizando, além dos aspectos formais, como a regular adoção, a verdade real dos fatos. 5. A posse de estado de filho, que consiste no desfrute público e contínuo da condição de filho, restou atestada pelo juízo primevo, cuja sentença merece ser restabelecida. 6. O falecido não realizou em vida exame de DNA que pudesse contestar a relação filial socioafetiva que perdurou por três anos, até o advento de sua morte. 7. A legitimidade ordinária ativa da ação negatória de paternidade compete exclusivamente ao pai registral por ser ação de estado, que protege direito personalíssimo e indisponível do genitor (art. 27 do ECA), não comportando sub-rogação dos avós, porquanto direito intransmissível. 8. Eventual reconhecimento de paternidade biológica em nada altera a realidade socioafetiva *ex ante* em virtude do instituto da multiparentalidade" (REsp 1.867.308/MT, 3.ª T., rel. Ricardo Villas Bôas Cueva, 03.05.2022, v.u.); "4. O fato de ter havido a adoção plena do autor não o impede de forma alguma de ter reconhecida a verdade biológica quanto a sua filiação. Isso porque 'o art. 27 do ECA não deve alcançar apenas aqueles que não foram adotados, porque jamais a interpretação da lei pode dar ensanchas a decisões discriminatórias, excludentes de direitos, de cunho marcadamente indisponível e de caráter personalíssimo, sobre cujo exercício não pode recair nenhuma restrição, como ocorre com o direito ao reconhecimento do estado de filiação' (REsp 813.604/SC, Rel. Min. Nancy Andrighi, 3.ª T., *DJ* de 17.09.2007), processo no qual, a exemplo do que se verifica nestes autos, não havia 'vínculo anterior, com o pai biológico, para ser rompido, simplesmente porque jamais existiu tal ligação, notadamente, em momento anterior à adoção'. Nunca constou do registro de nascimento do autor o nome do pai biológico e, no tocante à mãe biológica, que faleceu por complicação do parto, única pessoa com quem havia vínculo prévio reconhecido, trata-se de tema que não foi sequer analisado no recurso especial, pois não apreciado pelas instâncias ordinárias. 5. A procedência do pedido de investigação de paternidade – o que não é objeto de insurgência por ambas as partes – de filho que fora adotado pelos tios maternos, com o pleito de novo assento, constando o nome do pai verdadeiro, implica o reconhecimento de todas as consequências patrimoniais e extrapatrimoniais daí advindas, sob pena de admitir-se discriminação em relação à condição de adotado. 6. Esse entendimento está em consonância com a orientação dada pelo Supremo Tribunal Federal, que reconheceu a repercussão geral do tema no RE 898.060/SC, Relator Ministro Luiz Fux, *DJe* de 24/8/2017, preconizando que 'a paternidade socioafetiva, declarada ou não em registro público, não impede o reconhecimento do vínculo de filiação concomitante baseado na origem biológica, com todas as suas consequências patrimoniais e extrapatrimoniais'. Com efeito, a multiparentalidade é admitida tanto pelo STJ, como pelo STF. 7. A tese defendida pelo agravante de que 'aqui não se trata de coexistência entre as paternidades biológica e socioafetiva', reconhecida pelo Supremo Tribunal Federal, o que impediria o reconhecimento da multiparentalidade, revela-se, na verdade, contrária aos seus próprios interesses. É inegável que, muito antes da filiação adotiva, estava configurada também a filiação socioafetiva do autor para com seus tios maternos/pais adotivos desde o nascimento, não havendo qualquer razão que justifique interpretação diversa daquela dada pela Suprema Corte a respeito do tema. 8. O Direito de Família vem evoluindo de modo significativo nos últimos tempos, rompendo-se com décadas de tratamento discriminatório dispensado tanto aos filhos havidos fora do casamento, como à própria mulher, principalmente se envolvida grande desigualdade social, como na espécie dos autos. 9. Diante das circunstâncias do caso concreto, inexiste qualquer impedimento para o reconhecimento da multiparentalidade, sob pena de punir o filho em detrimento do descaso de seu pai biológico por anos a fio. Se este não pode ser compelido a tratar o autor como filho, deve ao menos arcar financeiramente com a paternidade responsável em relação à prole que gerou" (AgInt nos EDcl nos EDcl no REsp 1.607.056/SP, 4.ª T., rel. Luis Felipe Salomão, 15.10.2019, v.u.).

Seção III
Da Família Substituta

Subseção I
Disposições Gerais

Art. 28. A colocação em família substituta[83] far-se-á mediante guarda, tutela ou adoção, independentemente da situação jurídica da criança ou adolescente,[84] nos termos desta Lei.

§ 1.º Sempre que possível, a criança ou o adolescente será previamente ouvido por equipe interprofissional,[85] respeitado seu estágio de desenvolvimento e grau de compreensão sobre as implicações da medida, e terá sua opinião devidamente considerada.[86]

§ 2.º Tratando-se de maior de 12 (doze) anos de idade, será necessário seu consentimento, colhido em audiência.[87]

§ 3.º Na apreciação do pedido levar-se-á em conta o grau de parentesco e a relação de afinidade ou de afetividade, a fim de evitar ou minorar as consequências decorrentes da medida.[88]

§ 4.º Os grupos de irmãos serão colocados sob adoção, tutela ou guarda da mesma família substituta,[89] ressalvada a comprovada existência de risco de abuso ou outra situação que justifique plenamente a excepcionalidade

Art. 28

de solução diversa,[90] procurando-se, em qualquer caso, evitar o rompimento definitivo dos vínculos fraternais.[91]

§ 5.º A colocação da criança ou adolescente em família substituta será precedida de sua preparação gradativa e acompanhamento posterior, realizados pela equipe interprofissional a serviço da Justiça da Infância e da Juventude,[92] preferencialmente com o apoio dos técnicos responsáveis pela execução da política municipal de garantia do direito à convivência familiar.

§ 6.º Em se tratando de criança ou adolescente indígena ou proveniente de comunidade remanescente de quilombo, é ainda obrigatório:[93]

I – que sejam consideradas e respeitadas sua identidade social e cultural, os seus costumes e tradições, bem como suas instituições, desde que não sejam incompatíveis com os direitos fundamentais reconhecidos por esta Lei e pela Constituição Federal;

II – que a colocação familiar ocorra prioritariamente no seio de sua comunidade ou junto a membros da mesma etnia;[94]

III – a intervenção e oitiva de representantes do órgão federal responsável pela política indigenista, no caso de crianças e adolescentes indígenas, e de antropólogos, perante a equipe interprofissional ou multidisciplinar que irá acompanhar o caso.[94-A]

83. Família substituta: tomando-se por base a família natural, constituída pelos laços de sangue, entre pais de filhos, a denominada família *substituta* é aquela, designada pela lei e mediante autorização judicial, para fazer as vezes da biológica, em caráter provisório ou definitivo. Geralmente, a inserção em família substituta destina-se à finalização com a adoção do menor, se visualizado ter sido a mais adequada medida ao superior interesse da criança ou adolescente. Difere a família substituta do acolhimento familiar. Nesse caso, cuida-se de família utilizada para abrigar infantes e jovens provisoriamente, como faria o acolhimento institucional. Na jurisprudência, valorizando a família substituta: TJSC: "Se os estudos sociais elaborados e o parecer psicológico coligido são uníssonos em demonstrar a perfeita adaptação da infante com a família substituta, retirar abruptamente a menor da família substitutiva com quem convive há quase dois anos, seria, no mínimo, temerário, diante das particularidades do caso, em que pese as boas e nobres intenções da recorrente com a formulação de seu pleito" (Ap. Cív. 2014.047032-7/SC, 4.ª Câm. de Direito Civil, rel. Joel Figueira Júnior, 18.02.2016, v.u.).

84. Independente da situação jurídica: significa que a criança ou adolescente pode encontrar-se sob o poder familiar dos pais naturais e, mesmo assim, ser retirada do lar, suspendendo-se o referido poder, para a sua inserção em guarda de terceiros. Logo, os pais ainda não foram destituídos do poder familiar, embora seu filho possa ser transferido à responsabilidade de outras pessoas. Tal providência encontra sentido quando a criança ou adolescente é maltratada pelos genitores. Na jurisprudência: a) *pelo deferimento da colocação em família substituta:* TJRS: "Ação de destituição do poder familiar. Colocação em família substituta. Antecipação de tutela. Cabimento. Ainda, segundo consta nos autos, o menor encontra-se abrigado há meses, não havendo qualquer modificação na situação da genitora, que continua a demonstrar a total ausência de responsabilidade em relação ao filho, fato que culminou na suspensão do poder familiar. Assim, considerando a idade do menor – 2 anos – e a situação retratada, não há razão para que não se oportunize a colocação do infante em família substituta, dentro das pessoas habilitadas à adoção, dando a possibilidade a esta criança de ter uma vida saudável e ser criada em ambiente familiar adequado" (Agravo de Instrumento 70055631246, 7.ª Câm. Cível, rel. Liselena Schifino Robles Ribeiro, 18.07.2013); "Tendo sido determinado o abrigamento de todos os filhos da família, por estarem em situação de risco, em ação de destituição do poder familiar ajuizada pelo Ministério Público, e estando uma das crianças, que conta seis anos, sob a guarda fática de uma família de vizinhos, onde vem recebendo todo o amparo e carinho necessários, inclusive frequentando escola, justifica-se mantê-la provisoriamente nessa família substituta, pois a criança está bem inserida nesse ambiente familiar. 2. Nesse momento, ao menos, a providência acautelatória de abrigamento não se justifica, pois essa criança não está em situação de risco, sendo conveniente que se proceda, antes de retirá-la desse lar, uma investigação técnica adequada, com o estudo social, cuja realização já foi determinada, e com avaliação psicológica, que se mostra necessária. Recurso provido, em parte" (Agravo de Instrumento 70063695837, 7.ª Câm. Cível, rel. Sérgio Fernando de Vasconcellos Chaves, 25.03.2015); b) *pelo indeferimento da colocação em família substituta:* TJRS: "Ação de guarda. Pretensão dos avós paternos. Descabimento. Inocorrência das hipóteses previstas no ECA. Constatada na avaliação social que a mãe tem condições de continuar exercendo a guarda da menor, embora com dificuldades financeiras, injustificada a alteração da guarda, uma vez que, não se pode conferir destinação diferente ao instituto da guarda senão aquela expressamente consignada em lei, cuja finalidade é suprir a falta eventual dos pais ou responsável, conforme dispõe o art. 33, § 2.º, do ECA" (Apelação Cível 70056256142, 7.ª Câm. Cível, rel. Liselena Schifino Robles Ribeiro, 23.10.2013).

85. Oitiva prévia da criança ou adolescente: antes do advento da Lei 12.010/2009, determinava-se a prévia ouvida do menor sem a indicação expressa de quem seria capacitado a tanto; logo, poderia ser o juiz, alguém da equipe técnica ou até mesmo pessoa ligada ao abrigo onde se encontrava. Atualmente, fica claro deva ser ouvido pela equipe interprofissional da Vara da Infância e Juventude (por todos os membros que dela fazem parte). Essa oitiva não será colhida no formato de um *depoimento*, como se faz em juízo; ao contrário, consistirá na conversa entre psicólogo(a), assistente social e criança ou adolescente, a respeito de sua eventual concordância ou discordância para inserção no lar substituto. Portanto, colhe-se a vontade do menor já interpretada pela equipe técnica do Juizado, o que é particularmente relevante para identificar o fiel desejo de quem é interessado direto na transformação de sua vida.

86. Maturidade e opinião da criança ou adolescente: ouvir o interessado, avaliando as suas razões para permanecer com seus pais ou parentes, no abrigo onde se encontra ou para transferir-se a família substituta depende – e muito – do seu grau de amadurecimento. Por óbvio, não se vai ouvir a opinião de criança em tenra idade (recém-nascido a três anos), pois completamente imatura. A partir dos três anos, quando começa a se manifestar com um mínimo de lógica, pode ser ouvida, mas respeitar a sua opinião ainda é muito cedo. A partir dos oito anos, quando se inicia a fase da pré-puberdade, ganha relevo o desejo da criança e já deve, realmente, ser considerado para a decisão. Quando atinge a adolescência, sem dúvida, sua vontade é muito relevante (aliás, o § 2.º deste artigo menciona dever o maior de 12 anos manifestar o seu consentimento para o lar substituto). Convém salientar alguns pontos cruciais nessa avaliação e ponderação de opinião infantojuvenil. Em primeiro lugar, menores maltratados, explorados e privados do mínimo indispensável para a sua sobrevivência digna não podem optar justamente pela mantença desse *status quo.* Há direitos indisponíveis no cenário do Direito, como a vida, de modo que arriscar graves lesões à saúde, simplesmente para respeitar o querer de um(a) garoto(a), é ilógico. Em segundo lugar, há filhos ameaçados por seus próprios pais ou parentes, para que se mantenham em casa, justamente para serem explorados, motivo pelo qual vão recusar-se à transferência para o lar substituto. Em terceiro, existem os que são tímidos, temerosos de mudanças, enfim, claudicantes para decidir. Por isso é relevante a oitiva por meio da equipe interprofissional, que saberá interpretar o melhor caminho para a criança ou adolescente. A parte final deste parágrafo – *terá sua opinião*

Art. 28

Estatuto da Criança e do Adolescente Comentado · **Nucci**

devidamente considerada – é justamente o ponto relativo, jamais absoluto. Pelas razões acima expostas, a visão do interessado pode estar obnubilada, não permitindo a emissão de uma manifestação imparcial.

87. Opinião do maior de 12 anos: tomando-se a literalidade desta norma, para inserir o maior de 12 anos em família substituta, será indispensável o seu consentimento. E colhido em audiência, portanto, de maneira formal, diante da autoridade judiciária. Pensamos, no entanto, deva ser tal preceito relativizado, no superior interesse do adolescente. Um(a) garoto(a) de 12 anos não possui o amadurecimento necessário para saber, com perfeita noção, o que é melhor para a sua vida. Portanto, ilustrando-se, se ele é vítima de abuso sexual em sua família natural, nesse lugar não pode permanecer em hipótese alguma. Com ou sem o seu consentimento, será retirado do convívio com o algoz e colocado, ao menos, em abrigo. Entretanto, sabe-se não ser o abrigamento a mais adequada forma de criação, educação e desenvolvimento geral do menor; ele necessita de uma família substituta, ainda que não tenha maturidade suficiente para enxergar isso. Ademais, se os pais forem destituídos do poder familiar – e isso não depende do consentimento da vítima-menor –, o adolescente precisaria dar o seu aval até mesmo para ser tutelado por um parente (afinal, tutela é família substituta). Por hipótese, se ele não consentir, deve o juiz ceder, mantendo-o abrigado? Cremos que depende do caso concreto. Imagine-se tenha ele avós que desejam tutelá-lo; não nos parece tenha ele escolha; deve ser encaminhado para a família substituta. Convém registrar algo que qualquer pai, mãe ou psicólogo sabe: adolescentes podem ser birrentos, teimosos e, particularmente, *do contra*. Diante disso, o *não querer* de um(a) garoto(a) pode ser relativo, tanto quanto o é o preceito deste § 2.º.

88. Grau de parentesco, afinidade e afetividade: a proximidade dos laços de sangue pode ser determinante para o sucesso do pedido de guarda, tutela e, conforme o caso, até mesmo de adoção. Mas não é somente isso que a lei exige – e o faz corretamente. É preciso analisar a relação de afinidade (correspondência de interesses comuns, sentimentos e gostos) e de afetividade (amizade, amor, simpatia). Se, porventura, quiser o tio de sangue ficar com o sobrinho, retirado dos pais, cujo poder familiar foi extinto por ordem judicial, havendo laços de afinidade e afeição, nada mais justo que tenha preferência. Mas, o simples fato de ser tio da criança ou adolescente não é fator único e determinante. Deve-se ponderar o *superior interesse* infantojuvenil, parte da proteção integral, constitucionalmente assegurada. Nesse sentido: TJSC: "Guarda do menor inserido em família substituta para estágio de convivência. Sobreposição do interesse do menor sobre o grau de parentesco. Melhores condições do menor na família substituta. Desconsideração do grau de parentesco em razão das peculiaridades do caso concreto. Recurso conhecido e desprovido. A ação de adoção tem por pressuposto a existência de consentimento dos genitores ou do representante legal do adotando, exceto quando aqueles sejam desconhecidos ou tenham sido desconstituídos do poder familiar, de acordo com o disposto no art. 45, § 1.º, do ECA. A colocação do menor em família substituta deve, sempre que possível, observar o grau de parentesco do menor e a relação de afinidade ou de afetividade, objetivando evitar ou minorar as consequências decorrentes da medida, nos termos do art. 28, § 3.º, do ECA" (AI 7857 SC 2011.000785-7, 6.ª Câm. de Direito Civil, rel. Jaime Luiz Vicari, *DJ* 01.06.2011).

89. União de irmãos consanguíneos ou adotivos: as crianças e os adolescentes somente são inseridos em lares substitutos quando a sua família natural encontra-se desestruturada, por qualquer razão, consistindo, pois, medida excepcional. Diante disso, nada mais justo do que garantir, ao menos, a permanência de irmãos de sangue na mesma família substituta, amenizando-se o trauma da separação dos pais consanguíneos. Essa determinação legal – serão colocados – deve ser fielmente cumprida pela autoridade judiciária, independentemente de lista de espera de candidatos à adoção. Por óbvio, pode-se consultar o cadastro para saber, dentre os mais antigos, quem se habilita a receber os irmãos, sejam eles quais forem e em qualquer número. A norma não visa ao atendimento do interesse de candidatos a pais, mas ao superior interesse da criança ou adolescente. A mantença da união dos irmãos não significa que serão efetivamente ligados, amigos e parceiros o resto da vida; no entanto, a tarefa do Estado é consagrar a regra – afinidade e afetividade entre irmãos –, e não a exceção. Sob outro aspecto, essa norma menciona apenas *grupo de irmãos*, sem qualquer referência aos laços de sangue. Supõe-se que seja a maioria dos casos, mas nada impede que irmãos adotivos percam seus pais – mortos num acidente – necessitando de tutela ou mesmo nova adoção. Devem ser inseridos em família substituta unidos, sem separação, para que continuem a cultuar os vínculos criados anteriormente. Lembra Luiz Carlos de Barros Figueiredo que, "embora todos concordem que a preservação dos grupos de irmãos deva ser algo fundamental, no texto original do ECA tal princípio apenas estava previsto no art. 92, I, que trata de deveres de entidades de abrigo. Parece óbvio que de boa ou má-fé, muitas vezes não se protegeu este relevante direito dos infantes, sendo ele desprezado em casos de colocação em famílias substitutas. Agora é norma cogente para guardas, tutelas e adoções" (*Comentários à nova lei nacional da adoção*, p. 24). "Separar estes irmãos resulta num novo momento especial difícil para quem já se viu abandonado pelos pais de sangue, seja por dificuldades, prisão, doença ou por morte. É o que a Lei determina, mas, muitas vezes, o irmão mais velho prejudica o mais novo tirando-lhe a possibilidade de ser adotado, isto nos casos em que a convivência fraterna não existe. Muitos irmãos que normalmente vivem em sua própria família consanguínea, com o passar do tempo, se afastam e chegam até a nunca mais se verem. Se existem desafios numa adoção de irmãos, existem também vantagens: resolvem a construção da família, as crianças estão familiarizadas entre si, se apoiam, se sentirão mais seguras e conhecem sua história de vida, pois geralmente são crianças maiores" (Hália Pauliv de Souza & Renata Pauliv de Souza Casanova, *Adoção. O amor faz o mundo girar mais rápido*, p. 25). Na jurisprudência: STJ: "A circunstância de ainda não ter sido proferida sentença nos autos da ação de destituição do poder familiar não veda que seja iniciada a colocação das crianças em tela em família substituta, nos termos do § 5.º do art. 28 do ECA, e em virtude do disposto no § 1.º do art. 19 do referido estatuto. Dessa forma, sem prejuízo do que for decidido nos autos da ação de destituição do poder familiar, a manutenção dos pacientes em abrigo institucional que já dura mais de 5 anos, além de manifestamente ilegal, não atende seus superiores interesses e tem o potencial de acarretar dano grave e de difícil reparação para suas integridades psicológicas, até porque o tempo está passando e vai ficando mais difícil a colocação deles em família substituta, lembrando-se que se trata de três irmãos, devendo ser urgentemente recomendada a aplicação do § 4.º do art. 28 do ECA" (HC 775.298/MG, 3.ª T., rel. Moura Ribeiro, 29.11.2022, v.u.). TJRJ: "Cabe afastar a alegação de que a decisão agravada não foi fundamentada, eis que o convencimento do juízo *a quo* se formou a partir da petição dos agravados, pretendentes à adoção das duas irmãs V. e A. S., informando sobre o desaparecimento da genitora e a situação de vulnerabilidade desta última criança. Os agravados, que já possuem a guarda de fato da irmã de A., comprovam possuir condições econômicas e oferecem estrutura familiar e emocional suficientes para manter a guarda de A. S. *Decisão agravada que atende à recomendação estatutária de não separar o grupo de irmãos, nos termos do disposto no art. 28, § 4.º, do ECA*. A conclusão do parecer social é no sentido de que a família biológica de A. tem uma história construída com vários conflitos envolvendo o relacionamento entre o casal e o relacionamento com as filhas de R. Há informação ainda no parecer social de que a outra filha da agravante, M., já se encontra sob os cuidados da avó paterna, o que corrobora o entendimento de que a agravante não possui condições de cuidar de A., no presente momento. Nos termos do art. 557, *caput*, do CPC, nega-se seguimento ao recurso" (Agravo de Instrumento 0067688-86.2014.8.19.0000, 1.ª Câm. Cível, rel. Maria

Augusta Vaz, 30.01.2015, grifo nosso). Em sentido diverso do preceituado neste parágrafo, configura-se: TJSC: "Ação de adoção c/c. Destituição do poder familiar. Decisão que indeferiu pedido de guarda provisória. Preferência invocada pelos requerentes, sob a justificativa de terem adotado irmão biológico da infante há aproximadamente 3 (três) anos. Irrelevância desta situação frente à lógica na qual funda-se o vínculo decorrente da adoção, qual seja, a afetividade. Criança que, ademais, é recém-nascida, e cujo contato com os postulantes e o primeiro filho adotivo, limitou-se a visitas feitas na instituição de abrigamento aonde esteve antes de ser encaminhada para família substituta, esta, sim, à frente no cadastro de adoção. Ausência das condições indispensáveis à aplicação do § 4.º do art. 28 do ECA (Lei 8.069/90) e, igualmente, de quaisquer das situações excepcionais a que alude o § 13 do art. 50 do referido estatuto. Inviabilidade de inversão da ordem consignada na respectiva lista de inscritos. Impossibilidade de se atender a pretensão dos recorrentes, sob pena de descrédito ao procedimento instituído pela lei sobredita, que visa incentivar o acolhimento sob a forma de adoção. Manutenção da solução aplicada pela magistrada de 1.º grau. Recurso conhecido e desprovido" (AI 2011.046261-3, 4.ª Câm. Cível, rel. Luiz Fernando Boller, 19.01.2012). Com a devida vênia, o acórdão equivocou-se, em nossa ótica, ao mencionar que os irmãos podem ser separados por duas razões: a) não havia laços de afeto entre eles (ainda); b) o casal adotando, escolhido em detrimento do outro casal, que já tinha a adoção do irmão, estava à frente no cadastro. Em primeiro lugar, não há, neste estatuto, nenhuma referência a um *grupo de irmãos* ligados pelo afeto; ao contrário, pretende-se manter a proximidade estabelecida pela própria Natureza, que são os laços de sangue. O objetivo principal desta lei é manter a família natural unida; se não for possível por meio dos pais, o mínimo que se espera é fazê-lo por intermédio dos irmãos. Sob o ponto de vista acolhido no referido acórdão, inexistente afeto, "não são irmãos", para fim de aplicação do disposto neste § 4.º. Como pode um recém-nascido nutrir afeto ao irmão mais velho? É impossível e a lei jamais prega o impossível. Pela lógica, o afeto viria com o tempo, desde que o Judiciário dê essa oportunidade aos dois, que poderiam ser criados pela mesma família. O segundo ponto é, sob o nosso ponto de vista, o desastroso seguimento da *fila de adoção*, imposta pelo cadastro de habilitados, como se ele fosse o principal fundamento de existência do próprio instituto da adoção. Valeu-se o mencionado acórdão do princípio equívoco segundo o qual se dá uma criança ao adulto, que tem direito sobre ela, somente por estar em primeiro lugar na tal *fila*. Esquece-se do real superior interesse da criança, em que se busca uma família adequada para uma criança. Assim sendo, o irmão recém-nascido foi duplamente preterido: não pôde viver ao lado de seu irmão de sangue; foi obrigado a viver com a primeira família do cadastro.

90. Separação dos irmãos: como medida excepcional, mas possível, estabelece este preceito a hipótese de inserção dos irmãos em diferentes famílias substitutas. São duas as situações: a) risco de abuso comprovado; b) situação que justifique plenamente a excepcionalidade. Na realidade, a segunda envolve integralmente a primeira e poderia ter sido a única a ser mencionada em lei. O risco de abuso decorre da relação existente entre os próprios irmãos, indicando a conveniência da separação (ex.: houve abuso sexual do maior no tocante à irmã menor; um irmão tentou matar o outro, dentre outros fatores graves). Quanto à cláusula aberta, pode-se inserir qualquer situação justificadora da excepcional separação. Um dos principais exemplos, extraídos da realidade, é a total inviabilidade de se inserir um número elevado de irmãos na mesma família substituta. Nem todos os candidatos à adoção (ou mesmo à tutela) têm condições financeiras e emocionais para acolher vários irmãos, de diversas idades, ao mesmo tempo. Se a regra fosse absoluta, pela impossibilidade de separação, estar-se-ia desatendendo o princípio da proteção integral. A união de irmão é um benefício, jamais se configurando um malefício. Assim sendo, imagine-se a existência de cinco irmãos, retirados dos pais por maus-tratos, inseridos num abrigo, aguardando adoção. Se não se encontrar, em prazo razoável, mas curto, um casal ou um interessado em adotar todos eles, convém separá-los para que possam ter a chance de viver em família. No ato da separação, o juiz deve buscar manter grupos unidos, como, por exemplo, dois irmãos numa família e três em outra. O ideal é evitar, ao máximo, cinco famílias para cinco irmãos. Porém, a meta maior é a inclusão de todos em famílias substitutas, da melhor maneira possível. Ver a nota anterior, citando um acórdão, chancelando a separação de irmãos por motivo não previsto em lei.

91. Mantença dos vínculos fraternais: havendo necessidade de separação dos irmãos, nos termos expostos na nota anterior, cabe à autoridade judiciária determinar a cada família substituta, que esteja com um ou mais irmãos, a tomada de medidas para sustentar os vínculos fraternais dos que foram divididos. Assim, deve-se regular o direito de visita de um irmão ao outro, por exemplo. Afora isso, conta-se com o grau de responsabilidade de cada família substituta para empreender todos os esforços pelo entrelaçamento dos irmãos durante o crescimento, até atingirem a maioridade. Quando não se tratar de adoção feita por estrangeiros, cabe o controle do preceituado neste parágrafo pelo Juízo da Infância do local onde moram os irmãos. A família substituta que se negar a mantê-los integrados descumpre a lei e pode perder a guarda ou tutela e, até mesmo, o poder familiar, quando consumada a adoção. O Ministério Público é parte legítima para ingressar com medidas judiciais para fazer valer o conteúdo desta norma.

92. Preparação gradativa para a transição à família substituta: como regra, a criança ou adolescente inserido em família substituta encontra-se em situação de vulnerabilidade, vivendo em abrigo ou provisoriamente com parente ou terceiro. Quando é abandonada, a criança é recolhida pelo Estado e incluída em instituições apropriadas para isso. Bem ou mal, termina por acostumar-se ao novo ambiente, que pode, inclusive, ser mais favorável e ameno do que a anterior situação, quando estava com o(s) genitor(es). Conforme a idade – e isto é elemento determinante –, faz-se ou não a preparação gradativa para a colocação em família substituta. Não tem sentido preparar-se um recém-nascido para ser inserido em família, sob guarda. Mas pode ter razoável aplicação a preparação de uma criança de sete, que já vive há alguns anos no abrigo. Segundo nos parece, até três anos, inexiste razão prática para preparar a criança para a família substituta. Se esta é cadastrada, tendo todos os requisitos para adotar, por exemplo, nada mais simples do que levar a criança para casa. Por outro lado, o acompanhamento posterior, sem dúvida, deve dar-se em qualquer caso, pouco importando a idade do menor. É responsável pela eventual preparação e pelo acompanhamento posterior a equipe multidisciplinar do Juizado, geralmente composta por psicólogo(a) e assistente social.

93. Criança ou adolescente indígena ou remanescente de quilombo: o Brasil é, sem dúvida, um país de dimensões continentais, com diversas regiões, cada qual com seus costumes e situações peculiares. A inclusão deste parágrafo pela Lei 12.010/2009 procura atender, de maneira diferenciada, tais peculiaridades, embora constituam exceção nítida à maioria das colocações em famílias substitutas. Segundo dispõe o art. 4.º da Lei 6.001/1973 (Estatuto do Índio), "os índios são considerados: I – Isolados – Quando vivem em grupos desconhecidos ou de que se possuem poucos e vagos informes através de contatos eventuais com elementos da comunhão nacional; II – Em vias de integração – Quando, em contato intermitente ou permanente com grupos estranhos, conservam menor ou maior parte das condições de sua vida nativa, mas aceitam algumas práticas e modos de existência comuns aos demais setores da comunhão nacional, da qual vão necessitando cada vez mais para o próprio sustento; III – Integrados – Quando incorporados à comunhão nacional e reconhecidos no pleno exercício dos direitos civis, ainda que conservem usos, costumes e tradições característicos da sua cultura". Há que se focalizar o disposto neste parágrafo, adaptando-se as medidas cabíveis a cada um dos tipos de índios (isolado, em vias de integração e integrados). Imagine-se o

Art. 28

Estatuto da Criança e do Adolescente Comentado · **Nucci**

casal de índios totalmente integrado, cujo filho, por alguma razão, necessita ser inserido em família substituta. É preciso avaliar se, realmente, eram cultivados costumes e tradições da tribo, pois, caso contrário, trata-se de uma situação como outra qualquer. Por vezes, a criança ou adolescente, repita-se, totalmente integrado à sociedade, sem nem preservar qualquer traço de sua ascendência, não merece ser colocada em família indígena, com quem não mais possui qualquer afinidade cultural e identidade social. "Com a devida vênia das posições em contrário, parece que o legislador preferiu, nestes incisos do § 6.º, dar preferência à identidade biológica em detrimento da do próprio interesse da criança. Basta se imaginar que não serão raros os conflitos envolvendo pais adotantes, por exemplo, e os 'representantes do órgão federal responsável pela política indigenista, no caso de crianças e adolescentes indígenas, e de antropólogos, perante a equipe interprofissional ou multidisciplinar que irá acompanhar o caso." (Fuller, Dezem e Martins, *Estatuto da Criança e do Adolescente*, p. 56-57).

94. Inserção prioritária na sua comunidade ou junto a membros da sua etnia: essa é a regra, mas nem sempre se torna viável, pois a família extensa pode não existir ou não ter condições de assumir a criança ou adolescente. Na jurisprudência: TJRS: "Caso em que, não descurando do preconizado no art. 28, § 6.º, do ECA, deve ser mantida a decisão acoimada, que concedeu a guarda do menor a casal não indígena, na medida em que os elementos informativos demonstram que, tanto os avós maternos quanto o casal indígena interessado não reúnem condições pessoais e financeiras para assumir os cuidados do menor, que se encontra em família substituta desde abril de 2013, possuindo laços afetivos consolidados com seus guardiães. Agravo de instrumento desprovido" (AI 70055849012/RS, 8.ª Câm. Cível, rel. Ricardo Moreira Lins Pastl, 14.09.2017, v.u.); "Destituição do poder familiar. Inaptidão dos genitores para o desempenho da função parental. Situação de risco. Criança indígena. 1. Embora o art. 28, § 6.º, inc. I e II, do ECA, com a redação dada pela Lei 12.010/2009, disponha que, em se tratando de criança indígena, a colocação familiar ocorra prioritariamente no seio de sua comunidade ou junto a membros da mesma etnia, no caso não houve como consolidar a colocação da infante na família extensa. 2. Se os genitores não possuem as mínimas condições pessoais para cuidar da filha, jamais tendo exercido de forma adequada a maternidade e a paternidade, mantendo a filha em constante situação de risco, torna-se imperiosa a destituição do poder familiar, a fim de que a criança, que já está inserida em família substituta, possa desfrutar de uma vida mais saudável, equilibrada e feliz. Recurso desprovido" (Ap. Cível 70052687761, 7.ª Câm. Cível, rel. Liselene Schifino Robles Ribeiro, 27.02.2013).

94-A. Intervenção e oitiva de representantes do órgão federal responsável pela política indigenista: trata-se da intervenção da FUNAI (Fundação Nacional do Índio), com seus agentes, no procedimento de adoção de criança indígena, a fim de assegurar justamente que seja inserida em família da própria comunidade, na medida do possível. Na jurisprudência: STJ: "1. No inciso III do § 6.º do art. 28 da Lei 8.069/1990 (ECA), introduzido pela Lei 12.010/2009 (Lei Nacional da Adoção), está disciplinada a obrigatoriedade de participação do órgão federal de proteção ao indígena, a Fundação Nacional do Índio – FUNAI –, além de antropólogos, em todos os procedimentos que versem sobre a colocação do menor indígena em família substituta, seja por meio de guarda, tutela ou adoção. 2. A intervenção da FUNAI nesses tipos de processos é de extrema relevância, porquanto os povos indígenas possuem identidade social e cultural, costumes e tradições diferenciados, tendo, inclusive, um conceito de família mais amplo do que o conhecido pela sociedade comum, de maneira que o ideal é a manutenção do menor indígena em sua própria comunidade ou junto a membros da mesma etnia. A atuação do órgão indigenista visa justamente a garantir a proteção da criança e do jovem índio e de seu direito à cultura e à manutenção da convivência familiar, comunitária e étnica, tendo em vista que a colocação do menor indígena em família substituta não indígena deve ser considerada a última medida a ser adotada pelo Estado. 3. A adoção de crianças indígenas por membros de sua própria comunidade ou etnia é prioritária e recomendável, visando à proteção de sua identidade social e cultural. Contudo, não se pode excluir a adoção fora desse contexto, pois o direito fundamental de pertencer a uma família sobrepõe-se ao de preservar a cultura, de maneira que, se a criança não conseguir colocação em família indígena, é inconcebível mantê-la em uma unidade de abrigo até sua maioridade, sobretudo existindo pessoas não indígenas interessadas em sua adoção. 4. A ausência de intervenção obrigatória da FUNAI no processo de colocação de menor indígena em família substituta é causa de nulidade. A decretação de tal nulidade, contudo, deve ser avaliada em cada caso concreto, pois se, a despeito da não participação da FUNAI no processo, a adoção, a guarda ou tutela do menor indígena envolver tentativas anteriores de colocação em sua comunidade ou não for comprovado nenhum prejuízo ao menor, mas, ao contrário, forem atendidos seus interesses, não será recomendável decretar-se a nulidade do processo. 5. No caso concreto, verificou-se que: (I) tal como a FUNAI em seu agravo de instrumento, o ora recorrente, representado pela curadoria especial, agora no recurso especial não indicou concretamente qual seria o prejuízo que teria o menor indígena ou seu genitor sofrido com o encaminhamento à instituição de acolhimento e a inscrição no Cadastro Nacional de Adoção (CNA); (II) não foi interposto recurso especial particularmente pela FUNAI, o que leva à conclusão que tenha o órgão indigenista se conformado com o acórdão proferido pelo Tribunal estadual e entendido por bem deixá-lo transitar em julgado; (III) na prática, conforme salientado pelas instâncias ordinárias, apesar da não intervenção do órgão indigenista no feito, foram realizadas diversas tentativas para que o acolhimento das crianças fosse efetivado por seus famílias indígenas. Somente quando se mostraram infrutíferas as diligências é que se deu prosseguimento ao pedido de destituição do poder familiar, de adoção e de inscrição no CNA. Portanto, não está demonstrado, na hipótese dos autos, nenhum prejuízo aos menores indígenas, de maneira que não se mostra recomendável a decretação da nulidade do processo por ausência de intervenção da FUNAI. 6. A criança indígena adotada foi inserida em família comum com cinco anos de idade, em 15/02/2013, há mais de quatro anos, portanto, a indicar que o decreto de nulidade, na hipótese, seria prejudicial aos próprios interesses do menor, uma vez já consolidados os vínculos de afetividade, os quais seriam desfeitos em prestígio de formalidade. 7. Recurso especial improvido" (REsp 1.566.808/MS, 3.ª T., rel. Marco Aurélio Bellizze, 19.09.2017, v.u.).

> **Art. 29.** Não se deferirá colocação em família substituta a pessoa que revele, por qualquer modo, incompatibilidade com a natureza da medida ou não ofereça ambiente familiar adequado.[95]

95. Família inadequada: embora não se necessitasse mencionar o óbvio na lei, em face de todos os direitos dos quais gozam a criança e o adolescente, o legislador preferiu ser cauteloso, deixando bem claro não ser passível de deferimento a colocação de menor em família substituta em duas situações: a) integrante da família é pessoa incompatível com a recepção de criança ou adolescente em situação de vulnerabilidade; b) o ambiente familiar oferecido é inadequado. O cenário, embora composto por duas hipóteses, forma um só ambiente, que é a inadequação da candidata a família substituta. A primeira situação espelha a incompatibilidade de alguém, integrante dessa família, com a proposta de guarda, tutela ou adoção. Imagine-se a família que possui, dentre seus membros, o filho mais velho, condenado por estupro de vulnerável, em liberdade condicional, vivendo em casa; aventura-se demais ali inserir uma menina em tenra idade. Não há motivo para se correr tamanho risco. No segundo caso, mais comum, o conjunto apresentado pela família é impróprio para guarda, tutela ou adoção. Ilustrando-se, a família candidata não possui recursos financeiros para sustentar a si mesma; não tem a menor condição de receber mais uma pessoa. Quando se menciona *ambiente* familiar adequado, devem-se observar todos os aspectos, inclusive as condições materiais. Seria demasiado absurdo retirar uma criança de um abrigo, onde tem suas necessidades básicas atendidas, para inseri-la em família substituta, que não a alimentará, nem será capaz de lhe fornecer um teto. Na jurisprudência: STJ: "1. É viável a inscrição de pessoa homoafetiva no cadastro de interessados em adoção de menor, cabendo a verificação do preenchimento dos requisitos estabelecidos nos arts. 29 e 50, §§ 1.º e 2.º, da Lei 8.069/90 (Estatuto da Criança e do Adolescente). 2. Ante a ausência de restrição legal, descabe a imposição de limite de idade para o menor ser adotado por pessoa homoafetiva. 3. Recurso especial desprovido" (REsp 1.525.714/PR, 4.ª.T., rel. Raul Araújo, 16.03.2017, v.u.); "1. Hipótese em que pessoa homoafetiva intenciona figurar no registro de pessoas interessadas em adoção de menores. 2. A tese do Ministério Público estadual é de que o interessado homoafetivo somente pode se inscrever para adoção de menor que tenha no mínimo 12 (doze) anos de idade, para que possa se manifestar a respeito da pretensa adoção. 3. Não há disposição no ordenamento jurídico pátrio que estipule a idade de 12 (doze) anos para o menor ser adotado por pessoa homoafetiva" (REsp 1.540.814/PR, 3.ª T., rel. Ricardo Villas Bôas Cueva, 18.08.2015, v.u.).

> **Art. 30.** A colocação em família substituta não admitirá transferência da criança ou adolescente a terceiros ou a entidades governamentais ou não governamentais, sem autorização judicial.[96]

96. Recolocação da criança ou adolescente: um dos mais sérios erros seria admitir a transferência do menor a terceiros, quando o juiz o confiou a determinada família. Não se trata de um objeto, mas de um ser humano, cuja vida é controlada, naquela ocasião, pela autoridade judiciária. Portanto, é vedado migrar a criança ou adolescente, *sem autorização judicial*, para outra família ou pessoa e nem mesmo para abrigos, estatais ou não governamentais. Vale ressaltar inexistir qualquer sanção para quem assim agir. O máximo, portanto, pode significar a perda da guarda, tutela ou poder familiar, quando já consumada a adoção. De todo modo, há casos conhecidos de famílias substitutas que *devolvem* a criança ou adolescente em processo de adoção – e até mesmo já adotado – para os abrigos de onde vieram. E o fazem tão logo surja um problema grave, sem nem mesmo pedir autorização do juiz. Pode-se dizer que as entidades não deveriam aceitar esse menor, mas, muitas vezes, são largados no local, sem o menor pudor; melhor admiti-los do que deixá-los ao relento. Essa atitude deveria ser prevista como infração – administrativa ou penal.

> **Art. 31.** A colocação em família substituta estrangeira constitui medida excepcional, somente admissível na modalidade de adoção.[97]

97. Família substituta estrangeira: há várias restrições às famílias estrangeiras para recepcionar crianças e adolescentes brasileiros; dentre elas é a inadmissibilidade da guarda e da tutela. Somente é aceitável a adoção e, mesmo assim, em caráter excepcional e suplementar. Há rígidas condições para a adoção de menores brasileiros por estrangeiros.

> **Art. 32.** Ao assumir a guarda ou a tutela, o responsável prestará compromisso de bem e fielmente desempenhar o encargo, mediante termo nos autos.[98]

98. Compromisso do guardião ou tutor: cuida-se da formalização do ato, assumindo, a partir disso, a total responsabilidade pela criança ou adolescente, que lhe foi confiado pela autoridade judiciária. Há um termo lavrado, que ficará nos autos do processo referente ao menor, identificando o guardião ou tutor, contendo todos os dados do responsável. Essa formalização ocorre somente nos cenários da guarda e da tutela, pois não criam vínculos definitivos com a criança ou adolescente, como ocorre no caso da adoção, que se completa por sentença. Por isso, inexiste obrigatoriedade de termo algum, pois o(s) adotante(s) passa(m) à posição de genitor(es), com todos os deveres e direitos inerentes.

Subseção II

Da Guarda

> **Art. 33.** A guarda[99-99-A] obriga a prestação de assistência material, moral e educacional à criança ou adolescente, conferindo a seu detentor o direito de opor-se a terceiros, inclusive aos pais.[100]
>
> § 1.º A guarda destina-se a regularizar a posse de fato,[101] podendo ser deferida, liminar ou incidentalmente, nos procedimentos de tutela e adoção, exceto no de adoção por estrangeiros.[102]
>
> § 2.º Excepcionalmente, deferir-se-á a guarda, fora dos casos de tutela e adoção, para atender a situações peculiares ou suprir a falta eventual dos pais ou responsável, podendo ser deferido o direito de representação para a prática de atos determinados.[103]
>
> § 3.º A guarda confere à criança ou adolescente a condição de dependente, para todos os fins e efeitos de direito,[104] inclusive previdenciários.[105]
>
> § 4.º Salvo expressa e fundamentada determinação em contrário, da autoridade judiciária competente, ou quando a medida for aplicada em preparação para adoção, o deferimento da guarda de criança ou adolescente a terceiros não impede o exercício do direito de visitas pelos pais,[106] assim como o dever de prestar alimentos, que serão objeto de regulamentação específica, a pedido do interessado ou do Ministério Público.[107]

99. Guarda: vulgarmente, trata-se do ato de *guardar* (proteger, defender, preservar, vigiar); na lei civil e neste Estatuto, não foge à regra, representando o *direito-dever primário* dos pais de zelar pelos seus filhos, protegendo-os, conforme disposição legal; dentre as atribuições do exercício do poder familiar, encontra-se ter o filho menor em sua companhia e guarda (art. 1.634, II, CC). Naturalmente, quando os pais se separam, não é possível que ambos exerçam, ao mesmo tempo, a função exclusiva de guardião do filho, tendo em vista que proteger e vigiar depende da companhia. Assim sendo, podem convencionar a guarda compartilhada, podendo o filho viver tanto na casa do pai quanto na da mãe, alternando-se os momentos em que se encontra sob tutela e proteção de um genitor e de outro. Pode-se, ainda, conferir a guarda a um dos pais, afetando esse direito-dever, inerente ao poder familiar, de quem não a detém. No entanto, fugindo à regra da guarda concernente aos pais biológicos, é possível que o juiz a confira, em caráter excepcional, a terceiros, parentes ou não do menor. O conteúdo é exatamente o mesmo: cuida-se do *direito-dever* de proteger e zelar pela criança ou adolescente, por ordem judicial. Entretanto, há um diferencial para a guarda prevista neste Estatuto: ela transfere não somente o dever de proteger, vigiar e zelar, tendo o menor sob sua companhia (como ocorre no tocante aos pais), mas vai além, demandando a prestação de assistência material, moral e educacional à criança ou adolescente, podendo opor-se a terceiros, inclusive os pais. Em síntese, a guarda, como fruto do poder familiar exercido pelos pais, é somente um dos aspectos do direito-dever dos genitores para com seus filhos menores, simbolizando a companhia sob proteção e vigilância. Os demais direitos-deveres permanecem, mesmo com o genitor que não detém a guarda, tal como sustento, educação, assistência etc. A guarda, conferida pela autoridade judiciária, com base neste Estatuto, é um instrumento de correção para situações de vulnerabilidade nas quais são lançados os menores de 18 anos, por culpa dos próprios pais ou de terceiros. Confere-se, então, a alguém a guarda da criança ou do adolescente para *vários* fins, como proteger, assistir, sustentar, educar etc. Na jurisprudência: TJPB: "O instituto da guarda criado com o objetivo de proteger o menor, salvaguardando seus interesses em relação aos pais que disputam o direito de acompanhar de forma mais efetiva e próxima seu desenvolvimento, ou mesmo no caso de não haver interessados em desempenhar esse múnus. O princípio constitucional do melhor interesse da criança surgiu com a primazia da dignidade humana perante todos os institutos jurídicos e em face da valorização da pessoa humana em seus mais diversos ambientes, inclusive no núcleo familiar. Fixada a guarda, esta somente deve ser alterada quando houver motivo suficiente que imponha tal medida, tendo em vista a relevância dos interesses envolvidos" (Ap. Cív. 0005036112014815001/PB, rel. José Aurélio da Cruz, 25.01.2016).

99-A. Guarda compartilhada: após a edição da Lei 13.058/2014, a guarda compartilhada passa a ser viável entre casais que se separam e têm filhos. Esse é o conteúdo da redação aos arts. 1.583 e 1.584 do Código Civil: "Art. 1.583. (...) § 2.º Na guarda compartilhada, o tempo de convívio com os filhos deve ser dividido de forma equilibrada com a mãe e com o pai, sempre tendo em vista as condições fáticas e os interesses dos filhos"; "Art. 1.584. (...) § 2.º Quando não houver acordo entre a mãe e o pai quanto à guarda do filho, encontrando-se ambos os genitores aptos a exercer o poder familiar, será aplicada a guarda compartilhada, salvo se um dos genitores declarar ao magistrado que não deseja a guarda do menor". Nada impede que, em situações especiais, compartilhem a guarda o(s) genitor(es) e os avós (paterno ou materno), desde que os pais falhem na educação dos filhos. Ressalte-se, ainda, o teor do art. 1.584, § 5.º: "se o juiz verificar que o filho não deve permanecer sob a guarda do pai ou da mãe, deferirá a guarda a pessoa que revele compatibilidade com a natureza da medida, considerados, de preferência, o grau de parentesco e as relações de afinidade e afetividade". Na jurisprudência: STJ: "4. Esta Corte Superior tem por premissa que a guarda compartilhada é a regra e um ideal a ser buscado em prol do bem-estar dos filhos. 5. Prevalência do princípio do melhor interesse da criança e do adolescente, previsto no art. 227 da CF. 6. Situação excepcional que, no caso dos autos, não recomenda a guarda compartilhada, pois as animosidades e a beligerância entre os genitores evidenciam que o compartilhamento não viria para bem do desenvolvimento sadio da filha, mas como incentivo às desavenças, tornando ainda mais conturbado o ambiente em que inserida a menor. 7. Impossibilidade de revisão da situação fática considerada pelas instâncias de origem para o desabono do compartilhamento" (REsp 1.838.271/SP 2018/0273102-3, 3.ª T., rel. Paulo de Tarso Sanseverino, 27.04.2021, v.u.).

100. Direito de oposição a terceiros, inclusive pais: a guarda judicial, tal como prevista no art. 33 desta Lei, confere um *poder familiar* provisório, mas eficaz, a quem a detém no tocante ao pupilo (criança ou adolescente). Justamente porque se transfere ao guardião o poder familiar, em caráter cautelar, há perfeita viabilidade de oposição a quem quer que seja, inclusive aos pais consanguíneos. É interessante observar, no entanto, o grau de ignorância da sociedade, vista no geral, com relação a tal instituto. Muitos acham que o guardião, nomeado pelo juiz, é uma "babá judicial", que deve cuidar da criança, mas nada decide a seu respeito. Diante disso, em situações dramáticas, como a internação num hospital ou mesmo – e até isso, que faz parte da vida – conduzir um enterro ou cremação, quer-se *autorização judicial*. O mesmo quanto à escolha da escola, do curso a ser desenvolvido, da pedagogia a ser utilizada etc. Ora, o guardião é o responsável integral pela criança ou adolescente, como o é o tutor e, mais ainda, o pai (ou mãe) adotivo. Portanto, de posse do termo de guarda, inexiste *alvará judicial* para tomar qualquer medida em nome do menor. Na jurisprudência: TJGO: "1. Ao exercício da guarda sobrepõe-se o princípio do melhor interesse da criança e do adolescente, princípio este investido de norma cogente, porquanto o instituto da guarda foi concebido, para proteger o menor, colocando-o a salvo de situação de perigo, evidenciando, primordialmente a salvaguarda do direito da criança e do adolescente, de ter, para si prestada, assistência material, moral e educacional, nos termos do art. 33 do ECA, sendo que o aparelhamento econômico daquele que se pretende guardião do menor deve estar perfeitamente equilibrado com todos os demais fatores, sujeitos ao livre convencimento do Juiz ao analisar o pleito. 2. *In casu*, a agravante, mãe dos menores, tinha a guarda dos mesmos, porém, alegando dificuldades financeiras, deixou os menores sob a guarda da avó paterna, ora agravada, e, após um lapso de tempo, tenta reaver a guarda dos filhos, levando a Agravada a mover essa ação, na qual, liminarmente, obteve a guarda das crianças. 3. Considerando que a avó paterna esteve com a guarda de fato com os menores, proporcionando-lhe uma vida digna, afeto, respeito e educação, evidencia-se escorreita a decisão da MM Magistrada *a quo*, à luz do princípio do melhor interesse das crianças, mister, portanto, a manutenção do *decisum*. Agravo de instrumento conhecido e desprovido" (AI 97136-15.2016.8.09.0000/GO, 5.ª Câm. Cível, rel. Wilson Safatle Faiad, 07.07.2016, v.u.). TJRS: "Como a agravante já é guardiã do menino, prestando assistência material, moral e educacional ao menino, a ela cabe o direito de opor-se a terceiros, inclusive a mãe, consoante art. 33 do Estatuto da Criança e do Adolescente. Negado seguimento" (AI 70068060193/RS, 7.ª Câm. Cível, rel. Liselena Schifino Robles Ribeiro, 25.01.2016).

101. Regularização da posse de fato: a guarda não se destina a *regularizar* a posse de fato, pois esta, muitas vezes, é irregular e indevida. Pode ser que regularize a posse de fato, mas não é o seu propósito, como parece indicar este dispositivo. O correto é o deferimento da guarda como medida preliminar ao processo de adoção, para que haja integração entre o pretendente e a criança ou adolescente, promovendo-se o estágio de convivência. Por vezes, estando os pais indisponíveis, mas vivos (ex.: internados na UTI de um hospital), pode-se conceder a guarda dos filhos menores a um parente ou amigo da família (ver a nota ao § 2.º. *infra*). A guarda, diversamente da tutela, permite a convivência do poder que lhe é atribuído pelo juiz com o poder familiar ainda remanescente aos pais do infante ou jovem. Pode o guardião, como já se disse em nota anterior, opor-se a terceiros e até mesmo aos pais, pois não se pretende instalar o caos no comando da vida da criança ou adolescente, sem significar a destituição ou suspensão do poder familiar. Na jurisprudência: TJGO: "A guarda de menor em direito de família identifica aquele que tem o filho em sua companhia e vigilância. O critério norteador da concessão da guarda é o melhor interesse da criança. Em se tratando de caso em que avó busca regularizar situação fática já existente, por exercer a posse de fato da criança por nove anos, com o consentimento dos próprios pais, casados e residentes na zona rural, no intuito de preservar o bem-estar da criança, inclusive formação educacional, a pretensão merece ser acolhida, por se ajustar ao disposto no art. 33, § 1.º (1.ª parte), do ECA. Recurso conhecido e provido" (Ap. Cív. 329447-15.2013.8.09.0151/GO, 1.ª Câm. Cível, rel. Orloff Neves Rocha, 21.06.2016, v.u.). TJRS: "1. É consabido que a guarda destina-se a regularizar a

Art. 33

Estatuto da Criança e do Adolescente Comentado · Nucci 100

posse de fato, podendo ser deferida, liminar ou incidentalmente, nos procedimentos de tutela e adoção, consoante o art. 33 do ECA. 2. Na espécie, considerando que, em decorrência dos problemas de drogadição enfrentados pela genitora, o infante encontra-se sob os cuidados dos agravantes desde o seu primeiro dia de vida e que há visos de verdadeiro na tradução de que já identifica os agravantes como 'papai' e 'mamãe', estando adaptado ao ambiente familiar, em atendimento aos princípios do melhor interesse e da convivência familiar, deve ser concedida a guarda provisória ora postulada, sem prejuízo de que, com o advento de novos elementos informativos, esse endereçamento seja revisto. Agravo de instrumento provido" (AI 70073635203/RS, 8.ª Câm. Cível, rel. Ricardo Moreira Lins Pastl, 13.07.2017, v.u.).

102. Medida cautelar inicial ou incidental: a guarda não é uma finalidade em si mesma, mas um mecanismo para se buscar a situação ideal e definitiva ao menor de 18 anos. Afinal, ela constitui um instrumento de urgência para atender a criança ou o adolescente em situação de vulnerabilidade, quando sob tutela dos pais ou outro responsável. Transfere-se a guarda do menor para alguém de confiança, que possa zelar e proteger o pupilo, mas não indefinidamente; até que se decida o que fazer. Se os pais não apresentam condições de manter o poder familiar, há o procedimento específico para a sua suspensão e, depois, perda. Assim ocorrendo, a criança ou adolescente é colocado para adoção. O candidato (pessoa individual ou casal) obtém a guarda (medida cautelar inicial) para o estágio de convivência. Pode ser medida incidental, quando, num procedimento de busca do mais adequado tutor para um menor, indica-se alguém para a guarda.

103. Guarda em caráter excepcional: diversamente da medida cautelar, ocorrente nos feitos de adoção e tutela, pode-se conceder a guarda a alguém, mesmo existindo pais, em pleno exercício do poder familiar, sem necessidade de suspensão ou destituição do referido poder. Tratando-se de uma guarda excepcional, deve o juiz estipular exatamente quais poderes estão incluídos e quais não estão. É por isso que, havendo necessidade, pode-se deferir o *direito de representação* para a prática de certos atos em nome do pupilo. Yussef Said Cahali cita como exemplos de guarda *especial* a concessão a algum parente da criança ou adolescente, com a concordância dos pais, ou, mesmo quando inexistentes motivos para a destituição do poder familiar, visa-se à supressão da falta eventual dos genitores ou responsável (Munir Cury [org.], *Estatuto da Criança e do Adolescente comentado*, p. 165). Mesmo essa guarda excepcional não pode ter caráter definitivo e valer por si mesma. Quanto aos exemplos citados, pode-se acrescer: a) se os pais concordam em passar a guarda do filho a um parente ou até mesmo a um amigo, é preciso justificar, com clareza, o motivo; de todo modo, somente se for para atender a uma situação temporária; os pais devem trabalhar no exterior, mas o filho permanecerá no Brasil, estudando; passa-se a guarda a um tio, para que o filho tenha representação legal; b) os pais adoecem e são internados ou sofrem um acidente grave e ficam em coma; o filho menor precisa de um guardião, durante algum tempo, aguardando-se a recuperação dos genitores ou a sua morte; neste último caso, passa-se a debater a tutela ou a adoção. Exemplo de guarda transferida à avó retirando a criança da mãe: TJBA: "O instituto da guarda destina-se a regularizar a posse da criança ou adolescente, visando suprir a falta dos pais ou responsável, consoante disposição do art. 33, §§ 1.º e 2.º do Estatuto da Criança e do Adolescente – ECA. No caso dos autos, a Apelada, avó materna do menor impúbere, detém melhores condições emocionais e materiais de assumir sua guarda, diante dos indícios de comportamento inadequado da genitora e da concordância do genitor. Considerando que a criança, portadora de Síndrome de Down, já encontrava-se adaptada ao convívio com a avó materna, a qual já detinha sua guarda de fato há anos, e, sendo prevalecente o interesse da criança, princípio basilar constitucional, presente não somente nos arts. 3.º e 4.º do ECA, mas também na nossa Carta Magna, no art. 227, *caput*, conheço do recurso para negar-lhe provimento" (AI 03199932420128050000, 4.ª Câm. Cível, rel. Cynthia Maria Pina Resende, *DJ* 15.10.2013, v.u.). No sentido do indeferimento: STJ: "2. O propósito recursal consiste em definir se é admissível a concessão da guarda de menores aos avós, mesmo quando ausentes os pressupostos que ensejam a perda do poder familiar. 3. O microssistema legal que disciplina a guarda de menores prevê que, em regra, a guarda será confiada aos pais, seja de modo unilateral ou compartilhado, e somente em caráter excepcional poderá ser concedida a terceiros, preferencialmente aqueles pertencentes à família estendida com quem o menor possua relação de afeto e afinidade, apenas quando se verificar que o filho não deverá permanecer sob a guarda dos genitores. 4. Os motivos que autorizam a excepcional concessão da guarda a terceiros dizem respeito à existência de riscos à segurança, saúde, formação moral ou instrução do infante, bem como a presença de pressupostos que justifiquem a destituição do poder familiar. 5. Na hipótese, a despeito de ter havido uma aparente melhor ambientação da menor durante o convívio com a avó paterna com quem residiu durante determinado período, não há absolutamente nenhum fato que desabone a genitora, não há nenhum risco à menor e nem tampouco há quaisquer circunstâncias que justificariam, em tese, a destituição do poder familiar – comprovada, inclusive, por recente audiência realizada com base no art. 28, § 2.º, do ECA, não se admitindo, em princípio, que se subverta drasticamente a lógica instituída pelo legislador ordinário com base na aplicação do princípio do melhor interesse do menor, que deve ser conformado com as regras legais específicas que disciplinam a matéria" (REsp 1.711.037/MS, 3.ª T., rel. Nancy Andrighi, 11.02.2020, v.u.). TJDFT: "1. Os institutos jurídicos da guarda, da tutela e da adoção são todos modalidades de colocação da criança ou adolescente em família substituta, constituindo hipóteses excepcionais previstas no ECA, já que a regra é o reconhecimento do direito fundamental da criança ou adolescente de ser criado e educado no seio de sua família. 2. Como regra geral, insculpida nos arts. 1.634, II, e 1.566, IV, do Código Civil, aos pais compete a guarda dos filhos menores, como expressão do exercício do poder familiar. Desse modo, a criação e a educação da criança ou do adolescente 'no seio de sua família' é, antes de outras hipóteses, aquela junto de seus pais. 3. A guarda destina-se a regularizar a posse de fato, podendo ser deferida, liminar ou incidentalmente, nos procedimentos de tutela e adoção, exceto no de adoção por estrangeiros (ECA, art. 33, § 1.º). Ainda, excepcionalmente, poderá ser deferida, fora dos casos de tutela e adoção, para atender a situações peculiares ou suprir a falta eventual dos pais ou responsável (ECA, art. 33, § 2.º). 4. A pretensão de concessão de guarda para a avó paterna com a finalidade de obtenção de benefícios financeiros (auxílio pré-escola) e assistenciais (inscrição como dependente em plano de saúde) não se insere na hipótese peculiar e excepcional exigida pelo art. 33, § 2.º, do ECA, mormente quando a criança reside com seus pais e por eles é bem cuidada. 5. Recurso de apelação conhecido e não provido" (Ap. Cív. 20140110383564APC-DFT, 1.ª T. Cível, rel. Simone Lucindo, 24.02.2016, v.u.).

104. Pupilo como dependente para todos os fins: deferindo-se a guarda, o pupilo passa a gozar de todos os direitos disponíveis como dependente, tais como plano de saúde, desconto em imposto de renda, associado de clube etc. Essa situação é a decorrência natural da indispensabilidade da obrigação do guardião em prestar ao pupilo assistência material, moral e educacional. Por isso, em relação a planos de saúde privados, não cabe a estes questionar o teor dessa norma do Estatuto. Devem acolher o pedido de inscrição do menor, que se encontra sob a guarda do associado ao plano, *sem qualquer carência*. Receber a criança ou adolescente em guarda ou adoção é o mesmo que ocorre quando nasce o filho natural, vale dizer, tem inscrição garantida sem cumprir qualquer prazo de carência ou ser imposta qualquer espécie de exclusão de tratamento, mesmo que o pupilo ou filho adotado já tenha algum problema de saúde. Confira-se o disposto pelo art. 23 da Resolução Normativa – RN 428, de 7 de novembro de 2017, da Agência Nacional de Saúde Suplementar (ANS): "O Plano

Art. 33

Estatuto da Criança e do Adolescente Comentado · **Nucci**

Hospitalar com Obstetrícia compreende toda a cobertura definida no art. 22, acrescida dos procedimentos relativos ao pré-natal, da assistência ao parto e puerpério, observadas as seguintes exigências: (...) III – opção de inscrição assegurada ao recém-nascido, filho natural ou *adotivo* do beneficiário, como dependente, *isento do cumprimento dos períodos de carência*, desde que a inscrição ocorra no prazo máximo de 30 (trinta) dias do nascimento ou adoção" (grifamos). Embora essa norma se refira apenas ao adotado, deve-se ampliar para quem detém a guarda, pois o ECA não faz diferença para fins de tutela e proteção infantojuvenil. Na jurisprudência: TJSP: "Inclusão de criança, sob a guarda provisória para fins de adoção pelos autores, em plano de saúde do qual são beneficiários. Negativa da operadora que só a inclui após o prazo de 180 dias do art. 12, V, da Lei 9.656/98. Sentença que julgou improcedente o ressarcimento das despesas médicas realizadas pelos autores com a criança e a indenização por dano moral arguido. Insurgência dos autores. Pedido de inscrição da criança como dependente dos autores instruído com termo de guarda que expressamente consignava ser esta concedida para fins de adoção, por prazo indeterminado e para inclusão em plano de saúde. Negativa da operadora que não se mostra justificável. Prevalência do princípio da proteção integral da criança e do adolescente. Aplicação do art. 12, III, 'b' da Lei 9.656/98, que deve ser interpretado de forma teleológica e em consonância com o art. 33, § 3.º, do ECA. Especificidade do caso. Despesas médicas comprovadas, relativas ao período em que não inscrita a criança como dependente no plano de saúde, que devem ser ressarcidas. Ausência, contudo, de situação grave ou vexatória a caracterizar o dano moral. Indenização indevida. Recurso parcialmente provido" (Ap. 4002418-80.2013.8.26.0099/SP, 7.ª Câm. de Direito Privado, rel. Miguel Brandi, 26.04.2016, v.u.).

105. Guarda para fins previdenciários: durante muitos anos, antes mesmo do advento deste Estatuto, parentes de menores carentes, embora tivessem pais, procuravam o Juizado da Infância e Juventude (antigo Juizado de Menores) para obter algo simples: guarda para *fins previdenciários*. Ilustrando, a jovem mãe, com seus 15 anos, dava à luz um bebê; depois, saía de casa e o deixava sob os cuidados de sua própria mãe – avó da criança; esta, necessitando de assistência médica, levava-o ao posto de saúde; exigia-se dela a representação legal do neto para inscrevê-lo como seu dependente; a mulher ia ao fórum e solicitava a guarda do neto, explicando que seria somente para levá-lo ao posto de saúde. Criou-se, assim, a *guarda para fins previdenciários*. Tecnicamente, era uma impropriedade, pois a avó não pretendia a tutela do neto, nem podia adotá-lo. Ademais, a coexistência da guarda *para fins previdenciários* com a guarda inerente ao poder familiar, ainda concernente à jovem mãe, configura situação esdrúxula, embora eficiente. Por isso, dispôs-se neste parágrafo que a guarda confere à criança ou adolescente a condição de dependente para todos os fins. E bastaria. Mas, para não pairar dúvidas, especificou-se: *inclusive para fins previdenciários*. Atualmente, se a avó pretender a tal guarda *para fins previdenciários*, o correto é pleitear a tutela do neto, para que obtenha a guarda. Ou, em caso excepcional, ela pode valer-se do disposto no § 2.º, deferindo-se a guarda – não somente para fins previdenciários – de forma provisória para que cuide do neto. Na opinião de Luiz Carlos de Barros Figueiredo, "a guarda não é instituto dirigido apenas para garantir assistência médica e odontológica e perpetuação da pensão. Se ambos os genitores ou um deles mora(m) no mesmo imóvel, fica descaracterizada a guarda, que é instituto jurídico próprio de colocação em família substituta e *a companhia de um ou dois genitores implica família natural*, segundo o conceito contido no art. 25 do Estatuto. *Ou bem é família natural ou é família substituta para não ofender o princípio da não contradição* (uma coisa não pode ser e deixar de ser ao mesmo tempo). As dificuldades financeiras dos genitores e mesmo o desemprego não servem de lastro para embasar pedido de guarda. (...) a dependência previdenciária é apenas um dos efeitos da guarda. Se o pedido for só para fins previdenciários, deve ser indeferido de plano..." (*Guarda. Estatuto da Criança e do Adolescente. Questões* *controvertidas*, p. 95 e 108). Os números se avolumaram e, lamentavelmente, editou-se lei, instada pelo Poder Executivo, para contornar o déficit da Previdência, omitindo-se – e, portanto, vedando – a guarda com *efeito previdenciário*. Em nosso entendimento, referida lei, cujo fim é atender interesses da Previdência, não afetou o disposto pelo art. 33, § 2.º, deste Estatuto. Afinal, em face da Constituição Federal, que, no art. 227, *caput*, enumera os vários direitos da criança e do adolescente a serem considerados com *absoluta prioridade* sobre qualquer outro. Além disso, no art. 227, § 3.º, expressamente, se menciona que o "direito a proteção especial abrangerá os seguintes aspectos: (...) II – garantia de direitos previdenciários e trabalhistas". Não se pode *reduzir* o âmbito da proteção especial infantojuvenil, no tocante aos direitos previdenciários. É incabível tentar *salvar* a Previdência às custas da dignidade humana do infante e do jovem. Em suma, o instituto da guarda precisa assegurar ao menor de 18 anos *todos* os benefícios dela decorrentes, abrangendo, por óbvio, o fim previdenciário. No mesmo sentido, prevalecendo o disposto no art. 33, § 2.º: Paulo Henrique Aranda Fuller, Guilherme Madeira Dezem e Flávio Martins, *Estatuto da Criança e do Adolescente*, p. 62. Sobre o tema, Antonio Cezar Lima da Fonseca esclarece: "realmente, entendemos que, quando a guarda estatutária for legitimamente deferida, a criança ou adolescente deve ter não apenas direito à assistência médica geral e gratuita, mas direito à pensão pela eventual morte do guardião. São dependentes previdenciários, não apenas porque tal direito restou consagrado em Lei estatutária, mas porque a sociedade e o Poder Público estão obrigados a atender de forma prioritária e absoluta os direitos sociais da criança ou adolescente, tal como determina a norma constitucional. Ademais, sabe-se que os direitos que dizem respeito à dignidade da pessoa humana depois de assegurados pela legislação ordinária e integrados na esfera protetiva do cidadão (criança ou adolescente) não podem ser retirados *manu militari* pelo Estado, porque se trata de retrocesso indevido e inconstitucional. É a *proibição do retrocesso* a que se refere a doutrina constitucional" (*Direitos da criança e do adolescente*, p. 125). *Na jurisprudência, a Turma Nacional de Uniformização firmou entendimento pela prevalência do art. 33, § 3.º, deste Estatuto, em confronto com o art. 16, § 2.º, da Lei 8.213/1991:* "Esta TNU já firmou jurisprudência no sentido de que o ECA, ao prever que 'a guarda confere à criança ou adolescente a condição de dependente, para todos os fins e efeitos de direito, inclusive previdenciários' (Lei 8069/90, art. 33, § 3.º), deve prevalecer sobre o art. 16, § 2.º, da Lei 8.213/91, atribuindo a condição de dependente ao menor sob guarda, em função da proteção conferida à criança e ao adolescente pelo ordenamento jurídico pátrio" (TNU – PEDILEF 200481100039432, Juiz Federal Élio Wanderley de Siqueira Filho, *DJU* 9 set. 2009; PEDILEF 200671950010322, Juiz Federal Manoel Rolim Campbell Penna, *DJU* 28 ago. 2009; PEDILEF 200783005039533, Juiz Federal Cláudio Roberto Canata, *DJU* 22 mai. 2009; PEDILEF 200770950142990, Juiz Federal Otávio Henrique Martins Port, *DJU* 25 mar. 2009). No julgamento do PEDILEF 200783005039533, de fato decidiu-se que: "De acordo com os princípios constitucionais que regem a matéria, principalmente o da proteção integral da criança e do adolescente, cuja a responsabilidade é não só da família do menor mas também da sociedade e do Estado, é de rigor a aplicação da norma constante do art. 33, parágrafo 3.º, do Estatuto da Criança e do Adolescente e não aquela constante no art. 16, parágrafo 2.º, da Lei 8213/91" (TNU – PEDILEF 00056181220104013200, Juiz Federal Janilson Bezerra de Siqueira, *DJ* 29.03.2012). O Instituto Nacional do Seguro Social ingressou com um pedido de uniformização de interpretação de lei n. 67-RS para afastar o entendimento da Turma Nacional de Uniformização dos Juizados Especiais Federais, acerca da devida pensão para o menor quando houver a morte do guardião. O pleito foi julgado improcedente pela Primeira Seção do Superior Tribunal de Justiça, por unanimidade, cujo relator foi o Ministro Sérgio Kukina, em 22 de novembro de 2017. Assim, também, outras decisões do STJ: "2. O propósito recursal consiste em decidir sobre a possibilidade de equiparação de menor sob guarda à condição de filho para o fim de inclusão na categoria de dependente natural, e não de dependente agregado, do titular do plano de saúde. 3. A jurisprudência desta Corte se consolidou no sentido de que o menor sob guarda é tido como dependente, para todos os fins e efeitos de direito, inclusive previdenciários, consoante estabelece o § 3.º do art. 33 do ECA. 4. Hipótese em que o menor sob guarda judicial do titular do plano de saúde deve ser equiparado a filho natural, impondo-se à operadora, por conseguinte, a obrigação de inscrevê-lo como dependente natural – e não como agregado – do guardião" (REsp 2.026.425/MS, 3.ª T., rel. Nancy Andrighi, 23.05.2023, v.u.); "2. A teor do art. 33, *caput*, do ECA – Estatuto da Criança e do Adolescente (Lei n.º 8.069/90), 'A guarda obriga a prestação de assistência material, moral e educacional à criança ou ao adolescente, conferindo a seu detentor o direito de opor-se a terceiros, inclusive aos pais'. Já o § 3.º do mesmo dispositivo estabelece que 'A guarda confere à criança ou ao adolescente a condição de dependente, para todos os fins e efeitos de direito, inclusive previdenciário'. 3. Nada obstante a prevalente responsabilidade de os pais biológicos proverem as necessidades primárias de sua prole, o que se apresenta a julgamento, na espécie, é um quadro em que a competente Justiça estadual outorgou ao avô materno dos netos recorrentes os encargos próprios da guarda disciplinada nos arts. 33/35 do ECA, daí resultando que, nos termos legais, também incumbia a esse avô prestar 'assistência material' aos netos (art. 33, *caput*, do ECA). 4. Mediante revaloração do conjunto fático-probatório, jurisprudencialmente autorizada por esta Corte, faz-se de rigor o reconhecimento, no caso concreto, da presença do vínculo de dependência econômica entre os netos recorrentes e o falecido avô guardião, como postulado pelo art. 16, § 2.º, da Lei n. 8.213/91 (cuja diretriz, embora refira apenas o vínculo da tutela, também abrange a hipótese da guarda, como a versada nestes autos). 5. Recurso especial dos menores provido" (REsp 1.842.287/SP, 1.ª T., rel. Sérgio Kukina, 20.02.2020, v.u.). Essa posição se consolidou no Superior Tribunal de Justiça.

106. Direito de visitas dos pais: como já mencionado em notas anteriores, a guarda, como regra, não retira necessariamente o poder familiar. Há possibilidade de se conferir a guarda, como medida cautelar inicial do processo de adoção, o que geralmente representa a suspensão do poder familiar dos pais, até que termine com a destituição do poder familiar. Existe, ainda, a viabilidade de se conferir a guarda, como cautelar inicial do processo de tutela, em que também haverá a supressão do poder familiar dos pais. Mas é preciso lembrar que a guarda também pode ser deferida a alguém, provisoriamente, enquanto os pais estão ausentes ou incapacitados por um tempo. Ilustrando, pode ser igualmente destinada a um parente ou amigo, enquanto o pai ou a mãe (ou ambos) tem o poder familiar suspenso para tratamento de desintoxicação pelo vício de qualquer droga. Pode-se suspender o poder familiar, em virtude de maus-tratos, colocando a criança em acolhimento familiar, transferindo-se a guarda a esta família, embora não seja de maneira definitiva. Portanto, é perfeitamente possível admitir o direito de visita dos pais aos seus filhos, mesmo durante o período em que terceiros detêm a guarda. A visitação mantém os laços afetivos com os pais, que, futuramente, irão recuperar a guarda de seu(s) filho(s). Além do caráter ligado à afetividade, os pais devem sustentar o filho, embora sob guarda de outrem. Quanto aos alimentos, devem ser solicitados pelo interessado (quem detém a guarda) ou pelo Ministério Público (em nome e no interesse do menor). Na jurisprudência: TJPA: "1. A decisão de piso no ponto concernente à guarda deve ser mantida até a conclusão do estudo social, ocasião em que o magistrado de 1.º grau poderá proceder avaliação mais percuciente da demanda. 2. É primordial a regulamentação de visitas, tendo em mira que esta visa privilegiar o convívio assíduo e o fortalecimento dos laços afetivos entre os filhos e a genitora que não tem a sua guarda. 3. Conhecido e provido à unanimidade" (AI 2016.01351989-51/PA, 5.ª Câm. Cível Isolada, rel. Luiz Gonzaga da Costa Neto, 07.04.2016, v.u.).

107. Exceções ao direito de visitas dos pais: a primeira e natural exceção, válida para todos os casos similares, é a guarda concedida para fins de adoção. Não há cabimento em permitir visitação dos genitores biológicos aos filhos quando estes estão em processo de passagem definitiva para outra família, cortando os laços anteriores. Ademais, se há procedimento de adoção em andamento, significa que houve a suspensão do poder familiar dos pais naturais ou mesmo a destituição. O corte dos vínculos é a medida mais que adequada. A segunda hipótese de proibição do direito de visitas depende do caso concreto e de expressa e fundamentada decisão judicial. Mesmo em situações provisórias pode ser inconveniente a visitação dos pais aos filhos, quando estes estejam sob a guarda de terceiros. Imagine-se que os pais se submetem a tratamento para desintoxicação e não têm condições de conviver, com equilíbrio, com seus filhos, muitos dos quais pequenos e imaturos.

> **Art. 34.** O poder público estimulará, por meio de assistência jurídica, incentivos fiscais e subsídios, o acolhimento, sob a forma de guarda, de criança ou adolescente afastado do convívio familiar.[108]
>
> § 1.º A inclusão da criança ou adolescente em programas de acolhimento familiar terá preferência a seu acolhimento institucional,[109-110] observado, em qualquer caso, o caráter temporário e excepcional da medida, nos termos desta Lei.[111]
>
> § 2.º Na hipótese do § 1.º deste artigo a pessoa ou casal[112-113] cadastrado no programa de acolhimento familiar poderá receber a criança ou adolescente mediante guarda, observado o disposto nos arts. 28 a 33 desta Lei.[114]
>
> § 3.º A União apoiará a implementação de serviços de acolhimento em família acolhedora como política pública, os quais deverão dispor de equipe que organize o acolhimento temporário de crianças e de adolescentes em residências de famílias selecionadas, capacitadas e acompanhadas que não estejam no cadastro de adoção.[114-A]
>
> § 4.º Poderão ser utilizados recursos federais, estaduais, distritais e municipais para a manutenção dos serviços de acolhimento em família acolhedora, facultando-se o repasse de recursos para a própria família acolhedora. (NR) [114-B]

108. Incentivo estatal à guarda em acolhimento familiar: retirar uma criança ou adolescente de sua família natural é medida extrema, mas pode ser necessária à segurança e qualidade de vida do menor. Acima de tudo, encontra-se o superior interesse infantojuvenil. Afastada a criança ou jovem do lar original, há dois rumos a seguir: acolhimento institucional – o mais comum – e acolhimento familiar – famílias cadastradas para receber a guarda de crianças e adolescentes. Naturalmente, é muito mais adequado e conveniente ao menor ficar com uma família do que num abrigo, onde há a despersonalização das crianças e adolescentes. É raro encontrar quem se disponha a receber, em casa, os menores afastados da família natural e muitos desses candidatos precisam de suporte, especialmente financeiro. Os gastos podem crescer de modo vertiginoso, conforme o número de infantes recebidos pela família, motivo pelo qual o Estado precisa conceder-lhes incentivos de toda ordem. Em particular, devem ser destinados subsídios para compor o orçamento da família acolhedora. Porém, basta visitar os abrigos governamentais e não governamentais para enxergar que lhes falta verba suficiente ao atendimento condigno de seus internos. Diante disso, vemos com ceticismo a viabilidade de crescimento de famílias acolhedoras, que ficariam, por certo, sem nenhum auxílio estatal.

109. Acolhimento familiar e institucional: o abrigamento da criança ou adolescente retirado da família natural deve ocorrer, sem qualquer dúvida, preferencialmente, em família

Art. 34

e não em instituição governamental ou não governamental. Manter ou criar o ambiente familiar simboliza muito para quem já sofre em virtude do afastamento dos familiares de sangue. O difícil é encontrar um número suficiente de famílias acolhedoras; aliás, na maioria das Comarcas não existe nem mesmo o programa de cadastramento dessas famílias. No geral, inexistem também programas de esclarecimento à população em prol desse projeto. O Estatuto já possui vários anos e é lamentável não haver famílias acolhedoras que pudessem substituir os abrigos. Na doutrina: "não institucionalizar nem mesmo bebês. Há um programa no Juizado da Infância e Juventude de Belo Horizonte chamado 'pais de plantão' que tenta otimizar a dura realidade de um bebê abandonado à própria sorte: ele é imediatamente encaminhado a uma família previamente selecionada para recebê-lo em casos de abandono" (Lidia Natalia Dobrianskyj Weber, *Laços de ternura. Pesquisas e histórias de adoção*, p. 62-63). Ver, também, a nota 22 ao art. 90, III. Na jurisprudência: STJ: "1. Controvérsia a respeito do acolhimento institucional de criança supostamente entregue à adoção 'intuitu personae'. 2. Hipótese em que o menor foi retirado do ambiente familiar quando contava com aproximadamente dois meses de idade, com fundamento na burla ao Cadastro Nacional de Adoção. 3. Inexistência, nos autos, de indícios que desabonem o ambiente familiar em que a criança se encontra atualmente. 4. Nos termos do art. 34, § 1.º, do ECA, 'a inclusão da criança ou adolescente em programas de acolhimento familiar terá preferência a seu acolhimento institucional, observado, em qualquer caso, o caráter temporário e excepcional da medida, nos termos desta Lei'. 5. Primazia do acolhimento familiar em detrimento do acolhimento institucional, com a preservação de vínculos afetivos estabelecidos durante significativo período. Precedentes desta Corte Superior. 6. O risco real de contaminação pelo coronavírus (Covid-19) em casa de abrigo justifica a manutenção de criança de tenra idade (atualmente com um ano) com a família substituta. 7. Ordem de 'habeas corpus' concedida de ofício" (HC 735.525/SP, 3.ª T., rel. Paulo de Tarso Sanseverino, 21.06.2022, v.u.).

110. Guarda institucional: em nosso entendimento, inexiste. Quando a criança ou jovem é inserido em qualquer instituição, a pessoa jurídica não detém a sua guarda. O dirigente do lugar representa o menor, quando for necessário, pois é *equiparado* ao guardião (art. 92, § 1.º, desta Lei). De igual opinião, Luiz Carlos de Barros Figueiredo expressa o seguinte: "alguns apontam que sim (...), tenho que não se trata de entendimento correto. Se assim fosse, não trataria o legislador do instituto dentro da *família substituta*, mais ainda, não teria conferido ao dirigente da entidade a equiparação ao guardião para todos os efeitos de direito (ECA, art. 92, parágrafo único). Se foi equiparado, portanto, pode até se opor aos próprios pais, não havendo por que se falar em guarda para a instituição, nem na necessidade de seu dirigente requerer formalmente o seu deferimento. Sua obrigação é realizar o abrigamento de acordo com as exigências do Estatuto, cumprindo rigorosamente os deveres estipulados na lei, com especial atenção à comunicação ao Conselho Tutelar ou à Autoridade Judiciária, no segundo dia útil imediato do recebimento em abrigo da criança/adolescente" (*Guarda. Estatuto da Criança e do Adolescente. Questões controvertidas*, p. 63). Sustentando a possibilidade de existir a *guarda institucional*, Dimas Messias de Carvalho afirma que "o Estatuto da Criança e do Adolescente prevê ainda a *guarda institucional*, ao regular a inserção da criança e do adolescente em situação de risco em programas de acolhimento familiar ou institucional, de caráter provisório e excepcional, utilizados como forma de transição para, preferencialmente, reintegração do menor na família, e, na impossibilidade, a integração em família substituta. A inclusão em programa de acolhimento familiar prevalece sobre o acolhimento institucional, possibilitando a convivência familiar (art. 34, § 1.º)" (*Adoção, guarda e convivência familiar*. p. 65).

111. Abrigamento temporário e excepcional: em vários dispositivos, este Estatuto frisa que a criança ou adolescente deve ficar o menor tempo possível em acolhimento, seja familiar, seja institucional. O caminho correto é definir, em curto período, a situação do menor, retornando-o à sua família natural ou inserindo-o em família substituta (tutela ou adoção). Entretanto, como já mencionamos noutras notas, inexiste punição para as autoridades responsáveis pelo controle do tempo de permanência nesses lugares intitulados provisórios. Eis a razão pela qual meninos e meninas ficam anos e anos institucionalizados (nem mesmo em família acolhedora, pois inexistentes). Há que se pôr um fim a essa situação contrária à lei, mas efetiva na realidade.

112. Pessoa solteira ou casal homossexual como candidatos a família acolhedora: seguindo moderna tendência, a família não é entidade exclusivamente formada por um casal heterossexual, devidamente casado. A família é constituída pela união estável entre homem e mulher e, mais recentemente reconhecido pelo STF, pelo casal homossexual. Além disso, a pessoa sozinha também pode formar família com seu filho. Em suma, os candidatos ao programa de família acolhedora podem ser pessoas individuais ou casais de qualquer orientação sexual. A importância do acolhimento dessa diversidade dentre os candidatos à adoção, sem qualquer preconceito, termina por transferir-se para o âmbito das crianças e jovens aptos à adoção. Noutros termos, ilustrando, discriminar o casal homossexual que pretende adotar permite a formação do entendimento equivocado de que a homoafetividade é um mal, consequentemente, adolescentes dessa orientação sexual poderão ser rejeitados por interessados em adotar. E, pior, descobrindo-se que o adotado, durante a adolescência, é homossexual, pode gerar a sua *devolução*, situação que, infelizmente, ainda acontece, gerando um trauma inequívoco ao jovem. Na ótica de Maria Cristina Rauch Baranoski, "excluir os homoafetivos da condição de entidade familiar é negar a cidadania aos homossexuais, é o retorno às primeiras concepções do termo cidadania, em que a exclusão era a marca da qualidade do não cidadão. O direito à constituição de família, à paternidade/maternidade dos homossexuais encontra amparo frente aos princípios constitucionais que orientam o Estado brasileiro, quais sejam, o princípio da isonomia, da dignidade do ser humano, da liberdade de expressão, e incluem os homossexuais na condição de cidadãos" (*A adoção em relações homoafetivas,* p. 73-74). E continua a autora: "Isso posto, podemos concluir que pessoas em união homoafetiva, enquanto cidadãos, podem habilitar-se para adotar uma criança ou um adolescente; e uma criança ou um adolescente privados do convívio familiar pode, enquanto cidadão, ter efetivamente garantido o seu direito ao convívio familiar, entendendo que a família é a união de pessoas que possuam entre si afetividade; estabilidade; e ostentabilidade. Essa é uma condição de cidadania para ambos (criança/adolescente e homossexuais) que vivem num Estado Constitucional, Social, Democrático e de Direito Social. Têm eles assegurada a participação, a inclusão..." (ob. cit., p. 80). Dimas Messias de Carvalho expõe que "a doutrina reiteradamente tem manifestado que são preconceituosas as manifestações de que uma criança não deve conviver com um homossexual, sob o argumento de que este leva uma vida desregrada e diferente dos padrões normais impostos pela sociedade, e que a convivência pode alterar o desenvolvimento psicológico e social da criança. Os argumentos, além de preconceituosos, são ofensivos e distorcidos da realidade, refletindo uma visão falsa e caricata da homossexualidade. O desregramento, as condutas imorais e a libertinagem independem de opção sexual não sendo raros os casos de heterossexuais envolvidos em vidas devassas de prostituição e vícios, entretanto não se questiona se a convivência de crianças com heterossexuais pode desvirtuar seu caráter e formação. Necessário, repita-se, verificar se o pretendente a adotar atende aos requisitos necessários, sem questionar a opção sexual. (...) As resistências sob o argumento de que a criança poderia enfrentar problemas no ambiente escolar, ausência de referência de ambos os sexos para seu desenvolvimento, entre outros, trata-se de preconceitos e discriminação em aceitar pares de pessoas do mesmo sexo, prejudicando o menor institucionalizado de ter uma família e afeto" (*Adoção, guarda e convivência familiar*, p. 36-37). Ressalta Luiz Carlos de Barros Figueiredo,

Art. 34

Estatuto da Criança e do Adolescente Comentado · **Nucci**

acerca do tema, "só analisando profundamente cada caso é que se terá condições de se responder se existe ambiente familiar inadequado ou se foram constatados fatos impedientes para a natureza da medida. Da mesma forma, para tristeza de alguns mais radicais, as respostas às questões supramencionadas levarão à convicção de que muitos homossexuais levam vidas inteiramente ajustadas, completamente fora dos padrões estereotipados que se tenta generalizar, sem que sua preferência sexual tenha influência negativa determinante no guardando, ao contrário do que, eventualmente, pode ser observado em alguns heterossexuais que, mesmo enquadrados na visão normal da maioria, podem influenciar negativamente aquele sob sua guarda, especificamente em função de sua conduta sexual. Por exemplo: mulher ninfomaníaca e/ou de vida sexual promíscua, recebendo diversos homens em sua residência, onde tem sob sua guarda uma adolescente. Homem que costuma trocar de parceiras, trazendo-as para o interior do lar. Que agride sexualmente suas empregadas domésticas etc. Para ambos os casos, como é óbvio, se publicizadas, determinadas práticas sexuais, como por exemplo o sadomasoquismo, a pedofilia, ou sexo grupal podem ter efeitos mais devastadores ainda na formação da criança/adolescente" (*Guarda. Estatuto da Criança e do Adolescente. Questões controvertidas*, p. 29). "A adoção significa uma 'via de mão dupla', em que pessoas pretendem ter filhos, e crianças ou adolescentes estão 'disponíveis' para tanto; contudo, a via preferencial é o melhor interesse da criança, que garanta seu bem-estar e a condição de primazia por seu desenvolvimento integral. Algumas adoções de crianças, no Brasil, foram conferidas a casais homoafetivos, nas quais se observou a superação do preconceito em razão da orientação sexual em favor de um projeto parental que assegurasse a essas crianças uma oportunidade de amarem e serem amadas" (Sílvia Ozelame Rigo Moschetta, *Homoparentalidade. Direito à adoção e reprodução humana assistida por casais homoafetivos,* p. 179).

113. Reconhecimento da entidade familiar homoafetiva pelo STF: "o sexo das pessoas, salvo disposição constitucional expressa ou implícita em sentido contrário, não se presta como fator de desigualação jurídica. Proibição de preconceito, à luz do inciso IV do art. 3.º da Constituição Federal, por colidir frontalmente com o objetivo constitucional de 'promover o bem de todos'. Silêncio normativo da Carta Magna a respeito do concreto uso do sexo dos indivíduos como saque da kelseniana 'norma geral negativa', segundo a qual 'o que não estiver juridicamente proibido, ou obrigado, está juridicamente permitido'. Reconhecimento do direito à preferência sexual como direta emanação do princípio da 'dignidade da pessoa humana': direito a autoestima no mais elevado ponto da consciência do indivíduo. Direito à busca da felicidade. Salto normativo da proibição do preconceito para a proclamação do direito à liberdade sexual. O concreto uso da sexualidade faz parte da autonomia da vontade das pessoas naturais. Empírico uso da sexualidade nos planos da intimidade e da privacidade constitucionalmente tuteladas. Autonomia da vontade. Cláusula pétrea. (...) O *caput* do art. 226 confere à família, base da sociedade, especial proteção do Estado. Ênfase constitucional à instituição da família. Família em seu coloquial ou proverbial significado de núcleo doméstico, pouco importando se formal ou informalmente constituída, ou se integrada por casais heteroafetivos ou por pares homoafetivos. A Constituição de 1988, ao utilizar-se da expressão 'família', não limita sua formação a casais heteroafetivos nem a formalidade cartorária, celebração civil ou liturgia religiosa. Família como instituição privada que, voluntariamente constituída entre pessoas adultas, mantém com o Estado e a sociedade civil uma necessária relação tricotômica. Núcleo familiar que é o principal lócus institucional de concreção dos direitos fundamentais que a própria Constituição designa por 'intimidade e vida privada' (inciso X do art. 5.º). Isonomia entre casais heteroafetivos e pares homoafetivos que somente ganha plenitude de sentido se desembocar no igual direito subjetivo à formação de uma autonomizada família. Família como figura central ou continente, de que tudo o mais é conteúdo. Imperiosidade da interpretação não reducionista do conceito de família como instituição que também se forma por vias distintas do casamento civil. Avanço da Constituição Federal de 1988 no plano dos costumes. Caminhada na direção do pluralismo como categoria sociopolítico-cultural. Competência do Supremo Tribunal Federal para manter, interpretativamente, o Texto Magno na posse do seu fundamental atributo da coerência, o que passa pela eliminação de preconceito quanto à orientação sexual das pessoas. (...) A referência constitucional à dualidade básica homem/mulher, no § 3.º do seu art. 226, deve-se ao centrado intuito de não se perder a menor oportunidade para favorecer relações jurídicas horizontais ou sem hierarquia no âmbito das sociedades domésticas. Reforço normativo a um mais eficiente combate à renitência patriarcal dos costumes brasileiros. Impossibilidade de uso da letra da Constituição para ressuscitar o art. 175 da Carta de 1967/69. Não há como fazer rolar a cabeça do art. 226 no patíbulo do seu parágrafo terceiro. Dispositivo que, ao utilizar da terminologia 'entidade familiar', não pretendeu diferenciá-la da 'família'. Inexistência de hierarquia ou diferença de qualidade jurídica entre as duas formas de constituição de um novo e autonomizado núcleo doméstico. Emprego do fraseado 'entidade familiar' como sinônimo perfeito de família. A Constituição não interdita a formação de família por pessoas do mesmo sexo. Consagração do juízo de que não se proíbe nada a ninguém senão em face de um direito ou de proteção de um legítimo interesse de outrem, ou de toda a sociedade, o que não se dá na hipótese *sub judice*. Inexistência do direito dos indivíduos heteroafetivos à sua não equiparação jurídica com os indivíduos homoafetivos. Aplicabilidade do § 2.º do art. 5.º da Constituição Federal, a evidenciar que outros direitos e garantias, não expressamente listados na Constituição, emergem *'do regime e dos princípios por ela adotados'*, verbis: *'Os direitos e garantias expressos nesta Constituição não excluem outros decorrentes do regime e dos princípios por ela adotados, ou dos tratados internacionais em que a República Federativa do Brasil seja parte'*. (...) Ante a possibilidade de interpretação em sentido preconceituoso ou discriminatório do art. 1.723 do Código Civil, não resolúvel à luz dele próprio, faz-se necessária a utilização da técnica de 'interpretação conforme à Constituição'. Isso para excluir do dispositivo em causa qualquer significado que impeça o reconhecimento da união contínua, pública e duradoura entre pessoas do mesmo sexo como família. Reconhecimento que é de ser feito segundo as mesmas regras e com as mesmas consequências da união estável heteroafetiva" (ADI 4.277/DF, Pleno, rel. Ayres Brito, 04.05.2011, v.u.).

114. Acolhimento familiar e guarda: a inserção da criança ou adolescente em acolhimento familiar dar-se-á pela concessão da guarda ao responsável (quando uma pessoa) ou ao casal. Essa família deve prestar assistência material, moral e educacional ao menor, protegê--lo e dele exigir obediência e respeito. Portanto, para deferir a guarda à família acolhedora, é preciso constatar a adequação do ambiente, mas isso será feito por ocasião do cadastramento.

114-A. Implementação de serviços de acolhimento em família acolhedora como política pública: a meta do novo parágrafo é considerar o efetivo estabelecimento da denominada *família acolhedora* como um projeto de política pública. Essa aparente ideia de prioridade não vem sendo implementada há vários anos, desde que o Estatuto da Criança e do Adolescente entrou em vigor, mas nunca deu qualquer resultado positivo. A verdade é que o poder público não consegue nem mesmo manter instituições de acolhimento com a dignidade exigida para cuidar de infantes e jovens. Será, então, viável conquistar *famílias acolhedoras*, mediante remuneração justa, para *montar lares* (quase) perfeitos para o fim de acolher menores de 18 anos? Seria o ideal, sem dúvida. Infelizmente, não acreditamos que a singela alteração legal fomente algo útil na prática.

114-B. Repasse de verbas para a família acolhedora: não visualizamos a mera *faculdade* de se repassar verbas diretamente para as famílias acolhedoras; o que deve ser uma obrigação. Não haverá família acolhedora sem verba suficiente que a sustente.

Art. 35

Art. 35. A guarda poderá ser revogada a qualquer tempo, mediante ato judicial fundamentado, ouvido o Ministério Público.[115]

115. Guarda provisória: o caráter da guarda é sempre temporário. Não se trata de medida-fim, mas de meio para se atingir o objetivo final. Na maior parte dos casos, a guarda é transferida a terceiro, retirando-a dos pais naturais, para um dos dois principais fins: retorno à família de origem, quando os percalços tiverem sido solucionados ou para adoção. Eventualmente, pode ser o meio para se chegar à tutela. Por outro lado, sempre que possível, a alteração da guarda deve ser precedida de oitiva do maior interessado: o menor. Na jurisprudência: TJRS: "Irretocável a decisão interlocutória que revogou a guarda dos quatro irmãos concedida aos tios, na medida em que os laudos técnicos encartados no feito evidenciam que os genitores reúnem condições de continuar criando os filhos, tratando-se o fato que deu causa ao ajuizamento da ação de suspensão do poder familiar de episódio isolado" (Agravo de Instrumento 70056663651, 8.ª Câm. Cível, rel. Ricardo Moreira Lins Pastl, 14.11.2013, v.u.).

Subseção III

Da Tutela

Art. 36. A tutela[116] será deferida, nos termos da lei civil,[117] a pessoa de até 18 (dezoito) anos incompletos.[118]

Parágrafo único. O deferimento da tutela pressupõe a prévia decretação da perda ou suspensão do poder familiar e implica necessariamente o dever de guarda.[119]

116. Tutela: é a obrigação legal de zelar pelo menor de 18 anos, protegendo-o, representando-o e administrando-lhe os bens, para que tenha um crescimento saudável até atingir a maioridade. Embora seja um encargo disposto em lei, torna-se indispensável que o juiz o particularize, indicando quem será o tutor do menor, no caso concreto. A tutela envolve, necessariamente, a guarda, que confere ao tutor o direito-dever de manter o menor em sua companhia, zelando pelo seu bem-estar. É incompatível com o poder familiar; quem detém a tutela, possui atribuições similares ao poder familiar dos pais, mas não é a mesma coisa. Portanto, havendo um tutor, os pais do menor perderam o poder familiar (ou estão suspensos do seu exercício). A perda pode dar-se por decisão judicial ou pela morte. Na realidade, a tutela difere da adoção pelo principal motivo de o menor, quando ausentes seus pais ou privados do poder familiar, não ser inserido em família substituta, em caráter definitivo, a ponto de, legalmente, substituir-lhe a filiação, configurando outro núcleo familiar. A criança ou adolescente adotado desvincula-se, totalmente, da família natural anterior, passando a viver nova realidade. Por outro lado, o tutelado mantém-se na mesma família, com o mesmo nome, bem como pai e mãe inalterados; ele apenas passa a ser conduzido pelo tutor que, como regra, é seu parente ou foi escolhido pelos seus próprios pais. Difere-se da guarda, pois esta é decorrência natural do poder familiar – o que não ocorre com a tutela –, constituindo medida provisória, seja para preparar a tutela ou a adoção, seja para enfrentar um momento transitório na vida do menor. A tutela e a adoção constituem fins a serem buscados pelo juiz em prol do menor; a guarda é somente um meio. Pelo que se observa nos arts. 36 a 38 deste Estatuto, compete ao juízo da Infância e Juventude nomear o tutor. Porém, orientando o magistrado, estão os dispositivos do Código Civil (ver a próxima nota e, também, a primeira nota ao art. 37 *infra*). Uma curiosidade, que emerge das contradições legislativas inconsequentes. Segundo a lei civil, a prática de uma simples imoralidade é capaz de gerar a perda do poder familiar (art. 1.638, III, CC), conforme o caso, mas, de acordo com este Estatuto, praticar um genocídio, exterminando milhares de pessoas, é perfeitamente compatível com o poder familiar e com a autoridade moral do pai para educar seu filho (art. 23, § 2.º). A mesma falta de lógica deve ser levantada no contexto da tutela. O candidato a tutor não pode ser condenado por um singelo ato obsceno (crime contra os costumes; atualmente delitos contra a dignidade sexual), mas o pai pode ser latrocida ou estuprador de crianças, que não tem impedimento algum. O primeiro está legalmente impedido de ser tutor (art. 1.735, IV, CC), mas o segundo, não (art. 23, § 2.º), exceto se a vítima for filho ou filha ou pessoa titular do mesmo poder familiar. Na doutrina, "é possível verificar que a tutela constitui medida de proteção de intensidade maior que a guarda, eis que pressupõe a suspensão ou a perda do poder familiar, visando proteger os interesses do incapaz por meio da concessão de poderes ao tutor para reger e administrar os bens da criança ou do adolescente" (Fuller, Dezem e Martins, *Estatuto da Criança e do Adolescente*, p. 63).

117. Dispositivos do Código Civil acerca da tutela: "Art. 1.728. Os filhos menores são postos em tutela: I – com o falecimento dos pais, ou sendo estes julgados ausentes; II – em caso de os pais decaírem do poder familiar. Art. 1.729. O direito de nomear tutor compete aos pais, em conjunto. Parágrafo único. A nomeação deve constar de testamento ou de qualquer outro documento autêntico. Art. 1.730. É nula a nomeação de tutor pelo pai ou pela mãe que, ao tempo de sua morte, não tinha o poder familiar. Art. 1.731. Em falta de tutor nomeado pelos pais incumbe a tutela aos parentes consanguíneos do menor, por esta ordem: I – aos ascendentes, preferindo o de grau mais próximo ao mais remoto; II – aos colaterais até o terceiro grau, preferindo os mais próximos aos mais remotos, e, no mesmo grau, os mais velhos aos mais moços; em qualquer dos casos, o juiz escolherá entre eles o mais apto a exercer a tutela em benefício do menor. Art. 1.732. O juiz nomeará tutor idôneo e residente no domicílio do menor: I – na falta de tutor testamentário ou legítimo; II – quando estes forem excluídos ou escusados da tutela; III – quando removidos por não idôneos o tutor legítimo e o testamentário. Art. 1.733. Aos irmãos órfãos dar-se-á um só tutor. § 1.º No caso de ser nomeado mais de um tutor por disposição testamentária sem indicação de precedência, entende-se que a tutela foi cometida ao primeiro, e que os outros lhe sucederão pela ordem de nomeação, se ocorrer morte, incapacidade, escusa ou qualquer outro impedimento. § 2.º Quem institui um menor herdeiro, ou legatário seu, poderá nomear-lhe curador especial para os bens deixados, ainda que o beneficiário se encontre sob o poder familiar, ou tutela. Art. 1.734. As crianças e os adolescentes cujos pais forem desconhecidos, falecidos ou que tiverem sido suspensos ou destituídos do poder familiar terão tutores nomeados pelo Juiz ou serão incluídos em programa de colocação familiar, na forma prevista pela Lei 8.069, de 13 de julho de 1990 – Estatuto da Criança e do Adolescente. (...) Art. 1.740. Incumbe ao tutor, quanto à pessoa do menor: I – dirigir-lhe a educação, defendê-lo e prestar-lhe alimentos, conforme os seus haveres e condição; II – reclamar do juiz que providencie, como houver por bem, quando o menor haja mister correção; III – adimplir os demais deveres que normalmente cabem aos pais, ouvida a opinião do menor, se este já contar doze anos de idade. Art. 1.741. Incumbe ao tutor, sob a inspeção do juiz, administrar os bens do tutelado, em proveito deste, cumprindo seus deveres com zelo e boa-fé".

118. Cessação da tutela: o motivo comum para a extinção da tutela é a chegada do tutelado à maioridade, hoje, aos 18 anos. Por isso, a lei ainda menciona os 18 anos incompletos, pois, na verdade, quem possui 17 ainda tem necessidade do tutor. Dispõe o art. 1.763

do Código Civil: "cessa a condição de tutelado: I – com a maioridade ou a emancipação do menor; II – ao cair o menor sob o poder familiar, no caso de reconhecimento ou adoção".

119. Pressuposto e consequência da tutela: como pressuposto para se nomear tutor ao menor de 18 anos é preciso que seus pais tenham perdido o poder familiar ou, pelo menos, tenha havido a sua suspensão. Seria ilógica a atuação concomitante do tutor e do pai da criança; afinal, quem decide o seu destino e a representa? Por isso, a tutela é um instituto idealizado para sanar os problemas advindos da omissão do poder familiar. Como consequência da tutela, surge a guarda, que significa manter o menor em sua companhia, justamente para poder conduzi-lo, protegê-lo e educá-lo, em lugar dos pais. Na jurisprudência: STJ: "3. Incorreu o Acórdão recorrido, de fato, em impropriedade ao asserir que, para atendimento à pretensão dos avós, necessário que previamente perdesse a mãe o pátrio poder. Tal como assinalam os recorrentes em suas razões, podem coexistir o pátrio poder, de um lado, e a guarda, de outro. A exigência de prévia desconstituição do pátrio poder, estabelecida no art. 36, parágrafo único, do ECA, diz respeito à tutela e não à guarda. Esse fundamento inserto no decisum recorrido realmente desprocede, o que, no entanto, não é o bastante para conferir-se agasalho, desde logo, à postulação exordial, pois outros motivos estão a sustentar a decisão guerreada" (REsp 439.376/RJ, 4.ª T., rel. Barros Monteiro, 27.05.2003, *DJ* 06.09.2004, p. 261).

> **Art. 37.** O tutor nomeado[120] por testamento ou qualquer documento autêntico, conforme previsto no parágrafo único do art. 1.729 da Lei n.º 10.406, de 10 de janeiro de 2002 – Código Civil, deverá, no prazo de 30 (trinta) dias após a abertura da sucessão, ingressar com pedido destinado ao controle judicial do ato, observando o procedimento previsto nos arts. 165 a 170 desta Lei.
>
> **Parágrafo único.** Na apreciação do pedido, serão observados os requisitos previstos nos arts. 28 e 29 desta Lei, somente sendo deferida a tutela à pessoa indicada na disposição de última vontade, se restar comprovado que a medida é vantajosa ao tutelando e que não existe outra pessoa em melhores condições de assumi-la.[121]

120. Tutor nomeado em testamento: quer-se crer seja a pessoa de confiança dos pais do menor e não deveria ser objeto de tanta avaliação por parte do Judiciário. Mas é. Dispõe o Código Civil: "Art. 1.735. Não podem ser tutores e serão exonerados da tutela, caso a exerçam: I – aqueles que não tiverem a livre administração de seus bens; II – aqueles que, no momento de lhes ser deferida a tutela, se acharem constituídos em obrigação para com o menor, ou tiverem que fazer valer direitos contra este, e aqueles cujos pais, filhos ou cônjuges tiverem demanda contra o menor; III – os inimigos do menor, ou de seus pais, ou que tiverem sido por estes expressamente excluídos da tutela; IV – os condenados por crime de furto, roubo, estelionato, falsidade, contra a família ou os costumes, tenham ou não cumprido pena; V – as pessoas de mau procedimento, ou falhas em probidade, e as culpadas de abuso em tutorias anteriores; VI – aqueles que exercerem função pública incompatível com a boa administração da tutela". Além disso, deve encaixar-se nos preceitos dos arts. 28 e 29 deste Estatuto: ser pessoa aprovada pela equipe interprofissional da Vara da Infância e Juventude – o que demonstra ser competência deste juízo e não da Vara Cível comum –, além de ser considerado *compatível* com a natureza da tutela e ter ambiente adequado à criança ou adolescente.

121. Complemento ao Código Civil: como mencionamos em nota anterior, este Estatuto cria outros requisitos, não previstos na lei civil, para a nomeação de tutor. Tratando-se

Título II – Dos Direitos Fundamentais **Art. 39**

de lei especial em relação ao Código Civil, cremos deva prevalecer. Essa é a razão de o pedido de tutela ser analisado e deferido pelo juiz da Infância e Juventude.

> **Art. 38.** Aplica-se à destituição da tutela o disposto no art. 24.[122]

122. Destituição da tutela: trata-se de medida severa, nos mesmos termos em que se providencia a perda do poder familiar; portanto, é preciso haver *justa* causa para tanto. Na jurisprudência: TJRS: "À semelhança da destituição do poder familiar, a destituição da tutela deve ser enfrentada como medida excepcional e, principalmente, drástica. Para que prospere o pleito de destituição deve restar rigorosamente comprovada a ausência de condições, por parte do tutor, para o exercício do múnus, nos termos do art. 24 do ECA, que se aplica tanto ao poder familiar quanto à tutela, por força do comando contido no art. 38 do estatuto. *In casu*, restou evidenciado que a apelante não possui condições de exercer a tutela, que, hodiernamente, assume prerrogativas e deveres semelhantes aos atinentes ao poder familiar" (Ap. Cível 70010800563, 8.ª Câm. Cível, rel. Catarina Rita Krieger Martins, j. 30.06.2005, v.u.).

Subseção IV

Da Adoção

> **Art. 39.** A adoção[123-127] de criança e de adolescente reger-se-á segundo o disposto nesta Lei.[128-133]
>
> § 1.º A adoção é medida excepcional e irrevogável,[134-137] à qual se deve recorrer apenas quando esgotados[138] os recursos de manutenção da criança ou adolescente na família natural ou extensa, na forma do parágrafo único do art. 25 desta Lei.
>
> § 2.º É vedada a adoção por procuração.[139]
>
> § 3.º Em caso de conflito entre direitos e interesses do adotando e de outras pessoas, inclusive seus pais biológicos, devem prevalecer os direitos e os interesses do adotando.[139-A]

123. Tutela constitucional da família substituta: preceitua o art. 227, § 5.º: "a adoção será assistida pelo Poder Público, na forma da lei, que estabelecerá casos e condições de sua efetivação por parte de estrangeiros".

124. Adoção: trata-se do estabelecimento do vínculo legal de paternidade e/ou maternidade a uma pessoa que, biologicamente, não é filho, mas assim passa a ser considerado para todos os fins de direito. Cuida-se do procedimento judicial para constituir uma família, considerando-se os laços entre pai e filho ou mãe e filho, ou ambos, tornando-a idêntica, aos olhos da lei, a qualquer família natural, instituída pelos laços consanguíneos. Contornando o conceito jurídico, a adoção é um ato voluntário e espontâneo, calcado no afeto e na afinidade, que permite a aceitação de alguém como filho(a), para lhe conceder toda a assistência material e moral, cercadas de proteção, cuidado, zelo, sustento, educação e amor. É a consagração dos laços afetivos acima dos laços de sangue, dando mostra efetiva de que a entidade familiar é muito mais afinidade e amor do que liames físico-biológicos. É interessante observar o seguinte: um homem e uma mulher, unindo-se por sentimentos mútuos de amor,

Art. 39

amizade, respeito, dentre outros, são capazes de formar uma família, reconhecida pelo Estado pelo casamento ou pela união estável, embora sejam dois estranhos, biologicamente falando. Inclua-se, por óbvio, a mesma junção entre dois homens ou duas mulheres, com os mesmos propósitos. O ponto principal é que, mesmo antes do advento de filhos, já se pode considerar haver uma família, de fato e de direito. Além disso, a própria Constituição reconhece, igualmente, como entidade familiar a comunidade formada por qualquer dos pais e seus descendentes. Então, nem mesmo é preciso um casal para se ter uma família, bastando a figura do pai e do filho ou da mãe e da filha, por exemplo. Eis o cerne da questão envolvendo a adoção. Significa, pura e simplesmente, mais uma forma de se constituir uma entidade familiar, tão relevante quanto qualquer outra. Aliás, pode ser até mais unida, amorosa e afim do que a denominada família natural, instituída por força do destino, por meio dos laços consanguíneos. A adoção é uma busca feita por pessoas interessadas em ser pai ou mãe, prontas a doar amor incomensurável ao próximo, acolhendo-o, espontaneamente, como filho(a). Na doutrina: "adoção vem do latim: *adoptione*, escolher, adotar. Não se trata de 'escolher' uma criança, mas de escolher a 'decisão' de se tornarem pais de uma criança que está apta para adoção. Na verdade, 'adoção é doação'. É um exercício de amor. Quem adota se torna pai/mãe de uma criança ou adolescente com a intenção de amá-la e construí-la para exercer sua cidadania" (Hália Pauliv de Souza & Renata Pauliv de Souza Casanova, *Adoção. O amor faz o mundo girar mais rápido*, p. 15); "a adoção é apenas uma relação jurídica de paternidade que, no dia a dia, se estreita paulatinamente, mesclando-se e confundindo-se nas relações familiares, sem que se notem mais diferenças entre o filho biológico, nascido do casamento, e o filho adotivo" (Valdeci Ataíde Cápua, *Adoção internacional. Procedimentos legais*, p. 87); "a adoção é um ato jurídico solene e bilateral que gera laços de paternidade e filiação entre pessoas naturalmente estranhas umas às outras. Estabelece um vínculo fictício de filiação, trazendo para a sua família, na condição de filho, pessoa que geralmente lhe é estranha. É uma ficção legal que possibilita que se constitua entre o adotante e o adotado um laço de parentesco de 1.º grau na linha reta, estendendo-se para toda a família do adotante. É um ato complexo que depende de intervenção judicial, de caráter irrevogável e personalíssimo" (Dimas Messias de Carvalho, *Adoção, guarda e convivência familiar*, p. 1); "já se disse que a adoção é um instituto filantrópico, um contrato, um ato solene, um negócio unilateral e solene ou um ato jurídico com marcante interesse público. A adoção constitui-se por um ato jurídico bilateral complexo, com natureza institucional, pois exige a intervenção do poder público (art. 1.619, CC/02), por meio de sentença judicial (art. 47, ECA)" (Antonio Cezar Lima da Fonseca, *Direitos da criança e do adolescente*, p. 142-143); "a adoção, como hoje é entendida, não consiste em 'ter pena' de uma criança, ou resolver situação de casais em conflito, ou remédio para a esterilidade, ou, ainda, conforto para a solidão. O que se pretende com a adoção é *atender* às reais necessidades da criança, dando-lhe uma família, onde ela se sinta acolhida, protegida, segura e amada. É bom que se reflita que existe um processo, um desafio permanente e necessidade de constante reflexão sobre o tema. (...) Para a corrente institucionalista, a adoção é um *instituto de ordem pública*, de profundo interesse do Estado, que teve origem na própria realidade social; não foi criada pela lei e sim regulamentada pelo direito positivo, em função da realidade existente" (Eunice Ferreira Rodrigues Granato, *Adoção – doutrina e prática, com comentários à nova lei de adoção*, p. 29-30); "em termos jurídicos, a adoção é geralmente concebida como um ato solene pelo qual alguém assume como filho pessoa que geralmente lhe é estranha" (Dalva Azevedo Gueiros, *Adoção consentida do desenraizamento social da família à prática de adoção aberta*, p. 22); "pela adoção é possível inventar um filho ou dar densidade a uma família. Adotar compreende a assunção da qualidade de pai ou de mãe de alguém que passa à condição de filho, embora entre eles não haja necessariamente vínculo parental ou consanguíneo. O único vínculo que se espera é o afetivo, cuja gestação ocorre no plano emocional. A filiação e a paternidade serão opções deliberadas de amor ou de fertilidade afetiva. Uma vez realizada a adoção não se fala em filho adotivo, como que a classificá-lo de modo diverso de filho consanguíneo, mas fala-se apenas em filho" (Paulo Hermano Soares Ribeiro, Vivian Cristina Maria Santos & Ionete de Magalhães Souza, *Nova lei de adoção comentada*, p. 35); "se persistir em nossa consciência, ou mesmo reprimi-do no inconsciente o sentimento de que o filho adotado é 'como se fosse filho', ainda estaremos longe da verdadeira filiação. Não existe a condição de 'mais ou menos filho'. A filiação só existe na sua inteireza. (...) A adoção é um elemento componente da comunidade humana, que tem sua finalidade própria. Não se trata de um artifício, como se fosse uma *prótese* para suprir alguma deficiência da natureza. A adoção está no mesmo nível da configuração de uma relação de casamento, onde duas pessoas, na maioria das vezes, estranhas, encontram-se, estabelecem um vínculo afetivo e constroem uma comunidade. A adoção percorre a mesma trajetória. No casamento não se exige a preexistência de laços consanguíneos – é até preferível sua inexistência. Na adoção, de igual modo, a consanguinidade é irrelevante e desnecessária para o estabelecimento de uma família" (Luiz Schettini Filho, *Pedagogia da adoção. Criando e educando filhos adotivos*, p. 28 e 32); "a adoção é uma realidade decorrente da atuação humana. Embora as causas sejam diferentes, não se consegue distinguir os laços que se formam entre filhos criados por aqueles que não os geraram e entre filhos criados pelos pais biológicos. O vínculo parental, embora o consanguíneo decorra da própria natureza biológica, necessita da intervenção normativa para ingressar no direito. Vínculo de origem biológica não equivale a vínculo de natureza jurídica" (Artur Marques da Silvia Filho, *Adoção*, p. 64). O coração da adoção "é a aceitação voluntária da responsabilidade de proteger, alimentar e promover o desenvolvimento da criança de outra pessoa até a fase adulta. É um ato que traz aquela criança para a família adotante com todas as implicações para partilhar o nome, o lar, os proventos e os parentes que estão incluídos" (Kerry O'Halloran, *The politics of adoption*, p. 8). "A adoção é a família que cada um dos pais dá à criança, um lugar nas duas linhagens, um lugar no simbólico. Ora, obviamente, no caso de que falamos, nenhuma dessas crianças tem tradição, nem do lado da mãe, nem do lado do pai. Portanto, elas, ainda, não foram adotadas; elas foram criadas por criar, mas elas não têm uma educação. A educação, são as tradições que se cruzam, que se casam dentro de uma criança, segunda a sua dialética" (Françoise Dolto, *Dialogando sobre crianças e adolescentes*, p. 23).

125. Escorço histórico: "a adoção era consentida no Direito Romano, como sendo a primeira forma de entrada *iure* na família. Em sentido lato, adoção (*adoptio*) indica a introdução de um estranho como *filius* numa família, por vontade do *pater familias*. A adoção servia para transformar latinos em cidadãos, plebeus em patrícios, ou patrícios em plebeus, segundo Ebert Chamoun. Tal instituto assegurava a continuidade do culto doméstico, ameaçado pela falta de um descendente masculino, e ainda via um meio de legitimar o sucessor, depois sanar os inconvenientes do parentesco artificial (*adgnatio*), alheio aos vínculos de sangue. (...) Ato de direito privado que interessava aos *pater familias*. Assim a necessidade da *adoptio* só se fez sentir após a Lei das XII Tábuas. Para cessar a *patria potestas*, imaginou-se cessar sobre a pessoa adotada e fazê-la surgir na pessoa do adotante" (Simone Franzoni Bochnia, *Da adoção. Categorias, paradigmas e práticas do direito de família*, p. 22-23). E prossegue, citando Viana Lima: "a própria Igreja não simpatizava com a adoção, em que via um meio de substituir a constituição da família legítima pelo casamento, uma possibilidade de reconhecimento oblíquo de filhos adulterinos e incestuosos. (...) O Código de Manu (200 a. C. e 200 d. C.) na Lei IX, a título de exemplo rezava: 'aquele a quem a natureza não deu filhos pode adotar um para que as cerimônias fúnebres não cessem'" (ob. cit., p. 25-27). "Nesse período, havia certa conspiração contra as adoções, pois o patrimônio das famílias sem herdeiros passava a ser administrado pela Igreja ou pelo senhor feudal. Além disso, o direito canônico não reconhecia as adoções, uma vez que os sacerdotes viam esse modo de constituição familiar com reservas, considerando-o uma possibilidade de reconhecimento de filhos adulterinos ou incestuosos. (...) Paradoxalmente, o cristianismo salientou que Jesus Cristo era filho adotivo de José, além de ter consagrado, pela fé, os cristãos como 'verdadeiros' filhos de Deus" (Leila Dutra de Paiva, *Adoção. Significados e possibilidades*, p. 38). "Cícero, sempre citado, afirmava: 'adotar é pedir à religião e à lei aquilo que da natureza não se pode obter' (Pro Domo, 13, 14)" (Eunice Ferreira Rodrigues Granato, *Adoção – doutrina e prática, com comentários à nova lei de adoção*, p. 27). "Havia também a crença de que os mortos dependiam dos ritos fúnebres que seus descendentes deveriam praticar, para terem tranquilidade na vida após a morte. O vivo não podia passar sem o morto, nem este sem aquele. Por esse motivo, poderoso laço se estabelecia, unindo todas as gerações de uma mesma família. A religião só podia propagar-se pela geração. O pai transmitia a vida ao filho e, ao mesmo tempo, a sua crença, o seu culto, o direito de manter o lar, de oferecer o repasto fúnebre, de pronunciar as fórmulas da oração. Dessa forma, o homem que não tinha filhos encontrava na adoção a solução para que a família não se extinguisse. (...) Adotar filho era, portanto, garantir a perpetuidade da religião doméstica, era a salvação do lar pela continuação das oferendas fúnebres pelo repouso dos antepassados (...). Nesse contexto, a adoção não tinha por finalidade o bem-estar do adotando, mas visava aos interesses do adotante. Também não havia preocupação com laços afetivos entre adotante e adotado. (...) A Bíblia, por seu turno, traz seguras indicações da existência da adoção entre os hebreus, sua finalidade e procedimentos. Moisés, quando salvo das águas do Nilo, foi adotado por Térmulus, filha do Faraó. Ester foi adotada por Mardoqueu. Sara adotou os filhos de sua serva Agar (segundo alguns relatos históricos, já que, segundo outros, ela os teria expulsado para o deserto)" (Eunice Ferreira Rodrigues Granato, *Adoção – doutrina e prática, com comentários à nova lei de adoção*, p. 36). Em igual prisma: "Os escritos bíblicos registram vários casos de adoção, entre eles a conhecida história de Moisés. Aproximadamente no ano 1250 a.C. o faraó determinou que todos os meninos israelitas que nascessem deveriam ser afogados. A mãe de um pequeno hebreu decidiu colocá-lo dentro de um cesto de vime e deixá-lo à beira do rio Nilo, esperando que se salvasse. Térmulus, filha do faraó que ordenara a matança, achou o cesto quando se banhava nas águas do rio, recolheu-o e decidiu criar o bebê como seu próprio filho. Amamentado por sua mãe biológica, serva da filha do faraó, Moisés viveu anos como egípcio, transformando-se mais tarde em herói do povo hebreu (Gen.: 25, 12-6)" (...). "Exemplo frisante foi o de Júlio César, fundador do grande Império, que tomou Augusto como filho *adotivo*, fazendo-o, desse modo, seu sucessor e consolidador da *dinastia* cesárea. Por outro lado, o célebre exemplo negativo que consubstanciou a ingratidão filial de outros dos beneficiários da paternidade civil dada por ele resultou na tragédia dos *idos de março*. Recolheu a posteridade, do grande César, na hora do seu assassínio por conspiração, na escadaria do Senado, o brado estupefato: *até tu, Brutus?*" (José de Farias Tavares, *Comentários ao Estatuto da Criança e do Adolescente*, p. 37). "Lebovici e Soulè (1980) afirmam que, como a esposa de Napoleão Bonaparte era estéril, ele lutou para que a adoção fosse uma perfeita imitação da natureza e para que fizesse parte do Código Civil francês, salientando que o adotado deveria possuir todos os direitos inerentes a um filho biológico. Dados biográficos de Napoleão I revelam que, depois de muitos anos de casamento com Josefina Beauharnais, ele desfez a união porque ela não lhe deu filhos, e logo em seguida casou-se com a arquiduquesa austríaca Maria Luísa, que deu à luz Napoleão II" (Leila Dutra de Paiva, *Adoção. Significados e possibilidades*, p. 35 e 39). "No Brasil, a adoção não era sistematizada antes do Código Civil de 1916, quando passou a ser regulada com o objetivo de atender aos interesses dos adotantes que não possuíam filhos, tanto que só podiam adotar os maiores de 50 anos, sem prole legítima ou legitimada, permitindo ao casal, que já não possuía condições de ter filhos de sangue, suprir uma falta que a natureza criara" (Dimas Messias de Carvalho, *Adoção, guarda e convivência familiar*, p. 3). "Durante o Império, as Misericórdias passaram a ser controladas pelo Estado, tornando-se muitas vezes a Casa dos Expostos, mas, ainda assim, a maior parte das crianças abandonadas era acolhida em casas de família ou morria desamparada. Foi, portanto, nessa época que surgiram as primeiras instituições de proteção à infância – as Rodas de Expostos e as Casas de Recolhimento – pois, até meados do século XIX, a assistência institucionalizada esteve associada às Misericórdias (...) Antes do século XX, como as adoções não eram regulamentadas por lei, os casais sem filhos buscavam as Rodas de Expostos para obterem uma criança para criar, perfilhar ou adotar... (p. 43) (...) as famílias brasileiras cultivaram o hábito de criar os filhos alheios, os chamados 'filhos de criação', sem qualquer documentação ou formalização. (...) Fonseca (1995) revela que essa prática de acolhimento informal prevalece até os dias atuais e que é grande o número de crianças que vivem alguns anos de sua infância e adolescência com famílias que não as de seus genitores. A autora utiliza o termo 'circulação de crianças' para designar o processo no qual se estrutura uma condição informal de parentesco" (Leila Dutra de Paiva, *Adoção. Significados e possibilidades,* p. 44). "Atualmente, os americanos são, em todo o mundo, os mais numerosos a recorrer à adoção: em cada ano ocorrem aproximadamente 140.000 adoções (90.000 adoções familiares e 50.000 adoções extrafamiliares), e o fato marcante é que 1/3 dos adotantes têm filhos biológicos por ocasião da adoção" (Lidia Natalia Dobrianskyj Weber, *Laços de ternura. Pesquisas e histórias de adoção,* p. 70).

126. Laços afetivos: na realidade, embora muitos não concentrem a sua atenção nesse importante aspecto da vida em família ou na convivência social e comunitária, o liame dominante em todos esses relacionamentos é o *afeto* – e não os laços de sangue. São vários os casos de famílias naturais e extensas completamente desintegradas; tios não conhecem sobrinhos; irmãos não se dão; pais e filhos se afastam; avós não mais têm notícia do neto; primos nunca se viram, nem se veem, e assim sucessivamente. No entanto, cada pessoa, esteja onde estiver, procura e encontra um amigo, pessoa a quem destina o seu afeto. O círculo íntimo acaba se formando em torno da família natural, quando próxima, ligada pelo afeto, e seus amigos. No caso da adoção não se foge à regra; ao contrário, segue-se a regra e não a exceção. A família substituta lastreia-se nos laços de afeto, que são os principais para todos os seres humanos. Notem-se, também, as situações em que mulheres engravidam de homens que mal conhecem e não querem o filho biológico; ele é rejeitado antes mesmo de nascer. E se a gestação prossegue até o final, assim que se dá o parto, inexiste ligação de afeto entre a mãe e o filho, por mais que alguns insistam na existência de um *afeto subconsciente*. Há outros casos de gestantes que abortam sem o menor peso na consciência, demonstrando a sua rejeição à maternidade. Outros cenários apontam na direção do infanticídio, quando, por influência do estado puerperal, que predomina em relação ao amor materno, ocorre a morte do recém-nascido, provocada pela própria mãe. Bem coloca Luiz Schettini Filho que "o filho não resulta exclusivamente de um contexto biológico. Mais que isso, ele é uma consequência ética, porque a filiação não se esgota na geração biológica, mas se completa na aceitação afetiva, o que configura a adoção. (...) na adoção constrói-se o vínculo afetivo que se sobrepõe ao genético e ao hereditário e que persiste como elemento constitutivo da biografia pessoal. A adoção é uma forma incomum de se ter filhos. Para muitas pessoas, a adoção é interpretada como um descompasso da Natureza, que teria negado a uns e outros a capacidade de gerar seus próprios filhos. Este pensamento, de modo geral, estabelece um sentimento de inadequação, de inferioridade, de impotência e de incapacidade, enfim, um sentimento de diferença em relação às demais pessoas que termina por conduzir à ideia da deficiência. (...) A adoção não tem a ver com o que vem de fora; pelo contrário, está estritamente ligada ao que está dentro, no sentido de que resulta do *desejo* que chega a se configurar como *vontade* (querer). É neste contexto que é engendrado o filho que se adota. É verdade que, ao se gerar o próprio filho, o organismo biológico e o organismo psíquico têm condição de desenvolver, em conjunto, o desejo e a vontade. É nesse ponto que encontramos a peculiaridade da adoção, pois lhe falta a elaboração biológica no processo psicológico" (Uma psicologia da adoção, In: Luiz Schettini Filho e Suzana Sofia Moeller Schettini (org.). *Adoção. Os vários lados dessa história*, p. 99-101). O mesmo autor continua: "um dos aspectos que mais incomodam boa parte dos pais adotivos é terem ficado à parte do processo de geração dos filhos que adotaram. Tornando-se filhos por adoção e, portanto, filhos reais, não mantêm com eles qualquer ligação que perpetue a hereditariedade tão decantada em nossa cultura familiar. Somente com a consolidação do apego afetivo pela nova filiação é que se poderá compreender – e sentir mais do que compreender – que a parentalidade resulta da transformação do que é puramente biológico naquilo que é profundamente afetivo. É importante, entretanto, atentar para a natureza da relação de afeto, conforme comenta John Wilwood: 'amar é muito mais do que despejar sentimentos positivos sobre alguém. Muitos pais 'afogam' o filho em 'amor' sem perceber a pessoa que é esse filho. Produzem uma versão a seu gosto e amam essa imagem, obrigando os filhos a se violentarem para corresponder a ela' (Carlson & Shield, 2000: 49)" (Luiz Schettini Filho, *Pedagogia da adoção. Criando e educando filhos adotivos*, p. 15). "Percebeu-se que a formação e a manutenção de uma família não se justificam pela simples união de um homem a uma mulher com o intuito de procriar e juntar bens. O único laço que mantém uma família é o afeto. Este independe de sexos opostos, pois pode estar presente numa relação entre um homem e um outro homem, entre uma mãe solteira e o seu filho, entre duas mulheres que se amam e adotam uma criança. (...) Já passou o tempo em que se acreditava que a família, composta por um homem e uma mulher, sob o sagrado manto do matrimônio, era a única capaz de propiciar o desenvolvimento pleno a uma criança. Se ela tiver como base o respeito, o carinho, a atenção e o afeto, pode até ser que consiga desempenhar seu papel. No entanto, se estiver assentada em outras bases, dificilmente alcançará êxito" (Lillian Ponchio Silva, *Pedofilia e abuso sexual de crianças e adolescentes*, p. 75). "O amor de uma família adotiva é *construído* da mesma forma que de uma família biológica; não é ter o mesmo sangue que vai garantir o amor nem o sucesso da relação. O amor é conquistado..." (Lidia Natalia Dobrianskyj Weber, *Laços de ternura. Pesquisas e histórias de adoção*, p. 112).

127. Adoção não é caridade: um dos motivos de fracasso do estágio de convivência ou da própria adoção consiste no erro quanto aos seus pressupostos basilares, dentre os quais a *motivação* dos adotantes. Definitivamente, a adoção não é um ato de caridade, mas um ato de puro amor cercado pelo desprendimento. Por certo, a caridade é uma atitude fraterna e positiva, registrando a marca da solidariedade no espírito humano. Entretanto, não se confunde com a adoção. Estreitar laços afetivos para formar uma família consiste na materialização do amor, alicerce sobre o qual se lastreia a família substituta. "Para que isto ocorra de maneira harmoniosa, é preciso que os pais tenham claro que *desejam um filho*, e que não estão apenas 'fazendo o bem'. Neste sentido, campanhas publicitárias que apresentam como *slogan* 'adote uma criança...' propõem, a meu ver, uma solução simplória para um processo que necessita ocorrer com bastante cuidado. Assim como com qualquer filho biológico, é importante que a criança adotiva sinta que tem um lugar escolhido dentro de uma família, e que não represente simplesmente a prova da 'bondade' de seus pais. Este é um fardo extremamente pesado para uma criança" (Gina Khafif Levinzon, *Adoção*, p. 17-18).

128. Tutela constitucional jurídico-protetiva: dispõe o art. 227, § 3.º, VI: "estímulo do Poder Público, através de assistência jurídica, incentivos fiscais e subsídios, nos termos da lei, ao acolhimento, sob a forma de guarda, de criança ou adolescente órfão ou abandonado". É preciso considerar que os termos *órfão* e *abandonado* já foram modificados no contexto do ECA. Precisamente no art. 34, substituíram-se tais termos por *criança ou adolescente afastado* *do convívio familiar*, algo que se torna mais ameno e humanizado. Os termos referentes à orfandade e ao abandono são antiquados e denotam um certo desprezo.

129. Adoção à brasileira: os vários entraves burocráticos, previstos em lei, além de um Judiciário lento, acompanhado da mais completa falta de estrutura do poder público em geral para dar apoio célere a quem pretende adotar e a quem pode ser adotado, muitas pessoas, por vezes incultas, preferem operacionalizar a denominada *adoção à brasileira*, que, em verdade, constitui crime. Preceitua o art. 242 do Código Penal: "dar parto alheio como próprio; registrar como seu o filho de outrem; ocultar recém-nascido ou substituí-lo, suprimindo ou alterando direito inerente ao estado civil: Pena – reclusão, de dois a seis anos. Parágrafo único. Se o crime é praticado por motivo de reconhecida nobreza: Pena – detenção, de um a dois anos, podendo o juiz deixar de aplicar a pena". Atualmente, vedada que foi, pela edição da Lei 12.010/2009, a denominada *adoção dirigida ou específica*, que permite aos pais entregar a um interessado, diretamente, o seu filho para ser adotado, ainda mais casos de *adoção à brasileira* surgirão. Ilustrando, os pais entregam o filho recém-nascido a um casal por eles escolhido. Alegando ter ocorrido o parto em residência, os pais adotivos registram o menor em seu nome, como se filho fosse. A conduta é criminosa, pois suprime do recém-nascido o seu real estado de filiação. Entretanto, quando se percebe não ter havido comercialização da criança, ou seja, sem qualquer pagamento, mas por confiança e afeto existente entre os casais, o juiz pode deixar de aplicar a pena, reconhecendo motivo de relevante nobreza. Simone Franzoni Bochnia esclarece que "é notório que a 'adoção à brasileira' ocorre em sua totalidade à época do nascimento da criança, oportunizando a ocultação da origem da criança, a não lembrança da família biológica diante da tenra idade, e ainda, para a sociedade, um engodo de gestação 'virtual', como se efetivamente tivesse a criança nascido daquele núcleo familiar. (...) tem-se ainda que considerar que a morosidade da justiça, além da burocracia, é mais um entrave a incentivar a busca sorrateira por um filho" (*Da adoção. Categorias, paradigmas e práticas do direito de família,* p. 115 e 123). "Há divergência quanto à possibilidade de anulação do registro de nascimento, desconstituindo-se o vínculo criado a partir de uma situação irregular. Parece-nos acertado o entendimento que nega essa possibilidade, uma vez que é imperativo o princípio de que a verdade socioafetiva deve sempre prevalecer sobre a biológica. (...) No caso da adoção 'à brasileira' nos parece que ocorre situação semelhante: a criança, que foi parte de boa-fé na relação jurídica, não pode ser privada dos direitos que lhe seriam devidos se o vínculo tivesse sido criado de maneira regular, através do procedimento adicional estabelecido pela lei" (Artur Marques da Silvia Filho, *Adoção*, p. 116-117). Como regra, o *superior interesse da criança ou adolescente* deve prevalecer, não anulando o registro civil feito na base da referida "adoção à brasileira". Porém, se o interessado quiser recuperar seu verdadeiro estado de filiação, não há como lhe negar tal direito. Nesse sentido, conferir: STJ: "2. O menor, então com 17 (dezessete) dias de vida, foi deixado espontaneamente pela genitora na porta dos interessados, fato descoberto após a conclusão de investigação particular. 3. A criança vem recebendo afeto e todos os cuidados necessários para seu bem-estar psíquico e físico desde então, havendo interesse concreto na sua adoção formal, procedimento já iniciado, situação diversa daquela denominada adoção 'à brasileira'. 4. A observância do cadastro de adotantes não é absoluta porque deve ser sopesada com o princípio do melhor interesse da criança, fundamento de todo o sistema de proteção ao menor. 5. Ordem concedida" (HC 404.545/CE, 3.ª T., rel. Ricardo Villas Bôas Cueva, 22.08.2017, v.u.); "1. A tese segundo a qual a paternidade socioafetiva sempre prevalece sobre a biológica deve ser analisada com bastante ponderação, e depende sempre do exame do caso concreto. É que, em diversos precedentes desta Corte, a prevalência da paternidade socioafetiva sobre a biológica foi proclamada em um contexto de ação negatória de paternidade ajuizada pelo pai registral (ou por terceiros), situação bem diversa da que ocorre quando o filho registral é quem busca sua paternidade biológica, sobretudo no cenário da chamada 'adoção à brasileira'. 2. De fato, é de prevalecer a paternidade socioafetiva sobre a biológica para garantir direitos aos filhos, na esteira do princípio do melhor interesse da prole, sem que, necessariamente, a assertiva seja verdadeira quando é o filho que busca a paternidade biológica em detrimento da socioafetiva. No caso de ser o filho – o maior interessado na manutenção do vínculo civil resultante do liame socioafetivo – quem vindica estado contrário ao que consta no registro civil, socorre-lhe a existência de 'erro ou falsidade' (art. 1.604 do CC/02) para os quais não contribuiu. Afastar a possibilidade de o filho pleitear o reconhecimento da paternidade biológica, no caso de 'adoção à brasileira', significa impor-lhe que se conforme com essa situação criada à sua revelia e à margem da lei. 3. A paternidade biológica gera, necessariamente, uma responsabilidade não evanescente e que não se desfaz com a prática ilícita da chamada 'adoção à brasileira', independentemente da nobreza dos desígnios que a motivaram. E, do mesmo modo, a filiação socioafetiva desenvolvida com os pais registrais não afasta os direitos da filha resultantes da filiação biológica, não podendo, no caso, haver equiparação entre a adoção regular e a chamada 'adoção à brasileira'. 4. Recurso especial provido para julgar procedente o pedido deduzido pela autora relativamente ao reconhecimento da paternidade e maternidade, com todos os consectários legais, determinando-se também a anulação do registro de nascimento para que figurem os réus como pais da requerente" (REsp 1.167.993/RS, 4.ª T., rel. Luis Felipe Salomão, j. 18.12.2012). Se terceiro pleitear a anulação do registro civil, mesmo se baseando na "adoção à brasileira", há de prevalecer o *interesse superior* da criança ou adolescente, mantendo-se o registro: STJ: "Direito civil. Família. Recurso Especial. Ação de anulação de registro de nascimento. Ausência de vício de consentimento. Maternidade socioafetiva. Situação consolidada. Preponderância da preservação da estabilidade familiar. A peculiaridade da lide centra-se no pleito formulado por uma irmã em face da outra, por meio do qual se busca anular o assento de nascimento. Para isso, fundamenta seu pedido em alegação de falsidade ideológica perpetrada pela falecida mãe que, nos termos em que foram descritos os fatos no acórdão recorrido, considerada a sua imutabilidade nesta via recursal, registrou filha recém-nascida de outrem como sua. A par de eventual sofisma na interpretação conferida pelo TJ/SP acerca do disposto no art. 348 do CC/16, em que tanto a falsidade quanto o erro do registro são suficientes para permitir ao investigante vindicar estado contrário ao que resulta do assento de nascimento, subjaz, do cenário fático descrito no acórdão impugnado, a ausência de qualquer vício de consentimento na livre vontade manifestada pela mãe que, mesmo ciente de que a menor não era a ela ligada por vínculo de sangue, reconheceu-a como filha, em decorrência dos laços de afeto que as uniram. Com o foco nessa premissa, a da existência da socioafetividade, é que a lide deve ser solucionada. Vê-se no acórdão recorrido que houve o reconhecimento espontâneo da maternidade, cuja anulação do assento de nascimento da criança somente poderia ocorrer com a presença de prova robusta de que a mãe teria sido induzida a erro, no sentido de desconhecer a origem genética da criança, ou, então, valendo-se de conduta reprovável e mediante má-fé, declarar como verdadeiro vínculo familiar inexistente. Inexiste meio de desfazer um ato levado a efeito com perfeita demonstração da vontade daquela que um dia declarou perante a sociedade, em ato solene e de reconhecimento público, ser mãe da criança, valendo-se, para tanto, da verdade socialmente construída com base no afeto, demonstrando, dessa forma, a efetiva existência de vínculo familiar. O descompasso do registro de nascimento com a realidade biológica, em razão de conduta que desconsidera o aspecto genético, somente pode ser vindicado por aquele que teve sua filiação falsamente atribuída e os efeitos daí decorrentes apenas podem se operar contra aquele que realizou o ato de reconhecimento familiar, sondando-se, sobretudo, em sua plenitude, a manifestação volitiva, a fim de aferir a existência de vínculo socioafetivo de filiação. Nessa hipótese, descabe imposição de sanção estatal, em consideração ao princípio do maior interesse da criança, sobre quem jamais poderá recair prejuízo derivado de ato praticado por pessoa que lhe ofereceu a segurança de ser identificada como filha. Some-se a esse raciocínio que, no processo julgado, a peculiaridade do fato jurídico morte impede, de qualquer forma, a sanção do Estado sobre a mãe que reconheceu a filha em razão de vínculo que não nasceu do sangue, mas do afeto. Nesse contexto, a filiação socioafetiva, que encontra alicerce no art. 227, § 6.º, da CF/88, envolve não apenas a adoção, como também parentescos de outra origem, conforme introduzido pelo art. 1.593 do CC/02, além daqueles decorrentes da consanguinidade oriunda da ordem natural, de modo a contemplar a socioafetividade surgida como elemento de ordem cultural. Assim, ainda que despida de ascendência genética, a filiação socioafetiva constitui uma relação de fato que deve ser reconhecida e amparada juridicamente. Isso porque a maternidade que nasce de uma decisão espontânea deve ter guarida no Direito de Família, assim como os demais vínculos advindos da filiação. Como fundamento maior a consolidar a acolhida da filiação socioafetiva no sistema jurídico vigente, erige-se a cláusula geral de tutela da personalidade humana, que salvaguarda a filiação como elemento fundamental na formação da identidade do ser humano. Permitir a desconstituição de reconhecimento de maternidade amparado em relação de afeto teria o condão de extirpar da criança, hoje pessoa adulta, tendo em vista os 17 anos de tramitação do processo preponderante fator de construção de sua identidade e de definição de sua personalidade. E a identidade dessa pessoa, resgatada pelo afeto, não pode ficar à deriva em face das incertezas, instabilidades ou até mesmo interesses meramente patrimoniais de terceiros submersos em conflitos familiares. Dessa forma, tendo em mente as vicissitudes e elementos fáticos constantes do processo, na peculiar versão conferida pelo TJ/SP, em que se identificou a configuração de verdadeira 'adoção à brasileira', a caracterizar vínculo de filiação construído por meio da convivência e do afeto, acompanhado por tratamento materno-filial, deve ser assegurada judicialmente a perenidade da relação vivida entre mãe e filha. Configurados os elementos componentes do suporte fático da filiação socioafetiva, não se pode questionar sob o argumento da diversidade de origem genética o ato de registro de nascimento da outrora menor estribado na afetividade, tudo com base na doutrina de proteção integral à criança. Conquanto a 'adoção à brasileira' não se revista da validade própria daquela realizada nos moldes legais, escapando à disciplina estabelecida nos arts. 39 *usque* 52-D e 165 *usque* 170 do ECA, há de preponderar-se em hipóteses como a julgada, consideradas as especificidades de cada caso, a preservação da estabilidade familiar, em situação consolidada e amplamente reconhecida no meio social, sem identificação de vício de consentimento ou de má-fé, em que, movida pelos mais nobres sentimentos de humanidade, A. F. V. manifestou a verdadeira intenção de acolher como filha C. F. V., destinando-lhe afeto e cuidados inerentes à maternidade construída e plenamente exercida. A garantia de busca da verdade biológica deve ser interpretada de forma correlata às circunstâncias inerentes às investigatórias de paternidade; jamais às negatórias, sob o perigo de se subverter a ordem e a segurança que se quis conferir àquele que investiga sua real identidade. Mantém-se o acórdão impugnado, impondo-se a irrevogabilidade do reconhecimento voluntário da maternidade, por força da ausência de vício na manifestação da vontade, ainda que procedida em descompasso com a verdade biológica. Isso porque prevalece, na hipótese, a ligação socioafetiva construída e consolidada entre mãe e filha, que tem proteção indelével conferida à personalidade humana, por meio da cláusula geral que a tutela e encontra respaldo na preservação da estabilidade familiar. Recurso especial não provido" (REsp 1.000.356/SP, 3.ª T., rel. Min. Nancy Andrighi, j. 25.05.2010). Sobre a inviabilidade de mantença da *adoção à brasileira*: STJ: "2. Em princípio, não se afigura teratológica a deliberação das instâncias ordinárias que, frente às circunstâncias fáticas do caso concreto, entenderam prudente o acolhimento institucional do menor, ante a existência de fortes indícios acerca da irregularidade na conduta dos impetrantes, ao afrontarem a legislação regulamentadora da matéria sobre as políticas públicas implementadas pelo Estatuto da Criança e do Adolescente, com amparo do Conselho Nacional de Justiça, que visam coibir práticas como a da adoção à brasileira. 3. Na hipótese, a defesa do melhor interesse da criança se consubstancia no acolhimento provisório institucional, tanto em razão do pequeno lapso de tempo de convívio com os impetrantes, de modo a evitar o estreitamento desses laços afetivos, quanto para resguardar a adequada aplicação da lei e a observância aos procedimentos por ela instituídos. 4. Ordem denegada" (HC 861.843/SP, 4.ª T., rel. Marco Buzzi, 09.04.2024, m.v.); "1. De acordo com a moldura fática delineada pelas instâncias ordinárias, de modo uníssono, a recorrente, imbuída de má-fé e com o propósito de atender unicamente a seus interesses, valeu-se de uma situação pontual de dificuldade da genitora para obter a guarda de fato da criança, cedida em caráter precário, negando-se a restituí-la à mãe, a fim de viabilizar a adoção irregular, por meio da criação artificial do vínculo de afetividade com o infante de tenra idade. 2. Os relatórios social e psicológico, de modo peremptório, recomendaram a reaproximação gradativa entre a mãe e a criança, mostrando-se necessário, para esse propósito, o imediato afastamento do infante dos cuidados da demandante, 'dado ao egocentrismo e baixa empatia da requerente com as necessidades da criança'. Diante desse quadro e para viabilizar a reaproximação gradativa entre a genitora e seu filho, determinou-se o imediato encaminhamento do menor para abrigo existente na Comarca de Rio Brilhante/MS, na qual reside a genitora, medida que, segundo reconhecido, atende aos superiores interesses da criança, observados todos os cuidados necessários, o que, em si, não encerra nenhuma ilicitude. 3. As argumentações expendidas pela parte insurgente, destinadas a desqualificar a avaliação do julgador primevo quanto às provas acostadas aos autos, especificamente no que se refere à conclusão dos relatórios social e psicológico e a defender a necessidade de maior dilação instrutória, são matérias que, por depender de reexame do conjunto fático-probatório, desbordam dos estreitos limites cognitivos do *habeas corpus*. 4. Em situações excepcionais, tal como se dá no caso dos autos, a jurisprudência desta Corte de Justiça, em observância aos princípios do melhor interesse e da proteção integral da criança, opta pelo acolhimento institucional do menor em hipóteses de indícios ou prática de 'adoção à brasileira', em detrimento da sua colocação na família que a acolhe. 5. Recurso ordinário em *habeas corpus* improvido" (RHC 118.696/MS, 3.ª T., rel. Marco Aurélio Bellizze, 18.02.2020, v.u.).

130. Adoção de embriões congelados: hoje, trata-se de uma realidade. Existem várias clínicas de fertilização que promovem a inseminação *in vitro* e terminam por utilizar um número menor de embriões para implantação no útero materno do que os que foram fertilizados. Lembra Simone Franzoni Bochnia que, somente nos EUA, há cerca de 400 mil óvulos fertilizados congelados, que constituem sobras de fertilizações *in vitro*. O que fazer com eles? A autora, citando Elimar, sugere que eles sejam doados obrigatoriamente a pessoas inférteis, tal como se fosse uma adoção (*Da adoção. Categorias, paradigmas e práticas do direito de família*, p. 213). Segundo nos parece, é prematuro que a legislação brasileira *obrigue* as famílias a *doar* os embriões congelados; é também precoce que se promova, com tais embriões, a adoção. Porém, já é momento de se iniciar uma campanha de esclarecimento para que as famílias se conscientizem da relevância de doar os embriões a quem deles pode fazer um bom uso, promovendo a gestação.

131. Lentidão do processo de adoção: é fato haver mais interessados em adotar do que crianças e adolescentes aptos à adoção. Em tese, portanto, a procura é maior que a oferta e o número de infantes e jovens abrigados seria mínimo, o que não corresponde à realidade. Existem, basicamente, duas explicações para esse contraste: a) o excesso de seletividade por parte dos candidatos à adoção; b) a lentidão excessiva dos processos de destituição do poder familiar, seguido do procedimento de adoção. Muitos juízes de Varas da Infância e Juventude alegam razões variadas para justificar a referida lentidão (excesso de processos; falta de pessoas para realização de laudos; procedimento complexo previsto em lei etc.), mas o que se encontra é o desatendimento da *absoluta prioridade*, prevista em lei, para o andamento dos feitos de interesse de crianças e adolescentes. "Não é raro encontrar candidatos muito ansiosos e por vezes irritados quando procuram informações nos serviços de adoção ao saber que deverão passar por um processo de seleção para adoção e, além disto, que a lista de espera é longa e demorada. A expectativa é de encontrar rapidamente uma criança para adoção, uma vez que vivem em um país onde a infância abandonada e desassistida é muito numerosa e o poder público ao mesmo tempo em que negligencia os cuidados com sua população os impede também de encontrar o filho desejado colocando empecilho em seu caminho e 'burocratizando' o procedimento. Os muitos estudos com candidatos à adoção mostram que os sentimentos vividos ao longo do processo são avaliados como demorado, ansiogênico e invasivo (Chaves, 2002; Costa & Campos, 2003)" (Verônica Petersen Chaves, Algumas informações sobre a adoção no Brasil. In: Anete Hilgemann, *Adoção: duas mães para uma vida*, p. 132-133). Diz Françoise Dolto, no alto grau da sua experiência de trabalho no cenário infantojuvenil: "... deploro a lei da adoção, que impõe um certo tempo – às vezes meses – antes de se dar uma criança em adoção aos pais. Deploro também a manipulação de seu desejo de criança, que se produz por demasiado tempo no decorrer das entrevistas com os pais que desejam adotar. Conheço pais adotivos que, tendo realizado uma série de entrevistas psicológicas, chegaram a um estado de indiferença em relação a uma adoção que haviam desejado tanto. No meu entender não é esse o momento, escolhido pela instituição, para fazê-los adotar uma criança pequena, de que não têm mais vontade, seja porque esperaram por demasiado tempo, seja porque mediram em demasia a responsabilidade que assumem. A meu ver, deveria ser elaborada uma lei de adoção que favorecesse a adoção, desde o primeiro dia de vida da criança que, sabidamente, a mãe que a pariu não quer assumir plenamente, mesmo se ela tem, imaginariamente, a veleidade de querê-lo" (Gina Khafif Levinzon, *Adoção*, p. 21).

132. Ferida narcísica: mito ou realidade?: sobre o filho adotivo, diz Ryad Simon: "algo que pude verificar no material clínico e que me surpreendeu em todos os atendimentos foi a provável ocorrência do que chamamos 'ferida narcísica'. Isto é, a marca indelével da rejeição do filho pela mãe natural, pela recusa de tê-lo consigo após o nascimento. A recusa da maternidade, quaisquer que sejam os motivos da mãe natural, é vivida pelo filho como um repúdio do merecimento do amor, e ensombrece todos os seus relacionamentos humanos. De que modo a criança sabe ser adotiva – ainda que ninguém o tenha mencionado – é um mistério indecifrável. Alegar que se trata de comunicação inconsciente, nada esclarece. É tentar explicar o desconhecido substituindo-o por uma palavra. A pessoa *sabe* que foi repelida e esse 'conhecimento' persegue-a pela vida afora" (prefácio, p. 12. In: Gina Khafif Levinzon, *A criança adotiva na psicoterapia psicanalítica*). Permitimo-nos discordar dessa visão acerca de existência indelével da *ferida narcísica*, ou seja, o adotivo sempre sabe que foi rejeitado e sofre por conta disso. As nossas razões não se concentram em estudos científicos a respeito, mas em experiência. Há dois pontos que nos chamam a atenção: a) vários filhos adotivos, criados com amor, carinho e afeto, sem jamais terem sido enganados quanto à sua condição de adotados, desenvolvem-se muito bem, aliás, em melhores condições psicológicas que vários filhos biológicos. São quadros de perfeito equilíbrio emocional do adotivo, sem que se pudesse notar a referida *ferida narcísica*; b) as opiniões de médicos pediatras, que atendem filhos adotivos desde cedo, vendo-os crescer, muitos deles na companhia de irmãos provenientes do casal adotante, são adversas à marca indelével da rejeição do filho pela mãe natural. Não têm observado, durante o desenvolvimento físico-mental, qualquer indício dessa *ferida*; c) a força e a intensidade da memória infantil e o descobrimento do arcabouço subconsciente do ser humano é, sem dúvida, um mistério ainda não decifrado; portanto, ocorre justamente o contrário do alegado pelo autor (de que modo a criança sabe ser adotiva é um mistério indecifrável), vale dizer, a memória das crianças em tenra idade não transcende para a vida adulta; d) por vezes, a criança sabe ser adotiva, pois é um ser inteligente e consegue fazer comparações sozinha; pode notar a completa discrepância de suas feições físicas com a de seus pais, deduzindo que há algo errado; terá certeza quando souber ser adotada; e) tivemos a oportunidade de acompanhar a situação de uma família, em que um irmão dizia ao outro menor – ambos filhos biológicos do casal – ser ele adotado (uma forma de *bullying* caseiro). O caçula acreditava nisso e chorava copiosamente, não importando o que seus pais dissessem acerca da irrealidade daquela colocação do irmão mais velho. Seria uma *ferida narcísica* falsamente implantada? Não cremos. Há uma imaturidade, típica de criança, a levar em consideração as palavras do irmão mais velho. Em suma, dissentimos da ideia de que "a pessoa *sabe* que foi repelida e esse *conhecimento* persegue-a pela vida afora".

133. Relevância dos três tempos para a adoção: a autoridade judiciária, assim como a equipe técnica devem prestar atenção no período de duração do procedimento de adoção. "Como salienta Paiva (2004), nos processos de adoção é necessário que levemos em conta a desarmonia entre o tempo cronológico, o tempo jurídico e o tempo psíquico da criança, sendo que este último deve merecer prioridade" (Cynthia Peiter, *Adoção. Vínculos e rupturas: do abrigo à família adotiva*, p. 37). Noutros termos, há o tempo cronológico, que norteia a contagem da idade da criança ou adolescente. Há o tempo jurídico, que rege o andamento do processo de adoção, estabelecendo prazos para cada ato procedimental. Mas, acima de tudo, há o tempo psíquico, que se encontra na mente infantojuvenil e jamais deve ser colocado em segundo plano ou meramente ignorado. Para a criança ou jovem acolhido, numa instituição, o tempo cronológico é o de menos; o tempo jurídico, idem. Importa-lhe cada minuto que passa longe do afeto e do carinho de uma família. Portanto, há que se despertar a sensibilidade dos operadores do Direito – juízes, promotores, defensores e auxiliares da justiça – para compor, com tato e dedicação, o tempo jurídico do processo com o tempo psíquico do menor. Pouco importa que determinado *ato processual* está *dentro do prazo*; releva notar que esse prazo ainda é muito extenso para quem se encontra em situação de vulnerabilidade. O procedimento para a adoção de uma criança ou adolescente precisa ser concretizado no menor tempo possível.

134. Natureza jurídica da adoção: é uma medida de direito infantojuvenil, com vistas à formação dos laços civis de vínculo entre pais e filhos, de caráter excepcional e irrevogável, para todos os fins legais. A adoção deixou o âmbito do Direito Civil, passando à esfera da Infância e Juventude, respeitando-se, pois, as regras desse ramo específico do Direito. Tem a meta de constituição do vínculo familiar, por força de lei, apresentando-se como alternativa *excepcional*. Em primeiro plano, o Estado deve buscar a mantença da criança ou adolescente em sua família natural (liame consanguíneo entre ascendentes e descendentes) ou extensa (parentes próximos afins e afetuosos). No caso da família natural, o trabalho concentra-se na reestruturação do núcleo familiar, para que possam ficar unidos; no caso da família extensa, dá-se por meio da tutela. Esgotados os mecanismos das famílias natural e extensa, passa-se à família adotiva, criando-se laços irrevogáveis, tais como são os laços de sangue. Dimas Messias de Carvalho, sustentando a possibilidade de invalidar a adoção, diz: "no caso concreto, a autora foi adotada quando criança por uma prima de sua mãe biológica, que já possuía dois filhos. A filha adotiva, entretanto, sempre considerou os irmãos adotivos como primos e veio a nutrir sentimento amoroso por um deles. Da relação adveio gravidez e o nascimento de uma filha, constando no seu assento de nascimento os mesmos avós paternos e maternos, afrontando o seu direito de personalidade, pois, aos olhos da lei, é fruto de uma relação ilegal e corre o risco de ser alvo de chacota e apontada como filha de irmãos. Alegou a autora que considera o pai de sua filha como primo, mas a realidade jurídica os transformou em irmãos, considerando a relação amorosa como espúria e incestuosa, gerando impedimento para a configuração de união estável ou para o casamento. A autora ajuizou pedido de cancelamento de sua adoção para que possa contrair núpcias com o pai de sua filha, tendo o juiz da comarca de origem extinguindo o processo sem resolução do mérito, face à impossibilidade jurídica do pedido. (...) O Tribunal, entretanto, deu provimento. Não se trata, no caso, de anulação do ato jurídico (adoção), porque não se apresenta inquinado de vício; não se trata também de revogação da adoção. Trata-se de *invalidação da adoção* em decorrência de múltiplos fatores, como a não utilização da tutela na época da adoção; superveniência fático-social em razão do envolvimento amoroso da adotada e seu primo ora irmão adotivo; efetividade da dignidade da pessoa humana quanto à criança advinda do relacionamento, que poderá ser estigmatizada por toda sua vida com a pecha de incestuosa a que não deu causa; prevalência da situação fática à jurídica, pois nunca houve entre os envolvidos sentimento fraternal; e união acolhida e reconhecida no meio sociofamiliar. Fundamentou ainda o eminente Relator que os direitos fundamentais da criança, nascida do relacionamento impõe apreciar o caso concreto sob a égide principiológica da proporcionalidade e a razoabilidade. (...)" (*Adoção, guarda e convivência familiar*, p. 43-44). A decisão do juiz de primeiro grau foi correta; infelizmente, o Tribunal equivocou-se, desfazendo os laços jurídicos, criados pela adoção consumada. Jamais a exceção, que é o incesto, pode ditar a regra. Lembremos que dois irmãos de sangue podem apaixonar-se, também. E, nesse caso, em homenagem à *dignidade da pessoa humana*, proporcionalidade ou razoabilidade, enfim, qualquer princípio que se deseje observar, absolutamente *nada* justifica *invalidar* os laços de irmãos, para que se casem e tenham filhos. O mesmo deve ocorrer no cenário da adoção. Uma vez consumada, pais são pais; filhos são filhos; irmãos são irmãos. Não há que se *invalidar* os laços jurídicos estabilizados para atender a uma situação excepcional qualquer. Se aquela filha adotiva, citada no exemplo *supra*, tivesse sido *bem-criada e educada*, não teria se apaixonado pelo próprio irmão. Essa é a regra nas famílias em geral. A irrevogabilidade na jurisprudência: TJPR: "Os agravantes pretendem, através do presente recurso, que seja reformada a sentença, a fim de determinar o prosseguimento do feito com a devida instrução probatória. Dá análise dos autos, observa-se que os pais da menor A. C. M. G foram destituídos definitivamente do poder familiar e, por conta disso, primeiramente, a avó materna da menor ajuizou o pedido de guarda, o qual foi julgado improcedente, mantendo-se a menor no abrigo até que fosse inclusa em família substituta (fls. 61/68). Posteriormente, os ora apelantes, tios paternos da menor, ajuizaram a ação de guarda, a qual, também, foi julgada improcedente, diante da possibilidade do contato da menor com os seus pais, mantendo-se, novamente, a criança no abrigo (fls. 71/79). Com isso, os apelantes ajuizaram a presente ação de adoção, a fim de que a menor permanecesse no seio de sua verdadeira família. Entretanto, o Juízo singular julgou improcedente a ação, considerando que a menor já havia sido adotada por outro casal (fls. 140/142). É justamente contra essa sentença que se volta o presente recurso. Com efeito, os apelantes requerem a reforma da sentença, a fim de que seja dado prosseguimento aos autos com a devida instrução probatória para que a pretensão de adotar a menor, sua sobrinha, seja julgada procedente. Contudo, razão não assiste aos recorrentes, isso porque a menor já foi adotada por outro casal que estava habilitado, com sentença transitada em julgado, não havendo que se falar em continuidade da presente ação, a fim de possibilitar nova dilação probatória, considerando que a adoção é irrevogável, conforme dispõe o art. 39, 1.º do Estatuto da Criança e do Adolescente" (Ap. Cível 864101-02, 11.ª Câm. Cível, rel. Augusto Lopes Côrtes, 25.04.2012, v.u.).

135. Abusos cometidos pelo adotante: pais adotivos também podem infringir os deveres inerentes ao poder familiar. Pelas mesmas razões que se pode destituir os pais biológicos do poder familiar, pode-se destituir os adotivos. Portanto, abusos ou excessos ilícitos cometidos contra o filho adotivo não invalidam a adoção, nem servem de causa à sua anulação.

"O descumprimento, pelo titular de adoção, dos deveres inerentes ao poder familiar não leva à nulidade da adoção, mas sim à destituição do mencionado poder familiar. Mesmo nesta hipótese, não ocorreria o restabelecimento do poder familiar dos pais naturais. As causas determinantes da suspensão do poder familiar estão dispostas no art. 1.637 do CC, que pode se dar por abuso de poder por pai ou mãe; falta aos deveres paternos; dilapidação dos bens do filho; condenação por sentença irrecorrível quando a pena for maior de 2 anos; maus exemplos, crueldade, exploração ou perversidade do genitor que compromete a saúde, segurança e moralidade do filho" (Artur Marques da Silva Filho, *Adoção*, p. 188).

136. Devolução de crianças e adolescentes adotados ou em estágio de convivência: há casos concretos, encontrados em várias partes do Brasil, noticiando a devolução de infantes e jovens em situações de adoção. Devem-se distinguir duas situações: a) pessoas adotadas; b) pessoas em estágio de convivência para aprovar a adoção. No primeiro caso, vislumbra-se cenário não somente peculiar como ilógico, afinal, houve (espera-se) o estágio de convivência, habilitação prévia do candidato, estudos e pareceres da equipe técnica, enfim, um procedimento extenso para redundar no deferimento da adoção. Assim sendo, a rejeição do filho adotado seria o mesmo que recusar um filho biológico. Se não há permissão para *devolver* filho natural, inexiste igual possibilidade para filho adotivo, tendo em vista que o ato é irrevogável. O que se vê, então, é o abandono, maltrato ou opressão dos pais adotivos em relação ao menor. Instaura-se, nessa hipótese, o mesmo processo para a destituição do poder familiar, embora se deva, ao menos, punir os genitores com base no art. 249 deste Estatuto: "descumprir, dolosa ou culposamente, os deveres inerentes ao poder familiar ou decorrente de tutela ou guarda, bem assim determinação da autoridade judiciária ou Conselho Tutelar: Pena – multa de três a vinte salários de referência, aplicando-se o dobro em caso de reincidência". Sem contar eventual indenização por danos morais, a ser ajuizada pelo Ministério Público, em nome da criança ou adolescente rejeitado. Ainda que o *Parquet* não o faça, pode o juiz da Infância e Juventude nomear advogado especialmente para isso. Afinal, não se trata da devolução de um objeto, nem de um animal, mas de um ser humano. Quanto ao segundo caso, pouco há a fazer, pois o estágio de convivência destina-se, justamente, para isso. Se os candidatos a pais não se dão bem com o potencial filho, não se deve deferir a adoção de qualquer modo. Mas um problema grave existe e a responsabilidade pode ser do Judiciário: a demora excessiva do estágio de convivência, a ponto de alcançar muitos meses, por vezes, mais que ano. Se o estágio de convivência é prorrogado por tempo excessivo, a insegurança permanece entre pais e filho, tornando frágeis os laços, dando a impressão – especialmente ao leigo – que, a qualquer momento, o filho lhe pode ser retirado. Diante disso, alguns adotantes preferem não aprofundar os laços para "não sofrer mais tarde"; tal situação provoca tensão e maiores conflitos, podendo haver a *devolução*. Outro aspecto é a ideia de que, estando em estágio de convivência, qualquer motivo tolo pode ser significativo para *devolver* a criança, como, por exemplo, uma briga do casal. O estágio de convivência jamais pode atingir prazos longos, como um ano, pois, se houver corte de laços, a criança ou adolescente sofrerá em demasia. "Uma criança 'devolvida' tem uma tripla perda: da esperança, da família e pelo fato de ficar estigmatizada, uma vez que a devolução constará no seu histórico e poderá prejudicar uma próxima adoção" (Lidia Weber, prefácio, in: Hália Pauliv de Souza, *Adoção tardia. Devolução ou desistência de um filho? A necessária preparação para adoção*, p. 1). "Nos Estados Unidos, mesmo se a família solicitar a anulação da adoção, ou seja, a dissolução, ela continua responsável pela criança ou adolescente mesmo que ela vá morar com outra família paga (sistema de *foster care*; em países desenvolvidos não existem instituições), sendo que o sistema legal ainda tenta a reconciliação por meio de aconselhamento profissional (Coakley, 2005). Os casos de dissolução são raros e pesquisas mostram que ocorreram antes de 2000, quando o sistema de preparação e orientação de adotantes (antes, durante e pós-adoção) foi amplamente aperfeiçoado (Barth & Berry, 1988; CWIG, 2012)" (Hália Pauliv de Souza, *Adoção tardia. Devolução ou desistência de um filho? A necessária preparação para adoção*, p. 13). E prossegue a autora: "Fazem a convivência, isto é, a aproximação para se conhecerem, aceitam a criança, levam para casa e passado um tempo acham que não é o que esperavam. Devolvem simplesmente. Se esquivam do compromisso assumido colocando a cidadania do filho num patamar social de 'devolvido' e sem liberdade de escolha. Vidas que se entrelaçam e se desfazem fazendo parte de lembranças repletas de diversos sentimentos. (...) Esta criança, futuro filho, é um ser dotado de muita história que precisa ser conhecida e respeitada. São crianças ou adolescentes carentes, inseguros, sem polimento social e que sentem muito medo. Para se protegerem acabam enfrentando a nova família que, não estando devidamente preparada, não entende esta atitude (...) Normalmente a devolução acontece quando a criança ou adolescente 'se mostra' porque está mais confiante, aparece toda sua individualidade e passará a ser visto como portador de 'traços ruins' oriundos da família de origem" (Hália Pauliv de Souza, *Adoção tardia. Devolução ou desistência de um filho? A necessária preparação para adoção*, p. 21, 25 e 33). "Os adultos que 'devolvem' uma criança deveriam ser juridicamente responsabilizados por tal ato. Sabemos de um caso de devolução em que o jovem desenvolveu 'cegueira emocional'. Seus olhos clinicamente perfeitos se negavam a ver o mundo. Tornou-se cego devido ao trauma psicológico pelo qual passou" (Hália Pauliv de Souza & Renata Pauliv de Souza Casanova, *Adoção. O amor faz o mundo girar mais rápido*, p. 82). "Em primeiro lugar não há 'devolução' de adotado. A criança adotada é filha do adotante. Filha, sem adjetivos. Os pais são pai e mãe, sem adjetivo. Têm, portanto, o dever de assistir, criar e educar aquele filho. Havendo problemas, devem se dirigir à autoridade judiciária para que se encontre a melhor solução. Pode até ocorrer a suspensão ou destituição do pátrio poder [sic], mas enquanto isso não se der, os pais são os responsáveis. Também eles podem cometer os crimes citados há pouco e a infração administrativa com as multas correspondentes" (Edson Sêda, *Construir o passado ou como mudar hábitos, usos e costumes, tendo como instrumento o Estatuto da Criança e do Adolescente*, p. 48). Na jurisprudência: TJSC: "(...) I – A adoção é medida irrevogável e irrenunciável, assim como o é a filiação biológica, sendo impossível juridicamente a prática de qualquer ato dos pais buscando atingir tal desiderato. Por outro lado, por aplicação analógica do art. 166 do ECA, os pais podem renunciar ao poder familiar, sem prejuízo da possibilidade de decretação pelo Estado-juiz da sua suspensão ou extinção pelos motivos elencados nos arts. 1.635, 1.637 e 1.638, todos do Código Civil, combinados com os dispositivos do Estatuto específico que dispõe também sobre a matéria. Assim, considera-se inexistente o 'termo de declaração de renúncia ao poder familiar' firmado pela genitora dos menores, notadamente no que concerne à prática do malsinado ato, por instrumento de mandato, na qualidade de procuradora representante de seu marido, cidadão estrangeiro que se encontrava no exterior para a realização de curso de pós-graduação. Destarte, se a lei veda a adoção por procuração (ECA, art. 39, 2.º), *mutatis mutandis*, estaria igualmente proibida a sua desconstituição ou poder familiar por instrumento de mandato. Assinala-se, por oportuno, a tomada de vulto em todo o território nacional da infeliz prática de situações idênticas ou semelhantes a que se examina neste processo, atos irresponsáveis e de puro desamor de pais adotivos que comparecem aos fóruns ou gabinetes de Promotores de Justiça para, com frieza e desumanidade, 'devolver' ao Poder Público seus filhos, conferindo-lhes a vil desqualificação de seres humanos para equipará-los a bens de consumo, como se fossem produtos suscetíveis de devolução ao fornecedor, por vício, defeito ou simples rejeição por arrependimento. E, o que é mais grave e reprovável, a desprezível prática da 'devolução' de crianças começa a assumir contornos de normalidade, juridicidade, legitimidade e moralidade, em prol do pseudobenefício dos infantes. O Poder Judiciário há de coibir essas práticas ignóbeis e bani-las do nosso contexto sociojurídico de uma vez por todas. Para

Art. 39

Estatuto da Criança e do Adolescente Comentado • Nucci

tanto, há de, exemplarmente, punir os infratores das leis civis, destituindo-os do poder familiar e condenando-os pecuniariamente pelo ilícito causador de danos imateriais a crianças e adolescentes, vítimas já marcadas pela própria existência desafortunada que se agrava com os atos irresponsáveis de seus adotantes, sem prejuízo da responsabilidade criminal de seus agentes. Frisa-se, ainda, que a inserção de crianças e adolescentes em famílias substitutivas objetiva atender primordialmente os interesses dos menores (art. 1.625, CC [artigo revogado pela Lei 12.010/2009]) e não as pretensões dos pais, mesmo que altruísticas, em que pese não raramente egoísticas" (AC 2011.020805-7, 1.ª Câm. Cível, rel. Joel Figueira Júnior, 29.09.2011, v.u.).

137. Revogação da adoção em confronto com o princípio da dignidade da pessoa humana: em hipótese verdadeiramente excepcional, vê-se o caso de um pai biológico que havia adotado seus filhos, antes da vigência da CF de 1988, quando os filhos ilegítimos não podiam ser reconhecidos. Por isso, atualmente, prefere sejam tais filhos reconhecidos como naturais e legítimos, o que foi deferido pela excepcionalidade da situação: TJCE: "1. Ainda que o ordenamento normativo constitucional advindo da promulgação da Constituição Federal de 1988 tenha execrado quaisquer distinções entre filhos naturais e adotivos, observa-se que o interesse dos apelantes não reside em âmbitos patrimoniais, persistindo como verdadeira tipicidade de direito de personalidade, qual seja, de que em seus registros públicos conste a filiação biológica. Situação que exige a ponderação dos Direitos Fundamentais. 2. O formalismo da lei impeditiva de revogação da adoção não deve sobressair sobre a imperiosidade de proteger-se o direito inerente à personalidade dos recorrentes, isto é, de poderem ter por anulado o registro de seu genitor como adotante para, em seguida, proceder com o registro constando a verdadeira filiação – a biológica. 3. O direito perseguido pelos apelantes decorre diretamente do princípio da dignidade da pessoa humana, que, inclusive, encontra-se em primeiro plano no ordenamento constitucional vigente, vez ser previsto como verdadeiro fundamento da Constituição – art. 1.º, inciso III" (Apelação Cível 819734200280600000, 2.ª Câm. Cível, rel. Francisco de Assis Filgueira Mendes, *DJ* 11.09.2012, v.u.).

138. Esgotamento de recursos para manter a criança ou adolescente na família natural ou extensa: este estatuto, em vários dispositivos, deixa bem claro que a permanência do filho em sua família biológica (núcleo dos pais ou parentes) é o caminho ideal. Ninguém, em sã consciência, em qualquer legislação mundo afora, prevê o contrário, ou seja, que o lugar do filho seria na família substituta. A criança ou adolescente, seja no âmbito familiar ou fora dele, deve ter assegurados os seus direitos fundamentais (art. 227, CF), com absoluta prioridade. Portanto, o berço natural do filho é crescer com seus pais biológicos e irmãos, porém, com seus direitos devidamente cumpridos. Mas nem todos terão a sorte de vivenciar esse quadro ideal. Há os casos concretos de abandono material ou afetivo, agressões, abusos, opressões, dentre vários outros fatores, a recomendar medida de urgência para *retirar* a criança ou jovem do cenário que lhe é hostil. Pode-se passar a guarda provisória a um parente, tentando-se a reaproximação com os pais; pode-se promover o acolhimento institucional ou familiar, no mesmo prisma. Entretanto, *jamais* se deve prorrogar o período de reacomodação do infante ou adolescente com a família natural, quando esta não tem a menor condição de recebê-lo de volta. A criança (especialmente esta) pode correr elevado risco de sofrer danos irreversíveis nas mãos de um pai agressivo ou uma mãe drogada por conta de serem eles pais biológicos. Durante o período de elaboração deste trabalho, chegou ao nosso conhecimento outro caso concreto lamentável, que se encaixa muito bem nesta nota. Um menino de dois anos foi encontrado perambulando pela rua, junto com uma menina de 15 anos drogada, às 3 horas da madrugada. Levados a um abrigo, descobriu-se que a mãe havia deixado seu filho aos cuidados dessa menina, que, drogando-se, saiu pela via pública a esmo. Quando soube do acolhimento institucional, a genitora foi ao juízo da Infância e Juventude para obter seu filho de volta. Como sói acontecer, afirmou ter sido um lapso, além de amar seu menino, desejando com ele conviver. Sem maiores estudos técnicos, considerando os laços biológicos, o juiz determinou a entrega do garoto à mãe. Pouco tempo depois, o menino faleceu, apresentando quadro de asfixia, com o maxilar quebrado. Descobriu-se, ainda, que essa mesma mãe já teve outro filho morto nas mesmas circunstâncias. Instaurou-se inquérito para apurar o caso. Porém, nada mais adianta para o garoto. A insistência em manter o filho na família biológica, a qualquer custo, levou esse menino à morte. Se tivessem sido feitos estudos pormenorizados, é bem possível que tal situação não houvesse acontecido. O bem--estar da criança ou adolescente é o objetivo, pouco importando se ele se encontra na família natural, extensa ou substituta. "As famílias genéticas abandonam e maltratam muito mais do que as famílias por adoção, segundo dados antropológicos (Silk, 1990). (...) De maneira geral, os pais genéticos não se preparam para ter um filho e, muitas vezes, geram filhos por uma espécie de inércia da vida" (Lidia Weber, prefácio, in: Hália Pauliv de Souza, *Adoção tardia. Devolução ou desistência de um filho? A necessária preparação para adoção*, p. 11-12). Sérgio Domingos, citando Tânia Pereira da Silva, demonstra que "um pai, mesmo biológico, se não adotar seu filho, jamais será pai. Por isto podemos dizer que a verdadeira paternidade é a adotiva... A nova concepção trazida pelo ECA é revolucionária, é o entendimento de que a paternidade, e também a maternidade, pode ser exercida em famílias não biológicas, que receberam o nome de famílias substitutas". E continua o autor: "sendo assim, inadmissível se mostra dar qualquer preponderância a núcleo familiar ou dimensionar que a família bio-lógica seja o núcleo insofismável e insubstituível para a permanência da criança. Há que se entender que a criança precisa conhecer e vivenciar o amor, carinho, afeto e estes predicados não decorrem, necessariamente, da vinculação biológica. Evidente que a preponderância do direito fundamental da criança está em crescer dentro de família natural, estruturada e capaz de lhe proporcionar um ambiente saudável, livre de violências, ou seja, crescer e vivenciar um ambiente de afetividade. (...) Não se desconhece a vivência de famílias biológicas com problemas estruturais, principalmente de ordem econômica, e a correspondente necessidade de serem assistidas pelo Estado com medidas protetivas *efetivas* no afã de sua reestruturação. Todavia, limites devem ser traçados para essa consecução, principalmente quando fortes são as demonstrações da ausência de laços de afetividade entre família natural e a criança, retratados em laudos multidisciplinares. Nesse aspecto, se a família representa um marco na dignidade da criança, de outro não se pode contemporizar violações perenes, quando o curso de uma família afetiva deve ser o caminho natural. Assim, não se mostra razoável a insistência em se reestruturar os vínculos familiares pautados na biologia, quando estes já se mostram rompidos ou cuja restauração se mostra de pouca probabilidade, sob pena de ser esse cami-nho perigoso e nocivo aos direitos da própria criança, pois inviabilizará a que ela possa ser conquistada por uma família afetiva. *Não se pode perder o tempo útil da criança*" (*A família como garantia fundamental ao pleno desenvolvimento da criança*, p. 266-268). "Muitas crianças de pais casados não resultam da combinação de amor e desejo de um cônjuge pelo outro. Podem ter dado à luz a criança, mas aceitam a sua existência sem acolhê-la verdadeiramente. Nesses casos, o trabalho de filiação simbólica não se realiza, e o filho passa a funcionar como um objeto de fetiche, proibido de autonomia, domesticado, 'necessitado', mas não amado. Como toda criança, o filho adotivo necessita de um ambiente *suficientemente bom* para que seu desenvolvimento possa se dar de maneira satisfatória. A qualidade da relação materna é especialmente importante para que isto ocorra" (Gina Khafif Levinzon, *Adoção*, p. 81). Na jurisprudência: TJMG: "A preferência prevista no art. 39, § 1.º, do ECA em favor dos mem-bros da família natural ou extensa do menor adotando jamais poderá ser exercida ao arrepio do art. 227 da Constituição Federal e dos arts. 3.º e 4.º do ECA, os quais determinam que o

Art. 39

melhor interesse dos menores incapazes deve sempre primar sobre qualquer outro, devendo ser resguardados, sempre, seu bem-estar físico e psicológico. Em razão disso, impõe-se negar a regulamentação da visita liminarmente pretendida pelo avô materno biológico do adotando quando, já vivenciando este com os adotantes um relacionamento que lhe é extremamente salutar, a medida se revela capaz de comprometer irremediavelmente todo um processo de adoção que se apresenta como um eficaz instrumento de efetivação do princípio da primazia do interesse do menor" (Agravo de Instrumento Cv 1.0024.10.237295-0/001, 7.ª Câm. Cível, rel. Des. Peixoto Henriques, j. 27.11.2012).

139. Vedação do uso de procuração: compreende-se o objetivo do legislador ao vedar a utilização de procuração no procedimento da adoção. Quer-se privilegiar o contato direto entre adotante e adotado, pessoas que deverão passar o resto de seus dias unidos pelos laços civis estabelecidos, mas sobretudo pelo liame de amor e respeito. Portanto, o início do contato não pode dar-se por interposta pessoa, demandando-se a participação direta do interessado. O adotante precisa conhecer o adotado, a fim de nascer entre eles empatia, carinho e confiança. Muitos negócios podem e devem ser fechados por procuração, facilitando o universo empresarial e civil; a mesma regra fenece diante da delicadeza dos laços firmados na adoção. Criança ou adolescente não é objeto, que se compra pela internet, envia-se por transportadora e chega à porta de casa. Há todo um procedimento a ser respeitado para que se conecte, por amor, um ser humano a outro, vedando-se a intermediação. É certo que o uso de procuração facilitaria muito a adoção por estrangeiros, que nem precisariam vir ao Brasil para tanto. Entretanto, esta lei cada vez dificulta mais a adoção por estrangeiro, além de fixar estágios de convivência diretos entre adotante e adotado. Em suma, a procuração não satisfaz nenhum dos requisitos básicos do procedimento de adoção, pois o tornaria frio e distante, mais semelhante a um contrato comercial do que à criação de um intenso laço de amor. "A doutrina nacional já assinalava os inconvenientes da adoção por procuradores. Era frequentemente utilizada nas adoções por estrangeiros. O instrumento de mandato conferia, em regra, poderes ao mandatário para adotar todas as providências tendentes a ultimar o ato. Por interposta pessoa, muitas vezes, o adotante não tinha qualquer contato com o adotando e mesmo com o órgão do Judiciário. A inovação estatutária, impedindo o exercício da pretensão de adoção por procuração, revelou a predisposição do legislador de transformar o ato em exercício de direito personalíssimo, atribuindo maior responsabilidade a todos, inclusive ao julgador. A adoção assumiu contornos de ato inicial de direito privado, mas com a assistência do Poder Judiciário, por força de princípio constitucional (art. 227, § 5.º, CF/88)" (Artur Marques da Silvia Filho, *Adoção*, p. 78). "Temos como consequência disso a exigência de um procedimento obrigatório. Nessa senda, observa-se que o legislador esboçou um caráter de maior responsabilização do adotante pelo adotado. Ou seja, a parte ativa desta relação deverá estar presente em todos os momentos, tanto no âmbito judicial quanto socioadministrativo. Outro sentido que se depreende do já referido art. 39 é evitar que o adotante não estava verdadeiramente apto para tal, e, por isso mesmo, acaba por negligenciar o adotado, muitas vezes até devolvendo-o por estar configurada uma espécie de arrependimento tardio" (Marilia Pedroso Xavier e Mariana Assumpção Olesko. *Características, requisitos e procedimentos legais para a adoção à luz da Lei 12.010/2009*, p. 152).

139-A. Superior interesse da criança ou adolescente: a inserção do § 3.º ao art. 39 desta lei nem precisaria ter sido feita, caso fossem respeitados os princípios norteadores da tutela constitucional e legal do infante e do jovem no Brasil. O interesse superior é o que favorece a criança ou adolescente, mesmo quando deva ser confrontado com os direitos dos pais biológicos. Temos sustentado esse paradigma em vários escritos desta obra, pois este estatuto serve ao menor de 18 anos; é sua carta de direitos essenciais; precisa ser cumprido à risca em nome da felicidade de quem não consegue expressar-se livremente. Ter filhos, embora constitua uma situação natural, não faz nascer um *direito de propriedade* dos pais em relação aos seus descendentes. A criança e o adolescente são seres humanos individualizados e livres, pois não pertencem a ninguém. Os seus destinos podem ser traçados, no início, pelos pais naturais ou, na falta destes, pelo Estado, mas sempre se procurando uma família substituta, que lhes confira amor, dedicação e afeto, para que se desenvolvam como adultos responsáveis e seguros. A família natural é muito importante para a estabilidade emocional dos filhos; entretanto, quando ela não cumpre o seu papel é preciso ser afastada para que outra a substitua e forneça as bases ideias para um crescimento saudável. Assim sendo, pode haver conflito de interesses entre os pais naturais, que desejam permanecer com seu(s) filho(s), a qualquer custo, mesmo cientes de que os criam mal e não atendem suas necessidades, e os descendentes, que merecem experimentar uma vida melhor, não em acolhimento institucional, mas no seio da família substituta. A Justiça da Infância e Juventude precisa estar preparada a apoiar a criança ou o adolescente. Na jurisprudência: STJ: "1. A adoção depende do devido consentimento dos pais ou da destituição do poder familiar (Estatuto da Criança e do Adolescente, art. 45). 2. Hipótese em que a menor foi entregue irregularmente pela genitora à postulante da adoção nos primeiros dias de vida e, somente no curso do processo de adoção e destituição de poder familiar, o pai biológico descobriu ser o seu genitor, ajuizando ação de investigação de paternidade para reivindicar o poder familiar sobre a criança. Incontroversa ausência de violação dos deveres legais autorizadores da destituição do poder familiar e expressa discordância paterna em relação à adoção. 3. Nos termos do art. 39, § 3.º, do ECA, inserido pela Lei 13.509/2017, 'em caso de conflito entre os direitos e interesses do adotando e de outras pessoas, inclusive seus pais biológicos, devem prevalecer os direitos e os interesses do adotando'. 4. Boa-fé da postulante à adoção assentada pela instância ordinária. 5. Adoção unilateral materna, com preservação do poder familiar do genitor, permitida, dadas as peculiaridades do caso, com base no art. 50, § 13, incisos I e III, do ECA, a fim de assegurar o melhor interesse da menor. 6. Recurso especial parcialmente provido" (REsp 1.410.478/RN, 4.ª T., rel. Maria Isabel Gallotti, 05.12.2019, v.u.).

> **Art. 40.** O adotando deve contar com, no máximo, dezoito anos à data do pedido,[140] salvo se já estiver sob a guarda ou tutela dos adotantes.[141-141-A]

140. Idade máxima do adotando: quando a adoção respeitar as regras deste Estatuto, voltada à situação de vulnerabilidade de crianças e adolescentes, a máxima idade é de 18 anos, momento em que o jovem é considerado plenamente capaz para os atos da vida civil e penal. Compreende-se tal dispositivo, tendo em vista a aplicabilidade do Direito da Infância e Juventude, destinado a quem é criança ou adolescente, legalmente falando, ou seja, pessoas até 18 anos incompletos. Porém, a exceção prevista na parte final deste artigo é razoável. Imagine-se o jovem, que principiou a convivência com determinado casal aos 16 anos; aos 19, finalmente, decidem-se pela adoção. Ainda pode ser realizada nos termos deste estatuto.

141. Adoção civil: atualmente, o único artigo do Código Civil ainda em vigor tratando da adoção é o 1.619: "a adoção de maiores de 18 (dezoito) anos dependerá da assistência efetiva do poder público e de sentença constitutiva, aplicando-se, no que couber, as regras gerais da Lei 8.069, de 13 de julho de 1990 – Estatuto da Criança e do Adolescente". Se o processo de adoção principiou na Vara da Infância e Juventude, ao completar a maioridade, continua este juízo competente, nos termos do disposto neste art. 40 do estatuto. Na jurisprudência: TJPR: "Agravo de instrumento. Ação de adoção c/c destituição de poder familiar, em trâmite na vara da infância e juventude. Pronunciamento pelo qual o juízo declinou da competência e determinou a remessa dos autos para a vara de família. Adotando que contava com 17 anos de idade na data da protocolização do pedido de adoção. Aplicação dos arts. 40 e 148, inc. III, ambos do ECA. Competência exclusiva da vara da infância e juventude. Possibilidade, na espécie, de a decisão acarretar prejuízos à parte. Recurso provido" (AI 945463-7, 12.ª Câm. Cível, rel. Everton Luiz Penter Correa, *DJ* 28.08.2013, v.u.).

141-A. Adoção de maior de 18 anos: como mencionado no item anterior, o único artigo do Código Civil a regular a adoção de pessoa maior de 18 anos por outra é o 1.619. Inexiste proibição, mas também não há expressa regulamentação. O referido artigo diz apenas que será possível, dependendo de assistência efetiva do Poder Público e sentença constitutiva, vale dizer, somente será concedida em juízo. Sob quais critérios? Aponta a mencionada norma que se deve aplicar as *regras gerais* deste estatuto. No entanto, há de se considerar uma mente aberta, pois a Lei 8.069/1990 destina-se apenas a menores de 18 anos; em tese, nada existiria para reger os interesses de duas pessoas adultas, em questão de família. Porém, levando em conta a *autorização* conferida pela lei civil, deve-se ponderar o interesse existente entre pessoas para formar uma família por meio da adoção. Nem sempre o instituto deve ser utilizado para crianças ou adolescentes carentes, pois seu objetivo é a consolidação do amor paternal/maternal, de um lado, e o filial, de outro. Assim sendo, como definimos no item 124 *supra*, a adoção é o estabelecimento do vínculo legal de paternidade/maternidade a uma pessoa que, biologicamente, não é filho, mas assim passa a ser considerado para todos os fins de direito. Em suma, embora não seja comum, a lei autoriza a adoção de maior de 18 anos. Deve tramitar, quando entre adultos, em Vara de Família, a menos que tenha se iniciado no período em que o adotando fosse menor. Na jurisprudência: STJ: "1. Cinge-se a controvérsia a definir a possibilidade de ser afastado o requisito do consentimento do pai biológico em caso de adoção de filho maior por adotante com quem já firmada a paternidade socioafetiva. 2. O ECA deve ser interpretado sob o prisma do melhor interesse do adotando, destinatário e maior interessado da proteção legal. 3. A realidade dos autos, insindicável nesta instância especial, explicita que o pai biológico está afastado do filho por mais de 12 (doze) anos, o que permitiu o estreitamento de laços com o pai socioafetivo, que o criou desde tenra idade. 4. O direito discutido envolve a defesa de interesse individual e disponível de pessoa maior e plenamente capaz, que não depende do consentimento dos pais ou do representante legal para exercer sua autonomia de vontade. 5. O ordenamento jurídico pátrio autoriza a adoção de maiores pela via judicial quando constituir efetivo benefício para o adotando (art. 1.625 do Código Civil [este artigo foi revogado pela Lei 12.010/2009]). 6. Estabelecida uma relação jurídica paterno-filial (vínculo afetivo), a adoção de pessoa maior não pode ser refutada sem justa causa pelo pai biológico, em especial quando existente manifestação livre de vontade de quem pretende adotar e de quem pode ser adotado. 7. Recurso especial não provido" (REsp 1.444.747/DF, 3.ª T., rel. Ricardo Villas Bôas Cueva, 17.03.2015, v.u.).

> **Art. 41.** A adoção atribui a condição de filho ao adotado,[142-147] com os mesmos direitos e deveres,[148] inclusive sucessórios, desligando-o de qualquer vínculo com pais e parentes,[149] salvo os impedimentos matrimoniais.[150-151]
>
> § 1.º Se um dos cônjuges ou concubinos adota o filho do outro, mantêm-se os vínculos de filiação entre o adotado e o cônjuge ou concubino do adotante e os respectivos parentes.[152-155]
>
> § 2.º É recíproco o direito sucessório entre o adotado, seus descendentes, o adotante, seus ascendentes, descendentes e colaterais até o 4.º grau, observada a ordem de vocação hereditária.[156]

142. Condição de filho: é essencial que a atribuição legal seja consolidada na prática, pelos laços fortalecidos de amor e carinho, construídos entre pais e filhos adotivos. "Em geral, as crianças crescem considerando que a maioria das crianças mora com os pais que as conceberam, e, os pais, por sua vez, também cresceram imaginando que viveriam com crianças 'nascidas deles'. A maioria das pessoas, tanto férteis quanto inférteis, não inclui em suas representações e fantasias de família o tema adoção. Assim, a família adotiva se vê exercendo um papel inesperado. Considerar as diferenças entre a família adotiva e a biológica, incluindo as 'dores' envolvidas, permite que os pais possam estar mais sensíveis aos sentimentos de suas crianças, mais abertos às suas questões e, consequentemente, mais aptos para perceber suas necessidades" (Gina Khafif Levinzon, *A criança adotiva na psicoterapia psicanalítica*, p. 20). A adoção ainda representa um tema pouco debatido em escolas; tem sido concretizada sempre em segredo de justiça, impedindo que o Judiciário divulgue os casos de sucesso quanto às ligações entre pais e filhos adotivos; é um assunto discriminado por aqueles profissionais que optam pela afirmação, a qualquer custo, dos laços de sangue; não goza de campanhas nacionais de esclarecimento e de incentivo. Em suma, para muitos, constitui um autêntico tabu. E, ainda, sustenta o preconceito de muitos. Feder sustenta que "os adotados representam uma parte significativa da população das clínicas psiquiátricas, reformatórios, penitenciárias, hospitais psiquiátricos e pessoas que tentam o suicídio" (Gina Khafif Levinzon, *A criança adotiva na psicoterapia psicanalítica*, p. 22). Inexistem pesquisas confiáveis a respeito dessa afirmação, que consideramos leviana. Na realidade, é justamente por preconceitos gerados em cima da filiação adotiva que se cria a ideia de inviabilidade de adaptação real e efetiva do adotado com seus pais adotivos. "Preconceito são convicções fechadas que travam a vida. O homem fica duro, seu coração parece ser de pedra. Todos nascem livres e com direito de ser o que desejam, respeitando e sendo respeitados. A discriminação é uma violação. Ainda em nossos dias ouvimos expressões ligadas ao filho por adoção com 'tem sangue ruim', 'nem parece que é adotado', 'não é filho de verdade' trazendo ao adotado a formação de uma identidade fragilizada, inferior... Os próprios pais muitas vezes dizem, baixando a voz 'ele é adotado'" (Hália Pauliv de Souza, *Adoção tardia. Devolução ou desistência de um filho? A necessária preparação para adoção*, p. 113).

143. Princípio da verdade e filho adotivo: a verdade, como regra, nas relações familiares em geral, é o princípio mais indicado a todos, pois gera autenticidade e sinceridade nos relacionamentos. A construção de afeto sobre o alicerce da mentira pode fazer a relação desabar mais adiante, quando se tornar insustentável a inverdade. Se assim é no cenário da família natural, com maior razão deve ocorrer no âmbito da família adotiva. *Não mentir* à criança ou adolescente adotado é um dever dos pais, em particular no tocante aos laços estabelecidos, vale dizer, nunca esconder o *status* gerado pela adoção. Um *erro grave* é fazer o filho adotado passar por natural, como se representasse um papel desde pequeno, nunca sendo ele mesmo, mas um terceiro, que somente existe na mente dos pais. Quem não está preparado para adotar, não o faça. Porém, incluir uma criança ou jovem na família, fazendo-o acreditar ser de origem biológica, não tem sentido; cria-se uma relação de afeto calcada na inverdade. No futuro, desvendado o segredo – e isso sempre acontece, de um modo ou de outro –, podem ser questionados até mesmo outros valores. Se os pais mentiram sobre a origem, por que também não estariam mentindo sobre o amor, o afeto, a amizade etc.? Não é preciso ser *realista* demais, apenas narrar a verdade. Entrar em detalhes, a respeito do que não foi questionado, expondo a miséria da vida anterior, eventuais abusos sexuais ou violência excessiva dos pais naturais também não é recomendável, ao menos em tenra idade do adotado. A criança tem curiosidade a respeito de coisas banais: de onde veio, por que, para onde foram seus pais biológicos, se é amada mesmo não nascendo da barriga, entre outras questões relativamente simples para se responder com a verdade. É importante que os pais adotivos, sempre que calhar o assunto, exponham a força dos laços afetivos, do amor, do carinho, como instrumentos sólidos na constituição da família. Se já possuírem filhos biológicos, devem demonstrar que todos são absolutamente iguais quanto ao sentimento gerado. Ninguém é mais – ou menos – amado por ser adotivo ou biológico. O *princípio da verdade* blinda o filho adotivo de maledicências de terceiros, incluindo os parentes, nem sempre tão agradáveis quanto se deseja. Quando contar ao filho acerca da adoção? Quando ele perguntar, nem antes, nem depois. Como fazê-lo? Com naturalidade, sem que se transforme num dilema para responder. Há quem se valha da comparação *filho da barriga e filho do coração*. Nesse ponto, concordamos com Suzana Sofia Moeller Schettini ao dizer que, "na perspectiva do filho adotivo, Schettini (1999) pondera que 'ser filho do coração', para algumas crianças, é uma maneira *anormal* de ser filho. O uso desse simbolismo para contar a história da adoção repercute nas crianças de uma forma inversa à pretendida pelos pais. Elas se sentem inferiores às outras que 'nasceram da barriga'. Para o adulto, ser filho do afeto é mais rico e profundo do que ser apenas filho biológico. As crianças, porém, pelo seu concretismo, ainda não fazem essa distinção com clareza, razão por que ainda fazem restrição a serem 'filhos do coração.'" (O processo educativo do filho adotado. In: Luiz Schettini Filho e Suzana Sofia Moeller Schettini (org.). *Adoção. Os vários lados dessa história*, p. 132). Portanto, parece-nos mais adequado dizer que *todos* somos filhos da barriga de alguém. Ninguém *nasce do coração*. Para as crianças, a mensagem pode soar positiva, igualando-as às demais. Diante disso, ela foi adotada porque os pais adotivos quiseram muito dedicar-lhe amor e afeto. E, construída a mensagem, desde cedo, de que os principais laços da família são os afetivos, ela é *tão filha* quanto qualquer outro *filho porventura existente*, de origem biológica. Se os pais demonstrarem que os laços de sangue são secundários, o filho adotado sente-se privilegiado, por ter ingressado numa família que o ama; muito melhor do que ter ficado na família natural, que não lhe dedicou o mesmo afeto, por qualquer razão. Isso não significa, em hipótese alguma, falar mal da família natural do adotado, pois isso não ajuda – ao contrário, prejudica. É importante manter a imagem positiva de seus pais biológicos, que não *puderam* ficar com seu filho natural, por motivos de força maior. Mais uma vez, o princípio da verdade: não se sabe o que aconteceu com os pais biológicos. A maioria dos adotantes não tem a menor noção do histórico familiar do adotado, antes de recebê-lo. "O período de gestação de um filho oferece oportunidade para os pais irem se constituindo nas novas identidades: a de pai e a de mãe. 'A parentalidade é a capacidade psicológica de exercer a função parental, ou seja, ter a competência de ser pai e mãe suficientemente bons para seus filhos' (Morales, 2004, p. 195). Na adoção, entretanto, a constituição da identidade parental demanda do casal um processo de identificação com os novos atributos através de uma gestação psicológica" (Suzana Schettini, O processo educativo do filho adotado. In: Luiz Schettini Filho e Suzana Sofia Moeller Schettini (org.). *Adoção. Os vários lados dessa história*, p. 135). Seguindo-se, fielmente, o princípio da verdade, não se deve, jamais, superproteger o adotado, frente às naturais adversidades da vida (ex.: proibir que, na escola, outras pessoas saibam que ele é adotado), tampouco discriminá-lo dentro de sua própria casa (ex.: tratar melhor o filho biológico do que o adotado). "Para a adoção dar certo, todos devem viver para o futuro. O passado existe, mas não precisa ficar lembrando disso a cada instante. Se o filho falar da vida dele, é só ouvir, sem criticar. Não rotular a mãe que desistiu como uma mulher má. Quando o assunto surgir, devem estimular o agradecimento pela vida. Ela foi um meio de fazer o filho chegar até os novos pais. Para a adoção dar certo, será necessária a doação de amor, paciência, carinho, entendimento e acolhimento por parte dos adotantes. Pelo lado dos profissionais devem tentar colocar o indivíduo em família adequada à idade da criança e dos pais, verificando o melhor interesse da criança. Tudo sem pressa e análise criteriosa. O problema é que em muitos lugares nem existem equipes técnicas disponíveis" (Hália Pauliv de Souza, *Adoção tardia. Devolução ou desistência de um filho? A necessária preparação para adoção,* p. 57). "Todos concordam que a verdade está acima de tudo e é uma proteção para a criança, pois sempre há pessoas maldosas que têm até um prazer mórbido em fazer a 'grande revelação'. Os comentários vindos por terceiros (mesmo irmãos, vizinhos) não são adequados, nem desejáveis e magoam. A revelação é feita de forma negativa. Se a criança estiver informada e preparada, saberá se posicionar, se defender e desarmar o outro. A criança, ou o jovem, sente que viveu uma farsa, que foi enganada. Perderá a confiança nos pais, ficará revoltada, não pela adoção, mas pela mentira, e o relacionamento familiar será prejudicado. (...) Não ficar esperando as perguntas: ir criando situações adequadas à idade dela. Com simplicidade, espontaneidade, delicadeza e sutileza" (Hália Pauliv de Souza & Renata Pauliv de Souza Casanova, *Adoção. O amor faz o mundo girar mais rápido,* p. 85-86). "Talvez por insegurança, os pais não gostam de falar sobre a origem com receio que, com isso, possam perder a importância para a criança. Isso é um mito. A criança tem o direito de conhecer sua história. As pesquisas mostram que quanto mais aberta for a questão da adoção, tanto maior o ajustamento da criança a ela. Não adianta os pais contarem sobre a adoção, mas ter uma regra implícita de não falar dela: 'você foi adotado, mas é tão nosso filho que é melhor não falar mais disso'. A mensagem é dúbia. Se a adoção é uma coisa boa, por que não falar dela? Uma das questões mais comprometedoras para o desenvolvimento psicológico de uma pessoa é a ambivalência. As duplas mensagens deixam a pessoa em uma encruzilhada" (Lidia Natalia Dobrianskyj Weber, *Laços de ternura. Pesquisas e histórias de adoção,* p. 128). "A relação saudável entre pais e filhos baseia-se na abertura de diálogo e na honestidade. Sem honestidade, forma-se uma trama familiar baseada em premissas falsas, o que influencia o relacionamento e o desenvolvimento da criança. O adotado que só descobre a sua adoção no fim da adolescência ou na idade adulta muito provavelmente experiencia sentimentos profundos de traição e dor. Se algo tão fundamental e básico como o relacionamento entre a criança e os pais está baseado em uma mentira, então tudo o mais também é falso. Em segundo lugar, o ato de esconder uma informação como esta indica à criança que há algo errado com a adoção. A criança pode pensar: 'deve haver algo de muito errado comigo...'. Em terceiro lugar, há sempre a possibilidade de que a criança saiba da adoção por terceiros, e de modo inadequado, o que exacerba o sentimento de traição e falta de confiança nos pais. Em quarto lugar, e talvez o mais importante, a criança tem o direito de saber a verdade sobre a sua origem" (Gina Khafif Levinzon, *Adoção,* p. 50).

144. Adoção e família natural: nem todos os interessados em adotar são pessoas sem filhos naturais. Há famílias, com filhos adultos ou ainda pequenos, desejando adotar crianças ou adolescentes por razões variadas. O ponto principal, quando se juntam filhos biológicos com filhos adotivos, é a estratégia dos pais para lidar com a nova realidade. Os problemas certamente advirão, por questões comuns e precisam ser bem resolvidos. Há casais que possuem filhos naturais comuns. Se estes são adultos, quer-se crer seja inexistente ou mínima a resistência à adoção, como regra. Porém, havendo qualquer empecilho, os pais precisam decidir, *antes de adotar,* o que pretendem fazer e como irão lidar com a recalcitrância do(s) filho(s) natural(is). Se tiverem a tendência a não contrariar os filhos biológicos, talvez porque assim tenha sido a educação que lhes foi ministrada, é mais prudente não adotar. Afinal, lançar o filho adotado num universo novo e, de pronto, hostil, é arriscado. Por outro lado, caso tenham plena consciência do que querem, no caso a adoção, devem enfrentar os filhos adultos e marcar o limite da objeção, vale dizer, que jamais chegue à criança ou adolescente adotado. No mais, a melhor solução, sem dúvida, é chegar ao consenso e todos se adaptarem.

145. Questionamentos naturais do adotado: a adoção de criança ou adolescente, por mais bem-sucedida que tenha sido a fase de adaptação, passa por fases difíceis, dentre as quais a do questionamento da paternidade ou maternidade. Crises advêm a todo momento, durante

Art. 41

o longo processo de educação, o que é natural; porém, alguns filhos adotivos aproveitam tais instantes para confrontar seus pais, alegando justamente o óbvio: ser adotivo. A reprimenda somente ocorreu por causa disso; se fosse filho natural, teria outro tratamento; preferia não ter sido adotado; vai procurar seus *verdadeiros* pais, dentre outros – são argumentos levantados para verificar a reação dos pais. "No dia a dia da convivência com os filhos adotivos é comum os pais viverem momentos de angústia, quando os filhos, expressando seu imediatismo na tentativa de conquistar o que lhes dá prazer, investem contra os pais, deixando-os, quase sempre, frágeis e desapontados. Movidos pela raiva momentânea ao lhes ser negado o que reivindicam, pontuam de forma ferina: 'você faz isso porque não é meu pai (ou mãe)'! É como se extravasassem o sentimento de inaceitação da filiação adotiva reprimido. Ledo engano! Essas são atitudes que pertencem ao processo de ajustamento da escolha, em que o filho está buscando a confirmação da maternidade/paternidade para sentir-se com o direito de se reconhecer como filho" (Luiz Schettini Filho, *Pedagogia da adoção. Criando e educando filhos adotivos*, p. 44). "A novela familiar da criança adotiva ocorre de maneira oposta à da criança criada por seus progenitores. Ela fantasia que teria sido 'muito mais feliz' com seus pais biológicos, que estes a teriam compreendido mais e frustrado menos. Pode imaginar que eles eram de uma linhagem nobre, ou que foram forçados a entregá-la e que continuam procurando-a. As funções defensivas deste tipo de fantasia são explicadas do mesmo modo com o que foi descrito anteriormente por Freud" (Gina Khafif Levinzon, *Adoção*, p. 67). Os pais não devem reagir negativamente, nem mesmo levar em consideração como ofensa ou ingratidão, afinal, filhos biológicos também agem desse modo ("preferia não ter nascido"; "gostaria de ser filho de outra pessoa"; "odeio meus pais" etc.) e nem por isso cuida-se de realidade sentimental. Aliás, se o filho natural pode negar a paternidade – e não precisa disso para se afirmar ou testar o amor de seus pais –, o adotado tem muito mais razão em fazê-lo. Afinal, quer *ter certeza* de que é amado; confronta para afirmar o seu amor e receber palavras de conforto de volta; consciente ou inconscientemente, provoca os pais adotivos pela segurança de ouvir, reafirmados, os laços de afeto, que, no fundo, sabe existentes. Pode agir agressivamente, compondo um quadro mais difícil de ser suportado pelos pais; nessa hipótese, deve-se contar com o apoio de profissional especializado. Nem por isso, devem-se olvidar a tolerância e a compreensão de parte a parte. O cerne da questão é tratar dos problemas advindos do processo educacional exatamente do mesmo modo como se faria se fosse um filho biológico. Quanto mais naturalidade no enfrentamento dos questionamentos feitos, maior a chance de sucesso, ultrapassando-se rapidamente essa fase.

146. Herança biológica do adotado e valores adquiridos: nos estudos dedicados à adoção, nacionais e internacionais, encontram-se posições radicais de parte a parte. Há os pessimistas, considerando a adoção sempre um problema; há os otimistas, afastando qualquer lado negativo. Dentre os pessimistas, pode-se encontrar os que fazem questão de evidenciar, dentre os adotados, um *enorme contingente* de pessoas adultas psicologicamente abaladas, outras envolvidas em crimes, algumas internadas em clínicas psiquiátricas e até as que cometeram suicídio. Dentre os otimistas, vê-se os que atestam que 98% dos adotados nunca apresentaram qualquer problema psicológico ou psiquiátrico e não delinquem nem mais nem menos do que os filhos biológicos. Na realidade, segundo nos parece, o meio-termo é o ponto de equilíbrio, onde se situa a verdade. "Ferreyra (1988) ressalta que é importante ter claro que se podem herdar predisposições temperamentais, atitudes, traços físicos, e às vezes doenças, mas o que não se herda são os valores que passam a fazer parte de cada pessoa, assim como as suas formas de pensar, agir, crer e desejar. Tudo isto é adquirido, aprendido, compartilhado, vivido. Da mesma forma, como salienta Lancaster (1996), força física ou traços herdados dependem da influência do ambiente para que se desenvolvam" (Gina Khafif Levinzon, *Adoção*, p. 33). A personalidade do ser humano é formada pela herança biológica mesclada aos valores adquiridos. Constata-se a maior intensidade dos valores captados pelo ser em desenvolvimento do que pela carga genética. Assim sendo, é completamente despropositado acreditar que o filho de um criminoso, no futuro, certamente cometerá um delito. Eventual agressividade (ou qualquer outra característica negativa) herdada do pai pode ser contornada pelos bons ensinamentos, calcados no amor, no zelo e na tolerância.

147. Adoção bem-sucedida: alguns fatores considerados relevantes para o triunfo da adoção podem ser apontados. Quanto à criança: a) ser adotada o mais cedo possível; b) não ter longa história de rejeição extrema e privação; c) não estar muito perturbada no momento da adoção, em especial maiores de 9 anos; d) crianças mais velhas: manter algum contato com um dos pais, irmãos ou parentes depois da colocação; e) ser colocado com algum irmão; f) crianças mais velhas: estar ativamente envolvido na colocação e bem preparado de antemão. Quanto aos pais: a) pais sem filhos que adotam crianças pequenas; b) pais com filhos que adotam crianças mais velhas; c) pais de crianças pequenas não devem adotar outras crianças pequenas; d) motivação forte para dar um lar a uma criança; e) estabilidade no relacionamento do casal e da família de um modo geral; f) visão realista desde o início das dificuldades que podem surgir; g) aceitação de poder haver algum contato com família biológica; h) estar aberto a procurar e receber auxílio especializado (Gina Khafif Levinzon, *Adoção*, p. 78-79).

148. Tutela constitucional da filiação: dispõe o art. 227, § 6.º: "os filhos, havidos ou não da relação do casamento, ou por adoção, terão os mesmos direitos e qualificações, proibidas quaisquer designações discriminatórias relativas à filiação".

149. Desligamento de vínculos anteriores: a lei é bem clara, apontando o integral desligamento dos pais e parentes consanguíneos, para o bem da própria criança ou adolescente, que estabelece fortes e definitivos vínculos com a nova família. Não haveria nenhum sentido em se permitir o contato, como se fosse a adoção uma situação provisória ou mesmo um paliativo, cuja duração dependeria sempre do gosto da família natural. Esse corte já tem início quando a guarda é transmitida ao pretendente, vedando-se visitação dos pais ou parentes. A partir da finalização do procedimento, com a adoção, encerra-se de vez o liame anterior. Temos dúvidas quanto a qualquer aspecto positivo no tocante à permissão, prevista pela Lei 12.010/2009, que modificou o conteúdo do art. 48 deste Estatuto, para o adotado conhecer a sua origem biológica, o que será objeto de comentário mais adiante.

150. Impedimentos matrimoniais: segundo o disposto pelo art. 1.521 do Código Civil, "não podem casar: I – os ascendentes com os descendentes, seja o parentesco natural ou civil; II – os afins em linha reta; III – o adotante com quem foi cônjuge do adotado e o adotado com quem o foi do adotante; IV – os irmãos, unilaterais ou bilaterais, e demais colaterais, até o terceiro grau inclusive; V – o adotado com o filho do adotante; VI – as pessoas casadas; VII – o cônjuge sobrevivente com o condenado por homicídio ou tentativa de homicídio contra o seu consorte". Verificam-se, no geral, obstáculos de natureza moral, consagrando os laços familiares, sem haver a indevida mistura comportamental e até mesmo sanguínea entre parentes e afins. Por isso, embora o registro do adotado seja sigiloso, não o será para a consulta para fins matrimoniais.

151. Confronto com o direito personalíssimo de reconhecimento de filiação: embora a adoção seja irrevogável, essa situação jurídica permite a harmonização com o disposto pelo art. 27 deste estatuto, no sentido de ser possível pleitear o reconhecimento da paternidade/maternidade biológica, apesar de se tratar de postulante adotado. Na jurisprudência: STJ: "Investigação de paternidade. Pedido de alimentos. Assento de nascimento apenas com o nome da mãe biológica. Adoção efetivada unicamente por uma mulher. O art. 27 do ECA qualifica o reconhecimento do estado de filiação como direito personalíssimo, indisponível

Art. 41

Estatuto da Criança e do Adolescente Comentado · **Nucci**

e imprescritível, o qual pode ser exercitado por qualquer pessoa, em face dos pais ou seus herdeiros, sem restrição. Nesses termos, não se deve impedir uma pessoa, qualquer que seja sua história de vida, tenha sido adotada ou não, de ter reconhecido o seu estado de filiação, porque subjaz a necessidade psicológica do conhecimento da verdade biológica, que deve ser respeitada. Ao estabelecer o art. 41 do ECA que a adoção desliga o adotado de qualquer vínculo com pais ou parentes, por certo que não tem a pretensão de extinguir os laços naturais, de sangue, que perduram por expressa previsão legal no que concerne aos impedimentos matrimoniais, demonstrando, assim, que algum interesse jurídico subjaz. O art. 27 do ECA não deve alcançar apenas aqueles que não foram adotados, porque jamais a interpretação da lei pode dar ensanchas a decisões discriminatórias, excludentes de direitos, de cunho marcadamente indisponível e de caráter personalíssimo, sobre cujo exercício não pode recair nenhuma restrição, como ocorre com o Direito ao reconhecimento do estado de filiação. Sob tal perspectiva, tampouco poder-se-á tolher ou eliminar o direito do filho de pleitear alimentos do pai assim reconhecido na investigatória, não obstante a letra do art. 41 do ECA. Na hipótese, ressalte-se que não há vínculo anterior, com o pai biológico, para ser rompido, simplesmente porque jamais existiu tal ligação, notadamente, em momento anterior à adoção, porquanto a investigante teve anotado no assento de nascimento apenas o nome da mãe biológica e foi, posteriormente, adotada unicamente por uma mulher, razão pela qual não constou do seu registro de nascimento o nome do pai. Recurso especial conhecido pela alínea 'a' e provido" (REsp 813.604/SC, 3.ª T., rel. Nancy Andrighi, *DJ* 17.09.2007).

152. Adoção unilateral: estabelece-se a possibilidade de um cônjuge (ou companheiro) adotar o filho do outro; se o fizer, por óbvio, o adotado mantém seus vínculos com quem já era seu pai ou mãe e seus parentes. Ilustrando: "F" casa-se com "G", viúva, que possui um filho "M". Se "F" adotar "M", passando a ter o poder familiar, naturalmente, "M" continua filho de "G", que também terá o poder familiar. A hipótese foi desenhada em lei para que não se visualize como uma perda automática do poder familiar da mãe "G", quando seu marido "F" (estranho a "M", por laços de sangue) resolve adotá-lo. Entretanto, não vemos com bons olhos tal instituto, em certas situações. Utilizando o exemplo *supra*, "M" tinha um pai, "J", que faleceu, ao qual dedicava amor e respeito. Não vemos nenhuma razão para excluí-lo da sua vida, podendo, inclusive, trocar seu sobrenome, apagando o do pai biológico. O padrasto pode exercer, com muito carinho e amor, a sua função de substituto do pai, mas não há necessidade de incorporar um lugar, relegando a memória de outrem ao acaso. Entretanto, a adoção unilateral pode encontrar sentido na hipótese de ser o pai biológico um tirano agressor, que tenha violado a integridade física do filho várias vezes, até que foi destituído do poder familiar. Somente a mãe detém tal poder. Se ela se casar (ou se unir) a outro homem, por certo, se este desejar, pode adotar o filho da sua esposa, até porque ele já não tem um pai que zele pelos seus interesses e lhe dê afeto. Simone Franzoni Bochnia opina: "nessa ordem de ideias, não parece adequado que o 'filho' possa ser adotado pelo companheiro da genitora, tratando-se de jurisdição voluntária, onde por óbvio não é citado o genitor (pois está morto) nem seus descendentes ou ascendentes para virem integrar o feito. Parece que tal ação deveria ser caso de guarda e responsabilidade e não de adoção. Ressalte-se que o genitor falecido terá seu patronímico retirado da certidão de nascimento de seu filho, com o qual também tinha vínculos socioafetivos até a sua morte, e se isto só não bastasse, os avós paternos também serão retirados da certidão de nascimento do neto, sem qualquer manifestação no feito, sem serem chamados ao processo, sem preservação de sua história familiar, ou seja, patrimônio histórico do adotando apagado de sua vida, atingindo inclusive a sua identidade pessoal. (...) com a adoção unilateral será cancelado o registro original da criança, a qual receberá nova certidão de nascimentos, com novo sobrenome, o nome do pai e dos avós paternos alterados, e a partir daí a criança estará legalmente desligada de qualquer vínculo com o pai biológico e parentes paternos, exceto para os impedimentos matrimoniais, perdendo inclusive o direito à herança proveniente destes. Esta situação concreta implica a mudança na identidade da criança, assim como a ruptura de vínculos com a linhagem paterna. Por óbvio que este assunto é merecedor de questionamentos, envolvendo a discussão de até que ponto se pode afirmar que o princípio da prioridade absoluta da criança não está sendo atingido, quando abruptamente nega-se-lhe a sua identidade, seu patrimônio histórico-familiar para, quem sabe, satisfazer o adotante e a genitora, num dado momento. (...) Ainda, se for considerado que as relações conjugais estão sendo *banalizadas* e, de certa forma, se tornando *descartáveis*, transcendem para filiações também *descartáveis*, ou uma manipulação da identidade das crianças pelos adultos. Quiçá, sob o argumento da reconstituição da família nos moldes do modelo nuclear é que se aceita esta forma de adoção unilateral e acaba-se por deturpar o princípio do superior interesse da criança, quando se esquece de que é um direito da criança ter uma filiação definida e estável" (*Da adoção. Categorias, paradigmas e práticas do direito de família*, p. 128-132).

153. Desnecessidade de inclusão de parentes no polo passivo: autorizada legalmente a adoção do filho do cônjuge pelo outro, quando o substituído já faleceu ou foi destituído do poder familiar, inexiste interesse processual em chamar ao feito seus parentes. Ilustrando: "A" e "B" eram casados e tiveram o filho "C". "A" morre. "B" se casa com "D", que deseja adotar "C", ainda menor. Proposto o pedido, não há necessidade de citar os parentes de "A", pois inexiste interesse no caso. Na jurisprudência: TJRS: "Adoção unilateral. Citação dos pais da genitora falecida. Desnecessidade. Ausência de litisconsórcio passivo necessário. Ausente previsão legal para a inclusão, no polo passivo da ação, dos pais biológicos da genitora falecida do adotando, e extraindo verossimilhança da alegação de que o menor sequer chegou a conviver com eles, sob o vetor interpretativo descrito no art. 43 do ECA, não há falar na citação deles, não se tratando a hipótese de formação de litisconsórcio passivo necessário. Agravo de instrumento provido. (...) Como relatado, pretende a agravante adotar Gabriel, filho de seu companheiro, pois a mãe biológica do garoto faleceu no ano de 2004 e, desde então, assumiu as responsabilidades pela criação dele, como verdadeira mãe. Explica que Gabriel, que atualmente está com 11 anos de idade (fl. 29), a considera como mãe. Aduz que nenhum parente da família materna do menino o procurou, razão pela qual entende que não se faz necessária a inclusão dos avós maternos no feito, o que traria tumulto processual, já que não sabe aonde eles residem e daria publicidade indesejada à situação. (...) Como é consabido, a adoção unilateral poderá ocorrer (a) quando no registro de nascimento constar tão somente o nome do pai ou da mãe; (b) quando no registro de nascimento constar também o nome do outro pai ou mãe e (c) adoção pelo cônjuge ou companheiro, quando o pai ou mãe for falecido. No último caso, dispõe a doutrina que 'a adoção pelo cônjuge ou companheiro se opera com um dos pais falecido, havendo necessidade apenas do consentimento do genitor-sobrevivente, devido ao fato de que o poder familiar do outro genitor já ter sido extinto por sua morte'. Percebe-se que a legislação não exige a formação de litisconsórcio passivo necessário, nem a doutrina assim interpreta. E o significado desse silêncio é eloquente, como explicitarei a seguir. No particular, cumpre realçar que a cautela dos estudiosos volta-se para a imperiosidade de examinar a situação concreta em consonância com os interesses do menor, sendo certo que nem sempre a boa convivência entre o filho do cônjuge ou companheiro e a madrasta (ou padrasto) acarretará obrigatoriamente a constituição de novo vínculo de filiação" (AI 70057070740, 8.ª Câm. Cível, rel. Ricardo Moreira Lins Pastl, j. 05.12.2013, v.u.).

154. Adoção e família extensa: os parentes dos pais podem contribuir muito para o sucesso da adoção, quando recebem de braços e mente abertos a criança ou adolescente. Porém, podem complicar bastante a estabilidade da adoção, caso sejam contrários ou expressem seu preconceito em relação ao adotado. Cabe aos pais decidir o que fazer, mas não há que se permanecer no meio-termo: ficar ao lado do filho adotivo ou dos parentes. Se resolveram adotar, mesmo diante da contrariedade captada da família extensa, devem estar preparados para *defender* seu filho de todas as formas possíveis. Receber um filho, estranho aos laços de sangue, para que ele seja constantemente discriminado, é ilógico e imprudente. Durante o processo de habilitação, deve a equipe técnica checar esse aspecto: se a família extensa aceita e, caso não o faça, o que os interessados na adoção pretendem fazer. "Os familiares, da mesma forma que podem ajudar e contribuir para a adaptação das crianças à família, podem servir de obstáculo com seus comentários maldosos e mesmo atitudes de rechaço. Os pais precisam ser bem firmes quando tal fato ocorrer e se aliar a seus filhos que precisam de proteção e cuidados. Neste sentido, cremos ser muito importante que os pais participem dos grupos de apoio à adoção nos quais poderão compartilhar suas experiências e se preparar melhor para lidar com os preconceitos e situações que poderão surgir, não só na própria família como na comunidade de maneira geral" (Cristina Maria de Souza Brito Dias, "A importância da família extensa na adoção". In: Luiz Schettini Filho e Suzana Sofia Moeller Schettini (org.). *Adoção. Os vários lados dessa história*, p. 192). "As dificuldades dos outros membros da família de aceitarem o adotivo como parte da família certamente têm a ver com a interrupção da linhagem, sobretudo os avós, que se sentem incomodados por não verem nos netos (adotivos) a marca genética da família. É como se seus filhos, com a decisão de adotar, estivessem rompendo a cadeia familiar, desvalorizando, desse modo, a consanguinidade. Sabemos do valor dos 'laços de sangue' na nossa cultura parental. Penso que esse sentimento de ver-se no outro através de uma marca genética, preferivelmente fenotípica (o que se refere à aparência física), resulta em parte do desejo pessoal de permanecer vivo mesmo após a sua morte. Aliás, não é sem propósito que construímos mausoléus, multiplicamos fotografias, plantamos estátuas por toda parte, identificamos ruas e cidades com nomes de pessoas" (Luiz Schettini Filho, *Pedagogia da adoção. Criando e educando filhos adotivos*, p. 48).

155. Adoção unilateral em contexto homossexual: viabilidade. O(a) companheiro(a) pode adotar o filho biológico do(a) companheiro(a), pois essa hipótese encaixa-se tanto neste dispositivo quando no cenário autorizador da adoção por casal homoafetivo. Não há nenhum impedimento legal para que essa adoção se concretize, desde que seja no melhor interesse da criança. Na jurisprudência: STJ: "I. Recurso especial calcado em pedido de adoção unilateral de menor, deduzido pela companheira da mãe biológica da adotanda, no qual se afirma que a criança é fruto de planejamento do casal, que já vivia em união estável, e acordaram na inseminação artificial heteróloga, por doador desconhecido, em C.C.V. II. Debate que tem raiz em pedido de adoção unilateral – que ocorre dentro de uma relação familiar qualquer, onde preexista um vínculo biológico, e o adotante queira se somar ao ascendente biológico nos cuidados com a criança –, mas que se aplica também à adoção conjunta – onde não existe nenhum vínculo biológico entre os adotantes e o adotado. III. A plena equiparação das uniões estáveis homoafetivas, às uniões estáveis heteroafetivas, afirmada pelo STF (ADI 4277/DF, Rel. Min. Ayres Britto), trouxe como corolário, a extensão automática àquelas, das prerrogativas já outorgadas aos companheiros dentro de uma união estável tradicional, o que torna o pedido de adoção por casal homoafetivo, legalmente viável. IV. Se determinada situação é possível ao extrato heterossexual da população brasileira, também o é à fração homossexual, assexual ou transexual, e todos os demais grupos representativos de minorias de qualquer natureza que são abraçados, em igualdade de condições, pelos mesmos direitos e se submetem, de igual forma, às restrições ou exigências da mesma lei, que deve, em homenagem ao princípio da igualdade, resguardar-se de quaisquer conteúdos discriminatórios. V. Apesar de evidente a possibilidade jurídica do pedido, o pedido de adoção ainda se submete à norma-princípio fixada no art. 43 do ECA, segundo a qual 'a adoção será deferida quando apresentar reais vantagens para o adotando'. VI. Estudos feitos no âmbito da Psicologia afirmam que pesquisas '(...) têm demonstrado que os filhos de pais ou mães homossexuais não apresentam comprometimento e problemas em seu desenvolvimento psicossocial quando comparados com filhos de pais e mães heterossexuais. O ambiente familiar sustentado pelas famílias homo e heterossexuais para o bom desenvolvimento psicossocial das crianças parece ser o mesmo'. (FARIAS, Mariana de Oliveira e MAIA, Ana Cláudia Bortolozzi in: Adoção por homossexuais: a família homoparental sob o olhar da Psicologia jurídica. Curitiba: Juruá, 2009, pp. 75/76). VII. O avanço na percepção e alcance dos direitos da personalidade, em linha inclusiva, que equipara, em *status* jurídico, grupos minoritários como os de orientação homoafetiva – ou aqueles que têm disforia de gênero – aos heterossexuais, traz como corolário necessário a adequação de todo o ordenamento infraconstitucional para possibilitar, de um lado, o mais amplo sistema de proteção ao menor – aqui traduzido pela ampliação do leque de possibilidades à adoção – e, de outro, a extirpação dos últimos resquícios de preconceito jurídico – tirado da conclusão de que casais homoafetivos gozam dos mesmos direitos e deveres daqueles heteroafetivos. VIII. A confluência de elementos técnicos e fáticos, tirados da i) óbvia cidadania integral dos adotantes; ii) da ausência de prejuízo comprovado para os adotados e; iii) da evidente necessidade de se aumentar, e não restringir, a base daqueles que desejam adotar, em virtude da existência de milhares de crianças que longe de quererem discutir a orientação sexual de seus pais, anseiam apenas por um lar, reafirmam o posicionamento adotado pelo Tribunal de origem, quanto à possibilidade jurídica e conveniência do deferimento do pleito de adoção unilateral. Recurso especial não provido" (REsp 1.281.093/SP, 3.ª T., rel. Nancy Andrighi, *DJ* 18.12.2012). Ver, também, as notas 112 e 113 ao art. 34, § 2.º; a nota 170 ao art. 43; a nota 189 ao art. 47, § 1.º.

156. Sucessão no Código Civil: o disposto neste parágrafo do art. 41 do Estatuto não foge à regra sucessória da lei civil. *In verbis*: "Art. 1.829. A sucessão legítima defere-se na ordem seguinte: I – aos descendentes, em concorrência com o cônjuge sobrevivente, salvo se casado este com o falecido no regime da comunhão universal, ou no da separação obrigatória de bens (art. 1.640, parágrafo único); ou se, no regime da comunhão parcial, o autor da herança não houver deixado bens particulares; II – aos ascendentes, em concorrência com o cônjuge; III – ao cônjuge sobrevivente; IV – aos colaterais. Art. 1.830. Somente é reconhecido direito sucessório ao cônjuge sobrevivente se, ao tempo da morte do outro, não estavam separados judicialmente, nem separados de fato há mais de dois anos, salvo prova, neste caso, de que essa convivência se tornara impossível sem culpa do sobrevivente. Art. 1.831. Ao cônjuge sobrevivente, qualquer que seja o regime de bens, será assegurado, sem prejuízo da participação que lhe caiba na herança, o direito real de habitação relativamente ao imóvel destinado à residência da família, desde que seja o único daquela natureza a inventariar. Art. 1.832. Em concorrência com os descendentes (art. 1.829, inciso I) caberá ao cônjuge quinhão igual ao dos que sucederem por cabeça, não podendo a sua quota ser inferior à quarta parte da herança, se for ascendente dos herdeiros com que concorrer. Art. 1.833. Entre os descendentes, os em grau mais próximo excluem os mais remotos, salvo o direito de representação. Art. 1.834. Os descendentes da mesma classe têm os mesmos direitos à sucessão de seus ascendentes. Art. 1.835. Na linha descendente, os filhos sucedem por cabeça, e os outros descendentes, por cabeça ou por estirpe, conforme se achem ou não no mesmo grau. Art. 1.836. Na falta de descendentes, são chamados à sucessão os ascendentes, em concorrência com o cônjuge sobrevivente. § 1.º Na classe dos ascendentes, o grau mais próximo exclui o mais remoto, sem distinção de linhas. § 2.º Havendo igualdade em grau e diversidade em linha, os ascendentes da linha paterna herdam a metade, cabendo a outra aos da linha materna. Art. 1.837. Concorrendo com ascendente em primeiro grau, ao cônjuge tocará um terço da herança; caber-lhe-á a metade desta se houver um só ascendente, ou se maior for aquele grau. Art. 1.838. Em falta de descendentes e ascendentes, será deferida a sucessão por inteiro ao cônjuge sobrevivente.

Art. 42

Estatuto da Criança e do Adolescente Comentado • **Nucci**

Art. 1.839. Se não houver cônjuge sobrevivente, nas condições estabelecidas no art. 1.830, serão chamados a suceder os colaterais até o quarto grau. Art. 1.840. Na classe dos colaterais, os mais próximos excluem os mais remotos, salvo o direito de representação concedido aos filhos de irmãos. Art. 1.841. Concorrendo à herança do falecido irmãos bilaterais com irmãos unilaterais, cada um destes herdará metade do que cada um daqueles herdar. Art. 1.842. Não concorrendo à herança irmão bilateral, herdarão, em partes iguais, os unilaterais. Art. 1.843. Na falta de irmãos, herdarão os filhos destes e, não os havendo, os tios. § 1.º Se concorrerem à herança somente filhos de irmãos falecidos, herdarão por cabeça. § 2.º Se concorrem filhos de irmãos bilaterais com filhos de irmãos unilaterais, cada um destes herdará a metade do que herdar cada um daqueles. § 3.º Se todos forem filhos de irmãos bilaterais, ou todos de irmãos unilaterais, herdarão por igual. Art. 1.844. Não sobrevivendo cônjuge, ou companheiro, nem parente algum sucessível, ou tendo eles renunciado à herança, esta se devolve ao Município ou ao Distrito Federal, se localizada nas respectivas circunscrições, ou à União, quando situada em território federal".

> **Art. 42.** Podem adotar os maiores de 18 (dezoito) anos, independentemente do estado civil.[157]
>
> § 1.º Não podem adotar os ascendentes e os irmãos do adotando.[158]
>
> § 2.º Para adoção conjunta,[159-160] é indispensável que os adotantes sejam casados civilmente ou mantenham união estável, comprovada a estabilidade da família.[161]
>
> § 3.º O adotante há de ser, pelo menos, dezesseis anos mais velho do que o adotando.[162-163]
>
> § 4.º Os divorciados, os judicialmente separados e os ex-companheiros podem adotar conjuntamente, contanto que acordem sobre a guarda e o regime de visitas e desde que o estágio de convivência tenha sido iniciado na constância do período de convivência e que seja comprovada a existência de vínculos de afinidade e afetividade com aquele não detentor da guarda, que justifiquem a excepcionalidade da concessão.[164]
>
> § 5.º Nos casos do § 4.º deste artigo, desde que demonstrado efetivo benefício ao adotando, será assegurada a guarda compartilhada, conforme previsto no art. 1.584 da Lei n.º 10.406, de 10 de janeiro de 2002 – Código Civil.[165-166]
>
> § 6.º A adoção poderá ser deferida ao adotante que, após inequívoca manifestação de vontade, vier a falecer no curso do procedimento, antes de prolatada a sentença.[167-167-A]

157. Idade mínima para adotar: de maneira coerente, estabelece este estatuto a idade de 18 anos, configuradora da maioridade civil e penal. Logo, a pessoa com 18 anos – ou mais – adquiriu o amadurecimento necessário para gerir sua vida, sem assistência de terceiros, motivo pelo qual também pode ser pai ou mãe adotivo. A modernização trazida pelo passar dos tempos foi a clara viabilidade de haver adoção por uma só pessoa. Diante disso, um homem solteiro (ou uma mulher solteira), por exemplo, pode cadastrar-se para adotar qualquer criança ou adolescente. A família se forma do mesmo jeito, aliás, nos termos expostos pela própria Constituição Federal (art. 226, § 4.º). Não importa o estado civil do adotante, mas a sua capacitação para ser pai ou mãe. Naturalmente, se puder a criança ou adolescente ser adotado por um casal, sentir-se-á mais abrigada e mais próxima à realidade das demais pessoas da sua idade. Entretanto, tais eventuais desconfortos podem ser superados por um bom suporte psicológico e pelo processo educacional, com afeto e informação.

158. Vedação à adoção: os ascendentes e os irmãos consanguíneos da criança ou adolescente sujeita à adoção não podem fazê-lo. Entende-se que seria uma ruptura indevida da linha reta ascendente, na verdade, desnecessária, em face dos fortes laços de sangue e de afeto. Seria o caso de os avós adotarem o próprio neto, em caso de exclusão do poder familiar de seus pais. Não há motivo a tanto. Afinal, os avós, cujos vínculos são tão intensos quanto os dos pais, já possuem estrutura familiar para tomar conta do neto; à falta dos pais, recebem a tutela do neto e podem continuar a ser uma família normalmente. Diga-se o mesmo do irmão mais velho pretender adotar o mais novo. Inexiste razão, pois há fortes vínculos consanguíneos. Se for preciso, exercerá a tutela do mais novo. "A proibição legal nada mais faz do que manter a ordem parental derivada da própria natureza. Sendo os descendentes parentes biológicos, não convém desvirtuar a ascendência, por via da adoção" (Artur Marques da Silvia Filho, *Adoção*, p. 81). Entretanto, há decisões permitindo essa modalidade de adoção, considerando-se as peculiaridades do caso e levando-se em conta o superior interesse da criança. Na jurisprudência: STJ: "4. É certo que o § 1.º do artigo 42 do ECA estabeleceu, como regra, a impossibilidade da adoção dos netos pelos avós, a fim de evitar inversões e confusões (tumulto) nas relações familiares – em decorrência da alteração dos graus de parentesco, bem como a utilização do instituto com finalidade meramente patrimonial. 5. Nada obstante, sem descurar do relevante escopo social da norma proibitiva da chamada adoção avoenga, revela-se cabida sua mitigação excepcional quando: (i) o pretenso adotando seja menor de idade; (ii) os avós (pretensos adotantes) exerçam, com exclusividade, as funções de mãe e pai do neto desde o seu nascimento; (iii) a parentalidade socioafetiva tenha sido devidamente atestada por estudo psicossocial; (iv) o adotando reconheça os adotantes como seus genitores e seu pai (ou sua mãe) como irmão; (v) inexista conflito familiar a respeito da adoção; (vi) não se constate perigo de confusão mental e emocional a ser gerada no adotando; (vii) não se funde a pretensão de adoção em motivos ilegítimos, a exemplo da predominância de interesses econômicos; e (viii) a adoção apresente reais vantagens para o adotando. Precedentes da Terceira Turma. 6. Na hipótese dos autos, consoante devidamente delineado pelo Tribunal de origem: (i) cuida-se de pedido de adoção de criança nascida em 17.3.2012, contando, atualmente, com sete anos de idade; (ii) a pretensão é deduzida por sua avó paterna e seu avô por afinidade (companheiro da avó há mais de trinta anos); (iii) os adotantes detém a guarda do adotando desde o seu décimo dia de vida, exercendo, com exclusividade, as funções de mãe e pai da criança; (iv) a mãe biológica padece com o vício de drogas, encontrando-se presa em razão da prática do crime de tráfico de entorpecentes, não tendo contato com o filho desde sua tenra idade; (v) há estudo psicossocial nos autos, atestando a parentalidade socioafetiva entre os adotantes e o adotando; (vi) o lar construído pelos adotantes reúne as condições necessárias ao pleno desenvolvimento do menor; (vii) o adotando reconhece os autores como seus genitores e seu pai (filho da avó/adotante) como irmão; (viii) inexiste conflito familiar a respeito da adoção, contra qual se insurge apenas o Ministério Público estadual (ora recorrente); (ix) o menor encontra-se perfeitamente adaptado à relação de filiação de fato com seus avós; (x) a pretensão de adoção funda-se em motivo mais que legítimo, qual seja, desvincular a criança da família materna, notoriamente envolvida em criminalidade na comarca apontada, o que já resultou nos homicídios de seu irmão biológico de apenas nove anos de idade e de primos adolescentes na guerra do tráfico de entorpecentes; e (xi) a adoção apresenta reais vantagens para o adotando, que poderá se ver livre de crimes de delinquentes rivais de seus parentes maternos" (REsp 1.587.477/SC, 4.ª T., rel. Luis Felipe Salomão, 10.03.2020, v.u.); "1. Controvérsia, em sede de ação rescisória julgada procedente, acerca da possibilidade de adoção do bisneto pelo bisavô, em face do disposto no art. 42, § 1.º, do ECA. 2. Com o advento da Lei 12.010/09 (Lei Nacional da Adoção), o sistema de adoção no Brasil, em relação a maiores de idade, foi também submetido ao disposto no Estatuto da Criança e do Adolescente, inclusive

Art. 42

Estatuto da Criança e do Adolescente Comentado · Nucci 144

diante da ausência de detalhamento normativo no Código Civil Brasileiro. 3. O art. 42, § 1.º, do ECA, estatui, como regra geral, a proibição da adoção de descendentes por ascendentes, objetivando tanto a preservação de uma identidade familiar, como para evitar a eventual ocorrência de fraudes. 4. O Superior Tribunal de Justiça já conferiu alguma flexibilidade ao disposto no art. 42 do ECA quando há, como norte interpretativo principiológico, direito ou interesse prevalente de modo, mediante juízo de ponderação, a se afastar a literal vedação contida no art. 42, § 1.º, do ECA, de adoção de descendente por ascendente. 5. A relevante existência de relação paterno-filial entre os réus, mais intensa quiçá àquela ordinariamente mantida entre bisavô e bisneto, que, ainda assim, se faz próxima e naturalmente especial, não é suficiente para se afastar a ponderação já realizada pelo legislador ao vedar a adoção de descendente por ascendente. 6. Ausência de interesse a ser especialmente protegido na espécie" (REsp 1.796.733/AM, 3.ª T., rel. Paulo de Tarso Sanseverino, 27.08.2019, maioria).

159. Adoção conjunta: se a adoção é realizada por uma só pessoa, pouco importa o seu estado civil. Entretanto, cuidando-se de adoção conjunta – um casal –, é, realmente, indispensável o vínculo entre ambos. Podem ser casados ou viverem em união estável, pouco importando se a dupla é heterossexual ou homossexual. Afinal, a adoção tem a finalidade de formar uma família para o adotado; não é uma relação de dois amigos, que fazem a caridade de "adotar" alguém necessitado. A parte final deste parágrafo ("comprovada a estabilidade da família"), em nossa visão, deve valer tanto para o casal civilmente casado quanto para o que vive em união estável. Algumas vozes sustentam valer somente para a união estável, pois o *papel* (certidão de casamento) seria a prova maior da estabilidade da união do casal. Esse é um erro comum, pois há uniões estáveis, mormente hoje em dia, muito mais sólidas do que casamentos feitos de maneira irresponsável. A tal certidão, que no passado era um documento muito importante para conferir *status* social e dignidade à família, mantém a sua sobrevida, mas já não é o principal ponto de referência para as famílias em geral. Em suma, para garantir segurança ao adotado, deve-se observar a estabilidade da família pretendente, caso por caso, de maneira concreta. Não importa a certidão de casamento, que pode demonstrar a vivência de poucos meses do casal; não importa atingir patamares predeterminados para a união estável (um ano, dois anos, cinco anos etc.); não é relevante um casamento de vários anos, pois o casal pode encontrar-se em nítida desarmonia; enfim, deve-se buscar o casal emocional e financeiramente estável, que transmita confiança à equipe multidisciplinar, ao promotor e ao juiz da Infância e Juventude. Ver as notas 113 e 114 ao art. 34, § 2.º, desta Lei.

160. Adoção por casal homossexual: possibilidade. Ver as notas 113 e 114 ao art. 34, § 2.º; nota 155 ao art. 41, § 1.º; nota 170 ao art. 43, *caput*; nota 189 ao art. 47, § 1.º.

161. Ampliação do conceito de família: embora a lei mencione somente o casamento e a união estável como meios de formação da família, há de se considerar, atualmente, outras formas de núcleos familiares, que, embora excepcionais, cumprem a mesma função e permitem o crescimento sadio do adotado. Ilustrando com caso real, a situação de dois irmãos que cuidaram de uma criança, permitindo o reconhecimento da família, para fins de adoção, embora entre eles não houvesse nem casamento nem união estável. Conferir: STJ: "O art. 42, § 2.º, do ECA, que trata da adoção conjunta, buscou assegurar ao adotando a inserção em um núcleo familiar no qual pudesse desenvolver relações de afeto, aprender e apreender valores sociais, receber e dar amparo nas horas de dificuldades, entre outras necessidades materiais e imateriais supridas pela família que, nas suas diversas acepções, ainda constitui a base de nossa sociedade. A existência de núcleo familiar estável e a consequente rede de proteção social que podem gerar para o adotando, são os fins colimados pela norma e, sob esse prisma, o conceito de núcleo familiar estável não pode ficar restrito às fórmulas clássicas de família, mas pode, e deve, ser ampliado para abarcar uma noção plena de família, apreendida nas suas bases sociológicas. Restringindo a lei, porém, a adoção conjunta aos que, casados civilmente ou que mantenham união estável, comprovem estabilidade na família, incorre em manifesto descompasso com o fim perseguido pela própria norma, ficando teleologicamente órfã. Fato que ofende o senso comum e reclama atuação do intérprete para flexibilizá-la e adequá-la às transformações sociais que dão vulto ao anacronismo do texto de lei. O primado da família socioafetiva tem que romper os ainda existentes liames que atrelam o grupo familiar a uma diversidade de gênero e fins reprodutivos, não em um processo de extrusão, mas sim de evolução, onde as novas situações se acomodam ao lado de tantas outras, já existentes, como possibilidades de grupos familiares. O fim expressamente assentado pelo texto legal – colocação do adotando em família estável – foi plenamente cumprido, pois os irmãos, que viveram sob o mesmo teto, até o óbito de um deles, agiam como família que eram, tanto entre si, como para o então infante, e naquele grupo familiar o adotado se deparou com relações de afeto, construiu – nos limites de suas possibilidades – seus valores sociais, teve amparo nas horas de necessidade físicas e emocionais, em suma, encontrou naqueles que o adotaram, a referência necessária para crescer, desenvolver-se e inserir-se no grupo social que hoje faz parte. Nessa senda, a chamada família anaparental – sem a presença de um ascendente –, quando constatados os vínculos subjetivos que remetem à família, merece o reconhecimento e igual *status* daqueles grupos familiares descritos no art. 42, § 2.º, do ECA. Recurso não provido" (REsp 1.217.415/RS, 3.ª T., rel. Nancy Andrighi, *DJ* 19.06.2012).

162. Diferença de idade entre adotante e adotado: estabelece a lei deva haver entre ambos o mínimo de 16 anos, cuidando-se para que não se transforme a adoção numa família artificial, com prejuízo psicológico ao próprio adotado. Imagine-se um casal de 20 anos adotar um rapaz de 17. Dificilmente agiriam como uma autêntica família e muito menos conseguiriam transmitir essa imagem à sociedade. A proximidade seria tamanha que todos poderiam ir juntos à balada no sábado à noite e, na essência, não se sabe quem será responsável por quem. Entretanto, não nos parece razoável fixar um número determinado e impositivo. Há de ser 16 anos mais velho. Por que não 15? Ou 17? O ideal seria prever, em lei, que o adotante haveria de ser, preferencialmente, 16 anos mais velho que o adotado, conforme o prudente critério do juiz e das condições do caso concreto. Assim sendo, um casal com 30 anos poderia adotar, sem problema algum, um adolescente de 15 anos. Forma-se uma família e há espaço para que os pais assumam a posição de responsáveis maduros pelo menor. No sentido de flexibilizar no interesse do menor: STJ: "Nos termos do § 1.º do artigo 41 do ECA, o padrasto (ou a madrasta) pode adotar o enteado durante a constância do casamento ou da união estável (ou até mesmo após), uma vez demonstrada a existência de liame socioafetivo consubstanciador de relação parental concretamente vivenciada pelas partes envolvidas, de forma pública, contínua, estável e duradoura. 2. Hipótese em que o padrasto (nascido em 20.3.1980) requer a adoção de sua enteada (nascida em 3.9.1992, contando, atualmente, com vinte e sete anos de idade), alegando exercer a paternidade afetiva desde os treze anos da adotanda, momento em que iniciada a união estável com sua mãe biológica (2.9.2006), pleito que se enquadra, portanto, na norma especial supracitada. 3. Nada obstante, é certo que o deferimento da adoção reclama o atendimento a requisitos pessoais – relativos ao adotante e ao adotando – e formais. Entre os requisitos pessoais, insere-se a exigência de o adotante ser, pelo menos, dezesseis anos mais velho que o adotando (§ 3.º do artigo 42 do ECA). 4. A *ratio essendi* da referida imposição legal tem por base o princípio de que a adoção deve imitar a natureza (*adoptio natura imitatur*). Ou seja: a diferença de idade na adoção tem por escopo, principalmente, assegurar a semelhança com a filiação biológica, viabilizando o pleno desenvolvimento do afeto estritamente maternal ou paternal e, de outro lado, dificultando a utilização do instituto para motivos escusos, a exemplo da dissimulação de interesse sexual por menor de idade. 5. Extraindo-se o citado conteúdo social da norma e tendo em vista as peculiaridades do caso concreto, revela-se possível mitigar o requisito de diferença etária entre adotante e adotanda maior de idade, que defendem a existência de vínculo de paternidade socioafetiva consolidado há anos entre ambos, em decorrência de união estável estabelecida entre o autor e a mãe biológica, que inclusive concorda com a adoção unilateral. 6. Apesar de o adotante ser apenas doze anos mais velho que a adotanda, verifica-se que a hipótese não corresponde a pedido de adoção anterior à consolidação de uma relação paterno-filial, o que, em linha de princípio, justificaria a observância rigorosa do requisito legal. 7. À luz da causa de pedir deduzida na inicial de adoção, não se constata o objetivo de se instituir uma família artificial – mediante o desvirtuamento da ordem natural das coisas –, tampouco de se criar situação jurídica capaz de causar prejuízo psicológico à adotanda, mas sim o intuito de tornar oficial a filiação baseada no afeto emanado da convivência familiar estável e qualificada. 8. Nesse quadro, uma vez concebido o afeto como o elemento relevante para o estabelecimento da parentalidade e à luz das especificidades narradas na exordial, o pedido de adoção deduzido pelo padrasto – com o consentimento da adotanda e de sua mãe biológica (atualmente, esposa do autor) – não poderia ter sido indeferido sem a devida instrução probatória (voltada à demonstração da existência ou não de relação paterno-filial socioafetiva no caso), revelando-se cabível, portanto, a mitigação do requisito de diferença mínima de idade previsto no § 3.º do artigo 42 do ECA" (REsp 1.717.167/DF 2017/0274343-9, 4.ª T., rel. Luis Felipe Salomão, 11.02.2020, v.u.); "2. A diferença etária mínima de 16 (dezesseis) anos entre adotante e adotado é requisito legal para a adoção (art. 42, § 3.º, do ECA), parâmetro legal que pode ser flexibilizado à luz do princípio da socioafetividade. 3. O reconhecimento de relação filial por meio da adoção pressupõe a maturidade emocional para a assunção do poder familiar, a ser avaliada no caso concreto. 4. Recurso especial provido" (REsp 1.785.754/RS, 3.ª T., rel. Ricardo Villas Bôas Cueva, 08.10.2019, v.u.).

162-A. Idade máxima para adotar: inexiste essa previsão nesse Estatuto, de forma que os 16 anos constituem apenas a diferença de idade entre adotante e adotado. Não se pode impor uma idade máxima para a adoção, desde que as condições oferecidas pelo adotante (indivíduo ou casal) apresente nítidas condições de cuidado, proteção, amparo e amor à criança ou adolescente necessitado. Cada caso é um caso, não se podendo extrair uma conclusão única. Na jurisprudência: TJMS: "O art. 42, § 3.º, do ECA impõe apenas limitação mínima de idade entre adotante e adotado, não trazendo qualquer outra restrição em relação a esse item. A idade avançada não pode ser óbice à habilitação para adoção, mormente quando os habilitantes apresentam condições para exercer perfeitamente o poder familiar e preenchem os requisitos do art. 97-A do ECA" (Ap. 0000662-81.2002.8.12.0034/MS, 1.ª Câm. Cível, rel. Sérgio Fernandes Martins, 05.07.2016, v.u.).

163. Diferença de idade válida para um ou para os dois adotantes: eis uma questão duvidosa, que comporta opiniões variadas. Alguns sustentam que somente um dos dois (quando for um casal) precisa ser 16 anos mais velho que o adotando. Outros defendem que ambos devem ser 16 anos mais velhos. Segundo nos parece, já que a lei impõe essa diferença, deve valer para o casal. Não teria sentido algum o pai ter 40 anos, a mãe, 18, e o filho 17. O mesmo conflito apontado na nota anterior estaria aqui desenhado. Em visão diferenciada: "adota-se postura mais liberal, na ótica de que basta que um dos cônjuges ou companheiros tenha idade superior a 18 anos e que entre ele e o adotando haja diferença superior a 16 anos" (Artur Marques da Silvia Filho, *Adoção*, p. 99).

164. Adoção feita por casais separados: em caráter excepcional, autoriza-se a adoção pelo casal divorciado, separado judicialmente ou finda a união estável, desde que o estágio de convivência tenha sido iniciado *antes* da ruptura e provando-se a existência de vínculos afetivos e de afinidade com ambos. Porém, alguns equívocos deste parágrafo: a) afirma-se que a prova da existência de liames afins e afetivos se dá somente com quem não ficará com a guarda. Ledo engano. A criança ou adolescente deve apegar-se ao casal, pois é justamente o que fundamenta a adoção; b) impõe-se a condição estranha de estarem ambos de acordo com a guarda e o regime de visitas. Por quê? Qualquer casal, que tenha filhos consanguíneos, pode discordar a respeito disso, no momento da separação, devendo o juiz decidir o que é melhor para todos (casal e filhos). Ora, o mesmo deve dar-se no tocante ao casal adotante. Se o menor já se encontra há um bom tempo com os pais, deve permanecer com eles, mesmo que se separem e resolvam discutir, em juízo, acerca da guarda e do direito de visita. É a melhor opção. Afinal, se ambos discordarem, segundo a literalidade deste parágrafo, não se defere a adoção, retornando-se a criança ou adolescente à situação anterior de vulnerabilidade, até mesmo encaminhando-o ao abrigo.

165. Guarda compartilhada: tanto é equivocada a previsão feita no parágrafo anterior, no sentido de ser condição para a adoção, feita por casal separado, chegar a um acordo quanto à guarda e regime de visitas, que este parágrafo autoriza expressamente a guarda compartilhada. E o próprio Código Civil preceitua ser a saída quando os pais não chegam a um consenso: Art. 1.584, § 2.º "Quando não houver acordo entre a mãe e o pai quanto à guarda do filho, será aplicada, sempre que possível, a guarda compartilhada". Portanto, com ou sem acordo em relação à guarda e/ou regime de visitação, o casal separado pode adotar, desde que fiquem evidenciados os laços de afinidade e de afeto com o filho. Na área da infância e juventude: TJGO: "1. O poder familiar é um complexo de direitos e deveres atribuídos aos pais, no tocante à pessoa e aos bens dos filhos menores, sendo que o exercício irregular desse direito/dever gera diversos tipos de sanções aos genitores, sendo a mais grave delas, a sua perda. 2. Demonstrado, nos autos, que a mãe biológica e os avós maternos do menor não possuem capacidade social, psicológica e moral para formação saudável do infante, é correta a decisão que, em obediência ao Código Civil e ao Estatuto da Criança e do Adolescente, acolhe o pedido de destituição do poder familiar. 3. O pleito de guarda compartilhada é incompatível com a perda do poder familiar, à vista do disposto no art. 19 do ECA, o que ressai a impossibilidade em autorizar referida pretensão. 4. Apelação cível conhecida e desprovida" (Ap. Cív. 389919-69.2014.8.09.0046/GO, 3.ª Câm. Cível, rel. Gerson Santana Cintra, 28.06.2016, v.u.).

166. Disposições do Código Civil sobre guarda compartilhada: "Art. 1.583. A guarda será unilateral ou compartilhada. § 1.º Compreende-se por guarda unilateral a atribuída a um só dos genitores ou a alguém que o substitua (art. 1.584, § 5.º) e, por guarda compartilhada a responsabilização conjunta e o exercício de direitos e deveres do pai e da mãe que não vivam sob o mesmo teto, concernentes ao poder familiar dos filhos comuns. § 2.º Na guarda compartilhada, o tempo de convívio com os filhos deve ser dividido de forma equilibrada com a mãe e com o pai, sempre tendo em vista as condições fáticas e os interesses dos filhos: I – (revogado); II – (revogado); III – (revogado). § 3.º Na guarda compartilhada, a cidade considerada base de moradia dos filhos será aquela que melhor atender aos interesses dos filhos. § 4.º (vetado). § 5.º A guarda unilateral obriga o pai ou a mãe que não a detenha a supervisionar os interesses dos filhos, e, para possibilitar tal supervisão, qualquer dos genitores sempre será parte legítima para solicitar informações e/ou prestação de contas, objetivas ou subjetivas, em assuntos ou situações que direta ou indiretamente afetem a saúde física e psicológica e a educação de seus filhos. Art. 1.584. A guarda, unilateral ou compartilhada, poderá ser: I – requerida, por consenso, pelo pai e pela mãe, ou por qualquer deles, em ação autônoma de separação, de divórcio, de dissolução de união estável ou em medida cautelar; II – decretada pelo juiz, em atenção a necessidades específicas do filho, ou em razão da distribuição de tempo necessário ao convívio deste com o pai e com a mãe. § 1.º Na audiência de conciliação, o juiz informará ao pai e à mãe o significado da guarda compartilhada, a sua

Art. 42

Estatuto da Criança e do Adolescente Comentado · Nucci

importância, a similitude de deveres e direitos atribuídos aos genitores e as sanções pelo descumprimento de suas cláusulas. § 2.º Quando não houver acordo entre a mãe e o pai quanto à guarda do filho, encontrando-se ambos os genitores aptos a exercer o poder familiar, será aplicada a guarda compartilhada, salvo se um dos genitores declarar ao magistrado que não deseja a guarda do menor. § 3.º Para estabelecer as atribuições do pai e da mãe e os períodos de convivência sob guarda compartilhada, o juiz, de ofício ou a requerimento do Ministério Público, poderá basear-se em orientação técnico-profissional ou de equipe interdisciplinar, que deverá visar à divisão equilibrada do tempo com o pai e com a mãe. § 4.º A alteração não autorizada ou o descumprimento imotivado de cláusula de guarda unilateral ou compartilhada poderá implicar a redução de prerrogativas atribuídas ao seu detentor. § 5.º Se o juiz verificar que o filho não deve permanecer sob a guarda do pai ou da mãe, deferirá a guarda a pessoa que revele compatibilidade com a natureza da medida, considerados, de preferência, o grau de parentesco e as relações de afinidade e afetividade. § 6.º Qualquer estabelecimento público ou privado é obrigado a prestar informações a qualquer dos genitores sobre os filhos destes, sob pena de multa de R$ 200,00 (duzentos reais) a R$ 500,00 (quinhentos reais) por dia pelo não atendimento da solicitação". Na jurisprudência: TJGO: "1. A guarda compartilhada busca a plena proteção do melhor interesse do menor, preservando a sua formação emocional e de sua personalidade, bem como garantindo-lhe a companhia de ambos os pais. 2. A adoção da guarda compartilhada requer, ainda, a fixação do lar principal da criança, a fim de que esta tenha uma referência para a manutenção de sua rotina de vida. 3. Tendo sido demonstrado pelo estudo psicossocial, a capacidade da genitora de ter o filho sob sua responsabilidade e de bem conduzir o seu desenvolvimento, existindo um forte elo entre mãe e filho, deve o lar principal do menor ser fixado em favor dela. 4. Apresentando-se suficientemente fundamentada a sentença, não há motivos para reformá-la, principalmente, em razão do princípio da confiança que privilegia" (Ap. 15863-15.2014.8.09.0087/GO, 5.ª Câm. Cível, rel. Francisco Vildon Jose Valente, 16.06.2016, v.u.).

167. Adoção póstuma: é perfeitamente viável que a conclusão do procedimento de adoção se faça após o falecimento do interessado, bastando a prova inequívoca de sua vontade nesse sentido. Essa prova se faz por todos os meios admissíveis (testemunhas, documentos, fotos, filmes etc.). Exige-se, apenas, esteja em curso o processo de adoção, o que é razoável, pois é a mostra mais certa de que o adotante desejava, realmente, criar laços civis com o adotando. A lei foi correta ao mencionar que a adoção *pode* ser deferida, num caráter facultativo. Afinal, a prova que se deve procurar, nessa hipótese de morte do interessado, além de sua vontade, é de existência de laços afins e afetivos entre ambos (adotante e adotando). Não é porque o adotante faleceu que se releva o estágio de convivência até então ocorrido. Do contrário, estar-se-ia pensando unicamente no eventual benefício sucessório do adotante, quando, na prática, a adoção seria indeferida, pela flagrante incompatibilidade entre os envolvidos, se o adotante estivesse vivo. Tal medida seria indevida (deferir a adoção desprezando-se a compatibilidade), pois o adotado ficaria à mercê da família do adotante, de onde sairia um tutor para conduzir o destino do menor. Por isso, forçar a convivência só porque houve morte é algo imoral e, em nosso entendimento, ilegal. Aliás, basta ver o conteúdo do art. 43 *infra*, determinando seja a adoção baseada em motivos legítimos. "A adoção revelou avanço do legislador estatutário e foi encampado, sem ampliação, o dispositivo, para incluir a hipótese de adoção nuncupativa. Desta forma, permite que o efeito retroativo seja o mais abrangente possível, de modo a privilegiar a ideia de proteção integral e do vínculo parental" (Artur Marques da Silvia Filho, *Adoção*, p. 102). Na jurisprudência: STJ: "1. Recurso especial interposto contra acórdão publicado na vigência do Código de Processo Civil de 2015 (Enunciados Administrativos n.ºs 2 e 3/STJ). 2. O Estatuto da Criança e do Adolescente – ECA –, ao preconizar a doutrina da proteção integral (art. 1.º da Lei n.º 8.069/1990), torna imperativa a observância do melhor interesse da criança. 3. É possível o deferimento da adoção póstuma, mesmo que o adotante não tenha dado início ao processo formal, desde que presente a inequívoca vontade para tanto. 4. Na hipótese, rever as conclusões do tribunal de origem, que vislumbrou os requisitos para a configuração da vontade de adoção da menor pelo falecido, encontra o óbice da Súmula n.º 7/STJ. 5. Agravo interno não provido" (AgInt no REsp 1.667.105/RJ, 3.ª T., rel. Ricardo Villas Bôas Cueva, 14.10.2019, v.u.); "1. A adoção póstuma é albergada pelo direito brasileiro, nos termos do art. 42, § 6.º, do ECA, na hipótese de óbito do adotante, no curso do procedimento de adoção, e a constatação de que este manifestou, em vida, de forma inequívoca, seu desejo de adotar. 2. Para as adoções *post mortem*, vigem, como comprovação da inequívoca vontade do *de cujus* em adotar, as mesmas regras que comprovam a filiação socioafetiva: o tratamento do adotando como se filho fosse e o conhecimento público dessa condição. 3. Em situações excepcionais, em que demonstrada a inequívoca vontade em adotar, diante da longa relação de afetividade, pode ser deferida adoção póstuma ainda que o adotante venha a falecer antes de iniciado o processo de adoção. 4. Se o Tribunal de origem, ao analisar o acervo de fatos e provas existente no processo, concluiu pela inequívoca ocorrência da manifestação do propósito de adotar, bem como pela preexistência de laço de afetividade a envolver o adotado e o adotante, repousa sobre a questão o óbice do vedado revolvimento fático e probatório do processo em sede de recurso especial. 5. Recurso especial conhecido e não provido" (REsp 1.326.728/RS, 3.ª T., rel. Nancy Andrighi, *DJ* 20.08.2013). TJRS: "A parentalidade socioafetiva é um instituto de origem pretoriana e doutrinária que, quando configurada, se destina a proteger e sustentar a relação jurídica parental preexistente que decorra de ato formal e voluntário de reconhecimento de maternidade ou paternidade, consolidada no plano fático, visando a defender o seu desfazimento diante da alegação de ausência de liame genético. Pressupõe, pois, uma prévia, expressa e formal manifestação de vontade de reconhecimento da filiação, de modo que a pretensão de que haja o reconhecimento forçado de filiação socioafetiva quando os supostos pais socioafetivos já eram falecidos quando do ajuizamento da ação não encontra previsão no ordenamento jurídico vigente. Isso porque, nessas condições, o pedido formulado implicaria impor uma verdadeira adoção póstuma, à revelia dos adotantes – o que não pode obter trânsito, por não contar com uma inequívoca manifestação de vontade por parte do adotante, como exige o art. 42, § 6.º, da Lei n.º 8.069/1990. O mero vínculo afetivo não tem o condão de respaldar um julgamento de procedência do pedido de adoção póstuma, necessitando de manifestação de vontade expressa dos falecidos, inexistente no caso em exame. Negaram provimento. Unânime" (Ap. Cív. 70073643942/RS, 8.ª Câm. Cível, rel. Luiz Felipe Brasil Santos, 17.08.2017, v.u.).

167-A. Adoção póstuma antes da Lei 12.010/2009: conhecida como Lei Nacional da Adoção, desde 2009, permite a adoção, mesmo que ocorra o falecimento do adotante, durante o procedimento, desde que evidenciada a sua nítida manifestação de vontade nesse sentido. Porém, valendo-se de analogia, o STJ permitiu o prosseguimento de um pedido, iniciado em 1999, no qual se constatou o falecimento do adotante, antes da entrada em vigor da referida Lei 12.010/2009. Conferir: STJ: "1. O tratamento legal da adoção sofreu severas transformações legais nos últimos anos. De acordo com o CC/1916, a adoção era feita por escritura pública e seus efeitos limitavam-se ao adotante e ao adotado. Com a entrada em vigor do CC/2002, passou-se a exigir processo judicial para todos os pedidos de adoção. Posteriormente, com a promulgação da Lei 12.010/2009, a adoção de maior de 18 (dezoito) anos não mais pode ser realizada por mera escritura pública, sendo imprescindível sentença judicial constitutiva da relação. Além disso, aplicam-se ao procedimento, no que couber, as disposições previstas no ECA. 2. A Lei 8.069/90, em seu art. 42, § 6.º, estabelece que 'a adoção poderá ser deferida ao adotante que, após inequívoca manifestação de vontade, vier a falecer no curso do procedimento, antes de prolatada a sentença'. 3. No período compreendido entre

Art. 43

a entrada em vigor do Estatuto da Criança e do Adolescente e a publicação da Lei Nacional da Adoção (Lei 12.010/2009), houve uma lacuna legislativa acerca da adoção póstuma. Isso porque, de acordo com o ECA, esse instituto era expressamente permitido aos menores, mas, de outra parte, a legislação civil – que regulava a adoção de maiores – nada mencionava sobre o assunto. 4. Estando o juiz diante de uma omissão legislativa, deve fazer uso dos meios de integração da norma – entre os quais, preliminarmente, a analogia (art. 4.º da LINDB). No caso dos autos, deve-se aplicar a analogia para suprir o hiato legislativo existente, tendo em vista que o pedido foi formulado no ano de 1999, exatamente entre a publicação do ECA e a da Lei 12.010/2009. 5. Ademais, o pedido de adoção merece ser apreciado, pois a matéria se refere ao estado das pessoas e às regras de processo, à qual cumpre aplicar de imediato as normas em vigor, inclusive aos requerimentos ainda em trâmite. 6. Assim, tanto pelo emprego da analogia quanto pela pronta incidência das leis atualmente em vigor, a pretensão recursal deve ser acolhida, para permitir aos recorrentes que o pedido de autorização de adoção seja apreciado, mesmo depois do óbito do adotante. 7. Recurso especial provido, para anular a sentença e o acórdão recorrido e determinar às instâncias ordinárias que apreciem o pedido de adoção formulado, como entenderem de direito" (REsp 656.952/DF, 4.ª T., rel. Antonio Carlos Ferreira, 02.06.2016, v.u.).

> **Art. 43.** A adoção será deferida quando apresentar reais vantagens para o adotando e fundar-se em motivos legítimos.[168-172]

168. Real vantagem e motivação legítima: este artigo estabelece dois requisitos gerais para a adoção, que estão em harmonia com a proteção integral da criança e do adolescente e o seu superior interesse. O vínculo civil formado pela adoção é irrevogável, razão pela qual não se trata de um ato de vontades, calcado em caprichos, impulsos ou meros desejos superficiais; tanto da parte do adotante quanto do adotando é preciso haver efetiva vontade de se ligarem como família, recebendo disso tudo de positivo e de negativo, o que contextualiza qualquer núcleo familiar. Portanto, a concessão da guarda ao adotante é essencial para o estágio de convivência, que deve sempre existir, mesmo tratando-se de recém-nascidos, pois o casal pode não estar apto a adotar. É preciso *testá-lo* cuidando da criança, antes de se deferir a adoção. Eis a *real vantagem* para o adotando. Quanto à motivação legítima, significa a união da legalidade com a moralidade, espelhando a vontade do adotante de possuir uma família, recebendo, para tanto, o adotando, sem segundas intenções, como, por exemplo, *passar adiante a criança, mediante pagamento*, ou, ainda, obter um filho com o único propósito de *salvar seu casamento*, tentando *segurar* o cônjuge que pretende separar-se. A equipe interprofissional do Juizado deve estar atenta a tais fatores escusos, bem como o promotor e o magistrado. Muitas adoções realizadas sem a devida avaliação redundam em fracasso com a pior das soluções: rejeição do adotado pelo(s) adotante(s). Por outro lado, não consideramos obstáculo legítimo à adoção a oposição de parentes do adotante, pois quem vai cuidar, criar e amar o filho adotivo é este e não aqueles. Até mesmo filhos naturais, mais velhos, não querem que os pais adotem uma (ou mais) criança(s) por puro ciúme e, pior, interesses materialistas na futura herança, que será igualmente dividida. A Vara da Infância e Juventude não pode dar ouvidos a tais muxoxos invejosos e/ou materialistas, em detrimento do real interesse do adotante e da efetiva vantagem do adotando. Na jurisprudência: TJRS: "O princípio do melhor interesse da criança, quando aplicável à adoção, foi disciplinado pelo artigo 43 do ECA e foram estipulados dois requisitos: (1) apresentar reais vantagens ao adotando e (2) fundar-se em motivos legítimos. Laudo psicológico constatou que a motivação do casal era de satisfazer o vazio ocasionado pela solidão. A criança não pode ser reduzida a um mero objeto de satisfação das necessidades dos pretensos pais, para servir de instrumento para preencher o vazio ocasionado pela solidão. Rebaixar o infante a essa condição jurídica significa afrontar os ditames mais básicos do Direito Infantil, o qual eleva a criança a patamar diferenciado pois a considera sujeito de direitos merecedor de proteção do Estado e da sociedade. A criança e o adolescente não são meios para atender as necessidades de outrem: pelo contrário, eles são um fim em si mesmos, uma vez que a cabe a todos protegê-los. Ter filhos – quer sejam biológicos, quer sejam adotivos – consiste no ato contínuo e duradouro de dar de si antes de pensar em si. Significa transbordar o melhor da essência para além das fronteiras do ego e derramá-la sobre eles, e não reduzi-los a um simples objeto de satisfação e de preenchimento de necessidades ou vazios afetivos. Apelo improvido. Unânime" (Ap. Cív. 70067735373/RS, 8.ª Câm. Cível, rel. Ivan Leomar Bruxel, 13.07.2017, v.u.).

169. Requisitos escassos em lei: os atributos fixados para os pretendentes à adoção são mínimos, gerando, portanto, a habilitação de várias pessoas incapacitadas, na verdade, para adotar. E, pior, criou-se, hoje, uma *fila de adoção*; quem está na frente, leva a criança. Como lembra Verônica Petersen Chaves, "poucos são os atributos dos candidatos à adoção exigidos pela lei brasileira. O Estatuto da Criança e do Adolescente diz que todos os cidadãos brasileiros acima de 18 anos de idade, independente de estado civil, mantendo a diferença mínima de 16 anos entre adotante e adotado, podem se candidatar à adoção. O art. 43 acrescenta que a adoção somente será deferida quando apresentar reais vantagens para o adotando, for fundada em motivos legítimos e onde se suponha que entre o adotante e o adotado se estabelecerá um vínculo semelhante ao de filiação (Hoppe e cols., 1992)" (Verônica Petersen Chaves, Algumas informações sobre a adoção no Brasil. In: Anete Hilgemann, *Adoção: duas mães para uma vida*, p. 133).

170. Adoção por homossexual: trata-se de hipótese indiscutivelmente possível. O ponto fundamental não é a orientação sexual do(s) adotante(s), mas a sua qualificação para adotar. "De nossa parte entendemos que o foco deve ser mudado: a adoção deve ser analisada do ponto de vista do adotando, vale dizer, é perquirir se há reais vantagens para o adotando com a adoção. O art. 43 do ECA é claro quanto a essa determinação: sempre se deve ver o interesse do menor (...) Tendo sido o casal admitido no cadastro para adoção, não há por que se negar à criança o direito de ter um lar com pessoas que a amem" (Fuller, Dezem e Martins, *Estatuto da criança e do adolescente*, p. 76). "É nosso pensamento que, o que deve nortear o processo é sempre o *interesse da criança*. Cada caso deverá ser estudado, sem preconceito. Não obstante seja esse tema bastante polêmico e encontre grande resistência em ser aceito pela Sociedade brasileira, certo é que vem sendo objeto de intensa exploração por parte da mídia e se prevê que, muito em breve essa campanha em favor da adoção por parte de homossexuais se tornará vitoriosa" (Eunice Ferreira Rodrigues Granato, *Adoção – doutrina e prática, com comentários à nova lei de adoção*, p. 154). "Não havendo nenhuma disposição legal que impeça a adoção de crianças ou adolescentes por homossexuais, negá-la com base na orientação sexual, tão somente, equivaleria a proceder a uma distinção que a própria Carta Magna veda terminantemente. Assim, observados os requisitos constantes na legislação adicional – ou seja, se a adoção apresentar reais vantagens para o adotando (art. 1.625, CC/2002) [revogado pela Lei 12.010/2009] e se fundamentar em motivos legítimos (art. 43, ECA), e ainda se o adotante for compatível com a natureza da medida e oferecer ambiente familiar adequado (art. 29, ECA), nenhum óbice remanesce" (Artur Marques da Silvia Filho, *Adoção*, p. 103). "Diante da 'pluralidade de possibilidades de fundamentação racional dos juízos de igualdade e desigualdade – efetivamente, mesmo que sejam considerados somente dados normativos' (Rios, 2001, p. 78), os(as) magistrados(as) isentos(as) de preconceitos sexuais infundados,

Art. 43

Estatuto da Criança e do Adolescente Comentado · **Nucci**

ou os(as) que, pelo menos, conseguem avaliar o caso *sub judice* ética e profissionalmente, encontram argumentos o suficiente racionais e posicionamentos científicos sintonizados com o atual estágio dos saberes interdisciplinares (no hodierno Direitos das Famílias, na Psicologia, por exemplo), para bem fundamentarem o acolhimento do pedido de adoção pelo casal homossexual, posto não haver legislação que a vede no Brasil" (Enézio de Deus Silva Júnior, *A possibilidade jurídica de adoção por casais homossexuais*, p. 119). Na jurisprudência: STJ: "1. A questão diz respeito à possibilidade de adoção de crianças por parte de requerente que vive em união homoafetiva com companheira que antes já adotara os mesmos filhos, circunstância a particularizar o caso em julgamento. 2. Em um mundo pós-moderno de velocidade instantânea da informação, sem fronteiras ou barreiras, sobretudo as culturais e as relativas aos costumes, onde a sociedade transforma-se velozmente, a interpretação da lei deve levar em conta, sempre que possível, os postulados maiores do direito universal. 3. O art. 1.º da Lei 12.010/09 prevê a 'garantia do direito à convivência familiar a todas e crianças e adolescentes'. Por sua vez, o art. 43 do ECA estabelece que 'a adoção será deferida quando apresentar reais vantagens para o adotando e fundar-se em motivos legítimos'. 4. Mister observar a imprescindibilidade da prevalência dos interesses dos menores sobre quaisquer outros, até porque está em jogo o próprio direito de filiação, do qual decorrem as mais diversas consequências que refletem por toda a vida de qualquer indivíduo. 5. A matéria relativa à possibilidade de adoção de menores por casais homossexuais vincula-se obrigatoriamente à necessidade de verificar qual é a melhor solução a ser dada para a proteção dos direitos das crianças, pois são questões indissociáveis entre si. 6. Os diversos e respeitados estudos especializados sobre o tema, fundados em fortes bases científicas (realizados na Universidade de Virgínia, na Universidade de Valência, na Academia Americana de Pediatria), 'não indicam qualquer inconveniente em que crianças sejam adotadas por casais homossexuais, mais importando a qualidade do vínculo e do afeto que permeia o meio familiar em que serão inseridas e que as liga a seus cuidadores'. 7. Existência de consistente relatório social elaborado por assistente social favorável ao pedido da requerente, ante a constatação da estabilidade da família. Acórdão que se posiciona a favor do pedido, bem como parecer do Ministério Público Federal pelo acolhimento da tese autoral. 8. É incontroverso que existem fortes vínculos afetivos entre a recorrida e os menores – sendo a afetividade o aspecto preponderante a ser sopesado numa situação como a que ora se coloca em julgamento. 9. Se os estudos científicos não sinalizam qualquer prejuízo de qualquer natureza para as crianças, se elas vêm sendo criadas com amor e se cabe ao Estado, ao mesmo tempo, assegurar seus direitos, o deferimento da adoção é medida que se impõe. 10. O Judiciário não pode fechar os olhos para a realidade fenomênica. Vale dizer, no plano da 'realidade', são ambas, a requerente e sua companheira, responsáveis pela criação e educação dos dois infantes, de modo que a elas, solidariamente, compete a responsabilidade. 11. Não se pode olvidar que se trata de situação fática consolidada, pois as crianças já chamam as duas mulheres de mães e são cuidadas por ambas como filhos. Existe dupla maternidade desde o nascimento das crianças, e não houve qualquer prejuízo em suas criações. 12. Com o deferimento da adoção, fica preservado o direito de convívio dos filhos com a requerente no caso de separação ou falecimento de sua companheira. Asseguram-se os direitos relativos a alimentos e sucessão, viabilizando-se, ainda, a inclusão dos adotandos em convênios de saúde da requerente e no ensino básico e superior, por ela ser professora universitária. 13. A adoção, antes de mais nada, representa um ato de amor, desprendimento. Quando efetivada com o objetivo de atender aos interesses do menor, é um gesto de humanidade. Hipótese em que ainda se foi além, pretendendo-se a adoção de dois menores, irmãos biológicos, quando, segundo dados do Conselho Nacional de Justiça, que criou, em 29 de abril de 2008, o Cadastro Nacional de Adoção, 86% das pessoas que desejavam adotar limitavam sua intenção a apenas uma criança. 14. Por qualquer ângulo que se analise a questão, seja em relação à situação fática consolidada, seja no tocante à expressa previsão legal de primazia à proteção integral das crianças, chega-se à conclusão de que, no caso dos autos, há mais do que reais vantagens para os adotandos, conforme preceitua o art. 43 do ECA. Na verdade, ocorrerá verdadeiro prejuízo aos menores caso não deferida a medida. 15. Recurso especial improvido" (REsp 889.852/RS, 4.ª T., rel. Luis Felipe Salomão, j. 27.04.2010, *DJe* 10.08.2010). Ver, também, a nota 113 ao art. 34, § 2.º, contendo, inclusive, a decisão do STF, a respeito da viabilidade do reconhecimento da união estável entre pessoas homoafetivas; nota 155 ao art. 41, § 1.º; nota 159 ao art. 42, § 2.º; nota 189 ao art. 47, § 1.º.

171. Adoção por transexual: trata-se de tema tão controverso quanto raro, senão ainda inexistente. O preconceito em relação à homossexualidade não foi completamente contornado, embora tenha havido consideráveis avanços, no Brasil, nos últimos anos. Aceitar um interessado homossexual (ou um casal homoafetivo) já é o máximo que se consegue sustentar atualmente como candidato à adoção. Assim sendo, dever-se-ia, igualmente, admitir a adoção por transexual, desde que a sua vida pessoal seja regrada o suficiente para permitir o convívio de uma criança ou adolescente. Mas, como mencionamos linhas atrás, se nem mesmo o preconceito contra o homossexual foi eliminado, com muito mais intensidade a discriminação está presente no tocante ao transexual. "Reconhecer uma transexual não somente enquanto sujeito pleno de direitos, mas, especialmente, enquanto MÃE, no sentido mais pleno e afetivo da palavra ainda significa, para parcela considerável de operadores(as) jurídicos(as), uma afronta; uma desestabilização do sistema que só tem permitido o reconhecimento da família por 'critério da natureza' (e, para nossa perplexidade, constatou-se, neste caso de São José do Rio Preto, a fim de retirar a guarda provisória da criança, uma argumentação distante do Estado laico Democrático de Direito: a de que o Judiciário deveria respaldar somente os laços familiares heterossexuais, presumivelmente amparados/legitimados pela 'vontade divina'. E tal foi para os autos)" (Enézio de Deus Silva Júnior, *A possibilidade jurídica de adoção por casais homossexuais*, p. 199). O caminho para isso ocorrer de modo natural ainda é longo, sujeito a muitos obstáculos.

172. Preconceito em relação ao filho adotivo: muitas vezes, o périplo da adoção, com todos os seus detalhismos, dificuldades, lentidão, dentre outros percalços, ainda não é suficiente na vida dos adotantes e adotados. Sobrevive a isso o preconceito. Como bem lembra Renata Pauliv de Souza, "ser filho adotivo é ser filho. É certo que muitas vezes existem algumas lacunas na história de vida da pessoa, que podem (ou não) gerar curiosidade, dúvidas e fantasias, acerca destes fatos conhecidos. (...) Ser adotivo, contudo, não é fácil. Pelos preconceitos sociais, este filho 'tem' que 'andar na linha', pois, se for um 'filho problema', o será por ser adotado (e não por possíveis dificuldades dos pais ou da família)" (Ser filho adotivo. In: Luiz Schettini Filho e Suzana Sofia Moeller Schettini (org.). *Adoção. Os vários lados dessa história*, p. 14). O lado pós-adoção, que se leva em consideração na adoção internacional, é simplesmente ignorado no âmbito da adoção nacional. Esse equívoco também precisa ser abordado pelo Estado, não para fazer cobranças à família substituta, mas para lhe oferecer apoio, particularmente da equipe multiprofissional em atividade na Vara da Infância e Juventude. Entretanto, enquanto essa equipe for carente de recursos humanos, é praticamente inviável estender a sua atuação para a fase após a adoção. No mais, o estigma de ser *filho adotivo* é disseminado por vários setores da sociedade, inclusive pelos meios de comunicação. Quando um jovem de família de bem rouba, estupra ou mata, a título de exemplo, se for adotivo, ganha rapidamente as manchetes da imprensa. A conclusão equivocada é sempre a mesma: assim agiu por ser *adotivo*. Essa menção deveria ser *vedada*, exatamente como é proibida a divulgação dos nomes de menores envolvidos em atos infracionais. Nas escolas, em geral, da mesma maneira que se explica às crianças e adolescentes os seus direitos básicos, deve-se esclarecer a inexistência de diferença entre filhos biológicos e adotivos; deve-se firmar a relevância da família formada pelos laços de afeto, independentemente de orientação sexual – o que auxiliaria nos casos de adoção por homossexuais –, além de se mostrar ao aluno os melhores valores, justamente os que são opostos ao preconceito e à discriminação. "Os meios de comunicação têm grande poder de influenciar a população e, ao se referir a alguém que passou pelo 'processo de adoção', sempre menciona como 'filho adotivo', principalmente se este estiver ligado a alguma situação desagradável. Após a documentação ser efetivada, há o desaparecimento da palavra 'adotivo' e 'FILHO É APENAS... FILHO'. Quando se menciona 'filho adotivo' e nunca 'filho biológico' para quem comete alguma falta social, está se aumentando o preconceito. Por que sempre precisa a presença de adjetivo? Por que usar a expressão 'pai de verdade'? Existe 'pai de mentira'? Vemos a imprensa sempre dando destaque exagerado aos casos que envolvem esta pessoa que passou (veja bem – é passado!) pelo processo adotivo. A palavra ADOTIVO vira um sobrenome, um diferencial e gera uma exposição gratuita do indivíduo" (Hália Pauliv de Souza, *Adoção tardia. Devolução ou desistência de um filho? A necessária preparação para adoção*, p. 116-117). "Há pessoas que acham que pais adotivos são corajosos, heróis, beneméritos ou mesmo 'loucos' por aceitarem como filho alguém que 'não tem o seu sangue'. Acham que existe 'sangue ruim' e que, mais cedo ou mais tarde, acontecerão problemas. Que bom se nas famílias consanguíneas não existissem problemas como homicídios, dependência química, DSTs ou gravidez precoce. (...) Há a ideia falsa de que todo filho adotivo será 'doente', irá se drogar, viverá em permanente 'trauma' devido a seu abandono e que, crescendo, irá rejeitar ou ser 'ingrato' com os pais afetivos. Há o mito de que a adoção de criança mais crescida é um problema, que na adoção a família vive 'num mar de rosas', que estes pais, ao serem apresentados ao futuro filho, vão imediatamente se apaixonar. A vida numa família por adoção ou com laços sanguíneos tem momentos felizes e momentos difíceis também". (...) Comentários de terceiros acerca dos adotados: "a) adotados têm sangue ruim; b) depois de adotar irão engravidar; c) não nega a origem...; d) nem parece que é adotado...; e) é problemático? Claro! Foi adotado; f) será um peso para a família; g) poderá ser doente; h) é um ser inferior; i) e se a mãe 'de verdade' aparecer...; j) será marginal. Não sabemos a sua genética; k) não é 'filho de verdade'; l) nasceu do coração (coração não é útero)" (Hália Pauliv de Souza & Renata Pauliv de Souza Casanova, *Adoção. O amor faz o mundo girar mais rápido*, p. 97-99). "Os preconceitos encontrados foram muitos e muito fortes. Talvez o maior deles seja o mais infundado: as pessoas achavam que 'filhos adotivos, cedo ou tarde, sempre apresentavam problemas', como se os laços de sangue trouxessem junto um certificado de garantia! Neste momento é preciso esclarecer que, ao falar de adoção, nós sempre nos reportamos aos inevitáveis termos 'filhos adotivos', 'pais adotivos' e 'famílias adotivas'. Gostaria, entretanto, de recordar a proibição da Constituição e do Estatuto da Criança e do Adolescente, de qualquer discriminação em relação aos filhos. (...) Como escreveu lucidamente o Dr. Di Loreto (1997), a adoção tem sentido de sintoma e não raro é utilizada como nome de doença. Os colegas costumam telefonar para ele e dizer: 'Bom dia, Di Loreto, você tem horários livres no consultório? Então vou lhe encaminhar um adotado'" (Lidia Natalia Dobrianskyj Weber, *Laços de ternura. Pesquisas e histórias de adoção*, p. 21-22).

> **Art. 44.** Enquanto não der conta de sua administração e saldar o seu alcance, não pode o tutor ou o curador adotar o pupilo ou o curatelado.[173]

173. Disposições do Código Civil acerca da prestação de contas: *quanto ao tutor*: "Art. 1.755. Os tutores, embora o contrário tivessem disposto os pais dos tutelados, são obrigados a prestar contas da sua administração. Art. 1.756. No fim de cada ano de administração, os tutores submeterão ao juiz o balanço respectivo, que, depois de aprovado, se anexará aos autos do inventário. Art. 1.757. Os tutores prestarão contas de dois em dois anos, e também quando, por qualquer motivo, deixarem o exercício da tutela ou toda vez que o juiz achar conveniente. Parágrafo único. As contas serão prestadas em juízo, e julgadas depois da audiência dos interessados, recolhendo o tutor imediatamente a estabelecimento bancário oficial os saldos, ou adquirindo bens imóveis, ou títulos, obrigações ou letras, na forma do § 1.º do art. 1.753. Art. 1.758. Finda a tutela pela emancipação ou maioridade, a quitação do menor não produzirá efeito antes de aprovadas as contas pelo juiz, subsistindo inteira, até então, a responsabilidade do tutor". *Quanto ao curador*: "Art. 1.781. As regras a respeito do exercício da tutela aplicam-se ao da curatela (...)". O objetivo desta norma é evitar a fraude quanto à prestação de contas, mas não se aplica a quem não possui patrimônio algum. Na jurisprudência: TJMG: "A regra prevista no art. 44, do Estatuto da Criança e do Adolescente, que exige prévia prestação de contas da administração da curatela como condição à adoção pelo curador, não tem cabimento no caso específico dos autos, eis que inexistente qualquer preocupação quanto à hipótese de o adotante se valer do instituto para camuflar eventual dilapidação do patrimônio do adotando/curatelado. Pedido julgado procedente" (Apelação Cível 1.0024.10.270911-0/001, 1.ª Câm. Cível, rel. Eduardo Andrade, *DJ* 05.06.2012).

> **Art. 45.** A adoção depende do consentimento dos pais ou do representante legal do adotando.[174-176]
>
> § 1.º O consentimento será dispensado em relação à criança ou adolescente cujos pais sejam desconhecidos ou tenham sido destituídos do poder familiar.[177-178]
>
> § 2.º Em se tratando de adotando maior de doze anos de idade, será também necessário o seu consentimento.[179]

174. Consentimento dos pais ou responsável: a adoção é um mecanismo de formação de família civil, cujos laços equivalem-se, para todos os fins, aos da família natural; por isso, é inconcebível que uma criança ou adolescente possua duas famílias (dois pais e duas mães), ambas no pleno exercício do poder familiar. Diante disso, a adoção necessita da retirada de cena dos pais naturais ou do responsável legal (por exemplo, um tutor). Há viabilidade de se colher o consentimento dos pais, o que, geralmente, ocorre logo após o nascimento, quando eles não querem criar o filho. Dificilmente, muito tempo depois, os pais concordam. Parece nascer um sentimento – embora indevido – de propriedade/posse da criança ou adolescente, mesmo que sejam maltratados e desprezados. Surgem, então, os mecanismos alternativos, consistentes na destituição do poder familiar por ordem judicial, para que o menor possa ser adotado. Na jurisprudência: TJMG: "A adoção pressupõe consenso da mãe biológica. O elemento volitivo somente pode ser afastado frente à destituição do pátrio poder. Este, por sua vez, demanda sentença judicial em ação de conhecimento pelo rito ordinário e não pode ser perquirido em jurisdição voluntária, mormente quando não existe consenso. É possível, outrossim, que sejam cumulados os pedidos de destituição do poder familiar com a adoção, desde que feitos no rito próprio. A retratação da mãe biológica nos autos do pedido de adoção consensual, em procedimento de jurisdição voluntária, que se diz arrependida de ter entregado o filho à adoção, leva à extinção do feito pela litigiosidade instaurada. Mantém-se, com a extinção do procedimento, a situação fática pré-existente, de modo que fica mantida a guarda dos autores pretendentes à adoção, cedida regularmente, por inexistir fato posterior que a

Art. 45

Estatuto da Criança e do Adolescente Comentado · **Nucci**

modifique nestes autos" (Ap. 1.0480.07.097265-2/001, 1.ª Câm. Cível, rel. Vanessa Verdolim Hudson Andrade, 19.05.2009, v.u.).

175. Pedido de adoção depois da perda do poder familiar ou cumulado com pedido para esse objetivo: é preciso o consentimento dos pais biológicos, para viabilizar a adoção, ou, então, a perda do poder familiar. Logo, antes do procedimento de adoção, torna-se fundamental o ajuizamento da destituição do poder familiar, pelo Ministério Público ou por quem tenha legítimo interesse. É viável que os pretendentes à adoção proponham a referida ação de destituição. Por outro lado, nada impede a propositura de uma só demanda com cumulação de pleitos: ação de destituição do poder familiar cumulada com adoção. Ela passa a ser regida pelo contraditório, garantindo ampla defesa aos pais naturais. Na jurisprudência: TJSP: "1) O deferimento da guarda do menor à família substituta não fere os fundamentos da Resolução 54 do CNJ, quanto menos os arts. 45 e 50, ambos do ECA. Pelo contrário, a inserção do menor no seio de uma família durante o processo de adoção resguarda seus interesses, vez que proporciona um desenvolvimento mais adequado ao infante. 2) A ação de adoção implica a destituição do poder familiar, logo, os adotantes têm legitimidade para propor a ação de adoção c/c destituição do poder familiar. 3) O Ministério Público já atua em defesa dos interesses do menor. E não sendo caso de aplicação do disposto nos art. 142 e 148, parágrafo único, f, ambos do ECA, desnecessária a nomeação de curador especial ao infante no curso do processo. 4) Sendo desnecessária a dilação da instrução probatória, o julgamento antecipado da lide não implica em cerceamento de defesa. 5) Existindo nos autos fortes indícios que a genitora da criança, a abandonou recém-nascida, justificada está a destituição do poder familiar. Ademais, deve ser julgado procedente o pedido de adoção quando demonstrado que os adotantes são quem melhor atendem aos interesses do infante, comprovado que os genitores do menor não são capazes de lhe proporcionar um desenvolvimento saudável" (Apelação Cível 1.0024.10.117768-1/001, 1.ª Câm. Cível, rel. Vanessa Verdolim Hudson Andrade, *DJ* 08.05.2012). TJMG: "Admite-se a cumulação do pedido de destituição do poder familiar com o de adoção, situação em que o pedido será apreciado em processo contencioso, assegurando-se aos pais biológicos o exercício da ampla defesa e do contraditório. A dilação probatória faz-se necessária quando se instaura controvérsia acerca de fatos relevantes para a solução da lide. Nas hipóteses em que a questão litigiosa for unicamente de direito, ou não houver necessidade de produção de prova em audiência, caberá o julgamento antecipado da lide, a teor do art. 330, I, do CPC. Nos moldes do entendimento do c. STJ, 'compete ao Ministério Público, a teor do art. 201, III e VIII, da Lei 8.069/90 (ECA), promover e acompanhar o processo de destituição do poder familiar, zelando pelo efetivo respeito aos direitos e garantias legais assegurados às crianças e adolescentes – REsp 1.176.512/RJ)'. A adoção deve ser deferida quando, inexistindo qualquer situação de impedimento legal, a medida se mostrar favorável aos melhores interesses da criança, por lhe proporcionar um ambiente familiar propício, em que sejam atendidas suas necessidades físicas, afetivas e psicológicas" (Apelação Cível 1.0024.13.121780-4/001, 4.ª Câm. Cível, rel. Heloisa Combat, 16.04.2015).

176. Consentimento dirigido: atualmente, não é mais possível o consentimento dado pelos pais para que a adoção de seu filho seja feita por determinado casal ("intuitu personae"). Se eles concordarem com a perda do poder familiar, para fins de adoção, deverão saber que a criança ou adolescente entrará num cadastro geral, em que há uma *fila de espera* de interessados em adotar. Por isso, não sabem onde seu filho de sangue irá parar. O veto a tal situação, antes viável, deveu-se à ideia de que muitos pais estariam *comercializando* seus filhos, *vendendo-os* a famílias ricas, o que seria imoral. Além disso, poderiam *vender* seus filhos para estrangeiros, fomentando o tráfico de crianças. Em terceiro lugar, alguns chegam a argumentar, o que nos soa fora de propósito, que há uma *espera* por parte de pessoas que se inscreveram há muito tempo, motivo pelo qual se um casal *doar* seu filho a alguém não constante de tal lista, estaria *furando a fila*. Os três argumentos não se sustentam, em nosso entendimento. Há pais que poderiam *vender* seus filhos a famílias ricas. É possível que isso ocorresse (e ainda ocorra), mas, conforme o caso concreto, para a criança não existe absolutamente nenhum prejuízo. Se a família abonada puder dela cuidar com zelo, carinho, amor e conforto material, o superior interesse do menor foi atendido. Ademais, há pessoas que não *vendem* seus filhos, mas querem que eles tenham uma vida bem melhor do que as próprias existências. São pessoas pobres, que não podem cuidar dos seus filhos de sangue, mas desejam *escolher* nas mãos de quem vão entregá-los. Querem ter a certeza de que será bem cuidado, além de terem a garantia de acompanhar o seu crescimento e formação, mesmo à distância. Nenhum mal há nisso, ao contrário, a criança terá pais adotivos e os pais biológicos ficarão felizes por verem-na em boas mãos, podendo ter um contato futuro amistoso. Essa forma de adoção, denominada de *dirigida*, é por muitos criticada, mas sem razão de peso. Em paralelo, pode-se exemplificar com a lei de doação de órgãos. É lícito doar um rim, mas é crime vendê-lo. Faça-se o mesmo com a criança: deveria ser lícito doá-la a quem o pai ou a mãe desejem, mas constituiria crime vendê-la. O tráfico de crianças deve ser combatido, inclusive na órbita criminal. Mas isso não significa que um casal devesse ser proibido de doar seu filho a um interessado estrangeiro. Todas as avaliações seriam devidamente feitas pelo juízo da Infância e Juventude, aprovando ou desaprovando o(s) candidato(s) escolhido(s) pelos pais naturais. Quanto à tal fila de espera para se ter filhos, cuida-se de uma visão distorcida da absoluta proteção e do superior interesse *da criança*. Quem a defende ainda está ligado, embora possa até mesmo fazê-lo de maneira inconsciente, ao *direito* do adulto à criança – e não o oposto. A linha correta, de acordo com os princípios constitucionais concernentes ao tema, é consagrar o *direito da criança* a ter uma família. Ninguém, em sã consciência, ainda mais com a tutela estatal, deveria ingressar numa fila para *ganhar* um filho. Quem está em primeiro lugar, leva a criança. Quem está em segundo, pode ser mais adequado àquele infante, mas não pode *furar a fila*. Ouve-se o argumento de que há pessoas que estão na *fila* há muito tempo, estão frustradas e ainda não receberam *seu filho*. Logo, a adoção dirigida seria um golpe trágico nessa linha de pensamento. Há, também, os que defendem os direitos dos casais estéreis, como se a Constituição Federal assegurasse algum direito a eles de ter filhos, mesmo que venham de outras famílias. Dizem que a adoção dirigida pode retirar de muitos casais, que *não podem ter filhos*, a chance de tê-los. É perfeitamente compreensível que os casais estéreis desejem ter filhos (ou os casais homossexuais). Acreditamos, inclusive, que possam ser até os melhores pais, muito dedica-dos, afetivos e apaixonados por seus filhos adotivos. Mas isso não pode inverter o postulado maior: quem tem direito a uma família é a criança ou adolescente – e jamais o contrário. Assim sendo, pensando no superior interesse infantojuvenil, deveria ser permitida a adoção dirigida, desde que se verificassem a sua idoneidade e a capacitação dos pretendentes a serem pais adotivos. Ver a nota 112 ao art. 166, que trata do mesmo tema. Na doutrina, favorável à adoção dirigida, Dalva Azevedo Gueiros narra que "os relatos orais coletados para este estudo indicaram que a entrega do filho pela mãe ou pelos pais não representa, via de regra, descaso ou desamor deles para com a criança. Sinalizaram, sim, uma tentativa de, por meio de pais substitutos, oferecerem ao filho a possibilidade de uma inserção sociofamiliar mais digna do que a deles, pais biológicos. (...) Aqui se coloca uma questão: por que ocorre a entrega e não o abandono do filho? Nosso entendimento é o de que há, entre essas famílias, apesar de todas as mudanças e rompimentos ocorridos, uma noção bem sedimentada de cuidado e proteção aos seus membros e, assim, quando se veem impossibilitados de exercerem eles próprios tais funções, buscam terceiros nos quais confiem que os substituirão, a contento e em acompa-nhar, ao menos à distância, o desenvolvimento da criança, motivo pelo qual fazem questão de que os pais substitutos estejam entre aqueles com os quais possam manter algum tipo de

Art. 45

contato mesmo que seja através de amigos, vizinhos ou conhecidos" (*Adoção consentida do desenraizamento social da família à prática de adoção aberta*, p. 160 e 195).

177. Dispensa do consentimento: não se colhe o consentimento de quem é desconhecido, vale dizer, legalmente inexistente. Assim o pai da criança que não a reconheceu. Aliás, por vezes, nem mesmo a mãe sabe quem é o pai. Embora conste em lei, seria mesmo impossível correr atrás de quem é completamente desconhecido para conseguir a sua concordância. Diga-se o mesmo dos pais que foram destituídos do poder familiar. Seu filho está sem responsável legal; por isso, seria mesmo inútil almejar o consentimento de quem não pode dá-lo. Na jurisprudência: STJ: "1. A teor do art. 45, § 1.º, do Estatuto da Criança e do Adolescente, só é exigível para a adoção o consentimento de quem detinha o poder familiar à época, de modo que, falecido o pai biológico do Adotando, extinguiu-se o poder familiar (art. 1.635, inciso I, do Código Civil), sendo desnecessária a anuência dos avós paternos do Adotando ao pedido de homologação ou mesmo a sua citação. 2. A jurisprudência do Superior Tribunal de Justiça firmou-se no sentido de que até o consentimento de um dos pais biológicos, mesmo sem a prévia destituição do poder familiar, pode ser dispensado quando a situação fática consolidada no tempo for favorável ao Adotando. 3. Caso dos autos em que, além da situação fática favorável ao Adotando estar consolidada no tempo, já que P A L DA S foi adotado por seu padrasto em 2004, e de ter constado na sentença estrangeira que 'a autorização do pai da criança não é considerada necessária porque seu paradeiro permanente é desconhecido' (fl. 13), ficou demonstrado que seu pai biológico faleceu no mesmo ano da adoção, razão pela qual não há que se impor aos Requerentes – o próprio Adotando, hoje maior, a mãe biológica e o pai adotivo – obrigação não prevista em lei, e que não encontra amparo em jurisprudência desta Corte Superior. 4. Agravo interno desprovido" (AgInt na SE 14.097/EX, Corte Especial, rel. Laurita Vaz, 20.11.2017, v.u.). TJMG: "A adoção depende da anuência dos pais e dos representantes legais do adotando. Todavia, em observância ao art. 1.621, § 1.º, do Código Civil e ao art. 45, § 1.º, do Estatuto da Criança e do Adolescente, o consentimento será dispensado em relação à criança cujos pais sejam desconhecidos ou tenham sido destituídos do poder familiar. Destituído o poder familiar em decorrência da maioridade da adotanda, prescinde o consentimento dos pais biológicos desta. Em relação à adoção de maior, malgrado entenda-se pela desnecessidade do consentimento dos pais registrais, imprescindível a citação destes, a fim de precaver eventual interesse jurídico" (AI 1.0000.15.086412-2/001/MG, 5.ª Câm. Cível, rel. Versiani Penna, 16.03.2016).

178. Dispensa do consentimento por situação de fato consolidada: corretamente, em homenagem ao *superior interesse* da criança ou adolescente, têm os tribunais admitido a dispensa do consentimento dos pais biológicos, quando o infante ou jovem já se encontra, de fato, há muitos anos em poder dos pretendentes à adoção, consolidados os laços afetivos. Realmente, cuida-se da posição mais sensata a ser acolhida, pois, no mínimo, os pais naturais nem ligaram para a *perda de fato* do filho; não o buscaram em lugar algum; não registraram ocorrência policial de sequestro; enfim, nada fizeram, demonstrando o seu consentimento tácito à perda do poder familiar. Esta pode não ser a regra, mas é hipótese a ser considerada, conforme o caso concreto. Na jurisprudência: STJ: "1. O caso em exame traz as seguintes circunstâncias: I) a adoção do menor brasileiro foi deferida, pela sentença estrangeira homologanda, ao atual esposo italiano da brasileira mãe biológica da criança, cuja guarda fora anteriormente outorgada à genitora pela Justiça brasileira; II) tanto no processo estrangeiro como em outro que tramitou no Brasil foi reconhecido o abandono do menor pelo pai biológico; III) a adoção por sentença italiana já perdura por longo tempo – mais de doze anos –, encontrando-se o adotando, também requerente, hoje com mais de 23 anos de idade e apresentando nítido interesse na regularização de seu *status* familiar. 2. No contexto, está

Art. 46

Título II – Dos Direitos Fundamentais

configurada hipótese excepcional de dispensa: do consentimento paterno, sem prévia destituição do pátrio poder, para a adoção do, à época, menor; e da citação pessoal do pai biológico no processo estrangeiro e neste pedido homologatório de sentença estrangeira. 3. É, assim, devida a homologação da sentença estrangeira de adoção, porquanto atendidos os requisitos previstos no art. 15 da Lei de Introdução às Normas do Direito Brasileiro e nos arts. 216-A a 216-N do RISTJ, bem como constatada a ausência de ofensa à soberania nacional, à ordem pública e à dignidade da pessoa humana (LINDB, art. 17; RISTJ, art. 216-F). 4. Defere-se o pedido de homologação da sentença estrangeira" (SEC 10.697/EX, Corte Especial, rel. Raul Araújo, 02.09.2015, v.u.).

179. Consentimento do maior de 12 anos: trata-se da concordância do adolescente no tocante aos interessados na sua adoção. A norma espelha o respeito que se deve ter em relação ao adolescente, cuja maturidade, embora em formação, já desperta tendências e vontades nítidas. Considerando-se a delicadeza do processo de adoção, é mais indicado ouvir e acatar o adolescente. No tocante à criança, deve também ser ouvida, desde que possa manifestar-se validamente, como aquela com seus 10 anos, por exemplo. A lei não estipula ser a sua vontade determinante para o processo de adoção, porém o juízo da Infância e Juventude deve inserir a sua manifestação no contexto geral, sob pena de prejudicar seriamente a formação da família.

> **Art. 46.** A adoção será precedida de estágio de convivência com a criança ou adolescente, pelo prazo máximo de 90 (noventa) dias, observadas a idade da criança ou adolescente e as peculiaridades do caso.[180-180-A]
>
> § 1.º O estágio de convivência poderá ser dispensado se o adotando já estiver sob a tutela ou guarda legal do adotante durante tempo suficiente para que seja possível avaliar a conveniência da constituição do vínculo.[181]
>
> § 2.º A simples guarda de fato não autoriza, por si só, a dispensa da realização do estágio de convivência.[182]
>
> § 2.º-A. O prazo máximo estabelecido no *caput* deste artigo pode ser prorrogado por até igual período, mediante decisão fundamentada da autoridade judiciária.[182-A]
>
> § 3.º Em caso de adoção por pessoa ou casal residente ou domiciliado fora do país, o estágio de convivência será de, no mínimo, 30 (trinta) dias e, no máximo, 45 (quarenta e cinco) dias, prorrogável por até igual período, uma única vez, mediante decisão fundamentada da autoridade judiciária.[183]
>
> § 3.º-A. Ao final do prazo previsto no § 3.º deste artigo, deverá ser apresentado laudo fundamentado pela equipe mencionada no § 4.º deste artigo, que recomendará ou não o deferimento da adoção à autoridade judiciária.[183-A]
>
> § 4.º O estágio de convivência será acompanhado pela equipe interprofissional a serviço da Justiça da Infância e da Juventude,[184] preferencialmente com apoio dos técnicos responsáveis[185] pela execução da política de garantia do direito à convivência familiar, que apresentarão relatório minucioso acerca da conveniência do deferimento da medida.
>
> § 5.º O estágio de convivência será cumprido no território nacional, preferencialmente na comarca de residência da criança ou adolescente, ou, a critério do juiz, em cidade limítrofe, respeitada, em qualquer hipótese, a competência do juízo da comarca de residência da criança.[185-A]

180. Estágio de convivência: é o período no qual adotante e adotando convivem como se família fossem, sob o mesmo teto, em intimidade de pais e filhos, já devendo o adotante sustentar, zelar, proteger e educar o adotando. É um período de teste para se aquilatar o grau de afinidade entre ambos os lados e se, realmente, fortalecem-se os laços de afetividade, que são fundamentais para a família. De fato, é um estágio indispensável, sob qualquer prisma, pouco importando a idade da criança ou adolescente. A lei, com acerto, impôs o estágio, mas havia deixado ao critério do juiz a sua extensão, observando-se as peculiaridades do caso concreto. O advento da Lei 13.509/2017 permitiu nova redação ao *caput* desse artigo, passando a ser de, no máximo, noventa dias o referido estágio de convivência. Salientou-se, ainda, deva o juiz observar a *idade da criança ou adolescente*, além das peculiaridades do caso concreto. Melhor assim. Três meses são suficientes para aquilatar a harmonia entre a família e o infante ou jovem, salvo se houver alguma particularidade, quando, então, o prazo pode ser aumentado. Ademais, sendo um bebê, esse prazo pode ser encurtado, por exemplo. Se a criança possui idade mais elevada, o período pode ser maior do que deve ser para o recém-nascido, mas não significa alongá-lo demais. A afinidade e a afetividade são elementos fortes, que, como regra, não admitem vacilos ou relativização. Noutros termos, existem ou não existem. O *mais ou menos* não serve para a adoção. Esse é justamente o trabalho da equipe interprofissional do Juizado, além da observância do promotor e a conclusão judicial. Estágios muitos longos ou muito curtos são perniciosos. Os longos causam insegurança tanto nos pais quanto na criança ou adolescente, especialmente quando entendem bem o que se passa. Surgem as questões mais temidas: será que vale a pena doar (ou receber) tanto amor, durante tanto tempo, para depois retornar à situação anterior? Será que vou perder esses pais? (pensa o adotando). Será que vou perder o filho? (meditam os pais). Isso gera desequilíbrio emocional e termina prejudicando o que seria promissor. Por outro lado, estágios muito curtos contribuem para o fracasso de certas adoções, pois o tempo de convivência não permitiu que as partes se conhecessem bem. Adotantes e adotandos podem decepcionar-se, quando ingressa a vida cotidiana em família. Em nossa visão, *três meses* são suficientes para o estágio de convivência, agora consagrados em lei. Um pouco mais ou um pouco menos, conforme o caso concreto. "Conceituar convivência familiar não é tarefa fácil, mas pode ser entendida como a relação afetiva e duradoura no ambiente comum, entre as pessoas que compõem o grupo familiar. Não é limitada apenas entre os pais e filhos, mas também a convivência com avós e outros parentes com os quais, especialmente a criança e o adolescente, mantêm vínculos de afinidade e afeto. Pressupõe o lar, a moradia em que as pessoas se sentem protegidas, amparadas e acolhidas, demonstrando a verdade real da família socioafetiva" (Dimas Messias de Carvalho, *Adoção, guarda e convivência familiar*, p. 10). Sobre a dispensa do estágio de convivência, como disposto no § 1.º abaixo, na realidade, inexiste, pois o tempo de guarda ou tutela é convívio do mesmo jeito. Ver, também, a nota 136 ao art. 39, § 1.º (devolução de crianças e adolescentes).

180-A. Devolução do menor durante o estágio de convivência: eis um grande e grave problema enfrentado em vários locais do Brasil. Os interessados na adoção, recebendo a guarda provisória da criança ou adolescente, levam-no para casa. Como já mencionamos, os estágios de convivência não podem ser muito longos, pois as expectativas tornam-se (do menor e dos adotantes) torturantes. Problemas, desencontros, conflitos sempre existirão, no entanto, há quem *devolva* a criança ou jovem ao juízo e, logo após, ao abrigo, durante esse período, que tem sido longo, pela lentidão injusta das Varas da Infância e Juventude. Em nossa visão, cuida-se de um problema, pois transforma o sentimento de rejeição da criança ou adolescente multiplicado por vários fatores. Já tivera o afastamento dos pais biológicos e, agora, enfrenta a rejeição dos potenciais adotantes. Além disso, há mais um aspecto a abordar: quando o juiz da infância e juventude, mal assessorado, determina o retorno da criança/jovem ao abrigo, porque entende que os adotantes não são adequados. É preciso analisar, com cautela, o que ocorre, pois o objetivo do estágio de convivência, levando-se em conta o curto espaço de tempo (90 dias), é aquilatar a harmonia ou desarmonia entre adotantes e adotando, razão pela qual, se inexistente, o vínculo provisório se desfaz. O ponto mais relevante se dá quando o estágio de convivência ultrapassa – e muito – o período de 90 dias, permitindo a consolidação dos laços para, subitamente, os pais desistirem da adoção; nesse caso, há trauma gerado para o adotando. No entanto, há responsabilidade por parte do juízo, ao permitir um estágio provisório tão longo. Em suma, havendo abuso de direito ou negligência funcional, pode-se resolver por meio de indenização por dano moral. Na jurisprudência: STJ: "5. Hipótese dos autos em que o adotando passou a conviver com os pretensos adotantes aos quatro anos de idade, permanecendo sob a guarda destes por quase oito anos, quando foi devolvido a uma instituição acolhedora. 6. Indubitável constituição, a partir do longo período de convivência, de sólido vínculo afetivo, há muito tempo reconhecido como valor jurídico pelo ordenamento. 7. Possibilidade de desistência da adoção durante o estágio de convivência, prevista no art. 46, da Lei n.º 8.069/90, que não exime os adotantes de agirem em conformidade com a finalidade social deste direito subjetivo, sob pena de restar configurado o abuso, uma vez que assumiram voluntariamente os riscos e as dificuldades inerentes à adoção. 8. Desistência tardia que causou ao adotando dor, angústia e sentimento de abandono, sobretudo porque já havia construído uma identidade em relação ao casal de adotantes e estava bem adaptado ao ambiente familiar, possuindo a legítima expectativa de que não haveria ruptura da convivência com estes, como reconhecido no acórdão recorrido. 9. Conduta dos adotantes que faz consubstanciado o dano moral indenizável, com respaldo na orientação jurisprudencial desta Corte Superior, que tem reconhecido o direito a indenização nos casos de abandono afetivo. 10. Razoabilidade do montante indenizatório arbitrado em 50 salários mínimos, ante as peculiaridades da causa, que a diferenciam dos casos semelhantes que costumam ser julgados por esta Corte, notadamente em razão de o adolescente ter sido abandonado por ambos os pais socioafetivos" (REsp 1.981.131/MS, 3.ª T., rel. Paulo de Tarso Sanseverino, 08.11.2022, v.u.); "1. A desistência da adoção durante o estágio de convivência não configura ato ilícito, não impondo o Estatuto da Criança e do Adolescente nenhuma sanção aos pretendentes habilitados em virtude disso. 2. Embora o fato de a criança ter recebido diagnóstico de doença grave e incurável possa ter contribuído para a desistência da adoção, haja vista que os candidatos a pais eram pessoas extremamente simples e sem condições financeiras, o fato de a genitora biológica ter contestado o processo de adoção e ter requerido, sucessivamente, que a criança lhe fosse devolvida ou que lhe fosse deferido o direito de visitação, não pode ser desprezado nesse processo decisório. 3. A desistência da adoção nesse contexto está devidamente justificada, não havendo que se falar, em situações assim, em abuso de direito, especialmente, quando, durante todo o estágio de convivência, a criança foi tratada, não havendo nada que desabone a conduta daqueles que se candidataram no processo" (REsp 1.842.749/MG, 4.ª T., rel. Maria Isabel Gallotti, 24.10.2023, v.u.). TJRS: "Considerando que a função do estágio de convivência é, justamente, buscar a adaptabilidade do (s) menor (es) ao (s) adotante (s) e deste (s) à(s) criança (s), quando esta adaptação não ocorre e há desistência da adoção durante este período, não há configuração de qualquer ato ilícito ensejador de dano moral ou material" (AC 70.079.126.850/RS, 8.ª Câm. Cível, rel. Rui Portanova, 04.04.2019, m.v.). TJRJ: "O estágio de convivência não pode servir de justificativa legítima para a causação, voluntária ou negligente, de prejuízo emocional ou psicológico a criança ou adolescente entregue para fins de adoção. Após alimentar as esperanças de uma criança com um verdadeiro lar, fazer que o menor volte ao acolhimento institucional refletindo o motivo pelo qual foi rejeitado novamente, configura inquestionável dano moral, e sem dúvida acarreta o dever de indenizar daqueles que deram causa de forma imotivada a tal situação. Sentença mantida. Recurso desprovido" (Ap. 0001435-17.2013.8.19.0206/RJ, 11.ª Câm. Cível, rel. Claudio de Mello Tavares, 30.03.2016).

181. Dispensa do estágio de convivência: na verdade, pode-se deixar de lado o período de convívio denominado *estágio de convivência*, mas jamais a convivência. Por isso, quem

Art. 46

Estatuto da Criança e do Adolescente Comentado · **Nucci**

possui a guarda ou a tutela de determinado menor já convive com ele, cuida de seus interesses e pode viver em família harmoniosamente. Diante disso, dependendo do tempo de convívio, dispensa-se a fixação de outro período de estágio. Não significa que, deixando-se de lado o estágio, estará automaticamente deferida a adoção. Será de todo modo avaliada a conveniência da constituição do vínculo entre guarda e pupilo ou entre tutor e tutelado, agora como pai e filho. Na jurisprudência: TJDF: "Adoção. Criança menor de 1 ano de idade. Dispensa do estágio de convivência. 1. Só o fato de a criança ter menos de um ano de vida não afasta a necessidade do estágio de convivência, que deve ser examinado à luz do caso concreto" (AI 0014862-97.2006.807.0000, 6.ª T., rel. Sandra de Santis, 18.04.2007, v.u.).

182. Guarda de fato: é a mantença da criança ou adolescente sob os cuidados, proteção, sustento e dedicação de alguém, sem aval do juiz. Pode ocorrer em situações excepcionais, como o caso de falecimento da mãe, sem pai conhecido, ficando o recém-nascido nas mãos de um vizinho, por exemplo. Esse vizinho pode ter interesse na adoção. Se for considerado candidato apto – o que será, hoje, muito difícil, com a existência do cadastro e da referida *fila de interessados* –, poderá permanecer com a criança e, oficialmente, deferido o estágio de convivência. Não se computa o período de guarda de fato, pois não foi supervisionado pela equipe interprofissional do Juizado. Provavelmente, se o vizinho estiver com uma criança gravemente enferma (portadora do vírus da AIDS ou com alguma doença incurável) poderá ter sucesso em ficar com o infante, pois há maior dificuldade de encontrar interessados nesse cenário.

182-A. Prorrogação do estágio de convivência: embora tenha sido uma precaução estabelecer a possibilidade de prorrogar o mencionado estágio por até 90 dias, desde que devidamente fundamentado pelo juiz, é preciso utilizar essa dilação com muito cuidado. Afinal, o que não se consegue detectar em três meses, baseado em harmonia e troca de afeto, dificilmente será atingido em outros três meses. Deve o Ministério Público zelar pelo período máximo do estágio de convivência; assim, caso o juiz prorrogue o prazo sem a devida *fundamentação*, é caso de recurso, podendo-se utilizar, inclusive, a correição parcial, pois haveria inversão tumultuária dos atos processuais, prolongando-se uma situação sem necessidade.

183. Estágio de convivência para estrangeiros: como se mencionou anteriormente, o estágio de convivência é obrigatório – e assim deve mesmo ser. Para interessados do Brasil, cabe ao juiz especificar o tempo justo para esse período de convívio, nos termos previstos no *caput* e no § 2.º-A. Para estrangeiros, embora também caiba ao magistrado estabelecer o prazo, determina a lei o mínimo de 30 dias, como regra. Esse período conta com a possibilidade legal de extensão por 45 dias, prorrogáveis por até igual período, atingindo o máximo de 110 dias. Convém salientar que qualquer prorrogação *deve* ser calcada em decisão *fundamentada* da autoridade judiciária. É preciso cessar o expediente de prorrogar, sem maiores explicações, simplesmente porque a equipe técnica sugeriu. O magistrado é o responsável pela prorrogação; logo, cabe a ele tecer a devida motivação.

183-A. Laudo da equipe técnica: o disposto neste parágrafo é dispensável, pois já consta do § 4.º. Trata-se de uma reiteração, quiçá para deixar bem claro que o deferimento da adoção internacional precisa sempre de avaliação técnica.

184. Acompanhamento da equipe multidisciplinar: este dispositivo é a fiel repetição do preceituado pelo art. 28, § 5.º, deste Estatuto. Todo Juizado da Infância e Juventude deve contar com um corpo técnico, composto, no mínimo, de psicólogo(a) e assistente social. São os profissionais que deverão fiscalizar o estágio de convivência, fazendo visitas ao local onde moram adotante(s) e adotando(s), chamando-os para entrevistas e conhecendo o seu meio e método de vida. Afinal, farão um parecer ao magistrado, contendo todos os aspectos apurados, a fim de se garantir que a adoção possa ser deferida com firmeza, segurança e determinação.

Se houver dúvida fundada, a autoridade judiciária não deve aprovar a adoção; a solução será prorrogar o estágio de convivência. E, caso a dúvida permaneça, é mais prudente indeferi--la. Afinal, a criança ou adolescente pode sofrer mais do que se estivesse em acolhimento familiar ou institucional, motivo mais que suficiente para cancelar o estágio de convívio e desaprovar aquele(s) pretendente(s). Porém, é inadmissível prorrogar em demasia, sem causa justa, o estágio de convivência. Em primeiro lugar, cabe ao juiz zelar pela celeridade do feito; em segundo, o acompanhamento psicossocial deve ser feito pelo prazo necessário, mas apresentado o laudo não é cabível renovar-se indefinidamente o referido estudo. Conferir: TJAP: "1) Havendo nos autos estudo social confeccionado por equipe multidisciplinar, objetivando atender dispositivo legal contido no Estatuto da Criança e do Adolescente – ECA, não há necessidade de um novo relatório, especialmente porque as condições do pai permanecem inalteradas e sua realização, mostra-se desarrazoado, prolongando ainda mais a marcha processual, acarretando mais dissabor à criança. *In casu*, deve prevalecer o melhor interesse do menor. 2) Agravo de instrumento não provido" (AI 0002091-83.2015.8.03.0000-AP, Câmara Única, rel. Gilberto Pinheiro, 22.03.2016, v.u.).

185. Técnicos responsáveis pela política de garantia do direito à convivência familiar: a nossa experiência não tem alcance para reconhecer e indicar quem são, onde trabalham e quem custeia tais *técnicos*. Nunca tivemos a oportunidade de vê-los em atividade nas Varas da Infância e Juventude de São Paulo. Nem sabemos se são técnicos federais, estaduais ou municipais, porque ao Judiciário certamente não pertencem, visto estarem incumbidos de uma *política* de atendimento familiar, função atípica desse Poder de Estado.

185-A. Local do estágio de convivência: embora já fosse costume determinar que o estágio ficasse circunscrito à cidade onde o menor reside, agora torna-se obrigatório. O § 5.º indica a indispensabilidade de esse estágio ocorrer em território nacional – voltando-se, naturalmente, à adoção internacional –, bem como aponta a comarca de residência do infante ou jovem; no máximo, comarca limítrofe, garantindo-se a competência do juiz do local onde mora o menor em caráter definitivo. Na realidade, se há um estágio de convivência, que pode dar errado, o mais indicado é não retirar a criança ou adolescente da região onde está estabelecido, seja com a família natural, seja em acolhimento institucional. Eventual devolução do menor será menos traumática quando ele se encontrar na cidade onde mora e deita alguma de suas raízes.

Art. 47. O vínculo da adoção constitui-se por sentença judicial,[186] que será inscrita no registro civil mediante mandado do qual não se fornecerá certidão.[187]

§ 1.º A inscrição consignará o nome dos adotantes como pais, bem como o nome de seus ascendentes.[188-189]

§ 2.º O mandado judicial, que será arquivado, cancelará o registro original do adotado.[190]

§ 3.º A pedido do adotante, o novo registro poderá ser lavrado no Cartório do Registro Civil do Município de sua residência.[191]

§ 4.º Nenhuma observação sobre a origem do ato poderá constar nas certidões do registro.[192]

§ 5.º A sentença conferirá ao adotado o nome do adotante e, a pedido de qualquer deles, poderá determinar a modificação do prenome.[193-195]

§ 6.º Caso a modificação de prenome seja requerida pelo adotante, é obrigatória a oitiva do adotando, observado o disposto nos §§ 1.º e 2.º do art. 28 desta Lei.[196]

> § 7.º A adoção produz seus efeitos a partir do trânsito em julgado da sentença constitutiva, exceto na hipótese prevista no § 6.º do art. 42 desta Lei, caso em que terá força retroativa à data do óbito.[197]
>
> § 8.º O processo relativo à adoção[198] assim como outros a ele relacionados[199] serão mantidos em arquivo, admitindo-se seu armazenamento em microfilme ou por outros meios, garantida a sua conservação para consulta a qualquer tempo.
>
> § 9.º Terão prioridade de tramitação os processos de adoção em que o adotando for criança ou adolescente com deficiência ou com doença crônica.[199-A]
>
> § 10. O prazo máximo para conclusão da ação de adoção será de 120 dias, prorrogável uma única vez por igual período, mediante decisão fundamentada da autoridade judiciária.[199-B]

186. Vínculo da adoção por sentença: como mencionado antes, a adoção cria vínculos civis, formando uma família até então não constituída daquela forma, permitindo que determinadas pessoas sejam legalmente reconhecidas como filhos de outras. Diante do procedimento complexo para avaliar o candidato a adotante, analisar quem está disponível para ser adotado, verificar as condições da família natural, destituindo o poder familiar, colocando o adotante em contato com o adotado, enfim, até se atingir a conclusão de ser o melhor para a criança ou adolescente ser recebido no seio familiar de maneira formal e definitiva, a única solução é a constituição do vínculo *por sentença judicial*. A decisão é de natureza *constitutiva*, criando situação jurídica onde inexistia. Diversamente, só para estabelecer uma comparação, os vínculos da família natural se formam *ex lege*, diretamente por força de lei; quando o pai registra o nascimento do seu filho, está *declarando* o fato e o Estado o reconhece como tal, emitindo a certidão de nascimento, sem qualquer interferência do Poder Judiciário.

187. Sigilo do registro: diferentemente do registro de qualquer pessoa, cuja natureza é pública, podendo-se extrair certidão do nascimento, conhecendo-se a real árvore genealógica, no caso do adotado, impõe-se, por força de lei, o sigilo, resguardando-se a sua situação jurídica anterior, tudo no melhor intento de garantir o fortalecimento dos novos laços formados. Não tem cabimento ser pública a transformação profunda havida no cenário da vida do adotado: saem certos pais; ingressam outros. Ninguém tem interesse nisso, a não ser por curiosidade, que não é um interesse legítimo. Aliás, a única razão para se *quebrar* tal sigilo é a verificação de eventuais impedimentos matrimoniais. Ver a nota 192 ao § 4.º.

188. Registro do nome dos adotantes e seus ascendentes: constituiu-se, por ocasião da adoção, nova árvore genealógica para o adotado. Entram os pais (ou apenas um deles, conforme o caso) e, nas linhas superiores, os avós e, se necessário, os bisavós, tataravós etc. O interessante a consignar é a indiferença legal à concordância dos avós com a adoção feita pelo filho. Serão eles inscritos no registro de nascimento do adotado de qualquer modo. Aliás, é o que se dá no tocante ao filho natural. Se os avós aprovaram ou não aquele nascimento, é irrelevante.

189. Casais homossexuais: quando vedada a adoção conjunta por um casal homossexual, era preciso que somente um deles adotasse, constando seu nome na certidão, como pai ou mãe, enquanto o outro ficava oficialmente fora do registro de nascimento. Hoje, tem-se autorizado a adoção por casal homoafetivo e, igualmente, a inscrição de ambos no registro do adotado. As mentes mais conservadoras estranham e criticam essa anotação de dois pais ou duas mães na certidão de nascimento da criança ou adolescente, mas é só uma questão de tempo para se acostumarem com a nova realidade. Ou, se não se habituarem, ao menos deverão assimilar, calados, tal situação jurídica consolidada. Fazer alarde em torno disso é um desserviço prestado à própria criança ou jovem, expondo um fato que mereceria ser tratado de maneira natural. "A opção sexual ou o sexo do adotante não está em consideração por ocasião do ato de adoção, pelo que, vivendo ou não em união estável, nada impede a adoção por homossexual" (Antonio Cezar Lima da Fonseca, *Direitos da criança e do adolescente*, p. 145). "É fundamental explicitar que é plenamente possível a constituição do vínculo legal de paternidade e de filiação, entre uma criança/adolescente e dois pais ou duas mães. As sentenças favoráveis estão aí a provar. A existência de um registro de nascimento, no qual constem os nomes de dois homens ou de duas mulheres, pode se opor aos costumes, não ao ordenamento positivo pátrio. Devendo espelhar a filiação, a certidão de nascimento terá de contemplar os nomes dos pais/mães do mesmo sexo, refletindo a realidade socioafetiva na qual a criança ou adolescente estará inserida, através da adoção. Sendo a Lei 6.015/73 – Lei dos Registros Públicos – de exigências meramente formais, nela não se encontra óbice sobre que o registro indique, como pais, duas pessoas de idêntico sexo. O ECA, a tal respeito, apenas prevê, no art. 47, que 'o vínculo da adoção constitui-se por sentença judicial, que será inscrita no registro civil, mediante mandado do qual não se fornecerá certidão'. O § 1.º do mesmo artigo, outrossim, não discrimina, com base no sexo biológico: 'a inscrição consignará o nome dos adotantes como pais, bem como o nome dos seus ascendentes'" (Enézio de Deus Silva Júnior, *A possibilidade jurídica de adoção por casais homossexuais*, p. 167). Ver, também, as notas 113 e 114 ao art. 34, § 2.º; nota 155 ao art. 41, § 1.º; nota 159 ao art. 42, § 2.º; nota 170 ao art. 43, *caput*.

190. Cancelamento do registro anterior: a sentença judicial, que constitui o novo *status* familiar, pelos vínculos civis da adoção, será inscrita, por mandado (ordem do juiz), no registro civil do adotado. Por uma questão lógica, o registro original, relativo ao nascimento da criança ou adolescente, no qual constava o nome dos pais biológicos e seus ascendentes, será cancelado, em face da novel realidade jurídica.

191. Registro em local diverso: de maneira acertada, permite-se que o adotante solicite ao juiz a inscrição da novel situação no cartório de registro civil na localidade onde reside, o que facilita o acesso aos dados e para tirar certidões de nascimento, casamento etc. Assim sendo, simbolizaria o *novo nascimento* do adotado, noutro lugar. Imagine-se que ele nasceu e foi registrado na Comarca X. Quando é adotado, pode ser novamente registrado, agora na Comarca Y. A cautela a ser tomada é o cancelamento do registro feito na Comarca X.

192. Sigilo do registro e omissão da certidão: o mandado judicial determina a inscrição da sentença de adoção no registro civil do adotado, mantendo-se segredo do que ali foi anotado, de modo que ninguém saiba, se pedir uma *certidão de nascimento*, que ele foi adotado. Porém, a certidão de nascimento é um documento público; se alguém a solicitar, sairá normalmente com o nome novo do adotado, já constando seus pais adotivos e respectivos ascendentes, sem *nenhuma* observação a respeito disso.

193. Nome e prenome do adotado: por força de lei, a sentença deve conferir ao adotado o nome (sobrenome, como se conhece vulgarmente) do adotante; é o que irá consolidar os laços civis, inclusive aos olhos da sociedade. Portanto, é fundamental que o adotante indique, no seu pedido de adoção, exatamente qual é o nome (sobrenome) que deve ser inserido (podem existir vários). Se não o fizer, fica a critério do juiz determinar a inclusão de qualquer deles. Geralmente, no Brasil, segue-se o padrão italiano, inserindo-se, sempre, o nome do pai após o prenome do filho (no mínimo). De todo modo, mais fácil indicar ao juiz o que deve ser reformulado. Outro ponto importante diz respeito ao prenome (que chamamos vulgarmente de nome). Pode-se alterá-lo, segundo a lei, a pedido do adotante ou do adotado. É preciso

Art. 47

Estatuto da Criança e do Adolescente Comentado • **Nucci**

alguma cautela nisso. Tratando-se de criança em tenra idade, inexiste qualquer problema em modificar o prenome, conforme o desejo do(s) adotante(s). Quando a criança já atende por certo prenome, fica mais complicado alterá-lo, sem gerar um certo desgaste emocional. O ideal seria passar esse já conhecido prenome para o segundo lugar, colocando outro na frente. Pelo menos a criança não perderia totalmente a identidade. Quando se tratar de adolescente, segundo cremos, deve-se consultá-lo, obtendo a sua concordância. Afinal, o maior de 12 anos deve aquiescer até mesmo para a sua adoção, quanto mais para a troca do seu prenome. Repita-se, o acréscimo do nome (sobrenome) é obrigatório, retirando o anterior, dos pais naturais. Mas a mudança do prenome (nome) é facultativa. Para crianças, decidem os adotantes. Para adolescentes, deve haver concordância de todos. Ver a nota ao próximo parágrafo. Admitindo outra alteração, que não descaracterize o disposto neste parágrafo: TJMG: "Embora o art. 47, § 5.º, do Estatuto da Criança e do Adolescente determine o acréscimo do nome do adotante ao nome civil do adotado, nada impede que havendo concordância expressa destes seja também mantido o patronímico da mãe biológica do menor, hipótese em que tal patronímico constituirá mera composição do prenome, não guardando qualquer relação jurídica com a ascendência biológica do adotado" (Apelação Cível 1.0024.12.069715-6/001, 7.ª Câm. Cível, rel. Belizário de Lacerda, *DJ* 14.05.2013). Determinando a troca do nome: TJSP: "Não é possível, contudo, adicionar sobrenome de pais biológicos quando adotado. Inteligência dos arts. 41 e 47 do Estatuto da Criança e do Adolescente, norma supletiva a ser aplicada em adoção de adultos conforme disposto no art. 1.691 do Código Civil. Combinação entre sobrenomes de pais biológicos com de pais adotivos. Impossibilidade. Adoção implica quebra dos vínculos familiares anteriores. Ausência de provas acerca da notoriedade do sobrenome excluído. Recurso provido em parte para afastar a extinção do feito e no mérito julgar improcedente o pedido" (Ap. 0002509-73.2011.8.26.0597, 7.ª Câm. D. Priv., rel. Walter Barone, 03.04.2013, v.u.).

194. Pedido de modificação do prenome: deve ser feito na petição que pleiteia a adoção, pois, cuidando-se de requerimento facultativo, precisa ser incluído na sentença final. Após o trânsito em julgado, não cabe formular o pedido em petição à parte, ofendendo a coisa julgada. A solução é propor ação de retificação do prenome na Vara de Registros Públicos, pois o menor encontra-se adotado e não se encontra mais em situação de risco. Na jurisprudência: TJRS: "1. Embora seja possível a modificação do prenome do adotando quando da prolação da sentença constitutiva da adoção, nos termos do art. 47, § 5.º, do ECA, certo é que, se tal providência não foi requerida e, portanto, não constou do decisório final, não cabendo seu requerimento posterior, por simples petição, ainda mais quando já transitada em julgado a sentença e já arquivados os autos. Neste caso, a pretensão de modificação do prenome desafia a postulação em meio próprio, com observância do respectivo procedimento previsto em lei, mormente pelas cautelas necessárias para o deferimento de pedidos dessa natureza, que afetam o direito personalíssimo ao nome (art. 16 do CCB/02). 2. Nesse contexto, por evidente violação ao devido processo legal, impõe-se, de ofício, o decreto de nulidade do processo a partir do decisório que, acolhendo a pretensão formulada pelos adotantes por simples petição nos autos da ação de adoção – que estava arquivada há pelo menos sete anos, frise-se –, deferiu a alteração do prenome da adotanda. De ofício, decretaram a nulidade do processo a partir da decisão da fl. 111, prejudicado o recurso. Unânime" (Apelação Cível 70058132705, 8.ª Câm. Cível, rel. Luiz Felipe Brasil Santos, *DJ* 24.04.2014).

194-A. Alteração provisória do nome: parece-nos arriscado determinar a modificação do nome ou prenome em tutela antecipada e, caso respeitado o prazo fixado em lei para concluir a adoção, desnecessário. Se tudo estiver resolvido em menos de um ano, não há razão para alterar o nome do adotando, afinal, se o estágio de convivência não der certo, a situação não se torna definitiva e volta à posição anterior, gerando problemas maiores.

Entretanto, se o estágio de convivência se tornar extenso em demasia, a criança pode ingressar em escola e conviver com outras pessoas, de modo que a documentação se torna relevante; o nome e o prenome passam a ter importância. Mas isso somente acontece por lentidão do Judiciário para finalizar o procedimento. Na jurisprudência: STJ: "1 – O propósito recursal é definir se é admissível o uso do nome afetivo pela criança que se encontra sob guarda provisória dos adotantes, em tutela antecipatória deferida antes da prolação da sentença de mérito da ação de adoção. 2 – Conceitua-se o nome afetivo como aquele dado à criança que se encontra sob guarda provisória de pretensos adotantes, por meio de tutela antecipatória antes da prolação de sentença de mérito na ação de adoção, a ser utilizado apenas em relações sociais (instituições escolares, de saúde, cultura e lazer) e sem alteração imediata do registro civil. 3 – Conquanto existam indícios de que a possibilidade de uso do nome afetivo, ainda no curso da ação de adoção, será benéfica à criança, não se pode olvidar que se trata de questão afeta aos direitos da personalidade e que ainda se encontra em debate perante o Poder Legislativo, pois exige modificação no Estatuto da Criança e do Adolescente, razão pela qual o deferimento de tutela antecipatória a esse respeito exige extrema cautela e sólido respaldo técnico e científico. 4 – A concessão de tutela antecipatória para deferimento do uso do nome afetivo pressupõe não apenas o exame da probabilidade do direito alegado e do risco de ineficácia do provimento final ou de dano irreparável ou de difícil reparação, mas, também, o exame da reversibilidade da tutela deferida e de que o dano resultante da concessão da medida não seja superior ao que se deseja evitar. 5 – Para o deferimento de tutela antecipatória que permita o uso do nome afetivo, é insuficiente averiguar apenas se é possível o desfecho positivo da ação de adoção, sendo igualmente imprescindível examinar, sobretudo sob o ponto de vista psicológico, se há efetivo benefício à criança com a imediata consolidação de um novo nome e se esse virtual benefício será maior do que o eventual prejuízo que decorreria do insucesso da adoção após a consolidação prematura de um novo nome. 6 – A decisão que concede a autorização do uso imediato do nome afetivo deve, obrigatoriamente, estar fundada elementos fático-probatórios científicos, exigindo-se a realização de estudo psicossocial especificamente realizado para essa finalidade, a fim de municiar o julgador de elementos técnicos aptos a tomada de uma decisão que alie, na medida certa, urgência, segurança e efetivo benefício à criança. 7 – Embora não se afaste, em tese, a possibilidade de uso do nome afetivo antes da prolação da sentença de mérito na ação de adoção, não há, na hipótese, nenhum elemento científico que embase a concessão da medida, pois ausente estudo psicossocial que demonstre a probabilidade de êxito da adoção e o benefício imediato causado à criança em comparação com o malefício eventualmente causado na hipótese de a adoção não ser concretizada, sobretudo porque a ação de adoção tramita desde 2018 e a criança, que se encontra atualmente com 3 anos de idade, ainda não se encontra em idade escolar obrigatória. 8 - Recurso especial conhecido e provido" (REsp 1.878.298/MG, 3.ª T., rel. Ricardo Villas Bôas Cueva, 16.03.2021, m.v.).

195. Outras alterações possíveis: conforme a situação concreta, é viável modificar outros dados referentes ao adotado, especialmente se ele tiver pouca idade ou se houver necessidade de manter sigilo quanto à sua origem. Um dos pontos alteráveis é o lugar de nascimento, para que o registro civil seja anotado em cartório diverso do anterior. Conferir: TJMG: "1. Havendo com a adoção o rompimento do vínculo de parentesco com a família de origem, desaparecendo as ligações anteriores da criança, não há empecilhos para a modificação do município de nascimento do menor, nos termos do art. 47 do ECA, o que privilegia o seu interesse, preservando-o de qualquer tipo de constrangimento, estando em consonância com a finalidade precípua do instituto da adoção" (Apelação Cível 1.0024.11.329937-4/001, 8.ª Câm. Cível, rel. Teresa Cristina da Cunha Peixoto, *DJ* 06.09.2012).

Art. 47

196. Oitiva prévia do adotando: como expusemos na nota anterior, a alteração do prenome é mais delicada do que apenas a modificação do nome (sobrenome) de família, que é obrigatória para a necessária adaptação do adotando. Porém, alterar o prenome depende do caso concreto; quando a criança é pequena, pode inexistir problema; quando se trata de adolescente, o ideal é consultá-lo, da mesma forma que é feito para a própria adoção.

197. Efeitos da sentença da adoção: o disposto neste parágrafo seria desnecessário, não fosse a parte final, deixando claro ser admissível o efeito retroativo à data do óbito do adotante. Tratando-se de decisão de caráter constitutivo, inaugurando uma nova situação jurídica, antes inexistente, motivo pelo qual somente produz efeito quando transita em julgado; como regra, dali para frente. Eis a exceção criada para que a adoção tenha eficácia a partir da data do falecimento do adotante, quando este deixou bem clara a sua intenção. Em tese, como em qualquer outro processo, o requerente pode desistir da ação antes do trânsito em julgado, mormente não havendo parte no polo passivo. Mas, no caso de adoção, quando o menor já se encontra em estágio de convivência, é preciso muita cautela, pois isso resultaria na *devolução* ao abrigo, com sérios traumas. Ver a nota 134 ao art. 39, § 1.º. Na jurisprudência: TJRS: "Cabe apelo contra sentença que deferiu adoção. E no caso, o apelo interposto é perfeitamente tempestivo. Logo, inexiste razão para não conhecer do apelo. Ao adotante é viável desistir da adoção, antes do trânsito em julgado da sentença que a defere. Inteligência do art. 47, § 7.º, do ECA. Precedentes doutrinários" (Apelação Cível 70047418082, 8.ª Câm. Cível, rel. Rui Portanova, *DJ* 13.12.2012).

198. Processo de adoção de acesso permanente: busca-se a preservação dos autos do processo de adoção e seus correlatos por qualquer mecanismo útil, coadunando-se com o preceituado pelo art. 48, dando direito ao adotado de tomar conhecimento de sua origem biológica. Para que isso se torne possível, é evidente a indispensabilidade de armazenamento do processo onde a adoção foi deferida. Ainda se fala em arquivar o papel, natureza comum dos autos dos processos em geral, mas se abre a viabilidade de microfilmar o feito e ainda utilizar *outros meios*, certamente prevendo o futuro; no caso, já se constitui realidade a migração do processo em papel para o registro em computador, com maior garantia de durabilidade, sem tomar espaço.

199. Outros processos relacionados: geralmente, precedem o processo de adoção os procedimentos de suspensão e destituição do poder familiar, o de guarda provisória, o de tutela, dentre outros. São preservados para que o adotado possa conhecer integralmente a sua origem, verificando quem foram seus pais, qual a razão da perda do poder familiar, quem primeiro solicitou a guarda, onde ele passou parte da infância, qual o abrigo que o acolheu etc.

199-A. Prioridade de tramitação: quem dera pudessem existir vários processos de adoção prioritários, por envolverem crianças ou jovens deficientes ou cronicamente enfermos. Infelizmente, quem se encontra nessa condição tem menor chance de ser adotado, ao menos por brasileiros. Em visão diferenciada, o estrangeiro costuma assumir a responsabilidade de adotar um infante deficiente ou um adolescente enfermo. De qualquer forma, ainda são poucas as possibilidades de adoção, devendo o Estado promover campanhas de incentivo à solidariedade, expondo esses menores para que adotantes em potencial ganhem confiança em fazê-lo.

199-B. Prazo máximo para o processo de adoção: O § 10, inserido pela Lei 13.509/2017, prevê 120 dias como máximo para a conclusão da ação de adoção, passível de prorrogação por outros 120 dias (quase um ano), mediante decisão fundamentada do juiz. Somente quem já enfrentou a via-crúcis do processo de adoção sabe que *prazo* pode não significar *nada* para algumas autoridades judiciárias, Ministério Público e certas equipes técnicas, em Varas da Infância e Juventude, no Brasil. A disposição desse parágrafo deve ser respeitada. O longo procedimento para tornar a adoção definitiva pode causar danos, prorrogando-se indevidamente o estágio de convivência, bem como dar ensejo à desistência por parte dos adotantes.

> **Art. 48.** O adotado tem direito de conhecer sua origem biológica, bem como de obter acesso irrestrito ao processo no qual a medida foi aplicada e seus eventuais incidentes, após completar 18 (dezoito) anos.[200-203]
>
> **Parágrafo único.** O acesso ao processo de adoção poderá ser também deferido ao adotado menor de 18 (dezoito) anos, a seu pedido, assegurada orientação e assistência jurídica e psicológica.[204]

200. Direito de conhecer a origem biológica: eis um tema polêmico, apto a despertar posições extremadas, pelo sim e pelo não. Aliás, nesse campo, não há um meio-termo. Permitir o acesso amplo do adotado à sua origem biológica ou preservá-lo disso, mantendo tudo em sigilo, são as duas opções de onde se observa inexistir *um pouco de conhecimento* ou *sigilo parcial*. Optou a Lei 12.010/2009 pela abertura completa da vida pretérita à plena ciência do adotado. Ele poderá conhecer todas as nuanças do seu abandono ou dos maus-tratos sofridos ou, ainda, da exploração sexual, enfim, da vida errática que o destino lhe reservou. Terá perfeita noção das mazelas envolvendo seu nascimento, seu acolhimento familiar ou institucional – geralmente em abrigos públicos ou privados –, das disputas porventura havidas de sua guarda, os termos usados nos laudos e pareceres técnicos para descrever sua vida pessoal e de seus parentes, enfim, tudo o que foi *riscado* da fase ruim da existência. Depois de todo o conhecimento auferido, o adotado haverá de se lembrar que a sua *verdadeira* família é a biológica, cujos nomes são X ou Y, residindo em tal lugar. Deverá procurá-los? Terá estrutura emocional e/ou psicológica para isso? Tendo em vista a permissão legal, sentir-se-ia pressionado por terceiros para *ter coragem* de conhecer sua vida passada? A par disso, conhecer a origem biológica melhora a vida de alguém, quando se sabe ter sido uma experiência negativa? Pode-se dizer que uma pessoa jamais se completa se o seu passado for ocultado, vedado ao seu conhecimento. Mas isso não é regra geral, ao contrário, muito do ser humano gira em torno da simples curiosidade, por vezes provocada por outros, mais curiosos ainda. Houve um sacrifício enorme para impor sigilo ao processo de adoção, para apagar o registro civil anterior, para dar uma nova vida ao adotado, para integrá-lo completamente à família substituta; em suma, cultua-se a adoção como um ato de amor definitivo, irrevogável, cujos efeitos equiparam todos os filhos, naturais ou não, em todos os níveis. Porém, a própria lei autoriza a reabertura da *caixa preta*, fechada há muitos anos, em prol do *direito de conhecer sua origem biológica*. Anete Hilgemann, em busca de sua família biológica, narra as suas motivações para tanto: "Perguntas: de quem herdei... 1. Minha cor dos olhos? 2. Meu cabelo volumoso e escuro? 3. O desenho da minha boca? 4. O meu nariz? 5. Minhas orelhas? 6. Minha sobrancelha espessa? 7. O formato do meu rosto? 8. Meu pescoço longo? 9. Minha pinta no pescoço? 10. Minha pinta na perna? 11. Minha mancha na nuca? 12. O meu tipo longilíneo? 13. Meu tipo de pele? 14. O desenho das minhas unhas? 15. Minha voz afinada? 16. Meu ouvido musical? 17. Meu gosto pela dança? 18. Minhas habilidades manuais? 19. Meu gosto pela culinária? 20. Meu jeito sonhador? 21. Minha forma suave de ser? 22. Meus rompantes de fúria? 23. Meus joelhos virados para dentro? 24. Minha predileção pelos salgados? 25. Minha adoração pela natureza? 26. Meu corpo? 27. Meus longos dedos da mão? 28. Meu jeito de andar? 29. Minha voz? 30. Minha sensibilidade a problema de garganta? 31. Minha resistência a medicamentos? 32. Meu problema de coração? 33. Minha vaidade? 34. Minha tolerância para com as pessoas? 35. Minha vontade de ser diferente? 36. Meu

Art. 48

Estatuto da Criança e do Adolescente Comentado · **NUCCI**   170

problema de coluna? 37. Minha dentadura? 38. Meu estômago 'blindado'? 39. Meu gosto por uma refeição? 40. Minha artrose? 41. Meu cabelo eletrizado? 42. As pintas pretas pelo corpo? 43. Minhas hérnias de disco? 44. Algum parente usava óculos (pai ou mãe)? 45. Fui amamentada? 46. Quantos dias ficamos juntas? 47. Que trabalhos manuais a senhora fazia? 48. Quem é meu pai? Hoje eu ainda acrescentaria mais uma pergunta: 49. Afinal de contas, quem é minha mãe?" (*Adoção: duas mães para uma vida,* p. 120-121). Procurou a família natural e não encontrou. Embora diga expressamente que ela e sua irmã são privilegiadas por terem sido adotadas por um casal excepcional, termina frustrada por não achar as respostas tão almejadas. E conclui: "sinto-me um livro sem epígrafe e sem conclusão. Uma planta (ainda) sem raízes e (ainda) sem fruto. Uma flor em busca do seu alicerce e de sua continuação. Hoje, eu e meu marido protagonizamos a história já vivida pelos meus pais. Depois das tentativas de gerarmos um fruto a partir de nossas sementes, somos flor à espera de um fruto de outra árvore. (...) Essa busca fortaleceu-me por me fazer sentir guerreira, lutadora e capaz de enfrentar um passado já distante e misterioso. Entretanto, também me cansou e, em alguns momentos, levou-me à exaustão. Em alguns dias, tive a impressão de viver emoções tão intensas que elas me esgotaram até fisicamente. Sem ter alcançado o meu maior desiderato em relação ao passado, resta-me olhar para frente, à espera do meu filho, para que eu possa transformá-lo, no amor, em um fruto doce. São a dor e a delícia: a frustração do desencontro – ou não encontro – com a mãe e a expectativa da chegada – do encontro – com o filho. São a dor e a delícia: do passado, a se despedir de mim, e o aceno do futuro – nova vida a despontar no meu horizonte" (ob. cit., p. 124-125). A nós, com a devida licença, não parece que os questionamentos feitos, justificando a busca pela família biológica, são relevantes. O fato de saber de onde vem o "desenho das unhas", "o gosto pela culinária" ou os "joelhos virados para dentro", dentre vários outros, é insignificante para desencadear todo o processo de procura das origens. Se a família adotiva realmente atinge os propósitos de substituir a família natural a contento, provendo os filhos de muito amor, educando-os e conduzindo-os pela fase de desenvolvimento físico-intelectual, não há como o ser humano sentir-se psicologicamente perturbado. A pessoa precisa de amor e afeto, carinho e atenção, mas não necessariamente de seus pais biológicos; afinal, muita gente cresce sob a tutela de pais naturais completamente alheios e indiferentes; nem por isso o Estado se preocupa. Assim sendo, quem realmente necessita conhecer o seu passado, precisa de tratamento psicológico, para reforçar o seu processo de amadurecimento. Não vemos como o acesso às origens de uma pessoa adotada pode ser útil. Conhecer o lado triste da sua vida, o abandono, as agressões sofridas, enfim, as mazelas que a levaram rumo à adoção não espelham qualquer aspecto positivo. Esse é mais um ponto falho introduzido pela Lei 12.010/2009. Igualmente: "a busca das origens dos adotantes vem se constituindo a 'onda' da atualidade. Opiniões antagônicas baseadas em princípios filosóficos, ideológicos e religiosos diferentes vêm por vezes pondo em risco o equilíbrio de adotantes e adotados, negando a força e a importância de uma refundação filiativa consistente" (Ivonita Trindade-Salavert, *Os novos desafios da adoção,* p. 17). E continua a autora: "o ato fundador de uma adoção bem-sucedida libera o adotado de um passado nefasto. E é, portanto, nesse aspecto que a busca das origens, tão explorada pela mídia, perde seu sentido para a psicanálise e evidencia o caráter da filosofia humanitária da política de adoção. Falava uma paciente de 29 anos no divã: 'sinto-me completamente fora do esquadro. Essa história de ter de conhecer minha mãe biológica, minha genitora, me entristece e, às vezes, me enche de ódio. Ultimamente, a TV não fala de outra coisa. Idiotas chorando, vendo pela primeira vez uma mulher que apenas os segurou na barriga durante nove meses... para mim não tem nenhum sentido. Minha mãe e meu pai são aqueles que me ajudaram a crescer e a ser o que eu sou agora. Estou aqui por outra coisa, como a senhora sabe, entretanto, esse assunto me chateia. A cada vez que ligo a TV, realmente fico furiosa. Sei o suficiente da minha história, da história do meu abandono; meus pais nada me negaram (sic)' (...) O psicanalista francês Jacques André exemplifica o caso de uma paciente cujo trauma se deu exatamente quando ela, adotada, conheceu sua mãe biológica. Esta, ao vê-la, replicou: 'eu a esperava'. E aqui a dívida simbólica se instalou. (...) A ilusão do tudo descobrir para depois nada saber. A narração de uma história de adoção, a implicação ou imbricação com outras histórias e outros Romances Familiares. 'A origem faz sentido apenas pelas questões que ela provoca e pela palavra que faz circular em torno do seu mistério. Ela está sempre por se criar, se entrelaçando como o conto que não será jamais concluído...' (Sérge Hefez)" (Ivonita Trindade-Salavert, *Os novos desafios da adoção*, p. 39-42). "Este art. 48, questionável inovação da Lei 12.010, de 03.08.2009, que se choca com a norma-princípio da irrevogabilidade da adoção, assegura a quem tenha mais de 18 anos, o direito de conhecer todo o processamento de sua filiação ficta, ao argumento de informação sobre a sua família biológica, atributos genéticos, rejeição, e o todo tratamento do seu caso" (José de Farias Tavares, *Comentários ao Estatuto da Criança e do Adolescente*, p. 49). Na jurisprudência: TJMG: "O direito ao conhecimento da origem biológica é considerado direito fundamental indisponível e evidencia o interesse de agir do apelante, mesmo que tenha havido sentença de adoção transitada em julgado, uma vez que a ação declaratória de ascendência genética não resultará automaticamente em alteração do registro da adoção. A adoção, em regra, é ato irrevogável, porém em alguns casos excepcionais é possível a revogação. A possibilidade da revogação, mesmo que remota, gera o interesse de agir do autor. Recurso conhecido e provido" (AC 50182311820228130701, Câm. Justiça 4.0, rel. Paulo Rogério de Souza Abrantes (JD Convocado), 23.06.2023, v.u.).

201. Culto aos laços de sangue: a Lei 12.010/2009, chamada de *lei da adoção*, parece, na verdade, a *lei do convívio familiar biológico*. Enaltece-se a família natural, em primeiro lugar, como se fosse a única forma de amor verdadeiro capaz de criar um autêntico núcleo familiar. Por isso, neste estatuto, há vários pontos em que se frisa tal postulado de maneira cristalina, pretendendo o privilégio do núcleo natural. Nada de mais essa visão poderia gerar *se* as famílias biológicas não tivessem tantos problemas, gerando conflitos graves, com dissolução do lar, sem amparo às crianças ou jovens. O enfoque de particular proteção aos pais naturais pode ser conferido em diversos dispositivos. Os genitores biológicos que devem ser citados pessoalmente no processo de destituição do poder familiar e, mesmo que não impugnem, *devem* ser ouvidos pessoalmente pelo juiz; deve, ainda, haver instrução obrigatória. Tudo para protelar a perda do poder familiar, em prejuízo do infante ou jovem, que fica aguardando, geralmente abrigado em instituições. Substituiu-se o *superior interesse* e a *absoluta prioridade* da criança e do adolescente pelo *interesse* do pai e mãe biológicos, que, por presunção legislativa, existe. Não acreditamos que essa seja a visão majoritária dos profissionais atuantes na área da infância e juventude. São os caminhos políticos de elaboração de uma lei, com o que devemos nos conformar. Mas o Judiciário não deve ceder. Afinal, acima de idiossincrasias momentâneas, introduzidas em lei ordinária, encontram-se os princípios constitucionais ligados à *proteção integral* infantojuvenil. Os magistrados devem levar em consideração a *onda* gerada pela Lei 12.010/2009, que tornou revolto o mar dos conflitos familiares, perturbando a solução, para encontrar a mais adequada solução, impondo um procedimento célere para a destituição do poder familiar, mesmo com os entraves criados. Quanto ao conhecimento do passado, aos menores de 18 anos, devem os juízes observar a facultatividade desse deferimento ("poderá ser deferido") para negar na maior parte dos casos, salvo se existir uma necessidade concreta, muito bem alinhavada por estudo psicossocial. Além disso, há muito mais abuso infantojuvenil cometido por familiares biológicos do que por famílias substitutas, especialmente as adotivas. "A filiação biológica é a da procriação, por intervenção das partes e dos produtos do corpo. É a da transmissão dos cromossomos, dos genes. A legitimidade dessa filiação viria do fato de que o filho é o resultado dos produtos do corpo: 'laços de sangue'. Essa filiação favorece

Art. 48

Estatuto da Criança e do Adolescente Comentado · Nucci

representações narcísicas do vínculo: inscrição sobre o corpo, filiação de corpo a corpo, reprodução do 'mesmo', recusa da diferença, ignorância do desejo dos casais. No entanto, a filiação biológica não pode, sozinha, garantir uma filiação psíquica: o laço biológico não é nem necessário nem suficiente para ser pai. Nem toda mulher que dá à luz se sente necessariamente mãe. Ela pode ser genitora sem ser mãe. A maternidade acontecerá ou não, se construirá ou não. Como já vimos anteriormente, os laços de sangue são incapazes, por si sós, de criar uma parentalidade, uma filiação psíquica. A maternidade dá a esse sentimento a oportunidade de se desenvolver. O nascimento de um filho jamais é uma condição suficiente para ser-'nascer' pai, mas pode permitir que isso aconteça. Em nossa sociedade, a filiação biológica é muitas vezes supervalorizada: 'é a carne da minha carne'. Essa filiação é fortemente idealizada ao mesmo tempo pelo social e (portanto) pelo jurídico. Atualmente, a validação da filiação pela 'verdade biológica' tende a se tornar o único critério significativo, em detrimento dos outros modos de filiação" (Ivonita Trindade-Salavert, *Os novos desafios da adoção*, p. 56).

202. Irrevogabilidade da adoção e conhecimento da origem: o disposto pelo art. 39, § 1.º, desta Lei, cuidando da irrevogabilidade da adoção, não se confunde com o preceituado neste artigo. O adotado pode conhecer a sua origem biológica, o que não simboliza, em hipótese alguma, a possibilidade jurídica de alterar o seu atual *status*. A adoção confere ao adotado exatamente os mesmos direitos do filho biológico, razão pela qual nem adotantes nem adotados podem alterá-la. Na jurisprudência: TJSP: "Alteração do nome da mãe em assento de nascimento. Pretensão que, na prática, equivaleria a uma revogação de adoção obtida por via oblíqua. Improcedência mantida. Ação protocolada em 17/9/2007. Regra do *tempus regit actum*. Nessa época, a adoção já era um ato jurídico irrevogável (arts. 48 e 49 do ECA e art. 1.626, *caput*, do CC). Essa característica decorre da proibição de tratamento discriminatório entre filhos (art. 227, § 6.º, da CF). Uma vez ligado ao adotante, o adotado se torna filho, tanto quanto eventual filho biológico, não podendo ser aceita a possibilidade de ser desligado da família, ainda que por vontade própria. A autora-apelante não pode romper o vínculo familiar, nem mesmo alterar seu registro civil, que deve espelhar a realidade filiatória, natural ou civil, a qual nem sempre é aquela que desejamos. Recurso não provido" (Apel. 9287077-32.2008.8.26.0000, 10.ª Câm. de D. Privado, rel. Roberto Maia, *DJ* 15.10.2013). Porém, há posição contrária: TJRS: "É entendimento consagrado na jurisprudência que o reconhecimento do estado de filiação é um direito personalíssimo, indisponível e imprescritível e, em casos como a adoção, irrevogável (arts. 27 e 48, ECA), de sorte que o adotado tem o direito constitucional de investigar sua filiação biológica (CF, § 6.º do art. 227), existindo perfeitamente a possibilidade jurídica de investigar a paternidade mesmo já havendo pai registral. A manutenção da paternidade registral, não biológica, só se justifica quando existente relação socioafetiva entre as partes. Ausente, no caso concreto, vínculo duradouro e contínuo entre o pai registral e a filha, o registro de nascimento deve ser modificado, prevalecendo a verdade biológica sobre a registral. Recurso improvido, por maioria" (Apelação Cível 70033372434, 8.ª Câm. Cível, rel. Claudir Fidelis Faccenda, *DJ* 25.03.2010).

203. Acesso restrito: somente o adotado, por si ou por seu procurador, com poderes específicos – naturalmente, também os adotantes, que foram parte –, tem acesso aos autos da sua adoção e seus incidentes (autos da destituição do poder familiar; autos da guarda; dentre outros); outros parentes do adotado, sob qualquer pretexto, não poderão conhecer do processo. Na jurisprudência: TJDF: "Autos da adoção. Acesso exclusivo ao adotado. Art. 48 do ECA. Requerimento de extração de cópias dos autos formulado pelo irmão do adotado. Indeferimento. Decisão acertada. Ainda que para fins altruístas, como a obtenção de informações que possibilitem a localização de irmão alegadamente desaparecido, não se justifica, à luz da legislação de regência, o acesso aos autos do processo de adoção por outra pessoa senão a do próprio adotado. Para alcançar o fim alegado, o interessado, de posse dos dados que detém, pode valer-se das instituições competentes e inclusive das ferramentas da rede mundial de computadores. Recurso conhecido e não provido. Unânime" (Acórdão 630.245, 20120020207662AGI, 2.ª T. Cível, rel. Waldir Leôncio Lopes Júnior, *DJ* 24.10.2012).

204. Desvendando o passado para o adolescente: se a abertura do processo de adoção e todos os seus feitos correlatos ao maior de 18 anos – adulto, portanto – é temerário, por não trazer vantagem real, pior ainda é a viabilidade legal de se conceder tal conhecimento ao adolescente. Aliás, considerando a literalidade da lei, até mesmo uma criança pode requerer – e obter – tal direito. A única *cautela* para esse descortinar do pretérito da criança ou adolescente é assegurar *orientação* e *assistência* jurídica e psicológica. A parte *jurídica* só pode estar ligada à viabilidade de se conceder advogado ao menor de 18 anos para pleitear, em juízo, a *abertura* dos arquivos sigilosos. Noutros termos, sem a concordância dos pais, mesmo para satisfazer um capricho ou uma birra, o jovem consegue *assistência jurídica* do Estado para imiscuir-se em situação delicada. Quanto à orientação psicológica, quer-se crer que, para amenizar os males da descoberta, um profissional da área pode dar apoio ao menor, cuja personalidade se encontra em plena formação. Enfim, dentro da sua imaturidade, o Estado lhe garante conhecimentos de difícil aceitação, afinal, o passado de quem foi adotado jamais pode ser feliz e adorável; se assim fosse, não haveria adoção. Espera-se que os juízes da Infância e Juventude, ao menos no tocante aos menores de 18 anos, filtrem os eventuais pedidos, indeferindo os que não tiverem nenhum sentido realmente fundado e relevante.

> **Art. 49.** A morte dos adotantes não restabelece o poder familiar dos pais naturais.[205]

205. Morte dos adotantes: não restabelece o poder familiar dos pais naturais, pois a sucessão de atos lógicos é evidente. Para que possa haver adoção, é fundamental ocorrer a prévia destituição do poder familiar dos pais naturais, pois seria completamente incompatível o duplo exercício do referido poder. Sem representação legal, a criança ou adolescente é colocado para adoção. Efetivada esta, o poder familiar passa a ser exercido pelos pais adotivos. Se estes morrem antes de o filho completar 18 anos, deve-se buscar um tutor para ele. Conforme o caso, pode até ser colocado novamente em adoção. Porém, não há cabimento em se considerar a hipótese de retorno do poder familiar dos pais biológicos. Se foram destituídos, esse fato jurídico não dependeu da adoção; foi a medida necessária, imposta pelo juiz, para quem não apresentava mínimas condições de continuar a gerir a vida do filho. Porém, tem-se admitido a multiparentalidade, para efeito de inscrição dos nomes dos pais – adotivos e biológicos – na certidão de registro do filho; parece-nos que o exercício do poder familiar, se ainda houver, deve cingir-se aos pais adotivos. Na jurisprudência: TJGO: "1. O artigo 49 do Estatuto da Criança e do Adolescente dispõe que a morte do pai adotivo não restabelece o poder parental do pai biológico, nem exclui o daquele. 2. O Supremo Tribunal Federal, no julgamento do RE 898.060/SC (Repercussão Geral/Tema 622), firmou a tese de que a paternidade socioafetiva, declarada ou não em registro público, não impede o reconhecimento do vínculo de filiação concomitante baseado na origem biológica, com os efeitos jurídicos próprios, reconhecendo, assim, a possibilidade da pluriparentalidade. 3. Em consequência, é admitida a retificação do registro civil do descendente, para que seja incluído o nome do pai biológico e avós paternos. Apelação conhecida e provida" (Ap. 0174092322016809175, 4.ª Vara Família e Sucessões, rel. Alan Sebastião de Sena, 18.06.2018).

Art. 50. A autoridade judiciária manterá, em cada comarca ou foro regional, um registro de crianças e adolescentes em condições de serem adotados e outro de pessoas interessadas na adoção.[206]

§ 1.º O deferimento da inscrição dar-se-á após prévia consulta aos órgãos técnicos do juizado, ouvido o Ministério Público.[207]

§ 2.º Não será deferida a inscrição se o interessado não satisfazer os requisitos legais,[208] ou verificada qualquer das hipóteses previstas no art. 29.[209]

§ 3.º A inscrição de postulantes à adoção será precedida de um período de preparação psicossocial e jurídica,[210] orientado pela equipe técnica da Justiça da Infância e da Juventude, preferencialmente com apoio dos técnicos responsáveis[211] pela execução da política municipal de garantia do direito à convivência familiar.

§ 4.º Sempre que possível e recomendável, a preparação referida no § 3.º deste artigo incluirá o contato com crianças e adolescentes em acolhimento familiar ou institucional em condições de serem adotados,[212] a ser realizado sob a orientação, supervisão e avaliação [213] da equipe técnica da Justiça da Infância e da Juventude, com apoio dos técnicos responsáveis pelo programa de acolhimento e pela execução da política municipal de garantia do direito à convivência familiar.

§ 5.º Serão criados e implementados cadastros estaduais, distrital e nacional de crianças e adolescentes em condições de serem adotados e de pessoas ou casais habilitados à adoção, que deverão obrigatoriamente ser consultados pela autoridade judiciária em qualquer procedimento de adoção, ressalvadas as hipóteses do § 13 deste artigo e as particularidades das crianças e adolescentes indígenas ou provenientes de comunidade remanescente de quilombo previstas no inciso II do § 6.º do art. 28 desta Lei.[214]

§ 6.º Haverá cadastros distintos para pessoas ou casais residentes fora do País, que somente serão consultados na inexistência de postulantes nacionais habilitados nos cadastros mencionados no § 5.º deste artigo.[215]

§ 7.º As autoridades estaduais e federais em matéria de adoção terão acesso integral aos cadastros, incumbindo-lhes a troca de informações e a cooperação mútua, para melhoria do sistema.

§ 8.º A autoridade judiciária providenciará, no prazo de 48 (quarenta e oito) horas,[216] a inscrição das crianças e adolescentes em condições de serem adotados que não tiveram colocação familiar na comarca de origem, e das pessoas ou casais que tiveram deferida sua habilitação à adoção nos cadastros estadual e nacional referidos no § 5.º deste artigo, sob pena de responsabilidade.

§ 9.º Compete à Autoridade Central Estadual zelar pela manutenção e correta alimentação dos cadastros, com posterior comunicação à Autoridade Central Federal Brasileira.

§ 10. Consultados os cadastros e verificada a ausência de pretendentes habilitados residentes no país com perfil compatível e interesse manifesto pela adoção de criança ou adolescente inscrito nos cadastros existentes, será realizado o encaminhamento da criança ou adolescente à adoção internacional.[216-A]

§ 11. Enquanto não localizada pessoa ou casal interessado em sua adoção, a criança ou o adolescente, sempre que possível e recomendável, será colocado sob guarda de família cadastrada em programa de acolhimento familiar.[217-217-A]

§ 12. A alimentação do cadastro e a convocação criteriosa dos postulantes à adoção serão fiscalizadas pelo Ministério Público.[218]

§ 13. Somente poderá ser deferida adoção em favor de candidato domiciliado no Brasil não cadastrado previamente nos termos desta Lei quando:[219]

> I – se tratar de pedido de adoção unilateral;[220]
>
> II – for formulada por parente com o qual a criança ou adolescente mantenha vínculos de afinidade e afetividade;[221]
>
> III – oriundo o pedido de quem detém a tutela ou guarda legal de criança maior de 3 (três) anos ou adolescente, desde que o lapso de tempo de convivência comprove a fixação de laços de afinidade e afetividade, e não seja constatada a ocorrência de má-fé ou qualquer das situações previstas nos arts. 237 ou 238 desta Lei.[222]
>
> § 14. Nas hipóteses previstas no § 13 deste artigo, o candidato deverá comprovar, no curso do procedimento, que preenche os requisitos necessários à adoção, conforme previsto nesta Lei.[223]
>
> § 15. Será assegurada prioridade no cadastro a pessoas interessadas em adotar criança ou adolescente com deficiência, com doença crônica ou com necessidades específicas de saúde, além de grupo de irmãos.[223-A]

206. Cadastro local: deve haver um registro de interessados na adoção e um banco de dados das crianças e adolescentes adotáveis. Esse cadastro, segundo este Estatuto (§ 8.º abaixo), é o primeiro a ser consultado; somente depois, passa-se ao estadual e ao nacional. Entretanto, a Portaria Conjunta 4, de 04.07.2019, do CNJ criou um cadastro nacional unificado. Para a inscrição dos menores, exigia-se a situação definida, ou seja, já ter sido completada a destituição do poder familiar dos pais. Entretanto, como esse procedimento leva muito tempo, o que prejudicaria a criança, que pode passar grande parte da infância abrigada em instituições, a lei foi alterada, em 2017, inserindo-se o art. 19-A, § 10: "Serão cadastrados para adoção recém-nascidos e crianças acolhidas não procuradas por suas famílias no prazo de 30 (trinta) dias, contado a partir do dia do acolhimento". Ademais, é certo que, na maioria dos casos, quando os pais têm o poder suspenso, por fatos graves (abandono, maus-tratos, violência sexual), dificilmente há volta. A longa espera do infante é desgastante e danosa para a sua formação. "De acordo com a lei, uma criança somente será candidata à adoção quando todas as possibilidades de reinserção familiar estiverem esgotadas. Entretanto, infelizmente, quando é decretada a perda do poder familiar por sentença jurídica, a criança já está crescida e dificilmente os candidatos nacionais se interessarão por ela (Nabinger, 1997, p. 79). Assim ocorre na chamada adoção de crianças maiores quando grande parte delas já estará na rede institucional pública do Estado" (Cynthia Peiter, *Adoção. Vínculos e rupturas: do abrigo à família adotiva*, p. 48). Na jurisprudência: STJ: "1. A disciplina do art. 50 do ECA, ao prever a manutenção dos cadastros de adotantes e adotandos, tanto no âmbito local e estadual quanto em nível nacional, visa conferir maior transparência, efetividade, segurança e celeridade ao processo de adoção, assim como obstar a adoção *intuitu personae*" (HC 522.557/MT, 4.ª T., rel. Raul Araújo, 18.02.2020, v.u.).

207. Avaliação prévia dos candidatos à adoção: os interessados em adotar devem demonstrar a sua aptidão para tanto, pois o ato é definitivo e irrevogável, não podendo basear-se em impulsos momentâneos, nem em desculpas para satisfazer determinados instantes difíceis da vida, como, por exemplo, *salvar* um casamento ou uma união estável. Os candidatos – pode ser uma só pessoa, como também um casal, homo ou heterossexual, desde que viva, no mínimo, em união estável – se apresentam na Vara da Infância e Juventude do local onde residem, preenchem um formulário, contendo a sua qualificação, grau de escolaridade, profissão, rendimento, se já têm filhos – biológicos ou adotivos, endereços residencial e profissional, bem como o perfil da criança ou adolescente desejado (se um ou mais, se aceita grupo de irmãos, cor da pele, faixa etária, se aceita de outros Estados e quais, sexo), condições de saúde (saudável, enfermidade tratável, não tratável, deficiência física, mental, vírus HIV, nenhuma

Art. 50

Estatuto da Criança e do Adolescente Comentado · **Nucci**

restrição), bem como se podem ou não ter advir de pais enfermos, drogaditos, soropositivos para HIV, vítima de estupro etc. Esse formulário é o primeiro passo para se conhecer o candidato. Seguem-se entrevistas com a equipe multidisciplinar do Juizado, há a participação em curso preparatório, conduzido pelo juiz, ouve-se o Ministério Público, chegando ao veredicto de inscrever ou não o requerente. Sabe-se que a maioria é deferida, até por falta de interessados em número suficiente. Porém, é de conhecimento notório que o brasileiro, diversamente do estrangeiro, opta por um modelo padrão: recém-nascido, menina, branca, saudável. Eis o porquê de muitos aguardarem na *fila de espera* por longo período – e nem sempre atingem o objeto desejado. Entende-se que muitos candidatos à adoção nem o seriam se não pudessem *escolher* a criança (nem se fale de adolescente, pois raríssimos são os brasileiros que os querem). Mas não vemos como atitude positiva permitir tal discricionariedade. Quem deseja adotar, precisa ter o coração e a mente abertos para aceitar qualquer criança, que necessite de amor e cuidados. Parece-nos que a lei quer regular o processo de adoção, não aceitando nem a adoção dirigida, mas permite a *livre escolha* de perfil de criança ou adolescente.

208. Requisitos legais: são muito poucos: a) ter mais de 18 anos, independentemente do estado civil; b) não podem ser ascendentes ou irmãos do adotando; c) devem ter mais de 16 anos de diferença em relação à idade do adotando. O estado civil não é óbice, mas a adoção deve respeitar o seguinte critério: se a pessoa pretende adotar sozinha, pode ser solteira, viúva, separada judicialmente ou divorciada; se pretende adotar como casal, é preciso ser casado ou viver em união estável. A adoção não é ato conjunto de dois amigos, pois visa à constituição de família. Mas é possível visualizar um núcleo familiar quando dois irmãos, que vivem juntos, adotam uma criança. Sob outro aspecto, a carência de *exigências* legais para a habilitação tem dois lados: positivo e negativo. O positivo concentra-se no fato de que a lei, se contivesse muitos requisitos, terminaria *imobilizando*, na prática, a formação dos cadastros, pois cada Estado da Federação tem peculiaridades, cada Município, suas particularidades, algo impossível de figurar numa lei de âmbito nacional. Assim, a carência de condições neste estatuto permite a flexibilidade da habilitação, concedendo aos juízes maior discricionariedade. O negativo também diz respeito, justamente, a essa discricionariedade. Alguns magistrados deferem qualquer pedido, formando um cadastro de pessoas inaptas, na prática, a adotar uma criança ou adolescente, situação prejudicial ao próprio menor, especialmente para quem quer seguir, com fidelidade, a tal *fila de adoção*. Outros juízes criam regras tão específicas, que chegam a cometer excessos. Diante disso, bem como se levando em consideração a *abertura* dos cadastros, a mais adequada solução seria não ser obrigado a respeitar a tal *fila de adoção*. Deveria o magistrado *sempre* procurar a melhor família para o menor. Na jurisprudência: TJSP: "Habilitação no cadastro de pretendentes à adoção. Casal portador de doenças crônicas. Deferimento. Apelo em que se alega, com fundamento nos arts. 29 e 50, § 2.º, do ECA, a inaptidão dos requerentes. Impossibilidade de negar a habilitação sob pena de violação a direitos fundamentais. Recurso improvido" (Ap. 0005050-72.2012.8.26.0006, Corte Especial, rel. Marcelo Gordo, *DJ* 26.08.2013).

209. Requisitos de ordem subjetiva: há dois obstáculos à adoção: a) pretendente que se revele incompatível com a adoção; b) não oferecimento de ambiente familiar adequado. Certamente, tais requisitos precisam ser cuidadosamente avaliados, de preferência, pela equipe técnica do Juizado. No primeiro caso, deve-se analisar quem quer adotar e quais são os seus verdadeiros motivos. Uma das incompatibilidades para a adoção é obter a criança para *segurar* o companheiro (ou companheira), travando uma batalha, no lar, acerca de uma estabilidade artificialmente auferida. Quanto ao segundo caso, é preciso considerar, abertamente, se o novo lar oferecerá ambiente confortável ao infante ou jovem. Tem-se admitido, no cadastro de interessados na adoção, pessoas com renda inferior a um salário mínimo. Num

Título II – Dos Direitos Fundamentais   Art. 50

dos levantamentos feitos pelo Conselho Nacional de Justiça, 6% dos cadastrados auferiam menos de um salário. Quanto à renda familiar, pesquisa feita pela Associação dos Magistrados Brasileiros aponta: 20,1%: recusou-se a informar; 0,8%: sem rendimentos; 7,9%: mais de 7,5 mil; 5%: de 6 a 7,5 mil; 7,9%: entre 4 e 6 mil; 15,9%: de 2 a 4 mil; 25,9%: de 750 a 2 mil; 16,3%: até 750 (Simone Franzoni Bochnia, *Da adoção. Categorias, paradigmas e práticas do direito de família*, p. 149). Não se pode lidar com essa questão exclusivamente do ponto de vista do amor e do carinho, pois a criança já foi rejeitada pelos seus pais, muitas delas por falta de condições econômicas; não pode ser lançada em ambiente pior do que atualmente se encontra (abrigo ou acolhimento familiar). É preciso responsabilidade para adotar uma criança, que, como já se frisou, não é um produto. O Juizado deve buscar uma família para um infante ou adolescente e jamais permitir que uma família procure uma criança ou jovem para si. O juiz deve se colocar no lugar daquela criança, que não pode falar por si mesma, imaginando se *aquela* família lhe seria conveniente, possibilitaria seu crescimento intelectual e moral, forneceria as chances necessárias de estudo para ter uma vida melhor do que a que lhe foi destinada pelos pais naturais e lutar para incluí-la na mais adequada opção.

210. Período de preparação dos pretendentes à adoção: se o candidato preencher os requisitos mínimos, pode ser encaminhado para a fase de preparo, que, na realidade, é um estágio de prova – pelo menos, deveria ser – a fim de se obter todas as informações ainda não conquistadas pelo simples preenchimento de um formulário. Não somente o interessado é informado pelo psicólogo e pelo assistente social acerca dos encargos da adoção, alcance de sua responsabilidade e necessidades do adotando, como também é entrevistado e avaliado, para se auferir o seu grau de confiabilidade para se tornar pai/mãe. A orientação jurídica, geralmente, é dada pelo magistrado no curso preparado para todos os candidatos à adoção que pretendem ingressar no cadastro. É preciso tomar conhecimento da irrevogabilidade do ato, dos direitos sucessórios do adotado, da inclusão dos nomes de família etc.

211. Técnicos responsáveis pela política municipal do direito à convivência familiar: essa equipe técnica praticamente inexiste. Portanto, na maioria das Comarcas somente os técnicos forenses atuam nesse procedimento.

212. Contato prévio com crianças e adolescentes: pode ser positivo tal contato, especialmente para aqueles que nunca viram de perto a situação de uma criança ou adolescente em acolhimento familiar ou institucional. Alguns, ao tomar conhecimento da realidade, voltam atrás e abandonam seu intento de adotar. Afinal, o mundo real é bem diverso da fantasia idealizada por alguns interessados em adoção, que acreditam poder escolher um filho, como se escolhe um produto numa loja qualquer. E acham que esse filho é *perfeito*, apenas seus pais não puderam ou não quiseram criá-lo; eis o motivo de algumas devoluções de crianças e adolescentes durante o estágio de convivência – e, infelizmente, depois dele, quando já consumada a adoção, muitos procuram *desfazer* o vínculo. A lei é muito restrita. Esses candidatos a pais deveriam ser levados, obrigatoriamente, salvo se já conheçam, a abrigos de crianças e adolescentes carentes, com ou sem situação definida, para tomarem ciência do drama infantojuvenil que pode, um dia, fazer parte da sua vida. Ali, verificarão o que significa carência de amor, necessidade de afeto, isolamento, falta de estímulo, tristeza, depressão, enfim, tudo o que uma pessoa internada em local diverso do seu lar pode apresentar. Será um desses infantes ou jovens que preencherá um lugar na sua família e é fundamental perceber se o candidato à adoção tem plena noção disso.

213. Orientação, supervisão e avaliação da equipe técnica: o objetivo da visita é mostrar ao interessado na adoção a realidade das crianças e adolescentes, mas também aproveitar o momento para orientá-lo e avaliar as suas reações. A supervisão (fiscalização) é

Art. 50

produtiva, para que o candidato não se envolva emocionalmente com determinada criança ou adolescente, que nem ao menos está ou estará disponível para adoção. Evita-se, com isso, desgastes emocionais e psicológicos tanto para o adotante como para o infante ou jovem institucionalizado.

214. Três cadastros: há o cadastro local, existente em cada Comarca, formado pelo juiz da Infância e Juventude. Esse é o primeiro a ser consultado, conforme demonstra o § 8.º ("que não tiverem colocação familiar na comarca de origem"). Determina-se, neste estatuto, a organização de um cadastro estadual e outro nacional. Estes seriam residuais; não encontrando família substituta na Comarca, consulta-se o estadual; se, ainda assim, for frustrante, passa-se ao nacional.

215. Cadastro distinto para estrangeiros: parte-se do pressuposto de que a adoção de crianças e jovens brasileiros deve ser feita por brasileiros, residentes em território nacional. É uma opção política, mas, segundo nosso entendimento, cuida-se de uma *reserva infantojuvenil* para brasileiros. Numa visão global, pelo superior interesse da criança, pode o estrangeiro dar melhores condições de vida do que o brasileiro; por isso, deveria concorrer no mesmo cadastro, de igual para igual.

216. Prazo de 48 horas para inscrição: há dois defeitos nesse cenário: a) não se estabelece exatamente a partir de qual situação começa a contagem do prazo. A vagueza da lei impossibilita a sua efetiva aplicação. Em primeiro lugar, crianças e adolescentes, *em condições de serem adotadas*, são as que já não têm representantes legais, pois os pais foram destituídos do poder familiar. Mas não se conta a partir da data da decisão de destituição do poder familiar, nem do seu trânsito em julgado, pois é preciso que elas não tenham obtido colocação em família substituta da Comarca. Ora, trata-se de um período completamente imponderável, pois ingressam a equipe técnica funcionários de cartório, oficiais de justiça, pareceres do MP etc. Nunca se saberá ao certo quando foram esgotadas as medidas, a ponto de se contar 48 precisas horas para a inscrição; b) não há nenhuma responsabilidade efetiva para a autoridade judiciária, se assim não fizer, embora algum controle deva ser feito. Há algum tempo, vários jornais noticiaram o caso de um jovem de 15 anos, que passou toda a sua vida num abrigo, pois nunca foi inscrito na lista dos adotáveis; mesmo sem pais, cujo poder familiar fora retirado, ninguém sabia da sua existência. Nenhum agente público foi responsabilizado. Inexiste previsão específica para tanto. No máximo, o Estado poderá responder por danos morais.

216-A. Consulta ao cadastro para adoção internacional: houve uma sutil modificação da redação do § 10, promovida pela Lei 13.509/2017. Deve-se compreender, agora, que a consulta aos cadastros existentes de crianças ou jovens disponíveis para adoção permitirá conhecer o *perfil* e o *interesse claro* do candidato à adoção, razão pela qual será desnecessário chamar nominalmente todos os integrantes do cadastro. Na realidade, ilustrando, se houver um menino de 10 anos com deficiência física disponível para adoção e, no cadastro, inexistir brasileiro apto a receber essa criança (vê-se pela ficha preenchida quando se inscreveu), dirige-se a Vara da Infância de Juventude diretamente ao estrangeiro interessado. Evita-se a enorme perda de tempo de consultar cadastrado por cadastrado, no Brasil, sabendo-se de antemão que ninguém quer um garoto de 10 anos e, muito menos, com deficiência. Em nosso entendimento, a lei ainda é tímida. O brasileiro deveria concorrer em igualdade de condições com o estrangeiro. O superior interesse da criança ou adolescente independe da nacionalidade ou do território onde vá residir. Essa *reserva de menores* para brasileiros é contraproducente e inadequada.

217. Acolhimento familiar: eis um programa importante, que não conta com o apoio do Estado, de maneira satisfatória. Em lugar de inserir o menor num abrigo governamental ou não governamental, o ideal seria colocá-lo sob os cuidados de uma família acolhedora. Ele esperaria pela adoção nesse ambiente amistoso e amigável. Mas a maioria das Comarcas nem mesmo dispõe do programa de acolhimento familiar. Por vezes, a autoridade judiciária competente não busca, na comunidade, famílias dispostas a tanto. E se o fizer, o Estado não possui verbas para custear tais famílias, afinal, cuidar de crianças e jovens, provisoriamente, acarreta um elevado dispêndio.

217-A. Candidatura à adoção: os adeptos do programa denominado *família acolhedora* ou similar não podem valer-se dessa situação para obter a guarda de crianças ou adolescentes, contornando o cadastro nacional de interessados em adoção, para, depois de criados laços afetivos com o menor, solicitar a sua adoção em juízo. Seria uma forma de burlar os caminhos naturais da adoção e a isenção de escolha dos pais para uma criança ou jovem. Esta é a proposta legal (art. 34, § 3.º, desta lei). Porém, segundo cremos, nada impediria que a família acolhedora agisse em duas vias, ou seja, acolhesse menores temporariamente e, também, participasse do cadastro para adotar. Caberia, então, ao Judiciário deliberar acerca do melhor interesse para o adotando. Na jurisprudência: TJMG: "Reconhece-se a perda do objeto do pedido de destituição do poder familiar quando ação idêntica já havia sido ajuizada pelo Ministério Público e o pedido acolhido, com decisão trânsita em julgado. – Da mesma forma, reconhece-se a perda do objeto no tocante ao pedido de adoção, quando confirmado que a criança já foi entregue a casal previamente inscrito no cadastro nacional de adoção. – Não há como privilegiar-se o pedido de adoção formulado por participantes do Programa Família Acolhedora, não inscritos para adoção e em detrimento de casal que cumpriu todos os trâmites legais e burocráticos para tal" (Apelação Cível 1.0518.13.011343-5/001, 1.ª Câm. Cível, rel. Alberto Vilas Boas, 14.04.2015). Em contrário: TJTO: "Apelação cível. Ação de adoção. Menor sob cuidados de família acolhedora. Guarda de fato. Sentença que indeferiu a inicial sob o fundamento de que o casal não estava inscrito no cadastro nacional de adoção. Determinação da busca e apreensão da criança para encaminhá-la para um abrigo institucional. Situação de absoluta excepcionalidade. Infante portador de deformidade congênita nos membros inferiores e que necessita de um longo tratamento de fisioterapia, por no mínimo quatro vezes na semana e natação. Integração estabelecida entre a criança e os pretendentes à adoção. Motivos relevantes que justificam a excepcionalidade da quebra do rigorismo da lei em observância ao princípio do melhor interesse da criança que deve se sobrepor a todos os outros. Recurso conhecido e provido. Decisão unânime" (Apelação Cível 0012547-60.2014.827.0000, 2.ª T., 1.ª Câm. Cível, rel. Jacqueline Adorno, 04.02.2015, v.u.).

218. Atuação proativa do Ministério Público: aguarda-se que o promotor acompanhe, realmente, o procedimento de cadastramento dos interessados na adoção, bem como fiscalize a situação das crianças e adolescentes de sua Comarca, para que não permita, jamais, que fiquem em abrigo por tempo superior aos dois anos previstos em lei – com a situação reavaliada a cada seis meses. Assim como para o juiz, deveria haver previsão de crime de responsabilidade para a omissão do membro do MP nesses casos. Sob outro aspecto, deve fiscalizar a *convocação criteriosa* dos postulantes à adoção. A referida convocação criteriosa – ponderada, sensata, honesta – não pode ser, simplesmente, seguir uma *lista de espera* de candidatos à adoção. Se está no topo da lista, não importando quem seja para aquela determinada criança, concorda-se; se não se encontra em primeiro lugar, pouco importando o caso concreto, discorda-se. A adoção não é uma equação matemática, que busca sempre os mesmos resultados. Por isso, o promotor deve zelar pela convocação dos mais indicados para aquela criança ou adolescente, abstraindo-se de burocratizar, ainda mais, a tal *fila* de adoção. Quem pode falar pela criança é justamente o Ministério Público, que não deve permitir injustificadas adoções, somente porque se seguiu um padrão. Ilustrando, em lugar de chamar apenas o primeiro da lista, convoquem-se

Art. 50

Estatuto da Criança e do Adolescente Comentado · Nucci

os primeiros dez colocados da relação, fazendo-se uma avaliação geral, a fim de saber qual pessoa ou casal é o mais indicado para o infante ou jovem. Afinal, a inclusão no cadastro é realizada sob requisitos mínimos. Mais uma vez, relembrando, dá-se uma família para uma criança ou adolescente e não uma criança ou jovem para uma família. Sobre a relativização da ordem do cadastro: STJ: "1. O Estatuto da Criança e do Adolescente-ECA, ao preconizar a doutrina da proteção integral (art. 1.º da Lei 8.069/90), torna imperativa a observância do melhor interesse da criança. As medidas de proteção, tais como o acolhimento institucional, são adotadas quando verificada quaisquer das hipóteses do art. 98 do ECA. 2. No caso em exame, a avaliação realizada pelo serviço social judiciário constatou que a criança E K está recebendo os cuidados e atenção adequados às suas necessidades básicas e afetivas na residência do impetrante. Não há, assim, em princípio, qualquer perigo em sua permanência com o pai registral, a despeito da alegação do Ministério Público de que houve adoção *intuitu personae*, a chamada 'adoção à brasileira', ao menos até o julgamento final da lide principal. 3. A hipótese dos autos, excepcionalíssima, justifica a concessão da ordem, porquanto parece inválida a determinação de acolhimento de abrigamento da criança, vez que não se subsume a nenhuma das hipóteses do art. 98 do ECA. 4. Esta Corte tem entendimento firmado no sentido de que, salvo evidente risco à integridade física ou psíquica do infante, não é de seu melhor interesse o acolhimento institucional ou o acolhimento familiar temporário. 5. É verdade que o art. 50 do ECA preconiza a manutenção, em comarca ou foro regional, de um registro de pessoas interessadas na adoção. Porém, a observância da preferência das pessoas cronologicamente cadastradas para adotar criança não é absoluta, pois há de prevalecer o princípio do melhor interesse do menor, norteador do sistema protecionista da criança. 6. As questões suscitadas nesta Corte na presente via não infirmam a necessidade de efetiva instauração do processo de adoção, que não pode ser descartado pelas partes. Na ocasião, será imperiosa a realização de estudo social e aferição das condições morais e materiais para a adoção da menor. Entretanto, não vislumbro razoabilidade na transferência da guarda da criança – primeiro a um abrigo e depois a outro casal cadastrado na lista geral –, sem que se desatenda ou ignore o real interesse da menor e com risco de danos irreparáveis à formação de sua personalidade na fase mais vulnerável do ser humano. 7. Ordem concedida" (HC 279.059/RS, 4.ª T., rel. Luis Felipe Salomão, *DJ* 10.12.2013). Ver também a nota 274 ao art. 197-E.

219. Adoção por quem não é previamente habilitado: abrem-se três exceções: a) adoção unilateral; b) pedido de parente; c) pedido de tutor ou guarda legal. Conforme prevê o § 14, a inexistência de cadastro pode ser perfeitamente suprida pelo procedimento de adoção, durante o qual se faz a prova de capacitação dos postulantes para adotar. Há algumas restrições incongruentes, conforme demonstraremos em notas próprias. Todavia, existe a viabilidade de se privilegiar o superior interesse da criança em detrimento do cadastro, dependendo do caso concreto: STJ: "2. A jurisprudência desta eg. Corte Superior tem decidido que não é do melhor interesse da criança o acolhimento temporário em abrigo, quando não há evidente risco à sua integridade física e psíquica, com a preservação dos laços afetivos eventualmente configurados entre a família substituta e o adotado ilegalmente. Precedentes. 3. A ordem cronológica de preferência das pessoas previamente cadastradas para adoção não tem um caráter absoluto, devendo ceder ao princípio do melhor interesse da criança e do adolescente, razão de ser de todo o sistema de defesa erigido pelo Estatuto da Criança e do Adolescente, que tem na doutrina da proteção integral sua pedra basilar (HC n.º 468.691/SC, Rel. Ministro Luis Felipe Salomão, 4.ª T., *DJe* de 11.03.2019). 4. Ordem de *habeas corpus* concedida de ofício" (HC 517.365/RS, 3.ª T., rel. Moura Ribeiro, 27.08.2019, v.u.); "Agravo regimental. Medida cautelar. Aferição da prevalência entre o cadastro de adotantes e a adoção *intuitu personae*. Aplicação do princípio do melhor interesse do menor. Estabelecimento de vínculo afetivo da menor com o casal de adotantes não cadastrados, com o qual ficou durante os primeiros oito meses de vida. Aparência de bom direito. Ocorrência. Entrega da menor para outro casal cadastrado. *Periculum in mora*. Verificação. Recurso improvido. (...) Por fim, como já expressado, não se está a preterir o direito de um casal pelo outro, uma vez que, efetivamente, o direito destes não está em discussão. O que se busca, na verdade, é priorizar o direito da criança de ser adotada pelo casal com o qual, na espécie, tenha estabelecido laços de afetividade" (AgRg na Medida Cautelar 15.097/MG, 3.ª T., rel. Massami Uyeda, 05.03.2009); "1. A observância do cadastro de adotantes, ou seja, a preferência das pessoas cronologicamente cadastradas para adotar determinada criança, não é absoluta. A regra comporta exceções determinadas pelo princípio do melhor interesse da criança, base de todo o sistema de proteção. Tal hipótese configura--se, por exemplo, quando já formado forte vínculo afetivo entre a criança e o pretendente à adoção, ainda que no decorrer do processo judicial. Precedente" (REsp 1.347.228/SC, 3.ª T., rel. Sidnei Beneti, *DJ* 06.11.2012). TJPI: "1. Entendo que a referida norma (art. 50, § 13, do ECA) não deve se sobrepor ao Princípio do Melhor Interesse da Criança, motivo pelo qual não deve ser interpretado de forma absoluta. Especialmente nos casos como o dos autos, em que a própria genitora entregou a criança aos apelantes no dia do seu nascimento. 2. Noutro norte, em que pese a alegação de que o casal não esteja inscrito no cadastro de pessoas interessadas na adoção, o referido casal já tem a guarda de fato do menor desde o seu nascimento com o consentimento da mãe biológica (fls. 20) e, conforme entendimento do STJ, é possível conceder adoção a casal não inscrito no cadastro, tendo em vista o melhor interesse do menor. 3. No caso dos autos, constata-se que a menor, desde os primeiros meses de vida, está sob os cuidados e proteção dos adotantes, estando hoje com 6 anos de idade, recebendo todos os cuidados e afeto da família adotante. 4. Nesse sentido, entendo que a situação prevista no inciso III do § 13 do art. 50 do ECA não deve se sobrepor ao Princípio do Melhor Interesse desta Criança que já possui vínculo afetivo com a família adotante. 5. Recurso conhecido e provido" (Ap. Cív. 2015.0001.003375-6-PI, 2.ª Câmara Especializada Cível, rel. José James Gomes Pereira, 25.04.2017, v.u.). TJSC: "Mérito. Exercício da guarda fática há mais de 4 anos desde tenra idade. Vínculo socioafetivo consolidado. Inexistência de óbices ao exercício do poder familiar. Excepcionalidades a justificar a ausência de cadastro. Melhor interesse da criança. Pleito procedente. – Sem olvidar a importância da observância do cadastro e lista de pretendentes à adoção, como instrumento de garantia do interesse da criança *lato sensu*, hipóteses excepcionais de consolidação dos laços afetivos com casal guardião de fato podem excepcionar tal regra, como forma de evitar severos prejuízos ao infante e resguardar seu interesse individual no caso concreto. – Na espécie, não havendo demonstração cabal de má-fé do casal, cujo convívio com a criança já perdura por mais de 4 (quatro) anos, desde os 5 (cinco) meses de idade, lapso suficiente ao estabelecimento de laços socioafetivos, impõe--se o deferimento da adoção" (AC 20130275676/SC 2013.027567-6 (Acórdão), 5.ª Câm. de Direito Civil, rel. Henry Petry Junior, *DJ* 19.06.2013). Ver também a nota anterior e a nota 274 ao art. 197-E. Por outro lado, contornar o cadastro, *sem razão plausível*, é vedado: TJRS: "1. Por tutelar interesses altamente relevantes, o procedimento para adoção deve observar rigorosamente o disposto no Estatuto da Criança e do Adolescente a respeito, procedimento este que exige a prévia habilitação dos pretendentes, além da necessária observância à ordem do cadastro de adotantes, a teor do art. 50 do ECA. 2. A subversão do procedimento legal, com o deferimento da chamada adoção *intuitu personae*, somente se autoriza em situações de absoluta excepcionalidade, quando, por exemplo, os pretendentes à adoção já exercem a guarda de fato do menor e com ele possuem vínculos consolidados, mostrando-se tal adoção benéfica ao infante – o que não ocorre no presente caso, em que o casal postulante, que ainda está em processo de habilitação para adoção, manteve contato por poucas vezes com a criança, que se encontra abrigada em entidade de acolhimento institucional. 3. Não havendo elementos que autorizem a mitigação da incidência do procedimento legal, não há

Art. 50

Estatuto da Criança e do Adolescente Comentado • Nucci

o que reparar na sentença que indeferiu pedido de adoção formulado por casal que ainda se encontra em processo de habilitação" (Apelação Cível 70058743576, 8.ª Câm. Cível, rel. Luiz Felipe Brasil Santos, *DJ* 22.05.2014).

220. Adoção unilateral: é a adoção realizada pelo cônjuge (ou companheiro) em relação ao filho do outro. A par de alguns inconvenientes dessa modalidade de adoção, o fato é que o postulante à adoção, obviamente, não está habilitado, tendo em vista que o seu interesse somente nasceu em virtude de seu relacionamento amoroso. Ele não quer adotar qualquer criança, mas o filho de seu cônjuge (companheiro/a). Mas, é viável anotar-se em lei a exceção, pois, não havendo, embora evidente o motivo, seria capaz de um juiz, em interpretação literal, indeferir o pleito. Na jurisprudência: STJ: "1. A adoção depende do devido consentimento dos pais ou da destituição do poder familiar (Estatuto da Criança e do Adolescente, art. 45). 2. Hipótese em que a menor foi entregue irregularmente pela genitora à postulante da adoção nos primeiros dias de vida e, somente no curso do processo de adoção e destituição de poder familiar, o pai biológico descobriu ser o seu genitor, ajuizando ação de investigação de paternidade para reivindicar o poder familiar sobre a criança. Incontroversa ausência de violação dos deveres legais autorizadores da destituição do poder familiar e expressa discordância paterna em relação à adoção. 3. Nos termos do art. 39, § 3.º do ECA, inserido pela Lei 13.509/2017, 'em caso de conflito entre os direitos e interesses do adotando e de outras pessoas, inclusive seus pais biológicos, devem prevalecer os direitos e os interesses do adotando'. 4. Boa-fé da postulante à adoção assentada pela instância ordinária. 5. Adoção unilateral materna, com preservação do poder familiar do genitor, permitida, dadas as peculiaridades do caso, com base no art. 50, § 13, incisos I e III, do ECA, a fim de assegurar o melhor interesse da menor. 6. Recurso especial parcialmente provido" (REsp 1.410.478/RN 2013/0344972-0, 4.ª T., rel. Maria Isabel Gallotti, 05.12.2019, v.u.); "1. A adoção unilateral, ou adoção por cônjuge, é espécie do gênero adoção, que se distingue das demais, principalmente pela ausência de ruptura total entre o adotado e os pais biológicos, porquanto um deles permanece exercendo o Poder Familiar sobre o menor, que será, após a adoção, compartilhado com o cônjuge adotante. 2. Nesse tipo de adoção, que ocorre quando um dos ascendentes biológicos faleceu, foi destituído do Poder Familiar, ou é desconhecido, não há consulta ao grupo familiar estendido do ascendente ausente, cabendo tão só ao cônjuge supérstite decidir sobre a conveniência, ou não, da adoção do filho pelo seu novo cônjuge/companheiro. 3. Embora não se olvide haver inúmeras adoções dessa natureza positivas, mormente quando há ascendente – usualmente o pai – desconhecidos, a adoção unilateral feita após o óbito de ascendente, com o consequente rompimento formal entre o adotado e parte de seu ramo biológico, por vezes, impõe demasiado sacrifício ao adotado. 4. Diante desse cenário, e sabendo-se que a norma que proíbe a revogação da adoção é, indisfarçavelmente, de proteção ao menor adotado, não pode esse comando legal ser usado em descompasso com seus fins teleológicos, devendo se ponderar sobre o acerto de sua utilização, quando reconhecidamente prejudique o adotado. 5. Na hipótese sob exame, a desvinculação legal entre o adotado e o ramo familiar de seu pai biológico não teve o condão de romper os laços familiares preexistentes, colocando o adotado em um limbo familiar, no qual convivia intimamente com os parentes de seu pai biológico, mas estava atado, legalmente, ao núcleo familiar de seu pai adotivo. 6. Nessas circunstâncias, e em outras correlatas, deve preponderar o melhor interesse da criança e do adolescente, que tem o peso principiológico necessário para impedir a aplicação de regramento claramente desfavorável ao adotado – *in casu*, a vedação da revogação da adoção – cancelando-se, assim, a adoção unilateral anteriormente estabelecida. 7. Recurso provido para, desde já permitir ao recorrente o restabelecimento do seu vínculo paterno-biológico, cancelando-se, para todos os efeitos legais, o deferimento do pedido de adoção feito em relação ao recorrente" (REsp 1.545.959/SC, 3.ª T., rel. Nancy Andrighi, 06.06.2017, maioria). TJRS: "Adoção unilateral pelo atual companheiro da genitora do infante.

Comprovada situação de abandono e omissão do genitor. Destituição do poder familiar determinada. Adoção deferida. (...) Restando evidenciado que o genitor não reúne condições de assumir o poder familiar, havendo situação manifesta de abandono, descumprindo os deveres inerentes ao encargo, prevalecendo a proteção integral, os princípios da prioridade absoluta e do melhor interesse do menor, correta a sentença de procedência da ação para desconstituir o poder familiar no caso. Inteligência dos artigos 1.638, II, do Código Civil e artigo 22 e 24, ambos do Estatuto da Criança e do Adolescente. Por outro lado, verifica-se que a adoção é a medida que melhor atende a proteção e o interesse do menor, nos termos do artigo 43, do ECA, pois o autor, atual companheiro da genitora, é quem exerce o papel protetivo da figura paterna há anos, preenchendo todos os requisitos necessários aos cuidados do menino, tanto no aspecto emocional quanto material" (AC 50111599420178210001/RS, 7.ª Câm. Cível, rel. Carlos Eduardo Zietlow Duro, 11.11.2021).

221. Família extensa: trata-se do conjunto de parentes do menor de 18 anos, com o qual mantém vínculos de afinidade e afeto. Segundo este estatuto, a preferência é manter a criança ou adolescente com a família natural (pais) ou extensa (parentes). Por consequência lógica, se um parente – que não seja ascendente ou irmão – solicitar a adoção, mesmo não estando cadastrado, tem a preferência. Nem precisaria constar de lei tal exceção, mas por cautela assim foi feito.

222. Tutor ou guarda legal: se alguém é tutor ou guarda legal de uma criança ou adolescente, por certo, submeteu-se ao aval do juiz. Acrescente-se a isso o fato de viverem juntos, possuindo laços de afinidade e afetividade. Por certo, essa pessoa tem preferência para adotar, no melhor interesse do menor, mesmo não estando previamente habilitada para adoção. Alguns pontos restritivos são estranhos. Em primeiro lugar, a criança não pode ter menos que dois anos. Ora, se estiver sob tutela de alguém desde o momento do nascimento, inexiste razão para que o tutor não possa adotá-la, mesmo que esteja abaixo dos dois anos. Outro ponto peculiar diz respeito à menção à má-fé. Relembremos tratar-se de tutor ou guarda *legal*, o que, por si só, invalida a má-fé, tendo em vista a situação jurídica regular. Finalmente, as situações dos arts. 237 e 238 desta Lei concernem aos crimes de subtração de menor de 18 anos para colocá-lo em família substituta e ao delito de venda de criança ou adolescente. São condutas graves, mas podem ter ocorrido sem a ciência do tutor ou do guarda, tanto assim que o juiz autorizou a entrega da criança a ele. Não há que se retirar o infante do postulante à adoção, sem a prova efetiva de que tomou parte no crime. Somente para argumentar, ainda que o guarda legal tenha *comprado* a criança recém-nascida, hoje, com dez anos, se pedir a adoção, não pode ter o seu pedido indeferido, pois o crime já está prescrito e o menor encontra-se mais do que integrado àquela família. Em suma, seja qual for o ângulo, deve prevalecer o superior interesse infantojuvenil. Na jurisprudência: TJPB: "A adoção *intuitu personae* é hipótese excepcional prevista no art. 50, § 13, III, do ECA, a qual autoriza a mitigação da habilitação dos adotantes no cadastro de adoção para o deferimento do pedido quando a criança contar com mais de 3 anos, possibilitando a adoção direta, como ocorre no caso dos autos. Deve ser flexibilizada a exegese da Lei n.º 12.010/2009, que alterou o Estatuto da Criança e do Adolescente ao determinar a prévia inscrição de possíveis adotantes, com o fito de beneficiar ou prestigiar o próprio bem-estar do infante, prevalecendo, assim, a supremacia dos interesses do menor. 'A observância do cadastro de adotantes não é absoluta. A regra legal deve ser excepcionada em prol do princípio do melhor interesse da criança, base de todo o sistema de proteção ao menor. Tal hipótese configura-se, por exemplo, quando existir vínculo afetivo entre a criança e o pretendente à adoção, como no presente caso' (HC 294.729-SP, Rel. Ministro Sidnei Beneti, 3.ª T., j. 07.08.2014, *DJe* 29.08.2014)" (Ap. 0001083-80.2012.815.0311-PB, 4.ª Câmara Especializada Cível, 07.02.2017, v.u.). TJGO: "1. Nos termos do art. 50, § 13, III, do ECA, é possível deferir a adoção em favor de candidato domiciliado no Brasil não registrado previamente no cadastro de adotantes quando oriundo o pedido de quem detém a tutela ou guarda legal de criança maior de 3 (três) anos ou adolescente, desde que o lapso de tempo de convivência comprove a fixação de laços de afinidade e afetividade, e não seja constatada a ocorrência de má-fé ou qualquer das situações previstas nos arts. 237 ou 238 dessa lei. 2. *In casu*, considerando que os adotantes convivem com a menor desde o seu nascimento, isto é, há mais de 5 (cinco) anos e possuem sua guarda há mais de 2 (dois), proporcionando-lhe uma vida digna, cheia de carinho, afeto, respeito e educação, condições que os genitores biológicos dificilmente proporcionariam, porquanto por ela não se interessam, configurada está a hipótese do art. 50, § 13, inciso III, do Estatuto Menorista, mostrando-se escorreita a sentença *a quo* que deferiu a chamada adoção à brasileira ou dirigida ou *intuitu personae* atenta às nuances da situação em concreto. Inteligência do princípio do melhor interesse da criança. Apelação Cível Desprovida" (Ap. Cív. 80520-71.2014.8.09.0052/GO, 6.ª Câm. Cível, rel. Wilson Safatle Faiad, 07.06.2016, v.u.). TJRS: "Irretocável a sentença que decretou a destituição do poder familiar diante da notícia de que a menor foi malcuidada durante os poucos meses em que permaneceu na companhia da genitora. Comportamento passivo que terminou por possibilitar a formação de forte vínculo afetivo entre a menina e os guardiães. Desinteresse anterior na reassunção da guarda por parte da genitora. Situação fática que gera flagrante sofrimento à menor, de acordo com os laudos técnicos confeccionados. Superior interesse da criança. Aplicação do art. 50, § 13, III, do ECA" (Apelação Cível 70058054602, 8.ª Câm. Cível, rel. Ricardo Moreira Lins Pastl, *DJ* 10.04.2014).

223. Habilitação no curso do procedimento de adoção: nada mais natural do que o postulante à adoção, não habilitado previamente, nas hipóteses do § 13, possa fazê-lo durante o procedimento de adoção, para que se ateste a sua viabilidade como pai ou mãe.

223-A. Prioridade no cadastro: O disposto no § 15, inserido pela Lei 13.509/2017, é inútil, pois a prática já determina que assim seja. Noutros termos, é desnecessário assegurar prioridade a pessoas interessadas em adotar criança ou jovem com deficiência, com doença crônica ou com necessidades especiais ou mesmo grupo de irmãos. O candidato à adoção brasileiro, como regra, *não quer* essas pessoas em seu seio familiar, por variadas razões. Seja porque dão muito trabalho, seja porque o custo do sustento pode subir muito, seja porque há maior preconceito, enfim, o perfil do brasileiro é diverso do estrangeiro. Este, muitas vezes, procura adotar quem realmente precisa (deficiente, doente, irmãos etc.), motivo pelo qual está sempre à frente na ordem de preferência.

> **Art. 51.** Considera-se adoção internacional[224] aquela na qual o pretendente possui residência habitual em país-parte da Convenção de Haia,[225] de 29 de maio de 1993, Relativa à Proteção das Crianças e à Cooperação em Matéria de Adoção Internacional, promulgada pelo Decreto n.º 3.087, de 21 junho de 1999, e deseja adotar criança em outro país-parte da Convenção.
>
> § 1.º A adoção internacional de criança ou adolescente brasileiro ou domiciliado no Brasil somente terá lugar quando restar comprovado:[226]
>
> I – que a colocação em família adotiva é a solução adequada ao caso concreto;[227]
>
> II – que foram esgotadas todas as possibilidades de colocação da criança ou adolescente em família adotiva brasileira, com a comprovação, certificada nos autos, da inexistência de adotantes habilitados residentes no Brasil com perfil compatível com a criança ou adolescente, após consulta aos cadastros mencionados nesta Lei; [228-228-A]

> III – que, em se tratando de adoção de adolescente, este foi consultado, por meios adequados ao seu estágio de desenvolvimento, e que se encontra preparado para a medida, mediante parecer elaborado por equipe interprofissional, observado o disposto nos §§ 1.º e 2.º do art. 28 desta Lei.[229]
>
> § 2.º Os brasileiros residentes no exterior terão preferência aos estrangeiros, nos casos de adoção internacional de criança ou adolescente brasileiro.[230]
>
> § 3.º A adoção internacional pressupõe a intervenção das Autoridades Centrais Estaduais e Federal em matéria de adoção internacional.[231]

224. Adoção internacional: caracteriza-se pelo lugar de residência do postulante à adoção, seja ele de nacionalidade brasileira ou estrangeira. Portanto, é adoção internacional quando o pedido é feito por quem reside fora do território nacional. A nova redação ao *caput* do art. 51 visa a dar suporte à adoção internacional somente quando o pretendente residir habitualmente em Estado Contratante, pretendendo adotar em Estado-parte da Convenção.

225. Convenção de Haia: segundo o art. 2.º, "a Convenção será aplicada quando uma criança com residência habitual em um Estado Contratante ('o Estado de origem') tiver sido, for, ou deva ser deslocada para outro Estado Contratante ('o Estado de acolhida'), quer após sua adoção no Estado de origem por cônjuges ou por uma pessoa residente habitualmente no Estado de acolhida, quer para que essa adoção seja realizada, no Estado de acolhida ou no Estado de origem".

226. Requisitos gerais: não diferem em absolutamente nada do contexto da adoção nacional. Segue-se o padrão: a) não há mais condições de reintegração do menor em sua família natural ou extensa, indicando-se, então, a família substituta, quando já se retirou o poder familiar dos pais naturais; b) todas as possibilidades de encaixar a criança ou jovem em família substituta brasileira falharam, pois se optou, politicamente, pelo caráter residual da adoção por estrangeiro; c) consultou-se, para obter o consentimento, do maior de 12 anos, observando-se todos os requisitos de compatibilidade com o adotante e o local para onde segue. Entretanto, afora tais requisitos, existem vários outros passos, peculiares à adoção internacional. "A burocracia a ser enfrentada é enorme, com uma demora aproximada de até 5 (cinco) anos para que se consolide um processo de adoção pelas vias legais. Justifica-se esta demora, com os prazos de estágio provisório de convivência, buscando-se o melhor interesse da criança, devendo ser feita uma análise mais apurada no que diz respeito a uma maior proteção das mesmas, dentre outros motivos alegados. Mas, o que se vê realmente, são entraves burocráticos, dificultando cada vez mais esse processo que poderia ser rápido, sem incorrer em prejuízos materiais, psicoafetivos, culturais, educacionais e saúde dos adotados" (Valdeci Ataíde Cápua, *Adoção internacional. Procedimentos legais*, p. 138).

227. Inserção em família adotiva: nos mesmos termos da adoção nacional, somente se ingressa na busca de uma família estrangeira substituta quando esgotadas as possibilidades de se manter a criança ou adolescente em sua família natural. Entretanto, como já comentamos anteriormente, é preciso um limite razoável para essas tentativas de readaptação do menor em sua família biológica; do contrário, ele pode dissipar grande parte da vida em acolhimento institucional. Além disso, em determinadas situações, a gravidade do maltrato ou a determinação do abandono dos pais em relação ao filho é tamanha que não se deve aguardar muito mais para o procedimento de destituição do poder familiar.

228. Esgotamento dos interessados no Brasil: essa *reserva de menores* para pretendentes brasileiros não nos parece adequada. Enfocando-se o *superior interesse* da criança ou adolescente, constitucionalmente garantido, pode-se incluir o menor em família estrangeira com maior facilidade e em melhores condições do que ocorreria em família brasileira. Mais uma vez, é preciso destacar o cenário de vida do infante ou jovem, que, no exterior, pode ter situação extremamente favorável para estudo, formação e nível de vida superior ao do Brasil quando atingir a fase adulta. Há um número considerável de brasileiros desejando mudar-se ou, ao menos, estudar e trabalhar no estrangeiro; vislumbra-se, diante disso, um contexto positivo – e não negativo – para a vida fora do País. Não há qualquer malefício à criança ou adolescente caso siga, definitivamente, ao exterior. Diz Reinaldo Cintra Torres de Carvalho que "o objetivo essa disposição é evitar que pessoas residentes em outros países busquem, de alguma forma, retirar do país crianças ou adolescentes que poderiam aqui permanecer. É princípio salutar que evita a disputa de crianças ou adolescentes entre os aqui residentes e os não residentes (inc. II do § 1.º do artigo em comento)" (Munir Cury [org.], *Estatuto da criança e do adolescente comentado*, p. 241). Do modo como exposto em lei, parece haver uma *subtração* de crianças e jovens brasileiros, como se fossem levados *criminosamente*, se não concedida primazia à família natural. Segundo nos parece, seria salutar que houvesse disputa entre residentes e não residentes, pois o único favorecido seria o menor. Na correta ótica de Valdeci Ataíde Cáputa, "há juízes que são contrários à adoção internacional, alegando que há perda de cidadania. Entretanto, urge uma pergunta: será que realmente essas crianças têm acesso à cidadania? Será que elas dispõem de toda a proteção prescrita na CF/88 no que tange à proteção do Estado, da família e da sociedade? Será que essas crianças espalhadas pelas ruas têm realmente uma condição digna de vida? *Data maxima venia*, deve-se discordar desses magistrados e, mais, levantar uma questão para reflexão: é melhor ser brasileiro e viver em seu país de origem, levando uma vida infernal, ou viver em outro país, em outra cultura, e ter acesso à dignidade humana?" (*Adoção internacional. Procedimentos legais*, p. 160). Sobre a primazia de brasileiros sobre estrangeiros, Dimar Messias de Carvalho afirma que "a preferência se justifica para manter a criança ou adolescente em família que preserva os costumes, cultura e língua de origem, favorecendo a adaptação do adotando e mantendo suas raízes e origem. A preferência por brasileiro em relação ao estrangeiro, todavia, *não é absoluta, devendo, sempre, ser observado o melhor interesse do menor*" (*Adoção, guarda e convivência familiar*, p. 57, grifamos). E bem aponta Arthur Marques da Silva Filho: "decisões judiciais enfatizam que deve prevalecer o interesse da criança ou do adolescente, seus direitos, convivência familiar e outros fatores que possam influenciar a decisão quando se instaura disputa entre casais interessados em adoção. Assim, não deve existir hierarquia absoluta entre casal estrangeiro residente fora do país e casal brasileiro. A preocupação superior é com o adotando, e a análise comparativa que se faz dos pretendentes deve buscar a melhor colocação daquele" (*Adoção*, p. 140).

228-A. Consulta diferenciada ao cadastro: permite-se, com a modificação deste parágrafo pela Lei 13.509/2017, a verificação, no cadastro de pretendentes à adoção, do perfil e do interesse em crianças e jovens, conforme as disponibilidades, *sem necessidade de consultar* um a um. Noutros termos, pode-se encaminhar o menor à adoção internacional quando um serventuário *certificar* inexistir pretendente brasileiro que possa adotar a criança ou o adolescente disponível (geralmente, como já se disse, aquele que é deficiente, enfermo ou tem irmãos).

229. Consulta ao adolescente: esta, sem dúvida, é uma providência correta, que também é adequada à adoção nacional. O jovem, ao completar 12 anos, já possui uma clara noção de si mesmo e da vida ao seu redor, tendo aptidão para receber informes, esclarecimentos e decidir a respeito do que *pode* ser melhor para seu futuro.

230. Preferência de residentes brasileiros no exterior: essa preferência somente poderia ser válida se fosse em igualdade de condições; fora desse contexto, conferir primazia à família brasileira, morando no estrangeiro, *somente* porque é nacional, fere o interesse maior da criança ou adolescente. O menor deve ser acolhido por quem lhe ofereça as melhores opções em todos os sentidos – emocional, material, estrutural – e não somente porque lhe oferte a companhia de pessoa com *nacionalidade brasileira*. A pretexto de assegurar ao adotado o contato com o idioma, as tradições, os costumes, enfim, a cultura do Brasil é um *dogma* formulado por adultos, o que não significa, necessariamente, o melhor para o infante ou jovem. De qualquer forma, trata-se o caso como adoção internacional: TJRS: "Pedido de habilitação. Se os recorrentes são brasileiros, mas residem na China, então se mostra descabido o pedido de habilitação para adoção no Brasil, pois seu pleito deverá ser submetido às regras aplicáveis à adoção internacional. Inteligência dos art. 51 e 52 do ECA. Recurso desprovido" (Apelação Cível 70048242648, 7.ª Câm. Cível, rel. Sérgio Fernando de Vasconcellos Chaves, *DJ* 30.05.2012).

231. Autoridades Centrais: são os órgãos criados especificamente para controlar as agências e os intermediários estrangeiros honestos, com o objetivo de assegurar interessados desvinculados de qualquer espécie de *comércio* de crianças ou adolescentes. Somente por isso, as adoções estrangeiras podem gozar de presunção de idoneidade. A Autoridade Central Administrativa Federal (ACAFE) é órgão do Poder Executivo, integrante da estrutura administrativa da Secretaria Especial de Direitos Humanos – SEDH da Presidência da República, com competência exclusiva para credenciar organismos internacionais, oriundos de países que ratificaram a Convenção Relativa à Proteção das Crianças e à Adoção Internacional, celebrada em Haia; reportar-se ao gestor da Convenção; manter tratativas com autoridades estrangeiras em matéria de adoção; oficiar como Secretaria Executiva do Conselho das Autoridades Centrais etc. Não atua nos procedimentos adotivos (Luiz Carlos de Barros Figueiredo, *Comentários à nova lei nacional da adoção*, p. 47).

Art. 52. A adoção internacional observará o procedimento previsto nos arts. 165 a 170 desta Lei, com as seguintes adaptações:[232]

I – a pessoa ou casal estrangeiro, interessado em adotar criança ou adolescente brasileiro, deverá formular pedido de habilitação à adoção perante a Autoridade Central em matéria de adoção internacional no país de acolhida, assim entendido aquele onde está situada sua residência habitual;[233]

II – se a Autoridade Central do país de acolhida considerar que os solicitantes estão habilitados e aptos para adotar, emitirá um relatório que contenha informações sobre a identidade, a capacidade jurídica e adequação dos solicitantes para adotar, sua situação pessoal, familiar e médica, seu meio social, os motivos que os animam e sua aptidão para assumir uma adoção internacional;[234]

III – a Autoridade Central do país de acolhida enviará o relatório à Autoridade Central Estadual, com cópia para a Autoridade Central Federal Brasileira;[235]

IV – o relatório será instruído com toda a documentação necessária, incluindo estudo psicossocial elaborado por equipe interprofissional habilitada e cópia autenticada da legislação pertinente, acompanhada da respectiva prova de vigência;[236]

V – os documentos em língua estrangeira serão devidamente autenticados pela autoridade consular, observados os tratados e convenções internacionais, e acompanhados da respectiva tradução, por tradutor público juramentado;[237]

VI – a Autoridade Central Estadual poderá fazer exigências e solicitar complementação sobre o estudo psicossocial do postulante estrangeiro à adoção, já realizado no país de acolhida;[238]

VII – verificada, após estudo realizado pela Autoridade Central Estadual, a compatibilidade da legislação estrangeira com a nacional, além do preenchimento por parte dos postulantes à medida dos requisitos objetivos e subjetivos necessários ao seu deferimento, tanto à luz do que dispõe esta Lei como da legislação do país de acolhida, será expedido laudo de habilitação à adoção internacional, que terá validade por, no máximo, 1 (um) ano;[239]

VIII – de posse do laudo de habilitação, o interessado será autorizado a formalizar pedido de adoção perante o Juízo da Infância e da Juventude do local em que se encontra a criança ou adolescente, conforme indicação efetuada pela Autoridade Central Estadual.[240]

§ 1.º Se a legislação do país de acolhida assim o autorizar, admite-se que os pedidos de habilitação à adoção internacional sejam intermediados por organismos credenciados.[241]

§ 2.º Incumbe à Autoridade Central Federal Brasileira o credenciamento de organismos nacionais e estrangeiros encarregados de intermediar pedidos de habilitação à adoção internacional, com posterior comunicação às Autoridades Centrais Estaduais e publicação nos órgãos oficiais de imprensa e em sítio próprio da internet.[242]

§ 3.º Somente será admissível o credenciamento de organismos que:[243]

I – sejam oriundos de países que ratificaram a Convenção de Haia e estejam devidamente credenciados pela Autoridade Central do país onde estiverem sediados e no país de acolhida do adotando para atuar em adoção internacional no Brasil;

II – satisfizerem as condições de integridade moral, competência profissional, experiência e responsabilidade exigidas pelos países respectivos e pela Autoridade Central Federal Brasileira;

III – forem qualificados por seus padrões éticos e sua formação e experiência para atuar na área de adoção internacional;

IV – cumprirem os requisitos exigidos pelo ordenamento jurídico brasileiro e pelas normas estabelecidas pela Autoridade Central Federal Brasileira.

§ 4.º Os organismos credenciados deverão ainda:[244]

I – perseguir unicamente fins não lucrativos, nas condições e dentro dos limites fixados pelas autoridades competentes do país onde estiverem sediados, do país de acolhida e pela Autoridade Central Federal Brasileira;

II – ser dirigidos e administrados por pessoas qualificadas e de reconhecida idoneidade moral, com comprovada formação ou experiência para atuar na área de adoção internacional, cadastradas pelo Departamento de Polícia Federal e aprovadas pela Autoridade Central Federal Brasileira, mediante publicação de portaria do órgão federal competente;

III – estar submetidos à supervisão das autoridades competentes do país onde estiverem sediados e no país de acolhida, inclusive quanto à sua composição, funcionamento e situação financeira;

IV – apresentar à Autoridade Central Federal Brasileira, a cada ano, relatório geral das atividades desenvolvidas, bem como relatório de acompanhamento das adoções internacionais efetuadas no período, cuja cópia será encaminhada ao Departamento de Polícia Federal;

V – enviar relatório pós-adotivo semestral para a Autoridade Central Estadual, com cópia para a Autoridade Central Federal Brasileira, pelo período mínimo de 2 (dois) anos. O envio do relatório será mantido até a juntada de cópia autenticada do registro civil, estabelecendo a cidadania do país de acolhida para o adotado;[245]

VI – tomar as medidas necessárias para garantir que os adotantes encaminhem à Autoridade Central Federal Brasileira cópia da certidão de registro de nascimento estrangeira e do certificado de nacionalidade tão logo lhes sejam concedidos.

§ 5.º A não apresentação dos relatórios referidos no § 4.º deste artigo pelo organismo credenciado poderá acarretar a suspensão de seu credenciamento.[246]

§ 6.º O credenciamento de organismo nacional ou estrangeiro encarregado de intermediar pedidos de adoção internacional terá validade de 2 (dois) anos.[247]

§ 7.º A renovação do credenciamento poderá ser concedida mediante requerimento protocolado na Autoridade Central Federal Brasileira nos 60 (sessenta) dias anteriores ao término do respectivo prazo de validade.

§ 8.º Antes de transitada em julgado a decisão que concedeu a adoção internacional, não será permitida a saída do adotando do território nacional.[248]

§ 9.º Transitada em julgado a decisão, a autoridade judiciária determinará a expedição de alvará com autorização de viagem, bem como para obtenção de passaporte, constando, obrigatoriamente, as características da criança ou adolescente adotado, como idade, cor, sexo, eventuais sinais ou traços peculiares, assim como foto recente e a aposição da impressão digital do seu polegar direito, instruindo o documento com cópia autenticada da decisão e certidão de trânsito em julgado.[249]

§ 10. A Autoridade Central Federal Brasileira poderá, a qualquer momento, solicitar informações sobre a situação das crianças e adolescentes adotados.[250]

§ 11. A cobrança de valores por parte dos organismos credenciados, que sejam considerados abusivos pela Autoridade Central Federal Brasileira e que não estejam devidamente comprovados, é causa de seu descredenciamento.

§ 12. Uma mesma pessoa ou seu cônjuge não podem ser representados por mais de uma entidade credenciada para atuar na cooperação em adoção internacional.[251]

§ 13. A habilitação de postulante estrangeiro ou domiciliado fora do Brasil terá validade máxima de 1 (um) ano, podendo ser renovada.[252]

§ 14. É vedado o contato direto de representantes de organismos de adoção, nacionais ou estrangeiros, com dirigentes de programas de acolhimento institucional ou familiar, assim como com crianças e adolescentes em condições de serem adotados, sem a devida autorização judicial.[253]

§ 15. A Autoridade Central Federal Brasileira poderá limitar ou suspender a concessão de novos credenciamentos sempre que julgar necessário, mediante ato administrativo fundamentado.[254]

232. Rigorismo no procedimento: há uma série de regras impostas para a adoção internacional, que, seguidas fielmente, tornam praticamente impossível o *comércio* de crianças. Mesmo assim, havendo alguma irregularidade, é preciso focar o superior interesse da criança ou adolescente *antes* de se tomar qualquer medida mais drástica, como anular a adoção. Na jurisprudência: TJPE: "1. Compulsando os autos da ação, verifica-se que o Órgão Ministerial objetiva rescindir sentença prolatada por juiz monocrático nos autos de processo de adoção

Art. 52

Estatuto da Criança e do Adolescente Comentado · **Nucci**

internacional, que se deu sem a observância de formalidades elencadas pelo Estatuto da Criança e Adolescente. 2. Ocorre que, desde a data da interposição da ação em questão já se passaram 9 (nove) anos. E não se pode olvidar que, diante deste vasto lapso temporal, entre a criança e seus pais adotivos foram criados laços afetivos e psicológicos. 3. Diante da situação fática que se encontra sobejamente consolidada, retirar a criança do seio familiar em que vive com aqueles que reconhece como pais há 9 (nove) anos configuraria uma medida demasiadamente violenta, ensejadora de danos irreversíveis, que iria de encontro ao princípio do melhor interesse da criança, bem como da prioridade absoluta. 4. Em sendo assim, não se justifica decretar-se uma nulidade que se contrapõe ao interesse de quem teoricamente se pretende proteger" (AR 354.598/PE 0003815-31.1998.8.17.0000, 1.ª Câm. Cível, rel. Bartolomeu Bueno, *DJ* 07.06.2011).

233. Primeiro passo: o interessado em adotar deve inscrever-se junto à Autoridade Central do seu país, iniciando, pois, o longo procedimento de habilitação e consumação do ato almejado. Dando início no seu local de residência, os requisitos básicos já serão devidamente constatados.

234. Relatório geral: avaliando-se a situação do interessado (pessoa singular ou casal), emite-se, no seu país de residência, uma avaliação positiva – ou negativa – sobre os vários aspectos indispensáveis para a consumação da adoção. Se negativo, no geral, praticamente está inviabilizada a proposta. Se positivo, ainda deve passar pelo crivo das autoridades brasileiras.

235. Autoridade Central Estadual: é a primeira a receber o relatório; somente uma cópia será enviada à Autoridade Central Federal. Porém, resta saber qual, pois a lei não especifica. Diante disso, o estrangeiro é que seleciona o Estado desejado. O motivo dessa opção, dando primazia à esfera estadual, diz respeito à ordem de consulta do cadastro de crianças e jovens aptos à adoção. Em primeiro lugar, consulta-se o local; depois, o estadual; somente, ao final, o federal. Temos sustentado que o correto é exatamente o oposto. Primeiro, deveria ser consultado o federal; eventualmente, havendo falha em conseguir interessado em todo o território nacional, poder-se-ia checar o estadual e, residualmente, o local. Esse método nem mesmo permitiria que o estrangeiro escolhesse onde adotar.

236. Estudo psicossocial: o relatório mencionado no inciso II deve incluir todos os dados necessários para avaliar o interessado na adoção; neste inciso, deixa-se claro que, dentro dessa análise, encontra-se o estudo técnico, elaborado, ao menos, por psicólogo e assistente social. Faz-se o mesmo no campo da adoção nacional.

237. Tradução e autenticação: seguindo-se fielmente a burocracia das autenticações, os documentos apresentados pelo interessado na adoção precisam ser *autenticados* pelo consulado brasileiro; depois, devidamente traduzidos por profissional juramentado. Tudo para que se possa entender, por completo, o pedido, o relatório e os estudos que o acompanham.

238. Complemento de diligência: embora nem fosse necessária esta previsão, pois as autoridades brasileiras podem exigir o que for imperioso para a formação do seu convencimento, estabelece-se neste inciso a viabilidade de ser solicitado qualquer complemento ao estudo psicossocial realizado no país de origem dos candidatos à adoção. Ocorre que, segundo nos parece, eventual complementação, quando indispensável, deve ser produzida diretamente no Brasil, por equipes técnicas nacionais.

239. Laudo de habilitação: equivale à autorização para pleitear a adoção da criança ou adolescente disponível para tal. O interessado possui um ano para conseguir adotar – prazo de validade do referido laudo. Concedida a *licença* brasileira, o estrangeiro deve seguir para a Comarca indicada pela Autoridade Central Estadual. Porém, não se estipula para qual

Autoridade Central Estadual deve o estrangeiro encaminhar-se. Em tese, cabe a ele escolher o Estado, o que nos soa equivocado, pois a Autoridade Central Federal deveria ter o pleno controle disso. Na jurisprudência: TJGO: "I – Conforme dispõe o art. 51 do Estatuto da Criança e do Adolescente, c/c o art. 2.º da Convenção de Haia, de 29.05.1993, configura adoção internacional quando o casal adotante seja residente ou domiciliado fora do Brasil, situação verificada nos autos. II – A prévia habilitação expedida pela Comissão Estadual Judiciária de Adoção Internacional – CEJAI/GO, constitui pressuposto essencial e indispensável à propositura da Ação de Adoção Internacional, cuja ausência induz à extinção do processo. Sentença cassada de ofício. Apelação prejudicada" (Apelação Cível 379306-66.2011.8.09.0087, 6.ª Câm. Cível, rel. Wilson Safatle Faiad, *DJ* 08.01.2013). TJPR: "Agravo de instrumento. Ação de adoção e destituição de pátrio poder. Pretensos adotantes de nacionalidade brasileira porém residentes no exterior. Pedido de deslocamento do adolescente adotado a país estrangeiro. Configuração de adoção internacional. Norma prevista na convenção relativa à proteção das crianças e à cooperação em matéria de adoção internacional recepcionada por decreto legislativo e presidencial. Necessidade de habilitação dos requerentes à adoção junto à Ceja (Comissão Estadual Judiciária de Adoção). Decisão mantida. Recurso desprovido" (AI 362.862, 12.ª Câm. Cível, rel. Clayton Camargo, Unânime, *DJ* 04.04.2007, v.u.).

240. Indicação de Autoridade Central Estadual: o órgão estadual indica qual Comarca tem uma criança ou adolescente disponível para adoção. Algumas considerações: a) em primeiro lugar, a indicação feita já se encontra nas fronteiras de um Estado, previamente eleito pelo estrangeiro – e não deveria ser assim; b) o apontamento termina referindo-se àquela criança ou jovem que *ninguém*, no Brasil, quis ou quer. O estrangeiro termina como salvação para o enjeitado; c) nem assim os abrigos brasileiros são esvaziados; surge a indagação de resposta incerta: onde o procedimento *trava?*

241. Intermediação: tem sido fundamental o apoio de organizações não governamentais, como regra, para proporcionar ao estrangeiro toda a orientação necessária para *romper* os inúmeros trâmites burocráticos impostos pelos dois países envolvidos. Sabe-se que o brasileiro *sofre* com o arrastado processo de adoção, que leva anos para findar; imagine-se o estrangeiro, sem qualquer apoio, intencionando adotar criança ou jovem brasileiro.

242. Credenciamento: concentra-se na Autoridade Central Federal, evitando-se decisões discrepantes – caso fossem os registros disseminados pelos Estados. Evita-se, com isso, o sempre temido *comércio* de crianças, porventura patrocinado por agências irregulares, que recebem elevadas quantias para encontrar infantes, sem respeitar as leis das nações envolvidas.

243. Requisitos para o credenciamento: o disposto no inciso I é o mais relevante para constar do rol de exigências, pois o restante é desnecessário. A Autoridade Central Federal brasileira deve agir com plena discricionariedade para registrar organismos internacionais – e mesmo nacionais – que tenham a finalidade de intermediar adoções. Credencia-se o que for compatível com os interesses nacionais. O bom senso indica a análise de integridade moral, competência profissional, experiência e responsabilidade, padrões éticos etc. Constar em lei tais *requisitos*, como se fossem detalhes inéditos, não nos parece convincente. Sem contar a repetição: experiência (inciso II) e experiência (inciso III); integridade moral (inciso II) e padrões éticos (inciso III); competência profissional (inciso II) e formação para atuar na área (inciso III). Acrescente-se o inciso residual, que congrega, na essência, os demais (inciso IV), pois demanda que o organismo cumpra todos os requisitos exigidos em lei brasileira.

244. Outros requisitos para os organismos: não bastasse o número de condições para habilitar a agência de intermediação, nos termos do § 3.º, demandam-se mais requisitos, alguns para a referida habilitação; outros, para a continuidade do funcionamento. Ainda para

Art. 52

Estatuto da Criança e do Adolescente Comentado · **Nucci**

a habilitação: a) a entidade deve perseguir fins não lucrativos (inciso I), visando, com isso, contornar o temor do *comércio* infantojuvenil; b) o organismo deve possuir dirigentes qualificados, de reconhecida idoneidade moral, comprovada experiência e formação (inciso II), exatamente os mesmos predicados da entidade. Parece-nos impossível existir um organismo reputado idôneo, mas, ao mesmo tempo, ser dirigido por pessoa não idônea. Logo, repetição inócua. Para o funcionamento: a) submeter-se à supervisão das autoridades competentes (inciso III). Tal dispositivo, por óbvio, não precisa constar de lei. Todo e qualquer organismo estrangeiro ou nacional se submete à fiscalização estatal; b) apresentar relatório geral das suas atividades à Autoridade Central Federal do Brasil, incluindo o relatório de acompanhamento das adoções internacionais (inciso IV), situação que também não precisaria constar de lei; c) enviar relatório semestral das adoções que intermediou, durante dois anos, para as Autoridades Centrais Estadual e Federal, podendo-se fazer um controle das condições da criança ou jovem adotado (inciso V), o que se nos afigura exigência correta; d) tomar medidas *para garantir* o encaminhamento à Autoridade Central Federal do Brasil da certidão de registro de nascimento estrangeira e certificado de nacionalidade, comprovando a efetividade da adoção (inciso VI), o que também é demanda correta.

245. Relatório pós-adotivo: a sua importância liga-se ao conhecimento da situação da criança ou adolescente após ter sido adotado. "É preciso consignar que uma das maiores preocupações vislumbradas por doutrinadores e militantes da área diz respeito ao pós-adoção, tendo em vista que, após a conclusão do processo, as crianças, por vezes, deixavam nosso país e eram inseridas em outro território estrangeiro, muitas das vezes, sem sabermos o destino a que estas crianças foram acometidas, devido à ausência de informações por parte dos adotantes. Fica uma dúvida: como ficaria o controle dessas crianças adotadas após adentrarem a território estrangeiro? Será que conseguiriam a tão almejada família? Ou será que persistem em sua trajetória de sofrimento? Qual o mecanismo de controle que garantiria os direitos e garantias fundamentais inseridos em nossa Carta Magna, estando os mesmos em outro país soberano?" (Valdeci Ataíde Cápua, *Adoção internacional. Procedimentos legais*, p. 152). Em face desse relatório pós-adotivo, pode-se saber, exatamente, o que houve; se algo deu errado, a autoridade brasileira pode demandar soluções e até mesmo evitar novas adoções para aquele país estrangeiro, onde se detectou o prejuízo ao menor.

246. Obrigatoriedade dos relatórios: como mencionamos, alguns dos requisitos do § 4.º destinam-se ao próprio credenciamento; alguns, ao funcionamento, onde se encaixam os relatórios de atividades gerais e pós-adoção. A apresentação da certidão estrangeira e/ou certificado de nacionalidade também deveriam ser obrigatoriamente cobrados.

247. Validade do credenciamento: estabelece-se um biênio para a habilitação dos organismos de intermediação de adoções. Entretanto, a lei não esclarece, expressamente, se a renovação é simples, bastando o pedido formulado, nos termos do § 7.º, ou se é complexa, retornando ao procedimento inicial, com a reiterada apresentação de documentos.

248. Saída do menor do território nacional: a cautela imposta por este dispositivo é correta; somente é liberada a saída da criança ou adolescente quando transitar em julgado a sentença de adoção. Diversamente, no âmbito nacional, a sentença de adoção produz efeito desde logo; se houver recurso, será recebido no efeito devolutivo. A diferença é vital, pois a ida do menor ao exterior, sem a sua situação integralmente definida, é temerária, pois, eventualmente negada a adoção em grau recursal, torna-se difícil trazer o adotado de volta.

249. Formalidades para a saída: este dispositivo explicita requisitos autoexplicáveis para garantir que a criança ou jovem deixe o Brasil com absoluta segurança, sem que se possa confundir uma pessoa por outra, além de se buscar todas as cautelas para demonstrar à Polícia Federal, que controla a zona alfandegária, a decisão imutável da adoção.

250. Informes pós-adoção: "a adoção internacional acena como uma saída possível e interessante em muitos casos. Contudo, fica evidente que a viabilidade dessa medida requer cautela. O acompanhamento das crianças é absolutamente necessário e, em especial, nessas condições alerto para o fundamental papel do intermediário, como mediador dessa passagem, em que o impacto do novo pode ser muito ameaçador. Nas adoções internacionais o caráter de descontinuidade ganha outra magnitude. As perdas ou lutos tomam proporções muito mais intensas. O tempo para o estágio de convivência é mais limitado e pressiona a interação entre pais e filhos, possivelmente atropelando os movimentos psíquicos necessários. Nesses casos, penso que o papel do intermediário que busca promover a ligação entre dois mundos é absolutamente essencial na tentativa de amenizar o caráter abrupto dessa passagem e ajudar pais e criança no processo de vinculação" (Cynthia Peiter, *Adoção. Vínculos e rupturas: do abrigo à família adotiva*, p. 112). Ver, também, a nota 245 ao § 4.º, V, *supra*.

251. Representação múltipla: este dispositivo pretende evitar que o interessado contate vários organismos de intermediação, que passem a atuar em diversos Estados brasileiros, aumentando as chances de adoção. Pretende-se que uma só agência represente um candidato à adoção, razão pela qual ele só pode concorrer num Estado. É o defeito legislativo de não se concentrar *todos* os pleitos de adoção no cadastro nacional – e sim nos cadastros estaduais.

252. Validade da habilitação: trata-se de repetição do previsto no art. 52, VII, de modo que é desnecessário citar em ambas as normas. Por outro lado, se o estrangeiro não conseguiu adotar, no prazo de um ano, por óbvio, a habilitação deve ser renovada. Tantos detalhes inseridos em lei não tornarão o procedimento de adoção mais seguro, mas, ao contrário, mais burocrático.

253. Contato direto de organismos de intermediação e programas de acolhimento de crianças e adolescentes: no passado, era comum que organismos internacionais e nacionais, que patrocinavam os interesses de adotantes estrangeiros, tivessem contato direto com as instituições de acolhimento. Por vezes, escolhia-se uma criança, independentemente de ordem judicial, apontava-se ao juiz da Infância e Juventude e buscava-se iniciar o processo de adoção. Esse mecanismo foi alterado. Os candidatos à adoção, brasileiros ou estrangeiros, não têm mais contato com as crianças ou adolescentes, antes de autorização judicial expressa. Um dos objetivos é evitar que pessoas escolham filhos, deixando prevalecer a ideia de que é o magistrado que escolhe a família ideal para um infante ou jovem.

254. Suspensão ou limitação de novos credenciamentos: estipula-se que a Autoridade Central Federal poderá controlar os *novos* credenciamentos de organismos de intermediação para adoções internacionais. Entretanto, cuidando-se de habilitações *inéditas*, nem mesmo seria necessário um *ato fundamentado*, pois ninguém iria reclamar, nem teria legitimidade para isso.

> **Art. 52-A.** É vedado, sob pena de responsabilidade e descredenciamento, o repasse de recursos provenientes de organismos estrangeiros encarregados de intermediar pedidos de adoção internacional a organismos nacionais ou a pessoas físicas.[255]
>
> **Parágrafo único.** Eventuais repasses somente poderão ser efetuados via Fundo dos Direitos da Criança e do Adolescente e estarão sujeitos às deliberações do respectivo Conselho de Direitos da Criança e do Adolescente.

255. Repasse de verbas: organismos internacionais de intermediação de interessados em adoção no Brasil não podem destinar qualquer recurso a entidades nacionais, sob pena de descredenciamento e responsabilidade, pela evidente razão de se *vedar*, por complemento, o *comércio* infantojuvenil, mesmo que indireto. O recebimento de verbas poderia ensejar o privilégio dado a certas instituições internacionais para que consigam crianças ou adolescentes em número maior do que outras. Eventuais repasses são rigorosamente controlados, conforme se vê do parágrafo único deste artigo.

> **Art. 52-B.** A adoção por brasileiro residente no exterior em país ratificante da Convenção de Haia, cujo processo de adoção tenha sido processado em conformidade com a legislação vigente no país de residência e atendido o disposto na Alínea "c" do Artigo 17 da referida Convenção, será automaticamente recepcionada com o reingresso no Brasil.[256]
>
> § 1.º Caso não tenha sido atendido o disposto na Alínea "c" do Artigo 17 da Convenção de Haia, deverá a sentença ser homologada pelo Superior Tribunal de Justiça.[257]
>
> § 2.º O pretendente brasileiro residente no exterior em país não ratificante da Convenção de Haia, uma vez reingressado no Brasil, deverá requerer a homologação da sentença estrangeira pelo Superior Tribunal de Justiça.[258]

256. Adoção por brasileiro residente no exterior: o dispositivo não se presta a resolver assunto algum porque não disciplina, verdadeiramente, uma adoção internacional; o brasileiro adota uma criança no exterior, pelo trâmite existente fora do Brasil, e o adotado continua a morar no estrangeiro. Se esse brasileiro vier ao território nacional com seu filho, a adoção realizada será *recepcionada*, ou seja, reconhecida, sem maiores obstáculos. Isso poderá acontecer se atendido o disposto pelo art. 17, *c*, da Convenção de Haia para adoção internacional: "toda decisão de confiar uma criança aos futuros pais adotivos somente poderá ser tomada no Estado de origem se: c) as Autoridades Centrais de ambos os Estados estiverem de acordo em que se prossiga com a adoção". Como bem observa Reinaldo Cintra Torres de Carvalho, essa situação não tem como se configurar, "pois pela Convenção de Haia só existe adoção internacional quando haja o deslocamento do adotado para outro país. Se não houver o deslocamento, a adoção será nacional, seguindo apenas as regras do país onde residentes adotando e adotado. Se os trâmites determinados pela Convenção de Haia foram cumpridos, em especial o disposto pela alínea 'c' do art. 17, é porque foi considerado pelo país de origem que aquela adoção era internacional, realizada entre países ratificantes da convenção. Se assim o é, a adoção internacional feita quando o Brasil é país de acolhida está regrada pelo art. 52-C, sendo o disposto no *caput* do presente artigo desnecessário" (Munir Cury [org.], *Estatuto da Criança e do Adolescente comentado*, p. 259).

257. Homologação de sentença estrangeira: na prática, não se trata de adoção internacional, pois não foi respeitada a Convenção de Haia. Diante disso, para ter validade, em território nacional, deve ser a sentença homologada (validada) pelo Presidente do Superior Tribunal de Justiça.

258. Situação idêntica à anterior: neste caso, igualmente, porque a adoção foi realizada em país não ratificante da Convenção de Haia, deve ser homologada pelo Presidente do STJ para valer em território nacional.

> **Art. 52-C.** Nas adoções internacionais, quando o Brasil for o país de acolhida, a decisão da autoridade competente do país de origem da criança ou do adolescente será conhecida pela Autoridade Central Estadual que tiver processado o pedido de habilitação dos pais adotivos, que comunicará o fato à Autoridade Central Federal e determinará as providências necessárias à expedição do Certificado de Naturalização Provisório.[259]
>
> § 1.º A Autoridade Central Estadual, ouvido o Ministério Público, somente deixará de reconhecer os efeitos daquela decisão se restar demonstrado que a adoção é manifestamente contrária à ordem pública ou não atende ao interesse superior da criança ou do adolescente.[260]
>
> § 2.º Na hipótese de não reconhecimento da adoção, prevista no § 1.º deste artigo, o Ministério Público deverá imediatamente requerer o que for de direito para resguardar os interesses da criança ou do adolescente, comunicando-se as providências à Autoridade Central Estadual, que fará a comunicação à Autoridade Central Federal Brasileira e à Autoridade Central do país de origem.[261]

259. Adoção internacional inversa: este artigo disciplina a hipótese contrária, quando brasileiros adotam criança estrangeira, o que é fato raro, ao menos por enquanto. A Autoridade Central Estadual, do local do domicílio dos adotantes, que autorizou o procedimento, será cientificada da decisão tomada pela autoridade do país de origem da criança ou adolescente, referente à adoção. A partir disso, será comunicada a Autoridade Central Federal para providenciar o certificado de naturalização provisório.

260. Reconhecimento da adoção pela Autoridade Central Estadual: se esse reconhecimento não se der, inviabilizará a naturalização do adotando, que continuaria, em território nacional, como estrangeiro. Essa situação há de ser excepcional, pois o adotante brasileiro deu início ao procedimento devidamente autorizado pela Autoridade Central Estadual. Porém, ainda assim, pode ser que a adoção termine ocorrendo fora dos parâmetros legais brasileiros, evidenciando a *manifesta contrariedade à ordem pública*, como seria a adoção de uma pessoa de 16 anos por uma outra, de 20, que, em verdade, formam um casal. A adoção seria, então, uma fraude.

261. Providências de proteção: não reconhecida a adoção, o Ministério Público fará o possível para tomar as medidas cabíveis com o objetivo de proteger o menor. Uma das providências pode ser a retirada da criança ou jovem do adotante, inserindo-o em outra família substituta ou abrigo. De qualquer modo, deve-se buscar a mais adequada medida para proteger quem não pôde ter a sua situação regularizada em território nacional.

> **Art. 52-D.** Nas adoções internacionais, quando o Brasil for o país de acolhida e a adoção não tenha sido deferida no país de origem porque a sua legislação a delega ao país de acolhida, ou, ainda, na hipótese de, mesmo com decisão, a criança ou o adolescente ser oriundo de país que não tenha aderido à Convenção referida, o processo de adoção seguirá as regras da adoção nacional.[262]

262. Adoção de menor no exterior por brasileiro em hipóteses excepcionais: este dispositivo prevê duas situações: a) a criança ou adolescente estrangeiro, segundo a legislação

Art. 53

Estatuto da Criança e do Adolescente Comentado · **Nucci**

alienígena, deve ter a adoção deferida no Brasil (país de acolhimento); a criança ou adolescente estrangeiro provém de país que não aderiu à Convenção de Haia. Assim sendo, quando do ingresso do brasileiro, em território brasileiro, com o menor, o processo de adoção corre na Vara da Infância e Juventude da Comarca de seu domicílio, como se fosse uma adoção nacional. De qualquer modo, para haver a possibilidade de validação no País, é preciso que a Autoridade Central Estadual tenha autorizado o brasileiro a adotar no exterior. Do contrário, será considerada ilegal a mantença do menor em poder desse brasileiro.

Capítulo IV
DO DIREITO À EDUCAÇÃO, À CULTURA, AO ESPORTE E AO LAZER[263]

263. Fundamento constitucional: estabelece o art. 227, *caput*, da Constituição Federal: "é dever da família, da sociedade e do Estado assegurar à criança, ao adolescente e ao jovem, com absoluta prioridade, o direito à vida, à saúde, à alimentação, à educação, ao lazer, à profissionalização, à cultura, à dignidade, ao respeito, à liberdade e à convivência familiar e comunitária, além de colocá-los a salvo de toda forma de negligência, discriminação, exploração, violência, crueldade e opressão".

> **Art. 53.** A criança e o adolescente têm direito à educação, visando ao pleno desenvolvimento de sua pessoa, preparo para o exercício da cidadania e qualificação para o trabalho, assegurando-se-lhes:
>
> I – igualdade de condições para o acesso e permanência na escola;[264]
>
> II – direito de ser respeitado por seus educadores;[265]
>
> III – direito de contestar critérios avaliativos, podendo recorrer às instâncias escolares superiores;[266]
>
> IV – direito de organização e participação em entidades estudantis;[267]
>
> V – acesso à escola pública e gratuita, próxima de sua residência, garantindo-se vagas no mesmo estabelecimento a irmãos que frequentem a mesma etapa ou ciclo de ensino da educação básica.[268-269]
>
> **Parágrafo único.** É direito dos pais ou responsáveis ter ciência do processo pedagógico, bem como participar da definição das propostas educacionais.[270]

264. Acesso e permanência na escola: o acesso à escola gratuita, mesmo durante a educação fundamental, obrigatória por sinal, é difícil e não há vagas suficientes, como promete o Estado em várias leis, inclusive neste Estatuto. Porém, Antônio Carlos Gomes da Costa chama a atenção para o relevante ponto da permanência na escola. Diz o pedagogo: "o direito à permanência é hoje o grande ponto do fracasso escolar em nosso País. As crianças chegam, mas não ficam, isto é, são vítimas dos fatores intraescolares de segregação pedagógica dos mais pobres e dos menos dotados. A luta pela igualdade nas condições de permanência na escolar é hoje o grande desafio do sistema educacional brasileiro" (Munir Cury [org.], *Estatuto da Criança e do Adolescente comentado*, p. 265). Por isso, tornou-se política educacional de alguns governos a denominada progressão continuada, constituída por ciclos de ensino, maiores que um ano, em que não se prevê a reprovação, mas a recuperação, com aulas extras. Cuida-se de uma forma de incentivo para o aluno não deixar a escola, caso seja reprovado, sentindo-se desestimulado. Há prós e contras nesse sistema, com apoiadores e opositores. Na realidade, é um modelo que busca a permanência do aluno na instituição de ensino; se possui defeitos, devem ser sanados; se não for o mais adequado método, é preciso buscar outro, mas não se pode deixar solto o aluno pobre, reprovando-o sem qualquer apoio extra, pois poderá deixar a escola definitivamente. Sobre a idade regulada por Portaria: TJCE: "1. Trata-se a controvérsia de estudante que, contando com 13 (treze) anos e 9 (nove) meses de idade, viu-se impossibilitada de se matricular em curso profissionalizante em Escola Estadual de Educação Profissional (EEEP) por não ter preenchido o requisito etário mínimo de 14 (quatorze) anos de idade estabelecido pela Portaria 1.089/2013-SEDUC. 2. O Estado do Ceará é legitimado passivo para figurar no presente Mandado de Segurança por ter o ato sido emitido por autoridade estadual e baseado em portaria emanada da Secretaria de Educação Estadual. 3. A educação, constitucionalmente amparada como direito de todos e dever do Estado, é promovida e incentivada visando ao pleno desenvolvimento da pessoa, seu preparo para o exercício da cidadania e sua qualificação para o trabalho (CF, art. 205), configurando-se irrazoável qualquer limitação de acesso por critérios meramente formais da Administração Pública. 4. Desta feita, o ato da autoridade que negou a matrícula à apelante ofendeu ao princípio da razoabilidade, não se harmonizando com os preceitos fundamentais insculpidos na Carta Magna que garantem o acesso aos níveis mais elevados de ensino e à qualificação profissional. 4. O agente público, na edição de atos infralegais de complementação da lei, e a autoridade que atua como gestor de entidades administrativas devem primar pela razoabilidade de seus atos, a fim de legitimar as suas condutas, fazendo que o princípio seja utilizado como vetor para justificar a emanação e o grau de intervenção administrativa imposto aos destinatários. O referido postulado da razoabilidade é um verdadeiro limite à discricionariedade, pois preza pela atuação administrativa dentro dos critérios estabelecidos pelo legislador e evita atitudes incoerentes, desconexas e desprovidas de fundamentação. 5. Nesse contexto, impossibilitar a apelante de se matricular no curso técnico em questão apenas por não preencher o critério etário indicado na Portaria 1.089/2013-SEDUC, não se coaduna com a realidade social do país que, a cada dia, se busca alternativas para retirar jovens adolescentes da ociosidade e da marginalização social, privilegiando a sua inserção no mercado de trabalho. 6. Recurso e Reexame Necessário conhecido e não providos" (Ap. 0006285-89.2014.8.06.0126/CE, 6.ª Câm. Cível, rel. Lira Ramos de Oliveira, 24.02.2016, v.u.).

265. Respeito dos educadores: sem dúvida, qualquer criança ou adolescente não merece ser destratado justamente pelo professor na escola, nem mesmo pelos dirigentes escolares. A consideração e o respeito começam cedo. Entretanto, cabe-nos descortinar o problema inverso na atual conjuntura educacional falha, levada a cabo por várias famílias. São os professores, especialmente da rede pública, que estão sendo desrespeitados pelos alunos de todas as idades e, pior, têm sido agredidos fisicamente, algo inimaginável há algumas décadas. Diante do triste quadro vivenciado por inúmeras escolas, é preciso também prestigiar o pulso firme da direção para garantir a segurança de seus mestres. Diga-se o mesmo quanto à prática do *bullying* (assédio moral em relação a certos estudantes e/ou professores), que merece ser coibido. Em suma, o direito ao respeito é via de mão dupla.

266. Avaliar o avaliador: eis um direito relevante para todo estudante, em qualquer nível. Aliás, hoje, estende-se também a concursos públicos e certames acadêmicos, pois a discricionariedade abusiva na correção de provas, bem como na elaboração de questões não pode subsistir. A autêntica democracia escolar funda-se em critérios lógicos e claros para aplicação de notas aos alunos, sem discriminação e proteções inadequadas. Exige-se o mesmo de um magistrado: sentença fundamentada, em sólidos critérios, numa linguagem clara e lógica. O mesmo deve ser demandado do professor, em todos os níveis: clareza e objetividade, além de lógica na avaliação. Não se pretende, com este dispositivo, assegurar *boas* notas ao aluno, mas apenas o seu direito de *contestar* o modo como foi avaliado, pleiteando a revisão em instância superior. Paralelamente, o direito de impugnar qualquer critério deve ser acompanhado de respeito à figura do mestre e dos dirigentes escolares, pois o mesmo respeito é devido ao aluno (inciso II deste artigo). Se lhe for negado tal direito, cabe mandado de segurança, pois é líquido e certo, nos termos deste inciso III.

267. Organização estudantil: constitui, inequivocamente, o início de sua atividade política, como cidadão, devendo ser incentivado a tal atividade. Os alunos se reúnem em grêmios estudantis, diretórios ou centros acadêmicos e, com isso, aprendem a lidar com temas relevantes da sua vida na escola ou na faculdade; começam a perceber a importância dos debates de ideias e da sustentação de ideais. Muitos políticos atuais foram, no passado, líderes estudantis. Nada mais justo que tal direito esteja expressamente previsto neste Estatuto. Assim sendo, o estabelecimento de ensino não pode vedar o funcionamento de entidades estudantis, formadas no seu interior, desde que sejam ligadas a interesses compatíveis com o nível do aluno na estrutura escolar, respeitando-se as regras de convivência impostas pela escolar ou faculdade.

268. Acesso à escola pública e gratuita perto da residência: embora o direito seja, inequivocamente, relevante, deve-se registrar a contínua falha do sistema educacional municipal e estadual, que cuidam da educação fundamental. Desde o advento deste Estatuto, com a nítida imposição legal do direito à escola, o Poder Público não satisfaz a demanda da sociedade. Inúmeras ações já foram ajuizadas, individual e coletivamente, contando com o beneplácito do Judiciário, mas, ainda assim, o dilema não se resolve. Alega-se ser um problema político, que não pode ser solucionado nos Tribunais. Entretanto, os governantes não promovem efetivo reparo à falta de vagas, ano após ano, o que tem merecido, sim, a intervenção judicial para buscar o melhor para crianças e adolescentes. Na jurisprudência: TJMS: "Mandado de segurança. Direito da criança e do adolescente. Educação pública. Vaga em escola próxima à residência da impetrante. Direito de estudar na mesma escola de sua irmã de mesma faixa etária. Direito líquido e certo (artigo 53, inciso V, ECA). Segurança concedida. 01. O artigo 53 do Estatuto da Criança e Adolescente assegura que a criança e o adolescente têm direito à educação, visando ao pleno desenvolvimento de sua pessoa, preparo para o exercício da cidadania e qualificação para o trabalho, assegurando-se-lhes, dentre outros direitos, 'acesso à escola pública e gratuita, próxima de sua residência, garantindo-se vagas no mesmo estabelecimento a irmãos que frequentem a mesma etapa ou ciclo de ensino da educação básica' (inciso V). 02. Segurança concedida" (MS Cível 1403101-16.2024.8.12.0000, 4.ª Seção Cível, rel. Vladimir Abreu da Silva, 30.05.2024, v.u.). TJBA: "1. De acordo com o art. 53, inciso V, da Lei n.º 8.069/90 (ECA), 'a criança e o adolescente têm direito à educação, visando ao pleno desenvolvimento de sua pessoa, preparo para o exercício da cidadania e qualificação para o trabalho, assegurando-se-lhes acesso à escola pública e gratuita próxima de sua residência'. 2. Nessa senda, demonstrado nos autos que, na localidade onde reside a recorrida juntamente com a sua família (Pernambués), só existe uma única creche municipal para atender toda a população, não merece reforma a decisão que determinou ao município a matrícula da menor no Centro Municipal de Educação Infantil Nossa Luta, ainda que se alegue a inexistência de vagas. 3. Recurso improvido" (Ap. 0526282-44.2016.8.05.0001/BA, 2.ª Câm. Cível, rel. Maurício Kertzman Szporer, 13.06.2017, v.u.). TJMT: "1. O constituinte originário consagrou nos arts. 208, IV, e 227, ambos da CF, bem como no art. 53, V, do ECA, o direito ao acesso universal e integral à educação a todos os cidadãos, inclusive à educação infantil, em creche e pré-escola, às crianças de 0 a 5 anos, tendo, portanto, do Estado, o dever de garanti-lo. 2. 'Embora inquestionável que resida, primariamente, nos Poderes Legislativo e Executivo, a prerrogativa de formular e de executar políticas públicas, revela-se possível, no entanto, ao Poder Judiciário, ainda que em bases excepcionais, determinar, especialmente nas hipóteses de políticas públicas definidas pela própria Constituição, sejam estas implementadas, sempre que os órgãos estatais competentes, por descumprirem os encargos políticos-jurídicos que sobre eles incidem em caráter impositivo, vierem a comprometer, com a sua omissão, a eficácia e a integridade de direitos sociais e culturais impregnados de estatura constitucional' (RE 956.475/RJ, Rel. Min. Celso de Melo, j. 12.5.2015). 3. O direito à educação, expressamente garantido na CF/88, bem como em legislação especial, é garantia subjetiva do cidadão, exigível de imediato, não se limitando, pois, à esfera da discricionariedade do Administrador. 4. A impossibilidade de atendimento da demanda com suporte em 'reserva do possível' há de ser comprovada pelo requerido, ônus que lhe compete. 5. Sentença mantida" (ReeNec 140229/2016-MT, 1.ª Câmara de Direito Público e Coletivo, rel. Jones Gattass Dias, 16.12.2016, v.u.). TJMS: "É norma de conduta traçada na Lei n.º 8.069/90 (artigo 53, inciso V) tanto a obrigação como o direito à educação da criança e do adolescente. Partindo desta premissa, não há como se impor 'limites (*v.g.*, ausência de vaga)' a um direito assegurado, de forma a configurar a ilegalidade da negativa de matrícula do impetrante. Recurso obrigatório desprovido" (Remessa Necessária 0823707-92.2016.8.12.0001/MS, 5.ª Câm. Cível, rel. Vladimir Abreu da Silva, 01.08.2017, v.u.).

269. Legitimidade ativa para pleitear o direito: é do interessado ou do Ministério Público, que defende o interesse da criança ou adolescente. Não tem cabimento o uso deste dispositivo para retirar um menor de determinada escola pública, colocando-o em outra, próximo de sua residência, se ele não aceita tal mudança. Portanto, o poder público não tem legitimidade para ingressar em juízo para pleitear a aplicação do referido neste inciso, afinal, cabe a ele implementar essa política de atendimento infantojuvenil. Na jurisprudência: STJ: "1. O Estado do Paraná não pode alegar violação do direito de acesso ao ensino público e gratuito próximo à residência do estudante, estabelecido no inciso V do art. 53 da Lei 8.069/90 (ECA), pois violação do direito não poder ser veiculada pela pessoa que tem o dever de implementá-lo; somente poderá ser alegada, caso queira, por seu titular ou pelo Ministério Público. 2. O direito de acesso a ensino próximo à residência do estudante cede quando confrontado com o direito ao bom desenvolvimento físico e psicológico do menor e a sua manutenção na escola, conforme disposto no *caput* e no inciso I do art. 53 do ECA. 3. Não se há falar em prevalência, neste caso, do interesse privado sobre o interesse público, uma vez que os direitos estabelecidos no Estatuto da Criança e do Adolescente são exemplos clássicos da doutrina para combater a distinção entre direito público e direito privado. De certo, existem interesses privados que são transfixados pelo interesse público, o que justifica, inclusive, a atuação do Ministério Público como parte ou como fiscal da lei. Recurso especial improvido" (REsp 1.178.854/PR 2010/0022735-1, 2.ª T., rel. Humberto Martins, 19.03.2012, v.u.); "1. A regra de ceder ao interesse pessoal do aluno não constitui uma imposição, e sim uma possibilidade, com opção em benefício do aluno. A manutenção do aluno na escola já frequentada em anos anteriores mostra-se mais benéfica do que a transferência para atender à regra da aproximação. 2. Ademais, esta Turma, recentemente, estabeleceu que 'não se há falar em prevalência, neste caso, do interesse privado sobre o interesse público, uma vez que os direitos estabelecidos no Estatuto da Criança e do Adolescente são exemplos clássicos da doutrina para combater a distinção entre direito público e direito privado. De certo, existem interesses privados que são transfixados pelo interesse público, o que justifica, inclusive, a atuação do Ministério Público como parte ou como fiscal da lei' (REsp 1178854/PR, Rel. Humberto Martins, 2.ª T., j. 09.03.2010, *DJe* 18.03.2010). 3. Agravo regimental não provido" (AgRg no Ag 1.374.146/PR, 2.ª T., rel. Mauro Campbell Marques, 03.04.2011, v.u.).

270. Participação dos pais: em especial, durante a educação básica, os pais devem participar da formação escolar de seus filhos. As antigas e conhecidas *reuniões de pais e mestres* constituem uma realidade na maioria dos estabelecimentos de ensino, porém, o disposto neste parágrafo vai além, concedendo direito de interferência dos pais nas propostas educacionais,

Art. 53-A

tais como currículo, atividades extras, modos de avaliação etc. Os responsáveis pelo aluno não somente têm ciência do processo pedagógico, mas coadjuvam a escola para o progresso do sistema educacional.

> **Art. 53-A.** É dever da instituição de ensino, clubes e agremiações recreativas e de estabelecimentos congêneres assegurar medidas de conscientização, prevenção e enfrentamento ao uso ou dependência de drogas ilícitas.[270-A]

270-A. Sistema Nacional de Políticas Públicas sobre Drogas: a Lei 13.840/2019 alterou vários dispositivos de inúmeras leis, em especial a Lei de Drogas (Lei 11.343/2006), tratando das condições de atenção aos usuários ou dependentes de drogas e cuidando do financiamento de políticas sobre drogas. No mesmo cenário, introduziu o art. 53-A neste Estatuto, com a finalidade de fomentar a prevenção e o enfrentamento ao uso de drogas ilícitas, além de lidar com a dependência, indicando o dever de certas instituições, em que se concentram jovens, de promover medidas de conscientização acerca do perigo das substâncias entorpecentes.

> **Art. 54.** É dever do Estado[271] assegurar à criança e ao adolescente:
>
> I – ensino fundamental, obrigatório e gratuito, inclusive para os que a ele não tiveram acesso na idade própria;[272-272-B]
>
> II – progressiva extensão da obrigatoriedade e gratuidade ao ensino médio;[273]
>
> III – atendimento educacional especializado aos portadores de deficiência, preferencialmente na rede regular de ensino;[274]
>
> IV – atendimento em creche e pré-escola às crianças de zero a cinco anos de idade;[275]
>
> V – acesso aos níveis mais elevados do ensino, da pesquisa e da criação artística, segundo a capacidade de cada um;[276]
>
> VI – oferta de ensino noturno regular, adequado às condições do adolescente trabalhador;[277]
>
> VII – atendimento no ensino fundamental, através de programas suplementares de material didático-escolar, transporte, alimentação e assistência à saúde.[278]
>
> § 1.º O acesso ao ensino obrigatório e gratuito é direito público subjetivo.[279]
>
> § 2.º O não oferecimento do ensino obrigatório pelo poder público ou sua oferta irregular importa responsabilidade da autoridade competente.[280]
>
> § 3.º Compete ao poder público recensear os educandos no ensino fundamental, fazer-lhes a chamada e zelar, junto aos pais ou responsável, pela frequência à escola.[281]

271. Dever estatal e não cabimento do ensino doméstico: cabe ao Estado providenciar todas as condições para o acesso da criança e do adolescente ao ensino, no mínimo o fundamental, que é obrigatório e gratuito. Desse modo, é igualmente dever dos pais fazer o mesmo, sob pena de responder por crime (art. 246, CP), além de infringir os deveres do poder familiar (art. 98, II, ECA). Em face disso, é inaceitável o ensino doméstico, promovido pelos próprios pais, sem a fiscalização e aprovação do poder público. Na jurisprudência: STJ: "1. Esta Corte tem manifestado entendimento no sentido de que é legítima a determinação de obrigação de fazer pelo Judiciário, com o objetivo de tutelar direito subjetivo de menor à assistência educacional, não havendo que se falar em discricionariedade da Administração Pública. 2. Tanto a Lei de Diretrizes e Bases da Educação (Lei n. 9.394/96, art. 4.º, II e IV) quanto o Estatuto da Criança e do Adolescente (Lei n. 8.069/90, arts. 53, V, 54, IV), impõem que o Estado ofereça às crianças menores de até 6 (seis) anos de idade atendimento público educacional em creche e pré-escola. Estando o Estado subsumido ao princípio da legalidade, é seu dever assegurar que os serviços supramencionados sejam prestados. 3. 'A determinação judicial desse dever pelo Estado, não encerra suposta ingerência do judiciário na esfera da administração. Deveras, não há discricionariedade do administrador frente aos direitos consagrados, quiçá constitucionalmente. Nesse campo a atividade é vinculada sem admissão de qualquer exegese que vise afastar a garantia pétrea' (REsp 575.280/SP, Rel. p/ Acórdão Ministro Luiz Fux, 1.ª T., *DJ* 25.10.2004). 4. Agravo regimental não provido" (AgRg no AREsp 587.140/SP, 2.ª T., rel. Mauro Campbell Marques, 09.12.2014, v.u.).

272. Ensino fundamental: tem a duração de nove anos, iniciando-se aos seis anos e desenvolvendo-se até os 14 anos. Nos termos do art. 32 da Lei 9.394/1996 (Lei de Diretrizes e Bases da Educação Nacional): "o ensino fundamental obrigatório, com duração de 9 (nove) anos, gratuito na escola pública, iniciando-se aos 6 (seis) anos de idade, terá por objetivo a formação básica do cidadão, mediante: I – o desenvolvimento da capacidade de aprender, tendo como meios básicos o pleno domínio da leitura, da escrita e do cálculo; II – a compreensão do ambiente natural e social, do sistema político, da tecnologia, das artes e dos valores em que se fundamenta a sociedade; III – o desenvolvimento da capacidade de aprendizagem, tendo em vista a aquisição de conhecimentos e habilidades e a formação de atitudes e valores; IV – o fortalecimento dos vínculos de família, dos laços de solidariedade humana e de tolerância recíproca em que se assenta a vida social. § 1.º É facultado aos sistemas de ensino desdobrar o ensino fundamental em ciclos. § 2.º Os estabelecimentos que utilizam progressão regular por série podem adotar no ensino fundamental o regime de progressão continuada, sem prejuízo da avaliação do processo de ensino-aprendizagem, observadas as normas do respectivo sistema de ensino. § 3.º O ensino fundamental regular será ministrado em língua portuguesa, assegurada às comunidades indígenas a utilização de suas línguas maternas e processos próprios de aprendizagem. § 4.º O ensino fundamental será presencial, sendo o ensino a distância utilizado como complementação da aprendizagem ou em situações emergenciais. § 5.º O currículo do ensino fundamental incluirá, obrigatoriamente, conteúdo que trate dos direitos das crianças e dos adolescentes, tendo como diretriz a Lei 8.069, de 13 de julho de 1990, que institui o Estatuto da Criança e do Adolescente, observada a produção e distribuição de material didático adequado. § 6.º O estudo sobre os símbolos nacionais será incluído como tema transversal nos currículos do ensino fundamental". Na jurisprudência: STJ: "1. Hipótese em que o Tribunal local consignou (fl. 256, e-STJ, grifei): '(...) a Constituição Federal dispôs expressamente que o acesso ao ensino é direito público subjetivo que 'é o direito exigível, é o direito integrado ao patrimônio do titular, que lhe dá o poder de exigir sua prestação – se necessário, na via judicial (...) oponível ao Poder Público, direito que cabe ao Estado satisfazer' (Afonso da Silva, José. *Comentário Contextual à Constituição*. 5. ed. São Paulo: Malheiros Editores, 2007, p. 794/795). A educação infantil é direito social fundamental e não mera norma programática. Por isso, impõe uma atuação positiva e prioritária do Estado para a sua efetivação, independentemente da idade da criança'. (...) 4. O direito de ingresso e permanência de crianças com até seis anos em creches e pré-escolas encontra respaldo no art. 208 da Constituição Federal. Por seu turno, a Lei de Diretrizes e Bases da Educação, em seu art. 11, V, bem como o ECA, em seu art. 54, IV, atribui ao Ente Público o dever de assegurar o atendimento de crianças de zero a seis anos de idade em creches e pré-escolas. Precedentes do STJ e do STF. 5. No campo dos direitos individuais e sociais de absoluta prioridade, o juiz

Art. 54

Estatuto da Criança e do Adolescente Comentado · Nucci

não deve se impressionar nem se sensibilizar com alegações de conveniência e oportunidade trazidas pelo administrador relapso. A ser diferente, estaria o Judiciário a fazer juízo de valor ou político em esfera na qual o legislador não lhe deixou outra possibilidade de decidir que não seja a de exigir o imediato e cabal cumprimento dos deveres, completamente vinculados, da Administração Pública. 6. Se um direito é qualificado pelo legislador como absoluta prioridade, deixa de integrar o universo de incidência da reserva do possível, já que a sua possibilidade é, preambular e obrigatoriamente, fixada pela Constituição ou pela lei. 7. Se é certo que ao Judiciário recusa-se a possibilidade de substituir-se à Administração Pública, o que contaminaria ou derrubaria a separação mínima das funções do Estado moderno, também não é menos correto que, na nossa ordem jurídica, compete ao juiz interpretar e aplicar a delimitação constitucional e legal dos poderes e deveres do Administrador, exigindo-se, de um lado, cumprimento integral e tempestivo dos deveres vinculados e, quanto à esfera da chamada competência discricionária, respeito ao *due process* e às garantias formais dos atos e procedimentos que pratica" (REsp 1.771.912/PR, 2.ª T., rel. Herman Benjamin, 11.12.2018, v.u.); "9. Eis a razão pela qual o art. 227 da CF e o art. 4.º da Lei 8.069/90 dispõem que a educação deve ser tratada pelo Estado com absoluta prioridade. No mesmo sentido, o art. 54 do Estatuto da Criança e do Adolescente prescreve que é dever do Estado assegurar às crianças de zero a seis anos de idade o atendimento em creche e pré-escola. Portanto, o pleito do Ministério Público encontra respaldo legal e jurisprudencial. Precedentes: REsp 511.645/SP, Rel. Min. Herman Benjamin, 2.ª T., j. 18.08.2009, *DJe* 27.08.2009; RE 410.715 AgR/SP, Rel. Min. Celso de Mello, j. 22.11.2005, *DJ* 03.02.2006, p. 76. 10. Porém, é preciso fazer uma ressalva no sentido de que, mesmo com a alocação dos recursos no atendimento do mínimo existencial, persista a carência orçamentária para atender a todas as demandas. Nesse caso, a escassez não seria fruto da escolha de atividades não prioritárias, mas sim da real insuficiência orçamentária. Em situações limítrofes como essa, não há como o Poder Judiciário imiscuir-se nos planos governamentais, pois estes, dentro do que é possível, estão de acordo com a Constituição, não havendo omissão injustificável. 11. Todavia, a real insuficiência de recursos deve ser demonstrada pelo Poder Público, não sendo admitido que a tese seja utilizada como uma desculpa genérica para a omissão estatal no campo da efetivação dos direitos fundamentais, principalmente os de cunho social. No caso dos autos, não houve essa demonstração. Precedente: REsp 764.085/PR, Rel. Min. Humberto Martins, 2.ª T., j. 1.º.12.2009, *DJe* 10.12.2009. Agravo regimental improvido" (AgRg no AREsp 790.767/MG, 2.ª T., rel. Humberto Martins, 03.12.2015, v.u.).

272-A. Seis anos incompletos: o Estado deve assegurar o ingresso ao ensino fundamental a todas as crianças que tenham completado seis anos. Por outro lado, admite-se, por uma questão de lógica, que as crianças com cinco anos, completando os seis durante o *primeiro semestre*, sejam matriculadas. Porém, atingindo os seis no *segundo semestre*, devem iniciar o ensino fundamental no ano seguinte. Não fosse assim, crianças de cinco anos, completando seis em dezembro, por exemplo, poderiam cursar todo o ano letivo sem ter alcançado a idade prevista em lei e, pior, tirando vagas das que possuem realmente seis anos completos. Na jurisprudência: TJES: "1. A Constituição Federal estabelece que 'a educação, direito de todos e dever do Estado e da família, será promovida e incentivada com a colaboração da sociedade, visando ao pleno desenvolvimento da pessoa, seu preparo para o exercício da cidadania e sua qualificação para o trabalho' (artigo 205) e que o dever do Estado com a educação será efetivado mediante a garantia de educação básica obrigatória e gratuita dos 4 aos 17 anos de idade, assegurada inclusive sua oferta gratuita para todos os que a ela não tiveram acesso na idade própria (art. 208, inc. I). 2. Menores de 6 anos incompletos têm direito, com base em norma constitucional reproduzida no art. 54 da Lei n. 8.069, de 13 de julho de 1990 (Estatuto da Criança e do Adolescente) ao ensino fundamental. Precedentes do colendo Superior Tribunal de Justiça e do egrégio Tribunal de Justiça do Espírito Santo. 3. Recurso desprovido. Sentença mantida em reexame necessário" (Apelação/Remessa Necessária 0001803-35.2014.8.08.0032-ES, 3.ª Câm. Cível, rel. Dair José Bregunce de Oliveira, 05.09.2017, v.u.). TJRS: "1. Comporta decisão monocrática o recurso que versa sobre matéria já pacificada no Tribunal de Justiça. Inteligência do art. 557 do CPC. 2. A organização do ensino público deve ser feita de forma ampla, sujeita a critérios técnicos, constituindo um sistema de educação, que é regido pela Lei de Diretrizes e Bases da Educação, Lei 9.394/96, que prevê regras e critérios a serem observados, atribuindo ao Estado competência para estabelecer as normas de acesso à rede pública, entre as quais está, precisamente, a que adota o critério etário. 3. Não se mostra cabível o deferimento do pedido de matrícula de infante que não atende o critério objetivo de idade para ingresso na 1.ª série da rede pública de ensino fundamental, que é contar com 6 anos de idade até 31 de março, devendo aguardar o ano letivo próprio" (Agravo de Instrumento 70064048416, 8.ª Câm. Criminal, rel. Sérgio Fernando de Vasconcellos Chaves, 07.05.2015). Em contrário: TJRS: "O direito à educação, como direito fundamental social, deve ser assegurado pelo ente estatal com absoluta prioridade, nos termos dos arts. 208, I, e § 1.º, e 227, *caput*, da CF, e arts. 4.º, 54, I, e § 1.º, do ECA, não havendo razoabilidade em impedir-se a matrícula no 1.º ano do ensino fundamental de criança que complete seis anos durante o transcorrer do ano letivo" (Agravo de Instrumento 70064696156, 8.ª Câm. Cível, rel. Ricardo Moreira Lins Pastl, 11.05.2015).

272-B. Desnecessidade de esgotamento da via administrativa: para o ingresso com ação em juízo, pleiteando vaga em escola ou creche, é desnecessário provar a busca prévia em sede administrativa e o seu indeferimento. Do contrário, seria uma forma de impedir o acesso ao Judiciário, o que a Constituição Federal garante a qualquer tempo. Na jurisprudência: TJRS: "1. Mesmo que a parte autora, em tese, não precise comprovar o prévio indeferimento administrativo do pleito de vaga em escola pública, porquanto tal procedimento não se mostra imprescindível ao ajuizamento da demanda, já que o art. 5.º, XXXV, da Constituição Federal prescreve que a lei não pode excluir da apreciação do Poder Judiciário lesão ou ameaça a direito, a conduta processual adotada pelo ente estadual revela que, mesmo se isso tivesse ocorrido, o pedido teria sido indeferido, já que defende não ter a obrigação de fazê-lo. 2. Constituindo a educação direito fundamental social, deve ser assegurado pelo ente estatal, com absoluta prioridade, nos termos dos arts. 208, I, e § 1.º, e 227, *caput*, da Constituição Federal, e arts. 4.º, 54, I, e § 1.º, ambos do Estatuto da Criança e do Adolescente" (Apelação e Reexame Necessário 70063862221, 8.ª Câm. Cível, rel. Ricardo Moreira Lins Pastl, 07.05.2015); "Direito à educação. Os entes federativos, cada qual em sua esfera, têm o dever de propiciar o acesso à educação. No caso, o Município tem o dever de assegurar o acesso à educação infantil. A educação é direito social, valor mínimo de uma sociedade que se pretende justa, livre e solidária; nos termos da Constituição da República. Pedido administrativo. A inafastabilidade do controle jurisdicional, afirmada no inciso XXXV, do art. 5.º, da Constituição da República, assegura o acesso à justiça, independentemente de esgotamento ou provocação da via administrativa, salvo exceção do § 1.º, do art. 217, da mesma Constituição" (Agravo de Instrumento 70064189558, 8.ª Câm. Cível, rel. José Pedro de Oliveira Eckert, 01.04.2015).

273. Ensino médio: deve ter a duração mínima de três anos, abrangendo, como regra, dos 15 aos 17 anos. Conforme dispõe o art. 35 da Lei 9.394/1996 (Lei de Diretrizes e Bases da Educação Nacional), "o ensino médio, etapa final da educação básica, com duração mínima de três anos, terá como finalidades: I – a consolidação e o aprofundamento dos conhecimentos adquiridos no ensino fundamental, possibilitando o prosseguimento de estudos; II – a preparação básica para o trabalho e a cidadania do educando, para continuar aprendendo, de modo a ser capaz de se adaptar com flexibilidade a novas condições de ocupação ou aperfeiçoamento posteriores; III – o aprimoramento do educando como pessoa humana, incluindo a

Art. 54

formação ética e o desenvolvimento da autonomia intelectual e do pensamento crítico; IV – a compreensão dos fundamentos científico-tecnológicos dos processos produtivos, relacionando a teoria com a prática, no ensino de cada disciplina".

274. Atendimento especial aos portadores de deficiência: nos termos do art. 4.º da Lei 9.394/1996 (Lei de Diretrizes e Bases da Educação Nacional), "o dever do Estado com educação escolar pública será efetivado mediante a garantia de: (...) III – atendimento educacional especializado gratuito aos educandos com deficiência, transtornos globais do desenvolvimento e altas habilidades ou superdotação, transversal a todos os níveis, etapas e modalidades, preferencialmente na rede regular de ensino". Na sequência, dispõe o art. 58: "entende-se por educação especial, para os efeitos desta Lei, a modalidade de educação escolar oferecida preferencialmente na rede regular de ensino, para educandos com deficiência, transtornos globais do desenvolvimento e altas habilidades ou superdotação. § 1.º Haverá, quando necessário, serviços de apoio especializado, na escola regular, para atender às peculiaridades da clientela de educação especial. § 2.º O atendimento educacional será feito em classes, escolas ou serviços especializados, sempre que, em função das condições específicas dos alunos, não for possível a sua integração nas classes comuns de ensino regular. § 3.º A oferta de educação especial, nos termos do *caput* deste artigo, tem início na educação infantil e estende-se ao longo da vida, observados o inciso III do art. 4.º e o parágrafo único do art. 60 desta Lei". Prossegue o art. 59: "os sistemas de ensino assegurarão aos educandos com deficiência, transtornos globais do desenvolvimento e altas habilidades ou superdotação: I – currículos, métodos, técnicas, recursos educativos e organização específicos, para atender às suas necessidades; II – terminalidade específica para aqueles que não puderem atingir o nível exigido para a conclusão do ensino fundamental, em virtude de suas deficiências, e aceleração para concluir em menor tempo o programa escolar para os superdotados; III – professores com especialização adequada em nível médio ou superior, para atendimento especializado, bem como professores do ensino regular capacitados para a integração desses educandos nas classes comuns; IV – educação especial para o trabalho, visando a sua efetiva integração na vida em sociedade, inclusive condições adequadas para os que não revelarem capacidade de inserção no trabalho competitivo, mediante articulação com os órgãos oficiais afins, bem como para aqueles que apresentam uma habilidade superior nas áreas artística, intelectual ou psicomotora; V – acesso igualitário aos benefícios dos programas sociais suplementares disponíveis para o respectivo nível do ensino regular". Na jurisprudência: TJGO: "1. É dever dos entes públicos, em solidariedade, o fornecimento de aulas ministradas por professor habilitado em libras para atender às necessidades específicas dos deficientes auditivos – art. 23, II, CF. 2. O ECA estabelece tratamento preferencial a crianças e adolescentes, mostrando-se necessária a pronta disponibilização de profissional de apoio especializado em libras para deficientes auditivos. 3. Constitui dever do Estado assegurar às crianças o acesso à educação, cabendo-lhe garantir vaga na rede pública ou, então, na rede privada, às suas expensas. Acolhido parecer da douta Procuradoria de Justiça. 4. O presente *mandamus* foi impetrado contra autoridade com competência para corrigir a ilegalidade praticada pela Subsecretária signatária do ato de f. 17 – ato coator evidente. 5. Desnecessária dilação probatória, ante a evidência de prova pré-constituída. 6. Configurada a omissão no julgado, por não terem sido apreciadas questões suscitadas no feito, devem os embargos ser acolhidos, para sanar o vício, porém, *in casu*, sem atribuição de efeitos infringentes. Embargos de declaração conhecidos e acolhidos" (MS 9022-03.2016.8.09.0000/GO, 3.ª Câm. Cível, rel. Fernando de Castro Mesquita, 21.06.2016, v.u.). TJMG: "Comprovada ser essencial e indispensável a utilização do transporte por portador de deficiência, é obrigatório o fornecimento de tal garantia constitucional, de forma ampla e integral, pelo Poder Público, nos termos do art. 227 da Constituição Federal e art. 54, III, do Estatuto da Criança e do Adolescente. Deve ser assegurado ao menor o transporte para a escola para tratamento especializado, com marcação fixa, para frequentar às aulas na APAE/JF e ter garantia ao acesso e à inclusão escolar, sendo possível dispor do serviço de forma compartilhada" (AI 1.0145.15.044760-8/001/MG, 8.ª Câm. Cível, rel. Carlos Roberto de Faria, 19.05.2016). TJRS: "1. O direito cuja tutela é postulada na presente ação (fornecimento de intérprete capacitado para atendimento especializado aos alunos com deficiência auditiva) é efetivamente preponderante, não há falar em impossibilidade de concessão de medida liminar contra a Fazenda Pública, bem como que esgote no todo ou em parte o objeto da ação, como sustentado pelo Estado, devendo a disciplina legal ser flexibilizada, em face do alto valor jurídico em discussão. 2. O direito à educação, especialmente àquelas crianças e adolescentes que possuam necessidades especiais, constitui direito fundamental social, que deve ser assegurado de forma solidária pelos entes federativos, com absoluta prioridade, nos termos dos arts. 208, III, e 227, § 1.º, II, ambos da Constituição Federal, arts. 4.º e 54, III, ambos do Estatuto da Criança e do Adolescente, e arts. 4.º, 58 e 59, todos da Lei 9.394/96. 3. Caso concreto em que a adolescente cursou todo o ensino fundamental em classe específica de surdos, não se mostrando cabível e razoável impedi-la que frequente, agora, o ensino médio como forma de etapa da sua formação escolar, pela ausência de um intérprete para acompanhá-la nas atividades escolares" (Agravo de Instrumento 70063904718, 8.ª Câm. Cível, rel. Ricardo Moreira Lins Pastl, 07.05.2015); "O direito à educação, especialmente àquelas crianças e adolescentes que possuam necessidades especiais, constitui direito fundamental social, que deve ser assegurado de forma solidária pelos entes federativos, com absoluta prioridade, nos termos dos arts. 208, III, e 227, § 1.º, II, ambos da Constituição Federal; arts. 54, III, e 208, II, do Estatuto da Criança e do Adolescente; e arts. 4.º, 58 e 59, todos da Lei 9.394/96. Não se desconhece que os entes públicos têm dificuldades orçamentárias, no entanto, não se pode afastar o direito das crianças, assegurado por regramento constitucional e infraconstitucional. No caso, é dever do estado do Rio Grande do Sul fornecer acompanhamento especial na escola para o atendimento das necessidades especiais dos menores. Inexistência, no caso, de interferência entre poderes. O Poder Judiciário tem o dever de fazer cumprir as leis, o que não representa adentrar em assuntos da administração ou de governo. Tratando-se de cartório estatizado, descabe condenar o Estado ao pagamento de custas processuais. Precedentes. Deram parcial provimento ao apelo e, quanto ao mais, mantiveram a sentença em reexame necessário" (Ap. e Reex. Necessário 70069558252/RS, 8.ª Câm. Cível, rel. Rui Portanova, 07.07.2016, v.u.).

275. Educação infantil: trata-se da primeira etapa da educação básica, que segue de zero a cinco anos. Estabelece o art. 29 da Lei 9.394/1996 (Lei de Diretrizes e Bases da Educação Nacional) o seguinte: "a educação infantil, primeira etapa da educação básica, tem como finalidade o desenvolvimento integral da criança de até 5 (cinco) anos, em seus aspectos físico, psicológico, intelectual e social, complementando a ação da família e da comunidade". E o art. 30: "a educação infantil será oferecida em: I – creches, ou entidades equivalentes, para crianças de até três anos de idade; II – pré-escolas, para as crianças de 4 (quatro) a 5 (cinco) anos de idade". De todo modo, é *dever* do Estado providenciar as creches e pré-escolas, com vagas suficientes, para atender a demanda da região onde estiverem instaladas. Pouco importam alegações vazias e abertas do poder público, no sentido de *falta de verba* ou *ingerência do Judiciário na administração*. Direito é direito, precisando ser respeitado e garantido justamente pelo Poder Judiciário. Na jurisprudência: STF: "Atendimento em Creche e Pré-Escola. I. – Sendo a educação um direito fundamental assegurado em várias normas constitucionais e ordinárias, a sua não observância pela administração pública enseja sua proteção pelo Poder Judiciário. II. – Agravo não provido" (RE 463.210/SP, 2.ª T., rel. Carlos Velloso, 06.12.2005). STJ: "1. A solução integral da controvérsia, com fundamento suficiente, não caracteriza ofensa ao art. 535 do CPC/73. 2. O direito de ingresso e permanência de crianças com até seis anos em creches e pré-escolas encontra respaldo no art. 208 da Constituição Federal. Por seu turno, a Lei de Diretrizes e Bases da Educação, em seu art. 11, V, bem como o ECA, em seu art. 54, IV, atribui ao Ente Público o dever de assegurar o atendimento de crianças de zero a seis anos de idade em creches e pré-escolas. Precedentes do STJ e do STF. 3. No campo dos direitos individuais e sociais de absoluta prioridade, o juiz não deve se impressionar nem se sensibilizar com alegações de conveniência e oportunidade trazidas pelo administrador relapso. A ser diferente, estaria o Judiciário a fazer juízo de valor ou político em esfera na qual o legislador não lhe deixou outra possibilidade de decidir que não seja a de exigir o imediato e cabal cumprimento dos deveres, completamente vinculados, da Administração Pública. 4. Se um direito é qualificado pelo legislador como absoluta prioridade, deixa de integrar o universo de incidência da reserva do possível, já que a sua possibilidade é, preambular e obrigatoriamente, fixada pela Constituição ou pela lei. 5. Se é certo que ao Judiciário recusa-se a possibilidade de substituir-se à Administração Pública, o que contaminaria ou derrubaria a separação mínima das funções do Estado moderno, também não é menos correto que, na nossa ordem jurídica, compete ao juiz interpretar e aplicar a delimitação constitucional e legal dos poderes e deveres do Administrador, exigindo, de um lado, cumprimento integral e tempestivo dos deveres vinculados e, quanto à esfera da chamada competência discricionária, respeito ao *due process* e às garantias formais dos atos e procedimentos que pratica. 6. Recurso Especial provido" (REsp 1.551.650/DF, 2.ª T., rel. Herman Benjamin, 19.05.2016, v.u.); "1. O Estatuto da Criança e do Adolescente (Lei 8.069/90) e a Lei de Diretrizes e Bases da Educação (Lei 9.394/96, art. 4.º, IV) asseguram o atendimento de crianças de zero a seis anos em creches e pré-escolas da rede pública. 2. Compete à Administração Pública propiciar às crianças de zero a seis anos acesso ao atendimento público educacional e a frequência em creches, de forma que, estando jungida ao princípio da legalidade, é seu dever assegurar que tais serviços sejam prestados mediante rede própria. 3. 'Consagrado por um lado o dever do Estado, revela-se, pelo outro ângulo, o direito subjetivo da criança. Consectariamente, em função do princípio da inafastabilidade da jurisdição consagrado constitucionalmente, a todo direito corresponde uma ação que o assegura, sendo certo que todas as crianças nas condições estipuladas pela lei encartam-se na esfera desse direito e podem exigi-lo em juízo' (REsp 575.280-SP, relator para o acórdão Ministro Luiz Fux, *DJ* de 25.10.2004). 4. A consideração de superlotação nas creches e de descumprimento da Lei Orçamentária Municipal deve ser comprovada pelo Município para que seja possível ao órgão julgador proferir decisão equilibrada na busca da conciliação entre o dever de prestar do ente público, suas reais possibilidades e as necessidades, sempre crescentes, da população na demanda por vagas no ensino pré-escolar. 5. No caso específico dos autos, não obstante tenha a municipalidade alegado falta de vagas e aplicação *in totum* dos recursos orçamentários destinados ao ensino fundamental, nada provou; a questão manteve-se no campo das possibilidades. Por certo que, em se tratando de caso concreto no qual estão envolvidas apenas duas crianças, não haverá superlotação de nenhuma creche. 6. Recurso especial provido" (REsp 510.598/SP, 2.ª T., rel. João Otávio de Noronha, 13.02.2008). TJMT: "O direito de ingresso e permanência de crianças com até 6 anos em creches e pré-escolas encontra respaldo no art. 208 da Constituição Federal. 2. A Lei de Diretrizes e Bases da Educação, em seu art. 11, V, bem como o ECA, em seu art. 54, IV, atribui ao Ente Público o dever de assegurar o atendimento de crianças de 0 a 6 anos de idade em creches e pré-escolas. Precedentes do STJ e do STF" (AI 45322/2016-MT, 1.ª Câmara de Direito Público e Coletivo, rel. Maria Aparecida Ribeiro, 24.07.2017, m.v.). TJGO: "No caso em comento, a relevância da fundamentação decorre da garantia constitucional (art. 208, inciso IV) e infraconstitucional (art. 54, IV, da Lei n.º 8.069/90) à educação infantil, em creche e pré-escola, às crianças até 5 anos de idade. Outrossim, o perigo de dano é evidente, pois a não realização da matrícula da substituída acarretará imensuráveis prejuízos a sua formação educacional. A determinação para que o Poder Público efetue a matrícula da criança em instituição de ensino privada ou para que seja bloqueado o valor necessário ao pagamento das mensalidades e demais despesas, constitui meio apto a conferir efetividade à decisão judicial e à obrigação constitucional imposta aos municípios de assegurar aos cidadãos de pouca idade o atendimento em creches e pré-escolas. Agravo de instrumento conhecido e desprovido" (AI 5113556-73.2017.8.09.0000-GO, 5.ª Câm. Cível, rel. Alan Sebastião de Sena Conceição, 04.08.2017). TJMS: "1. É dever constitucional do Estado propiciar o ingresso das crianças de até 6 anos nas creches e pré-escolas, cabendo-lhe criar as condições orçamentárias para suprir essa necessidade essencial, não se permitindo que uma criança seja impedida de frequentar a creche pública por falta de vaga. Precedentes jurisprudenciais do STJ e deste Tribunal de Justiça. 2. O direito de ingresso e permanência de crianças com até 5 anos de idade em creches e pré-escolas encontra previsão expressa no artigo 208 da CF, bem como na Lei de Diretrizes e Bases da Educação, em seu art. 11, V, e no ECA, em seu art. 54, IV, que atribui ao ente público o dever de assegurar o atendimento de crianças de 0 a 5 anos em creches e pré-escolas. 3. Sentença ratificada, com o parecer" (Remessa Necessária 0833467-65.2016.8.12.0001-MS, 4.ª Câm. Cível, rel. Dorival Renato Pavan, 09.08.2017, v.u.). TJMG: "A educação básica dos menores de 6 anos de idade constitui direito indisponível de todos e dever do Estado (arts. 205 e 208 da CF, art. 54, IV, do ECA e art. 30, I, da LDB), o qual deve ser efetivado mediante matrícula do discente em instituição de ensino, não sendo razoável condicionar o exercício do direito ao princípio da reserva do possível. Não depende de autorização orçamentária, não fere o princípio da isonomia, tampouco viola o princípio da separação de Poderes a determinação pelo Poder Judiciário da implementação da garantia de acesso à educação assegurada à criança pelo texto constitucional (...)" (Ap. Cív. 1.0313.15.010136-5/002-MG, 6.ª Câm. Cível, rel. Yeda Athias, 27.06.2017). TJRS: "1. A educação infantil, como direito fundamental social, deve ser assegurada pelo ente público municipal, garantindo-se o atendimento em creche ou pré-escola às crianças de zero a cinco anos de idade, com absoluta prioridade, nos termos do art. 208, IV, da CF. 2. Ainda que o ente municipal tenha legislação específica regulando a necessidade da prévia inscrição de aluno junto à municipalidade para conseguir vaga em escola de educação infantil (LM 5.456/2009), é fato notório que não vem envidando os devidos esforços para que o direito à educação seja garantido às crianças canoenses, razão pela qual prescindível, dadas as particularidades do caso, a comprovação da solicitação da vaga escolar de forma administrativa. 3. A Radiografia da Educação Infantil de 2013, elaborada pelo Tribunal de Contas do Estado do Rio Grande do Sul, revela que dos 496 municípios avaliados, o Município de Canoas encontra-se na 454.ª colocação, revelando o seu descaso em garantir o acesso à educação" (Agravo de Instrumento 70063845259, 8.ª Câm. Cível, rel. Ricardo Moreira Lins Pastl, 07.05.2015).

276. Garantia de acesso e não direito de acesso: o Estado deve assegurar aos jovens a viabilidade de acesso aos níveis mais elevados do ensino, atingindo o patamar superior, além de poder alcançar campos de pesquisa e criação artística, *conforme a capacidade de cada um.* Eis a diferença entre assegurar o acesso e o direito de acesso. As crianças têm direito ao ensino básico, mas os adolescentes não têm direito ao nível superior, pois este depende de cada um. É como alinhava Hélio Xavier de Vasconcelos: "tem-se expresso um critério de justiça que é, sem dúvida, o reconhecimento dos mais capazes. O dispositivo vai contribuir para a descoberta de talentos que não tiverem oportunidades" (Munir Cury [org.], *Estatuto da Criança e do Adolescente comentado,* p. 267). Abrir o acesso a níveis superiores de ensino, pesquisa, criação etc. permite a seleção de vocacionados, que estavam obscurecidos pela completa falta de oportunidade. Para tanto, conta-se com o ensino superior gratuito, além de outros programas estatais de descoberta e premiação de novos talentos. Na jurisprudência: TJMG: "– De acordo com os art. 148 e 209 da Lei 8.069/90, a Vara de Menores tem competência para apreciar questões vinculadas a interesses individuais, coletivos e difusos da Infância e da Juventude, exceção feita apenas à competência da Justiça Federal e à competência originária dos tribunais superiores. A educação constitui direito indisponível de todos e dever do Estado e da Família, devendo ser promovida com a colaboração da sociedade, conforme os ditames constitucionais. – O mandado de segurança, impetrado por menor, visando à matrícula em curso de conclusão do ensino médio, em virtude de aprovação em vestibular, não tem processamento obrigatório em Juizado da Infância e da Juventude, porque se trata de situação que não envolve menor em situação irregular. – Muito embora o amplo direito à educação, nos termos da Constituição Federal, deva ser prestigiado e estimulado, não se admite seu exercício ilimitado e incondicionado, de tal sorte que, regulamentada a matéria em sede infraconstitucional, exatamente com a finalidade de garantir uma formação educacional ordenada, deve ser seguida a disciplina implementada. Exigida pela Lei de Diretrizes e Bases da Educação Nacional (Lei 9.394/96) a idade mínima de 18 anos para a inscrição em exame supletivo destinado à conclusão do ensino médio, não se avista lesão a direito líquido e certo no ato de autoridade que impede o acesso, ao teste, de aluno com idade inferior" (Ap. Cível/Reex. Necessário 1.0702.13.062042-1/001, 4.ª Câm. Cível, rel. Moreira Diniz, 05.02.2015, m.v.).

277. Ensino noturno: em nosso País, nada mais justo e necessário do que garantir aos jovens o acesso ao ensino noturno, pois muitos precisam trabalhar – em casa ou fora – para auxiliar no sustento da família. É vedado o trabalho noturno ao maior de 16 (e menor de 18), mas não o ensino. Segue-se o disposto pelo art. 208, VI, da Constituição Federal ("oferta de ensino noturno regular, adequado às condições do educando").

278. Apoio ao ensino fundamental: considerando-se a sua obrigatoriedade, no período que vai dos seis aos 14 anos, é preciso assegurar à criança e ao adolescente as condições mínimas para que frequente a escola. Dirigir-se ao estabelecimento de ensino, pura e simplesmente, não resolve. O aluno precisa de material didático-escolar, transporte adequado, alimentação saudável e assistência à saúde. Afinal, somente para comparar, ninguém consegue trabalhar se não ganhar o mínimo para ir e vir de casa ao serviço, alimentar-se e ter apoio médico. Como o estudante não é remunerado por frequentar a escolar, o Estado deve providenciar o apoio a essa atividade. Na jurisprudência: TJRS: "A Constituição Federal e o Estatuto da Criança e do Adolescente garantem o direito ao ensino e ao acesso a este, sendo responsabilidade dos entes federados não só fornecer escolas, mas também o transporte escolar gratuito às crianças e adolescentes do ensino municipal e estadual. As despesas processuais seguem a encargo do Município, conforme recente decisão do Tribunal Pleno desta Corte (ADI 70041334053), o qual declarou a inconstitucionalidade da Lei 13.471/10" (Reexame Necessário 70063115083, 8.ª Câm. Cível, rel. Alzir Felippe Schmitz, 07.05.2015). TJES: "Todos os entes políticos são solidariamente responsáveis pela manutenção de transporte escolar à criança e ao adolescente, máxime quando existe convênio viabilizando a disponibilidade orçamentária específica para o custeio desse serviço público. Precedentes. A jurisprudência do Superior Tribunal de Justiça, amparando-se em dispositivo legal do Estatuto da Criança e do Adolescente (art. 53, inciso V), respalda a pretensão do agravante, sobretudo porque, em princípio, há elementos documentais que demonstram que o mesmo sempre estudou na Escola Estadual de Ensino Fundamental e Médio Victorio Bravim, situada no Município de Marechal Floriano, por intermédio do transporte escolar que, até prova em contrário, vem sendo fornecido pelo recorrido há mais de dez (10) anos. Recurso conhecido e provido" (Agravo de Instrumento 3109000087, 4.ª Câm. Cível, rel. Ney Batista Coutinho, 22.11.2010).

279. Direito público subjetivo: é de interesse da sociedade que as crianças tenham acesso ao ensino obrigatório (fundamental) e gratuito, motivo pelo qual o Ministério Público

Título II – Dos Direitos Fundamentais   **Art. 54**

e a Defensoria Pública legitimam-se para pleitear tal acesso em nome das crianças em geral. Nas palavras de Motauri Ciocchetti de Souza, "o atendimento efetivo da criança não pode deixar de ocorrer, sob pena de violação da regra maior da isonomia e do princípio da dignidade da pessoa humana. A propósito, precedentes oriundos do STF e do STJ, os quais, de modo uniforme, reconhecem a obrigatoriedade do atendimento no ensino infantil" (Munir Cury [org.], *Estatuto da Criança e do Adolescente comentado*, p. 270). Na jurisprudência: TJSC: "No Estado Constitucional de Direito, que sucede o antigo Estado Legislativo de Direito, não há como admitir a tese de que as normas constitucionais não são dotadas de normatividade plena. Afinal, hoje a Constituição está no centro de uma estrutura de poder de onde irradia sua força normativa. É dotada de supremacia formal e material, determina a vigência e a validade das normas abaixo dela e fixa-lhes o modo de interpretação e compreensão. Além disso, se antes, no Estado Legislativo de Direito – e no modelo decorrente do tipo de Constituição que lhe dava sustentação – o que se tinha era um juiz neutro, distante e que só exercia seu papel mediador quando chamado pelas partes, atualmente essa figura desaparece e a concretização das normas constitucionais passa a ser o principal compromisso do Poder Judiciário. Tem-se, assim, que, efetivamente, não há como fugir da obrigação estatal de atender ao pedido de matrícula em instituição pública de educação, já que tal direito decorre diretamente do disposto nos arts. 6.º, 206, I, e 208, III e §§ 1.º e 2.º, da Constituição Federal. 'O direito à educação é um dos mais sagrados direitos sociais, porquanto a própria Constituição lhe confere o *status* de direito público subjetivo, impondo à Administração Pública o encargo de propiciar, com políticas sociais concretas e efetivas, o amplo acesso aos estabelecimentos de ensino (...)' (TJSC, RN 2010.042443-8, rel. Des. Jaime Ramos, j. 12.08.2010)" (Reex. Necessário 0305732-19.2015.8.24.0033/SC, 2.ª Câm. de Direito Público, rel. Francisco Oliveira Neto, 03.05.2016, v.u.).

280. Responsabilidade da autoridade competente: a redação deste parágrafo é tão vaga quanto ineficaz. Qual é a autoridade competente, qual é a responsabilidade – criminal ou política –, em que medida se apura e quais são os limites, enfim, aponta-se para o indeterminado. Poder-se-ia falar em crime de responsabilidade de prefeito, pois seria a autoridade competente para ofertar as vagas municipais (Decreto-lei 201/1967, art. 1.º, XIV – Negar execução a lei federal, estadual ou municipal, ou deixar de cumprir ordem judicial, sem dar o motivo da recusa ou da impossibilidade, por escrito, à autoridade competente). Mas a própria negação da lei federal, no caso este artigo do Estatuto, comporta tergiversar, pela via da mostra de impossibilidade, quando solicitado pela autoridade competente, que pode ser o juiz, no caso de ação civil pública, ou o próprio Ministério Público, em investigação criminal. Essa justificativa, prevista no próprio tipo penal, já permite a exclusão do dolo. A vagueza, na essência, é proposital, pois cumpre dois papéis: a) formalmente, o legislador mostra-se rigoroso com relação a quem não cumpre a lei, proporcionando vagas às crianças; b) materialmente, os crimes de responsabilidade são tão abertos, que raramente conseguem atingir qualquer autoridade pública. Quanto ao governador, no tocante às vagas em escolas estaduais, torna-se ainda mais difusa a sua responsabilidade, que é apenas política, seguindo-se o disposto na Lei 1.079/1950, que nem mesmo tipo adequado para esse quadro apresenta. Esse ainda é o triste cenário brasileiro para a punição de governantes irresponsáveis.

281. Diálogo entre poder público e pais de alunos: determina-se, em lei, inclusive penal (ver a nota abaixo), que os pais matriculem seus filhos no ensino fundamental. Mas não se consegue obrigar o aluno a frequentar as aulas – e muito menos os seus genitores a colocá-lo dentro da sala. Por isso, o ideal, nesse campo, é o diálogo entre educadores e pais de alunos, especialmente os professores. Não há outro mecanismo mais eficiente do que convencer os pais do lado positivo da mantença do aluno na escola.

Art. 55

Art. 55. Os pais ou responsável têm a obrigação de matricular seus filhos ou pupilos na rede regular de ensino.[282-282-A]

282. Ensino obrigatório e figura criminosa: o ensino obrigatório é o fundamental, que se inicia aos cinco anos. Portanto, é nesse estágio que devem os pais (ou responsável) atuar para matricular seu filho na escolar. Não o fazendo, podem incidir na figura do delito de abandono intelectual, previsto no art. 246 do Código Penal. Além disso, é falha grave no contexto educacional, servindo de causa para a suspensão ou destituição do poder familiar, conforme o caso concreto.

282-A. Ensino domiciliar: pela legislação brasileira, não se autoriza que os pais providenciem o estudo dos filhos em domicílio, evitando que sejam matriculados e encaminhados à rede de ensino comum, pública ou particular. Na jurisprudência: STF: "1. A educação é um direito fundamental relacionado à dignidade da pessoa humana e à própria cidadania, pois exerce dupla função: de um lado, qualifica a comunidade como um todo, tornando-a esclarecida, politizada, desenvolvida (CIDADANIA); de outro, dignifica o indivíduo, verdadeiro titular desse direito subjetivo fundamental (DIGNIDADE DA PESSOA HUMANA). No caso da educação básica obrigatória (CF, art. 208, I), os titulares desse direito indisponível à educação são as crianças e adolescentes em idade escolar. 2. É dever da família, sociedade e Estado assegurar à criança, ao adolescente e ao jovem, com absoluta prioridade, a educação. A Constituição Federal consagrou o dever de solidariedade entre a família e o Estado como núcleo principal à formação educacional das crianças, jovens e adolescentes com a dupla finalidade de defesa integral dos direitos das crianças e dos adolescentes e sua formação em cidadania, para que o Brasil possa vencer o grande desafio de uma educação melhor para as novas gerações, imprescindível para os países que se querem ver desenvolvidos. 3. A Constituição Federal não veda de forma absoluta o ensino domiciliar, mas proíbe qualquer de suas espécies que não respeite o dever de solidariedade entre a família e o Estado como núcleo principal à formação educacional das crianças, jovens e adolescentes. São inconstitucionais, portanto, as espécies de *unschooling* radical (desescolarização radical), *unschooling* moderado (desescolarização moderada) e *homeschooling* puro, em qualquer de suas variações. 4. O ensino domiciliar não é um direito público subjetivo do aluno ou de sua família, porém não é vedada constitucionalmente sua criação por meio de lei federal, editada pelo Congresso Nacional, na modalidade 'utilitarista' ou 'por conveniência circunstancial', desde que se cumpra a obrigatoriedade, de 4 a 17 anos, e se respeite o dever solidário Família/Estado, o núcleo básico de matérias acadêmicas, a supervisão, avaliação e fiscalização pelo Poder Público; bem como as demais previsões impostas diretamente pelo texto constitucional, inclusive no tocante às finalidades e objetivos do ensino; em especial, evitar a evasão escolar e garantir a socialização do indivíduo, por meio de ampla convivência familiar e comunitária (CF, art. 227). 5. Recurso extraordinário desprovido, com a fixação da seguinte tese (TEMA 822): 'Não existe direito público subjetivo do aluno ou de sua família ao ensino domiciliar, inexistente na legislação brasileira'" (RE 888.815/RS, Tribunal Pleno, rel. Luís Roberto Barroso, 12.09.2018, m.v.).

Art. 56. Os dirigentes de estabelecimentos de ensino fundamental comunicarão ao Conselho Tutelar os casos de:

I – maus-tratos envolvendo seus alunos;[283]

> II – reiteração de faltas injustificadas e de evasão escolar, esgotados os recursos escolares;[284]
>
> III – elevados níveis de repetência.[285]

283. Posição de garante: estabelece o art. 13, § 2.º, *a*, do Código Penal, ser a "omissão penalmente relevante quando o omitente devia e podia agir para evitar o resultado. O dever de agir incumbe a quem: a) tenha por lei obrigação de cuidado, proteção ou vigilância". O crime de maus-tratos, previsto no art. 136 do Código Penal, pode ser praticado nas formas instantânea e permanente. Neste último caso, a consumação se prolonga no tempo. Pode o diretor da escola, tomando conhecimento dos maus-tratos sofridos pelo aluno, impedir a sua continuidade. E deve fazê-lo, pois é garante, em face da imposição legal específica deste artigo, obrigando-o a comunicar ao Conselho Tutelar tal evento. Se não o fizer, sabendo que o delito continuará, pode ser processado como partícipe, dependendo da prova do dolo. Na jurisprudência: TJPR: "Apelação cível. ECA. Infração administrativa. Representação ministerial em face de professora e diretora de instituição de ensino. Omissão em comunicar as autoridades competentes sobre suspeita de violência sexual relatada por criança no ambiente escolar sentença de procedência. Recurso das representadas. Violação do disposto nos artigos 56, I e 245, ambos do ECA. Configuração. Ausência de provas da comunicação e formalização dos relatos da criança. Orientação para buscar auxílio médico e policial que não suprem o dever legal de comunicar as autoridades protetivas. Princípio da proteção integral da criança. Omissão da instituição de ensino. Verificada. Conduta que não exige dolo ou culpa, mas mera inércia no dever de comunicação. Comunicação que deve ser imediata, no mesmo dia em que se tomar conhecimento do abuso. Sentença mantida. Recurso conhecido e não provido" (Ap. Cível 0004118-52.2022.8.16.0058, 11.ª C., rel. Sigurd Roberto Bengtsson, 22.05.2023, v.u.).

284. Faltas e evasão escolar: note-se a parte final deste dispositivo: "esgotados os recursos escolares", que significa exatamente o diálogo entre educadores e pais de alunos, conforme previsto no art. 54, § 3.º. Porém, esgotados tais instrumentos, seja pelos professores, seja pelos pais, ingressa em campo o Conselho Tutelar. Este órgão não tem o poder de operar milagres, fazendo com que o aluno volte às aulas e não falte mais. Porém, pode investigar a causa da ausência e, inclusive, da evasão. Conforme o caso concreto, pode detectar culpa dos próprios pais, que obrigam o filho a trabalhar em lugar de estudar; pode perceber a influência negativa de amigos ou colegas, alguns comprometidos com atos infracionais; pode perceber a falta de zelo da escola em manter o aluno, dando-lhe o suporte necessário. Enfim, o Conselho pode encaminhar o menor, oficialmente, aos pais, mediante termo de responsabilidade, se notar que a culpa da evasão é dos genitores (art. 101, I, ECA). Pode, ainda, impor aos pais a obrigação de acompanhar sua frequência e aproveitamento escolar (art. 129, V, ECA). Tem a possibilidade extrema de representar ao juiz em face do descaso dos pais, visando à suspensão ou destituição do poder familiar (art. 136, III, *b*, ECA). O mesmo pode fazer junto ao Ministério Público (art. 136, XI, ECA). Pode tomar providências contra as más companhias do menor faltoso, aplicando-lhes alguma das medidas do art. 101 deste Estatuto. Em suma, pode – e deve – agir para impedir o afastamento da escola.

285. Elevado índice de repetência: esse é um dos principais motivos da evasão escolar, razão pela qual deve estar conectado às mesmas providências sugeridas na nota ao inciso anterior. Por outro lado, para garantir a permanência do aluno na escola, como também é dever do Estado assegurar (art. 53, I, ECA), é preciso um método incentivador, que controle a repetência. Uma das soluções, como já mencionado, é a progressão continuada. Se certo ou errado, cuida-se de um mecanismo; outros podem existir, mas o Estado deve permanecer atento a esse fator.

Art. 57

Art. 57. O poder público estimulará pesquisas, experiências e novas propostas relativas a calendário, seriação, currículo, metodologia, didática e avaliação, com vistas à inserção de crianças e adolescentes excluídos do ensino fundamental obrigatório.[286]

286. Estímulo a mudanças: esta é uma norma programática, recomendando ao poder público que torne possível ao aluno *gostar* da escola, permanecer e concluir o ensino básico, ao menos. Para tanto, sói contribuir para adaptações curriculares, conforme a seriação do aluno, mormente os de camadas pobres da população, a fim de permitir alterações de calendário, para ingresso e saída de férias, bem como para início e conclusão do ano letivo. Reinserir o aluno excluído do ensino fundamental obrigatório exige criatividade e flexibilidade, motivo pelo qual não há de se seguir regras impenetráveis. Novas experiências devem ser bem-vindas, de modo a atingir o aluno avesso à escola, mudando a didática do professor, sua metodologia de aulas e forma de avaliação. Não deve haver limites no processo educacional, embora não se note toda a *revolução* pregada, com bom intento, por esta norma. Mas não é nem simples, nem fácil. No alerta de Maria Stela Santos Graziani, "enquanto a participação da criança não for uma expressão concreta vivenciada na cotidianidade do existir escolar em ação, como presença ativa no processo de tomada de decisão, quebrando os valores hierarquizados das estruturas de poder cristalizadas, implícitas em todas as relações mantidas na essência do processo pedagógico, não podemos resgatar o sentido mais fecundo de ser um cidadão ativo, consciente e crítico no nível da ordem política de nossa sociedade. A escola poderia se constituir num espaço de exercício da democracia e da liberdade, do conhecimento como instrumento de compreensão, luta e transformação do real" (Munir Cury [org.], *Estatuto da Criança e do Adolescente comentado*, p. 278).

Art. 58. No processo educacional respeitar-se-ão os valores culturais, artísticos e históricos próprios do contexto social da criança e do adolescente, garantindo-se a estes a liberdade da criação e o acesso às fontes de cultura.[287]

287. Respeito aos valores do contexto infantojuvenil: este é um dos direitos mais complexos para ser atingido com efetividade; não porque é difícil de ser compreendido, ao contrário, devem-se respeitar os valores culturais, artísticos e históricos de cada criança e adolescente, permitindo-lhes liberdade de criação e expressão, além de poderem procurar as fontes de cultura desejadas, como os livros que pretendem ler. Em nosso entendimento, há dois obstáculos sérios ao implemento dessa abertura do ensino: a) a estrutura hierarquizada fechada e tradicional, que impõe de cima para baixo tudo o que se julga *bom* e *adequado* para a educação infantojuvenil, mormente em escolas públicas, onde ainda existe a influência política; b) a carência de recursos, até mesmo para possuir uma biblioteca decente e minimamente suprida para atender os alunos das escolas públicas. Como respeitar culturas alheias, veias artísticas individuais e contextos históricos díspares se o poder público busca padronizar a educação, sempre que pode? Até mesmo em nível superior, o currículo das faculdades, na maioria, é rígido. Para alterar alguma coisa, por menor que seja, sofre-se um processo lento e longo, a ponto de desestimular qualquer educador. Aliás, o aluno que propõe, por exemplo, a alteração do currículo do seu curso, forma-se antes que sua proposta seja examinada. Os que vêm a seguir, cientes disso, nem propõem mudanças. É um círculo vicioso, orquestrado e mantido por quem tem interesse nesse domínio estudantil, que, salvo engano, são os políticos, sedentos de votos, que não apreciam, como regra, alunos pensantes, que se formam culturalmente distantes dos *valores impostos*. Não é novidade o destaque feito por Elizabeth D'Angelo Serra: "a arma mais poderosa de que uma sociedade dispõe para desenvolver-se em direção à liberdade de todos os seus membros está na educação de qualidade para crianças e adolescentes. (...) todos somos responsáveis pela formação das crianças e adolescentes brasileiros. A escola, como local onde se dá parte do processo educacional, tem função de organizar o conhecimento assistemático recebido no dia a dia de cada um, valorizá-lo, ampliá--lo e atualizá-lo, e desenvolver as habilidades potenciais individuais dos seus alunos, além de proporcionar o aprendizado da convivência coletiva. Porém, a escola brasileira não atende à maioria das nossas crianças e adolescentes da maneira explicitada acima" (Munir Cury [org.], *Estatuto da Criança e do Adolescente comentado*, p. 279).

> **Art. 59.** Os municípios, com apoio dos estados e da União, estimularão e facilitarão a destinação de recursos e espaços para programações culturais, esportivas e de lazer voltadas para a infância e a juventude.[288]

288. Programações culturais, esportivas e de lazer: devem os Municípios destinar recursos para esse objetivo, voltados à criança e ao adolescente, contando com o apoio do Estado e da União. Nem é preciso lembrar a precariedade dessas programações nos inúmeros Municípios brasileiros; em muitos é simplesmente inexistente. A norma, que deveria ser visualizada como cogente (estimularão + facilitarão) termina por ser meramente programática. Falta vontade política e os pais das crianças e jovens nem percebem, pois, se o fizessem, saberiam quem deveriam eleger em sua cidade.

> **Art. 59-A.** As instituições sociais públicas ou privadas que desenvolvam atividades com crianças e adolescentes e que recebam recursos públicos deverão exigir e manter certidões de antecedentes criminais de todos os seus colaboradores, as quais deverão ser atualizadas a cada 6 (seis) meses.[288-A]
>
> **Parágrafo único.** Os estabelecimentos educacionais e similares, públicos ou privados, que desenvolvem atividades com crianças e adolescentes, independentemente de recebimento de recursos públicos, deverão manter fichas cadastrais e certidões de antecedentes criminais atualizadas de todos os seus colaboradores.

288-A. Antecedentes criminais de colaboradores: este artigo foi inserido pela Lei 14.811/2024, que institui medidas de proteção infantojuvenil em estabelecimentos educacionais e similares, sob o manto da política de prevenção e combate ao abuso e exploração sexual da criança e do adolescente. Indica-se, nesse dispositivo, o propósito de conhecer o perfil dos colaboradores das instituições sociais e dos estabelecimentos educacionais, apontando-se, em particular, como meio, a certidão de antecedentes criminais. No entanto, algumas questões vêm à tona. Em primeiro lugar, preceitua o art. 202 da Lei 7.210/1984 que, "cumprida ou extinta a pena, não constarão da folha corrida, atestados ou certidões fornecidas por autoridade policial ou por auxiliares da Justiça, qualquer notícia ou referência à condenação, salvo para instruir processo pela prática de nova infração penal ou outros casos expressos em lei". Portanto, mesmo condenado por graves crimes referentes a violações sexuais ou agressões físicas à criança ou adolescente, quando o sentenciado termina o cumprimento da pena, nada mais constará em sua folha de antecedentes para todos os fins, exceto a instrução em outros processos criminais ou casos *expressos em lei*. Na mencionada Lei 14.811/2024 inexiste

Art. 60

Estatuto da Criança e do Adolescente Comentado · Nucci

dispositivo autorizando essa *exposição*. Desse modo, os colaboradores – ex-condenados – não terão o passado criminoso evidenciado. Em segundo lugar, somente para argumentar, se a condenação já cumprida fosse exposta, não daria ensejo automático à demissão ou desligamento do colaborador, visto ter cumprido a sua pena, não tendo cabimento carregar consigo a pecha de delinquente e, com isso, inibir oportunidades de emprego, trabalho ou função. Um terceiro aspecto se liga a quem estiver respondendo a processo criminal com base em qualquer delito: não se expõe na folha de antecedentes para ambiente externo à justiça criminal, em face do princípio constitucional da presunção de inocência. Restaria, então, o registro, na folha de antecedentes, da condenação cuja pena se encontra em cumprimento. Se estiver em regime fechado, por óbvio, não está prestando a sua colaboração em qualquer instituição ou estabelecimento. Dificilmente o mesmo ocorrerá se estiver em semiaberto. Talvez, no regime aberto, possa ser detectado. Cuida-se de política da instituição aceitar ou não a participação dessa pessoa em seus quadros, pois inexiste, nesta lei, o dever de afastá-lo. Finalmente, pode-se estabelecer um controle mais rigoroso em relação ao condenado que, em regime aberto ou cumprimento de pena suspensa (*sursis*), seja aceito nesse trabalho.

Capítulo V
DO DIREITO À PROFISSIONALIZAÇÃO E À PROTEÇÃO NO TRABALHO

> **Art. 60.** É proibido qualquer trabalho a menores de quatorze anos de idade, salvo na condição de aprendiz.[289-290]

289. Vedação ao trabalho: impõe o art. 7.º, XXXIII, da Constituição Federal a "proibição de trabalho noturno, perigoso ou insalubre a menores de dezoito anos de qualquer trabalho a menores de dezesseis anos, salvo na condição de aprendiz, a partir dos quatorze anos". Portanto, a parte final do art. 60 deste Estatuto não foi recepcionada pela reforma constitucional introduzida pela Emenda 20/98. O menor de 14 anos não pode trabalhar, nem mesmo como aprendiz. Entre 14 e 16, como aprendiz. Acima de 16, pode exercer atividade laborativa não perigosa, insalubre ou noturna. A autorização deve ser dada pelo juízo da Infância e Juventude. Na jurisprudência: STF: "Ausente controvérsia a envolver relação de trabalho, compete ao Juízo da Infância e da Juventude, inserido no âmbito da Justiça Comum, apreciar, no campo da jurisdição voluntária, pedido de autorização visando a participação de crianças e adolescentes em eventos de caráter artístico" (ADI 5.326 MC, Pleno, rel. Marco Aurélio, 27.09.2018, maioria). STJ: "Discussão acerca da competência para a liberação de alvará judicial autorizando um menor a trabalhar, na condição de aprendiz, em uma empresa de calçados. Pedido de jurisdição voluntária, que visa resguardar os direitos do requerente à manutenção de seus estudos, bem como assegurar-lhe um ambiente de trabalho compatível com a sua condição de adolescente (art. 2.º do ECA). Não há debate nos autos sobre qualquer controvérsia decorrente de relação de trabalho. Conflito conhecido, para declarar a competência do Juízo de Direito, ora suscitado" (CC 53.279/MG, 2.ª seção, rel. Cesar Asfor Rocha, 02.03.2006). TJMG: "1 – É vedado qualquer tipo de trabalho ao menor de catorze anos, conforme vedação inserta no art. 7.º, XXXIII, da Constituição da República, no art. 60 do Estatuto da Criança e do Adolescente e na Convenção n.º 138 da Organização Internacional do Trabalho. 2 – Fere a razoabilidade a exigência do Município de que se comprove que uma criança de seis anos de idade não exerça atividade remunerada para se conceder abono familiar previsto em lei local. 3 – A presunção de inexistência do trabalho infantil do dependente milita em favor da criança e da servidora, considerada sua vedação no Brasil e em normas internacionais de proteção à criança" (AC 00020216220178130309, 19.ª Câm. Cível, rel. Carlos Henrique Perpétuo Braga, 22.08.2019, v.u.).

290. Trabalho doméstico: "nesta modalidade de trabalho, conforme Oris de Oliveira (2009), não há prestação de serviços para terceiros, pois realiza-se no próprio lar e no seu entorno (âmbito residencial) na execução de tarefas tais como: conservação de jardim, ordenha de animais. Onde, ninguém é empregado de ninguém, todos, pais, filhos, familiares colaboram, embora em tarefas distintas. (...) É de conhecimento que, no âmbito doméstico, o menor trabalhador está sujeito a fatores insalubres, penosos, periculosos, ou seja, inseguros e muitas vezes prejudiciais à formação educacional e moral da criança e do adolescente" (Jair Teixeira dos Reis, *Direito da criança e do adolescente. Questões trabalhistas infantojuvenis*, p. 43-44).

> **Art. 61.** A proteção ao trabalho dos adolescentes é regulada por legislação especial, sem prejuízo do disposto nesta Lei.[291]

291. Múltiplas formas do trabalho juvenil: como expõe Oris de Oliveira, "o adolescente pode envolver-se trabalhando, por exemplo: a) em regime familiar (como tal entendido aquele em que só trabalham membros de um mesmo núcleo familiar em pequenos sítios, por exemplo, *não a serviço de terceiros*, mas constituindo uma 'sociedade de fato', de que todos se beneficiam); b) em regime de emprego (na condição de aprendiz, ou não); c) como estagiário; d) como autônomo; e) em regime associativo, neste compreendido o cooperativo; f) na condição de aluno nas escolas ou em instituições especializadas que propiciam profissionalização; g) em órgãos da Administração Pública" (Munir Cury [org.], *Estatuto da Criança e do Adolescente comentado*, p. 286). Para cada uma delas pode haver uma legislação específica, respeitando-se, por óbvio, os termos da Constituição Federal e também do art. 67 deste Estatuto.

> **Art. 62.** Considera-se aprendizagem a formação técnico-profissional ministrada segundo as diretrizes e bases da legislação de educação em vigor.[292]

292. Aprendizagem: este artigo define o termo, considerando-o como a *formação técnico-profissional ministrada segundo as diretrizes e bases da legislação de educação em vigor*. A formação profissional destina-se ao mercado de trabalho, proporcionando ao estudante, especialmente de nível superior, alcançar uma *profissão* (médico, engenheiro etc.). A formação técnica abrange aspectos culturais, integrando o processo educacional. Nos termos do art. 39 da Lei 9.394/1996 (Lei de Diretrizes e Bases da Educação Nacional), "a educação profissional e tecnológica, no cumprimento dos objetivos da educação nacional, integra-se aos diferentes níveis e modalidades de educação e às dimensões do trabalho, da ciência e da tecnologia. § 1.º Os cursos de educação profissional e tecnológica poderão ser organizados por eixos tecnológicos, possibilitando a construção de diferentes itinerários formativos, observadas as normas do respectivo sistema e nível de ensino. § 2.º A educação profissional e tecnológica abrangerá os seguintes cursos: I – de formação inicial e continuada ou qualificação profissional; II – de educação profissional técnica de nível médio; III – de educação profissional tecnológica de graduação e pós-graduação. § 3.º Os cursos de educação profissional tecnológica de graduação e pós-graduação organizar-se-ão, no que concerne a objetivos, características e duração, de acordo com as diretrizes curriculares nacionais estabelecidas pelo Conselho Nacional de

Educação". Nos dizeres de Oris de Oliveira, "não há dicotomia entre aprendizagem e educação. Pelo contrário, inserindo-se no processo educacional e na educação permanente, continuada, ela é uma das primeiras etapas de um processo que deve perdurar e sempre aperfeiçoar-se durante toda a vida do cidadão" (Munir Cury [org.], *Estatuto da Criança e do Adolescente comentado*, p. 288). Na jurisprudência: TJSC: "Menor impúbere. Autorização para estágio. Deferimento no 1.º grau. Insurgência do Ministério Público. Trabalho exclusivo de aprendiz para menor. Alegação afastada. Diferença entre estágio e contrato de aprendizagem. Formação profissional no primeiro e primazia do trabalho no segundo. *Decisum* acertado. Recurso desprovido. Sentença mantida. Enquanto que o menor aprendiz tem por objetivo o ingresso no trabalho, o menor estagiário possui, além da pretensão precípua de complementar seus estudos, integrar-se à futura formação profissional, mediante numerário para o aprendizado escolar" (Apelação 2004.024721-4, 2.ª Câm. de Direito Civil, rel. Monteiro da Rocha, 12.05.2005).

> **Art. 63.** A formação técnico-profissional obedecerá aos seguintes princípios:[293]
>
> I – garantia de acesso e frequência obrigatória ao ensino regular;[294]
>
> II – atividade compatível com o desenvolvimento do adolescente;[295]
>
> III – horário especial para o exercício das atividades.[296]

293. Princípios reguladores do ensino profissionalizante do adolescente: embora sejam regras pertinentes e imprescindíveis, raramente são observadas, pois há falta de fiscalização estatal. No dizer de Cesare de Florio La Rocca, "o adolescente que trabalha o faz por absoluta necessidade de sobrevivência, o que, na maioria das vezes, se dá em atividades ditas informais e, portanto, fora dos controles formais de fiscalização do Estado. (...) No segundo caso [tratando do art. 63 deste Estatuto], concordamos plenamente com os três princípios e reafirmamos a necessidade de fiscalização para o cumprimento da legislação" (Munir Cury [org.], *Estatuto da Criança e do Adolescente*, p. 292).

294. Acesso ao estudo regular: a formação técnico-profissional é proveitosa, mas depende de conhecimentos básicos fornecidos pela educação fundamental. Portanto, uma situação não deve atrapalhar a outra, ao contrário, devem complementar-se.

295. Desenvolvimento do adolescente: cuidando-se de formação técnico-profissional, torna-se fundamental um entrosamento perfeito entre o objetivo do curso e a idade do jovem, não se permitindo cursos perigosos, insalubres ou noturnos.

296. Horário especial: se a formação técnico-profissional deve desenvolver-se harmonicamente com o estudo regular, é lógico que o seu horário precisa compatibilizar-se com as demais atividades do jovem.

> **Art. 64.** Ao adolescente até quatorze anos de idade é assegurada bolsa de aprendizagem.[297]

297. Bolsa de aprendizagem: não se aplica mais o disposto neste artigo ao menor de 14 anos, que, segundo o art. 7.º, XXXIII, da Constituição Federal, não pode trabalhar em qualquer função. Portanto, se bolsa houver, será destinada ao menor de 16 anos (maior de 14). Entretanto, na ótica de Oris de Oliveira, pode o adolescente entre 12 e 14 anos ser inserido num programa de pré-aprendizagem ou de aprendizagem em escola ou instituição especializada profissionalizante, executando trabalhos que a alternância entre prática e teoria exige, desde que se tenha em mente não se tratar de relação de emprego, mas da mesma relação entre aluno e escola com direitos e obrigações recíprocos (Munir Cury [org.], *Estatuto da Criança e do Adolescente comentado*, p. 293). Parece-nos sensata tal posição que em nada atrapalha o estudo e as demais atividades do jovem, até porque não se caracteriza como *trabalho*, nem na forma de aprendizagem.

> **Art. 65.** Ao adolescente aprendiz, maior de quatorze anos, são assegurados os direitos trabalhistas e previdenciários.[298]

298. Maior de 16 anos: atualmente, conforme dispõe a redação do art. 7.º, XXXIII, da Constituição Federal, em que se lê aprendiz, maior de 14 anos, deve-se ler aprendiz, maior de 16 anos. Lembra, com pertinência, Ricardo Tadeu Marques da Fonseca que "a aprendizagem pode se dar no âmbito empresarial ou na escolar. Nesta última alternativa, a legislação não cogita da incidência de direitos trabalhistas ou previdenciários, posto que o trabalho eventual complementa estreitamente o ensino escolar. Diferentes, todavia, serão as consequências do trabalho voltado à aprendizagem no âmbito das empresas. Se o adolescente prestar trabalho pessoal, continuado, remunerado e subordinado a empregador, fará jus a toda proteção a ele inerente, em razão dos riscos que dele decorrem. O aprendiz que se submeter, portanto, a processos de aprendizagem empresarial, será protegido com direitos trabalhistas e previdenciários. Rompe-se, desse modo, definitivamente, com o chamado trabalho assistencial que perdurou no Brasil por décadas. Não mais se admite a ideia de que qualquer trabalho é preferível ao abandono das ruas" (Munir Cury [org.], *Estatuto da Criança e do Adolescente comentado*, p. 299).

> **Art. 66.** Ao adolescente portador de deficiência é assegurado trabalho protegido.[299]

299. Adolescente deficiente: segue-se neste dispositivo, fielmente, preceito constitucional: "criação de programas de prevenção e atendimento especializado para as pessoas portadoras de deficiência física, sensorial ou mental, bem como de integração social do adolescente e do jovem portador de deficiência, mediante o treinamento para o trabalho e a convivência, e a facilitação do acesso aos bens e serviços coletivos, com a eliminação de obstáculos arquitetônicos e de todas as formas de discriminação" (art. 227, § 1.º, II, CF). É preciso considerar, no entanto, que, antes mesmo de se falar em assegurar trabalho *protegido*, torna-se essencial garantir *trabalho* para o deficiente, seja maior ou menor de 18 anos. Essa é uma luta de toda a sociedade, com o apoio do Estado, pois ainda vigora um enorme preconceito nesse campo, em particular, acenando para a incapacidade laborativa das pessoas portadoras de deficiência. Convém anotar o alerta de Maria Ignes Amadei no sentido de que "as normas já existentes quanto ao trabalho devem ter uma natural e necessária flexibilização no tocante ao portador de deficiência, até mesmo quanto às proibições elencadas no art. 67 do Estatuto, e que seriam aplicáveis a todos os adolescentes empregados. Os vários tipos de deficiência e o seu grau exigem um esforço conjunto tanto na área da saúde como na educacional e trabalhista" (Munir Cury [org.], *Estatuto da Criança e do Adolescente comentado*, p. 303). Na jurisprudência, sobre o benefício assistencial ao menor deficiente: TNU: "À luz de tais considerações, firma-se a compreensão de que ao menor de dezesseis anos, ao qual o trabalho é proibido pela Constituição, salvo o que se veja na condição de aprendiz a partir dos quatorze anos, bastam a confirmação da sua deficiência, que implique limitação ao desempenho de atividades ou restrição na participação social, compatíveis com sua idade, ou impacto na economia do grupo familiar do menor, seja por exigir a dedicação de um dos membros do grupo para seus cuidados, prejudicando a capacidade daquele familiar de gerar renda, seja por ter que dispor de recursos maiores que os normais para sua idade, em razão de remédios ou tratamentos; confirmando-se ainda a miserabilidade de sua família, para que faça jus à percepção do benefício assistencial previsto no art. 203, inc. V, da Constituição e no art. 20 da Lei 8.742/93. 12. Incidente de uniformização conhecido e parcialmente provido, restituindo-se o processo à Turma Recursal de origem para novo julgamento, com base em nova avaliação do conjunto probatório atenta, todavia, à premissa neste estabelecida" (PEDILEF 200783035014125/PE, rel. Manoel Rolim Campbell Penna, 11.03.2011).

> **Art. 67.** Ao adolescente empregado, aprendiz, em regime familiar de trabalho, aluno de escola técnica, assistido em entidade governamental ou não governamental, é vedado trabalho:[300]
>
> I – noturno, realizado entre as vinte e duas horas de um dia e as cinco horas do dia seguinte;[301]
>
> II – perigoso, insalubre ou penoso;[302]
>
> III – realizado em locais prejudiciais à sua formação e ao seu desenvolvimento físico, psíquico, moral e social;[303]
>
> IV – realizado em horários e locais que não permitam a frequência à escola.[304]

300. Vedações constitucionais: os incisos I e II deste artigo compatibilizam-se exatamente com o disposto pelo art. 7.º, XXXIII, da CF. O inciso IV se casa com o art. 227, § 3.º, III, da CF.

301. Trabalho noturno: este dispositivo segue exatamente o disposto no art. 73, § 2.º, da Consolidação das Leis do Trabalho, o que nos parece exagerado, afinal, naquela, cuida-se de trabalho adulto, enquanto neste Estatuto refere-se ao trabalho jovem. Assim sendo, o adolescente pode começar a trabalhar às cinco da manhã e terminará às 22 horas. Deveria haver um período menor, evitando desgastes abusivos a quem só tem 16 ou 17 anos. Ver também a próxima nota.

302. Trabalho perigoso, insalubre ou penoso: *perigoso* é o trabalho que apresenta riscos diretos de danos à integridade física ou à vida; *insalubre* é o trabalho com riscos diretos à saúde; *penoso* é o trabalho exageradamente desgastante, mormente considerando-se a idade do trabalhador. Pode-se, também, traduzir o perigo como algo inseguro, mas sempre se voltando à sua integridade corporal. Exemplos: mexer com produtos químicos venenosos, trabalhar com serras elétricas, pendurar-se num prédio para lavar janelas, lidar com armas etc. A insalubridade decorre de lugares adversos à boa saúde, como lixões, esgotos, produção de gases etc. O labor penoso causa ao adolescente desgaste acima do que o seu corpo, ainda em formação e crescimento, suporta, sem abalo à saúde. Ex.: carregar produtos ou materiais pesados, participar de mudanças de casas ou fábricas, trabalhar exposto ao sol forte por horas a fio etc. Não se trata, pois, de conceder ao adolescente um salário maior ou qualquer tipo de adicional; é vedada essa atividade laborativa. Na jurisprudência: TRT-9: "Sendo incontroversa a admissão de um adolescente, que contava com 16 anos à época, para exercer função em ambiente insalubre e em jornada prolongada (de 10 a 13 horas diárias), cabível a condenação da reclamada ao pagamento de indenização por danos morais. É flagrante o desrespeito à CF, que proíbe o labor insalubre a menores de dezoito anos, bem como à Convenção 182 da OIT, ao Decreto 6.481, que proíbe o labor em câmaras frias, bem como à CLT, que veda o labor extraordinário em horários que inviabilizam a frequência escolar. O princípio da proteção integral, previsto no Estatuto da Criança e do Adolescente busca assegurar o pleno desenvolvimento do menor, prezando por sua condição fisiológica e cuidados de ordem social, moral e cultural, o que se torna inatingível quando se contrata criança para desempenhar atividades destinadas a adultos. A reclamada tem o dever legal e social de agir em prol do menor, cuja obrigação é buscar garantir-lhe os preceitos elencados no rol insculpido no caput do art. 227 da CF. Uma vez descumpridos os limites em que autorizado pelo ordenamento jurídico o labor do maior de 16 anos e menor de 18 anos, expondo o reclamante menor a condições nocivas ao seu desenvolvimento, torna-se cabível a condenação ao pagamento de indenização. Recurso ordinário da parte autora a que se dá parcial provimento" (RO 00001866620165090008/PR, 5.ª T., rel. Archimedes Castro Campos Júnior, 17.05.2018, v.u.).

303. Lugares inadequados: focalize-se, neste dispositivo, os locais perniciosos à formação ou desenvolvimento físico, psíquico, moral e social do adolescente. Convém lembrar existir, inclusive, figura criminosa nesse contexto: "Art. 247. Permitir alguém que menor de dezoito anos, sujeito a seu poder ou confiado à sua guarda ou vigilância: I – frequente casa de jogo ou mal-afamada, ou conviva com pessoa viciosa ou de má vida; II – frequente espetáculo capaz de pervertê-lo ou de ofender-lhe o pudor, ou participe de representação de igual natureza; III – resida ou trabalhe em casa de prostituição; IV – mendigue ou sirva a mendigo para excitar a comiseração pública: Pena – detenção, de um a três meses, ou multa". Portanto, é proibido o trabalho do jovem em lugares prejudiciais à sua boa formação moral (casas de prostituição, ainda que camufladas sob o formato de bar, sauna mista, motel etc.), psíquica (academias de jogos violentos, estandes de tiros etc.), social (trabalhos isolados, sem comunicação com outras pessoas) e física (geralmente, ligam-se aos lugares insalubres ou de trabalho penoso/perigoso).

304. Incompatibilidade com a escola: atualmente, analisando-se as normas constitucionais e as previstas neste Estatuto, pode-se constatar o intuito do poder público de dar primazia à formação escolar do jovem em lugar do seu trabalho. Embora se saiba que muitos adolescentes são levados ao trabalho precoce para sustento de suas famílias e para fugir do ganho fácil (tráfico de drogas, roubos, furtos etc.), há de se lutar para inclui-lo na escola; somente a boa formação intelectual promoverá o real avanço da sociedade brasileira. Diante disso, o horário do trabalho *autorizado* deve ser plenamente compatível com o horário escolar. Sabe-se que a atividade laborativa do jovem é a maior causa de abandono do estudo, pois ele se cansa de atender tudo de uma vez: família, escola, patrão, amigos, namorada(o) etc. O labor lhe dá sustento, enquanto a educação toma-lhe tempo, obrigando-o a estudar quando está cansado e deseja divertir-se. Nesse momento de desânimo, quando tem vontade de largar os estudos, os pais devem exercer fiscalização cerrada em torno disso, jamais permitindo que o trabalho prejudique o ensino. Não é fácil, sem dúvida, mas é possível, dependendo de muito diálogo e perseverança. Além do desestímulo natural do jovem, existe também, para contribuir, a falta de fiscalização estatal a respeito. Enfim, concluir o ensino fundamental é uma conquista imensa para muitos adolescentes.

Art. 68

Art. 68. O programa social que tenha por base o trabalho educativo, sob responsabilidade de entidade governamental ou não governamental sem fins lucrativos, deverá assegurar ao adolescente que dele participe condições de capacitação para o exercício de atividade regular remunerada.[305]

§ 1.º Entende-se por trabalho educativo a atividade laboral em que as exigências pedagógicas relativas ao desenvolvimento pessoal e social do educando prevalecem sobre o aspecto produtivo.

§ 2.º A remuneração que o adolescente recebe pelo trabalho efetuado ou a participação na venda dos produtos de seu trabalho não desfigura o caráter educativo.

305. Trabalho educativo: busca unir a relação trabalho e educação num só contexto, colaborando para a formação do jovem. São exemplos: a) contrato de aprendizagem, que se perfaz numa relação de emprego; b) labor inserido em programa de pré-aprendizagem; c) estágio curricular ou profissionalizante; d) realização em cooperativa-escola; e) desenvolvido em *escola-produção*; f) inserto no processo de reciclagem ou requalificação profissional (cf. Oris de Oliveira, *in* Munir Cury [org.], *Estatuto da Criança e do Adolescente comentado*, p. 312). Na jurisprudência: TRF-3: "2. O art. 4.º do Decreto-lei 2.318/86 permitiu que empresas admitissem, para trabalho com duração de quatro horas diárias, menores assistidos por instituição de assistência social, governamental ou não, sem fins lucrativos, admitindo-se que as entidades encaminhassem os adolescentes às empresas, sem que estas se sujeitassem aos encargos previdenciários. 3. O art. 68 do Estatuto da Criança e do Adolescente permite que menores participem de programa social que tenha por base o trabalho educativo. 4. Verifica-se, porém, que a embargante comprovou que os menores mencionados pela fiscalização são assistidos, fazendo parte de programa social, nos termos do art. 68 do Estatuto da Criança e do Adolescente. 5. Reexame necessário e apelação desprovidos" (AC 105.322/SP 0105322-97.1999.4.03.9999, 5.ª T., rel. Louise Filgueiras, 30.07.2012).

Art. 69. O adolescente tem direito à profissionalização e à proteção no trabalho, observados os seguintes aspectos, entre outros:[306]

I – respeito à condição peculiar de pessoa em desenvolvimento;

II – capacitação profissional adequada ao mercado de trabalho.

306. Profissionalização do jovem: este artigo complementa os anteriores, buscando unir o estudo fundamental com a formação profissional, a fim de lhe permitir exercer um trabalho valioso quando se tornar adulto, podendo garantir o seu sustento. Segundo Eline A. Maranhão de Sá, "o art. 69 do Estatuto redimensiona a questão de assistência pública (referente à profissionalização e à proteção no trabalho do jovem) em outro patamar, qual seja: alterar e reordenar as práticas institucionais a partir do rompimento com o assistencialismo. Isso significa estruturar nos níveis federal, estadual e municipal propostas que contemplem na sua estrutura o desvelar do vínculo com o conformismo, possibilitando a recriação de uma nova identidade do jovem, até aqui sufocada e anulada pela desigualdade, além do resgate do trabalho pela via da dignidade, sem ferir os direitos à educação, ao lazer, à satisfação das necessidades básicas etc." (Munir Cury [org.], *Estatuto da Criança e do Adolescente comentado*, p. 316-317).

Título III
Da Prevenção

Capítulo I
DISPOSIÇÕES GERAIS

> **Art. 70.** É dever de todos prevenir a ocorrência de ameaça ou violação dos direitos da criança e do adolescente.[1]

1. Sobre o dever de garantia genericamente estipulado: há várias normas, muitas de *status* constitucional, impondo deveres à sociedade em geral. No cenário da infância e da juventude, inicia-se pelo art. 227, *caput*, da Constituição Federal, preceituando ser *dever* da família, da sociedade e do Estado assegurar à criança e ao adolescente, com absoluta prioridade, vários direitos fundamentais (vida, saúde, alimentação, educação, lazer, profissionalização, cultura, dignidade, respeito, liberdade, convivência familiar e comunitária) e colocá-los a salvo de toda forma de negligência, discriminação, exploração, violência, crueldade e opressão. Na mesma esteira, dispõe o art. 4.º deste Estatuto. Se os preceitos fossem levados na sua plena eficácia – e literalidade –, seríamos todos garantes da segurança de qualquer criança ou adolescente, ampliando, imensamente, o disposto pelo art. 13, § 2.º, do Código Penal. Ilustrando, se alguém visualizasse o estupro de uma criança ou adolescente, seja quem fosse, deveria impedir o acontecimento, sob pena de responder como partícipe. O mesmo ocorreria se qualquer um estivesse frente a uma agressão contra um jovem, omitindo-se; responderia por lesão. Certamente, qualquer penalista discordaria disso, pois se trata de um *dever genérico*, abrangendo um número indeterminado de pessoas, não se criando *garantes* (ou o dever penal de impedir o resultado) desse modo. Se assim é, não se podendo obrigar qualquer pessoa, de fato, à ação preventiva contra atos prejudiciais à criança ou adolescente, qual a finalidade desses *deveres*? A única forma de encará-los é no contexto das normas programáticas, incentivadoras de condutas proativas em favor de necessitados. Como diz Roberto João Elias, seria o *princípio da cooperação* (*Comentários ao Estatuto da Criança e do Adolescente*, p. 87). Na jurisprudência: STJ: "1. Nos termos do art. 227 da CF, a proteção das crianças e dos adolescentes constitui obrigação da sociedade e dos Poderes Públicos, os quais devem pautar suas decisões na concretização desta imposição legal. 2. Segundo o entendimento vigente neste Superior Tribunal de Justiça, embora a legislação considere a importância do direito de visita

Art. 70-A

Estatuto da Criança e do Adolescente Comentado · **Nucci**

para o processo de ressocialização do condenado, o referido benefício não pode se sobrepor à manutenção da integridade física e psíquica das crianças e dos adolescentes, sendo, desse modo, inadequada a permissão da entrada dos menores de idade em estabelecimentos prisionais. Precedentes. 3. *In casu*, verifica-se que o benefício foi concedido ao recorrido para fins de possibilitar a entrada no estabelecimento prisional de seus enteados de 05 (cinco) e 09 (nove) anos de idade, situação a qual faz concluir pela indiscutível prejudicialidade da medida ao pleno desenvolvimento psíquico destas crianças que, em ambiente indiscutivelmente impróprio para sua formação, estarão em constante risco de dano à sua integridade. 4. Recurso especial provido" (REsp 1.744.758/RS, 5.ª T., rel. Jorge Mussi, 09.10.2018, v.u.).

> **Art. 70-A.** A União, os Estados, o Distrito Federal e os Municípios deverão atuar[2] de forma articulada na elaboração de políticas públicas e na execução de ações destinadas a coibir o uso de castigo físico ou de tratamento cruel ou degradante e difundir formas não violentas de educação de crianças e de adolescentes, tendo como principais ações:[3]
>
> I – a promoção de campanhas educativas permanentes para a divulgação do direito da criança e do adolescente de serem educados e cuidados sem o uso de castigo físico ou de tratamento cruel ou degradante e dos instrumentos de proteção aos direitos humanos;[4]
>
> II – a integração com os órgãos do Poder Judiciário, do Ministério Público e da Defensoria Pública, com o Conselho Tutelar, com os Conselhos de Direitos da Criança e do Adolescente e com as entidades não governamentais que atuam na promoção, proteção e defesa dos direitos da criança e do adolescente;[5]
>
> III – a formação continuada e a capacitação dos profissionais de saúde, educação e assistência social e dos demais agentes que atuam na promoção, proteção e defesa dos direitos da criança e do adolescente para o desenvolvimento das competências necessárias à prevenção, à identificação de evidências, ao diagnóstico e ao enfrentamento de todas as formas de violência contra a criança e o adolescente;
>
> IV – o apoio e o incentivo às práticas de resolução pacífica de conflitos que envolvam violência contra a criança e o adolescente;
>
> V – a inclusão, nas políticas públicas, de ações que visem a garantir os direitos da criança e do adolescente, desde a atenção pré-natal, e de atividades junto aos pais e responsáveis com o objetivo de promover a informação, a reflexão, o debate e a orientação sobre alternativas ao uso de castigo físico ou de tratamento cruel ou degradante no processo educativo;
>
> VI – a promoção de espaços intersetoriais locais para a articulação de ações e a elaboração de planos de atuação conjunta focados nas famílias em situação de violência, com participação de profissionais de saúde, de assistência social e de educação e de órgãos de promoção, proteção e defesa dos direitos da criança e do adolescente;
>
> VII – a promoção de estudos e pesquisas, de estatísticas e de outras informações relevantes às consequências e à frequência das formas de violência contra a criança e o adolescente para a sistematização de dados nacionalmente unificados e a avaliação periódica dos resultados das medidas adotadas;
>
> VIII – o respeito aos valores da dignidade da pessoa humana, de forma a coibir a violência, o tratamento cruel ou degradante e as formas violentas de educação, correção ou disciplina;

IX – a promoção e a realização de campanhas educativas direcionadas ao público escolar e à sociedade em geral e a difusão desta Lei e dos instrumentos de proteção aos direitos humanos das crianças e dos adolescentes, incluídos os canais de denúncia existentes;

X – a celebração de convênios, de protocolos, de ajustes, de termos e de outros instrumentos de promoção de parceria entre órgãos governamentais ou entre estes e entidades não governamentais, com o objetivo de implementar programas de erradicação da violência, de tratamento cruel ou degradante e de formas violentas de educação, correção ou disciplina;

XI – a capacitação permanente das Polícias Civil e Militar, da Guarda Municipal, do Corpo de Bombeiros, dos profissionais nas escolas, dos Conselhos Tutelares e dos profissionais pertencentes aos órgãos e às áreas referidos no inciso II deste *caput*, para que identifiquem situações em que crianças e adolescentes vivenciam violência e agressões no âmbito familiar ou institucional;

XII – a promoção de programas educacionais que disseminem valores éticos de irrestrito respeito à dignidade da pessoa humana, bem como de programas de fortalecimento da parentalidade positiva, da educação sem castigos físicos e de ações de prevenção e enfrentamento da violência doméstica e familiar contra a criança e o adolescente;

XIII – o destaque, nos currículos escolares de todos os níveis de ensino, dos conteúdos relativos à prevenção, à identificação e à resposta à violência doméstica e familiar.

Parágrafo único. As famílias com crianças e adolescentes com deficiência terão prioridade de atendimento nas ações e políticas públicas de prevenção e proteção.

2. Atuação conjunta e coordenada da União, dos Estados, do Distrito Federal e dos Municípios: antes de mais nada, vale lembrar o disposto no art. 259 desta Lei, que fixou o prazo de 90 dias para a União elaborar projeto de lei dispondo sobre a criação ou adaptação de seus órgãos às diretrizes da política de atendimento fixadas no art. 88 e ao que estabelece o Título V do Livro II. E, também, que os Estados e Municípios promovam a adaptação de seus órgãos e programas às diretrizes e princípios desta Lei. Basta ler o conteúdo do art. 88, além de todos os princípios e diretrizes deste Estatuto para se concluir, com facilidade, que não bastaram 90 dias, pois já se vão 24 anos e a maioria não foi cumprida nem implementada. Nem pela União, nem pelo Estado e muito menos pelo Município. Haverá atuação do Poder Público de "forma articulada na elaboração de políticas públicas e na execução de ações destinadas a coibir o uso de castigo físico ou de tratamento cruel ou degradante e difundir formas não violentas de educação de crianças e de adolescentes"? Gostaríamos que sim, mas não cremos. Exemplo concreto, encontrado em Curitiba, no Estado do Paraná: "Doa-se uma criança com apenas dois anos de idade. Come pouco, é obediente, sem gastos. Falar com XXXXX ou YYYYY no telefone 0000000, pela manhã. Urgente! A criança está passando fome". Isso ilustra o abismo entre o que o Estado prega nas leis de proteção à criança ou adolescente e a triste realidade. "Onde está a responsabilidade dos operadores de Direito, que nesta matéria poucos se dedicam, ficando inertes mesmo conhecedores da realidade dos processos de adoção, destituição de poder familiar, enfim, da existência de instituições de abrigo? O Estado nada tem feito e a lei não prioriza a criança e o adolescente abrigados" (Simone Franzoni Bochnia, *Da adoção. Categorias, paradigmas e práticas do direito de família*, p. 202).

3. Principais ações do Poder Público: se for cumprido, somente para argumentar, o disposto nos incisos I a VI deste artigo, experimentaremos uma fase inédita em nosso País. Nem adianta comentar item por item (somente alguns, que nos pareceram mais salientes), pois tudo depende de vontade política e verba.

4. Campanha educativa: embora possamos ingressar em área adversa ao nosso conhecimento jurídico específico, resta-nos a posição de pai e cidadão para sugerir, em lugar da campanha do *não faça*, uma campanha positiva, vale dizer, um *manual de educar seu filho*. Muito fácil bater na tecla de que crianças e adolescentes devem ser *bem educados* por seus pais sem castigo físico e sem tratamento cruel e degradante (na ótica desta Lei), pois proibir algo vago é muito mais simples do que indicar o caminho a seguir. Promovam-se campanhas educativas, em nível nacional, mostrando aos genitores *como* educar seu filho no elevado padrão deste Estatuto. Insistimos: é momento de parar de proibir, indicando, na prática, por meio de exemplos, como resolver situações concretas com os filhos de todas as idades. Os bons pais certamente irão agradecer.

5. Integração dos órgãos responsáveis pela área da infância e juventude: integração similar já foi apregoada pelo art. 88, VI, desta Lei, há anos, e ainda não deu certo. Cria-se mais um comando de integração. Enquanto aquela não for fielmente observada, que é muito mais relevante, esta nem merece ser estudada.

> **Art. 70-B.** As entidades, públicas e privadas, que atuem nas áreas da saúde e da educação, além daquelas às quais se refere o art. 71 desta Lei, entre outras, devem contar, em seus quadros, com pessoas capacitadas a reconhecer e a comunicar ao Conselho Tutelar suspeitas ou casos de crimes praticados contra a criança e o adolescente.[5-A]
>
> **Parágrafo único.** São igualmente responsáveis pela comunicação de que trata este artigo, as pessoas encarregadas, por razão de cargo, função, ofício, ministério, profissão ou ocupação, do cuidado, assistência ou guarda de crianças e adolescentes, punível, na forma deste Estatuto, o injustificado retardamento ou omissão, culposos ou dolosos.[5-B]

5-A. Pessoas capacitadas para reconhecer maus-tratos: insere-se, nesta Lei, mais obrigações para as entidades, que lidam com menores de 18 anos. As denominadas *pessoas capacitadas* costumam ser profissionais de nível superior, recebedoras de remuneração compatível, algo que muitas instituições não têm condições de suportar. No entanto, considerando-se a *capacidade vulgar* do profissional que lida com o infante e o jovem, focando-se somente o lado da experiência, o intuito da novel norma pode tornar-se vão. O *caput* indica, ainda, as áreas de atendimento da criança e do adolescente: saúde, educação, informação, cultura, lazer, esportes, diversões, espetáculos, dentre outras. Pode-se imaginar a importância de profissionais capacitados numa escola, mas o mesmo não ocorre num espetáculo circense, por exemplo. Logo, nem todas as entidades elencadas realmente devem cumprir tal desiderato. Na jurisprudência: TJRS: "(...) A Constituição Federal, em seu artigo 5.º, inciso X, prevê a inviolabilidade do sigilo profissional por se tratar de direito relativo à intimidade e à vida privada. Por sua vez, o Código Penal prevê que a quebra do sigilo profissional constitui o crime previsto em seu art. 154. O Código de Ética Médica – Resolução n.º 1.931/09, do Conselho Federal de Medicina – disciplina ser vedado ao médico 'revelar fato de que tenha conhecimento em virtude do exercício de sua profissão, salvo por motivo justo, dever legal ou consentimento, por escrito, do paciente.' Entende-se por dever legal a quebra do sigilo por obediência à lei. É o caso da notificação compulsória de doenças transmissíveis, conforme dispõe o art. 269 do Código Penal. Outra exceção encontra assento no Estatuto da Criança e do Adolescente (Lei n.º 8.069/90), que preceitua em seu art. 70-B, e parágrafo único, 'que as entidades, públicas e privadas, que atuem nas áreas a que se refere o art. n.º 71, dentre outras, devem contar, em seus quadros, com pessoas capacitadas a reconhecer e comunicar ao Conselho Tutelar suspeitas ou casos de maus-tratos praticados contra crianças e adolescentes', podendo o médico responder pela infração administrativa cominada no artigo 245, do mesmo diploma legal, em caso de inobservância deste dever legal. (...)" (Cor. P. 70078099041, 3.ª Câm. Crim., rel. Rinez da Trindade, j. em 26.09.2018, d.m.).

5-B. Responsabilidade individual: enquanto no *caput* lida-se com o dever imposto à entidade, embora de maneira aberta demais, no parágrafo único, enfoca-se a pessoa humana, exercendo cargo (atividade pública), função (atividade pública), ofício (o termo é insistentemente usado e advém do Código Penal, mas ofícios são atividades habilidosas, exercidas por qualquer pessoa – como o ofício de pintor – não devendo constar nessa lista; o que se quis mostrar, em verdade, é o emprego público, que tem deveres impostos em lei), ministério (atividade de liderança religiosa, como padre, bispo, pastor etc., porém, é necessário haver efetivo reconhecimento da religião ou culto, para que nasça a obrigação à pessoa certa; de nada adianta qualquer um se intitular *pastor* se não há igreja que o reconheça como tal), profissão (atividade remunerada devidamente regulamentada pelo Estado) e ocupação (pode abranger o trabalho voluntariado das pessoas que atendem entidades por caridade ou solidariedade). Cria-se um dever de agir, ou seja, uma omissão penalmente relevante (nos termos do art. 13, § 2.º, CP). Desse modo, quem tiver conhecimento do abuso infantojuvenil e não comunicar à autoridade competente pode responder como partícipe, a título de dolo ou culpa, se houver.

> **Art. 71.** A criança e o adolescente têm direito a informação, cultura, lazer, esportes, diversões, espetáculos e produtos e serviços que respeitem sua condição peculiar de pessoa em desenvolvimento.[6]

6. Direitos repetidos, com ressalva: observa-se a reiteração, neste estatuto, de vários direitos de crianças e adolescentes. Dentre tantos, pode-se destacar que o direito à cultura já se encontra previsto na Constituição (art. 227), o direito ao lazer e aos esportes constam tanto do art. 4.º quanto do art. 16, IV, desta Lei. O direito a se divertir encontra-se também no art. 16, IV. Essa estrutura de reiteração é também apontada por Roberto João Elias (*Comentários ao Estatuto da Criança e do Adolescente*, p. 88), embora a novidade seja indicada no final do artigo: "respeitem sua condição peculiar de pessoa em desenvolvimento". Portanto, busca-se compreender o sentido da norma em função dos direitos da criança e do adolescente, conforme a sua faixa etária e consequente grau de amadurecimento. Assim sendo, tudo o que chega ao infante e ao jovem pode – e deve – ser filtrado pelo universo adulto, como informação, diversão, espetáculo, lazer, cultura etc. Esse filtro não é um obstáculo ao exercício do direito, mas uma atividade responsável dos pais ou responsáveis pelo menor. Afinal, *tudo* é permitido *quando* for permitido. É o que se deve buscar para o desenvolvimento infantojuvenil adequado.

Art. 72

> **Art. 72.** As obrigações previstas nesta Lei não excluem da prevenção especial outras decorrentes dos princípios por ela adotados.[7]

7. Prevenção especial: existem determinadas medidas judiciais, autorizadas nesta Lei, que complementam a proteção destinada a crianças e adolescentes, como se pode observar pela leitura do art. 149. O juiz da Infância e Juventude pode disciplinar o acesso a lugares públicos, visando à seletividade de horário, tipo de evento, dentre outros fatores. Na jurisprudência: TJBA: "(...) VI – Como se sabe, em razão do caráter pedagógico, as medidas socioeducativas visam proporcionar a prevenção especial, para evitar que o menor contrarie novamente a lei penal, buscando, sempre, ressocializar o adolescente infrator, considerando que a personalidade de cada um ainda está em construção. No caso, a necessidade e a adequação da medida aplicada também restaram comprovadas, pois verificou-se que a representante legal do apelante não tem firmeza de modo a contê-lo e a mantê-lo, por exemplo, na escola, tendo em vista que não trabalha nem estuda" (Ap. 0503986-10.2018.8.05.0146, 1.ª Câm. Crim., rel. Eserval Rocha, j. 05.05.2020, v.u.). TJSC: "(...) Assim, dizer que os adolescentes são inimputáveis significa dizer que eles são insuscetíveis de reprovação pessoal. Sua conduta, objetivamente, pode sê-lo; mas a sua pessoa, sua vontade, não. E sem reprovação, não se justifica a finalidade retributiva: pois sem reprovação, não se justifica a pena. Por isso, a responsabilidade por atos infracionais, visa preponderantemente às finalidades preventivas, em especial, a prevenção especial; não puni-lo, afligi-lo, castigá-lo, mas a sua metanoia, a educação do agente para a vida em sociedade. Tanto o é que a sanção correspondente a ato infracional chama-se medida socioeducativa. Assim, o fato determinante da medida socioeducativa aplicável ao adolescente infrator e, depois, para sua reavaliação, não é outro que as necessidades pedagógicas, a teor do art. 100 do ECA. (...)" (Pet. 8000304-06.2018.8.24.0900, 3.ª Câm. Crim., rel. Leopoldo Augusto Brüggemann, j. 23.11.2018, m.v.).

> **Art. 73.** A inobservância das normas de prevenção importará em responsabilidade da pessoa física ou jurídica, nos termos desta Lei.[8]

8. Inobservância das normas preventivas: em primeira análise, pareceu-nos ser inócuo o conteúdo deste dispositivo. Entretanto, ele termina por confirmar que o dever de garante genericamente fixado, como previsto no art. 70 deste estatuto, não representa a mesma norma de omissão penalmente relevante, nos termos do art. 13, § 2.º, do Código Penal. Afinal, a expressão "nos termos desta Lei" indica que qualquer responsabilização se concentra nas figuras estabelecidas pelo próprio Estatuto da Criança e do Adolescente, podendo se dar no campo administrativo (arts. 245 a 258-C) ou no cenário penal (arts. 228 a 244-C).

Capítulo II
DA PREVENÇÃO ESPECIAL

Seção I
Da Informação, Cultura, Lazer, Esportes, Diversões e Espetáculos

> **Art. 74.** O poder público, através do órgão competente, regulará as diversões e espetáculos públicos, informando sobre a natureza deles, as faixas etárias a que não se recomendem, locais e horários em que sua apresentação se mostre inadequada.[9-10]

> **Parágrafo único.** Os responsáveis pelas diversões e espetáculos públicos deverão afixar, em lugar visível e de fácil acesso, à entrada do local de exibição, informação destacada sobre a natureza do espetáculo e a faixa etária especificada no certificado de classificação.[11]

9. Regulamentação de diversões públicas: a Constituição Federal assegura a liberdade de expressão, criação artística, informação, sem prévia limitação, que seria a censura, mas se preserva, no espírito da proteção integral devida à criança e ao adolescente, o acesso infantojuvenil. O art. 220, § 3.º, I e II, evidencia que lei federal deve regular esse contexto, disciplinando as faixas etárias de acesso a cada programa, bem como locais e horários. Essa regulamentação envolve as casas de espetáculo, os cinemas, os teatros, a TV, o rádio etc. Na realidade, inexiste lei federal a respeito, mas portaria do Ministério da Justiça. Subtrair-se ao cumprimento dessa regulamentação pode acarretar punições de ordem administrativa (previstas neste Estatuto) e, conforme o caso, até mesmo crime (vide o art. 247 do Código Penal). No campo das diversões públicas, está em vigor a Portaria 1.100/2006, com as seguintes classificações: "Art. 14. Com base nos critérios de violência e sexo, e obedecidos os parâmetros do Manual de Classificação Indicativa, as diversões públicas são classificadas como: I – especialmente recomendada para crianças e adolescentes; II – livre – para todo o público; III – não recomendada para menores de 10 (dez) anos; IV – não recomendada para menores de 12 (doze) anos; V – não recomendada para menores de 14 (quatorze) anos; VI – não recomendada para menores de 16 (dezesseis) anos; e VII – não recomendada para menores de 18 (dezoito) anos. Parágrafo único. As diversões públicas de que trata o inciso I deste artigo serão, de ofício ou mediante solicitação, analisadas para classificação indicativa na respectiva categoria". Na jurisprudência: STJ: "1. O propósito recursal cinge-se em saber se é possível a condenação de emissora de televisão ao pagamento de indenização por danos morais coletivos em razão da exibição de filme fora do horário recomendado pelo órgão competente. 2. No julgamento da ADI n. 2.404/DF, o STF reconheceu a inconstitucionalidade da expressão 'em horário diverso do autorizado', contida no art. 254 do ECA, asseverando, ainda, que a classificação indicativa não pode ser vista como obrigatória ou como uma censura prévia dos conteúdos veiculados em rádio e televisão, haja vista seu caráter pedagógico e complementar ao auxiliar os pais a definir o que seus filhos podem, ou não, assistir e ouvir. 3. A despeito de ser a classificação da programação apenas indicativa e não proibir a sua veiculação em horários diversos daqueles recomendados, cabe ao Poder Judiciário controlar eventuais abusos e violações ao direito à programação sadia. 4. O dano moral coletivo se dá *in re ipsa*, contudo, sua configuração somente ocorrerá quando a conduta antijurídica afetar, intoleravelmente, os valores e interesses coletivos fundamentais, mediante conduta maculada de grave lesão, para que o instituto não seja tratado de forma trivial, notadamente em decorrência da sua repercussão social. 5. É possível, em tese, a condenação da emissora de televisão ao pagamento de indenização por danos morais coletivos, quando, ao exibir determinada programação fora do horário recomendado, verificar-se uma conduta que afronte gravemente os valores e interesses coletivos fundamentais. 6. A conduta perpetrada pela ré no caso vertente, a despeito de ser irregular, não foi capaz de abalar, de forma intolerável, a tranquilidade social dos telespectadores, de modo que não está configurado o ato ilícito indenizável. 7. Recurso especial desprovido" (REsp 1.840.463/SP, 3.ª T., rel. Marco Aurélio Bellizze, 19.11.2019, v.u.). TJSP: "Autorização judicial para entrada e permanência de crianças e adolescentes nos espetáculos que irão acontecer no mês de março de 2020 na casa de espetáculos Unimed Hall. Concessão em parte do pedido para autorizar somente a entrada e permanência de maiores de dezesseis anos desacompanhados e desnecessária autorização para que crianças e adolescentes possam adentrar e permanecer desde que acompanhados dos pais e/ou responsáveis – Classificação indicativa pelo produtor do evento, nos termos da Portaria n.º 368/2014 do Ministério da Justiça, que orienta os pais e responsáveis na escolha pelo acesso a determinado espetáculo – Análise da faixa etária indicada pelo local de eventos que cabe ao Juiz, nos termos do artigo 149, do ECA, observando-se o princípio da proteção integral – Adolescentes de 14 e 15 anos, em faixa etária com desenvolvimento psicofísico incompleto, havendo risco em permanecerem desacompanhados em eventos que estarão em contato com adultos, podendo ter acesso a bebidas alcoólicas e entorpecente" (Ap. 1006661-74.2020.8.26.0002, C. Esp., rel. Guilherme G. Strenger, 30.03.2020, v.u.).

10. Responsabilidade dos pais ou responsáveis: atualmente, a disciplina implantada pelo Ministério da Justiça é quase sempre indicativa das faixas adequadas, em nível de orientação, mas não há proibição de acesso, com os menores, quando acompanhados dos pais ou responsáveis, exceto na faixa superior a 18 anos. Porém, os genitores, desejando ingressar com os filhos, em espetáculo de faixa acima da indicada, devem responsabilizar-se por esse acesso, inclusive assinando uma autorização para tanto. Nos termos da Portaria 1.100/2006 do Ministério da Justiça: "Art. 18. A informação detalhada sobre o conteúdo da diversão pública e sua respectiva faixa etária é meramente indicativa aos pais e responsáveis que, no regular exercício de sua responsabilidade, podem decidir sobre o acesso de seus filhos, tutelados ou curatelados a obras ou espetáculos cuja classificação indicativa seja superior a sua faixa etária. Parágrafo único. O acesso de que trata o *caput* deste artigo está condicionado ao conhecimento da informação sobre a classificação indicativa atribuída à diversão pública em específico. Art. 19. Cabe aos pais ou responsáveis autorizar o acesso de suas crianças e/ou adolescentes a diversão ou espetáculo cuja classificação indicativa seja superior a faixa etária destes, porém inferior a 18 (dezoito) anos, desde que acompanhadas por eles ou terceiros expressamente autorizados. § 1.º A autorização de que trata o *caput* deste artigo, expedida pelos pais ou responsáveis legais, deverá ser retida no estabelecimento de exibição, locação ou venda de diversão pública regulada por esta Portaria. § 2.º Na autorização, que poderá ser manuscrita, de forma legível, constarão os seguintes elementos essenciais: I – identificação completa: a) dos pais ou responsáveis; b) da criança ou adolescente autorizado; e c) do terceiro maior e capaz autorizado a acompanhar e permanecer junto à criança ou adolescente; II – menção expressa: a) ao nome da diversão pública para a qual se destina a autorização; e b) do local e data onde será acessada ou exibida; III – a descrição do 'tema' e das inadequações de conteúdo da diversão pública, identificados na Classificação Indicativa; IV – data e assinatura dos pais ou responsáveis". Eventual problema psicológico, trauma ou qualquer outra adversidade ficará, integralmente, sob a responsabilidade de quem autorizou – e não do empresário dos espetáculos –, podendo-se questionar junto ao Juizado da Infância e Juventude alguma negligência no exercício do poder familiar.

11. Deveres e infrações correspondentes: muitas das normas deste Estatuto, impondo certos deveres de proteção à criança e ao adolescente, geram, se descumpridos, sanções administrativas. Nos termos do art. 252 deste Estatuto, constitui infração administrativa "deixar o responsável por diversão ou espetáculo público de afixar, em lugar visível e de fácil acesso, à entrada do local de exibição, informação destacada sobre a natureza da diversão ou espetáculo e a faixa etária especificada no certificado de classificação: Pena – multa de três a vinte salários de referência, aplicando-se o dobro em caso de reincidência".

> **Art. 75.** Toda criança ou adolescente terá acesso às diversões e espetáculos públicos classificados como adequados à sua faixa etária.[12]
>
> **Parágrafo único.** As crianças menores de dez anos somente poderão ingressar e permanecer nos locais de apresentação ou exibição quando acompanhadas dos pais ou responsável.[13]

12. Acesso infantojuvenil a diversões e espetáculos públicos: deve ser regrado, não com o objetivo de censurar ou impedir a cultura, o lazer ou mesmo a diversão, mas em perfeita harmonia com seu estágio de desenvolvimento intelectual e amadurecimento psicológico. Crianças têm um determinado alcance para compreender o que se passa à sua volta; tal alcance é limitado pela sua idade, de modo que, conforme a situação concreta, o que significa diversão para o adulto pode gerar um trauma para o infante. Até mesmo para compreender um espetáculo infantil é fundamental respeitar o grau de amadurecimento da criança, pois o normal para quem possui quatro anos pode ser exagerado para quem tem apenas dois. Como diz Oded Grajew, "não podemos esquecer que a criança e o adolescente são seres humanos em formação – portanto, passíveis de diversas influências, até em direções antagônicas. Não se trata de um julgamento moral, não estamos defendendo que das crianças se escondam temas essenciais intimamente ligados às questões da vida, da sexualidade, da morte, da violência e das drogas. Trata-se – isto sim – de proporcionar espetáculos de acordo com a capacidade da criança, em cada faixa etária, de assimilar estas informações de modo que elas não lhe façam dano. Não podemos esquecer que o adolescente, ávido por integrar-se ao mundo adulto, muitas vezes simplesmente copia modelos de comportamento, sem compreender o bem ou o mal que lhe podem ocasionar" (Munir Cury [org.], *Estatuto da Criança e do Adolescente comentado*, p. 333). Na jurisprudência: STJ: "Ao permitir que menores de 18 anos tivessem acesso aos jogos C. S. e GTA, o responsável pelo estabelecimento em questão deixou de observar o disposto no art. 75 da Lei 8.069/90, o que configura a infração administrativa descrita no art. 258 da referida norma" (REsp 861.517/MG, 2.ª T., rel. Mauro Campbell Marques, 10.02.2009). TJMG: "(...) O Estatuto da Criança e do Adolescente, com o escopo de salvaguardar a integridade física e psíquica dos menores, estabelece diversas condutas de caráter preventivo, restringindo o acesso das crianças e adolescentes a ambientes que possam ser considerados nocivos ao seu pleno desenvolvimento ou inapropriados à respectiva faixa etária. O *caput* do art. 75 do ECA prevê que 'toda criança ou adolescente terá acesso às diversões e espetáculos públicos classificados como adequados à sua faixa etária'. Nesse sentido, dispõe o art. 149 da Lei 8.069/90: Art. 149. Compete à autoridade judiciária disciplinar, através de portaria, ou autorizar, mediante alvará: I – a entrada e permanência de criança ou adolescente, desacompanhado dos pais ou responsável, em: a) estádio, ginásio e campo desportivo; b) bailes ou promoções dançantes; c) boate ou congêneres; d) casa que explore comercialmente diversões eletrônicas; e) estúdios cinematográficos, de teatro, rádio e televisão. II – a participação de criança e adolescente em: a) espetáculos públicos e seus ensaios; b) certames de beleza. Vê-se que, tratando-se de espetáculos públicos, a regra é que os menores não podem entrar e permanecer sem autorização judicial por meio de alvará. A intenção do legislador é evitar que o menor frequente locais inapropriados para sua formação e vivência, onde há venda e consumo de bebidas alcoólicas – como, *in casu*, se constatou (cf. depoimento f. 24) –, uma vez que o infante e o adolescente não possuem maturidade suficiente para lidar com 'atrativos' dessa natureza" (Ap. 10317160045512001, 5.ª Câm. Cível, rel. José Eustáquio Lucas Pereira, j. 14.08.2018, v.u.).

13. Menores de dez anos: é uma faixa sem perfeita caracterização para efeito de vedação de entrada em lugares de apresentação ou exibição sem os pais ou responsáveis. Os menores de 12 anos são crianças; entender-se-ia se eles fossem proibidos de ir desacompanhados a

Art. 76

Estatuto da Criança e do Adolescente Comentado • **Nucci**

locais de diversão pública. Entretanto, maiores de 10 anos também são crianças e não se sabe ao certo o porquê de poderem ingressar sozinhos em cinemas, teatros, circos etc. Segundo a psicologia, a faixa dos sete aos doze anos é uma só (conforme Dirce Maria Bengel de Paula, *in* Munir Cury [org.], *Estatuto da Criança e do Adolescente comentado*, p. 326), motivo pelo qual seria mais lógico estabelecer a liberdade de andar só, nesses lugares, para maiores de 12 anos.

> **Art. 76.** As emissoras de rádio e televisão somente exibirão, no horário recomendado para o público infantojuvenil, programas com finalidades educativas, artísticas, culturais e informativas.[14]
>
> **Parágrafo único.** Nenhum espetáculo será apresentado ou anunciado sem aviso de sua classificação, antes de sua transmissão, apresentação ou exibição.[15]

14. Emissoras de rádio e televisão: atualmente, o controle de programas de rádio é praticamente olvidado, pois crianças e adolescentes nem se preocupam com essa forma de comunicação. Concentra-se o esforço do Ministério da Justiça, por meio da Portaria 1.220/2007, às exibições feitas pela televisão e outras formas de divulgação audiovisual. Naturalmente, somente se pode cuidar da TV aberta, pois os canais por assinatura gozam de maior liberdade, cabendo, nessa hipótese, a fiscalização dos filhos integralmente aos pais ou responsável. Eis o conteúdo da referida Portaria: "Art. 12. Qualquer pessoa está legitimada a averiguar o cumprimento das normas de Classificação Indicativa, podendo encaminhar ao Ministério da Justiça, ao Conselho Tutelar, ao Ministério Público, ao Poder Judiciário e ao Conselho de Direitos da Criança e do Adolescente – CONANDA representação fundamentada acerca dos programas abrangidos por esta Portaria. Art. 13. Os programas televisivos sujeitos à classificação indicativa serão regularmente monitorados pelo DEJUS/SNJ no horário de proteção à criança e ao adolescente. Parágrafo único. Entende-se como horário de proteção à criança e ao adolescente o período compreendido entre 6 (seis) e 23 (vinte e três) horas. Art. 14. De ofício ou mediante solicitação fundamentada de qualquer interessado será instaurado procedimento administrativo de classificação ou de reclassificação. Parágrafo único. Constatada qualquer inadequação com a classificação atribuída, o DEJUS/SNJ procederá a instauração de procedimento administrativo para apurá-la, comunicando o responsável, assegurando-se o contraditório e a ampla defesa. Art. 15. A obra classificada por sinopse ou assemelhados que reincidir na exibição de qualquer inadequação e, assim, configurar, no âmbito do procedimento administrativo instaurado, descumprimento dos parâmetros de classificação, será reclassificada em caráter de urgência, garantidos o contraditório e ampla defesa. Art. 16. A atividade de Classificação Indicativa exercida pelo Ministério da Justiça é meio legal capaz de garantir à pessoa e à família a possibilidade de receber as informações necessárias para se defender de diversões públicas inadequadas à criança e ao adolescente, nos termos da Constituição Federal e da Lei 8.069, de 1990 (Estatuto da Criança e Adolescente – ECA). Art. 17. Com base nos critérios de sexo e violência, as obras audiovisuais destinadas à exibição em programas de televisão são classificadas como: I – livre; II – não recomendada para menores de 10 (dez) anos; III – não recomendada para menores de 12 (doze) anos; IV – não recomendada para menores de 14 (quatorze) anos; V – não recomendada para menores de 16 (dezesseis) anos; e VI – não recomendada para menores de 18 (dezoito) anos. Art. 18. A informação sobre a natureza e o conteúdo de obras audiovisuais, suas respectivas faixas etárias e horários é meramente indicativa aos pais e responsáveis, que, no regular exercício do poder familiar, podem decidir sobre o acesso de seus filhos, tutelados ou curatelados a quaisquer programas de televisão classificados. Parágrafo único. O exercício do poder familiar pressupõe: I – o conhecimento prévio da classificação indicativa atribuída aos programas de televisão; II – a possibilidade do controle eficaz de acesso por meio da existência de dispositivos eletrônicos de bloqueio de recepção de programas ou mediante a contratação de serviço de comunicação eletrônica de massa por assinatura que garantam a escolha da programação. Art. 19. A vinculação entre categorias de classificação e faixas horárias de exibição, estabelecida por força da Lei 8.069, de 1990, dar-se-á nos termos seguintes: I – obra audiovisual classificada de acordo com os incisos I e II do art. 17: exibição em qualquer horário; II – obra audiovisual classificada como não recomendada para menores de 12 (doze) anos: inadequada para exibição antes das 20 (vinte) horas; III – obra audiovisual classificada como não recomendada para menores de 14 (catorze) anos: inadequada para exibição antes das 21 (vinte e uma) horas; IV – obra audiovisual classificada como não recomendada para menores de 16 (dezesseis) anos: inadequada para exibição antes das 22 (vinte e duas) horas; e V – obra audiovisual classificada como não recomendada para menores de 18 (dezoito) anos: inadequada para exibição antes das 23 (vinte e três) horas. Parágrafo único. A vinculação entre categorias de classificação e faixas horárias de exibição implica a observância dos diferentes fusos horários vigentes no país". O cumprimento da norma vale, inclusive, para o horário de verão: STJ: "(...) Extrai-se de notícias da internet que o conteúdo do programa era, predominantemente, policialesco e sensacionalista, assemelhando-se aos programas 'Cidade Alerta' e 'Brasil Urgente', veiculados, em rede nacional, respectivamente, por TV Record e TV Bandeirantes. 6. No ponto, importante assinalar que o ECA, no título que cuida da prevenção da ocorrência de ameaça ou de violação dos direitos da criança e do adolescente, assim dispõe no artigo 76: 'As emissoras de rádio e televisão somente exibirão, no horário recomendado para o público infantojuvenil, programas com finalidades educativas, artísticas, culturais e informativas. Parágrafo único. Nenhum espetáculo será apresentado ou anunciado sem aviso de sua classificação, antes de sua transmissão, apresentação ou exibição'. Por sua vez, no título acerca das infrações administrativas, o artigo 254 ostentava a seguinte redação: 'Transmitir, através de rádio ou televisão, espetáculo em horário diverso do autorizado ou sem aviso de sua classificação: Pena – multa de vinte a cem salários de referência; duplicada em caso de reincidência a autoridade judiciária poderá determinar a suspensão da programação da emissora por até dois dias'. Em 2007 (ano em que ajuizada a ação civil pública), vigia a Portaria MJ 1.220, que regulamentava as disposições do ECA, da Lei 10.359/2001 e do Decreto 6.061/2007, relativas ao processo de classificação indicativa de obras audiovisuais destinadas à televisão e congêneres. (...) Assim, à luz do ato normativo, a classificação indicativa sujeitaria a exibição dos programas televisivos (excetuados os jornalísticos ou noticiosos, entre outros) a determinadas faixas horárias, notadamente porque considerado como horário de proteção à criança e ao adolescente o período compreendido entre 6 (seis) e 23 (vinte e três) horas. (...) No caso, por se tratar de programa jornalístico/noticioso, não havia classificação indicativa do Ministério da Justiça recomendando a faixa horária adequada ao público infantojuvenil. Ademais, é de fácil aferição, ao ser humano médio, que esse tipo de programa televisivo (de conteúdo policialesco e sensacionalista) não apresenta qualquer finalidade educativa, artística, cultural ou informativa própria para os hipervulneráveis em comento. Assim, a análise da configuração do dano moral coletivo, na espécie, não reside na identificação de seus telespectadores, mas sim nos prejuízos causados a toda sociedade, em virtude da vulnerabilização de crianças e adolescentes, notadamente daqueles que tiveram sua origem biológica devassada e tratada de forma jocosa, de modo a, potencialmente, torná-los alvos de humilhações e chacotas pontuais ou, ainda, da execrável violência conhecida por *bullying*" (REsp 1.517.973/PE, 4.ª T., rel. Luis Felipe Salomão, j. 16.11.2017, v.u.).

15. Alerta de classificação: não há censura prévia aos programas, mas se exige o aviso classificatório para que os pais ou responsável tomem as medidas cabíveis para preservar seus filhos. Na jurisprudência: STF: "3. Permanece o dever das emissoras de rádio e de televisão

Art. 77

Estatuto da Criança e do Adolescente Comentado · Nucci

de exibir ao público o aviso de classificação etária, antes e no decorrer da veiculação do conteúdo, regra essa prevista no parágrafo único do art. 76 do ECA, sendo seu descumprimento tipificado como infração administrativa pelo art. 254, ora questionado (não sendo essa parte objeto de impugnação). Essa, sim, é uma importante área de atuação do Estado. É importante que se faça, portanto, um apelo aos órgãos competentes para que reforcem a necessidade de exibição destacada da informação sobre a faixa etária especificada, no início e durante a exibição da programação, e em intervalos de tempo não muito distantes (a cada quinze minutos, por exemplo), inclusive, quanto às chamadas da programação, de forma que as crianças e os adolescentes não sejam estimulados a assistir programas inadequados para sua faixa etária. Deve o Estado, ainda, conferir maior publicidade aos avisos de classificação, bem como desenvolver programas educativos acerca do sistema de classificação indicativa, divulgando, para toda a sociedade, a importância de se fazer uma escolha refletida acerca da programação ofertada ao público infanto-juvenil. 4. Sempre será possível a responsabilização judicial das emissoras de radiodifusão por abusos ou eventuais danos à integridade das crianças e dos adolescentes, levando-se em conta, inclusive, a recomendação do Ministério da Justiça quanto aos horários em que a referida programação se mostre inadequada. Afinal, a Constituição Federal também atribuiu à lei federal a competência para 'estabelecer meios legais que garantam à pessoa e à família a possibilidade de se defenderem de programas ou programações de rádio e televisão que contrariem o disposto no art. 221' (art. 220, § 3.º, II, CF/88). 5. Ação direta julgada procedente, com a declaração de inconstitucionalidade da expressão 'em horário diverso do autorizado' contida no art. 254 da Lei n.º 8.069/90" (ADI 2.404, Tribunal Pleno, rel. Dias Toffoli, 31.08.2016, m.v.).

> **Art. 77.** Os proprietários, diretores, gerentes e funcionários de empresas que explorem a venda ou aluguel de fitas de programação em vídeo cuidarão para que não haja venda ou locação em desacordo com a classificação atribuída pelo órgão competente.[16]
>
> **Parágrafo único.** As fitas a que alude este artigo deverão exibir, no invólucro, informação sobre a natureza da obra e a faixa etária a que se destinam.

16. Controle de venda e aluguel de vídeos: segue-se o disposto na Portaria 1.100/2006 do Ministério da Justiça: "Art. 14. Com base nos critérios de violência e sexo, e obedecidos os parâmetros do Manual de Classificação Indicativa, as diversões públicas são classificadas como: I – especialmente recomendada para crianças e adolescentes; II – livre – para todo o público; III – não recomendada para menores de 10 (dez) anos; IV – não recomendada para menores de 12 (doze) anos; V – não recomendada para menores de 14 (quatorze) anos; VI – não recomendada para menores de 16 (dezesseis) anos; e VII – não recomendada para menores de 18 (dezoito) anos. Parágrafo único. As diversões públicas de que trata o inciso I deste artigo serão, de ofício ou mediante solicitação, analisadas para classificação indicativa na respectiva categoria. Art. 15. A produtora, exibidora, distribuidora, locadora e congêneres, ao realizar a exibição ou comercialização de diversão pública regulada por esta Portaria, fornecerá e veiculará a informação e o símbolo identificador a ela atribuído na Classificação Indicativa, nos termos do Manual de Classificação Indicativa. Parágrafo único. O símbolo e informação de que trata o *caput* deste artigo deverá ser veiculado de acordo com o seguinte exemplo: NÃO RECOMENDADO PARA MENORES DE XX ANOS, e ainda, com a descrição objetiva das inadequações de conteúdo e do tema. Art. 16. O responsável pelo estabelecimento de exibição, locação e revenda de diversões públicas reguladas por esta Portaria, deverá afixar em local de fácil leitura a seguinte informação: 'O Ministério da Justiça recomenda: Srs.

Pais ou Responsáveis, observem a classificação indicativa atribuída a cada diversão pública. Conversem com as crianças e adolescentes sobre as inadequações indicadas antes de exibir conteúdo impróprio à sua faixa etária'".

> **Art. 78.** As revistas e publicações contendo material impróprio ou inadequado a crianças e adolescentes deverão ser comercializadas em embalagem lacrada, com a advertência de seu conteúdo.[17]
>
> **Parágrafo único.** As editoras cuidarão para que as capas que contenham mensagens pornográficas ou obscenas sejam protegidas com embalagem opaca.[18]

17. Controle de publicações: inexiste portaria ou lei específica regulando o material impresso, a não ser o disposto por este art. 78 do Estatuto. Portanto, basta que tais revistas sejam expostas à venda devidamente lacradas, contendo a advertência do seu conteúdo para que haja controle dos pais ou responsáveis por menores de 18 anos, quando pretendam adquiri-las. Infringir o disposto neste preceito acarreta sanção administrativa (art. 257, ECA). Porém, como observa Roberto João Elias, "embora algumas disposições referentes a menores, como é o caso deste artigo, pareçam inócuas, pois o menor poderá, por meio de um adulto, obter revistas pornográficas, a verdade é que todas elas têm em vista a sua proteção integral" (*Comentários ao Estatuto da Criança e do Adolescente*, p. 95). Conferir: STJ: "1. Trata-se de auto de infração lavrado em razão de a autuada ter comercializado revista contendo mensagem pornográfica sem embalagem opaca, em desrespeito ao disposto no parágrafo único do artigo 78 do Estatuto da Criança e do Adolescente. 2. Alega-se violação do art. 78 da Lei 8.069/90, por entender que o referido dispositivo legal 'é claro ao afirmar que a responsabilidade pela embalagem de revistas e periódicos que contenham conteúdo adulto volta-se às editoras e aos comerciantes. Assim, não há previsão legal para a responsabilização das distribuidoras'. 3. O ordenamento jurídico brasileiro, no tocante ao consumidor e aos deveres estatuídos no Estatuto da Criança e do Adolescente, preconiza a responsabilidade solidária entre todos os sujeitos participantes da cadeia de consumo, o que abrange, além do fabricante e do comerciante diretamente envolvidos, aqueles que, de alguma forma – inclusive o distribuidor, o transportador, o anunciante e o veículo de comunicação –, concorrem para a disponibilização do produto ou serviço no mercado. 4. Recurso Especial não provido" (REsp 1.569.814/RJ, 2.ª T., rel. Herman Benjamin, j. 02.02.2016, v.u.). TJGO: "1. Constitui infração administrativa, prevista no artigo 78 do Estatuto da Criança e do Adolescente, a divulgação de material impróprio ou inadequado, para crianças e adolescentes, sem as formalidades legais (embalagem lacrada e com advertência de seu conteúdo). 2. Comprovada nos autos, através da prova documental e testemunhal, a infração administrativa praticada pela Representada/Apelante, consistente na distribuição de panfletos com cunho erótico/pornográfico, junto a bares, restaurantes e carros, à vista das crianças e adolescentes, deve ser aplicada a sanção pecuniária prevista no art. 257 do Estatuto da Criança e do Adolescente" (Ap. 0018754.72.2012.8.09.0024, 5.ª Câm. Cível, rel. Francisco Vildon Valente, j. 09.08.2018, v.u.).

18. Pornografia e obscenidade: embora muitos penalistas considerem a pornografia como um derivado da exploração sexual – com o que não concordamos –, ela é admitida no Brasil, como faz prova este artigo do Estatuto (basta colocar uma embalagem opaca para efeito de exposição à venda). Por outro lado, embora o vetusto art. 234 do Código Penal disponha constituir crime fazer, importar, exportar, adquirir ou ter sob guarda, para fim de comércio, escrito, desenho, pintura, estampa ou qualquer objeto obsceno, nem mais se presta atenção nesse dispositivo. Ao contrário disso, o art. 78, parágrafo único, desta Lei limita-se a exigir uma capa opaca para cobrir a publicação. São as contradições da legislação brasileira, que, em lugar de reformar ou abolir as leis antiquadas, prefere mantê-las sem aplicação prática. O maior objetivo, em lugar de se prever *ato obsceno* (art. 233, CP), bem como *escritos obscenos* (art. 234, CP) como delitos, é impedir o acesso de crianças e jovens a essa espécie de conteúdo. Como lembra Sílvia Maria S. Vilela, "quando a criança vê cenas sexuais, ao vivo ou através de fotos, é, portanto, violentada no seu tempo de amadurecimento sexual. Isso pode provocar sérias inibições à sua criatividade, uma vez que a ausência de crítica fará com que acredite que o que viu é o que deve ser. E assim é possível que perpetue essa condição de imaturidade sexual, com todos os temores infantis carregados de apreensão. Poderá ter medo de crescer, imaginando-se adulto parecido com essa criança incapaz de lidar com tantas emoções. Poderá mudar o relacionamento com seus pais, imaginando-os pares das cenas que viu" (Munir Cury [org.], *Estatuto da Criança e do Adolescente comentado*, p. 341-342). Na jurisprudência: STJ: "1. Cinge-se a controvérsia em saber se as exigências insertas no art. 78 do ECA se estendem – ou não – às transportadoras de revistas para efeito de responsabilização por inobservância da exigência de que as edições ostentem capa lacrada, opaca e com advertência de conteúdo. 2. Embora a parte recorrente pretenda fazer prevalecer a interpretação literal do disposto no art. 78 do ECA, de forma a afastar sua responsabilidade, é certo que o Estatuto prevê princípios e regras próprios, orientando o Magistrado na sua tarefa de aplicar o direito ao caso concreto, de forma a assegurar à criança e ao adolescente múltiplos direitos fundamentais, dentre os quais se inclui o direito à dignidade e ao respeito. O próprio Estatuto, frise-se, traz dispositivo, aduzindo que na interpretação desta Lei levar-se-ão em conta os fins sociais a que ela se dirige, as exigências do bem comum, os direitos e deveres individuais e coletivos, e a condição peculiar da criança e do adolescente como pessoas em desenvolvimento (art. 6.º). 3. Nesse passo, atendendo à finalidade da norma, que busca a proteção psíquica e moral da criança e do adolescente, preservando o direito ao respeito, à dignidade, considerando, ainda, sua condição peculiar de pessoa em desenvolvimento, não se pode impor interpretação literal, muito menos restritiva, da norma em análise. Aliás, nenhuma regra pode ser entendida com a sua simples e mera leitura, porque o significado dos seus termos somente adquire efetividade e eficácia no contexto de cada caso concreto controverso. Quando se aplica qualquer regra simplesmente fazendo incidir o seu enunciado, se está negligenciando a importância insubstituível dos fatos aos quais se destinam e a dos valores éticos que pretendem realizar. 4. Dito de outra forma, o dever imposto pelo art. 78 do ECA que, em caso de descumprimento, resulta na infração do seu art. 257, não se destina apenas às editoras e ao comerciante direto, ou seja, àquele que expõe o produto ao público, abrange também os transportadores e distribuidores de revistas, de forma a garantir a máxima eficácia das normas protetivas. É equivocado o entendimento de que normas de proteção podem ser flexibilizadas para atender pretensões que lhes sejam opostas, pois isso seria o mesmo que deixar a proteção sob o controle de quem ofende as situações ou as pessoas protegidas. Assim, correto o entendimento da Corte de origem, que manteve a aplicação da multa à parte recorrente" (REsp 1.610.989/RJ, 1.ª T., rel. Napoleão Nunes Maia Filho, 20.02.2020, v.u.). TJMG: "A teor do art. 78 do Estatuto da Criança e do Adolescente, as revistas e publicações contendo material impróprio ou inadequado a crianças e adolescentes deverão ser comercializadas em embalagem lacrada, com a advertência de seu conteúdo. Não tendo a apelante a cautela de comercializar revistas com a embalagem lacrada e com os devidos avisos, perfeitamente cabível a aplicação da penalidade prevista no art. 257 do Estatuto da Criança e do Adolescente, devendo ser confirmada a r. sentença primeva" (Ap. 1.0183.13.009237-6/001, 8.ª Câm. Cível, rel. Gilson Soares Lemes, j. 14.07.2016, v.u.).

> **Art. 79.** As revistas e publicações destinadas ao público infantojuvenil não poderão conter ilustrações, fotografias, legendas, crônicas ou anúncios de bebidas alcoólicas, tabaco, armas e munições, e deverão respeitar os valores éticos e sociais da pessoa e da família.[19]

19. Publicações infantojuvenis e conteúdo indevido: não há dúvida de que as revistas e demais publicações voltadas ao público infantojuvenil não devem conter qualquer tipo de anúncio, ilustração, foto, legenda, crônica ou material similar referente a bebidas alcoólicas, tabaco, armas e munições, além de drogas e outros produtos semelhantes. Infringir esse dispositivo gera sanção administrativa (art. 257, ECA). Porém, há de se convir que essa tendência não existe. As empresas não têm interesse algum em fazer propaganda de bebidas, cigarros ou armas em revistas infantis. Esse público não é consumidor direto de tais produtos. O ponto fulcral seria banir qualquer anúncio desse tipo em jornais, revistas em geral e, também, nos comerciais de televisão. As crianças e os adolescentes seguem, na programação aberta, justamente os anúncios de cerveja, por exemplo, incentivando-os a beber. Na jurisprudência: STF: Observo o teor da decisão combatida, nos pontos de fundamentação: "Na hipótese em tela, chegou ao conhecimento da Administração Municipal o fato de que, em ao menos um dos *stands* expositores da prestigiada feira (Bienal do Livro), se comercializava sem qualquer proteção, esclarecimento ou embalagem apropriada, publicação destinada ao público infantojuvenil contendo material impróprio e inadequado ao manuseio por crianças e adolescentes, sem os cuidados previstos nos artigos 78 e 79 do Estatuto da Criança e do Adolescente. A leitura dos dispositivos é esclarecedora: Art. 78. As revistas e publicações contendo material impróprio ou inadequado a crianças e adolescentes deverão ser comercializadas em embalagem lacrada, com a advertência de seu conteúdo. Parágrafo único. As editoras cuidarão para que as capas que contenham mensagens pornográficas ou obscenas sejam protegidas com embalagem opaca. Art. 79. As revistas e publicações destinadas ao público infantojuvenil não poderão conter ilustrações, fotografias, legendas, crônicas ou anúncios de bebidas alcoólicas, tabaco, armas e munições, e deverão respeitar os valores éticos e sociais da pessoa e da família. O Estatuto da Criança e do Adolescente, ao esmiuçar o comando do art. 227 da Constituição, delineia sistema de proteção integral da criança e do adolescente, de forma a lhes garantir o exercício de todos os direitos fundamentais e sociais inerentes à pessoa humana, assegurando, as oportunidades e facilidades para lhes facultar o desenvolvimento físico, mental, espiritual e social, em condições de liberdade e dignidade. O controle das publicações vocacionadas à circulação entre o público infantojuvenil é elemento crucial dessa política pública exigida pelo constituinte, razão pela qual há menção específica nos dispositivos mencionados. Tem-se que o caso concreto atrai a incidência do art. 78, *caput*, e do art. 79, cujo conteúdo perpassa por conceitos jurídicos indeterminados, ampliando o grau de exigência para a fundamentação judicial (art. 489, § 1.º, II, do Código de Processo Civil). Vê-se que o legislador não proíbe, de forma absoluta, a circulação de material impróprio ou inadequado para crianças e adolescentes, mas tão somente exige comprometimento com o dever de advertência, para além de dificultar acesso ao seu interior, por meio do lacre da embalagem (art. 78). Posteriormente, ao tratar, especificamente, de publicações voltadas para o público protegido pelo Estatuto, que constitui coletividade vulnerável, repele qualquer conteúdo afrontoso a valores éticos, morais ou agressivos à pessoa ou à família. É inegável que os relacionamentos homoafetivos vêm recebendo amparo pela jurisprudência pátria, notadamente dos tribunais de cúpula, o que corroboraria o afastamento da vedação do art. 79, ao menos em parte. Contudo, também se afigura algo evidente, neste juízo abreviado de cognição, que o conteúdo objeto da demanda mandamental, não sendo corriqueiro e não se encontrando no campo semântico e temático próprio da publicação (livro de quadrinhos de

Art. 79

super-heróis que desperta notório interesse em enorme parcela das crianças e jovens, sem relação direta ou esperada com matérias atinentes à sexualidade), desperta a obrigação qualificada de advertência, nos moldes pretendidos pelo legislador. Nesse sentido, a notificação realizada pela Administração Municipal visou, *a priori*, o interesse público, em especial a proteção da criança e do adolescente, no exercício do poder-dever de fiscalização e impedimento ao comércio de material inadequado, potencialmente indutor e possivelmente nocivo à criança e ao adolescente, sem a necessária advertência ao possível leitor ou à família diretamente responsável. Não houve impedimento ou embaraço à liberdade de expressão, porquanto, em se tratando de obra de super-heróis, atrativa ao público infantojuvenil, que aborda o tema da homossexualidade, é mister que os pais sejam devidamente alertados, com a finalidade de acessarem previamente informações a respeito do teor das publicações disponíveis no livre comércio, antes de decidirem se aquele texto se adequa ou não à sua visão de como educar seus filhos. Tal solução está, assinale-se, prevista em regra específica constante no diploma legal (art. 78 do ECA), sendo de direta aplicabilidade, sem necessidade de discussões calcadas em princípios, dotados de alto grau de abstração. Assim, é possível vislumbrar a plausibilidade das alegações daquele que pleiteia a suspensão – o risco de lesão à ordem pública. Configurados o manifesto interesse público e a grave lesão à ordem pública que a decisão judicial impugnada está a causar, há de ser deferido o pedido de suspensão, com fundamento no artigo 4.º da Lei n.º 8.437/92. Do que se infere do *decisum*, amparado na compreensão de que livros de quadrinho não possuiriam relação direta ou esperada com matérias atinentes à sexualidade, findou por estabelecer relação entre eventual conteúdo homoafetivo de publicações destinadas ao público infantojuvenil com o comércio de material inadequado, potencialmente indutor e possivelmente nocivo à criança e ao adolescente, para, então, aplicar a tais publicações as vedações insertas nos arts. 78 e 79 do ECA. É decorrência direta do princípio da legalidade e dos direitos de liberdade que a interpretação das vedações legais aos direitos fundamentais se perfaça sob teleologia estrita. Observo, assim, de início, que o art. 78, que comporta a maior restrição à forma de comercialização de publicações escritas, não se destina a publicações voltadas ao público infantojuvenil, uma vez que expressamente regula a forma de exposição do material impróprio ou inadequado a crianças e adolescentes e, assim, aponta a necessidade de que sejam comercializadas em embalagem lacrada, com a advertência de seu conteúdo, apontando ainda que as editoras cuidarão para que as capas que contenham mensagens pornográficas ou obscenas sejam protegidas com embalagem opaca. Já o art. 79 do ECA, este sim voltado a regular as publicações destinadas ao público infantojuvenil, busca ser taxativo em sua proibição, definindo que não poderão conter ilustrações, fotografias, legendas, crônicas ou anúncios de bebidas alcoólicas, tabaco, armas e munições, e, ainda, que deverão respeitar os valores éticos e sociais da pessoa e da família. Não há, portanto, como extrair do dispositivo legal voltado às publicações do público infantojuvenil (art. 79 do ECA), correlação entre publicações cujo conteúdo envolva relacionamentos homoafetivos com a necessidade de obrigação qualificada de advertência. Referida obrigação que se localiza apenas para as publicações que, por si, são impróprias ou inadequadas para o público infantojuvenil (art. 78 do ECA), não pode ser invocada para destacar conteúdo que não seja, em essência, dotado daquelas características, sob pena de violação imediata ao princípio da legalidade. No caso, a decisão cuja suspensão se pretende, ao estabelecer que o conteúdo homoafetivo em publicações infantojuvenis exigiria a prévia indicação de seu teor, findou por assimilar as relações homoafetivas a conteúdo impróprio ou inadequado à infância e juventude, ferindo, a um só tempo, a estrita legalidade e o princípio da igualdade, uma vez que somente àquela específica forma de relação impôs a necessidade de advertência, em disposição que sob pretensa proteção da criança e do adolescente se pôs na armadilha sutil da distinção entre proteção e preconceito. De outro lado, não há que se falar que somente o fato de se tratar do tema homotransexualismo se incorra em violações aos valores éticos e sociais da pessoa e da família" (MC SL 1.248/RJ, Plenário, rel. Dias Toffoli, j. 08.09.2019, d.m.).

> **Art. 80.** Os responsáveis por estabelecimentos que explorem comercialmente bilhar, sinuca ou congênere ou por casas de jogos, assim entendidas as que realizem apostas, ainda que eventualmente, cuidarão para que não seja permitida a entrada e a permanência de crianças e adolescentes no local, afixando aviso para orientação do público.[20]

20. Casas de jogos: os lugares destinados a jogos de qualquer espécie, exceto esportivos, não devem permitir a entrada de menores de 18 anos; o vício do jogo é sempre prejudicial à boa formação da criança ou adolescente. Nem mesmo bilhete de loteria lhe é permitido adquirir, nos termos do art. 81, VI, deste Estatuto. Embora o art. 258 deste Estatuto não seja expresso, no tocante a casas de jogos ("Deixar o responsável pelo estabelecimento ou o empresário de observar o que dispõe esta Lei sobre o acesso de criança ou adolescente aos locais de diversão, ou sobre sua participação no espetáculo"), pode-se utilizá-lo para quem deixar entrar menor no seu estabelecimento, quando explore alguma espécie de jogo. Há, por certo, os lugares onde se exploram exclusivamente jogos de azar, que são considerados ilícitos, nos termos da antiquada Lei de Contravenções Penais ("Art. 50. Estabelecer ou explorar jogo de azar em lugar público ou acessível ao público, mediante o pagamento de entrada ou sem ele: Pena – prisão simples, de três meses a um ano, e multa, de dois a quinze contos de réis, estendendo-se os efeitos da condenação à perda dos móveis e objetos de decoração do local. § 1.º A pena é aumentada de um terço, se existe entre os empregados ou participa do jogo pessoa menor de dezoito anos. § 2.º Incorre na pena de multa, de R$ 2.000,00 (dois mil reais) a R$ 200.000,00 (duzentos mil reais), quem é encontrado a participar do jogo, ainda que pela internet ou por qualquer outro meio de comunicação, como ponteiro ou apostador. § 3.º Consideram-se jogos de azar: a) o jogo em que o ganho e a perda dependem exclusiva ou principalmente da sorte; b) as apostas sobre corrida de cavalos fora de hipódromo ou de local onde sejam autorizadas; c) as apostas sobre qualquer outra competição esportiva. § 4.º Equiparam-se, para os efeitos penais, a lugar acessível ao público: a) a casa particular em que se realizam jogos de azar, quando deles habitualmente participam pessoas que não sejam da família de quem a ocupa; b) o hotel ou casa de habitação coletiva, a cujos hóspedes e moradores se proporciona jogo de azar; c) a sede ou dependência de sociedade ou associação, em que se realiza jogo de azar; d) o estabelecimento destinado à exploração de jogo de azar, ainda que se dissimule esse destino"). Nos chamados *cassinos clandestinos* não se pode admitir nem o maior nem o menor. Mas a simples leitura do art. 50 da Lei de Contravenções Penais demonstra o seu caráter ultrapassado, pois considera *ilícito* até mesmo a residência onde pessoas jogam cartas. Imagine-se a existência de menores nessa casa, filhos dos donos do local. Se não podem ser colocados para fora, a única solução seria levar os pais à perda do poder familiar, o que representa um absurdo completo. Não bastasse grande parte do disposto pelo art. 50 referido ser hoje considerada infração de bagatela, o que realmente interessa é retirar a criança ou jovem do lugar onde se fazem apostas a dinheiro, provocando o nascimento do vício, voltado ao ânimo de ganhar ou perder grandes somas. Fora disso, a lei perde o sentido. Na jurisprudência: TJMG: "1. Os responsáveis por estabelecimentos que explorem comercialmente bilhar, sinuca ou congênere ou por casas de jogos, assim entendidas as que realizem apostas, ainda que eventualmente, cuidarão para que não seja permitida a entrada e a permanência de crianças e adolescentes no local, afixando aviso para orientação do público, nos termos do artigo 80 do ECA, haja vista

Art. 81

que, no caso de inobservância à lei, estarão sujeitos a aplicação da penalidade prevista no art. 258 do Estatuto da Criança e do Adolescente. 2. Nos termos do ECA é vedada a exposição de mesa de sinuca em local não reservado e sem aviso de proibição afixado em local visível. 3. Recurso não provido" (Ap. 1.0446.15.000100-1/001, 2.ª Câm. Cível, rel. Hilda Teixeira da Costa, j. 27.03.2018, v.u.).

Seção II

Dos Produtos e Serviços

> **Art. 81.** É proibida a venda à criança ou ao adolescente de:[21]
>
> I – armas, munições e explosivos;[22]
>
> II – bebidas alcoólicas;[23]
>
> III – produtos cujos componentes possam causar dependência física ou psíquica ainda que por utilização indevida;[24]
>
> IV – fogos de estampido e de artifício, exceto aqueles que pelo seu reduzido potencial sejam incapazes de provocar qualquer dano físico em caso de utilização indevida;[25]
>
> V – revistas e publicações a que alude o art. 78;[26]
>
> VI – bilhetes lotéricos e equivalentes.[27]

21. Produtos vedados a menores de 18 anos: o rol do art. 81 estabelece a proibição de venda a crianças e adolescentes de armas, munições, explosivos (aliás, nem mesmo a adultos isso é liberado sem autorização da autoridade competente), bebidas alcoólicas, produtos cujos componentes possam provocar dependência física ou psíquica (muitos deles também são vedados a adultos ou controlados), fogos de artifício e estampido, revistas pornográficas e obscenas, bilhetes lotéricos e similares. Nada mais justificado; afinal, muitos desses materiais não são acessíveis, como mencionamos, nem mesmo a maiores de 18 anos.

22. Armas, munições e explosivos: esta é uma das mais graves condutas que se pode realizar no tocante à criança ou adolescente, tanto que constitui crime, previsto no art. 242 deste Estatuto: "vender, fornecer ainda que gratuitamente ou entregar, de qualquer forma, a criança ou adolescente arma, munição ou explosivo: Pena – reclusão, de 3 (três) a 6 (seis) anos".

23. Bebidas alcoólicas: o álcool é uma droga de comercialização lícita, cujos componentes podem causar dependência física ou psíquica, ainda que por utilização indevida. Portanto, não difere, como produto, do elemento descrito no inciso III *infra*. Aliás, nem precisaria constar deste inciso, pois o referido inciso III já o abrange. Certamente, foi inserido com maior nitidez neste artigo para não deixar qualquer dúvida de seus efeitos nefastos às crianças e adolescentes. Assim sendo, cuidando-se de álcool, aplica-se o art. 243 desta Lei: "Vender, fornecer, servir, ministrar ou entregar, ainda que gratuitamente, de qualquer forma, a criança ou a adolescente, bebida alcoólica ou, sem justa causa, outros produtos cujos componentes possam causar dependência física ou psíquica: Pena – detenção de 2 (dois) a 4 (quatro) anos, e multa, se o fato não constitui crime mais grave". Na jurisprudência: TJPR: "responsável por estabelecimento comercial que permitir que menor de idade faça uso de bebida alcoólica traduz a infração administrativa a que alude o art. 81 do eca, cuja consumação independe da apuração do elemento volitivo (dolo ou culpa) da empresa ou de seus funcionários" (Ap. Cível 0002075-10.2021.8.16.0081, 12.ª C., rel. Luciane do Rocio Custódio Ludovico, 26.06.2023, v.u.). TJMG: "1. A sistematização e detalhamento infraconstitucional dos direitos e garantias fundamentais inerentes às crianças e adolescentes adveio com a edição da Lei 8.069, de 1990 (ECA), responsável por definir a política de atendimento ao menor e as medidas de proteção, sempre que verificada ameaça ou violação aos direitos nela reconhecidos. 2. Uma das estratégias previstas no ECA para potencializar o espectro de resguardo a esta classe constitucionalmente tutelada foi a restrição ao acesso de crianças e adolescentes a ambientes potencialmente nocivos ou inapropriados à respectiva faixa etária. 3. A conduta de responsável por estabelecimento comercial consistente em não conferir, adequadamente, os documentos de identificação de seus clientes, permitindo que menor fizesse uso de bebida alcoólica traduz a infração administrativa a que alude o art. 81 do ECA, cuja consumação independe da apuração do elemento volitivo (dolo ou culpa) da empresa ou de seus funcionários" (Ap. 1.0456.15.006003-0/002, 8.ª Câm. Crim., rel. Roberto de Faria, j. 04.12.2019, v.u.). TJSP: "Presença de menores desassistidos dos pais ou responsável legal, venda e consumo de bebidas alcoólicas ratificadas pelo acervo probante – Inobservância do art. 81, inciso II, do ECA – Infrações administrativas consumadas, independentemente de culpa ou dolo, ou mesmo da demonstração concreta de risco ou prejuízo à criança ou ao adolescente (Súmula n.º 87 deste E. Tribunal de Justiça) Recurso de apelação desprovido" (Ap. 1017109-35.2017.8.26.0577, Corte Especial, Fernando Torres Garcia, j. 22.11.2019, v.u.).

24. Produtos cujos componentes possam causar dependência física ou psíquica: como mencionado na nota anterior, dentre esses produtos, encontra-se o álcool. Além dele, todos os demais, sujeitos a controle estatal – lícitos ou ilícitos. Convém mencionar, no entanto, que a venda de produtos lícitos gera o crime previsto no art. 243 deste Estatuto; a venda de drogas ilícitas acarreta o delito do art. 33 da Lei 11.343/2006.

25. Fogos de estampido e artifício: *fogos de estampido* são as peças e instrumentos fabricados em atividade pirotécnica, capazes de queimar, produzindo barulho, como bombinhas; *fogos de artifício* são as peças e instrumentos fabricados em atividade pirotécnica, capazes de queimar, produzindo luzes e fogo de caráter ornamental, como rojões. Ambos são perigosos até mesmo nas mãos de adultos quanto mais em posse de crianças ou adolescentes. Constitui crime, previsto neste Estatuto, tal conduta: "Art. 244. Vender, fornecer ainda que gratuitamente ou entregar, de qualquer forma, a criança ou adolescente fogos de estampido ou de artifício, exceto aqueles que, pelo seu reduzido potencial, sejam incapazes de provocar qualquer dano físico em caso de utilização indevida: Pena – detenção de seis meses a dois anos, e multa".

26. Publicações pornográficas e obscenas: embora essas revistas e publicações possam ser vendidas livremente, em qualquer banca de jornal ou livraria, devem ser encapadas para não serem vistas por menores de 18 anos. E precisam conter a advertência de seu conteúdo. Infringir o preceituado nos arts. 78 e 79 acarreta sanção administrativa (art. 257, ECA).

27. Bilhetes lotéricos e equivalentes: é interessante observar, de pronto, que o Estado promove e administra o jogo no Brasil, na forma de bilhetes de loteria e similares, mas proíbe o acesso de menores de 18 anos ao que considera prejudicial à sua formação moral. Na essência, o jogo – como bebidas alcoólicas, produtos que causam dependência, armas, pornografia – possui um forte aspecto negativo, mesmo quando realizado por adultos, de forma que jamais se sabe exatamente como lidar com isso. Por ora, o Estado administra o jogo, mas não permite que outros o façam – não deixa de ser uma contradição. De qualquer forma, menores de 18 anos devem ficar à margem do jogo, mesmo o patrocinado pelo poder público. Na jurisprudência: TJRJ: "Autor, criança com 02 (dois) anos de idade, beneficiário de bilhete lotérico 'Rio de Prêmios', adquirido por seu tio, consagrou-se sorteado. Recusa do réu em efetuar o pagamento da premiação, sob a alegação de ser proibida a participação de menores de idade. O inciso VI, do artigo 81, da Lei n.º 8.069, de 1.990, proíbe a venda, de bilhetes

Art. 82

lotéricos, a crianças, o que difere de ser beneficiário da premiação. Norma em questão visa à proteção dos interesses das crianças e adolescentes, e não da LOTERJ. Prêmio em dinheiro, que é capaz de assegurar efetivação material dos direitos referentes à saúde, à alimentação, à educação e à cultura, ao longo do seu crescimento" (Ap. 04895461320118190001/RJ 0489546-13.2011.8.19.0001, 21.ª Câm. Cível, rel. Denise Levy Tredler, 16.12.2015, v.u.).

> **Art. 82.** É proibida a hospedagem de criança ou adolescente em hotel, motel, pensão ou estabelecimento congênere, salvo se autorizado ou acompanhado pelos pais ou responsável.[28]

28. Hospedagem: veda-se a hospedagem de crianças e adolescentes em hotéis, motéis, pensões e estabelecimentos congêneres para evitar problemas variados, dentre os quais fuga de casa, prática de sexo não autorizado, encontros ocultos das vistas públicas etc. O principal foco, sem dúvida, é a proteção à dignidade sexual dos menores de 18 anos, buscando-se evitar estupro de vulnerável ou prostituição juvenil. "Conquanto não se possa cercear a liberdade sexual de nenhuma pessoa, no caso de menores, principalmente do sexo feminino, deve haver um cuidado especial nessa área" (Roberto João Elias, *Comentários ao Estatuto da Criança e do Adolescente*, p. 99). A infração a essa regra gera sanção administrativa (art. 250, ECA). Na jurisprudência: TJPR: "Estabelecimento que informou a necessidade de documento de identificação de hóspede menor de idade. Ausência de ato ilícito. Danos morais não configurados. No caso dos autos, observa-se que a parte autora não possuía qualquer documento de identificação de seu filho no momento do *check-in*, vez que relatou portar apenas o CPF e documento de vacinação, sendo que ambos não possuem informação da filiação" (Rec. 00023978620228160148-Rolândia, 5.ª T. Recursal dos Juizados Especiais, rel. Manuela Tallão Benke, 24.07.2023, v.u.). TJMT: "Comprovado o ingresso ou hospedagem indevidos de menores em motel, configurada está a hipótese prevista no artigo 250 do Estatuto da Criança e do Adolescente, que prevê, como pena, a aplicação de multa. No caso dos autos, como ficou devidamente comprovado a ausência de qualquer controle para o ingresso das menores no estabelecimento do apelante, a manutenção da multa fixada em 10 salários mínimos é medida que se impõe" (Ap. 0001106-59.2015.8.11.0011 MT, 3.ª C. D. Priv., rel. Antônia Siqueira Gonçalves, 28.08.2019, v.u.). TJRS: "A prova dos autos não deixa dúvida de que o responsável pelo motel infringiu o disposto no art. 82 do ECA, deixando as adolescentes ingressarem no estabelecimento, acompanhadas de indivíduo maior, sem que lhes fosse exigido identificação ou autorização por escrito. Assim, implicando infração administrativa a que alude art. 250 daquele Estatuto" (Ap. 70075546937, 8.ª C. Cível, rel. Luiz Felipe Brasil Santos, 08.02.2018, v.u.). TJMG: "Evidencia-se que hospedar menores em *hostel*, sem autorização formal dos pais ou responsáveis, viola a proibição contida no art. 82 do Estatuto da Criança e do Adolescente e configura infração administrativa prevista no art. 250 do mesmo Diploma Legal" (Ap. 1.0028.11.001998-2/001, 8.ª Câm. Cível, rel. Gilson Soares Lemes, 22.02.2018, v.u.).

Seção III
Da Autorização para Viajar

> **Art. 83.** Nenhuma criança ou adolescente menor de 16 (dezesseis) anos poderá viajar para fora da comarca onde reside desacompanhado dos pais ou dos responsáveis sem expressa autorização judicial.[29]
>
> § 1.º A autorização não será exigida quando:

> a) tratar-se de comarca contígua à da residência da criança ou do adolescente menor de 16 (dezesseis) anos, se na mesma unidade da Federação, ou incluída na mesma região metropolitana;
>
> b) a criança ou o adolescente menor de 16 (dezesseis) anos estiver acompanhado:
>
> 1) de ascendente ou colateral maior, até o terceiro grau, comprovado documentalmente o parentesco;[30-31]
>
> 2) de pessoa maior, expressamente autorizada pelo pai, mãe ou responsável.[32]
>
> § 2.º A autoridade judiciária poderá, a pedido dos pais ou responsável, conceder autorização válida por dois anos.

29. Viagem de crianças e adolescentes: este Estatuto disciplinava apenas a possibilidade de viagem para fora da Comarca de residência no tocante a crianças, excluindo os adolescentes, o que sempre nos pareceu demasiado liberal. A Lei 13.812/2019 incluiu os adolescentes menores de 16 anos. Dispensa-se essa autorização se a comarca para onde vai o menor é vizinha, na mesma unidade da Federação, ou incluída na mesma região metropolitana, mesmo não sendo contígua. A dispensa se dá, ainda, quando a criança ou adolescente menor de 16 anos estiver acompanhada (ascendente ou colateral maior, até terceiro grau; pessoa maior autorizada pelos genitores ou responsável). Na realidade, a primeira hipótese não traz novidade, pois as cidades vizinhas, geralmente, possuem transporte coletivo comum, vale dizer, não há necessidade de exigência de documentação. Quanto à segunda hipótese, o termo *responsável* deve ser acompanhado de *legal*, como o tutor ou guarda, pois não é qualquer pessoa que se torna encarregado de cuidar dos interesses de uma criança. Na jurisprudência: STJ: "1. A viagem de criança para fora da comarca onde reside depende, em regra, de autorização judicial. A intervenção do Judiciário somente não é exigida quando: a) o deslocamento for para comarca contígua, desde que na mesma unidade da Federação ou na mesma região metropolitana; b) a criança esteja acompanhada de ascendente ou colateral maior, até o terceiro grau, comprovado documentalmente o parentesco, ou de pessoa maior, expressamente autorizada pelo pai, mãe ou responsável. Inteligência do art. 83 do ECA. 2. A empresa de ônibus que transporta criança acompanhada de ascendente sem a prova documental do parentesco – ainda que comprovado o vínculo materno após o desembarque ou na instrução do processo –, comete o ilícito administrativo previsto no art. 251 do ECA. (...) As normas encartadas nos arts. 83, 84, 85 e 251 da Lei 8.069/90 têm finalidade muito mais pedagógica do que repressiva. Não encerram um fim em si mesmas. Objetivam, sobretudo, evitar o transporte irregular de crianças e, assim, conter o tráfico, sequestro e outros crimes perpetrados em desfavor desses menores. Daí por que, na espécie, a comprovação posterior da maternidade não elide o descumprimento das normas protetivas" (REsp 568.807/RJ, 2.ª T., rel. Castro Meira, 04.05.2006, v.u.). TJMG: "Conforme disposição do Estatuto da Criança e do Adolescente, nenhuma criança poderá viajar para fora da comarca onde reside, desacompanhada dos pais ou responsável, sem expressa autorização judicial. No caso de viagem internacional, a autorização é dispensável, se a criança ou adolescente estiver acompanhado de ambos os pais ou responsável ou viajar na companhia de um dos pais, autorizado expressamente pelo outro através de documento com firma reconhecida. Em casos em que um dos pais se recuse ou se encontre impossibilitado de realizar a autorização, esta pode ser substituída por ato judicial, cabendo ao juiz avaliar a viabilidade de sua concessão, de acordo com o melhor interesse do menor" (AC 50017393720218130134, 8.ª Câm. Cível Especializada, rel. Alexandre Santiago, 18.05.2023, v.u.); "2. Nos termos dos artigos 83 e 84 do Estatuto da Criança e do Adolescente, a

Art. 83

autorização judicial de viagem de menor para o exterior para fixar moradia com a sua genitora depende de autorização judicial, no caso de haver discordância do seu genitor. 3. Considerando a ausência de elementos nos autos acerca das condições da viagem e do melhor interesse do menor, em momento de cognição sumária, deve ser mantida a decisão que indeferiu a tutela de urgência para suprir a autorização paterna, a fim de aguardar a instrução probatória" (AI 10479200045298001-Passos, 2.ª Câm. Cível, rel. Afrânio Vilela, 19.10.2021, v.u.).

30. Documentação original: a prova do parentesco deve ser feita *antes* da viagem e mediante a apresentação de documentos originais, tanto do adulto quanto do menor. Na jurisprudência: TJRS: "De acordo com a previsão contida no art. 83, § 1.º, letra 'b', n. 1, do Estatuto da Criança e Adolescente, a viagem de criança para fora da comarca onde reside, na companhia de ascendente, até terceiro grau, não exige autorização judicial. O parentesco deve ser comprovado documentalmente, o que pressupõe a apresentação de documentos originais. A cópia simples de certidão de nascimento da criança, então, não é suficiente, agindo com a cautela esperada a empresa ao impedir a viagem nestas circunstâncias. Não há falha no dever de informação se a exigência consta de forma expressa na lei, não sendo lícita a alegação de desconhecimento. Cumprimento do dever legal de fiscalização que afasta a alegada falha e a prática ilícita" (Recurso Cível 71003544533, 2.ª T. Recursal, rel. Juliano da Costa Stumpf, 31.08.2012, v.u.). No mesmo sentido quanto aos guardas da criança: TJSE: "A Lei n.º 8.069/90 (ECA), em seus artigos 83 a 85, rege o tema relacionado à Autorização de Viajar a ser conferida para crianças e adolescentes: Art. 83. Nenhuma criança poderá viajar para fora da comarca onde reside desacompanhada dos pais ou responsável, sem expressa autorização judicial. § 1.º A autorização não será exigida quando: a) tratar-se de comarca contígua à da residência da criança, se na mesma unidade da Federação, ou incluída na mesma região metropolitana; b) a criança estiver acompanhada: 1) de ascendente ou colateral maior, até o terceiro grau, comprovado documentalmente o parentesco; 2) de pessoa maior, expressamente autorizada pelo pai, mãe ou responsável. § 2.º A autoridade judiciária poderá, a pedido dos pais ou responsável, conceder autorização válida por dois anos. Art. 84. Quando se tratar de viagem ao exterior, a autorização é dispensável, se a criança ou adolescente: I – estiver acompanhado de ambos os pais ou responsável; II – viajar na companhia de um dos pais, autorizado expressamente pelo outro através de documento com firma reconhecida. Art. 85. Sem prévia e expressa autorização judicial, nenhuma criança ou adolescente nascido em território nacional poderá sair do país em companhia de estrangeiro residente ou domiciliado no exterior. *In casu*, os apelantes estavam munidos de documento judicial que concedeu a guarda da menor, que estava em processo de adoção, o qual foi apresentado em sua forma original. Não existe nenhuma exigência legal que obrigue a apelante a renovar tal documento, vez que a sua validade é plena. A autorização judicial é obrigatória, quando a criança viajar para fora da comarca onde reside desacompanhada dos pais, do guardião ou do tutor, de parente ou de pessoa autorizada (pelos pais, guardião ou tutor). *In casu*, a criança estava acompanhada dos seus guardiões, não sendo, portanto, obrigatória a autorização judicial" (Ap. Cível 201600701899-SE, 1.ª Câm. Cível, rel. Ruy Pinheiro da Silva, 29.05.2017, v.u.).

31. Carteira de vacinação do menor: não é documento hábil para comprovar parentesco, logo, para viajar. Porém, os tribunais se dividem: a) *é documento para viajar*: TJSC: "Poderá o menor de doze anos viajar acompanhado de ascendente, dês que o grau de parentesco resulte comprovado documentalmente, sendo a carteira de saúde/vacinação meio hábil para tanto, mormente quando assim determinado na comarca por Portaria Judicial" (Apelação 2003.005114-7, 2.ª Câm. Criminal, rel. Maurílio Moreira Leite, 15.04.2003, v.u.); b) *não é documento para viagem*: TJSE: "A carteira de vacinação, por si só, não é documento suficiente para suprir RG ou certidão de nascimento" (Apelação 2012.20748-2, 2.ª Câm. Cível, rel. Ricardo Múcio Santana de Abreu Lima, 13.08.2012, v.u.).

32. Autorização expressa a conferir antes da viagem: não cabe alegar, depois do transporte, que há autorização. É preciso comprovar ter sido checada a documentação em momento anterior. Na jurisprudência: STJ: "1. Segundo o art. 83, § 1.º, 'b', item 2 da Lei 8.069/90, não se exige autorização judicial quando a criança, viajando para fora da comarca onde reside (exceto comarca contígua ou na mesma região metropolitana), estiver acompanhada de pessoa maior expressamente autorizada pelo pai, mãe ou responsável. 2. Quem transporta criança ou adolescente, por qualquer meio, sem observância dos arts. 83, 84 e 85 da Lei 8.069/90, está sujeita ao pagamento de multa de três a vinte salários de referência, nos termos do art. 251 do mesmo diploma legal. 3. A conduta tida por infracional consiste na permissão de que a criança viaje em desacordo com a lei e aperfeiçoa-se no momento do transporte, sendo totalmente desinfluente a produção de qualquer prova posterior, o que não fará desaparecer o ilícito" (REsp 649.467/RJ, 2.ª T., rel. Eliana Calmon, 06.12.2005, v.u.).

> **Art. 84.** Quando se tratar de viagem ao exterior, a autorização é dispensável, se a criança ou adolescente:[33]
>
> I – estiver acompanhado de ambos os pais ou responsável;
>
> II – viajar na companhia de um dos pais, autorizado expressamente pelo outro através de documento com firma reconhecida.

33. Viagens de crianças e adolescentes para o exterior: todos os menores de 18 anos dependem de autorização judicial, segundo o teor deste artigo, salvo se qualquer deles estiver acompanhado de ambos os pais ou responsável *legal* ou acompanhado de um dos genitores, com autorização expressa, por escrito, com firma reconhecida. Apesar desse quadro restritivo, o Conselho Nacional de Justiça ampliou as hipóteses de dispensa de autorização judicial, editando a Resolução 74/2009, depois substituída pela Resolução 131/2011. Em nosso entendimento, assim como ocorre noutras áreas do Direito, o CNJ tem *legislado*, ora restringindo o alcance de leis, ora ampliando, conforme o caso – e, por vezes, até mesmo suprindo lacunas. Sabe-se que o propósito do Conselho Nacional de Justiça é sempre o mais nobre, porém, ingressa no âmbito legislativo, o que não nos parece adequado. No presente caso (Resolução 131/2011), dispensa-se a autorização judicial para que crianças e adolescentes sigam ao exterior *sozinhos* ou *junto com maiores e capazes*, se designados e autorizados pelos pais, por documento escrito, com firma reconhecida. Pode ir sozinho ou com maiores capazes, ao voltarem para a sua residência no exterior, se autorizado pelos pais, mediante autorização escrita dos pais, com firma reconhecida. É possível ir ao exterior, também, quando em companhia de um dos genitores, independentemente de qualquer autorização escrita. A prova de que o menor de 18 anos reside no exterior deve ser feita por atestado de residência, emitido por repartição consular brasileira há menos de dois anos. A Resolução aponta o responsável legal – que não consta do Estatuto – como sendo o guardião por prazo indeterminado ou o tutor, que também pode autorizar a viagem, como se pais fossem. Na jurisprudência: STJ: "1. Não enseja compensação por danos morais a negativa de embarque por parte de companhia aérea de menor acompanhado de um dos pais, desprovido de autorização judicial ou autorização do outro genitor com firma reconhecida, em observância ao art. 84 do Estatuto da Criança e do Adolescente. 2. A atuação do funcionário da companhia aérea revelou prudência e observância à expressa disposição legal, não ficando configurada prática de ato ilícito indenizável" (REsp 1.249.489/MS, 4.ª T., rel. Luis Felipe Salomão, 13.08.2013, v.u.); "Para que um menor

Art. 85

possa empreender viagem internacional na companhia de um dos pais, é necessário que o acompanhante apresente, em substituição à autorização judicial, autorização expressa do outro genitor com firma reconhecida, não suprindo a formalidade a simples assinatura de autorização perante autoridade da Polícia Federal. Porquanto a negativa de embarque do menor se deu no estrito cumprimento da lei, porque a autorização parental apresentada despiu-se da formalidade legalmente exigida, não há se falar na prática de ato ilícito indenizável pela companhia aérea" (REsp 685.003/RJ, 2.ª T., rel. Nancy Andrighi, 14.12.2004, v.u.). TJSP: "Ação de indenização por danos materiais e morais – Autores, que são genitora e dois filhos menores, pedem a reparação de danos patrimoniais e extrapatrimoniais que teriam sido causados pelo réu, pai dos infantes, ao revogar autorização de viagem e cancelar o passaporte dos filhos às vésperas de viagem internacional com destino à Nova Iorque, nos EUA – Não acolhimento – A concessão genérica de autorização de viagem em acordo de divórcio não supre necessidade de autorização expressa por documento com firma reconhecida, pela inteligência do art. 84, inc. II, do ECA – Caso em que era inequívoca a oposição do réu à realização da viagem em questão desde o final de agosto de 2018, conforme troca de mensagens eletrônicas entre as partes, sendo que a viagem seria realizada em outubro daquele ano – A autorização prévia que fora concedida pelo réu se referia à outra viagem, com destino à Austrália – Atitude que configura mero exercício regular de direito decorrente da autoridade parental, inexistindo ato ilícito indenizável – Recurso desprovido" (Ap. 1039228-72.2018.8.26.0506, 6.ª C. D. Priv., rel. Rodolfo Pellizari, j. 30.01.2020, v.u.). TJMG: "Nos termos dos arts. 83 e 84 do Estatuto da Criança e do Adolescente (ECA), a viagem de filho menor ao exterior somente se faz possível quando acompanhado por ambos os pais ou, se estiver na companhia de apenas um deles, mediante autorização expressa do outro; caso contrário, exigir-se-á o suprimento do consentimento paterno pela autoridade judiciária – Deve ser mantida a sentença que, suprindo consentimento paterno, autoriza o filho menor de idade a viajar e a fixar residência, com sua genitora, no exterior, quando as circunstâncias do caso revelam que a mãe, que sempre deteve sua guarda, além de ser a pessoa que lhe é mais próxima, não apresenta risco ou prejuízo à criança, eis que seu melhor interesse estará sendo preservado – Ao fixar de ofício a regulamentação de visitas, permitindo que o filho visite e seja visitado por seu genitor, agiu acertadamente o Magistrado singular, porquanto buscou proteger a relação paterno-filial de uma ruptura sem retorno – Preliminares rejeitadas. Primeira e segunda apelações desprovidas" (Ap. 1.0024.17.084070-6/001, 5.ª Câm. Cível, rel. Luís Carlos Gambogi, j. 09.07.2019, v.u.).

> **Art. 85.** Sem prévia e expressa autorização judicial, nenhuma criança ou adolescente nascido em território nacional poderá sair do País em companhia de estrangeiro residente ou domiciliado no exterior.[34]

34. Impedimento ao tráfico infantojuvenil: esta norma tem por finalidade evitar o tráfico de crianças e adolescentes para o exterior, bem como regular a saída formal do estrangeiro, quando adota uma criança. Portanto, uma criança ou adolescente brasileiro somente sai do território nacional com um estrangeiro, residente ou domiciliado no exterior, com *expressa* autorização judicial; no caso de adoção, isso somente acontece quando consumado integralmente o processo de adoção internacional. Diversamente, se o estrangeiro for domiciliado no Brasil, com visto permanente, tendo filho brasileiro, pode sair para o exterior, contando com as mesmas regras do brasileiro. A criança ou jovem pode seguir ao exterior com autorização dos pais ou juntamente com eles.

Livro II
Parte Especial

Título I
Da Política de Atendimento

Capítulo I
DISPOSIÇÕES GERAIS

> **Art. 86.** A política de atendimento dos direitos da criança e do adolescente far-se-á através de um conjunto articulado de ações governamentais e não governamentais, da União, dos estados, do Distrito Federal e dos municípios.[1]

1. Política de atendimento dos direitos da criança e do adolescente: antes do Estatuto, predominava o entendimento de que a política deveria ser centralizada na União, a partir da qual sairiam os comandos aos Estados, DF e Municípios. Hoje, impõe-se um conjunto de ações governamentais em igualdade de condições; além disso, inclui-se a atuação não governamental, por meio de ONGs e outros organismos. Como diz Luís de La Mora, "as organizações governamentais e as entidades não governamentais que assumem a responsabilidade pelo oferecimento destes serviços estão revestidas de características diferentes: a iniciativa poderá ser de origem governamental ou não governamental, comunitária ou particular; a motivação de seus membros pode ser de caráter profissional, religioso ou militante; a sua forma de atuação pode ser diferente, bem como suas potencialidades e limitações" (Munir Cury [org.], *Estatuto da Criança e do Adolescente comentado*, p. 357). Os arts. 87 e 88 cuidam, cada qual, de um ponto relevante da política de atendimento ao menor de 18 anos: as linhas de ação (art. 87) e as diretrizes (art. 88). Na jurisprudência: STJ: "1. Mandado de Segurança impetrado pelo Ministério Público, em face de município, visando à proteção de direito líquido e certo de menor portador de 'Síndrome de Down' e hipotireoidismo, ao transporte gratuito e adequado a deficiência, para

Art. 86

Estatuto da Criança e do Adolescente Comentado • **Nucci** 246

o deslocamento a centro de tratamento para reabilitação. (...) 3. *In casu*, assentou o Tribunal *a quo* que uma vez demonstrada a deficiência e constatada a necessidade do transporte, a fim de ser realizado o tratamento necessário a saúde do menor, este direito é constitucionalmente garantido, *verbis*: 'A pretensão não atende aos interesses do infante, pois não há como negar que ele tem esse direito, em vista do princípio da proteção integral do menor frente à legislação especial e constitucional. Não se pode deixar de aplicar direito absoluto, interligado aos direitos à vida, à saúde, à educação, essenciais para o menor, como prescreve a legislação, em detrimento de um atendimento cronológico, não previsto em lei' (fls. 102/103). 4. Configurada a necessidade do recorrido de ver atendida a sua pretensão posto legítima e constitucionalmente garantida, uma vez assegurado o direito à saúde e, em última instância, à vida. A saúde, como de sabença, é direito de todos e dever do Estado. 5. À luz do Princípio da Dignidade da Pessoa Humana, valor erigido com um dos fundamentos da República, impõe-se a concessão do transporte para realização de tratamento da deficiência, como instrumento de efetividade da regra constitucional que consagra o direito à saúde. 6. O Município de São Paulo é parte legítima para figurar no polo passivo de demandas cuja pretensão é o fornecimento de medicamentos e condições para tratamento imprescindíveis à saúde de pessoa carente" (REsp 937.310/SP, 1.ª T., rel. Luiz Fux, 09.12.2008, v.u.). TJSC: "Possui legitimidade ativa o Ministério Público para ajuizar ação civil pública em defesa do direito indisponível, ainda que em benefício individual. De fato, 'certos direitos individuais homogêneos podem ser classificados como interesses ou direitos coletivos, ou identificar-se com interesses sociais e individuais indisponíveis. Nesses casos, a ação civil pública presta-se à defesa dos mesmos, legitimando o Ministério Público para a causa. CF, art. 127, *caput*, e art. 129, III' (STF, RE n. 195.056, Min. Carlos Velloso). Mormente quando o titular do direito é criança que, nos termos do Estatuto da Criança e do Adolescente, pode ser representada em Juízo pelo Ministério Público. Ocorrendo obrigação solidária das três esferas governamentais da Federação, quanto à garantia de proteção à saúde dos cidadãos, a obrigação de fornecer medicamentos necessários e adequados poderá ser exigida de um ou de todos os entes, como no caso, do Município. O chamamento de terceiro ao processo, em face da solidariedade da obrigação (CPC, art. 77, III), como ação secundária cumulativa que é, pressupõe a continuidade da tramitação do feito perante o mesmo órgão jurisdicional competente, não se podendo incluir pessoa que, pelo privilégio de foro, faça deslocar a jurisdição. Assim, proposta a ação contra o Município de Lages, perante a Justiça Estadual, não cabe o chamamento da União ao processo, diante da impossibilidade de deslocamento da jurisdição. (...) É inegável que a garantia do tratamento da saúde, que é direito de todos e dever dos entes públicos, pela ação comum da União, dos Estados e dos Municípios, segundo a Constituição, inclui o fornecimento gratuito de meios necessários à preservação a saúde a quem não tiver condições de adquiri-los. A falta de dotação orçamentária específica não pode servir de obstáculo ao fornecimento de tratamento médico ao doente necessitado, sobretudo quando a vida é o bem maior a ser protegido pelo Estado, genericamente falando. Nos termos do art. 24 da Lei 8.666/93, em caso de comprovada urgência, é possível a dispensa de processo de licitação para a aquisição, pelos entes públicos, de alimento necessário à manutenção da saúde de pessoa (criança) carente de recursos para adquiri-lo. Não há como falar em violação ao Princípio da Separação dos Poderes, nem em indevida interferência de um Poder nas funções de outro, se o Judiciário intervém a requerimento do interessado titular do direito de ação, para obrigar o Poder Público a cumprir os seus deveres constitucionais de proporcionar saúde às pessoas, que não foram espontaneamente cumpridos. O fornecimento de recursos médicos deve ser condicionado à demonstração, pelo paciente, da permanência da necessidade e da adequação deles, durante todo o curso do tratamento, podendo o Juiz determinar a realização de perícias ou exigir a apresentação periódica de atestados médicos circunstanciados e atualizados" (Apelação 2011.042263-3, 4.ª Câm. de Direito Público, rel. Jaime Ramos, 26.08.2011, v.u.). TJMG: "1. Nos termos do art. 86, do ECA, a política de atendimento dos direitos da criança e do adolescente far-se-á através de um conjunto articulado de ações governamentais e não governamentais, da União, dos Estados, do Distrito Federal e dos Municípios, uma vez 'verificada qualquer das hipóteses previstas no art. 98, a autoridade competente poderá determinar, dentre outras, as seguintes medidas' a 'inclusão em programa comunitário ou oficial de auxílio à família, à criança e ao adolescente' (Art. 101, IV)" (Agravo de Instrumento 1.0245.07.110066-4/001, 4.ª Câm. Cível, rel. Célio César Paduani, 06.03.2008, v.u.).

> **Art. 87.** São linhas de ação da política de atendimento:[2]
>
> I – políticas sociais básicas;[3]
>
> II – serviços, programas, projetos e benefícios de assistência social de garantia de proteção social e de prevenção e redução de violações de direitos, seus agravamentos ou reincidências;[4]
>
> III – serviços especiais de prevenção e atendimento médico e psicossocial às vítimas de negligência, maus-tratos, exploração, abuso, crueldade e opressão e às crianças e aos adolescentes que tiverem qualquer dos pais ou responsáveis vitimado por grave violência ou preso em regime fechado;[5] *(Inciso III com redação pela Lei 14.987/2024, em vigor após decorridos 90 dias de sua publicação oficial – DOU 26.09.2024)*
>
> IV – serviço de identificação e localização de pais, responsável, crianças e adolescentes desaparecidos;[6]
>
> V – proteção jurídico-social por entidades de defesa dos direitos da criança e do adolescente;[7]
>
> VI – políticas e programas destinados a prevenir ou abreviar o período de afastamento do convívio familiar e a garantir o efetivo exercício do direito à convivência familiar de crianças e adolescentes;[8]
>
> VII – campanhas de estímulo ao acolhimento sob forma de guarda de crianças e adolescentes afastados do convívio familiar e à adoção, especificamente inter-racial, de crianças maiores ou de adolescentes, com necessidades específicas de saúde ou com deficiências e de grupos de irmãos.[9]

2. Linhas de ação da política de atendimento: a política de atendimento vem definida no art. 86 como o *conjunto articulado de ações governamentais e não governamentais, da União, dos estados, do Distrito Federal e dos municípios* em prol dos direitos das crianças e adolescentes. Neste art. 87 aborda-se a *linha de ação*, ou seja, o que efetivamente *deve* ser implementado pelo Estado.

3. Política social básica: significa garantir a crianças e adolescentes o mínimo indispensável à sua sobrevivência digna, bastando uma leitura do *caput* do art. 227 da Constituição Federal. A sua finalidade é "prevenir situações de risco por meio do desenvolvimento de potencialidades e aquisições, bem como pelo fortalecimento de vínculos familiares e comunitários. É destinada à população que vive em situação de fragilidade social decorrente da pobreza e ou da fragilização dos vínculos afetivos" (Rossato, Lépore e Sanches, *Estatuto da Criança e do Adolescente comentado*, p. 275).

4. Serviços, programas, projetos e benefícios de assistência social de garantia de proteção social e de prevenção e redução de violações de direitos, seus agravamentos ou reincidências: além de garantir o básico, conforme exposto na nota anterior, o Estado deve proporcionar serviços, programas de apoio a famílias carentes, para que seus filhos possam ser mantidos com os pais naturais, de modo saudável e promissor, mesmo enfrentando situação grave de pobreza. Deve o Estado desenvolver projetos e benefícios de assistência social de garantia de proteção social e de prevenção e redução de violações de direitos, seus agravamentos ou reincidências. O caráter supletivo é justamente para não tornar a ajuda indeterminada e permanente; serve à reestruturação da família. "Exemplos típicos são os programas de complementação de renda em que a família recebe determinados benefícios com sujeição a certos requisitos (matrícula de filhos na escola, frequência mínima à unidade de ensino, vacinação das crianças em dia etc.). O poder público apenas dá os primeiros passos para os necessitados terem rumo próprio na vida, não havendo espaço para a dependência dos programas de assistência social por tempo indeterminado" (Francismar Lamenza, *Estatuto da Criança e do Adolescente interpretado*, p. 127).

5. Prevenção e atendimento especializado às vítimas de maus-tratos em geral: a Constituição Federal e este Estatuto *prometem* colocar as crianças e adolescentes a salvo de toda forma de negligência, discriminação, exploração, violência, crueldade e opressão (art. 227, *caput*, CF), que se encontra em harmonia com o disposto neste inciso. Portanto, as vítimas dessas espécies de violência física ou moral devem receber a assistência do Estado (médica, psicológica e social). Cabe, primordialmente, à Municipalidade fornecer o amparo às crianças e adolescentes vitimizados, pois está mais próxima delas e de suas famílias. Isso não significa desonerar o Estado ou a União, pois todos têm a obrigação de proteger o menor de 18 anos. Além disso, objetiva-se fornecer apoio aos infantes e jovens cujos pais ou responsáveis tenham sido vítimas de "grave violência" – quer-se crer se trate de ofendidos por condutas criminosas – ou cujo(s) o(s) genitor(es) esteja(m) preso(s) em regime fechado, porque segregados e distantes dos filhos.

6. Identificação e localização de desaparecidos: o serviço proposto por este inciso auxilia na resolução de vários problemas familiares, que poderiam desestruturar o núcleo, afastando filhos e pais naturais. Pode ser que o pai desapareça, abandonando a família; o serviço de localização, caso o encontre, por meio de apoio e assistência social, pode trazê-lo de volta. Filhos que fogem de casa também podem ser encontrados. Essas separações podem ser sanadas se o Estado agir rapidamente. Lamenza menciona haver "exemplos como o do grupo 'Mães da Sé', o qual estimula a cooperação para a busca de crianças e adolescentes que estejam em lugar ignorado. Também há o projeto 'Caminho da Vida', desenvolvido pela Faculdade de Medicina da Universidade de São Paulo em parceria com a Secretaria da Segurança Pública paulista, com a criação de banco de dados de material de DNA de familiares dos desaparecidos (para comparação com o de infantes ou jovens localizados) e apoio psicológico às famílias (dando-se compreensão às causas do desaparecimento e preparo para esperar pelo retorno)" (*Estatuto da Criança e do Adolescente interpretado*, p. 128).

7. Proteção jurídico-social: a falta da proteção efetiva da família natural à criança ou adolescente, geralmente, pode conduzir o menor às ruas e, daí, para o encontro de vários outros problemas a enfrentar (envolvimento com o crime, falta de estudo, trabalho precoce etc.). Por isso, muitos terminam abrigados, em instituições governamentais e não governamentais, onde também podem existir abusos aos direitos fundamentais dessas crianças ou adolescentes. É importante haver entidades dispostas a fiscalizar a situação de vulnerabilidade de todos os que se encontram fora do convívio familiar ou que são vitimizados dentro do núcleo familiar. No alerta do Padre Clodoveo Piazza, "uma das coisas que mais impressionam uma pessoa que entra em contato com adolescentes internos de alguma instituição, ou filhos de famílias muito pobres, é constatar quantos direitos, até entre os mais elementares, são desrespeitados e pisoteados, sem que o menor ou a família se deem totalmente conta disso, ou, dando-se conta, sem que possam se defender convenientemente destes abusos. Formar uma nova consciência do que são os direitos e deveres de cada um, defender estes direitos e responsabilizar pelos deveres é tarefa que pertence à sociedade no seu todo. Hoje, algumas entidades capacitam-se especialmente para isso e representam uma esperança e uma garantia nesta nova fase constitucional. Daí a importância do trabalho delas" (Munir Cury [org.], *Estatuto da Criança e do Adolescente comentado*, p. 365).

8. Controle do convívio familiar: um dos princípios deste Estatuto é assegurar o convívio da família natural e da família extensa com a criança e o adolescente; por isso, uma das políticas, calcada, na prática, em programas específicos do Estado, é harmonizar filhos e pais, dando-lhes condições de superar as adversidades. Considerando que a adoção – uma das formas de colocação do menor de 18 anos em família substituta – é excepcional, depois de esgotadas as vias de acesso à família natural, mas também se levando em conta que a criança (especialmente ela) ou adolescente não pode ficar à mercê do tempo, sem que essa reaproximação efetivamente ocorra, demanda-se do poder público uma atuação eficaz, seja para garantir a rápida reestruturação da família natural, seja para encaminhar o menor à adoção.

9. Campanhas de estímulo ao acolhimento familiar e à adoção: este é um dos principais pontos, em nossa visão, como política de atendimento efetivo à criança e ao adolescente, que está faltando. Levando-se em conta a necessidade de se retirar o menor do convívio da família natural, por fatores como agressão, maus-tratos, exploração sexual, abandono, dentre outros, surge a necessidade de inseri-lo em programa de acolhimento. Há duas formas, previstas neste Estatuto: a) abrigo institucional, em entidades governamentais e não governamentais; b) famílias acolhedoras. Sem dúvida, esta última opção seria a mais adequada à criança ou adolescente, pois a tendência é repetir exatamente o contexto do núcleo familiar, sem que haja uma mudança substancial na sua rotina. Além disso, foge-se da natural frieza e padronização de tratamento dos abrigos. Entretanto, para que famílias se disponham a receber, em guarda, essas crianças e adolescentes, precisam se inscrever em programas apropriados e específicos, organizados pelas Varas da Infância e Juventude; precisam ser convenientemente esclarecidas quanto às vantagens desse acolhimento, bem como receber incentivos para isso; necessitam ser remuneradas pelo Estado, pois a maioria não teria condições de criá-los sem apoio financeiro. A carência de famílias acolhedoras é nítida no Brasil e essa situação necessita ser alterada com urgência, o que somente será feito com campanhas adequadas de estímulo. Somente para ilustração, dados extraídos do site do CNJ no dia 25 de maio de 2014 (comemoração ao dia da adoção) demonstram: "são cerca de 730 crianças e adolescentes acolhidos provisoriamente por famílias para 45,7 mil meninas e meninos abrigados em instituições, de acordo com dados do Cadastro Nacional de Crianças e Adolescentes Acolhidos (CNCA)". Outro ponto muito importante diz respeito ao incentivo de famílias para a adoção em geral. A par disso, tratar especificamente do estímulo às adoções inter-raciais (casal branco adota um negro ou vice-versa); às adoções denominadas *tardias* (após a criança completar três anos); aos adolescentes, que são sempre preteridos, sob variados argumentos, dentre os quais o temor de inadaptação; às adoções de menores enfermos ou deficientes e, finalmente, aos grupos de irmãos. Inexiste campanha nacional nesse sentido, verificando-se no banco de dados de candidatos a adoção uma procura majoritária pela criança com até dois anos, saudável, branca, do sexo feminino, sem irmãos. Há um conveniente alerta feito por Munir Cury: "não podemos deixar de manifestar a nossa reserva em relação às campanhas de estímulo à adoção, sobretudo diante da sua radicalidade ao pressupor a destituição do poder familiar e de ter a característica de irrevogabilidade (art. 48 do ECA). Ora, qualquer adoção que tenha sido fruto de iniciativa impulsiva ou emocional, sem a necessária reflexão e devido amadurecimento, risco a que se submetem as campanhas de estímulo à sua realização, estará fadada à possibilidade de insucesso, com os decorrentes traumas no destino dessa criança/adolescente. Mais feliz seria o legislador se substituísse os substantivos *estímulo* por *esclarecimento*, o que ensejaria a realização de campanhas de elucidação da sociedade diante desse ato nobre, amoroso e abnegado que é a adoção" (*Estatuto da*

Art. 88

Criança e do Adolescente comentado, p. 367). Assim não visualizamos, pois o tom da campanha de *estímulo* – é o termo adequado – tem por fim não a adoção, mas, dentro do universo de quem já optou por adotar, incentivar a escolha de crianças racialmente diversas do adotante, enfermas ou deficientes em lugar de saudáveis, grupos de irmãos em vez de uma só pessoa e, finalmente, o estímulo pela acolhida do adolescente, sempre preterido. Concordamos com o referido autor quando trata de campanha de *esclarecimento* à adoção – e não incentivo. Apenas discordamos no tocante às especificidades, que merecem, sim, estímulo.

> **Art. 88.** São diretrizes da política de atendimento:[10]
>
> I – municipalização do atendimento;[11]
>
> II – criação de conselhos municipais, estaduais e nacional dos direitos da criança e do adolescente, órgãos deliberativos e controladores das ações em todos os níveis, assegurada a participação popular paritária por meio de organizações representativas, segundo leis federal, estaduais e municipais;[12]
>
> III – criação e manutenção de programas específicos, observada a descentralização político-administrativa;[13]
>
> IV – manutenção de fundos nacional, estaduais e municipais vinculados aos respectivos conselhos dos direitos da criança e do adolescente;[14]
>
> V – integração operacional de órgãos do Judiciário, Ministério Público, Defensoria, Segurança Pública e Assistência Social, preferencialmente em um mesmo local, para efeito de agilização do atendimento inicial a adolescente a quem se atribua autoria de ato infracional;[15]
>
> VI – integração operacional de órgãos do Judiciário, Ministério Público, Defensoria, Conselho Tutelar e encarregados da execução das políticas sociais básicas e de assistência social, para efeito de agilização do atendimento de crianças e de adolescentes inseridos em programas de acolhimento familiar ou institucional, com vista na sua rápida reintegração à família de origem ou, se tal solução se mostrar comprovadamente inviável, sua colocação em família substituta, em quaisquer das modalidades previstas no art. 28 desta Lei;[16]
>
> VII – mobilização da opinião pública para a indispensável participação dos diversos segmentos da sociedade.[17]
>
> VIII – especialização e formação continuada dos profissionais que trabalham nas diferentes áreas da atenção à primeira infância, incluindo os conhecimentos sobre direitos da criança e sobre desenvolvimento infantil;[17-A]
>
> IX – formação profissional com abrangência dos diversos direitos da criança e do adolescente que favoreça a intersetorialidade no atendimento da criança e do adolescente e seu desenvolvimento integral;
>
> X – realização e divulgação de pesquisas sobre desenvolvimento infantil e sobre prevenção da violência.

10. Diretrizes da política de atendimento: são os princípios norteadores da política de atendimento às crianças e adolescentes, servindo de base e orientação para a implementação de linhas de ação.

11. Municipalização do atendimento: espalhar pelos municípios brasileiros a primária responsabilidade de atendimento à criança e ao adolescente é o mais adequado caminho para tornar efetivo o apoio a quem necessita. A União e o Estado encontram-se mais distantes da realidade vivida pela cidade onde reside o menor, com suas peculiaridades e demandas, motivo pelo qual descentralizar os programas de assistência, atendimento médico e psicossocial, além de abrigamento ou acolhimento familiar, é a opção acertada. Isso não significa que, diante da omissão do município, não tenham o Estado e a União responsabilidade solidária, devendo suprir a necessidade apresentada. Exemplo disso seria a negativa de atendimento de caso grave de saúde referente a uma criança; se os pais se voltarem ao Estado, cabe a este atender a demanda. Por isso, muitas vezes, quando há necessidade de requerer ao Judiciário a intervenção para assegurar o atendimento médico imprescindível, pode-se ajuizar ação tanto contra o município quanto contra o Estado, indiferentemente. O mesmo se diga da União, solidária no mesmo prisma. "O papel do município, para que a família possa desempenhar bem a sua função, ocupa uma posição de destaque, na condução das ações necessárias, através de seus dirigentes, entidades, órgãos e habitantes. Reconhecidamente é no município, a instância mais visível e próxima da população, onde as relações políticas se dão com maior intensidade" (Pedro Caetano de Carvalho, *A família e o município*, p. 159). Na jurisprudência: TJRS: "1. A responsabilidade pelo atendimento à saúde (no caso, fornecimento de avaliação médica, odontológica, audiológica e terapia fonoaudiológica) é solidária entre União, Estados e Municípios. Eventual deliberação a respeito da repartição de responsabilidade compete unicamente aos entes federativos, a ser realizada em momento oportuno, tendo em vista a solidariedade existente entre todos, não podendo o particular ter limitado seu direito à saúde, garantido constitucionalmente, por ato da Administração Pública. 2. Eventuais limitações ou dificuldades orçamentárias não podem servir de pretexto para negar o direito à saúde e à vida, dada a prevalência do direito reclamado. 3. Não há falar em ofensa aos princípios da universalidade, da isonomia e da igualdade, posto que o Judiciário apenas está a ordenar o cumprimento dos dispositivos da Constituição Federal, violados quando da negativa da Administração. 4. A ausência de risco efetivo de morte não é justificativa para que o ente estadual não forneça o atendimento pleiteado, tendo em vista a garantia constitucional ao direito à saúde" (Apelação Cível 70057937674, 8.ª Câm. Cível, rel. Ricardo Moreira Lins Pastl, j. 20.12.2013). TJMG: "1. A Constituição da República estabelece, em seu art. 227, que o Estado, em seu sentido amplo, tem o dever de promover programas de assistência integral a crianças e adolescentes em situação de risco, e o art. 88, I, do ECA dispõe que a política de atendimento a menores tem, como uma de suas diretrizes, a municipalização do atendimento. 2. Em regra, é vedado ao Poder Judiciário adentrar no mérito dos atos administrativos de efetivação de políticas públicas, cabendo-lhe unicamente examiná-los sob o aspecto de legalidade e moralidade. Todavia, diante de patente omissão da Administração Municipal, é permitido ao Judiciário impor ao executivo local o cumprimento da disposição constitucional que garanta proteção integral à criança e ao adolescente. 3. Mera alegação de falta de dotação orçamentária, destituída de comprovação objetiva, não se presta a afastar o dever constitucional de executar obras que tutelem a integridade física e moral de menores" (Reexame Necessário 1.0332.04.008822-8/001, 5.ª Câm. Cível, rel. Áurea Brasil, 23.01.2014, v.u.).

12. Conselhos municipais, estaduais e nacional dos direitos da criança e do adolescente: como mencionado na nota anterior, o objetivo primordial é descentralizar da política de atendimento, passando-a da esfera da União para a dos Estados e Municípios, concomitantemente. Assim sendo, buscando o apoio explícito da comunidade, constituem-se conselhos deliberativos e controladores das ações estatais, buscando fiscalizar as linhas estabelecidas pelo art. 87 deste Estatuto. A Lei 8.242/1991 criou o Conselho Nacional dos Direitos da Criança e do Adolescente (CONANDA), estabelecendo a sua competência: "Art. 2.º Compete ao Conanda: I – elaborar as normas gerais da política nacional de atendimento dos direitos da criança e do adolescente, fiscalizando as ações de execução, observadas as linhas de ação e as diretrizes estabelecidas nos arts. 87 e 88 da Lei 8.069, de 13 de julho de 1990 (Estatuto da Criança e do Adolescente); II – zelar pela aplicação da política nacional de atendimento dos direitos da criança e do adolescente; III – dar apoio aos Conselhos Estaduais e Municipais dos Direitos da Criança e do Adolescente, aos órgãos estaduais, municipais, e entidades não

Art. 88

Estatuto da Criança e do Adolescente Comentado · Nucci

governamentais para tornar efetivos os princípios, as diretrizes e os direitos estabelecidos na Lei 8.069, de 13 de junho de 1990; IV – avaliar a política estadual e municipal e a atuação dos Conselhos Estaduais e Municipais da Criança e do Adolescente; (...) VII – acompanhar o reordenamento institucional propondo, sempre que necessário, modificações nas estruturas públicas e privadas destinadas ao atendimento da criança e do adolescente; VIII – apoiar a promoção de campanhas educativas sobre os direitos da criança e do adolescente, com a indicação das medidas a serem adotadas nos casos de atentados ou violação dos mesmos; IX – acompanhar a elaboração e a execução da proposta orçamentária da União, indicando modificações necessárias à consecução da política formulada para a promoção dos direitos da criança e do adolescente; X – gerir o fundo de que trata o art. 6.º da lei e fixar os critérios para sua utilização, nos termos do art. 260 da Lei 8.069, de 13 de julho de 1990; XI – elaborar o seu regimento interno, aprovando-o pelo voto de, no mínimo, dois terços de seus membros, nele definindo a forma de indicação do seu Presidente. Art. 3.º O Conanda é integrado por representantes do Poder Executivo, assegurada a participação dos órgãos executores das políticas sociais básicas na área de ação social, justiça, educação, saúde, economia, trabalho e previdência social e, em igual número, por representantes de entidades não governamentais de âmbito nacional de atendimento dos direitos da criança e do adolescente".

13. Programas específicos: da alçada concorrente da União, dos Estados e dos Municípios, há de se promover a criação de programas específicos para atender o menor de 18 anos. Anote-se, por exemplo, o cenário das campanhas de estímulo ao acolhimento familiar e as diversas formas de adoção especiais (art. 87, VII, ECA).

14. Fundos nacional, estaduais e municipais: sem recursos, nada se implementa, por maior boa vontade que possua o administrador. Eis o motivo de se prever a criação de fundos nos níveis federal, estaduais e municipais jungidos aos conselhos de cada ente federativo, com o fito de apoiar e sustentar as linhas de ação da política de atendimento ao menor. "Trata-se de um fundo público cujos recursos serão necessariamente aplicados no âmbito da política de atendimento dos direitos, como deflui da própria topologia da norma que o institui. (...) Assim sendo, os recursos recolhidos ao fundo destinar-se-ão aos aspectos prioritários ou emergenciais que, a critério do Conselho em deliberação específica, não possam ou não devam ser cobertos pelas previsões orçamentárias destinadas à execução normal das várias políticas públicas em seus respectivos âmbitos" (Edson Sêda, *in* Munir Cury [org.], *Estatuto da Criança e do Adolescente comentado*, p. 373).

15. Integração operacional do Judiciário, MP, Defensoria, Segurança Pública e Assistência Social: a apreensão de menor de 18 anos em flagrante de ato infracional não dá ensejo à lavratura de prisão, pois há irresponsabilidade penal. Diante disso, cuida-se de cenário propício e pertinente a este Estatuto; de qualquer forma, torna-se relevante resolver a situação brevemente. Desde a internação até mesmo à simples entrega do adolescente aos pais, a medida precisa contar com celeridade. Esta é a razão da integração *operacional* (espaço físico e interligação por meios de comunicação) do Judiciário com outros entes responsáveis pela apreensão, apresentação e decisão quanto ao destino do menor.

16. Integração operacional do Judiciário, MP, Defensoria, Conselho Tutelar e outros entes: esta operacionalidade diverge da anterior, pois se dedica ao menor em situação vulnerável, seja na sua família natural, seja em situação de abandono ou quando já abrigado. O ponto essencial é assegurar dinâmica e celeridade à reestruturação familiar da criança ou adolescente, se for viável, ou encaminhá-la brevemente para adoção. Longos estágios em abrigos são medidas cruéis para a formação e educação da criança ou adolescente. Por outro lado, mantê-lo na família natural, sofrendo abusos de toda ordem, sem uma medida eficaz para sanar, de vez, os problemas também é inaceitável. Um dos pontos cruciais, hoje, é a *lentidão*. Desde que, por exemplo, o Conselho Tutelar toma ciência de uma situação de maus-tratos à criança até o final do procedimento de apuração, decidindo-se pela reintegração familiar ou colocação em família substituta, decorrem vários meses e até anos. Isso é inadmissível e, realmente, o previsto neste inciso deve ser aplicado com prioridade absoluta.

17. Mobilização da opinião pública: eis um ponto que precisa fazer parte do cotidiano das pessoas, por meio de campanhas promovidas pelas entidades governamentais e não governamentais. A omissão dessa mobilização é evidente, tanto que nada se vê a respeito nos meios de comunicação.

17-A. Formação profissional em geral: os incisos VIII, IX e X acrescentados a este artigo indicam a meta do Estado de formar profissionais da área da infância e juventude de maneira mais fiel aos serviços e aos programas incentivados pela política pública, visando à ajuda efetiva aos menores carentes. Sem dúvida, psicólogos e assistentes sociais, que trabalham nessa delicada área, precisam de especialização e treinamento básico para enfrentar os casos concretos a analisar. No entanto, como já deixamos claro anteriormente, muito se coloca em lei, mas pouco se concretiza na prática.

> **Art. 89.** A função de membro do conselho nacional e dos conselhos estaduais e municipais dos direitos da criança e do adolescente é considerada de interesse público relevante e não será remunerada.[18]

18. Função não remunerada: a integração da sociedade nos Conselhos nacional, estaduais e municipais não gera remuneração, pois faz parte de um *direito-dever* de cidadão. Porém, constitui, sem dúvida, atividade relevante, de interesse público. Para fins de consideração geral, inclusive concursos públicos, pode ter peso eficiente na classificação.

Capítulo II

DAS ENTIDADES DE ATENDIMENTO

Seção I

Disposições Gerais

> **Art. 90.** As entidades de atendimento são responsáveis pela manutenção das próprias unidades, assim como pelo planejamento e execução de programas de proteção e socioeducativos destinados a crianças e adolescentes, em regime de:[19]
>
> I – orientação e apoio sócio-familiar;[20]
>
> II – apoio socioeducativo em meio aberto;[21]
>
> III – colocação familiar;[22-24]
>
> IV – acolhimento institucional;[25-25-A]
>
> V – prestação de serviços à comunidade;[26]
>
> VI – liberdade assistida;[27]
>
> VII – semiliberdade;[28] e
>
> VIII – internação.[29]

Art. 90

Estatuto da Criança e do Adolescente Comentado · **Nucci**

> § 1.º As entidades governamentais e não governamentais deverão proceder à inscrição de seus programas, especificando os regimes de atendimento, na forma definida neste artigo, no Conselho Municipal dos Direitos da Criança e do Adolescente, o qual manterá registro das inscrições e de suas alterações, do que fará comunicação ao Conselho Tutelar e à autoridade judiciária.[30]
>
> § 2.º Os recursos destinados à implementação e manutenção dos programas relacionados neste artigo serão previstos nas dotações orçamentárias dos órgãos públicos encarregados das áreas de Educação, Saúde e Assistência Social, dentre outros, observando-se o princípio da prioridade absoluta à criança e ao adolescente preconizado pelo *caput* do art. 227 da Constituição Federal e pelo *caput* e parágrafo único do art. 4.º desta Lei.[31]
>
> § 3.º Os programas em execução serão reavaliados pelo Conselho Municipal dos Direitos da Criança e do Adolescente, no máximo, a cada 2 (dois) anos, constituindo-se critérios para renovação da autorização de funcionamento:[32]
>
> I – o efetivo respeito às regras e princípios desta Lei, bem como às resoluções relativas à modalidade de atendimento prestado expedidas pelos Conselhos de Direitos da Criança e do Adolescente, em todos os níveis;[33]
>
> II – a qualidade e eficiência do trabalho desenvolvido, atestadas pelo Conselho Tutelar, pelo Ministério Público e pela Justiça da Infância e da Juventude;[34]
>
> III – em se tratando de programas de acolhimento institucional ou familiar, serão considerados os índices de sucesso na reintegração familiar ou de adaptação à família substituta, conforme o caso.[35]

19. Entidades de atendimento: são organizações, governamentais ou não governamentais, com instalações materiais e pessoal contratado para colocar em prática as suas finalidades estatutárias. No âmbito da infância e juventude, destinam-se a dar apoio à política de atendimento à criança e ao adolescente, cujas linhas de ação estão previstas no art. 87 deste Estatuto, respeitadas as diretrizes fixadas pelo art. 88 desta Lei. Levando-se em consideração a Lei 12.594/2012, que institui o Sistema Nacional de Atendimento Socioeducativo (SINASE), regulamentando a execução das medidas socioeducativas aplicadas a adolescente autor de ato infracional, "entende-se por entidade de atendimento a pessoa jurídica de direito público ou privado que instala e mantém a unidade e os recursos humanos e materiais necessários ao desenvolvimento de programas de atendimento" (art. 1.º, § 5.º). Essas entidades dividem-se, basicamente, em dois setores: a) crianças e adolescentes em estado de vulnerabilidade; b) adolescentes infratores.

20. Orientação e apoio sociofamiliar: um dos principais objetivos das entidades de atendimento à criança e ao adolescente é assegurar a reestruturação da família natural, evitando-se, com isso, o abrigamento por tempo indefinido ou mesmo a adoção, que é recurso excepcional. O suporte familiar deve ser amplo, mas não meramente assistencialista, significando proporcionar apoio psicológico, orientação de assistente social, encaminhamento a programas de desintoxicação – quando necessário, indicação de emprego etc.

21. Apoio socioeducativo em meio aberto: faz parte, igualmente, do suporte à família natural, evitando-se a sua desagregação; o apoio previsto neste inciso destina-se à criança ou adolescente, não institucionalizado, visando à sua mantença na escola, controlando a evasão, bem como proporcionando programas sociais e psicológicos para garantir equilíbrio e interesse aos jovens. Diz respeito, ainda, a evitar a fuga de casa, controlando a estada na rua, onde terminam deparando-se com a criminalidade e as drogas. Por outro lado, volta-se, também, aos adolescentes infratores, que cumprem suas reprimendas em meio aberto (prestação de serviços à comunidade e liberdade assistida), dando-lhes suporte para o correto cumprimento da sanção.

22. Colocação familiar: quando a entidade de atendimento possui programa de abrigamento de crianças e adolescentes, pode, ainda, cadastrar e controlar o acesso de infantes e jovens às famílias acolhedoras. Essa é uma atividade que pode ser desenvolvida pela Vara da Infância e Juventude, mas também por organizações de atendimento infantojuvenil. "De fato, conforme a legislação, as instituições de acolhimento devem ter um caráter temporário, pois a colocação da criança em acolhimento familiar tem sido considerada como prioritária e o período de passagem pelo abrigo deve ser reduzido ao mínimo possível" (Cynthia Peiter, *Adoção. Vínculos e rupturas: do abrigo à família adotiva*, p. 85). "Em outros países, como nos Estados Unidos, Inglaterra e França, a experiência surgiu desde o início do século XX como uma alternativa à institucionalização. Recentemente, esses países vêm avaliando os sistemas criados e propondo mudanças. Por exemplo, nos Estados Unidos vem se questionando o fato de que o acolhimento familiar (*foster care*), com as especificidades daquele país, transformou-se em um sistema pesado, em que muitas crianças acabam sendo transferidas de casa em casa e o retorno à família é difícil. A tendência tem sido buscar alternativas de permanência na própria família ou com outros parentes (Courtney, 2005; Schuermann, Rzepnick, Littell, 1994)" (Irene Rizzini, *Acolhendo crianças e adolescentes*, p. 60). No entanto, "não há um programa 'oficial' de estímulo para que casais assumam a responsabilidade e os cuidados de uma criança ou adolescente em situação de risco pessoal e social. Há, apenas, iniciativas privadas de instituições que, filantropicamente, preparam casais e desenvolvem, com sucesso, a guarda familiar" (Wilson Donizeti Liberati, *Comentários ao Estatuto da Criança e do Adolescente*, p. 37).

23. Prós e contras do acolhimento familiar: a colocação da criança ou adolescente em família especialmente cadastrada para tanto depende de inúmeros fatores, nem sempre favoráveis. São elementos positivos: a) a existência de famílias, cadastradas nas Varas da Infância e Juventude, dispostas a receber infantes e jovens carentes, constitui o melhor cenário para um programa de acolhimento, pois permite a vivência familiar, distante dos abrigos; b) as famílias acolhedoras representam um ambiente mais amistoso e mais próximo do núcleo familiar de onde foram retiradas as crianças ou jovens. São pontos negativos: a) as famílias acolhedoras podem afeiçoar-se aos infantes ou adolescentes, mas são impedidas de adotar; b) a convivência íntima, quando salutar, gera laços de amor, que se tornam difíceis de ser quebrados, quando houver o desligamento da criança ou jovem; c) é muito raro encontrar uma família disposta a receber menores, sem com eles travar uma aproximação afetuosa, de modo a entregá-los assim que houver determinação judicial; d) o Estado deveria remunerar essas famílias – o que não faz –, pois as despesas são elevadas; e) havendo remuneração, muitas famílias serão atraídas somente pelo dinheiro, não proporcionando o lar ideal para os infantes e adolescentes. Em suma, há mais contras que prós; o programa de colocação familiar tende a não dar certo. Em nosso entendimento, a colocação familiar, da maneira como posta pelo Estatuto, não funciona hoje, nem irá dar certo no futuro. Um dos principais aspectos é o alijamento dessas famílias da possibilidade de adotar uma das crianças ou jovens com a qual crie liame afetuoso intenso. Alguns dizem que isso se dá para que a família acolhedora não "burle a fila do cadastro", passando à frente de quem não acolhe menores. Ora, há dois pontos fundamentais a observar: a) justamente porque a família recebe infantes ou jovens é que *deve* ter a primazia de adotar, independentemente do burocrático cadastro e sua fila de pretendentes; b) mesmo que a família acolhedora resolva adotar um ou outro infante ou adolescente, por certo, há um limite natural. Se ela adotar uma criança, poderá continuar seu benéfico trabalho, sem necessidade de adotar outras. Sob outro aspecto, se o Estado remunerar (bem) tais famílias, pode dar-se uma *corrida* ao dinheiro – e não à vontade de cuidar de crianças ou jovens. Enfim, parece-nos que a colocação familiar, tal como idealizada nesta Lei, falhou e não tem salvação, enquanto não modificadas as regras.

24. Família hospedeira: este é um dos projetos, criados por magistrados, que não corresponde à *colocação familiar*, pois permite a posição ideal para a captação de interessados: menor compromisso + viabilidade de adoção. Noutros termos, muitas famílias poderiam receber crianças e adolescentes, desde que houvesse maior liberdade, sem tamanha responsabilidade *formal*, mas permitindo que, criados laços afetivos, possa se tornar adoção. Confira-se a colocação de Alessandro de Souza Lima a respeito da "família hospedeira": "na verdade, existem boas famílias nas comunidades, as quais podem servir de modelo parental adequando ao desenvolvimento saudável dessas crianças e adolescentes. Temem, porém, em assumir o encargo da adoção ou mesmo da guarda. Mas no Projeto Família Hospedeira existe um 'aparente descompromisso', pois se a família quiser, a qualquer tempo, pode pedir sua exclusão do Projeto, o que serve para debelar o receio da aproximação. Por outro lado, transcorrendo normalmente os períodos de hospedagem, que serão avaliados pelo Setor Técnico, a família pode solicitar a ampliação do tempo de hospedagem, passando, por exemplo, a retirar o acolhido todos os finais de semana. O estreitamento da relação entre o menor e a família hospedeira pode evoluir para o pedido de guarda ou mesmo adoção, o que seria ótimo; mas, quando menos, se a família se dispuser, por exemplo, a custear os estudos do acolhido, já seria de inestimável valia o apadrinhamento. De qualquer forma, o simples fato de dedicar carinho e atenção ao menor, que nada possui, já contribuirá – e muito – para sua formação moral e capacitação ao pleno exercício da cidadania. (...) As famílias do Projeto Família Acolhedora, entretanto, não podem estar inscritas no cadastro de adoção e devem declarar estar cientes de que não poderão pedir a adoção dos menores acolhidos evitando, assim, a burla ao cadastro de adoção. Logo se vê, portanto, que são projetos absolutamente distintos. No Projeto Família Hospedeira busca-se, justamente, dar às crianças e aos adolescentes, a princípio, uma convivência familiar, porém estimulando a formação de vínculos permanentes com as famílias, viabilizando o apadrinhamento, a guarda, a tutela ou a adoção" (*Projeto Família Hospedeira*, p. 307-309).

25. Acolhimento institucional: anteriormente, neste inciso, constava o termo *abrigo*; a alteração, introduzida pela Lei 12.010/2009, não altera a essência do acolhimento, buscando somente aperfeiçoar a terminologia. Há várias entidades de atendimento para acolher crianças e adolescentes carentes de recursos para uma sobrevivência digna ou desprovidos de qualquer amparo da família natural ou extensa. Sob outro aspecto, retira-se o infante ou jovem de seu núcleo familiar, inserindo-os em abrigos, para preservá-los de violência física ou moral, tratamento desumano, exploração sexual, entre outros males. Num breve resumo histórico, "consta que, por volta do século XII, um certo Bispo, ao caminhar pelas ruas de Roma e testemunhar a pesca de bebês entre as redes dos pescadores, determinou a construção do que teria sido um dos primeiros asilos para crianças órfãs ou abandonadas (Boswel, 1988). (...) há um grande descompasso no Brasil entre a importância atribuída ao papel da família no discurso e a falta de condições mínimas de vida digna que as famílias enfrentam, na prática, para que possam criar seus filhos. É fácil identificar de imediato a negligência cometida pelos pais ao se encontrar uma criança em 'situação de risco'. É bem mais difícil acusar o Estado de negligente e omisso" (Irene Rizzini, *Acolhendo crianças e adolescentes*, p. 31-32). "A cultura do abrigamento familiar não é recente entre nós. Desde o período da escravatura até o início do séc. XX difundiu-se um comportamento ímpar nas famílias, relacionado ao 'cuidado' que elas tinham com as crianças de seus vizinhos ou parentes. Tratava-se de um comportamento de solidariedade, pelo qual, na zona rural ou urbana, uma família ajudava a 'criar' a criança da outra" (Wilson Donizeti Liberati, *Comentários ao Estatuto da Criança e do Adolescente*, p. 37). Observe-se que o acolhimento institucional, por si só, não é um erro ou um mal; ao contrário, muito mais adequado o abrigamento do que o sofrimento físico-moral de crianças e jovens, quando exploradas, abusadas, maltratadas ou agredidas por seus pais ou parentes. Receber os menores em situação de risco também é um ato fraterno, patrocinado pela sociedade, por meio de organizações não governamentais, ou pelo poder público. Mas, perpetuar a institucionalização torna os menores invisíveis à sociedade, retirando-lhes a oportunidade de ter uma vida familiar positiva. "No abrigo Nosso Lar, que fica no Núcleo Bandeirante, 70 crianças – entre recém-nascidos e adolescentes até 18 anos – estão sob os cuidados do Estado. A maioria espera poder viver com a família biológica qualquer dia. O mais rápido possível. Mas 14 deles não têm mais essa expectativa. Estão na fila de adoção... Se algum visitante chega, pedem colo. Disputam atenção. Perguntam sobre o cabelo, as roupas e qualquer outro detalhe que desperte sua curiosidade ou interesse... Carentes, personagens de histórias muito tristes que ainda aguardam um final feliz, essas crianças não gostam de falar do passado. Não encontram palavras para responder a perguntas difíceis como 'onde está sua mãe?' ou 'você sabe por que está aqui?' Apesar da dor, sentem falta da mãe, do colo do pai e sonham com uma nova família. Se falar é difícil, colocar no papel o sonho de uma nova vida, muitas vezes, é o caminho encontrado para se expressar. Dessa forma, abre-se um claro paradoxo: de um lado a família representando um novo papel para a criança, através do respeito à sua dignidade; de outro, a reiteração *insana* em violar seus direitos fundamentais, *primeiro* autorizando a institucionalização sob o manto de uma visão tutelarista, *segundo* compactuando com a perenização da medida, *terceiro* autorizando investidas no retorno à família de origem, sem que esta tenha recebido qualquer apoio para o acolhimento da criança, o que repercutirá em uma revitimização, pois à criança não será deferida carga de investimentos afetivos capaz de minimizar as agruras já experimentadas, *quarto* a perda de seu tempo útil para se ver inserida em uma família afetiva" (Sérgio Domingos, *A família como garantia fundamental ao pleno desenvolvimento da criança*, p. 272).

25-A. Acolhimento institucional em lugar de guarda fraudulenta: em notas anteriores já frisamos a excepcionalidade do acolhimento institucional, sempre caracterizadora de um trauma permanente para a criança ou o adolescente. Entretanto, essa forma de proteção infantojuvenil existe justamente para casos excepcionais e não pode ser desconsiderada. É mais adequado que o menor fique em abrigo especializado do que sendo vítima de abusos sexuais ou físicos graves por parte de seus pais ou responsáveis. Do mesmo modo, se o juiz perceber o início da formação de laços afetivos entre a criança, obtida de maneira fraudulenta, e uma pessoa adulta, em detrimento da família natural, torna-se mais prudente inserir o infante no acolhimento institucional, antes que seja tarde demais. Afinal, após a formação sólida de vínculos afetivos com determinada família, o trauma para a criança, em virtude de uma retirada da guarda com transferência para o familiar biológico, é muito drástico. Diante disso, detectada a forma fraudulenta de obtenção da guarda – formal ou informal – a medida de acolhimento é a mais adequada. Na jurisprudência: STJ: "1. As medidas protetivas previstas no ECA, para repelir ameaça de violação a direitos de crianças e adolescentes, podem ter natureza cautelar, devendo atender a intervenção judicial a três requisitos fundamentais: (i) precoce; (ii) mínima e (iii) proporcional. 2. Na estreita via do *habeas corpus*, somente é possível a verificação da legalidade da ordem de acolhimento institucional de menor, mediante a análise da proporcionalidade da decisão judicial, ponderando-se a necessidade e a utilidade da medida. 3. A jurisprudência desta Corte orienta-se no sentido de que, salvo risco evidente à integridade física e psíquica da criança, não é do seu melhor interesse o acolhimento institucional. 4. Contudo, para evitar a formação de laços afetivos em hipóteses em que a guarda foi obtida de forma fraudulenta, com indícios de ilegalidade e cometimento de

Art. 90

Estatuto da Criança e do Adolescente Comentado · **Nucci**

crime, mostra-se razoável a medida protetiva de acolhimento institucional. 5. No caso, o pai registral conquistou a guarda de forma obscura de genitora adolescente, que foi afastada da filha, sem poder manter contato com ela, com posterior arrependimento de sua entrega. 6. Envolvimento de terceiros na intermediação do ato de entrega da menor, com fortes indícios do cometimento de crime, tornando duvidosa a alegada paternidade. 7. Intervenção judicial, no caso, feita de forma precoce, mínima e proporcional à gravidade dos fatos imputados ao pai registral. 8. Legalidade da medida protetiva da criança. 9. Ordem denegada" (HC 342.325/RJ, 3.ª T., rel. Paulo de Tarso Sanseverino, 18.02.2016, v.u.).

26. Prestação de serviços à comunidade: consiste na atribuição de tarefas gratuitas a adolescentes, autores de ato infracional, a serem desenvolvidas em hospitais, asilos, abrigos, entidades de acolhimento e congêneres, com a finalidade educativa e aprimoramento da formação moral. Segundo dispõe o art. 13 da Lei 12.594/2012: "compete à direção do programa de prestação de serviços à comunidade ou de liberdade assistida: I – selecionar e credenciar orientadores, designando-os, caso a caso, para acompanhar e avaliar o cumprimento da medida; II – receber o adolescente e seus pais ou responsável e orientá-los sobre a finalidade da medida e a organização e funcionamento do programa; III – encaminhar o adolescente para o orientador credenciado; IV – supervisionar o desenvolvimento da medida; e V – avaliar, com o orientador, a evolução do cumprimento da medida e, se necessário, propor à autoridade judiciária sua substituição, suspensão ou extinção. Parágrafo único. O rol de orientadores credenciados deverá ser comunicado, semestralmente, à autoridade judiciária e ao Ministério Público". Preceitua o art. 14: "incumbe ainda à direção do programa de medida de prestação de serviços à comunidade selecionar e credenciar entidades assistenciais, hospitais, escolas ou outros estabelecimentos congêneres, bem como os programas comunitários ou governamentais, de acordo com o perfil do socioeducando e o ambiente no qual a medida será cumprida. Parágrafo único. Se o Ministério Público impugnar o credenciamento, ou a autoridade judiciária considerá-lo inadequado, instaurará incidente de impugnação, com a aplicação subsidiária do procedimento de apuração de irregularidade em entidade de atendimento regulamentado na Lei 8.069, de 13 de julho de 1990 (Estatuto da Criança e do Adolescente), devendo citar o dirigente do programa e a direção da entidade ou órgão credenciado". O incidente de impugnação de entidade de prestação de serviços à comunidade deve ser autuado em apenso ao procedimento onde foi aplicada a medida socioeducativa. A inadequação do local pode ter vários aspectos, dentre os quais: a) lugar incompatível com a idade do adolescente (ex.: inserir um jovem de 12 anos a prestar serviços num pronto-socorro de hospital público); b) lugar indevido para qualquer espécie de prestação de serviço à comunidade (ex.: presídio); c) local inadequado para o serviço pela atual situação na qual se encontra (ex.: desaparelhado, carente de recursos humanos ou em vias de fechamento).

27. Liberdade assistida: trata-se de medida socioeducativa, imposta ao adolescente infrator, prevista no art. 118 deste Estatuto: "a liberdade assistida será adotada sempre que se afigurar a medida mais adequada para o fim de acompanhar, auxiliar e orientar o adolescente. § 1.º A autoridade designará pessoa capacitada para acompanhar o caso, a qual poderá ser recomendada por entidade ou programa de atendimento. § 2.º A liberdade assistida será fixada pelo prazo mínimo de seis meses, podendo a qualquer tempo ser prorrogada, revogada ou substituída por outra medida, ouvido o orientador, o Ministério Público e o defensor".

28. Semiliberdade: trata-se de medida socioeducativa, imposta ao adolescente infrator, prevista no art. 120 desta Lei: "o regime de semiliberdade pode ser determinado desde o início, ou como forma de transição para o meio aberto, possibilitada a realização de atividades externas, independentemente de autorização judicial. § 1.º São obrigatórias a escolarização e a profissionalização, devendo, sempre que possível, ser utilizados os recursos existentes na comunidade. § 2.º A medida não comporta prazo determinado aplicando-se, no que couber, as disposições relativas à internação".

29. Internação: trata-se de medida socioeducativa, imposta ao adolescente infrator, prevista no art. 121 desta Lei: "A internação constitui medida privativa da liberdade, sujeita aos princípios de brevidade, excepcionalidade e respeito à condição peculiar de pessoa em desenvolvimento. § 1.º Será permitida a realização de atividades externas, a critério da equipe técnica da entidade, salvo expressa determinação judicial em contrário. § 2.º A medida não comporta prazo determinado, devendo sua manutenção ser reavaliada, mediante decisão fundamentada, no máximo a cada seis meses. § 3.º Em nenhuma hipótese o período máximo de internação excederá a três anos. § 4.º Atingido o limite estabelecido no parágrafo anterior, o adolescente deverá ser liberado, colocado em regime de semiliberdade ou de liberdade assistida. § 5.º A liberação será compulsória aos vinte e um anos de idade. § 6.º Em qualquer hipótese a desinternação será precedida de autorização judicial, ouvido o Ministério Público. § 7.º A determinação judicial mencionada no § 1.º poderá ser revista a qualquer tempo pela autoridade judiciária".

30. Inscrição dos programas no Conselho Municipal dos Direitos da Criança e do Adolescente: as entidades de atendimento, governamentais ou não, devem demonstrar ao Conselho referido os seus programas, para fiscalização e controle, buscando a garantia de que se trata de instituições idôneas para a política de atendimento às crianças e adolescentes. Os programas serão devidamente registrados (inclusive alterações), enviando-se comunicação ao Conselho Tutelar e à Vara da Infância e da Juventude de sua região. Embora este Estatuto busque ser minucioso e detalhista numa série de aspectos, vislumbra-se o excesso de normas e, pior, burocracia para a máquina estatal ter regular andamento. Se houvesse, acima de tudo, ética e honestidade na política em geral, na atuação dos ocupantes de cargos e funções públicas, bem como na atividade dos dirigentes de organizações de atendimento, nada disso seria preciso. Hoje, como se nota, este Estatuto impõe regras; essas normas se subdividem em outros regramentos; criam-se leis especiais a todo momento, a pretexto de complementar e modernizar esta Lei; estabelecem-se órgãos federais, estaduais e municipais para conduzir a política de atendimento ao infante e ao jovem; enfim, são registros, comunicações, programas, fiscalizações infindáveis, prazos para cumprimento de regras, imposições de gastos etc. Na prática, qualquer pessoa ligada à área da infância e juventude logo percebe a desestruturação geral dos organismos de atendimento, incluindo nessa crítica os órgãos do Poder Judiciário, membros do Ministério Público e corpo interprofissional das Varas da Infância e Juventude. Alguns poderiam dizer que a criação de órgãos e entidades, uma após outra, encontra limite apenas na imaginação do legislador, com o fito de preencher cargos e contentar políticos. Entretanto, queremos acreditar na boa-fé do Legislativo, ao menos em área tão sensível como é a da criança e do adolescente. Porém, essa mentalidade, mesmo com bons propósitos, é o triste espelho da realidade brasileira, onde quase tudo é regrado, mas quase nada funciona na prática. Somos da opinião de que um menor número de normas é mais salutar, desde que se imponha, sob pena de responsabilidade pessoal e direta, o seu fiel cumprimento. Na jurisprudência: TJRS: "Relativamente à experiência profissional comprovada pela impetrante perante a Casa de Acolhimento de São Leopoldo, deve ser considerada como tal, ainda que não possua cadastro no COMDEDICA, pois tal circunstância refogia do seu conhecimento à época em que prestou serviços ao estabelecimento, o qual tem como escopo justamente o atendimento e defesa de direitos de crianças e adolescentes em situação de vulnerabilidade, prevalecendo, dessa forma, o princípio da boa-fé. Aliás, assim como concluiu a sentença, a responsabilidade pela manutenção das entidades de atendimento às crianças e adolescentes, bem como do registro no Conselho Municipal dos Direitos da Criança e do Adolescente é delas próprias, nos termos do disposto no art. 90, § 1.º, da Lei n.º 8.069/90 (ECA)" (Rec. 50018455720198210033, 3.ª Câm. Cível, rel. Nelson Antônio Monteiro Pacheco, 17.03.2021).

31. Dotações orçamentárias: se o orçamento dos poderes públicos realmente previsse o necessário para o atendimento à criança e ao adolescente, a situação atual não seria tão negativa quanto efetivamente é. Portanto, por mais que se ratifique o princípio da primazia do superior interesse infantojuvenil, que, de fato, encontra-se no art. 227 da Constituição Federal, o abstrato campo das leis não conseguiu, ainda, dobrar a realidade. E não será reiterando e relembrando o preceito constitucional, em leis ordinárias, que se atingirá o nível ideal de atendimento aos menores de 18 anos.

32. Reavaliação dos programas: as entidades de atendimento necessitam de autorização para funcionarem regularmente. No parágrafo anterior, impõe-se o registro de seus programas de atendimento no Conselho Municipal dos Direitos da Criança e do Adolescente, enquanto neste determina-se a reavaliação de tais programas para efeito de renovação da autorização anteriormente concedida. No mais, ante o excessivo número de regras, reportamo-nos aos comentários feitos na nota 30 ao § 1.º.

33. Respeito às regras e princípios do Estatuto: embora seja óbvio, nem precisando constar em lei, a única razão para se renovar ou negar tal renovação da entidade de atendimento é o fiel cumprimento de todos os preceitos do Estatuto da Criança e do Adolescente.

34. Atestado de qualidade e eficiência: não se estabelecem os critérios para essa avaliação, de modo que, muitas vezes, não passa de mera formalidade, sem alcance prático. Cuidando-se da emissão de singelos *atestados*, nada seria mais burocrático. Por outro lado, se a avaliação for feita de maneira contínua, por meio de visitas e inspeções, mais adequado se torna. Entretanto, como se disse, sem regras para essa análise de qualidade e eficiência, trata-se de mais uma norma inócua.

35. Índices de sucesso na reintegração familiar ou adaptação à família substituta: este item, com a devida vênia, é inadequado, para efeito de *renovação* da autorização de funcionamento. Nenhuma entidade de atendimento deve ser posta num *ranking* para saber qual tem mais – ou menos – sucesso em atividades de natureza imponderável, como promover a reintegração familiar ou a adaptação de crianças ou jovens em família substituta. Se tal avaliação fosse posta em evidência, assim deveria ocorrer como incentivo e estímulo ao bom trabalho, mas jamais como critério para *renovar* a licença. Aliás, se as instituições de acolhimento fossem, efetivamente, analisadas por esse critério, a maioria já estaria fechada. Não são as entidades que conseguem a reintegração familiar e muito menos a integração do menor em família substituta, como no caso da adoção. Tal se dá por meio da equipe interprofissional, quando atua corretamente, da Vara da Infância e Juventude. Sob aspecto diverso, há entidades de acolhimento de infratores, algo que também se distancia de qualquer espécie de *ranking* de sucesso em reintegração familiar ou com família substituta, pois não é sua meta principal. Embora seja parte de seus princípios, conforme previsão feita pelo art. 92 deste Estatuto, não se há de condicionar o triunfo em manter laços familiares com a autorização para funcionar.

> **Art. 91.** As entidades não governamentais somente poderão funcionar depois de registradas no Conselho Municipal dos Direitos da Criança e do Adolescente, o qual comunicará o registro ao Conselho Tutelar e à autoridade judiciária da respectiva localidade.[36]
>
> § 1.º Será negado o registro à entidade que:[37]

a) não ofereça instalações físicas em condições adequadas de habitabilidade, higiene, salubridade e segurança;[38]

b) não apresente plano de trabalho compatível com os princípios desta Lei;[39]

c) esteja irregularmente constituída;[40]

d) tenha em seus quadros pessoas inidôneas;[41]

e) não se adequar ou deixar de cumprir as resoluções e deliberações relativas à modalidade de atendimento prestado expedidas pelos Conselhos de Direitos da Criança e do Adolescente, em todos os níveis.[42]

§ 2.º O registro terá validade máxima de 4 (quatro) anos, cabendo ao Conselho Municipal dos Direitos da Criança e do Adolescente, periodicamente, reavaliar o cabimento de sua renovação, observado o disposto no § 1.º deste artigo.[43]

36. Entidades não governamentais e registro no Conselho Municipal: a descentralização da política de atendimento dos direitos da criança e do adolescente é uma das diretrizes estabelecidas pelo art. 88, I, deste Estatuto. É indiscutível a maior proximidade do Município nas questões sociais, especialmente as referentes à situação infantojuvenil, motivo pelo qual se determina o controle e fiscalização das entidades não governamentais pelo Conselho Municipal dos Direitos da Criança e do Adolescente, que deve ser criado em cada cidade brasileira. Lembra, com precisão, Francismar Lameza que "não poderá haver exercício de atividades de modo provisório. Não basta ingressar com o pedido de registro junto ao Conselho Municipal – deverá existir a efetiva aprovação do registro para somente a partir daí haver o efetivo funcionamento. Em seguida, o Conselho Municipal realizará a comunicação do registro da entidade ao respectivo Conselho Tutelar e à autoridade judiciária local. Tal servirá para dar a necessária publicidade, bem como para propiciar futura fiscalização das atividades da entidade" (*Estatuto da Criança e do Adolescente interpretado*, p. 141).

37. Uniformização para o registro de entidade: o disposto neste parágrafo tem por finalidade uniformizar as regras para o registro ou o indeferimento da licença para o funcionamento da entidade não governamental em todo o território nacional. Entretanto, normas administrativas, atendendo às peculiaridades de cada região (ou município), poderiam disciplinar o assunto.

38. Condições ideais para crianças e adolescentes: o mínimo que se espera de uma instituição não governamental, ao receber infantes e jovens, retirados de seus lares ou mesmo do inóspito ambiente das ruas, é oferecer-lhe um ambiente adequado: limpo, acolhedor, seguro, saudável. Entretanto, a maior contradição, nesse cenário, dá-se justamente no tocante a várias entidades governamentais, que deveriam dar o exemplo, mas são insalubres, superlotadas, sem recursos adequados, desprovidas de apoio psicossocial, dentre outros defeitos graves. Não somente as instituições de abrigamento de infratores, mas também as acolhedoras de crianças e jovens carentes. Se a entidade não governamental pode ser interditada pelo poder público, quem interdita o ente controlado pelo próprio poder público? Sabe-se que, muitas vezes, a autoridade judiciária interfere, interdita e exige solução imediata, mas o poder político fala mais alto e jamais se consegue, de fato, o correto funcionamento de vários órgãos públicos de atendimento ao menor de 18 anos. Como já frisamos em outras notas, mais relevante que *lotar* o mundo das normas de regras e mais regras é dar eficácia às diretrizes e princípios básicos de proteção à criança e ao adolescente. Mas isso parece ser mais difícil no Brasil do que editar normas ideais para um mundo irreal.

39. Plano de trabalho incompatível com o Estatuto: de todos os fatores capazes de levar ao indeferimento do registro da entidade, este é o menos provável de se concretizar, pois basta colocar no plano abstrato, apresentado ao Conselho Municipal, o ideário existente no ECA e na Constituição Federal. Como se sabe, há muito, *o papel aceita tudo* (hoje, o computador). Está-se tratando de *plano* de trabalho compatível com os princípios desta Lei – e não de trabalho *efetivo*, o que somente o tempo poderá determinar se houve.

40. Constituição irregular: embora seja evidente que não pode o Conselho Municipal autorizar o funcionamento de uma entidade irregularmente formada, este dispositivo deixa isso ainda mais nítido. Instituições não governamentais (ONGs) devem seguir o disposto no Código Civil e atuar como sociedade civil, sem fins lucrativos. Preceitua o Código Civil: "Art. 44. São pessoas jurídicas de direito privado: I – as associações; II – as sociedades; III – as fundações; IV – as organizações religiosas; V – os partidos políticos; VI – as empresas individuais de responsabilidade limitada. § 1.º São livres a criação, a organização, a estruturação interna e o funcionamento das organizações religiosas, sendo vedado ao poder público negar-lhes reconhecimento ou registro dos atos constitutivos e necessários ao seu funcionamento. § 2.º As disposições concernentes às associações aplicam-se subsidiariamente às sociedades que são objeto do Livro II da Parte Especial deste Código. § 3.º Os partidos políticos serão organizados e funcionarão conforme o disposto em lei específica. Art. 45. Começa a existência legal das pessoas jurídicas de direito privado com a inscrição do ato constitutivo no respectivo registro, precedida, quando necessário, de autorização ou aprovação do Poder Executivo, averbando-se no registro todas as alterações por que passar o ato constitutivo. Parágrafo único. Decai em três anos o direito de anular a constituição das pessoas jurídicas de direito privado, por defeito do ato respectivo, contado o prazo da publicação de sua inscrição no registro. Art. 46. O registro declarará: I – a denominação, os fins, a sede, o tempo de duração e o fundo social, quando houver; II – o nome e a individualização dos fundadores ou instituidores, e dos diretores; III – o modo por que se administra e representa, ativa e passivamente, judicial e extrajudicialmente; IV – se o ato constitutivo é reformável no tocante à administração, e de que modo; V – se os membros respondem, ou não, subsidiariamente, pelas obrigações sociais; VI – as condições de extinção da pessoa jurídica e o destino do seu patrimônio, nesse caso. Art. 47. Obrigam a pessoa jurídica os atos dos administradores, exercidos nos limites de seus poderes definidos no ato constitutivo. Art. 48. Se a pessoa jurídica tiver administração coletiva, as decisões se tomarão pela maioria de votos dos presentes, salvo se o ato constitutivo dispuser de modo diverso. Parágrafo único. Decai em três anos o direito de anular as decisões a que se refere este artigo, quando violarem a lei ou estatuto, ou forem eivadas de erro, dolo, simulação ou fraude. Art. 49. Se a administração da pessoa jurídica vier a faltar, o juiz, a requerimento de qualquer interessado, nomear-lhe-á administrador provisório. Art. 49-A. A pessoa jurídica não se confunde com os seus sócios, associados, instituidores ou administradores. Parágrafo único. A autonomia patrimonial das pessoas jurídicas é um instrumento lícito de alocação e segregação de riscos, estabelecido pela lei com a finalidade de estimular empreendimentos, para a geração de empregos, tributo, renda e inovação em benefício de todos. Art. 50. Em caso de abuso da personalidade jurídica, caracterizado pelo desvio de finalidade ou pela confusão patrimonial, pode o juiz, a requerimento da parte, ou do Ministério Público quando lhe couber intervir no processo, desconsiderá-la para que os efeitos de certas e determinadas relações de obrigações sejam estendidos aos bens particulares de administradores ou de sócios da pessoa jurídica beneficiados direta ou indiretamente pelo abuso. § 1.º Para os fins do disposto neste artigo, desvio de finalidade é a utilização da pessoa jurídica com o propósito de lesar credores e para a prática de atos ilícitos de qualquer natureza. § 2.º Entende-se por confusão patrimonial a ausência de separação de fato entre os patrimônios, caracterizada por: I – cumprimento repetitivo pela sociedade de obrigações do sócio ou do administrador ou vice-versa; II – transferência de ativos ou de passivos sem efetivas contraprestações, exceto os de valor proporcionalmente insignificante; e III – outros atos de descumprimento da autonomia patrimonial. § 3.º O disposto no *caput* e nos §§ 1.º e 2.º deste artigo também se aplica à extensão das obrigações de sócios ou de administradores à pessoa jurídica. § 4.º A mera existência de grupo econômico sem a presença dos requisitos de que trata o *caput* deste artigo não autoriza a desconsideração da personalidade da pessoa jurídica. § 5.º Não constitui desvio de finalidade a mera expansão ou a alteração da finalidade original da atividade econômica específica da pessoa jurídica. Art. 51. Nos casos de dissolução da pessoa jurídica ou cassada a autorização para seu funcionamento, ela subsistirá para os fins de liquidação, até que esta se conclua. § 1.º Far-se-á, no registro onde a pessoa jurídica estiver inscrita, a averbação de sua dissolução. § 2.º As disposições para a liquidação das sociedades aplicam-se, no que couber, às demais pessoas jurídicas de direito privado. § 3.º Encerrada a liquidação, promover-se-á o cancelamento da inscrição da pessoa jurídica. Art. 52. Aplica-se às pessoas jurídicas, no que couber, a proteção dos direitos da personalidade".

41. Pessoas inidôneas: não é questão simples inserir tal preceito em lei, mormente pelo seu formato aberto e vago. Pode dar ensejo a *julgamentos morais* inadmissíveis ou até mesmo a lesão ao princípio constitucional da presunção de inocência. Diante disso, segundo nos parece, a inidoneidade deve ser avaliada de modo objetivo, referindo-se a condenações transitadas em julgado. Fora desse contexto, a avaliação se tornaria subjetivamente inidônea. Independentemente, cabe a cada instituição zelar pelos integrantes de seus quadros, afastando ou suspendendo quem esteja em situação crítica, seja envolvido em inquérito policial, indiciado por delito grave, ou respondendo a processo-crime. Com isso, zela-se pelo bem-estar das crianças e adolescentes, de dentro para fora, vale dizer, a partir da própria entidade, antes mesmo de haver necessidade de avaliação de seus integrantes pelo Conselho Municipal.

42. Resoluções administrativas: há Conselhos de Direitos da Criança e do Adolescente nos níveis federal, estadual e municipal. Cada qual com seu âmbito particular de atuação tem atribuição para editar resoluções e deliberações, de caráter normativo, vinculando as entidades governamentais e não governamentais, desde que sejam harmônicas com os princípios deste Estatuto e da Constituição Federal. Portanto, como consequência lógica, devem as entidades cumpri-las. Algumas dessas determinações ligam-se estreita e particularmente a uma instituição, com o objetivo de adaptá-la, de fato, às melhores condições para o atendimento infantojuvenil. Observe-se que um dos motivos para não se permitir o registro da entidade não governamental é a inadequação de suas instalações (alínea *a* deste § 1.º); logo, como o registro tem caráter temporário, necessitando de renovação, é possível que o Conselho (em qualquer nível) estabeleça alguma meta a ser atingida, sob pena de não continuar funcionando.

43. Registro temporário: justamente porque existem regras a observar, tanto no momento do primeiro registro, para poder funcionar, como também durante os trabalhos envolvendo a entidade de apoio à criança e ao adolescente, estabelece-se a temporariedade da licença de funcionamento. A cada quatro anos, deve-se revalidar o registro. Nesse período é viável analisar os fatores explicitados no § 1.º deste artigo.

> **Art. 92.** As entidades que desenvolvam programas de acolhimento familiar ou institucional deverão adotar os seguintes princípios:[44]
>
> I – preservação dos vínculos familiares e promoção da reintegração familiar;[45]
>
> II – integração em família substituta, quando esgotados os recursos de manutenção na família natural ou extensa;[46]
>
> III – atendimento personalizado e em pequenos grupos;[47]

IV – desenvolvimento de atividades em regime de coeducação;[48]

V – não desmembramento de grupos de irmãos;[49]

VI – evitar, sempre que possível, a transferência para outras entidades de crianças e adolescentes abrigados;[50]

VII – participação na vida da comunidade local;[51]

VIII – preparação gradativa para o desligamento;[52]

IX – participação de pessoas da comunidade no processo educativo.[53]

§ 1.º O dirigente de entidade que desenvolve programa de acolhimento institucional é equiparado ao guardião, para todos os efeitos de direito.[54]

§ 2.º Os dirigentes de entidades que desenvolvem programas de acolhimento familiar ou institucional remeterão à autoridade judiciária, no máximo a cada 6 (seis) meses, relatório circunstanciado acerca da situação de cada criança ou adolescente acolhido e sua família, para fins da reavaliação prevista no § 1.º do art. 19 desta Lei.[55]

§ 3.º Os entes federados, por intermédio dos Poderes Executivo e Judiciário, promoverão conjuntamente a permanente qualificação dos profissionais que atuam direta ou indiretamente em programas de acolhimento institucional e destinados à colocação familiar de crianças e adolescentes, incluindo membros do Poder Judiciário, Ministério Público e Conselho Tutelar.[56]

§ 4.º Salvo determinação em contrário da autoridade judiciária competente, as entidades que desenvolvem programas de acolhimento familiar ou institucional, se necessário com o auxílio do Conselho Tutelar e dos órgãos de assistência social, estimularão o contato da criança ou adolescente com seus pais e parentes, em cumprimento ao disposto nos incisos I e VIII do *caput* deste artigo.[57]

§ 5.º As entidades que desenvolvem programas de acolhimento familiar ou institucional somente poderão receber recursos públicos se comprovado o atendimento dos princípios, exigências e finalidades desta Lei.[58]

§ 6.º O descumprimento das disposições desta Lei pelo dirigente de entidade que desenvolva programas de acolhimento familiar ou institucional é causa de sua destituição, sem prejuízo da apuração de sua responsabilidade administrativa, civil e criminal.[59]

§ 7.º Quando se tratar de criança de 0 (zero) a 3 (três) anos em acolhimento institucional, dar-se-á especial atenção à atuação de educadores de referência estáveis e qualitativamente significativos, às rotinas específicas e ao atendimento das necessidades básicas, incluindo as de afeto como prioritárias.[59-A]

44. Diretrizes para as entidades de acolhimento: tanto as famílias acolhedoras quanto os abrigos, governamentais ou não, devem buscar o respeito aos preceitos dos incisos I a IX deste artigo, pois são metas compatíveis com o superior interesse da criança e do adolescente. No entanto, exige-se a consecução do *possível* e não do ideal. Afinal, nem mesmo o Estado consegue colocar em prática tudo o que consta, em favor do infante e do jovem, previsto na Constituição Federal e neste Estatuto. Na jurisprudência: TJSP: "Civil Pública. Construção de abrigos para crianças e adolescentes em situação de risco. O programa de abrigo se insere na política ampla de atendimento a crianças e adolescentes, nos termos do art. 92 da Lei 8.069/90. Obrigatoriedade do Município em criar instituições para esse fim. Recurso não provido" (Apelação 994061717091, 3.ª Câm. de Direito Público, rel. Marrey Uint, 10.08.2010, v.u.).

45. Preservação dos vínculos familiares: um dos princípios básicos dos direitos da criança e do adolescente centraliza-se na preservação dos laços com a sua família natural (e também com a extensa). Havendo interesse por parte dos pais biológicos em manter seus filhos, deve o Estado trabalhar por isso, buscando variadas fórmulas para atender o desejo mútuo de integração. A pobreza ou miserabilidade pode ser um dos fatores de afastamento entre pais e filhos, podendo a família acolhedora ou o abrigo, por seus profissionais (psicólogo ou assistente social), buscar manter aceso o vínculo da família natural. Para tanto, assegura-se a visitação, o contato, incentivando-se a reestruturação dos pais para receber seus filhos de volta. Mas é preciso considerar a realidade de muitas situações. Há abandono, por desprezo absoluto dos pais biológicos (ou somente da mãe, pois o pai é desconhecido); existem casos de violentos maus-tratos; há a exploração sexual, enfim, a preservação dos vínculos ou a reintegração familiar tem limites; tais balizas concentram-se na segurança e boa criação dos infantes e jovens. Ser pai ou mãe biológico não confere a ninguém, de qualquer classe social, o *direito* de abandonar os filhos, maltratá-los, explorá-los, machucá-los, transformando a sua vida num eternizado sofrimento. Portanto, há casos em que a própria visita dos pais é vedada pela autoridade judiciária e o menor fica preservado, seja em família acolhedora, seja no abrigo. Na jurisprudência: TJSC: "(...) O acolhimento é medida excepcional e temporária, mostrando-se recomendável estimular a manutenção dos vínculos familiares da criança, considerando que se caracteriza como um dos direitos fundamentais à convivência familiar. Ressalte-se, ademais, que o Art. 92 do Estatuto da Criança e do Adolescente, prevê que as entidades que desenvolvam programas de acolhimento familiar ou institucional deverão adotar, dentre outros princípios, a preservação dos vínculos familiares, a promoção da reintegração familiar, bem como a preparação gradativa para o desligamento. Portanto, ante a mudança na postura da genitora, que deseja reaver a guarda da criança, mostra-se recomendável deferir as visitas da mãe à filha inicialmente de forma assistida nas dependências do abrigo, mediante acompanhamento e supervisão da equipe técnica, de modo que possibilite, *ad cautelam*, a averiguação, mediante relatório a ser encaminhado aos autos, da conveniência da ampliação das visitas ou até mesmo do desabrigamento" (AI 4013991-68.2019.8.24.0000, 4.ª Câmara de Direito Cível, rel. Selso de Oliveira, 12.06.2019, d.m.).

46. Integração com família substituta: em caráter excepcional, mas indispensável em variados casos, o destino de crianças e adolescentes é a adoção, pois os pais biológicos não possuem a menor estrutura física-emocional para mantê-los. Não é a família acolhedora e muito menos o abrigo o encarregado de tecer os laços de aproximação e consolidação entre menor e adotantes. Cabe à autoridade judiciária determinar o encontro para, depois, haver a colocação em lar substituto. Eventualmente, pode ocorrer um período breve de transição, quando os adotantes visitam a criança ou adolescente no acolhimento. Assim sendo, nesse momento, cabe às entidades acolhedoras facilitar o entrosamento entre ambos os lados. Mas não é responsabilidade de nenhuma delas *promover* a integração com família substituta, antes da autorização judicial. "Assim, observamos o lugar difícil em que são colocados os profissionais das instituições de acolhimento institucional, ficando à mercê de uma comunicação ineficiente com o órgão responsável pelas decisões e sentindo-se parcialmente prejudicados na possibilidade de ajudar as crianças na transição. Muitas vezes, sabemos que o abrigo conta com ajuda de psicoterapeutas voluntários que, eventualmente, podem atender as crianças abrigadas, podendo desenvolver-se como uma alternativa possível para esse tipo de cuidado. Em outras circunstâncias, ocorre que a equipe do abrigo não está preparada para lidar com essa situação, pois não recebeu apoio ou treinamento adequado. Percebe-se, por um lado, um receio em abordar o assunto com as crianças, ligado ao temor de expor a situação de abandono da criança e suscitar as dores ligadas a essa problemática. Alguns educadores sentem-se inseguros, pois não há certezas sobre a vinda da família e a equipe teme trazer a notícia, levantando, na

Art. 92

Estatuto da Criança e do Adolescente Comentado · **Nucci**

criança, expectativas que podem não ser efetivamente cumpridas. Mas não podemos deixar de salientar que existem as inquietações provocadas pela situação de separação, que traz à tona angústias não somente entre as crianças, mas também entre os adultos que dela se ocupam e com quem desenvolveram laços afetivos" (Cynthia Peiter, *Adoção. Vínculos e rupturas: do abrigo à família adotiva*, p. 76).

47. Atendimento personalizado: o acolhimento familiar é mais propício a esse tipo de atendimento, pois a criança ou adolescente encontra-se em ambiente reduzido, tal como o núcleo familiar, podendo ser diretamente atendida nas suas necessidades. O acolhimento institucional tem maiores dificuldades de promover um atendimento personalizado, identificando as necessidades individuais de cada criança ou adolescente. Muitos deles, por seus funcionários, infelizmente, pelo número excessivo de internos, nem mesmo se lembram do nome de cada um. Para o infante ou jovem, o tratamento padronizado é negativo, contribuindo para fomentar a sua baixa autoestima, gerando-lhe ainda mais problemas de índole psicológica. A criança, por seu turno, fecha-se e passa a ter dificuldade de expor sentimentos; o jovem se rebela, torna-se mais arredio e desconfiado, prejudicando até mesmo seu aproveitamento escolar. Portanto, a exigência do tratamento personalizado e, sempre, em pequenos grupos, é fundamental para o programa de trabalho da entidade de atendimento.

48. Coeducação: as crianças e adolescentes estão em plena formação de sua personalidade; cada dia de sua vida é dinâmico e precisa ser bem aproveitado, para a educação e o aprendizado. Por isso, embora eles possam ir à escola da região onde residem, em acolhimento familiar ou institucional, é sempre útil que, paralelamente, desenvolva-se a coeducação (acompanhamento do desempenho escolar, educação geral, correção de falhas de conduta etc.). Afinal, quando os filhos estão sob os cuidados dos pais, a coeducação é praticada, com naturalidade, aliás, fruto dos deveres impostos pelo poder familiar.

49. Não desmembramento de grupo de irmãos: o núcleo familiar natural é composto pelos pais e filhos; dentre estes, estão os irmãos. O trauma da separação entre filhos e pais é suficiente para não se gerar outro, desnecessário muitas vezes, consistente no desmembramento do grupo de irmãos. Ao menos, possam eles permanecer juntos, já que lhes foi inviável manter-se sob os cuidados dos pais biológicos, por razões estranhas à sua vontade. O comando normativo impõe o dever de se garantir a união dos irmãos desde o momento da sua retirada do âmbito de atuação dos pais, passando-os para a mesma família acolhedora ou para o mesmo abrigo. Depois, busca-se assegurar que a sua adoção se faça de maneira conjunta, pelo mesmo adotante (casal ou pessoa individual). No entanto, exceções podem existir nesse quadro. Imagine-se um grupo de irmãos, dentre os quais um deles comete ato infracional; não poderá ficar no mesmo lugar de acolhimento onde estão seus irmãos. Outro exemplo diz respeito a um grupo considerável de irmãos; poucos pretendentes à adoção teriam condições de adotar cinco crianças de uma só vez, com idades e necessidades variadas. Por isso, para não prejudicar a colocação em família substituta, pode-se separá-los, embora procurando famílias que morem na mesma cidade ou região, a fim de manter o contato entre os irmãos.

50. Evitar transferências: faz parte da natureza humana fixar-se num determinado local, habituando-se à rotina e ao cotidiano; não poderia ser diferente no tocante às crianças e adolescentes retirados do convívio de seus pais biológicos para ingressarem em lar substituto, seja familiar, seja institucional. Portanto, se já é dificultosa a ambientação do menor em ambiente diferente de sua casa original, pior ainda se for transferido para lugares diversos. O dispositivo já prevê, por óbvio, a exceção: *sempre que possível*. Por vezes, o abrigo há de ser interditado, por exemplo, por apresentar condições inadequadas, sendo fatal a transferência para outros locais. Além disso, há problemas ligados à superlotação e até mesmo à readequação de idades em cada unidade.

51. Participação na vida comunitária: desde que possível, o entrosamento da criança ou adolescente abrigado com a comunidade da sua região é medida positiva, pois lhe proporciona uma ambientação diversa do local onde se encontra, conferindo, ainda, um aspecto de normalidade de sua situação. Assim sendo, quando acolhido em família, essa participação é mais fácil, pois o contato entre a referida família e outras pessoas já acontece naturalmente. Quando acolhido em instituição, depende muito da atuação dos dirigentes. Há os que mantêm as crianças e adolescentes em atividades internas; há os que buscam levá-las para fora da unidade. De todo modo, o importante é vivenciar experiências com pessoas estranhas ao abrigo, seja levando indivíduos da comunidade para encontros e festas internas, seja conduzindo as crianças e os jovens para visitar lugares atrativos, como museus, parques, praias, zoológicos etc.

52. Preparação para o desligamento: nem sempre é fácil detectar o momento exato em que haverá o desligamento da criança ou adolescente de seu acolhimento familiar ou institucional. Por isso, esse preparo pode ser complicado para a viabilização no momento adequado. Não se deve manter o infante ou jovem em permanente estado de *saída*, como se, a todo instante, pudesse ser desligado dali. Ninguém aprecia viver assim, sem raízes. Por outro lado, é indevida a divulgação da ideia de que ali é a sua casa definitiva. O meio-termo, embora complexo, é o ideal e precisa ser buscado. O retorno para os pais naturais pode dar-se de maneira gradativa, com a fiscalização da equipe multidisciplinar do Juizado da Infância e Juventude. A inserção em família substituta geralmente é mais rápida, mas, seja qual for o período designado pela autoridade judiciária para o entrosamento – dependendo da idade da criança ou adolescente –, a instituição precisa colaborar, mostrando somente as vantagens para o desligamento daquele lugar e integração a uma nova vida. Preparar o infante ou o jovem para o desligamento do acolhimento, como regra, é mais agradável – para quem sai – do que a estabilização emocional de quem entra. Por mais acolhedor e aprazível que seja, o abrigo perde longe da perspectiva de viver em família – natural ou substituta. Logo, o preparo é mais simples. A vivência em família acolhedora é pouco usual no Brasil, de modo que se tem raro registro de sua ocorrência. Em tese, no entanto, conforme a família, o desligamento tende a ser mais dramático, pois o menor pode afeiçoar-se bastante àquele núcleo familiar. A preparação para o desligamento deve ser mais extensa e muito bem acompanhada pela equipe da Vara da Infância e da Juventude. Outro aspecto bem lembrado por Clodoveo Piazza é a preparação para o desligamento, quando o acolhido atinge seus 18 anos e não mais pode ficar abrigado. "Infelizmente, é ainda prática comum nas instituições, sobretudo governamentais, considerar o adolescente que alcança a maioridade automaticamente maduro e capaz de enfrentar a vida, mesmo quando as ajudas dadas foram fruto de projetos que, por dificuldades práticas ou financeiras, não foram levados a termo e a prática pedagógica não passou de um 'faz de conta'. Uma altíssima porcentagem dos presos adultos são egressos destas instituições. Também entidades não governamentais falham muito neste ponto. De ora em diante, programas sérios deverão ser postos em obra para não incorrer numa grave omissão, pois este princípio é, agora, claramente previsto e explicitado" (Munir Cury [org.], *Estatuto da Criança e do Adolescente comentado*, p. 419). Embora fosse o ideal, continuam os abrigos desdenhando o preparo para o desligamento do adolescente que atinge a maioridade. Inexistem programas específicos para tanto. Sofrem muito os que deixam o acolhimento, tendo que enfrentar a dureza da vida, sem nenhum apoio material ou psicológico. Não é à toa que muitos são cooptados pela vida criminosa, perdendo-se nos primeiros meses de desacolhimento. Essa omissão estatal é uma das piores que se pode atestar no trato com o futuro da criança e do adolescente. Pode-se dar ao mundo infantojuvenil o máximo de suporte, mas sem a preparação, com mecanismos efetivos, para o desligamento, pode-se perder todo o trabalho desenvolvido ao longo de anos.

53. Participação da comunidade na educação: esta premissa depende do voluntariado de pessoas que desejem atuar, sem remuneração, nos abrigos, procurando auxiliar o processo educativo das crianças ou adolescentes. Depende, portanto, da abertura da instituição à comunidade onde se encontra inserida. Quanto à família acolhedora, é rara a oportunidade de abertura para estranhos tomarem parte nesse processo educativo. Afinal, está-se reproduzindo um núcleo familiar e a intimidade da família não se coaduna com essa intervenção.

54. Dirigente da entidade como guardião: as crianças e os adolescentes, quando ingressam em entidade de acolhimento, como regra, estão privados de representante legal, pois os pais estão com o poder familiar suspenso – ou até mesmo destituídos. Assim sendo, não havendo cabimento em se considerar a pessoa jurídica como guarda do menor, é preciso uma pessoa física. Encontra-se no dirigente da entidade, conforme designação estatutária da instituição para apontar o responsável interno, a figura ideal para *equiparar* ao guardião. Note-se, pois, não se tratar de guarda do infante ou jovem, mas de um responsável legal a ele igualado, para fins de matricular o acolhido na escola, levá-lo ao posto de saúde, autorizar sua saída para passeios e integração à comunidade etc. Não concordamos com o ponto de vista de que o dirigente é o guardião da criança ou adolescente para todos os fins previstos no art. 33 deste Estatuto, podendo opor-se inclusive aos pais. Ilustrando, a criança não se torna dependente do dirigente da instituição *para todos os fins*; não pode esse dirigente incluí-la no seu imposto de renda para obter descontos. O dever de amparo material é da entidade e não, pessoalmente, do dirigente. Esta pessoa não tem 50 pupilos – se for o número de abrigados, sob sua responsabilidade direta. Em suma, há uma *equiparação*, mas não a nomeação do diretor da entidade como guarda de todos os menores ali acolhidos. A bem da verdade, quando se diz que a entidade – e não o dirigente pessoalmente – pode opor-se aos pais naturais da criança ou adolescente, tal situação decorre da ordem judicial de abrigamento. Quem ali foi inserido por determinação do juiz, somente sairá, igualmente, por ordem da Vara da Infância e Juventude. Portanto, não se trata de uma *disputa* pessoal entre dirigente do abrigo e pais do menor. Lembremos, ainda, que o guardião tem interesse direto na criança ou adolescente, seja como medida preparatória para a tutela, seja para preparar a adoção, enquanto o diretor de entidade de acolhimento não possui absolutamente nenhum propósito em manter o menor sob sua responsabilidade. Ele faz exatamente o que o juiz mandar e mantém a criança ou adolescente no abrigo temporariamente, sem qualquer outro objetivo pessoal. Em suma, o dirigente da entidade de acolhimento *não é* guardião dos internos, mas figura *equiparada* ao guarda para solucionar problemas imediatos de representação da criança ou do jovem. Sobre a guarda institucional, ver a nota 110 ao art. 34, § 1.º.

55. Relatório circunstanciado sobre acolhidos: as entidades de acolhimento familiar ou institucional devem enviar à Vara da Infância e Juventude, a cada seis meses (ou em períodos mais curtos), um relatório completo da situação da criança ou adolescente. Deve o relato incluir: a) situação psicológico-emocional desde que ingressou e seu desenvolvimento; b) situação de saúde; c) desenvolvimento educacional, inclusive desempenho escolar; d) entrelaçamento interno com outras crianças ou jovens, bem como educadores; e) se houver e for autorizado, visitas que recebe, especialmente dos pais ou parentes; f) todos os detalhes relevantes para apurar a sua situação pessoal. Embora esse relatório seja um complemento, ele não deixa de ser fundamental para auxiliar a equipe multidisciplinar da Vara da Infância e Juventude. O art. 19, § 1.º, mencionado neste parágrafo, estabelece que "toda criança ou adolescente que estiver inserido em programa de acolhimento familiar ou institucional terá sua situação reavaliada, no máximo, a cada 6 (seis) meses, devendo a autoridade judiciária competente, com base em relatório elaborado por equipe interprofissional ou multidisciplinar, decidir de forma fundamentada pela possibilidade de reintegração familiar ou colocação em família substituta, em quaisquer das modalidades previstas no art. 28 desta Lei". Portanto, o principal relatório é elaborado pela equipe do Juizado, que se servirá do relato da equipe do abrigo. Quando se tratar de família acolhedora, o relatório ganhará ares de informalidade, pois o núcleo familiar não é composto por técnicos, mas por *pais substitutos*.

56. Qualificação dos profissionais da equipe técnica: manter os integrantes das equipes interprofissionais das Varas da Infância e Juventude, bem como ligadas às entidades de acolhimento, devidamente preparados e atualizados é uma meta essencial. Sabe-se que um dos principais entraves ao célere andamento dos procedimentos envolvendo crianças e adolescentes é a lentidão provocada por maus profissionais, seja porque atuam sem dedicação, seja porque são francamente despreparados. Muitos psicólogos e assistentes sociais não têm especialização na área da infância e juventude, desconhecem a legislação da área e possuem opiniões francamente desatualizadas acerca do mais adequado encaminhamento da situação social do menor e de sua família natural. Esse estágio é decorrência da falta de verbas, especialmente no campo do Judiciário, contratando-se pessoal pouco qualificado para o exercício de tão relevante atividade. Portanto, se o disposto neste parágrafo fosse realmente cumprido, somente haveria benefícios aos infantes e jovens. Entretanto, por ora, é mais uma norma que ainda não saiu do campo abstrato, na maioria dos casos.

57. Estímulo de contato com a família: este parágrafo é mera decorrência dos princípios expostos nos incisos I e VIII do *caput* deste artigo. Cabe à entidade, como já mencionamos em notas anteriores, proporcionar, na medida das suas possibilidades, o contato entre o abrigado e seus familiares naturais; afinal, o objetivo precípuo é o desligamento do programa de acolhimento, com a reintegração na família biológica. Mas pode haver ordem contrária do juízo, justamente porque a criança ou adolescente foi retirado do convívio familiar por ter sido vítima de maus-tratos, violência sexual, abandono e outros males, que não comportam a reintegração.

58. Verbas públicas a entidades de acolhimento: o disposto nesta norma é tão óbvio quanto significa a concessão do registro e de sua renovação: seguir a lei. As entidades governamentais ou não governamentais *devem* cumprir as exigências impostas por este Estatuto e, também, pela legislação especial na área da infância e juventude. É o mínimo que se espera de quem pretende acolher infantes e jovens; é, ainda, o básico para que possam receber recursos públicos. O Estado jamais poderia destinar verbas a entes cujos objetivos são ilegais, gerando responsabilidade ao administrador.

59. Responsabilidade do dirigente da entidade de acolhimento: cumprir fielmente as disposições deste Estatuto, em prol da criança e do adolescente, é um *dever* do dirigente (ou dirigentes) da entidade de acolhimento – familiar ou institucional. No Brasil, como se sabe, é muito mais comum o abrigo institucional, pois há pouquíssimas famílias cadastradas para o relevante papel de acolhimento. Além da falta de incentivo por parte do poder público, permanece a omissão estatal no concernente à disponibilidade de recursos para isso. Assim sendo – e enquanto continuar a presente situação –, não haverá famílias suficientes para acolher menores. As instituições são mais comuns, mesmo sem verba direta do Estado, pois várias fazem parte de comunidades religiosas, que as utilizam para promover a caridade, além de servirem de metas para ONGs, cuja finalidade é disseminar o apoio da sociedade aos seus próprios problemas, num estímulo ao exercício da cidadania. Mesmo atuando sem a recepção de verbas públicas – mas devidamente autorizada pelo poder público –, a entidade de acolhimento precisa seguir fielmente a lei. O estatuto de cada instituição determina

Art. 93

Estatuto da Criança e do Adolescente Comentado · **Nucci**

exatamente quem é a pessoa responsável pela administração da entidade (ou quais são elas) e, particularmente, aquele que toma decisões em nome das crianças e adolescentes. Não é raro encontrar entidade que possua presidente, vice-presidente, secretário-executivo, dentre outros postos, mas quem realmente toma as decisões é um diretor interno, responsável pela efetiva administração da casa. Este será o dirigente pessoalmente responsabilizado, em primeiro plano, nas esferas civil, administrativa e penal. É preciso ressaltar, no entanto, que as falhas da instituição podem acarretar gravames à pessoa jurídica – como a sua dissolução ou aplicação de multa administrativa. Somente a parte penal necessita ser individualizada; aliás, nem precisa incidir em relação ao dirigente. Exemplo: violência sexual de um funcionário contra uma criança será imputada ao próprio – e não ao diretor administrativo (a menos que ele tenha conhecimento e seja considerado partícipe).

59-A. Especialização de educadores: a medida é positiva, pois crianças de zero a três anos necessitam – muito – de um tratamento diferenciado, com muito afeto e cuidados especiais. Essa fase da infância é básica e não pode ser equiparada aos infantes mais velhos, que ingressaram na instituição.

> **Art. 93.** As entidades que mantenham programa de acolhimento institucional poderão, em caráter excepcional e de urgência, acolher crianças e adolescentes sem prévia determinação da autoridade competente, fazendo comunicação do fato em até 24 (vinte e quatro) horas ao Juiz da Infância e da Juventude, sob pena de responsabilidade.[60]
>
> **Parágrafo único.** Recebida a comunicação, a autoridade judiciária, ouvido o Ministério Público e se necessário com o apoio do Conselho Tutelar local, tomará as medidas necessárias para promover a imediata reintegração familiar da criança ou do adolescente ou, se por qualquer razão não for isso possível ou recomendável, para seu encaminhamento a programa de acolhimento familiar, institucional ou a família substituta, observado o disposto no § 2.º do art. 101 desta Lei.[61]

60. Acolhimento sem autorização judicial prévia: cuida-se de nítida exceção, dependendo do caso concreto e sempre em prol do bem-estar da criança ou adolescente. No passado, casas de acolhimento recebiam, com plena liberdade, crianças e adolescentes, especialmente os infantes, fazendo uma triagem própria. Somente muito tempo depois o juiz tomava conhecimento e nem sempre *ratificava* a internação, limitando-se a tomar ciência. Da Constituição Federal e do Estatuto da Criança e do Adolescente para cá esse cenário mudou por completo. A regra é a prévia determinação judicial para que haja qualquer tipo de acolhimento infantojuvenil. Assim sendo, há um rigoroso controle judicial acerca de quem entra e quem sai dessas instituições, não se perpetuando indevidamente a situação. Mesmo com tal controle, há casos de crianças e adolescentes abrigados há anos, sem solução definitiva de sua situação familiar. Mas a regra precisa comportar exceção. Imagine-se largar um bebê em frente a uma casa de acolhimento à noite. É evidente *devam* os dirigentes acolher essa criança em caráter emergencial, comunicando ao juiz o que foi feito em até 24 horas. A partir daí, desloca-se a responsabilidade à autoridade judiciária, que deve dar o mais adequado encaminhamento ao caso: reintegrar o menor à família natural ou mantê-lo internado, com ou sem contato com os familiares e parentes. O disposto na parte final do *caput* deste artigo (sob pena de responsabilidade), referente ao dirigente, quando não comunica ao juiz o abrigamento emergencial, dá-se apenas no âmbito civil, podendo implicar a sua destituição do posto. Inexiste crime ou infração administrativa para isso. É natural que uma singela situação de acolhimento pode tornar-se teratológica, transfigurando-se até mesmo em crime de sequestro ou cárcere privado caso o dirigente não comunique jamais a autoridade judiciária a respeito da situação.

61. Providência judicial: recebendo a comunicação de acolhimento emergencial, cabe ao juiz, ouvido o Ministério Público (eventualmente o Conselho Tutelar), tomar as providências adequadas para conduzir a criança ou adolescente ao seu correto destino. Na realidade, pode ser indispensável ouvir, também, a equipe interprofissional do Juizado e, se for preciso, da instituição de acolhimento. Há muitas hipóteses para que uma criança ou adolescente seja acolhido de pronto, sem ordem judicial, todas, por óbvio, configuradoras de emergência e anormais: a) menores violentamente agredidos, encaminhados pela autoridade policial; b) menores estuprados, encaminhados por parentes, com medo do agressor; c) crianças abandonadas desde o nascimento e entregues na porta do abrigo; d) adolescentes que fogem de casa; e) menores em busca de alimentação, depois de peregrinar muito tempo pelas ruas, dentre outras. Por isso, é possível que o juiz providencie a imediata reintegração na família natural (criança que foge de casa por birra), mantenha o abrigamento (violência no âmbito da família natural ou extensa) ou transfira para outro tipo de acolhimento (instituição inadequada para o menor). De qualquer modo, instaura procedimento verificatório para acompanhar o desenvolvimento da situação da criança ou adolescente dali por diante.

> **Art. 94.** As entidades que desenvolvem programas de internação têm as seguintes obrigações, entre outras:[62]
>
> I – observar os direitos e garantias de que são titulares os adolescentes;[63]
>
> II – não restringir nenhum direito que não tenha sido objeto de restrição na decisão de internação;[64]
>
> III – oferecer atendimento personalizado, em pequenas unidades e grupos reduzidos;[65]
>
> IV – preservar a identidade e oferecer ambiente de respeito e dignidade ao adolescente;[66]
>
> V – diligenciar no sentido do restabelecimento e da preservação dos vínculos familiares;[67]
>
> VI – comunicar à autoridade judiciária, periodicamente, os casos em que se mostre inviável ou impossível o reatamento dos vínculos familiares;[68]
>
> VII – oferecer instalações físicas em condições adequadas de habitabilidade, higiene, salubridade e segurança e os objetos necessários à higiene pessoal;[69]
>
> VIII – oferecer vestuário e alimentação suficientes e adequados à faixa etária dos adolescentes atendidos;[70]
>
> IX – oferecer cuidados médicos, psicológicos, odontológicos e farmacêuticos;[71]
>
> X – propiciar escolarização e profissionalização;[72]
>
> XI – propiciar atividades culturais, esportivas e de lazer;[73]
>
> XII – propiciar assistência religiosa àqueles que desejarem, de acordo com suas crenças;[74]
>
> XIII – proceder a estudo social e pessoal de cada caso;[75]
>
> XIV – reavaliar periodicamente cada caso, com intervalo máximo de seis meses, dando ciência dos resultados à autoridade competente;[76]
>
> XV – informar, periodicamente, o adolescente internado sobre sua situação processual;[77]

XVI – comunicar às autoridades competentes todos os casos de adolescentes portadores de moléstias infectocontagiosas;[78]

XVII – fornecer comprovante de depósito dos pertences dos adolescentes;[79]

XVIII – manter programas destinados ao apoio e acompanhamento de egressos;[80]

XIX – providenciar os documentos necessários ao exercício da cidadania àqueles que não os tiverem;[81]

XX – manter arquivo de anotações onde constem data e circunstâncias do atendimento, nome do adolescente, seus pais ou responsável, parentes, endereços, sexo, idade, acompanhamento da sua formação, relação de seus pertences e demais dados que possibilitem sua identificação e a individualização do atendimento.[82]

§ 1.º Aplicam-se, no que couber, as obrigações constantes deste artigo às entidades que mantêm programas de acolhimento institucional e familiar.[83]

§ 2.º No cumprimento das obrigações a que alude este artigo as entidades utilizarão preferencialmente os recursos da comunidade.[84]

62. Obrigações das entidades de acolhimento: enquanto o art. 92 estabelece os princípios a serem seguidos por instituições de acolhimento em geral, o art. 94 é mais específico, fixando as obrigações das unidades de internação, logo, destinadas a infratores. Algumas dessas obrigações confundem-se com os princípios, *v.g.*, *atendimento personalizado e em pequenos grupos* (art. 92, III; art. 94, III). Sob outro aspecto, outras obrigações são simplesmente desnecessárias, pois equivalem a dizer que a entidade deve cumprir a lei. Não há necessidade de se inserir em lei tal obviedade, pois se cria uma autêntica cascata de norma sobre norma (ex.: art. 10. Fulano tem o direito de fazer X; art. 35. Deve-se respeitar o direito de Fulano de fazer X; art. 98. Constitui princípio desta Lei: I – o respeito ao direito de Fulano de fazer X). É impressionante o estilo legislativo brasileiro. Mas o que mais impressiona é o desrespeito sistemático aos tão apregoados direitos, como se o próprio Estado não permitisse que Fulano fizesse X... Esse é o engodo do sistema entranhado nos Poderes de Estado. Um legisla abundantemente, outro ignora muito conteúdo legislativo, o terceiro nem vê o que acontece ou, se o faz, leva tempo suficiente para se tornar inócua qualquer decisão a respeito. O desrespeito às obrigações previstas neste artigo dá ensejo à punição do dirigente da entidade – e não da pessoa jurídica. Na jurisprudência: STJ: "1. O art. 97 do ECA, ao elencar as medidas disciplinares, determina que são elas aplicáveis às entidades de atendimento que descumprirem as obrigações constantes do art. 94 do Estatuto, enquanto o § 4.º do art. 193 direciona aos dirigentes a multa e a advertência. 2. As medidas punitivas previstas pelo Estatuto da Criança e do Adolescente devem ser aplicadas aos dirigentes responsáveis pelas irregularidades e não às entidades, sob pena de penalização da pessoa jurídica e dos seus beneficiários, os quais ficariam privados do serviço assistencial previsto na legislação. 3. Precedente (REsp 489.522, Rel. Min. Eliana Calmon, *DJ* 19.08.2003). 4. Recurso especial provido" (REsp 555.125/SP, 1.ª T., rel. Luiz Fux, 23.08.2005, v.u.).

63. Obrigação de cumprir a lei: este dispositivo faz parte do conjunto dos inócuos, pois determina que a entidade *cumpra a lei*, uma obviedade. Noutros termos, a instituição deve observar os direitos e garantias de que são titulares os adolescentes. Ora, devemos todos nós respeitar tais direitos e garantias, cada um na sua área de atuação.

64. Não agir ilegalmente: outra norma garantidora de norma. A entidade não deve restringir direitos (o que é ilegal para qualquer pessoa), a menos que haja expressa autorização legal ou ordem judicial.

65. Atendimento personalizado: é a repetição do princípio exposto no art. 92, III, desta Lei, logo, desnecessária a repetição. Ver os comentários à nota 47 ao art. 92, III.

66. Preservar a identidade e ambiente de respeito e dignidade: a primeira parte refere-se ao direito de quem está internado em decorrência do cometimento de ato infracional, nos mesmos moldes estabelecidos para o condenado pela prática de crime (chamamento nominal – e não por um número ou apelido – art. 41, XI, LEP). Porém, a segunda parte insere-se no quadro geral de tratamento a ser destinado a todos os infantes e jovens (ambiente respeitoso e digno).

67. Diligências pela reintegração familiar: essa não é atividade principal e autônoma da entidade de acolhimento, que precisa respeitar o âmbito de atuação imposto pela decisão judicial de internação. Quer-se crer que o interno, diversamente de outras crianças e adolescentes, somente ali está porque praticou um ato infracional. Por isso, não se trata de abandono direto da família, nem maus-tratos ou vítima de abuso, motivo pelo qual se torna adequado buscar a reintegração com a família natural, buscando-se preservar os laços existentes. Eis uma situação dramática para muitos adolescentes, que, envolvidos em atos infracionais – alguns deles muito graves –, terminam esquecidos e afastados da família natural. Seus parentes, muitas vezes, o renegam, envergonham-se do que ele fez e nem sempre o querem de volta. Por óbvio, se nem mesmo jovens sem qualquer conflito com a lei conseguem a colocação em família substituta, os adolescentes infratores têm mínima chance – basicamente impossível – de serem adotados, quando repelidos pela família natural. Portanto, o trabalho *conjunto* da Vara e da entidade acolhedora para, ao menos, *preservar* os laços existentes entre o interno e sua família é fundamental.

68. Comunicação à autoridade judiciária acerca da desestrutura familiar: se, por um lado, a entidade de acolhimento deve diligenciar pelo entrosamento familiar entre o interno e seus parentes, havendo falha nesse objetivo, deve a entidade comunicar, ato contínuo, ao juiz responsável. Embora a lei mencione que o informe deve ser enviado *periodicamente*, o ideal é fazê-lo sempre que houver algum insucesso no contato mantido ou em vias de ser mantido. Por outro lado, feita a comunicação, pode a equipe do Juizado interferir e, também, promover a reaproximação dos envolvidos.

69. Instalações físicas adequadas: o mínimo que se espera de uma unidade de internação é a garantia de instalações adequadas, especialmente porque se recebe adolescentes, em plena fase de formação de sua personalidade. Este inciso praticamente repete, com um acréscimo ("objetos necessários à higiene pessoal"), o disposto pelo art. 91, § 1.º, *a*, desta Lei, quando cuida das entidades não governamentais.

70. Vestuário e alimentação: não nos parece necessário constar de lei que pessoas internadas, sob a responsabilidade do Estado, devem ser alimentadas e ter vestimenta. Porém, quer-se crer ter sido o propósito desta norma apenas fixar, de maneira nítida, que o vestuário e os alimentos devem ser compatíveis (adequados e suficientes) à faixa etária dos jovens, em plena fase de crescimento, atendidos pela unidade. Por outro lado, há de se ter respeito à imagem do adolescente, prevendo-se vestimenta adequada, sem caráter humilhante (ex.: cor berrante, listrada ou contendo qualquer marca ou sinal para identificar a infração cometida). As vestes devem ser *funcionais* e *práticas*, facilitando o desenvolvimento do rapaz ou da moça, nas variadas atividades do cotidiano: estudo, lazer, atividades físicas etc.

Art. 94
Estatuto da Criança e do Adolescente Comentado • **Nucci**

71. Cuidados médicos, psicológicos, odontológicos e farmacêuticos: igualmente, trata-se de norma de conteúdo evidente, pois quem está sob tutela estatal deve ser corretamente cuidado, em todos os níveis, mantendo-se saudável.

72. Escolarização e profissionalização: garantir a frequência à escola é, sem dúvida, um dever do Estado, estejam as crianças ou jovens em liberdade ou internados. Quanto à profissionalização, é preciso respeitar a idade mínima de 14 anos, para ser aprendiz, bem como a idade de 16, para o trabalho.

73. Atividades culturais, esportivas e de lazer: são práticas saudáveis, que auxiliam a formação física e psicológica de qualquer pessoa, particularmente do jovem e, em maior grau, daquele que se encontra internado.

74. Assistência religiosa: a Constituição Federal assegura a todos liberdade de crença e culto, abrangendo, naturalmente, o direito de não acreditar em nada (art. 5.º, VI). Portanto, o ensino religioso jamais poderá ser obrigatório em qualquer escola, muito menos nas entidades de atendimento ao menor. O art. 210, § 1.º, da CF estipula: "o ensino religioso, de matrícula facultativa, constituirá disciplina dos horários normais das escolas públicas de ensino fundamental". E, finalmente, dispõe o art. 33 da Lei 9.394/1996 (Lei de Diretrizes e Bases da Educação): "o ensino religioso, de matrícula facultativa, é parte integrante da formação básica do cidadão e constitui disciplina dos horários normais das escolas públicas de ensino fundamental, assegurado o respeito à diversidade cultural religiosa do Brasil, vedadas quaisquer formas de proselitismo. § 1.º Os sistemas de ensino regulamentarão os procedimentos para a definição dos conteúdos do ensino religioso e estabelecerão as normas para a habilitação e admissão dos professores. § 2.º Os sistemas de ensino ouvirão entidade civil, constituída pelas diferentes denominações religiosas, para a definição dos conteúdos do ensino religioso". Por outro lado, a assistência religiosa é positiva, auxiliando na tranquilização espiritual do indivíduo, desde que ele mesmo a procure. O importante é proporcionar ao jovem todas as possibilidades de aprimoramento de sua formação moral, o que abrange, naturalmente, o ensino religioso, se desejado. Certamente, pode-se diferenciar *assistência religiosa* de *ensino religioso*. A primeira significa proporcionar ao interno o acesso a cultos, como missas e similares. O segundo refere-se ao aprendizado de alguma religião. O jovem pode obter um ou outro – ou ambos, quando internado.

75. Estudo social e pessoal de cada caso: a individualização da pena é um princípio constitucional extremamente relevante, pois evita a indevida padronização da sanção penal e de sua execução. Sabe-se, por certo, que esse princípio não se aplica, formalmente, a medidas socioeducativas, que não são penas, mas o lado positivo é utilizá-lo para verificar a importância de tornar específico cada caso de internação, avaliando-se, por meio de estudo social e pessoal, a situação concreta do adolescente, desde o seu rendimento na escola, na própria unidade de internação, como também o seu relacionamento familiar.

76. Reavaliação periódica do caso: este dispositivo complementa o anterior, impondo a revisão do estudo social e pessoal do interno periodicamente. Pode ser feito mês a mês, se possível, visto não haver prejuízo, mas nunca em prazo superior a seis meses – mesmo período fixado para as crianças e adolescentes abrigados por razões de vulnerabilidade. Cientifica-se a autoridade judiciária, que passará a reavaliação à sua equipe interprofissional, como medida de apoio ao programa desenvolvido para aprimoramento do jovem. Na jurisprudência: TJPB: "Nos termos do art. 94, XIV, e art. 121, § 2.º, ambos da Lei n.º 8.069/90, a reavaliação dos adolescentes sujeitos ao cumprimento de medida socioeducativa será realizada, no máximo, a cada seis meses, de modo que não assiste direito subjetivo ao infrator para que o referido

Art. 94

Título I – Da Política de Atendimento

prazo seja reduzido" (Apelação Infracional 0003461-83.2012.815.0351/PB, Câmara Especializada Criminal, rel. João Benedito da Silva, 16.05.2017, v.u.).

77. Informação da situação processual ao adolescente: a partir da edição do Estatuto da Criança e do Adolescente, o jovem infrator auferiu inúmeros direitos e garantias similares aos do adulto criminalmente processado e condenado. Um deles é justamente o recebimento, pelo sentenciado, do "atestado de pena a cumprir, emitido anualmente, sob pena de responsabilidade da autoridade judiciária competente" (art. 41, XVI, LEP). Portanto, o interno receberá o relatório de sua situação, vale dizer, se os estudos efetivados são positivos ou negativos, indicando a viabilidade de sua soltura.

78. Comunicação à autoridade sanitária de doenças infectocontagiosas: essa norma é geral, não envolvendo apenas o cenário das crianças e adolescentes, muito menos somente o caso do infrator. Aliás, cuida-se de crime quando o médico deixa de denunciar à autoridade pública qualquer enfermidade cuja notificação é compulsória (art. 269, CP).

79. Fornecimento de recibo de depósito: quando internados, os jovens, passando a utilizar vestimenta especialmente fornecida pela instituição, além de todo o material de que necessitem para seus estudos, alimentação etc., devem manter guardados os objetos pessoais, que serão retirados ao final do período de internação. Evita-se o desvio de seus bens particulares.

80. Programa destinado ao egresso: tal como se deveria fazer no tocante aos adultos, que saem do regime carcerário após anos de cumprimento de pena, é fundamental dar apoio ao adolescente quando sai da internação – denominado *egresso*, assim como o adulto – sob pena de invalidar todo o processo de reeducação. Essa assistência constitui uma das funções do Patronato, um dos órgãos da execução penal (art. 61, VI, LEP), cuja função é prestar assistência aos egressos (art. 78, LEP), orientando os condenados, fiscalizando o cumprimento de penas alternativas e colaborando na fiscalização do *sursis* e do livramento condicional (art. 79, III, LEP). Na jurisprudência: STJ: "(...) 9. Quanto à matéria de fundo do mérito da causa, observa-se que, conquanto impugne a interpretação dada pela Corte de origem ao art. 94, XVIII, do ECA, o Recurso não combate a seguinte fundamentação do acórdão recorrido, suficiente para mantê-lo: A bem da verdade, a questão envolvendo o acompanhamento de adolescentes que tenham extintas as medidas socioeducativas a si aplicadas em decorrência da prática de atos infracionais é tema sensível na sociedade contemporânea, especialmente à luz dos altos índices de reincidência. O problema, porém, merece atenção mais detida do Poder público, mediante a implementação de políticas públicas extensas e profundamente planejadas, elaboradas – e, principalmente, colocadas em prática – com a necessária parceria dos executivos estadual e municipais, voltadas ao seu equacionamento em todo o território do estado de São Paulo, e não apenas no âmbito da circunscrição judiciária de Ribeirão Preto. Assim, *parece simplista e insuficiente relegar à unidade CASA de Ribeirão Preto mister que, além de extrapolar suas atribuições legalmente instituídas, demanda esforços administrativos em diversas outras frentes de atuação (educação, acesso à cultura e ao lazer, capacitação profissional etc.)* (fls. 632/633). (...)" (AREsp 1.201.223/SP, 1.ª T., rel. Napoleão Nunes Maia Filho, j. 05.12.2019, m.v.).

81. Documentos necessários ao exercício da cidadania: deve-se providenciar, ao adolescente, todos os documentos indispensáveis à sua inserção no mundo, como RG, CPF, carteira de trabalho e, basicamente, o título de eleitor do maior de 16 anos, que já pode votar para as eleições gerais.

82. Arquivo geral do adolescente: deve a entidade manter, em arquivo, todos os dados relativos ao interno, como bem indicado pelo próprio inciso, facilitando a sua pronta identificação, bem como de sua família natural, além da individualização do seu atendimento.

Art. 94-A

Estatuto da Criança e do Adolescente Comentado · **Nucci** 276

83. Aplicação extensiva das obrigações a outras entidades: as unidades de atendimento a crianças e adolescentes, que também lidam com o abrigamento, mas não de infratores, podem – e devem – seguir as mesmas obrigações do art. 94, desde que harmônicas aos seus propósitos. São aplicáveis: incisos I, II, III, IV, V, VI, VII, VIII, IX, X, XI, XII, XIII, XIV, XVI, XIX e XX.

84. Recursos da comunidade: a ideia oferecida neste dispositivo é de integração do adolescente à comunidade, retirando-o do abrigo, onde está recolhido, para algumas hipóteses, como determinado tipo de estudo, atendimento médico ou odontológico especializado etc.

> **Art. 94-A.** As entidades, públicas ou privadas, que abriguem ou recepcionem crianças e adolescentes, ainda que em caráter temporário, devem ter, em seus quadros, profissionais capacitados a reconhecer e reportar ao Conselho Tutelar suspeitas ou ocorrências de maus-tratos.[84-A]

84-A. Profissionais capacitados: cuida-se de medida indispensável a qualquer instituição de abrigamento de crianças e jovens, pois as famílias naturais terminam por deixá-las abandonadas, maltratadas e em estado lastimável. Se as entidades não possuírem profissionais preparados para reconhecer tais maus-tratos, ficaria impossível ao Conselho Tutelar, ao Ministério Público e ao juiz conhecer dos fatos, tomando as providências cabíveis. No entanto, não basta a edição de norma a respeito – como sempre temos ressaltado – mas de verbas para a contratação de tais profissionais. Essa responsabilidade é, primordialmente, do Estado, que jamais cumpre a contento suas obrigações na área infantojuvenil. Na jurisprudência: TJDFT: "II. Partindo do pressuposto de que o Estado tem compromisso com a integridade física e psicológica dos menores internos, revela-se cabível e apropriada, no procedimento de 'Apuração de Irregularidades em Entidade de Atendimento', imposição judicial que objetiva dotar a unidade de internação dos meios indispensáveis à salvaguarda desses direitos, inclusive mediante a capacitação profissional dos seus servidores, na linha do que prescrevem os artigos 17, 94, incisos I e IV, 94-A, 125 e 193 do Estatuto da Criança e do Adolescente" (Ap. 0001697-26.2015.8.07.0013, 4.ª T. Cível, rel. James Eduardo Oliveira, j. 01.04.2020, v.u.).

Seção II

Da Fiscalização das Entidades

> **Art. 95.** As entidades governamentais e não governamentais referidas no art. 90 serão fiscalizadas pelo Judiciário, pelo Ministério Público e pelos Conselhos Tutelares.[85]

85. Fiscalização das entidades: além do controle exercido pelo poder público, por meio dos Conselhos dos Direitos da Criança e do Adolescente, cabe ao Judiciário, ao Ministério Público e aos Conselhos Tutelares o mesmo dever. Para tanto, a fim de garantir efetividade, o mínimo que se exige é a visita periódica a essas unidades, realizada pelo juiz da infância e juventude da região do abrigo, pelo promotor e pelos membros do Conselho Tutelar. Infelizmente, sabe-se que há autoridades judiciárias, membros do MP e do Conselho Tutelar que jamais puseram os pés em qualquer abrigo, seja de infratores, seja de carentes. Eis uma omissão a merecer punição, pois contribui – e muito – para o descaso em face dos procedimentos dos menores sob sua responsabilidade.

Art. 96

> **Art. 96.** Os planos de aplicação e as prestações de contas serão apresentados ao estado ou ao município, conforme a origem das dotações orçamentárias.[86]

86. Controle orçamentário: as entidades de atendimento aos menores de 18 anos, que receberem verbas públicas, têm o particular dever de prestação de contas ao Estado ou Município, dependendo de qual órgão adveio o recurso. Esse dispositivo não foge à regra dos demais órgãos públicos. Conforme o caso, cabe ação para obrigar o Estado ou Município a providenciar recursos para atendimento às crianças e adolescentes; porém, em assuntos muito específicos, não. Seria uma invasão à política eleita pelo Executivo. Conferir: a) *não permitindo a ação judicial:* TJSP: "Ação Civil Pública. Demanda ajuizada visando compelir o Município à contratação de psicólogos, assistentes sociais e advogados, aptos a auxiliar os membros do Conselho Tutelar em suas decisões. Inadmissibilidade à luz do princípio da legalidade. Dever municipal de dotar o órgão de interesse público relevante na proteção de crianças e *adolescentes* de condições operacionais básicas à sua operacionalidade. Adequação da via *orçamentária*, mediante *dotação* própria. Pretensão a encerrar indevida intromissão do Poder Judiciário na discricionariedade administrativa. Recurso provido" (Apelação 0000571-82.2006.8.26.0382, Câm. Especial, rel. Maia da Cunha, 16.05.2011, v.u.); "Ação civil pública. Antecipação de tutela parcialmente deferida. Conselho Tutelar. Autonomia orgânica. Infraestrutura mobiliária necessária ao desempenho das atribuições. Dever municipal de dotar o órgão de interesse público relevante na proteção de crianças e *adolescentes* de condições operacionais básicas à sua operacionalidade. Adequação da via *orçamentária*, mediante *dotação* própria. Exigibilidade mobiliária específica não qualificável como recurso financeiro *orçamentário*. Falta de indicação da rubrica *orçamentária* em que os gastos podem repousar. Inocorrência de colapso na continuidade do serviço. Urgência de tutela ou medida inadiável não configurada. Recurso provido. 1. O âmbito de relacionamento entre o Conselho Tutelar e o Município é o da autonomia orgânica, e, assim, é pela previsão *orçamentária* ou crédito especial, que se dota o órgão autônomo de recursos necessários ao desempenho de suas atribuições. 2. Exigibilidade mobiliária específica (veículo, computador, móveis e material de escritório etc.) não tem equivalência a recursos financeiros colhidos pelos mecanismos *orçamentários*. 3. A falta de indicação em que rubricas *orçamentárias* repousarão os gastos e a inocorrência de colapso na continuidade do serviço público, obsta a antecipação de tutela de fornecimento de mobiliário a órgão autônomo, por falta de prova inequívoca da verossimilhança e de urgência" (AI 9078822-69.2009.8.26.0000, Câm. Especial, rel. Luiz Antonio Ganzerla, 06.12.2010, v.u.); b) *permitindo a ação judicial:* TJMG: "Ação civil pública. Obrigação de fazer. Ato administrativo. Impossibilidade jurídica. Descumprimento e excesso. Ausência de violação do poder discricionário do administrador. Ato sancionado. Dotação orçamentária. Abrigo de crianças e adolescentes. Aumento indiscriminado de vagas e de condição de idade para abrigados. Falta de condições e de qualidade do estabelecimento. Violação ao princípio constitucional de proteção à criança e ao adolescente. Dignidade da pessoa humana. Negligência do administrador público. Medida coercitiva. Apelação a que se nega provimento. 1 – Não há que se falar em intervenção do Poder Judiciário no poder discricionário do administrador público, a pretender a impossibilidade jurídica de exame do ato administrativo, quando analisado o descumprimento ou excesso na execução de programa já sancionado e dotado de orçamento pelo ente público. 2 – O princípio normativo instaurado com a Constituição da República de 1988 constituiu como prioridade absoluta a preservação dos direitos inerentes à qualidade de vida da criança e do adolescente, bem como execução de programas para manter a dignidade, resguardando-os de qualquer forma de negligência. 3 – Deve ser deferida tutela específica para determinar ao Município o efetivo cumprimento de programa de proteção à criança e ao adolescente, com remoção de abrigados, quando constatada a falta de mínima qualidade em estabelecimento de abrigo conveniado, capaz de oferecer riscos à saúde e dignidade dos menores" (Apelação 1.0024.11.051240-7/003, 2.ª Câm. Cível, rel. Marcelo Rodrigues, 13.08.2013, v.u.). TJSC: "A falta de dotação orçamentária específica não pode servir de obstáculo ao fornecimento de tratamento médico ao doente necessitado, sobretudo quando a vida é o bem maior a ser protegido pelo Estado, genericamente falando. Nos termos do art. 24 da Lei 8.666/93, em caso de comprovada urgência, é possível a dispensa de processo de licitação para a escolha do local, pelo Município, da prestação do serviço essencial à manutenção da saúde de pessoa carente de recursos. Não há como falar em violação ao Princípio da Separação dos Poderes, nem em indevida interferência de um Poder nas funções de outro, se o Judiciário intervém a requerimento do interessado titular do direito de ação, para obrigar o Município a cumprir o seu dever constitucional de proporcionar saúde às pessoas, que não foi espontaneamente cumprido. O valor da multa aplicada na sentença para o caso de não cumprimento do fornecimento de medicamento deve ser fixada de maneira a que 'o devedor deve sentir ser preferível cumprir a obrigação na forma específica a pagar o alto valor da multa fixado pelo juiz' (Nelson Nery Júnior), sem, todavia, servir como instrumento de enriquecimento desarrazoado da parte contrária. Opera-se a preclusão sobre as matérias que deveriam ser apreciadas em agravo de instrumento, não se podendo discuti-las em recurso de apelação, especialmente quanto ao deferimento, no início do processo, de tutela antecipada. O custeio de tratamento gratuito deve ser condicionado à demonstração, pelo paciente, da permanência da necessidade e da adequação dele, podendo o Juiz determinar a realização de perícias ou exigir a apresentação periódica de atestados médicos circunstanciados e atualizados" (Apelação Cível 2008.005469-8, 4.ª Câm. de Direito Público, rel. Jaime Ramos, 17.04.2008, v.u.); c) *permitindo em termos*: TJRJ: "Ainda que de forma espartana, o Conselho Tutelar de Paraíba do Sul encontra-se implantado e em funcionamento, carecendo, é verdade, de melhorias. Entretanto, tais melhorias devem estar ao alcance do respectivo ente municipal, que, *in casu*, representa um município com um número pequeno de habitantes e com modesto orçamento, mormente pelo fato de não receber as verbas relativas aos *royalties* da exploração de petróleo em nosso Estado. A estrutura de Conselho Tutelar exigida pelo *parquet* correspondente, no mínimo, à de um município de médio porte, não sendo o caso do apelante. Direito fundamental de proteção à criança e ao adolescente que se revela também relativo, devendo ser sopesado, na espécie, com os princípios da reserva do possível, proporcionalidade e razoabilidade. Ponderação de interesses. Reforma parcial do julgado com adequação do investimento público à realidade fático-financeira do município. Entendimento deste E. Tribunal acerca do tema. Não conheço do apelo voluntário e dou parcial provimento em sede de reexame necessário para, reformando em parte a sentença, adequar a obrigação de fazer do ente público, tudo na forma do art. 557, *caput* e seu § 1.º-A, do CPC" (Apelação 0000442-89.2010.8.19.0040, 14.ª Câm. Cível, rel. Cleber Ghelfenstein, 11.10.2011, v.u.).

> **Art. 97.** São medidas aplicáveis às entidades de atendimento que descumprirem obrigação constante do art. 94, sem prejuízo da responsabilidade civil e criminal de seus dirigentes ou prepostos:[87-88]
>
> I – às entidades governamentais:
>
> a) advertência;[89]
>
> b) afastamento provisório de seus dirigentes;
>
> c) afastamento definitivo de seus dirigentes;[90]
>
> d) fechamento de unidade ou interdição de programa.

II – às entidades não governamentais:

a) advertência;[91]

b) suspensão total ou parcial do repasse de verbas públicas;

c) interdição de unidades ou suspensão de programa;

d) cassação do registro.

§ 1.º Em caso de reiteradas infrações cometidas por entidades de atendimento, que coloquem em risco os direitos assegurados nesta Lei, deverá ser o fato comunicado ao Ministério Público ou representado perante autoridade judiciária competente para as providências cabíveis, inclusive suspensão das atividades ou dissolução da entidade.[92]

§ 2.º As pessoas jurídicas de direito público e as organizações não governamentais responderão pelos danos que seus agentes causarem às crianças e aos adolescentes, caracterizado o descumprimento dos princípios norteadores das atividades de proteção específica.[93]

87. Sanções às entidades de atendimento ao adolescente infrator: o art. 94 estabelece um rol de obrigações de tais entidades, enquanto este artigo estipula as penalidades aplicáveis em caso de descumprimento. Logicamente, havendo uma gradação no nível das sanções, desde *advertência* até o *fechamento* ou *cassação*, deve o juiz valer-se do princípio da proporcionalidade para eleger a sanção cabível ao caso concreto. Noutros termos, omissões mais leves comportam uma advertência, por exemplo; omissões mais graves, sanções severas, como suspensão das atividades ou fechamento. Há decisão apontando que a sanção se dirija ao coordenador da unidade e não à própria pessoa jurídica: STJ: "1. O art. 97 do ECA, ao elencar as medidas disciplinares, determina que são elas aplicáveis às entidades de atendimento que descumprirem as obrigações constantes do art. 94 do Estatuto, enquanto o § 4.º do art. 193 direciona aos dirigentes a multa e a advertência. 2. As medidas punitivas previstas pelo Estatuto da Criança e do Adolescente devem ser aplicadas aos dirigentes responsáveis pelas irregularidades e não às entidades, sob pena de penalização da pessoa jurídica e dos seus beneficiários, os quais ficariam privados do serviço assistencial previsto na legislação. 3. Precedente (RESP 489.522, Rel. Min. Eliana Calmon, *DJ* 19.08.2003) 4. Recurso especial provido" (REsp 555.125/SP, 1.ª T., rel. Luiz Fux, 23.08.2005, v.u.). Entretanto, por vezes, a entidade, como um todo, não funciona e precisa ser fechada. Depende do caso concreto. Além disso, este artigo é claro ao preceituar a respeito da viabilidade de se sancionar diretamente a entidade. Na jurisprudência: TJDF: "A penalidade de advertência, prevista no art. 97, I, *a*, do ECA, pode ser imposta tanto à entidade de atendimento quanto ao seu dirigente ou programa de atendimento. Interpretação conjunta dos arts. 97, I, *a*, c/c 193, §§ 3.º e 4.º, ambos do ECA. O juiz não é obrigado a estipular o prazo previsto no o § 3.º do art. 193 do ECA para que as irregularidades apuradas na entidade de atendimento sejam sanadas. A revista pessoal dos adolescentes recebidos nas entidades de atendimento envolve dois aspectos valorativos do princípio da dignidade da pessoa humana: a preservação da integridade dos adolescentes internos e a garantia da sua segurança. *In casu*, restou demonstrado que o atual método de vistoria proveio da evolução de procedimentos mais brandos empregados pela entidade, nos quais os internos se aproveitavam da situação para transportar para dentro da entidade materiais perigosos. Assim, diante da ponderação dos aspectos valorativos do princípio da dignidade da pessoa humana, deve prevalecer aquele que preserva a segurança do jovem interno, em detrimento da conotação constrangedora que a situação possa figurar" (Apelação 0003747-79.2002.807.0013, 1.ª T. Cível, Natanael Caetano, 20.10.2010, v.u.).

88. Competência: em primeiro grau, cabe ao juízo da Infância e Juventude. Em grau recursal, cuida-se de matéria cível – e não criminal. Como regra, o processo segue às Turmas Cíveis do Tribunal, a menos que exista Câmara Especial para feitos da Infância e Juventude, como ocorre no Estado de São Paulo. Na jurisprudência: TJDF: "Ação de apuração de irregularidades em entidade de estabelecimento. Matéria com cunho eminentemente cível. Incompetência do juízo criminal. Não conhecimento. Remessa a uma das turmas cíveis. 1. A ação de apuração de irregularidades em entidade de atendimento possui cunho eminentemente cível, uma vez que tem a finalidade de responsabilizar e aplicar sanções administrativas pelo descumprimento dos ditames previstos no art. 94 do ECA. 2. Cabe às turmas cíveis julgar os recursos interpostos pelo Ministério Público, Distrito Federal e diretor da unidade, contra a decisão proferida no juízo referido que aplicou sanção de advertência a unidade de internação do plano piloto por irregularidade que culminou em óbito de um adolescente (uipp). 3. Recurso não conhecido. Determinada a remessa dos autos a uma das turmas cíveis" (Apelação 0001586-52.2013.8.07.0000, 2.ª T. Criminal, rel. Cesar Laboissiere Loyola, 15.05.2014, v.u.).

89. Responsabilidade objetiva quanto aos funcionários: é viável aplicar à entidade a sanção de advertência pelos atos ilícitos de seus funcionários, sem necessidade de se provar a culpa no caso concreto. Conferir: STJ: "O acórdão manteve a sentença que julgara parcialmente procedente o pedido, para aplicar a sanção de advertência ao Superintendente de Ações Socioeducativas do Estado de Mato Grosso do Sul, bem como para determinar parcial interdição da UNEI Dom Bosco, limitando o número de internos naquela unidade ao máximo de 60 (sessenta), dentre outras medidas. III. A jurisprudência do Superior Tribunal de Justiça firmou orientação no sentido de que as medidas punitivas do ECA não devem ser aplicadas às entidades, mas aos dirigentes responsáveis ou ao programa de atendimento irregular, uma vez que a imposição de sanção à pessoa jurídica implica no acarretamento de prejuízo aos seus beneficiários, as crianças e adolescentes, que ficariam desprovidos dos correspondentes serviços assistenciais. Assim, estando o acórdão recorrido em consonância com a jurisprudência sedimentada nesta Corte, afigura-se acertada a decisão ora agravada, em face do disposto no enunciado da Súmula 568 do STJ. Precedentes do STJ" (AgInt no AREsp 555.869/MS, 2.ª T., rel. Assusete Magalhães, j. 17.10.2017, v.u.).

90. Afastamento definitivo dos dirigentes: depende do devido processo legal, com contraditório e ampla defesa, somente podendo consumar-se com o trânsito em julgado. Conferir: STJ: "O afastamento definitivo de dirigentes, embora expressamente previsto no art. 97, I, 'c', do ECA, depende de decisão judicial proferida na fase de conhecimento da representação, sendo vedado ao magistrado, em execução provisória, estabelecer a aplicação de penalidade não contemplada no título executivo" (RMS 31.855/PA, 2.ª T., rel. Eliana Calmon, 02.09.2010, v.u.). Essa mesma decisão ressalvou a possibilidade de ocorrer o afastamento provisório do dirigente, nos termos do art. 191, parágrafo único, desta Lei.

91. Responsabilidade objetiva quanto aos funcionários: ver a nota 89 *supra*.

92. Providências para sancionar a entidade: se cabe ao juiz fiscalizar a entidade (art. 95), é possível que ele, de ofício, tome providências, mediante portaria, para instaurar procedimento verificatório. A partir daí, abre-se vista ao Ministério Público para acompanhar o feito. Outra possibilidade é o pedido formulado pelo MP para apuração da infração (omissão) da entidade. Qualquer pessoa do povo pode comunicar ao MP, para que tome providência junto ao juízo, ou representar diretamente ao magistrado. Assegura-se ampla defesa e contraditório à entidade, antes de qualquer penalidade ser aplicada. Citando-se a ótica de Munir Cury, "com bastante frequência, a opinião pública toma conhecimento ora de arbitrariedades, ora de rebeliões, fugas, desrespeitos, maus-tratos ou violência cometidas contra crianças e adolescentes por agentes de entidades, em flagrante inobservância dos arts. 92 e 94 do ECA, provocando em suas vítimas danos morais e/ou físicos que devem ser reparados. É sabido que, dado o alcance de tais atos constrangedores, esses são muitas vezes de difícil reparação, porém, caberá ao Poder Judiciário dimensioná-los e responsabilizar o agente causador de tais lamentáveis erros. É previsível, como se depreende da simples leitura do dispositivo, a responsabilidade criminal do agente, sendo complementado pela consequente resposta judicial face aos danos de qualquer espécie causados a crianças e/ou adolescentes" (*Estatuto da Criança e do Adolescente comentado*, p. 436).

93. Reparação de danos materiais e morais: as organizações governamentais, quando causarem algum dano, em virtude da falta de autonomia, respondem por meio das pessoas jurídicas de direito público que as mantenham (União, Estado ou Município). As organizações não governamentais respondem diretamente.

Título II
Das Medidas de Proteção

Capítulo I
DISPOSIÇÕES GERAIS

Art. 98. As medidas de proteção[1] à criança e ao adolescente são aplicáveis sempre que os direitos reconhecidos nesta Lei forem ameaçados ou violados:[2-4]

I – por ação ou omissão da sociedade ou do Estado;[5-7]

II – por falta, omissão ou abuso dos pais ou responsável;[8-11]

III – em razão de sua conduta.[12-12-A]

1. Medidas de proteção: são as determinações dos órgãos estatais competentes para tutelar, de imediato, de forma provisória ou definitiva, os direitos e garantias da criança ou adolescente, com particular foco à situação de vulnerabilidade na qual se vê inserido o infante ou jovem. Estão enumeradas no art. 101 deste Estatuto, servindo tanto para quem está vulnerável quanto para quem cometeu ato infracional, a depender do caso concreto. Na jurisprudência: TJRS: "1. O art. 98 do Estatuto da Criança e do Adolescente prevê a aplicabilidade das medidas de proteção quando os direitos reconhecidos naquela lei forem ameaçados ou violados por ação ou omissão da sociedade ou do Estado. 2. O art. 148, inciso IV, do mesmo diploma legal, estabelece a competência da Justiça da Infância e da Juventude para conhecer de ações civis fundadas em interesses individuais, difusos ou coletivos afetos à criança e ao adolescente. 3. Assim, em se tratando da pretensão de fornecimento de medicamento ou tratamento médico a menor, denota-se a competência absoluta do Juizado da Infância e Juventude" (AI 70084148741, 4.ª Câmara Cível, rel. Antônio Vinícius Amaro da Silveira, j. 30.06.2020, v.u.).

2. Ameaça ou violação: a intervenção do Estado, por seus órgãos competentes, torna-se viável assim que detectada uma ameaça (perigo de dano) a direito ou garantia do menor de 18 anos, bem como – e com mais razão – quando se apresentar uma efetiva violação (dano) a direito ou garantia. Mesmo quando o jovem entra em conflito com a lei, causando dano a terceiro, não deixa de ser, igualmente, vítima, geralmente da omissão dos pais ou do Estado, em vários aspectos de sua formação moral.

3. Competência: todas as medidas de proteção necessárias à criança ou adolescente, quando inserido em qualquer das hipóteses deste artigo, competem à Vara da Infância e Juventude. Porém, outras discussões, envolvendo conflitos familiares, acerca de guarda, tutela, alimentos, visitas, no tocante a menores de 18 anos, fora do contexto deste artigo, cabem à Vara de Família (ou Vara Cível). Na jurisprudência: TJMG: "1. A Vara da Infância e da Juventude detém, excepcionalmente, competência para deliberar sobre guarda de menor, desde que exista efetiva ameaça ou violação dos direitos do infante, conforme dispõem os arts. 98 e 148, parágrafo único, a da Lei 8.069/1990 (Estatuto da Criança e do Adolescente). 2. Ante a inexistência de situação de risco para a adolescente, que desde os primeiros dias de vida está na companhia dos recorrentes, é competente para o processo e julgamento do feito a Vara de Família. Precedente do Tribunal de Justiça de Minas Gerais" (AI 10809045020238130000, Câm. Justiça 4.0, rel. Francisco Ricardo Sales Costa (JD Convocado), 29.09.2023, m.v.); "A ação de destituição do poder familiar compete não apenas aos interessados, mas também ao Ministério Público, conforme disposição expressa do art. 155 do ECA. Determina o art. 148, parágrafo único, 'b', do ECA ser da competência da Vara da Infância e Juventude, nas hipóteses do art. 98 do mesmo diploma legal, as ações de destituição do poder familiar" (Apelação 1.0027.10.019612-3/001, 8.ª Câm. Cível, rel. Vieira de Brito, 09.02.2012, v.u.). TJSP: "Ação de guarda de menores proposta perante a Vara Cível. Remessa dos autos à Vara da Infância. Menores que se encontram sob a guarda de fato da avó materna desde o nascimento. Inocorrência de situação 'irregular' ou de 'risco'. Hipótese não abrangida pelo disposto no art. 98 do ECA. Competência da Vara Cível. Conflito procedente para declarar competente o Juízo Suscitante" (Conflito de Competência 9028524-39.2009.8.26.0000, Câm. Especial, rel. Moreira de Carvalho, 20.07.2009); "Tutela. Pedido formulado pela irmã, que já cuida de fato da adolescente desde o falecimento dos genitores. Ausência ou falecimento dos pais não caracteriza situação 'irregular' ou de 'risco'. Hipótese não abrangida pelo disposto no art. 98 do ECA. Competência do Juízo Cível. Conflito procedente. Competente o Juízo suscitado" (Conflito de Competência 9052000-43.2008.8.26.0000, Câm. Especial, rel. Eduardo Gouvêa, 13.10.2008). TJMA: "I. Menor que vive sob a guarda de amiga de sua mãe, desde o nascimento, inclusive na companhia desta e com a aquiescência do pai, não se encontra em situação irregular. II. Não se encontrando a menor em situação de risco ou abandono, tal como regrado pelo art. 98 da Lei 8.069/90, a competência para apreciar e julgar o feito é da Vara de Família e não da Infância e Juventude. III. Conflito de Competência julgado procedente" (Conflito de Competência 0801822009, rel. Jaime Ferreira de Araujo, 26.03.2009).

4. Conflito entre Vara da Infância e Juventude e Vara da Violência Doméstica: prevalece a primeira, quando se tratar de vítima menor de 18 anos para a finalidade de solucionar o lado civil do problema. Compete ao juízo comum processar e julgar o crime cometido pelo pai ou mãe contra o filho. Cuidando-se de infração penal do pai contra a filha, pode-se encaminhar à Vara da Violência Doméstica. Logo, deve-se verificar qual a finalidade da apuração e a essência do caso. Conferir: TJSE: "Conflito de jurisdição entre o juizado especial da violência doméstica e familiar contra mulher e o juízo de direito da 6.ª Vara Criminal da Comarca de Aracaju. Apuração de suposta prática do crime de maus-tratos contra menor. Aplicação do Estatuto da Criança e do Adolescente. Condição da vítima que determina a jurisdição. Inteligência do art. 1.º, § 2.º da Lei Complementar Estadual 228/2013. Precedentes desta corte. Conflito conhecido para declarar a competência do juízo suscitado. Decisão unânime. O que definirá a aplicação do ECA ou da Lei Maria da Penha é a condição da vítima. Se for criança ou adolescente, como no caso dos autos em que a vítima tem apenas 03 anos de idade, será regida pelo Estatuto da Criança e do Adolescente; se for mulher, será regida pela Lei Maria da Penha. Os regramentos do ECA somente cederiam espaço caso a Lei 11.340/2006 trouxesse situações mais específicas do que as abrangidas pelo ECA e não é isto que se vislumbra neste feito. Dentro desse contexto, compete à 6.ª Vara Criminal da Comarca de Aracaju processar e julgar os crimes praticados contra criança, nos termos da alteração promovida pela Lei Complementar Estadual 228/2013. Precedentes desta Corte de Justiça. Conflito Negativo de Jurisdição conhecido e provido para declarar competente o juízo suscitado. Decisão unânime" (Conflito de Jurisdição 20140001, Tribunal de Justiça do Estado de Sergipe, rel. Suzana Maria Carvalho Oliveira, 14.05.2014).

5. Ação ou omissão da sociedade ou do Estado: há quatro situações neste inciso: a) ação da sociedade prejudicial ao infante ou jovem; b) omissão da sociedade igualmente prejudicial; c) ação do Estado prejudicial à criança ou adolescente; d) omissão do Estado igualmente prejudicial. No tocante ao primeiro campo, entende-se por *sociedade* a atuação de qualquer pessoa – e não necessariamente de um número indeterminado delas. Portanto, crianças ou jovens vítimas de exploração sexual praticada por adultos, por exemplo, encaixam-se nesse perfil. Quanto ao segundo, embora mais difícil de ser evidenciado, é preciso lembrar-se do dever geral imposto à sociedade, pelo art. 227, *caput*, da CF, no sentido de assegurar aos infantes e jovem todos os seus direitos fundamentais; omissão de muitos, ilustrando, inclusive professores da escola, que deixam de se preocupar com o aprendizado, gerando evasão escolar, terminam levando as crianças à rua, sem qualquer proteção adequada, onde terminam entregues ao abandono. O terceiro campo é preenchido pela ação estatal em prejuízo do infante ou jovem, consistindo, a título de exemplo, na sua submissão a um processo educacional fracassado, sem estrutura adequada, gerando má formação intelectual. O quarto diz respeito à omissão do Estado, que é muito mais comum, em vários setores, como a saúde, a própria educação (falta de vagas em escolas), a segurança, o amparo à sua família natural, dentre tantos outros. Na jurisprudência: TJTO: "I – A pretensão deduzida na demanda originária enquadra-se na hipótese contida nos artigos 98, I, 148, IV, 208, VII, e 209, todos da Lei 8.069/1990 (Estatuto da Criança e Adolescente), sendo da competência absoluta do Juízo da Vara da Infância e da Juventude a apreciação das controvérsias fundadas em interesses individuais, difusos ou coletivos vinculados à criança e ao adolescente. Precedente do STJ. II – Conflito de competência conhecido e não provido, declarando a competência do Juizado Especial da Infância e Juventude de Palmas para processar e julgar os autos de origem, processo registrado sob o n.º 0013237-16.2015.827.2729" (CC 0012179-46.2017.827.0000/TO, 1.ª Câmara Cível, rel. Luiz Gadotti, 23.08.2017, m.v.).

6. Crianças de rua *versus* crianças na rua: há quem sustente o *direito* de crianças de permanecer na rua, tornando-se então *crianças de rua*. Somos contrários a tal pensamento. A via pública não é o lugar adequado para pessoas em tenra idade; aliás, nem mesmo a adolescentes. O local promissor para infantes e jovens é no ambiente familiar, na escola ou no trabalho, conforme o caso. Jamais na rua. Cuida-se de uma *falsa democracia* supor que *viver na rua* é um direito aplicável a crianças que estão em fase de proteção total, algo distante do ambiente público. Portanto, tem o poder público o dever de não permitir que infantes *vivam na rua*; precisam ser recolhidos e encaminhados às suas famílias; não sendo possível, a unidades de acolhimento. "A definição classificatória, fomentada tradicionalmente por instituições como UNICEF, tende de fato a dividi-lo em dois grandes grupos: as crianças e adolescentes *na* rua, quando mantêm vínculos familiares mais estreitos, sendo considerados trabalhadores nas ruas; ou as crianças e os adolescentes *de* rua, que permanecem em maior espaço de tempo na rua, com maior intermitência nos contatos com as famílias" (Eduardo Rezende Melo, *Crianças e adolescentes em situação de rua: direitos humanos e justiça*, p. 28). Seja como for, a nomenclatura pouco importa, crianças *de* ou *na* rua cuida-se de situação a ser evitada. Conforme expõe Maurício Neves de Jesus, "muitos são os motivos que levam as crianças às ruas, mas quase sempre a questão econômica é preponderante. Pesquisas apontam que apenas 10% das *crianças de rua* são meninas, eis que estas são preservadas para os afazeres domésticos e salvaguardas da cultura das ruas, espaço culturalmente reservado aos homens. Isso leva à conclusão de que na maioria dos casos há uma família por trás das crianças que vivem na rua, o que se confirma com os dados de que, em média, 50% delas vivem com os pais, e 33,5% com pelo menos um deles – famílias organizadas geralmente em torno da mãe. Quanto às atividades, a maioria trabalha como vendedor ambulante nos sinais de trânsito. Outras funções desenvolvidas com frequência são a de engraxate e guarda-carros – os *flanelinhas*. A mendicância e a delinquência, geralmente de pequenos delitos patrimoniais, como os punguistas, aparecem em número bem menor em relação às atividades de trabalho. (...) Ao contrário da imagem sugerida pela terminologia *hordas de bandidos*, constatou-se que as crianças de rua são alegres, criativas e possuem grande capacidade de adaptação. Os conflitos, no entanto, são inevitáveis, eis que essas crianças estão expostas aos perigos da 'sociedade de rua' – um ambiente e uma cultura fluidos de pessoas em trânsito, gangues, famílias que vivem nas ruas, traficantes, polícia, mendigos, criminosos e adultos prontos a explorá-las. Num contexto desses, onde há tão pouca privacidade, conforto ou segurança, até o trabalhador mais ocasional fica exposto a drogas, violência e exploração, elementos que caracterizam a 'cultura de rua'. As ruas são uma 'escola' muito eficiente de coisas negativas" (*Adolescente em conflito com a lei – prevenção e proteção integral*, p. 143 e 145). "A criança, excluída da escola, com significativos problemas familiares, sem opção de lazer, faz da rua o seu espaço de sobrevivência, juntando-se com outras crianças nas mesmas condições, muitas delas já com vivência de drogas e furtos. Daí para a delinquência é um passo. Muitos pais inclusive incentivam essa situação, colocando nas costas de muitas crianças e responsabilidade do sustento da família" (Vera Vanin, *O reflexo da institucionalização frente à prática do ato infracional*, p. 699). "Segundo o Estatuto, 'menino de rua' encontra-se numa condição social de 'não cidadania'. Como não possui a condição jurídica de 'autodeterminação', a primeira coisa a fazer para corrigir tal desvio é garantir-lhe um 'responsável'. Ou através do exercício do pátrio poder [sic], ou da instituição de guardião ou tutor, ou, em último caso, depois de tentadas as opções anteriores, através de dirigente de entidade que desenvolva programa de abrigo" (Edson Sêda, *Construir o passado ou como mudar hábitos, usos e costumes, tendo como instrumento o Estatuto da Criança e do Adolescente*, p. 39). "O autor também foi testemunha de uma entrevista de um magistrado brasileiro, na televisão, em que este desinformou a opinião pública, em rede nacional, dizendo que nada podia fazer com os 'meninos de rua' do Rio de Janeiro, porque o Estatuto dá a eles o direito de ir e vir e consequentemente eles podem escolher morar na rua, embaixo de viadutos etc. Claro que o desvio de interpretação de um Juiz não compromete a elevação com que seus colegas ilustram ou devem ilustrar a alta magistratura que exercem. Mas o cidadão comum é gravemente influenciado quando alta autoridade dá declarações incorretas através de poderosos meios de comunicação" (Edson Sêda, *A proteção integral*, p. 79). "Desta infância carenciada nos sobram as crianças que estão na rua. São as que conseguiram sobreviver a todo massacre iniciado com os discursos de ressocialização. De um lado a rua acena com a liberdade: não existe horário, é um lugar lúdico. Por outro lado, é extremamente perigoso. São crianças e adultos ao mesmo tempo esses seres humanos que encontramos. Não podemos considerá-las crianças, porque não tiveram oportunidade para tanto, não exercitaram seu papel de criança, pois na mais tenra idade já eram responsáveis pela própria sobrevivência. Nunca tiveram quem as protegesse. Já na saída da primeira infância começaram a assumir atitudes de adultos. Quando poderiam estar brincando, protegidas, eram obrigadas a proteger um irmão menor que elas. Porém não podemos considerá-las adultos, mesmo porque seu desenvolvimento físico não é o de um adulto. O que elas são, depende mais do referencial de cada um que com elas conversa. Se quiser encontrar a criança ela está inteirinha ali. Também se quiser encontrar o adulto não tenha dúvida que se mostrará por inteiro. Se a polícia quisesse sempre encontrar a criança, a atitude da própria polícia seria diferente. Mas a polícia sempre quer encontrar o adulto e, ainda, quer sempre encontrar o adulto infrator, o pior é que sempre encontra" (Lia Junqueira, *Abandonados*, p. 77). Sobre a invisibilidade das crianças e adolescentes de rua, Cláudia Viana de Melo Malta esclarece: "o que nos leva à constatação de que, na medida em que meninos e meninas em 'risco social' e em situação de rua não constituem com o ordenamento político-jurídico uma relação recíproca tal como a do Estado e o capital, eles permanecerão como um fenômeno de superfície para o sistema vigente e, nessa medida, limitam-se à conjugação das determinações jurídicas com as políticas sociais e assistenciais" (*A (in)visibilidade de crianças e adolescentes. O avesso da regulação social do Estado e os caminhos de resistência*, p. 263).

7. Genocídio infantojuvenil: outra visível omissão do poder público concentra-se na permissividade de que crianças e jovens sejam exterminados nas ruas, porque estão longe da escola, distantes das suas famílias e entregues à própria sorte. Há de se levar em conta o alerta de Maurício Neves de Jesus: "há um foco central óbvio que é a juventude. No Brasil há um genocídio que está exterminando sobretudo os jovens, pobres, do sexo masculino. O que é paradoxal e mais trágico é que este genocídio é autofágico, é fratricida porque os perpetuadores são também jovens, pobres, do sexo masculino. Este é o coração do nosso problema e o tráfico de drogas e armas constitui a principal fonte de recrutamento destes setores da nossa juventude para a dinâmica da violência. Qualquer política tem que partir do reconhecimento desta evidência e dobrar-se sobre o problema, sobre a necessidade de oferecer, senão a solução, que é impossível nesta globalidade, pelo menos encaminhamentos razoáveis nessa direção. O problema da juventude começa em casa, com a violência doméstica e, depois, se desdobra com a maternidade precoce e a demissão da paternidade. Se aprofunda com a incapacidade das escolas de oferecer um acolhimento integral, que seja subjetivo e afetivo, capaz de valorizar cada jovem e dotá-lo de autoestima, fazê-lo suprir as carências que ele porventura tenha vivido em casa etc. considero que inúmeras questões aqui levantadas são importantes demais para merecerem somente a presente indicação; por outro lado, novamente, cada uma delas, caso fossem exploradas, poderiam servir de tema de uma dissertação (...)" (*Adolescente em conflito com a lei – prevenção e proteção integral*, p. 168).

8. Falta, omissão ou abuso dos pais ou responsável: essa hipótese é mais visível do que a anterior (atribuir responsabilidade à sociedade e ao Estado diretamente). A família natural é o primeiro cenário onde está incluída a criança; na sequência é onde se encontra o adolescente, durante a fase mais delicada da sua formação e amadurecimento. Por isso, qualquer falha da família se torna imediatamente aparente; entretanto, por trás desse quadro, encontra-se o Estado. Exemplo: a mãe precisa trabalhar e não tem creche para deixar seus filhos (omissão do Estado); deixa os filhos presos dentro de casa e é acusada de maus-tratos ou abandono. Observa-se que a responsabilidade direta é atribuída à mãe; porém, de forma indireta, responsável é o Estado. Sob outro aspecto, existem os genitores que, por razões variadas, são extremamente violentos com seus filhos, causando-lhes lesões corporais (abuso), além daqueles que simplesmente desdenham a prole, abandonando-a (omissão). As faltas da família natural tendem a colocar o menor em situação de vulnerabilidade. Vale mencionar a Súmula 594 do STJ, nesse contexto: "O Ministério Público tem legitimidade ativa para ajuizar ação de alimentos em proveito de criança ou adolescente independentemente do exercício do poder familiar dos pais, ou do fato de o menor se encontrar nas situações de risco descritas no art. 98 do Estatuto da Criança e do Adolescente, ou de quaisquer outros questionamentos acerca da existência ou eficiência da Defensoria Pública na comarca." Na jurisprudência: TJAL: "1 – Identifica-se a situação de risco quando uma criança ou adolescente está com seus direitos fundamentais violados ou ameaçados de lesão, podendo essa situação se dar em

Art. 98

virtude de alguma conduta positiva ou negativa da sociedade, do Estado, ou mesmo dos pais e/ou responsáveis, que indique uma vulnerabilidade, na forma dos artigos 98 e 148, parágrafo único, do ECA. 2 – Ausente essa condição, não há que se falar em competência da Vara da Infância e da Adolescência, ante a inexistência de informação de não se encontrar a menor em situação irregular, na forma do que dispõem os mencionados dispositivos legais, pois ela se encontra, ainda que de forma precária, sob a guarda de fato da sua avó, em virtude do falecimento de seu pai, um fato ordinário e corriqueiro da vida, não indicativo de patologia social alguma. Conflito admitido para declarar competente o Juízo da 10.ª Vara de Família de Arapiraca. Decisão Unânime" (CC 0500471-06.2015.8.02.0000-AL, 1.ª Câmara Cível, rel. Fernando Tourinho de Omena Souza, 22.02.2017, v.u.). TJPI: "I – A jurisprudência dominante do Superior Tribunal de Justiça sedimentou o entendimento de que a competência das Varas da Infância e da Juventude só se configura se restar caracterizado que o menor, cujo interesse se discute no processo, encontra-se em situação irregular ou de risco, entendida esta como a ameaça ou a violação aos direitos reconhecidos no Estatuto da Criança e do Adolescente (Lei 8.069/1990), nos termos do acima citado art. 98" (Ap. Cível 2016.0001.005763-7/PI, 1.ª Câmara Especializada Cível, rel. Raimundo Eufrásio Alves Filho, 14.03.2017, v.u.).

8-A. Família substituta: se a criança ou adolescente estiver inserido em família substituta (guarda, tutela, curatela), deve-se preservar a mesma tutela e proteção. Portanto, faltas, omissões, abusos e abandonos devem gerar a intervenção da Vara da Infância e Juventude. No entanto, no superior interesse da criança, a *última opção* é o acolhimento institucional, retirando-a do convívio familiar (natural ou substituto). Conferir: STJ: "1. O Estatuto da Criança e do Adolescente – ECA, ao preconizar a doutrina da proteção integral (art. 1.º da Lei 8.069/90), torna imperativa a observância do melhor interesse da criança. 2. A avaliação realizada pelo serviço social judiciário constatou que a criança adotanda está recebendo os cuidados e a atenção adequada às suas necessidades básicas e afetivas na residência da família substituta. 3. Ressalvado evidente risco à integridade física ou psíquica do infante é inválida a determinação de acolhimento da criança que não se inclui em nenhuma das hipóteses do art. 98 do ECA. 4. Nos casos de flagrante constrangimento ilegal é possível a concessão da ordem de ofício. 5. *Habeas Corpus* concedido de ofício" (HC 358.536/SP, 3.ª T., rel. Ricardo Villas Bôas Cueva, 21.06.2016, v.u.).

8-B. As denúncias anônimas: na esfera processual penal, tem-se admitido as referidas denúncias (até por intermédio do telefone: disque-denúncia, sem identificação) para encontrar criminosos, tomar ciência de crimes e seus autores, mas isso gera, apenas, a investigação preliminar na autoridade policial. Somente quando há indícios de materialidade e autoria, inicia-se o inquérito. Formado um satisfatório conjunto de provas, pode-se indiciar alguém. Depois, quando mais elementos forem colhidos, finaliza-se o inquérito e inicia-se o processo--crime. A comparação guarda consonância com a esfera da Infância e Juventude, para que não haja abuso por parte do Judiciário, seus agentes ou outra instituição, ao receber a referida denúncia anônima, venha de onde vier, e ingressar, de pronto, no seio da família (natural ou substituta) para investigar os pais ou responsáveis como se fossem *criminosos*. Não é incomum que pessoas *comuniquem* ao Conselho Tutelar ou ao Juízo da Infância e Juventude (ou Ministério Público/Polícia) agressões inexistentes para prejudicar vizinhos, adversários ou inimigos de qualquer espécie. A denúncia anônima, singela e pura, não pode ser aceita para iniciar um procedimento investigatório, convocando os pais ao fórum para se submeter a um estudo psicossocial. Se houver denúncia anônima, cabe ao Estado assegurar-se da sua verossimilhança, antes de tomar qualquer providência. Por outro lado, havendo denúncia de pessoa identificada, toma-se por termo o seu depoimento, sob as penas do falso testemunho. Isso deve ser feito pela autoridade policial ou pela judiciária, pois dá ensejo ao falso testemunho.

Se o promotor colher as declarações, não há tipo penal para encaixar a falsidade das referidas declarações. Feito isso, identificando-se o denunciante, intima-se pais ou responsável a apresentar as alegações que deseje. Há que se respeitar os inafastáveis princípios constitucionais da ampla defesa e do contraditório, que pairam acima de todo e qualquer procedimento ou processo, a fim de preservar os direitos humanos fundamentais. Nada disso afeta a proteção a ser conferida à criança ou ao adolescente. Aliás, um dos primeiros lugares onde essa investigação deve dar-se é na escola frequentada pelo infante ou jovem.

9. Abandono material ou afetivo: um dos pontos mais comuns para fundamentar ações de destituição do poder familiar é o abandono dos pais biológicos em relação aos seus filhos, uma das formas de *omissão*. *Abandonar* significa largar algo ou alguém, deixar, renunciar, desprezar. O abandono caracteriza-se pela maneira desleixada e indiferente com que certos pais lidam com seus filhos, não se interessando se estão bem ou mal; se estão doentes ou saudáveis; se estão bem ou mal alimentados; se estão sendo bem vigiados ou não; se estão imunes a agressões; se estão em desenvolvimento saudável; se estudam na época certa, dentre outros. O *abandono* não se liga somente ao estado de pobreza ou miserabilidade, pois há pais, com bom poder aquisitivo, que também largam seus filhos à própria sorte. Porém, nas classes menos favorecidas economicamente, o índice de abandono é maior pelo simples fato de o acúmulo de responsabilidades ser igualmente mais extenso. Criar e educar um filho exige condições mínimas de suporte material; quando não há, uma das tendências é lançar o filho à própria sorte, vivendo nas ruas, pedindo esmola, convivendo perigosamente com drogados etc. O abandono, muitas vezes, é um *estado de espírito*, daquele que não se importa com o filho, omitindo-se, intencionalmente, em questões muito sérias, como a proteção contra agressões de terceiros, abuso sexual e tantas outras. O abandono é fruto da irresponsabilidade dos pais biológicos, que, em verdade, copularam pelo prazer sexual exclusivo, mas terminam por gerar um filho. Não tendo sido possível o aborto, terminam por permitir o nascimento, mas desde o início largam a criança em qualquer canto, sem maior atenção. O abandono é um poderoso elemento de péssima criação do filho e o Judiciário não pode passar ao largo desse dilema. Muitas vezes, confunde-se a pobreza com o abandono, razão pela qual há equipes técnicas e/ou juízes ou promotores que se opõem à perda do poder familiar em razão da miserabilidade dos pais ou da mãe (quando o pai é desconhecido). Porém, é preciso cautela para discernir os dois ambientes. Os pais pobres, quando dedicados, jamais abandonam seus filhos; ao contrário, preferem passar fome e alimentar a prole do que o oposto. Pais miseráveis podem ser excelentes genitores, quando mantêm seus filhos próximos de si e não se omitem em ponto algum de suas necessidades. Vão atrás do poder público para conseguir-lhes remédios, ensino, tratamento e tudo o mais de que necessitam. Os pais do abandono simplesmente largam o filho em qualquer lugar, na mão de qualquer pessoa, sem maior fiscalização. São, ainda, aqueles que cometem crimes, já sabendo da responsabilidade de criar filhos em gestação ou em tenra idade, mas não se importam se vão ou não para a prisão; se os filhos ficam desamparados e quem poderá criá-los. Como diz Ruy Barbosa Marinho Ferreira, "abandono não é apenas o ato de deixar o filho sem assistência material, fora do lar, mas o descaso intencional pela sua criação, educação e moralidade. Revelada a conduta lasciva da mãe adolescente, que se revelou despreparada para o mister educativo-psicomoral e sem condições mínimas para ter consigo seu rebento, face à sua imaturidade, relegando-o ao abandono, malgrado o desregramento de sua conduta prejudicial, de ordem moral, consistente em atos contrários ao bom costume, que eficazmente podem vir a causar malefícios consideráveis ao filho de tenra idade, impõe-se a destituição do poder familiar..." (*Adoção*, p. 143). Na jurisprudência: a) *abandono material*: TJPR: "Ação de destituição do poder familiar. Medida excepcional. Negligência dos pais. Comprovada. Abandono do menor. Conjunto probatório que respalda plenamente essa decisão. Medida de proteção (apuração de situação de risco). Quadro de desnutrição grave. Descumprimento dos deveres próprios do poder familiar. Poder familiar destituído. Art. 1.938, CC e art. 19, ECA. Melhor interesse do menor. Sentença mantida. Recurso desprovido" (AC 7242119, 12.ª Câm. Cível, rel. Costa Barros, 27.04.2011); TJRS: "A destituição do poder familiar é medida drástica, pois rompe de forma definitiva com todos os liames jurídicos entre pais e filhos, e se justifica quando os pais abandonam o filho, seja em abrigo, seja ao cuidado de terceiros, e nunca mais volta a procurá-lo, deixando de exercer a obrigação legal de cuidar com zelo, dar alimentação e promover a educação. Se os pais abandonaram o filho por não possuírem condições pessoais para cuidar dele, imperiosa a destituição do poder familiar, a fim de que ele possa ser inserido em família substituta e desfrutar de uma vida saudável, equilibrada e feliz. Estando a criança plenamente inserida na família substituta e revelando os guardiões plenas condições para o exercício do poder familiar, mostra-se correta a sentença que estabeleceu o vínculo legal de adoção. Recurso desprovido" (Apelação Cível 70052579604, 7.ª Câm. Cível, rel. Sérgio Fernando de Vasconcellos Chaves, 30.01.2013); b) *abandono afetivo*: STJ: "Caracterizado o abandono efetivo, cancela-se o pátrio poder dos pais biológicos. Inteligência do art. 395, II do Código Bevilacqua, em conjunto com o art. 22 do Estatuto da Criança e do Adolescente. Se a mãe abandonou o filho, na própria maternidade, não mais o procurando, ela jamais exerceu o pátrio poder" (REsp 275.568/RJ, 3.ª T., rel. Humberto Gomes de Barros, 18.05.2004).

10. Abuso direto e indireto: *abusar* significa ultrapassar limites, exagerar, exorbitar, passar da conta, enfim, trata-se, no campo do direito, de um ilícito. No cenário da infância e juventude, evidencia atos dos pais ou responsável em relação ao filho completamente fora dos parâmetros exigidos para o cuidado e o trato com a prole. Ilustrando, os pais devem educar os filhos, mas uma surra, com fratura de membro do corpo, deixa de ser exercício do poder familiar, invadindo o cenário do *abuso*; nesse caso, inclusive, criminoso. Há certos *abusos* que, quando cometidos, exigem providências imediatas e definitivas do Judiciário. Exemplo: o pai estupra a filha pequena; não há mais que se buscar o *convívio familiar*; é caso de imediata destituição do poder familiar. Seria um autêntico *abuso* do Estado manter essa criança sob o poder familiar desse agressor. O abuso direto é exatamente o caso dos exemplos citados: o genitor agride e lesiona o filho, em decorrência de uma surra; o pai estupra a filha. O abuso indireto configura-se pela aquiescência do pai ou da mãe em face de agressão alheia. Há mães – e não são poucos os casos – que, para não perder a companhia do padrasto, *fingem* não perceber o abuso sexual ao qual está exposto seu filho (ou filha). Ela, por omissão, está igualmente abusando da criança ou adolescente. Na jurisprudência: TJRS: "Situação flagrante. Vulnerabilidade. Mãe usuária de drogas. Genitor que castigava imoderadamente os filhos. Ausência de alteração no quadro vivenciado. Art. 1.638, I, II e III, do Código Civil. Art. 22 do ECA. 1) A ouvida de testemunhas sem a presença dos genitores, com o fito de resguardar a segurança de quem prestava depoimento, não gerou cerceamento de defesa, pois o Defensor Público participou das solenidades realizadas, além de a parte demandada ter acesso aos termos de degravação encartados no feito. 2) Ausência de ilegalidade na juntada aos autos dos Relatórios provenientes dos 'Círculos Restaurativos' realizados, porquanto são documentos idôneos produzidos com o fito único de dar ao julgador mais subsídios, com lastro científico, para a formação de sua convicção quanto ao destino dos irmãos. Ativismo judicial pertinente e inovador. 3) Hipótese em que se justifica a destituição dos genitores do poder familiar, porquanto demonstrado comportamento totalmente inadequado em relação à prole. Genitora que está segregada, viciada em *crack*, totalmente negligente em relação aos cuidados dos filhos. Genitor que os castigava imoderadamente, fazendo uso de cintas, fios elétricos e chinelos, obrigando uma das filhas a cuidar dos demais irmãos e a executar todos os afazeres domésticos. Relato de abuso sexual praticado por outro membro da família. Núcleo familiar que há muito vem sendo acompanhado pela rede de proteção e não apresenta evolução. Traumas gerados a ponto de os irmãos não quererem voltar para junto dos pais. Preliminares rejeitadas. Apelação desprovida" (Ap. Cível 70054290002, 8.ª Câm. Cível, rel. Ricardo Moreira Lins Pastl, 15.08.2013).

11. Abuso sexual: mais comum do que seria desejável, ele existe em diversos núcleos familiares, geralmente provocado pelo pai ou padrasto em relação ao(à) filho(a) pequeno(a). Igualmente, não são raras as vezes em que conta com a omissão da mãe ou madrasta, que não quer perder o marido ou companheiro, fazendo *vista grossa* ao abuso da prole. Noutros casos, a mãe simplesmente ignora os fatos, seja porque trabalha demais fora de casa, seja porque não presta a devida atenção no comportamento dos filhos. Tivemos a oportunidade de conhecer o triste caso de uma família constituída pelos pais biológicos e seus cinco filhos. A mais velha, com seus 14 anos, vinha sendo sexualmente abusada pelo pai há vários anos; descobriu-se o crime quando o genitor passou para a menina de 10 anos (outra filha), ocasião em que a mais velha resolveu denunciar para proteger a irmã. Foram os cinco retirados dos pais, pois a mãe fazia *vista grossa*, e colocados num abrigo. Os irmãos menores variavam de 7 a 3 anos. Não vislumbramos qualquer viabilidade de retorno ao convívio familiar, pois o abuso sexual é uma das mais graves – senão a mais grave – formas de violência dos pais contra os filhos. Eis uma situação em que a destituição do poder familiar precisa iniciar-se de pronto, no mínimo em relação ao pai (fora a punição na esfera criminal). "A violência sexual contra crianças e adolescentes não é definida só como penetração oral, anal ou coito vaginal, mas inclui também o exibicionismo, toque erótico, masturbação, pornografia, prostituição etc. Assim, compreende todas as formas que vão além do ato tolerável para uma criança (Ludwig, 2010). (...) As repercussões da violência sexual nas esferas cognitiva, emocional e comportamental da criança ou adolescente podem variar em gravidade de acordo com as características pessoais da vítima do abuso, com o apoio social e afetivo dispensados por pessoas significativas, com os profissionais que atendem e com os órgãos de proteção responsáveis pela abordagem da situação, além das características intrínsecas ao abuso, a gravidade das consequências pode variar de acordo com a duração do abuso, idade em que se iniciou e frequência do abuso, emprego ou não de força ou outros atos violentos associados, número de agressores e relação com o abusador (Aded et al., 2006; Steel et al., 2004). Assim, a variação dos resultados da violência sexual nas esferas cognitiva, emocional e comportamental terá graduações que irão de efeitos menores e com pouca repercussão nas atividades cotidianas até transtornos psiquiátricos de graves repercussões. As alterações cognitivas podem incluir: refúgio na fantasia, crenças distorcidas, baixa atenção e concentração, dissociação, baixo rendimento escolar. As crenças distorcidas revelam-se pela percepção de diferença em relação aos seus pares, desconfiança, pensamentos de que é culpado pelo abuso, sentimentos de inferioridade e inadequação. As alterações emocionais referem-se aos sentimentos de culpa, medo, ansiedade, vergonha, irritabilidade, raiva e tristeza. Entre os sintomas comportamentais destacam-se: abuso e dependência de substâncias, conduta hipersexualizada, comportamentos autodestrutivos, furtos, fugas do lar, agressividade, isolamento social, mudanças nos padrões de sono e alimentação (Habigzang, 2008; Cohen; Manarino; Rogal, 2001; Haugaard, 2004). (...) O comportamento sexual inadequado é um sintoma muito característico de crianças sexualmente violentadas. Tal comportamento está mais presente em crianças com história de terem sido sexualmente abusadas, quando comparadas com as que não sofreram violência sexual (Scherer; Scherer, 2000). O comportamento sexualizado inclui: masturbação excessiva ou em público, brinquedo sexualizado com bonecas, comportamento sedutor, hábito de introduzir objetos ou dedos no ânus ou na vagina, conhecimento sexual inapropriado para a idade e pedido de estimulação sexual para adultos ou outras crianças (Amazarray; Koller, 1998; Kendall-Tackett; Wiliams; Finkelhor, 1993)" (Marcia Regina Machado Santos Valiati, *Desenvolvimento da criança e do adolescente. Avaliação e intervenção*, p. 193, 195-196).

12. Em razão de sua conduta: este inciso prevê os casos de condutas indevidas ou atos infracionais cometidos pela criança ou adolescente, embora forneça um quadro bem mais ameno do que isso realmente significa. Na ótica deste Estatuto, quem comete ato infracional ameaça ou viola direito próprio; seria uma forma de autolesão, tutelada pelo Estado. Aplica-se a medida de proteção somente com o intuito de preservar ou defender o menor de si mesmo. No âmbito da criança – pessoa menor de 12 anos –, é crível essa versão; porém, quanto ao adolescente, já não se pode ser tão cauteloso, nem alienado. A medida de proteção e a medida socioeducativa têm também finalidade punitiva, conforme o caso concreto, embora vise ao bem do menor, exatamente como pais aplicam castigos aos seus filhos para educá-los. Em visão similar ao que defendemos, encontra-se a posição de Francismar Lamenza: "o último inciso refere-se especificamente à criança e ao adolescente ao qual se atribui a prática de ato infracional" (*Estatuto da criança e do adolescente interpretado*, p. 165). Em entendimento diverso e, até certo ponto preconceituoso, vê-se Roberto João Elias: "quanto à conduta, considerando-se que, no que tange à prática de ato infracional, a matéria é cuidada nos arts. 103 e ss., aqui há de se contemplar os casos que o Código de Menores denominava 'desvio de conduta', em virtude de 'grave inadaptação familiar ou comunitária', como, por exemplo, a prática da prostituição e do homossexualismo. Enfim, toda ação que não for catalogada como crime ou contravenção penal, mas fira os bons costumes, pode aqui ser enquadrada, só que, ao contrário do que ocorria no regime do Código de Menores, tais condutas não são passíveis de ser tratadas como medidas socioeducativas" (*Comentários ao Estatuto da criança e do adolescente*, p. 130). Ousamos discordar. Não há mais que pairar sobre as cabeças de crianças e jovens a espada dos "bons costumes", pois isso dá o ensejo de se "julgar" quem age moralmente bem e quem atua moralmente mal. Pode-se até debater tais valores em casa, no âmbito familiar, ou na escola, mas não na Vara da Infância e Juventude, pretendendo impor ao infante ou adolescente uma medida de proteção, que pode privá-lo de algum direito, como a liberdade (acolhimento institucional). Emerge o preconceito – e não a conduta indevida, passível de tutela estatal – à menção ao homossexualismo, como exemplificou Roberto João Elias. Jovens homossexuais não devem, jamais, ser considerados vítimas de sua própria má conduta, subsumindo-os ao art. 98, III, deste Estatuto. Na atualidade, pretende-se eliminar a discriminação no tocante à orientação sexual, de modo que ilustrações como essa somente pesam negativamente nesse cenário. Eventualmente, uma conduta indevida pode ser assumida pelo menor, em seu lar, como o vício por bebida alcoólica, causando-lhe nítido prejuízo, sem que se possa considerar ato infracional. Eis uma conduta prejudicial, que pode comportar medida de proteção.

12-A. Denúncia anônima: ver a nota 8-B *supra*.

Capítulo II

DAS MEDIDAS ESPECÍFICAS DE PROTEÇÃO

> **Art. 99.** As medidas previstas neste Capítulo poderão ser aplicadas isolada ou cumulativamente, bem como substituídas a qualquer tempo.[13]

13. Aplicação isolada ou cumulativa: as denominadas *medidas de proteção*, como a própria designação indica, almejam tutelar e defender o menor de 18 anos contra situações que o expõem a perigo ou que lhe provocam danos. Por isso, nada impede a aplicação isolada (somente uma delas, como o acolhimento institucional) ou cumulativa (encaminhamento aos pais e inclusão em programa comunitário de auxílio à família). Além disso, a medida aplicada pelo magistrado – diversamente da pena, aos adultos infratores – não é envolta pela coisa julgada material, podendo ser revista a qualquer tempo, substituindo-se uma medida, que não deu certo, por outra(s). Na jurisprudência: STJ: "II – A teor dos arts. 99 e 100 do ECA, as medidas socioeducativas podem ser substituídas a qualquer tempo pelo Juízo da Execução, levando-se em conta as necessidades específicas de proteção integral dos interesses da criança e do adolescente. III – A gravidade do ato infracional e os antecedentes do menor são fatores que, isoladamente, não impossibilitam a substituição da internação por medida menos gravosa, a teor do art. 42, § 2.º, da Lei n. 12.594/2012" (AgRg no HC 727.945/SP, 5.ª T., rel. Jesuíno Rissato (Desembargador convocado do TJDFT), 09.08.2022, v.u.); "1. Consoante o disposto no art. 113 do ECA, às medidas socioeducativas aplicam-se as disposições contidas nos arts. 99 e 100 do referido Estatuto, entre as quais se destacam a proporcionalidade e a atualidade, ou seja, a intervenção deve ser a necessária e adequada à situação de perigo em que a criança ou o adolescente se encontra no momento em que a decisão é tomada. 2. Na hipótese, não obstante a medida de prestação de serviços à comunidade, à razão de 4 horas semanais, tenha sido aplicada pela Magistrada de piso dois anos após os fatos, encontra-se em consonância com o princípio da proporcionalidade, visto que teve também como premissa as circunstâncias pessoais do paciente no momento da fixação da medida, assim como a gravidade do ato infracional praticado pelo paciente, consistente em estupro de vítima de apenas 5 anos de idade, o que ensejaria, em princípio, a aplicação de medida socioeducativa de internação, com fundamento no art. 122, inciso I, do ECA. 3. A medida aplicada, na espécie, atende ao postulado da proteção integral descrito no ECA, tendo em vista que possui devida observância aos princípios definidos na legislação de regência, como os princípios da legalidade, proporcionalidade em relação à ofensa cometida, brevidade, individualização e mínima intervenção. 4. Ordem denegada" (HC 465.313/SC, 6.ª T., rel. Antonio Saldanha Palheiro, j. 19.02.2019, v.u.). TJSP: "Cumulação de medida socioeducativa de liberdade assistida e prestação de serviços à comunidade. Possibilidade. Uma vez compatíveis, as medidas podem ser cumuladas. Inteligência dos arts. 99 e 113 do ECA. Gravidade do ato infracional e circunstâncias pessoais que apontam para a necessidade das medidas. Sentença mantida. Recurso desprovido" (Ap. 0000350-68.2014.8.26.0140/SP, Câm. Especial, rel. Ana Lucia Romanhole Martucci, 20.06.2016, v.u.).

> **Art. 100.** Na aplicação das medidas levar-se-ão em conta as necessidades pedagógicas, preferindo-se aquelas que visem ao fortalecimento dos vínculos familiares e comunitários.[14]
>
> **Parágrafo único.** São também princípios que regem a aplicação das medidas:[15]
>
> I – condição da criança e do adolescente como sujeitos de direitos: crianças e adolescentes são os titulares dos direitos previstos nesta e em outras Leis, bem como na Constituição Federal;[16]
>
> II – proteção integral e prioritária: a interpretação e aplicação de toda e qualquer norma contida nesta Lei deve ser voltada à proteção integral e prioritária dos direitos de que crianças e adolescentes são titulares;[17]
>
> III – responsabilidade primária e solidária do poder público: a plena efetivação dos direitos assegurados a crianças e a adolescentes por esta Lei e pela Constituição Federal, salvo nos casos por esta expressamente ressalvados, é de responsabilidade primária e solidária das 3 (três) esferas de governo, sem prejuízo da municipalização do atendimento e da possibilidade da execução de programas por entidades não governamentais;[18]
>
> IV – interesse superior da criança e do adolescente: a intervenção deve atender prioritariamente aos interesses e direitos da criança e do adolescente,

sem prejuízo da consideração que for devida a outros interesses legítimos no âmbito da pluralidade dos interesses presentes no caso concreto;[19]

V – privacidade: a promoção dos direitos e proteção da criança e do adolescente deve ser efetuada no respeito pela intimidade, direito à imagem e reserva da sua vida privada;[20]

VI – intervenção precoce: a intervenção das autoridades competentes deve ser efetuada logo que a situação de perigo seja conhecida;[21]

VII – intervenção mínima: a intervenção deve ser exercida exclusivamente pelas autoridades e instituições cuja ação seja indispensável à efetiva promoção dos direitos e à proteção da criança e do adolescente;[22]

VIII – proporcionalidade e atualidade: a intervenção deve ser a necessária e adequada à situação de perigo em que a criança ou o adolescente se encontram no momento em que a decisão é tomada;[23]

IX – responsabilidade parental: a intervenção deve ser efetuada de modo que os pais assumam os seus deveres para com a criança e o adolescente;[24]

X – prevalência da família: na promoção de direitos e na proteção da criança e do adolescente deve ser dada prevalência às medidas que os mantenham ou reintegrem na sua família natural ou extensa ou, se isso não for possível, que promovam a sua integração em família adotiva;[25]

XI – obrigatoriedade da informação: a criança e o adolescente, respeitado seu estágio de desenvolvimento e capacidade de compreensão, seus pais ou responsável devem ser informados dos seus direitos, dos motivos que determinaram a intervenção e da forma como esta se processa;[26]

XII – oitiva obrigatória e participação: a criança e o adolescente, em separado ou na companhia dos pais, de responsável ou de pessoa por si indicada, bem como os seus pais ou responsável, têm direito a ser ouvidos e a participar nos atos e na definição da medida de promoção dos direitos e de proteção, sendo sua opinião devidamente considerada pela autoridade judiciária competente, observado o disposto nos §§ 1.º e 2.º do art. 28 desta Lei.[27]

14. Pedagogia e vínculo familiar: em vários dispositivos, este Estatuto deixa bem claro o intento de preservação dos laços familiares de sangue. Renova-se este propósito, acrescentando-se, como objetivo principal das medidas de proteção, a vida comunitária. Naturalmente, o que se tem em mira é deixar o menor em liberdade, para que goze de seu contato com a comunidade e com sua família. Vê-se, então, que o acolhimento institucional segue para o fim da fila. Quanto ao caráter pedagógico, há medidas de fundo nitidamente educacional, como a matrícula e frequência obrigatórias em escola; outras, como o acolhimento familiar ou institucional, têm caráter preventivo, evitando-se males maiores à criança ou adolescente. Na jurisprudência: STJ: "1. O Estatuto da Criança e do Adolescente – ECA, ao preconizar a doutrina da proteção integral (artigo 1.º da Lei n.º 8.069/1990), torna imperativa a observância do melhor interesse da criança. 2. É incabível o acolhimento institucional de criança que possui família extensa (avó materna) com interesse de prestar cuidados (art. 100 da Lei n.º 8.069/1990). 3. Ressalvado o evidente risco à integridade física ou psíquica do infante, é inválida a determinação de acolhimento da criança, que, no caso concreto, exterioriza flagrante constrangimento ilegal. 4. Ordem concedida" (HC 440.752/PR, 3.ª T., rel. Ricardo Villas Bôas Cueva, 24.04.2018, v.u.).

15. Princípios regentes da aplicação da medida de proteção: da mesma forma que, no universo adulto, quando incide uma sanção penal, a sua aplicação submete-se a princípios (individualização, proporcionalidade, humanidade etc.), este artigo fornece alguns horizontes ao juiz (ou Conselho Tutelar) no cenário das medidas do art. 101. São eles: a) crianças e adolescentes como titulares dos direitos; b) proteção integral e prioritária; c) responsabilidade primária e solidária do poder público; d) superior interesse da criança e do adolescente; e) privacidade; f) intervenção precoce; g) intervenção mínima; h) responsabilidade parental; i) prevalência da família natural ou extensa; j) direito à informação; k) participação da criança ou adolescente. Esses denominados *princípios* regentes da aplicação das medidas de proteção não são estanques, valendo cada qual por si só; ao contrário, interpenetram-se e completam-se; por vezes, confundem-se.

16. Titularidade dos direitos: o objetivo de assentar a ideia de serem as crianças e adolescentes os *sujeitos de direitos* contrapõe-se ao propósito de entender serem os infantes e jovens meros objetos da avaliação judicial ou do Conselho Tutelar. Noutros termos, não são os pais que têm o direito de manter os filhos ao seu lado, mas as crianças que possuem o direito de ter os genitores em sua vida. Não são os adotantes que possuem direito a uma criança ou adolescente, mas este é que possui a titularidade do direito à família. Não deixa de ser uma mescla natural com o princípio do superior interesse da criança e do adolescente. Assim sendo, é importante ouvir o que o infante ou jovem tem a dizer, sempre que possível; é relevante deixar a separação entre pais e filhos para o último caso, mas também deve o juiz agir com firmeza, em nome da criança, quando for vítima de abuso, maus-tratos ou abandono, retirando-a de seus algozes, sejam eles quem forem – como os próprios pais. Sob o âmbito deste Estatuto, o poder familiar dos genitores deve ser colocado em segundo plano; em primeiro, encontram-se a criança e o adolescente.

17. Proteção integral e prioritária: não há como discordar e muito menos desconhecer esse princípio, que é a base de tudo o que se faz de positivo às crianças e adolescentes. Infelizmente, algumas autoridades envolvidas nas soluções dos problemas graves, nesse contexto, olvidam essa meta, permitindo a lentidão dos procedimentos, omitindo-se em atender os processos de menores à frente de feitos abrangendo o interesse de adultos, descuidando da tutela imediata do infante, enfim, na prática, não se capta a aplicação deste princípio. O próprio Poder Judiciário, na sua organização, não tem dado a devida importância à infância e juventude. Exemplo disso é colocar a Vara da Infância e Juventude atrelada a alguma outra, considerada principal, como Vara Cível ou Vara Criminal, ao menos em comarcas do interior. Eis o motivo pelo qual o juiz se preocupa com o caso dos adultos, em primeiro plano, largando o *anexo* da infância e juventude para depois. Ilustrando, processos de réus presos correm muito à frente do processo de adoção, quando a Vara é cumulativa. Naturalmente, porque o preso pode impetrar *habeas corpus* e o Tribunal logo toma conhecimento da atuação judicial. Mas quem vai recorrer, contra a lentidão, ao Tribunal, no caso da adoção? Afinal, o titular do direito de ter uma família é a criança e esta não tem voz ativa. Poder-se-ia dizer que a atuação do Ministério Público supriria essa lacuna, algo nem sempre concreto na realidade. Os promotores também podem estar mais preocupados com suas denúncias, arquivamentos de inquéritos, alegações finais, recursos, do que com o processo de adoção. A responsabilidade, na maioria dos casos, não é do magistrado ou do promotor, mas das instituições às quais pertencem, que deixam a infância e juventude em plano secundário. A triste realidade é que a medida de proteção, aplicada ao menor, embora devesse, não é integralmente protetiva e muito menos prioritária para a criança ou adolescente. Na jurisprudência: STJ: "2. Em vista do princípio da prioridade absoluta – que impõe ao Estado e, pois, ao Ministério Público o dever de tratar com prioridade a defesa dos direitos menoristas insculpido no artigo 227 da Constituição Federal e 4.º e 100, parágrafo único, II, do Estatuto da Criança e do adolescente – é inconcebível que a Promotoria de Justiça que cuida da matéria não esteja dotada da

Art. 100

Estatuto da Criança e do Adolescente Comentado · Nucci

mínima estrutura indispensável para o exercício de seu importante mister, isto é, que não conte com os serviços profissionais de assistente social e psicólogo. 3. Todavia, estando em jogo direitos indisponíveis, fica clara a existência do binômio necessidade-utilidade da medida e a consequente imprescindibilidade da prestação jurisdicional para propiciar a elaboração do estudo psicossocial para avaliação da medida mais adequada à tutela dos direitos da menor. 4. Ademais, o artigo 153 do Estatuto da Criança e do Adolescente permite ao juiz, até mesmo de ofício, ouvido o Ministério Público, adequar o procedimento às peculiaridades do caso, ordenando as providências necessárias para assegurar a proteção integral da criança e do adolescente, sendo descabida a extinção do procedimento, sem averiguação que infirme os graves fatos apontados pela autoridade tutelar. 5. O artigo 201, VI e VII, do Estatuto da Criança e do Adolescente, que atribui ao Ministério Público instaurar procedimentos administrativos e sindicâncias, podendo expedir notificações para colher depoimentos ou esclarecimentos, requisitar informações, exames, perícias, dentre outros, tem o fito inequívoco de ampliar a proteção estatal à criança e ao adolescente, por isso não pode servir de fundamento para a recusa da prestação jurisdicional. 6. Recurso especial provido" (REsp 1.308.666/MG, 4.ª T., rel. Luis Felipe Salomão, 06.09.2012, v.u.).

18. Responsabilidade primária e solidária do poder público: entende-se por responsabilidade primária o *primeiro encarregado* de fazer alguma coisa; neste inciso, aponta-se o poder público como o primeiro a ser procurado para satisfazer os interesses das crianças e adolescentes, previstos neste Estatuto – e na Constituição Federal. Portanto, não resolve o governante ou administrador público afastar de si o pleito de uma criança, por seus representantes legais, de conseguir vaga numa escola, por exemplo. É ele o responsável primário da educação. Nesse ponto, se houver necessidade de ingressar em juízo para alcançar a referida vaga, pode-se assim agir, sem que se possa alegar intromissão do Judiciário na política educacional do Executivo. Afirmar que a responsabilidade do poder público é *solidária* quer dizer que a União, o Estado e o Município, em igualdade de condições e de forma primária, são encarregados de suprir os direitos das crianças e dos jovens. Portanto, a título de exemplo, lastreado na realidade, se o menor precisa de um medicamento caro, pode escolher a quem pedir (União, Estado ou Município), inclusive com demanda em juízo. Não pode a Fazenda Pública do Estado contestar alegando deva o requerente esgotar, primeiro, o atendimento municipal para, depois, passar ao âmbito estadual. Apesar disso, mantém-se o propósito de municipalizar o atendimento social às crianças e adolescentes, de maneira geral, pois muito mais próximo de suas famílias. E destaca a lei que a responsabilidade do Estado permanece intacta, mesmo quando o menor consegue auxílio de organização não governamental. Está correto esse entendimento, pois a ajuda de terceiros, não diretamente encarregados da tutela infantojuvenil, é um *plus*, jamais um substituto do poder público.

19. Superior interesse da criança e do adolescente: é um dos principais postulados deste estatuto; os direitos infantojuvenis devem ser priorizados e colocados acima de outros que, com eles, confrontem. Compartilha a mesma meta do princípio da proteção integral e prioritária, previsto no inciso II deste artigo. É o que se pretende sempre evidenciar, mormente no campo da adoção: quem tem direito a uma família é a criança e não o contrário, vale dizer, o adulto adotante tem direito a um filho. Sob outro prisma, a parte final deste inciso é desnecessária, para dizer o mínimo ("sem prejuízo da consideração que for devida a outros interesses legítimos no âmbito da pluralidade dos interesses presentes no caso concreto"). Ora, é óbvio que o superior interesse infantojuvenil é somente um princípio, mas nada é absoluto. O direito da criança, a título de exemplo, convive com o poder familiar dos pais; ao debater, no processo de destituição do poder familiar, qual é a mais adequada solução ao infante, por evidente, colocam-se em confronto todos os legítimos interesses em jogo; se não houver razão específica, mantém-se o poder familiar. O superior interesse da criança ou adolescente não é direito à injustiça contra terceiros. Significa, apenas, no cenário dos direitos previstos neste Estatuto, deva ser considerado particularmente relevante; se colocado em igualdade de condições com o interesse do adulto, deve prevalecer o da criança. Na lição de Eduardo Rezende de Melo, esse superior interesse tem funções garantistas. A primeira delas é de cunho interpretativo, devendo conferir uma visão sistemática dos direitos infantojuvenis, um critério de solução de conflitos e uma orientação para avaliar a legislação. A segunda concentra-se na satisfação prioritária dos interesses das crianças e adolescentes pela política do poder público. A terceira focaliza o reconhecimento da máxima operatividade e mínima restrição dos referidos direitos. A quarta relaciona-se à regulação das relações parentais, conduzindo os papéis dos pais na sua responsabilidade de criar os filhos (Munir Cury [org.], *Estatuto da Criança e do Adolescente comentado*, p. 450-451). Na jurisprudência: TJAM: "1. A Lei n.º 8.069/90 (Estatuto da Criança e do Adolescente -- ECA) introduziu no ordenamento jurídico mecanismos preventivos, repressivos e assistenciais aptos a garantir proteção integral à criança e ao adolescente, dentre os quais se destacam as medidas específicas de proteção elencadas no artigo 101. Consta, na parte final do *caput*, o permissivo para que a autoridade competente adote outras medidas não previstas nos seus incisos, o que confere legitimidade às protetivas fixadas *in casu* pela autoridade impetrada. 2. Importa ressaltar que tais medidas têm caráter temporário e emergencial, exigindo do julgador, em um primeiro momento, um juízo de cognição sumária, razão pela qual mostra-se suficiente, por ora, a fixação das protetivas com base na palavra da vítima e da sua genitora, as quais trouxeram à lume indícios da prática de ato libidinoso por parte do paciente, justificando, assim, o distanciamento e a incomunicabilidade deste com a vítima, seus familiares e testemunhas. 3. Em tais situações, deve prevalecer o interesse superior da criança, princípio norteador da aplicação das medidas específicas de proteção, consoante estabelece o artigo 100, parágrafo único, inciso IV, do ECA. 4. Sendo assim, inexiste o alegado constrangimento ilegal, vez que a decisão da autoridade impetrada encontra-se devidamente fundamentada, objetivando, em primeiro plano, o resguardo dos interesses da vítima frente à notícia de um suposto crime sexual. 5. A grave acusação que recai sobre o paciente representa maior peso na ponderação dos interesses envolvidos, razão pela qual é prudente e razoável manter, tal qual fixadas, as medidas protetivas nessa fase inicial das investigações, preservando-se, assim, a competência do juízo natural da causa, vez que, com o desenrolar processual, o juízo de origem certamente disporá de mais subsídios, podendo eventualmente reavaliar a necessidade das medidas protetivas. 6. Ordem denegada" (HC 4000971-36.2017.8.04.0000/AM, 1.ª Câmara Criminal, rel. João Mauro Bessa, 14.05.2017).

20. Privacidade: sob o título-princípio de *privacidade*, incluem-se a intimidade, a imagem e a vida privada do infante ou jovem. São direitos individuais de qualquer um, previstos no art. 5.º, X, da Constituição Federal, razão pela qual abrange crianças, adolescentes e adultos. Este inciso é inócuo, pois repete preceitos conhecidos e consagrados. De toda forma, busca-se preservar o menor de 18 anos, em particular quando envolvido em processos que expõem a sua intimidade familiar. Por isso, esses procedimentos correm em segredo de justiça, com acesso garantido somente ao juiz, ao promotor, à equipe técnica do Juizado, ao menor e seu advogado, quando for o caso, bem como aos postulantes de guarda, tutela ou adoção. Pode ter acesso, por óbvio, o réu (poder público, ONG), quando o autor for o menor. Entretanto, temos notado – e já expusemos em nota anterior – que o excesso de sigilo pode prejudicar a criança ou adolescente. Em procedimentos para a destituição do poder familiar, que podem levar tempo excessivo, deveriam outras pessoas ser legitimadas a deles tomar conhecimento, inclusive para buscar acelerá-los. Por exemplo, o interessado na adoção, devidamente cadastrado, deveria ter acesso a tais feitos. Não se trata de mera curiosidade, mas de um interesse, ainda que mediato, ao término do procedimento, o que justificaria inserir o menor em lista de

Art. 100

Estatuto da Criança e do Adolescente Comentado • **Nucci**

adoção. Na jurisprudência: STJ: "Responsabilidade civil e processual civil. Recurso especial. Reparação por danos morais. Uso indevido de imagem. Emissora de televisão. Reportagem de cunho sensacionalista. Informações contidas em investigação criminal. Drama familiar. Estupro de menores. Divulgação de imagens da residência e de menor em contexto vexatório, após invasão do lar. Procedência da ação. *Quantum* do dano moral. Revisão. Redução para melhor adequação do valor da reparação. (...) Como se observa, a responsabilidade civil da recorrente foi devidamente examinada pelas instâncias ordinárias, decorrendo do reconhecimento da conduta descomprometida com valores éticos, que extrapolou, em muito, os limites da liberdade de informação e de ampla divulgação de notícias. Salientou-se o propósito sensacionalista da reportagem realizada pelo programa da emissora de TV e suas danosas consequências, com a divulgação de informações vexatórias e dramáticas para a família e de imagens de uma das filhas da autora, à época com apenas 15 anos de idade, e também do interior da residência da família, sem o conhecimento e sem consentimento da autora ou mesmo de suas filhas menores" (REsp 1.594.505/SP 2014/0345667-5, 4.ª T., rel. Raul Araújo, 04.05.2021, v.u.).

21. Intervenção precoce: demanda-se do Estado a pronta atuação para salvar de perigo a criança ou adolescente. Esse princípio confunde-se com a proteção integral e prioritária. O dilema, que já mencionamos, é justamente operacionalizar essa intervenção de maneira eficiente e rápida, nos variados prismas. O poder público precisa cuidar das necessidades primárias e urgentes da criança ou adolescente por meio dos órgãos mantidos pelo Executivo; há de se elaborar leis, que auxiliem, com eficiência, o cumprimento de todos os princípios e diretrizes previstos neste Estatuto; demanda-se da autoridade judiciária a imediata atuação, quando indispensável, retirando o menor da guarda dos pais, promovendo a suspensão ou destituição do poder familiar – ou reintegração ao núcleo familiar, quando viável, ou colocando o menor para adoção, tudo de maneira célere.

22. Intervenção mínima: a interferência do Estado na vida privada do cidadão e de seu núcleo familiar deve ser a menor possível; isto é o que assegura, de fato, a liberdade individual e seus desdobramentos vinculados aos direitos de personalidade. Em Direito Penal, trabalha--se com o princípio da intervenção mínima em conceito similar, mas não idêntico; quer-se o menor número de leis penais incriminadoras, assegurando-se, apenas, os crimes mais graves, mas eliminando-se as infrações mais leves, que podem ser cuidadas por outros ramos do Direito. No campo do Direito da Infância e Juventude, a intervenção mínima se liga à prática da atuação do poder público, que deve evitar ingressar no seio familiar, intrometendo-se indevidamente, sem que a criança ou adolescente esteja, efetivamente, em perigo. Quanto mais *intervencionista* for o Estado, menor liberdade terá o indivíduo, inclusive no desenvolvimento saudável durante a infância e adolescência. É negativa a atividade excessiva, na mesma medida em que o é a omissão estatal. Deve-se buscar o equilíbrio, pois a Constituição Federal considera a família a base da sociedade, obtendo particular proteção do Estado (art. 226, *caput*, CF). Eis uma das razões pelas quais a intervenção mínima nesse núcleo deve ser assegurada. De outra parte, somente autoridades e instituições devidamente credenciadas podem cuidar dos direitos das crianças e adolescentes, a fim de não se espalhar o *direito de intromissão* a qualquer ente público, prejudicando a privacidade da família.

23. Proporcionalidade e atualidade: a proporcionalidade é um princípio desenvolvido e cultivado em várias outras áreas do Direito, podendo até ser considerado um princípio geral. A tutela dos direitos da criança e do adolescente deve desenvolver-se sob dois parâmetros: necessariedade e adequabilidade. O *necessário* liga-se ao ato estatal de força, que é imprescindível para resolver determinada situação conflituosa; o *adequado* vincula-se à utilização do instrumento adequado na intensidade equilibrada. Assim, atinge-se a *proporcionalidade*, invadindo-se o contexto familiar na exata medida da resolução do problema ali encontrado – nem mais, nem menos. Se o poder público fraquejar, crianças podem até mesmo perder a vida. Se, ao contrário, atuar de maneira intensa e excessiva, crianças podem ficar traumatizadas e perder o equilíbrio em fase delicada da sua infância. A *justa medida* de intervenção é difícil de ser encontrada, mas jamais se deve ignorá-la ou desprezá-la, pois a proporcionalidade é preceito legal. Além disso, impõe-se, com correção, a atualidade da intervenção, sob pena de se mostrar ineficaz. Aliás, a bem da verdade, intervir *antes da hora* ou *depois do evento* é manifestamente desproporcional, pois se perde a necessidade ou a adequação.

24. Responsabilidade parental: na realidade, não se trata de um princípio, mas somente da lembrança do óbvio dever dos pais em relação aos filhos, decorrente do poder familiar. Por outro lado, ao apontar que a intervenção estatal deve ser efetivada de modo a garantir que os pais assumam os seus deveres para com os filhos, está-se indicando o princípio da intervenção mínima, comentada em nota anterior.

25. Prevalência da família: este denominado *princípio* não passa da repetição de outras normas, cuja finalidade é a *garantia* de que as crianças e adolescentes permaneçam em família. Primeiramente, a natural ou extensa; não sendo possível, a substituta. O princípio, por trás dessa regra, é o *superior interesse da criança*. De todo modo, firma-se, claramente, a aversão da legislação infantojuvenil ao acolhimento institucional, mormente quando realizado em caráter permanente. Abrigar a criança ou adolescente é apenas um paliativo, em virtude da emergência de determinadas situações de perigo, nas quais se inserem crianças e adolescentes; não é, jamais, o propósito final da atuação estatal. Na jurisprudência: STJ: "1. O Estatuto da Criança e do Adolescente – ECA, ao preconizar a doutrina da proteção integral (artigo 1.º da Lei 8.069/1990), torna imperativa a observância do melhor interesse da criança. 2. É incabível o acolhimento institucional de criança que possui família extensa (avó materna) com interesse de prestar cuidados (art. 100 da Lei n.º 8.069/1990). 3. Ressalvado o evidente risco à integridade física ou psíquica do infante, é inválida a determinação de acolhimento da criança, que, no caso concreto, exterioriza flagrante constrangimento ilegal. 4. Ordem concedida" (HC 440.752/PR 2018/0058386-7, 3.ª T., rel. Ricardo Villas Bôas Cueva, 24.04.2018, v.u.).

26. Obrigatoriedade da informação: quer-se assegurar o esclarecimento à criança e ao adolescente acerca do que lhe acontece, em especial, quando é retirado do núcleo familiar, passando ao acolhimento institucional. Respeitando-se, por óbvio, o seu grau de amadurecimento, filtra-se a informação na medida da sua capacidade de compreensão. De nada adianta informar um garotinho de um ano de idade a respeito de seu afastamento da família natural. Por outro lado, não se pode passar ao adolescente informes superficiais e obscuros, pois isso somente acirra os ânimos. Dosar o conteúdo das informações é vital para dar conhecimento ao infante ou jovem no tocante à sua vida. Quanto à informação aos pais, nem sempre o poder público pode *apenas* passar dados jurídicos, incompreensíveis aos leigos, especialmente quando lhes faltar instrução. Em vários casos, em lugar de *informar* os agentes do Estado – ou ligados à atividade estatal –, devem *orientar* os genitores a respeito do que ocorreu com um filho ou quanto ao processo ao qual respondem, por omissão ou conduta indevida. Esse dever de informação cabe a qualquer autoridade, assim como aos integrantes da equipe multidisciplinar da Vara da Infância e Juventude ou dos abrigos, que acolhem menores.

27. Participação do menor e seus responsáveis: embora não se cuide de um princípio propriamente dito, a regra é salutar, tendo em vista o superior interesse da criança e do adolescente. Sempre que possível, em procedimentos tramitando nas Varas da Infância e Juventude, deve-se ouvir o menor, pouco importando se o procedimento diz respeito a ato infracional ou a uma situação de vulnerabilidade. A voz do infante, para dizer o que se passa

Art. 101

em sua vida, os abusos sofridos, os maus-tratos vivenciados, a exploração imposta, enfim, o que mais o aflige é relevante; por vezes, poderá constituir a única prova do evento lesivo, como se dá, lamentavelmente, no contexto da violência sexual no contexto da própria família. A criança pode, ainda, manifestar-se, do seu jeito, acerca da sua adaptação (ou inadaptação) no seu núcleo familiar natural ou na família substituta. Quanto ao adolescente, com maior razão, este Estatuto impõe deva ser ouvido nos casos de inserção em família substituta, alteração de nome, dentre outros assuntos. Quando pratica ato infracional, seguindo-se fielmente o direito à ampla defesa e ao contraditório, precisa se defender pessoal e diretamente, sendo ouvido pelo juiz. Este inciso aponta a viabilidade de se ouvir o menor, quando em tenra idade, na presença de seus pais ou por intermédio da equipe interprofissional. Além disso, os pais também precisam ser inquiridos em procedimentos verificatórios, particularmente quando estão envolvidos na situação de vulnerabilidade ou risco da criança ou adolescente. Essa oitiva se dá não somente em função do direito à ampla defesa e ao contraditório – que são assegurados a todos os acusados em qualquer processo, nos termos da Constituição Federal –, mas também para o esclarecimento da sua versão dos fatos. Há perfeita harmonia entre o disposto neste inciso e o preceituado no inciso X (prevalência da família), indicando-se que a permanência do filho no núcleo familiar é a regra, motivo pelo qual ouvir os pais é perfeitamente adequado.

> **Art. 101.** Verificada qualquer das hipóteses previstas no art. 98,[28] a autoridade competente[29] poderá determinar, dentre outras,[30] as seguintes medidas:[31]
>
> I – encaminhamento aos pais ou responsável, mediante termo de responsabilidade;[32]
>
> II – orientação, apoio e acompanhamento temporários;[33]
>
> III – matrícula e frequência obrigatórias em estabelecimento oficial de ensino fundamental;[34]
>
> IV – inclusão em serviços e programas oficiais ou comunitários de proteção, apoio e promoção da família, da criança e do adolescente;[35-36]
>
> V – requisição de tratamento médico, psicológico ou psiquiátrico, em regime hospitalar ou ambulatorial;[37-38]
>
> VI – inclusão em programa oficial ou comunitário de auxílio, orientação e tratamento a alcoólatras e toxicômanos;[39]
>
> VII – acolhimento institucional;[40]
>
> VIII – inclusão em programa de acolhimento familiar;[41]
>
> IX – colocação em família substituta.[42]
>
> § 1.º O acolhimento institucional e o acolhimento familiar são medidas provisórias e excepcionais, utilizáveis como forma de transição para reintegração familiar ou, não sendo esta possível, para colocação em família substituta, não implicando privação de liberdade.[43]
>
> § 2.º Sem prejuízo da tomada de medidas emergenciais[44] para proteção de vítimas de violência ou abuso sexual e das providências a que alude o art. 130 desta Lei, o afastamento da criança ou adolescente do convívio familiar é de competência exclusiva da autoridade judiciária e importará na deflagração,[45] a pedido do Ministério Público ou de quem tenha legítimo interesse,[46] de procedimento judicial contencioso, no qual se garanta aos pais ou ao responsável legal o exercício do contraditório e da ampla defesa.[47]
>
> § 3.º Crianças e adolescentes somente poderão ser encaminhados às instituições que executam programas de acolhimento institucional,[48] gover-

namentais ou não, por meio de uma Guia de Acolhimento,[49] expedida pela autoridade judiciária, na qual obrigatoriamente constará, dentre outros:

I – sua identificação e a qualificação completa de seus pais ou de seu responsável, se conhecidos;

II – o endereço de residência dos pais ou do responsável, com pontos de referência;

III – os nomes de parentes ou de terceiros interessados em tê-los sob sua guarda;

IV – os motivos da retirada ou da não reintegração ao convívio familiar.

§ 4.º Imediatamente após o acolhimento da criança ou do adolescente, a entidade responsável pelo programa de acolhimento institucional ou familiar elaborará um plano individual de atendimento,[50] visando à reintegração familiar, ressalvada a existência de ordem escrita e fundamentada em contrário de autoridade judiciária competente, caso em que também deverá contemplar sua colocação em família substituta, observadas as regras e princípios[51] desta Lei.

§ 5.º O plano individual será elaborado sob a responsabilidade da equipe técnica do respectivo programa de atendimento[52] e levará em consideração a opinião da criança ou do adolescente e a oitiva dos pais ou do responsável.[53]

§ 6.º Constarão do plano individual,[54] dentre outros:

I – os resultados da avaliação interdisciplinar;[55]

II – os compromissos assumidos pelos pais ou responsável;[56] e

III – a previsão das atividades[57] a serem desenvolvidas com a criança ou com o adolescente acolhido e seus pais ou responsável, com vista na reintegração familiar ou, caso seja esta vedada por expressa e fundamentada determinação judicial, as providências a serem tomadas para sua colocação em família substituta, sob direta supervisão da autoridade judiciária.

§ 7.º O acolhimento familiar ou institucional ocorrerá no local mais próximo à residência dos pais ou do responsável[58] e, como parte do processo de reintegração familiar, sempre que identificada a necessidade, a família de origem será incluída em programas oficiais de orientação, de apoio e de promoção social, sendo facilitado e estimulado o contato com a criança ou com o adolescente acolhido.[59]

§ 8.º Verificada a possibilidade de reintegração familiar,[60] o responsável pelo programa de acolhimento familiar ou institucional fará imediata comunicação à autoridade judiciária, que dará vista ao Ministério Público, pelo prazo de 5 (cinco) dias, decidindo em igual prazo.[61]

§ 9.º Em sendo constatada a impossibilidade de reintegração da criança ou do adolescente à família de origem, após seu encaminhamento a programas oficiais ou comunitários de orientação, apoio e promoção social,[62] será enviado relatório fundamentado[63] ao Ministério Público, no qual conste a descrição pormenorizada das providências tomadas e a expressa recomendação, subscrita pelos técnicos da entidade ou responsáveis pela execução da política municipal de garantia do direito à convivência familiar, para a destituição do poder familiar, ou destituição de tutela ou guarda.[63-A]

§ 10. Recebido o relatório, o Ministério Público terá o prazo de 15 (quinze) dias[64-64-A] para o ingresso com a ação de destituição do poder familiar, salvo se entender necessária a realização de estudos complementares ou de outras providências indispensáveis ao ajuizamento da demanda.[65]

Art. 101

§ 11. A autoridade judiciária manterá, em cada comarca ou foro regional, um cadastro[66] contendo informações atualizadas sobre as crianças e adolescentes em regime de acolhimento familiar e institucional sob sua responsabilidade, com informações pormenorizadas sobre a situação jurídica de cada um, bem como as providências tomadas para sua reintegração familiar ou colocação em família substituta, em qualquer das modalidades previstas no art. 28 desta Lei.[67]

§ 12. Terão acesso[68] ao cadastro o Ministério Público, o Conselho Tutelar, o órgão gestor da Assistência Social e os Conselhos Municipais dos Direitos da Criança e do Adolescente e da Assistência Social, aos quais incumbe deliberar sobre a implementação de políticas públicas que permitam reduzir o número de crianças e adolescentes afastados do convívio familiar e abreviar o período de permanência em programa de acolhimento.

28. Hipóteses compatíveis com as medidas de proteção: constituem cenários indicativos da situação de vulnerabilidade na qual se encontra a criança ou adolescente. São elas: a) ação ou omissão da sociedade ou do Estado; b) falta, omissão ou abuso dos pais ou responsável; c) conduta do próprio menor. Excetuando a terceira alternativa, as duas primeiras enfocam o infante ou jovem como vítima da atuação ou omissão de terceiros. As medidas previstas neste artigo são insuficientes para determinados atos infracionais, como os cometidos com violência ou grave ameaça à pessoa. Conferir: TJDF: "Não há que se aplicar as medidas protetivas insculpidas no art. 101 do ECA, se restou comprovado que o jovem aderiu à conduta do seu comparsa no momento do assalto, merecendo sim, uma medida mais severa que tenha como propósito a sua emenda" (Apelação 50142020058070001, 1.ª T. Criminal, rel. Edson Alfredo Smaniotto, 18.01.2007).

29. Autoridade competente: é o juiz ou o Conselho Tutelar. Este último pode ter a sua decisão revista pela autoridade judiciária, a pedido de quem tenha legítimo interesse (art. 137, ECA). Por outro lado, não lhe é permitido decretar o acolhimento institucional, nem familiar, e muito menos a colocação em família substituta. Essas são medidas mais graves, da alçada exclusiva do magistrado, em autêntica *reserva de jurisdição*. Quanto à possibilidade de aplicação pelo Ministério Público, consultar a nota 147 ao art. 127. Na jurisprudência: TJBA: "1. O art. 101 do Estatuto da Criança e do Adolescente autoriza a aplicação de medidas protetivas pela autoridade competente quando verificada qualquer das hipóteses de ameaça ou de violação a direitos da criança e do adolescente, previstas no art. 98 do Estatuto. 2. Em atenção ao princípio da inafastabilidade da jurisdição, não se exige o esgotamento da via administrativa para se buscar a tutela jurisdicional. (...)" (Ap. 0000288-58.2016.8.05.0264-BA, 2.ª Câmara Cível, rel. Maurício Kertzman Szporer, 05.09.2017, v.u.).

30. Natureza do rol: segundo dispõe a própria lei, é exemplificativo, podendo o juiz ou o Conselho Tutelar aplicar *outras medidas*, embora não previstas expressamente neste artigo. Assim é a posição majoritária da doutrina. Entretanto, em face do princípio da legalidade, que deve reger todas as situações constritivas a direitos fundamentais, não nos parece adequada tal abertura. Faz-nos lembrar da previsão feita pelo art. 79 do Código Penal, que autoriza o juiz a impor *outras condições* a que fica subordinado o condenado em gozo da suspensão condicional da pena, além das expressamente previstas em lei (art. 78, CP). A realidade é que esse art. 79 – em face de sua significativa abertura – nunca deu certo. Não é prática corrente dos juízes criminais utilizá-lo, em particular pelas experiências negativas, corrigidas pelo Tribunal. Houve casos de abusos visíveis, quando os magistrados *criavam* condições não previstas em lei, quase todas cassadas em instância superior. O referido art. 79 caiu em desuso. Portanto, a previsão aberta do art. 101, segundo nos parece, tende ao vazio, igualmente.

31. Atuação de ofício ou a requerimento e devido processo legal: as medidas enumeradas neste artigo são *protetivas*, motivo pelo qual, como regra, podem ser aplicadas de ofício pela autoridade competente. "Essas medidas não são punitivas. Elas se caracterizam pela *desjudicialização*, ou seja, têm natureza administrativa, e poderão ser aplicadas pelo Conselho Tutelar, com exceção daquelas previstas nos incisos VIII e IX, independentemente de ordem judicial" (Wilson Donizeti Liberati, *Adolescente e ato infracional. Medida socioeducativa é pena?*, p. 113). As medidas de maior alcance, envolvendo o direito de terceiros, como os pais (acolhimento institucional ou familiar e colocação em família substituta), devem ser deferidas em procedimento próprio, assegurados a ampla defesa e o contraditório, pois podem implicar suspensão ou perda do poder familiar. Mesmo nesses casos, em que se prevê a viabilidade de resistência dos pais ou responsáveis, instaurando-se o procedimento adequado para solucionar a controvérsia, o juiz pode atuar cautelarmente, determinando o acolhimento ou a inserção em família substituta de pronto, para garantir o ambiente mais adequado ao menor. Ilustrando, enquanto se debate a destituição do poder familiar, a criança pode encontrar-se em família acolhedora ou família substituta, que terá a guarda provisória.

32. Encaminhamento aos pais ou responsável, mediante termo de responsabilidade: a primeira das medidas de proteção envolveria o óbvio, não fosse pela parte final. Se a criança ou adolescente encontra-se em situação de vulnerabilidade, por qualquer das causas do art. 98, a primeira providência, não envolvendo ato infracional grave, é chamar os pais ou responsável para lhes dar ciência do ocorrido – por vezes, nem sabem. Seria natural encaminhar o filho aos pais (ou responsável), mas o cerne da medida, nesta hipótese, é o *termo de responsabilidade*. É preciso constar, claramente, no referido termo a situação de risco da criança ou adolescente, o alerta feito aos pais (ou responsável) e as propostas de solução apresentadas pelos genitores (ou responsável). A partir daí, finalize-se com os pais *assumindo* a responsabilidade, por escrito, na presença do juiz, de que o menor não tornará a viver idêntica situação, quando nas mesmas condições. O não cumprimento das propostas feitas, tornando o infante ou jovem à mesma situação vulnerável, dá margem para instauração de procedimento de suspensão ou destituição do poder familiar, conforme o caso concreto. Se for preciso, em lugar dessa alternativa, pode-se estabelecer outra medida protetiva mais rigorosa. De todo modo, os pais, quando assinam o termo, estão oficialmente cientificados do que se passa com o filho, não podendo alegar ignorância no futuro. O termo funciona como um *alerta* aos pais; aliás, seria até mesmo cabível, dependendo do caso concreto, aplicar-lhes a medida de *advertência*. Como diz Eduardo Rezende de Melo, "a lavratura de um termo de responsabilidade há de ser feita com este intuito de reforço e empoderamento dos pais e responsável no exercício de seu papel de criação e formação de crianças e adolescentes (...). Com efeito, a medida tem o sentido de uma repactuação de responsabilidades familiares, não para subjugar a criança ou adolescente ao poder parental, nem para desprover os pais e responsável de autoridade formativa sobre as crianças e adolescentes, mas para que haja a possibilidade de um respeito mútuo e recíproco neste processo de interação. Por isso esta medida pode eventualmente ser aplicada em conjugação com outra, de advertência aos pais e responsável (art. 129, VII, ECA)" (Munir Cury [org.], *Estatuto da Criança e do Adolescente*, p. 466). Para impor essa medida, basta a instauração de um procedimento verificatório denominado *simples*, pois não há contraditório em princípio. Nada impede, no entanto, que os pais, chamados para assinar o termo de responsabilidade, resolvam contratar advogado (ou peçam um dativo ou defensor público) para contestar a medida. Se entendem que o filho não se encontrava, nem se encontra, em situação de risco, podem tornar contraditório o

Art. 101

Estatuto da Criança e do Adolescente Comentado • **Nucci**

procedimento. Ninguém é obrigado a assinar um *termo de responsabilidade* por algo lícito ou inexistente. Foge completamente às regras básicas do Direito. Além disso, ao final, prevalecendo a imposição do termo de responsabilidade, é fundamental que haja uma audiência para um contato entre os pais (ou responsável) e o juiz. Afinal, eventual *fuga* à responsabilidade no futuro pode acarretar procedimento de suspensão ou perda do poder familiar; é preciso que os pais entendam, com clareza, o significado e o conteúdo do termo. E não é atribuição do cartório firmar tal *compromisso*.

33. Orientação, apoio e acompanhamento temporários: esta medida pode ser aplicada à criança ou adolescente, com reflexo direto nos seus pais (ou responsável). Orientar, apoiar e acompanhar são condutas técnicas – e não leigas – de modo que cabe à equipe interprofissional do Juizado o desempenho dessa função. Certamente, nos locais onde, sabidamente, a equipe está desfalcada e nem mesmo dá conta do trabalho ágil nos procedimentos em que deve atuar, cabe ao juiz evitar aplicá-la. Paralelamente, organizações não governamentais podem dispor de profissionais habilitados na área (psicólogo, assistente social, pedagogo etc.); assim sendo, o magistrado pode impor a medida, sabendo que terceiros darão efetividade ao seu cumprimento. Considere-se, ainda, a possibilidade de haver um setor disponível junto ao poder público, que possa desempenhar o papel, como o Conselho Municipal dos Direitos da Criança e do Adolescente ou mesmo o Conselho Tutelar.

34. Matrícula e frequência obrigatórias em estabelecimento oficial de ensino fundamental: o ensino fundamental é obrigatório; os pais *devem* zelar para que seus filhos frequentem a escola e obtenham aproveitamento. Permitir a evasão escolar nessa fase (entre os seis e os catorze anos) constitui erro grave, que merece a intervenção do Judiciário. Diante disso, muitos menores encontrados nas vias públicas, afastados do lar, por certo, também se encontram sem estudar. Uma das principais medidas protetivas a aplicar é justamente esta: obrigar a matrícula e a frequência escolar. Porém, essa medida é de dupla mão: volta-se tanto à criança ou adolescente quanto aos seus pais ou responsável. Parece-nos justificável a imposição por termo nos autos, expedindo o juiz os ofícios necessários para a instituição de ensino próxima ao local onde reside o estudante. O termo é a formalização da ciência dos pais (ou responsável) e, também, do menor a respeito da *obrigatoriedade* do ensino fundamental. Se houver falha, com nova evasão escolar, há de se apurar a responsabilidade, podendo dar margem à instauração de procedimento contra os pais, para suspensão ou perda do poder familiar. Caso os genitores, chamados ao Juizado para assumir tal compromisso, sintam-se lesados, por acreditarem que inexiste qualquer situação irregular, podem contestar e transformar o procedimento em peça contraditória. Sabe-se acerca do *dever* dos pais de inserir os filhos na escola e mantê-los ali, ao menos, até finalizar o ensino fundamental. O difícil é responsabilizá-los quando ocorre a *fuga* da escola. Geralmente, os genitores (ou responsável) atribuem a causas estranhas à sua alçada o insucesso. Mas as autoridades hão de ser mais rigorosas nesse importante aspecto, pois parece simples ter filhos, criá-los de qualquer forma, permitir-lhes fazer o que bem entendem, sem disciplina e fiscalização. Constitui crime, denominado *abandono intelectual* (art. 246 do Código Penal), deixar, sem justa causa, de prover à instrução fundamental (à época de edição do Código Penal, tratava-se de ensino primário) dos filhos em idade escolar. O delito é doloso, motivo pelo qual muitos pais escapam por essa porta, afirmando que seus filhos não frequentam a escola por variados motivos, sem jamais assumir a sua vontade de deixá-los sem estudo ou, no mínimo, assumir tal risco (dolo eventual). Pode-se afirmar que, ao menos, os genitores (ou responsável) praticariam a infração administrativa do art. 249 deste Estatuto (deixar de cumprir determinação judicial). Ora, para tanto, é relevante o termo de compromisso, assinado em juízo – e não simplesmente uma medida imposta unilateralmente pelo juiz, sem a prova incontestável de que os pais sabiam do seu dever de manter o filho na escola. Outro ponto a ser enfrentado é a alegação de pobreza, acarretando falta de condições materiais para enviar o filho à escola; por vezes, até desejam os pais que ele trabalhe para sustentar a casa. Não são desculpas válidas. O menor somente pode trabalhar a partir dos 14 anos, como aprendiz, logo, quando já concluiu o ensino fundamental. Quanto à pobreza, devem existir programas assistenciais para apoiar a família nesse aspecto. Na realidade, vislumbra-se, muitas vezes, desídia integral dos genitores, muitos dos quais pensam que, *se eles mesmos não estudaram, pois tinham que ajudar seus pais, os seus filhos devem fazer a mesma coisa.* Combater esse pensamento indevido pode necessitar da aplicação de outras medidas de proteção complementares e cumulativas, como a orientação, o apoio e o acompanhamento da família por equipe técnica do Juizado ou de outro órgão, governamental ou não. Finalmente, a ausência de vagas em escolas municipais ou estaduais também não é motivo justo para deixar o filho fora do ensino fundamental. Devem os pais, nessa hipótese, procurar as autoridades competentes para obter ajuda (Conselho Tutelar ou Ministério Público). Ademais, quando é imposta a medida deste inciso – matrícula e frequência em escola –, o próprio juízo oficia à rede de ensino para alcançar a vaga. Sobre o tema, ver, ainda, a nota 268 ao art. 53, V, desta Lei.

35. Inclusão em serviços e programas oficiais ou comunitários de proteção, apoio e promoção da família da criança e do adolescente: esta medida é ineficiente e, até certo ponto, ilógica. Em primeiro lugar, há pouquíssimos programas comunitários ou oficiais voltados à família, abrangendo a criança ou o adolescente, como *apoio, orientação, esclarecimento* e *fornecimento de bases materiais.* Ao contrário disso, existem inúmeras organizações governamentais e não governamentais de assistência direta à criança ou adolescente, quando estes perdem os laços com sua família natural ou extensa. Atuam como entidades de acolhimento. Entretanto, ignoram-se os pais. Por isso, diante da inexistência de programas, tal como apregoado por este inciso, a norma se torna ineficaz. Os juízes não têm para onde enviar os pais e seus filhos, quando a pobreza é o maior fator de desestruturação e desagregação do núcleo familiar. Por outro lado, a medida soa ilógica na exata medida em que o Estado *deve* manter programas de assistência à família necessitada, material ou psicologicamente, sem qualquer vinculação à determinação judicial, depois que a criança ou adolescente se encontra vulnerável. O círculo vicioso é o seguinte: a) o poder público deveria ter variados programas de auxílio à família em diversos aspectos, inclusive apoio material; b) como não possui, nem se encontra similar na comunidade, as famílias se desestruturam e as crianças ou adolescentes desenvolvem condutas indevidas e de risco; c) por causa disso, são levados ao Juizado, que lhes impõe exatamente a inclusão em programas comunitários ou oficiais, que não existem e, por isso, levaram os pais e filhos àquela situação de vulnerabilidade. O programa que deveria existir, evitando a situação de risco, não é palpável; por conta disso, impõe-se justamente a frequência ao referido fictício programa? Ilógico. Em cidades nas quais há programas oficiais ou comunitários de auxílio à família, raramente crianças e adolescentes dessas famílias vão parar no Juízo da Infância e Juventude. Há quem mencione o programa Bolsa Família como um exemplo de auxílio à família pobre. Mas, para obter as vantagens desse programa, não é preciso ordem judicial, bastando seguir as regras impostas pela Lei 10.836/2004.

36. Bolsa Família: como mencionamos, a inserção nesse programa assistencial não depende de determinação judicial e cuida-se de concessão de valores em pecúnia para que a família os administre. Nem sempre é a espécie de programa adequado para, com efetividade, auxiliar a família a se manter unida, superando dificuldades de toda ordem. Segundo a Lei 10.836/2004, que regula o programa bolsa família: "Art. 1.º Fica criado, no âmbito da Presidência da República, o Programa Bolsa Família, destinado às ações de transferência de renda com condicionalidades. Parágrafo único. O Programa de que trata o *caput* tem por

Art. 101

Estatuto da Criança e do Adolescente Comentado · **Nucci**

finalidade a unificação dos procedimentos de gestão e execução das ações de transferência de renda do Governo Federal, especialmente as do Programa Nacional de Renda Mínima vinculado à Educação – Bolsa Escola, instituído pela Lei 10.219, de 11 de abril de 2001, do Programa Nacional de Acesso à Alimentação – PNAA, criado pela Lei 10.689, de 13 de junho de 2003, do Programa Nacional de Renda Mínima vinculada à Saúde – Bolsa Alimentação, instituído pela Medida Provisória 2.206-1, de 6 de setembro de 2001, do Programa Auxílio-Gás, instituído pelo Decreto 4.102, de 24 de janeiro de 2002, e do Cadastramento Único do Governo Federal, instituído pelo Decreto 3.877, de 24 de julho de 2001. Art. 2.º Constituem benefícios financeiros do Programa, observado o disposto em regulamento: I – o benefício básico, destinado a unidades familiares que se encontrem em situação de extrema pobreza; II – o benefício variável, destinado a unidades familiares que se encontrem em situação de pobreza e extrema pobreza e que tenham em sua composição gestantes, nutrizes, crianças entre 0 (zero) e 12 (doze) anos ou adolescentes até 15 (quinze) anos, sendo pago até o limite de 5 (cinco) benefícios por família; III – o benefício variável, vinculado ao adolescente, destinado a unidades familiares que se encontrem em situação de pobreza ou extrema pobreza e que tenham em sua composição adolescentes com idade entre 16 (dezesseis) e 17 (dezessete) anos, sendo pago até o limite de 2 (dois) benefícios por família; IV – o benefício para superação da extrema pobreza, no limite de um por família, destinado às unidades familiares beneficiárias do Programa Bolsa Família e que, cumulativamente: a) tenham em sua composição crianças e adolescentes de 0 (zero) a 15 (quinze) anos de idade; e b) apresentem soma da renda familiar mensal e dos benefícios financeiros previstos nos incisos I a III igual ou inferior a R$ 70,00 (setenta reais) per capita. § 1.º Para fins do disposto nesta Lei, considera-se: I – família, a unidade nuclear, eventualmente ampliada por outros indivíduos que com ela possuam laços de parentesco ou de afinidade, que forme um grupo doméstico, vivendo sob o mesmo teto e que se mantém pela contribuição de seus membros; (...) III – renda familiar mensal, a soma dos rendimentos brutos auferidos mensalmente pela totalidade dos membros da família, excluindo-se os rendimentos concedidos por programas oficiais de transferência de renda, nos termos do regulamento. § 2.º O valor do benefício básico será de R$ 58,00 (cinquenta e oito reais) por mês, concedido a famílias com renda familiar mensal per capita de até R$ 60,00 (sessenta reais). § 3.º Serão concedidos a famílias com renda familiar mensal per capita de até R$ 120,00 (cento e vinte reais), dependendo de sua composição: I – o benefício variável no valor de R$ 18,00 (dezoito reais); e II – o benefício variável, vinculado ao adolescente, no valor de R$ 30,00 (trinta reais). § 4.º Os benefícios financeiros previstos nos incisos I, II, III e IV do *caput* poderão ser pagos cumulativamente às famílias beneficiárias, observados os limites fixados nos citados incisos II, III e IV. § 5.º A família cuja renda familiar mensal per capita esteja compreendida entre os valores estabelecidos no § 2.º e no § 3.º deste artigo receberá exclusivamente os benefícios a que se referem os incisos II e III do *caput* deste artigo, respeitados os limites fixados nesses incisos. § 6.º Os valores dos benefícios e os valores referenciais para caracterização de situação de pobreza ou extrema pobreza de que tratam os §§ 2.º e 3.º poderão ser majorados pelo Poder Executivo, em razão da dinâmica socioeconômica do País e de estudos técnicos sobre o tema, atendido o disposto no parágrafo único do art. 6.º. § 7.º Os atuais beneficiários dos programas a que se refere o parágrafo único do art. 1.º, à medida que passarem a receber os benefícios do Programa Bolsa Família, deixarão de receber os benefícios daqueles programas. § 8.º Considera-se benefício variável de caráter extraordinário a parcela do valor dos benefícios em manutenção das famílias beneficiárias dos Programas Bolsa Escola, Bolsa Alimentação, PNAA e Auxílio-Gás que, na data de ingresso dessas famílias no Programa Bolsa Família, exceda o limite máximo fixado neste artigo. § 9.º O benefício a que se refere o § 8.º será mantido até a cessação das condições de elegibilidade de cada um dos beneficiários que lhe deram origem. § 10. O Conselho Gestor Interministerial do Programa Bolsa Família poderá excepcionalizar o cumprimento dos critérios de que trata o § 2.º, nos casos de calamidade pública ou de situação de emergência reconhecidos pelo Governo Federal, para fins de concessão do benefício básico em caráter temporário, respeitados os limites orçamentários e financeiros. (...)".

37. Requisição de tratamento médico, psicológico ou psiquiátrico, em regime hospitalar ou ambulatorial: em tese, buscar tratamento médico, que já abrange o psiquiátrico – ramo da medicina e não profissão à parte – ou psicológico é algo natural por quem se sente enfermo e necessita de auxílio para curar-se. Quanto ao médico em geral – cardiologia, dermatologia, clínica geral, oftalmologia etc. –, como regra, adultos procuram espontaneamente e pais levam seus filhos. Porém, é fato notório a existência de preconceito no tocante à psiquiatria e à psicologia. São raros os adultos que, reconhecendo-se perturbados ou enfermos mentais, saem em busca de um psiquiatra. São também incomuns os casos de busca por psicólogos. Por consequência, os pais costumam negar para si mesmos que seus filhos possam apresentar transtornos mentais ou comportamentais. A recusa natural ao tratamento psiquiátrico ou psicológico decorre de três fatores básicos: a) a própria enfermidade ou perturbação cega o seu portador; b) a ignorância ou o preconceito em relação à psiquiatria ou à psicologia levam ao afastamento desses profissionais; c) a falta de recursos materiais impede o acesso ao psiquiatra ou psicólogo, cujos tratamentos são realmente custosos, até porque demorados. Entretanto, é importante ressaltar que essa medida é útil e pode ser imposta a pais e/ou filhos pelo juiz. Algumas desestruturações familiares decorrem de problemas mentais do pai, da mãe ou de um filho. Lembremos que o vício em álcool é considerado doença mental – e não se encaixa no inciso VI, pois é preciso haver concordância do alcóolatra para tais programas; os violentos precisam ser internados. Quando a criança ou adolescente se encontra em situação de risco por causa de transtorno mental de pai ou mãe, o juízo pode aplicar a medida prevista neste inciso V. O mesmo se dá no tocante à criança ou adolescente mentalmente perturbado. Eis porque não basta *requisitar* o tratamento para o pai, a mãe ou a criança/adolescente. Afinal, essa requisição seria exigir de determinado órgão público de saúde o atendimento da pessoa mentalmente abalada. Mas, segundo cremos, acompanhando a referida requisição a quem cederá o tratamento, deve-se dirigir a ordem judicial para submissão ao mencionado tratamento. Por vezes, a internação compulsória de um pai alcóolatra, para tratamento hospitalar, pode ser a solução para a desagregação da família do menor. Em suma, a mera requisição de tratamento pode não resolver. Será bem-vinda quando os pais aceitarem-na para si mesmos ou para seus filhos. Se o juiz perceber que não basta encaminhá-los para tratamento, pois não aceitam o seu estado ou de seu filho, há de se providenciar a medida compulsória adequada (internação ou tratamento ambulatorial). Na jurisprudência: TJDFT: "1. Tendo em vista que os relatos dos policiais, coerentes e harmônicos entre si, foram confirmados em juízo, a manutenção da sentença que atribuiu ao apelante a prática do delito análogo a porte ilegal de arma de fogo, tal como descrito na representação, é medida de rigor. 2. Os depoimentos prestados por policiais militares são dotados de presunção de veracidade e aptos a embasar um decreto condenatório, especialmente quando corroborados pelo conjunto probatório juntado aos autos. 3. Ponderando a gravidade do ato infracional, o contexto social e as condições pessoais do adolescente, não há nenhuma dúvida da imprescindibilidade da aplicação da medida socioeducativa de Semiliberdade. 4. Tendo em vista que o adolescente apresenta transtornos mentais, comprovados por laudo psiquiátrico, a aplicação da medida protetiva do artigo 101, inciso V, do ECA (tratamento psiquiátrico), de forma concomitante à Semiliberdade, na forma preconizada no artigo 112, § 3.º, do mesmo diploma, é medida escorreita. 5. Recurso parcialmente provido" (APR 20160130090049-DFT, 2.ª T. Criminal, rel. Silvanio Barbosa dos Santos, 27.04.2017, v.u.).

Art. 101

Estatuto da Criança e do Adolescente Comentado • **Nucci**

38. Regime legal de internação compulsória: a Lei 10.216/2001 autoriza, expressamente, a internação compulsória, por ordem judicial. Sem dúvida, quando falhar o tratamento ambulatorial. Eis os principais dispositivos: "Art. 1.º Os direitos e a proteção das pessoas acometidas de transtorno mental, de que trata esta Lei, são assegurados sem qualquer forma de discriminação quanto à raça, cor, sexo, orientação sexual, religião, opção política, nacionalidade, idade, família, recursos econômicos e ao grau de gravidade ou tempo de evolução de seu transtorno, ou qualquer outra. Art. 2.º Nos atendimentos em saúde mental, de qualquer natureza, a pessoa e seus familiares ou responsáveis serão formalmente cientificados dos direitos enumerados no parágrafo único deste artigo. Parágrafo único. São direitos da pessoa portadora de transtorno mental: I – ter acesso ao melhor tratamento do sistema de saúde, consentâneo às suas necessidades; II – ser tratada com humanidade e respeito e no interesse exclusivo de beneficiar sua saúde, visando alcançar sua recuperação pela inserção na família, no trabalho e na comunidade; III – ser protegida contra qualquer forma de abuso e exploração; IV – ter garantia de sigilo nas informações prestadas; V – ter direito à presença médica, em qualquer tempo, para esclarecer a necessidade ou não de sua hospitalização involuntária; VI – ter livre acesso aos meios de comunicação disponíveis; VII – receber o maior número de informações a respeito de sua doença e de seu tratamento; VIII – ser tratada em ambiente terapêutico pelos meios menos invasivos possíveis; IX – ser tratada, preferencialmente, em serviços comunitários de saúde mental. Art. 3.º É responsabilidade do Estado o desenvolvimento da política de saúde mental, a assistência e a promoção de ações de saúde aos portadores de transtornos mentais, com a devida participação da sociedade e da família, a qual será prestada em estabelecimento de saúde mental, assim entendidas as instituições ou unidades que ofereçam assistência em saúde aos portadores de transtornos mentais. Art. 4.º A internação, em qualquer de suas modalidades, só será indicada quando os recursos extra-hospitalares se mostrarem insuficientes. § 1.º O tratamento visará, como finalidade permanente, à reinserção social do paciente em seu meio. § 2.º O tratamento em regime de internação será estruturado de forma a oferecer assistência integral à pessoa portadora de transtornos mentais, incluindo serviços médicos, de assistência social, psicológicos, ocupacionais, de lazer, e outros. § 3.º É vedada a internação de pacientes portadores de transtornos mentais em instituições com características asilares, ou seja, aquelas desprovidas dos recursos mencionados no § 2.º e que não assegurem aos pacientes os direitos enumerados no parágrafo único do art. 2.º. (...) Art. 6.º A internação psiquiátrica somente será realizada mediante laudo médico circunstanciado que caracterize os seus motivos. Parágrafo único. São considerados os seguintes tipos de internação psiquiátrica: I – internação voluntária: aquela que se dá com o consentimento do usuário; II – internação involuntária: aquela que se dá sem o consentimento do usuário e a pedido de terceiro; e III – internação compulsória: aquela determinada pela Justiça. (...) Art. 9.º A internação compulsória é determinada, de acordo com a legislação vigente, pelo juiz competente, que levará em conta as condições de segurança do estabelecimento, quanto à salvaguarda do paciente, dos demais internados e funcionários".

39. Inclusão em programa oficial ou comunitário de auxílio, orientação e tratamento a alcoólatras e toxicômanos: esta medida é perfeita para pais e filhos que, de algum modo, adentrem o universo das drogas, lícitas (álcool) ou ilícitas (maconha, cocaína etc.). É certo que a lei menciona *alcoólatras* (viciados em álcool, logo, enfermos mentais) e *toxicômanos* (viciados em outras drogas, portanto, enfermos mentais), mas se pode incluir os bebedores ou provadores habituais. O ponto principal é detectar se a droga está prejudicando a família, deixando o menor em situação de risco. Assim ocorrendo, o juiz pode impor a inclusão do pai, da mãe ou do filho (ou de todos) em programa de desintoxicação. Mas, para dar certo, é essencial a concordância do viciado em comparecer e seguir as orientações. Há algumas alternativas para esse caso: a) o juiz impõe essa medida e o viciado (pai ou filho) voluntariamente participa, obtendo-se resultado positivo; b) o juiz impõe essa medida, o viciado (genitor ou filho) voluntariamente participa, mas não surte efeito positivo; c) o juiz determina a medida e o viciado não comparece voluntariamente. No primeiro caso, tudo pode se resolver bem. No segundo, há de se tomar medida mais drástica, possivelmente com internação compulsória. No terceiro, pode-se partir para a internação compulsória ou, ao menos, deve-se preservar a criança ou adolescente, retirando-o da órbita do viciado, seja para acolhimento familiar ou institucional. Na sequência, dependendo do caso concreto, pode-se destituir o viciado do poder familiar; se houver outro (pai ou mãe), assume sozinho o poder familiar; não havendo, encaminha-se para adoção ou tutela (neste último caso, se houver família extensa).

40. Acolhimento institucional: é o conhecido *abrigo* para crianças e adolescentes. Alterou-se a denominação para *acolhimento institucional*, que confere uma imagem mais suave de envolvimento do menor em algo positivo. No entanto, seja como for, é a última opção – e sempre com caráter temporário – para qualquer criança ou adolescente. Há abrigos formados e mantidos por organizações governamentais, como também por organizações não governamentais. Embora se saiba dos males da *institucionalização* do menor de 18 anos, em plena formação da sua personalidade, não se deve apenas criticar os abrigos. Eles são extremamente úteis à sociedade, porque representam lugares seguros para acolher crianças e adolescentes em perigo. Essa situação de risco pode ser causada pelos próprios pais, eliminando o caráter seguro representado pelo lar. Por isso, não fossem tais instituições, não se teria como resolver, com urgência, casos graves de abandono, violência física e moral, exploração sexual, dentre outros fatos relevantes, contra infantes e jovens. Imagine-se o pai ou padrasto que estupra a filha pequena ou enteada, com o beneplácito da mãe; urge retirar essa criança imediatamente de seu lar, onde jamais estaria segura, determinando-se o imediato acolhimento institucional, à falta de famílias acolhedoras (patente realidade nacional). Quem possui contato com a área da infância e juventude, certamente conhece abrigos onde se encontram crianças ou adolescentes acolhidos. Muitos deles são muito bem administrados, possuem ótima infraestrutura, onde atuam excelentes e dedicados profissionais, que somente querem o bem-estar dos internos. Mesmo assim, a criança ou adolescente não se sente em casa, o tratamento é padronizado e não há privacidade, nem farta distribuição de amor e carinho. Jamais um abrigo se equipara a uma casa familiar. Se as melhores instituições são capazes de provocar tristeza e depressão em crianças e adolescentes, imagine-se o conjunto de abrigos mal organizados, sem administração competente, com falta de funcionários especializados, que mantêm os menores tais como produtos armazenados à espera de uma desinternação. Emerge a dramática situação do *duplo trauma*: o corte abrupto dos laços familiares associado ao ingresso num local inóspito e frívolo. Por outro aspecto, considerando-se a pronta alternativa oferecida pelo acolhimento institucional às situações emergenciais, há menores lançados nesses abrigos por tempo indeterminado; literalmente, esquecidos ali. Deixam de ser encaminhados à adoção, não possuem parentes que requeiram ou aceitem a tutela e não podem viver com os pais ou somente com um deles. Pode-se dizer que, para alguns meninos e meninas, essa será a lamentável vida que lhes é destinada, pois foram rejeitados pelos pais e não encontram pessoas interessadas em adotá-los. De fato, não se pode fugir da realidade. É mais apropriado viver num abrigo do que na rua, cercado de perigos de toda ordem. Melhor ainda seria o acolhimento familiar (inciso VIII), mas são raras as famílias cadastradas para tanto. O acolhimento institucional pode dar-se em medida cautelar, assim que suspenso o poder familiar, em caráter emergencial, como também pode ser a medida final, após a destituição do poder familiar, à falta de outra solução. De qualquer modo, quando envolve os pais naturais – perda do poder familiar –, demanda procedimento contraditório, garantindo-se a ampla defesa. Outro ponto diz respeito à possibilidade de imediato abrigamento de criança ou adolescente, em recepção feita pela própria instituição, após encaminhamento realizado por delegado de polícia, Conselho Tutelar

Art. 101

ou outra autoridade, para suprir situação de emergência, nos termos do art. 93, *caput*, deste Estatuto. Deverá haver a comunicação à autoridade judiciária competente, em 24 horas, para a tomada das medidas cabíveis. Na jurisprudência: TJMG: "A indispensabilidade da destituição prévia do poder familiar (§ 1.º, do artigo 45, do ECA) não é empecilho para a aplicação de medidas cautelares de proteção, dentre elas, inclusive, o acolhimento institucional (inciso II, do artigo 98 c/c VII, do artigo 101, do ECA). A investigação quanto ao acolhimento ou à rejeição do pedido formulado pelo Ministério Público deverá ser empreendida mediante a regular instrução probatória, com estrita observância do contraditório e da ampla defesa (incisos LIV e LV do artigo 5.º da CR/88 c/c artigo 24 do ECA). Restando caracterizado, ainda que provisoriamente, a impossibilidade de permanência da criança ou do adolescente com sua família natural, autoriza-se o acolhimento institucional, de modo a prevalecer, sempre, o melhor interesse da criança. Não tendo sido comprovada a adoção, previamente à medida de suspensão do poder familiar, de outras medidas menos gravosas e mais eficientes em favor da genitora, deve ser reformada a decisão que decretou a suspensão do poder familiar, determinou o encaminhamento dos menores para adoção e indeferiu o pedido de visitação pelos genitores aos infantes acolhidos nas competentes instituições" (AI 26624473520228130000, 4.ª Câm. Cível, rel. Eveline Mendonça (JD Convocada), 29.06.2023, v.u.). TJSP: "Ação de acolhimento institucional. Insurgência da mãe adotiva contra a r. decisão interlocutória que indeferiu o pedido de revogação da adoção da filha adolescente. Irresignação que não prospera. Vínculo de parentesco constituído por meio da adoção que é irrevogável (artigos 39, § 1.º, e 166, § 2.º, ambos do ECA). Pedido de desconstituição da adoção que, longe de querer atender o melhor interesse da adolescente, desvela o desejo de atender à própria vontade particular da mãe adotiva, que não encontrou na realidade da garota – jovem de comportamento rebelde e dada ao uso de álcool e drogas – a imagem idealizada de filha que decerto tinha ao adotá-la, quando contava meros cinco meses de vida. Caso que clama, sim, pela aplicação de medidas protetivas, tanto aquelas destinadas aos menores (artigo 101 do ECA), quanto aquelas destinadas aos pais (artigo 129 do ECA), na busca por solução ao conflito intrafamiliar. Recurso ao qual se nega provimento" (AI 2271690-13.2019.8.26.0000, C. Esp., rel. Issa Ahmed, j. 03.07.2020, v.u.).

41. Acolhimento familiar: essa modalidade de acolhimento representa um misto entre o acolhimento institucional e a família substituta. As famílias interessadas em acolher crianças ou adolescentes, com o mesmo carinho e afeto de um filho, mas em caráter temporário, dando-lhe um lar até que sua situação se resolva, devem cadastrar-se na Vara da Infância e Juventude para concretizar esse objetivo. Seria o ideal para inserir o infante ou jovem, pois é o ambiente mais próximo de sua família. Como lembram Rossato, Lépore e Sanches, "a marca registrada do acolhimento familiar é que a criança e o adolescente estarão sob os cuidados imediatos de uma família, denominada *família acolhedora*, que é previamente cadastrada no respectivo programa. Trata-se de vocacionada função, para a qual se exige preparo especial e desprendimento, com o intuito de oferecer o carinho e cuidado especiais ao assistido. A criança e o adolescente não são recebidos como filhos, até porque não o são, tendo em vista que a situação instalada é provisória, existente tão somente para que, após determinado período, passada a situação de risco e suprido o *deficit* familiar, possam aquelas pessoas retornar ao seu grupo familiar de origem. Não obstante, a família acolhedora poderá assumir a situação de guardiã do assistido". Os autores sugerem, ainda, a possibilidade de haver o acolhimento familiar *formal*, com intermediação de entidade de atendimento, e o acolhimento familiar *informal*, sem a intermediação de entidade de atendimento, com remessa direta a uma família acolhedora (*Estatuto da Criança e do Adolescente comentado*, p. 314-315). Segundo nos parece, as famílias devem ser cadastradas em programa validado pela Vara da Infância e Juventude. Afinal, trata-se de uma forma de acolhimento, que retira o menor da família natural, inserindo-o noutro local. Este deve ser analisado pelo juízo da infância e por ele devidamente fiscalizado, tal como ocorre com o acolhimento institucional. Desse modo, não concordamos com a divisão entre acolhimento formal e informal. O acolhimento familiar é umas das maneiras legais de solução das situações de risco definidas no art. 98, logo, é sempre *formal*, entendendo-se por formal o que advém da ordem judicial, pois nem mesmo o Conselho Tutelar pode fazê-lo. De todo modo, há poucas famílias dispostas a receber crianças e adolescentes em suas casas, concentrando-se a maioria dos acolhimentos nos abrigos. Sobre o tema, vale mencionar nesta nota e na seguinte: TJMG: "1. A intelecção do art. 101 do Estatuto do Menor e do Adolescente (Lei 8.069/90) permite concluir que o Programa de Acolhimento Familiar, nele previsto, não se equivale à Família Substituta, prevista no art. 19 do mesmo diploma legal. As famílias acolhedoras são meras auxiliares na preparação para o retorno à família biológica ou para a adoção, de modo que o acolhimento não possui caráter definitivo, mas temporário. 2. A impossibilidade da permanência de criança ou adolescente em programa de acolhimento institucional por mais de dois anos, a teor do art. 19, § 2.º, da Lei 8.069/90 [atualmente, 18 meses, com a redação da Lei 13.509/2017], possui relação de absoluta sujeição à existência de pessoas aptas e disponíveis para adoção, ou para colocação em família substituta. 3. Em remessa necessária, mantida a sentença. Prejudicado o recurso voluntário" (Ap. Cív. 1.0024.14.269370-4/001/MG, 8.ª Câm. Cível, rel. Magid Nauef Láuar, 09.06.2016).

42. Família substituta: é a família que substitui a natural ou biológica, onde nasceu a criança. Ao longo da vida, por variadas razões, os pais naturais podem ser desligados do contato com seus filhos, seja por atitude própria (abandono), seja por consequências de suas condutas negativas (maus-tratos, exploração sexual, violência etc.). Pode haver a separação natural pela morte dos genitores. De qualquer forma, a criança ou adolescente fica privada de representantes legais e de cuidados. É fundamental, para o seu próprio bem-estar, incluí-la noutra família, em caráter definitivo. Havendo parentes interessados, nomeia-se algum deles tutor. Inexistindo familiares, insere-se o menor em lista de adoção. Portanto, a família substituta advém da tutela ou da adoção. A guarda é somente um meio temporário para resolver, em definitivo, a situação do infante ou jovem (ex.: concede-se a guarda aos pretendentes à adoção). Em perfeita consonância com essa Lei, confira-se: TJMG: "1. A intelecção do art. 101 do Estatuto do Menor e do Adolescente (Lei 8.069/90) permite concluir que o Programa de Acolhimento Familiar, nele previsto, não se equivale à Família Substituta, prevista no art. 19 do mesmo diploma legal. As famílias acolhedoras são meras auxiliares na preparação para o retorno à família biológica ou para a adoção, de modo que o acolhimento não possui caráter definitivo, mas temporário. 2. A impossibilidade da permanência de criança ou adolescente em programa de acolhimento institucional por mais de dois anos, a teor do art. 19, § 2.º, da Lei 8.069/90 [atualmente, 18 meses, com a redação da Lei 13.509/2017], possui relação de absoluta sujeição à existência de pessoas aptas e disponíveis para adoção, ou para colocação em família substituta. 3. Em remessa necessária, mantida a sentença. Prejudicado o recurso voluntário" (Ap. Cív. 1.0024.14.269370-4/001/MG, 8.ª Câm. Cível, rel. Magid Nauef Láuar, 09.06.2016).

43. Acolhimento provisório e excepcional: como já expusemos nas notas 40 e 41 *supra*, tratando do acolhimento institucional e do acolhimento familiar, trata-se de medida excepcional e temporária. Retirar a criança ou adolescente de sua família natural ou extensa, colocando-a num abrigo ou numa família estranha, é a mais drástica medida tomada pelo Estado para solucionar o drama vivido por esses menores em situação de perigo. Além disso, é temporária – diversamente do que ocorre com a inclusão definitiva em família substituta –, devendo durar somente o período indispensável para se alcançar algo mais sólido, que pode ser a reintegração à família natural, como o encaminhamento para família substituta (tutela ou adoção, passando pela guarda). A menção final – "não implicando privação da liberdade" – é relativa, afinal, crianças em acolhimento não gozam do direito de ir e vir quando bem quiserem

Art. 101

Estatuto da Criança e do Adolescente Comentado • Nucci

e para onde desejarem. Portanto, elas ficam abrigadas, sob a fiscalização de orientadores, somente podendo deixar a casa, conforme a idade, para ir à escola ou outro lugar conhecido. Mesmo os adolescentes, quando acolhidos, pouco importando se em instituição ou família, devem respeitar horários, regras de entrada e saída, além do que os administradores do lugar são responsáveis por eles, do mesmo modo que os pais o são pelos filhos menores de 18 anos. Portanto, o que se pretende enunciar é, apenas, não se tratar o acolhimento de *medida socioeducativa de internação,* que gera privação da liberdade. Vale ressaltar que, infelizmente, o acolhimento institucional (especialmente este, pois há poucas famílias acolhedoras), que deveria ser excepcional e temporário, em muitas Comarcas, tornou-se regra. Para resolver qualquer problema da família natural, termina-se inserindo a criança ou adolescente no abrigo; mas o pior não é isso, e sim o tempo indeterminado gerado para o menor. Não são poucos os casos em que a criança cresce e passa longo período longe de uma família: nem regressa para a sua, nem segue para a substituta. É o que se precisa, a todo custo, evitar. Juízes e promotores devem se conscientizar que *um único dia no abrigo é um elevado custo para a infância ou juventude.* Na jurisprudência: STJ: "Não se olvida que o acolhimento institucional é medida provisória e excepcional, em regra preparatória para, caso necessário, subsidiar futuras medidas judiciais em defesa dos direitos da criança e do adolescente pelos órgãos competentes, na forma estabelecida nos parágrafos 2.º, 9.º e 10 do art. 101 do ECA, porquanto utilizada 'como forma de transição para reintegração familiar ou, não sendo esta possível, para colocação em família substituta' (art. 101, § 1.º, do ECA). Identificada a impossibilidade do retorno à família de origem, a 'integração em família substituta' (inc. II do art. 92, ECA) deve ser o próximo passo" (AgInt no REsp 2.051.144/RJ, 3.ª T., rel. Ricardo Villas Bôas Cueva, 08.04.2024, v.u.); "1. Sob o enfoque da doutrina da proteção integral e prioritária consolidada pelo Estatuto da Criança e do Adolescente (Lei n. 8.069/1990), torna-se imperativa a observância do melhor interesse do menor, de sorte que o cabimento de medidas específicas de proteção, tal como o acolhimento institucional (art. 101, VII, do ECA), apenas terá aptidão e incidência válida quando houver ameaça ou violação dos direitos reconhecidos pelo Estatuto, consoante exegese extraída do art. 98 do mesmo diploma. 2. Esta Corte Superior tem entendimento firmado no sentido de que, salvo evidente risco à integridade física ou psíquica da menor, não é de seu melhor interesse o acolhimento institucional ou o acolhimento familiar temporário (precedentes: HC n. 294.729/SP, Rel. Ministro Sidnei Beneti, Terceira T., *DJe* 29.08.2014; HC 279.059/RS, rel. Ministro Luis Felipe Salomão, 4.ª T., *DJe* 28.2.2014; REsp n. 1.172.067/MG, rel. Ministro Massami Uyeda, 3.ª T., *DJe* 14.04.2010). 3. Assim, tem-se que a ação do Juiz no sentido de colmatar desvios – tanto no âmbito da ação estatal quanto no âmbito familiar, seja por ato próprio da criança ou do adolescente, como também no domínio da sociedade – deve ser, sempre e sempre, pautada pela precisa identificação de situação concreta de ameaça ou violação de direitos, notadamente em se tratando da medida de proteção que impõe o acolhimento institucional, por ser esta orientada pelo caráter da excepcionalidade e da provisoriedade, nos termos do que dispõe o § 1.º do art. 101 do ECA. 4. No caso em exame, a manutenção da guarda de L. G. da S. P. com o casal D. C. P. G. G. e J. G. não representa situação concreta de ameaça ou violação de direitos da criança, pois nada há nos autos a demonstrar, ainda que vagamente, a ocorrência de exposição do menor a riscos para sua integridade física e psicológica. Ao revés, compulsando os autos verifica-se que a menor L. G. da S. P necessita de cuidados especiais iminentes e preventivos por ser um bebê de mãe soropositiva, que teve contato e foi exposto ao vírus HIV, tendo inclusive que tomar antibióticos profiláticos 3 vezes ao dia para evitar possíveis sequelas e riscos de morte. 5. Por outro lado, até o momento, os impetrantes alegam que sua real intenção é manter a guarda provisória com os guardiães de fato, sem romper, no entanto, o vínculo parental da menor com seus genitores, sendo medida, por conseguinte, reversível. Diante desse contexto, a hipótese excepcionalíssima dos autos justifica a concessão da ordem, porquanto parece inválida a determinação de acolhimento institucional da criança em abrigo ou entidade congênere, uma vez que, como se nota, não se subsume em nenhuma das hipóteses do art. 98 do ECA. 6. Ordem concedida" (HC 487.143/SP, 4.ª T., rel. Luis Felipe Salomão, 28.03.2019, v.u.).

44. Medidas emergenciais: como regra, o afastamento da criança ou adolescente de seu núcleo familiar natural é da competência exclusiva da autoridade judiciária, mas, como exceção, qualquer autoridade (Conselho Tutelar, MP, Delegado de Polícia) pode salvaguardar interesse imediato do menor, quando vítima de violência ou abuso sexual (e outras formas de maus-tratos graves), levando-a para um abrigo, que o recepciona e comunica, em 24 horas, ao juiz (art. 93, ECA). Outra medida de emergência é o afastamento do familiar agressor da moradia comum, nos termos do art. 130 deste Estatuto. O ideal seria que cada Estado, por meio da sua organização judiciária, criasse Varas Especializadas da Infância e Juventude em cada Comarca ou Região, fixando, inclusive, um regime de plantão (art. 145, ECA). O referido plantão é bastante útil quando se enfocar a apreensão do infrator, cuja apreciação pelo magistrado deve dar-se imediatamente. Portanto, nada impede que o mesmo juiz plantonista cuide de questões relativas à criança ou adolescente vitimizado por abuso de toda ordem, podendo decidir o que fazer, podendo optar pelo acolhimento institucional ou familiar. Há hipóteses de flagrante delito de crime sexual, prendendo-se o padrasto, por exemplo, que violentou a enteada, com tenra idade, verificando-se estar a mãe incapacitada para cuidar da vítima, por alguma razão. A autoridade policial encaminha o padrasto para o cárcere, mas a menina precisa ser imediatamente acolhida fora de sua casa. Havendo juiz de plantão, ele mesmo resolve. Se, porventura, inexistir, o delegado encaminha a criança à entidade de acolhimento, que terá 24 horas para comunicar o juízo.

45. Deflagração do procedimento judicial de destituição do poder familiar: se a criança ou adolescente é vítima de grave abuso (violência física, inclusive sexual), ao ser inserida em acolhimento institucional ou familiar, não é possível estagnar-se, perdendo-se de vista o bem-estar do menor. Por isso, *determina* a lei que o Ministério Público (ou quem tenha legítimo interesse) proponha a ação de destituição do poder familiar, podendo requerer, liminarmente, a sua suspensão. O juiz pode agir de ofício para determinar o acolhimento, mas não tem como iniciar a ação cabível contra os pais, pois estaria assumindo o polo ativo, ao mesmo tempo em que é julgador. Perderia a imparcialidade. De outra sorte, infelizmente, observa-se a inércia de membros do Ministério Público que, mesmo cientes do acolhimento da criança ou adolescente, deixa de propor a ação de destituição do poder familiar. Alguns promotores chegam a argumentar que, se o fizer, o menor pode ficar sem representação legal ou responsável. Ora, a alegação é falha na medida em que se busca a solução definitiva para o caso; certamente, não é viável manter o infante ou jovem em abrigamento indefinido. Portanto, a ação precisa ser proposta e isso deveria ser exigido, sob pena de responsabilidade funcional.

46. Legítimo interesse: podem propor a ação de destituição do poder familiar outros parentes da criança ou adolescente, vítima de maus-tratos, abandono, abuso sexual, violência, para, depois, pleitear a tutela, como medida definitiva. Igualmente, estão legitimados os guardiões do menor, nomeados pelo juiz, como medida preparatória para a tutela ou para adoção. Aliás, é perfeitamente admissível que os legitimados se unam ao Ministério Público no polo ativo para demandar contra os pais da criança ou adolescente. Outra hipótese que nos parece viável, imaginando-se inexistir parente, tampouco guardião nomeado, seria a do inscrito no cadastro de adotantes, pois qualquer deles teria interesse na destituição para poder adotar, legalmente, o menor.

Art. 101

Estatuto da Criança e do Adolescente Comentado · **Nucci**

47. Devido processo legal: não há procedimento culminando na perda de um direito que se abstenha do devido processo legal, permitindo aos litigantes o contraditório e a ampla defesa, com os meios e recursos a ela inerentes (art. 5.º, LV, CF). Por isso, os pais somente serão destituídos do poder familiar, que, embora não deixe de constituir um dever em relação aos filhos menores de 18 anos, também é um direito, por meio de procedimento contraditório, garantida a ampla defesa.

48. Abrigos adequados ao acolhimento institucional: a medida de inserção da criança ou adolescente em acolhimento institucional, prevista no art. 101, VII, figura como *protetiva*, sem qualquer caráter punitivo, direto ou indireto. Por isso, é essencial que somente se possa incluí-las em lugares adequados, executando programas de acolhimento, governamentais ou não, diversos dos programas de internação, destinados ao adolescente infrator.

49. Guia de acolhimento: trata-se do instrumento adequado para expressar a ordem judicial de inclusão do menor em instituição de acolhimento, contendo dados essenciais de quem é inserido, dos pais ou responsável, quando conhecidos, endereço dos mesmos, nomes de parentes ou terceiros interessados, bem como os motivos da sua retirada do núcleo familiar, natural ou substituto, ou da não reintegração nesse convívio familiar. O objetivo da guia de acolhimento é assegurar que exista um documento comprovando a inclusão da criança ou adolescente em regime de acolhimento, servindo de prova da ordem judicial, tanto para o abrigo quanto para quem levou o menor até a instituição. Significa a *formalização* do acolhimento, de modo que a Vara da Infância e Juventude também esteja ciente e encaminhe o caso a uma solução. Se não houvesse a guia, seria possível o descontrole dos acolhimentos, esquecendo-se do menor ali colocado, algo inaceitável em face do caráter excepcional e temporário do abrigamento. O mesmo se dá no tocante à guia de recolhimento ou de internação para adultos, que devam cumprir pena ou medida de segurança. É o documento comprobatório de seu ingresso no sistema penitenciário ou no hospital de custódia e tratamento. Na situação emergencial (art. 93, ECA), dispensa-se a guia de acolhimento, num primeiro momento, até que o juiz seja comunicado e determine o destino do menor: se retorna à família natural, segue para acolhimento familiar ou permanece em abrigo. Nesta última hipótese, expede-se a guia para regularizar a situação já consolidada. Além disso, quando a criança ou adolescente é retirado de casa, por ser vítima de abuso sexual, por exemplo, quem o recolhe (Conselho Tutelar, Delegado de Polícia) está com o cenário completo diante de si: conhece os pais (dentre os quais pode estar o agressor), colhe os dados completos da família natural e extensa (nomes, endereços, meios de localização – a lei chegou a mencionar *pontos de referência*, pois muitos residem em favelas, com endereço incompleto ou confuso), capta quem estaria interessado em ficar com o infante ou jovem e lança o relatório motivado da ação tomada naquele momento. Todos esses dados comporão a guia de acolhimento, facilitando, depois, a instrução do procedimento verificatório para que o juiz decida o destino da criança ou adolescente. Havendo irmãos, devem constar da guia, pois são parentes, pouco importando se maiores ou menores de 18 anos. Finalmente, como lembra Eduardo Rezende de Melo, "outros dados são passíveis de inclusão desde que condicionantes para a efetiva garantia de direitos de crianças e adolescentes, não podendo, em hipótese alguma, ter caráter discriminatório" (Munir Cury [org.], *Estatuto da Criança e do Adolescente comentado*, p. 481).

50. Plano individual de atendimento: o objetivo de várias leis, cuidando de qualquer forma de privação de liberdade – de adulto, jovem ou criança –, é evitar a indevida *padronização*, motivo pelo qual, no cenário dos maiores de 18 anos, há o princípio constitucional da individualização da pena. Não se está tratando de medida punitiva, no caso presente, mas a criança ou adolescente viu-se privado de direitos fundamentais, como a retirada da família natural e a inserção num abrigo. Por isso, quer-se atingir um tratamento individualizado, que possa atender cada caso concreto da maneira ideal. Não há mais digno princípio de justiça do que dar a cada um o que é seu. Ingressando no acolhimento institucional ou familiar, deve-se esboçar o plano de ação para aquele jovem ou infante. Cabe à equipe técnica da instituição fazê-lo (assistente social, psicólogo etc.). A meta primária é promover a sua reintegração familiar – de onde foi retirado. Mas, para tanto, torna-se preciso conhecer as razões do acolhimento. Se a criança sofreu abuso sexual ou maus-tratos, não tem cabimento iniciar, de pronto, a sua *reintegração* familiar. Aliás, nessas hipóteses, a guia de acolhimento deve ser enviada contendo expressa proibição do magistrado em relação a visitas de familiares, ao menos os que estejam ligados ao quadro de agressão. Por isso, neste parágrafo constou o destaque: "ressalvada a existência de ordem escrita e fundamentada em contrário de autoridade judiciária competente". Sob outro aspecto, o plano individual de atendimento pode ser encaminhado para preparar a criança ou adolescente à sua colocação em família substituta, dependendo do contexto e da determinação judicial.

51. Regras e princípios desta Lei: a ressalva é desnecessária, pois todas as normas devem ser harmonicamente interpretadas de acordo com os princípios deste Estatuto e demais regras. Quer-se, no entanto, frisar a primazia da família natural, para fins de programação do abrigo no tocante à criança ou adolescente acolhido. Em primeiro plano, promover a sua reintegração com os parentes. Não sendo viável, partir para a opção da família substituta. E, sempre, evitando lastrear o programa na definitividade do abrigamento.

52. Elaboração do plano individual de atendimento: como já mencionado em nota anterior, deve elaborar o referido plano a equipe técnica da entidade de acolhimento, formada por profissionais especializados, como assistentes sociais, psicólogos, pedagogos, terapeuta ocupacional, dentre outros possíveis. Porém, basicamente, deve haver um assistente social. Se o objetivo primordial, como referido no § 4.º, é a reintegração familiar, nada mais natural do que ouvir a criança ou adolescente e seus pais (ou responsável). Se houve abandono, por exemplo, é importante saber o que o infante (dependendo da idade) ou adolescente pensa a respeito, como encara a situação, qual avaliação faz dos pais, enfim, do seu atual estado; pode sentir-se mais bem abrigado do que estava em casa. No mesmo exemplo, considerando o abandono, vale captar a voz dos pais a respeito disso, os motivos que os levaram ao drástico momento, os planos para o futuro, a vontade de receber de volta o filho (ou filhos). Se o caso é de agressão violenta contra o infante ou jovem, é preciso haver autorização judicial para essa reaproximação, o que não impede a oitiva do menor e, eventualmente, de seus pais – se não foram presos por conta disso. Ouvir a criança ou adolescente proporciona maior segurança na elaboração do plano secundário de ação, que é a sua colocação em família substituta. Aliás, dos pais naturais também se podem captar dados a demonstrar a clara intenção de manter o abandono, com corte dos laços. Antes de qualquer política de reintegração em família natural ou extensa ou colocação em família substituta, encontra-se o *superior interesse da criança ou adolescente*, que deve ser considerado com *absoluta prioridade*. Dependendo da idade e do tipo de agressão sofrida, não se pode obrigar o menor a voltar ao antigo lar somente porque alguém da equipe técnica acha mais adequada a criação em família natural. A proteção ao menor de 18 anos é o foco da Constituição Federal e, mais uma vez, é preciso notar e registrar que a criança tem direito a uma família, e não uma família tem direito a um infante. Nem mesmo a família natural é *dona* de seus filhos de sangue. Os laços afetivos devem existir nessa família, para que se possa dar prioridade à sua reintegração e recomposição; do contrário, está-se, na verdade, privilegiando o direito dos adultos de ter filhos como se objetos fossem, ao arrepio de qualquer texto constitucional ou Convenção Internacional.

53. Plano individual da família acolhedora: determina a lei seja elaborado um plano individual de atendimento à criança ou adolescente também pela família acolhedora. Ora, esta não tem a estrutura do abrigo, que mantém equipe técnica. Cuida-se de uma família, como outra qualquer, que se disponibiliza a receber, em casa, crianças ou adolescentes. Por isso, parece-nos deva tal plano ser elaborado pela equipe técnica do Juizado da Infância e Juventude responsável pelo procedimento verificatório. Não se confunda o acolhimento familiar com o acolhimento institucional em *casas-lares*. Estas são abrigos, que imitam uma casa familiar. Há uma estrutura de casa (sala, cozinha, banheiro, quartos), coordenado por um casal *contratado* pela instituição para gerenciar o local. Pode ser uma só pessoa como gerente, embora se dê preferência ao casal. As crianças são dispostas em seus quartos, divididos com outros abrigados, e seguem a rotina de uma casa qualquer. Mas isso não significa *acolhimento familiar*; trata-se de acolhimento institucional em formato diverso do estabelecimento com grandes espaços, alojamentos coletivos e refeitórios de largas proporções.

54. Elementos do plano individual de atendimento: dentre outros, a lei indica alguns obrigatórios: a) *resultados da avaliação interdisciplinar*: corretamente, menciona-se o termo *resultado* no plural, pois a análise da vida familiar de uma criança ou adolescente e seu relacionamento com os pais é complexa, devendo-se elaborar mais de um estudo e chegar a avaliações a compor um conjunto de resultados. O ideal é a realização do primeiro estudo, contendo uma diagnose do problema detectado, assim que o menor é acolhido; se possível, abrangendo seus pais e parentes. Na sequência, a equipe técnica pode cuidar da análise dos próximos passos, constituindo a prognose do estudo. Essa avaliação precisa da interdisciplinaridade, contendo, no mínimo, os pareceres psicológico e social; b) *compromissos assumidos pelos pais ou responsável*: naturalmente, se houver tais compromissos, demonstrando o real interesse em manter a criança ou adolescente sob sua responsabilidade. Pode ocorrer de ser localizada somente a mãe, inserindo-se a sua manifestação e o seu empenho quanto ao filho. Descreve-se, então, o porquê da ausência do pai. Ou o contrário: conversa-se com o pai, atestando-se algo acerca da ausência da mãe. Se o menor não possuir pais naturais, deve ser ouvido seu responsável legal ou de fato. Caso ainda esteja sob a custódia de uma pessoa, sem a ordem judicial, é preciso que se analise em quais circunstâncias a criança ou adolescente ali foi parar. É crucial regularizar, por exemplo, uma guarda de fato, passando-a a tutela ou mesmo provocando uma adoção. Por outro lado, pode ser que o responsável seja o tutor, que assumirá o compromisso de reintegração familiar com o menor. Olvida-se, muitas vezes, dos pais adotivos, que também podem ter problemas com seu filho – abandono, maus-tratos, violência –, além de experimentarem os mesmos dramas da adolescência – envolvimento com más companhias, evasão escolar, vícios etc. É viável o acolhimento institucional ou familiar, do mesmo modo, do filho adotivo, que tem todos os direitos e deveres do natural. Enfim, se os pais forem ouvidos e não assumirem compromissos de alterar o comportamento ou promover melhoras em face da situação de risco anterior, faz-se contar do estudo para informação do juiz, instruindo-se o feito; c) *previsão das atividades a desenvolver*: como menciona o § 4.º, o plano individual deve voltar-se, basicamente, para a reintegração familiar; em segundo plano, à colocação em família substituta. Portanto, há relevância em inserir o programa de atividades com a criança ou adolescentes e seus pais ou responsável (visitas periódicas, lazer conjunto, interação com o filho em terapia etc.). Se o juiz vedar o contato, o que ocorre quando a criança ou adolescente foi vítima de agressão, maus-tratos ou outras formas de abuso, a eventual reaproximação deve dar-se sob o controle próximo da equipe técnica da Vara da Infância e Juventude. A referida vedação deve ser feita de maneira expressa nos autos do procedimento verificatório devidamente fundamentada, como, aliás, espera-se que toda decisão judicial seja. A meta secundária também pode figurar no plano individual do menor, que é a sua colocação em família substituta (tutela ou adoção). Preferimos não incluir a guarda, pois ela deve ser um instrumento subsidiário – nunca principal. Inexiste sentido em se conferir a guarda, sem o objetivo de tutela ou adoção. Como consta do art. 33, § 2.º, desta Lei, pode-se conferir a guarda, sem o fim de tutela ou adoção, para atender situações *peculiares* ou ausência temporária dos pais. Ver a nota 103 ao art. 33, § 2.º.

55. Avaliação interdisciplinar: é o conjunto de laudos e/ou pareceres de técnicos na área da infância e juventude, abrangendo, no mínimo, os setores da assistência social e da psicologia. Nada impede – e seria recomendável – a integração da equipe, tanto das instituições quanto dos Juizados, de outros profissionais, como médicos psiquiatras, terapeutas ocupacionais, fonoaudiólogos etc.

56. Compromissos assumidos: não são expressos em *termos formais*, assinados pelos pais, com testemunhas. São ideias, manifestações, opiniões e desabafos captados dos genitores (ou somente um deles) ou responsável pelo menor no tocante à situação de risco na qual seu filho viu-se envolvido, tanto que foi retirado de casa e inserido em acolhimento institucional ou familiar. Por meio de entrevistas e conversas informais, extrai-se o *compromisso* assumido pelo pai ou mãe (ou responsável) para rever seu modo de agir e entrelaçar-se de maneira correta com o filho.

57. Previsão de atividades: é um planejamento fornecido pela equipe multidisciplinar da instituição ou do Juizado (ou, melhor ainda, de ambos) para manter o contato entre acolhido e seus pais (ou responsável); caso tenha sido vedado tal contato, o plano de inserção em família substituta. É muito importante, com crianças maiores de dois anos, esse planejamento, devendo-se preparar o infante ou jovem a *retornar* ao lar em segurança, confiante e crédulo no bom convívio familiar. Assim não sendo o caso, a preparação para ser acolhido por uma família adotiva, constituindo-se sólidos laços de afeição e afinidade, torna a passagem para o novo lar muito mais amena e tranquila. Aliás, quanto mais o infante ou jovem esteja instruído e informado, melhor para ele e para os pais adotivos. Espera-se que estes também tenham sido corretamente preparados para receber o filho; para isso, existem os cursos nas Varas da Infância e Juventude e as entrevistas com o corpo técnico. Na realidade, o Estatuto desce a detalhes, como a elaboração de um plano individual de atendimento, incluindo especificamente tópicos e demonstrando, sempre, quais são as prioridades, porque, atualmente, em lugar de prevalecer o sentimento natural de amor e doação fraternal, terminam por gozar de primazia, nas relações humanas, o materialismo e o egoísmo. Começam os erros na família natural, pois não são poucos os casos de abandono do filho para que os pais (ou um deles) gaste seu dinheiro com sua própria satisfação (drogas, vida noturna, lazer etc.). Depois, visualizam-se alguns casos de triste passagem da criança ou adolescente para a família adotiva, envoltos em turbulência, desconfiança mútua, rigorismo exagerado no trato e fechamento dos sentimentos, acarretando a lamentável devolução do menor ao abrigo. Onde está o erro nessas adoções malsucedidas? Muitos dos equívocos são equiparados, guardadas as devidas proporções, aos dos pais naturais, em que se denota a primazia do materialismo e do egoísmo. Os adotantes não sabem lidar com os obstáculos, pois estão acostumados a se valorizar acima de tudo, como casal ou individualmente. Não conseguem transmitir o amor necessário à criança ou adolescente, pois ainda se julgam carecedores do mesmo sentimento, exigindo do menor um *amor incondicional,* talvez até, no inconsciente, por terem-no tirado do abrigo, dando--lhe nova oportunidade de vida em família. Por vezes, a devolução da criança em estágio de convivência (preparatório para adoção) ou mesmo já adotada decorre da irresponsabilidade do cadastramento realizado pela Vara da Infância e Juventude. Podem-se detectar poucas entrevistas com os pretendentes à adoção, um parco estudo de sua vida e uma má vontade de realmente apurar o interesse dos interessados; justifica-se essa incompleta análise do adotante por excesso de serviço, falta de estrutura, ausência de profissionais qualificados, dentre outros motivos. Mas, oculta-se um ranço nesse processo, que é a consideração prematura e ingênua de que o candidato à adoção, somente pelo gesto, já é um abnegado e devotado ser humano,

Art. 101

Estatuto da Criança e do Adolescente Comentado · **Nucci**

que daria ótimo pai ou mãe. Sabe-se não ser assim que funciona a natureza humana, tendo em vista as razões motivadoras à adoção, muitas das quais se baseiam em elementos egoísticos, distantes do amor e da fraternidade. Exemplo disso é a intenção de adotar para *prender* o cônjuge, garantindo a continuidade de um casamento ou união estável arruinada. Justiça seja feita, no entanto, aos bons processos de cadastramento de pretendentes à adoção, que, por vezes, também enfrentam a devolução da criança ou adolescente ou qualquer outra forma de fracasso na ligação entre adotante e adotado. Como já mencionamos, o predomínio do egoísmo pode levar à falência dos laços afetivos e nem mesmo um *vidente* poderia adivinhar o que iria acontecer com o casal (ou pessoa) adotante. Diante disso, inexiste falha da equipe técnica da Vara da Infância e Juventude, pois a falta advém dos adotantes, sem possibilidade de previsão. E não se pode descartar, por óbvio, a eventual falha comportamental do adolescente, que simplesmente rejeita a vida em família. Em suma, a elaboração de um programa de atividades é fundamental para evitar a maioria dos erros comuns no processo de reintegração à família natural ou de colocação em família substituta.

58. Acolhimento próximo à residência dos pais ou responsável: a imposição legal de se encaminhar a criança ou adolescente ao abrigo ou à família acolhedora mais próxima possível do local onde residem os pais (ou responsável) obedece à regra geral de que o objetivo primordial, após se consumar o acolhimento, é a reaproximação familiar. Diante disso, cuida-se de medida prática colocar o filho próximo aos pais. Em cidades grandes, ilustrando, se o abrigamento situa-se na zona sul e os genitores moram na zona norte, é quase certo que não haverá visitas, nem maior contato com a criança ou adolescente. Lembremos que um dos principais motivos de desagregação é a pobreza da família, de modo que o pai ou a mãe não terá recursos para atravessar a cidade e ver o filho. Mas, antes de tudo, encontra-se o *superior interesse* da criança ou jovem. Se a cidade só tem um abrigo disponível, que fica distante do local de residência dos pais, ali será o lugar de inserção do menor. Sob outro ângulo, se a família acolhedora fica distante da morada dos pais, embora haja um abrigo por perto, parece-nos desejável inserir o filho no contexto da família e não da instituição. É incontestável ser mais proveitosa a convivência em família do que em instituições sem qualquer aconchego natural.

59. Programa oficial de orientação, apoio e promoção social: praticamente prevendo o drama da maioria das famílias naturais que se desprendem de seus filhos, pois a situação de risco decorre da miserabilidade, inseriu-se na lei essa ressalva. Como já mencionamos na nota anterior, um dos fatores de reintegração do menor à sua família concentra-se na viabilidade de se estimular as visitas dos pais aos filhos. Para isso, torna-se imprescindível o suporte estatal para custear esses deslocamentos. Mas não só. Há genitores necessitados de atendimento psicológico para que despertem para a importância da paternidade e da maternidade, podendo receber seu filho de volta. Outros passam por problemas mais graves, como o vício em álcool ou drogas, e jamais terão um lar estável se não cuidarem disso. Em suma, cabe ao Executivo, em todos os níveis, desenvolver programas de apoio social aos pais de crianças e adolescentes em acolhimento institucional ou familiar. Sem isso, a reintegração familiar está fadada ao insucesso e, se tal ocorrer, o caminho a ser seguido não é segurar a criança ou jovem no abrigo até completar a maioridade, mas buscar uma família substituta. A omissão ou falha do poder público, bem como os erros dos pais naturais não devem ser debitados da criança ou do adolescente. Acima de tudo, repita-se, está o *superior interesse* infantojuvenil. Eis o motivo de se partir para a inserção em família substituta. Verifique-se o exemplo para se checar o tempo excessivo de abrigamento: TJRS: "1. Caso concreto em que as crianças permaneceram por mais de quatro anos acolhidas em abrigo localizado no Município de Imbé (pertencente à Comarca de Tramandaí), por conta da tramitação e procedência do pedido de ação de destituição do poder familiar, sendo elas encaminhadas para o Município de Osório por conta da concessão de guarda provisória à genitora, que não mais possui vínculo jurídico e que novamente lhes expôs à situação de risco. 2. Assim, considerando que a competência será determinada pelo lugar onde se encontre a criança ou adolescente, à falta dos pais ou responsável, consoante art. 147, II, do ECA, deve o processo permanecer tramitando na Comarca de Tramandaí" (Conflito de Competência 70062411012, 8.ª Câm. Cível, rel. Ricardo Moreira Lins Pastl, 05.03.2015).

60. Verificação da viabilidade de reintegração familiar: essa verificação decorre de avaliação da equipe multidisciplinar, seja da instituição acolhedora, seja da Vara da Infância e Juventude. O ideal seria advir de ambos os lados. Resta debater em que medida o juiz se torna *vinculado* a esse laudo/parecer. Dir-se-á que o magistrado não é refém de laudo algum, como, aliás, se prevê nas leis processuais civil e penal. Mas, nesta hipótese, como poderá o julgador contrariar os *técnicos*, determinando a continuidade, por exemplo, do acolhimento em vez de permitir que o menor volte ao lar? A menos que o laudo ou parecer seja incompleto, vago, defeituoso ou contraditório, situação que o levará a determinar a elaboração de outro, não terá subsídios para contrariar o corpo interprofissional. Essa situação apresenta prós e contras. Os pontos favoráveis são: a) evita-se o *achismo* do juiz a respeito de tão grave situação; b) entrega-se a avaliação acerca do futuro da criança ou adolescente a quem realmente é profissionalmente capaz de analisar o caso; c) a equipe técnica, como regra, tem contato direto com o acolhido e seus pais. Os pontos negativos são: a) na prática, o juiz se torna refém da equipe técnica, não mais decidindo nada, mas *homologando* o que foi feito por terceiros; b) se a equipe técnica não for altamente qualificada, também emitirá pareceres com *achismos* camuflados de linguagem rebuscada; c) cria-se o domínio do direito da infância e juventude por quem não é da área jurídica, como psicólogos e assistentes sociais. É muito fácil conhecer um juiz completamente entregue ao corpo interprofissional atuante na Vara; assim sendo, deve-se conquistar a simpatia de auxiliares da Justiça para se obter *justiça*. Não é tão fácil, mas é possível, também, encontrar-se magistrados absolutamente entrosados nos procedimentos que tramitam na Vara da Infância e Juventude. Esses juízes têm nível de conhecimento jurídico agregado ao psicossocial, além de ter perfeito domínio das entidades sob sua fiscalização. Visitam os abrigos e as famílias acolhedoras; conhecem as crianças e adolescentes sob sua jurisdição; têm contato com os pais; fazem vistoria no lar desagregado, enfim, são raras figuras humanas investidas de jurisdição. Conseguem contrariar um parecer técnico com relativa facilidade e bem fundamentado. Mas os extremos precisam se encontrar no centro. O juiz da infância e juventude *precisa* conhecer pessoalmente todos os abrigos sob seu controle e fiscalização; *deve* ter perfeita noção de quem compõe o corpo técnico da instituição e da Vara, em matéria de competência e isenção no trabalho. Esse é o mínimo. Sem essa noção, ficará inativo, como autêntico magistrado, nas mais difíceis decisões envolvendo a vida da criança e do adolescente. Nessa temática, Ana Paula Motta Costa, demonstrando que o laudo da equipe técnica é somente uma das provas, afirma que "a simples utilização de tais laudos não pode ser considerada uma fundamentação legal. As provas periciais, ainda que de alcance limitado no campo da saúde humana, devem ser consideradas como provas produzidas em meio ao processo e quando são possíveis de serem contestadas pela defesa ou pela acusação" (*As garantias processuais e o direito penal juvenil como limite na aplicação da medida socioeducativa de internação*, p. 156).

61. Prazos impróprios: fixou-se, neste parágrafo, mais uma sequência de prazo impróprio, aquele que, se ultrapassado, não gera absolutamente nenhuma consequência. É caso, inclusive, de se questionar a razão legislativa para prevê-los. Tem o membro do Ministério Público cinco (longos) dias para se manifestar, quando houver estudo conclusivo de reintegração familiar. Na sequência, o juiz tem outros (longos) cinco dias para decidir: reintegra

Art. 101

Estatuto da Criança e do Adolescente Comentado • **Nucci**

a criança ou adolescente, desabrigando-o; mantém o menor abrigado. Se ambos ultrapassarem os dez dias, considerando-se que o procedimento é sigiloso e somente eles têm acesso, ninguém fará nada. Seria preciso algo mais firme. Se é para fixar prazo, há de se estabelecer a responsabilidade funcional, caso ultrapassado, a ser verificado pela Corregedoria da instituição, obrigatoriamente. Do contrário, olvidem-se os prazos e permita-se que atue apenas o bom senso das autoridades. De nossa parte, somos pelo estabelecimento de prazos próprios, devidamente municiados com sanções, pois se trata de procedimento envolvendo a vida de uma criança ou jovem, já traumatizado pelo afastamento do lar, que não merece ser esquecido num abrigo qualquer. Brasil afora há procedimentos da infância e juventude largados em escaninhos de cartório, enquanto o protagonista do feito se encontra *provisoriamente* instalado numa instituição qualquer, pois nem mesmo família acolhedora há em número suficiente.

62. Após encaminhamento a programa oficial ou comunitário de orientação, apoio e promoção social: a norma *propõe* um *status* ideal de roteiro para atestar a inviabilidade de reintegração familiar. A entidade, onde está acolhida a criança ou adolescente, desdobrou-se para acertar o passo entre pais e filho(s) e, notando a carência da família natural, pôde encaminhá-los a um programa social *existente* no Município. Ora, é notório tratar-se de programa fictício em grande parte das cidades brasileiras. A família carente continuará exatamente como antes, sem nenhuma ajuda autêntica do Estado para se reerguer ou reestruturar-se. Nem se fale que programas como o *Bolsa Família* se encaixam nesse perfil, porque estão distantes disso. Além de se tratar de programa federal, não possui o objetivo de reestruturar, na intimidade, família alguma. Dar um valor mensal para que se virem como quiserem não é apoiar e orientar a reintegração familiar. Portanto, a constatação da impossibilidade de recomposição entre pais e filhos será verificada pelos profissionais da entidade, quando houver, além de ser igualmente atestada pela equipe forense.

63. Relatório fundamentado: denominando-se de *relatório* – e não de parecer ou laudo –, a norma em comento impõe à equipe técnica da entidade ou do Município que envie todos os dados do ocorrido durante o tempo de abrigamento, as tentativas em vão de reaproximação familiar, os atos praticados, as manifestações da criança ou adolescente, enfim, todo o relato necessário para, ao final, *recomendar* a destituição do poder familiar ou destituição da tutela ou guarda. É interessante observar que a lei não se refere ao corpo técnico da Vara, que, na realidade, na maior parte dos casos, é que realmente opina e elabora o relato. Não há, na prática, na maioria das cidades, o referido conjunto de técnicos responsáveis pela execução da política municipal de garantia do direito à convivência familiar. Muitas instituições também não possuem técnicos para isso. Umas têm assistente social apenas. Outras, somente psicólogo. Algumas, funcionando precariamente, possuem pessoas que se passam por técnicos. Em suma, quem realmente importa nesses casos é a equipe interprofissional da Vara da Infância e Juventude. Para tanto, ver também a nota 60 *supra* sobre a verificação da viabilidade de reintegração familiar, em que discutimos o grau de confiabilidade desses pareceres e o vínculo gerado ao juiz. Um ponto é certeiro: atestada a impossibilidade de reintegração familiar – que não pode levar muito tempo –, há de se recomendar, sim, a colocação em família substituta, afastando-se o poder familiar. A criança ou jovem precisa disso. Eis a colocação de Eduardo Rezende de Melo: "a lei atribui, assim, importante responsabilidade a esses programas, de assumir uma postura explícita pela ruptura dos vínculos jurídicos da criança ou adolescente com seu responsável ao determinar a expressa recomendação pela destituição do poder familiar. Como se trata de uma determinação legal, tanto a imprudência de uma precipitada recomendação como a omissão por não o fazer podem gerar responsabilidade ao dirigente, sobretudo se não contar com equipe qualificada para o atendimento" (Munir Cury [org.], *Estatuto da Criança e do Adolescente comentado*, p. 485).

63-A. Medida extrema: sem dúvida, a destituição do poder familiar é a última opção – *ultima ratio* – a ser tomada pelo juiz competente. Isto não significa que ela não *possa* ser adotada. Tal como o crime, pune-se a conduta ilícita do agente em último caso; porém, pune-se. Se os pais não cuidam de seu filho menor com o zelo indicado pelas normas desse Estatuto, pode-se adotar medidas alternativas até se chegar ao limite de que nada adiantou. É o momento de se partir para a destituição do poder familiar, dando oportunidade dessa criança ou adolescente ser feliz em um lar substituto. Na jurisprudência: TJMA: "I – Restando provado o descumprimento dos deveres de criação e educação dos filhos em sua companhia e guarda (incisos I e II dos arts. 1.634 do CC e 22 do ECA), impõe-se a medida de perda do poder familiar, com fulcro nos arts. 1.637 e 1.638, inciso IV. II – Demonstrada a negligência, violência física e uso de entorpecentes por um dos genitores, impõe-se a destituição do poder familiar, vez que tal situação compromete a integridade física e psicológica dos infantes sob sua guarda. III – No caso concreto, verifica-se que os requisitos que embasaram o Juízo de origem a conceder a liminar recorrida estão devidamente comprovados nos autos principais, existindo, assim, indicativos suficientes de que a mãe biológica não cumpre adequadamente com o encargo, vez que o Estudo Psicológico do caso em tela, folhas 30-36, traz notícias de que a genitora, ora agravante, apresenta comportamento violento com as crianças, é usuária de drogas, fazendo uso diário, ausentando-se de casa com frequência, além de haver fortes suspeitas de que esteja envolvida com o crime de tráfico de entorpecente, motivo pelo qual já esteve presa e responde a processo criminal. IV – Agravo improvido" (AI 0057022016/MA, 5.ª Câm. Cível, rel. José de Ribamar Castro, 25.04.2016, v.u.). TJMG: "A lei atribui aos genitores o poder familiar e só autoriza a sua retirada em situações extremas, em que reste configurado, de forma patente, o descumprimento de alguns dos deveres inerentes ao seu exercício, conforme previsão dos arts. 1.634 e 1.638 do Código Civil, e arts. 227 e 229 da Constituição da República. Justifica-se a extinção do poder familiar quando a criança é fruto de uma relação incestuosa entre irmãos e encontra-se demonstrada a negligência com os seus cuidados diários, principalmente com a sua saúde e educação, mormente quando a genitora teve a gestação na adolescência e apresentou instabilidade emocional irreversível, enquanto o genitor, seu irmão, não teve qualquer contato ou construiu qualquer vínculo com o infante. Hipótese em que a criança encontra-se abrigada desde dois meses de idade, é portadora de doenças que exigem cuidados constantes e medicamentos permanentemente, e, ainda, em que há manifestação de terceira, cuidadora, interessada em adotar. Impõe-se a fixação de honorários advocatícios ao procurador nomeado pelo juízo para a defesa dos requeridos, hipossuficientes. Recurso provido em parte" (Ap. Cív. 1.0431.12.003475-3/001/MG, 5.ª Câm. Cível, rel. Luís Carlos Gambogi, 07.07.2016); "A perda ou a destituição do poder familiar é a sanção mais grave imposta aos pais, quando estes faltam com os deveres em relação aos filhos. Nessa linha de raciocínio, o Código Civil de 2002 prescreve em seu art. 1.638 as hipóteses em que perderá o poder familiar o pai ou a mãe, ou, ambos, se comprovados falta, omissão ou abuso em relação aos filhos. No caso dos autos, restou amplamente demonstrada a omissão dos genitores da menor com relação à criação de sua filha, existindo provas suficientes que evidenciam, de forma suficiente, o abandono da menor" (Ap. Cív. 1.0024.12.112355-8/001/MG, 4.ª Câm. Cível, rel. Dárcio Lopardi Mendes, 31.03.2016). TJMT: "As medidas de proteção e desconstituição do poder familiar é medida extrema e somente pode ser deliberada diante de provas inequívocas de que os pais biológicos não possuem condições materiais e psicológicas para desenvolverem o poder familiar em relação aos filhos e, sempre, levando em consideração o interesse desta sob todos os seus aspectos. Demonstrados os requisitos de perda da guarda dos menores, impõe-se manter sentença de primeiro grau que, sopesando criteriosamente a prova colhida, constata pela necessidade de guarda provisória da menor em família diversa até o encontro da família substituta. Mantém-se incólume decisão em atendimento à promoção

Art. 101

Estatuto da Criança e do Adolescente Comentado · **Nucci**

feita pelo Ministério Público Estadual" (Ap. 158089/2015/MT, 2.ª Câm. Cível, rel. Sebastião de Moraes Filho, 30.03.2016, v.u.). TJRJ: "1. A perda do poder familiar se encontra prevista no art. 24 do ECA, assim como os deveres e as obrigações dos pais no art. 22 do mesmo diploma. 2. É medida protetora e também drástica que deve ser imposta somente nas hipóteses evidentes de descumprimento injustificado dos deveres de guarda, sustento e educação dos filhos menores. 3. Menor que foi entregue a terceiros com quatro meses de idade. Posterior acolhimento em instituição de abrigo. 4. Tentativas infrutíferas de manutenção do vínculo afetivo e emocional com os genitores. 5. Situação de abandono caracterizada. 6. Depoimentos testemunhais dos profissionais que acompanharam o caso, da família substituta e do próprio adolescente no sentido da ausência de vínculo afetivo com seus genitores. 7. Aplicação de multa administrativa pelo descumprimento dos deveres inerentes ao poder familiar (art. 249 do ECA). 8. Manutenção da sentença de procedência, decretando a perda do poder familiar. 9. Desprovimento do recurso" (Ap. 0004814-81.2013.8.19.0006/RJ, 8.ª Câm. Criminal, rel. Monica Costa Di Piero, 05.07.2016).

64. Prazo impróprio para propositura da ação: preceitua-se, neste parágrafo, que, recebido o relatório do corpo técnico, enviado ao Ministério Público, recomendando a destituição do poder familiar, tem o promotor o prazo de 15 dias para o ajuizamento da demanda. E se não o fizer? Nenhuma sanção daí decorre. Mas o que é complexo de se analisar é a abertura dada ao Ministério Público para postergar, quanto tempo quiser, a referida propositura, pois consta: "salvo se entender necessária a realização de estudos complementares ou outras providências que entender indispensáveis ao ajuizamento da demanda". Pode-se argumentar que o bom promotor, não contente com o referido relatório, adentrará a questão nos seus meandros, buscando o melhor para a criança ou adolescente. Dir-se-á que, como o juiz, o MP não está atrelado a nenhum laudo ou parecer técnico. E por aí os argumentos são muitos. Olvida-se, por outro lado, a situação delicada em que se encontra o abrigado, precisando definir a sua vida, rapidamente, pois, quanto mais corre o tempo, menos "adotável" ele se torna. Por certo, o promotor consciente da relevância da sua função na infância e juventude, assim como o magistrado, já conhecerá o caso do menor, terá visitado a instituição e até participado do andamento da reaproximação familiar. Esse mesmo promotor poderá questionar o laudo, requerer estudos complementares e até requisitar documentos e perícias. Mas, infelizmente, existem os que simplesmente ignoram o relatório e não propõem a ação no prazo de 15 dias, sem maiores fundamentos. Ou pedem estudos nitidamente protelatórios. E ainda existem os que pretendem refazer todo o trajeto de reaproximação entre criança ou jovem e seus pais. Enquanto isso, infantes e jovens crescem nos abrigos e perdem o convívio familiar, importantíssimo para sua formação infantil e seu aprimoramento juvenil. É preciso tomar uma providência. Das duas, uma: a) mesmo sem alterar a lei, a Corregedoria do Ministério Público e o Conselho Nacional do Ministério Público passam a controlar esse prazo de 15 dias e verificar se a ação foi proposta ou não; se negativo, o que foi feito, exatamente, pelo promotor; constatando-se inépcia profissional, surgem as medidas funcionais adequadas; b) nem a Corregedoria nem o Conselho habilitam-se a chamar a si tal tarefa e é preciso alterar, com urgência, a lei para impor sanção expressa em relação ao descumprimento do prazo, sem justificativa plausível. Há os que responderiam a tais colocações dizendo que a Corregedoria faz inspeções eventuais em promotorias e há uma fiscalização *geral* da atividade dos membros do Ministério Público. Pode ser que o leigo confie na eficiência disso, mas quem opera na área ou já teve contato com a infância e juventude, por dentro dos seus bastidores, sabe muito bem o estrago que um promotor ou um juiz relapso pode causar a uma criança ou adolescente, deixando de agir a tempo. É simplesmente impossível que correições aleatórias detectem tais situações, sanando-as em curto prazo, sem prejudicar o menor. E voltamos ao ponto já debatido anteriormente: considerando-se que esses procedimentos são sigilosos, quem dele participa é o juiz, o promotor e o corpo técnico. Havendo atraso excessivo do juiz, conta-se com o promotor para representar e denunciar; ocorrendo atraso injustificado do MP, somente se conta com o juiz. A equipe técnica, por temor reverencial, jamais o fará – ao menos, nunca tive oportunidade de constatar algo parecido. Se o juiz e o promotor são *amigos* ou *bons colegas*, não querendo problemas, um com o outro, simplesmente não há qualquer sinal de alerta às instâncias superiores. Por ora, há lei disciplinando com um pouco mais de rigor a execução das medidas socioeducativas do infrator (Lei 12.594/2012) e até mesmo Resolução do Conselho Nacional de Justiça (Res. 165/2012). Mas nada se encontra de concreto no tocante à criança e ao adolescente em situação de vulnerabilidade, necessitando de rápida intervenção do Judiciário para resolver sua vida. Uma alternativa, com a qual concordamos, está na palavra de Eduardo Rezende de Melo: "caso o Ministério Público não tome providências, é possível a nomeação de advogado ou defensor em defesa dos direitos da criança ou do adolescente, que efetivamente deverá representar os interesses da criança ou adolescente, informando-o da situação e consultando-o sobre como agir (art. 206 do ECA)" (Munir Cury [org.], *Estatuto da Criança e do Adolescente comentado*, p. 486). Há mais uma proposta de solver o impasse do decurso dos 15 dias sem ação, na ótica de Francismar Lamenza, avaliando diligências procrastinatórias pedidas pelo promotor: "nesse caso, discordando o juiz de direito do pedido ministerial de produção de outros estudos, deverá representar ao procurador-geral de Justiça (utilizando o art. 28 do Código de Processo Penal por analogia) para que haja a designação de outro promotor de Justiça para tomar as medidas que o caso estiver a exigir para o bem-estar da criança ou do adolescente" (*Estatuto da Criança e do Adolescente interpretado*, p. 183). Havemos de concordar com tal medida também. Porém, o que ressalto é a dupla inatividade: promotor e juiz. *Se* o juiz nomear advogado ao menor; *se* o juiz utilizar o art. 28 do CPP; *se* o juiz representar junto à Corregedoria, enfim, se agir, algo pode mudar. Mas se nada fizer, o interesse infantojuvenil entra em compasso de espera.

64-A. Promotor contrário à destituição do poder familiar como regra: é um mau profissional aquele que investe sua argumentação, energia e inteligência na atuação contrária à lei. Ser a favor da convivência do filho com seus pais biológicos é um mandamento desse Estatuto. No entanto, se existe a destituição do poder familiar, prevista em lei, é para ser utilizada. Caso o membro do MP queira impor uma *ideologia* sua, não está preparado para a sua atividade funcional. Seria o mesmo que dizer que o promotor, na área criminal, arquiva todos os inquéritos porque somente Deus é capaz de julgar (aliás, situação já ocorrida, que terminou com a disponibilidade do promotor). É preciso que os órgãos corregedores tomem as devidas providências.

65. Estudos complementares e outras diligências: o Ministério Público deve formar o seu convencimento livremente, acerca do cabimento da destituição do poder familiar, sem jamais olvidar que, por trás dessa ação, encontra-se o superior interesse de uma criança ou adolescente. Os estudos complementares (laudos, pareceres e similares) devem ser *indispensáveis* ao êxito da demanda, não podendo constituir motivo para simplesmente postergar o ajuizamento, cujo prazo é de trinta dias. O mesmo se diga das "outras providências", que merecem ser realmente importantes para atrasar o encaminhamento da solução do caso. A demora injustificável prejudica seriamente o infante ou o jovem, pois ficam privados do encaminhamento à adoção, permanecendo, muitas vezes, em acolhimento institucional, situação indesejável para a sua formação emocional.

66. Cadastro de crianças e adolescentes: este cadastro envolve os menores acolhidos em instituição ou família, especificando, exatamente, a situação processual de cada uma, pois ninguém é abrigado sem haver um procedimento verificatório instaurado. Cabe ao juiz a *direta responsabilidade* pela criação, manutenção e alimentação desse cadastro, sob

Art. 101

Estatuto da Criança e do Adolescente Comentado · **Nucci**

pena de falta funcional. Há, em realidade, dois cadastros na Vara da Infância e Juventude: um, abrangendo os acolhidos; outro, envolvendo os adotáveis (art. 50, ECA). O ideal seria existir apenas um cadastro unificado, contendo os dados de *todas* as crianças e adolescentes acolhidos, com o relato detalhado de sua situação jurídica, o que abraçaria o lado da adoção. A justificativa da unificação baseia-se no fato de que alguns magistrados somente inserem a criança ou adolescente no cadastro de adoção quando a sua situação está definida, vale dizer, os pais já foram destituídos do poder familiar, com trânsito em julgado. Ora, para isso ocorrer, lamentavelmente, diante da lentidão incorrigível da Justiça, passam-se meses ou até anos. Há infantes que se tornam adolescentes dentro do abrigo, enquanto *aguardam* a sua situação jurídica definir-se. Perdem a infância, num típico e indevido *abandono* praticado pelo Estado. Já foram largados pelos pais e experimentam, na sequência, o descaso do poder público. Diante disso, um único cadastro mostraria quem está abrigado, onde e o porquê. Muitos infantes e jovens, com a chamada *situação indefinida*, já podem ser inseridos em lares substitutos, vivendo em família, que pode ser, inclusive, uma candidata à adoção. Pode-se argumentar que, caso os pais retomem o poder familiar que fora suspenso, seria traumático para o menor sair da família substituta e retornar para casa. É um aspecto válido desse precioso debate em torno do melhor interesse da criança ou adolescente; porém, em nossa visão, mais dramática é a situação de quem está acolhido, sem carinho e amor suficientes, tornando-se seres humanos mais frios e calejados conforme o tempo passa. Entre dois pesos e duas medidas, sugere-nos o superior interesse infantojuvenil a inserção em família. Se houvesse número suficiente de famílias acolhedoras, poder-se-ia até aguardar a definição jurídica do *status* do jovem ou infante. Mas não há. Essa é a pura realidade brasileira, sendo certo que a maioria absoluta dos acolhidos está em instituições. Outro aspecto a considerar, quando o juiz é atento e cônscio de sua relevante atividade na Vara da Infância e Juventude, é a *situação provisória-definitiva*. Noutros termos, há casos em que se está processando os pais (ou somente um deles, pois o outro é ausente) por conta de gravíssima conduta contra o filho; sabe o magistrado que a volta ao lar natural é praticamente impossível. Deve inserir o menor em família substituta, candidata à adoção, sabendo esta que está recebendo alguém com situação indefinida. Eventualmente, pode retornar aos pais. De toda forma, essa família terá demonstrado o seu preparo para receber uma criança ou adolescente em casa, de forma a ajudar o seu desenvolvimento e não simplesmente contentar o seu próprio interesse (do adotante). Haverá o dia em que famílias, candidatas à adoção, deverão inicialmente passar pelo estágio de família acolhedora. O desprendimento de auxílio fraterno a quem muito necessita de abrigo amoroso é a maior mostra de preparo para adotar.

67. Duração do acolhimento: o art. 19, §§ 1.º e 2.º, desta Lei busca estabelecer limites para o acolhimento da criança ou adolescente; a cada seis meses sua situação deve ser reavaliada; não poderá haver abrigamento por mais de dois anos, *salvo motivo justificado*. Essa ressalva permite o prolongamento indefinido do *status* do menor; basta a autoridade judiciária alegar que não há quem queira adotá-lo ou que ainda busca a reconciliação com a família natural. Porém, a realidade não é tão simples quanto parece. Muitas crianças e adolescentes estão abrigados há muito mais que dois anos por uma razão: descaso do poder público. Há juízes e promotores que nem mesmo visitam os abrigos que estão sob sua direta fiscalização. Não sabem e não querem saber quem está abrigado, por quanto tempo, nem se há condições de melhorar aquela situação. Conduz o magistrado o procedimento de destituição do poder familiar como se fosse *mais um*, olvidando a absoluta prioridade da criança ou adolescente. Fiscaliza o procedimento o Ministério Público como se estivesse diante de um feito de interesse de adultos, capazes e regentes dos próprios interesses. Esses equívocos de atuação, valendo também a crítica à equipe técnica, por vezes desconectada da urgência dos casos, levam ao prolongamento excessivo de vários abrigamentos. A par disso, há o desvio de foco a ser considerado. Tudo pela reintegração familiar, sustentam alguns. Mas nem sempre é esse o caminho *correto*. Ilustrando, a criança foi abandonada numa lata de lixo pela mãe; não há pai conhecido; localiza-se e chama-se essa genitora; ela insiste em ficar com o filho, mas diz não ter condições. Pergunta-se: quanto tempo se deve *tentar* a reintegração familiar? É viável sacrificar os primeiros meses de vida do bebê, extremamente relevantes para a formação da sua personalidade futura, sob o pretexto de *tentar* convencer uma mãe que, praticamente, jogou seu filho fora? Há os que sairão em defesa dessa mulher, afirmando ser uma pessoa desgraçada pelo destino, encontrar-se em dificuldade, precisar de apoio do Estado etc. Foge-se, em nosso entendimento, ao foco principal, que não é a *mãe* – pessoa adulta, que engravidou porque quis ou permitiu –, mas a criança e seu superior interesse. Em suma, os prazos do art. 19, §§ 1.º e 2.º, precisam ser revistos (para menos) ou, se mantidos, devidamente acompanhados de sanções funcionais aos operadores da área da infância e juventude. Logicamente, há excepcionais magistrados e promotores, atuantes nessa órbita, que nem precisam se apegar a prazos, pois as crianças e adolescentes de sua alçada estão muito bem amparados. É possível conhecer abrigos que permanecem praticamente vazios, pois a Vara da Infância e Juventude é tão dinâmica que a criança entra num dia e logo está saindo, seja para reintegração familiar, seja para família substituta. Entretanto, nem todo infante ou jovem tem essa sorte e é pelos desconhecidos esquecidos que se deve lutar.

68. Acesso ao cadastro: naturalmente, em primeiro lugar, o juiz, que o organizou, sob sua responsabilidade. Ao lado dele, o Ministério Público atuante na Vara da Infância e Juventude – e não todo e qualquer promotor –, o Conselho Tutelar da área, o assistente social do *forum* ou da Municipalidade, desde que encarregado da área da infância e juventude, além do Conselho Municipal dos Direitos da Criança e do Adolescente da cidade onde se encontra a criança ou adolescente. Quer-se garantir o *sigilo* para que terceiros, por mera curiosidade, acessem o cadastro para saber quem está abrigado. É um ponto positivo, sem dúvida, embora exista o lado negativo. Quanto maior for o *segredo* em torno do cadastro dos abrigados, do cadastro dos adotáveis, do cadastro dos adotantes, do procedimento verificatório, da destituição do poder familiar, dentre outros feitos, maior será a subserviência do real interessado por tudo isso: a criança ou jovem. Se houver juiz, promotor, equipe técnica, dentre outros profissionais, afinados e interessados, o sigilo conta a favor, pois tudo se faz de maneira eficiente. Mas nos casos em que se forma, naturalmente, um grupo de desinteressados, os feitos se arrastam e absolutamente ninguém pode reclamar pelo infante ou adolescente. Aliás, nem mesmo estes têm acesso ao cadastro, o que é ilógico, pois devem ser ouvidos para muitas situações delicadas. Em nosso pensamento, se os pais ou outro interessado com legítimo interesse contratarem um advogado (ou tiverem defensor dativo ou público), *devem* ter direito de acesso aos cadastros. Como garantir a ampla defesa sem esse conhecimento? Não vemos como coexistir o devido processo legal e o sigilo de dados em torno do objeto da disputa: o menor. Pode-se até proibir a visita do pai agressor ao seu filho, mas a consulta ao cadastro, feita por seu defensor, deve ser autorizada. Além disso, os cadastros municipais precisam ser unificados, numa só rede nacional, para que órgãos como o Conselho Nacional de Justiça e o Conselho Nacional do Ministério Público, tenham acesso e *efetivamente controlem* o estado dos jovens e infantes abrigados. Outra solução é mudar o enfoque desta área sensível do Direito, que é a infância e juventude, devendo prevalecer a *publicidade controlada*, ou seja, qualquer pessoa, demonstrando legítimo interesse, identificando-se, poderia ter acesso aos cadastros para *fiscalizar* a atuação do poder público, podendo interceder em favor do abrigado. Assim, como já expusemos antes, uma ONG voltada à infância e juventude, a equipe técnica do abrigo, o dirigente da instituição acolhedora, o pretendente à adoção etc. O *segredo de justiça* pode funcionar bem nas Varas de Família, porque há dois lados, com advogados, que não permitem a paralisação dos processos. Não se dá o mesmo nas Varas da Infância e Juventude.

Art. 102

> **Art. 102.** As medidas de proteção de que trata este Capítulo serão acompanhadas da regularização do registro civil.[69]
>
> § 1.º Verificada a inexistência de registro anterior, o assento de nascimento da criança ou adolescente será feito à vista dos elementos disponíveis, mediante requisição da autoridade judiciária.[70]
>
> § 2.º Os registros e certidões necessários à regularização de que trata este artigo são isentos de multas, custas e emolumentos, gozando de absoluta prioridade.[71]
>
> § 3.º Caso ainda não definida a paternidade, será deflagrado procedimento específico destinado à sua averiguação, conforme previsto pela Lei n.º 8.560, de 29 de dezembro de 1992.[72]
>
> § 4.º Nas hipóteses previstas no § 3.º deste artigo, é dispensável o ajuizamento de ação de investigação de paternidade pelo Ministério Público se, após o não comparecimento ou a recusa do suposto pai em assumir a paternidade a ele atribuída, a criança for encaminhada para adoção.[73]
>
> § 5.º Os registros e certidões necessários à inclusão, a qualquer tempo, do nome do pai no assento de nascimento são isentos de multas, custas e emolumentos, gozando de absoluta prioridade.[73-A]
>
> § 6.º São gratuitas, a qualquer tempo, a averbação requerida do reconhecimento de paternidade no assento de nascimento e a certidão correspondente.

69. Inclusão social pela existência legal: a regularização do registro civil da criança ou adolescente é fundamental para incluí-lo na sociedade, juridicamente falando. Quem não possui assentamento civil de nascimento, não se torna cidadão no gozo integral de seus direitos. Há, infelizmente, casos de menores não registrados; outros possuem registro, mas nunca tiveram em mãos a certidão. Enfim, *proteger* a criança ou adolescente envolve a regularização do registro civil. Como explica José Luís Alicke, os infantes e jovens, que sobrevivem em situação de penúria e abandono, cujos pais nem mesmo tiveram condições de registrar o seu nascimento, sob o ponto de vista jurídico, não são considerados cidadãos e não têm direitos assegurados como tais, vivendo à margem da sociedade (Munir Cury [org.], *Estatuto da Criança e do Adolescente comentado*, p. 505). E, ainda, diz Benílton Bezerra Jr., "sabe que um número assustadoramente alto de crianças nascidas no Brasil não são registradas. Muitas nascem e morrem sem que fique outro traço de sua existência além da lembrança na memória dos que as conheceram. Outros driblam a morte precoce e enfrentam um longo processo de 'inexistência civil'. Andam, comem, respiram, mas é como se lhes faltasse o reconhecimento de que estão vivos, têm uma identidade própria e pertencem a uma coletividade. São civilmente 'invisíveis'" (Munir Cury [org.], *Estatuto da Criança e do Adolescente comentado*, p. 513).

70. Efetivação do assento de nascimento: inexistindo o registro, deve o juiz determinar, de ofício, a sua lavratura, baseado nos elementos constantes dos autos do procedimento verificatório, ouvido o Ministério Público. Geralmente, a criança ou jovem nessas condições é abandonado pelos pais ou vive em extrema miséria, acompanhado dos genitores. Colhem-se os dados de todos os lugares possíveis (hospital onde nasceu; ficha clínica de posto de saúde; depoimento de parteira; informes de terceiros conhecidos etc.). Confira-se na Lei de Registros Públicos (Lei 6.015/1973): "Art. 61. Tratando-se de exposto, o registro será feito de acordo com as declarações que os estabelecimentos de caridade, as autoridades ou os particulares comunicarem ao oficial competente, nos prazos mencionados no art. 51, a partir do achado ou entrega, sob a pena do art. 46, apresentando ao oficial, salvo motivo de força maior comprovada, o exposto e os objetos a que se refere o parágrafo único deste artigo. Parágrafo único. Declarar-se-á o dia, mês e ano, lugar em que foi exposto, a hora em que foi encontrado e a sua idade aparente. Nesse caso, o envoltório, roupas e quaisquer outros objetos e sinais que trouxer a criança e que possam a todo o tempo fazê-la reconhecer, serão numerados, alistados e fechados em caixa lacrada e selada, com o seguinte rótulo: 'Pertence ao exposto tal, assento de fls ... do livro ...' e remetidos imediatamente, com uma guia em duplicata, ao Juiz, para serem recolhidos a lugar seguro. Recebida e arquivada a duplicata com o competente recibo do depósito, far-se-á à margem do assento a correspondente anotação. Art. 62. O registro do nascimento do menor abandonado, sob jurisdição do Juiz de Menores, poderá fazer-se por iniciativa deste, à vista dos elementos de que dispuser e com observância, no que for aplicável, do que preceitua o artigo anterior".

71. Absolutas prioridade e gratuidade: o texto constitucional assegura a gratuidade, aos reconhecidamente pobres, do registro civil de nascimento (art. 5.º, LXXVI, CF). A partir daí, inexiste qualquer dúvida quanto à integral ausência de custo para a promoção do assentamento civil da criança ou adolescente que não o tenha, bem como a expedição de certidão de nascimento. Aliás, nem mesmo teria cabimento dispor de outra forma, pois a regularização será *determinada* pelo juiz. Por outro lado, quanto à multa, de qualquer forma, não mais existe na Lei dos Registros Públicos, após a Lei 10.215/2001, para quem fizer o registro após o prazo legal (15 dias, conforme o art. 50 da LRP), pois foi alterado o art. 46, que a previa em 1/10 do salário mínimo.

72. Investigação de paternidade: nos termos da Lei 8.560/1992, "em registro de nascimento de menor apenas com a maternidade estabelecida, o oficial remeterá ao juiz certidão integral do registro e o nome e prenome, profissão, identidade e residência do suposto pai, a fim de ser averiguada oficiosamente a procedência da alegação. § 1.º O juiz, sempre que possível, ouvirá a mãe sobre a paternidade alegada e mandará, em qualquer caso, notificar o suposto pai, independentemente de seu estado civil, para que se manifeste sobre a paternidade que lhe é atribuída. § 2.º O juiz, quando entender necessário, determinará que a diligência seja realizada em segredo de justiça. § 3.º No caso do suposto pai confirmar expressamente a paternidade, será lavrado termo de reconhecimento e remetida certidão ao oficial do registro, para a devida averbação. § 4.º Se o suposto pai não atender no prazo de trinta dias, a notificação judicial, ou negar a alegada paternidade, o juiz remeterá os autos ao representante do Ministério Público para que intente, havendo elementos suficientes, a ação de investigação de paternidade. § 5.º Nas hipóteses previstas no § 4.º deste artigo, é dispensável o ajuizamento de ação de investigação de paternidade pelo Ministério Público se, após o não comparecimento ou a recusa do suposto pai em assumir a paternidade a ele atribuída, a criança for encaminhada para adoção. § 6.º A iniciativa conferida ao Ministério Público não impede a quem tenha legítimo interesse de intentar investigação, visando obter o pretendido reconhecimento da paternidade" (art. 2.º). E, ainda: "na ação de investigação de paternidade, todos os meios legais, bem como os moralmente legítimos, serão hábeis para provar a verdade dos fatos" (art. 2.º-A).

73. Desnecessidade da investigação de paternidade: o disposto neste parágrafo consta, igualmente, no § 5.º do art. 2.º da Lei 8.560/1992 (citada na nota anterior). Há lógica neste dispositivo, que, aliás, deveria ser usado de base para casos similares de *abandono*. A situação desenhada é a seguinte: a mãe registra o filho; indica quem seria o suposto pai; este é notificado judicialmente a se manifestar; se não o fizer ou negar, será ajuizada ação de investigação de paternidade pelo MP. Mas não há necessidade dessa ação caso o menor seja encaminhado para adoção. Ora, por que o filho não teria direito de conhecer seu pai biológico de qualquer maneira? Simplesmente porque este, notificado, não se importou. É um típico abandono. Se a lei é tão condescendente em ignorar a paternidade biológica, desde que haja adoção, inexiste razão plausível para se insistir, em demasia – como alguns juízes e

Art. 102

Estatuto da Criança e do Adolescente Comentado · **Nucci**

promotores, secundados pela equipe técnica fazem –, na busca pela reconciliação familiar, mormente no peculiar caso de *abandono*. Se os pais largam o filho em qualquer lugar (na rua, no abrigo, no hospital), está configurado o desinteresse; dever-se-ia encaminhar a criança para adoção de pronto. Outro aspecto interessante a merecer relevo. Dá-se tanta importância, com o que não concordamos (ver a nota 200 ao art. 48, *caput*, desta Lei), ao *direito* do adotado em conhecer sua origem biológica, mas, neste dispositivo, simplesmente, ignora-se quem seja o pai da criança, *desde que seja adotada*. Em nossa visão, a contradição é evidente. Das duas, uma: a origem biológica do adotado é sagrada e ele precisa conhecê-la, motivo pelo qual a investigação de paternidade deveria ser ajuizada de qualquer modo, mesmo que o menor fosse encaminhado para adoção, *ou* a origem biológica não é tão importante, mormente quando a criança encontra pais adotivos, razão pela qual é totalmente indiferente quem seja seu pai biológico. Parece-nos que o erro se encontra no art. 48, *caput*, e não neste § 4.º.

73-A. Inclusão do nome do pai nos registros e certidões: a inclusão desse parágrafo deve-se ao fato de evitar qualquer dúvida e, com isso, desgaste para a parte interessada, pois o § 1.º indica a ausência de prévio registro, enquanto o § 2.º evidencia a gratuidade para que seja realizado. Ora, quando se inclui o nome do pai apenas, pode-se argumentar não ser o primeiro registro, pretendendo o notário cobrar por isso. Elimina-se qualquer eventual conflito, deixando bem claro nos §§ 5.º e 6.º que, a qualquer tempo, a inclusão do nome do pai, por qualquer razão, dá-se de maneira integralmente gratuita.

Título III
Da Prática de Ato Infracional[1-2]

1. Denominação da área científica: em nosso entendimento, está-se no cenário do Direito da Infância e Juventude, do mesmo modo que o restante deste Estatuto. Soa-nos incompatível aos propósitos da Constituição Federal (art. 227) e desta Lei, com todos os seus princípios protetivos à criança e ao adolescente, cuidarmos de um *direito penal juvenil* ou *direito punitivo infantojuvenil* (e similares).

2. Política infantojuvenil: crianças e adolescentes estão em formação física e moral, desde o nascimento até a fase adulta, em mutação dinâmica, diária e contínua. Erram – e muito – como qualquer ser humano, mas tendem a tropeçar mais que o adulto, pois não possuem o *alter ego* integralmente amadurecido. Quando as suas faltas atingem o campo do ilícito, desperta-se a particular atenção do Estado – não somente dos pais. Define-se o ato infracional como a conduta descrita como crime ou contravenção penal, embora não se deixe claro a sua finalidade: educar, punir ou ambos; proteger, educar ou ambos; proteger, educar e punir, enfim, desvendar o fundamento das medidas aplicadas em função do ato infracional é tarefa das mais complexas e, sem dúvida, controversa. Levando-se em consideração constituir-se a República Federativa do Brasil em Estado Democrático de Direito (art. 1.º, *caput*, CF), bem como os postulados constantes dos arts. 228 e 229 da Carta Magna, há de se acolher a finalidade protetiva, em primeiro plano, para crianças, seguida do propósito educativo; para adolescentes, em primeiro plano a meta educativa, seguida do fim protetivo. Há algum aspecto punitivo? Seria ingenuidade supor que não. Internar um adolescente, por si só, representa uma privação à sua liberdade e, por mais que se pretenda impingir a prevalência do caráter educativo – o que nos parece válido –, sobra o ranço da punição. Quando se cuida do tema infantojuvenil, em particular no âmbito da infração, surgem opiniões categóricas, pouco flexíveis, ora no sentido de que o adolescente deveria ser rigorosamente *sancionado*, ao praticar atos violentos, mormente contra pessoas, apontando-se este Estatuto como leniente, enquanto, do outro lado, emergem os que defendem, com ardor, jamais se traçar uma linha repressiva no tocante ao menor de 18 anos; por pior que seja a sua atitude aos olhos da sociedade – cruel, desumana, violenta –, deve-se considerá-lo, sempre, como vítima, cuidando o Estado de seu bem-estar. Segundo nos parece, sem a pretensão de, em tema tão sensível, expor a verdade absoluta, deve-se enfocar o cenário das crianças e adolescentes, que cometem atos infracionais, do mesmo modo que os pais fazem com seus filhos. Em primeiro lugar, quando ainda são crianças, proteger acima de tudo. Porém, nunca perder de vista a educação, indicando a distinção entre o certo e o errado, apontando o melhor caminho, transmitindo valores positivos, torcendo para o desenvolvimento sadio, fiscalizando o tempo todo e sancionando os insistentes e desafiadores erros, sempre no perfil da moderação e da necessariedade. Os pais precisam doar-se aos filhos, mas devem ser obedecidos e respeitados. Assim, atingida a fase da adolescência, de forma natural, inverte-se o critério, passando-se a educar, em primeiro plano; a proteção já não é tão necessária, em virtude do desenvolvimento físico-mental do filho, acompanhado da formação da personalidade. O processo educacional não foge à regra, dependendo da imposição de sanção ao erro persistente. Em suma, os bons pais protegem e educam seus filhos, incluindo nesse processo as necessárias sanções, cuja finalidade não é *punir para reprimir*, mas sancionar para impor limites, fazer preponderar o respeito e a disciplina. Há, no entanto, uma forte liga entre pais e filhos, que é o amor, além da troca constante de afeto e a permanente mostra de afinidade. Esse quadro, quando projetado ao Estado em confronto com crianças e adolescentes, que cometem atos infracionais, torna-se mais complexo, pois entram em cena diversos operadores do Direito, além de profissionais ligados a variadas áreas técnicas – e não há o amálgama da família, que é o sentimento positivo. Eis a dificuldade para se conseguir visualizar os infantes e os jovens, que não são filhos, mas estranhos, como destinatários da mesma compreensão, tolerância, paciência e insistência para proteger, educar e tutelar. Em tese, o poder público necessitaria tratar as crianças e adolescentes como os pais cuidam de seus filhos, mas esse ideal não se coaduna com a realidade, surgindo inúmeros pontos de conflito, que causam as opiniões tão díspares na área da infância e juventude. O rigor, em si mesmo, não é um aspecto negativo, desde que utilizado para promover a boa formação de crianças e jovens. A difícil busca pela concretização do meio-termo é a missão do operador do Direito nessa área, garantindo-se a dignidade do menor de 18 anos, ao mesmo tempo em que não se ignora o desrespeito à lei. Mário Volpi bem delineia o tema: "o cometimento de um ato infracional não decorre simplesmente da índole má ou de um desvio moral. A maioria absoluta é reflexo da luta pela sobrevivência, abandono social, das carências e violências a que meninos e meninas pobres são submetidos. Garantir uma intervenção adequada da Polícia ou de quem flagrar menino(a) no cometimento de um ato infracional não significa querer justificar sua atitude; significa garantir-lhe um tratamento digno de ser humano que se encontra em uma situação-limite que corrobora a sua degradação. Os dois tratamentos extremistas de vítima ou de agressor precisam ser evitados. É preciso considerar sua condição peculiar de pessoa em desenvolvimento e garantir-lhe um tratamento sereno, mas consistente o suficiente para que ele possa tomar consciência de que existem formas mais eficientes de garantir suas necessidades básicas e de que a exigência dos seus direitos precisa acontecer de forma organizada e socialmente viável" (Munir Cury [org.], *Estatuto da Criança e do Adolescente comentado*, p. 520). "Como é sabido, o fenômeno da adolescência é novo na sociedade, e ainda há muito que se aprender a respeito. Entretanto, reconhece-se que é uma fase da vida marcada por transformações, frustrações, dúvidas e incertezas. Também é na adolescência que se afirma a identidade e se busca um sentido para a vida futura. Assim, se nesse momento os sujeitos são impedidos ou coibidos de manifestar os conflitos, especialmente os adolescentes, de outra forma expressarão esse sentimento reprimido, acentuando sua exclusão social. Portanto, os jovens pobres brasileiros possuem dois conflitos simultâneos: a adolescência por si só e as dificuldades acarretadas pela exclusão, seja da educação, do aprendizado ao trabalho, da cultura, do consumo, enfim, de um espaço como sujeitos de direitos e parte visível e participante de uma sociedade" (Fabiana Schmidt, *Adolescentes privados de liberdade. A dialética dos direitos conquistados e violados*, p. 38). "A situação de adolescentes autores de ato infracional, em sua grande maioria, revela um quadro de pobreza; desestruturação familiar; maus-tratos; negligência; prostituição; vivência de rua; uso de drogas; baixa escolaridade e poucos vínculos familiares. São adolescentes que, de um modo geral, representam uma ameaça para baixa autoestima, reduzida tolerância à frustração, dificuldades de estabelecer vínculos afetivos e de aceitar as regras sociais. A visão desse adolescente remete a uma reflexão sobre a sua infância. A criança, em grande parte das vezes, não foi desejada pelos pais e, assim, já ao nascer ver-se-á privada de afetividade básica, dando início a uma outra série de privações" (Vera Vanin, *O reflexo da institucionalização frente à prática do ato infracional*, p. 703). Outros fatores que geram atos infracionais: além de álcool e drogas, o abuso e a negligência nos cinco primeiros anos de vida têm um particular impacto penetrante. Por outro lado, o desenvolvimento do feto durante a gravidez e os dois primeiros anos constituem a época em que a constituição física para controlar impulsos é formada. É igualmente o período no qual as capacidades do pensamento racional e a sensibilidade humana fincam raízes – ou não – na personalidade infantil (Karr-Morse e Wiley, "Tracing the Roots of Violence". In: Weisheit e Culbertson, *Juvenile Delinquency. a Justice Perspective*, p. 54); "a quase totalidade das pesquisas feitas em grupos de controle encontrou uma diferença altamente significativa de desagregação das famílias de origem dos delinquentes" (Bandini e Gatti, *Delinquenza giovanile*, p. 57). E dos mesmos autores: pesquisa feita por Grygier com 183 rapazes e 105 moças que frequentavam um instituto de reeducação observou que a separação permanente de ambos os genitores antes dos cincos anos de idade era um fator muito frequente e muito importante para determinar a sua antissociabilidade. Observou-se, também, que a separação do pai nos primeiros anos de vida foi mais relevante do que a separação da mãe. (...) Foi encontrada correlação significativa entre a delinquência juvenil e a recusa afetiva por parte dos genitores (Bandini e Gatti, *Delinquenza giovanile*, p. 70-71). "As condutas adolescentes, em suma, são tão variadas quanto aos sonhos e os desejos reprimidos dos adultos. Por isso elas parecem (e talvez sejam) todas transgressoras. No mínimo, transgridem a vontade explícita dos adultos. Enfim, a ideia de que a adolescência é um problema não é nova. Melhor dito: a adolescência seria um lugar temporal da vida humana que abarcaria visivelmente todas as fraquezas/desejos humanos. Aí depositamos crimes, fugas, suicídios, contestações, uso de drogas, rebeldias extremadas ou apatias crônicas, anorexias e toda sorte de sordidez que julgamos – nós, os adultos – nefastas para o bem-estar pessoal e social. A adolescência parece ser um 'lixão' da humanidade. Ela é sempre o problema, parece-nos, dos adultos que não sabem lidar com o que foram ontem. E alguém está ouvindo o que esses jovens estão querendo nos dizer? O diálogo está difícil, não é? Sejamos honestos. Não há diálogo. Eles falam, nós falamos. Eles falam de um jeito, e nós escutamos de outro e vice-versa. Ou seja, não nos escutamos o mínimo suficiente para haver um entendimento. A linguagem é outra e torna-se difícil e oneroso o que significa aquele dragão tatuado no braço, *piercings* na língua, umbigo e genitais, acidentes de carro e o generalizado e abusivo uso de drogas lícitas e ilícitas, entre outros sinais que saltam aos olhos de quem quer ver que algo está se passando no dramático mundo dos adolescentes. E que mundo é esse? O que nós estamos apresentando aos nossos filhos. Isso mesmo" (João Batista Costa Saraiva, *Adolescente em conflito com a lei. Da indiferença à proteção integral. Uma abordagem sobre a responsabilidade penal juvenil*, p. 79). Aníbal Ezequiel Crivelli anota, com precisão, acerca do abismo entre o tratamento rigoroso do Estado quanto ao jovem infrator em contraposição ao descaso no tocante ao respeito aos direitos das crianças e adolescentes: "se os sistemas de justiça penal juvenil – qualquer que seja a sua denominação – constituem uma forma de controle social de crianças e adolescentes cujos direitos básicos (educação, saúde, moradia etc.) encontram-se vulnerados, é evidente que a solução não passa por criminalizar as consequências de tais déficits mas por fazer o necessário para neutralizá-las. Nesta atividade concentra-se o dever de prevenção que o Estado possui em relação ao fenômeno da delinquência juvenil. No entanto e paradoxalmente, os mecanismos legais e institucionais para fazer valer a responsabilidade *penal* do menor parecem muito mais ágeis e efetivos do que aqueles destinados a reclamar do Estado o respeito efetivo dos direitos econômicos, sociais e culturais, consagrados nos mais importantes instrumentos internacionais de direitos humanos" (*Derecho penal juvenil*, p. 384-385).

Art. 103

Estatuto da Criança e do Adolescente Comentado · **Nucci**

Capítulo I
DISPOSIÇÕES GERAIS

> **Art. 103.** Considera-se ato infracional[3-4] a conduta descrita como crime ou contravenção penal.[5-10]

3. Ato infracional: *infringir* significa violar, desobedecer, transgredir, desrespeitar. No campo do Direito, infringe-se uma norma. O *ato* é uma parcela da conduta, mas também pode ser assimilado como sinônimo. A conduta, por seu turno, é uma ação ou omissão voluntária e consciente, que movimenta o corpo humano, regida por uma finalidade. Diante disso, o *ato infracional*, no cenário do Direito da Infância e Juventude, é a conduta humana violadora da norma. Por isso, em alguns textos atuais de lei, tem-se referido ao adolescente *em conflito com a lei*, em lugar de jovem *infrator*. Uma alteração puramente terminológica, com forte carga ideológica, mas que não provoca nenhum efeito científico. Em suma, infringir uma norma representa um ilícito, fato contrário ao ordenamento jurídico. Há uma imensa variedade de ilícitos, que podem envolver uma simples *infração de trânsito*, como ultrapassar o sinal *vermelho*, acarretando uma multa, como também pode chegar ao ápice da violação, que é o cometimento de um crime, matando-se uma pessoa (homicídio), cuja punição se dá na faixa de seis a trinta anos de reclusão. Para a aplicação desta Lei, ao referir-se a *ato infracional*, o texto foi claro: é a conduta descrita como *crime* ou *contravenção penal*. "No campo penal, portanto, o modelo de responsabilidade dos adolescentes diferencia-se dos adultos no aspecto referente à inimputabilidade penal. No entanto, trata-se de um avanço na medida em que faz parte de um modelo de garantias, pois estabelece que tal responsabilidade penal decorre da prática de atos típicos, antijurídicos e culpáveis, tipificados na legislação penal, rompendo definitivamente com a concepção tutelar, de responsabilização por atos 'antissociais'. (...) Quanto à responsabilização por atos infracionais definidos pela Lei Penal, como já foi demonstrado, o Estatuto significou um considerável avanço no histórico da legislação especial da infância e adolescência, na medida em que incorporou o princípio da legalidade. Isso significa a impossibilidade legal de que todos os adolescentes, independente de terem ou não cometido atos infracionais tipificados em lei, tenham tratamento penal, ou seja, sejam tratados como em situação irregular. Para além disso, a Lei especial prevê um sistema processual que, embora com incompletudes que serão analisadas com profundidade no decorrer deste trabalho, sendo interpretado de forma sistêmica, possui as mesmas garantias individuais perante o poder punitivo estatal de que têm direito todos os cidadãos brasileiros" (Ana Paula Motta Costa, *As garantias processuais e o direito penal juvenil como limite na aplicação da medida socioeducativa de internação*, p. 61). Antonio Cezar Lima da Fonseca esclarece que "esse sistema 'repressivo-estatutário' – tantas vezes similar ao imposto a adultos, pois 'com todas as características de uma Justiça Penal' – dirigido a crianças e adolescentes tem suas raízes em pactos internacionais, especialmente, nas Regras de Beijing (1985) e na Convenção das Nações Unidas sobre os Direitos da Criança (1989), os quais veem crianças e adolescentes como *sujeitos de direitos*, outorgando-lhes Proteção Integral, direitos de liberdade, dignidade e o reconhecimento de que a lei penal não se lhes pode incidir como se adultos fossem. Embora haja quem os veja como réus, adolescentes autores de atos infracionais devem ser encarados como sujeitos de proteção especial pelo Estado, pois são pessoas em condição peculiar de desenvolvimento. A dureza da lei penal não deve ser a mesma aplicada aos adultos imputáveis, sendo que a Lei 12.594/12 já determinou que o adolescente não pode receber tratamento mais gravoso do que o conferido ao adulto (art. 35, inc. I). Isso porque há de ser-lhes outorgado tratamento pedagógico e retributivo, não de impunidade pelo reconhecimento de um 'novo

Direito Penal Juvenil' distante do antigo Direito do Menor, uma vez que a 'menoridade não é carta de alforria', como disse Rolf Koerner Júnior" (*Direitos da criança e do adolescente*, p. 319). "*Delinquência* [equivalente, para o nosso sistema, ao ato infracional] nasceu no final do século 19 quando o crime e outras ofensas cometidas por jovens foram redefinidas e separadas das infrações dos adultos e novos mecanismos de controle social foram desenvolvidos para o problema infantojuvenil. Os adolescentes transgressores que costumavam ser considerados simplesmente como jovens criminosos foram transformados em *delinquentes* [equivalente ao jovem infrator]. O rótulo de 'delinquente', contudo, representa uma variedade de diferentes comportamentos e significa diferentes coisas em diversos lugares e pontos no tempo. É importante entender a diversidade nas definições de delinquência a fim de compreender os trabalhos do sistema da justiça juvenil adequadamente" (John T. Whitehead & Steven P. Lab, *Juvenile Justice: an Introduction*, p. 2). Sobre a delinquência juvenil (equivalente à prática de ato infracional, na nossa legislação), há cinco aspectos que permanecem os mesmos por, pelo menos, 200 anos: a) os jovens, especialmente os homens, cometem mais crimes que outros grupos; b) há leis especiais para jovens obedecerem (que adultos não são obrigados a fazer) – escola, sexo, morada, álcool etc.; c) os jovens são punidos menos severamente do que os adultos que cometem as mesmas infrações; d) muitas pessoas acreditam que o grupo de jovens atuais comete mais crimes – e mais graves – do que os jovens do passado; há sempre uma *onda de delitos juvenis* no presente (Thomas J. Bernard, "The Cycle of Juvenile Justice". In: Weisheit e Culbertson, *Juvenile Delinquency: a Justice Perspective*, p. 13). Sobre o tema, na jurisprudência: STJ: "3. O ato infracional se refere ao crime para definir os elementos típicos da conduta proibida (art. 103 do ECA) e dele difere pela impossibilidade de aplicação de penas e pela exigência de qualidade especial do autor, que deve ter menos de 18 anos. 4. Crimes e atos infracionais compartilham a norma primária, que incide sobre a mesma conduta, praticada por ambos os agentes. 5. Não obstante haver sido praticada por adulto e menor, a hipótese dos autos corresponde à conduta descrita no art. 157, § 2.º, I e II, do CP, o que basta para atender ao requisito identidade de infração, necessário para aplicar a causa de aumento de pena relativa ao concurso de pessoas" (AgRg no AREsp 1.229.946/PI, 6.ª T., rel. Rogério Schietti Cruz, j. 09.04.2019, v.u.).

4. Pretensão estatal: praticada a infração penal, nasce a pretensão punitiva do Estado; cometido o ato infracional, nasce a pretensão educativa. Ambas as pretensões devem ser realizadas após o devido processo legal. A primeira – pretensão punitiva – é enfocada sob o prisma da finalidade da pena, que se divide em retributiva e preventiva. Sob o ângulo retributivo, representa a efetiva punição, em virtude do mal praticado pelo crime. Sob a ótica da prevenção, envolve-se um complexo de funções: firmar a atuação do Direito Penal (prevenção geral positiva); estabelecer um instrumento de intimidação à sociedade (prevenção geral negativa); firmar um ponto para a reeducação (prevenção especial positiva); servir de mecanismo para segregação (prevenção especial negativa). A segunda – pretensão educativa – é calcada no prisma da finalidade da medida socioeducativa, que se lastreia na educação ou reeducação do adolescente; secundariamente, não há como dissociar o aspecto punitivo. Na jurisprudência: STJ: "Tratando-se de menor inimputável, não existe pretensão punitiva estatal propriamente, mas apenas pretensão educativa, que, na verdade, é dever não só do Estado, mas da família, da comunidade e da sociedade em geral, conforme disposto expressamente na legislação de regência (Lei 8.069/90, art. 4.º) e na Constituição Federal (art. 227). De fato, é nesse contexto que se deve enxergar o efeito primordial das medidas socioeducativas, mesmo que apresentem, eventualmente, características expiatórias (efeito secundário), pois o indiscutível e indispensável caráter pedagógico é que justifica a aplicação das aludidas medidas, da forma como previstas na legislação especial (Lei 8.069/90, arts. 112 a 125), que se destinam essencialmente à formação e reeducação do adolescente infrator, também considerado como

Art. 103

Estatuto da Criança e do Adolescente Comentado • **Nucci**

334

pessoa em desenvolvimento (Lei 8.069/90, art. 6.º), sujeito à proteção integral (Lei 8.069/90, art. 1.º), por critério simplesmente etário (Lei 8.069/90, art. 2.º, *caput*)" (STJ, HC 146.641/SP, 5.ª T., rel. Arnaldo Esteves Lima, *DJ* 15.12.2009, v.u.). TJRS: "... a medida socioeducativa possui como desiderato principal fazer despertar no menor infrator a consciência do desvalor de sua conduta, bem como afastá-lo do meio social, como medida profilática e retributiva, possibilitando-lhe uma reflexão e reavaliação de sua conduta" (Apelação Cível 70058220450, 7.ª Câm. Cível, rel. Liselena Schifino Robles Ribeiro, j. 19.03.2014).

5. Infração penal: como mencionamos na nota anterior, há uma diversidade de infrações à norma, mas o interessante para o estudo do *ato infracional* é a análise da *infração penal*, que é o gênero, do qual são espécies o *crime* (ou delito) e a *contravenção penal*. A diferença entre ambos não se dá no campo ontológico, mas apenas no cenário da punição; o crime é considerado uma infração penal mais grave, cabendo a apenação de reclusão ou detenção (penas privativas de liberdade cumpridas em regimes mais severos); a contravenção penal é o *delito menor*, considerado uma infração penal mais branda, lesiva a um bem jurídico de menor importância para a sociedade, cuja apenação se faz com prisão simples ou multa. É interessante observar que a Lei 9.099/1995 (pós-ECA) firmou a existência de outro conceito formal de infração penal: as de *menor potencial ofensivo*. Sejam elas crimes ou contravenções, terminam por desfrutar dos mesmos benefícios em relação aos seus autores, embora, ontologicamente, continuem sendo infrações penais. Não é objeto deste trabalho aprofundar o debate acerca de outras diferenças, como, por exemplo, entre reclusão, detenção e prisão simples. Afinal, o art. 103 deste Estatuto valeu-se dos termos *crimes* e *contravenção penal* para conceituar *ato infracional*. Costuma-se dizer, em doutrina, ter esta Lei se valido de uma *tipicidade remetida*, pretendendo sugerir que o ato infracional não passa de um tipo penal incriminador, detectável na legislação penal (por todos, Fuller, Dezem e Martins, *Estatuto da criança e do adolescente*, p. 91). Em nosso entendimento, essa afirmação é parcialmente correta. O ato infracional não é um tipo incriminador, mas uma conduta criminosa ou contravencional por inteiro. E o crime (ou contravenção) está longe de ser apenas um fato típico. Portanto, valeu-se este Estatuto de um conceito por equiparação; em lugar de pretender definir o que é crime ou contravenção penal (tarefa das mais complexas mesmo para a doutrina penal), simplesmente nivelou o ato infracional ao crime ou à contravenção penal, indiferentemente. Na realidade, igualou, para fins de conceituação, o ato infracional à infração penal.

6. Conceito de crime ou contravenção penal: materialmente, é uma conduta humana lesiva a um bem jurídico tutelado, merecedora de pena. Esse conceito, no entanto, é muito aberto, servindo ao legislador para captar o anseio social pela criminalização de alguma conduta considerada grave, cuja sanção *precisa* ser uma pena – a mais severa das sanções. Os operadores do Direito devem trabalhar com o conceito formal: uma conduta humana lesiva a um bem jurídico tutelado, merecedora de pena, devidamente prevista em lei. Portanto, não é crime toda conduta cuja sanção *deveria* ser uma pena, mas aquela efetivamente apontada em lei como tal. Consagra-se o princípio constitucional da legalidade: não há crime sem prévia lei que o defina; não há pena sem prévia lei que a comine (art. 5.º, XXXIX, CF). O conceito formal é correto, mas não é prático. Para compreender o crime de modo científico, facilitan-do trabalhar com seus elementos, servimo-nos da ótica analítica: trata-se de um fato típico, ilícito e culpável. Não constituindo o berço adequado para desenvolver minuciosamente esses três fatores (para isso remetemos o leitor aos nossos *Código Penal comentado* e *Manual de Direito Penal*), vamos a uma exposição sucinta. O *fato* é o resultado de uma conduta (ação ou omissão). A *conduta*, para ser penalmente relevante, deve ser *voluntária* (praticada livre de qualquer coação física) e *consciente* (dentro do senso de realidade de quem está desperto e vigilante de seus atos). Sem voluntariedade ou consciência, cuida-se de conduta penalmente indiferente, refletindo, portanto, no âmbito do ato infracional, que não se configura. Para abordarmos o *fato típico*, convém indicar, de início, lidar o Direito Penal com o *tipo*, ou seja, um modelo de conduta. Mas não é pertinente, para configurar o crime, qualquer modelo de conduta; busca-se o modelo de conduta incriminador, denominado tipo penal incriminador. Exemplo: "matar alguém; reclusão, seis a vinte anos" é o tipo incriminador do homicídio. Assim sendo, para que se possa dizer que determinado sujeito praticou um homicídio, de início, torna-se fundamental encontrar o *fato típico*, que é composto da seguinte forma: *conduta humana voluntária e consciente lesiva à integridade física de alguém + resultado morte da vítima + tipicidade* (adequação do fato – dar tiros e eliminar a vida do ofendido – ao tipo penal – matar alguém). Desse modo, nasce o *fato típico*, primeiro elemento do crime (ou contravenção). Em suma, quem desfere tiros de arma de fogo, provoca lesões em outrem, exterminando sua vida, preenche integralmente o tipo penal (matar alguém), cometendo um *fato típico*. É insuficiente, no entanto, esse primeiro fator. Demanda-se seja igualmente *ilícito* (contrário ao ordenamento jurídico). Sem dúvida, se o fato é típico, como regra, será também ilícito, pois o legislador cria tipos penais incriminadores justamente para não serem praticados. Porém, nem sempre é assim, visto existirem, no ordenamento, as denominadas *excludentes de ilicitude*, tais como a legítima defesa, o estado de necessidade, o estrito cumprimento do dever legal e o exercício regular de direito (art. 23 do Código Penal), sem prejuízo de outras, noutras leis. Utilizando mesmo exemplo, se o agente matou a vítima (fato típico), mas em legítima defesa (excludente de ilicitude), não se configura o crime. E, por óbvio, também não se molda o ato infracional. A terceira etapa é, igualmente, relevante, pois cuida da parte ética do delito. A culpabilidade é o juízo de censura ou reprovação social da conduta típica e ilícita. Sem censura, não há crime, pois qualquer pessoa poderia ter agido da mesma maneira. Esse juízo de reprovação incide sobre o imputável (maior de 18 anos e mentalmente são), que age com consciência potencial da ilicitude (sabe ou poderia saber que a sua conduta é ilícita) e tem possibilidade de atuar conforme o Direito (não se encontra coagido, nem ameaçado gravemente). Não havendo nenhuma *excludente de culpabilidade*, como o erro de proibição, a coação moral irresistível, a inexigibilidade de conduta diversa etc., o fato típico e ilícito é, também, culpável, logo, há crime. Havendo delito, há ato infracional. Um último ponto merece consideração. Para constituição do *crime*, que receberá a *pena*, exige-se a maioridade, fixada em 18 anos. No caso do *ato infracional* – que não é um crime, nem uma contravenção, mas somente um conceito equiparado –, valemo-nos de todos os elementos acima dispostos, *exceto* a maioridade. O juízo de culpabilidade, no seio do ato infracional, é minorado, pois visa à medida socioeducativa e não à sanção penal. É um juízo de censura, incidente sobre o mentalmente são, que atua com consciência do ilícito limitada à sua idade, bem como tem possibilidade de atuação conforme o Direito. Ilustrando, o adolescente moralmente coagido, de maneira irresistível, não pode ser censurado, logo, inexiste ato infracional. "Aqueles que se posicionam em afirmar que o ato infracional se enquadra na mesma categoria jurídica que o crime ou a contravenção penal, o que, reconhecemos, é a imensa maioria, informam que o ato infracional, até mesmo da criança, analiticamente, é igual ao crime ou à contravenção praticado pelo adulto, sem nenhuma diferenciação estrutural (...). Em nosso entendimento, muitos autores, apesar de admitirem o elemento culpabilidade, excluem deste, com toda razão, o elemento imputabilidade do agente, por atenção ao critério biológico disposto na Lei Maior (art. 228, CF), o que ocasiona a inexistência de pena" (André Karst Kaminski, *O Conselho Tutelar, a criança e o ato infracional: proteção ou punição?*, p. 51). Nesse ponto, defendendo também a exigência da tipicidade, ilicitude e reprovabilidade, Fuller, Dezem e Martins (*Estatuto da criança e do adolescente*, p. 92); Rossato, Lépore e Sanches (*Estatuto da Criança e do Adolescente comentado*, p. 321). É o mais justo. Se para um adulto, faltando qualquer dos três

Art. 103

elementos, inexiste infração penal, para a criança ou adolescente, com muito mais razão, não pode haver ato infracional.

7. Elemento subjetivo da infração penal e seu reflexo no ato infracional: a legislação anterior (Código de Menores de 1979) era considerada não só paternalista como arbitrária para efeito de aplicar medidas restritivas aos menores de 18 anos, a pretexto de protegê-los. Muito se lutou para, ao menos, equiparar o menor de 18 anos ao adulto para os fins de defesa. Ora, um dos pontos cruciais para que se possa afastar a prática de ato infracional é visualizar o seu conceito da maneira devida, ou seja, equiparada ao crime ou contravenção penal em todos os aspectos benéficos ao acusado. Diante disso, deve-se buscar, como se faz na análise da infração penal, o elemento subjetivo do ato infracional. Sempre se guardando as devidas proporções, o ato infracional deve ser doloso ou culposo; inexistindo dolo ou culpa, cuida-se de fato irrelevante para fins de medida socioeducativa. Não tem cabimento pretender *educar* ou *reeducar* o jovem que nada fez de errado. Se o adulto, agindo sem dolo ou culpa, não é punido, com muito mais razão, o menor de 18 anos também não pode sofrer qualquer restrição.

8. Dolo e culpa: o dolo é, basicamente, a vontade consciente de praticar a conduta típica. Ilustrando: Fulano decide, livremente, com discernimento, eliminar a vida de Beltrano. Agiu com dolo. Na ótica finalista, que adotamos, o dolo é natural, ou seja, apenas a vontade de cometer a conduta típica, independente da consciência do ilícito. Para o causalista, o dolo é normativo, vale dizer, valorado pela consciência de que se está realizando um ilícito. De todo modo, o mais relevante para caracterizar o ato infracional *doloso* é captar, pelas provas colhidas, se o jovem atuou livre e conscientemente para atingir determinado resultado. Se não o fez desse modo, afasta-se o dolo. A culpa é um comportamento descuidado, que infringe as regras de cuidado objetivo, causando um resultado involuntário e previsível, embora, no caso concreto, não tenha sido previsto (culpa inconsciente) ou, no caso concreto, foi previsto, mas se espera sinceramente não ocorresse (culpa consciente). Noutros termos, é a ação ou omissão praticada em descumprimento às regras universais de cuidado, impostas a quem vive em sociedade; esse descuido provoca um dano não desejado, mas que poderia (e deveria) ter sido evitado pelo agente. Divide-se, na terminologia do Código Penal, em imprudência (fazer algo de maneira descuidada), negligência (deixar de fazer algo por descuido) e imperícia (não ter conhecimento técnico suficiente para exercer determinada atividade que demanda tal cultura). O juiz *deve* verificar se o menor de 18 anos, dentro da sua peculiaridade – encontra-se em pleno desenvolvimento da sua personalidade –, atuou com dolo ou culpa. Retornando à visão finalista, não se discute, para avaliar o dolo do agente, a consciência do ilícito, reservada ao juízo de culpabilidade. De todo modo, quando for feita essa análise (consciência do ilícito), também é preciso *moderação*, pois o mundo da informação do adulto é naturalmente maior que o da criança ou adolescente, pela simples razão de que ele consegue absorver mais facilmente, visto ter findado o seu processo de amadurecimento. Note-se: captar a licitude ou ilicitude de uma conduta, pelos informes coletados em vida social, pode ser feito por jovens e adultos, mas quem se encontra em plena formação comportamental tende a ignorar ou desprezar certos elementos e detalhes que o adulto não deixa de lado. Assim sendo, a consciência do ilícito para o menor de 18 anos deve ser verificada com tato e maior condescendência. Ilustrando, é perfeitamente admissível dizer que o adolescente, com seus 16 anos, sabia muito bem que matar é errado, mas não se pode dizer o mesmo de uma criança, com seus dois anos. Aliás, é justamente por isso que, com sabedoria, não se impõe medida socioeducativa a crianças, mas somente a adolescentes. Aos infantes, no máximo, medidas de proteção. Afinal, valendo--se do exemplo *supra*, a criança que mata alguém é tão vítima do evento lamentável quanto quem perdeu a vida.

9. Princípio da insignificância: atualmente, considera-se causa excludente da tipicidade, sob o ponto de vista material, no âmbito criminal, embora não prevista expressamente em lei. Da doutrina para a jurisprudência, consagrou-se para aplicação, levando à absolvição de réus. Não é possível desvincular-se o referido princípio do contexto dos atos infracionais, pois se estaria dando um tratamento mais severo ao adolescente do que ao adulto. Diante disso, em nosso entendimento, deve-se aplicar essa excludente para os atos infracionais, quando considerados de bagatela. Os requisitos são: a) mínima lesividade ao bem jurídico tutelado; b) visualização da lesividade sob a ótica da sociedade e também da vítima; c) inaplicabilidade em caso de bens jurídicos indisponíveis, como regra, como os ligados à administração pública; d) condições pessoais do agente demonstrem o perfil adequado para a não punição (primariedade, sem antecedentes). Aceitando a aplicação para medidas socioeducativas, mas negando no caso concreto: STJ: "1. Hipótese em que o Paciente foi representado pela prática de ato infracional análogo ao crime tipificado no art. 155, *caput*, do Código Penal. Isto porque teria subtraído para si 05 (cinco) garrafas de cerveja e 04 (quatro) garrafas de óleo, avaliadas em R$ 33,50 (trinta e três reais e cinquenta centavos). 2. A aplicabilidade do princípio da insignificância no delito de furto é cabível quando se evidencia que o bem jurídico tutelado (no caso, o patrimônio) sofreu mínima lesão e a conduta do agente expressa pequena reprovabilidade e irrelevante periculosidade social. 3. No caso em apreço, embora o valor dos objetos furtados possa ser considerado ínfimo, não há como se afirmar o desinteresse estatal à repressão do delito praticado, vez que o Paciente ostenta maus antecedentes pela prática de atos infracionais da mesma espécie. 4. E conforme decidido pela Suprema Corte, '[o] princípio da insignificância não foi estruturado para resguardar e legitimar constantes condutas desvirtuadas, mas para impedir que desvios de condutas ínfimos, isolados, sejam sancionados pelo direito penal, fazendo-se justiça no caso concreto. Comportamentos contrários à lei penal, mesmo que insignificantes, quando constantes, devido a sua reprovabilidade, perdem a característica de bagatela e devem se submeter ao direito penal' (STF, HC 102.088/RS, 1.ª T., rel. Min. Cármen Lúcia, *DJe* 21.05.2010.) Precedentes. 5. A necessidade das medidas de prestação de serviços à comunidade, avaliação psicológica, psiquiátrica e de tratamento para drogadição, foi demonstrada pelo Tribunal impetrado, com base em elementos concretos a justificar tal decisão, sobretudo pelo fato do Paciente mostrar ser 'pessoa desajustada, desprovida de limites e de senso crítico, e portador de dependência química'. 6. Ordem de *habeas corpus* denegada" (HC 239.436/RS, 5.ª T., rel. Laurita Vaz, *DJ* 13.08.2013, v.u.); "1. O Supremo Tribunal Federal passou a admitir a aplicabilidade do princípio da insignificância a casos em que a mínima quantidade de munição apreendida, somada à ausência de artefato apto ao disparo, denota a inexistência de riscos à incolumidade pública, não se mostrando a conduta típica, portanto, em sua dimensão material. 2. A aplicação do princípio da insignificância nas hipóteses admitidas pela Corte Suprema guardam as suas próprias peculiaridades e deve ficar restrita a casos excepcionais que demonstrem a inexpressividade da lesão, de forma que a incidência do mencionado princípio não pode levar ao esvaziamento do conteúdo jurídico do tipo penal em apreço, incorrendo em proteção deficiente ao bem jurídico tutelado. 3. Na hipótese em exame, em que pese a quantidade de munição não ser relevante – 2 munições, calibre nominal 36, o fato de que o menor infrator tem contra si processo de execução por ato infracional análogo ao crime de roubo evidencia a efetiva lesividade ao bem jurídico tutelado pelo tipo penal em apreço – a incolumidade pública, de modo a impossibilitar o reconhecimento do princípio da insignificância do crime previsto no art. 12 da Lei n. 10.826/2003. Precedentes. 4. Recurso especial provido para afastar a aplicação do princípio da insignificância, restabelecendo integralmente a sentença" (REsp 1.888.381/GO 2020/0199377-0, 6.ª T., rel. Nefi Cordeiro, 06.10.2020, v.u.). Em contrário, não admitindo a bagatela: TJRS: "Princípio da insignificância. Inaplicabilidade aos procedimentos regidos pelo estatuto menorista, ante o

Art. 104

Estatuto da Criança e do Adolescente Comentado · NUCCI

seu objetivo principal, que é a ressocialização dos menores infratores. Medida socioeducativa de advertência que encontra amparo nos arts. 112, § 1.º, e 115, ambos do ECA e 28, inc. I, da Lei 11.343/2006. Sentença mantida. Apelo desprovido" (Apelação Cível 70054752860, 7.ª Câm. Cível, rel. Sandra Brisolara Medeiros, j. 17.07.2013).

10. Associação de infratores: há uma natural tendência do adolescente para buscar a sua integração em turmas, resultando, por vezes, em associação de infratores, vulgarmente conhecidas como gangues juvenis. Em lugar de se considerar a exacerbação de sua periculosidade, deve-se compreender o fenômeno, possibilitando o auxílio ao jovem, para que amadureça e opte pelo seu caminho individual, livre da influência negativa de terceiros. Esclarece Marlene Iucksch: "quem lida com adolescentes – pais, profissionais – sabe disso uma vez que lhes chega o tempo de se desvencilhar do peso das imagens parentais e experimentar os primeiros indícios de suas próprias posições, é com os outros semelhantes que os jovens vão procurar se mensurar. Passa a ser uma necessidade estar juntos em bandos, possuir os mesmos objetos que os outros, ir aonde os outros vão, saber o que os outros fazem, do que os outros gostam, o que consomem. Precisam encontrar um jeito de fazer igual. O adolescente mostra de maneira caricatural o peso para cada um de nós da imagem do outro que procuramos como se fosse um espelho. (...) Mesmo nas sociedades democráticas, preocupadas e engajadas com os mais desfavorecidos, a rivalidade intrínseca ao ser humano não vai deixar de existir, pois é a marca de 'fabricação' de cada um de nós no Outro, onde o sujeito encontrou a sua designação, determinando em muito os rumos da vida de cada um. Ninguém pode ser 'zerado' de sua história, pela vontade própria ou pelo desejo dos outros. Qual a parte de resignação, de aceitação, de negociação, de revolta, de desejo e possibilidade de mudança de cada sujeito diante do jogo de cartas que a vida lhe põe na mesa?" (*O sujeito e seu ato, a diferença entre punição e vingança*, p. 299). "A violência da gangue serve para muitas funções na vida da gangue. Em primeiro lugar, e mais importante, produz mais violência durante os processos de ameaça e contágio. Esses mecanismos refletem fortemente elementos de comportamento coletivo. Em segundo, temporariamente incrementa a solidariedade entre os membros da gangue, unindo-os contra o inimigo comum em face do aumento da dependência entre eles. Quando a violência da gangue excede os limites toleráveis, uma terceira função evidencia-se: a divisão das gangues em subgrupos e a decisão de alguns de deixar o grupo" (Decker, "Collective and Normative Features of Gang Violence", In: Weisheit e Culbertson, *Juvenile Delinquency: a Justice Perspective*, p. 114). E ainda: "um grupo delinquente, sociologicamente falando, seria a expressão de um estilo de vida, de uma visão do mundo, de normas e valores típicos de sujeitos pertencentes às classes sociais inferiores ou a um ambiente pobre, frustrante, de alta desorganização social" (Agostini, Cicciarello, Frati e Marsella, *La delinquenza giovanile*, p. 47). "O adolescente 'normal', quando sai do seu estreito círculo familiar, experimenta vários outros tipos de novas relações e participa de inúmeros grupos sociais – escola, clube, político etc. –, o que lhe propicia a oportunidade de viver experiências e atividades diversas. Entretanto, o jovem infrator, ao contrário, termina por vivenciar sempre o mesmo tipo de grupo, constituído de jovens que possuem os mesmos problemas, enquanto a sua condição social e ambiental o impede de participar de todas as atividades juvenis que a sociedade proporciona como preparação para a vida adulta" (Bandini e Gatti, *Delinquenza giovanile*, p. 247).

> **Art. 104.** São penalmente inimputáveis os menores de dezoito anos, sujeitos às medidas previstas nesta Lei.[11-13]
>
> **Parágrafo único.** Para os efeitos desta Lei, deve ser considerada a idade do adolescente à data do fato.[14-17]

11. Menores de 18 anos e inimputabilidade: para efeitos penais, imputável é a pessoa que tem condições de entender o caráter ilícito do fato e comportar-se de acordo com esse entendimento. As condições naturais para tal compreensão são maturidade e sanidade. Maduros são os adultos, que findaram a sua formação básica de personalidade; no direito brasileiro, impôs-se o critério cronológico, lastreado em 18 anos. Mentalmente saudáveis são todos os que não padecerem de enfermidades ou retardamentos mentais. Portanto, afastam-se do Direito Penal os menores de 18 anos pela presunção absoluta de imaturidade e falta de compreensão integral do ilícito. Vale ressaltar que o jovem, ainda que imune às normas penais, deve ter a sua compreensão do *certo* e do *errado* avaliada, no âmbito do ato infracional, pois ele também está sujeito ao erro de proibição, que o livra de qualquer medida socioeducativa. Pode-se seguramente dizer que a consciência do ilícito é um contínuo processo de formação, desde a mais tenra idade até a velhice. Não há nenhum equívoco em se considerar, para efeito penal, imaturo o jovem abaixo dos 18 anos e, ao mesmo tempo, no cenário do ato infracional, dar-lhe a oportunidade de provar se tinha ou não conhecimento do ilícito para a conduta praticada. Ninguém é obrigado a *saber tudo* em todas as fases da sua vida; eis a razão do debate em torno do *erro de proibição*, que pode ser escusável ou inescusável. Em suma, é uma excludente de culpabilidade, aplicável ao jovem. Segundo Maurício Neves de Jesus, "a mudança física, as novas prioridades e a busca da identidade social acentuam as crises típicas deste período do desenvolvimento. Adolescer é mover-se em meio à mudança do corpo e do espírito. O adolescente faz escolhas não por estar certo delas, mas porque a busca e a confirmação de sua identidade simbolizam sua necessidade de afirmação, conforme comenta Heber Soares Vargas. (...) A atmosfera social é fator predominante no processo de adolescer. O indivíduo que estuda, trabalha nas condições legais ou que assume alguma outra espécie de atividade formulará perguntas diferentes sobre esse processo transitório em relação ao adolescente que não tem afazeres ou que está à margem do controle social informal. A referência de conduta deixa de ser a família para ser o comportamento dos pares constituintes dos grupos sociais visados pelo adolescente que, ao descobrir um mundo maior, e novas formas de se relacionar com o ambiente, questionará os valores ético-sociais apreendidos no seio familiar, para poder confirmá-los ou refutá-los" (*Adolescente em conflito com a lei – prevenção e proteção integral*, p. 28-29). Na jurisprudência: TJAP: "1) A palavra da vítima é de vital importância para a elucidação dos atos infracionais análogos ao crime de roubo, nomeadamente quando em harmonia com os demais elementos de prova constantes dos autos. 2) Para a aplicação das medidas socioeducativas previstas no Estatuto da Criança e do Adolescente, leva-se em consideração a idade do menor ao tempo do fato (ECA, artigo 104, parágrafo único), sendo irrelevante a circunstância de ele ter atingido a maioridade civil ou penal quando proferida sentença, eis que a execução da respectiva medida pode ocorrer até que o autor do ato infracional complete 21 anos de idade, a teor do preceito contido no art. 2.º, parágrafo único, c/c os arts. 120, § 2.º, e 121, § 5.º, todos do Estatuto Menoril. 3) Em se tratando de ato infracional equiparado ao crime de roubo, praticado com violência ou grave ameaça à pessoa, perfeitamente possível a aplicação da medida socioeducativa de internação, conforme previsão contida no art. 122, I, do Estatuto da Criança e do Adolescente. 4) Apelo não provido" (Ap. 0005824-54.2015.8.03.0001-AP, Câmara Única, rel. Gilberto Pinheiro, 11.05.2017, v.u.).

12. Desestrutura familiar: o principal elemento para lançar a criança ou adolescente no ambiente infracional é a desestruturação da família natural, como primeiro passo. Essa falta ou carência de estrutura tem base, dentre outras, na extremada miséria na qual são lançados vários núcleos familiares. O Estado *promete*, em leis, inclusive neste Estatuto, vários programas de assistência social, que visam proporcionar estabilidade financeira, gerando o necessário equilíbrio emocional para que pais cuidem de seus filhos. Seja qual for a promessa, na maioria das vezes, não é cumprida. Diante disso, associando-se a desorganização familiar

Art. 104

à pobreza, tem-se o lançamento precoce de crianças e jovens no universo criminoso, pois encontram ali a *família* que não possuem em casa, além de ganhos elevados – muito maiores do que seus pais percebem ou seus parentes –, como ocorre no cenário do tráfico ilícito de drogas. Como diz Maurício Neves de Jesus, "se não se pode estabelecer uma relação direta entre pobreza e criminalidade, é fato que há um estreito vínculo entre a desestruturação familiar (e comunitária) e a criminalidade infantojuvenil. Por ser a primeira instituição a prover os direitos fundamentais, a família também é o primeiro mecanismo de controle social informal. As famílias que não podem garantir os direitos fundamentais às crianças e aos adolescentes frequentemente não os controlam socialmente, eis que envolvidas na luta contra as exclusões. Mas assim como nem todas as famílias pobres se desestruturam, nem todas as famílias desestruturadas são pobres" (*Adolescente em conflito com a lei – prevenção e proteção integral*, p. 117). "A espiral da criminalidade juvenil tem sua origem na permanente sensação de exclusão a que está submetida desde a infância. A começar pela casa. Famílias desestruturadas e conflituosas tendem a provocar filhos desajustados, que buscam nas ruas a solidariedade e o respeito que não encontram em casa. Aderir a uma quadrilha não é apenas uma questão financeira, mas a busca de uma identidade, identidade que provoque a sensação de sentir-se respeitado, apoiado, temido. A arma é apenas um instrumento desse respeito, conforme determinam as regras do jogo. A escola é o segundo cenário de exclusão. Não sabe como lidar com alunos rebeldes, seus currículos são distantes da realidade, quando não ultrapassados. Os professores, desmotivados. Para manter a disciplina, punem ou reprovam. O que representa mais uma agravante no problema da autoestima. Laços frágeis na família, na escola, atração pelas gangues, acabam produzindo um círculo vicioso no qual entram as drogas. E, como é sabido, com baixo nível escolar, empregos qualificados tornam-se praticamente impossíveis. As perspectivas de estudo e trabalho vão, desta forma, se fechando. A marginalidade torna-se a única fonte de aceitação" (Munir Cury, *Reduzir a maioridade penal não é a solução*, p. 16). Observa-se, também, no contexto das famílias mais abastadas (classes média, média alta e alta), situações de desequilíbrio, gerando conflitos entre os pais, que terminam atingindo a formação de seus filhos. A indiferença pela sua formação, a ignorância do que fazem, o culto ao materialismo, o desprezo ao estudo e ao trabalho honesto, dentro de fatores similares, são molas propulsoras a lançar o jovem à criminalidade, especialmente no mundo das drogas ilícitas. Muito cabe ao poder público realizar para evitar a miserabilidade de famílias, mas também campanhas contínuas precisam ser efetivadas para a boa formação e criação de crianças e adolescentes. Por trás de tudo isso, há o cenário da educação. Sem ela, qualquer sociedade se torna refém dos próprios maus hábitos, pois não detém pontos de apoio para modificar a realidade. O círculo vicioso há de ser rompido: ausência de projetos sérios de educação, carência de recursos no mercado de trabalho, subemprego ou desemprego, estado de miserabilidade, desestrutura familiar, criminalidade adulta e infração infantojuvenis, reeducação em presídios ou unidades de internação falhas (retornando à carência de projeto educacional), continuidade dos mesmos problemas sociais.

13. Redução da maioridade penal: essa discussão comporta inúmeros argumentos e pontos de vista. Cremos ser mais sensato iniciar dizendo pura e simplesmente: *somos contrários*. A partir disso, já nos prevenindo em relação àqueles que leem somente as primeiras linhas de uma longa exposição, podem-se debater três aspectos distintos: a) do ponto de vista técnico, é preciso verificar se seria viável, constitucionalmente, editar uma Emenda ao art. 228, reduzindo os 18 anos; b) do ponto de vista penal, é natural debater se o menor de 18 anos, hoje, possui a mesma capacidade de compreender o ilícito que o maior de 18; c) do ponto de vista da política criminal e infantojuvenil, é essencial verificar se é conveniente reduzir a idade penal. Quanto ao primeiro ponto, há os que sustentam constituir o art. 228 da Constituição Federal uma cláusula pétrea, pois encarna um direito ou garantia individual, tais como as que estão previstas no art. 5.º da mesma Carta. Assim sendo, está imune ao poder constituinte derivado, não se podendo alterá-lo. Argumentam que os direitos individuais não estão concentrados no referido art. 5.º, podendo espalhar-se por outros ambientes do texto constitucional e, com base na dignidade humana, dentre outros princípios, a irresponsabilidade penal é intocável. Confira-se: Rossato, Lépore e Sanches (*Estatuto da Criança e do Adolescente comentado*, p. 321). Assim não nos parece. Concordamos que nem todos os direitos e garantias individuais estão concentrados no art. 5.º da Constituição Federal. Há os direitos e garantias fundamentais *formais* e *materiais*. Os formais estão previstos no art. 5.º, mesmo que, na essência, não sejam e nunca serão direitos ou garantias individuais fundamentais (ex.: somente quem não é civilmente identificado será criminalmente identificado, na forma da lei; uma tolice pensar que, desde que o mundo é mundo, as civilizações buscam a perfeição dos direitos humanos lastreadas nessa regra; aliás, a lei que hoje rege a matéria é tão abrangente que se pode identificar criminalmente quase todo suspeito). Entretanto, embora formais, são direitos e garantias individuais, todos cláusulas pétreas. Os materiais são aqueles que, estando ou não no rol do art. 5.º, assim devem ser considerados porque *universalmente* aceitos como tais. Feita uma avaliação histórica dos documentos de direitos humanos, pode-se constatar que tais direitos e garantias ali estão previstos. São *materialmente* fundamentais, pois toda nação que se pretenda Estado Democrático de Direito *deve* respeitá-los. Pode-se dizer, ainda, que a evolução da humanidade os captou, gravou e não pretende mais abdicar de seu uso. Exemplo disso são os direitos/garantias à ampla defesa, ao contraditório e ao juiz imparcial. É integralmente inviável aceitar-se um sistema judiciário, de qualquer país do mundo, considerando-o justo e democrático sem os três. Estão contemplados nos principais documentos de direitos humanos ao longo da História. Entretanto, não nos parece adequado sustentar que maioridade penal aos 18 anos é, necessariamente, intocável, sob pena de se violar um direito humano fundamental, assim reconhecido no mundo todo. As idades penais variam de nação para nação: há patamares abaixo de 18 e, também, acima. Os 18 anos constituem um parâmetro para a questão, mas longe de ser direito humano fundamental; do contrário, a nação que não adote tal idade seria antidemocrática, totalitária, avessa ao Estado de Direito. Com a devida vênia, o mundo evolui e, mesmo assim, o direito/garantia à ampla defesa de quem é acusado em qualquer processo é inabalável. E, segundo nos parece, continuará sendo assim. Mas a idade de maturação de um ser humano não pode ser intocável. Até 2002, reputava-se o menor de 21 anos relativamente incapaz, na esfera civil. Agora, quem possui 18 anos pode praticar qualquer ato ou negócio civil (casa-se, torna-se funcionário público, compra e vende imóveis, administra seus bens etc.). Enfim, não nos convence que seja preciso uma Assembleia Nacional Constituinte para refazer o Estado brasileiro e, com isso, reavaliar a idade penal. O art. 228 não é formalmente um direito/garantia individual, nem o é materialmente considerando. Quanto ao segundo ponto, cuidando do tema em análise penal, é quase impossível sustentar que um jovem de 17 anos e outro de 18 são completamente diferentes; a maturidade do primeiro é zero, enquanto a do segundo, plena. Sabe--se, por óbvio, que a consciência do ilícito, avaliando-se na ótica adulta, é atingida nos dias de hoje mais cedo. Pessoas com 16 anos já a possuem, para dizer o mínimo. Então, no foco exclusivamente penal, inexiste qualquer fundamento lógico para se manter em 18 a maioridade. O terceiro aspecto sempre nos pareceu o principal. Esqueçamos o lado técnico e voltemos nossas vistas ao lado humano da questão. Raciocinemos em torno da *conveniência* de reduzir a idade penal e veremos que ampliar o leque de condenados seria uma política desastrosa, sob os ângulos criminal e infancista. O sistema punitivo brasileiro encontra-se em estado lastimável, sob variados pontos de vista. Ele é capaz de gerar, ao mesmo tempo, impunidade total e punição excessiva e abusiva. Parece-nos que o Brasil é peculiar nisso, como também é destaque no futebol, nas praias, no carnaval etc. Possuir um direito penal anômalo nas suas pontas é nossa particularidade. O regime fechado pode configurar-se um claustro sem objetivo, sem trabalho, sem utilidade, sem visão humanista; serviria unicamente ao massacre do ser humano, seja lá o que ele tenha feito de errado. O Estado não dá o exemplo quando pune; é tão *infrator* quanto o próprio delinquente. Promete na Constituição Federal que não existirão penas cruéis, mas o regime fechado, em diversos lugares, é a face da crueldade. No mundo ocidental, onde nosso País se espelha, poucas nações conseguiriam competir com o nosso cárcere, em negativismo. Porém, na outra ponta, está o fictício regime aberto. Foi muito bem elaborado na lei; seria um regime rigoroso de ser vivenciado: o sentenciado se recolhe todos os dias, após o trabalho, na Casa do Albergado; passa também os fins de semana recolhido no mesmo lugar. Seria punitivo, sem dúvida. Mas eis que surge o *toque brasileiro*, a começar o grave erro do Poder Executivo que jamais se preocupou em organizar e administrar as Casas do Albergado. Logo o Judiciário percebeu que jamais sairia do papel o lugar adequado e permitiu que todos os condenados fossem para suas casas, em *prisão albergue domiciliar*. Em tese, ele deve recolher-se todas as noites em sua casa e ali passar os fins de semana, mas não há um único encarregado, pelo Estado, de fiscalizar o tal regime. Como magistrado, temos observado que os sentenciados esperam ansiosamente pelo regime aberto. Se recebem o benefício da suspensão condicional da pena, chegam a recorrer ao Tribunal, pois almejam o regime aberto. Se recebem o benefício do livramento condicional, agravam ao Tribunal, desejando o aberto. E, para consagrar a impunidade, se recebem *pena restritiva de direitos*, considerada uma *alternativa* ao cárcere, apelam também, pois pretendem a *liberdade plena*, sem restrição alguma. Não bastassem as pontas, em alguns Estados, pode haver uma fila para ingressar no semiaberto. O condenado tem o seu pedido de progressão *deferido* pelo Judiciário, mas o Executivo não dá a menor atenção para cumprir a ordem imediatamente. Ao contrário, insere o sujeito numa lista de espera; enquanto isso, pode ficar no fechado; se impetrar *habeas corpus*, pode ter a sorte de ser transferido para o aberto. Mas pouco importa ao poder público. Não se pode, jamais, inserir o menor de 18 anos nessa malfadada experiência. Além de ser indigno colocar um adolescente em claustros fechados, tais como vários dos nossos, é também um péssimo exemplo, para a sua formação moral, inseri-lo no aberto, pois ele logo aprenderia sobre impunidade. O jovem está em formação de sua personalidade; deve receber bons exemplos e ser educado com rigor adequado para a sua faixa etária. Enfim, como magistrado atuando na área criminal, reputamos integralmente inconveniente reduzir a idade penal no Brasil. Ao menos, atualmente. "Incoerente discutir rebaixamento de idade quando todos sabemos que o Estado sequer cumpre suas obrigações de educação, saúde etc., com relação a estes mesmos jovens. O Estado não está presente na hora de educar, mas quer estar presente na hora de punir!" (Pedro Caetano de Carvalho, *A família e o município*, p. 193-194). Eis um exemplo concreto de inépcia do Estado no trato do adolescente infrator. Embora tenha ocorrido nos Estados Unidos, sabe-se que, em nosso país, a situação é ainda pior. Portanto, reduzir a maioridade penal, para um poder público irresponsável, não adianta nada. "Rodrigo Becerra é, aos 17 anos, condenado a uma sentença de longa prisão em corte criminal por tentativa de homicídio. Ele é um clássico exemplo de adolescente infrator com várias passagens (seis prisões em três anos – furto de carros, *rachas*, porte de armas, abuso de drogas). A despeito disso, a corte juvenil fez pouco por Rodrigo. Após sua última detenção por porte de maconha durante o período de prova, a corte o mandou para casa em período de prova novamente. À época, o oficial fiscalizador responsável pelo caso de Rodrigo anotou o quão crucial seria para esse rapaz o acompanhamento intensivo imediato. Mas o departamento não providenciou essa assistência por 18 dias após sua liberação. Levou dois dias a mais do que o tempo para Rodrigo drogar-se, pegar uma arma e ferir gravemente um membro de gangue rival, atirando em seu pescoço..." (Edward Humes, *No Matter how Loud I Shout*, p. 294).

14. Data do fato: há três teorias que debatem o tempo do crime: a) atividade: reputa-se praticado o delito no momento da ação ou omissão (adotada pelo art. 4.º do Código Penal); b) resultado: reputa-se cometido o crime no momento em que se dá o resultado; c) teoria mista ou da ubiquidade: considera-se efetivado o delito tanto no momento da ação ou do resultado quanto no instante do resultado. Lamentavelmente, este Estatuto cometeu o equívoco de se referir à data do *fato*. Ora, o *fato* pode ser o momento da ação ou omissão; o momento do resultado; ou ambos. Entretanto, deve-se adotar a teoria da atividade, considerando-se a idade do adolescente à época da ação ou omissão. É a mais benéfica e também se harmoniza ao Código Penal. Concordam: Fuller, Dezem e Martins (*Estatuto da Criança e do Adolescente*, p. 97). Além disso, é preciso ressaltar que, cometido o ato infracional com 17 anos, por exemplo, ao atingir a maioridade pode continuar submetido à medida socioeducativa, pois se leva em conta a data da conduta. Na jurisprudência: STJ: "1. Conforme pacífico entendimento deste Superior Tribunal de Justiça, considera-se, para a aplicação das disposições previstas na Lei 8.069/90, a idade do adolescente à data do fato (art. 104, parágrafo único, do ECA). Assim, se à época do fato o adolescente tinha menos de 18 (dezoito) anos, nada impede que permaneça no cumprimento de medida socioeducativa imposta, ainda que implementada sua maioridade civil. 2. O Novo Código Civil não revogou o art. 121, § 5.º, do Estatuto da Criança e do Adolescente, devendo permanecer a idade de 21 (vinte e um) anos como limite para a liberação compulsória" (MC 20.797/RJ, 5.ª T., rel. Laurita Vaz, *DJ* 07.11.2013, v.u.); "Para efeito de aplicação das medidas socioeducativas previstas no Estatuto da Criança e do Adolescente, leva-se em consideração a idade do menor à data do fato, com a possibilidade de se estender a medida até os 21 anos de idade, sendo irrelevante a implementação da maioridade civil ou penal no decorrer de seu cumprimento" (HC 243.524/RJ, 6.ª T., rel. Sebastião Reis Junior, *DJ* 03.10.2013, v.u.).

15. Início da maioridade penal: exatamente em que momento a pessoa completa a maioridade penal é a discussão que ainda se trava nos tribunais. Há três posições: a) seguindo-se o critério da idade civil, à zero hora do dia do seu aniversário de 18 anos; b) exatamente na hora do seu nascimento do dia do seu aniversário de 18 anos; c) à meia-noite do dia do seu aniversário de 18 anos. A primeira, que reputamos a correta e é majoritária, baseia-se em dois pontos fundamentais: 1) não se poderia ter um cidadão com duas idades no mesmo dia; ele teria 18 anos para vender um imóvel sozinho, mas ainda teria 17 para fins de cometimento de um crime; portanto, no primeiro minuto do dia do seu aniversário de 18 anos, é maior para fins civis e penais; 2) muitos notários e/ou hospitais deixam de lançar a hora exata do nascimento, que não consta da certidão; seria impossível detectar, então, quando a maioridade se dá. A segunda baseia-se na contagem pura e simples, afirmando que um ser humano somente viveu exatos 18 anos a partir da hora do seu nascimento do dia do seu aniversário. Porém, não soluciona o problema das certidões sem hora do nascimento, além do que é de um preciosismo exagerado. Completamos um ano a mais de vida no dia do nosso aniversário, pouco interessando a hora, como se tem utilizado internacionalmente para todos os efeitos. A terceira é a mais protetora, afirmando que, não se sabendo a hora do nascimento, ao menos se tem certeza de que a pessoa, até a meia-noite do dia em que faz aniversário, chegou aos 18 anos. Se ela nasceu às 8 da manhã ou às 23:59, com certeza, à meia-noite, tem 18 anos. Abstraindo-se o costume universal de que completamos nova idade no dia do nosso aniversário, deixando-se de lado a idade civil, desconsiderando-se os que possuem a hora exata na certidão, essa seria a mais adequada corrente. Porém, ainda preferimos a primeira, por uma questão de coerência. Ingressando no dia do aniversário, para qualquer finalidade, a pessoa completa a novel idade. Assim também Napoleão X. do Amarante (Munir Cury [org.], *Estatuto da Criança e do Adolescente comentado*, p. 527).

16. Aplicabilidade das medidas socioeducativas após o jovem completar 18 anos: o princípio da legalidade, em interpretação sistemática deste Estatuto, demonstra a viabilidade de se aplicar qualquer medida socioeducativa a maiores de 18 anos, desde que o fato cometido tenha sido efetivado antes de o jovem completar a maioridade. O art. 2.º, parágrafo único, menciona, com clareza: "*nos casos expressos em lei, aplica-se excepcionalmente* este Estatuto às pessoas entre dezoito e vinte e um anos de idade" (grifamos). Quais são os casos excepcionais, expressos em lei? Basicamente, o disposto pelo art. 104, parágrafo único: "*para os efeitos desta Lei*, deve ser considerada a idade do adolescente à data do fato" (grifamos). Logo, toda e qualquer medida socioeducativa, que tenha por base o ato infracional cometido por menor de 18 anos, pode transcender a maioridade, quanto à sua aplicação, desde que não ultrapasse os 21 anos ("A liberação será compulsória aos vinte e um anos de idade", conforme o art. 121, § 5.º). *No sentido que defendemos, aplicável a extensão após os 18 anos, a qualquer medida socioeducativa*: STJ: "2. TESE: a superveniência da maioridade penal não interfere na apuração de ato infracional nem na aplicabilidade de medida socioeducativa em curso, inclusive na liberdade assistida, enquanto não atingida a idade de 21 anos. 3. CASO CONCRETO: a despeito da maioridade civil (18 anos) adquirida posteriormente, o agente era menor de idade na data em que cometeu o ato infracional análogo ao delito tipificado no art. 157 do Código Penal, portanto se faz possível o cumprimento da liberdade assistida cumulada com prestação de serviços à comunidade até os 21 anos de idade nos termos da Lei n. 8.069/1990 (Súmula 605/STJ). 4. Recurso especial provido para, ao cassar o acórdão *a quo*, determinar o imediato prosseguimento da execução da medida protetiva em desfavor do recorrido – medida socioeducativa de liberdade assistida cumulada com prestação de serviços à comunidade – ou até que seja realizada a audiência de reavaliação da medida, consoante o disposto neste voto. Acórdão submetido ao regime do art. 1.036 e seguintes do Código de Processo Civil/2015 e da Resolução STJ n. 8/2008" (REsp 1.705.149/RJ, 3.ª T., rel. Sebastião Reis Júnior, j. 13.06.2018, v.u.); "1. Conforme pacífico entendimento deste Superior Tribunal de Justiça, considera-se, para a aplicação das disposições previstas na Lei 8.069/90, a idade do adolescente à data do fato (art. 104, parágrafo único, do ECA). Assim, se à época do fato o adolescente tinha menos de 18 (dezoito) anos, nada impede que permaneça no cumprimento de medida socioeducativa imposta [liberdade assistida], ainda que implementada sua maioridade civil. 2. O Novo Código Civil não revogou o art. 121, § 5.º, do Estatuto da Criança e do Adolescente, devendo permanecer a idade de 21 (vinte e um) anos como limite para a liberação compulsória" (MC 20.797/RJ, 5.ª T., rel. Laurita Vaz, *DJ* 07.11.2013, v.u.). TJSC: "Possibilidade de aplicação e execução da medida socioeducativa até os 21 anos de idade. exegese do art. 2.º, parágrafo único, c/c art. 104, parágrafo único e art. 121, § 5.º, todos do ECA. Súmula n. 605 do STJ. Sentença reformada. Retorno dos autos à origem para instrução do feito. Recurso conhecido e provido" (Ap. 0001304-14.2016.8.24.0007, 5.ª Câm. Crim., rel. Antônio Zoldan da Veiga, j. 03.10.2019, v.u.). TJRS: "Ato infracional. Representado que completou a idade de 21 anos no curso da representação. Extinção do processo. Tendo em vista que o representado atingiu a idade de 21 anos no curso do processo, deve ser extinta a representação, sem julgamento do mérito. Aplicação do art. 2.º, parágrafo único, do Estatuto da Criança e do Adolescente" (AC 50008153620198210146, 7.ª Câm. Cível, rel. Carlos Eduardo Zietlow Duro, 26.06.2023). *Em outra visão*: TJRJ: "Tendo sido aplicada ao paciente a MSE de liberdade assistida, com o advento de sua maioridade, deve a mesma ser declarada extinta. Com efeito, apesar de não se tratar de questão pacificada nos Tribunais Superiores, por força do princípio da legalidade, somente é possível a aplicação e execução das MSE de internação e semiliberdade ao ex-adolescente que alcançou a maioridade penal. Com efeito, o parágrafo único do art. 2.º da Lei 8.069/90, de forma excepcional, quando previsto em lei, admite a aplicação do estatuto respectivo às pessoas entre 18 e 21 anos de idade. Nesta linha, os arts. 121, § 4.º, e 120, § 2.º, possibilitam a aplicação e execução das MSE antes mencionadas aos maiores de 18 e menores de 21 anos, evidentemente quando o fato foi praticado quando ainda não tinha sido completada a maioridade penal, eis que aplicável a legislação menoril nos termos do art. 104 do mesmo diploma legal. O mesmo não ocorre, porém, com as medidas de liberdade assistida e de prestação de serviços à comunidade, que ficam inviabilizadas quando o menor alcança a idade de 18 anos, não havendo previsão legal para a mantença das mesmas nesta hipótese. Ainda que os Tribunais Superiores estejam decidindo em sentido contrário, dando plena aplicação ao art. 104 do ECA, adotando uma interpretação extensiva, não há como desconsiderar o princípio da legalidade que sempre deve prevalecer. Nesta linha, parece mais razoável o entendimento de que se a lei expressamente permitiu a execução da MSE de internação ao adolescente infrator até que ele complete 21 anos, estendendo tal permissão quando se tratar de MSE de semiliberdade, silenciando com relação às demais, é porque, com relação a estas de menor gravidade, somente devem ser aplicadas e executadas até que o adolescente venha a alcançar a maioridade penal respectiva" (HC 00601156520128190000, 1.ª Câm. Criminal, rel. Antonio Jayme Boente, *DJ* 12.11.2012, v.u.). Discordamos dessa posição, evidenciada no acórdão citado, pois a *legalidade* é justamente o oposto do ali descrito. Constitui fiel seguimento à lei o disposto pelo art. 104, parágrafo único. Os citados arts. 120, § 2.º, e 121, § 4.º, não são expressos no sentido de que tais medidas podem ultrapassar os 18 anos. Confira-se: "Art. 120. O regime de semiliberdade pode ser determinado desde o início, ou como forma de transição para o meio aberto, possibilitada a realização de atividades externas, independentemente de autorização judicial. (...) § 2.º A medida não comporta prazo determinado aplicando-se, no que couber, as disposições relativas à internação"; "Art. 121. A internação constitui medida privativa da liberdade, sujeita aos princípios de brevidade, excepcionalidade e respeito à condição peculiar de pessoa em desenvolvimento. § 3.º Em nenhuma hipótese o período máximo de internação excederá a três anos. § 4.º Atingido o limite estabelecido no parágrafo anterior, o adolescente deverá ser liberado, colocado em regime de semiliberdade ou de liberdade assistida". O art. 120 expressa que a semiliberdade se dá por prazo indeterminado. O art. 121 menciona que a internação não pode exceder três anos, nem ultrapassará os 21 anos. Portanto, não permitir que outras medidas socioeducativas possam ser aplicadas a quem já completou 18, em virtude de fato cometido antes, é interpretação restritiva, inadequada aos fins deste estatuto, pois somente prejudica a educação do adolescente. Ver, também, a jurisprudência citada na nota 14 *supra*.

17. Inaplicabilidade a quem completa 21 anos: em qualquer hipótese, por mais grave que possa ser o ato infracional praticado, atingida a idade de 21 anos, conforme preceitua este Estatuto, cessam todas as medidas socioeducativas. *De lege ferenda*, quando o agente tiver menos de 18 anos à época do fato, poder-se-ia até mesmo elevar esse teto para uma idade superior, incluindo nessa reforma o tempo máximo de internação – para mais que três anos. Entretanto, hoje, inexiste viabilidade legal para tanto. Conferir: TJBA: "I – Representação ofertada pelo Ministério Público contra o ora Apelado, então adolescente, visando à aplicação de medida socioeducativa, pela prática de ato infracional correlato ao crime de furto, qualificado por rompimento de obstáculo e escalada (art. 155, § 4.º, incisos I e II, do CP). II – Sentença que, com base no art. 2.º, parágrafo único, do ECA, decretou a extinção do processo, fazendo-o em face da equivocada superveniência da maioridade (21 anos) do Representado, no curso da instrução processual. III – Irresignação do Ministério Público, ao argumento de equívoco pelo Juízo de piso, quando vislumbrado que o adolescente já teria atingido a maioridade (21 anos), eis que, na verdade, o infante somente completaria 21 (vinte e um) anos em 09 de novembro de 2011. IV – É certo que, nos temos do art. 2.º da Lei 8.069/90 (ECA), a pessoa menor de 18 anos de idade que for autor de fato tipificado como crime terá sua responsabilidade apurada com base naquela lei especial, sendo, portanto, tratada fora do sistema do Código Penal. V – De outro lado, as medidas socioeducativas previstas no ECA poderão, excepcionalmente, ser aplicadas após os 18 anos e até os 21, mas somente em razão de fatos praticados antes da maioridade penal, visto que a infração penal praticada a partir

Art. 105

Estatuto da Criança e do Adolescente Comentado • Nucci

dos 18 anos de idade sujeitará o agente ao Estatuto Repressivo. VI – Praticado o ato infracional quando o Representado ainda era adolescente, a superveniência de sua maioridade penal, durante a instrução do processo, faz com que fique ele insusceptível de ser submetido às medidas socioeducativas previstas no ECA (art. 121, § 5.º, c/c o art. 2.º, parágrafo único, da lei especial). VII – A morosidade e lentidão do aparelho estatal fez com que o Apelado já atingisse a maioridade, o que impunha, de fato, a extinção do processo, por perda superveniente do objeto, como reconhecido na Sentença farpeada. VIII – Por outro lado, tendo o fato atribuído ao Recorrido, considerado como ato infracional equiparado a crime, ocorrido antes dos seus 18 (dezoito) anos, também não há como o adolescente, hoje adulto, responder a processo criminal pelo crime previsto no art. 155, § 4.º, incisos I e II, do Código Penal. IX – Parecer Ministerial pela prejudicialidade do recurso. X – Recurso conhecido, para declarar a sua prejudicialidade, ante a perda de objeto, em face da efetiva extinção do processo, como decretado pela Sentença objurgada" (APL 00031160820078050146, 1.ª Câm. Criminal, rel. Pedro Augusto Costa Guerra, *DJ* 11.12.2012, v.u.).

> **Art. 105.** Ao ato infracional praticado por criança corresponderão as medidas previstas no art. 101.[18]

18. Ato infracional e criança: conforme expusemos na nota 2 do Título III *supra*, a criança merece, acima de tudo, proteção, enquanto se desenvolve, paulatinamente, o seu processo educacional. Portanto, embora possa praticar ato infracional – dos mais leves aos mais graves –, o seu discernimento a respeito é mínimo para que se possa aplicar uma medida de caráter repressivo, ainda que camuflada sob qualquer titulação. Diante disso, corretamente, esta Lei prevê a aplicação exclusiva de medidas de proteção, previstas no rol do art. 101. "A fundamentação deste dispositivo está em consonância com as regras de Beijin no que se refere à violação dos direitos da criança, reconhecidas internacionalmente, em que a culpabilidade da situação que provocou o ato infracional não recai sobre a criança. Por isso, o art. 101 baseia-se nas hipóteses previstas no art. 98 para fundamentar as medidas específicas de proteção. São medidas que visam à garantia e à proteção dos direitos mais fundamentais e que, com a urgência necessária, que certamente requer a situação, recolocarão em normalidade social e psicológica a vida da criança" (Roberto José dos Santos, *in* Munir Cury [org.], *Estatuto da Criança e do Adolescente comentado*, p. 529).

Capítulo II
DOS DIREITOS INDIVIDUAIS[19]

19. Direitos individuais: são os direitos fundamentais à pessoa humana, reconhecidos pelo Estado, embora preexistam à própria lei, como o direito à vida, à integridade física, à intimidade etc. Reproduz-se neste Capítulo, adaptados à realidade juvenil, os direitos individuais previstos no art. 5.º da Constituição Federal.

> **Art. 106.** Nenhum adolescente será privado de sua liberdade senão em flagrante[20] de ato infracional ou por ordem[21] escrita e fundamentada da autoridade judiciária competente.
>
> **Parágrafo único.** O adolescente tem direito à identificação dos responsáveis pela sua apreensão, devendo ser informado acerca de seus direitos.[22]

20. Flagrante de ato infracional: *flagrante* significa manifesto, evidente, nítido; referindo-se ao *ato infracional*, da mesma maneira que se traduz o *flagrante delito*, representa a prática da conduta nas seguintes situações, conforme análoga previsão do art. 302 do Código de Processo Penal: a) quando o adolescente está cometendo o ato infracional; b) quando acaba de cometê-lo; c) ao ser perseguido, logo após, pela autoridade, pelo ofendido ou por qualquer pessoa, em situação que faça presumir ser autor do ato; d) ao ser encontrado, logo depois, com instrumentos, armas, objetos ou papéis que façam presumir ser ele o autor do ato infracional. As duas primeiras hipóteses caracterizam o denominado *flagrante próprio*, pois autêntico, passível de pronta visualização e constatação por qualquer pessoa. As duas últimas são casos de *flagrante impróprio ou presumido*, cuja verificação depende da avaliação das provas captadas no local. Noutros termos, havendo perseguição, ela deve dar-se *ato contínuo* à prática do ato, sem perda de rastro de quem foge por parte de quem a persegue. Por isso, surge a presunção de ser aquele fugitivo o autor, mas não se trata de dedução inconteste; depende de outras provas, como o reconhecimento feito pela vítima ou por testemunha. Quanto a encontrar o agente, na sequência do cometimento do ato, deve-se com ele localizar objetos de aproximação familiares ao fato (instrumento usado para uma ameaça, como a faca ou arma de fogo; objeto subtraído da vítima; documento falsificado etc.). Um dos pontos a despertar polêmica é o alcance das expressões sinônimas *logo após* e *logo depois*. Ambas têm o mesmo alcance; buscar diferenciá-las é mero preciosismo. Porém, na prática, deve-se exigir uma relação de imediatidade entre o ato e a perseguição ou encontro com objetos. Essa relação se faz presente pela constatação de inexistência de lapsos ou lacunas temporais, ou seja, quem persegue não pode perder o rumo do perseguido desde o início; quem localiza, deve fazê-lo com precisão, assim que toma conhecimento do fato. Qualquer intervalo de ignorância total de quem seja ou para onde foi o agente permite eliminar o imediatismo, não mais permitindo a apreensão em flagrante. Apreender o menor sem estado de flagrância gera o crime do art. 230 desta Lei. Mais detalhes sobre o flagrante podem ser encontrados em nossas obras *Código de Processo Penal comentado, Manual de processo penal e execução penal e Prisão e liberdade*. Na jurisprudência: TJBA: "Nos termos dos arts. 106, *caput*, e 107, ambos do Estatuto da Criança e do Adolescente, a restrição da liberdade de um adolescente, salvo flagrante, demanda a ordem escrita e fundamentada da autoridade judicial competente, que deve se manifestar sobre a questão na maior brevidade possível. A medida socioeducativa de internação, ainda que provisória, deve estar em consonância com os princípios consagrados no ECA, razão pela qual só pode ser cumprida em estabelecimento adequado ao fim a que se destina, sendo expressamente vedada a manutenção do recolhimento em unidade policial, por prazo superior a cinco dias, *ex vi* art. 185, § 2.º, do referido Estatuto. Ordem conhecida e concedida" (HC 0013264-79.2017.8.05.0000/BA, 2.ª Câmara Criminal, 2.ª T., rel. Inez Maria Brito Santos Miranda, 03.08.2017, v.u.).

21. Ordem escrita e fundamentada do juiz competente: trata-se de inovação inserida no art. 5.º, LXI, da Constituição Federal de 1988. Anteriormente, constava apenas *ordem de autoridade competente*, podendo-se interpretar que, além do magistrado, também poderia prender alguém o delegado, baseado no seu poder de polícia. Além disso, dava-se ensejo à denominada *prisão para averiguação*, consistente em levar alguém para o distrito policial, a fim de checar seus antecedentes e verificar seus documentos. A reprodução dessa norma constitucional no art. 106 deste Estatuto confirma a abolição de qualquer espécie de apreensão sem *expressa* (escrita) ordem judicial, devidamente fundamentada, demandando-se seja o juiz *competente* (no caso, responsável pela Infância e Juventude). Apreender o menor sem ordem da autoridade judiciária competente pode gerar o crime do art. 230 desta Lei.

22. Identificação de quem apreende e informação dos direitos: seguindo-se o parâmetro constitucional, repete-se neste dispositivo o conteúdo dos incisos LXIII e LXIV, *in verbis*, respectivamente: "o preso será informado de seus direitos, entre os quais o de permanecer calado, sendo-lhe assegurada a assistência da família e de advogado"; "o preso tem direito à identificação dos responsáveis por sua prisão ou por seu interrogatório policial". O objetivo da identificação dos responsáveis pela apreensão é evitar o anonimato nesse âmbito, tendo em vista a apuração de eventual crime de abuso de autoridade. Em épocas de totalitarismo político, muitas prisões eram feitas por agentes não identificados, que levaram o preso a lugares igualmente desconhecidos, dificultando a impetração de *habeas corpus* e a apuração da responsabilidade penal. No Estado Democrático de Direito, as prisões e apreensões *devem* ter *nome e sobrenome*, tornando-se certo quem a determinou e/ou concretizou. No tocante aos direitos fundamentais do preso ou menor apreendido, é preciso assegurar, em primeiro lugar, o direito ao silêncio, avisando que não há nenhuma obrigatoriedade em prestar declarações, podendo simplesmente calar-se; além disso, deve-se esclarecer o detido de seu direito ao contato com a família e com advogado. Esses três direitos básicos ligam-se ao exercício da ampla defesa, com os recursos a ela inerentes.

> **Art. 107.** A apreensão de qualquer adolescente e o local onde se encontra recolhido serão *incontinenti* comunicados à autoridade judiciária competente e à família do apreendido ou à pessoa por ele indicada.[23]
>
> **Parágrafo único.** Examinar-se-á, desde logo e sob pena de responsabilidade, a possibilidade de liberação imediata.[24]

23. Comunicações necessárias: a apreensão do adolescente deve ser comunicada – como ocorre com o preso adulto – ao juiz competente, para que se possa verificar a legalidade do ato. Esse informe precisa ser feito *imediatamente*, o que se traduz por, no máximo, 24 horas. Avisa-se, ainda, à família do menor e a outra pessoa qualquer por ele indicada. Note-se a relevância de comunicar não somente a *apreensão* em si, mas igualmente o *lugar* onde está detido, permitindo que se tome a medida jurídica apropriada para liberá-lo. São decorrências das normas constitucionais: "a prisão de qualquer pessoa e o local onde se encontre serão comunicados imediatamente ao juiz competente e à família do preso ou à pessoa por ele indicada" (art. 5.º, LXII, CF). A ausência de tais comunicações torna ilegal a apreensão, gerando constrangimento sanável por *habeas corpus*. Além disso, a autoridade pode responder pelo crime do art. 231 desta Lei. A importância de comunicar à família do menor é mais acentuada do que aos familiares do maior (quando preso), pois o comparecimento dos pais ou responsável na delegacia permite a sua imediata liberação.

24. Relaxamento da apreensão ou liberação do adolescente: qualquer prisão ou apreensão deve ser comunicada à autoridade judiciária competente, com o objetivo de controlar a sua legalidade. Apreender o adolescente sem observar as formalidades legais configura o delito do art. 230, parágrafo único, deste Estatuto. Há requisitos intrínsecos e extrínsecos acerca da legitimidade da apreensão. Intrinsicamente, é fundamental analisar se houve flagrante, nas hipóteses do art. 302 do CPP, ou se decorreu de ordem escrita e fundamentada de magistrado competente. Extrinsecamente, é preciso verificar se foi devidamente registrada a apreensão, com todas as formalidades (art. 173, ECA), além do aviso ao apreendido de seus direitos, a identificação dos responsáveis, a comunicação à família e ao advogado etc. Percebendo qualquer ilegalidade, o adolescente deve ser liberado de pronto. Por outro lado, mesmo que inexista ilegalidade, desde logo, cabe à autoridade policial checar a viabilidade de liberação (art. 174, ECA). No caso de apreensão por ordem judicial, o delegado não pode liberar. No caso de não haver liberação pela autoridade policial, o feito segue ao magistrado, que verificará se mantém a internação provisória ou coloca o adolescente em liberdade. Observe-se a clara inserção da expressão *sob pena de responsabilidade*, referindo-se ao delegado ou ao juiz, que, *devendo* apreciar se libera ou não o(a) jovem, omite-se. Ou aprecia o flagrante, mas não libera, havendo ilegalidade. A *responsabilidade*, nesta hipótese, diz respeito ao crime previsto no art. 234 desta lei. Em suma, o juiz deve relaxar a apreensão quando vislumbrar ilegalidade; deve liberar o adolescente quando vislumbrar desnecessidade da internação provisória.

> **Art. 108.** A internação, antes da sentença,[25] pode ser determinada pelo prazo máximo de quarenta e cinco dias.[26-28]
>
> **Parágrafo único.** A decisão deverá ser fundamentada e basear-se em indícios suficientes de autoria e materialidade, demonstrada a necessidade imperiosa da medida.[29-30]

25. Internação provisória: assemelha-se à prisão preventiva do processo-crime do maior de 18 anos. Por uma questão de garantia ao adolescente, devem-se respeitar os requisitos do art. 174 desta Lei, que equivalem à *garantia da ordem pública* do art. 312 do Código de Processo Penal para checar se há – ou não – necessidade de se impor a internação provisória, de natureza nitidamente cautelar, que ocorre antes da sentença. Voltaremos ao tema nos comentários ao art. 174.

26. Prazo máximo: a imposição legal de um prazo certo para a duração da prisão cautelar é, sem dúvida, uma garantia ao detido. No processo penal, voltado ao adulto, inexiste prazo definido para a prisão preventiva (atualmente, somente na Lei da Organização Criminosa, previu-se o tempo de 120 dias, prorrogáveis por outros 120). Na prática, os tribunais fixaram o entendimento de que se deve respeitar os critérios da razoabilidade e da proporcionalidade para analisar a duração da prisão provisória. Entretanto, de magistrado para magistrado há uma imensa diversidade de opiniões acerca do que vem a ser um período *razoável* para a segregação cautelar de alguém. Assim sendo, uns ficam detidos, antes da sentença, por um mês, enquanto outros, por um ano. Essa variedade não pode ser admitida no cenário da apreensão de menores de 18 anos, pois os princípios regentes do processo penal são diferentes dos dominantes da infância e juventude. É, pois, correta a fixação do máximo prazo de 45 dias. Este, sim, é um prazo próprio, pois o seu não cumprimento acarreta sanção penal (art. 235 desta Lei). Pode ser prorrogado? Cremos que não. Deve o juiz, condutor do processo, zelar pelo seu fiel respeito, programando os atos para se darem dentro desse período. Ultrapassado, deve colocar o apreendido em liberdade, sob pena de gerar constrangimento ilegal, sanável por *habeas corpus*. Na jurisprudência: STJ: "A medida cautelar de internação, antes da sentença, não pode se estender por prazo superior a quarenta e cinco dias, *ex vi* do art. 108 do Estatuto da Criança e do Adolescente (precedentes). Recurso ordinário provido para, confirmando a liminar anteriormente deferida, determinar a desinternação dos recorrentes, que deverão aguardar em liberdade a decisão final do procedimento judicial apuratório de ato infracional, salvo se estiverem internados por outro motivo" (RHC 83326-SE, 5.ª T., rel. Félix Fischer, 20.06.2017, v.u.); "1. Consoante preceitua do art. 108 do ECA, a internação, antes da sentença, pode ser determinada pelo prazo máximo de 45 dias. 2. É ilegal a manutenção da internação provisória pelo Tribunal *a quo*, em recurso exclusivo da defesa, no qual foi declarada a nulidade do procedimento judicial desde o recebimento da representação, pois a medida cautelar, cumprida durante mais de 210 dias pelo adolescente, extrapolou, em muito,

Art. 108

Estatuto da Criança e do Adolescente Comentado · **Nucci**

o prazo legal e foi extinta pelo juiz de primeiro grau meses antes do julgamento da apelação. Ademais, no novo julgamento da representação, o adolescente não poderá ter sua situação agravada, sob pena de *reformatio in pejus*, e nem poderá ser compelido a cumprir, em duplicidade, a medida socioeducativa extrema. 3. *Habeas corpus* concedido para que o paciente possa aguardar em liberdade o novo julgamento da representação por ato infracional" (HC 306.667/SP, 6.ª T., rel. Rogerio Schietti Cruz, 24.02.2015, v.u.). TJDFT: "I – Configura constrangimento ilegal a manutenção da internação provisória de adolescente por prazo superior a 45 dias, independentemente da natureza do ato infracional praticado, sob pena de violação expressa ao disposto nos artigos 108 e 183 da Lei n.º 8.069/90. II – Ordem concedida" (HBC 20170020115022-DFT, 3.ª T. Criminal, rel. Nilsoni de Freitas Custodio, 18.05.2017, v.u.).

27. Cômputo do prazo: deve ser contado a partir da data da apreensão, não se interrompendo de forma alguma (fins de semana, feriados, férias forenses etc.) até a data de prolação da sentença. Excepcionalmente, se a defesa do adolescente der causa imediata à superação desse período, pode o magistrado segurar o menor, mas precisa tomar providências enérgicas contra o defensor – que a isso deu origem. Pode declarar o apreendido indefeso e nomear outro defensor, que se empenhe na atuação.

28. Sobre a internação provisória após a sentença: consultar a nota 204 ao art. 186, § 4.º.

29. Requisitos da internação provisória: assemelham-se aos da prisão preventiva: a) prova da materialidade (existência do ato infracional); b) indícios suficientes de autoria (circunstâncias que, mesmo indiretas, ligam-se ao fato, permitindo indicar o agente); c) garantia da ordem pública. Quanto a este último requisito, serão estudados na análise do art. 174. No tocante aos dois primeiros, a simples leitura deste artigo pode dar a impressão de que bastam *indícios* tanto de autoria quanto de materialidade. Se assim fosse admitido, o adolescente teria menos garantias do que o adulto, pois, no processo penal, exige-se prova *certa* da materialidade para a decretação da prisão preventiva. Portanto, deve-se acolher o entendimento de que a *prova* da existência do ato infracional deve ser determinada e precisa. Quanto aos indícios, não se trata de um conjunto qualquer, mas da somatória que leve a um número razoável, a ponto de, por indução, indicar o autor. Na jurisprudência: TJDF: "I. A gravidade abstrata do ato infracional, por si só, não autoriza a aplicação da internação provisória, uma vez que é medida de exceção. Somente se justifica quando ficar evidenciada a necessidade, nos termos do art. 108, parágrafo único, do Estatuto da Criança e do Adolescente" (HC 2014002003076, 1.ª T. Criminal, rel. Sandra de Santis, *DJ* 20.02.2014); "I – Nos termos do art. 108, parágrafo único, do Estatuto da Criança e do Adolescente, a decisão que decreta a internação provisória deverá ser devidamente fundamentada, baseada em indícios suficientes de autoria e materialidade, além de demonstrar a necessidade imperiosa da medida. II – A existência de indícios suficientes de que o adolescente teria praticado ato infracional análogo ao tráfico de drogas, conduta grave e prejudicial à ordem pública, aliada à constatação de que ele possui passagens anteriores pela Vara da Infância e da Juventude, justificam a sua internação provisória para garantia da ordem pública e da própria segurança" (HC 20130020066954, 3.ª T. Criminal, rel. Nilsoni de Freitas, *DJ* 11.04.2013).

30. Necessidade imperiosa da medida: é a garantia da ordem pública, nos termos do art. 174 desta Lei, mas avaliada de maneira estrita e legalista, vale dizer, com efetivo caráter de indispensabilidade. Na jurisprudência: TJTO: "1 – A internação provisória traduz em medida excepcional, razão pela qual sua decretação com base na simples alusão à gravidade da infração e a imprescindibilidade de proteger o menor não são suficientes para sua aplicação. 2 – Destarte, sem entrar em qualquer discussão acerca da alegada participação dos agravados na empreitada infracional, forçoso reconhecer que o requisito precípuo para a decretação da internação provisória – 'necessidade imperiosa da medida', *ex vi* do parágrafo único do art. 108 do ECA – já não existia à época em que foi indeferida pelo Juízo *a quo* (quase quatro meses após a prática, em tese, do ato infracional), quanto mais agora, passados mais alguns meses de tal indeferimento. 3 – Ademais, se a gravidade do ato infracional é inerente àquela atribuída ao crime de roubo, inexiste a rigor qualquer gravidade excepcional, ou extraordinária, que repercuta no meio social. 4 – Em atenção ao recente precedente do Tribunal da Cidadania (HC 341.133/SP), temos que, para configurar a hipótese prevista no art. 122, inciso II, do ECA, são necessárias, no mínimo, duas representações anteriores julgadas procedentes, e aqui não foi juntado qualquer documento que demonstre a presença de tal requisito, o que, 'afastada a possibilidade de reconhecer a reiteração na prática de atos infracionais pelos adolescentes'. 5 – Agravo de instrumento conhecido e improvido. Decisão unânime" (AI 0001729-44.2017.827.0000/TO, 3.ª T., 1.ª Câmara Cível, rel. Jacqueline Adorno, 17.05.2017, v.u.).

> **Art. 109.** O adolescente civilmente identificado[31] não será submetido a identificação compulsória pelos órgãos policiais, de proteção e judiciais, salvo para efeito de confrontação, havendo dúvida fundada.

31. Identificação civil e identificação infracional: preceitua o art. 5.º, LVIII, da Constituição Federal: "o civilmente identificado não será submetido a identificação criminal, salvo nas hipóteses previstas em lei". Durante a Assembleia Nacional Constituinte, nos anos de 1987 e 1988, preparando a Constituição Federal atual, entenderam os constituintes constituir um constrangimento ilegal submeter à identificação criminal (colheita de foto e impressão datiloscópica) quem já possui a identificação civil (RG). Na realidade, isso deveu--se a uma série de indiciamentos, ocorridos à época, filmados e transmitidos pela TV ou fotografados e incluídos em jornais ou revistas, mostrando o indiciado *tocando piano*, que era a colocação dos dedos do suspeito na planilha datiloscópica. Por conta da má atitude de certas autoridades policiais, permitindo essa divulgação negativa de um ato procedimental corriqueiro, deliberou-se incluir no texto constitucional esse dispositivo. Aliás, uma norma dependente de lei ordinária para o pleno conhecimento do seu alcance. O Legislativo levou doze anos para editar a primeira lei a respeito das condições e requisitos para a identificação criminal (Lei 10.054/2000), já substituída pela Lei 12.037/2009, ampliando as possibilidades de se proceder à identificação criminal do autor de crime, independentemente da identificação civil. No mesmo propósito, o estatuto editou este artigo, buscando impedir o que chamou de *identificação compulsória*, na realidade, um paralelo à identificação criminal, que mereceria ter sido denominada de *identificação infracional*. Portanto, mesmo que o adolescente tenha identificação civil, apresentando o seu RG, pode a autoridade policial (assim como as de proteção e judiciais) realizar a sua identificação *compulsória* (dados datiloscópicos e outros mais modernos, como DNA), havendo *dúvida fundada* quanto à sua identidade, fazendo-se, então, a confrontação entre a civil e a colhida após a prática do ato infracional. Essa fundada dúvida pode advir dos seguintes motivos: a) documento civil com rasura ou indício de falsificação; b) documento apresentado com dados insuficientes para a identificação; c) encontro de dois ou mais documentos com informações conflitantes entre si; d) registro policial ou na Vara da Infância e Juventude apresentando nomes diversos para o jovem; e) estado de conservação ruim do documento, ou emitido há muito tempo. São os motivos para a identificação criminal do maior (art. 3.º, Lei 12.037/2009). Considerando, como fizemos, tais hipóteses como bases para a *fundada dúvida*: Rossato, Lépore e Sanches (*Estatuto da Criança e do Adolescente comentado*, p. 336).

Art. 110 — Estatuto da Criança e do Adolescente Comentado · Nucci

Capítulo III
DAS GARANTIAS PROCESSUAIS[32]

32. Garantias processuais: diversamente do constante do título do Capítulo II, que menciona *direito individuais*, mais harmônico com o texto constitucional, nesta hipótese, intitula-se o Capítulo III como *garantias processuais*. Podem-se promover dois focos: a) garantias individuais: são os direitos instituídos pelo Estado para assegurar outros, todos de natureza fundamental (como a ampla defesa e o contraditório são garantias individuais para assegurar o direito à liberdade); b) garantias processuais: são os direitos processuais criados para assegurar outros, como a identidade física do juiz para garantir a mais equilibrada formação do convencimento do julgador. Noutros termos, há garantias processuais constitucionais e garantias processuais estritamente falando. As primeiras são previstas na Constituição Federal, mas se aplicam ao processo penal. As segundas se encontram na legislação processual comum. O disposto neste artigo, na realidade, compõe-se de desdobramentos da garantia constitucional da ampla defesa, além de seguirem o quadro apresentado pela Convenção sobre os Direitos da Criança. Eis as garantias processuais, previstas no art. 41 da referida Convenção sobre os Direitos da Criança (aprovada pelo Decreto 99.710/1990): "Que toda criança de quem se alegue ter infringido as leis penais ou a quem se acuse de ter infringido essas leis goze, pelo menos, das seguintes garantias: I) ser considerada inocente enquanto não for comprovada sua culpabilidade conforme a lei; II) ser informada sem demora e diretamente ou, quando for o caso, por intermédio de seus pais ou de seus representantes legais, das acusações que pesam contra ela, e dispor de assistência jurídica ou outro tipo de assistência apropriada para a preparação e apresentação de sua defesa; III) ter a causa decidida sem demora por autoridade ou órgão judicial competente, independente e imparcial, em audiência justa conforme a lei, com assistência jurídica ou outra assistência e, a não ser que seja considerado contrário aos melhores interesses da criança, levando em consideração especialmente sua idade ou situação e a de seus pais ou representantes legais; IV) não ser obrigada a testemunhar ou a se declarar culpada, e poder interrogar ou fazer com que sejam interrogadas as testemunhas de acusação bem como poder obter a participação e o interrogatório de testemunhas em sua defesa, em igualdade de condições; V) se for decidido que infringiu as leis penais, ter essa decisão e qualquer medida imposta em decorrência da mesma submetidas a revisão por autoridade ou órgão judicial superior competente, independente e imparcial, de acordo com a lei; VI) contar com a assistência gratuita de um intérprete caso a criança não compreenda ou fale o idioma utilizado; VII) ter plenamente respeitada sua vida privada durante todas as fases do processo".

> **Art. 110.** Nenhum adolescente será privado de sua liberdade sem o devido processo legal.[33]

33. Devido processo legal: dispõe o art. 5.º, LIV, da Constituição Federal: "ninguém será privado da liberdade ou de seus bens sem o devido processo legal". Cuida-se, em nosso entendimento, já exposto em *Princípios constitucionais penais e processuais penais*, de um princípio regente, ao lado da dignidade da pessoa humana. O *devido processo legal* significa, sob o ponto de vista material, a fiel observância dos princípios penais (legalidade, anterioridade, taxatividade, proporcionalidade, responsabilidade pessoal etc.) e, sob o prisma processual, o respeito aos princípios processuais penais (ampla defesa, contraditório, publicidade, juiz natural etc.). Porém, sob a ótica do Direito da Infância e Juventude, vale destacar o seguinte: "o devido processo legal, na perspectiva da criança e do adolescente, demanda dos operadores do direito um olhar arguto, que não queda passivo diante das alegações das partes, mas sim investigar o texto e o contexto da lide, o que se diz e se deixa de dizer nos autos – mas eventualmente, fora deles, pode gritar. Tal postura se deve à elevação do *status* da criança e do adolescente à condição de sujeito de direitos, os quais, se por um lado são compreendidos em sua titularidade de direitos, por outro revelam uma peculiar condição no exercício dessa titularidade, vez que pessoas em desenvolvimento. Dessa forma, considerando que não raramente a criança e o adolescente postam-se em juízo não a partir de suas próprias falas, mas pelas de um adulto, tal fato pode implicar inclusive uma violação de direito, na medida em que a fala do ser *capaz* não reproduz com fidedignidade os anseios dos que estão sob sua tutela" (Manoel Onofre de Souza Netto e Sasha Alves do Amaral, *A tutela de urgência e a criança e o adolescente: em defesa de uma atuação especializada efetiva*, p. 57). Na jurisprudência: STJ: "Registrei que, desde as alterações no Código de Processo Penal, em 2008, estabeleceu-se a regra geral de realização do interrogatório como derradeira providência da instrução criminal, tanto no rito comum (art. 400 do CPP) quanto no sumário e sumaríssimo (art. 531 do CPP e 81 da Lei n. 9.099/1995). Constatei que, no procedimento de apuração de atos infracionais também deve ser consagrada essa diretriz, que melhor se coaduna com um devido processo justo, a fim de oportunizar ao adolescente o direito de ser ouvido pelo Juiz no último ato de instrução, independentemente de previsão no Estatuto da Criança e do Adolescente, pois essa interpretação é permitida, inclusive, pelos arts. 110 e 111 do ECA. Destaquei que o procedimento da representação deve conformar-se, simetricamente, com os direitos mínimos assegurados a qualquer acusado. Dispositivos que contribuam para um julgamento justo e equitativo, e que consagram os meios comuns de defesa, devem ser aplicados supletivamente pelo juiz para preenchimento da lacuna existente na Lei n. 8.069/1990" (AgRg no REsp 2.113.728/RS, 6.ª T., rel. Rogerio Schietti Cruz, 13.05.2024, *DJe* 16.05.2024). TJRS: "Não é possível estabelecer medida de internação sem o devido processo legal, verificando-se no caso infração ao art. 110 do ECA e também ao art. 5.º, LIV, da CF, pois ninguém pode ser privado da sua liberdade, sem o devido processo legal" (HC 70063021356, 7.ª Câm. Cível, rel. Sérgio Fernando de Vasconcellos Chaves, 11.02.2015).

> **Art. 111.** São asseguradas ao adolescente, entre outras, as seguintes garantias:[34]
>
> I – pleno e formal conhecimento da atribuição de ato infracional, mediante citação ou meio equivalente;[35]
>
> II – igualdade na relação processual, podendo confrontar-se com vítimas e testemunhas e produzir todas as provas necessárias à sua defesa;[36]
>
> III – defesa técnica por advogado;[37]
>
> IV – assistência judiciária gratuita e integral aos necessitados, na forma da lei;[38]
>
> V – direito de ser ouvido pessoalmente pela autoridade competente;[39-40]
>
> VI – direito de solicitar a presença de seus pais ou responsável em qualquer fase do procedimento.[41]

34. Ampla defesa e seus desdobramentos: para o contexto deste Estatuto, que foi editado para servir de contraponto ao anterior Código de Menores (inquisitivo e paternalista), sempre foi – e continua sendo – de crucial importância evidenciar claramente os direitos e garantias do adolescente no procedimento verificatório do ato infracional. Por isso, as garantias constantes dos incisos do art. 111 constituem o aclaramento do princípio constitucional da

Art. 111

Estatuto da Criança e do Adolescente Comentado · **Nucci**

ampla defesa, algumas das quais nem mesmo se encontram expressas no Código de Processo Penal, pois desnecessárias, vez que sempre estiveram implícitas.

35. Conhecimento integral da imputação: para se defender, de maneira eficiente, o adolescente apontado como autor de ato infracional, deve ter pleno conhecimento do conteúdo da imputação que lhe é formulada pelo Ministério Público. O dispositivo menciona o *formal* conhecimento, buscando demonstrar que não se pode tratar de uma ciência informal, como, por exemplo, se daria na chamada do menor em juízo e, oralmente, o magistrado lhe narra do que se trata. Não é disso que cuida a garantia processual, mas de uma noção precisa da alegação feita pelo polo ativo, concretizando-se pela forma escrita. O mecanismo para tanto se dá por meio da citação (ato procedimental de chamamento do imputado para se defender). A referência feita ao *meio equivalente* cuida de qualquer outro veículo de informe eficiente acerca da atribuição do ato infracional ao adolescente (ex.: o imputado comparece em juízo, com seu defensor, para tomar ciência do que lhe é imputado, apondo sua assinatura nos autos do procedimento). É, também, o conteúdo do art. 227, § 3.º, IV, primeira parte, da Constituição Federal. Conferir: STJ: "1. Consoante a previsão do art. 111 do ECA, o adolescente detém o direito fundamental ao pleno e formal conhecimento da atribuição de ato infracional, mediante citação ou meio equivalente. Essa finalidade somente será atingida se for promovida em prazo suficiente para que, antes de sua oitiva, possa se inteirar dos fatos e, eventualmente, contratar advogado de sua livre escolha" (HC 331.149/SC, 6.ª T., rel. Rogerio Schietti Cruz, 26.04.2016, v.u.).

36. Igualdade na relação processual e direito à prova: esta garantia tem por finalidade evitar o quadro anterior do Código de Menores brasileiro, privilegiando o *paternalismo estatal*, que considerava o menor de 18 anos um simples espectador das medidas disciplinares a ele voltadas, sem igualdade na relação processual. Por isso, hoje, o adolescente deve ser tratado em pé de igualdade com o órgão acusatório, que lhe atribui a prática de ato infracional, como, ademais, prevê o art. 227, § 3.º, IV, da Constituição Federal. A direta consequência disso é a sua ampla possibilidade de propor e produzir provas em seu benefício. A expressão "podendo confrontar-se com vítimas e testemunhas" está mal-empregada, pois não se estimula, nem no processo penal comum, o embate ou a acareação entre acusado e vítima ou entre réu e testemunhas. O que se pretende, nesse contexto, é permitir ao menor assistir à produção da prova (direito de audiência) e, por seu defensor técnico, participar da inquirição de vítima e testemunhas, propondo contraprova, por meio de testemunhas suas. Convém mencionar a Súmula 342 do STJ: "No procedimento para aplicação de medida socioeducativa, é nula a desistência de outras provas em face da confissão do adolescente". Aliás, se o procedimento infantojuvenil fosse encarado como um autêntico processo, para fins de defesa, jamais haveria necessidade da edição da referida Súmula. Afinal, nem mesmo no processo penal a confissão pode ser considerada a *rainha das provas*, conforme se vê do art. 197 do CPP: "o valor da confissão se aferirá pelos critérios adotados para os outros elementos de prova, e para a sua apreciação o juiz deverá confrontá-la com as demais provas do processo, verificando se entre ela e estas existe compatibilidade ou concordância". Porém, verifica-se, ainda nos tempos atuais, uma resistência de alguns magistrados a considerar a confissão como *uma* das provas a valorar e não como *a* prova. Permanecendo o ranço da *divindade* da confissão, como se fosse um arrependimento interior incontestável, terminava-se por dispensar toda prova em relação ao imputado menor, aplicando-lhe, desde logo, medida socioeducativa. Era a prevalência do entendimento sob a égide do antigo Código de Menores, mas ainda existia tal posição após o advento deste Estatuto, o que motivou a edição da mencionada Súmula 342.

37. Defesa técnica: a ampla defesa, para ser efetiva, desdobra-se em dois ângulos: a) autodefesa (prevista no inciso V deste artigo); b) defesa técnica (deste inciso). Frisa-se, neste dispositivo, que a defesa técnica há de ser realizada por advogado. Embora possa parecer óbvio, houve época em que se aceitava qualquer pessoa para defender o menor, como também se acatava a defesa por qualquer funcionário público quando se processava administrativamente outro, somente a título de ilustração. A Constituição Federal de 1988 ratifica o entendimento de que a denominada *defesa técnica* há de ser efetivada por advogado, ao mencionar, na hipótese da infância e juventude, o seguinte: "garantida de (...) defesa técnica por profissional habilitado, segundo dispuser a legislação tutelar específica" (art. 227, § 3.º, IV, CF). O postulado envolve o patrocínio do defensor desde o primeiro momento procedimental até o seu final.

38. Assistência judiciária gratuita: nem seria necessário mencionar tal garantia, pois o art. 5.º, LXXIV, da Constituição Federal é claro: "o Estado prestará assistência jurídica integral e gratuita aos que comprovarem insuficiência de recursos". Não deixa de ser peculiar a lembrança deste preceito no Estatuto justamente na parte em que cuida do procedimento verificatório de ato infracional. Por óbvio, não por preconceito, mas calcado na realidade, o legislador tinha certeza de que o maior contingente de adolescentes autores de atos infracionais viria da camada pobre da população, em face de inúmeros problemas sociais. Eis o porquê da preocupação expressa de assegurar a assistência jurídica gratuita e integral aos necessitados. Ver, ainda, o art. 141 desta Lei.

39. Autodefesa: trata-se de outro desdobramento natural da ampla defesa, consistente no direito do imputado de dar a sua versão acerca do ato infracional direta e pessoalmente ao magistrado. Sem dúvida, pode preferir utilizar o seu direito ao silêncio, sem que se possa disso extrair qualquer consequência negativa. Porém, não se pode subtrair a possibilidade de existir a autodefesa, que se constrói sem a intermediação do defensor. Outro ponto importante diz respeito à videoconferência. Ela é autorizada pelo art. 185, § 2.º, do Código de Processo Penal, em caráter excepcional, para prevenir risco à segurança pública, existindo fundada suspeita de que o preso integre organização criminosa ou possa fugir durante o deslocamento; para viabilizar a participação do réu na audiência, visto estar em dificuldade por conta de doença ou outra causa pessoal; para impedir influência do acusado em testemunha ou vítima; para responder à gravíssima questão de ordem pública. Em tese, poder-se-ia utilizar esse processo eletrônico para ouvir o adolescente, mas em situações realmente excepcionais, como, por exemplo, para garantir a sua audiência com o juiz, por estar enfermo, sem possibilidade de locomoção. Na jurisprudência: STJ: "1. A jurisprudência desta Corte se firmou no sentido de que é *necessária a defesa técnica* no caso de apresentação de remissão cumulada com medida socioeducativa em juízo, sob pena de violação dos princípios da ampla defesa e do contraditório. Precedentes da Quinta e Sexta Turmas" (AgInt no REsp 1.824.227/BA, 5.ª T., rel. Ribeiro Dantas, j. 08.10.2019, v.u., grifamos); "1. Ainda que a cumulação da remissão com medida socioeducativa não privativa de liberdade tenha caráter consensual e não implique em reconhecimento de culpabilidade, deve ser observada a *garantia da defesa técnica* por advogado. 2. Recurso em *habeas corpus* provido, para cassar a sentença que homologou a remissão oferecida pelo Ministério Público, determinando a prestação de serviços à comunidade, a fim de que seja realizada nova audiência com o recorrente e seus genitores, garantindo-lhe a assistência jurídica por advogado constituído ou defensor público" (RHC 102.132/DF, 6.ª T., rel. Nefi Cordeiro, j. 11.12.2018, v.u., grifamos).

40. Revogação de benefício ou regressão de medida: é direito do adolescente, em função da sua autodefesa, ser ouvido direta e pessoalmente pelo juiz *antes* de proferida a decisão definitiva, revogando um benefício aplicado em sentença (como a prestação de serviços à comunidade) ou impondo uma regressão (da semiliberdade para a internação). Conferir: STJ: "O que a Súmula 265/STJ prescreve é que não seja determinada a regressão da medida socioeducativa antes de se dar oportunidade ao adolescente de se justificar acerca de seus atos,

Art. 111

Estatuto da Criança e do Adolescente Comentado · Nucci

o que, por outro lado, não impede a expedição de mandado de busca e apreensão em desfavor daquele que não se apresenta espontaneamente, tampouco obsta a regressão da medida quando, mesmo determinada a oitiva do adolescente, o ato não se realiza por motivos a ele atribuíveis" (HC 236.650/RJ, 5.ª T., rel. Min. Gilson Dipp, *DJ* 26.06.2012). TJRS: "Há evidente afronta aos arts. 110 e 111, inc. V, ambos do ECA, a decisão que regride medida socioeducativa de prestação de serviços à comunidade para internação, sem que tenha sido oportunizada a prévia oitiva do adolescente, em audiência, configurando violação aos princípios da ampla defesa e do contraditório. Ordem concedida" (HC 70041947466, 7.ª Câm. Cível, rel. Jorge Luís Dall'Agnol, j. 27.04.2011). TJMG: "Antes de determinar a suspensão do direito de visitas do adolescente que está cumprindo medida socioeducativa de internação, é dever do Magistrado proceder à oitiva pessoal do jovem, sob pena de nulidade absoluta, por ofensa aos princípios constitucionais do devido processo legal, da ampla defesa e do contraditório. Inteligência do art. 111, incisos II e V, da Lei 8.069/90" (Agravo de Instrumento-Cr 1.0701.08.210311-3/001, 2.ª Câm. Criminal, rel. Renato Martins Jacob, *DJ* 20.05.2010).

41. Direito à presença dos pais ou responsável: esta é uma garantia formulada exclusivamente para o procedimento do adolescente, não encontrando similar no Código de Processo Penal. Mesmo quando se processa criminalmente um inimputável, a ele é designado um curador, mas não são chamados seus pais ou responsável legal. Quanto ao menor de 18 anos, nada mais justo que seus genitores, tutor ou guardião possam acompanhar os atos procedimentais de colheita de prova e oitiva do imputado. Vale observar que tanto o adolescente quanto seus pais são cientificados da representação e da audiência; caso não compareçam, deve o juiz nomear curador ao menor. Ora, os genitores ou responsável funcionam como *curador primário* do filho, tutelado ou pupilo. Na sua ausência, aponta-se um curador estranho, embora possa o magistrado nomear o próprio defensor – o que se faz, comumente, no processo penal comum. Há posição, sustentando que os pais só devem comparecer se o menor pedir: TJMG: "O art. 111, VI, do ECA, faculta ao menor a possibilidade de requerer ou não a presença dos pais ou responsável, em qualquer fase do procedimento, não sendo, entretanto, indispensável este acompanhamento, tendo em vista a faculdade que lhe é oferecida. – Não tendo tal presença sido solicitada pelo paciente, forçoso concluir que não houve cerceamento de defesa, mormente porque o menor foi devidamente assistido por advogada nomeada para patrocinar a sua defesa. – Uma vez constatada a presença dos requisitos ensejadores da medida de internação sanção, prevista no art. 122, III, do ECA, não há que se falar em constrangimento ilegal. – Ordem denegada" (HC 1.0000.11.045327-1/000, 7.ª Câm. Criminal, rel. Cássio Salomé, *DJ* 18.08.2011).

Capítulo IV
DAS MEDIDAS SOCIOEDUCATIVAS[42]

42. Medida socioeducativa: em primeiro plano, vale analisar o cenário da infração penal, utilizada como referência, nesta Lei, para compor o conceito de ato infracional. O adulto, autor de crime ou contravenção, plenamente capaz de compreender o caráter ilícito de sua conduta e determinar-se conforme esse entendimento sofre o juízo de censura (culpabilidade), devendo, comprovada a sua culpa, receber a pena, cuja finalidade é multifacetada (reprimir e prevenir). O maior de 18, quando enfermo ou retardado mental, considerado inimputável, autor de um injusto penal (fato típico e ilícito), não pode sofrer o juízo de censura (culpabilidade), motivo pelo qual não comete crime e é absolvido; entretanto, como medida curativa, pretendendo protegê-lo e, também, a sociedade, aplica-se a medida de segurança, lastreada num juízo de periculosidade. No caso das crianças, cometendo ato infracional, como já ventilado, merecem proteção, cuidado e tato educativo, razão pela qual se aplica a medida de proteção. Finalmente, considerando-se o cometimento de ato infracional pelo adolescente, não se realiza, igualmente, o juízo de censura (culpabilidade), porque ainda não atingiram o grau de amadurecimento indispensável para compreender integralmente o caráter ilícito de sua conduta, comportando-se conforme tal entendimento. Logicamente, cuida-se de um critério cronológico, fruto de política criminal do Estado brasileiro e de padrões internacionais. Não se discute, ontologicamente, se há ou não, no plano real, a referida consciência do ilícito. De qualquer forma, é preciso tomar uma atitude quando o ato infracional é concretizado. Surge, após o devido processo legal, a aplicação da medida socioeducativa, cuja finalidade principal é educar (ou reeducar), não deixando de proteger a formação moral e intelectual do jovem. Carrega tal medida um toque punitivo, pois termina restringindo algum direito do adolescente, inclusive a própria liberdade. "Como traço fundante da sanção jurídica, tem-se a ameaça de um castigo, e ninguém pode ignorar que o recolhimento compulsório a uma unidade de internamento, por melhor proposta educacional que encerre, tem caráter punitivo. Demais, o traço que distingue a sanção jurídica de outras técnicas de controle social é exatamente o caráter de uma reprovação institucionalizada pelo Estado" (João Batista Costa Saraiva, *Compêndio de direito penal juvenil. Adolescente e ato infracional*, p. 66). Sobre a aplicação da medida socioeducativa: "tal raciocínio, dentro da esfera da infância e da juventude, diverge muito da lógica que rege o Direito Penal. O moderno Direito Penal, ao deter-se sobre a prática do fato típico, antijurídico e culpável, enfatiza a conduta praticada e as circunstâncias na qual foi realizada. Apesar de assimilar alguns elementos ligados à personalidade do agente, mesmo no momento de determinar a pena ou a sua execução, tais elementos só fazem sentido para o Processo Penal enquanto estão articulados com a conduta criminosa. Já o Direito da Infância e da Juventude, ao regular a apuração do ato infracional, focaliza de uma forma privilegiada as condições psicossociais do adolescente. Desta forma não existe o modelo para tal conduta, tal sanção como previsto na esfera da responsabilidade penal. A descrição de condutas serve, como podemos observar no art. 122 apenas para limitar a possibilidade de aplicação da privação de liberdade e não para determiná-la. Prova disso é a indicativa das regras de Beijing para administração da Justiça da Infância e da Juventude quando dispõe sobre a pluralidade de medidas aplicáveis ao adolescente infrator observando assim uma flexibilidade a fim de reduzir a possibilidade de institucionalização" (Eduardo Cortez de Freitas Gouvêa. *Medidas socioeducativas – Histórico, procedimento, aplicação e recursos*. Disponível em: <http://www.epm.tjsp.jus.br/Sociedade/ArtigosView.aspx?ID=2878>. Acesso em: 23 jul. 2014). Na jurisprudência: TJRS: "Segundo o art. 1.º do Estatuto da Criança e do Adolescente – ECA, a medida socioeducativa possui como desiderato principal fazer despertar no menor infrator a consciência do desvalor de sua conduta, bem como afastá-lo do meio social, como medida profilática e retributiva, possibilitando-lhe a reflexão e reavaliação de seus atos" (Apelação Cível 70064597511, 7.ª Câm. Cível, rel. Liselena Schifino Robles Ribeiro, 13.05.2015).

Seção I

Disposições Gerais

> **Art. 112.** Verificada a prática de ato infracional, a autoridade competente poderá aplicar ao adolescente as seguintes medidas:[43-49]
>
> I – advertência;[50]
>
> II – obrigação de reparar o dano;[51]
>
> III – prestação de serviços à comunidade;[52]

Art. 112

Estatuto da Criança e do Adolescente Comentado • **Nucci**

> IV – liberdade assistida;[53]
>
> V – inserção em regime de semiliberdade;[54]
>
> VI – internação em estabelecimento educacional;[55]
>
> VII – qualquer uma das previstas no art. 101, I a VI.[56]
>
> § 1.º A medida aplicada[57] ao adolescente levará em conta a sua capacidade de cumpri-la,[58] as circunstâncias[59-59-A] e a gravidade da infração.[60-60-A]
>
> § 2.º Em hipótese alguma e sob pretexto algum, será admitida a prestação de trabalho forçado.[61]
>
> § 3.º Os adolescentes portadores de doença ou deficiência mental receberão tratamento individual e especializado, em local adequado às suas condições.[62]

43. Elenco de princípios constitucionais voltados ao adolescente infrator: o art. 227, § 3.º, V, preceitua: "obediência aos princípios de *brevidade, excepcionalidade* e *respeito à condição peculiar de pessoa em desenvolvimento*, quando da aplicação de qualquer medida privativa da liberdade". É dever do poder público implementar todas as bases para o cumprimento de cada uma das medidas enumeradas nesse artigo, cabendo ação civil pública para garantir a sua concretização. Na jurisprudência: TJAL: "Apelação cível. Ação civil pública. Direito da criança e do adolescente. Tese de ilegitimidade passiva do município de Rio Largo afastada. Responsabilidade solidária dos entes da federação para execução de medidas socioeducativas em meio aberto, previstas no art. 112, II, III e IV, do Estatuto da Criança e do Adolescente. Minoração da multa diária incidente em caso de descumprimento. Recurso conhecido e não provido. 1. O dever do Estado em garantir direitos fundamentais deve ser entendido em sua acepção genérica, a incluir os Entes Federativos em todos os níveis, ao contrário do que tenta fazer entender o Apelante, de modo que qualquer um deles pode ser acionado judicialmente para cumprimento dos ditames constitucionais. 2. Não há dúvida que o Município de Rio Largo tem a obrigação de garantir, por meio de políticas públicas, a proteção de menores carentes, na forma instituída pela Constituição Federal. Em contrapartida, da narrativa apresentada tanto pelo Ministério Público, quanto pelo próprio Apelante, denota-se que os meios empregados até o momento se mostram ineficientes para o cumprimento das determinações emanadas desde a decisão liminar, o que não se pode admitir diante da parcela da população que será atingida por tais medidas (menores em situação de vulnerabilidade); 3. Nesse contexto, mostra-se imperiosa a atuação do Poder Judiciário visando à implantação das referidas políticas públicas que são necessárias para o fiel cumprimento dos direitos fundamentais constitucionalmente previstos, a fim de não comprometê-los diante da inércia dos órgãos competentes, sem que isso configure violação do princípio da separação dos poderes; 4. Precedentes do STJ; 5. Recurso conhecido e não provido" (Ap. 0000866-04.2012.8.02.0051/AL, 3.ª Câm. Cível, rel. Alcides Gusmão da Silva, 14.07.2016, v.u.).

43-A. Princípio da insignificância: cuida-se de uma decorrência do princípio da intervenção mínima, advindo do Direito Penal, valendo dizer que uma conduta, embora possa ser *formalmente* típica, não tem o condão de macular, realmente, o bem jurídico tutelado, motivo pelo qual ela deve ser considerada *materialmente* atípica. O chamado *delito de bagatela* é aquele cuja concretização não chega a ser suficiente para lesar o bem jurídico protegido pela norma penal. Se é aplicável ao maior de 18 anos, parece-nos deva ser, igualmente, aplicado ao menor. Atos infracionais insignificantes não merecem a atenção da Justiça da Infância e da Juventude, nem para uma mera advertência. Todos podem cometer pequenos deslizes (adultos, jovens ou crianças). Esses erros precisam ficar fora do âmbito corretivo do Direito. Na jurisprudência, entendendo que, em tese, pode-se cuidar da insignificância, mas no caso concreto ela não se aplica: TJRS: "Boletim de ocorrência policial, auto de apreensão, auto de restituição e prova oral colhida em juízo que provam a respeito da materialidade do fato praticado. A autoria restou comprovada pelo auto de apreensão e pela prova oral colhida em juízo. Do princípio da insignificância. Embora entenda que sua aplicação seja possível nos atos infracionais, no peculiar do presente caso, é descabido o reconhecimento do princípio da insignificância como forma de exclusão da tipicidade do ato infracional praticado, tendo em vista o grau de reprovabilidade da conduta praticada pelo representado. Certa a materialidade e a autoria, inexistindo causa ou fatores para a improcedência da representação, a aplicação da medida socioeducativa é de rigor. Caso em que, diante das condições pessoais do representado (20 anos) e do decurso de prazo entre o fato e aplicação da medida (3 anos), vai reformada em parte a sentença que julgou procedente a representação para aplicar a medida socioeducativa de liberdade assistida, pelo período mínimo de seis meses, pelo fato tipificado no art. 155, *caput*, do Código Penal. Rejeitaram as preliminares. No mérito, deram parcial provimento" (Ap. Cív. 70068440544/RS, 8.ª Câm. Cível, rel. Rui Portanova, 28.04.2016, v.u.).

44. Prescrição da medida socioeducativa: dispõe a Súmula 338 do STJ: "a prescrição penal é aplicável nas medidas socioeducativas", mas não fixou os parâmetros para tal aplicação. Observa-se que, no *superior interesse do adolescente*, jamais se poderia deixar pendente, indefinidamente, a viabilidade de fixação de medida socioeducativa, que configura um constrangimento a direitos individuais. Embora se diga ser a medida socioeducativa aplicada no interesse educacional do adolescente, nem por conta disso deixa de lhe gerar restrições de toda ordem. Esse é o motivo pelo qual o Estatuto prevê, para a fixação de medida socioeducativa, o respeito ao devido processo legal. Por isso, em primeiro lugar, errou o legislador ao elaborar este Estatuto, sem prever a prescrição e impor suas regras. Por outro lado, poderia o STJ, ao elaborar a referida Súmula, ter estabelecido os parâmetros para tanto. Mas, se não o fez, é porque não há um quadro comum a todos os magistrados, variando – e muito – o modo de computar a prescrição. De nossa parte, somos levados a partilhar os critérios fundados nos seguintes aspectos: 1) em abstrato, a mais severa medida socioeducativa que o julgador pode impor é a internação, cujo prazo máximo é de três anos. É justo que se lance esse montante na tabela de prescrição do art. 109 do Código Penal, obtendo-se oito anos. Como se trata, sempre, de menor de 21 anos, computa-se a prescrição pela metade (art. 115, CP), atingindo-se quatro anos; 2) em concreto, deve-se acolher, como base de cálculo prescricional, exatamente o montante estabelecido na decisão judicial, se possível. A interpretação do instituto da prescrição, inexistente no direito infantojuvenil, deve ser feita em favor do menor de 18 anos, de acordo com o seu superior interesse. Avaliando globalmente: a) *advertência*: não possui prazo algum, pois é um aconselhamento, de modo que o Estado tem um ano e meio (menor prazo prescricional existente no Código Penal) para representar, sob pena de estar prescrito o seu intuito socioeducativo; b) *obrigação de reparar o dano*: não possui prazo, seguindo o mesmo critério da advertência; c) *prestação de serviços à comunidade*: não tem prazo certo, mas não pode ultrapassar seis meses. Então, se for fixada em um dia ou seis meses, de qualquer forma, prescreve em um ano e meio; d) *liberdade assistida*: possui a previsão do mínimo de seis meses, sem menção ao máximo. Pode-se utilizar, então, a tese de que, inexistindo um teto expresso em lei, leva-se em conta o tempo máximo de internação, que é de três anos, prescrevendo em oito, computando-se a metade (menor de 21 anos), chegando-se a quatro anos, para a prescrição em abstrato. No tocante à prescrição em concreto, o que realmente importa é o *quantum* estabelecido na decisão; utilizado pelo juiz o prazo mínimo de seis meses, esse montante deve ser a base de cálculo; prescreve, então, em um ano e meio a pretensão executória; e) *semiliberdade*: segundo a lei, segue os parâmetros da internação, não tendo prazo definido, devendo ser reavaliada periodicamente (no máximo a cada seis meses), não podendo ultrapassar três anos. Ver a análise da internação; f) *internação*: não tem prazo definido; deve ser reavaliada *no máximo* a cada seis meses, não podendo ultrapassar três anos. Levando-se em consideração esse prazo, valendo-se dos parâmetros fornecidos pelo art. 109 do Código Penal, surge o prazo de oito anos, contado pela metade, por se tratar de menor de 21 anos, alcançando quatro anos. Nesse caso, o cálculo é o mesmo, seja a prescrição em abstrato, seja em concreto. Na jurisprudência: STJ: "1. Nos termos da Súmula 338/STJ, aplica-se a prescrição penal às medidas socioeducativas. 2. Anulada a sentença em recurso do Ministério Público, deve ser considerado, para efeitos prescricionais, o prazo limite da medida de internação, que é de 3 anos, nos termos do art. 121, § 3.º, do ECA. 3. Não transcorrido o lapso temporal de 4 anos, nos termos do art. 109, IV, c/c 115 do CP, desde o recebimento da representação, não houve a superveniência da prescrição da pretensão socioeducativa. 4. Agravo regimental improvido" (AgRg no AREsp 1.218.434/SP, 6.ª T., rel. Nefi Cordeiro, j. 05.02.2019, v.u.). TJMG: "1. O Superior Tribunal de Justiça já sumulou entendimento de que, às medidas socioeducativas, aplica-se o instituto da prescrição (Súmula n.º 338). 2. O prazo prescricional deve ter por parâmetro o período máximo de duração da medida socioeducativa aplicada ou a pena máxima em abstrato prevista ao delito análogo, admitindo, ainda, a redução pela metade prevista no art. 115 do Código Penal, em se tratando de menor de vinte e um anos. 3. Tendo sido aplicada a medida socioeducativa de reparação dano, deve ser aplicado o menor prazo prescricional reduzido à metade. 4. Transcorrido período de tempo superior ao prazo de um ano e meio aplicável ao caso vertente, aniquilada está a pretensão socioeducativa face à prescrição" (APR 00012740920168130775, 8.ª Câm. Criminal, rel. Dirceu Walace Baroni, 30.09.2021, v.u.).

45. Prescrição no critério do STF: a tendência do STF é utilizar, como base de cálculo, o crime que permite a configuração do ato infracional. Se o adolescente responde por lesão corporal dolosa (art. 129, *caput*, CP), com o máximo de um ano, esse montante deve ser usado para calcular a prescrição; se estiver respondendo por ato infracional correspondente ao roubo (art. 157, *caput*, CP), com o máximo de dez anos, esse *quantum* servirá de base de cálculo. Conferir: STF: "É firme a jurisprudência do Supremo Tribunal Federal no sentido de que a prescrição das medidas socioeducativas segue as regras estabelecidas no Código Penal aos agentes menores de 21 (vinte e um) anos ao tempo do crime, ou seja, o prazo prescricional dos tipos penais previstos no Código Penal é reduzido de metade quando aplicado aos atos infracionais praticados pela criança ou pelo adolescente" (HC 96.520, 1.ª T., rel. Cármen Lúcia, 24.03.2009); "1. Não incide a irregularidade apontada pela impetrante, no sentido de que a medida de internação-sanção teria sido decretada antes do envio de precatória para a comarca onde o paciente estaria residindo. Constam informações nos autos de que a execução da medida de liberdade assistida foi deprecada e, diante da devolução da carta precatória, a medida extrema veio a ser decretada. 2. O instituto da prescrição não é incompatível com a natureza não penal das medidas socioeducativas. Jurisprudência pacífica no sentido da prescritibilidade das medidas de segurança, que também não têm natureza de pena, na estrita acepção do termo. 3. Os casos de imprescritibilidade devem ser, apenas, aqueles expressamente previstos em lei. Se o Estatuto da Criança e do Adolescente não estabelece a imprescritibilidade das medidas socioeducativas, devem elas se submeter à regra geral, como determina o art. 12 do Código Penal. 4. O transcurso do tempo, para um adolescente que está formando sua personalidade, produz efeitos muito mais profundos do que para pessoa já biologicamente madura, o que milita em favor da aplicabilidade do instituto da prescrição. 5. O parâmetro adotado pelo Superior Tribunal de Justiça para o cálculo da prescrição foi o da pena máxima cominada em abstrato ao tipo penal correspondente ao ato infracional praticado pelo adolescente, combinado com a regra do art. 115 do Código Penal, que reduz à metade o prazo prescricional quando o agente é menor de vinte e um anos à época dos fatos. 6. Referida solução é a que se mostra mais adequada, por respeitar os princípios da separação de poderes e da reserva legal.

7. A adoção de outros critérios, como a idade limite de dezoito ou vinte e um anos e/ou os prazos não cabais previstos no Estatuto da Criança e do Adolescente para duração inicial das medidas, além de criar um *tertium genus*, conduz a diferenças de tratamento entre pessoas em situações idênticas (no caso da idade máxima) e a distorções incompatíveis com nosso ordenamento jurídico (no caso dos prazos iniciais das medidas), deixando de considerar a gravidade em si do fato praticado, tal como considerada pelo legislador. 8. No caso concreto, o acórdão do Superior Tribunal de Justiça não merece qualquer reparo, não tendo se aperfeiçoado a prescrição até o presente momento. 9. Ordem denegada" (HC 88.788, 2.ª T., rel. Joaquim Barbosa, 22.04.2008, v.u.). Há posição do STJ nessa ótica: "2. À míngua da fixação de lapso temporal em concreto imposto na sentença menorista, a prescrição somente pode ser verificada a partir da pena abstratamente cominada ao crime análogo ao ato infracional praticado, pois a discricionariedade da duração da medida socioeducativa imposta somente competirá ao juízo menorista. O juízo de reprovabilidade da conduta, definido pelo legislador penal, deve ser levado em consideração no cálculo dos prazos prescricionais, sob pena de se dar tratamento igualitário a situações diversas. 3. Para aferir a prescrição das medidas socioeducativas, utilizam-se os mesmos critérios necessários à declaração da prescrição da pretensão punitiva estatal. Assim, nos termos do que estabelece o art. 109, inciso II, c/c o art. 115 do Código Penal, observa-se que o prazo prescricional não se aperfeiçoou em relação ao ato infracional cometido pelos Pacientes, por não haver transcorrido prazo suficiente" (HC 185.908/RJ, 5.ª T., rel. Laurita Vaz, *DJ* 12.04.2011, v.u.); "Com efeito, no caso em exame, tendo sido aplicada ao recorrido medida socioeducativa de advertência (a mais branda das medidas), pela prática de ato infracional equiparado ao crime previsto no art. 129, *caput*, do Código Penal, deve ser utilizado o menor prazo previsto na legislação penal – art. 109, VI, do CP –, reduzido pela metade em decorrência da menoridade, nos termos do art. 115 do mesmo Códex, ou seja, 1 (um) ano, em obediência aos princípios da isonomia e proporcionalidade" (REsp 1.122.262/RS, 6.ª T., rel. Og Fernandes, *DJ* 17.11.2009, v.u.).

46. Critério do STJ e outros tribunais: outra corrente leva em conta, sempre, o máximo *em abstrato* para a mais severa medida socioeducativa, que é de três anos (teto para a internação), logo, a prescrição em abstrato se dá em quatro anos (oito anos, conforme o art. 109 do CP, reduzido pela metade, por ser menor de 21, nos termos do art. 115 do CP), com exceção da infração de menor potencial ofensivo: STJ: "1. 'Em caso de medida socioeducativa sem termo, considera-se, para o cálculo do prazo prescricional, o limite máximo para a duração da internação. Todavia, na hipótese de ato análogo a crime que possua pena *in abstrato* inferior a 3 anos (como os delitos de menor potencial ofensivo), para evitar tratamento mais gravoso ao adolescente, adota-se idêntico lapso aplicável ao imputável em idêntica situação' (AgRg no HC n. 701.572/SC, relator Ministro Rogerio Schietti Cruz, 6.ª T., j. 08.02.2022, *DJe* de 21.02.2022). 2. No caso dos autos, o prazo prescricional é de 1 ano e 6 meses, de acordo com o art. 109, VI, c/c 115, ambos do Código Penal. Assim, considerando os marcos interruptivos da prescrição, observa-se que, entre o recebimento da representação, em 22/01/2020 (e-STJ, fl. 52), e a publicação da sentença, em 4/8/2021 (e-STJ, fls. 149-156), transcorreu o prazo superior a 1 ano e 6 meses. Prescrição consumada. 3. Agravo regimental não provido" (AgRg no AREsp 2.235.340/RS 2022/0338116-9, 5.ª T., rel. Ribeiro Dantas, 23.05.2023, v.u.); "Para a aferição da prescrição abstrata referente à pretensão socioeducativa, tendo em vista que não foi prolatada sentença, considera-se o prazo máximo previsto para a medida de internação (3 anos). Assim, nos termos do art. 109, IV, do CP, o prazo prescricional é de 8 (oito) anos. *In casu*, incide ainda a causa de diminuição do art. 115 do CP, situação que consolida o prazo de prescrição em 4 (quatro) anos. Portanto, diante da data do fato, 14.9.2008, até o julgamento do acórdão atacado, 22.08.2011, não ocorreu a prescrição" (HC 236.349/SP, 6.ª T., rel. Maria Thereza de Assis Moura, *DJ* 05.03.2013, v.u.). TJDF: "É de ser declarada nula a sentença que

Art. 112

Estatuto da Criança e do Adolescente Comentado • Nucci

362

dá procedência à pretensão socioeducativa deixando de apreciar tese defensiva invocada em sede de alegações finais. Sentença anulada. Nos termos da Súmula 338, do STJ, é aplicável o instituto da prescrição aos atos infracionais praticados por adolescentes em conflito com a lei. À ausência de critérios específicos no ECA, aplicam-se os estabelecidos no Código Penal para a prescrição do ato infracional. Sendo de 3 (três) anos a mais duradoura medida socioeducativa prevista em lei, opera-se em 4 (quatro) anos a prescrição, em abstrato, da pretensão socioeducativa estatal por ato infracional análogo a crime de atentado violento ao pudor. Pretensão socioeducativa estatal decretada extinta, pena prescrição" (Apelação 1.0083.06.006879-4/001, 2.ª Câm. Criminal, rel. Hélcio Valentim, 06.05.2010, v.u.). TJMG: "A prescrição para o adolescente se firma, no máximo, em quatro anos, apurados a partir da consideração da menoridade e do tempo máximo de medida socioeducativa a ser imposta. Extinção da punibilidade decretada, pela prescrição" (Apelação 1.0105.98.000509-1/001, 2.ª Câm. Criminal, rel. Renato Martins Jacob, 15.04.2010, v.u.). *Quanto à prescrição em concreto:* TJRS: "Sendo aplicada ao infrator a medida socioeducativa de prestação de serviços à comunidade pelo prazo de três meses, não tendo havido interposição de recurso pelo órgão ministerial e já tendo transcorrido lapso de tempo superior a um ano e meio entre as datas do recebimento da representação e da sentença, verifica-se o transcurso do prazo prescricional, nos termos dos art. 109, inc. VI, art. 115 e art. 117 do CPB. Incidência da Súmula 338 do Superior Tribunal de Justiça. Recurso provido" (Apelação Cível 70059380949, 7.ª Câm. Cível, rel. Sérgio Fernando de Vasconcellos Chaves, j. 28.05.2014).

47. Critério da imprescritibilidade: há, ainda, o entendimento de que a medida socioeducativa não prescreve, embora minoritário: TJMG: "Menor infrator. Pedido de reconhecimento da prescrição da pretensão executória da medida socioeducativa. Impossibilidade. Instituto da prescrição que não se aplica aos atos infracionais. Medida de caráter pedagógico, que busca garantir e respeitar a condição de pessoa em desenvolvimento. Recurso desprovido" (Agravo de Instrumento 1.0024.04.211417-3/001, 2.ª Câm. Criminal, rel. Reynaldo Ximenes Carneiro, 10.01.2008, v.u.); "Persiste neste Egrégio TJMG o entendimento de que a prescrição penal não se aplica aos casos regulados pelo ECA, pois neles a pretensão estatal não é punitiva e sim educativa. Verificado que a medida socioeducativa teve a sua finalidade esvaziada, em face do menor ter alcançado a sua ressocialização, resulta ser viável a extinção da aludida medida. Preliminar rejeitada. Apelação desprovida" (Apelação 1.0024.06.908598-3/001, 4.ª Câm. Criminal, rel. Delmival de Almeida Campos, 28.11.2007, v.u.); "Tratando-se de medida socioeducativa, quando aplicada com base no ECA, não há falar-se em prescrição da pretensão punitiva, porque o Estado, no caso, não tem pretensão punitiva, mas apenas educativa. – Se o ato infracional (assemelhado a infração penal) é atribuído ao menor, ou seja, a pessoa amparada pela inimputabilidade penal, aplica-se-lhe, ao invés de pena, medida socioeducativa, mesmo porque o ECA, por sua natureza, não cogita de aplicação de pena. Ademais, a medida socioeducativa, ao contrário da pena, não prescreve; o que vale dizer, não se há de falar, no que concerne ao menor, em prescrição da pretensão punitiva do Estado, cuja missão não é puni-lo, e sim reeducá-lo e ressocializá-lo" (Apelação 1.0518.02.008174-2/001, 2.ª Câm. Criminal, rel. Hyparco Immesi, 06.06.2007).

48. Entendimentos doutrinários acerca da prescrição: *quanto à pretensão "punitiva":* a) todas as medidas prescrevem em quatro anos, pois o máximo abstrato possível para quem pratica ato infracional é internação de até três anos; inserindo-se três na tabela do art. 109 do Código Penal, resulta oito anos, que se corta pela metade, por se tratar de menor de 21 anos, conforme o art. 115 do CP (Eduardo R. Alcântara Del-Campo, *in* Munir Cury [org.], *Estatuto da Criança e do Adolescente comentado*, p. 566); b) alguns, mesmo se valendo dos quatro anos, como padrão, consentem em usar o prazo prescricional do *crime* previsto no Código Penal, equiparado ao ato infracional, desde que seja menor o tempo da prescrição; então, um delito com pena máxima de um ano permite a prescrição em um ano e meio; c) a prescrição leva em conta, sempre, o máximo em abstrato previsto para o tipo penal incriminador, previsto no Código Penal, de onde se extrai o parâmetro para o ato infracional. Se o delito é roubo, pena máxima de 10 anos, prescrição em 16 anos para a medida socioeducativa advinda do ato infracional similar ao roubo, diminuído da metade por se tratar de menor de 21 anos; *quanto à pretensão "executória"*: a) advertência: a.1) um ano e meio, menor prazo do Código Penal; a.2) um ano, por analogia à pena de advertência da Lei de Drogas, que prescreve em dois anos, reduzida da metade; b) obrigação de reparar o dano: faz-se analogia à pena de multa, pois também é paga em pecúnia, razão pela qual o prazo é de um ano (dois anos reduzidos da metade); c) prestação de serviços à comunidade: um ano e meio, porque seu prazo máximo é de seis meses; d) liberdade assistida: d.1) verificar o prazo mínimo fixado na sentença, para avaliar junto à tabela do art. 109 do CP; d.2) considerar o prazo máximo, pois pode ser prorrogada a qualquer tempo, então, quatro anos; e) semiliberdade e internação: quatro anos, pois se busca o máximo possível, que é de três anos, lançados na tabela do art. 109 do CP, resultam oito anos, reduzidos pela metade (menor de 21), chegando-se a quatro. Conferir em Fuller, Dezem e Martins (*Estatuto da Criança e do Adolescente*, p. 157-159). Nosso entendimento já foi exposto em nota anterior.

49. Imprescritibilidade e prescritibilidade baseada na pena: duas faces errôneas da mesma moeda. Como esclarecem Fuller, Dezem e Martins, "parte da doutrina sustenta que as medidas socioeducativas, por suas finalidades de proteção e educação, não se sujeitam ao instituto da prescrição (não haveria prazo para o Estado cumprir o dever de educar), mas apenas aos limites da idade do adolescente infrator (prescrição etária); dezoito anos para as medidas não privativas de liberdade (em meio aberto) e vinte e um anos para as medidas de semiliberdade e internação (...). Prevaleceu, contudo, a orientação no sentido da aplicação da prescrição, em face do reconhecimento dos aspectos repressivo e punitivo (carga sancionatória) das medidas socioeducativas" (*Estatuto da Criança e ao Adolescente*, p. 154). Outros defendem a exata correspondência, para cálculo da prescrição, com o crime do qual se origina o ato infracional. Sob nosso ponto de vista, ambas as posições estão equivocadas. A primeira, embora ligada à essência da medida socioeducativa – proteção e educação –, esquece-se de que elas detêm um âmago pedagógico ligado à proximidade entre ato infracional e medida socioeducativa, para que tenha efeito prático. De nada adianta punir um aluno, que *colou* na prova no primeiro bimestre, quando ele já se encontrar no quarto bimestre, com todas as notas fechadas. No final do ano, ele é *outro* aluno, mais dedicado e esforçado, jamais tendo *colado* novamente. Mas, se a sanção não prescreve, cabe-lhe punição no fim do ano, desestruturando o jovem, que nunca compreenderá o porquê da sanção após tantos meses, quando ele já se recuperou totalmente do erro praticado. Além disso, a primeira corrente olvida o tratamento rigoroso destinado ao adolescente, tornando seus erros permanentes, ao menos até os 18 ou 21 anos, conforme o caso. Se até o criminoso escapa da pena, é fundamental que o menor de 18 obtenha essa benesse pelo decurso do tempo e culpa do Estado. A segunda posição, infelizmente, apega-se ao caráter punitivo primordial da medida socioeducativa e monta a mesma estrutura, por analogia, às penas. Eis a razão de se poder estabelecer critérios atendendo o Estado, mas não o adolescente. O poder público possui até "x" anos para *pegar* o infrator e *puni-lo*. Porém, se vai ou não surtir efeito tal medida, pouco importa, visto se dar prevalência ao caráter repressivo. Diante disso, somos da opinião de que, ante a nítida falha do Legislativo, ao editar este Estatuto, sem prever a prescrição das medidas socioeducativas, deve-se buscar o meio-termo para provocar a prescrição, mas não em termos puramente penais. A moderação exigida da medida socioeducativa, associada ao seu caráter excepcional e breve, atendendo--se à condição peculiar do jovem em formação (art. 121, ECA), precisa calcar-se no prazo

Art. 112

Estatuto da Criança e do Adolescente Comentado · **Nucci**

máximo da medida socioeducativa – não interessando o *quantum* da pena do crime, que não diz respeito ao menor –, no tocante à prescrição em abstrato. Quando estabelecida a medida socioeducativa, busca-se extrair o seu *quantum* para o perfil da prescrição em concreto.

50. Advertência: é a mais branda das medidas socioeducativas, devendo ser reservada para os atos infracionais considerados leves, envolvendo a lesão a bens jurídicos de menor relevância, além de ser destinada aos adolescentes de *primeira vez*. O significado de *advertência* é variável, alcançando desde um conselho até uma repreensão, passando pelo alerta ou aviso. Preferimos acreditar no conteúdo do conselho, que possua igualmente o alerta acerca dos futuros passos a serem dados pelo adolescente. Somos contrários à pena de advertência, aplicada ao adulto, como se prevê no art. 28 da Lei de Drogas, pois ineficiente e contraproducente. Pessoas totalmente capazes não devem ser *aconselhadas* por um juiz, pois isso cabe aos familiares ou ao psicólogo; também não devem ser *repreendidas*, como se crianças fossem, visto humilhar e não resolver. Mas, para adolescentes, sem dúvida, a advertência é uma medida válida. Como temos sustentado, se o Estado deve tratar os infratores como os pais cuidam dos filhos, que cometem erros, *advertir* é o primeiro passo antes de se tomar medidas mais enérgicas. Quem está em formação de personalidade precisa de conselhos e alertas, apontando o certo e o errado, em atividade contínua. É fundamental que o juiz designe uma audiência, após o trânsito em julgado da decisão, especialmente para *advertir* o adolescente, fazendo-o pessoal e diretamente. Não deve *delegar* essa relevante função a terceiros (funcionários da Vara, equipe técnica do Juizado, promotor etc.). O menor precisa ouvir o aconselhamento do magistrado, ou seja, da autoridade que julgou o que ele fez. O modo de empreender a advertência é da livre escolha do juiz, podendo explicar ao adolescente as razões que o levaram até aquele momento e as consequências que poderão advir se insistir no cometimento de atos infracionais; insta perguntar ao menor se ele compreendeu a importância do procedimento e da própria advertência, como uma primeira medida socioeducativa. Não é viável, em hipótese alguma, humilhar o advertido, ofendê-lo de qualquer modo, utilizar termos pejorativos ou jocosos, pois não é essa a medida prevista. Aconselhar é bem diferente de agredir moralmente. Caso o magistrado desvie-se da correta linha da advertência, é preciso que o advogado do adolescente exija que conste em ata da audiência tudo o que foi falado pelo juiz ao menor. Na sequência, cabe até mesmo *habeas corpus* para anular aquela audiência, determinando- -se que outra seja realizada nos estritos termos da lei. Nada impede, ainda, a representação em face do juiz junto à Corregedoria-Geral da Justiça. Na doutrina: "a advertência constitui uma medida admoestatória, informativa, formativa e imediata, sendo executada pelo Juiz da Infância e Juventude. A coerção manifesta-se no seu caráter intimidatório, devendo envolver os responsáveis num procedimento ritualístico" (Mario Volpi, *O adolescente e o ato infracional*, p. 23). "Fazer com que o adolescente perceba quais são as consequências de sua ação para a sociedade, para a família e para a sua própria vida – objetivo central da advertência – nem sempre é tarefa fácil, mas que pode ser realizada se a medida é tomada com cautela e conhecimento, baseada na compreensão, como forma de acolher e educar. A advertência tem caráter educativo e corretivo; trata-se de uma medida que deve despertar no infrator uma autocrítica e, para que essa finalidade se cumpra, pode ser acompanhada de outra medida socioeducativa. Para ser capaz de mudar sua atitude conforme o que é moralmente aceito pela sociedade, o adolescente precisa contar com um reforço de sua autoestima. É isso o que quer a lei: a possibilidade de que o adolescente tenha visões positivas acerca da vida social e coletiva" (Naves e Gazoni, *Direito ao futuro*, p. 224-225).

51. Obrigação de reparar o dano: para o campo do direito penal, lidando com adultos, a obrigação de reparar o dano causado pelo crime cometido é efeito obrigatório, automático e genérico de qualquer sentença condenatória (art. 91, I, CP). Eventualmente, pode funcionar como pena restritiva de direitos, em substituição à privativa de liberdade, auferindo a denominação de *prestação pecuniária* (art. 45, § 2.º, CP). No âmbito criminal, não nos convence seja a obrigação de reparar o dano uma pena autônoma, pois, em verdade, é uma decorrência natural da condenação, independentemente da pena aplicada. Porém, no cenário infantojuvenil é perfeitamente viável. O amadurecimento do jovem decorre ao longo de anos, sempre dependendo das suas condições reais de vida, de quem o cerca e o controla, mas, acima de tudo, de quem o aconselha e impõe limites. Um dos nítidos limites que qualquer ser humano deve aprender é que seu direito termina quando começa o do seu vizinho. Por isso, provocando lesão a bem jurídico alheio, mais eficiente que a advertência, é a obrigação de reparar o dano, para que tenha a perfeita noção do que significa *trabalhar* e *esforçar-se* para sanar o seu próprio erro. Mas é fundamental que a obrigação de reparar o dano seja *cumprimento diretamente* pelo adolescente – e não pelos seus pais ou responsável. Muito fácil para o menor, ao lesar terceiro, que seus genitores arquem com o prejuízo, pois lição alguma fica disso. Aliás, nem precisaria haver procedimento na Vara da Infância e Juventude, bastando um processo de indenização em Vara Civil. Por outro lado, deve a medida ser reservada aos atos infracionais que gerem prejuízos patrimoniais ou tenham efeitos patrimoniais, pois seria ilógico e insensato aplicá-la para um caso de violência sexual. Enfim, durante a execução, é preciso verificar quem exatamente ficará encarregado de reparar o dano, não aceitando o juiz o pagamento feito por terceira pessoa. Corretamente, Antonio Cezar Lima da Fonseca lembra que, "embora a lei imponha tal responsabilidade ao adolescente, sabe-se que, em raras ocasiões tem ele condições financeiras para arcar com as despesas de ressarcimento. No caso de falta de condições econômicas do adolescente, o juiz deve impor outra medida, de forma a que sinta a responsabilidade pelo evento e a parte lesada buscar o ressarcimento na esfera cível" (*Direitos da criança e do adolescente*, p. 342). No mesmo sentido: "de se observar, contudo, a necessidade de que tal ressarcimento, minorando, assim, o dano outrora causado, venha a partir do próprio adolescente, autor do ato infracional, em que pese sua tenra faixa etária, época, no geral, de exíguos recursos" (Ivan de Carvalho Junqueira, *Do ato infracional à luz dos direitos humanos*, p. 86). "Por seu caráter educativo, a medida deve vir acompanhada de explicações sobre as razões pelas quais aquela conduta reparatória é exigida. E não basta que o dano seja reparado. É preciso que a reparação seja praticada de forma consciente pelo adolescente, que deve entender e aceitar a pertinência da medida como ação executada para o bem daquele que sofreu o dano tanto quanto para seu próprio bem" (Naves e Gazoni, *Direito ao futuro*, p. 226).

52. Prestação de serviços à comunidade: no campo penal, cuida-se da denominada pena restritiva de direitos, considerada *alternativa* ao regime carcerário, como medida de política criminal, evitando-se os males da segregação. No âmbito da infância e juventude não foge à regra, pois evita o prejuízo da internação, transmitindo ao adolescente a noção ética do trabalho honesto, mormente prestado em benefício de quem necessita. Consiste na *realização de tarefas gratuitas de interesse geral junto a entidades assistenciais, hospitais, escolas e outros estabelecimentos congêneres, bem como em programas comunitários ou governamentais* (art. 117, ECA). Seja para adultos ou adolescentes, a prestação de serviços à comunidade é uma reparação ético-social ao mal praticado em decorrência do crime ou do ato infracional. Estimula a reeducação pelos bons princípios do auxílio comunitário, fazendo o adolescente sentir um pouco da miséria ou dor alheia, de diferentes níveis, pois atuará junto a enfermos físicos (hospitais), pessoas em aprendizado (escolas), asilos ou casas de repouso (idosos), abrigos de crianças (desamparo ou abandono), dentre outros estabelecimentos congêneres. Por vezes, torna-se até mesmo gratificante cumprir essa modalidade de medida socioeducativa, abrindo os horizontes do rapaz (ou moça) para adotar um rumo profissional, escolhendo um curso superior ou um trabalho ligado à área em que atuou na prestação de serviços. "Há quem sustente a necessidade de concordância do adolescente quanto à prestação de serviços,

Art. 112

Estatuto da Criança e do Adolescente Comentado • Nucci

sob pena de ser considerada como trabalhos forçados. Assim não pensamos, s. m. j., pois se trata de uma *medida socioeducativa*, ou seja, tem caráter penalizador em face de um comportamento indevido praticado pelo adolescente. Afinal, 'se comprovada a sua responsabilidade, e sendo a prestação de serviço comunitário a medida mais adequada, esta pode e deve ser aplicada'. Não vemos sentido para o caso de a autoridade entender que a medida de prestação de serviços comunitários é a adequada para o ato praticado, mas tendo o juiz de 'consultar' o infrator acerca do cabimento ou de sua aceitação" (Antonio Cezar Lima da Fonseca, *Direitos da criança e do adolescente*, p. 345).

53. Liberdade assistida: cuida-se de medida de acompanhamento do adolescente, em moldes similares ao *sursis* (suspensão condicional da pena), imposto ao criminoso maior de 18 anos. Designa-se uma pessoa capacitada para acompanhar o caso, devendo esse orientador promover socialmente o adolescente e sua família, dando-lhes orientação ou colocando-os em programas de auxílio e assistência social; supervisionar o aproveitamento geral do adolescente na escola; diligenciar pela sua profissionalização; relatar tudo ao juízo (arts. 118 e 119). Cuida-se de cumprimento de medida socioeducativa em meio aberto, sem restrição direta da liberdade. "Um dos pontos positivos da liberdade assistida é o acompanhamento personalizado a partir do conhecimento da realidade do adolescente. O grau de abstração da medida é regulado na sua aplicação pelas próprias pessoas que acompanham o caso. O juízo garante informações quanto ao andamento da inserção comunitária, frequência e desempenho escolar, relação familiar e outros aspectos sociais do cotidiano do adolescente, enquanto este tem a garantia de que a medida não é afastada da realidade que o cerca. (...) Das medidas em meio aberto, a liberdade assistida é a mais prejudicada pela falta de estrutura. Levantamento feito em São Paulo no ano 2000 apontou a relação de um orientador para cada cem jovens cumprindo a medida, quando a média ideal seria a de um profissional para trinta adolescentes. Além da quantidade de orientadores, estes devem ser capacitados para a tarefa, sob pena de reeditar a *liberdade vigiada*; com um corpo de apoio interdisciplinar, já mencionado, e a realização de cursos de atualização profissional que impeçam a visão da liberdade assistida como uma atividade burocrática" (Maurício Neves de Jesus, *Adolescente em conflito com a lei – prevenção e proteção integral*, p. 94). "Os programas de liberdade assistida devem ser estruturados no nível municipal, preferencialmente localizados nas comunidades de origem do adolescente. Devem ainda ser gerenciados e desenvolvidos pelo órgão executor no nível municipal em parceria com o judiciário, que supervisiona e acompanha as ações do programa" (Mario Volpi, *O adolescente e o ato infracional*, p. 25). "A liberdade assistida deve ser aplicada na sua melhor forma considerando que: a) o adolescente é um sujeito de direitos; b) o ato infracional é um aspecto da vida do adolescente que precisa ser compreendido em sua multideterminação; c) o enfoque do trabalho é transdisciplinar; d) deve ter como base a 'lógica do desafio' e não a 'lógica do fracasso'; e) o passado, presente e futuro do adolescente compõem uma biografia única; f) a trajetória pessoal de cada adolescente está inscrita em um contexto social em que direitos e deveres de cidadania devem ser afirmados, e no qual ele possa realizar suas contribuições; g) o conhecimento da realidade objetiva da vida do adolescente constitui elemento fundamental para a compreensão de sua personalidade, suas ações, características etc." (Naves e Gazoni, *Direito ao futuro*, p. 220-230).

54. Semiliberdade: é uma das duas medidas socioeducativas restritivas da liberdade do adolescente, obrigando-o a se recolher, no período noturno, em unidade de atendimento específica, enquanto estuda e/ou trabalha durante o dia. Equivale, no campo do direito penal, ao regime aberto, no qual o sentenciado se recolhe na Casa do Albergado à noite, podendo sair durante o dia para trabalhar e/ou estudar. "Os programas de semiliberdade devem, obrigatoriamente, manter uma ampla relação com os serviços e programas sociais e/ou formativos no âmbito externo à unidade de moradia" (Mario Volpi, *O adolescente e o ato infracional*, p. 26). "O regime de semiliberdade é marcado pela excepcionalidade e deve ser adotado quando o controle do adolescente não possa ser convenientemente exercido pela sua família" (Naves e Gazoni, *Direito ao futuro*, p. 232). Conferir: STJ: "No caso, como enfatizado pelas instâncias ordinárias, o recorrente apresenta histórico infracional, inclusive com a aplicação de medida socioeducativa mais branda, a qual não foi suficiente para afastá-lo do meio criminoso. Ademais, a aplicação da medida de semiliberdade fundamentou-se no fato de o adolescente estar ameaçando de morte sua mãe e demais familiares. Neste contexto, afigura-se absolutamente adequado o cumprimento da medida em cidade diversa da que residia" (RHC 86.700/BA, 5.ª T., rel. Reynaldo Soares da Fonseca, 05.10.2017, v.u.); "A medida socioeducativa de semiliberdade pode ser determinada desde o início pelo magistrado e, além de não possuir requisitos taxativos de aplicação, deve levar em conta a capacidade do adolescente para cumpri-la, as peculiaridades do caso e a gravidade do ato infracional. No caso, apesar de o ato infracional análogo ao crime de porte ilegal de arma de fogo não revestir-se de gravidade concreta, fixou-se a medida socioeducativa de semiliberdade ao paciente à vista de seu histórico infracional e do descumprimento anterior de todas as medidas em meio aberto, aplicadas em procedimentos infracionais diversos. A fundamentação da decisão impugnada está em consonância com o art. 112, § 1.º, da Lei 8.069/90, as peculiaridades do caso e a situação do adolescente como pessoa em desenvolvimento sujeita à proteção integral" (HC 254.806/MG, 6.ª T., rel. Rogerio Schietti Cruz, *DJ* 13.05.2014, v.u.). TJDFT: "1. Trata-se de ato infracional cometido mediante violência e grave ameaça exercida pelo emprego de faca e concurso de agentes, além de ter sido cometido em frente a uma unidade de ensino. 2. A gravidade da infração praticada e o quadro social do adolescente – histórico de evasão escolar, envolvimento com drogas, indiferença aos estudos e ao trabalho, bem como envolvimento em ocorrência de outro crime de roubo, a qual foi concedida remissão cumulada com medida socioeducativa de liberdade assistida – revelam o risco da escalada infracional por parte do representado e realçam a necessidade de uma orientação mais adequada à sua vida para que possa elaborar um novo projeto de vida. 3. Na fixação das medidas legalmente indicadas, devem ser observadas as condições pessoais do adolescente, seu quadro social, as circunstâncias e a gravidade do ato praticado (ECA, art. 112). 4. No caso, as medidas de liberdade assistida e prestação de serviço à comunidade são demasiadamente brandas diante da gravidade do ato infracional praticado (CP, art. 157, incisos I, II e IV) e do contexto pessoal e social do adolescente. 5. A medida socioeducativa de semiliberdade é a mais adequada às necessidades do infante de modo a proporcionar o efeito ressocializador apropriado à espécie e, assim, conferir efetividade ao princípio da prioridade absoluta da criança e do adolescente erigido na Constituição Federal (CF art. 227). 6. Recurso conhecido e provido" (APR 20170130014219-DFT, 2.ª T. Criminal, rel. Maria Ivatônia, 13.07.2017, v.u.).

55. Internação: é a mais severa medida socioeducativa, pois restritiva da liberdade, devendo ser aplicada somente aos atos infracionais efetivamente graves, conforme dispõe o art. 122 desta Lei. Tratando-se de medida extrema, rege-se pelos princípios da brevidade, excepcionalidade e respeito à condição peculiar de pessoa em desenvolvimento (art. 121, *caput*, deste Estatuto). É comum debater-se a essência dessa medida, especialmente para se verificar eventual caráter punitivo, pois cerceia a liberdade. Parece-nos que a internação é uma medida socioeducativa, com o perfil educativo, em primeiro plano, acompanhado da meta protetiva, em plano secundário, com um natural toque punitivo, do qual não se pode arredar. Mas o referido toque punitivo não constitui a essência da medida e, sim, a sua consequência, da qual não se pode fugir, tendo em vista a real restrição à liberdade, jamais aprazível por quem a sofre. Não se pode perder de vista, no entanto, que o processo educacional, conduzido pelos pais em relação aos seus filhos, também contém sanções, como partes integrantes da atividade corretiva de erros, visando ao aprendizado. Mesmo atuando com amor e carinho, os genitores precisam controlar seus filhos – crianças e adolescentes – para que entendam o que são *limites*, respeitem o próximo e saibam se comportar com dignidade em seu núcleo social e comunitário. O denominado *castigo*, vulgarmente falando, no exercício do poder familiar, é perfeitamente admissível, desde que não ultrapasse o bom senso, o equilíbrio e a moderação. Ora, quando os pais determinam que seu filho fique recolhido em seu quarto durante um fim de semana, estão cerceando a sua liberdade, mas o propósito é educacional. Contém, de maneira indeslocável, o lado sancionatório, embora não se torne o seu principal foco. A *punição* em si mesma é atividade comum nas relações sociais, de qualquer nível, em qualquer lugar. Quem não paga o tributo devido ao Estado, no momento correto, é sancionado com uma multa. Quem descumpre regras básicas de trânsito, é punido por meio da multa e pontuação na carteira. Quem desrespeita um professor, pode ser punido por meio da suspensão na escola. Quem fuma em local proibido, recebe a sanção cabível consistente em multa. O funcionário público, desatento em seus afazeres, pode ser advertido, suspenso ou até demitido. Portanto, é preciso encerrar o insosso debate de que *jamais* a medida socioeducativa pode representar ao adolescente qualquer espécie de punição. O que se defende, lastreado no superior interesse da criança ou adolescente, é a *justa sanção*, caracterizada pela moderação, pela brandura, pelo equilíbrio e, mais importante, sem qualquer ranço de vindita. Está-se trabalhando com a personalidade em formação do futuro adulto, motivo pelo qual todo cuidado é pouco para que a prática do ato infracional não se transforme num degrau consistente para a degeneração de seus valores morais por completo. Quanto mais violenta for a reação estatal nessa faixa etária, menor pode ser o resultado positivo para efeito educacional. Tende a gerar revolta e desconfiança no tocante ao mundo adulto, levando o menor a procurar outras fontes de apoio, muitas vezes caindo de vez no colo da criminalidade. Mas não pretendemos agir com ingenuidade, nem fantasiar o inexistente mundo perfeito. Há adolescentes com traços de desenvolvimento de personalidade maldosa, sádica e/ou perversa. Podem ser redirecionados? Em tese, sim, mas é bastante complexo esse percurso, de modo que o Estado deve ser mais enérgico, garantindo uma internação por tempo suficiente para que a reeducação (ou a própria educação) se consolide. "Segundo o Estatuto, a internação é medida privativa de liberdade e está sujeita aos princípios da brevidade, excepcionalidade e respeito à condição peculiar de pessoa em desenvolvimento (art. 121). A regra brasileira atende às recomendações da normativa internacional no que se refere à privação de liberdade de adolescentes. Três instrumentos abordaram o tema, a Convenção Internacional, as Regras de Beijing e as Regras Mínimas das Nações Unidas para a Proteção dos Jovens Privados de Liberdade, e todos recomendam a internação como medida de última instância, de caráter excepcional e de mínima duração possível" (Maurício Neves de Jesus, *Adolescente em conflito com a lei – prevenção e proteção integral*, p. 101). Destacando o natural caráter punitivo da internação, Ivan de Carvalho Junqueira acentua que "toda prisão ou a ela correlata, como instituição total, é notório, não se coaduna com a natureza humana, em que pese não se ter encontrado outro mecanismo à responsabilização dos indivíduos por conta do cometimento de atos graves (apenas), como deveria. Neste diapasão, sejam homens ou mulheres, adultos ou adolescentes, à essência, não foram feitos, nem se habituaram à apartação, tratando-se de um aspecto, a bem dizer, transcendental" (*Do ato infracional à luz dos direitos humanos*, p. 94). "Embora o Estatuto tenha enfatizado os aspectos pedagógicos e não os punitivos ou repressivos, a medida de internação guarda em si conotações coercitivas e educativas" (Mario Volpi, *O adolescente e o ato infracional*, p. 27). "O Estado, em parceria com a sociedade e a família, deve olhar para a situação da criança e do adolescente de uma forma sistêmica e não isolada. E deve considerar que: a) o comportamento antissocial do adolescente é, até certo ponto, normal; b) os adolescentes precisam, para maior adequação ao convívio social, de condições dignas de existência e de respeito à sua dignidade – maior atenção, cuidado e compreensão; c) a solução do problema passa necessariamente pela sua compreensão; d) as condições de vida antes e depois da internação são fundamentais para o futuro benéfico do adolescente; e) o adolescente é prioridade do Estado, da família e da sociedade; dele depende o futuro da convivência social" (Naves e Gazoni, *Direito ao futuro*, p. 234-235). Mais detalhes serão expostos nos comentários aos artigos relativos à internação. O Estado tem o dever de implementar tantas vagas quantas forem necessárias para a internação do menor infrator, sob pena responder pelo seu descaso. Na jurisprudência: STJ: "1. Segundo a jurisprudência desta Corte, a medida socioeducativa não representa punição, senão mecanismo de proteção ao adolescente e à sociedade, de natureza pedagógica e ressocializadora. Nesse contexto, a sua imediata execução não expressa ofensa ao princípio da não culpabilidade (art. 5.º, LVII, CF). 2. As sanções judiciais aplicadas aos menores infratores têm funções primordiais de ressocialização e de proteção da pessoa em desenvolvimento. Postergar o início de sua execução ao esgotamento das vias recursais importa em perda da atualidade e vai de encontro ao princípio da intervenção precoce, além de frustrar a principiologia e os objetivos a que se destina a legislação menorista. 3. O adolescente respondeu a representação internado provisoriamente. Foi solto por ocasião da sentença e intimado a dar início às medidas aplicadas em meio aberto. Em grau de apelação, o Tribunal aplicou ao jovem a internação e determinou a expedição de mandado de busca e apreensão (ainda não cumprido). O órgão registrou as condições do menor, a gravidade das condutas praticadas (análogas aos crimes de homicídio qualificado e porte ilegal de arma de fogo) e as suas circunstâncias (aquisição irregular do revólver, com numeração raspada), além de ressaltar que, em liberdade, no âmbito familiar, o adolescente continuaria exposto aos mesmos fatores de risco que o levaram a incursionar na seara infracional. 4. Agravo regimental não provido" (AgRg no HC 861.495/SP, 6.ª T., rel. Rogerio Schietti Cruz, 18.03.2024, v.u.).

56. Medidas de proteção convertidas em socioeducativas: permite-se que o juiz aplique algumas das medidas protetivas, comumente destinadas às crianças, aos adolescentes autores de atos infracionais. Por óbvio, tais medidas são as mais brandas do rol deste artigo, devendo ser aplicadas nas situações de atos infracionais de mínima lesividade, tais como as equivalentes às contravenções penais.

57. Individualização da medida socioeducativa: similar ao princípio constitucional da individualização da pena, cuja finalidade é evitar a pena padronizada, que afronta qualquer lógica de justiça, estabelece-se, neste dispositivo, o mesmo ideal. Cabe ao magistrado *individualizar* a aplicação da medida socioeducativa para que se adapte, com perfeição, ao caso concreto – e não se faça uma escolha no campo teórico. Aliás, *teorizar* no campo infantojuvenil, com todos os dramas familiares e sociais enfrentados por crianças e adolescentes, acarreta mais problemas práticos do que os solucionam. Portanto, há três elementos apontados para a consideração do julgador, embora possam levar em conta outros fatores pessoais: a) capacidade de cumprimento; b) circunstâncias da infração; c) gravidade da infração. Outros elementos para a individualização devem ser colhidos do art. 100, cuja aplicabilidade é autorizada pelo art. 113: a) necessidades pedagógicas do adolescente; b) proteção integral e prioritária do jovem; c) responsabilidade primária e solidária do poder público na efetivação dos direitos do adolescente; d) superior interesse do adolescente; e) privacidade; f) intervenção precoce; g) intervenção mínima; h) proporcionalidade e atualidade; i) responsabilidade parental; j) prevalência da família; k) obrigação de informar o adolescente; l) oitiva obrigatória e participação do adolescente (algo já previsto também no art. 111). Consultar os comentários às notas do art. 100. Na jurisprudência: STF: "1. A medida socioeducativa, à luz dos arts. 112, § 1.º, e 122, I, da Lei 8.069/90, deve ser eleita dentre as que melhor se ajustam à conduta do

Art. 112

Estatuto da Criança e do Adolescente Comentado · **Nucci**

370

adolescente infrator. A pretensão de graduar-se a medida socioeducativa, aplicando-se antes a menos severa para, ante a ineficácia desta, aplicar-se a mais gravosa, deve ser conjurada posto traduzir tratamento idêntico para situações distintas, ou seja, o jovem autor de ato infracional de nenhuma ou menor gravidade é equiparado àquele que comete ato infracional mais grave. (Precedentes: RHC 104.144/DF, rel. Min. Luiz Fux, 1.ª T., *DJe* 09.08.2011; HC 97.183/SP, rel. Min. Cármen Lúcia, 1.ª T., *DJe* 22.05.2009; HC 98.225/SP, rel. Min. Ellen Gracie, 2.ª T., *DJe* 11.09.2009)" (HC 104.405/MG, 1.ª T., rel. Luiz Fux, *DJ* 14.02.2012, v.u.). STJ: "Hipótese em que, nos termos do art. 112, § 1.º, do Estatuto da Criança e do Adolescente, a medida de semiliberdade foi aplicada após detido exame das provas constantes dos autos, mormente por se tratar de adolescente que se encontra em situação de risco, estando evadido da escola e em companhia de pessoas envolvidas com atos infracionais. Decerto, rever tal entendimento demandaria incursão em matéria fático-probatória, providência sabidamente vedada na estreita via do *habeas corpus*, ação constitucional de rito célere e cognição sumária. Por outro lado, a Vara de Execuções de Medidas Socioeducativas informou que as tentativas de aplicação da medida de liberdade assistida restaram infrutíferas, tendo em vista que o Adolescente faz pouco caso das decisões proferidas pelo Judiciário e, segundo relatório apresentado, disse expressamente que não teme as consequências de sua recusa, fatos que confirmam o acerto do acórdão ora combatido" (STJ, HC 246.978/DF, 5.ª T., rel. Laurita Vaz, *DJ* 24.04.2014, v.u.). TJDFT: "1. No âmbito da Lei n. 8.069/90, que tem como primado a proteção e melhor interesse do adolescente, pessoa em desenvolvimento, a aplicação da medida socioeducativa deve observar os parâmetros estabelecidos no artigo 112, § 1.º, quais sejam: a capacidade do adolescente de cumpri-la, as circunstâncias e a gravidade da infração. 2. A gravidade concreta da conduta é evidente, pois praticou ato infracional análogo ao crime de roubo tentado, em concurso com outro agente, mediante grave ameaça exercida com dois simulacros de arma de fogo e violência, em local com grande movimentação de pessoas. Os adolescentes se valeram de desmedida e desnecessária violência contra as vítimas, tais como socos, chutes e coronhadas. 3. A gravidade da infração e a situação de vulnerabilidade em que se encontra o representado, que já possui outra passagem pretérita pelo Juízo da Vara de Infância e Juventude pela prática de ato infracional análogo ao crime de roubo, aliadas à ineficácia da medida anteriormente aplicada, reforçam a necessidade de uma maior intervenção do Estado, inclusive para afastar o jovem do convívio social que o tem prejudicado. 4. A não valoração da atenuante da confissão do adolescente não viola a Convenção das Nações Unidas do Direito da Criança, pois esta apenas veda, em seu art. 54, que a norma interna estabeleça sanções ao adolescente para condutas que não são criminalizadas. Negaram provimento" (APR 20170130024115-DFT, 2.ª T.urma Criminal, rel. Silvanio Barbosa dos Santos, 24.08.2017, v.u.).

58. Capacidade de cumprimento: este fator é incompatível com o processo de individualização da medida socioeducativa, pois deveria ser indicado ao legislador, quando elaborou as medidas aplicáveis. A *capacidade* de cumprir a medida, como referência ao juiz, não se coaduna com advertência (qualquer adolescente é capaz de compreender um conselho ou alerta, a menos que seja mentalmente enfermo); liberdade assistida (permanecer sob a supervisão de um orientador não depende do menor, que continua sua vida normalmente); semiliberdade (dormir em casa e estudar ou trabalhar fora é parte da vida de qualquer um); internação (não é agradável, mas pode ser simplesmente necessário, independente do que o menor ache ou pode adaptar-se ao lugar para onde vai). Enfim, poder-se-ia focar, unicamente, a prestação de serviços à comunidade, alegando que o adolescente não tem capacidade operacional para desenvolver certo serviço. Mas isso não significa que não possa cumprir a medida; ao contrário, simboliza a falha do juiz ou de outros setores técnicos de não indicar o trabalho correto à habilidade do jovem. Por tais razões, discordamos da afirmação feita por Olympio Sotto Maior: "é que a imposição de medida irrealizável, além do inerente desprestígio à própria Justiça da Infância e Juventude, acabaria reforçando juízo negativo (e formulado com frequência pelos adolescentes) de incapacidade ou inaptidão para as *coisas da vida*, provocador de inevitável rebaixamento da autoestima. Ao invés de benefícios, a aplicação da medida traria prejuízos à formação da personalidade do adolescente" (Munir Cury [org.], *Estatuto da Criança e do Adolescente comentado*, p. 561). Nenhum exemplo é citado pelo autor. Portanto, refletindo sobre a assertiva feita, pode-se indagar: qual das medidas do art. 112 poderia ser irrealizável pelo adolescente? Qual delas, uma vez aplicada, poderia evidenciar um desprestígio da própria Justiça? Qual das medidas acarretaria uma mostra de incapacidade para as *coisas da vida* rebaixando a sua autoestima? Em suma, a todas essas indagações, parece-nos ser a melhor resposta: nenhuma delas.

59. Circunstâncias da infração: *circunstância* significa o que *está ao redor de algo*; no caso, trata-se dos fatores envolvendo o ato infracional: modo de execução, motivos, consequências geradas, comportamento da vítima, dentre outros.

59-A. Confissão do menor: trata-se, inequivocamente, de uma circunstância envolvendo o ato infracional, inclusive porque pode demonstrar o arrependimento do jovem pelo que praticou. Se ao maior serve de atenuante, não reconhecer esse benefício ao menor é ilógico. Não se está extraindo a confissão para *condená-lo* ou para *aplicar-lhe sanção mais grave*, o que estaria equivocado. Porém, para favorecê-lo, cremos ser imperiosa a sua consideração. Em sentido contrário: TJDFT: "A aplicação da atenuante da confissão espontânea não se aplica aos inimputáveis, pois o que o estatuto menorista busca primordialmente é a educação do menor, e não a imposição de pena com base no sistema trifásico do Direito Penal. 3. Negado provimento ao recurso" (Ap. 20150910152820APR-DFT, 2.ª T. Criminal, rel. João Timóteo de Oliveira, 04.02.2016, v.u.).

60. Gravidade da infração: deve-se avaliar a gravidade concreta do ato infracional – e não abstrata. Exemplificando, um homicídio é sempre, em abstrato, grave. Porém, para a escolha da adequada medida socioeducativa ao adolescente que o praticou, convém avaliar, concretamente, *como* se deu o homicídio, se doloso ou culposo, a espécie de dolo – se direto ou eventual, dentre outros elementos relevantes. Na jurisprudência: TJRJ: "Da absolvição ante a ausência de comprovação da materialidade delitiva. O fator determinante para caracterizar o laudo definitivo não é o momento de sua realização, mas o seu conteúdo material, sendo que, no caso presente, o laudo de exame de entorpecente PRPTC-AG-SPC-000111/2016, de 22.01.2016, realizado pelo Departamento de Polícia Técnico-Científica de Angra dos Reis, constitui-se, na verdade, em laudo definitivo, à vista das conclusões nele contidas. Seu conteúdo descreve com detalhes, utilizando métodos técnicos específicos, atestando a quantidade e a forma de acondicionamento do entorpecente apreendido. Ainda que assim não fosse, entende este Colegiado que o laudo definitivo de drogas tem natureza meramente confirmatória do laudo prévio. Da medida socioeducativa, como cediço, as medidas socioeducativas previstas no ECA visam justamente à proteção e à reeducação do menor infrator, sendo desprovidas de caráter punitivo. A opção pela medida socioeducativa a ser aplicada pressupõe a aferição da capacidade do adolescente em cumpri-la, bem como as circunstâncias e a gravidade da infração, conforme art. 112, § 1.º, da Lei 8.069/90. Ainda que se entenda que a gravidade do ato infracional, por si só, não autoriza a aplicação da medida socioeducativa de semiliberdade, no caso dos autos, os elementos demonstram que tal medida é a adequada ante o envolvimento do adolescente no nefasto mundo do tráfico. Na hipótese em testilha, não se pode olvidar que a MSE aplicada proporcionará maiores cuidados ao adolescente, frisando a magistrada sentenciante que '(...) No que diz respeito à medida socioeducativa aplicável ao caso, em que pese gravidade do ato infracional praticado pelo adolescente, verifica-se que o mesmo não possui qualquer outra anotação em sua ficha de antecedentes infracionais e

Art. 112

Estatuto da Criança e do Adolescente Comentado • NUCCI 372

que sua família é atuante e disposta a colaborar para o seu afastamento de qualquer meio criminoso. Por derradeiro, vale destacar que o menor não estava estudando no momento em que foi apreendido. Assim sendo, entendo que a semiliberdade é a medida socioeducativa que melhor atende aos fins colimados pelo Estatuto da Criança e do Adolescente e pela Lei 12.594/2012', demonstrando-se, dessa maneira, a necessidade da semiliberdade, haja vista que quaisquer das medidas mais brandas não surtiriam o efeito ressocializador pretendido pelo legislador. Recurso conhecido e desprovido" (Ap. 0000866-38.2016.8.19.0003/RJ, 8.ª Câm. Criminal, rel. Claudio Tavares de Oliveira Junior, 13.07.2016). TJRS: "Demonstrado pela prova dos autos que a conduta foi realizada com um comparsa que, apesar de não ter agido ativamente contra as vítimas, ficou de prontidão próximo ao local do roubo, com o escopo de assegurar a impunidade da conduta ou, ainda, com o intuito de aproveitar do resultado do ilícito cometido pelo menor de idade, merece ser reconhecida a majorante do concurso de agentes. Correta a manutenção da internação com possibilidade de atividades externas, a teor do disposto no art. 112, § 1.º, do ECA" (Apelação Cível 70058352162, 8.ª Câm. Cível, rel. Alzir Felippe Schmitz, j. 22.05.2014).

60-A. Gravidade da infração como elemento único: não deve levar, necessariamente, à internação. Ademais, com o advento da Lei 13.257/2016, até mesmo o criminoso, maior de 18 anos, pode cumprir medida cautelar de prisão em regime domiciliar (art. 318, CPP), se tiver filhos pequenos. Por isso, é preciso adaptar-se o novo conjunto de preceitos à esfera infantojuvenil. Conferir: STJ: "1. Tratando-se de *habeas corpus* substitutivo de recurso ordinário, inviável o seu conhecimento. 2. A privação da liberdade do menor, é albergada pelos princípios da brevidade, excepcionalidade e respeito à condição peculiar de pessoa em desenvolvimento, conforme disposição expressa no art. 227, § 3.º, inciso V, da Constituição Federal. 3. Assim, embora as medidas socioeducativas aplicáveis aos adolescentes que tenham cometidos atos análogos a crimes possuam *status* de sanção, não se pode olvidar que, em última análise, trazem em seu bojo um caráter protetivo e pedagógico a ser implementado diante da necessidade de cada indivíduo. 4. Hipótese em que fica clara a mudança comportamental da adolescente e absorção de novos valores, tendo o magistrado de piso feito referência a 'potencialidades reais de mudança'. 5. A gravidade da infração cometida, desassociada de outros elementos, não pode servir como fundamento para manter a adolescente em medida mais gravosa. 6. Com o advento da Lei 13.257/2016, nomeada Estatuto da Primeira Infância, o rol de hipóteses em que é permitida a inserção da mãe em um regime de prisão domiciliar foi ampliado, ficando evidente o compromisso do legislador com a proteção da criança e seu desenvolvimento nos primeiros anos de vida. 7. As garantias processuais asseguradas àquele que atingiu a maioridade são aplicáveis aos menores infratores, em atenção ao disposto no art. 3.º da Lei 8.069/90. 8. No caso concreto, consta dos autos que a paciente estava em estágio avançado de gestação quando da prisão e veio dar à luz seu filho, que já conta com dez meses de idade. 9. Sendo indiscutível a importância da presença materna para o bem-estar físico e psicológico do bebê e notório que com o passar do tempo ficará cada vez mais difícil a manutenção da criança na unidade de internação, é o ambiente familiar mais propício a seu pleno desenvolvimento. 10. *Habeas corpus* não conhecido. Ordem concedida, de ofício, para deferir à paciente medida socioeducativa liberdade assistida em residência particular, sendo fixadas, cumulativamente, as medidas cautelares previstas no art. 101, II e III, da Lei 8.069/90, com recomendação de que a jovem permaneça matriculada no curso profissionalizante que frequenta" (HC 351.732/GO, 6.ª T., rel. Maria Thereza de Assis Moura, 24.05.2016, v.u.).

61. Trabalhos forçados: a Constituição Federal, expressamente, veda a pena de trabalhos forçados: "não haverá penas: (...) c) de trabalhos forçados (...)" (art. 5.º, XLVII, CF). É incompreensível que a lei ordinária seja constituída para repetir, exatamente, os termos do texto constitucional. Assim sendo, seria relevante inserir, neste dispositivo, também, a inviabilidade de pena de morte, de caráter perpétuo, de banimento e cruéis. Terminar-se-ia o rol do referido artigo constitucional. Nem se diga que a Constituição refere-se à pena de trabalhos forçados e este dispositivo menciona a *medida de trabalhos forçados*, porque se o *mais* é vedado (pena), nem se cogita do *menos* (medida socioeducativa).

62. Adolescentes doentes ou deficientes mentais: esta hipótese assemelha-se aos adultos inimputáveis, em virtude de doença ou retardamento mental; devem receber tratamento médico, em hospital ou lugar adequado, jamais em estabelecimento comum de privação da liberdade, seja presídio (para o maior), seja internação (para o adolescente). Portanto, aos menores de 18 anos, portadores de doenças ou deficiências mentais, conforme o laudo médico sugerir, deve-se destinar tratamento individualizado e especializado, em local adequado. Somente cabe a aplicação da medida protetora descrita no art. 101, V, desta Lei (tratamento médico, psicológico ou psiquiátrico, em regime hospitalar ou ambulatorial). Eventualmente, pode ser cumulada com a entrega do menor aos pais, mediante termo de responsabilidade, quando for indicado o tratamento ambulatorial. Não há sentido algum em se determinar a internação do adolescente enfermo mental em instituição comum de abrigamento de infratores, constituindo constrangimento ilegal, sanável por *habeas corpus*.

> **Art. 113.** Aplica-se a este Capítulo o disposto nos arts. 99 e 100.[63-63-A]

63. Medidas socioeducativas isoladas ou cumuladas: assim como as medidas de proteção, previstas no art. 101, regularmente voltadas às crianças, as socioeducativas, destinadas aos adolescentes, também podem ser aplicadas de maneira isolada (uma única medida em face do ato infracional) ou cumulada (duas medidas em razão do ato infracional). Além disso, nos termos do art. 100, podem-se extrair elementos para a individualização da medida socioeducativa (consultar a nota 57 ao § 1.º do art. 112). Essa aplicação deve ser realizada com prudência e bom senso. Pode-se até fixar uma advertência cumulada com prestação de serviços, mas não tem cabimento a internação cumulada com mera advertência. Na doutrina: "sustentamos a impossibilidade de cumulação de medidas socioeducativas de *distintos* graus de abrangência pedagógica, pois a medida mais severa implica abrangência pedagógica maior, dentro da qual se inclui a abrangência pedagógica das medidas mais brandas. Assim, a internação (em meio fechado) incorpora a semiliberdade (em meio semiaberto), que incorpora qualquer das medidas em meio aberto (art. 42, § 3.º, da Lei 12.594/2012) (Flávio Américo Frasseto, *Pela necessidade de uma doutrina do processo de execução de medidas socioeducativas)*" (Fuller, Dezem e Martins, *Estatuto da Criança e do Adolescente*, p. 117).

63-A. Medidas socioeducativas substituídas: o sistema educacional, empregado ao adolescente infrator, nunca poderá ser mais rigoroso do que o sistema punitivo aplicado aos adultos criminosos. Seria uma ilogicidade de natureza inconstitucional, porque o *superior interesse* da criança e do adolescente terminaria afrontado pela proporcionalidade. Além disso, o menor de 18 anos é inimputável, não podendo ser penalmente responsável, motivo pelo qual aplicar-lhe um mecanismo de execução da medida socioeducativa dissociado (e mais severo) dos princípios penais básicos, como a legalidade, somente demonstra a inviabilidade da substituição de uma medida socioeducativa em meio aberto por outra, que determine a internação do adolescente. Seria uma regressão sem causa, logo, inadequada. Assim também posicionam-se Fuller, Dezem e Martins: "entendemos ilegal a substituição de medida socioeducativa em meio aberto ou de semiliberdade, aplicada no juízo de mérito da

Art. 114

Estatuto da Criança e do Adolescente Comentado · **NUCCI**

ação socioeducativa (processo de conhecimento), por internação com prazo indeterminado (art. 122, I e II), pois tal procedimento implicaria *desvio de execução* (art. 1.º, § 2.º, III, da Lei 12.594/2012)" (*Estatuto da Criança e do Adolescente*, p. 120). Na jurisprudência: STJ: "A prática de atos infracionais da mesma natureza autoriza a revogação da remissão imprópria e a aplicação de medida socioeducativa diversa da internação" (STJ, REsp 1.368.208/RS, 5.ª T., rel. Moura Ribeiro, *DJ* 05.11.2013, v.u.).

> **Art. 114.** A imposição das medidas previstas nos incisos II a VI do art. 112 pressupõe a existência de provas suficientes da autoria e da materialidade da infração,[64] ressalvada a hipótese de remissão, nos termos do art. 127.[65]
>
> **Parágrafo único.** A advertência poderá ser aplicada sempre que houver prova da materialidade e indícios suficientes da autoria.[66]

64. Devido processo legal e aplicação das medidas socioeducativas: como já se mencionou em nota anterior, o devido processo legal não significa, simplesmente, cumprir a ampla defesa e o contraditório, mas respeitar todos os demais princípios penais e processuais penais, que garantem o justo processo e a devida sanção. Um dos mais relevantes princípios constitucionais é a presunção de inocência (art. 5.º, LVII, CF). Acusados em geral, mesmo na esfera da infância e juventude, são presumidos inocentes até prova em contrário, reconhecida por decisão criminal ou infracional procedente, com trânsito em julgado. Assim sendo, é fundamental a prova inequívoca da materialidade do ato infracional (prova da sua existência) e de provas categóricas quanto à autoria, para que se possa aplicar *qualquer* medida socioeducativa. Há duas falhas neste dispositivo: excluem-se da prova cabal de materialidade e autoria a medida de advertência (art. 112, I) e as medidas de proteção (art. 112, VII). A primeira hipótese pretende-se associar-se ao disposto pelo parágrafo único deste artigo: "a advertência poderá ser aplicada sempre que houver prova da materialidade e *indícios suficientes* de autoria" (grifamos). O equívoco nos parece nítido. A advertência é uma medida socioeducativa, decorrente da prática de ato infracional, somente podendo ser aplicada com base no devido processo legal. Não importa que se diga ser branda a medida de advertência, pois ninguém é obrigado a comparecer em juízo e ouvir aconselhamento, alerta ou repreensão de um juiz se nada fez de errado. O art. 28 da Lei de Drogas prevê também a pena de advertência; mas esta somente se aplica após a prova certa da materialidade e da autoria. Portanto, reputamos inconstitucional o disposto pelo parágrafo único deste artigo. Seja por qual motivo for, não se pode abrandar a presunção de inocência, permitindo-se a prova da culpa de maneira relativa. Os indícios suficientes de autoria servem para instruir uma representação inicial ou para impor uma medida cautelar qualquer, porém para a procedência da ação, com aplicação de qualquer espécie sancionatória, não. O mesmo se diga das medidas do art. 101, I a VI, autorizadas pelo art. 112, VII. Elas só podem ser aplicadas se forem provadas materialidade e autoria no procedimento verificatório, uma vez que há uma imputação de prática de ato infracional. Assim sendo, se o imputado for inocente, nenhuma medida lhe cabe; se for culpado, pode-se optar por várias delas, inclusive as do art. 101, I a VI.

65. Ressalva da remissão: o preceituado pelo art. 127 é questionável no tocante à dispensa de comprovação da responsabilidade do menor para efeito de aplicação de qualquer medida protetiva ou socioeducativa. Tornaremos ao assunto ao comentarmos o referido artigo.

66. Aplicabilidade da advertência: como expusemos em nota anterior, este parágrafo é inconstitucional, na exata medida em que fere o devido processo legal. Ninguém pode sofrer qualquer espécie de sanção, por menor que seja, sem a prova certa da materialidade e da autoria. Contentar-se com os *indícios suficientes* de autoria é o mesmo que advertir uma pessoa inocente sobre os males do ato infracional que ela *não praticou*, afinal, indícios suficientes não constituem prova segura. Trata-se de um disparate em Estado Democrático de Direito. *Ad argumentandum*, para os magistrados que concordam em aplicar a advertência, sem prova certa da autoria: imagine-se ter contra si instaurado um processo administrativo para apurar uma falta funcional, cuja prática é negada pelo juiz diante da Corregedoria; porém, havendo indícios suficientes de autoria, o Tribunal resolve *advertir* ou *censurar* o magistrado. Seria aceitável essa medida punitiva? Parece-nos que não. Na doutrina: "entendemos que a advertência não deveria ser aplicada sem a comprovação da autoria, em face da regra probatória derivada do princípio da presunção de inocência (art. 5.º, LVII, da CF e art. 156, *caput*, do CPP) e dos efeitos secundários da medida socioeducativa aplicada em sentença sancionatória – possibilidade de internação em atos infracionais posteriores, por 'reiteração no cometimento de outras infrações graves' (art. 122, II, do ECA)" (Fuller, Dezem e Martins, *Estatuto da Criança e do Adolescente*, p. 112); é "inconstitucional a disposição do parágrafo único do art. 114 do Estatuto que permite este sancionamento sem prova da autoria, bastando indícios, se provada a materialidade. Não é possível advertir quem nada admite, ou aquele de quem não se prova que tenha participado do fato. Se nada admite, não há do que ser advertido. Poderá ser processado" (João Batista Costa Saraiva, *Compêndio de direito penal juvenil. Adolescente e ato infracional*, p. 157).

Seção II

Da Advertência

> **Art. 115.** A advertência consistirá em admoestação verbal, que será reduzida a termo e assinada.[67]

67. Conteúdo e forma da advertência: conforme já expusemos nos comentários feitos na nota 50 ao art. 112, I, *supra*, a advertência pode ser encarada como um aconselhamento ou uma reprimenda verbal. Preferimos considerá-la um conselho, de caráter educativo, embora seja feito em termos formais, justamente para ser enérgico. A formalidade advém de audiência designada pelo juiz, convocando-se o adolescente e seus pais (ou responsável) para que, em conversa direta entre magistrado e jovem, especifique-se o motivo da advertência, a gravidade do ato infracional, buscando extrair o compromisso de assumir o menor um comportamento mais adequado, vinculado aos estudos e ao trabalho. Logicamente, dependendo de cada caso concreto, o magistrado formulará a advertência pertinente, que não deverá ser padronizada para todas as hipóteses. Aliás, deve-se evitar o *termo padrão*, impresso em cartório, contendo orientações genéricas, não necessariamente ligadas à situação do adolescente. Convém fugir da advertência de cartório, conduzida por serventuário da justiça, sem a presença do juiz, que, ademais, foge completamente do propósito deste Estatuto. "No caso da advertência, como de outras medidas socioeducativas, o grande problema será adequar o regime de autoridade, que é um pressuposto do processo educativo, com o regime de direitos e liberdades do adolescente, pois será preciso superar a tendência que estimula quem usa de autoridade a exceder-se a limites incontroláveis; será preciso promover o equilíbrio entre a disciplina e a liberdade. O caráter socioeducativo das medidas aplicadas ao adolescente que comete um ato infracional exige que a autoridade se posicione como um verdadeiro educador, facilitando o crescimento do educando, por mais trivial que se lhe afigure a oportunidade. Para isso, deverá se preocupar em propiciar ao adolescente condições para que descubra e desenvolva suas potencialidades, a partir de processos

Art. 116

Estatuto da Criança e do Adolescente Comentado · **Nucci**

de estímulo de construção de uma autoimagem positiva. Levando-se em conta as peculiaridades do caso concreto, as condições socioculturais do adolescente, seu nível de compreensão da realidade e da situação vivenciada, seu estado emocional, sua faixa etária, a ação socioeducativa deverá funcionar como um pêndulo em equilíbrio entre os polos da correção e do estímulo. O adolescente deverá ser *atingido* pela medida aplicada, mas não deverá ser desestimulado quanto ao seu valor pessoal, sua condição de sujeito de direitos" (Miguel Moacyr Alves Lima, *in* Munir Cury [org.], *Estatuto da Criança e do Adolescente comentado*, p. 581).

Seção III
Da Obrigação de Reparar o Dano

> **Art. 116.** Em se tratando de ato infracional com reflexos patrimoniais,[68] a autoridade poderá determinar, se for o caso, que o adolescente restitua a coisa, promova o ressarcimento do dano, ou, por outra forma, compense o prejuízo da vítima.[69]
>
> **Parágrafo único.** Havendo manifesta impossibilidade, a medida poderá ser substituída por outra adequada.[70]

68. Obrigação de reparar o dano em atos infracionais com reflexos patrimoniais: mencionamos na nota 51 ao art. 112, II, que o efeito patrimonial é fundamental para que se possa impor, como medida socioeducativa, a obrigação de reparar o dano. Afinal, há infrações nitidamente incompatíveis com essa medida, como as vinculadas à violência sexual, as praticadas contra a vida, dentre outras similares.

69. Três possibilidades de reparação do dano: enumera este dispositivo as três formas pelas quais o adolescente pode cumprir a medida: a) *restituição da coisa*: é a forma mais simples de satisfazer a vítima, pois o objeto subtraído é devolvido de maneira integral; por certo, pode ser muito branda essa medida, se aplicada individualmente, para crimes patrimoniais violentos, como o roubo, mas se torna adequada quando cumulada com outra, como liberdade assistida, por exemplo. De todo modo, é algo que pode ser diretamente executado pelo adolescente; b) *ressarcimento do dano*: quando não há possibilidade de se devolver a coisa, emerge a alternativa de se ressarcir integralmente o prejuízo à vítima. Ilustrando, se foi subtraído um aparelho celular, que desapareceu, vê-se o seu equivalente em dinheiro, passando o montante ao ofendido. Essa obrigação deve ser executada pelo adolescente, e não pelos seus pais ou terceiros, pois não teria sentido educacional. Note-se que qualquer ilícito, com dano, gerado por menor de 18 anos, pode ser indenizado pelos seus pais, em ação civil autônoma. Porém, o objetivo deste dispositivo é incumbir o jovem de arcar com o prejuízo que sua conduta causou, dando-lhe consciência da relevância da reparação. Se, com seu trabalho, conseguir indenizar a vítima, a medida socioeducativa torna-se proveitosa; do contrário, melhor não aplicá-la; c) *compensar o prejuízo de qualquer forma*: não sendo viável devolver a coisa em seu estado original, nem tampouco havendo condições de reparar o dano, o jovem pode habilitar-se a *compensar* a vítima de forma diversa, como, por exemplo, desenvolvendo algum serviço do qual é especialista; a reparação se daria por meio de compensação via prestação de serviço à pessoa ofendida. "Tem-se que o propósito da medida é fazer com que o adolescente autor de ato infracional se sinta responsável pelo ato que cometeu e intensifique os cuidados necessários para não causar prejuízo a outrem. Por isto, essa medida tem caráter personalíssimo e intransferível, devendo o adolescente ser o responsável exclusivo pela reparação do dano" (Wilson

Donizeti Liberati, *Adolescente e ato infracional. Medida socioeducativa é pena?*, p. 121). "Há que divergir daqueles que supõem que tal medida permita aos pais do adolescente a reparação do dano. Por certo essa obrigação resulta da lei civil. Enquanto medida socioeducativa, o objetivo é de que o próprio adolescente seja capaz de tanto, seja pela devolução da coisa, seja por sua capacidade de compensar a vítima por ação sua, compatível com a idade" (João Batista Costa Saraiva, *Compêndio de direito penal juvenil. Adolescente e ato infracional*, p. 158).

70. Substituição por outra medida: acertada foi a inserção dessa ressalva no parágrafo único, pois a reparação de dano pode frustrar-se, mesmo havendo três diferentes possibilidades, razão pela qual está o juiz autorizado, especificamente, a substituir a medida por outra. Por evidente, espera-se seja uma medida similar (prestação de serviços à comunidade) ou mais branda (advertência). Na jurisprudência: TJRS: "Tendo presente os ditames do art. 116 e seu parágrafo único do ECA no cotejo com as peculiaridades do caso concreto, especialmente as precárias condições fazendárias do adolescente e sua família, despropositada e inócua a imposição da medida socioeducativa de reparação de dano, a qual se exclui do dispositivo sentencial. Mantida a aplicação da PSC cumulada com liberdade assistida" (Apelação Cível 70028159283, 8.ª Câm. Cível, rel. José Ataídes Siqueira Trindade, j. 29.01.2009). Sobre a indevida fixação da reparação de danos: TJRJ: "É cediço que o art. 116, parágrafo único, do ECA, dispõe que, diante de manifesta impossibilidade, a medida de ressarcimento do dano poderá ser substituída por outra mais adequada. Frise-se que o art. 387, IV, do CPP deve ser compreendido à luz das garantias constitucionais do contraditório e da ampla defesa, não sendo possível a fixação de reparação de danos sem um exame prévio acerca da existência, extensão e comprovação suficiente das despesas arcadas pela vítima. Assim, a fixação do valor indenizatório pelo juízo penal, quando desacompanhada de pedido expresso do legitimado, implica em transgressão ao princípio da correlação entre a demanda e a sentença. Desta forma, uma eventual execução do *quantum* desembolsado pela vítima deve ser direcionado para a esfera cível, em ação própria, diante da necessidade de maior dilação probatória e em respeito aos princípios constitucionais do contraditório e da ampla defesa. Por derradeiro, não merece prosperar o pleito de exclusão de aplicação da medida de proibição de frequentar estabelecimentos noturnos entre 22 h e 06 h. A aplicação de medidas de proteção à criança e ao adolescente, como a referida proibição imposta ao apelante, é perfeitamente possível e encontra respaldo no art. 98, III, c/c o art.101, ambos do ECA, restando demostrada a sua necessidade em razão da conduta do adolescente e o seu envolvimento com atividades ilícitas. Recurso defensivo parcialmente provido para, tão somente, afastar a obrigação de reparação do dano. No mais, mantenho a sentença impugnada tal como lançada" (Ap. 0089011-42.2017.8.19.0001/RJ, 8.ª Câmara Criminal, rel. Claudio Tavares de Oliveira Junior, 05.09.2017, v.u.).

Seção IV

Da Prestação de Serviços à Comunidade

> **Art. 117.** A prestação de serviços comunitários[71] consiste na realização de tarefas gratuitas de interesse geral, por período não excedente a seis meses,[72] junto a entidades assistenciais, hospitais, escolas e outros estabelecimentos congêneres, bem como em programas comunitários ou governamentais.[73]
>
> **Parágrafo único.** As tarefas serão atribuídas conforme as aptidões do adolescente, devendo ser cumpridas durante jornada máxima de oito horas semanais, aos sábados, domingos e feriados ou em dias úteis, de modo a não prejudicar a frequência à escola ou à jornada normal de trabalho.[74]

71. Prestação de serviços à comunidade: na nota 52 ao art. 112, III, *supra*, expusemos a relevância dessa espécie de medida socioeducativa, pois a "submissão de um adolescente a 'prestação de serviços à comunidade' tem um sentido altamente educativo, particularmente orientado a obrigar o adolescente a tomar consciência dos valores que supõem a solidariedade social praticada em seus níveis mais expressivos. Assistir aos desvalidos, aos enfermos, aos educandos (atividades que devem ser prestadas em 'entidades assistenciais, hospitais, escolas e outros estabelecimentos congêneres') é tarefa que impõe a confrontação com o *alter* coletivo, de modo que possa demonstrar-se uma confiança recíproca que, por sua vez, está presente em todos os códigos de ética comunitária, como herança dos decálogos religiosos" (Roberto Bergalli, *in* Munir Cury, *Estatuto da Criança e do Adolescente comentado*, p. 591). Na mesma esteira, "a prestação de serviços à comunidade (art. 112, III, do ECA) é uma das medidas socioeducativas que se reveste, hoje, de um grande e profundo significado pessoal e social para o(a) adolescente autor(a) de ato infracional" (Augusto César da Luz Cavalcante, *in* Munir Cury, *Estatuto da Criança e do Adolescente comentado*, p. 592). "Com natureza sancionatório--punitiva e, também, com grande apelo comunitário e educativo, a medida socioeducativa de prestação de serviços à comunidade constitui medida de excelência tanto para o jovem infrator quanto para a comunidade. Esta poderá responsabilizar-se pelo desenvolvimento integral do adolescente. Ao jovem valerá como experiência de vida comunitária, de aprendizado de valores e compromissos sociais" (Wilson Donizeti Liberati, *Adolescente e ato infracional. Medida socioeducativa é pena?*, p. 124). Não é apenas no cenário da infância e da juventude que a prestação de serviços se apresenta como uma das proveitosas sanções idealizadas pelo Estado, mas também no contexto das penas destinadas aos criminosos adultos. Afinal, consegue-se unir uma *obrigação*, cujo caráter educa ou reeduca, possuindo fundo ético, agraciando a parte mais carente da comunidade. Na jurisprudência: STJ: "III – A medida socioeducativa de prestação de serviços à comunidade deve ser adotada quando for mais adequada à proteção integral do menor, por período não excedente a seis meses, a teor do disposto no art. 117 do Estatuto da Criança e do Adolescente. IV – *In casu*, aplicada a medida de prestação de serviços à comunidade, e constatado seu descumprimento injustificado (a paciente cumpriu 15 dias dos 24 determinados judicialmente), mostra-se escorreito o r. *decisum* que a prorrogou por mais três meses, em consonância com a finalidade da Lei n.º 8.069/90, não havendo que se falar em violação ao art. 117 do mesmo diploma legal" (HC 298.942/SP, 5.ª T., rel. Felix Fischer, j. 11.11.2014, v.u.). TJMT: "O objetivo pedagógico da medida, revela-se adequada e proporcional, como forma de beneficiar a sociedade e, principalmente, introduzir noções de cidadania e convívio social ao adolescente, a aplicação da pena de prestação de serviços à comunidade, nos moldes estabelecidos na sentença, em observância ao que prescreve o artigo 117, *caput*, do ECA" (Ap. Criminal 0003092-28.2019.8.11.0037, 3.ª Câm. Criminal, rel. Juvenal Pereira da Silva, 20.05.2020, v.u.). TJRS: "1. Comprovadas a autoria e a materialidade do ato infracional descrito na representação, mostra-se imperiosa a procedência da representação e a aplicação da medida socioeducativa adequada à gravidade do fato e às condições pessoais do infrator. 2. Se o adolescente praticou o ato infracional tipificado como furto qualificado, tendo confessado a autoria e a sua confissão encontrando eco na prova coligida, descabe questionar a higidez da prova. 3. Tratando-se de jovem desajustado e afeito a práticas ilícitas, mostram-se adequadas as medidas socioeducativas de prestação de serviços à comunidade e de liberdade assistida, que foram aplicadas, pois a finalidade é promover a reeducação do adolescente, a fim de que ele reflita sobre a necessidade de respeitar o patrimônio alheio e, sobretudo de modificar sua conduta, sendo importante mostrar a ele a importância do trabalho e da sua utilidade para a vida em sociedade, necessitando para tanto do acompanhamento pedagógico, que será assegurado pela liberdade assistida. Recurso desprovido" (Apelação Cível 70059150839, 7.ª Câm. Cível, rel. Sérgio Fernando de Vasconcellos Chaves, j. 28.05.2014).

Título III – Da Prática de Ato Infracional

Art. 118

72. Prazo de cumprimento: estabelece-se o máximo de seis meses, mas não o mínimo, algo que deveria ter sido igualmente previsto. O período, em tese, pode seguir de um dia a seis meses. Espera-se, no entanto, que o juiz imponha um mínimo razoável, por, pelo menos, um mês. Antes disso, nem é possível avaliar o desempenho do adolescente nas tarefas que lhe foram designadas.

73. Negativa de cumprimento: a prestação de serviços à comunidade, embora seja uma medida socioeducativa, imposta pelo juiz, não pode ser de cumprimento forçado, pois nem haveria como empreender, na prática, tal situação. De outra parte, não somente a Constituição Federal, mas também este Estatuto proíbe trabalhos forçados. Por derradeiro, a medida ética tem o seu alcance exatamente no cumprimento voluntário das tarefas gratuitas em entidades assistenciais. Inexistiria voluntariedade se a prestação fosse, de algum modo, imposta. Se o jovem se negar, outra medida será imposta em lugar da prestação de serviços, podendo ser mais rigorosa.

74. Execução da prestação de serviços: há, basicamente, três regras: a) jornada semanal de oito horas (a ideia é manter um período similar a um dia de trabalho, que é de oito horas), a ser desenvolvido num único dia, aos sábados ou domingos, mas também pode ser dividido em menos horas por dia, incluindo dias úteis. O ponto é atingir oito horas por semana, embora separadas as horas em diversos dias, se viável; b) respeitar a aptidão do adolescente, significando não lhe atribuir um serviço impossível, longe das suas capacidades ou habilidades, pois isso representaria o fracasso anunciado da medida socioeducativa; c) seja qual for a tarefa atribuída ao adolescente, mesmo condizente com sua aptidão, desenvolvida por oito horas semanais, há de ser organizada de um modo a não atrapalhar seus estudos ou trabalho. Por isso, mencionamos a viabilidade de se separar as oito horas em mais de um dia (qualquer um da semana). Essa regra corresponde exatamente ao preceituado para a prestação de serviços à comunidade para criminosos adultos: respeitar sua aptidão e não prejudicar seu trabalho (a única diferença é a jornada de sete horas semanais).

Seção V
Da Liberdade Assistida

> **Art. 118.** A liberdade assistida será adotada sempre que se afigurar a medida mais adequada para o fim de acompanhar, auxiliar e orientar o adolescente.[75]
>
> § 1.º A autoridade designará pessoa capacitada para acompanhar o caso, a qual poderá ser recomendada por entidade ou programa de atendimento.[76]
>
> § 2.º A liberdade assistida será fixada pelo prazo mínimo de seis meses, podendo a qualquer tempo ser prorrogada, revogada ou substituída por outra medida, ouvido o orientador, o Ministério Público e o defensor.[77]

75. Requisitos da liberdade assistida: em primeiro plano, convém destacar ter este Estatuto adotado os princípios da Convenção sobre os Direitos da Criança, prevendo na maior amplitude possível a liberdade do infrator para que receba os preceitos educacionais necessários em face do que ele fez. Esse é o mote da liberdade assistida, que se desvestiu do termo *vigiada*, para acolher o lema de *assistência*, voltado à orientação, apoio e acompanhamento. Está correto, seguindo-se o horizonte sempre presente no universo das medidas socioeducativas. É uma das alternativas mais abertas dentre todas, pois admite a fixação inicial – como primeira medida imposta ou como progressão a partir de medida mais severa – ex.: passa-se o adolescente da internação para a liberdade assistida, dependendo do ganho que isso represente ao próprio interessado. Diante disso, inexistem requisitos específicos para a sua concessão, embora prevaleça o programa de seguir a vida normal, acompanhado de um orientador, tal como se fosse, comparando com o direito penal, a suspensão condicional da pena, ou seja, um período de prova, em liberdade. Como lembra Elias Carranza, a liberdade assistida é "uma medida judicial de cumprimento obrigatório para o adolescente que dela é sujeito. No entanto, pela natureza da medida, considera-se importante que esta se realize com o maior grau possível de voluntariedade e ativo protagonismo do adolescente, tendo como objetivo não só evitar que este seja novamente objeto de ação do sistema de Justiça Penal mas, também, apoiá-lo primordialmente na construção de um projeto de vida. Neste sentido, o papel do orientador responsável é da maior importância e suas ações de apoio e assistência devem ser discutidas e acordadas com o adolescente, respeitando seu direito de escolher seu próprio projeto. Assim se procura que a liberdade, bem exercida, como valor em si mesma, atue como principal elemento socializante" (Munir Cury [org.], *Estatuto da Criança e do Adolescente comentado*, p. 596). "A medida socioeducativa de liberdade assistida é uma das alternativas que tem a autoridade à privação de liberdade e à institucionalização do infrator. É, no entanto, medida que impõe obrigações ao adolescente de forma coercitiva – ou seja: o jovem está obrigado a se comportar de acordo com a ordem judicial. Na realidade, a medida concretiza-se pelo acompanhamento do infrator em suas atividades sociais (escola, família, trabalho)" (Wilson Donizeti Liberati, *Adolescente e ato infracional. Medida socioeducativa é pena?*, p. 126). "O programa de liberdade assistida visa ao atendimento não apenas do adolescente incluído nessa medida, mas de toda sua família. Faz-se fundamental o atendimento da família, que muitas vezes se constitui no núcleo delinquencial" (João Batista Costa Saraiva, *Compêndio de direito penal juvenil. Adolescente e ato infracional*, p. 161). Na jurisprudência: STJ: "1. Nos termos do art. 120 do ECA, a medida de semiliberdade pode ser aplicada desde o início, contanto que demonstrados elementos concretos que evidenciem a necessidade da restrição da liberdade do adolescente. 2. Na hipótese, não obstante os fundamentos elencados pela Corte de origem para manter a medida de restrição à liberdade do adolescente, é preciso destacar a pequena quantidade de entorpecentes apreendidos em seu poder – 59 gramas de maconha –, sua primariedade, bem como as conclusões do Relatório Polidimensional elaborado no sentido de que o paciente compreende o ato infracional praticado e assume as responsabilidades pelo fato, devendo apenas ser acompanhado em atividades que despertem seu senso de responsabilidade, habilidades e potencialidades, bem como possibilitem a continuação de seus estudos. 3. Ordem concedida para determinar a aplicação da medida socioeducativa de liberdade assistida ao paciente" (HC 481.666/SP, 6.ª T., rel. Antônio Saldanha Palheiro, j. 09.04.2019, v.u.). TJSP: "Conduta equiparada aos crimes de ameaça (art. 147, *caput*, do CP), vias de fato (art. 21, *caput*, do Decreto Lei 3.688/1941 – Contravenções Penais) e furto (art. 155, *caput*, do CP) – Sentença acolheu parcialmente a representação e aplicou internação – Pleito de absolvição ante a fragilidade probatória ou, subsidiariamente, substituição da medida imposta por outra diversa da internação – Confissão parcial do adolescente, confirmada por testemunhas e outros elementos de convicção existentes nos autos dão respaldo ao acolhimento da representação – Suficientemente evidenciadas autoria e materialidade – Substituição da medida extrema pela de liberdade assistida – Aplicação dos artigos art. 112, § 1.º c.c. art. 118, ambos da Lei n.º 8.069/90 – ECA. Solução adequada às peculiaridades do apelante. Recurso parcialmente provido" (Ap. 1514995-61.2019.8.26.0071, Corte Especial, rel. Magalhães Coelho, j. 22.01.2020, v.u.). TJMG: "1. A medida socioeducativa aplicada ao menor infrator levará em consideração a capacidade de cumpri-la, bem como as circunstâncias e a gravidade da infração (art. 112, § 1.º, ECA). 2. A Medida Socioeducativa de Liberdade Assistida deve ser mantida, sempre que constatada a hipótese prevista no art. 118, § 1.º, da Lei 8.069/90, na tentativa de recuperar o adolescente, porquanto voltada à solidariedade social e conscientização do Menor Infrator" (Ap. 1.0471.17.004590-3/001, 3.ª Câm. Criminal, rel. Octavio Augusto De Nigris Boccalini, j. 30.07.2019, v.u.).

76. Pessoa capacitada como orientador: para o êxito da liberdade assistida, que depende de acompanhamento eficiente, auxílio e orientação adequados, é preciso que o juiz designe pessoa preparada, preferencialmente com curso superior nas áreas da psicologia ou assistência social. Esse é um ponto complexo, pois se sabe não haver recursos humanos disponíveis para suprir a demanda da área da infância e juventude. Nem mesmo para laudos e pareceres urgentes, durante os procedimentos da Vara, encontra-se o número ideal de profissionais, quanto mais para servir um único adolescente em cumprimento de medida socioeducativa. Em face disso, uma das hipóteses prováveis é a designação da própria equipe interprofissional em exercício na Vara da Infância e Juventude para tal papel. Em algumas Comarcas, como ocorre em São Paulo, de modo correto, separam-se as Varas da Infância e Juventude: carentes e infratores. Desse modo, também as equipes não se misturam, havendo mais tempo para cada um cuidar dos seus próprios procedimentos verificatórios.

77. Prazo da medida: possui um período mínimo de seis meses, devendo ser reavaliada a cada seis meses, sem prazo máximo. Poder-se-ia argumentar que o teto seria o mesmo utilizado para a medida mais drástica, que é a internação, vale dizer, três anos. Mas não tem cabimento uma liberdade assistida por tanto tempo. Se há um orientador competente e um adolescente empenhado, em seis meses ou um ano, aproximadamente, está mais que cumprida, atingindo o seu desiderato, composto da educação adequada ao jovem e do aprimoramento de sua responsabilidade e disciplina. De outra parte, se o adolescente não segue a orientação, desviando-se cada vez mais do prumo equilibrado, deve o juiz valer-se da substituição dessa medida por outra mais severa. Não é preciso esperar tanto tempo para isso. Nunca é demais lembrar que a mudança, para algo mais drástico, depende da prévia oitiva do jovem e de sua defesa técnica. Na jurisprudência: STJ: "1. O tempo de duração da medida socioeducativa fixado na sentença apresenta-se como referência inicial. Tendo sido verificado pelo Juízo de origem que o adolescente não cumpriu plenamente o processo socioeducativo, a medida pode (ria) ser prorrogada, nos termos do art. 118, § 2.º, da Lei 8.069, de 13/07/1990. 2. Tendo sido a medida socioeducativa prorrogada fundamentadamente, considerando o relatório técnico avaliativo que indicou a necessidade de continuidade da medida para a consolidação do bom comportamento do adolescente, não de detecta manifesta ilegalidade" (AgRg no HC 722.843/AL, 6.ª T., rel. Olindo Menezes, 26.04.2022, v.u.).

> **Art. 119.** Incumbe ao orientador, com o apoio e a supervisão da autoridade competente, a realização dos seguintes encargos, entre outros:[78]
>
> I – promover socialmente o adolescente e sua família, fornecendo-lhes orientação e inserindo-os, se necessário, em programa oficial ou comunitário de auxílio e assistência social;[79]
>
> II – supervisionar a frequência e o aproveitamento escolar do adolescente, promovendo, inclusive, sua matrícula;[80]
>
> III – diligenciar no sentido da profissionalização do adolescente e de sua inserção no mercado de trabalho;[81]
>
> IV – apresentar relatório do caso.[82]

Art. 120

Estatuto da Criança e do Adolescente Comentado • **Nucci**

78. Responsabilidade do orientador: considerando-se seja este preparado profissionalmente a conduzir um adolescente, aconselhando-o, fiscalizando-o, prestando-lhe auxílio, este dispositivo estabelece as suas principais obrigações, sem esgotar todas as possibilidades.

79. Promoção social do adolescente e família: esta incumbência reflete a ideologia implícita na elaboração deste Estatuto, que, por questão de lógica, procura espelhar a realidade do País. O adolescente infrator, como regra, advém de família pobre, sendo incomum encontrar-se algum nas camadas economicamente favorecidas. Ou, mais adequadamente, é difícil apurar as condutas antissociais no cenário da adolescência privilegiada. Os atos infracionais dos jovens pobres ficam mais evidentes, pois tanto eles quanto suas famílias dispõem de menor proteção, amparo judicial e condições de sustento. Eis a razão pela qual o orientador deve promover o adolescente e, também, sua família *socialmente*, visando dar-lhe condições de se manter e, com isso, viver honestamente, sem tornar a cometer ato infracional. A bem da verdade, vários desses atos são conectados a motivos financeiros, consistindo em lesões patrimoniais ou tráfico de drogas. Como bem esclarece Elias Carranza, o operador deve apoiar a sua ação "com a cooperação que possa ser oferecida por programas estatais e organizações da comunidade, tais como igrejas, clubes de bairros, escolas de samba, juntas de vizinhos, sindicatos, sociedades de fomentos e outras. O objetivo que se persegue é o de fortalecer os laços de solidariedade comunitária que oferecem componentes de contenção e apoio ao adolescente em conflito com a lei penal" (Munir Cury [org.], *Estatuto da Criança e do Adolescente comentado*, p. 599).

80. Aproveitamento escolar: nota-se que essa atividade é típica do exercício do poder familiar e incumbe, primordialmente, aos pais do adolescente. Porém, considerando-se a carência geral da família e sua quase certa desestrutura, como exposto na nota anterior, transfere-se ao orientador a responsabilidade de fiscalizar o jovem na escola (frequência e aproveitamento), zelando, por óbvio, pela sua matrícula, sem o que não há nada a supervisionar.

81. Profissionalização do adolescente: esta é outra das tarefas típicas dos pais em relação aos filhos. Entretanto, deduz esta Lei que inexistem os genitores para suprir as deficiências do menor, tanto assim que ele terminou cometendo ato infracional e foi inserido em liberdade assistida. Do mesmo modo que se passa com a educação (inciso anterior), é preciso cuidar da sua orientação profissional e inclusão no mercado de trabalho. Obviamente não é um dever do orientador – nem será cobrado por isso – alcançar êxito nessa missão, tendo em vista as condições peculiares de cada lugar, capacidade de absorção de mão de obra, grau de preparo do adolescente, dentre outros fatores imponderáveis. O mais importante é empenhar-se na orientação profissional.

82. Relatório do caso: é natural que, impostas incumbências, deva o orientador prestar contas das suas atividades, apresentando relatório, pormenorizado, ao juiz. Somente assim se poderá avaliar o sucesso ou insucesso da liberdade assistida. Embora a lei não mencione neste inciso, o relato deve ser encaminhado à Vara da Infância e Juventude pelo menos a cada seis meses – período mínimo da medida.

Seção VI
Do Regime de Semiliberdade

Art. 120. O regime de semiliberdade pode ser determinado desde o início, ou como forma de transição para o meio aberto, possibilitada a realização de atividades externas, independentemente de autorização judicial.[83-85]

§ 1.º São obrigatórias a escolarização e a profissionalização, devendo, sempre que possível, ser utilizados os recursos existentes na comunidade.[86]

§ 2.º A medida não comporta prazo determinado aplicando-se, no que couber, as disposições relativas à internação.[87]

83. Condições da semiliberdade: inclui-se o adolescente em unidade específica para recebê-lo durante a noite, permitindo-se que ele estude e trabalhe fora. Encontra equivalente, no sistema penal, no regime aberto. Há, ainda, quem sustente a viabilidade de se inserir o jovem nessa unidade específica, durante o dia, para trabalhar ou estudar, enquanto dorme em sua residência no período noturno. O importante, na essência, é a estada do menor na unidade destinada à semiliberdade por determinada parte do dia. As atividades externas integram essa medida socioeducativa, sem necessidade de autorização judicial, vale dizer, os dirigentes da unidade podem orientar o adolescente nos estudos e no trabalho exteriores de forma direta, como regra e não exceção. "A privação parcial de liberdade do adolescente autor de ato infracional decorre do objetivo da medida em estudo: sua função é punir o adolescente que praticou ato infracional. É verdade, porém, que todas as medidas socioeducativas – incluindo a inserção em regime de semiliberdade – têm natureza sancionatório-punitiva, com verdadeiro sintoma de retribuição ao ato praticado, executada com finalidade pedagógica" (Wilson Donizeti Liberati, *Adolescente e ato infracional. Medida socioeducativa é pena?*, p. 129). Na jurisprudência: STJ: "Segundo o art. 100, VII, do ECA, é imperiosa a observação dos princípios da proporcionalidade e da atualidade, pois a intervenção deve ser a necessária e adequada à situação de perigo em que a criança ou o adolescente se encontram no momento em que a decisão é tomada. Ademais, a imposição da medida socioeducativa de semiliberdade (art. 120 do ECA) tem natureza pedagógica e ressocializadora, com o objetivo de que o adolescente possa ser, no futuro, membro ativo e saudável do meio social" (AgRg no HC 778.988/SC, 6.ª T., rel. Jesuíno Rissato, 28.08.2023, v.u.); "1. No caso, denota-se que a medida de semiliberdade está fundamentada em elementos concretos extraídos dos autos, quais sejam, 'não se ignora que o representado possui outros 5 registros de atos infracionais, inclusive um deles por ato análogo ao crime de tráfico de drogas, o que, por si só, configura um forte indício de seu envolvimento no universo da traficância. Sem contar que o próprio adolescente disse, perante a autoridade judicial, que não frequenta mais a escola e que estudou apenas até o sexto ano do ensino fundamental (doc. 16, autos de apuração de ato infracional). Sendo assim, diante das condições pessoais do representado e da gravidade da conduta imposta nos presentes autos – quantidade de droga apreendida, bem como a alta potencialidade lesiva –, entende-se que a medida socioeducativa de semiliberdade mostra-se a mais adequada para atender os objetos da educação e ressocialização do adolescente, de acordo com o art. 112, § 1.º, do ECA', elementos que demonstram a necessidade de submeter o adolescente à processo de conscientização, em observância ao princípio da atualidade, às condições pessoais do menor e ao objetivo de reeducar e reabilitar o adolescente em conflito com a lei. 2. A aplicação da medida socioeducativa de internação não resulta em tratamento mais gravoso do que o dispensado a um adulto em situação análoga, o qual seria submetido à pena de reclusão e, estando presentes a reincidência e as circunstâncias judiciais desfavoráveis. 3. Agravo regimental desprovido" (AgRg no HC 669.639/SC, 5.ª T., rel. Ribeiro Dantas, 14.12.2021, v.u.); "1. Na hipótese, apesar de pequena a quantidade de entorpecentes apreendida em poder do adolescente, não há como se desconsiderar o seu histórico infracional – do qual consta inclusive representação pela prática de ato infracional equiparado ao delito de roubo majorado –, tampouco suas circunstâncias pessoais mencionadas no relatório técnico da equipe multidisciplinar, circunstâncias que inclusive levaram à conclusão da equipe técnica pela recomendação da imposição de medida de internação. 2. Assim, sopesando a gravidade do ato infracional praticado e as circunstâncias pessoais do paciente, o melhor entendimento a ser adotado é manter o agravante sob parcial guarda do Estado, de maneira a possibilitar sua gradual reinserção social, mantendo-se a medida socioeducativa de semiliberdade, adequada e proporcional à espécie" (AgRg no HC 656.412/PR, 6.ª T., rel. Antonio Saldanha Palheiro, 15.06.2021, v.u.); "2. O art. 120 do ECA dispõe que se aplica ao regime de semiliberdade as disposições relativas à internação contidas no art. 122 do ECA, o qual autoriza sua imposição somente nas hipóteses de ato infracional praticado com grave ameaça ou violência contra a pessoa, reiteração no cometimento de outras infrações graves ou descumprimento reiterado e injustificável de medida anteriormente imposta. Na hipótese dos autos, observa-se que a imposição da medida socioeducativa de semiliberdade deveu-se ao fato de ter sido atribuído ao paciente ato infracional praticado com violência e grave ameaça à pessoa, equiparado ao roubo qualificado, com concurso de agentes e restrição de liberdade das vítimas, enquadrando-se na hipótese prevista no inciso I, do art. 122, do ECA. Ressalta-se, ainda, que as instâncias ordinárias destacaram que as condições pessoais do paciente são desfavoráveis, haja vista que no relatório apresentado nos autos, informa-se que o adolescente não se encontra frequentando a escola, nunca trabalhou e faz uso de substância entorpecente desde os 13 anos de idade, além de possuir processos anteriores pela prática de atos infracionais análogos aos crimes tráfico de drogas, ameaça e furto qualificado, tendo o menor descumprido as aplicadas medidas socioeducativas em meio aberto anteriormente aplicadas, enquadrando-se na hipótese prevista no inciso II, do art. 122, do ECA, não havendo que se falar, portanto, em falta de fundamentação. Precedentes" (HC 461.786/MG, 5.ª T., rel. Joel Ilan Paciornik, j. 09.10.2018, v.u.). TJPR: "As provas estão em consonância com a falta de credibilidade da versão dada pela defesa, que aliás é inconsistente, porquanto não traz os detalhes necessários acerca das justificativas apresentadas, sem dar os contornos fáticos inequívocos capazes de trazer credibilidade à versão de que o adolescente não teve a intenção de atirar no guarda municipal, não obstante ter retirado o armamento do coldre e o engatilhado. Não atua em legítima defesa de terceiro quem com a inequívoca intenção de atirar no guarda municipal, com *animus* de matar a vítima, retira a arma da posse de guarda municipal, retirando-a do coldre e a engatilhando-a, apontando para a vítima, e a ameaçado de atirar, mediante as súplicas de seu comparsa para atirar, apenas assim não o faz porque a vítima colocou seu comparsa – o adolescente B. – como escudo. Assim sendo, em atenta análise dos autos, não se sustenta a versão contraditória da defesa de ausência de provas para embasar uma condenação, de que não havia a intenção de matar a vítima, dado que ficou claro que com a arma engatilhada e preparada, se houvesse oportunidade o tiro aconteceria, tendo agido se não com dolo direto, pelo menos com dolo eventual. No escólio de Guilherme de Souza Nucci 'é perfeitamente admissível a coexistência da tentativa com o dolo eventual (...) É a precisa lição de Nelson Hungria: 'Se o agente aquiesce no advento do resultado específico do crime, previsto como possível, é claro que este entra na órbita de sua volição: logo, se, por circunstâncias fortuitas, tal resultado não ocorre, é inegável que o agente deve responder por tentativa. (...)' (*Código Penal Comentado*, 13.ª edição, p. 191-192)'. III – No caso em tela, os adolescentes praticaram atos infracionais análogos aos crimes de homicídio tentado, com resquícios de grave violência e insolência, de modo que, sendo absolutamente reprovável no contexto social, tratou-se de ato infracional cometido mediante violência contra a pessoa, sendo certo que a gravidade do ato infracional em questão e a própria previsão legal *in litteris* do art. 122, inc. I, da Lei 8.069/90, somada às condições peculiares dos adolescentes, que demonstraram toda a frieza e malformação de seu caráter na conduta que praticaram, é por demais suficiente para, por si só, permitir a decretação da medida de semiliberdade em benefício dos próprios menores representados, que poderão ter a disposição o necessário acompanhamento psicológico" (Ap. 1453088-0/PR, 2.ª Câm. Criminal, rel. Laertes Ferreira Gomes, 25.02.2016, v.u.).

84. Semiliberdade como início ou por progressão: conforme a gravidade do ato infracional, pode o juiz determinar, na decisão do procedimento verificatório, o ingresso do jovem, desde o início, no sistema de semiliberdade; porém, é viável, ainda, destinar-se à progressão de quem vem do sistema de internação, cujo equivalente, no sistema penal, é o regime fechado. Deve o julgador trabalhar com os princípios da razoabilidade e da proporcionalidade, atualmente muito utilizados no contexto penal e processual penal. Em particular neste último cenário, no tocante à prisão cautelar (necessidade e duração). Na jurisprudência: STF: "*Habeas Corpus*. 2. Medida socioeducativa. Semiliberdade. 3. Adequação e proporcionalidade da medida a alcançar os objetivos do Estatuto da Criança e do Adolescente. 4. Medida aplicada diante de elementos concretos justificadores. 5. Ordem denegada" (HC 123.445/MG, 2.ª T., rel. Gilmar Mendes, 02.09.2014, v.u.). STJ: "2. Consoante a jurisprudência desta Corte Superior, diferentemente da hipótese de internação, a medida de semiliberdade não possui requisitos taxativos de aplicação. Por isso, não há impedimento legal à fixação da medida socioeducativa consistente em semiliberdade desde o início, quando o Juízo da Infância e da Juventude, diante das peculiaridades do caso concreto, fundamentadamente demonstrar a adequação da medida à ressocialização do adolescente. Precedentes" (AgRg no HC 781.910/PR, 5.ª T., rel. Reynaldo Soares da Fonseca, 22.11.2022, v.u.); "1. A medida socioeducativa de internação pode ser aplicada quando caracterizada uma das hipóteses previstas no art. 122 do Estatuto da Criança e do Adolescente e caso não haja outra medida mais adequada e menos onerosa à liberdade do adolescente. 2. É desproporcional a aplicação da medida de internação, pois, apesar da cuidadosa análise do caso pelo juiz sentenciante, os atos infracionais análogos ao crime de tráfico de drogas e porte ilegal de arma de fogo são desprovidos de violência ou grave ameaça contra pessoa e os adolescentes não possuem passagem anterior pelo Juízo da Infância. 3. A quantidade de entorpecentes apreendidos não foi substancial, mas os pacientes traziam consigo arma de fogo e granada e ficou evidente o intenso envolvimento que possuem com o tráfico e a participação deles em organização criminosa denominada Terceiro Comando, com relatos de ameaças pela facção rival. Tais elementos, associados à situação de risco em que se encontram, pois não estudam e nem sequer residem com os familiares, recomendam a aplicação da medida socioeducativa de semiliberdade, mais adequada para mantê-los afastados da seara infracional e para salvaguardar a incolumidade física dos adolescentes, diante das ameaças relatadas. 4. *Habeas corpus* concedido para impor aos pacientes a medida socioeducativa de semiliberdade" (HC 303.408/RJ, 6.ª T., rel. Rogerio Schietti Cruz, 03.02.2015, v.u.). Ver, também, a jurisprudência exposta na nota anterior.

84-A. Relevância relativa do parecer técnico: como já expusemos em outras notas, o julgador não está *atrelado* ao laudo multidisciplinar de equipe técnica; porém, para distanciar-se dele é preciso ter bons argumentos, calcados em provas dos autos. Justo, portanto, que se equilibrem a prudência do magistrado e o conhecimento do setor técnico. Na jurisprudência: STF: "Imposição da medida socioeducativa de internação a adolescente pela prática de ato infracional equiparado ao crime de roubo qualificado (art. 157, § 2.º, II, do CP). Indeferimento do pedido de progressão de medida socioeducativa para semiliberdade lastreado em fundamentação idônea, observados os princípios da brevidade, excepcionalidade e respeito à condição peculiar de pessoa em desenvolvimento. O parecer psicossocial, que não se reveste de caráter vinculativo, é apenas um elemento informativo para auxiliar o juiz na avaliação da medida socioeducativa mais adequada a ser aplicada. Precedente. 5. Recurso ordinário em *habeas corpus* a que se nega provimento" (RHC 122.125/PE, 1.ª T., rel. Rosa Weber, 07.10.2014, v.u.). STJ: "I – A existência de relatório técnico favorável à progressão de medida socioeducativa não vincula o magistrado, que pode, em face do princípio do livre convencimento motivado, justificar a continuidade da internação do menor com base em outros dados e provas constantes dos autos (precedentes). II – *In casu*, não obstante a existência de parecer técnico conclusivo favorável à progressão da medida socioeducativa, o pedido restou indeferido em razão da reiteração anterior no cometimento de atos infracionais (equivalentes a roubo majorado, por duas vezes), e da gravidade concreta do ato praticado (equiparado a homicídio qualificado), além das condições pessoais do adolescente. Recurso ordinário desprovido" (RHC 55.327/MS, 5.ª T., rel. Felix Fischer, 14.04.2015, v.u.).

Art. 121

85. Internação para aguardar vaga no regime de semiliberdade: trata-se de patente ilegalidade. Não bastasse a existência de situação semelhante no campo criminal, em que condenados aguardam no regime fechado a vaga no semiaberto, configurando outra ilegalidade, no campo da infância e da juventude não se pode nem mesmo pensar nisso. Afinal, diversamente do mundo adulto, a aplicação da medida socioeducativa tem a finalidade básica de educar, jamais reprimir, muito menos castigar de maneira extralegal. Conferir: TJPR: "I. A finalidade da medida socioeducativa é a busca da reabilitação do adolescente infrator que, por não ter ainda alcançado a plena capacidade de responder criminalmente por seus atos, necessita de atendimento socioeducativo com o subjetivo único de superar a situação de exclusão em que se encontra e atingir os valores essenciais à participação da vida social. II. A manutenção do paciente em local destinado a medida de internação, face à inexistência de vaga imediata nos locais destinados à semiliberdade, além de afrontar dispositivos legais e constitucionais, fere o direito ao respeito e à dignidade, contrariando assim, toda a Doutrina da Proteção Integral, expressamente consagrada pelo Estatuto da Criança e do Adolescente e pela Constituição Federal" (HC 5.713.497, 2.ª Câm. Criminal, rel. Lidio José Rotoli de Macedo, 30.04.2009, v.u.).

86. Estudo e profissão: são as metas, na realidade, cabíveis aos pais no tocante aos filhos, em primeiro plano; não sendo possível pela desestruturação da família natural, ingressa-se no apoio psicossocial, antes de o menor de 18 anos cometer um ato infracional – para tanto, existem várias medidas protetivas; cometido o ato infracional, não resta outra opção a não ser a aplicação de medida socioeducativa; chegando-se ao ponto da semiliberdade, mantém-se, sempre, o objetivo primário de toda e qualquer formação da criança e, depois, do adolescente: estudo e profissionalização. No caso da semiliberdade, impõem-se ambos os objetivos, que serão, com elevada probabilidade, fornecidos por recursos da comunidade, como escolas e locais de trabalho. Embora a lei mencione "sempre que possível", o Estado não proporciona unidades de acolhimento com escola e trabalho internos, como regra. Por isso, a tendência é valer-se da comunidade para cumprir as metas imprescindíveis à formação do jovem.

87. Prazo de duração: este dispositivo aponta um prazo indeterminado, mas, ao mesmo tempo, indica o cumprimento, no que couber, dos preceitos relativos à internação. Logo, não pode a semiliberdade passar de três anos. Deve-se reavaliar a medida a cada seis meses, detectando o juiz a conveniência de mantê-la ou não. Além disso, quando o jovem completar 21 anos, deve ser automaticamente liberado, mas por ordem judicial.

Seção VII

Da Internação

> **Art. 121.** A internação constitui medida privativa da liberdade, sujeita aos princípios de brevidade, excepcionalidade e respeito à condição peculiar de pessoa em desenvolvimento.[88]
>
> § 1.º Será permitida a realização de atividades externas, a critério da equipe técnica da entidade, salvo expressa determinação judicial em contrário.[89]
>
> § 2.º A medida não comporta prazo determinado, devendo sua manutenção ser reavaliada, mediante decisão fundamentada, no máximo a cada seis meses.[90]
>
> § 3.º Em nenhuma hipótese o período máximo de internação excederá a três anos.[91-92]

§ 4.º Atingido o limite estabelecido no parágrafo anterior, o adolescente deverá ser liberado, colocado em regime de semiliberdade ou de liberdade assistida.[93-94]

§ 5.º A liberação será compulsória aos vinte e um anos de idade.[95-98]

§ 6.º Em qualquer hipótese a desinternação será precedida de autorização judicial, ouvido o Ministério Público.[99]

§ 7.º A determinação judicial mencionada no § 1.º poderá ser revista a qualquer tempo pela autoridade judiciária.[100]

88. Princípios regentes da internação: tratando-se da mais rigorosa medida socioeducativa, deve ser aplicada pelo juiz em casos extremos, em particular nos atos infracionais cometidos com violência contra a pessoa. Equivale, em comparação com o sistema penal, ao regime fechado. Rege-se pelos princípios da brevidade, excepcionalidade e respeito à condição peculiar do jovem em desenvolvimento. A *brevidade* exige a internação por curto período de tempo, razão pela qual o teto de três anos é o limite, mas não a regra. Justifica-se a busca pela exiguidade em face do desenvolvimento contínuo da formação da personalidade do adolescente. Se já é contraproducente manter o adulto em cárcere, pois constitui fator desagregador dos bons valores de sua personalidade, sem dúvida, o jovem terá a tendência negativa de se ver inibido quanto aos seus verdadeiros anseios. A segregação da família e da comunidade o lançará num mundo particular, formado da vida intramuros, cujos valores jamais serão os mais adequados. É correta a lembrança de Jefferson Moreira de Carvalho no sentido de que as entidades de internação devem estar capacitadas para garantir que a medida seja curta e em breve o adolescente pode retornar ao convívio social (*Estatuto da Criança e do Adolescente – manual funcional*, p. 33). De nada adianta a lei estipular a *brevidade* se o aparato estatal ignora o seu dever de equipar a unidade de internação para bem receber e cuidar do jovem. A *excepcionalidade* determina que o magistrado somente opte pela internação como *ultima ratio* (última alternativa), passando por outras medidas socioeducativas antes, se viável. O grande problema da segregação é piorar o que já se encontra ruim, pois o adolescente cometeu ato infracional, que se pode considerar o ápice do conflito com a lei. Se o objetivo da medida socioeducativa é, primeiramente, educar, o mais certeiro método para isso é alheio ao claustro, pois os efeitos desse isolamento forçado são nefastos. Sem dúvida, pode-se argumentar que o jovem praticou algo grave, vitimando um inocente, mas, sendo alguém em pleno processo de formação físico-intelectual, também é uma vítima do próprio sistema social. Em nosso entendimento, crianças não falham, mas, sim, seus pais e, ato contínuo, o poder público. Lançando a pessoa em tenra idade na mais absoluta miséria, sem condições de alimentação condizente, estudo adequado, morada respeitável e orientação adulta responsável, a tendência é inserir a criança num universo perigoso, no qual pode invadir a seara do ilícito, sem nem mesmo entender do que se trata. Crescendo sem o amparo pertinente, atinge a adolescência, época de questionamentos e vulnerabilidades interiores naturais, para, novamente, ver-se desorientado, sem estudo e/ou trabalho digno. Seu comportamento pode lesionar terceiros inocentes, mas não se pode perder de vista que tal inocência não cabe nem à sociedade nem ao Estado, bastando lembrar o dever imposto a *todos* de zelar pela infância e juventude, nos termos do art. 227, *caput*, da Constituição Federal. O *respeito à condição peculiar de pessoa em desenvolvimento* constitui, exatamente, o que vimos desenvolvendo linhas acima. Não se pode, nem se deve, considerar o adolescente como se adulto fosse. Seria um contrassenso, esbarrando até mesmo na pura opressão. Quem não se formou integralmente, *por dentro e por fora*, tem imensa dificuldade de se adaptar em sociedade, com suas várias regras, imposições e limites. Aliás, o adulto nem sempre consegue seguir as normas postas pelo Direito, chegando

Art. 121

Estatuto da Criança e do Adolescente Comentado • **Nucci**

a delinquir de variadas maneiras, sujeito à aplicação da pena; o adolescente, por seu turno, tem o *direito* de falhar, esperando pela postura *ideal* de quem é por sua pessoa responsável: família ou poder público. Diante disso, é essencial respeitar a condição do jovem, em formação da personalidade, para aplicar a internação – ou medida socioeducativa diversa. Na doutrina: "o encarceramento de jovens infratores é um tema difícil. Se por um lado é importante proteger a sociedade de alguns agressores, para os jovens a decisão de segregação provoca sérias implicações de longa duração, pois eles voltarão ao convívio social. A natureza de seu confinamento pode ter um maior impacto na sua aptidão para reentrar em sociedade sem reincidir. Assim, as decisões acerca de quem será aprisionado, as condições de seu encarceramento e a viabilidade de tratamento são tão importantes para o confinado quanto para a sociedade como um todo" (Corley, Bynum e Wordes, "Conceptions of Family and Juvenile Court Processes". In: Weisheit e Culbertson, *Juvenile Delinquency: a Justice Perspective*, p. 219). Bandini e Gatti expõem algumas razões dos males do cárcere juvenil: a) o isolamento do resto da sociedade confirma a convicção dos jovens de serem diferentes do restante do núcleo social; b) a falta de contatos interpessoais, a não ser com outros infratores, fornece modelos que são sempre os mesmos, ou seja, antissociais; c) a inatividade a que é submetida a maioria dos detidos é prejudicial à vida normal que se pretende que ele leve depois de sair dali; d) o tipo de trabalho que lhes é proposto, insuficientemente remunerado, termina convencendo--os de serem incapazes de conseguir boa ocupação; e) a cultura carcerária transmite modelos de comportamento e valores considerados habituais nesse universo (*Delinquenza giovanile*, p. 471). A internação como *ultima ratio* (última opção): STF: "Os arts. 121 e 122 do Estatuto da Criança e do Adolescente impõem que a internação seja aplicada somente em casos excepcionais, não sendo suficiente que a infração seja cometida mediante grave ameaça ou violência à pessoa, devendo ficar demonstrado, com elementos concretos nos autos, que não existe outra medida mais adequada. III – Na situação sob exame, o juízo de piso aplicou a medida de internação, que, como se sabe, deve ser a *ultima ratio*, sem apoiar-se em elementos concretos, tais como laudos ou situações que demonstrem a real necessidade do afastamento do menor do convívio social, que é primário. IV – Ordem concedida de ofício para anular a imposição da medida socioeducativa de internação nos moldes em que assentada, bem como para determinar ao juízo de primeiro grau que aplique justificadamente a medida que entender adequada, observado o disposto no art. 122, § 2.º, do ECA" (HC 120.433/SP, 2.ª T., rel. Ricardo Lewandowski, 03.06.2014, v.u.).

89. Atividades externas: diversamente de outras medidas socioeducativas, em que se privilegia o contato permanente do jovem com a comunidade, no âmbito da internação, cuidando-se de privação da liberdade, nem sempre isso é viável. Se o adolescente foi internado por absoluta incompatibilidade com a vida em sociedade, é natural supor que a sua atividade externa deva ser autorizada pelo juiz, devidamente aconselhado pela equipe técnica.

90. Prazo de internação e reavaliação periódica: inexiste um prazo determinado para a internação, pois o objetivo primordial é recuperar o adolescente para conviver em sociedade, que é o seu lugar. Pode parecer uma previsão inadequada e injusta, pois até mesmo a pena, imposta aos adultos, possui prazo certo; ao contrário, a fixação de um prazo certo levaria a medida socioeducativa para o cenário repressor, de modo singular. Como já mencionamos em nota anterior, o propósito de qualquer medida socioeducativa é *educar*, protegendo o menor. Não se nega o seu caráter aflitivo, como decorrência natural da privação da liberdade, motivo pelo qual essa parcela consequencial da internação é caracterizada pela brevidade. Nada mais lógico do que submeter o internado a uma reavaliação periódica – no máximo a cada seis meses –, devendo ser liberado assim que possível. Na jurisprudência: TJPR: "I – O processo socioeducativo de apuração de ato infracional tem sua regulamentação procedimental, consoante os termos do art. 198 do ECA, remetido à observância das normas do Código de Processo Civil; e levando em consideração que, segundo entendimento pacificado na jurisprudência pátria, a medida socioeducativa privativa da liberdade tem a mesma natureza de tutela antecipada, eis que nos termos do art. 121, § 2.º, do ECA, não comporta prazo determinado e deve ser revisitada a cada seis meses, tem-se como justificado o recebimento em regra do apelo no efeito apenas devolutivo, nos termos do art. 520, VII, do CPC; até porque, entende-se tenha a sentença proferida logrado expressar como presentes os requisitos ensejadores da necessidade de proteção do adolescente, haja vista o risco que existe para sua própria formação mantê-lo em liberdade, sendo a melhor interpretação para o caso, portanto, a que aplica o método sistemático de aplicação da norma, daí sendo permitido o recebimento do apelo do ECA apenas no efeito devolutivo, possibilitando a aplicação imediata da medida socioeducativa, em observância até mesmo da própria função, finalidade e caráter da medida socioeducativa, que, não se tratando de pena, procura tão só assegurar o imediato bem-estar do menor, que corre sério risco de exposição longínqua àqueles mesmos fatores e elementos que o fizeram incorrer em atos infracionais reiterados. II – A fundamentação baseada nos elementos de provas idôneos, ainda que sucinta, é apta e indene a motivar a prolação de uma sentença condenatória, máxime quando intrínseca ao livre convencimento do julgador. O sentenciante analisou detalhadamente toda a prova oral produzida nos autos, fundamentando a condenação na prova judicializada, principalmente na confissão do representado e nas declarações dos policiais militares. III – A mera posse ou o porte apenas da munição (independentemente de a arma apreendida for ou não ineficiente) já configura o crime. Isso porque tal conduta consiste em crime de perigo abstrato, para cuja caracterização não importa o resultado concreto da ação. O objetivo do legislador foi o de antecipar a punição de fatos que apresentam potencial lesivo à população, prevenindo a prática de crimes (cf. STF. 2.ª T. HC 119154, Rel. Min. Teori Zavascki, j. 26.11.2013; STJ. 6.ª T. AgRg no REsp 1442152/MG, Min. Maria Thereza de Assis Moura, j. 07.08.2014). IV – No caso em tela, o adolescente praticou ato infracional análogo ao crime de porte de arma de fogo e munição, esta intacta para efetuar disparos, de modo que, sendo reprovável no contexto social, trata-se de ato infracional de relativa gravidade, de modo que as condições pessoais do adolescente já são por demais suficientes para permitir a decretação da medida socioeducativa de liberdade assistida" (Ap. 1626236-3-PR, 2.ª Câmara Criminal, rel. Laertes Ferreira Gomes, 23.03.2017, v.u.). TJGO: "1 – O art. 121, § 2.º, do ECA dispõe que a medida de internação não comporta prazo determinado, devendo sua manutenção ser reavaliada no máximo a cada seis meses. 2 – Ainda que o relatório psicossocial tenha sido favorável à progressão, não se encontra o magistrado vinculado a ele, podendo, em face do princípio do livre convencimento motivado, justificar a continuidade da internação que, além da circunstância do fato (roubos majorados), pautou-se, principalmente, na melhor assimilação das consequências de seus atos, somado ao fato do adolescente possuir reiteradas práticas de atos infracionais (condutas equiparadas a roubos, receptação e tentativa de latrocínio), indicando que a continuidade da internação é medida imprescindível. 3 – Da decisão de continuidade da medida de internação, é possível verificar as garantias constitucionais da defesa, tendo sido representado por seu defensor. 4 – A argumentação referente à superlotação e indignidade das instalações da unidade de internação, por si só, não autoriza a revogação da medida socioeducativa, uma vez que imposta conforme disposição legal (ECA, arts. 121 e 122). 5 – Conclusão: Pedido indeferido. Parecer acolhido" (HC 201362-37.2017.8.09.0000-GO, 2.ª Câm. Criminal, rel. Fabio Cristóvão de Campos Faria, 31.08.2017, v.u.).

91. Prazo improrrogável de três anos: preocupa-nos o teto de três anos, pois nem todos reagem da mesma maneira; uns adolescentes podem necessitar de maior apoio, educação, auxílio e orientação que outros. Em atos infracionais muito graves, cometidos reiteradamente, por jovens beirando a idade penal, parece-nos inadequada a fixação do triênio. Assim como o é a liberação automática aos 21 anos. Por conta de algumas exceções, referentes a adolescentes que mereciam ficar internados mais tempo, debate-se, a todo momento, assim que surge situação de ato infracional gravíssimo concreto, a redução da maioridade. Ilustrando, houve um rapaz, no Estado de São Paulo, com 17 anos, autor de atos infracionais equiparados a estupros e homicídios, cuja internação atingiu os três anos, mas ele não tinha a menor condição psíquica de ser posto em liberdade; no caso concreto, terminou interditado na esfera civil e permaneceu detido. Nessa situação, houve possibilidade de, por laudo médico, atestar-se a sua insanidade, mas nem sempre é assim. Por isso, evitando-se generalizar, o ideal seria elevar, por lei, o período de três anos para um prazo maior, voltado a casos realmente excepcionais, justificados por equipe técnica, com a participação de médico psiquiatra, tal como se faz na elaboração do exame criminológico, podendo-se manter a internação após os 21 anos, alterando-se o § 5.º deste artigo. Mas, para a grande maioria dos adolescentes, as regras atuais seriam mantidas. Na jurisprudência: STJ: "1. O adolescente infrator não pode receber tratamento mais gravoso do que aquele conferido ao adulto em situação semelhante. 2. No curso do cumprimento de medida socioeducativa, quando sobrevier situação de perturbação da saúde mental, o Juiz poderá suspender a execução (art. 64, § 4.º, da Lei n. 12.594/2012) e submeter o interno a tratamento psiquiátrico em regime hospitalar. Entretanto, esta Corte já decidiu que o período de atendimento deve ser contabilizado no limite máximo de duração da internação, a qual, nos termos do art. 121, § 3.º, do ECA, é de três anos, a fim de não se admitir a privação de liberdade por tempo indefinido" (AgRg no REsp 1.938.039/PR, 6.ª T., rel. Rogerio Schietti Cruz, 11.03.2024, v.u.).

92. Prazos independentes: o período máximo de internação, para cada ato infracional cometido, é de três anos. Se houver concurso de atos infracionais, impondo-se uma única medida socioeducativa para todos, o prazo máximo de três anos é único. Porém, se o adolescente receber uma medida de internação em face de determinado ato; cumprindo-a em três anos, tornar a cometer outro ato infracional grave, pode-se renovar a medida de internação, cujo limite será novamente de três anos. Na doutrina: "não se afigura o melhor entendimento, pois resultaria em oportunizar ao adolescente um salvo-conduto que por certo não se coaduna a qualquer proposta pedagógica. (...) Qualquer contribuição para a ideia de impunidade do adolescente é um desserviço à juventude brasileira e à construção da cidadania, na medida em que não há falar em cidadania sem responsabilidade" (João Batista Costa Saraiva, *Compêndio de direito penal juvenil. Adolescente e ato infracional*, p. 181). Na jurisprudência: STJ: "Atos infracionais distintos não acarretam a cumulação de internação ou a extinção de um feito em decorrência de condenação em outros, sendo o prazo de 3 (três) anos previsto no art. 121, § 3.º, da Lei 8.069/90, contado isoladamente para cada medida de internação aplicada. Precedentes" (AgRg no HC 244.399/SP, 5.ª T., rel. Marco Aurélio Bellizze, 27.11.2012, *DJe* 04.12.2012).

93. Liberação ou transferência para outra medida socioeducativa: em primeira leitura, o disposto neste parágrafo dá a entender que é possível atingir os três anos de internação e, depois disso, ainda passar o jovem para a semiliberdade ou liberdade assistida. Mas não nos convence essa visão. O *máximo do máximo* é a privação de liberdade por três anos. Atingido esse teto, o adolescente deve ser liberado *incontinenti*. Porém, se ele ficou internado, por exemplo, por dois anos, ainda é possível transferi-lo para outra medida socioeducativa, como a semiliberdade, por mais um ano.

94. Detração anômala: valendo-se do disposto no art. 42 do Código Penal, em benefício do adolescente, deve-se computar no teto de três anos o período de internação provisória, se houver.

95. Diversidade de atos infracionais: o limite de cumprimento das medidas restritivas de liberdade (internação e semiliberdade) é de três anos. Assim, por todos os atos infracionais cometidos pelo adolescente, unifica-se a medida socioeducativa, indicando-se a internação por até três anos. Porém, se o jovem cometer outros atos infracionais, após o início do cumprimento dessa internação, cujo teto é de três anos, pode-se aplicar outra medida de internação, que respeitará novo limite de três anos, fazendo-se a reunificação. Trata-se do disposto no art. 45 da Lei 12.594/2012, cuja inspiração advém do art. 75 do Código Penal. Ilustrando em exemplos: a) o adolescente comete vários atos infracionais com violência contra a pessoa; recebe a medida socioeducativa de internação; o teto é de três anos; durante o cumprimento, chegam novas decisões judiciais, também impondo internação, por atos cometidos *antes* do início do cumprimento da internação; todas as medidas socioeducativas são unificadas e mantém-se o prazo máximo de três anos já estabelecido; b) o jovem comete atos infracionais graves com violência contra a pessoa; recebe medida socioeducativa de internação, cujo teto é de três anos; dois anos depois, ele mata um interno na unidade onde cumpre a medida; recebe outra medida socioeducativa de internação; despreza-se o tempo de medida já cumprido até aquele momento, ou seja, dois anos; faltaria um ano para atingir o teto de três; a esse um ano, acrescenta-se nova medida de internação, cujo teto passa a novamente ser de três anos, vale dizer, resgata-se aquele um ano faltante da medida anterior e acrescenta-se um novo limite de mais dois anos, para gerar, novamente, três anos de internação máxima. Nessa ótica, conferir também Fracismar Lamenza (*Estatuto da Criança e do Adolescente interpretado*, p. 207-208).

96. Liberação aos 21 anos e modificação da lei: esta compulsoriedade quanto ao término da medida socioeducativa aos 21 anos abrange a internação, além de toda e qualquer outra medida aplicada. Afinal, se o *mais* (internação) cessa, com muito mais razão o *menos* (semiliberdade, liberdade assistida etc.) sofre imediata paralisação; o que foi cumprido, permanece; o que ainda falta, termina. Segundo nos parece, o ideal seria elevar o teto de três anos, como máximo para a medida de internação, para casos graves e específicos. Por outro lado, se ultrapassar a idade de 21 anos – sem o cometimento de crimes, após os 18 –, deveria ser viável a continuidade do cumprimento da medida socioeducativa, também em casos especiais e graves. São duas hipóteses *de lege ferenda*. Enquanto não modificada a lei, a medida socioeducativa pode ser aplicada à pessoa que atingiu 18 anos, desde que o ato infracional tenha sido cometido antes. E, enquanto não atingir os 21, pode ser mantida. Pensamos que a única razão plausível para afastar o cumprimento da medida socioeducativa é a prática de crime, após os 18 anos, quando ingressa no âmbito da Justiça Criminal comum. Se tal evento ocorreu (crime), já não importa pretender educar o adolescente, pois houve falha irrecuperável. Cuidar-se-á, então, de um processo de reeducação, a ser trabalhado durante o cumprimento da pena. Na jurisprudência: STJ: "1. Tendo o agravado completado 21 anos, circunstância que acarreta liberação compulsória da medida socioeducativa de internação aplicada ao adolescente, nos termos do art. 121, § 5.º, do ECA, fica prejudicado o agravo regimental, pela perda superveniente do objeto" (AgRg no AREsp 1.881.607/MG, 5.ª T., rel. Joel Ilan Paciornik, 27.11.2023, v.u.); "1. Para sujeição do adolescente às medidas previstas na Lei n. 8.069/1990, deve ser considerada a inimputabilidade penal à data do fato, sendo irrelevante a superveniência da maioridade no curso da representação, pois, consoante a interpretação do art. 121, § 5°, da Lei n. 8.069/1990, a liberação será compulsória somente aos 21 anos de idade. 2. *Habeas corpus* não conhecido" (HC 371.512/SC, 6.ª T., rel. Rogerio Schietti Cruz, 18.10.2016, v.u.). TJMT: "1. Em se verificando que os representados atingiram os 21 anos de idade, resta prejudicado o apelo, mercê da perda superveniente do objeto, à luz da intelecção do art. 2.º, parágrafo único, e do art. 121, § 5.º, ambos do Estatuto da Criança e do Adolescente, bem como do entendimento consolidado no C. Superior Tribunal de Justiça. (...)" (Ap. 62844/2017-MT, 2.ª Câm. Criminal, rel. Alberto Ferreira de Souza, 06.09.2017, v.u.).

Art. 121

Estatuto da Criança e do Adolescente Comentado · **Nucci**

97. Equivocidade da expressão *prescrição etária*: alguns autores denominam o atingimento da idade de 21 anos como uma hipótese de ocorrência de prescrição para o Estado, ou seja, perda do *poder* sancionador em função da idade (por todos, Fuller, Dezem e Martins, *Estatuto da Criança e do Adolescente*, p. 133). Parece-nos inadequada essa analogia feita com a prescrição, que é a perda do poder punitivo estatal em face do decurso do tempo. O instituto da prescrição é uma sanção, estabelecida em lei, para impedir que o Estado persiga um objetivo considerado inócuo, consistente em sancionar quem já se emendou por razões diversas, por conta do tempo decorrido. No caso do adolescente, atingindo 21 anos, passa a ser considerado adulto, física e intelectualmente, motivo pelo qual *extingue-se a punibilidade*, ou melhor, em terminologia infantojuvenil, *extingue-se a educação compulsória*. O Estado não pode mais impor ao adulto um processo educacional destinado a adolescentes. Perde-se o objeto, por razões de política criminal. Em suma, não se trata de sanção ao Estado porque não agiu a tempo, mas da cessação da sua atividade por ter perdido o interesse de agir. Como mencionamos na nota anterior, se a lei for alterada, pode-se viabilizar a hipótese de permanência da medida de internação, por exceção, para alguns adultos, cujo ingresso na unidade se deu na fase da adolescência, a fim de que possam *terminar* o processo educacional iniciado, mas ainda não concluído a contento.

98. Liberação sem ordem judicial: preceitua o art. 19 ("A liberação quando completados os 21 [vinte e um] anos independe de decisão judicial, nos termos do § 5.º do art. 121 do Estatuto da Criança e do Adolescente") da Resolução 165/2012 do Conselho Nacional de Justiça que, ao completar 21 anos, a ordem judicial é irrelevante; basta o administrador da unidade onde estiver o indivíduo abrir a porta, dando-lhe *adeus*. Entretanto, o § 6.º (que vem abaixo do § 5.º, só para ressaltar) deixa claríssimo que, *em qualquer hipótese* (*supra*), a desinternação é *precedida* de autorização judicial, ouvido o MP. Vale mais a Resolução administrativa ou a interpretação da lei feita por um juiz, no exercício do poder jurisdicional? Parece-nos que a voz do juiz deve prevalecer, sob pena de o CNJ assumir uma postura híbrida de órgão legislativo-judicante. Não é a primeira norma administrativa a sobrepor-se sobre a lei ou visando dar o *melhor significado* da norma jurídica, que também não lhe compete. Mas as normas do CNJ terminam valendo – em eficácia muito superior à da lei – porque há o fator *temibilidade*. Os magistrados simplesmente temem eventual procedimento disciplinar, que nos parece incabível, mas, como ninguém aprecia *enfrentar problemas*, melhor cumprir a Resolução sem questionar.

99. Autorização judicial para liberação: se atingido o limite de três anos de internação a liberação é obrigatória ou, alcançados os 21 anos, também, por que depende da precedente autorização judicial, ouvido o Ministério Público? Por variadas razões, entre as quais as seguintes: a) pode ter ocorrido a reunificação da medida socioeducativa, em face do cometimento de ato infracional após o início do cumprimento (ver a nota 96 ao § 5.º); b) pode o adolescente, agora maior de 18 anos, responder a processo criminal em Vara comum, com mandado de prisão expedido; c) pode ser necessária a interdição do jovem, pela detecção de enfermidade mental grave.

100. Revisão da autorização ou proibição da atividade externa: após a edição da Lei 12.594/2012, disciplinando a execução da medida socioeducativa, inseriu-se este parágrafo, contemplando o caráter dinâmico do cumprimento da medida imposta, assim como se faz no tocante à individualização executória da pena. O jovem internado pode apresentar melhora significativa nos primeiros tempos e, graças a isso, a atividade externa, antes vedada, poderá ser revista e autorizada. O mesmo se diga do contrário; se não souber comportar-se a contento em atividade externa, poderá ser proibido de deixar a unidade. A bem da verdade, este parágrafo é supérfluo, pois o juiz tem a possibilidade de rever suas decisões, pelo sim ou pelo não, a qualquer tempo, em particular quando percebe o surgimento de fato novo.

Art. 122

> **Art. 122.** A medida de internação só poderá ser aplicada quando:[101-103]
>
> I – tratar-se de ato infracional cometido mediante grave ameaça ou violência a pessoa;[104-105]
>
> II – por reiteração no cometimento de outras infrações graves;[106-107]
>
> III – por descumprimento reiterado e injustificável da medida anteriormente imposta.[108]
>
> § 1.º O prazo de internação na hipótese do inciso III deste artigo não poderá ser superior a 3 (três) meses, devendo ser decretada judicialmente após o devido processo legal.[109-110]
>
> § 2.º Em nenhuma hipótese será aplicada a internação, havendo outra medida adequada.[111]

101. Requisitos para aplicação da internação: considerando-se a medida socioeducativa de internação como *ultima ratio* (última opção) das medidas adotadas em relação ao menor em conflito com a lei, é preciso respeitar alguns requisitos legais para adotá-la como solução ao caso concreto. Na jurisprudência: TJAL: "1 – O ato infracional exercido com emprego de grave ameaça está incluído nas hipóteses taxativas que admitem a imposição de internação. 2 – As medidas socioeducativas do ECA possuem caráter sancionador e pedagógico, sendo direcionadas à promoção da ressocialização do adolescente em conflito com a lei. 3 – Sendo apurado que a adolescente é dependente químico e teria praticado outros atos delituosos, demonstra-se necessária a imposição da medida extrema como forma de monitorar a sua evolução. 4 – Sentença que não merece reparos. 5 – Recurso conhecido e não provido" (Ap. 0701127-69.2015.8.02.0067/AL, Câmara Criminal, rel. Maurílio da Silva Ferraz, 16.08.2017, v.u.).

102. Tráfico ilícito de drogas: cuida-se de crime equiparado a hediondo, um dos mais cometidos atualmente; o seu reflexo no campo dos atos infracionais é evidente, fazendo com que muitos adolescentes o pratiquem. Porém, embora para os adultos a pena seja elevada, não há como se aplicar internação ao menor, ao menos da primeira vez. Mesmo que o jovem seja surpreendido com grande quantidade de droga ou advenha outra hipótese fática comprometedora. Em face do princípio da legalidade, somente nas estritas situações deste artigo pode-se internar o adolescente em decorrência de ato infracional. Na doutrina: "não há falar em violência ou grave ameaça no tipo penal do tráfico de entorpecente o qual, embora crime hediondo, não contém, em suas elementares, essas características. Qualquer hipótese nesse sentido será admitir o inadmissível, a analogia em *malam partem*, insuportável em um Estado Democrático de Direito" (João Batista Costa Saraiva, *Compêndio de direito penal juvenil. Adolescente e ato infracional*, p. 174). Nessa ótica, a Súmula 492 do STJ: "o ato infracional análogo ao tráfico de drogas, por si só, não conduz obrigatoriamente à imposição de medida socioeducativa de internação de adolescente". Na jurisprudência: STF: "*Habeas corpus*. Dupla supressão de instância. Ato infracional equiparado ao crime de tráfico de drogas. Internação determinada com base na gravidade abstrata do delito. Ilegalidade evidente. Ordem concedida de ofício. 1. Inexistindo pronunciamento colegiado do Superior Tribunal de Justiça, não compete ao Supremo Tribunal Federal examinar a questão de direito implicada na impetração. 2. A medida socioeducativa de internação imposta com base apenas na suposta gravidade abstrata do ato infracional ofende a garantia da excepcionalidade da aplicação de qualquer medida privativa de liberdade determinada pelo texto constitucional (art. 227, § 3.º, V) e contraria o rol taxativo do art. 122 da Lei 8.069/90. 3. *Habeas corpus* não conhecido. Ordem concedida de ofício para determinar ao Juízo de origem que, com base nas circunstâncias

Art. 122

objetivas do caso concreto, fixe medida socioeducativa menos gravosa e que favoreça a inserção social dos pacientes, que deverão aguardar em liberdade o trânsito em julgado da sentença" (HC 122.886/SP, 1.ª T., rel. Roberto Barroso, 19.08.2014, m.v.). STJ: "3. Não obstante, a medida de internação ao menor que comete ato infracional equiparado ao crime de tráfico ilícito de drogas é cabível em casos excepcionais, nomeadamente quando as circunstâncias concretas demonstram se tratar da única medida socioeducativa adequada à sua ressocialização. Inteligência do art. 100, c.c. art. 113, ambos do ECA, claros no sentido de que, na aplicação das medidas socioeducativas, levar-se-ão em conta primeiramente as necessidades pedagógicas do adolescente. 4. No caso, a Corte de origem salientou que o Paciente ostenta registro de antecedentes infracionais pela prática do mesmo ato infracional ora analisado – tráfico de drogas, tendo havido, inclusive, a aplicação de medida socioeducacional de liberdade assistida. 5. Ordem de *habeas corpus* denegada" (HC 497.520/SP, 6.ª T., rel. Laurita Vaz, j. 18.06.2019, *DJe* 01.07.2019); "2. A aplicação da internação, medida socioeducativa extrema, como é cediço, está autorizada apenas nas hipóteses taxativamente elencadas no art. 122 do Estatuto da Criança e do Adolescente. 3. Não obstante seja revestido de alto grau de reprovabilidade social o crime de tráfico de drogas, a jurisprudência deste Superior Tribunal possui orientação de que não se admite a aplicação da medida mais gravosa com esteio na gravidade genérica do ato infracional ou na natureza hedionda do crime de tráfico de drogas, dada a taxatividade do rol previsto no art. 122 do Estatuto da Criança e do Adolescente. Súmula 492/STJ. 4. Uma vez que a conduta praticada pelo agravado é desprovida de violência ou grave ameaça à pessoa e considerando-se que não consta dos autos notícia de reiteração no cometimento de outras infrações graves, tampouco descumprimento reiterado e injustificável de medida anteriormente imposta, não haveria como ser mantida a aplicação da medida socioeducativa de internação ao adolescente. 5. O fato de terem sido apreendidos 39 pinos de cocaína, somado ao fato de o paciente haver confirmado que pratica o tráfico de drogas, sendo abordado várias vezes nas imediações daquele local onde fora autuado e a sua vulnerabilidade social, demonstra a necessidade da aplicação de uma medida mais gravosa, que o conduza a refletir sobre sua conduta, sobretudo em se considerando a função protetiva e pedagógica das medidas socioeducativas, as quais visam, especialmente, afastar o adolescente da criminalidade e corrigir eventuais desvios em seu comportamento, *in casu*, a semiliberdade. 6. Agravo regimental improvido" (AgRg no HC 393.316/SP, 6.ª T., rel. Sebastião Reis Júnior, 03.08.2017, v.u.); "1. A medida socioeducativa de internação somente pode ser aplicada quando caracterizada ao menos uma das hipóteses previstas no art. 122 do Estatuto da Criança e do Adolescente e caso não haja outra medida mais adequada e menos onerosa à liberdade do jovem. 2. No caso concreto, é desproporcional a aplicação da medida de internação, pois a conduta praticada, análoga ao crime de tráfico de drogas, é desprovida de violência ou grave ameaça contra pessoa (inciso I) e há notícia da prática de apenas um ato infracional anterior, análogo ao crime de tráfico de drogas. Ademais, não houve decretação judicial de descumprimento reiterado e injustificável de medida anteriormente imposta (inciso III), o que autorizaria apenas a internação-sanção por prazo não superior a 3 meses. 3. Entretanto, a quantidade e a diversidade de entorpecentes apreendidos com o adolescente (116 porções de cocaína e 41 porções de maconha), o alto grau lesivo da cocaína, a notícia da prática anterior do mesmo ato infracional e a ineficiência da liberdade assistida para mantê-lo afastado da recidiva infracional evidenciam a necessidade de aplicação da semiliberdade, especialmente à luz da função protetiva e pedagógica das medidas socioeducativas. 4. *Habeas corpus* concedido para impor ao paciente a medida socioeducativa de semiliberdade" (HC 312.633/SP, 6.ª T., rel. Rogerio Schietti Cruz, 24.03.2015, v.u.). *Em sentido diverso, permitindo a internação:* STF: "1. A jurisprudência deste Supremo Tribunal acentua a possibilidade de aplicação de medida socioeducativa de internação, quando praticados atos infracionais análogos aos crimes de tráfico de entorpecentes e associação para o tráfico, desde que observadas as peculiaridades do caso concreto. 2. Ao aplicar a medida socioeducativa de internação, o Juízo de primeiro grau ressaltou que o adolescente, além do exercício da traficância, participava de facção criminosa e estava afastado dos estudos ou de atividades lícitas, dedicando-se integralmente ao tráfico de drogas, circunstâncias comprobatórias de que a aplicação de medidas menos severas é ineficaz para possibilitar a ressocialização do Paciente. 3. Ordem denegada" (HC 121.974/RJ, 2.ª T., rel. Cármen Lúcia, 13.05.2014, v.u.). STJ: "1. Nos termos da jurisprudência desta Corte Superior, sedimentada no enunciado sumular n. 492, o ato infracional análogo ao tráfico de drogas, por si só, não conduz obrigatoriamente à imposição de medida socioeducativa de internação do adolescente. Todavia, essa medida é cabível em casos excepcionais, notadamente quando as circunstâncias do caso concreto demonstram se tratar da única medida socioeducativa adequada à sua ressocialização, nos termos do art. 100, c/c o art. 113, ambos do Estatuto da Criança e do Adolescente – ECA. 2. *In casu*, as instâncias de origem indicaram que, além da gravidade concreta do ato infracional praticado – especialmente diante da vultosa quantidade e diversidade de entorpecentes (388 g de maconha, 120 g de cocaína e 154 g de *crack*) –, o paciente ostenta diversas outras representações, inclusive pela prática de condutas análogas a crimes como tráfico de drogas, razão pela qual a internação apresenta-se como a melhor alternativa no caso. Ademais, benefícios anteriores concedidos a ele foram ineficientes. 3. Essas circunstâncias demonstram a necessidade de um acompanhamento estatal mais cuidadoso que propicie ao adolescente sua desdrogadição, por meio de tratamentos clínicos e psicoterápicos, visando à sua ressocialização e reeducação, para que se possa refrear seu envolvimento com a criminalidade e possibilitar-lhe uma vida útil e produtiva. 4. Inviável a análise da pretensão em cumprir a medida imposta em liberdade, com base nas denominadas circunstâncias fáticas (crise de saúde pública gerada pela pandemia gerada pela COVID-19) e jurídicas (tendo em vista a Recomendação n. 62 do CNH, por configurar indevida supressão de instância. 5. Agravo regimental não provido" (AgRg no HC 567.090/SC, 5.ª T., rel. Reynaldo Soares da Fonseca, j. 23.06.2020, v.u.). TJSP: "O ato infracional equiparado ao crime de tráfico de drogas é dotado de considerável gravidade, já que é responsável pela administração de incontáveis danos à sociedade, como a destruição da saúde dos usuários, o rompimento de famílias e a estimulação de crimes que o sustentam. Além disso, observe-se o posicionamento desta Corte admitindo interpretação extensiva das hipóteses anotadas no art. 122 do Estatuto, superando a Súmula n.º 492 do STJ, quando da prática de ato infracional análogo ao crime de tráfico de drogas, equiparado a hediondo, no qual a gravidade do fato se apresenta como circunstância distintiva" (AC 15006078120228260546 Mogi-Guaçu, Câm. Especial, rel. Sulaiman Miguel, 10.07.2023, v.u.). *Em sentido intermediário, autorizando a semiliberdade:* STJ: "1. A medida socioeducativa de internação poderá ser aplicada quando caracterizada uma das hipóteses previstas no art. 122 do Estatuto da Criança e do Adolescente e caso não haja outra medida mais adequada e menos onerosa à liberdade do adolescente. 2. Evidenciada a desproporcionalidade na aplicação da internação, pois o ato infracional análogo ao crime de tráfico de drogas é desprovido de violência ou grave ameaça contra pessoa. 3. Entretanto, a alta nocividade das drogas apreendidas (*crack* e maconha) e a notícia de que o adolescente já está inserido no mundo do tráfico evidenciam a necessidade de aplicação da medida de semiliberdade, especialmente à luz da função protetiva e pedagógica das medidas socioeducativas. 4. *Habeas corpus* concedido para impor ao paciente a medida socioeducativa de semiliberdade" (HC 292.018/SP, 6.ª T., rel. Rogerio Schietti Cruz, 03.03.2015, v.u.).

103. Uso de drogas ilícitas: não autoriza, em hipótese alguma, a internação, pois o art. 28 da Lei 11.343/2006 (Lei de Drogas) não permite a pena privativa de liberdade ao adulto usuário em nenhum caso. Não se pode pretender impor ao jovem uma sanção maior

Art. 122

Estatuto da Criança e do Adolescente Comentado · **Nucci**

do que a que seria cabível ao adulto, em situação similar. Deve o juiz da infância e juventude, quando o menor for apreendido com drogas, valer-se de outras medidas (sempre), quando detectado o consumo pessoal. Na jurisprudência: STJ: "A Constituição Federal, em seu art. 227, § 3.º, inciso V, ao consagrar a doutrina da proteção integral às crianças e aos adolescentes, dispõe que as medidas privativas de liberdade, se aplicadas ao menor, devem obediência aos princípios da brevidade, excepcionalidade e respeito à condição peculiar da pessoa em desenvolvimento, privilegiando sempre viabilizar a reintegração do menor ao convívio social, bem como à vida familiar. Seguindo o referido princípio, a internação, meio mais gravoso de restrição à liberdade do menor infrator, deve ser imposta apenas quando nenhum outro meio se mostrar adequado ao caso, nas hipóteses taxativas do art. 122 do ECA. O art. 28 da Lei 1.343/2006, ao punir a posse de entorpecentes para consumo próprio, não autoriza a privação da liberdade do condenado, pessoa adulta e plenamente imputável, mas prevê tão somente a aplicação de penas restritivas de direitos. Diante disso, se o menor ou o adolescente gozasse de plena imputabilidade penal, não seria submetido à medida privativa de liberdade, como ocorre na internação. É manifesto o constrangimento ilegal, por violar o princípio da proteção integral do menor inimputável, a imposição, ao paciente, da medida excepcional e mais gravosa de internação pela prática de ato infracional análogo ao delito previsto no art. 28 da Lei de Drogas que, se cometido por adulto, não autorizaria a privação da liberdade do autor. Precedentes desta Corte e de ambas as Turmas do Supremo Tribunal Federal. *Habeas corpus* não conhecido. Ordem concedida de ofício para afastar a aplicação da medida socioeducativa de internação ao paciente, sem prejuízo da imposição de qualquer medida prevista no art. 112 da Lei 8.069/90, desde que não implique a privação, mesmo que parcial, da liberdade de ir e vir do paciente" (HC 338.851/SP, 5.ª T., rel. Reynaldo Soares da Fonseca, 23.02.2016, v.u.).

104. Ato infracional mediante grave ameaça ou violência a pessoa: o ato infracional é conceituado por equiparação aos crimes e contravenções penais; por isso, deve-se buscar no contexto do Direito Penal quais são as infrações praticadas com violência ou grave ameaça à pessoa, encontrando-se, dentre outras, as seguintes: a) homicídio; b) roubo; c) extorsão; d) estupro; e) lesão grave e gravíssima. Certos atos, equiparados a crime graves, como o porte ilegal de arma de fogo (art. 14, Lei 10.826/2003), disparo de arma de fogo (art. 15, Lei 10.826/2003), posse ou porte ilegal de arma de fogo de uso restrito (art. 16, Lei 10.826/2003), o comércio ilegal de arma de fogo (art. 17, Lei 10.826/2003), a disputa de "racha" (art. 308, Código de Trânsito Brasileiro), a falsificação de remédios (art. 273, CP, delito hediondo), dentre outros, não permitem a internação como primeira medida. Igualmente, a satisfação da lascívia mediante a presença de criança ou adolescente (art. 218-A, CP) e o favorecimento da prostituição de menor de 18 anos (art. 218-B, CP). O mesmo se diga da associação criminosa (art. 288, CP) e da milícia (art. 288-A), bem como o delito de organização criminosa (Lei 12.850/2013). Não há, nessa opção, uma lógica a merecer aplauso; afinal, um tráfico de grande quantidade de drogas pode ser mais pernicioso do que um roubo simples. Um crime de estupro de vulnerável pode ser muito mais lesivo do que uma lesão corporal. Por derradeiro, há os que defendam, ainda, a inviabilidade de se internar o adolescente se autor de infração de menor potencial ofensivo (ameaça, lesão simples, vias de fato), o que apresenta bom senso, em face do que acabamos de expor. Enfim, para não se deixar ao livre critério do juiz a internação do menor, criou-se limites de cunho objetivo, o que fere a proporcionalidade em certas hipóteses. Na doutrina: "A violência que resulta de vias de fato (todo ato agressivo material que não cause à integridade corporal da vítima dano capaz de ser definido como lesão corporal) não será determinante para a aplicação da medida segregatória. A violência referida no inciso I é aquela considerada *vis physica*, que é infligida sobre a pessoa, causando lesões corporais ou morte, considerados crimes apenados com reclusão" (Wilson Donizeti Liberati, *Comentários ao Estatuto da Criança e do Adolescente*, p. 141). Na jurisprudência:

STF: "1. O artigo 122 do Estatuto da Criança e do Adolescente – ECA (Lei 8.069/90) estabelece, taxativamente, as hipóteses que autorizam a aplicação da medida socioeducativa de internação, permitindo, em seus incisos I e II, a aplicação desta medida quando o ato infracional for cometido mediante violência ou grave ameaça à pessoa e quando houver o descumprimento reiterado e injustificado de medida anteriormente imposta. Precedentes: HC 112.248, 2.ª T., rel. Ministro Teori Zavascki, *DJe* 13.05.2013; HC 107.712, 1.ª T., rel. Ministro Luiz Fux, *DJe* 14.02.2012; HC 97.183, 1.ª T., rel.a Ministra Cármen Lúcia, *DJe* 22.05.2009; e HC 98.225, 2.ª T., rel. Ministra Ellen Gracie, *DJe* 11.09.2009. 2. *In casu*, o recorrente, de forma reiterada, agrediu, física e verbalmente, seus genitores, bem como ameaçou esfaquear sua mãe por não ter lavado um short. O juiz singular destacou que, além de ter descumprido medida socioeducativa anterior, o recorrente é um 'adolescente problema, cujo comportamento independente tem levado ao caminho da delinquência habitual, a ponto de tornar impossível o seu retorno à convivência familiar e comunitária, ao menos momentaneamente'. Destarte, a imposição da medida socioeducativa de internação justifica-se em razão dos atos infracionais – equiparados aos crimes de lesão corporal e ameaça – terem sido praticados mediante violência e grave ameaça, bem como em razão do descumprimento de medida anteriormente imposta. (...)" (RHC 118.434, 1.ª T., rel. Luiz Fux, j. 11.02.2014, v.u.); "Considerando que o ato infracional praticado é equiparado ao delito de estupro de vulnerável, a medida socioeducativa aplicada (internação) mostra-se não só proporcional como relevante para uma das finalidades colimadas pelo Estatuto da Criança e do Adolescente, qual seja, a reintegração do recorrente à sociedade. Precedentes. 3. Recurso não provido" (RHC 117.696/MG, 1.ª T., rel. Dias Toffoli, 11.03.2014, v.u.); "1. O art. 122 do Estatuto da Criança e do Adolescente – ECA (Lei 8.069/90) estabelece, taxativamente, as hipóteses que autorizam a aplicação da medida socioeducativa de internação, permitindo, em seus incisos I e II, a aplicação desta medida quando o ato infracional for cometido mediante violência ou grave ameaça à pessoa e quando houver o descumprimento reiterado e injustificado de medida anteriormente imposta. Precedentes: HC 112.248, 2.ª T., rel. Min. Teori Zavascki, *DJe* 13.05.2013; HC 107.712, 1.ª T., rel. Min. Luiz Fux, *DJe* 14.02.2012; HC 97.183, 1.ª T., rel. Min. Cármen Lúcia, *DJe* 22.05.2009 e HC 98.225, 2.ª T., rel. Min. Ellen Gracie, *DJe* 11.09.2009. 2. *In casu*, o recorrente, de forma reiterada, agrediu, física e verbalmente, seus genitores, bem como ameaçou esfaquear sua mãe por não ter lavado um *short*. O juiz singular destacou que, além de ter descumprido medida socioeducativa anterior, o recorrente é um 'adolescente problema, cujo comportamento independente tem levado ao caminho da delinquência habitual, a ponto de tornar impossível o seu retorno à convivência familiar e comunitária, ao menos momentaneamente'. Destarte, a imposição da medida socioeducativa de internação justifica-se em razão dos atos infracionais – equiparados aos crimes de lesão corporal e ameaça – terem sido praticados mediante violência e grave ameaça, bem como em razão do descumprimento de medida anteriormente imposta" (RHC 118.434/PE, 1.ª T., rel. Luiz Fux, 11.02.2014, v.u.). STJ: "Diante da prática de ato infracional equiparado ao crime de lesão corporal, praticado com emprego de violência física, está autorizada a aplicação da medida socioeducativa de internação, nos termos do art. 122, I, do Estatuto da Criança e do Adolescente. Ademais, as instâncias ordinárias impuseram a medida mais rigorosa em razão das peculiaridades do caso concreto, a saber, ato infracional análogo ao delito de lesão corporal, praticado com extrema violência contra a vítima, que foi atingida com tapas no rosto, teve sua sobrancelha raspada e cortes profundos na perna, sendo submetida à suturação com dez pontos, cometida tal ação quando a paciente estava em liberdade assistida por ato infracional análogo ao crime de roubo majorado, circunstâncias que evidenciam a gravidade concreta da ação e ensejam a necessidade da medida de internação. Precedentes. Não há impeditivo legal de internação da adolescente gestante, desde que asseguradas as condições necessárias para que a medida socioeducativa

Art. 122

Estatuto da Criança e do Adolescente Comentado · **Nucci**

seja cumprida e os cuidados com a saúde da adolescente sejam garantidos, bem como que, quando do nascimento da criança, esta permaneça com a genitora (arts. 60 e 63 da Lei 12.594/12 – SINASE). – Na espécie, o juízo *a quo* comunicou que está sendo assegurada à paciente a assistência médica necessária para a sua saúde e a do seu filho, no Programa de Atendimento Materno Infantil, onde recebe orientações da equipe de saúde de forma sistemática sobre promoção e manutenção de sua saúde, além de exames de pré-natal junto a hospital-maternidade. Nesse contexto, diante da gravidade do ato infracional praticado e da reiteração no cometimento de infração grave, deve ser mantida a medida de internação, nos termos do art. 122, I e II, da Lei n. 8.069/90. Precedentes. Ressalte-se, por fim, que o Juízo da Execução detém a competência para determinar, a qualquer tempo, a modificação da medida socioeducativa aplicada, de acordo com a evolução socioeducativa da paciente, conforme as prescrições dos arts. 99 e 100 do Estatuto da Criança e do Adolescente, além da necessidade de preservar uma primeira infância saudável ao filho, razão pela qual recomenda-se a reavaliação sistemática e mensal da situação da paciente, por equipe multidisciplinar, com imediata e prioritária submissão do relatório ao Juízo responsável pela execução da medida socioeducativa. *Habeas corpus* não conhecido, determinando-se, de ofício, que seja realizada reavaliação sistemática e mensal da situação da paciente, por equipe multidisciplinar, com imediata e prioritária submissão do relatório ao Juízo responsável pela execução da medida socioeducativa, destacando-se a necessidade de cumprimento em unidade específica para adolescentes gestantes ou em período de amamentação de filhos quando existente no local de residência familiar" (HC 411.042/SP, 5.ª T., rel. Reynaldo Soares da Fonseca, 12.12.2017, v.u.).

105. Roubo e latrocínio: é um crime considerado grave que, no cenário penal, dá ensejo a penas elevadas e, muitas vezes, à imposição do regime fechado. Não é diferente no contexto do ato infracional. Geralmente, o cometimento de ato infracional equiparável a roubo, mormente *qualificado*, pode acarretar a internação. Na jurisprudência: STF: "1. Recurso ordinário em *habeas corpus*. 2. Ato infracional equiparado a crime de roubo circunstanciado (art. 157, § 2.º, I e II, do CP). 3. Adolescente condenado a cumprir medida de internação por tempo indeterminado, com a execução limitada ao período de 12 meses, conforme art. 121, *caput*, §§ 2.º e 3.º, do ECA. 4. A celeuma diz respeito a dois pontos controvertidos: a configuração da violência pelo uso de arma de fogo e a possibilidade de internação do adolescente. 5. O TJ/MG alega que a arma tinha potencial lesivo, conforme laudo acostado aos autos após a sentença, afirmando que, naquela oportunidade, foi garantido o contraditório à defesa. 6. Ainda que a arma não tivesse sido apreendida, conforme jurisprudência desta Suprema Corte, seu emprego pode ser comprovado pela prova indireta, sendo irrelevante o fato de estar desmuniciada para configuração da majorante. Precedentes. 7. Conforme sentença, o uso de arma de fogo restou comprovado pela confissão e depoimento da vítima. Portanto, conforme jurisprudência do STF, é despicienda a comprovação da potencialidade lesiva, tendo em vista que sua utilização propiciou a subtração do bem almejado pelos menores. 8. A medida de internação é excepcionalíssima, razão pela qual a gravidade abstrata do ato infracional, por si só, não tem o condão de determiná-la. Precedentes. 9. O magistrado, a par da violência do ato infracional, fundamentou a decisão com fulcro no laudo psicossocial. 10. Medida de internação adequada ao caso concreto, pois teve como fundamento a gravidade do ato infracional praticado – análogo ao delito de roubo com emprego de arma de fogo – somada a aspectos psicossociais desfavoráveis constantes do relatório interdisciplinar. 11. Recurso ordinário em *habeas corpus* a que se nega provimento" (RHC 115.077/MG, 2.ª T., rel. Gilmar Mendes, *DJ* 06.08.2013, v.u.). STJ: "1. O cometimento de ato infracional análogo ao crime de latrocínio tentado, por conter violência ou grave ameaça à vítima, autoriza a segregação do adolescente, por enquadrar-se na previsão do art. 122, I, da Lei n. 8.069/90. 2. Demais disso, no caso, há notícia da prática reiterada de atos infracionais graves pelos pacientes (art. 122, II, do ECA). 3. *Habeas corpus* denegado" (HC 395.519/MS, 6.ª T., rel. Antonio Saldanha Palheiro, 06.06.2017, v.u.); "I. O entendimento esposado pelo Tribunal *a quo* está em harmonia com a jurisprudência firmada nesta Eg. Corte, que já decidiu que a medida de internação revela-se apropriada quando se tratar de ato infracional cometido mediante grave ameaça ou violência à pessoa, como na espécie, em que o adolescente dirigiu-se ao estabelecimento comercial, anunciando o assalto, mostrando a arma de fogo, tipo revólver, marca Rossi, calibre 22. II. Agravo interno a que se nega provimento" (AgInt no AREsp 1.011.581/ES, 5.ª T., rel. Reynaldo Soares da Fonseca, 07.03.2017, v.u.); "1. A medida socioeducativa de internação poderá ser aplicada quando caracterizada ao menos uma das hipóteses previstas no art. 122 do Estatuto da Criança e do Adolescente e quando não haja outra medida mais adequada ou menos onerosa à liberdade do adolescente. 2. Evidenciado que o ato infracional análogo ao crime de roubo duplamente circunstanciado foi praticado com grave ameaça contra a vítima e em concurso de agentes, é cabível a aplicação da medida de internação, com fulcro no art. 122, I, do ECA, máxime quando demonstrado que o adolescente se encontra em situação de risco social. 3. As alegações de que o paciente cumpriu a semiliberdade e de que possui mérito para progredir para a liberdade assistida deverão ser previamente analisadas pelo juízo de primeiro grau, competente para executar a medida socioeducativa, pois falece competência a esta Corte para apreciar tais questões, não decididas no acórdão impugnado. 4. *Habeas corpus* denegado" (HC 304.504/SP, 6.ª T., rel. Rogerio Schietti, 12.02.2015, v.u.).

106. Reiteração de atos infracionais graves: ingressa nesse contexto o cometimento de ato infracional considerado grave, como o tráfico ilícito de drogas, mas dependente da repetição para que possa levar à internação. Não nos parece deva o juiz pautar-se pelos *antecedentes* comprovados do adolescente, vale dizer, esperar ele receber uma medida socioeducativa por tráfico, para, depois, registrar a prática de mais um tráfico, possibilitando a internação. Cremos ser viável a visão geral do quadro ofertado pelo menor, ou seja, se, no procedimento verificatório, fica claro que ele já cometeu, diversas vezes, o tráfico de drogas, pode ser imposta a internação. Há orientação jurisprudencial, em nosso entendimento equivocada, dando conta da necessidade da *reiteração* de, pelo menos, três atos infracionais graves. Chega-se a tal conclusão pelo fato de o legislador não ter usado o termo *reincidência*, ao qual se permitiria a prática de apenas duas infrações. Com a devida vênia, este Estatuto fez o possível para evitar termos puramente penais. Se não usou a palavra *reincidência*, foi justamente para fugir ao contexto criminal, aliás, como usou ato infracional e não *delito* ou *crime*. *Reiterar* é, singelamente, *repetir*. E, para repetir, basta uma vez, após já ter sido cometida a primeira. Logo, dois atos infracionais constituem *reiteração*. Na doutrina: "a respeito de reiteração, faz-se oportuno destacar que este conceito não se confunde com o de reincidência, que supõe a realização de novo ato infracional após o trânsito em julgado de decisão anterior. Por este entendimento se extrai que reiteração se revela um conceito jurídico de maior abrangência que o de reincidência, alcançando aqueles casos que a doutrina penal define em relação ao imputável como 'tecnicamente primário'. Consolida-se o entendimento que a configuração de uma ação reiterada supõe a prática de pelo menos três condutas" (João Batista Costa Saraiva, *Compêndio de direito penal juvenil. Adolescente e ato infracional*, p. 175). Na jurisprudência: STF: "A prática por adolescente de reiterados atos infracionais justifica a medida socioeducativa de internação (art. 122, II, da Lei 8.069/90). Precedentes. 3. Inexistência de ilegalidade ou teratologia a autorizar a supressão de duas instâncias. 4. Agravo regimental conhecido e não provido" (HC 120.744 AgR/SP, 1.ª T., rel. Rosa Weber, 25.02.2014, m.v.); "A internação do paciente justifica-se em razão da reincidência no cometimento de ato infracional grave. A aplicação da medida de internação na hipótese de reiteração na prática criminosa é constitucional, tendo em vista a previsão expressa do inciso II do art. 122 do ECA (Precedentes: n. 99.175/DF, 1.ª T., rel. Min. Marco Aurélio, *DJ* 28.05.2010 e HC 84.218/SP, 1.ª T.

rel. Min. Joaquim Barbosa, *DJ* 18.04.2008). 5. O inciso II do art. 122 do ECA não prevê número mínimo de delitos anteriormente cometidos para fins de caracterização da reiteração na prática criminosa (Precedente: HC 84.218/SP, 1.ª T., rel. Min. Joaquim Barbosa, *DJ* 18.04.2008). 6. *In casu*, o paciente cumpriu anteriormente medida de internação pela prática de ato infracional equiparado a roubo qualificado. 7. Ordem indeferida" (HC 94.447, 1.ª T., rel. Luiz Fux, 12.04.2011, v.u.); "Fatos assemelhados a tráfico de entorpecentes. Atos praticados sem violência ou grave ameaça. Reiteração ou reincidência não demonstrada. Cassação da medida socioeducativa para que outra seja aplicada" (HC 120.394, 1.ª T., rel. Dias Toffoli, 11.02.2014, v.u.); "I – Nos termos do art. 122, II, do ECA, a medida socioeducativa de internação pode ser aplicada na hipótese de reiteração no cometimento de outras infrações graves. II – Hipótese na qual a medida de internação está devidamente lastreada no art. 122, II, do ECA e mostra-se a mais adequada, uma vez que, como consignado, o menor vem reiteradamente praticando atos infracionais de natureza grave e as medidas socioeducativas até então aplicadas não foram eficazes em possibilitar a sua ressocialização. III – A medida de internação deverá observar o limite máximo de 3 anos, previsto no § 3.º do art. 121 do ECA. IV – Ordem denegada" (HC 113.758/MG, 2.ª T., rel. Ricardo Lewandowski, *DJ* 27.11.2012, v.u.). STJ: "2. No caso ʹo representado registra a prática de outros atos infracionais recentes, inclusive encontra-se internado provisoriamente nos autos n. 5007715-50.2022.8.24.0080, pela prática dos atos infracionais definidos como crimes nos arts. 33, *caput*, e 35, *caput*, ambos da Lei n. 11.343/06ʹ (cf. sentença, e-STJ, fl. 39), restando configurada a reiteração em atos infracionais, o que justifica a imposição da medida socioeducativa de internação. 3. É de ser considerada ainda a gravidade objetiva do ato infracional praticado pelo agravante, na medida em que o porte de arma de fogo revela seu comprometimento com o mundo da delinquência, especialmente no que se refere ao envolvimento com a narcotraficância. 4. Depois, não se exige trânsito em julgado de eventual medida socioeducativa anteriormente aplicada para configurar a reiteração de ato infracional previsto no art. 122, inciso II, do Estatuto da Criança e do Adolescente ECA. Isso porque não é possível estender ao âmbito do ECA o conceito de reincidência, tal como previsto na lei penal" (AgRg no HC 808.672/SC, 5.ª T., rel. Ribeiro Dantas, 21.08.2023, v.u.); "3. Registre-se que, consoante o entendimento desta Corte, configurada a reiteração de infrações graves, prevista no inciso II do art. 122 do Estatuto da Criança e do Adolescente, admite-se inclusive a imposição de medidas socioeducativas mais graves" (AgRg no HC 759.298/SC, 6.ª T., rel. Laurita Vaz, 25.09.2023, v.u.); "1. Diante da hipótese de *habeas corpus* substitutivo de recurso próprio, a impetração não deve ser conhecida segundo orientação jurisprudencial do Supremo Tribunal Federal e do próprio Superior Tribunal de Justiça. Contudo, considerando as alegações expostas na inicial, razoável a análise do feito para verificar a existência de eventual constrangimento ilegal. 2. O art. 122 do Estatuto da Criança e do Adolescente – ECA autoriza a imposição da medida socioeducativa de internação somente nas hipóteses de ato infracional praticado com grave ameaça ou violência contra a pessoa, reiteração no cometimento de outras infrações graves ou descumprimento reiterado e injustificável de medida anteriormente imposta. Na hipótese dos autos, observa-se que a imposição da internação por prazo indeterminado pela Corte Estadual deveu-se ao fato de ter sido atribuído ao paciente ato infracional praticado com violência e grave ameaça à pessoa, qual seja o roubo com concurso de agentes, bem como por possuir processo anterior pelo mesmo ato infracional, já tendo cumprido medida socioeducativa de prestação de serviços à comunidade, não havendo que se falar, portanto, em falta de fundamentação. 3. Conforme entendimento já sedimentado nesta egrégia 5.ª T. do Superior Tribunal de Justiça, ʹo Estatuto da Criança e do Adolescente não estipulou um número mínimo de atos infracionais graves para justificar a internação do menor infrator, com fulcro no art. 122, inciso II, do ECA (reiteração no cometimento de outras infrações graves)ʹ (HC 342.943/SP, rel. Min. Reynaldo Soares da Fonseca, 5.ª T., *DJe* 16.03.2016). 4. Constata-se a suficiência de fundamentação do acórdão impugnado que aplicou a medida de internação, em razão de o paciente ter praticado ato infracional mediante grave ameaça e violência à pessoa e ter cometido anteriormente ato infracional análogo ao roubo, aplicando-se ao caso o disposto no art. 122, incisos I e II, da Lei 8.069/90. *Habeas corpus* não conhecido" (HC 342.035/SP, 5.ª T., rel. Joel Ilan Paciornik, 19.05.2016, v.u.); "A medida socioeducativa da internação mostra-se devidamente fundamentada, dada a reincidência específica do paciente, o qual, não obstante a anterior aplicação de medida socioeducativa de liberdade assistida, foi apreendido trazendo consigo 89 cápsulas contendo cocaína, com peso líquido de 82,10 g, o que demonstra a insuficiência da providência anteriormente adotada" (HC 271.153/SP, 6.ª T., rel. Sebastião Reis Júnior, *DJ* 25.02.2014, v.u.).

106-A. Remissão anterior: não serve para configurar a *reiteração* de ato infracional, para qualquer finalidade. Na jurisprudência: STJ: "A jurisprudência desta Corte firmou-se no sentido de que a remissão não prevalece para efeito de antecedentes e, diante disso, os referidos atos não podem ser considerados para caracterizar o requisito referente à reiteração no cometimento de outras infrações graves, previsto no art. 122, II, do ECA. *Habeas corpus* não conhecido. Ordem concedida de ofício para determinar que o Juízo de 1.º Grau aplique, de forma motivada, medida socioeducativa diversa da internação, assegurando aos pacientes o direito de aguardar em semiliberdade a nova decisão" (HC 350285 – SP, 5.ª T., rel. Reynaldo Soares da Fonseca, 19.04.2016, v.u.); "1. A remissão não implica o reconhecimento ou a comprovação da responsabilidade, o que obsta a aplicação da internação-sanção e impede a caracterização de antecedentes, equiparando-se ao instituto da transação previsto no âmbito dos Juizados Especiais Criminais. 2. A condição imposta ao paciente para a concessão da remissão não possui natureza jurídica de medida socioeducativa, prevista no art. 112 do Estatuto da Criança e do Adolescente, apta a ensejar a internação-sanção, em razão do descumprimento das condições vinculadas à remissão. 3. *Writ* não conhecido. Ordem concedida, de ofício, para confirmar os efeitos da liminar anteriormente deferida e determinar a colocação do adolescente em liberdade assistida, facultando ao Ministério Público paulista prosseguir na apuração do ato infracional" (HC 348.143/SP, 6.ª T., rel. Rogerio Schietti Cruz, 05.04.2016, v.u.).

107. Atos infracionais em confronto com crimes apenados com reclusão: autores existem a defender um paralelo objetivo entre atos infracionais graves e os crimes punidos com reclusão; portanto, não seriam atos infracionais graves todos os delitos punidos com detenção e as contravenções penais, punidas com prisão simples. Tal conceito é fruto da interpretação, mas não advém da lei. E não nos parece adequado. O ato infracional é grave quando possui capacidade de corromper a formação moral e/ou intelectual do adolescente ou quando possa colocá-lo em risco de lesão física grave. Podemos dizer que, como regra, o ato infracional que guarde correspondência com o crime apenado com reclusão é um sério candidato a ser grave, mas nem todos. Um furto simples, de coisas de baixo valor, não nos parece ato infracional grave. Mesmo reiterado, não é recomendável a internação, pois o adolescente certamente irá conviver com quem matou, roubou e estuprou, algo pernicioso e negativo. Conforme a situação concreta, um homicídio culposo, com várias vítimas, pode ser considerado ato infracional grave. Se reiterado, recomenda internação. Diante disso, o ideal é não tornar esse requisito um elemento puramente objetivo, mas que possua uma análise subjetiva em prol da segurança educacional do próprio menor.

108. Descumprimento de medida imposta: se o adolescente descumprir medidas socioeducativas anteriormente impostas, de maneira reiterada (repetida) e injustificável (fazendo de propósito ou por negligência), pode sofrer, como sanção, uma internação abreviada, cujo prazo *máximo* – e não o prazo-padrão – deve ser de três meses. A alteração introduzida

Art. 122

Estatuto da Criança e do Adolescente Comentado • **Nucci**

pela Lei 12.594/2012 diz respeito a exigir o *devido processo legal* para impor tal sanção. Em suma, há um percurso necessário: a) o jovem precisa descumprir medida anterior (prestação de serviços à comunidade, liberdade assistida, semiliberdade). Não se inclui, como regra, a advertência, cumprida num único ato de aconselhamento pelo juiz, nem a obrigação de reparar o dano, geralmente cumprida também num único pagamento ou prestação. Excepcionalmente, poder-se-ia dizer que o menor foi intimado a comparecer à audiência para ser advertido e não o fez, por mais de uma vez. Teria descumprido a ordem judicial de modo reiterado. Mesmo assim, parece-nos mais salutar substituir a advertência por medida mais severa, como a liberdade assistida, por exemplo, do que partir para a internação-sanção. O mesmo se pode dizer quando, prometida a reparação do dano, esta não se der no prazo; b) o descumprimento das medidas apontadas precisa ser reiterado, o que implica o chamamento em juízo, antes, para novamente advertir o jovem a seguir o que lhe foi ordenado. Imagine-se que não está seguindo as orientações na liberdade assistida. A primeira providência do juiz é convocá-lo para alertá-lo das consequências. Se, mesmo assim, não cumprir, pode-se falar em reiteração; c) o desatendimento da medida socioeducativa imposta necessita ser injustificado, o que demanda a prova de ter agido o adolescente de propósito, ignorando o comando judicial, ou ter sido negligente nos seus afazeres. O mero esquecimento, enfermidades próprias ou de parentes, desorganização de afazeres, enfim, situações peculiares podem representar simples caso fortuito. Por esses motivos, impõe-se o devido processo legal para a aplicação da medida de internação-sanção, ouvindo-se o menor pessoalmente, pelo juiz, bem como lhe dando oportunidade de ter defesa técnica. Colhe-se o parecer do Ministério Público e, se for preciso, da equipe técnica do Juizado. Somente após, decide o juiz. Esse já era o entendimento da Súmula 265 do STJ: "é necessária a oitiva do menor infrator antes de decretar-se a regressão da medida socioeducativa". Embora a referida súmula seja mais abrangente, ela agrega a situação ora apresentada. Sobre o tema: STF: "Estando a medida 'socioeducativa' fundamentada no descumprimento de outra medida menos gravosa e na reiteração delitiva do ora paciente, inexiste ilegalidade flagrante capaz de justificar a concessão da ordem de ofício. 3. *Writ* não conhecido" (HC 121.761/MG, 1.ª T., rel. Roberto Barroso, 03.06.2014, m.v.). TJSC: "O descumprimento reiterado e injustificado à aplicação da medida socioeducativa de internação-sanção (artigo 122, inciso III, da Lei 8.069/90) não deve ser medido pelo número de desatendimento do adolescente, mas, sim, pela análise do caso concreto. Parecer da Procuradoria-Geral de Justiça pelo conhecimento e o desprovimento do recurso. Recurso conhecido e parcialmente provido" (AI 4012291-28.2017.8.24.0000-SC, 1.ª Câm. Criminal, rel. Carlos Alberto Civinski, 31.08.2017, v.u.).

109. Prazo de três meses: quanto ao procedimento para impor a internação-sanção, consultar a nota anterior. Debate-se quantas vezes se pode repetir a aplicação dessa medida: a) uma só vez, em qualquer situação, pouco importando o *quantum* fixado pela primeira e única vez; b) mais de uma vez, desde que, da primeira, não se esgote o prazo de três meses; aplica-se um mês de internação; depois, mais dois, por exemplo, em caso de reiteração; c) sempre que houver o descumprimento, mesmo que seja da mesma medida, desde que não ultrapasse o tempo de três meses por vez (Francismar Lamenza, *Estatuto da Criança e do Adolescente interpretado*, p. 211). Dita-nos o bom senso que a segunda posição é o meio-termo adequado. O descumprimento reiterado e injustificável da medida socioeducativa anteriormente imposta comporta uma única sanção: internação de até três meses. Nada impede – e até recomenda – que o juiz seja mais moderado na primeira sanção, que pode ser a única, aplicando um mês de internação para que o adolescente cumpra a semiliberdade. Se o menor reiterar o descumprimento da mesma medida, novamente o magistrado pode impor um mês, por exemplo. E se descumprir pela terceira vez, ainda resta um último mês de internação a ser aplicado. É o que defendem, também, Fuller, Dezem e Martins (*Estatuto da Criança e do*

Adolescente comentado, p. 148). E, se ainda assim não resolver, é possível substituir a medida anterior (semiliberdade) por internação, submetendo-se o adolescente aos termos do art. 43 da Lei 12.594/2012, que cuida da execução das medidas socioeducativas. Seria, num paralelo penal, o mesmo que a regressão de regime. É vedada a aplicação da internação-sanção por prazo indefinido, pois seria flagrantemente ilegal.

110. Direito à ampla defesa e ao contraditório: antes de ser sancionado, conforme previsão deste parágrafo, o adolescente tem o direito de ser ouvido, pessoalmente, pela autoridade judiciária, em autodefesa, além de ter igualmente direito à defesa técnica. Conferir: TJMG: "É necessário o reconhecimento da nulidade da decisão que decretou a internação-sanção nos autos da execução de medida socioeducativa se não houve prévia oitiva do socioeducando, nos termos da Súmula 265 do STJ, sob pena de violação aos princípios constitucionais do contraditório, da ampla defesa e do devido processo legal" (HC 1.0000.14.023557-3/000, 2.ª Câm. Criminal, rel. Catta Preta, j. 11.06.2014, publicação da Súmula em 30.06.2014).

111. Indispensabilidade da internação: o preceituado neste parágrafo diz respeito a frisar, novamente, que a medida socioeducativa da internação é a *ultima ratio* (última hipótese). Havendo qualquer outra medida possível ao caso concreto, deve-se aplicá-la. Afinal, o objetivo principal da separação de jurisdição, criando-se competência específica à Justiça da Infância e Juventude, é tratar o menor de 18 anos com particular habilidade, focando o caráter educacional de qualquer medida, inclusive a internação. Aquilatar a real necessidade da segregação, além de ter sido especificado por este art. 123, depende da sensibilidade e do tato do magistrado. Conferir: STF: "*Habeas corpus*. Processo Penal e Direito Penal. Súmula 691/STF. Afastamento. Ato infracional equiparado ao crime de tráfico de drogas (art. 33 da Lei 11.343/2006). Medida socioeducativa de internação. Inobservância do art. 122 do Estatuto da Criança e do Adolescente (Lei 8.069/90). Fundamentação inidônea. Motivação genérica e abstrata. Concessão da ordem. 1. Em casos teratológicos e excepcionais, viável a superação do óbice da Súmula 691 desta Suprema Corte. Precedentes. 2. A internação, medida socioeducativa mais gravosa para o adolescente, configura privação de liberdade, sujeita aos princípios da brevidade, da excepcionalidade e do respeito à condição peculiar de pessoa em desenvolvimento, aplicável somente nas hipóteses taxativamente previstas no Estatuto da Criança e do Adolescente. 3. Inexistência dos pressupostos autorizadores da internação do paciente, nos termos do art. 122 da Lei 8.069/90. 4. Medida socioeducativa de internação motivada de forma genérica e abstrata, sem justificativas concretas, esbarra na jurisprudência consolidada deste Supremo Tribunal Federal, que não lhe reconhece validade. 5. Ordem de *habeas corpus* concedida para substituir a internação aplicada ao paciente por medida socioeducativa mais branda" (HC 119.277/SP, 1.ª T., rel. Rosa Weber, 24.03.2015, v.u.).

> **Art. 123.** A internação deverá ser cumprida em entidade exclusiva para adolescentes, em local distinto daquele destinado ao abrigo, obedecida rigorosa separação por critérios de idade, compleição física e gravidade da infração.[112-113]
>
> **Parágrafo único.** Durante o período de internação, inclusive provisória, serão obrigatórias atividades pedagógicas.[114]

112. Local apropriado para internação: uma das mais relevantes preocupações de todos os operadores do Direito, na área infantojuvenil, é o local adequado para *abrigar* crianças e adolescentes. Desde o simples acolhimento institucional, envolvendo os menores em situação de vulnerabilidade, até atingir as unidades de internação, similares ao regime fechado

Art. 123

Estatuto da Criança e do Adolescente Comentado · Nucci

dos adultos. Assim sendo, é natural observar, neste artigo, as seguintes imposições: a) entidade *exclusiva* para jovens, o que significa a completa e integral separação física de unidades prisionais destinadas a adultos; b) local distinto do abrigo, significando a total separação dos adolescentes infratores dos que estiverem em situação de risco; o mesmo vale para a plena separação das crianças; c) internamente, deve-se garantir a separação por sexo (requisito não constante deste artigo, mas elemento indispensável), idade (camadas apropriadas: 12 e 13; 14 e 15; 16 e 17; acima de 18), compleição física (segundo a literalidade da lei, mais fortes e mais fracos em locais separados, mas não vemos lógica nisso; basta separar por idade), gravidade da infração (o critério é relevante, distinguindo-se o ato infracional análogo a latrocínio do que for similar a furto, colocando os adolescentes separados). Dispõe a Lei 12.594/2012: "Art. 16. A estrutura física da unidade deverá ser compatível com as normas de referência do Sinase. § 1.º É vedada a edificação de unidades socioeducacionais em espaços contíguos, anexos, ou de qualquer outra forma integrados a estabelecimentos penais. § 2.º A direção da unidade adotará, em caráter excepcional, medidas para proteção do interno em casos de risco à sua integridade física, à sua vida, ou à de outrem, comunicando, de imediato, seu defensor e o Ministério Público. Art. 17. Para o exercício da função de dirigente de programa de atendimento em regime de semiliberdade ou de internação, além dos requisitos específicos previstos no respectivo programa de atendimento, é necessário: I – formação de nível superior compatível com a natureza da função; II – comprovada experiência no trabalho com adolescentes de, no mínimo, 2 (dois) anos; e III – reputação ilibada". Se o adolescente for internado em unidade sem as características acima, encontra-se em situação de constrangimento ilegal, sanável por *habeas corpus*. "Hoje, a medida socioeducativa de internação não objetiva a 'cura' do infrator. A medida segregativa terá, por conseguinte, eficácia se for um *meio* para conduzir o adolescente ao convívio da sociedade, nunca um fim em si mesma. Disso decorre que a internação deve ser cumprida em estabelecimento especializado, de preferência de pequeno porte, e contar com pessoal altamente especializado nas áreas pedagógica e psicológica, e até mesmo com conhecimentos de criminologia" (Wilson Donizeti Liberati, *Adolescente e ato infracional. Medida socioeducativa é pena?*, p. 134). Na jurisprudência: STJ: "1. Em observância às regras mínimas de aplicação das medidas socioeducativas, tais como a brevidade, excepcionalidade e respeito à condição peculiar de pessoa em desenvolvimento, e no intuito de obedecer, estritamente, ao que dispõe o artigo 123 do ECA, que expressamente determina que a 'internação deverá ser cumprida em entidade exclusiva para adolescentes, em local distinto daquele destinado ao abrigo, obedecida rigorosa separação por critérios de idade, compleição física e gravidade da infração', faz-se necessária a reforma do *decisum* impugnado. Precedentes. Recurso em *habeas corpus* provido para determinar que o recorrente seja imediatamente transferido para estabelecimento próprio ao cumprimento de medida socioeducativa, ou, na ausência de vaga, que aguarde a disponibilidade de local adequado em medida socioeducativa de liberdade assistida" (RHC 92.302/MG, 5.ª T., rel. Joel Ilan Paciornik, j. 09.10.2018, v.u.).

113. Ausência de vagas em estabelecimento próprio: não pode o adolescente aguardar em prisão ou cadeia destinada a adultos. Deve ser colocado em liberdade assistida até que se consiga a referida vaga. Aliás, o mesmo problema ocorre no cenário dos adultos. O STJ tem determinado que o condenado aguarde em regime aberto a sua vaga no semiaberto – e não no regime fechado. Essa carência de vagas é responsabilidade exclusiva do Poder Executivo, que administra mal tanto o sistema penitenciário como também o sistema socioeducacional em várias unidades da Federação. Na jurisprudência: STJ: "O cumprimento de medida socioeducativa em estabelecimento prisional, ainda que em local separado dos maiores de idade condenados, contraria o art. 123 do Estatuto da Criança e do Adolescente, que expressamente determina que: 'A internação deverá ser cumprida em entidade exclusiva para adolescentes, em local distinto daquele destinado ao abrigo, obedecida rigorosa separação por critérios de idade, compleição física e gravidade da infração." Precedentes. *Habeas corpus* não conhecido. Ordem de *habeas corpus* concedida, de ofício, para determinar que o Paciente aguarde em medida socioeducativa de liberdade assistida o surgimento de vaga em estabelecimento próprio para menores infratores, compatível com o cumprimento da medida socioeducativa de internação que lhe foi imposta" (HC 272.847/MG, 5.ª T., rel. Laurita Vaz, *DJ* 15.08.2013, v.u.).

114. Atividades pedagógicas obrigatórias: busca-se, com este dispositivo, o nítido combate à ociosidade, que tende a prevalecer em unidades de internação de adolescentes infratores por todo o País. Por óbvio, a falta de metas e tarefas a cumprir significa conduzir o menor ao desaprendizado do que estudou até então, levando-o a auferir valores diversos e aprendizado errôneo. Justamente na fase de formação moral e intelectual, o jovem não pode ser privado dos estudos, de modo que é indispensável a atividade pedagógica na unidade. A falta de cumprimento a este dispositivo também gera constrangimento ilegal, sanável por *habeas corpus*. "Passar pela experiência da privação de liberdade possibilita aos jovens, tempo. *Tempo no sentido de 'ócio' para pensar no tão propalado tema dentro das instituições: o futuro.* Os adolescentes acabam passando grande parte do dia em celas coletivas, denominadas 'dormitórios' – principal característica da realidade dos adolescentes internados em instituições para cumprimento de MSE no Brasil. Procedimento que o Estado *justifica pela falta de recursos humanos, associado à necessidade de segurança, devido à 'periculosidade' dos adolescentes.* Mas isso, de fato, se deve ao processo de desmonte do Estado que não investe em recursos humanos, nem na capacitação dos que existem. Processo ambíguo de construção de planejamento na saída da privação" (Fabiana Schmidt, *Adolescentes privados de liberdade. A dialética dos direitos conquistados e violados*, p. 92-93).

Art. 124. São direitos do adolescente privado de liberdade, entre outros, os seguintes:[115]

I – entrevistar-se pessoalmente com o representante do Ministério Público;[116]

II – peticionar diretamente a qualquer autoridade;[117]

III – avistar-se reservadamente com seu defensor;[118]

IV – ser informado de sua situação processual, sempre que solicitada;[119]

V – ser tratado com respeito e dignidade;[120]

VI – permanecer internado na mesma localidade ou naquela mais próxima ao domicílio de seus pais ou responsável;[121]

VII – receber visitas, ao menos, semanalmente;[122-123]

VIII – corresponder-se com seus familiares e amigos;[124]

IX – ter acesso aos objetos necessários à higiene e asseio pessoal;[125]

X – habitar alojamento em condições adequadas de higiene e salubridade;[126]

XI – receber escolarização e profissionalização;[127]

XII – realizar atividades culturais, esportivas e de lazer:[128]

XIII – ter acesso aos meios de comunicação social;[129]

XIV – receber assistência religiosa, segundo a sua crença, e desde que assim o deseje;[130]

XV – manter a posse de seus objetos pessoais e dispor de local seguro para guardá-los, recebendo comprovante daqueles porventura depositados em poder da entidade;[131]

Art. 124
Estatuto da Criança e do Adolescente Comentado · Nucci

> XVI – receber, quando de sua desinternação, os documentos pessoais indispensáveis à vida em sociedade.[132]
>
> § 1.º Em nenhum caso haverá incomunicabilidade.[133]
>
> § 2.º A autoridade judiciária poderá suspender temporariamente a visita, inclusive de pais ou responsável, se existirem motivos sérios e fundados de sua prejudicialidade aos interesses do adolescente.[134]

115. Rol de direitos do adolescente internado: é meramente exemplificativo, como deixa claro o *caput* deste artigo ("entre outros"). Quem está privado da liberdade, seja adolescente ou criança, seja adulto, precisa de um mínimo de direitos expressamente enumerados em lei. O Estado já restringiu o mais relevante dos seus direitos individuais, que é a liberdade, devendo, portanto, respeitar outros, integrantes da dignidade da pessoa humana. Perde-se, por algum tempo, a liberdade, mas jamais a condição de ser humano e, com isso, a sua ínsita dignidade. Ademais, mesmo repetindo alguns dos direitos já previstos neste artigo, ainda há o rol do art. 49 da Lei 12.594/2012, a respeito dos direitos do adolescente submetido a medida socioeducativa.

116. Entrevista pessoal com o membro do Ministério Público: diversamente do que ocorre com presos adultos, que não dispõem desse direito, os adolescentes, ao menos em tese, devem confiar no promotor, pois não é somente aquele que o acusa da prática do ato infracional, mas também o fiscal da lei, que zela pelo fiel cumprimento do superior interesse da criança e do adolescente. Assim sendo, a entrevista pessoal é um direito do jovem, que nem mesmo precisa solicitar formalmente, bastando que, quando vir o membro do MP visitando a sua unidade – o que deve ser feito regularmente –, peça para conversar. Como regra, a entrevista destina-se a alguma reclamação ou pedido referente ao seu *status* de internado.

117. Direito de petição: "são a todos assegurados, independentemente do pagamento de taxas: a) o direito de petição aos Poderes Públicos em defesa de direito ou contra ilegalidade ou abuso de poder (...)" (art. 5.º, XXXIV, *a*, CF). A previsão feita neste inciso é decorrência do direito constitucional de se dirigir aos poderes públicos; com razão, portanto, pode o adolescente, privado da liberdade, peticionar, com liberdade, a qualquer autoridade. Como regra, dirige-se ao juiz ou ao promotor, demonstrando a sua insatisfação com a internação ou mesmo no tocante às condições da sua unidade. Espera-se que a autoridade recepcione e atenda peticionário, respondendo a ele, mesmo que seja para lhe negar o pleito, fundamentando o indeferimento.

118. Entrevista pessoal com o defensor: este direito é dos mais relevantes, assegurando-se exatamente o mesmo para os presos adultos. Faz parte da ampla defesa, com os recursos a ela inerentes, ter a oportunidade de conversar, a sós, com seu defensor. O termo *reservadamente* significa em sigilo, vale dizer, sem a intromissão de agentes estatais.

119. Informação de sua situação processual: cuida-se de dever do juiz providenciar tal informe sempre que o adolescente solicitar. E, mesmo que não o faça, deve enviar a todos os internados, periodicamente, o *status* atual da execução da medida. Na Lei de Execução Penal, tornou-se um direito expresso: "atestado de pena a cumprir, emitido anualmente, sob pena de responsabilidade da autoridade judiciária competente" (art. 41, XVI). Portanto, no mesmo prisma, negar ao jovem a informação solicitada equivale a abuso de autoridade, sendo cabível a interposição de *habeas corpus*. Não é caso de *habeas data*, que funciona como instrumento adequado para um cidadão conhecer informes a seu respeito em bancos de dados de repartições públicas em geral. O caso presente é muito mais sério, pois é *direito do internado* preso saber da sua situação processual; a negativa gera constrangimento ilegal, cujo instrumento é o *habeas corpus*. Poder-se-ia até falar em mandado de segurança (direito líquido e certo), mas o outro tem vinculação indireta com o direito de locomoção, que é o relato sobre o motivo pelo qual ainda se encontra preso.

120. Tratamento respeitoso e digno: em vários outros dispositivos deste Estatuto já se prevê que a criança e o adolescente devem ser respeitados em seus direitos fundamentais, merecendo tratamento digno; aliás, é o conteúdo do art. 227, *caput*, da Constituição Federal. Portanto, este inciso constitui parte integrante daquelas *normas de repetição*, predispostas a vencer o operador do Direito pela insistência.

121. Internação próxima ao seu domicílio: para o adolescente privado da liberdade, a proximidade com seus familiares é essencial à mantença dos laços afetivos e ao contato com os pais. Permite-se, com isso, a visita regular da família, cumprindo o disposto no inciso VII, deste artigo, favorecendo a reestruturação emocional do jovem. O preso adulto, embora pleiteie em juízo, não possui esse direito, nem consagrado na Lei de Execução Penal, tampouco na jurisprudência. A diferença concentra-se no fato de o adulto organizar-se mais facilmente e, com isso, perturbar gravemente a ordem interna do presídio, além do que há estabelecimentos penitenciários federais e estaduais, não podendo o preso ditar o local de sua prisão em função do lugar de seu domicílio. Ele deve estar onde há vagas e seja mais eficaz o controle do presídio pelo Estado. "A internação, uma vez cumprida na mesma localidade do adolescente ou próximo a ela, mostra-se, certamente, fator determinante para com o esperado êxito daquela, devendo ser ao máximo estimulada. Proporcionar ao jovem, embora privado de liberdade, a oportunidade da presença mais constante de seus familiares e amigos, pessoalmente, devido à proximidade da residência e de seus vínculos afetivos, é fundamental" (Ivan de Carvalho Junqueira, *Do ato infracional à luz dos direitos humanos*, p. 123). O ideal para a recomposição familiar do adolescente internado é estar próximo aos seus parentes. Entretanto, o descaso do poder público, atualmente, conduz a situações paradoxais, pois é melhor ficar distante do local do domicílio do que em unidade superlotada, cuja condição de habitabilidade é negativa. Diante disso, os tribunais vêm amenizando a interpretação deste dispositivo, tornando-o mais flexível. Em nosso entendimento, essas situações de afastamento do menor de seus pais ou parentes deve ser, sempre, provisória – e nunca permanente, vale dizer, até o final da internação, sob pena de gerar constrangimento ilegal. Na jurisprudência: STJ: "Quanto ao cumprimento da medida de privação de liberdade em localidade diversa daquela em que residem os pais ou responsáveis do menor, dispõem o art. 124, VI, da Lei n. 8.069/1990 e o art. 49, II, da Lei n. 12.594/2012 (Sinase) (...). Este Tribunal tem assentado, entretanto, que o referido direito não é absoluto e que deve ser analisado de acordo com as peculiaridades do caso concreto, de forma a se considerar o histórico infracional do menor, o ato infracional praticado, a necessidade de manutenção da medida expressa no relatório técnico, o plano individual de atendimento, bem como o fato de o menor estar cumprindo a medida aplicada em distrito próximo aos genitores ou responsáveis" (AgRg no RHC 170.861/PR, 5.ª T., rel. Reynaldo Soares da Fonseca, 27.09.2022, v.u.); "1. O Supremo Tribunal Federal e o Superior Tribunal de Justiça, em recentes decisões, não têm mais admitido a utilização do *habeas corpus* como sucedâneo do meio processual adequado. 2. Na hipótese dos autos, anteriormente ao fato em questão, o adolescente teve decretada sua internação provisória em razão da prática de ato infracional equiparado ao tráfico de drogas. Na ocasião, o Magistrado revogou a referida medida, tendo o menor, contudo, ignorado tal benesse, vindo novamente a ser apreendido pela prática do mesmo ato infracional. Verifica-se, então, que o paciente insiste em permanecer no mundo do crime. 3. Nos termos do art. 124, VI, do Estatuto da Criança e do Adolescente, tem o menor infrator sob o regime de internação direito de ser

Art. 124

Estatuto da Criança e do Adolescente Comentado • **Nucci**

custodiado no local ou na localidade mais próxima ao domicílio de seus pais. Entretanto, tal direito não é absoluto, podendo ser afastado em casos excepcionais. Ademais, o Magistrado deixou consignado que, mesmo distante da família, o adolescente está progredindo na finalidade de sua ressocialização. 4. *Writ* não conhecido" (HC 340.033/SP, 6.ª T., rel. Sebastião Reis Júnior, 16.02.2016, v.u.).

122. Visitas semanais: a lei não especifica quais são os visitantes, mas somente o direito de visita semanal, no mínimo. Quer-se crer sejam os familiares, os amigos e outras pessoas que ao adolescente interessar (ex.: um padre ou pastor). Ademais, conforme o caso concreto, o juiz pode suspender tais visitas ou restringir quais pessoas podem visitar o jovem. Não teria sentido permitir a visita do amigo que lhe costumava vender drogas.

123. Visita íntima: consiste essa visita na possibilidade de o internado ter relação sexual com outra pessoa. No específico caso do adolescente, dispõe o art. 68 da Lei 12.594/2012: "é assegurado ao adolescente casado ou que viva, comprovadamente, em união estável o direito à visita íntima. Parágrafo único. O visitante será identificado e registrado pela direção do programa de atendimento, que emitirá documento de identificação, pessoal e intransferível, específico para a realização da visita íntima". Pode ser uma medida moderna e avançada, mas não deixa de ser polêmica pelas seguintes peculiaridades: a) o preso adulto não tem esse direito assegurado em lei até hoje e, sem dúvida, é o que mais necessita disso, inclusive pelo fato de suas penas poderem ser de longa duração; na realidade, diretores de presídios têm concedido o direito à visita íntima, como regalia, para buscar apaziguar as unidades superlotadas; tem havido êxito nesses programas, embora o detento não possa *exigir* diretamente ao juiz um direito que a lei não lhe assegura; b) o adolescente, em plena formação física, moral e intelectual, que fica muito menor tempo internado (no máximo, três anos), auferiu o direito à visita íntima, o que não deixa de ser, comparativamente com a hipótese da alínea *a*, estranho; c) adolescente é toda pessoa maior de 12 anos; entretanto, a lei penal *proíbe* que menores de 14 (12 e 13 anos) tenham qualquer espécie de relacionamento sexual, sob pena de configurar *estupro de vulnerável* (art. 217-A, CP). Sustentávamos que o art. 68 supracitado deveria prevalecer sobre o art. 217-A. No entanto, é preciso compreender o alcance das normas em aparente conflito. Embora o art. 68 seja mais recente, precisa ser avaliado sob o prisma sistemático e, nesse cenário, pessoas com 12 e 13 anos podem ser consideradas adolescentes para os efeitos da aplicação deste estatuto, sem a paralela maturidade para um relacionamento sexual. Tanto assim que o maior de 18, caso pratique ato libidinoso com menor de 14, comete um delito hediondo: estupro de vulnerável. Desse modo, o adolescente de 12 e 13 anos é vítima, motivo pelo qual não deve ser autorizado a ter relacionamento sexual enquanto estiver em qualquer unidade de internação, sob a fiscalização do poder público.

124. Direito de correspondência: os presos adultos também possuem tal direito: "contato com o mundo exterior por meio de correspondência escrita, da leitura e de outros meios de informação que não comprometam a moral e os bons costumes" (art. 41, XV, LEP). Cuidando-se de correspondência escrita, o sigilo não é absoluto, pois há que se resguardar a segurança interna do presídio e, também, a segurança pública. O preso pode ter a sua correspondência violada; do contrário, poderia tramar fugas, comandar o crime fora dos muros do presídio, combinar crimes e tantos outros males, via carta, algo incompatível com seus *status* de pessoa privada da sua liberdade. É o entendimento atual da jurisprudência. Acreditamos que a mesma cautela deve ser empregada na correspondência do adolescente internado, que pode ser violada para garantir a segurança da unidade e do próprio interno. Hoje, sem dúvida, em lugar da correspondência escrita, mundo afora, surgiu a Internet (rede mundial de computadores) e as mensagens escritas são passadas por meio de programas de edição de texto, via computadores, celulares, *tablets* etc. A era da carta escrita se foi. Emerge a época da mensagem de texto virtual. O acesso amplo e irrestrito à Internet é contraproducente a quem está internado. Privado da liberdade por motivo grave e excepcional, precisa reintegrar-se à sociedade gradativamente, pela orientação da equipe técnica da unidade e do Juizado. A rede mundial de computadores, quando livremente acessada, provoca muito benefícios, mas incontáveis malefícios, pois existem *sites* de todos os tipos e perfis de todas as espécies, inclusive fomentando o crime. Além disso, o termo *correspondência* sempre esteve ligado à escrita em papel, motivo pelo qual não está inserido no direito à correspondência, previsto neste inciso, o livre trânsito na rede mundial de computadores. Em entendimento integralmente oposto, encontra-se Francismar Lamenza: "o direito do jovem internado a receber e enviar correspondências para familiares e amigos abrange não apenas as cartas, telegramas e afins como também os meios eletrônicos (*e-mail*), inclusive os propiciados pelas redes sociais da internet (Orkut, Facebook e afins). Assegurando-se esse direito ao adolescente, o legislador buscou mantê-lo conectado ao mundo circundante, evitando-se o isolamento do jovem. Essa correspondência é protegida pelo sigilo (art. 5.º, XII, da Constituição da República), constituindo crime sua violação (art. 151, *caput*, do Código Penal)" (*Estatuto da Criança e ao Adolescente interpretado*, p. 215). A despeito de não concordarmos com o exposto pelo autor, há certas impropriedades que merecem comentário. Em primeiro lugar, a lei é singela, permitindo a correspondência com familiares e amigos – e não com o mundo inteiro, como pretende o referido autor, autorizando o menor a acessar redes sociais e *afins* (sabe-se lá mais o quê, sem controle algum). O termo *correspondência* na lei penal sempre significou carta escrita, tanto assim que, hoje, quando se quer referir a e-mail, fala-se correspondência *eletrônica*. Então, o legislador não pretendeu, em hipótese alguma, manter o jovem *conectado* ao mundo virtual. Outro ponto importante: o mencionado autor afirma que a correspondência é sigilosa – para ele, qualquer uma, inclusive a eletrônica, pois misturou tudo num único contexto. Mas sabemos todos que o e-mail é semelhante a um *cartão postal*, vale dizer, uma correspondência eletrônica aberta. Nem para os adultos há sigilo, quanto mais para os jovens. A próxima impropriedade, com a devida vênia, é considerar crime a violação da correspondência, citando o art. 151 do Código Penal. Esse artigo refere-se, nítida e exclusivamente, a cartas escritas, contidas num envelope, tanto que fala em *fechada*, visto que o envelope aberto não contém segredo para ninguém. Então, se os administradores da unidade de internação permitirem o contato do adolescente com outras pessoas, via internet, podem fiscalizar à vontade, pois crime não é. E, finalmente, levando-se em consideração o reinante controle das correspondências dos presídios, é de se indagar por que não haveria a mesma fiscalização numa unidade de internação do adolescente infrator. Não nos parece coerente haver dois direitos distintos à correspondência de presos: o violável (adultos) e o inviolável (adolescentes).

125. Higiene e asseio pessoal: este dispositivo também é supérfluo, pois tais condições são inerentes ao respeito e à dignidade preservadas aos adolescentes em qualquer momento. Aliás, por curiosidade, no âmbito penal, inexiste *direito* semelhante, mas *dever*. Se o preso não mantiver a higiene pessoal e o asseio da cela ou alojamento, constitui falta grave.

126. Alojamento limpo e salubre: nos mesmos termos da nota anterior, o dispositivo está englobado na promessa de tratamento respeitosa e digno ao adolescente (inciso V deste artigo). Além disso, na realidade, deveria ser *dever* do interno manter seu alojamento limpo e asseado, como ocorre com o preso adulto. De toda forma, o Estado deve inseri-lo num local decente, que não lhe provoque danos à saúde e seja considerado adequado aos fins da internação.

127. Estudo e profissão: o direito à escolarização, ao menos do ensino fundamental, bem como à profissionalização, envolve toda criança ou adolescente. Por isso, não poderia

Art. 124

Estatuto da Criança e do Adolescente Comentado · Nucci

deixar de constar do rol dos direitos do internado. A meta, nesse caso, é manter a continuidade do que o Estado já deve estar providenciando desde antes da imposição da medida socioeducativa.

128. Atividades culturais, esportivas e de lazer: fazem parte do rol dos direitos constitucionais assegurados à criança e ao adolescente (art. 227, *caput*, CF) e, também, nesta lei (art. 16, IV), logo, não poderiam ser excluídos justamente no período em que o adolescente mais precisa de incentivo para seu processo de readaptação social. A cultura, a prática de esportes e o acesso ao lazer só trazem benefícios a quem se encontra internado.

129. Acesso aos meios de comunicação: a internação não deve significar alienação, nem completo isolamento; porém, também não significa que o adolescente está *livre* para fazer o que bem entender, como se, realmente, estivesse solto. A privação da liberdade, medida extrema, tem um propósito, que é o de reintegrar o jovem, gradativamente, à sociedade. O acesso a jornais, revistas, televisão e rádio pode ser visto como atividade natural. Mas o acesso à internet, se houver e for viável, deve ser controlado. Na rede mundial de computadores encontra-se de tudo, inclusive *sites* completamente inadequados para quem se encontra em processo de educação e formação moral. Sabe-se que, na internet, encontra-se até mesmo endereços pregando toda sorte de malefícios, como racismo, discriminação, prática de violência, dentre outros, algo ilógico para o adolescente internado. Se ele, fora dali, acessar material impróprio, ao menos não será sob o patrocínio do poder público.

130. Assistência religiosa: a Constituição Federal assegura liberdade de crença e culto (art. 5.º, VI), o que implica, igualmente, não ter religião alguma. Cabe ao adolescente internado solicitar assistência religiosa, apontando a sua crença; do contrário, nada lhe será destinado nesse campo.

131. Posse de objetos pessoais: manter consigo alguns materiais, instrumentos e coisas de uso pessoal confere certa autonomia e individualidade a qualquer um, especialmente aquele que se encontra privado de sua liberdade. Portanto, os objetos pessoais, considerados não perigosos pela direção da unidade, poderão ficar em poder do adolescente, havendo até mesmo um armário ou similar, de seu acesso exclusivo, para guardar seus pertences. Entretanto, a direção do local tem livre acesso ao local de guarda de objetos do internado, pois ele se encontra sob tutela estatal, não podendo fazer e ter o que bem quiser. Imagine-se a hipótese de conceder ao menor um lugar exclusivo seu, onde pudesse colocar qualquer objeto, sem controle; até mesmo drogas ilícitas ali poderiam ser armazenadas, ou mesmo armas, colocando em risco a segurança geral na instituição. Por outro lado, caso ingresse na unidade carregando um pequeno canivete de múltipla função, deve depositá-lo em mãos do Estado, que devolve o pertence ao final da internação. É o mesmo cuidado que se tem no tocante ao preso adulto.

132. Documentos pessoais: esses documentos, tais como RG, CPF, título de eleitor (conforme o caso), certidão de nascimento, dentre outros, devem ficar guardados até a sua desinternação, quando tudo lhe será devolvido. Porém, o dispositivo faz menção, ainda, ao recebimento de documentos *indispensáveis* à vida em sociedade, levando a crer que, se o menor não possuir algum deles, deve a direção da unidade providenciar, contando com o apoio do juiz, se necessário.

133. Incomunicabilidade: desde a edição da Constituição Federal de 1988, eliminou-se a incomunicabilidade do preso do cenário das detenções legais. Deduz-se isso pela redação do art. 136, § 3.º, IV, da CF, que veda a incomunicabilidade do preso em pleno Estado de Defesa, quando muitas garantias e direitos individuais são restringidos. Mas nunca a viabilidade de comunicação de quem se encontra detido com outras pessoas. Projeta-se, assim, para todas as demais searas, não recepcionando, por exemplo, o art. 21 do Código de Processo Penal, que ainda autoriza tal situação. Este estatuto, criado após a Constituição de 1988, encontra--se de acordo com a sua novel orientação. O adolescente terá sempre, em qualquer tempo, acesso ao seu advogado e seus familiares. Não se confundem *incomunicabilidade* e *isolamento*. Aquela diz respeito a proibir o contato do preso com pessoas alheias ao local onde se encontra detido, em especial, seu defensor; esta se refere a medidas disciplinares internas, que podem, conforme o caso, ser aplicadas. No âmbito penal, há a sanção disciplinar de isolamento (art. 53, IV, LEP), mas nunca em cela escura (a denominada *solitária*), bem como existe a possibilidade legal de inserir o preso em regime disciplinar diferenciado (art. 52, LEP), onde ele ficará isolado dos demais presos 24 horas por dia, mas em cela comum. O mesmo se dá no cenário do adolescente, em face da previsão feita pelo art. 48, § 2.º, da Lei 12.594/2012. É autorizado o isolamento, quando imprescindível para a garantia da segurança de outros internos (o jovem ameaça matar alguém) ou do próprio adolescente (ele é jurado de morte numa rebelião), comunicando-se ao defensor, ao MP e ao juiz em até 24 horas. A medida de isolamento é excepcional e não se confunde com incomunicabilidade que, insistimos, *jamais* é tolerada. "Quando da imposição de uma sanção disciplinar ao jovem, no momento de alguma ocorrência no interior da unidade socioeducativa (que, por certo, não será ou, não deveria ser incomunicável), podendo vir a separá-lo do convívio com os demais internos ou ainda em casos mais específicos (à tutela do autor de estupro, por exemplo, embora não incentivada. Em alguns casos, a própria falta de ética por parte de alguns profissionais vem a conduzir, forçosamente, o adolescente ao seu cumprimento), deve-se estabelecê-la, portanto, dentro dos parâmetros legais e, sempre, vale a ressalva, em último caso" (Ivan de Carvalho Junqueira, *Do ato infracional à luz dos direitos humanos*, p. 132).

134. Incomunicabilidade parcial: eventualmente, no interesse do próprio adolescente, o juiz pode determinar a suspensão das visitas, inclusive de pais ou responsável. Mas jamais do advogado; por isso, fala-se em incomunicabilidade parcial. E, mesmo assim, será temporária. Note-se o caráter de excepcionalidade: motivos sérios e fundados de sua prejudicialidade. Ilustrando, em casos de violência doméstica, a visita do agressor pode significar momento de tensão ao adolescente, que, por outra razão, encontra-se internado. Há, ainda, os casos de suspeita de tráfico de drogas, impedindo-se a visita do suspeito de passar entorpecentes ao menor. Aliás, a autoridade judiciária pode selecionar as visitas, vedando apenas algumas e liberando outras.

> **Art. 125.** É dever do Estado zelar pela integridade física e mental dos internos, cabendo-lhe adotar as medidas adequadas de contenção e segurança.[135]

135. Zelo estatal pela integridade física e mental dos internos: se não estivéssemos no Brasil, poder-se-ia dizer que este dispositivo é integralmente inócuo, pois de conteúdo evidente. É mais que óbvio seja o poder público responsável por *todas* as pessoas que mantém sob sua guarda, sejam adultos ou menores de 18 anos, enfermos ou mentalmente sãos. Não seria diferente no cenário dos adolescentes internados. Mas o preocupante, na realidade, é a ineficiência das normas, especialmente as protetivas; não somente no contexto da internação, mas em vários outros aspectos. Muito se ordena, abstratamente, na legislação brasileira, mas pouco se cumpre na prática. Ilustrando, se houver uma rebelião numa unidade de interna-ção, acarretando ferimentos em vários adolescentes, o Estado é responsável? Certamente que sim, nos termos exatos do disposto neste artigo; no entanto, na prática, o poder público alegará *motivo de força maior*, visto ter sido o motim provocado por terceiros, que não são

Art. 126

Estatuto da Criança e do Adolescente Comentado · **Nucci**

funcionários do Estado. Ora, mas os agressores são menores internados, assim como os agredidos, que deveriam estar rigidamente tutelados e protegidos. Um adolescente que morra em decorrência de agressão de outro, durante uma revolta, gera responsabilidade para o Estado, que se comprometeu, legalmente, a zelar pela integridade físico-mental de todos os internos. Nas palavras de Antônio Carlos Gomes da Costa, a segurança prometida pelo Estado deve desenvolver-se em três níveis. No primeiro, concentra-se no relacionamento do menor com a pessoa dirigente, técnico e auxiliar da unidade de internação. No segundo, verifica-se o grau de ameaça à integridade dos internos pelos seus próprios pares. No terceiro, atua-se no tocante à realidade externa ao internato. E finaliza: "a segurança, portanto, num estabelecimento para adolescentes privados de liberdade não é uma questão adjetiva e nem secundária. Ela é uma parte essencial do problema e os educadores e trabalhadores sociais, ao mesmo tempo em que admitem isso, devem empenhar-se em dotar os estabelecimentos não só de recursos físicos adequados de contenção e segurança, como também de participarem sem preconceitos da elaboração de uma política para esse vital setor de nosso trabalho socioeducativo" (Munir Cury [org.], *Estatuto da Criança e do Adolescente comentado*, p. 619-620). Lastreado em fatos, Maurício Neves de Jesus afirma: "ao se analisar a prática de repressão, tortura, maus-tratos, superlotação e violência na aplicação da medida socioeducativa da internação, nenhuma entidade é mais emblemática do que a Fundação Estadual do Bem-Estar do Menor de São Paulo. Criada em 1973, sob a égide do Código de Menores e da Funabem, a Febem protagonizou em suas várias unidades histórias de abuso de autoridade e de inversão da finalidade da tutela jurisdicional. (...) É provável que novas rebeliões aconteçam. As crises da Febem são apenas consequências do amplo desrespeito ao Estatuto. Décadas de negligência não serão resolvidas apenas com atitudes emergenciais. Na verdade, faz-se necessário capacitar o quadro de funcionários e qualificá-lo para administrar situações de risco e tensão, com apoio psicológico e pedagógico. Agentes que evitem confrontos e, se isso não for possível, que saibam coordenar ações de segurança. Mas isso não é o bastante: há que se prevenir futuros problemas, respeitando as normas do Estatuto. Se couber uma atitude emergencial, esta é não distorcer a função da medida socioeducativa de internação, transformando-a em uma resposta simbólica ao clamor popular que pede prisão para jovens. O Estado, que não assegura na prática os direitos previstos em lei às crianças e aos adolescentes, não pode utilizar uma medida socioeducativa como instrumento de um Direito Penal mascarado e aplicado de modo máximo" (*Adolescente em conflito com a lei* – prevenção e proteção integral, p. 108-109 e 112).

Capítulo V

DA REMISSÃO

> **Art. 126.** Antes de iniciado o procedimento judicial para apuração de ato infracional, o representante do Ministério Público poderá conceder a remissão,[136] como forma de exclusão do processo,[137] atendendo[138] às circunstâncias[139] e consequências[140] do fato, ao contexto social,[141] bem como à personalidade[142] do adolescente e sua maior ou menor participação no ato infracional.[143-144]
>
> **Parágrafo único.** Iniciado o procedimento, a concessão da remissão pela autoridade judiciária importará na suspensão ou extinção do processo.[145]

136. Remissão: o termo advém do verbo *remir*, que significa perdoar. Porém, há outro significado paralelo, com diversa grafia, que é a *remição*. Esta também significa um ato de clemência, mas mediante contraprestação. Por isso, quando se concede *remissão*, nada se exige em troca do beneficiado; é justamente o caso dos menores de 18 anos, autores de atos infracionais. Ao conceder *remição*, durante a execução da pena, o Estado perdoa um dia de pena a cada três dias de trabalho ou estudo do preso. O conceito de remissão, portanto, é de simples *clemência*. A sua natureza jurídica é de *perdão extrajudicial*, fruto da política infantojuvenilista do Estado. Delineando melhor a questão, sabe-se poder o Estado *perdoar* o autor de crime ou qualquer outra infração por variados mecanismos. Serve-se da anistia, quando a clemência se dá pelo Poder Legislativo, por meio de lei, esquecendo-se da prática de fatos delituosos. Pode utilizar o indulto (coletivo) ou a graça (individual) para que o Presidente da República conceda o perdão a vários condenados ou a um só deles. Vale-se, ainda, do perdão judicial, concedido pelo juiz, antes ou depois de iniciado o processo-crime, redundando na extinção da punibilidade. Portanto, neste estatuto, criou-se mais um instrumento para a clemência estatal, colocada em mãos do Ministério Público, antes de ajuizamento de qualquer ação, ou do magistrado, após ter início o processo. Na doutrina: "trata-se de mitigação do princípio da obrigatoriedade (pelo princípio da oportunidade), na medida em que permite ao Ministério Público não oferecer representação (a denúncia do processo penal) e, portanto, não propor a ação socioeducativa (a ação penal dos adultos) em face de ato infracional praticado por adolescente" (Fuller, Dezem e Martins, *Estatuto da Criança e do Adolescente*, p. 196).

137. Exclusão do processo: por isso, a natureza jurídica da remissão, quando concedida pelo Ministério Público, é de *perdão extrajudicial*, visto impedir o advento do processo, cuja finalidade seria apurar o ato infracional, fixando-se a medida socioeducativa pertinente, quando fosse o caso.

138. Requisitos da remissão: observa-se que, ao lidar com qualquer medida de caráter punitivo ou restritivo da liberdade, o legislador procura *individualizar* o caso, de modo a jamais padronizar a atuação do poder público. Exemplo disso é o art. 59 do Código Penal, que serve de modelo para várias aplicações no cenário criminal, em particular para o estabelecimento da pena-base, de maneira individualizada. Deve o magistrado levar em consideração a culpabilidade, os antecedentes, a conduta social, a personalidade, os motivos do agente, bem como as circunstâncias e consequências do crime e o comportamento da vítima. Não há diferença substancial neste artigo do estatuto. Cabe ao Ministério Público, para decidir se aplica ou não a remissão, levar em conta as *circunstâncias* e *consequências* do fato, o *contexto social* em que se inserem agente e vítima, a *personalidade* do adolescente e sua *maior ou menor participação* no ato infracional.

139. Circunstâncias: são os elementos acidentais não participantes da estrutura do tipo básico, fornecedor do suporte para a conceituação de ato infracional. Ilustrando, "matar alguém" é o tipo básico do homicídio (art. 121, CP), que fornece o ato infracional similar. As circunstâncias do homicídio são compostas por todas as causas de aumento e diminuição da pena, além das agravantes e atenuantes. Incluem-se, também, as circunstâncias judiciais, previstas no art. 59 do Código Penal. Portanto, tudo o que volteia o tipo básico auxilia para a fixação da pena. Dá-se o mesmo no tocante à escolha da medida socioeducativa pertinente. Nesse contexto, deve o Ministério Público avaliar se cabe remissão. Havendo muitas circunstâncias negativas, por certo, é incabível. Se forem positivas, há de se acolher o perdão.

140. Consequência: é o mal causado ato infracional, que transcende o resultado típico. É lógico que num homicídio, por exemplo, a consequência natural é a morte de alguém e, em decorrência disso, uma pessoa pode ficar viúva ou órfã. Essa é uma consequência típica comum do fato, não devendo ser levada em conta. Diversamente, se o adolescente mata a mãe na frente dos filhos em tenra idade, causará um trauma muito mais grave do que a simples perda da genitora. Essa é a consequência extraordinária a ser levada em conta para a

Art. 126

Estatuto da Criança e do Adolescente Comentado • Nucci

escolha da medida socioeducativa ou para a remissão. No exemplo apresentado, cuida-se de consequência negativa, que seria suficiente para barrar o perdão.

141. Contexto social: no direito penal, para a individualização da pena, menciona-se a *conduta social*, como fator de ponderação, significando o papel do acusado na comunidade, inserido no contexto da família, do trabalho, da escola, da vizinhança etc. O magistrado precisa conhecer a pessoa que está julgando, a fim de saber se merece uma reprimenda maior ou menor. Neste estatuto, refere-se a lei ao *contexto social* do adolescente, que não é muito diferente da *conduta social*, mas possui algumas peculiaridades. Enquanto a conduta social concerne, exclusivamente, ao autor do fato criminoso, o contexto social insere o jovem num universo maior, de onde se extrai a avaliação não só de seu comportamento anterior à prática do ato infracional, mas também se deve analisar as atitudes de seus familiares, amigos, colegas, para aquilatar o grau de influência por ele sofrido – positiva ou negativamente.

142. Personalidade: trata-se do conjunto de caracteres exclusivos de uma pessoa, parte herdada, parte adquirida. "A personalidade tem uma estrutura muito complexa. Na verdade, é um conjunto somatopsíquico (ou psicossomático) no qual se integra um componente morfológico, estático, que é a conformação física; um componente dinâmico-humoral ou fisiológico, que é o temperamento; e o caráter, que é a expressão psicológica do temperamento (...) Na configuração da personalidade congregam-se elementos hereditários e socioambientais, o que vale dizer que as experiências da vida contribuem para a sua evolução. Esta se faz em cinco fases bem caracterizadas: infância, juventude, estado adulto, maturidade e velhice" (Guilherme Oswaldo Arbenz, *Compêndio de medicina legal*). Para avaliar a personalidade do adolescente, deve-se levar em consideração, em primeiro lugar, que ela se encontra em plena formação e desenvolvimento. Além disso, é fundamental verificar o meio e as condições em que o jovem vive, pois o bem-nascido, sem ter experimentado privações de ordem econômica ou abandono familiar, quando tende ao ato infracional, deve ser mais severamente criticado do que o miserável que tenha praticado uma conduta para garantir a sua sobrevivência. Por outro lado, personalidade não é algo estático, mas encontra-se em constante mutação. Estímulos e traumas de toda ordem agem sobre ela. Não é demais supor que o adolescente, depois de passar por uma internação de longo período, tenha alterado sobremaneira sua personalidade. O cuidado de quem analisa, seja o promotor, seja o magistrado, nesse prisma, é indispensável para realizar a merecida dose de justiça. São exemplos de fatores positivos da personalidade: bondade, calma, paciência, amabilidade, maturidade, responsabilidade, bom humor, coragem, sensibilidade, tolerância, honestidade, simplicidade, desprendimento material, solidariedade. São fatores negativos: maldade, agressividade (hostil ou destrutiva), impaciência, rispidez, hostilidade, imaturidade, irresponsabilidade, mau humor, covardia, frieza, insensibilidade, intolerância (racismo, homofobia, xenofobia), desonestidade, soberba, inveja, cobiça, egoísmo.

143. Grau de participação: esse fator somente deve ser considerado em caso de concurso de pessoas para a prática do ato infracional. Em primeiro lugar, deve-se *traduzir* o termo *participação* de forma mais ampla, para indicar o grau de *concorrência* para o fato. *Concorrência* abrange tanto a coautoria (quem efetivamente executa a conduta típica), quanto a participação (quem presta suporte ao executor). O adolescente é capaz de praticar o ato infracional como autor (ou coautor, se houver mais de um), executando, diretamente, a conduta causadora do resultado, como também pode atuar como partícipe, limitando-se a ajudar o executor. Diante disso, deve-se avaliar o que exatamente fez o jovem para o cometimento do ato infracional: executou ou prestou auxílio. Tratando-se de mera ajuda, em que grau se deu (maior ou menor). Tudo isso pode levar o promotor a concluir pela remissão ou por sua negativa.

144. Não concordância do juiz: se o magistrado considerar o fato muito grave, sendo incabível a remissão concedida pelo MP, segue o disposto no art. 181, § 2.º, deste estatuto, enviando os autos ao Procurador-Geral de Justiça para deliberar acerca do tema. Ver comentários ao referido artigo.

145. Remissão em juízo: ofertada a representação pelo Ministério Público, está ajuizada a ação, formando-se o denominado procedimento verificatório, que poderia chamar-se simplesmente *processo*. De todo modo, durante a fase jurisdicional, apenas o juiz pode conceder a remissão, que passará a ter a natureza jurídica de *perdão judicial*. De qualquer forma, *antes* de eventual concessão, deve ouvir o Ministério Público, pena de nulidade. Tornaremos a esse tema mais adiante nos comentários aos arts. 186, § 1.º, e 188.

> **Art. 127.** A remissão não implica necessariamente o reconhecimento ou comprovação da responsabilidade,[146] nem prevalece para efeito de antecedentes, podendo incluir eventualmente a aplicação de qualquer das medidas previstas em lei, exceto a colocação em regime de semiliberdade e a internação.[147-148]

146. Remissão e culpa: se a remissão é uma forma de clemência, concedida pelo Ministério Público, evitando-se o processo judicial, é mais que natural não implique a formação de juízo de culpa. Recebendo o benefício, o adolescente não é considerado responsável pelo ato infracional, nem se registra essa concessão para efeito de gerar antecedente. Não teria nenhum sentido utilizar um instituto calcado no perdão se, ao mesmo tempo, gerasse consequências jurídicas negativas ao jovem. Fosse assim, seria mais adequado litigar em juízo para provar a inocência, quando o caso. O mesmo acontece quando a remissão for concedida pelo juiz.

147. Aplicabilidade ou não de medida socioeducativa pelo MP e aspectos constitucionais: em nosso entendimento, não há sentido em se permitir que, extrajudicialmente, o membro do Ministério Público, concedendo remissão (perdão), para *evitar* o ingresso em juízo, aplique qualquer medida socioeducativa. Diz a lei que o órgão poderia aplicar qualquer uma, exceto a semiliberdade e a internação, embora não detenha poder jurisdicional. Cuida-se de medida constritiva de direitos, razão pela qual o ideal seria centralizar a avaliação do promotor no cenário exclusivo da remissão incondicional. A imposição de uma obrigação, mesmo com o prisma educacional, deveria ser atribuída à competência privativa do Judiciário. A Súmula 108 do STJ dispõe que "a aplicação de medidas socioeducativas ao adolescente pela prática de ato infracional é da competência exclusiva do juiz". A despeito disso, denomina-se *remissão imprópria* a situação na qual o perdão é concedido, mas acompanhado de medida socioeducativa. Há julgados, inclusive dos Tribunais Superiores, aceitando essa espécie de remissão, em particular quando se enfoca a mera advertência. Permanecemos na ideia de que qualquer medida imposta pelo Ministério Público, juntamente com a remissão, gera constrangimento e não importa se denota espírito educacional. Sobre o tema, assim posiciona-se a doutrina: "é inconstitucional o art. 127 do ECA, ao autorizar a remissão com aplicação de medida sem o reconhecimento ou a comprovação da responsabilidade, por submeter o adolescente à constrição penal sem a caracterização da responsabilidade correspondente. O adolescente precisa se convencer, ainda que durante o curso da medida, que a prestação jurisdicional é adequada. Se a injustiça da medida for invencível, esta não surtirá efeito. Não é objetivo do Direito Infantojuvenil aterrorizar para disciplinar. Importante ressaltar que a principal relação da medida socioeducativa não se dá com a gravidade do ato infracional, mas com o seu poder de intervenção na realidade do adolescente. Contudo, a intervenção não se resume na reprovação da conduta, manifestada pela imposição da medida socioeducativa, mas impõe conteúdo capaz de propiciar ao jovem a ela submetida aquisição de condições objetivas que lhe permitam enfrentar os desafios do cotidiano sem a utilização de recursos que importem na violação dos direitos de outrem. A advertência aplicada pelo juiz ou pelo promotor de justiça carece de instrumentos interdisciplinares que demonstrem ao adolescente o desvalor de sua conduta e o seu próprio valor como protagonista da transformação da sua realidade. Na prática, porém, funda-se a advertência em uma relação de poder, de exercício de autoridade; e impõe sanção quando deveria fazer compreender regras sociais. A repreensão não pode se esgotar em si, mas há uma barreira para a correta aplicação da advertência: a mais branda das medidas socioeducativas também padece do mal da falta de estrutura. Se aplicada sem o apoio de um corpo interdisciplinar em um primeiro momento a advertência pode ser apenas um discurso simbólico sancionatório. Porém, mesmo que não venha a surtir efeito, porque aplicada de modo inadequado, legitima a aplicação futura de medidas mais severas" (Maurício Neves de Jesus, *Adolescente em conflito com a lei – prevenção e proteção integral*, p. 85). "Deve-se notar que, ao conceder a remissão parajudicial, o Promotor de Justiça não pode impor qualquer medida socioeducativa, pois teria isso sentido exatamente contrário ao instituto da remissão, e ainda mais, porque a imposição de quaisquer medidas socioeducativas não cabe ao Ministério Público, pois são atribuições jurisdicionais, portanto, privativas do Juiz competente" (José de Farias Tavares, *Comentários ao Estatuto da Criança e do Adolescente*, p. 118). "Partindo-se do pressuposto de que as medidas socioeducativas possuem natureza sancionatória, resta evidente a incompatibilidade da remissão transnacional com os princípios elencados no texto constitucional. Isso porque em um Estado Democrático de Direito não há que se falar em aplicação de qualquer medida restritiva de direitos sem que haja observância às garantias constitucionais. (...) Ademais, ao conceder a remissão, haveria clara interferência do Ministério Público na função jurisdicional, uma vez que a competência para aplicar medida socioeducativa é exclusivamente conferida ao Poder Judiciário (art. 148, I, do ECA). Sendo vedado ao magistrado aplicar qualquer medida restritiva de direitos sem observância aos princípios constitucionais, com mais razão tal proibição estende-se ao representante do Ministério Público. (...) Sobre a Súmula 108 do STJ, diz: 'cumpre anotar que a súmula expedida nada refere acerca da possibilidade de cumulação da remissão com medida, limitando-se a exigir que, oferecida/concertada a remissão, necessária se faz a homologação judicial. Embora a homologação judicial possa suprir, formalmente, a legitimidade para imposição da medida socioeducativa, o ato continua viciado em razão da inobservância às garantias constitucionais.' (...) E arremata: 'no caso da remissão cumulada, o adolescente recebe medida socioeducativa sem investigação dos fatos, sem direito de defesa, sem processo instaurado perante o juiz natural e sem sentença condenatória. Essa ausência probatória impossibilita que a defesa decida com segurança se a remissão seria um benefício ou não para o jovem. Na prática, o acordo ocorre porque a proposta de remissão funciona como meio de pressão sobre o adolescente para que este não precise responder ao um procedimento judicial' (Claudia Aparecida de Camargo Barros, *A (in)constitucionalidade da fase ministerial do procedimento de apuração de ato infracional*, p. 131-132 e 137). Também: Roberto João Elias (*Comentários ao Estatuto da Criança e do Adolescente*, p. 175); Eduardo Roberto Alcântara Del-Campo e Thales Cezar de Oliveira (*Estatuto da Criança e do Adolescente*, p. 307). Em contrário, Rossato, Lépore e Sanches ainda argumentam que, para a aplicação da remissão com medida socioeducativa pelo promotor, deve haver a participação da defesa. E, sendo assim, é viável acrescer mais um detalhe, para contornar a Súmula 108 do STJ: deve ser homologada pelo magistrado (*Estatuto da Criança e do Adolescente comentado*, p. 382-383). Seria um *contraditório extrajudicial*, contando com a posterior homologação judicial, o que nos parece uma solução para contornar a ausência de devido processo legal, justificadora da imposição de medida socioeducativa. O Estatuto da Criança e do Adolescente, em 1990, trouxe mais garantias individuais aos menores de 18 anos, no contexto dos atos infracionais, ainda que tenha criado alguns institutos avessos a esse cenário, tal como figura, atualmente, a remissão, com aplicação de medida socioeducativa. O Supremo Tribunal Federal decidiu a respeito da questão – sobre a remissão concedida pelo MP, com medida socioeducativa, em 6 de maio de 2008, em acórdão cuja relatoria coube ao Ministro Joaquim Barbosa, julgado na 2.ª T., por votação unânime. Eis a ementa: "O acórdão recorrido declarou a inconstitucionalidade do artigo 127, *in fine*, da Lei n.º 8.089/90 (Estatuto da Criança e do Adolescente), por entender que não é possível cumular a remissão concedida pelo Ministério Público, antes de iniciado o procedimento judicial para apuração de ato infracional, com a aplicação de medida socioeducativa. A medida socioeducativa foi imposta pela autoridade judicial, logo, não fere o devido processo legal. A medida de advertência tem caráter pedagógico, de orientação ao menor, e em tudo se harmoniza com o escopo que inspirou o sistema instituído pelo Estatuto da Criança e do Adolescente. A remissão pré-processual concedida pelo Ministério Público, antes mesmo de se iniciar o procedimento no qual seria apurada a responsabilidade, não é incompatível com a imposição de medida socioeducativa de advertência, porquanto não possui esta caráter de penalidade. Ademais, a imposição de tal medida não prevalece para fins de antecedentes e não pressupõe a apuração de responsabilidade. Precedente. Recurso Extraordinário conhecido e provido" (RE n. 248.018-5-SP). O voto do relator terminou da seguinte forma: 'do exposto, conheço do recurso extraordinário e dou-lhe provimento para reformar o acórdão recorrido, afastando-se a declaração de inconstitucionalidade nele contida, reconhecendo-se a possibilidade de aplicação de medida socioeducativa pela autoridade judiciária, a requerimento do Ministério Público em remissão por este concedida'. Observa-se, portanto, que o Pretório Excelso, nessa decisão, apontou que 'a medida socioeducativa foi imposta pela autoridade judicial' e, por isso, não fere o devido processo legal. Depois, menciona que a 'medida de advertência tem caráter pedagógico'. Finaliza o voto do relator mencionando a viabilidade de aplicação de medida socioeducativa pela autoridade judiciária, a requerimento do Ministério Público'. Portanto, lastreando-se nessa decisão, o STF não chegou a permitir que o MP conceda remissão e, isoladamente, fixe medida de prestação de serviços à comunidade ou outra, que implique tarefa por parte do menor. Mesmo no julgamento anterior, ocorrido em 26 de junho de 2002, a decisão do Pleno do STF lidava com a aplicação de mera advertência, feita pelo MP, juntamente com a remissão. *In verbis*: "Embora sem respeitar o disposto no artigo 97 da Constituição, o acórdão recorrido deu expressamente pela inconstitucionalidade parcial do artigo 127 do Estatuto da Criança e do Adolescente que autoriza a acumulação da remissão com a aplicação de medida socioeducativa. – Constitucionalidade dessa norma, porquanto, em face das características especiais do sistema de proteção ao adolescente implantado pela Lei n.º 8.069/90, que mesmo no procedimento judicial para a apuração do ato infracional, como o próprio aresto recorrido reconhece, não se tem em vista a imposição de pena criminal ao adolescente infrator, mas a aplicação de medida de caráter sociopedagógico para fins de orientação e de reeducação, sendo que, em se tratando de remissão com aplicação de uma dessas medidas, ela se despe de qualquer característica de pena, porque não exige o reconhecimento ou a comprovação da responsabilidade, não prevalece para efeito de antecedentes, e não se admite a de medida dessa natureza que implique privação parcial ou total da liberdade, razão por que pode o Juiz, no curso do procedimento judicial, aplicá-la, para suspendê-lo ou extingui-lo (artigo 188 do ECA), em qualquer momento antes da sentença, e, portanto, antes de ter necessariamente por comprovadas a apuração da autoria e a materialidade do ato infracional. Recurso extraordinário conhecido em parte e nela provido" (RE 229.382, Tribunal Pleno, rel. Moreira Alves, 26.06.2002, m.v.). Diante disso, há várias correntes na jurisprudência, como se menciona para

Art. 127

Estatuto da Criança e do Adolescente Comentado • Nucci

ilustrar o tema: a) *negando a possibilidade de remissão do MP com medida socioeducativa*: TJMG: "Apenas a remissão concedida pelo juiz, posteriormente ao recebimento da representação e consequente abertura do procedimento judicial, é que admite a cumulação com medida socioeducativa, porque, nesse caso, o adolescente terá a oportunidade de exercer suas garantias constitucionais, como o contraditório e a ampla defesa" (Embargos Infringentes 1.0024.06.970108-4/003, 1.ª Câm. Criminal, rel. Fernando Starling, 28.04.2009, v.u.); "A remissão que pode ser concedida pelo Ministério Público, antes de oferecida a representação, não pode ser cumulada com medida socioeducativa, sob pena de ofensa aos princípios do contraditório, da ampla defesa e do devido processo legal, previsto no art. 5.º, inc. LIV, da Constituição Federal, e art. 111 do Estatuto da Criança e do Adolescente" (Apelação Criminal 1.0481.10.001095-0/001, 7.ª Câm. Criminal, rel. Duarte de Paula, *DJ* 20.01.2011); b) *admitindo a remissão do MP com medida socioeducativa, desde que homologada pelo juiz*: TJRS: "A remissão é uma forma de perdão que é concedido ao infrator diante de circunstâncias peculiares do fato e pode ser concedida pelo Ministério Público, como forma de exclusão do processo, sujeita à homologação judicial, ou pode ser concedida pelo próprio Magistrado, depois de iniciado o processo, caso em que pode ser de extinção, quando é concedida de forma pura e simples ou cumulada com advertência, ou, ainda, ensejar a suspensão do processo, quanto cumulativa com outra medida socioeducativa, caso em que a extinção somente se operará com o cumprimento efetivo da medida aplicada" (Ap. Cív. 70067421313, 7.ª Câm. Cível, rel. Sérgio Fernando de Vasconcellos Chaves, 24.02.2016, v.u.); "O Ministério Público pode conceder remissão cumulativamente com medida socioeducativa não privativa de liberdade, como forma de exclusão do processo. Não concordando a autoridade judicial com os termos da remissão remeterá ao Procurador-Geral de Justiça, não sendo necessária a realização de audiência de 'ratificação da proposta ministerial'. Reforma da decisão agravada para homologar a remissão extintiva concedida ao adolescente pelo agente ministerial" (Agravo de Instrumento 70063400527, 8.ª Câm. Cível, rel. José Pedro de Oliveira Eckert, 19.03.2015); "1. O Ministério Público, como titular da ação socioeducativa, poderá, antes de iniciado o procedimento judicial para apuração de ato infracional, conceder remissão, cumulada ou não com medida em meio aberto, como forma de exclusão do processo, nos termos dos arts. 126 e 127, ambos do ECA, competindo à autoridade judiciária a homologação da remissão, com o cumprimento da medida ajustada, consoante art. 181 do ECA. 2. Considerando que o adolescente, na presença dos seus genitores, concordou com a imposição da medida socioeducativa de advertência, em sede de remissão (que não implica necessariamente o reconhecimento ou comprovação da responsabilidade, nem prevalece para efeito de antecedentes), o que foi devidamente homologado pelo juízo singular, carece de interesse recursal a Defensoria Pública em questionar a decisão que homologou a remissão ajustada" (Apelação Cível 70056816234, 8.ª Câm. Cível, rel. Ricardo Moreira Lins Pastl, j. 14.11.2013); c) *admitindo a remissão do MP com medida socioeducativa, desde que homologada pelo juiz, com participação do defensor, em audiência*: STJ: "1. A jurisprudência desta Corte se firmou no sentido de que é necessária a defesa técnica no caso de apresentação de remissão cumulada com medida socioeducativa em juízo, sob pena de violação dos princípios da ampla defesa e do contraditório. Precedentes da Quinta e Sexta Turmas. (...) A decisão agravada merece ser mantida pelos seus próprios fundamentos. Os autos demonstram que, '(...) após apresentar sua versão dos fatos perante a Autoridade Policial (fl. 06), o adolescente foi ouvido informalmente, acompanhado de sua genitora, na própria Instituição Ministerial, oportunidade em que transacionaram pela aplicação do instituto da remissão, com imposição de medida de prestação de serviços à comunidade, assinando conjuntamente o requerimento ao Juízo processante' (e-STJ, fl. 88), desassistido, pois, de advogado constituído ou defensor público. Tal procedimento contraria a jurisprudência deste Tribunal Superior, que entende ser necessária a defesa técnica no caso de apresentação de remissão cumulada com medida socioeducativa em juízo, sob pena de violação dos princípios da ampla defesa e do contraditório. Ressalta-se que esse entendimento encontra amparo legal em diversos dispositivos do ECA, como os arts. 111, III, 184, § 1.º, 186, § 2.º, e 127. Assim, '(...) ainda que a cumulação da remissão com medida socioeducativa não privativa de liberdade tenha caráter consensual e não implique em reconhecimento de culpabilidade, deve ser observada a garantia da defesa técnica por advogado.' (RHC 102.132/DF, Rel. Ministro Nefi Cordeiro, 6.ª T., j. 11.12.2018, *DJe* 01.02.2019). Por oportuno, anote-se a ementa desse julgado: 'Estatuto da criança e do adolescente – ECA. Recurso em *habeas corpus*. Ato infracional equiparado ao crime de tráfico de drogas. Remissão cumulada com medida socioeducativa de prestação de serviços à comunidade. Ausência de defesa técnica. Nulidade reconhecida. Recurso em *habeas corpus* provido. 1. Ainda que a cumulação da remissão com medida socioeducativa não privativa de liberdade tenha caráter consensual e não implique em reconhecimento de culpabilidade, deve ser observada a garantia da defesa técnica por advogado. 2. Recurso em *habeas corpus* provido, para cassar a sentença que homologou a remissão oferecida pelo Ministério Público, determinando a prestação de serviços à comunidade, a fim de que seja realizada nova audiência com o recorrente e seus genitores, garantindo-lhe a assistência jurídica por advogado constituído ou defensor público' (RHC 102.132/DF, rel. Ministro Nefi Cordeiro, 6.ª T., j. 11.12.2018, *DJe* 01.02.2019). Nessa linha de raciocínio, confiram-se os seguintes precedentes: '*Habeas corpus*. ECA. Ato infracional análogo ao delito de roubo circunstanciado. Alegação de nulidade em decorrência da realização de ato sem a presença de defesa técnica do menor. Impossibilidade. Constrangimento ilegal manifesto. 1. No caso, o Ministério Público estadual ofereceu remissão ao menor, em ato realizado sem defesa técnica. 2. Assim, ainda que a jurisprudência admita a falta de defesa técnica na oitiva com o Ministério Público, a ausência do defensor na apresentação em Juízo e na sentença homologatória evidencia a ilegalidade, sendo violado o princípio da ampla defesa. Precedentes. 3. Ordem concedida, confirmando-se a liminar anteriormente deferida, para anular a audiência realizada sem a defesa técnica do menor, bem como os demais atos praticados *a posteriori*' (HC 415.295/DF, rel. Ministro Sebastião Reis Júnior, 6.ª T., *DJe* 03.09.2018). 'Criança e adolescente. *Habeas corpus*. Audiência de apresentação. Defesa técnica. Prescindibilidade. Constrangimento. Reconhecimento. 1. A remissão, nos moldes dos arts. 126 e ss. do ECA, implica a submissão a medida socioeducativa sem processo. Tal providência, com significativos efeitos na esfera pessoal do adolescente, deve ser imantada pelo devido processo legal. Dada a carga sancionatória da medida possivelmente assumida, é imperioso que o adolescente se faça acompanhar por advogado, visto que a defesa técnica, apanágio da ampla defesa, é irrenunciável. 2. Ordem concedida para anular o processo e, via de consequência, reconhecer a prescrição do ato infracional imputado à paciente' (HC 67.826/SP, Rel. Ministra Maria Thereza de Assis Moura, 6.ª T., *DJe* 01.07.2009)" (AgInt no REsp 1.824.227/BA, 5.ª T., rel. Ribeiro Dantas, 08.10.2019). TJMG: "Na hipótese de remissão pré-processual imprópria, o Ministério Público, somente após a oitiva do adolescente e do responsável e com a anuência deles, poderá apresentar ao juízo o pedido de concessão da remissão cumulada com medidas socioeducativas não restritivas de liberdade. Havendo a concordância de todos, inclusive de um defensor para a assistência do menor, poderá o Magistrado homologar o pedido" (AI 13320999020238130000, 9.ª Câm. Criminal Especializada, rel. Eduardo Machado, 11.10.2023, v.u.); d) *remissão concedida sem necessidade de defesa*: TJRN: "Agravo de instrumento. Homologação de remissão com aplicação de medida socioeducativa como forma de suspensão de processo de apuração de ato infracional. Decisão que declara a impossibilidade de continuação do processo por entender haver desobediência ao direito de defesa. Desnecessidade de defesa técnica no procedimento para concessão de remissão requerida pelo Ministério Público. Aplicação dos arts. 127 e 181, §§ 1.º

Art. 128

Estatuto da Criança e do Adolescente Comentado • Nucci

e 2.º, do Estatuto da Criança e do Adolescente. Precedentes desta Corte de Justiça e dos Tribunais Pátrios" (Agravo de Instrumento 2014.012718-9, 1.ª Câm. Cível, rel. Expedito Ferreira, 12.03.2015, v.u.); e) *remissão concedida pelo MP cumulada com liberdade assistida, obrigando-se o juiz a homologá-la*: TJSC: "'Não há constrangimento ilegal quando a remissão é cumulada com medida de liberdade assistida, pois esse instituto pode ser aplicado juntamente com outras medidas que não impliquem restrição da liberdade do menor, nos exatos termos do art. 127 do Estatuto da Criança e do Adolescente' (*Habeas Corpus* 177.611 – SP 2010/0118982-0, rel. Min. Og Fernandes, 6.ª T., j. 1.º.03.2012). Recurso do MP provido" (Ap. 0002224-63.2015.8.24.0058/SC, 1.ª Câm. Criminal, rel. Marli Mosimann Vargas, 19.04.2016, v.u.). Nesse caso, o juiz havia homologado a remissão, mas rejeitado a medida socioeducativa aplicada de liberdade assistida proposta cumulativamente.

148. Remissão imprópria concedida pelo juiz: denomina-se aquela que, em lugar de simplesmente *perdoar*, impõe uma medida socioeducativa, desde que pela autoridade judiciária. Embora não concordemos com a imposição de qualquer medida sem o *devido processo legal*, é melhor a aplicação pelo juiz do que pelo promotor – nesse caso, é inconstitucional, caso inexista homologação. Na jurisprudência: STJ: "1. A jurisprudência desta Corte se firmou no sentido de que é necessária a defesa técnica no caso de apresentação de remissão cumulada com medida socioeducativa em juízo, sob pena de violação dos princípios da ampla defesa e do contraditório. Precedentes da Quinta e Sexta Turmas" (AgInt no REsp 1.824.227/BA, 5.ª T., rel. Ribeiro Dantas, j. 08.10.2019, *DJe* 14.10.2019).

> **Art. 128.** A medida aplicada por força da remissão poderá ser revista judicialmente, a qualquer tempo, mediante pedido expresso do adolescente ou de seu representante legal, ou do Ministério Público.[149-151]

149. Revisão judicial da medida socioeducativa aplicada cumulada à remissão: admitindo-se a possibilidade jurídica de o promotor conceder remissão e, ao mesmo tempo, fixar uma medida socioeducativa de advertência, obrigação de reparar o dano, prestação de serviços à comunidade, liberdade assistida ou qualquer medida prevista no art. 101, I a VI, comporta *revisão judicial*, a qualquer tempo, desde que formulado pedido pelo adolescente (ou seu representante legal) e até mesmo pelo Ministério Público. Explica Mirabete que "a autoridade judiciária, ao decidir a revisão, poderá: 'a) cancelar a medida aplicada, com retorno à situação processual anterior; b) substituí-la por outra, com exclusão do regime de semiliberdade e da internação; c) convertê-la em perdão puro e simples' (cf. Jurandir Norberto Marçura, Munir Cury e Paulo Afonso Garrido de Paula, *Estatuto da criança e do adolescente anotado*, São Paulo, Ed. RT, 1991, p. 69)" (Munir Cury [org.], *Estatuto da Criança e do Adolescente comentado*, p. 623). Parece-nos que o disposto pelo art. 128 tem a meta de amenizar a remissão, com medida socioeducativa, indicada pelo art. 127. Aplicada sem prévio procedimento verificatório, pode ocasionar a aplicação de obrigação inadequada à situação concreta, razão pela qual a revisão judicial se torna necessária. Na jurisprudência: STJ: "1. A remissão pré-processual (imprópria), prevista no *caput* do art. 126 do Estatuto da Criança e do Adolescente, é uma forma de exclusão do processo oferecida pelo Ministério Público, podendo ou não ser cumulada com medida socioeducativa não restritiva de liberdade. 2. O Superior Tribunal de Justiça possui posicionamento de que 'a remissão imprópria não constitui benefício definitivo, pois sujeita-se a revisão judicial a qualquer tempo, podendo 'a autoridade judiciária, ao decidir a revisão (...) cancelar a medida aplicada, com retorno à situação processual anterior' (CC n. 160.215/GO, relatora Ministra Laurita Vaz, Terceira Seção, j. 26.09.2018,

DJe de 9/10/2018)". Estando demonstrada a recalcitrância do adolescente no cumprimento da medida socioeducativa de liberdade assistida aplicada na remissão, é possível sua revogação a pedido do Ministério Público com o consequente recebimento da representação. Entendimento em sentido contrário implicaria a conclusão de que a medida imposta tornar-se-ia inofensiva e inútil, o que vai de encontro ao princípio da proteção integral e impede, em tese, o processo de recondução e reintegração do menor à sociedade (AgInt no HC 507.934/DF, Rel. Antonio Saldanha Palheiro, 6.ª T., *DJe* 26.09.2019). 3. No caso, o descumprimento da medida socioeducativa estabelecida como condição na remissão imprópria (prestação de serviços à comunidade) impõe a continuidade do processo de apuração do ato infracional, sob pena de se tornarem inócuas as tentativas de reinserção social do menor, contrariando o princípio da proteção, que orienta o microssistema de proteção da criança e do adolescente. 4. Agravo regimental improvido" (AgRg no HC 463.879/PR, 5.ª T., rel. Reynaldo Soares da Fonseca, j. 28.04.2020, v.u.). TJMG: "A cumulação da remissão com medida socioeducativa não privativa de liberdade tem caráter consensual e não implica reconhecimento de culpabilidade, não violando os princípios do devido processo legal, contraditório e ampla defesa, constituindo-se em medida de natureza pedagógica, cuja finalidade precípua não é punir o adolescente, mas, sim, reeducá-lo e orientá-lo, tornando-o apto ao convívio social. Também não há violação à Súmula 108, do STJ, vez que o Órgão Ministerial apenas pleiteia a cumulação da medida socioeducativa, sendo que sua efetiva aplicação é feita exclusivamente pelo Juiz. Constitui grave lesão aos princípios constitucionais do devido processo legal e da presunção de inocência a concessão da remissão cumulada com a aplicação de medida socioeducativa a menor infrator antes da instauração de qualquer procedimento judicial. 2. Embargos acolhidos" (Embargos Infringentes e de Nulidade 1.0434.12.000538-5/002/MG, 7.ª Câm. Criminal, rel. Agostinho Gomes de Azevedo, 23.06.2016). TJRS: "1. Concedida a remissão pelo Ministério Público e sendo aceita pelo infrator e seu representante legal, restando homologada pelo juízo, descabe interposição de recurso pela Defensoria Pública, pois a remissão é forma de exclusão do processo, sem que o Estado deixe de dar uma resposta pronta e imediata ao infrator pelo ato praticado. 2. A medida de advertência, que foi concedida cumulativamente ao infrator, não lhe traz gravame alguma e, *além disso, não fica excluída de apreciação pelo Poder Judiciário, pois é possível, a qualquer tempo, que tanto o adolescente, como o seu representante legal, ou o próprio Ministério Público peçam a sua revisão judicial,* consoante faculta o art. 128 do ECA. Recurso não conhecido" (Apelação Cível 70056832959, 7.ª Câm. Cível, rel. Sérgio Fernando de Vasconcellos Chaves, j. 28.10.2013, grifamos).

150. Fundamentos para a revisão: como mencionamos na nota anterior, a lei absteve-se de indicar qualquer motivo para rever, em juízo, uma medida aplicada pelo promotor, por ocasião da remissão. A falha é nítida, pois não se revê algo juridicamente consolidado sem fundamento. Portanto, podem-se enumerar alguns motivos para tanto: a) a remissão cumulada com medida socioeducativa foi realizada sem o acompanhamento de defensor para o jovem; b) não houve homologação do juiz; c) aplicou-se medida muito severa, dentre as possíveis, para o ato infracional cometido, considerado brando; d) aplicou-se a medida sem apurar a materialidade do ato infracional; e) aplicou-se a medida sem apurar devidamente a autoria. Em nossa visão, no entanto, deixamos claro que não aquiescemos à aplicação da medida socioeducativa pelo Ministério Público, sem o devido processo legal. Mas, se for aplicada e prevalecer a sua viabilidade, ao menos, deve-se exigir prova da materialidade e da autoria (e não meros indícios de autoria), além de se zelar pela proporcionalidade entre a medida e o ato infracional. Qualquer desvio nessa área comporta a revisão judicial.

151. Procedimento: preceitua o art. 152: "aos procedimentos regulados nesta Lei aplicam-se subsidiariamente as normas gerais previstas na legislação processual pertinente.

Parágrafo único. É assegurada, sob pena de responsabilidade, prioridade absoluta na tramitação dos processos e procedimentos previstos nesta Lei, assim como na execução dos atos e diligências judiciais a eles referentes". E o art. 153: "se a medida judicial a ser adotada não corresponder a procedimento previsto nesta ou em outra lei, a autoridade judiciária poderá investigar os fatos e ordenar de ofício as providências necessárias, ouvido o Ministério Público". Cuida-se de *revisão judicial*, que é instrumentalizada por um autêntico pedido de retratação. Se o promotor concedeu remissão e aplicou medida socioeducativa, na sequência, o mínimo que se espera, para ter validade, é a homologação do juiz. Assim sendo, essa decisão transita em julgado formalmente, mas o disposto no art. 128 impede a constituição da coisa julgada material. A revisão judicial se volta contra a homologação e não propriamente contra o ato do Ministério Público, pois este tem legitimidade para questionar o ato. Se a referida revisão se voltasse, apenas, contra a concessão da remissão cumulada com medida socioeducativa, não seria necessária a revisão judicial, pois o promotor voltaria atrás, notando a sua inadequação. Porém, tendo sido homologada, é preciso pleitear em juízo a sua reformulação. O interessado – adolescente, por seu defensor, ou Ministério Público – ingressa com petição, propondo a *revisão judicial* da medida socioeducativa homologada. Trata-se de procedimento verificatório simples, que pode auferir o caráter contencioso. Se o MP ingressar com o pedido, cita-se o adolescente para que responda aos termos do pleito. Não concordando, oferta impugnação. O juiz, tratando-se de questão de direito, decide na sequência. Havendo invocação de fato novo, dependente de prova, determina-se a sua produção (se necessário, em audiência). Finaliza-se com debates e julgamento (procedente ou improcedente). Da decisão, cabe apelação. Se o adolescente ingressar, cita-se o Ministério Público para responder aos termos do pleito de revisão. Havendo impugnação, segue-se o mencionado acima.

Título IV
Das Medidas Pertinentes
aos Pais ou Responsável

> **Art. 129.** São medidas aplicáveis aos pais ou responsável:[1]
>
> I – encaminhamento a serviços e programas oficiais ou comunitários de proteção, apoio e promoção da família;[2]
>
> II – inclusão em programa oficial ou comunitário de auxílio, orientação e tratamento a alcoólatras e toxicômanos;[3]
>
> III – encaminhamento a tratamento psicológico ou psiquiátrico;[4]
>
> IV – encaminhamento a cursos ou programas de orientação;[5]
>
> V – obrigação de matricular o filho ou pupilo e acompanhar sua frequência e aproveitamento escolar;[6]
>
> VI – obrigação de encaminhar a criança ou adolescente a tratamento especializado;[7]
>
> VII – advertência;[8]
>
> VIII – perda da guarda;[9]
>
> IX – destituição da tutela;[10]
>
> X – suspensão ou destituição do poder familiar.[11-11-A]
>
> **Parágrafo único.** Na aplicação das medidas previstas nos incisos IX e X deste artigo, observar-se-á o disposto nos arts. 23 e 24.[12]

1. Medidas protetivo-punitivas aos pais ou responsável: muitas situações de risco geradas aos menores de 18 anos provêm dos pais ou responsável. Até mesmo a prática de atos infracionais pode ser uma decorrência da negligente educação ou zelo com que a criança ou adolescente é tratado em sua família. Os pais (naturais ou adotivos) ou responsável (tutor ou guardião) têm o *dever* de orientar, educar, amparar, apoiar, sustentar e corrigir seus filhos, tutelados ou pupilos. Dispõe o art. 98 desta Lei: "as medidas de proteção à criança e ao adolescente são aplicáveis sempre que os direitos reconhecidos nesta Lei forem ameaçados ou violados: (...) II – por falta, omissão ou abuso dos pais ou responsável". Note-se que, muitas vezes, como nos referimos linhas acima, o menor se encontra vulnerável por atitude dos próprios genitores ou pessoas responsáveis. É natural que se preveja a aplicação de medidas diretamente a eles, podendo ser protetivas ou punitivas. De todo modo, implicando restrição

Art. 129

Estatuto da Criança e do Adolescente Comentado · Nucci

a direito, deve-se respeitar o devido processo legal. Não somente o juiz pode aplicá-las, mas também o Conselho Tutelar (art. 136, II, desta Lei), desde que não se trate de perda da guarda, destituição da tutela ou, ainda, suspensão ou perda do poder familiar. Essas hipóteses constituem *reserva de jurisdição*, competindo somente ao magistrado.

2. Encaminhamento a serviços e programas oficiais ou comunitários de proteção, apoio e promoção da família: trata-se de medida protetiva, de modo que prescinde de procedimento contraditório. Aplica-se esta providência, pelo juiz ou pelo Conselho Tutelar, assim que se toma conhecimento do estado desestruturado da família, em grande parte fomentado pela miséria. Uma das metas, quando se cuida de lidar com o menor carente, antes de providenciar a sua retirada do lar ou mesmo encaminhá-lo a colocação em família substituta, é proporcionar auxílio aos pais ou parentes. Uma das principais atuações do Estado é inserir a família em serviços e programas de proteção, apoio e promoção, cuidando de assegurar renda suficiente para a sobrevivência digna, mas também apoio psicossocial. "Dentro da situação de pobreza crítica em que estão mergulhados imensos contingentes de famílias, aliada à falta de programas de assistência a estas mesmas famílias, têm como consequência o enfraquecimento dos vínculos familiares entre pais e filhos, aumentando a população dos abrigos públicos e privados, e também o número de meninas e meninos nas ruas das grandes cidades" (Pedro Caetano de Carvalho, *A família e o município*, p. 177).

3. Inclusão em programa oficial ou comunitário de auxílio, orientação e tratamento a alcoólatras e toxicômanos: cuida-se de medida de proteção, prescindindo de procedimento contraditório. O juiz ou o Conselho Tutelar, apurando a situação concreta de determinada criança ou adolescente, pode detectar que um dos membros da família, com quem o menor convive, é viciado em alguma droga (álcool, maconha, cocaína etc.). Há que se tomar providência, pois o ambiente se torna inapropriado ao infante ou jovem, nos termos do art. 19, parte final, desta Lei. Antes de se retirar o menor do lar, pode-se resolver o problema, encaminhando o pai, a mãe, o irmão, o tio ou outro parente a programa de desintoxicação. Há vários grupos, promovidos por ONGs ou pelo próprio Estado. Naturalmente, se não der resultado, outra medida, mais drástica, deverá ser tomada.

4. Encaminhamento a tratamento psicológico ou psiquiátrico: esta é, também, uma medida de proteção, mas, dependendo da situação concreta, pode necessitar de contraditório. Na avaliação da concreta situação da criança ou adolescente, a equipe técnica do Juizado ou o Conselho Tutelar pode encontrar pessoa da família necessitando de auxílio, em face de enfermidade mental ou perturbação da saúde mental. Não é saudável a qualquer menor de 18 anos, em plena formação moral e intelectual conviver ou ser cuidado por pessoa mentalmente desestruturada. Há dois caminhos a seguir: a) se a enfermidade ou perturbação for mínima, a ponto de não colocar em risco a criança ou adolescente, o juiz ou o Conselho Tutelar encaminha o pai, a mãe ou outro parente para tratamento psicológico ou psiquiátrico. Sendo família de posse – o que é raríssimo –, esse encaminhamento é uma recomendação para buscar tratamento particular em clínica ou consultório particular, dando-se um prazo para isso. Tratando-se de família sem recursos, indica-se o serviço de saúde do Estado, que possua programas terapêuticos nas áreas da psicologia e da psiquiatria. Igualmente, dá-se um prazo para que a pessoa principie o tratamento. Se nada for feito, tornando à casa e verificando o risco presente para o infante ou jovem, outras medidas mais drásticas deverão ser tomadas. Por outro lado, constatando-se que o familiar padece de grave enfermidade mental, passível de interdição, com posterior internação, ou pelo menos uma internação para tratamento, oficia-se ao Ministério Público da área cível para as medidas cabíveis. Na jurisprudência: TJRS: "A infante que deve permanecer sob a guarda dos avós paternos, em razão dos fortes indícios que indicam a ocorrência do abuso sexual, por estar evidenciada a situação de negligência e abandono em que se encontrava e por haver manifestado expressamente o desejo de permanecer sob a guarda dos avós. 3. No caso, é descabida a suspensão das visitas dos genitores à filha, pois o suposto abusador não mais integra o seio familiar e, a despeito da frágil relação que possui com os genitores, inexiste sentimento de repulsa ou ódio, sendo possível, portanto, o restabelecimento do vínculo afetivo. Manutenção, contudo, da medida de proteção direcionada aos genitores (art. 129, III, do ECA), com a determinação de que as visitas sejam supervisionadas, a fim de trazer maior segurança à infante, que teme não ser devolvida aos avós ao término das visitas" (Apelação Cível 70058597535, 8.ª Câm. Cível, rel. Ricardo Moreira Lins Pastl, *DJ* 24.04.2014).

5. Encaminhamento a cursos ou programas de orientação: esta medida de proteção pode ser aplicada diretamente pelo juiz ou pelo Conselho Tutelar; entretanto, não há diferença substancial em relação à primeira medida. Fornecer orientação ou proteção, na essência, é o mesmo.

6. Obrigação de matricular o filho ou pupilo, acompanhando a frequência e aproveitamento escolar: não se trata de medida de proteção aos pais ou responsável, mas, sim, aos filhos ou pupilos. Porém, impor tal obrigação é apenas reiterar o que já consta de lei, como dever os genitores ou responsável. Aliás, deixar de matricular o filho, no tocante ao ensino fundamental, pode configurar crime (art. 246, CP) e também motivo para medidas mais severas contra os responsáveis. A única vantagem da aplicação *expressa* dessa obrigação é o registro de que houve a falha e ela precisa ser sanada. Isso facilita a apuração da omissão, se reiterada. Pode ser aplicada pelo juiz ou pelo Conselho Tutelar, sem necessidade de contraditório. Na jurisprudência: TJRS: "Obrigação de matricular a adolescente em escola regular bem como acompanhá-la nos atendimentos psicossociais. Arts. 101 e 129 do ECA. 1. É dever da família, do Estado e da sociedade a proteção das crianças e dos adolescentes, no que se inclui a garantia do direito à educação. Art. 227 da Constituição Federal e 22 do ECA. 2. Tendo a adolescente deixado de frequentar os bancos escolares, cabe processar a medida de proteção, a fim de conscientizar a família acerca da importância da educação na vida adulta, impondo-lhe medidas que garantam o retorno da menor à escola, assim como buscar junto a adolescente sua conscientização do interesse em estudar" (Apelação Cível 70057824864, 7.ª Câm. Cível, rel. Liselena Schifino Robles Ribeiro, *DJ* 07.01.2014).

7. Obrigação de encaminhar a criança ou adolescente a tratamento especializado: nos mesmos termos da medida prevista no inciso anterior e, conforme já comentado, não se cuida de medida de proteção aos pais; destina-se aos filhos e, mesmo assim, já compõe o universo de deveres dos genitores ou responsável. A única vantagem de se estabelecer, claramente, por escrito, tal obrigação é especificar os detalhes do tratamento especializado e colher a ciência de quem possui esse dever. No futuro, havendo omissão, torna-se mais fácil provar o descuido, tomando-se providências mais severas. Pode ser aplicado pelo juiz ou pelo Conselho Tutelar, independentemente de contraditório.

8. Advertência: trata-se de medida eminentemente punitiva, pois, destinando-se a adultos, não tem caráter protetivo. *Advertir* pode significar tanto conselho quanto admoestação, vale dizer, uma espécie de reprimenda oral. Verifique-se a sua aplicabilidade ao adolescente, quando pratica ato infracional (art. 112, I, ECA). Se, ao jovem, pode representar uma medida educativa, pois está em plena formação de sua personalidade, ao maior simboliza um constrangimento. Ninguém, em sã consciência, aceita uma advertência sem se sentir culpado de algo. Por isso, parece-nos essencial que se garanta aos pais ou responsável o direito ao contraditório e à ampla defesa. Diante disso, não é cabível ao Conselho Tutelar aplicá-la, mas ao magistrado. Em diferente visão, Francisco Xavier Medeiros Vieira diz que "a advertência

Art. 129

consiste numa admoestação verbal, reduzida a termo e assinada. Medida pedagógica, prevista no art. 115, será, sem dúvida, oportunidade de reflexão para os pais ou responsável, que, assim, serão levados a reencontrar o trilho do processo educativo interrompido, talvez desfigurado" (Munir Cury [org.], *Estatuto da Criança e do Adolescente comentado*, p. 627). Voltamos a insistir que pessoas adultas não devem ser repreendidas sem a oportunidade de se defender convenientemente; não são crianças nem adolescentes, motivo pelo qual há que se respeitar a sua dignidade, por mais errados que possam agir com seus filhos.

9. Perda da guarda: conceder a guarda de criança ou adolescente a terceira pessoa, retirando-a dos pais, que, em face do poder familiar, a detêm naturalmente, é medida excepcional. Temos sustentado, inclusive em comentários ao art. 33 e seguintes, não ser viável o deferimento de *guarda definitiva*. Trata-se de medida preparatória para a permanente, que pode ser a tutela ou a adoção. Eventualmente, pode-se conferir a guarda de uma criança a um tio, por exemplo, mantendo-se o poder familiar dos pais, porque estes estão provisoriamente ausentes ou pelo fato de terem cometido algum abuso, que precisa ser apurado. Em suma, constituindo medida temporária, pode ser revogada a qualquer tempo, nos termos do art. 35 ("a guarda poderá ser revogada a qualquer tempo, mediante ato judicial fundamentado, ouvido o Ministério Público"). Esse artigo enumera medidas aplicáveis aos pais ou responsável; como regra, a *perda da guarda* não se refere aos genitores, mas ao guardião que não cumprir seus deveres para com o pupilo. Quando os pais falham, a medida mais comum é a suspensão ou destituição do poder familiar. No entanto, como mencionado linhas acima, pode-se retirar a guarda dos pais para verificar se é o caso de partir para medida mais drástica. De todo modo, é preciso ter elementos sólidos para aplicar essa solução. Na jurisprudência: TJDF: "I. A guarda, um dos modos de colocação de criança em família substituta, somente poderá ser conferida a terceiros – nestes, incluindo o irmão – para atender situações excepcionais ou de eventual falta dos genitores, buscando sempre o bem-estar da criança. II. Comprovada a situação de risco, marcada pela prática de maus tratos, correta a alteração da guarda do menor, como medida de proteção" (Acórdão 1240144, 07069961420188070020, 6.ª T., rel. José Divino, 25.03.2020, v.u.).

10. Destituição da tutela: defere-se a tutela a pessoa adulta, capaz de zelar pelos interesses do menor de 18 anos, cujos pais foram suspensos ou destituídos do poder familiar. O tutor passa a ser o responsável pela criança ou adolescente e, com isso, assume todos os deveres inerentes ao poder familiar. Se falhar, cabe o procedimento próprio para a destituição da tutela, com nomeação de outro. É preciso o contraditório e a ampla defesa, não podendo ser medida aplicada pelo Conselho Tutelar, mas somente pelo magistrado.

11. Suspensão ou destituição do poder familiar: se os pais descumprirem os deveres e as obrigações decorrentes do poder familiar no tocante aos seus filhos, estão sujeitos, primeiramente, à suspensão; caso não se resolva a falha, pode-se destituí-los. De toda forma, o Conselho Tutelar não pode aplicar tal medida, cabendo apenas ao juiz, respeitando-se procedimento contraditório, assegurada a ampla defesa. Porém, falhar quanto aos deveres impostos pelo poder familiar implica prejuízo para os filhos – crianças ou adolescentes –, finalidade básica desta Lei, para efeito de proteção. Portanto, a medida pode ser dura, mas igualmente necessária; acima do interesse dos genitores adultos encontra-se o interesse infantojuvenil. Na jurisprudência: TJRS: "1. Conquanto se trate de medida extrema, a destituição do poder familiar, prevista no art. 129, inc. X, do Estatuto da Criança e do Adolescente, é autorizada nos casos previstos nos arts. 1.637 e 1.638 do Código Civil, bem como na hipótese de descumprimento injustificado dos deveres e obrigações a que alude o art. 22 do ECA, conforme o art. 24 do Estatuto, sempre em cotejo ao atendimento dos superiores interesses da criança e do adolescente. 2. Na espécie, os elementos probatórios carreados aos autos evidenciam a prática de atos contrários à moral e aos bons costumes pela genitora – que faz uso abusivo de álcool e entorpecentes

–, além do descumprimento injustificado dos deveres inerentes à função parental, uma vez que constatada a negligência da apelante quanto aos mais elementares cuidados com o filho, à exemplo da saúde da criança, acarretando situação de risco que ensejou o acolhimento institucional do menor. Ademais, também é de se ponderar o desinteresse da apelante no que tange às oportunidades que lhe foram proporcionadas para reverter tal situação, inobstante os esforços envidados pela rede de proteção" (Apelação Cível 70058941816, 8.ª Câm. Cível, rel. Luiz Felipe Brasil Santos, *DJ* 05.06.2014). TJMG: "A cassação do poder familiar é medida extrema, de grande repercussão que afeta, principalmente, aos interesses do menor e deve ser aquilatada em cada caso com maior cautela. O Estatuto da Criança e do Adolescente (Lei n.º 8.069/90) adotou o sistema da integral proteção à criança e ao adolescente, considerando a peculiar situação de vulnerabilidade, dependência e necessidade de contínuo desenvolvimento, prevendo ainda a proteção integral quanto a qualquer forma de 'negligência, discriminação, exploração, violência, crueldade e opressão'. Considerando que a ação se encontra em estágio processual precoce, com elementos probatórios insuficientes que possam ensejar a suspensão do poder familiar e a modificação da guarda da menor, a manutenção da decisão agravada é medida que se impõe" (AI 09773162720238130000, 8.ª Câm. Cível, rel. Delvan Barcelos Júnior, 26.10.2023, v.u.); "1) Nos termos dos arts. 1.637 e 1.638 do CC/2002, a mãe pode ser destituída do poder familiar quando houver provas de que ela castiga imoderadamente o filho, o deixa em situação de abandono, pratica atos contrários à moral e aos bons costumes, reiteradamente abusa de sua autoridade, arruína os bens do filho ou falta aos deveres inerentes à paternidade/maternidade, por negligência ou incapacidade. 2) Deve ser mantida a sentença que decreta a perda do poder familiar da mãe biológica quanto demonstrado, por meio de robusto e coerente caderno probatório, que ela reiteradamente descuida da saúde, alimentação e higiene do infante, colocando-o até mesmo sob risco de morte, face ao descuido no tratamento de 'anemia falciforme', doença da qual a criança padece" (Apelação Cível 1.0470.12.003289-6/001, 8.ª Câm. Cível, rel. Teresa Cristina da Cunha Peixoto, 29.01.2015). TJGO: "A destituição do poder familiar, prevista no art. 129, X, do Estatuto da Criança e do Adolescente – Lei 8.069/90 – é medida extremamente grave, que só pode ser aplicada quando as circunstâncias do caso concreto demonstrarem sua utilidade, necessidade e a inexistência de outra medida apta a proteger os interesses da criança. A análise das circunstâncias envolvendo o caso deve ser minuciosa e criteriosa, face às consequências que a destituição do poder familiar acarreta na vida das pessoas envolvidas, devendo prevalecer sempre o interesse do menor, que, *in casu*, a meu ver, é o de permanecer com o pai registral e sua esposa, que estão propiciando à menor um crescimento físico saudável no seio de um lar" (AI 59908-06.2016.8.09.0000/GO, 2.ª Câm. Cível, rel. Amaral Wilson de Oliveira, 07.06.2016, v.u.).

11-A. Na dúvida, em favor dos pais biológicos: é justo que se acolha a presunção de mais adequada integração familiar da criança ou adolescente na sua família biológica. Por isso, resultando do conteúdo das provas produzidas ao longo da ação de destituição do poder familiar dúvida razoável no tocante à falta de preparo para a família natural cuidar de sua prole, deve o julgador decidir em seu favor. Porém, no melhor interesse infantojuvenil, ao menos se deve encaminhar a família para tratamento ou acompanhamento psicossocial. Na jurisprudência: TJMG: "Se em ação de destituição do poder familiar por abuso sexual, o conjunto probatório dos autos revela que ainda pairam dúvidas acerca da ocorrência dos fatos, visando sempre ao bem-estar emocional, moral e físico dos menores envolvidos, não se recomenda a decretação da perda, mas de aplicação de medidas protetivas às crianças, bem como de medidas pertinentes aos pais, nos termos dos arts. 101 e 129, do Estatuto da Criança e do Adolescente, além de determinar que as visitas do pai aos filhos sejam acompanhadas de um assistente social" (Apelação Cível 1.0027.07.115828-4/001, 1.ª Câm. Cível, rel. Armando Freire, 24.02.2015).

Art. 130

12. Fundamento da destituição e procedimento: segundo dispõe o art. 23, "a falta ou a carência de recursos materiais não constitui motivo suficiente para a perda ou a suspensão do poder familiar. § 1.º Não existindo outro motivo que por si só autorize a decretação da medida, a criança ou o adolescente será mantido em sua família de origem, a qual deverá obrigatoriamente ser incluída em programas oficiais de auxílio. § 2.º A condenação criminal do pai ou da mãe não implicará a destituição do poder familiar, exceto na hipótese de condenação por crime doloso sujeito à pena de reclusão contra outrem igualmente titular do mesmo poder familiar ou contra filho, filha ou outro descendente". E o art. 24: "a perda e a suspensão do poder familiar serão decretadas judicialmente, em procedimento contraditório, nos casos previstos na legislação civil, bem como na hipótese de descumprimento injustificado dos deveres e obrigações a que alude o art. 22".

> **Art. 130.** Verificada a hipótese de maus-tratos, opressão ou abuso sexual impostos pelos pais ou responsável, a autoridade judiciária poderá determinar, como medida cautelar, o afastamento do agressor da moradia comum.[13]
>
> **Parágrafo único.** Da medida cautelar constará, ainda, a fixação provisória dos alimentos de que necessitem a criança ou o adolescente dependentes do agressor.[14]

13. Medida cautelar de afastamento do agressor: quando a criança ou adolescente sofre maus-tratos, opressão, abuso sexual ou qualquer forma de violência, proveniente dos pais ou responsável, há duas providências possíveis: a) afastar o agressor da moradia comum, mantendo os filhos em casa com o outro genitor ou responsável; b) retirar a criança ou adolescente da moradia comum, determinando o seu acolhimento institucional ou familiar, se o ambiente onde vivia se tornar impróprio, pois o sofrimento é imposto tanto pelo pai quanto pela mãe. Ou existe apenas um deles responsável pelo filho, sendo justamente o que o maltrata. A provocação para tanto pode ser feita pelo Ministério Público, pelo Conselho Tutelar, por algum parente ou pela própria polícia, quando atende a ocorrência de crime cometido pelo agressor. Cremos ser perfeitamente viável a decretação dessa medida cautelar de afastamento do agressor, de ofício, pelo juiz. Cuida-se do poder geral de cautela e, no campo da infância e juventude, não tem sentido, por exemplo, chegar ao conhecimento do magistrado a prisão em flagrante do pai por estupro da filha, não podendo a autoridade judiciária agir sem provocação. Ora, na realidade, já foi provocado pela autoridade policial e não pode ficar omisso. Há o superior interesse da criança ou adolescente a ser observado, segundo preceito constitucional. Aliás, em muitos casos, o Conselho Tutelar toma ciência de maus-tratos ou outra forma de abuso contra infante e determina o seu acolhimento institucional (art. 136, I, desta Lei); essa ordem já significa o afastamento da criança de sua família natural. E se o Conselho Tutelar, órgão administrativo, pode fazê-lo, em caráter cautelar, com muito mais razão pode assim atuar o juiz. Observe-se, inclusive, a integração entre ambos. Cabe à autoridade judiciária "conhecer os casos encaminhados pelo Conselho Tutelar, aplicando as medidas cabíveis" (art. 148, VII, deste Estatuto). Uma das medidas é o afastamento do agressor do lar. Não se desconhece o conteúdo do art. 153: "se a medida judicial a ser adotada não corresponder a procedimento previsto nesta ou em outra lei, a autoridade judiciária poderá investigar os fatos e ordenar de ofício as providências necessárias, ouvido o Ministério Público. Parágrafo único. O disposto neste artigo *não se aplica para o fim de afastamento da criança ou do adolescente de sua família de origem e em outros procedimentos necessariamente contenciosos*" (grifamos). Porém, o que se está prevendo nesta norma é evitar que o julgador tome medidas definitivas, típicas de processo de conhecimento, como a destituição do poder familiar, afastando o infante ou

Art. 130

429   Título IV – Das Medidas Pertinentes aos Pais ou Responsável

jovem de sua família de origem de maneira definitiva. Ao mencionar "outros procedimentos contenciosos", igualmente, refere-se a processos de conhecimento. Afastar o pai ou a mãe do lar, para a defesa imediata da criança ou adolescente, não é medida final, mas cautelar. Não vemos óbice algum – ao contrário, impõe-se o dever ao juiz – para assim atuar. Torna-se muito mais adequado afastar o agressor da moradia comum do que retirar todos os filhos de casa, colocando-os num abrigo. Realizado o afastamento cautelar, cabe ao Ministério Público tomar a iniciativa de propor a ação de destituição do poder familiar – ou quem tenha legítimo interesse. Se não for proposta a demanda, a equipe técnica do Juizado deve cuidar para haver a reintegração familiar. As opiniões são conflitantes nesse âmbito. Lamenza defende que o afastamento só pode ser deferido a pedido do MP ou de quem tenha interesse legítimo, mas, ao mesmo tempo, diz que "é possível que a violação ao direito de convivência familiar seja tão gritante que a mera comunicação às autoridades possa dar ensejo ao afastamento cautelar" (*Estatuto da Criança e do Adolescente comentado*, p. 226-227). Para André Pascoal da Silva, o afastamento cautelar pode ser imposto pelo juiz de ofício, se já houver processo de conhecimento, como, por exemplo, destituição do poder familiar; caso contrário, depende de provocação (Munir Cury [org.], *Estatuto da Criança e do Adolescente comentado*, p. 648). Entende-se a preocupação geral no sentido de se coibir, ao máximo, que o magistrado atue de ofício, porque era a situação recorrente na vigência do antigo Código de Menores, que não trouxe bons resultados. Entretanto, impedir o juiz de agir rapidamente em prol da criança e do adolescente torna-se contrário ao espírito protetivo da Constituição Federal. Insista-se no seguinte: sempre que houver qualquer restrição a direito, devem-se garantir a ampla defesa e o contraditório. Mas esses direitos podem ser diferidos, ou seja, exercidos mais adiante, quando houver o processo de conhecimento. Em lugar de se retirar do lar a criança violentada, o que poderia ser feito pelo próprio Conselho Tutelar, mais adequado afastar o agressor, mesmo que por ato de ofício do juiz. Na jurisprudência: TJDF: "I – Existindo nos autos fortes indícios de prática de violência sexual do recorrente contra sua sobrinha-neta, com fulcro nos arts. 18 e 130 do ECA (Lei 8.069/90) e no art. 22, inciso III, 'a', da Lei Maria da Penha (Lei 11.340/2006), e com vistas à preservação da integridade física e psicológica da criança, impõe-se a manutenção da r. sentença, vez que caracterizada nos autos situação fática urgente e autorizadora da medida protetiva deduzida na inicial, consistente na proibição de aproximação do apelante a menos de 500m da infante, sob pena de crime de desobediência. II – Apelação conhecida e desprovida" (Acórdão 743.930, 20100130036905APC, 2.ª T. Cível, rel. J. J. Costa Carvalho, *DJ* 04.12.2013). E se não for suficiente o afastamento, conforme a situação, constituindo atitude criminosa, cabe prisão preventiva: TJSP: "Lei 11.340/2006 e 8.069/90. Lei de violência doméstica e familiar e Estatuto da Criança e do Adolescente. Prévia imposição de medida protetiva. Afastamento da moradia comum. Prisão decretada após o descumprimento de medida de afastamento (art. 130, ECA) com a reiteração do delito do art. 218-A, CP em ambiente doméstico, contra seus próprios filhos. Exegese do art. 20, da Lei 11.340/2006. Permissão ainda pelo art. 313, III, do CPP. Prisão devidamente fundamentada e com autorização legal. Precedentes do STJ. Ausência de ilegalidade. Decreto prisional mantido. Ordem denegada" (HC 0148849-94.2012.8.26.0000, 16.ª Câm. Criminal, rel. Newton Neves, *DJ* 11.09.2012). TJGO: "1 – Nos crimes contra a dignidade sexual, a palavra da vítima tem grande relevância por trata-se de ilícito praticado, quase sempre, clandestinamente. 2 – O art. 130 do ECA dita que verificada a hipótese de maus-tratos, opressão ou abuso sexual impostos pelos pais ou responsável, a autoridade judiciária poderá determinar, como medida cautelar, o afastamento do agressor da moradia comum. 3 – O art. 227 da Constituição Federal e o art. 3.º da Lei 8.069/90 discorrem sobre o Princípio da Proteção Integral à Criança, o qual reconhece as crianças e adolescentes como detentores de direitos a serem protegidos pelo

Art. 130

Estatuto da Criança e do Adolescente Comentado • Nucci

430

Estado" (Agravo de Instrumento 328318-06.2014.8.09.0000, 2.ª Câm. Cível, rel. José Carlos de Oliveira, 03.03.2015).

14. Fixação de alimentos: determina a lei que, juntamente com o afastamento do agressor, sejam fixados alimentos. A ideia é promissora, mas nem sempre eficaz. Se o agressor for preso, por exemplo, de nada adianta estabelecer alimentos. Sob outro prisma, se o agressor for o genitor sem renda alguma, os alimentos também não terão sentido. Em nosso entendimento, depende de cada caso concreto. Eis um ponto interessante: o termo *constará* implica uma obrigatoriedade para quem promove a medida cautelar de afastamento, quando isso ocorre, ou é dirigido ao juiz, que precisa fixar os alimentos, mesmo que o autor da medida não requeira? Parece-nos que, mesmo sem o pedido formulado pelo necessitado, o juiz pode fixar de ofício. Cuida-se da atuação do seu poder geral de cautela, em prol do menor.

Título V
Do Conselho Tutelar

Capítulo I
DISPOSIÇÕES GERAIS

> **Art. 131.** O Conselho Tutelar[1] é órgão permanente e autônomo,[2] não jurisdicional,[3] encarregado pela sociedade de zelar pelo cumprimento dos direitos da criança e do adolescente, definidos nesta Lei.[4]

1. Conselho Tutelar: esta foi uma das principais inovações introduzidas, à época, pela edição deste Estatuto, fomentando a participação da comunidade no diuturno auxílio e apoio prestado às crianças e aos adolescentes. Engajar a sociedade, de algum modo, num problema que é de todos, sempre foi e continuará sendo o mais adequado caminho para remover obstáculos e criar alternativas. Observa-se idêntica preocupação, porém com menos sucesso, na Lei de Execução Penal, no tocante ao Conselho da Comunidade e ao Patronato, visando ao apoio do preso e do egresso. De toda forma, o Conselho Tutelar veio em boa hora, não para suplantar o Juízo da Infância e Juventude, mas para servir aos infantes e jovens, levando os casos complexos ao Judiciário, para que a resolução se dê de modo definitivo. "Tratando-se de um *Conselho*, tem sua origem nos termos *consilium* ou *conseil*, tendo esses o designativo de uma assembleia em que se tomam deliberações a respeito de certos assuntos submetidos a sua apreciação (Silva, 1998) ou, ainda, de uma assembleia de pessoas encarregadas de deliberar sobre certos interesses ou julgar determinados litígios (Capitant, 1979). Vemos nisso, de início, a natureza de uma ação que se refere a ações praticadas em assembleia, oferecendo-nos claramente um caráter de ação coletiva e não individual. O Conselho Tutelar é um grupo de pessoas, ou órgão coletivo, no qual seus membros não podem atuar sozinhos, sendo a ação conjunta uma característica essencial para o exercício das atribuições previstas em lei" (André Karst Kaminski, *O Conselho Tutelar, a criança e o ato infracional: proteção ou punição?*, p. 96). Nas palavras de Maria Elisabeth de Faria Ramos, "a participação da comunidade no encaminhamento das questões é algo concreto e novo, vez que, por onde os fatos ocorrem, aí existirá sempre um grupo de pessoas escolhidas pela própria comunidade, entre aqueles que acumularam um saber científico ou empírico, para dar solução ao problema surgido. O fato de conselheiros serem escolhidos pela comunidade local, e não indicados política ou administrativamente, os torna mais legítimos no desempenho de suas funções. (...) No nosso entender, esse Conselho é sinônimo de maturidade democrática, pois funcionará de acordo com as necessidades locais, tendo como características básicas para seu funcionamento a leveza e a agilidade de suas decisões, abominando práticas burocratizadas. (...) O Conselho Tutelar é o mais legítimo instrumento de pressão e prevenção, para que, de fato, o Estatuto seja vivenciado neste País, pois força a implantação ou implementação dos mecanismos necessários ao atendimento digno aos direitos de todas as crianças e adolescentes brasileiros, independente das situações em que estejam envolvidas" (Munir Cury [org.], *Estatuto da criança e do adolescente comentado*, p. 663-664). "O Conselho Tutelar é órgão autônomo e, como tal, suas manifestações são soberanas, enquanto decisões administrativas. Contudo, isso não significa que tais decisões não estejam sujeitas ao controle externo do Poder Judiciário quanto ao exame de sua legalidade, quer quanto à vinculação ao texto legal, quer quanto à motivação dos atos de seus agentes" (Elisabeth Maria Velasco Pereira, *O Conselho Tutelar como expressão de cidadania: sua natureza jurídica e a apreciação de suas decisões pelo Poder Judiciário*, p. 563). Na jurisprudência: TJAP: "1) O Conselho Tutelar constituiu-se órgão permanente e autônomo, encarregado pela sociedade de zelar pelo cumprimento dos direitos da criança e do adolescente, exigindo como requisito para o desempenho do cargo de Conselheiro Tutelar que o ocupante seja possuidor de idoneidade moral, como pressuposto imperativo para alcançar seus objetivos institucionais (ECA, art. 131). 2) Inexiste afronta ao princípio da presunção de inocência na decisão recorrida que afasta liminarmente membro do Conselho Tutelar, se o conjunto de prova dos autos revela sérios indicativos de conduta incompatível com o cargo. Precedentes deste TJAP. 3) Agravo conhecido e desprovido" (AI 0000578-12.2017.8.03.0000-AP, Câmara Única, rel. Eduardo Freire Contreras, 27.06.2017, v.u.). TJAM: "I – Apesar da prestação do serviço do conselheiro tutelar ser de utilidade pública, não estamos diante de um funcionário público municipal, já que o membro do conselho tutelar não se subordina ao prefeito, não se enquadrando como servidor público, pois não presta concurso público em senso estrito, como também não se enquadra como servidor público comissionado, já que o conselheiro não possui cargo público, sendo simplesmente uma função honorífica, oriunda de uma eleição junto à comunidade de uma circunscrição específica, para o exercício da referida função por prazo pré-determinado. II – Conselheiros tutelares que não são funcionários públicos, mas ocupantes de função honorífica e eletiva, sem vínculo permanente com o Poder Público, só fazem jus aos direitos contemplados em legislação específica. III – Incabível é o atendimento dos pleitos vindicados neste apelo, uma vez que inexiste previsão legal para amparar a cobrança de horas extras e auxílio-alimentação no período de vigência do Decreto Municipal 0225/2009 (Manaus/AM). IV – Apelação Cível conhecida e improvida" (Ap. 0619875-62.2013.8.04.0001/ AM, 3.ª Câm. Cível, rel. Nélia Caminha Jorge, 18.07.2016, v.u.). TJES: "1. Os membros do Conselho Tutelar vinculado ao Município, muito embora exerçam funções de relevância pública, não podem ser equiparados a servidores públicos para estender aos mesmos as prerrogativas e direitos restritos aos servidores vinculados ao Poder Público, de natureza celetista ou estatutária. 2. Não há direito líquido e certo aos Conselheiros Tutelares Impetrantes de percepção da respectiva remuneração durante os meses de descompatibilização necessários à concorrência para cargo eletivo municipal. Lei Municipal de São Gabriel da Palha 690/91. Lei Complementar Federal 64/90. Precedentes do STJ" (Ap. 0014590-28.2012.8.08.0045/ES, 3.ª Câm. Cível, rel. Samuel Meira Brasil Júnior, 21.06.2016, v.u.).

2. Órgão permanente e autônomo: inserindo-se na estrutura administrativa do Município, o Conselho Tutelar não tem personalidade jurídica própria, mas não deixa de ser um organismo indispensável, a ser mantido em todos os Municípios brasileiros (e Região Administrativa do Distrito Federal), de caráter *permanente*, significando uma existência indeterminada, até que alguma lei revogue o disposto neste artigo, além de ser *autônomo*, não estando subordinado ao chefe do executivo municipal ou qualquer outro posto administrativo municipal, nem mesmo ao juiz ou ao Ministério Público.

3. Órgão não jurisdicional: a previsão é apenas elucidativa, de conteúdo declaratório, pois seria inviável criar um órgão jurisdicional, com poder de *dizer o direito*, aplicando a norma ao caso concreto, compondo conflitos de maneira definitiva, por meio de lei ordinária, nos estreitos termos jurídicos de atuação do Conselho Tutelar. Somente o Poder Judiciário tem iniciativa de lei para a criação de cargos na sua estrutura, mesmo assim providos por concurso público de provas e títulos – e nunca por eleição, sem formação jurídica, como é o caso dos conselheiros. O Conselho Tutelar, nas suas medidas e decisões, atua administrativamente. "O papel a desempenhar do Conselho Tutelar é essencialmente político e não técnico, pois que são de outros saberes e habilidades que depende o competente exercício de sua função modificadora, de fixação do novo paradigma da criança e do adolescente enquanto sujeitos e credores de direitos. O Conselho Tutelar é o zelador do Sistema de Proteção Integral dos Direitos das Crianças e dos Adolescentes, um dos responsáveis pela introdução e pelo enraizamento político e social de uma nova consciência a respeito da criança e do adolescente brasileiros" (André Karst Kaminski, *O Conselho Tutelar, a criança e o ato infracional: proteção ou punição?*, p. 98). Na jurisprudência: *a) admitindo a cumulação de cargos:* TJGO: "I – O Conselho Tutelar, previsto no art. 131 da Lei 8.069/90 (Estatuto da Criança e do Adolescente – ECA), é órgão autônomo, não jurisdicional, encarregado de zelar pelo cumprimento dos direitos da criança e do adolescente, tendo como finalidade precípua zelar pela sua efetivação. II – A instituição dos conselhos fica a cargo dos municípios, os quais definem o local, dia e horário do funcionamento do Conselho Tutelar, inclusive, a eventual remuneração de seus membros. III – A função de conselheiro tutelar é honorífica, ou seja, o serviço é prestado por motivos cívicos e não por razões pecuniárias, não sendo servidores públicos em sentido estrito, mas, sim, particulares em colaboração com a Administração, não possuindo, via de consequência, qualquer vínculo empregatício – celetista ou estatutário – com a Administração Pública. IV – Não há, na legislação municipal, qualquer disposição prevendo o regime de dedicação integral, o que afasta a verossimilhanças das alegações vestibulares da ação civil pública, sendo necessária a reforma da decisão liminar que determinou a suspensão das atividades e da remuneração do conselheiro" (AI 95899-48.2013.8.09.0000, 6.ª Câm. Cível, rel. Fausto Moreira Diniz, *DJ* 27.08.2013). TJMG: "A função desempenhada pelo Conselheiro Tutelar é honorífica, inexistindo vinculação a cargo público bem como equiparação aos servidores públicos, razão pela qual não há se falar em vedação à acumulação com o cargo de professor, e, por conseguinte, é inaplicável o art. 37, da CF" (Ap Cível/Reex Necessário 1.0460.11.000516-8/003, 2.ª Câm. Cível, rel. Des. Afrânio Vilela, *DJ* 01.04.2014). TJSP: "A função desempenhada pelo Conselheiro Tutelar é honorífica, inexistindo vinculação a cargo público bem como equiparação aos servidores públicos, razão pela qual não há se falar em vedação à acumulação com o cargo de professor, e, por conseguinte, é inaplicável o art. 37, da CF" (Ap Cível/Reex Necessário 1.0460.11.000516-8/003, 2.ª Câm. Cível, rel. Afrânio Vilela, *DJ* 01.04.2014); *b) não permitindo a acumulação:* TJMG: "A Constituição da República (art. 227, § 1.º) e o Estatuto da Criança e do Adolescente (arts. 1.º e 3.º) adotaram a teoria da 'proteção integral', o que significa que as questões relativas à infância e adolescência ocupam o cume das preocupações e realizações do Estado e da Família. E, para viabilizar essa proteção, instituiu-se uma rede ou sistema de proteção, do qual faz parte o Conselho Tutelar, tratado legalmente como órgão permanente e autônomo, encarregado pela sociedade de zelar pelo cumprimento dos direitos da criança e do adolescente (art. 131 da Lei 8.069, de 1990). Os integrantes desse órgão prestam, conforme expressa previsão do ECA, 'serviço público relevante' (art. 135) e, segundo o art. 37 da Resolução n. 139, de 2010, do CONANDA e o art. 14, § 3.º, da Lei Municipal n. 880/2002, possui regime de trabalho de 'dedicação exclusiva' ou, no dizer de Hely Lopes Meirelles, de

Art. 132

Estatuto da Criança e do Adolescente Comentado · **Nucci**

'regime de tempo integral'. Consequentemente, não é possível a acumulação da função de Conselheiro Tutelar com cargo, função ou emprego, ou seja, o ocupante de referida função deve, com exclusividade, sem comprometimento com qualquer outro afazer, dedicar-se às atribuições previstas legalmente (art. 136 do ECA). Ademais, outro aspecto que impossibilita a acumulação é o fato de a função não ser científica ou técnica, quer dizer, não se exigir para a nomeação qualquer tipo de titulação ou grau de ensino. Comprovada a acumulação ilícita da função de Conselheiro Tutelar com cargo ou outro afazer, impõe-se a perda daquela, mas sem a obrigação de restituir os valores percebidos, porque ausente a má-fé na percepção da remuneração" (Apelação Cível 1.0701.10.026063-0/002, 5.ª Câm. Cível, rel. Barros Levenhagen, *DJ* 17.08.2012).

4. Atribuições: genericamente, é órgão encarregado, *pela sociedade* (essa é a sua razão de ser; emergir como ente social), de fiscalizar e tomar as providências cabíveis para que os direitos da criança e do adolescente, previstos neste Estatuto, sejam cumpridos. Especificamente, suas atribuições (utilizou-se o termo correto, e não *competência*, que é o limite do poder jurisdicional, que o Conselho Tutelar não possui) estão enumeradas pelo art. 136. Sob a ótica de Kátia Maria Martins Ferreira, "o CT é, juntamente com os Conselhos de Direitos da Criança e do Adolescente, a mais importante inovação da política de atendimento à infância e adolescência, a partir da implementação do ECA. Trata-se de um órgão não jurisdicional, que conjuga ação política, social e administrativa. Além de vinculação comunitária. A criação dos Conselhos Tutelares desafiou práticas sociais até então instituídas. Ao implantá-los, o Estado transfere para a sociedade parte da responsabilidade no controle e na promoção da política de atendimento à infância. Retira a tônica do enfoque judicial sobre os problemas da infância, mudando o imaginário social e a cultura, na medida em que os Conselhos Tutelares consolidam seu trabalho junto às comunidades. O CT retirou da Justiça da Infância e Juventude o atendimento dos casos de violação de direitos como: maus-tratos, abandono e violência nas suas diversas formas. Agora, essas situações chegam, primeiramente, ao CT, que recebe as denúncias ou os casos diretamente, realiza o atendimento devido e encaminha a situação com vistas ao ressarcimento dos direitos violados" ("Perspectivas do Conselho Tutelar para o século XXI". *In*: Nahra e Bragaglia, *Conselho Tutelar. Gênese, dinâmica e tendências*, p. 129).

> **Art. 132.** Em cada Município e em cada Região Administrativa do Distrito Federal haverá, no mínimo, 1 (um) Conselho Tutelar como órgão integrante da administração pública local, composto de 5 (cinco) membros, escolhidos pela população local para mandato de 4 (quatro) anos, permitida recondução por novos processos de escolha.[5-6]

5. Organização do Conselho Tutelar: as regras básicas estão previstas neste Estatuto (arts. 131 a 137), mas também há diversas outras normas específicas contidas na Resolução 139/2010 do Conselho Nacional dos Direitos da Criança e do Adolescente. Observa-se a obrigatoriedade em organizar o Conselho Tutelar no Município, cabendo a responsabilidade de impulsionar o processo de criação ao chefe do Executivo, de quem se pode cobrar, por ação civil pública, esse dever legal. Nas palavras de Ana Paula Motta Costa, "em cada comunidade deve haver pelo menos um Conselho Tutelar, porque cada local vive uma realidade de garantia ou violação de direitos, tem seus próprios problemas e deve organizar-se para resolvê-los. Nesse sentido, o legislador, ao conceber o Conselho Tutelar, foi ao encontro do espírito municipalista da Constituição Federal e do apelo popular nacional pela descentralização de poder e democratização. Democratiza-se e se descentraliza quando se remete a responsabilidade para o poder local e quando se divide o poder, antes somente do juiz, com um conselho formado por cidadãos escolhidos pela comunidade. A intenção do legislador ao conceber a atuação do Conselho Tutelar não expressa somente um otimismo exagerado ao prever soluções a partir de uma nova instituição em substituição a instituições velhas e fracassadas em seus propósitos. Trata-se de apostar definitivamente na capacidade do povo para resolver os seus próprios problemas. Claro que a implantação desse novo sistema é gradativa e diferenciada de Município para Município, de acordo com a maturidade de seus habitantes e organizações sociais e políticas" ("Elementos que favoreceram e incidiram sobre a criação do Conselho Tutelar". *In*: Nahra e Bragaglia, *Conselho Tutelar. Gênese, dinâmica e tendências*, p. 77). O poder público, especialmente o municipal, deve garantir os recursos suficientes para a organização, composição e funcionamento do Conselho Tutelar. Se não o fizer, cabe a intervenção do Judiciário para que isso se realize. Na jurisprudência: TJDF: "1. O art. 227 da Constituição Federal possui conteúdo eminentemente programático, uma vez que exige uma atuação positiva do Estado no sentido de envidar esforços e recursos para cumprir a finalidade pretendida pela norma. 2. A política de atendimento dos direitos da criança e do adolescente deve ser organizada observando-se a descentralização político-administrativa e a participação da população, tendo a Lei 8.069, de 13 de julho de 1990 (Estatuto da Criança e do Adolescente), instituído o chamado Conselho Tutelar, definido pelo art. 131 como 'órgão permanente e autônomo, não jurisdicional, encarregado pela sociedade de zelar pelo cumprimento dos direitos da criança e do adolescente, definidos nesta Lei'. 3. Os direitos da criança, do jovem e do adolescente, em sendo prioridade absoluta, não podem estar limitados por um juízo de conveniência e oportunidade da Administração Pública, cabendo ao Poder Judiciário, nos casos de omissão por parte do Poder Executivo, intervir de modo a conferir efetividade à Constituição. 4. Não há que se falar em violação ao Princípio da Separação dos Poderes, uma vez que os atos do Poder Executivo estão submetidos ao controle de legalidade efetuado pelo Poder Judiciário. 5. É certo que os recursos do Estado são limitados e escassos, contudo é imprescindível o estabelecimento de metas prioritárias pelo Administrador Público, observando-se os fundamentos e objetivos da Carta Magna" (Acórdão 735.029, 20030130013758APC, 5.ª T. Cível, rel. Gislene Pinheiro, *DJ* 13.11.2013).

6. Recondução de membro do Conselho Tutelar: a ocupação do posto, pouco importando o período, se titular ou suplente, conta como exercício do encargo para efeito de eleição e cômputo para recondução. Na jurisprudência: STJ: "1. O art. 132 do Estatuto da Criança e do Adolescente estabelece que, como requisito para o exercício do encargo de conselheiro tutelar, a possibilidade de somente uma recondução, mediante novo processo de escolha. 2. A inteligência da referida norma revela que o efetivo exercício do cargo de Conselheiro Tutelar configura o instituto da recondução. Ou seja, diferentemente do suplente, que assume a posição em caso de eventual ausência ou impedimento esporádicos do titular, aquele que exerceu efetivamente o encargo na categoria de conselheiro titular – de forma não transitória ou esporádica – somente pode ser reconduzido uma única vez. 3. No caso em tela, apesar de todo o esforço empreendido pela parte recorrente, o acórdão impugnado consignou, a partir da análise do contexto fático e probatório constante dos autos, que 'no período de 2008/2011, na condição de 1.º suplente foi convocado a exercer o cargo de Conselheiro Tutelar de forma definitiva e permanente, em razão de exoneração de um dos titulares'. 4. Ou seja, o acórdão impugnado, a partir do revolvimento do contexto fático e probatório constante dos autos, parte recorrente exerceu, de forma permanente o mandato de conselheiro tutelar nos seguintes períodos: de 2005/2007 e nas eleições de 2007, para o mandato de 2008/2010, prorrogado até 30.04.2011. Reitera-se que, por ter sido suplente do titular, o seu processo de escolha também fora, ainda que de forma indireta, mediante eleições, razão pela qual cai por terra o argumento de que não poderia ser contabilizada a hipótese de exercício do cargo enquanto suplente. 5. Entendimento

Art. 133

Estatuto da Criança e do Adolescente Comentado · Nucci

em sentido diverso demandaria a análise do conjunto fático e probatório constante dos autos, bem como a interpretação de cláusula constante no edital n.º 124 – mais especificamente, requisito XII do item 4.1 do edital 124 – o que é inviável na via recursal eleita a teor das Súmulas 5 e 7, ambas editadas por este Superior Tribunal de Justiça. 6. Agravo regimental a que se nega provimento" (AgRg no REsp 1.350.392/RS, 2.ª T., rel. Mauro Campbell Marques, *DJ* 11.12.2012). TJMT: "1. Diante dos documentos acostados aos autos, percebe-se claramente que a Apelante exerceu, de forma ininterrupta, o mandato de Conselheira Tutelar por 3 (três) gestões consecutivas, sendo as duas primeiras de forma titular e esta última alternando, ora como titular, ora como suplente, no exercício de mandato tampão. 2. Ofensa ao disposto no art. 132 da Lei Federal n.º 8069/90 (ECA) o qual permite uma única recondução ao cargo. 3. Irrelevante o fato da Apelante ter exercido o terceiro mandato de forma suplementar ou como forma de 'mandato tampão', pois o objetivo da legislação (*mens legis*) é evitar a continuidade e a perpetuação no cargo. 4. Recurso desprovido" (Ap. 0000840-08.2016.8.11.0021, 1.ª Câm. de Direito Público, rel. Maria Erotides Kneip, j. 10.09.2018, v.u.).

> **Art. 133.** Para a candidatura a membro do Conselho Tutelar,[7] serão exigidos os seguintes requisitos:[8]
>
> I – reconhecida idoneidade moral;[9]
>
> II – idade superior a vinte e um anos;[10]
>
> III – residir no município.[11]

7. Membro do Conselho Tutelar: não se trata de funcionário público, estritamente falando, mas de um agente público, como bem esclarece Celso Antônio Bandeira de Mello: "os servidores públicos são uma espécie dentro do gênero 'agentes públicos'. (...) Esta expressão – agentes públicos – é a mais ampla que se pode conceber para designar genérica e indistintamente os sujeitos que servem ao Poder Público como instrumentos expressivos de sua vontade ou ação, ainda quando o façam apenas ocasional ou episodicamente. Quem quer que desempenhe funções estatais, *enquanto as exercita*, é um agente público". E, de acordo com a classificação de Oswaldo Aranha Bandeira de Mello, os conselheiros tutelares encaixam-se como *particulares em atuação colaboradora com o Poder Público* (*Curso de direito administrativo*, p. 248-251). Odete Medauar, sobre o tema, explica que a acepção de *agentes públicos* "abrange todos aqueles que mantêm vínculo de trabalho com os entes estatais, de qualquer poder. A partir da Constituição de 1988, tende-se a utilizar a expressão 'servidores públicos' com essa amplitude" (*Direito administrativo moderno*, p. 301). Na mesma trilha, Hely Lopes Meirelles define *agentes públicos* como "todas as pessoas físicas incumbidas, definitiva ou transitoriamente, do exercício de alguma função estatal. Os agentes normalmente desempenham funções do órgão, distribuídas entre os cargos de que são titulares, mas excepcionalmente podem exercer funções sem cargo" (*Direito administrativo brasileiro*, p. 77). Os conselheiros tutelares ocupariam, especificamente, a acepção de *agentes honoríficos*, que não são servidores públicos, em sentido estrito, mas exercem, por um tempo, uma função pública. Geralmente, esses agentes não possuem remuneração. Meirelles chega a citar como exemplo os *comissários de menores*, na terminologia do antigo Código de Menores. Hoje, há de se adaptar o comissariado ao Conselho Tutelar, considerando seus membros como agentes honoríficos, embora remunerados e eleitos por sufrágio popular. Podem ser indicados no polo passivo do mandado de segurança, como autoridade coatora; podem também ser inseridos no polo passivo do *habeas corpus*, igualmente, como autoridade coatora. Exercem, sem dúvida, função pública, motivo pelo qual se equiparam a *funcionário público* para fins penais (art. 327, CP), podendo responder por peculato, corrupção passiva, prevaricação etc. "Os conselheiros tutelares, não há dúvida, não se vinculam à Administração Pública a título de emprego, nem se caracterizam como servidores públicos *stricto sensu*, exercendo, em verdade, função pública transitória de caráter relevante, em razão de condições especiais impostas pelo art. 135 da Lei 8.069, de 13.07.1990. (...) A sua natureza jurídica é *sui generis*, pois não possuem investidura, não são contratados como é o caso dos particulares que atuam em parceria com o Poder Público, não possuem dependência funcional com a Administração Municipal, mesmo porque atuam de forma autônoma no que diz respeito às suas funções, mas exercem serviço público relevante de caráter contínuo, embora o mandato seja temporário. (...). Inicialmente, há o consenso de que em não havendo contrato entre o conselheiro e o Estado, não há vínculo de emprego, com todas as consequências jurídicas daí decorrentes. Por exemplo, restou evidenciado que a competência para julgar as questões sobre os direitos dos conselheiros é da Justiça Comum estadual" (Luiz Antônio Miguel Ferreira e Richard Pae Kim, *O novo regime jurídico dos Conselhos Tutelares pela Lei 12.696/2012*, p. 108-110). Na jurisprudência: TJMG: "(...) 6 – A função de conselheiro tutelar, apesar de enquadrada como de agente público, é de mero particular em colaboração com o Poder Público, não possuindo natureza de cargo efetivo, razão pela qual seu ocupante não pode ser considerado servidor público. 7 – Todavia, em razão da relevante função que exerce, e da influência que possui junto à comunidade local, a jurisprudência tem admitido a equiparação do conselheiro tutelar ao servidor público, para fins de desincompatibilização da função, quando o conselheiro pretender candidatar-se a cargo em eleições municipais, aplicando-se, por analogia, disposição da Lei Complementar 64/90. 8 – O Estatuto da Criança e do Adolescente, em seu art. 132, dispõe que o conselheiro tutelar será escolhido pela comunidade local, para o exercício de mandato por período certo. Dessa feita, ainda que a função do conselheiro tutelar seja eletiva e temporária, não é comissionada, não sendo admissível a demissão *ad nutum*. 9 – Os casos de perda do mandato do conselheiro tutelar devem ser previstos em lei, sob pena de restar violada a vontade popular que escolheu o conselheiro, malferindo, assim, o próprio princípio democrático, que é um dos fundamentos da República Federativa do Brasil, após a Constituição de 1988. 10 – Destituição de conselheira tutelar, baseada em resolução administrativa, sem previsão em lei. Descabimento. 11 – Segurança concedida. Sentença mantida, em reexame necessário conhecido de ofício. Recurso voluntário prejudicado" (Apelação Cível 1.0433.12.032410-1/002, 6.ª Câm. Cível, rel. Sandra Fonseca *DJ* 26.11.2013). TJPR: "O membro do Conselho Tutelar não possui vínculo empregatício ou estatutário com o Município, pois sua vinculação com a Administração é de caráter transitório e a natureza da função desempenhada é de serviço público relevante, o que lhe cobra dedicação e disponibilidade integral de horário para o exercício das funções para atender e aplicar medidas relacionadas ao atendimento de crianças ou adolescentes e de suas famílias, o que pode ocorrer a qualquer hora do dia ou da noite" (ACR 957356-8, 4.ª Câm. Cível, rel. Guido Döbeli, Unânime, *DJ* 09.07.2013).

8. Requisitos para membro do Conselho Tutelar: tratando-se de órgão não jurisdicional, é desnecessária a diplomação em curso superior, muito menos a formação jurídica. Porém, o cargo exige elevada responsabilidade, pois deverá lidar com crianças e adolescentes, por natureza, pessoas em formação moral e ainda frágeis quanto ao seu desenvolvimento psíquico. Por isso, os requisitos mínimos: idoneidade moral; idade superior a 21 anos; residir no município. Pode-se indagar se esses requisitos podem ser ampliados por lei municipal ou por resolução do Conselho Nacional sobre os Direitos da Criança e Juventude. Cremos que é viável inserir algum outro requisito, mas por lei municipal – e não por resolução. Mesmo assim, com cautela, para não romper a ideia de ampliação da participação da comunidade nos problemáticos temas da infância e juventude. Ilustrando, pode-se exigir alfabetização do conselheiro – o que o art. 133 ignora –, mas não se pode chegar ao ápice de impor a formação em curso superior, pois limitaria – e muito – o número de candidatos aptos, em particular nas pequenas cidades. Na jurisprudência: STF: "No art. 133 da Lei n. 8.069/1990 são estabelecidos os requisitos mínimos para eleição dos Conselheiros Tutelares. O Município pode, portanto, no exercício de sua competência suplementar, acrescentar requisitos para a escolha do Conselheiro Tutelar, desde que não restrinja os requisitos expressos naquele dispositivo legal" (RE 1.333.169 AgR, 1.ª T., rel. Cármen Lúcia, 04.11.2021, v.u.). TJSP: "Concurso para conselheira tutelar. Pretensão da impetrante de anulação do ato administrativo que impugnou sua candidatura às eleições unificadas para o Conselho Tutelar do Município de Arapeí. Requisitos exigidos pelo Edital que estão previstos na Lei Municipal n.º 407/2018. Inexistência de violação ao art. 133 do ECA. Admite-se que o Município, dentro da competência suplementar que lhe confere o art. 30, inciso II, da Constituição Federal, estabeleça requisitos além dos previstos no art. 133 da Lei n.º 8.069/90. Existência de ação de execução fiscal contra a impetrante. Autora que deixou de atender ao requisito previsto no item 3.1, VII, do Edital n.º 01/2019. Segurança denegada. Sentença mantida. Recurso não provido" (Ap. 1000542-57.2019.8.26.0059, 13.ª Câm. Direito Público, rel. Djalma Lofrano Filho, j. 16.07.2020, v.u.). TJSC: "O Conselho Tutelar é o Órgão Municipal, permanente e autônomo, responsável por zelar pelo cumprimento dos direitos previstos no Estatuto da Criança e do Adolescente (art. 131 da Lei Federal n. 8.069/90). Suas atribuições estão expressamente elencadas no art. 136 daquele diploma. O dispositivo legal que estabelece como requisito ao candidato possuir Carteira Nacional de Habilitação incorre em evidente inconstitucionalidade por total ausência de correlação entre a condição e as atribuições do conselheiro" (ADI 8000222-22.2019.8.24.0000, Órgão Especial, rel. Marcus Tulio Sartorato, 20.11.2019, v.u.). TJRS: "É tranquilo o entendimento de que o rol do art. 133 do Estatuto da Criança e do Adolescente não é taxativo, podendo os Municípios, dentro da competência suplementar que lhe atribui o art. 30, II, da Constituição Federal, estabelecer outros requisitos. Jurisprudência do STJ e do TJ/RS. Parte autora que não preencheu o requisito de ser eleitor nos três últimos anos no Município de Campo Bom, a teor do art. 13, III, da Lei Municipal 1.961/99. Ausência de comprovação de que tenha sido coagida a renunciar ao pleito ou que tenha experimentado dano moral com a publicação da cassação de sua candidatura em jornal local. Apelo desprovido" (Ap. Cív. 70067042218/RS, 3.ª Câm. Cível, rel. Leonel Pires Ohlweiler, 23.06.2016, v.u.).

9. Reconhecida idoneidade moral: exige-se do candidato ao Conselho Tutelar seja moralmente apto, diante da comunidade onde reside, a assumir o compromisso de cuidar dos direitos relevantes de crianças e adolescentes. A idoneidade moral é similar à honestidade pública, que põe em destaque as qualidades e virtudes do ser humano. Embora o conselheiro não seja um magistrado, ele atua, muitas vezes, como se fosse, pois tem a atribuição de interferir na vida familiar, protegendo infantes e jovens, mesmo sendo preciso utilizar força para chegar ao seu objetivo. Uma pessoa desonesta, má pagadora, envolvida com drogas, alcoólatra, enfim, conhecida na cidade pela péssima reputação, *não deve tornar-se* conselheira. Não teria reconhecimento da comunidade para atuar com desenvoltura, obtendo o respeito de seus pares. Na jurisprudência: STJ: "III. A alegação de violação dos arts. 133, I, do ECA e 11, I, da LIA merece acolhida. Todos os elementos fático-probatórios estão devidamente descritos nas decisões proferidas pelas instâncias ordinárias, sendo desnecessária a incursão nos autos em busca de substrato fático para que seja delineada a nova apreciação jurídica. Afasta-se, portanto, a incidência da Súmula n. 7 do STJ. IV. No caso concreto, o arcabouço fático delineado no acórdão e na sentença proferidos confirmam que a ré-recorrida (i) manteve contato telefônico frequente com seu então namorado preso, através de telefone clandestino, inclusive durante o horário de trabalho e (ii) procurou testemunhas e jurados que participariam da Sessão de Júri que seria na comarca, além de passar ao réu informações sobre os jurados, motivo pelo qual não há como se afastar a existência de ato de improbidade capitulado no art. 11 da Lei n.

8.429/1992. Esse grave proceder, para além de mera imoralidade em esfera íntima e particular, como entendeu o Tribunal *a quo*, viola o dever de idoneidade moral exigido pelo ECA daquele que ocupa o cargo de conselheiro tutelar (art. 133, I) e qualifica-se como ato atentatório aos princípios da administração pública, em especial aos deveres de legalidade e de lealdade às instituições, a atrair a tipificação do ato de improbidade administrativa enunciado no art. 11 da Lei n. 8.429/92" (AREsp 1.487.918/MG, 2.ª T., rel. Francisco Falcão, 24.09.2019, v.u.).

10. Idade superior a 21 anos: à época em que se editou este Estatuto, a maioridade civil era atingida aos 21 anos; eis o motivo de sua opção para compor o requisito da candidatura para o Conselho Tutelar. Posteriormente, publicado o atual Código Civil, em 2002, a maioridade passou a ser atingida aos 18 anos, mas não se modificou o conteúdo do art. 133, II. Logo, permanece o montante de 21 anos como requisito. Note-se que, editada a nova Lei do Tribunal do Júri, em 2008, alterou-se a idade, para ser jurado, de 21 para 18 anos. Em suma, enquanto não for alterada essa Lei, respeita-se a idade de 21 anos.

11. Residência no município: o mínimo que se espera de um conselheiro, encarregado de cuidar dos direitos das crianças e jovens da sua cidade, é a residência local. Não nos parece que se deva distinguir, para os fins deste Estatuto, *residência* e *domicílio*, como se encarregam de fazer os civilistas. O indispensável é que o candidato ao Conselho Tutelar more, efetivamente, no município onde pretende atuar. Não pode ser um transeunte ou turista no local.

> **Art. 134.** Lei municipal ou distrital disporá sobre o local, dia e horário de funcionamento do Conselho Tutelar, inclusive quanto à remuneração dos respectivos membros,[12] aos quais é assegurado o direito a:
>
> I – cobertura previdenciária;[13]
>
> II – gozo de férias anuais remuneradas, acrescidas de 1/3 (um terço) do valor da remuneração mensal;[14]
>
> III – licença-maternidade;[15]
>
> IV – licença-paternidade;[16]
>
> V – gratificação natalina.[17]
>
> **Parágrafo único.** Constará da lei orçamentária municipal e da do Distrito Federal previsão dos recursos necessários ao funcionamento do Conselho Tutelar e à remuneração e formação continuada dos conselheiros tutelares.[18]

12. Remuneração dos conselheiros: o cargo é honorífico e deveria, portanto, constituir uma autêntica honra para quem o exerce, sem qualquer remuneração, visto estar servindo sua própria comunidade. Mas a realidade não é esta. Tanto é verdade que a Lei 12.696/2012 chegou a aumentar os benefícios aos conselheiros (inclusão dos incisos neste artigo), tudo para empolgar os cidadãos a cumprir seus deveres sociais. Lembra Roberto João Elias que, "quanto à remuneração, é preferível que ela exista, para que, em Municípios com muitos problemas na área de menores, o Conselho possa funcionar todos os dias em horário dilatado, a fim de um atendimento adequado, de conformidade com as necessidades locais. Aliás, as atribuições constantes do art. 136 exigem, para um trabalho diligente, bastante tempo" (*Comentários ao Estatuto da Criança e do Adolescente*, p. 184). Embora seja perfeitamente compreensível que, no Brasil, defenda-se a remuneração dos conselheiros, pois, do contrário, seria difícil prover os cargos, ainda nos parece inadequado. É um *munus* público, na essência. Hoje, no entanto, elevando-se o mandato para quatro anos, sendo possível a recondução, garante-se o *emprego* de alguém por oito anos. Muitos que gostariam de se candidatar pelo *amor à causa*, terminam

Art. 134

Estatuto da Criança e do Adolescente Comentado · **Nucci**

desistindo, porque terão que enfrentar vários indivíduos desempregados cujo objetivo é *arrumar* uma colocação, nem que seja por um tempo. Sem remuneração e outros benefícios, somente seriam conselheiros aqueles que tivessem interesse pela causa infantojuvenil. Pode-se dizer que sobrariam vagas em aberto, *sem* remuneração, mas isso dependeria de campanhas de promoção para apontar a relevância do posto. Em suma, não nos convence a ideia de que, remunerados – e cada vez mais –, os membros do Conselho serão eficientes operadores do Estatuto, cumprindo fielmente o disposto no art. 136. Na jurisprudência: TJMG: "1. O conselheiro tutelar, agente público honorífico, exerce função de relevante interesse público, de caráter especial e transitório. Todavia, não pode ser considerado servidor público, não havendo obrigatoriedade de se estender a eles os direitos garantidos pelo art. 39, § 3.º, da Constituição da República. 2. Inexistindo injustificada omissão do ente público, não pode o Poder Judiciário compelir ao Chefe do Poder Executivo Municipal a elaboração de decreto regulamentar, com a determinação de pagamento aos conselheiros tutelares de verbas não previstas no art. 134 do Estatuto da Criança e do Adolescente. 3. Recurso desprovido" (Ap. 10000210396107001, 6.ª Câm. Cível, rel. Sandra Fonseca, 13.07.2021, v.u.). TJPB: "Com o advento da Lei n.º 12.696/12, que alterou o art. 134, da Lei n.º 8.069/90, as remunerações dos membros do Conselho Tutelar, bem como outros direitos sociais previstos na Constituição Federal, a exemplo de férias e décimo terceiro salário, passaram a ser assegurados, independentemente da existência de norma municipal regulamentando o assunto. Havendo previsão na Lei Municipal n.º 1.009/2005, vigente à época em que o insurgente foi membro do Conselho Tutelar de Piancó, do recebimento de remuneração mensal pelo desempenho das atribuições de conselheiro e não tendo o ente público comprovado o pagamento das verbas relativas aos meses de novembro e dezembro de 2011 e de dezembro de 2012, o adimplemento é medida que se impõe – São devidas, por força dos incisos II e V da Lei n.º 8.069/90, as férias não gozadas relativas ao período aquisitivo" (Ap. 0002249-35.2014.8.15.0261, 4.ª Câm. Esp., rel. Frederico Martinho da Nóbrega Coutinho, j. 15.06.2018, v.u.).

13. Cobertura previdenciária: significa amparo médico, mas não aposentadoria ou pensão.

14. Férias típicas de trabalhador ou servidor público: segue-se neste inciso o disposto pelo art. 7.º, XVII, da Constituição Federal, que garante aos trabalhadores urbanos e rurais "gozo de férias anuais remuneradas com, pelo menos, um terço a mais do que o salário normal". O conselheiro tutelar ocupa posição *sui generis* na Administração, pois é um agente público, que deveria ser considerado como agente honorífico, colaborando com o poder público pelo *munus* do cargo e da honra de auxiliar a comunidade; porém, ao receber, pela edição da Lei 12.696/2012, direito a férias, termina por chegar, cada vez mais perto, ao *status* de funcionário público.

15. Licença-maternidade: o direito trabalhista, previsto no art. 7.º, XVIII, da Constituição Federal, é repetido neste inciso, mais uma vez alçando a posição do conselheiro à típica de funcionário público. Na jurisprudência: TJPR: "Direito a licença-maternidade previsto expressamente no art. 134, inc. III, do Estatuto da Criança e do Adolescente (Lei n.º 8.069/90). Existência de lei municipal (n.º 1.970/2009) garantindo o direito de prorrogação da licença-maternidade por mais sessenta (60) dias às servidoras públicas municipais. Garantia demonstrada. Segurança concedida. Precedente desta corte. Sentença mantida em sede de reexame necessário" (Reex 0000531-87.2017.8.16.0190, 3.ª Câm. Cível, rel. Eduardo Sarrão, j. 11.11.2019, v.u.).

16. Licença-paternidade: como mencionado na nota anterior, este direito está previsto no art. 7.º, XIX, da Constituição Federal, concedendo direitos próprios do funcionário público.

17. Gratificação natalina: nem mesmo o funcionário público dispõe dessa benesse; entende-se, no entanto, que poderia representar um substitutivo do 13.º salário. Possivelmente, não se inseriu diretamente o referido 13.º salário para não onerar em demasia as Prefeituras, que devem arcar com a remuneração do conselheiro. Assim sendo, a gratificação de natal pode ser inferior à remuneração mensal. Espera-se que não seja um mecanismo para conceder uma gratificação acima do que seria cabível como 13.º salário.

18. Lei orçamentária municipal: cabe ao Município prover integralmente o funcionamento do Conselho Tutelar, inclusive a remuneração de seus membros, além de assegurar os novos benefícios criados, como a gratificação natalina, cujo valor depende de lei. Por outro lado, espera-se não haver exageros quanto à remuneração e demais benefícios, sob pena de se criar um *cabide de empregos* incompatível com a finalidade do cargo. Sob outro aspecto, se não houver boa vontade política, ao menos assegurando as condições materiais para os conselheiros exercerem suas funções, o Conselho Tutelar será ineficiente. Ou nem mesmo existirá. Como sempre, almeja-se o meio-termo: fixar uma remuneração razoável, garantir instalações e suporte material, sem nenhum exagero, ultrapassando os vencimentos de um servidor público de similar função no Poder Executivo. Na jurisprudência: TJBA: "Parágrafo único do art. 134 da Lei 8.069/90. Controle judicial. Possibilidade. Inexistência de violação ao princípio da separação dos poderes. Omissão da administração pública. Violação de direitos fundamentais da criança e do adolescente. Dever de adoção de providências destinadas a dotar o conselho tutelar de estrutura física e de pessoal necessários ao pleno funcionamento deste órgão. Dilação do prazo para cumprimento e implantação dos conselhos tutelares. Recurso provido em parte" (AI 0024782-66.2017.8.05.0000, 4.ª Câm. Cível, rel. José Olegário Monção Caldas, 18.09.2018, v.u.).

> **Art. 135.** O exercício efetivo da função de conselheiro constituirá serviço público relevante e estabelecerá presunção de idoneidade moral.[19]

19. Vantagens do posto: o exercício efetivo da função constitui *serviço público relevante* e estabelece *presunção de idoneidade moral*. Há algumas considerações a fazer, denotando uma previsão bizarra neste artigo: a) menciona-se o *efetivo* exercício, o que é incompreensível, pois há um mandato a cumprir durante quatro anos. Espera-se, no mínimo, que o conselheiro atue durante o seu mandato, afinal, recebe remuneração para isso; logo, está sempre em exercício efetivo, diversamente do que ocorre com o jurado, que é sorteado para compor a lista anual, mas fica em compasso de espera. Somente quando é novamente sorteado para integrar a lista dos convocados para a sessão e termina escolhido para o Conselho de Sentença é que se pode apontar o *efetivo* exercício. Mesmo quando o conselheiro goza de suas férias anuais, não deixa de se encontrar em exercício da função, pois não perde o mandato durante esse período; b) estabelece-se a presunção de *idoneidade moral*, mas essa mesma *reconhecida idoneidade moral* é requisito para ser candidato ao posto. Então, se ele pôde se candidatar, possuía a referida idoneidade, sendo desnecessário repisar que ele goza dessa *presunção* justamente quando exerce a função. Finalmente, resta a menção ao *serviço público relevante*, que, em nossa visão, é inócuo, afinal, se o conselheiro é um agente público e exerce serviço público, *só pode ser relevante*; parece-nos inconcebível um serviço público *irrelevante*. Outro ponto, introduzido pela Lei 12.696/2012, este merecendo aplauso, foi a retirada do direito à prisão especial, em caso de crime comum, até o julgamento definitivo. Temos manifestado a nossa posição contrária a todo tipo de prisão especial, seja para quem for. Por isso, retirar uma categoria de pessoas da lista dos aquinhoados com tal prisão é sempre um ganho. Na

Art. 136

Estatuto da Criança e do Adolescente Comentado · **Nucci**

jurisprudência: TJSP: "O Conselheiro Tutelar é um servidor público em sentido amplo cuja função relevante (art. 135 do ECA) dura enquanto durar seu mandato de três anos, renovável por mais três. Mesmo remunerado, o trabalho que executa não gera vínculo empregatício com a Municipalidade. Para efeitos administrativos, o agente tutelar não é servidor municipal e a este não se equipara em termos de vínculo, obrigação e direitos. Manutenção da sentença. Recurso desprovido" (Apelação 9208445-55.2009.8.26.0000, 1.ª Câm. de Direito Público, rel. Castilho Barbosa, *DJ* 07.08.2012). TJMG: "De acordo com a melhor doutrina, o conselheiro tutelar, apesar de exercer função de extrema relevância tal qual dispõe o art. 135 do ECA, trata-se, na realidade, de mero particular em colaboração com o Poder Público. No entanto, admite-se a equiparação dos membros do Conselho Tutelar aos servidores públicos para fins de desincompatibilização da função, nas hipóteses em que o conselheiro se lançar à candidatura eleitoral, aplicando-se, assim, o art. 1.º, inciso II, alínea 'l', da Lei Complementar 64/90, conforme, inclusive, a jurisprudência do colendo TSE" (Apelação Cível 1.0074.12.005864-4/001, 5.ª Câm. Cível, rel. Versiani Penna, *DJ* 29.05.2014).

Capítulo II
DAS ATRIBUIÇÕES DO CONSELHO

Art. 136. São atribuições do Conselho Tutelar:[20-21]

I – atender as crianças e adolescentes nas hipóteses previstas nos arts. 98 e 105, aplicando as medidas previstas no art. 101, I a VII;[22]

II – atender e aconselhar os pais ou responsável, aplicando as medidas previstas no art. 129, I a VII;[23]

III – promover a execução de suas decisões, podendo para tanto:[24]

a) requisitar serviços públicos nas áreas de saúde, educação, serviço social, previdência, trabalho e segurança;

b) representar junto à autoridade judiciária nos casos de descumprimento injustificado de suas deliberações.

IV – encaminhar ao Ministério Público notícia de fato que constitua infração administrativa ou penal contra os direitos da criança ou adolescente;[25]

V – encaminhar à autoridade judiciária os casos de sua competência;[26]

VI – providenciar a medida estabelecida pela autoridade judiciária, dentre as previstas no art. 101, de I a VI, para o adolescente autor de ato infracional;[27]

VII – expedir notificações;[28]

VIII – requisitar certidões de nascimento e de óbito de criança ou adolescente quando necessário;[29]

IX – assessorar o Poder Executivo local na elaboração da proposta orçamentária para planos e programas de atendimento dos direitos da criança e do adolescente;[30]

X – representar, em nome da pessoa e da família, contra a violação dos direitos previstos no art. 220, § 3.º, inciso II, da Constituição Federal;[31]

XI – representar ao Ministério Público para efeito das ações de perda ou suspensão do poder familiar, após esgotadas as possibilidades de manutenção da criança ou do adolescente junto à família natural;[32]

XII – promover e incentivar, na comunidade e nos grupos profissionais, ações de divulgação e treinamento para o reconhecimento de sintomas de maus-tratos em crianças e adolescentes;[32-A]

XIII – adotar, na esfera de sua competência, ações articuladas e efetivas direcionadas à identificação da agressão, à agilidade no atendimento da criança e do adolescente vítima de violência doméstica e familiar e à responsabilização do agressor;[32-B]

XIV – atender à criança e ao adolescente vítima ou testemunha de violência doméstica e familiar, ou submetido a tratamento cruel ou degradante ou a formas violentas de educação, correção ou disciplina, a seus familiares e a testemunhas, de forma a prover orientação e aconselhamento acerca de seus direitos e dos encaminhamentos necessários;[32-C]

XV – representar à autoridade judicial ou policial para requerer o afastamento do agressor do lar, do domicílio ou do local de convivência com a vítima nos casos de violência doméstica e familiar contra a criança e o adolescente;[32-D]

XVI – representar à autoridade judicial para requerer a concessão de medida protetiva de urgência à criança ou ao adolescente vítima ou testemunha de violência doméstica e familiar, bem como a revisão daquelas já concedidas;[32-E]

XVII – representar ao Ministério Público para requerer a propositura de ação cautelar de antecipação de produção de prova nas causas que envolvam violência contra a criança e o adolescente;[32-F]

XVIII – tomar as providências cabíveis, na esfera de sua competência, ao receber comunicação da ocorrência de ação ou omissão, praticada em local público ou privado, que constitua violência doméstica e familiar contra a criança e o adolescente;[32-G]

XIX – receber e encaminhar, quando for o caso, as informações reveladas por noticiantes ou denunciantes relativas à prática de violência, ao uso de tratamento cruel ou degradante ou de formas violentas de educação, correção ou disciplina contra a criança e o adolescente;[32-H]

XX – representar à autoridade judicial ou ao Ministério Público para requerer a concessão de medidas cautelares direta ou indiretamente relacionada à eficácia da proteção de noticiante ou denunciante de informações de crimes que envolvam violência doméstica e familiar contra a criança e o adolescente.[32-I]

Parágrafo único. Se, no exercício de suas atribuições, o Conselho Tutelar entender necessário o afastamento do convívio familiar, comunicará *incontinenti* o fato ao Ministério Público, prestando-lhe informações sobre os motivos de tal entendimento e as providências tomadas para a orientação, o apoio e a promoção social da família.[33]

20. Atribuições do Conselho Tutelar: com acerto, utilizou-se o termo *atribuição* em lugar de *competência*, erro muito comum em legislação ordinária. Quem tem *competência* para atuar é o juiz, pois detém o poder jurisdicional, cujo limite é fornecido pelas regras de *competência*. Esclarece Judá Jessé de Bragança Soares que, "desde a instituição do primeiro juízo privativo de menores (em 1927) em nosso País, tornou-se tradicional conferir ao juiz de menores não somente a função judicial, mas, também, atribuições administrativas e socioassistenciais, além de se lhe reconhecer até um certo papel legislativo, não se observando a separação de Poderes. (...) Pode-se dizer que a semente da ideia de criação do Conselho Tutelar autônomo e representativo da comunidade local começou a germinar ao mesmo tempo e lado a lado com a semente da nova Constituição, ganhando vigor na medida em que se procurava

Art. 136

Estatuto da Criança e do Adolescente Comentado • **Nucci**

saciar a sede de democracia. (…) Criados com o mesmo barro de que é formada uma sociedade, tenderão aqueles Conselhos a ser competentes, dignos e operosos ou inoperantes, indignos e incompetentes, conforme a sociedade em que se formarem, pois, mais do que apenas uma representação, serão uma pequena amostra do povo" (Munir Cury [org.], *Estatuto da Criança e do Adolescente comentado*, p. 697-699). Na jurisprudência: STJ: "De outra parte, no que tange a alegação dos impetrantes de retirada da criança de forma arbitrária e ilegal pelo Conselho Tutelar, cabe consignar que, nos termos do art. 136, I, c/c 98 do ECA, também é atribuição do Conselho Tutelar aplicar medida de proteção de acolhimento institucional à criança e ao adolescente quando os direitos reconhecidos na Lei n.º 8.069/90 forem ameaçados ou violados, comunicando a providência e os motivos que a ensejaram imediatamente ao Ministério Público" (HC 602.781/RS, 3.ª T., rel. Moura Ribeiro, 22.09.2020, v.u.).

21. Natureza do rol de atribuições: é taxativo e não meramente exemplificativo. Afinal, cuida-se de um órgão não jurisdicional, integrante da administração pública municipal, cuja finalidade é zelar pelos direitos das crianças e adolescentes, auxiliando o Juizado da Infância e Juventude a cuidar disso, compondo conflitos, estruturando famílias, realocando infantes e jovens, de modo que são atividades de elevada sensibilidade social, podendo-se, inclusive, empregar força. Diante disso, é inviável ampliar a lista de atribuições previstas nesta Lei.

22. Atendimento a crianças e adolescentes cujos direitos forem ameaçados ou violados: esta é a principal atribuição do Conselho Tutelar, pois envolve a proteção direta infantojuvenil no tocante a ameaças e violações advindas da sociedade, do Estado, dos pais ou responsável ou, ainda, em função da própria conduta dos que merecem tutela, quando se colocam em perigo. Além disso, ocupa-se dos atos infracionais cometidos por crianças. Detectada a situação de vulnerabilidade de criança ou adolescente ou o ato infracional praticado pelo infante, pode encaminhar o menor aos seus pais ou responsável, mediante termo de responsabilidade (art. 101, I); deve orientar, apoiar e acompanhar o infante ou jovem por algum tempo (art. 101, II); a quem se encontra sem estudo fundamental, deve promover a matrícula e induzir a frequência a estabelecimento oficial de ensino (art. 101, III); vislumbrando situação de miserabilidade ou desestruturação da família, inclui o menor em programa comunitário ou oficial de auxílio (art. 101, IV); tratando-se de enfermidade física ou mental, requisita (exige, com força em lei) o tratamento médico, psicológico ou psiquiátrico adequado a órgãos públicos de saúde (art. 101, V); observando que a situação de risco da criança ou adolescente advém de viciados adultos que com ele convive, deve encaminhar a pessoa problemática para tratamento, obtendo auxílio e conferindo orientação a alcoólatras e toxicômanos; verificando abandono, maus-tratos, violência ou outra forma de opressão contra criança ou adolescente, pode retirá-lo imediatamente de casa, colocando-o em acolhimento institucional (art. 101, VII). A doutrina menciona deva ser feito em último caso, mas é certo que o Conselho pode afastar o menor de casa, inserindo-o em acolhimento. Por todos, confira-se André Pascoal da Silva: "há a possibilidade de o Conselho Tutelar encaminhar criança ou adolescente para acolhimento institucional. A prática de tal ato, de suma importância e de larga ocorrência na prática, deve, no entanto, ser adotada com a máxima cautela" (Munir Cury [org.], *Estatuto da Criança e do Adolescente comentado*, p. 703). Em face da modificação introduzida pela Lei 12.010/2009, inseriu-se um novo inciso (VIII), mencionando-se a viabilidade de inserção em programa de acolhimento familiar. Embora não esteja expresso no art. 136, I, este inciso VIII pode e deve ser aplicado pelo Conselho Tutelar, tendo em vista ser muito mais proveitoso ao menor o acolhimento por uma família do que a colocação em abrigo. Por derradeiro, não pode o Conselho Tutelar inserir a criança ou adolescente em família substituta, atividade típica do juiz.

23. Atendimento e aconselhamento aos pais ou responsável: o segundo ponto de relevo a ser considerado no cenário da criança ou adolescente é atender e aconselhar os pais ou o responsável, tendo em vista que muitos dos problemas vivenciados em família decorrem da falta de suporte a quem deve sustentar e zelar pela prole. A partir desse contato, o Conselho Tutelar está autorizado a aplicar as medidas previstas no art. 129, I a VII. Verificando-se a equívoca ou deficiente atuação dos genitores (ou somente de um deles) ou do responsável em relação ao menor, pode-se encaminhá-los a programa oficial ou comunitário de proteção à família – medida equivalente à prevista para as crianças ou adolescentes pelo art. 101, IV –, ressaltando-se a imperiosidade de se manter programas desse padrão pelos organismos sociais da municipalidade, ou pelo menos mantidos por ONGs (art. 129, I). Conforme o grau de desestrutura apresentado pela família, na ausência de programa compatível, deve-se comunicar o juiz e o Ministério Público, para uma avaliação do *status* da família e suas condições gerais para cuidar dos menores em seu poder; havendo pai ou mãe (ou ambos), ou ainda o responsável, envolvidos com drogas, lícitas (álcool) ou ilícitas (cocaína, maconha, heroína, *crack* etc.), torna-se urgente encaminhar o viciado para programa especializado de desintoxicação; caso visualize-se situação de abuso de álcool, em lugar de vício, mesmo assim cabe o encaminhamento a programa apropriado de orientação (art. 129, II). A partir desse encaminhamento, uma vez não cumprido pelo pai, mãe ou responsável, continuando a deixar a criança ou adolescente em situação de risco, deve-se comunicar o juízo da infância e juventude e o Ministério Público para providências mais enérgicas; se o Conselho encontrar pessoa mentalmente perturbada ou prejudicada, deve encaminhá-la a tratamento psicológico ou psiquiátrico (art. 129, III); aliás, com poder de requisição dirigido a entes públicos de saúde, nos mesmos termos do art. 101, V; a medida prevista no art. 129, IV (encaminhamento a cursos ou programas de orientação) é muito vaga, confundindo-se com a primeira alternativa do art. 129, I (encaminhamento a programa oficial ou comunitário de proteção à família); encontrando crianças ou jovens desligados da escola, o Conselho Tutelar deve impor aos pais ou responsável a obrigação de matricular o filho ou pupilo, acompanhando sua frequência e aproveitamento (art. 129, V); eventual insistência em manter o filho ou pupilo desconectado do ensino fundamental pode acarretar sanções mais graves, inclusive o crime previsto pelo art. 246 do Código Penal; encontrando, no lar, alguma criança ou adolescente necessitado de tratamento especializado, por se tratar de deficiente físico ou mental, pode impor aos pais ou responsável a obrigação de providenciar o encaminhamento a órgão apropriado (art. 129, VI); entretanto, é fundamental o apoio explícito do Conselho Tutelar para tanto, requisitando de organismos públicos a assistência desejável; finalmente, quanto à advertência, já expusemos nos comentários ao art. 129, VII, que tal medida não pode ser imposta pelo Conselho Tutelar, como se fosse uma simples "circular", que se passa aos pais, comunicando algo; é uma admoestação formal – uma reprimenda oral – dirigida a adultos, de modo que é preciso assegurar ampla defesa e contraditório. Por isso, cabe ao juiz aplicá-la por meio do devido processo legal.

24. Promover a execução de suas decisões: para que o Conselho Tutelar não se torne um órgão meramente consultivo, sem nenhum valor prático na comunidade onde atua, deve fazer suas decisões terem eficácia. Por isso, como nos referimos na nota anterior, de nada adianta impor aos pais a obrigação de encaminhar o filho, por exemplo, para tratamento especializado, se eles não terão condições de exigir o referido tratamento. Portanto, cabe ao Conselho requisitar (exigir que se cumpra a lei) serviços públicos nas diversas áreas conectadas ao bem-estar do menor: saúde, educação, serviço social, previdência, trabalho e segurança. O servidor público que, recebendo a requisição, não a cumprir, pode ser processado por prevaricação, sem contar com a configuração de falta funcional. Outra atitude eficiente para tornar suas decisões imperativas é representar (expor um fato, solicitando providência) ao juiz da infância e juventude para que tome medidas coercitivas em relação a quem descumprir as requisições do Conselho Tutelar, inclusive requisitando inquérito policial para

Art. 136
Estatuto da Criança e do Adolescente Comentado · **Nucci**

apurar a prática de eventual delito (desobediência, tratando-se de particular; prevaricação, cuidando-se de servidor público).

25. Encaminhamento de notícia de infração ao Ministério Público: se o conselheiro se deparar com um crime em plena prática (maus-tratos contra criança, por exemplo), poderá dar voz de prisão e encaminhar à autoridade policial, como qualquer pessoa do povo pode fazer. Assim não ocorrendo, o Conselho Tutelar deve oficiar ao Ministério Público, comunicando o fato, seja típico de infração administrativa ou penal, prevista neste Estatuto ou na lei penal em geral. Certamente, cientificado, o promotor tomará as providências cabíveis, requisitando inquérito policial ou promovendo a instauração de procedimento próprio para apurar a infração administrativa.

26. Encaminhamento de casos da competência do juiz: embora seja um dispositivo óbvio, que cuida de assunto evidente para o bom andamento das metas do Conselho Tutelar, calcadas na proteção dos direitos da criança e do adolescente, preferiu o legislador *deixar claro*. Para que não se alegue, no futuro, falta de previsão legal, deixando o conselheiro de comunicar o juiz acerca de fato grave, sob a desculpa de não ter tal dever, faz-se presente na lei. Diante disso, a omissão do Conselho pode resultar em sua responsabilidade, como causa até para a destituição de seus membros.

27. Órgão auxiliar para execução de medida socioeducativa: quando o juiz aplicar ao adolescente infrator uma das medidas de proteção descritas no art. 101, I a VI, o Conselho Tutelar pode ficar encarregado de acompanhar o seu cumprimento, comunicando à autoridade judiciária o sucesso ou insucesso da determinação feita. São medidas que o próprio Conselho pode estabelecer para os casos de crianças autoras de ato infracional, motivo pelo qual possui conexão com os assuntos e a prática na sua execução. Na jurisprudência: TJMG: "De acordo com o art. 136, VI, do ECA, incumbe ao Conselho Tutelar a fiscalização e monitoramento das medidas protetivas aplicadas ao adolescente em conflito com a lei" (Embargos Infringentes e de Nulidade 1.0024.11.077357-9/002, 1.ª Câm. Criminal, rel. Des. Kárin Emmerich, *DJ* 10.09.2013); "De acordo com o art. 136, VI, do ECA, incumbe ao Conselho Tutelar a fiscalização e o monitoramento das medidas protetivas aplicadas ao adolescente em conflito com a lei, ainda que este órgão não seja dotado de caráter jurisdicional, já que suas atribuições nada mais são que o exercício de parcela do Poder Público, conforme prevê a Constituição Federal em seu art. 1.º, parágrafo único. Já tendo sido o menor encaminhado para a instituição responsável pelo acompanhamento das medidas protetivas aplicadas e, não dispondo o magistrado de meios coercitivos para obrigar o seu cumprimento, encerrada está a sua jurisdição" (Embargos Infringentes e de Nulidade 1.0024.10.162965-7/002, 1.ª Câm. Criminal, rel. Alberto Deodato Neto, *DJ* 10.09.2013).

28. Expedição de notificações: a *notificação* significa, como regra, a comunicação de um fato juridicamente relevante, cumulada com pedido de providências ou cientificando, formalmente, o descumprimento de uma obrigação. Ela não vale, por si, como instrumento de coerção; dependerá do ajuizamento futuro da ação cabível. Difere da *requisição*, esta, sim, uma exigência legal para o cumprimento de alguma tarefa; não seguida a requisição, pode haver consequências diretas para o infrator. Assim sendo, confere-se autonomia para o Conselho Tutelar expedir notificações; afinal, é órgão sem personalidade jurídica, integrado à administração municipal. Não depende, pois, de autorização de nenhum órgão municipal para tanto.

29. Requisição de certidões de nascimento e óbito: trata-se de exigência legal, dirigida ao cartório de notas, para emitir e encaminhar ao Conselho Tutelar a certidão de nascimento ou de óbito de criança ou adolescente, para instruir algum procedimento interno ou para auxiliar quem perdeu a sua e vai buscar auxílio junto ao Conselho. Se não houver assentamento de nascimento do menor, o Conselho deve oficiar ao juiz para que tome as providências necessárias para regularizar a situação (art. 148, parágrafo único, *h*, desta lei).

30. Assessoramento ao Poder Executivo municipal: esta é uma das relevantes tarefas do Conselho Tutelar, que vivencia os problemas das crianças e dos adolescentes do Município onde atua diuturnamente. Não há órgão mais indicado para auxiliar a Prefeitura a elaborar a sua proposta orçamentária, a ser aprovada pelo Legislativo, incluindo todos os gastos necessários para atender à área da infância e juventude local. Aliás, a bem da verdade, sem verba e ausentes os programas sociais, quase nada se pode fazer, em caráter preventivo, no tocante à política infantojuvenil prevista neste Estatuto.

31. Representação contra violação de direito infantojuvenil na programação de rádio e TV: preceitua o art. 220, § 3.º, II, da Constituição Federal, competir à lei federal: "estabelecer os meios legais que garantam à pessoa e à família a possibilidade de se defenderem de programas ou programações de rádio e televisão que contrariem o disposto no art. 221, bem como da propaganda de produtos, práticas e serviços que possam ser nocivos à saúde e ao meio ambiente". O art. 221 estabelece devam a produção e a programação das emissoras de rádio e televisão respeitar os valores éticos e sociais da pessoa e da família (inciso IV). Os abusos e excessos cometidos pelo rádio e pela televisão, que possam causar danos psicológicos ou prejudicar a boa formação moral de crianças e adolescentes, devem ser objeto de impugnação pelo Conselho Tutelar, mediante representação, a ser encaminhada, primeiramente, ao Ministério Público. Este, por seu turno, conforme previsto no art. 201, V, desta Lei, pode "promover o inquérito civil e a ação civil pública para a proteção dos interesses individuais, difusos ou coletivos relativos à infância e à adolescência, inclusive os definidos no art. 220, § 3.º inciso II, da Constituição Federal". Além disso, pode o Conselho Tutelar oficiar diretamente ao Conselho Nacional de Autorregulamentação Publicitária (CONAR), que pode tomar providência para coibir propagandas indevidas no campo ofensivo aos interesses da criança ou adolescente. No Código do CONAR, com o fim de proteger crianças e adolescentes da publicidade de bebida alcoólica, consta: "princípio da proteção a crianças e adolescentes: não terá crianças e adolescentes como público-alvo. Diante deste princípio, os Anunciantes e suas Agências adotarão cuidados especiais na elaboração de suas estratégias mercadológicas e na estruturação de suas mensagens publicitárias. Assim: a) crianças e adolescentes não figurarão, de qualquer forma, em anúncios; qualquer pessoa que neles apareça deverá ser e parecer maior de 25 anos de idade; b) as mensagens serão exclusivamente destinadas a público adulto, não sendo justificável qualquer transigência em relação a esse princípio. Assim, o conteúdo dos anúncios deixará claro tratar-se de produto de consumo impróprio para menores; não empregará linguagem, expressões, recursos gráficos e audiovisuais reconhecidamente pertencentes ao universo infantojuvenil, tais como animais 'humanizados', bonecos ou animações que possam despertar a curiosidade ou a atenção de menores nem contribuir para que eles adotem valores morais ou hábitos incompatíveis com a menoridade; c) o planejamento de mídia levará em consideração este princípio, devendo, portanto, refletir as restrições e os cuidados técnica e eticamente adequados. Assim, o anúncio somente será inserido em programação, publicação ou website dirigidos predominantemente a maiores de idade. Diante de eventual dificuldade para aferição do público predominante, adotar-se-á programação que melhor atenda ao propósito de proteger crianças e adolescentes; d) os websites pertencentes a marcas de produtos que se enquadrarem na categoria aqui tratada deverão conter dispositivo de acesso seletivo, de modo a evitar a navegação por menores". Entretanto, continua-se a visualizar a propaganda de cerveja, insistentemente projetada, em horários variados, sempre com o apelo de sucesso com mulheres, futebol, dança e outros cenários certamente atrativos aos jovens em geral. Não se vê reação do Conselho Tutelar nem do Ministério Público, o que se espera que aconteça.

32. Representação ao Ministério Público pela perda ou suspensão do poder familiar: cabe ao Conselho Tutelar, tomando conhecimento de situações graves, envolvendo a criança ou o adolescente, tais como abandono, maus-tratos, violência física ou moral, abuso sexual, dentre outros fatores, provocados no ambiente da família natural, representar (expor o fato, pedindo providências) ao Ministério Público para que tome as medidas cabíveis, em particular a ação apropriada para a destituição do poder familiar, podendo haver antes a suspensão desse poder. A modificação introduzida pela Lei 12.010/2009 acresceu ao final do inciso: "após esgotadas as possibilidades de manutenção da criança ou do adolescente junto à família natural". *Ficar com a família biológica* é o belo horizonte desenhado pelo legislador encarregado da edição da Lei 12.010/2009, como se filhos fossem *arrancados*, gratuitamente, de suas famílias naturais para colocação em abrigos ou entregues à adoção. Os órgãos envolvidos na área da infância e juventude, na sua maioria, sempre tiveram responsabilidade suficiente para lutar e defender o melhor para a criança ou adolescente. Se o infante ou jovem está bem situado na sua família biológica, passando por um momento de estresse, desestrutura ou momento difícil temporário, não há por que retirá-lo dali, ao menos com o caráter definitivo. Por outro lado, se o menor é estuprado pelo padrasto, com a condescendência da mãe, por exemplo, há que se retirá-lo de imediato dali e não nos parece haja *tratamento* ou *apoio social* válido para reintegrar a vítima aos seus algozes. Enfim, a parte final acrescida dá a impressão de ser o Conselho Tutelar leviano o suficiente para entregar tal representação, sem motivo fundado. E, pior, como se a representação fosse levar o Ministério Público a agir automaticamente para a propositura da ação de destituição do poder familiar. Não cremos em tais leviandades. Porém, se elas existirem em alguma parte do Brasil, não será a modificação da lei o tutor eficiente para obstar os abusos ou excessos. Somente para argumentar, quem retira o filho dos pais, de maneira irresponsável, com ou sem alteração legal, continuará a fazê-lo, pois, como temos insistido em outras notas, o procedimento envolvendo menores é sigiloso e ninguém os controla ou fiscaliza, a não ser o MP, que pode propor a ação, equipe técnica do Juizado e o próprio magistrado. Diante disso, o que falta na área da infância e juventude é o debate em sociedade, campanhas de esclarecimento e a formação especializada dos operadores do direito que nessa área militam.

32-A. Reconhecimento de maus-tratos em crianças e adolescentes: insere-se neste dispositivo uma atividade do Conselho Tutelar de conscientização e preparo da comunidade onde atua para identificar os sinais de maus-tratos em relação a crianças e adolescentes. É preciso considerar que os membros do Conselho Tutelar devem estar preparados para isso também, visto que não se pode treinar terceiros sem ter a necessária instrução para tanto.

32-B. Ações de identificação de agressão à criança e ao adolescente: a Lei 14.344/2022 (denominada Lei Henry Borel) introduziu os incisos XIII a XX neste artigo, como medida de política infantojuvenil para aprimorar a luta contra a violência nesse campo, motivo pelo qual se está ampliando a esfera de atribuições do Conselho Tutelar. Um dos pontos enfocados diz respeito à adoção de medidas, na comunidade em que atua, para permitir a identificação de agressões, tornando possível salvá-la de males maiores, acionando as autoridades competentes.

32-C. Atendimento à criança e ao adolescente: atribui-se ao Conselho Tutelar a possibilidade de manter contato direto com infantes e jovens no intuito de lhes esclarecer os direitos protetivos, conferindo maior eficácia para que possam denunciar eventuais agressões sofridas, físicas e morais. Esse formato permite a ligação do conselho com as escolas do local onde exerce suas funções para palestras educativas e esclarecedoras.

32-D. Representação à autoridade judicial ou policial: *representar*, juridicamente, tem o sentido de levar um fato ao conhecimento da autoridade, sugerindo uma providência. É o que a autoridade policial faz, quando entende necessária a decretação de prisão preventiva do investigado, dirigindo-se ao juiz. Portanto, o Conselho Tutelar pode agir do mesmo modo, expondo um fato em prejuízo de criança ou adolescente, sugerindo o afastamento do agressor do lugar onde convivem.

32-E. Representação à autoridade judicial ou policial: nos termos expostos na nota anterior, cabe ao Conselho Tutelar expor um fato prejudicial, sugerindo medidas protetivas de urgência que obrigam o agressor e guarnecem à vítima (arts. 20 e 21 da Lei 14.344/2022).

32-F. Representação ao Ministério Público: ao Conselho Tutelar atribui-se a possibilidade de expor o fato nocivo, sugerindo o ajuizamento da cautelar de antecipação da produção de prova em juízo para o depoimento especial (art. 11, Lei 13.431/2017). É interessante observar que essa atribuição foi prevista expressamente no art. 21, § 1.º, da Lei 14.344/2022, na forma de *requerimento*, razão pela qual não haveria fundamento para repetir neste inciso, sob outro termo (representar).

32-G. Providências ao tomar conhecimento de violência contra criança ou adolescente: essa atribuição é sua obrigação básica, não apenas em violência doméstica e familiar, mas em todos os campos nos quais a vítima infante ou jovem necessite.

32-H. Recepção e encaminhamento de notícias de violência: incentiva-se, na Lei 14.344/2022 (Cap. VI), a denúncia de qualquer pessoa às autoridades e ao Conselho Tutelar a respeito de violência contra criança e adolescente. Assim, prevê-se o dever do Conselho de dar seguimento a tais notícias.

32-I. Representação às autoridades acerca de proteção: envolvido no cenário da recepção e encaminhamento das notícias de violência infantojuvenil, cabe-lhe, também, zelar pelas medidas protetivas concedidas a esses noticiantes ou denunciantes.

33. Conflito aparente de normas: a inclusão deste parágrafo único pela Lei 12.010/2009 dá a entender que o Conselho Tutelar, verificando situação de necessidade de afastamento do menor do convívio familiar, precisa comunicar o fato ao Ministério Público, explicando suas razões e demonstrando o que fez para *orientar, apoiar e auxiliar* a família. Somente isso. Outras atitudes seriam da atribuição do *Parquet*. Mas não é assim. O Conselho Tutelar tem autonomia e independência para atuar em defesa de crianças e adolescentes (art. 131); ademais, é sua atribuição expressa, quando detectar falta ou omissão dos pais ou responsável, tomar qualquer das medidas previstas no art. 101, I a VII, o que inclui a retirada do infante ou adolescente do lar, determinando o seu acolhimento institucional (e também familiar). Não tem que se omitir em salvaguardar o interesse infantojuvenil, simplesmente oficiando ao Ministério Público e aguardando. A burocracia instituída é incompatível com a absoluta prioridade e superior interesse da criança ou adolescente. Assim sendo, o disposto no parágrafo único é mais uma das medidas que o Conselho Tutelar pode tomar. E, mais, esse afastamento do convívio familiar, com comunicação ao MP, já se trata do *destino definitivo* que o Conselho vislumbra como mais adequado ao menor; afinal, medidas cautelares ele mesmo pode providenciar. Em posição contrária, afirmando que a inserção deste parágrafo retirou do Conselho a possibilidade de afastar a criança ou adolescente do lar, encontram-se Rossato, Lépore e Sanches (*Estatuto da Criança e do Adolescente comentado*, p. 411). Como já dissemos, discordamos. Possivelmente, os autores se limitaram a solucionar o conflito aparente de normas pelo critério da sucessividade (lei mais nova afasta a anterior), olvidando alguns aspectos que reputamos importantes: a) acima da lei ordinária, encontra-se a Constituição

Art. 137

Estatuto da Criança e do Adolescente Comentado · Nucci

Federal, prevendo a absoluta prioridade e o superior interesse da criança ou adolescente, de modo que, numa situação emergencial, *deve*, sim, o Conselho atuar pelo bem-estar do infante ou jovem, promovendo o seu acolhimento institucional ou familiar e comunicando imediatamente ao juiz e ao Ministério Público. Não significa que a situação é definitiva, mas muitos males podem ser evitados diante de tal postura protetiva, prevista em lei; b) a mais adequada forma de solução é a interpretação sistemática, pois o Estatuto está repleto de normas que se contradizem, ao menos na *aparência*. O rumo a tomar é assegurar ao Conselho a sua autonomia (art. 131), respeitadas as suas atribuições expressas em lei (art. 136). A previsão feita no parágrafo único refere-se ao afastamento definitivo do menor, quando esgotadas, realmente, todas as medidas de reintegração familiar. Nessa hipótese, somente o Ministério Público pode promover a ação de destituição do poder familiar; por isso, o Conselho o informará de tudo o que já foi realizado, pois houve tempo para isso. Voltamos a repetir que, em situações de flagrante ou emergência, o preceituado pelo parágrafo único *não se aplica*, pois nem mesmo houve tempo para buscar providências de apoio, orientação ou promoção social da família. Ilustrando, uma criança espancada violentamente pelo pai, viciado em drogas, que vai parar no hospital, não tem que voltar para casa e muito menos aguardar o expediente forense para enviar comunicação ao MP, com *estudo social* da família, a fim de se tomar uma providência. Emergência e cautelaridade inspiram, muitas vezes, a atuação positiva do Conselho Tutelar, que está presente, dia e noite, na cidade. Outras providências, de cunho definitivo, virão mais tarde, agora sim pelas mãos do Ministério Público.

> **Art. 137.** As decisões do Conselho Tutelar somente poderão ser revistas pela autoridade judiciária a pedido de quem tenha legítimo interesse.[34]

34. Autonomia relativa do Conselho Tutelar: o disposto neste artigo consagra, por um lado, a autonomia e independência do Conselho Tutelar, impedindo que o juiz, tomando conhecimento de suas medidas, possa reformá-las de ofício. Fosse assim, o Conselho seria um órgão subordinado ao magistrado e não é essa a sua natureza jurídica (art. 131). Sob outro prisma, resguarda a possibilidade de qualquer interessado (MP, pais, responsável, adolescente etc.) poder questionar a decisão do Conselho, requerendo à autoridade judiciária a sua revisão. Está correto tal entendimento, pois o Conselho Tutelar não é órgão jurisdicional, mas administrativo, e nenhuma lesão pode ser excluída da apreciação do Judiciário (art. 5.º, XXXV, CF). Conforme Rose Mary de Carvalho, "no art. 137 está reconhecida a necessária independência que o Conselho Tutelar deve ter para bem desempenhar as suas atribuições e tomar decisões Justas e democráticas, sem injunções de qualquer ordem, a não ser pela autoridade judiciária, e mesmo assim para atender a pedido de quem tenha legítimo interesse" (Munir Cury [org.], *Estatuto da Criança e do Adolescente comentado*, p. 719).

Capítulo III
DA COMPETÊNCIA

> **Art. 138.** Aplica-se ao Conselho Tutelar a regra de competência constante do art. 147.[35]

35. Limites das atribuições do Conselho Tutelar: seguem-se, como parâmetro, as regras de competência do juiz da infância e juventude. Dispõe o art. 147 desta Lei: "a competência será determinada: I – pelo domicílio dos pais ou responsável; II – pelo lugar onde se encontre a criança ou adolescente, à falta dos pais ou responsável. § 1.º Nos casos de ato infracional, será competente a autoridade do lugar da ação ou omissão, observadas as regras de conexão, continência e prevenção. § 2.º A execução das medidas poderá ser delegada à autoridade competente da residência dos pais ou responsável, ou do local onde sediar-se a entidade que abrigar a criança ou adolescente. § 3.º Em caso de infração cometida através de transmissão simultânea de rádio ou televisão, que atinja mais de uma comarca, será competente, para aplicação da penalidade, a autoridade judiciária do local da sede estadual da emissora ou rede, tendo a sentença eficácia para todas as transmissoras ou retransmissoras do respectivo estado". Ver os comentários ao art. 147. Desde logo, vale ressaltar que a competência do magistrado é estabelecida levando em conta a organização judiciária do Estado, dividindo-se as áreas jurisdicionais em Comarcas. Uma Comarca pode conter vários municípios e, em cada um deles, haver um Conselho Tutelar. Portanto, um juiz pode lidar com mais de um Conselho Tutelar, mas isso não significa que o Conselho de um município pode invadir a área de atribuição do outro. Assim sendo, aplica-se ao Conselho Tutelar a regra de competência do art. 147 no que for cabível.

Capítulo IV
DA ESCOLHA DOS CONSELHEIROS

Art. 139. O processo para a escolha dos membros do Conselho Tutelar será estabelecido em lei municipal e realizado sob a responsabilidade do Conselho Municipal dos Direitos da Criança e do Adolescente, e a fiscalização do Ministério Público.[36]

§ 1.º O processo de escolha dos membros do Conselho Tutelar ocorrerá em data unificada em todo o território nacional a cada 4 (quatro) anos, no primeiro domingo do mês de outubro do ano subsequente ao da eleição presidencial.[37]

§ 2.º A posse dos conselheiros tutelares ocorrerá no dia 10 de janeiro do ano subsequente ao processo de escolha.[38]

§ 3.º No processo de escolha dos membros do Conselho Tutelar, é vedado ao candidato doar, oferecer, prometer ou entregar ao eleitor bem ou vantagem pessoal de qualquer natureza, inclusive brindes de pequeno valor.[39]

36. Processo eleitoral do Conselho Tutelar: como órgão administrativo, vinculado à Municipalidade, seus membros devem ser escolhidos conforme dispõe a lei de cada município. Além disso, o processo deve ser conduzido, não por juiz eleitoral, como antes se previa, erroneamente, mas pelo Conselho Municipal dos Direitos da Criança e do Adolescente, outro órgão administrativo, que precisa mesmo ser criado pelo Executivo local. Insere-se a fiscalização do Ministério Público para não haver distorções nesse processo, ilegalidades, coerções, fraudes, dentre outros fatores a retirar a legitimidade dos eleitos, pois irão lidar com importantes temas relacionados à área da infância e juventude. Detectados problemas insuperáveis no processo eleitoral, cabe ao promotor impugná-lo junto ao juiz da infância e juventude competente para a região. Sob outro prisma, Judá Jessé de Bragança Soares faz interessante observação: "o ideal, a nosso ver, é que as instituições públicas ou privadas que atuem há mais de um ano na proteção aos direitos das crianças e dos adolescentes (orfanatos, creches, escolas, centros de defesa) exercitem um papel semelhante ao dos partidos políticos, só ela indicando os candidatos para registro, em número estabelecido na lei municipal, quer

Art. 139

Estatuto da Criança e do Adolescente Comentado • **Nucci**

seja direto, quer indireto, o processo de escolha" (Munir Cury [org.], *Estatuto da Criança e do Adolescente comentado*, p. 725). Na jurisprudência: TJSP: "Processo de habilitação de candidatos ao Conselho Municipal de Direitos da Criança e do Adolescente de Capão Bonito. Questionamento da legalidade do pleito fundado na aplicação de provas objetivas sem previsão legal e continuidade do pleito sem que fosse observado o mínimo de dez candidatos habilitados. Lei Municipal 1.989/99 que, fundamentada no art. 139 do ECA e nos arts. 24, XV, e 30, I e II, da Constituição Federal, prevê a realização de processo seletivo e a necessidade de obtenção de 'grau máximo de aproveitamento' em curso intensivo de treinamento. A presença de 10 candidatos para a realização do pleito eleitoral não era condição indispensável para seu prosseguimento, já que tal determinação, nos termos em que constante de Resolução do CONANDA, tem aplicação condicionada ao juízo de conveniência e oportunidade da Administração. Recurso não provido" (Apel. 0003448-83.2012.8.26.0123, 1.ª C. de D. P., rel. Aliende Ribeiro, *DJ* 28.01.2014).

37. Processo unificado: antes do advento da Lei 12.696/2012, as eleições dos Conselhos Tutelares eram reguladas integralmente por leis municipais, motivo pelo qual poderiam ocorrer a qualquer época do ano. Atualmente, foi unificado o processo de escolha dos seus membros, devendo ocorrer, em todo o Brasil, a cada quatro anos (o mandato foi ampliado de três para quatro), no primeiro domingo de outubro no ano subsequente ao da eleição presidencial. Portanto, a partir de 2015, no primeiro domingo de outubro, elegem-se os membros de todos os Conselhos Tutelares no País, com mandato de quatro anos, incluindo-se, agora, remuneração obrigatória. A referida unificação tem aspecto positivo, pelos seguintes motivos: a) afasta-se a eleição dos conselheiros em ano de sufrágio para os principais cargos políticos do Executivo e do Legislativo, nas esferas municipal, estadual e federal, o que proporciona a concentração dos munícipes em relação ao Conselho Tutelar, sua importância para a comunidade, seus objetivos, além de ouvirem esclarecimentos a respeito da situação das crianças e adolescentes locais; b) evita-se o atrelamento de candidatos ao Conselho com partidos políticos interessados em disputar outros cargos dos Poderes Legislativo e Executivo; c) viabiliza-se uma campanha nacional única, conduzida pelo Conselho Nacional dos Direitos da Criança e do Adolescente (CONANDA), válida para todos os municípios; d) o Ministério Público pode organizar-se, em nível nacional, para acompanhar o pleito.

38. Unificação de posse: já que se unificou, nacionalmente, o dia do processo de escolha, tornou-se decorrência natural fazer o mesmo no tocante ao dia da posse. Assim sendo, todos os conselheiros terão exatamente quatro anos de mandato.

39. Isenção do processo eleitoral: repete-se, neste dispositivo, o conteúdo do crime eleitoral, previsto no art. 299 do Código Eleitoral: "dar, oferecer, prometer, solicitar ou receber, para si ou para outrem, dinheiro, dádiva, ou qualquer outra vantagem, para obter ou dar voto e para conseguir ou prometer abstenção, ainda que a oferta não seja aceita: Pena – reclusão até quatro anos e pagamento de cinco a quinze dias-multa". Não se deseja a *compra* de votos, mediante a distribuição de qualquer espécie de vantagem ou *presente* ao eleitor, tornando o processo de escolha o mais isento possível. No caso deste parágrafo do art. 139, veda-se até mesmo a oferta de *brindes de pequeno valor*, como canetas, chaveiros, bonés etc. Em caso de transgressão, não há crime específico para tanto, mas pode levar à cassação do mandato do conselheiro, mediante ação apropriada, proposta pelo Ministério Público junto ao juiz da infância e juventude.

Capítulo V
DOS IMPEDIMENTOS

> **Art. 140.** São impedidos de servir no mesmo Conselho marido e mulher, ascendentes e descendentes, sogro e genro ou nora, irmãos, cunhados, durante o cunhadio, tio e sobrinho, padrasto ou madrasta e enteado.[40]
>
> **Parágrafo único.** Estende-se o impedimento do conselheiro, na forma deste artigo, em relação à autoridade judiciária e ao representante do Ministério Público com atuação na Justiça da Infância e da Juventude, em exercício na comarca, foro regional ou distrital.

40. Impedimentos: na mesma linha dos impedimentos previstos no art. 448 do Código de Processo Penal, para a formação do Conselho de Sentença, no Tribunal do Júri, encontra-se este artigo do Estatuto. Preceitua o referido art. 448: "são impedidos de servir no mesmo Conselho: I – marido e mulher; II – ascendente e descendente; III – sogro e genro ou nora; IV – irmãos e cunhados, durante o cunhadio; V – tio e sobrinho; VI – padrasto, madrasta ou enteado. § 1.º O mesmo impedimento ocorrerá em relação às pessoas que mantenham união estável reconhecida como entidade familiar. § 2.º Aplicar-se-á aos jurados o disposto sobre os impedimentos, a suspeição e as incompatibilidades dos juízes togados". Quer-se evitar a formação de um Conselho Tutelar *familiar*, que possa atuar sempre no mesmo sentido, porque tudo seria resolvido em casa, entre marido e mulher, pai e filho, irmãos etc. Além disso, um parente poderia proteger o outro, camuflando abusos e falhas. Prejudicar-se-ia a sua imparcialidade. O parentesco mencionado pode ser biológico ou civil. Este art. 140 olvidou, diversamente do art. 448, § 1.º, do CPP, a pessoas que mantenham união estável. Porém, segundo nos parece, por analogia, deve-se incluir dentre os impedidos de atuar no mesmo Conselho Tutelar os companheiros, que vivam em união estável, como ente familiar. Na jurisprudência: TJRS: "Os casos de impedimento previstos no art. 140, do Estatuto da Criança e do Adolescente são taxativos, não sendo possível sua interpretação extensiva. O cônjuge do tio é somente 'parente por afinidade' do sobrinho, nos termos do art. 1.595 do Código Civil. Nestes casos, portanto, não existe o parentesco vedado pelo art. 140 do ECA" (Ap. 70060345709, 4.ª Câm. Cível, rel. Francesco Conti, 17.09.2014, v.u.). TJSP: "Sentença que concedeu a segurança, tornando definitiva a tutela antecipada deferida em ação de mandado de segurança e declarando o direito da candidata em participar de certame eleitoral para Conselheiro Tutelar de Hortolândia. Disposto no art. 140 do Estatuto da Criança e do Adolescente que só se aplica aos conselheiros tutelares efetivamente empossados nos respectivos cargos. Reexame necessário não provido" (RN 0002960-04.2012.8.26.0229, Corte Especial, rel. Alves Bevilaqua, *DJ* 05.11.2012).

Título VI
Do Acesso à Justiça

Capítulo I
DISPOSIÇÕES GERAIS

> **Art. 141.** É garantido o acesso de toda criança ou adolescente à Defensoria Pública, ao Ministério Público e ao Poder Judiciário, por qualquer de seus órgãos.[1]
>
> § 1.º A assistência judiciária gratuita será prestada aos que dela necessitarem, através de defensor público ou advogado nomeado.[2]
>
> § 2.º As ações judiciais da competência da Justiça da Infância e da Juventude são isentas de custas e emolumentos,[3] ressalvada a hipótese de litigância de má-fé.[4]

1. Acesso da criança ou adolescente aos operadores do Direito: deixando de lado eventual demagogia de quem criou este preceito, sabendo não somente das inúmeras dificuldades existentes no Brasil, mas sobretudo pela ignorância dos infantes e jovens acerca de seus direitos – aliás, o que ocorre com inúmeros adultos, num país que até hoje não privilegia a educação como deveria –, pode-se dizer que o dispositivo se coaduna com a ideia do *superior interesse* da criança e do adolescente. Concede-se acesso direto entre o menor e o operador do Direito, significando que ele pode ingressar no fórum, perguntar onde é a sala do juiz, do promotor ou do defensor e *deverá* ser recebido, ouvindo-se o que tem a dizer. E mais. Conforme a exposição feita, *deve* a autoridade ou defensor tomar as providências necessárias imediatamente. Resta, no entanto, esclarecer, informar ou até mesmo impor às autoridades que conheçam esse dispositivo, aceitem-no e cumpram-no. Pode ilustrar o alcance desta norma com caso real, recentemente ocorrido num dos Estados brasileiros. Um garoto de seus 11 anos foi ao fórum, avistou-se com a promotora e pediu para *trocar de família*; queria deixar seu pai natural e sua madrasta para ser adotado por outras pessoas, visto não se sentir amado ou estimado. Segundo consta, chamado em juízo, o pai ofertou as conhecidas desculpas e nada foi feito. Algum tempo depois, o garoto foi vítima de homicídio e os acusados foram justamente seu genitor e a madrasta. O processo-crime segue seu curso. Muitas indagações pairam sem respostas firmes e seguras: a) será que esse menino poderia ter sido salvo, se retirado imediatamente do lar, por medida de cautela? b) até que ponto o pleito de uma criança

Art. 142

Estatuto da Criança e do Adolescente Comentado • **Nucci**

deve, realmente, ser ouvido pelas autoridades competentes, sobrepondo-se à voz paterna ou maternal? c) em que medida a superproteção que este Estatuto concede à família natural – como se fosse o berço esplêndido de todos os filhos – não foi nefasto para a solução deste caso, fazendo o menino retornar à família natural? Como já adiantamos, inexiste resposta firme e segura, mas um ponto é certo: crianças e adolescentes precisam, no mínimo, ser ouvidas, de verdade, pelo Judiciário, pelo Ministério Público e pela Defensoria.

2. Assistência judiciária: este dispositivo abrange menores e maiores de 18 anos, desde que precisem acessar a Justiça da Infância e Juventude. Entretanto, não é novidade, pois repete o disposto pelo art. 5.º, LXXIV, da Constituição Federal: "o Estado prestará assistência jurídica integral e gratuita aos que comprovarem insuficiência de recursos".

3. Isenção de custas e emolumentos: em primeiro lugar, é preciso verificar a lei de custas de cada Estado, para checar se elas são devidas no âmbito da Infância e Juventude. No caso do Estado de São Paulo, preceitua o art. 7.º, I, da Lei Estadual 11.608/2003 (Lei de Custas): "não incidirá taxa judiciária nas seguintes causas: I – as da jurisdição de menores". Logo, nesta hipótese, pouco importa se há ou não litigância de má-fé.

4. Litigância de má-fé: segundo dispõe o art. 80 do Código de Processo Civil, "considera-se litigante de má-fé aquele que: I – deduzir pretensão ou defesa contra texto expresso de lei ou fato incontroverso; II – alterar a verdade dos fatos; III – usar do processo para conseguir objetivo ilegal; IV – opuser resistência injustificada ao andamento do processo; V – proceder de modo temerário em qualquer incidente ou ato do processo; VI – provocar incidente manifestamente infundado; VII – interpuser recurso com intuito manifestamente protelatório".

> **Art. 142.** Os menores de dezesseis anos serão representados e os maiores de dezesseis e menores de vinte e um anos assistidos por seus pais, tutores ou curadores, na forma da legislação civil ou processual.[5]
>
> **Parágrafo único.** A autoridade judiciária dará curador especial à criança ou adolescente, sempre que os interesses destes colidirem com os de seus pais ou responsável, ou quando carecer de representação ou assistência legal ainda que eventual.[6]

5. Representação, assistência e maioridade civil: este dispositivo encontra-se redigido à luz do antigo Código Civil de 1916, quando a maioridade civil era alcançada aos 21 anos. Deve-se adaptá-lo à Lei 10.406/2002 (atual Código Civil), segundo o qual se atinge a maioridade, para todos os atos da vida civil, aos 18 anos ("Art. 5.º A menoridade cessa aos dezoito anos completos, quando a pessoa fica habilitada à prática de todos os atos da vida civil"). Por isso, os menores de 16 anos serão representados por seus pais ou responsável (tutor, curador ou guardião), enquanto os menores de 18 e maiores de 16 – relativamente incapazes – serão assistidos pelos genitores ou responsável. Este artigo, diversamente do que ocorre nos demais preceitos deste Estatuto – que sempre mencionam *pais ou responsável* –, refere-se a pais, *tutor ou curador*, que são responsáveis pelo menor, olvidando o guardião. Em suma, são responsáveis por quem possui menos de 18 anos os pais, os tutores, os curadores e os guardiões. Na jurisprudência: STJ: "2. O propósito recursal é definir se a representação processual de menor em ação em que se pretende discutir a existência de vínculo genético paterno deve ser exercida pela genitora biológica que não fora destituída do poder familiar ou se pode ser exercida pela guardiã. 3. A representação legal do filho menor, que é uma das vertentes do pleno exercício do poder familiar, deverá ser exercida, em regra, pelos pais, ressalvadas as hipóteses de destituição do poder familiar, quando ausentes ou impossibilitados os pais de representar adequadamente o menor ou, ainda, quando houver colisão de interesses entre pais e filhos. 4. O fato de ter sido concedida a guarda permanente a terceiro que não compõe o núcleo familiar não pode implicar em automática destituição – ou em injustificada restrição – do exercício do poder familiar pela genitora, sobretudo porque medida dessa espécie não prescinde de cognição exauriente em ação a ser proposta especificamente para essa finalidade. 5. Hipótese em que, não havendo nenhum óbice ao ajuizamento da ação investigatória de paternidade pelo menor representado pela genitora biológica, descabe a propositura da referida ação pela guardiã em representação do menor, ressalvada a possibilidade de, na inércia da genitora, a ação ser proposta pelo Ministério Público e, excepcionalmente, até mesmo pela própria guardiã, mas desde que presentes circunstâncias excepcionais que justifiquem a concessão a ela de poderes de representação judicial" (REsp 1.761.274/DF, 3.ª T., rel. Nancy Andrighi, j. 04.02.2020, v.u.).

6. Curador especial: em qualquer situação de conflito entre o interesse do menor de 18 anos e o seu representante legal, deve o magistrado nomear curador para assistir ou representar o interessado, dependendo do caso concreto. Na área da infância e juventude, cujos direitos da criança e do adolescente são protegidos pelo Ministério Público, pelo Conselho Tutelar e por vários organismos não governamentais, além de se contar, ainda, com o juiz competente para encaminhar eventual conflito ao órgão adequado, é muito raro que o menor de 18 anos entre em confronto direto com seus pais ou responsável. Sempre há quem lhe tome a frente para isso, verificando sua situação de risco ou vulnerabilidade. Na jurisprudência: TJRS: "Oposição proposta por filha menor em desfavor dos seus genitores. Necessidade de nomeação de curador especial e intervenção do ministério público. Preliminar de nulidade acolhida. Caso concreto em que incumbia ao juízo a nomeação de curador especial para a menor, a fim de suprir a irregularidade de representação, considerando que a oposição foi proposta contra seus genitores, estes no exercício do poder familiar, a teor do disposto nos arts. 1.692 do CCB, art. 9.º do CPC, e art. 142, e parágrafo único, do ECA, bem como a intervenção do Ministério Público no feito, em observância ao art. 82, I, do CPC" (Apelação Cível 70061872230, 7.ª Câm. Cível, rel. Sandra Brisolara Medeiros, 29.04.2015). TJPI: "1. A desídia da representante legal (genitora dos menores) em cumprir com os atos e diligências que lhe competir não poderia ter motivado a extinção do processo, pois a busca do direito à execução de alimentos, em favor dos menores, deve prevalecer à negligência da genitora dos mesmos, impondo-se a nomeação de curador especial, conforme os mencionados art. 142, parágrafo único, do ECA e 72, I, do CPC/15. 2. Ademais, deve-se ressaltar que, conforme o enunciado da Súmula 240 do STJ, para a extinção do feito por abandono da causa pelo demandante, é necessário o requerimento do demandado. 3. Assim, ainda que o caso em análise não envolvesse interesse de menores absolutamente incapazes, o presente processo não poderia ter sido extinto, uma vez que ausente o requerimento do réu. 4. Ante o exposto, conheço do presente recurso para, no mérito, dar-lhe provimento, anulando a sentença hostilizada para dar prosseguimento ao feito, devendo ser realizada a nomeação de curador especial à menor exequente. 5. Recurso conhecido e provido" (Ap. Cív. 2017.0001.000663-4/PI, 3.ª Câmara Especializada Cível, rel. Hilo de Almeida Sousa, 28.06.2017, v.u.).

> **Art. 143.** É vedada a divulgação de atos judiciais, policiais e administrativos que digam respeito a crianças e adolescentes a que se atribua autoria de ato infracional.[7]
>
> **Parágrafo único.** Qualquer notícia a respeito do fato não poderá identificar a criança ou adolescente, vedando-se fotografia, referência a nome, apelido, filiação, parentesco, residência e, inclusive, iniciais do nome e sobrenome.[8-10]

Art. 143

7. Segredo de justiça: é razoável que se mantenha em sigilo todos os dados colhidos pela administração (Conselho Tutelar), polícia (flagrante ou inquérito) e Judiciário (apuração do ato infracional), para que as medidas tomadas tenham efeito somente dentro das fronteiras da Justiça da Infância e Juventude. A medida socioeducativa tem o propósito de educar e orientar o menor de 18 anos, justamente no período mais delicado da sua formação intelectual e moral. Não serve para instruir outros processos, inclusive criminais, quando a pessoa completa a maioridade penal e comete algum delito. Quem tem menos de 18 anos não existe para a Justiça Criminal, sob o aspecto negativo de seus atos. Igualmente, permitir a publicidade geral não traz bons frutos, podendo constranger o adolescente e sua família, seja natural, seja substituta. Resguarda-se a dignidade da criança e do adolescente, com alicerce na Constituição Federal, que, no art. 5.º, LX, preceitua: "a lei só poderá restringir a publicidade dos atos processuais quando a defesa da intimidade ou o interesse social o exigirem". É justamente o caso dos menores de 18 anos, abrangendo ambas as hipóteses: intimidade de quem está em formação da sua personalidade e interesse social da comunidade e da família que não deseja estigmatizá-lo. No entendimento de Roberto João Elias, "o sigilo deve também servir para que o menor possa, sem nenhuma pressão psicológica, recuperar-se e ser reintegrado à convivência familiar e comunitária" (*Comentários ao Estatuto da Criança e do Adolescente*, p. 197). Prevê-se infração administrativa para quem transgredir essa vedação (art. 247, *caput*, desta Lei). Porém, há o aspecto negativo do sigilo, como bem salientado por João Batista Costa Saraiva: "o fato de os adolescentes não terem rosto, nem nome, na veiculação da mídia, o que efetivamente os preserva, às vezes até mesmo lhes salva a própria vida, sob um certo aspecto acaba por contribuir para que se estabeleça um mito em torno da sua imagem, circunstância negativa desta garantia fundamental. Isso acaba por contribuir pelo imaginário coletivo na construção de uma ideia distorcida do adolescente a que se atribui a prática de ato infracional" (*Compêndio de direito penal juvenil. Adolescente e ato infracional*, p. 126). Na jurisprudência: STJ: "3. Não obstante o caráter informativo do noticiário demandado e seu perceptível interesse público, ficou claro o abuso no direito de informar, mormente porque, na hipótese, em se tratando de adolescentes, cabia à empresa jornalística maior prudência e cautela na divulgação do fato associado à fotografia dos menores, de forma a evitar a indevida e ilícita violação de seu direito de imagem e dignidade pessoal. 4. O valor arbitrado pelas instâncias ordinárias a título de danos morais somente pode ser revisado em sede de recurso especial quando irrisório ou exorbitante. No caso, o montante fixado em R$ 9.000,00 (nove mil reais) para cada autor não se mostra exorbitante nem desproporcional aos danos causados às vítimas" (AgInt no AREsp 1.018.992/SP, 4.ª T., rel. Raul Araújo, j. 20.08.2019, v.u.). TJCE: "1. No caso destes autos, buscou a autora/apelada, em sua ação, a condenação do Ente Público Estadual no pagamento de indenização por danos morais, em razão de que seu filho, menor, assassinado, teve sua dignidade afetada, em razão de veiculação de notícia em programa televisivo, Rota 22 da TV Diário, por agentes públicos, de que teria passagens pela polícia e envolvimento com drogas, além de permitirem a divulgação de sua imagem. 2. A responsabilidade do Ente Público Estadual por danos causados por seus agentes é objetiva, nos termos em que estabelece o art. 37, § 6.º, da CF. Entretanto, para configurar-se, necessária a comprovação da conduta do agente público, o dano e o nexo de causalidade entre essa conduta e o dano. Ausentes quaisquer deles, não há que se falar em responsabilidade. 3. Pois bem. O art. 227 da Constituição Federal assegura, com absoluta prioridade, a proteção da dignidade da criança e do adolescente. Outrossim, o art. 143 do Estatuto da Criança e do Adolescente veda a divulgação de atos judiciais, policiais e administrativos que digam respeito a crianças e adolescentes a que se atribua autoria de ato infracional. 4. Quanto à conduta dos agentes públicos, estas restaram devidamente demonstradas pelas testemunhas ouvidas no processo, algumas das quais assistiram ao programa Rota 22, da TV Diário, e pelas imagens das entrevistas concedidas pelo Delegado e pelo Cabo PM, ambas contidas na mídia digital integrante deste processo. 5. Igualmente, pode-se verificar da prova que este fato teve repercussão sobre a saúde da mãe do menor, demonstrando, portanto, o nexo de causalidade entre a conduta dos agentes públicos e o dano causado à autora/apelada, a qual, além do padecimento pela morte do menor, teve que suportar o constrangimento do conhecimento, por toda comunidade em que vivia, do fato de um possível envolvimento do filho com drogas (...)" (Ap. 0033168-08.2011.8.06.0117/CE, 3.ª Câmara de Direito Público, rel. Inacio de Alencar Cortez Neto, 24.07.2017, v.u.).

8. Restrição à imprensa: nenhum direito é absoluto, mesmo quando se trata de direito extraído de norma constitucional. Há de existir uma composição harmônica de interesses para que, a cada momento ou período determinado, um possa prevalecer sobre o outro, mas nunca de forma permanente. No caso presente, há de se ressaltar o princípio da publicidade dos atos processuais, como regra, mas comportando a exceção do sigilo nos casos apontados pelo art. 5.º, LX, da Constituição Federal (como indicado na nota anterior), resguardando-se a intimidade e o interesse social. Por outro lado, o art. 220, § 1.º, da CF menciona que "nenhuma lei conterá dispositivo que possa constituir embaraço à plena liberdade de informação jornalística em qualquer veículo de comunicação social, observado o disposto no art. 5.º, IV, V, X, XIII e XIV". O inciso X do art. 5.º preceitua serem "invioláveis a intimidade, a vida privada, a honra e a imagem das pessoas, assegurado o direito a indenização pelo dano material ou moral decorrente de sua violação". Diante disso, a liberdade de imprensa enfrenta a restrição imposta pelo respeito à intimidade, à vida privada, à honra e à imagem das pessoas, permitindo que a lei ordinária, no caso este parágrafo do art. 143 do ECA, estabeleça restrições à notícia envolvendo a *identificação* da criança ou adolescente, vedando-se fotografia (imagem fixa em base material ou dinâmica em formato de filme), referência a nome (prenome e/ou sobrenome), apelido (alcunha que permite a identificação de alguém por outras pessoas), filiação (nome dos pais), parentesco (nome dos avós, tios, primos, sobrinhos etc.), residência (lugar de moradia temporária ou permanente) e iniciais do nome e sobrenome (M. S. = Marcos Silva). Essa última parte foi introduzida pela Lei 10.764/2003, pois a imprensa já estava acostumada a divulgar as iniciais dos nomes dos menores envolvidos em atos infracionais. Verificou-se que esses mínimos dados davam ensejo ao reconhecimento de quem se tratava, ao menos na comunidade onde o jovem residia. Cortou-se toda e qualquer espécie de apontamento indicativo da pessoa menor de 18 anos autora de ato infracional. A meta é a preservação absoluta da intimidade dessas crianças e adolescentes, que, por mais grave que tenha sido o ato praticado, somente tem chance de recuperação e reestruturação interior e familiar se não sofrerem pressões externas estigmatizantes. Quem infringir essa norma está sujeito ao art. 247, § 1.º, desta Lei.

9. Menor vítima: podem-se divulgar os dados e a imagem, desde que seja em benefício da criança ou adolescente, como, por exemplo, quando é sequestrada, encontra-se perdida ou foi vítima de homicídio, voltando-se a imprensa e outros órgãos a encontrar os responsáveis. Nem sempre é conveniente divulgar a criança ou adolescente, ainda que vítimas, tratando-se de crimes sexuais, pois, lamentavelmente, termina ocorrendo a estigmatização. Por isso, os juízes têm decretado o sigilo das investigações e do processo.

10. Menor carente: como regra, inexiste proibição da divulgação de nome, dados de identificação e mesmo a imagem da criança ou adolescente em situação de risco ou vulnerabilidade, desde que se preserve a sua dignidade e o respeito à sua condição de pessoa em formação da personalidade.

Art. 144

Art. 144. A expedição de cópia ou certidão de atos a que se refere o artigo anterior somente será deferida pela autoridade judiciária competente, se demonstrado o interesse e justificada a finalidade.[11-12]

11. Cópias ou certidões de atos sigilosos: os procedimentos administrativos ou judiciais, envolvendo atos infracionais, correm em segredo de justiça. Entretanto, pode-se ter interesse na obtenção de cópias dos autos do procedimento ou de se extrair uma certidão sobre qualquer ato. Não se veda a extração de cópias ou a emissão de certidão, deixando-se ao critério da autoridade judiciária competente, que é o juiz da infância e juventude condutor do procedimento de apuração do ato infracional (ou fiscalizar da investigação). Quem solicita deve *justificar* a finalidade das cópias ou certidão. Geralmente, quem requer é o membro do Ministério Público ou o juiz do processo criminal onde surge o nome do menor infrator. Há duas situações distintas nesses campos: a) solicitar as cópias ou certidão da aplicação da medida socioeducativa para compor os "antecedentes", a "conduta social" ou a "personalidade" do réu, no processo criminal, ao qual responde, após ter completado a maioridade penal; b) requerer cópias dos autos para auxiliar na apuração da materialidade ou autoria de outra infração penal, cometida por pessoa maior de 18 anos, autora do referido crime, por exemplo, na companhia do menor. Na primeira hipótese, deve-se indeferir o pedido, pois a vida pregressa do menor de 18 anos é integralmente irrelevante para compor qualquer dado relevante para o seu processo criminal, a partir do momento em que completa a maioridade. No segundo caso, deve-se deferir, tendo em vista que todas as provas colhidas nos autos de apuração do ato infracional somente irão servir de base para eventual condenação de outro indivíduo adulto, nada tendo a ver com o adolescente. Pode até mesmo o juiz da infância e juventude deferir a emissão das cópias ou certidão com o compromisso de serem mantidas em sigilo no processo-crime em que forem juntadas, com acesso apenas das partes. Outra hipótese, aventada por Roberto João Elias, é o interesse de alguém que pretende ingressar com ação de reparação de danos contra os pais do menor, autor de ato infracional, na esfera civil, nos termos do art. 932 do Código Civil (*Comentários ao Estatuto da Criança e do Adolescente*, p. 198). Na jurisprudência: STJ: "1. O art. 143 do Estatuto da Criança e do Adolescente estabelece, como regra geral, a vedação à divulgação de atos judiciais, policiais e administrativos que digam respeito à apuração de atos infracionais. Esta disposição, em primeiro juízo, obsta o acesso de terceiros aos referidos autos. 2. Todavia, a vedação contida no art. 143 do Estatuto da Criança e do Adolescente não é absoluta, sendo mitigada, conforme se extrai do art. 144 deste mesmo diploma normativo, nas hipóteses em que há interesse jurídico e justificada finalidade no pleito de acesso aos autos. Nesse caso, presentes interesse e finalidade justificadas, deverá a autoridade judiciária deferir a extração de cópias ou certidões dos atos do processo infracional. 3. No caso, a Recorrente comprovou seu interesse jurídico, pois é mãe da adolescente apontada como infratora e foi vítima do ato infracional imputado à filha. Ademais, a Recorrente apresentou finalidade justificada ao pleitear o seu acesso aos autos do processo de apuração do ato infracional, consignando a utilidade dos documentos nele produzidos para servirem como provas em ação de deserdação. 4. Uma vez que o Estatuto da Criança e do Adolescente exige a justificação da finalidade para a qual se defere o pleito de acesso aos autos e de extração de cópias do processo de apuração de ato infracional, é certo que a concessão do pedido está vinculada a esta finalidade (no caso, instrução de ação de deserdação), não podendo a Recorrente utilizar os documentos obtidos para finalidade diversa, sob pena de responsabilização cível e penal. 5. Recurso ordinário provido para conceder a segurança, determinando ao Juízo da Vara da Infância e da Adolescência de Campo Grande/MS que permita o acesso da Recorrente aos autos do Processo de Apuração de Ato Infracional n. 0020018-05.2018.8.12.0001 e a extração

Título VI – Do Acesso à Justiça

Art. 145

das cópias dos documentos destinados exclusivamente a instruir ação de deserdação contra a autora do ato infracional" (RMS 65.046/MS, 6.ª T., rel. Laurita Vaz, 01.06.2021, v.u.).

12. Recurso cabível: o deferimento ou indeferimento leviano e imotivado da extração de cópias ou certidão pode justificar a impetração de mandado de segurança pelo prejudicado. É direito líquido e certo da criança ou adolescente a não divulgação das cópias, quando se tratar de motivação inadequada, como, por exemplo, para compor seus "antecedentes criminais" noutro processo. É também direito líquido e certo do Ministério Público obter cópias dos autos em trâmite na Vara da Infância e Juventude para auxiliar na apuração de crime cometido por adulto, que o praticou juntamente com o adolescente. O mesmo se diga do interessado-vítima, que pretenda ingressar no juízo cível contra os pais do menor autor do ato infracional.

Capítulo II
DA JUSTIÇA DA INFÂNCIA E DA JUVENTUDE

Seção I
Disposições Gerais

> **Art. 145.** Os estados e o Distrito Federal poderão criar varas especializadas e exclusivas da infância e da juventude, cabendo ao Poder Judiciário estabelecer sua proporcionalidade por número de habitantes, dotá-las de infraestrutura e dispor sobre o atendimento, inclusive em plantões.[13]

13. Organização judiciária e crítica às deficiências: cada Estado é autônomo para editar a sua lei de organização judiciária, dispondo a respeito da criação e extinção de Varas comuns ou especializadas. Tanto assim que, em alguns locais, há Varas de Penas Alternativas, exclusivas para a execução das penas restritivas de direitos, enquanto noutros, cuidam desse assunto as Varas de Execuções Penais, cumulando penas privativas de liberdade com restritivas de direitos. No caso das Varas Privativas da Infância e Juventude, infelizmente, há várias Comarcas de médio e grande porte que ainda não as possui. Uma das Varas locais, geralmente uma criminal, contém um *Anexo* da infância e juventude, que trata dos temas referentes a este Estatuto. Este tem sido um dos mais sérios entraves para o fiel respeito à celeridade do trâmite dos procedimentos relacionados à criança e ao adolescente. O juiz titular tem a tendência, em Vara cumulativa, de cuidar, em primeiro plano, do que lhe parece principal (matéria civil ou criminal), para depois dar atenção ao que o próprio Tribunal deu o nome de *anexo*. Para alguns magistrados, cuidar do anexo é praticamente um *favor*, tendo em vista constituir um acessório de seus afazeres. Com esse pensamento, entrega as delicadas questões da infância e juventude à equipe técnica do Juizado, que passa a ser o "juiz" real dos casos. Assinam embaixo do que sugere essa equipe ou do parecer do Ministério Público. Não zeram pela celeridade, não visitam os abrigos da sua região, não interferem na constituição dos cadastros de crianças, adolescentes, candidatos à adoção, não participam ativamente da captação dos interessados em adotar, enfim, são maus juízes da área infantojuvenil. Segundo nos parece, a criação de Varas especializadas e exclusivas da Infância e Juventude, como sugere este artigo, deveria ser *prioridade* para o Tribunal de Justiça dos Estados, focando a maioria das Comarcas de médio e grande porte. Por certo, reconhecemos que, numa Comarca de primeira entrância ou entrância inicial, cuja cumulatividade de matérias é o normal, pois há somente um magistrado ali, não se pode exigir uma Vara privativa para crianças e adolescentes. Mas, onde houver um número considerável de Varas e de habitantes, a ponto de indicar problemas sociais

Art. 146

Estatuto da Criança e do Adolescente Comentado · Nucci

evidentes, com crianças e adolescentes desamparados ou autores de atos infracionais, a instalação de Vara privativa é imperiosa. Enquanto não for possível que cada Comarca tenha uma Vara da Infância e Juventude, como deve ter um Conselho Tutelar, ao menos se deve exigir do juiz a priorização dessa matéria, colocando em segundo plano as demais. Essa é uma tarefa da Presidência do Tribunal juntamente com a Corregedoria, além de se poder contar com a atuação positiva do Conselho Nacional de Justiça. Lembremos que um processo civil parado no escaninho do cartório é negativo para as partes e para a imagem da Justiça, mas um procedimento referente a uma criança em acolhimento institucional, largado no escaninho, é um rombo em parte da vida de uma pessoa, que jamais será recuperado. Simone Franzoni Bochnia, em crítica realista, acerca da Vara da Infância e Juventude, diz: "a Justiça da Infância e da Juventude não terá condições de executar as leis se não dispuser de meios e recursos necessários à sua instalação e funcionamento. Em contrapartida, o que se impõe aos técnicos é observar e avaliar cada situação, vendo expurgar o viés do sentido culpabilizante ou moralizante, com a busca da neutralidade. (...) O cerne do problema, entretanto, é que 'muitos têm como certo que quem decide é o profissional do Serviço Social, e não o magistrado'. Em uma visão criteriosa, observa-se que existe falta de fiscalização adequada para avaliar a qualidade técnica dos estudos sociais, pareceres e laudos conclusivos, e isto advém da impossibilidade de se nomear um profissional assistente para avaliar (quadro já deficiente de profissionais). O Serviço Social da Infância e Juventude desenvolve seu trabalho com critérios pessoais de seus componentes, não havendo padrões estabelecidos pelo Poder Judiciário ou pelos Conselhos Regionais. Não se poderia deixar de consignar que os Serviços Auxiliares da Infância e Juventude estão lotados de encaminhamentos para relatórios, ficando os autos à espera da realização do parecer, o qual é realizado em tempo ínfimo, baseado em visitas de uma hora, quando as partes são convidadas a comparecer junto ao SAIJ para a entrevista" (*Da adoção. Categorias, paradigmas e práticas do direito de família*, p. 140-142). Na jurisprudência: STJ: "2. O art. 96, I, *a*, da Constituição Federal confere aos Tribunais competência privativa de auto-organização, prerrogativa própria de iniciativa para dispor sobre funcionamento dos órgãos jurisdicionais e administrativos. 3. No âmbito infraconstitucional, o art. 74 do Código de Processo Penal dispõe que 'A competência pela natureza da infração será regulada pelas leis de organização judiciária, salvo a competência privativa do Tribunal do Júri'. 4. A natureza de norma de organização judiciária é extraída da previsão normativa fixada no art. 145 do ECA quanto à possibilidade de os 'estados e o Distrito Federal (...) criar varas especializadas e exclusivas da infância e da juventude, cabendo ao Poder Judiciário estabelecer sua proporcionalidade por número de habitantes, dotá-las de infraestrutura e dispor sobre o atendimento, inclusive em plantões'. 5. No caso, em observância às prerrogativas determinadas e nos estreitos limites legais, o Estado do Rio Grande do Sul, por meio da Lei n. 9.896/1993, alterada pela Lei n. 12.913/2008, conferiu ao Conselho da Magistratura a possibilidade de atribuição aos Juizados da Infância e da Juventude de processar e julgar crimes de natureza sexual contra crianças ou adolescentes, não havendo que se reconhecer qualquer eiva processual" (HC 303.459/RS, 5.ª T., rel. Ribeiro Dantas, j. 03.08.2017, v.u.).

Seção II

Do Juiz

> **Art. 146.** A autoridade a que se refere esta Lei é o Juiz da Infância e da Juventude,[14] ou o juiz que exerce essa função, na forma da lei de organização judiciária local.[15-16]

14. Juiz da Infância e Juventude: a sociedade tem o direito de esperar do juiz titular de Vara da Infância e Juventude uma atuação dedicada, voltada aos reais interesses da comunidade, sensível aos problemas sociais das crianças e adolescentes e consciente dos dramas dos autores dos atos infracionais. O magistrado, em geral, deve ser um *vocacionado*, defendendo a sua toga com ardor e empenho, sabendo que por trás de cada decisão sua existe uma ou mais vidas que irão mudar de algum modo. Porém, há certas áreas do exercício jurisdicional que são particularmente complexas e delicadas, demandando, além da vocação, um especial talento do juiz para cuidar com sucesso dessas questões polêmicas por si mesmas. Em nossa visão, há três campos da magistratura, que chamaremos de *especiais*: a) Vara da Infância e Juventude (em primeiro lugar); b) Varas de Execução Penal (em segundo); c) Varas de Família e Sucessões (em terceiro); d) Varas do Júri (em quarto). Essa separação não está relacionada à importância das matérias, ao grau de conhecimento do magistrado, à intensidade de relevo das questões para a sociedade, ao volume de casos, enfim, não se trata de um *ranking* das melhores *Varas* para um juiz atuar. Ao contrário, são locais de trabalho para pessoas *talhadas* para aquela matéria, vocacionadas a ultrapassar os limites dos livros acadêmicos e abraçar questões sociais e pessoais com dedicação ímpar. Muito do que consta em lei, nessas áreas do Direito, somente atinge a concretização e um sucesso relativo pelas mãos do juiz empenhado em *dar certo*. O desempenho *burocrático* do cargo de juiz da infância e juventude não atrai o apoio da sociedade à causa da criança e do adolescente, não estimula a equipe interprofissional do fórum a trabalhar com entusiasmo e autêntica dedicação, não provoca o espírito crítico e fiscalizador do Ministério Público, enfim, resolve *casos que chegam à sua mesa*, mas não os verdadeiros problemas sociais da Comarca onde atua. Está provado, pela experiência, que o juiz da execução penal, quando dedicado de corpo e alma, alcança um apoio inestimável na sua Comarca, permitindo que os órgãos auxiliares da execução realmente funcionem e a reeducação dos presos da sua região atinja patamares mais elevados de sucesso. O magistrado, quando atua em Vara de Família, termina sendo a voz mais equilibrada e sensata para compor amigavelmente inúmeros casais em conflito, além de conduzir com tato e sensibilidade questões ligadas a disputas de guardas, fixação de alimentos e tantos outros desdobramentos de conflitos que não são apenas *legais*, mas *familiares*. O juiz do Tribunal do Júri precisa ter o perfeito domínio da sua atuação como presidente de um colegiado *sui generis*, cujos verdadeiros julgadores são pessoas leigas do povo, muitas delas simples, outras cultas, mas todas diferentes umas das outras. Ele precisa ter noção de psicologia para saber lidar com as vaidades reinantes no plenário, compondo os conflitos entre as partes, mas sabendo presidir com força e energia, sem extravasar para o abuso e sem jamais perder o respeito. Aliás, prolatar uma singela decisão de pronúncia, *fundamentando sem fundamentar em excesso*, é um talento à parte. Poucos conseguem fazê-lo com nítido êxito. Deve ser, acima de tudo, uma pessoa tolerante e paciente, pois sessões do júri podem levar muitas horas e, por vezes, dias. Pretendemos sustentar a particular relevância de certos cargos na magistratura que vão além do conhecimento jurídico, demandando um *plus*, relacionado ao trato atento com o ser humano, à sensibilidade de saber ouvir, à energia de saber se impor no momento adequado, à vontade de se superar no cotidiano, vencendo não somente os processos numericamente, mas resolvendo conflitos sociais de grande envergadura, na medida das suas possibilidades. Um juiz atento ao que significa, de verdade, retirar uma criança de sua família natural, inserindo-a num abrigo, até que consiga fazê-la reencontrar um lar, voltando ao seu ou seguindo para o substituto, jamais dormiria em paz, sabendo que, dia após dia, aquele infante sofre, isolado, sem o carinho merecido por toda e qualquer criança, crescendo e desenvolvendo-se sem o acompanhamento dos pais naturais ou adotivos. O vocacionado magistrado da infância e juventude projetaria seu filho na pele de cada criança ou adolescente com quem lida, razão pela qual não iria permitir o *abandono jurídico* de vários deles em abrigos, por longos períodos, sem solução real. O Tribunal de Justiça tem parcela de responsabilidade nisso, pois não possui critério algum para prover as Varas da Infância e Juventude

Art. 146

Estatuto da Criança e do Adolescente Comentado · **Nucci**

(nem as outras que mencionamos). Qualquer um pode ser promovido para elas, mesmo que seu interesse seja única e simplesmente a referida promoção. Há de se empenhar para criar critérios de provimento de Varas específicas, exigindo conhecimento técnico destacado e particular empenho do magistrado. A prestação jurisdicional não pode ficar ao sabor da burocracia, mas há de existir um *toque* de missionário em cada julgador. Juízes não devem ser burocratas, cujas decisões são sempre padronizadas e rápidas, sem visualizar a questão social ou pessoal por trás do seu processo. Juízes também não devem ser missionários, pois não é a sua função pregar e salvar almas, solucionando ou pretendendo solucionar todos os dramas sociais. Mas um bom magistrado tem um talento destacado para resolver conflitos, deixando a sua marca invisível, mas reconhecível, talvez o toque missionário e sensibilizado de quem tem plena noção da relevância da sua decisão para vidas alheias. Uma das pesquisas realizadas pela Associação Brasileira de Magistrados, Promotores de Justiça e Defensores Públicos da Infância e Juventude (ABMP) demonstra o seguinte quadro, quanto às Varas Especializadas da Infância e Juventude: "5.561 municípios brasileiros; 92 apenas com Varas da Infância; 18 com mais de uma Vara da Infância; SP: 15 Varas; Fortaleza: 5; Porto Alegre: 4; DF: 1" (Simone Franzoni Bochnia, *Da adoção. Categorias, paradigmas e práticas do direito de família*, p. 149). Maurício Neves de Jesus, quanto à formação dos juízes, diz: "não se exige legalmente do juiz da Infância e da Juventude nenhum requisito além daqueles que todo juiz necessita para o exercício da profissão. O ingresso na carreira se dá por concurso de provas e títulos (art. 93, inciso I, da Constituição Federal) e a promoção, por antiguidade e merecimento. Assim, um Juiz que atua hoje em uma Vara Cível, Criminal, da Família, da Fazenda Pública ou dos Registros Públicos, amanhã poderá estar julgando em uma das Varas da Infância e da Juventude. Em virtude das exigências técnicas formais para o exercício do cargo, muitas vezes o magistrado que atua na área da infância e da juventude desconhece que o ECA é mais do que um manual de aplicação da economia política da pena. Desconsiderando o caráter pedagógico do ECA e pautando-se pelas influências do Código Penal, Código Civil e antigo Código de Menores, ele não observa, com frequência, o fundamental, ou seja, encontrar soluções para que os direitos e garantias individuais das crianças e dos adolescentes possam vingar no sentido de formar o futuro cidadão. O juiz, figurando como o Estado magistrado, deve entender como sua prioridade absoluta os interesses e direitos da criança e do adolescente, nos termos do art. 227 da Constituição da República, de modo que estes são os seus objetivos na condução do processo" (*Adolescente em conflito com a lei – prevenção e proteção integral*, p. 81). "A partir destas colocações, percebe-se que o juiz da área da Infância e da Juventude deve ser socialmente comprometido com a luta de crianças e adolescentes que têm seus direitos violados ou ameaçados por descaso do Poder Público e da sociedade. A atuação do juiz na comunidade pode vir a constituir ferramenta de grande importância para a implementação das políticas sociais de proteção à infância, bem como para a implantação dos programas socioeducativos, de apoio sociofamiliar, de colocação em família substituta, entre outros. O magistrado deve colocar à disposição da sociedade seu conhecimento técnico-jurídico, com a finalidade de colaborar na busca de soluções às deficiências existentes no atendimento a crianças e adolescentes e, acima de tudo, utilizar-se do respeito que desfruta na comunidade para incutir, tanto a sociedade quanto o Poder Público, as disposições da Doutrina da Proteção Integral. Essa atividade é eminentemente política, podendo inclusive prevenir litígios" (Naiara Brancher, *O Estatuto da Criança e do Adolescente e o novo papel do Poder Judiciário*, p. 145). Na jurisprudência: STJ: "1. A despeito da homologação da remissão concedida pelo Ministério Público, compete ao Poder Judiciário o dever de fixar a medida socioeducativa e, também, de supervisioná-la e acompanhá-la até o seu efetivo cumprimento. 2. O art. 146 da Lei n. 8.069/1990 (ECA) estatui que a autoridade a que se refere esta Lei é o Juiz da Infância e da Juventude, ou o juiz que exerce essa função, na forma da lei de organização judiciária local" (REsp 1.475.340/MG, 6.ª T., rel. Sebastião Reis Júnior, j. 06.08.2015, v.u.).

15. Juiz que apenas exerce a função da área da Infância e Juventude: a própria lei reconhece haver juízes cuja competência é ampliada para abranger a matéria pertinente à infância e juventude como um anexo ou adendo às suas funções. São titulares de Varas cumulativas, geralmente em pequenas Comarcas, onde são competentes para decidir casos criminais, cíveis, infantojuvenis, executivos fiscais e penais etc. Podem, ainda, ser juízes criminais, com o anexo da infância e juventude. Porém, as regras para a ação são as mesmas (isenção de custas, gratuidade etc.): TJRS: "Os processos que envolvam menores de idade, que não tramitem em Juizados da Infância e da Juventude, são isentos de custas e, diante do princípio da proteção integral, cabível a concessão da gratuidade de justiça. Agravo de instrumento provido" (AI 70069372936/RS, 7.ª Câm. Cível, rel. Jorge Luís Dall'Agnol, 29.06.2016, v.u.).

16. Subjetivismo das decisões judiciais: quanto ao subjetivismo utilizado pelos juízes nas suas decisões, Ana Paula Motta Costa diz que "algumas vezes os magistrados da Infância e Juventude demonstram em suas sentenças disposição de enfrentar o requisito legal da fundamentação, afirmando estar comprovada a materialidade e a autoria, porém em verdade não o fazem, justificando sua convicção em provas testemunhais, não confirmadas, ou mesmo no apelo social pela decretação da medida. Isso parece expressar fragilidade técnica, ou, ainda, a falta da necessidade de fazer-se um maior esforço jurídico para que se efetive o que já era a intenção manifesta no decorrer do processo de, ao final, aplicar a medida privativa de liberdade. De outra parte, com relação à autoria, cabe ao juiz justificar na sentença as razões que o levaram a concluir pela culpabilidade do adolescente sob julgamento, demonstrando a relação existente entre os fatos provados, tipificados como crime, e a conduta praticada pelo autor. Nesse aspecto, deve ser levado em consideração, mais uma vez, o princípio de presunção de inocência, garantindo que, em não havendo prova definitiva do vínculo entre a conduta do jovem e o resultado material do crime, não há como considerá-lo culpado. Não é possível, portanto, a aplicação de medida socioeducativa de internação com base apenas em provas testemunhais ou justificando, em comum acordo com o Ministério Público e a defesa, que a medida de privação da liberdade pode ser positiva para o adolescente" (*As garantias processuais e o direito penal juvenil como limite na aplicação da medida socioeducativa de internação*, p. 154).

> **Art. 147.** A competência[17] será determinada:[18]
>
> I – pelo domicílio dos pais ou responsável;[19]
>
> II – pelo lugar onde se encontre a criança ou adolescente, à falta dos pais ou responsável.[20]
>
> § 1.º Nos casos de ato infracional, será competente a autoridade do lugar da ação ou omissão,[21] observadas as regras de conexão,[22] continência[23] e prevenção.[24]
>
> § 2.º A execução das medidas poderá ser delegada à autoridade competente da residência dos pais ou responsável, ou do local onde sediar-se a entidade que abrigar a criança ou adolescente.[25]
>
> § 3.º Em caso de infração cometida através de transmissão simultânea de rádio ou televisão, que atinja mais de uma comarca, será competente, para aplicação da penalidade, a autoridade judiciária do local da sede estadual da emissora ou rede, tendo a sentença eficácia para todas as transmissoras ou retransmissoras do respectivo estado.[26]

17. Competência absoluta em razão da matéria: os temas ligados à infância e à adolescência, previstos neste Estatuto, constituem matéria firmada em competência absoluta dos juízes. Isso significa que o juiz da Vara cível (ou criminal) não pode decidir questão ligada à adoção de uma criança, a menos que detenha competência cumulativa no tocante à infância e juventude. Havendo Vara privativa da Infância e Juventude, na Comarca, a decisão tomada pelo juiz civil é nula. Na jurisprudência: STJ: "1. Nos termos do art. 147 do ECA, a competência das ações envolvendo interesses de menor possui natureza absoluta, sendo primordialmente determinada pelo local do domicílio dos pais ou responsável, ou, na falta destes, pelo lugar onde se encontre a criança ou o adolescente, não se podendo olvidar que o princípio constitucional da prioridade absoluta dos interesses do menor é orientador das regras desse estatuto e, por conseguinte, dos critérios previstos nesse dispositivo legal. Neste sentido, a Súmula 383 do STJ: 'A competência para processar e julgar ações conexas de interesse de menor é, em princípio, do foro do domicílio do detentor de sua guarda'. 2. Em tal contexto, não se podem adotar, de forma automática, as regras processuais civis se elas puderem acarretar qualquer prejuízo aos interesses e direitos do menor, cuja condição peculiar de pessoa em desenvolvimento implica a sobreposição e aplicação do princípio da proteção integral, que permeia as regras do Estatuto da Criança e do Adolescente. Precedentes. 3. No caso concreto, consignou-se a prolação de liminares por juízos distintos deferindo a guarda provisória do menor aos avós maternos e à genitora, respectivamente, devendo-se aplicar a regra do art. 147, II, do ECA, qual seja a do local onde a criança se encontra atualmente, em atenção ao princípio do juízo imediato, máxime porque não há provas contundentes, no atual estágio, de que a genitora tenha se valido de subterfúgio a fim de afastar o Juízo natural. Ao revés, há indicativos da prática de violência doméstica, ainda que sem provimento judicial definitivo. 4. Dessarte, em face do princípio constitucional da prioridade absoluta dos interesses do menor, orientador dos critérios do art. 147 do ECA, mais adequada a declaração de competência do Juízo do local onde se encontra atualmente o menor. 5. Ausentes alegações que infirmem os fundamentos da decisão atacada, permanecem incólumes os motivos expendidos pela decisão recorrida, que declarou a competência do Juízo do local onde se encontra o menor" (AgInt no CC 156.392/BA, 2.ª Seção, rel. Luis Felipe Salomão, j. 25.09.2019, v.u.).

18. Competência em razão do território: determina-se a competência do juiz, havendo mais de um apto a conhecer a matéria da infância e juventude na Comarca, na Região ou no Estado, pelo território do domicílio dos pais ou responsável ou, em segundo lugar, pelo local onde se encontre o menor, faltando pais ou responsável. Se um juiz territorialmente incompetente tomar alguma medida no tocante à proteção cautelar do menor, retirando-o de casa por sofrer abusos, por exemplo, seu ato é válido, mesmo que, depois, envie os autos ao magistrado competente. A competência territorial é, no processo civil comum, relativa porque comporta prorrogação, caso em que, não havendo questionamento pelas partes envolvidas, os atos praticados pelo juiz incompetente são validados, mesmo se alterando o foro. Porém, do mesmo modo que ocorre na esfera penal, o juiz pode reconhecer de ofício a sua incompetência, determinando a remessa ao juízo competente, pois há interesse inequívoco da família para o processamento no local mais adequado a todos. No entanto, a jurisprudência encara a competência prevista nos incisos I e II deste artigo, também, como *absoluta*, para facilitar o acesso do menor à Justiça: STJ: "2. O princípio do juiz imediato vem estabelecido no art. 147, I e II, do ECA, segundo o qual o foro competente para apreciar e julgar as medidas, ações e procedimentos que tutelam interesses, direitos e garantias positivados no ECA, é determinado pelo lugar onde a criança ou o adolescente exerce, com regularidade, seu direito à convivência familiar e comunitária. 3. Embora seja compreendido como regra de competência territorial, o art. 147, I e II, do ECA apresenta natureza de competência absoluta, nomeadamente porque expressa norma cogente que, em certa medida, não admite prorrogação" (AgInt nos EDcl no

CC 160.102/SC, 2.ª Seção, rel. Nancy Andrighi, j. 14.05.2019, v.u.). TJRJ: "1. Decisão agravada que, atendendo a requerimento do Ministério Público, declinou da competência para a Comarca de Três Lagoas, Mato Grosso do Sul, o Foro da Comarca de Itabuna-BA. 2. Declínio de competência que se coaduna com o princípio do melhor interesse da criança, facilitando-lhe o acesso à justiça (CRFB, art. 227), bem como com o disposto no art. 147, incisos I e II, do Estatuto da Criança e do Adolescente, que dispõe que a competência será determinada 'pelo domicílio dos pais ou responsável' ou 'pelo lugar onde se encontre a criança ou adolescente, à falta dos pais ou responsáveis'. 3. Entendimento do STJ no sentido de que a regra inserta no art. 147, inc. I, do ECA é absoluta, haja vista que deve preponderar o interesse do menor, ainda que a troca de domicílio ocorra no curso da ação, de forma a permitir sua tramitação mais célere e tal medida não implique qualquer óbice ao regular curso da lide (CC 92473/PE, rel. Min. Luis Felipe Salomão, 2.ª Seção, j. 14.10.2009, *DJe* 27.10.2009). Negativa de provimento ao recurso" (AI 0065683-57.2015.8.19.0000/RJ, 20.ª Câm. Criminal, rel. Mônica de Faria Sardas, 01.06.2016).

19. Domicílio dos pais ou responsável: o foro natural para as ações envolvendo crianças e adolescentes, em situação de vulnerabilidade, é o local onde os pais ou responsável fixaram a residência, com ânimo definitivo, denominado *domicílio*. Essa escolha legal é condizente com a meta principal deste Estatuto, nesses casos, que é fazer o possível para manter o menor em sua família natural. Portanto, nada mais natural que instaurar o procedimento verificatório no lugar onde eles moram, para se conduzir as avaliações psicossociais, eventual acompanhamento do Conselho Tutelar, visitas de integração entre pais e filhos, entre outras medidas. O juiz pode reconhecer, de ofício, a sua incompetência, determinando siga o procedimento ao local onde residem os pais ou responsável. Se os pais morarem em Comarcas diferentes, resolve-se pela prevenção, ou seja, o primeiro juiz que conhecer do feito afirma a sua competência. Se a criança ou adolescente já se encontrar sob a tutela ou a guarda de alguém, quando surgir algum procedimento novo – questionando a idoneidade do tutor ou guardião ou se os pais pretenderem retomar o filho ao seu convívio, somente para citar como exemplos –, deve tramitar no domicílio do responsável. Afinal, nesse local está vivendo a criança ou adolescente, devendo-se respeitar esse fator, acima de tudo, para estudos psicossociais e para não haver o deslocamento do menor a outra Comarca. Na jurisprudência: STJ: "2. Independentemente do local onde tenham inicialmente ocorrido as supostas condutas criminosas que motivaram o pedido em favor da vítima, o juízo do domicílio dos pais ou responsável (art. 147, inciso I, do ECA) ou o do lugar onde se encontre a criança ou responsável, à falta dos pais ou responsável (inciso II, do referido art.) é competente para processar e julgar o pleito de medidas protetivas de urgência, por aplicação do princípio do juízo imediato. 3. A aplicação do princípio do juízo imediato na apreciação dos pedidos de medidas protetivas de urgência não entra em conflito com as demais disposições do Estatuto da Criança e do Adolescente, notadamente os arts. 147, §§ 1.º a 3.º e 148, incisos I a VIII, e parágrafo único, da Lei n. 8.069/90. Ao contrário, essa medida facilita o acesso da criança ou adolescente vítima de violência doméstica a uma rápida prestação jurisdicional, que é o principal propósito das normas processuais especiais que integram o microssistema de proteção de pessoas vulneráveis que já se delineia no ordenamento jurídico brasileiro" (CC 197.661/SC 2023/0189517-5, 3.ª Seção, rel. Laurita Vaz, 09.08.2023, v.u.). TJSC: "A competência para julgar ações que envolvam guarda de menores é a do domicílio do guardião ou, na falta dos genitores ou responsáveis, no foro do lugar onde se encontra o infante, em atenção ao princípio do juiz imediato e do melhor interesse da criança e do adolescente – inteligência do art. 147, incisos I e II, da Lei 8.069/90 e da Súmula 383 do Superior Tribunal de Justiça. Ademais, por se tratar de competência absoluta, uma vez que visa proteger o melhor interesse da criança e do adolescente, deve ser declarada *ex officio*

Art. 147

Estatuto da Criança e do Adolescente Comentado · Nucci

pelo Magistrado, sendo inadmissível a sua prorrogação" (AI 2015.059122-2/SC, 4.ª Câm. de Direito Cível, rel. Joel Figueira Júnior, 18.02.2016, v.u.).

20. Lugar onde se encontra a criança ou adolescente: este é o foro residual; se os pais não forem conhecidos ou tiverem abandonado o filho, ainda bebê, sem deixar domicílio conhecido, certamente a criança deve estar em acolhimento institucional ou familiar. É neste lugar que se deve instaurar o procedimento verificatório para determinar se o menor volta à família natural ou segue para família substituta. Outra hipótese para se optar pelo local onde está a criança ou adolescente dá-se no caso de pai preso e mãe desconhecida ou desinteressada (ou na situação de mãe presa e pai desconhecido ou desinteressado). Há de se considerar a hipótese retratada na nota anterior, ou seja, o menor já se encontra sob tutela ou guarda de terceiro quando o pai ou a mãe resolve retomar o filho. Nesta última hipótese, a prevalência de foro é dupla (menor reside com o guarda), seja por conta do inciso I deste artigo (residência do responsável), seja por conta do inciso II (lugar onde está o menor). Na jurisprudência: TJSC: "'I – Em respeito à regra que dispõe que os interesses dos menores devem sobrepor-se a quaisquer outros nas ações em que se busca a regulamentação do direito de visita aos filhos, o juízo competente para conhecer da causa deve ser aquele no qual residem os infantes, por atender da melhor maneira seus interesses e facilitar a instrução do feito. (...) III – Muito embora a competência estabelecida no artigo 147 do Estatuto da Criança e do Adolescente, à primeira vista, possa ser entendida como aquela fixada pelo critério territorial, de natureza relativa, com a possibilidade de prorrogação caso não fosse arguida por meio da exceção de incompetência, tem-se que, consoante entendimento jurisprudencial majoritário, reveste-se de natureza absoluta por se tratar de interesse da criança e adolescente' (Agravo de Instrumento n. 2009.071563-4, de Joinville, rel. Des. Joel Figueira Júnior, j. 07/12/2010)" (MS 4000042-45.2017.8.24.0000/SC, 4.ª Câmara de Direito Civil, rel. Rodolfo Cezar Ribeiro da Silva Tridapalli, 14.09.2017, v.u.).

21. Lugar do ato infracional: segue-se, neste dispositivo, a mesma regra utilizada pelo Código de Processo Penal para a apuração do crime e seu autor: o lugar da infração. Entretanto, com uma diferença substancial. Na lei processual penal, destaca-se o lugar do resultado do delito, como local da infração. Neste Estatuto, adotando-se a teoria da atividade, acolhe-se o local da ação ou omissão, ainda que o resultado se dê em lugar diverso. Seja onde se deu a conduta ou o resultado, o ponto principal é apurar a infração onde se concentram as provas, para que se facilite a sua colheita. Na jurisprudência: "6. Realizada a delegação de que trata o art. 147, § 2.º, do ECA, caso o reeducando não seja localizado para o cumprimento de medida socioeducativa de liberdade assistida aplicada cumulativamente à remissão, cabe ao Juízo delegatário, frustradas as diligências de praxe no intuito de localizar o infrator, devolver os autos ao Juízo do local da prática do ato infracional, para que este, único competente para processar e julgar o ato infracional (art. 147, § 1.º, do ECA), delibere sobre eventual revogação do benefício, com subsequente prosseguimento da ação infracional, respeitando a opção do legislador de 'apurar a infração onde se concentram as provas, para que se facilite a sua colheita' (Nucci, Guilherme de Souza. Ob. cit., p. 500). 7. Entendimento contrário resultaria na absurda hipótese de autorizar que o Juízo delegatário, ao qual competiria, caso localizado o reeducando, apenas iniciar e acompanhar execução de medida já aplicada, viesse a processar e julgar o ato infracional, se entendesse, após manifestação do Ministério Público, pela revogação da remissão aplicada pelo Juízo do local da infração. 8. Conflito de competência conhecido para declarar competente o Juízo de Direito do Distrito Federal, ora Suscitado" (CC 160.215/GO, 3.ª Seção, rel. Laurita Vaz, j. 26.09.2018, v.u.).

22. Conexão: cuidando-se de ato infracional, cuja base é extraída da legislação penal, o critério de conexão é o estabelecido pelo Código de Processo Penal – e não pelo de

Processo Civil. *Conexão* é a interligação entre atos infracionais, que permite a junção dos procedimentos para a apuração conjunta, numa única Vara, tornando mais fácil a colheita da prova e evitando decisões contraditórias. A conexão é chamada *material* ou *substantiva*, quando efetivamente tiver substrato penal, ou seja, quando, no caso concreto, puder provocar alguma consequência de ordem penal. No mais, ela será sempre *instrumental* – útil à colheita unificada da prova. Não há razão para a reunião dos processos, quando um deles já conta com julgamento, uma vez que o objetivo maior, que era justamente evitar o julgamento conflituoso, não é mais possível de ser atingido. Segue-se a Súmula 235 do Superior Tribunal de Justiça: "A conexão não determina a reunião dos processos, se um deles já foi julgado". Preceitua o art. 76 do CPP: "a competência será determinada pela conexão: I – se, ocorrendo duas ou mais infrações, houverem sido praticadas, ao mesmo tempo, por várias pessoas reunidas, ou por várias pessoas em concurso, embora diverso o tempo e o lugar, ou por várias pessoas, umas contra as outras; II – se, no mesmo caso, houverem sido umas praticadas para facilitar ou ocultar as outras, ou para conseguir impunidade ou vantagem em relação a qualquer delas; III – quando a prova de uma infração ou de qualquer de suas circunstâncias elementares influir na prova de outra infração".

23. Continência: cuidando-se de ato infracional, cuja base é extraída da legislação penal, o critério de continência é o estabelecido pelo Código de Processo Penal – e não pelo de Processo Civil. *Continência* é a interligação de infrações cometidas por duas ou mais pessoas em concurso. Unem-se os processos para uma apuração conjunta, favorecendo a colheita da prova e evitando decisões díspares para coautores ou partícipes. Dispõe o art. 77 do CPP: "a competência será determinada pela continência quando: I – duas ou mais pessoas forem acusadas pela mesma infração; II – no caso de infração cometida nas condições previstas nos arts. 51, § 1.º, 53, segunda parte, e 54 [atuais arts. 70, 73, segunda parte, e 74, segunda parte] do Código Penal".

24. Prevenção: é a regra residual para a fixação de competência, significando que, quando mais de um juiz é igualmente competente para conhecer e processar determinado ato infracional, o primeiro a tomar alguma decisão torna-se competente.

25. Lugar de execução da medida socioeducativa: para benefício do menor, deve ser no local onde se encontra a sua família, que lhe dará acolhimento em quase todas as situações (semiliberdade, liberdade assistida, prestação de serviços etc.). Mesmo no caso de internação, o ideal é optar pela instituição próxima ao domicílio dos pais ou responsável, permitindo visitas regulares e acompanhamento próximo. Este dispositivo aponta para a viabilidade de se apurar o fato num determinado local, *delegando-se* a execução a outro juízo, onde se encontra a residência dos pais ou a instituição da internação. E o mais indicado, quando houver a referida internação, é a escolha de uma unidade da cidade onde residem os genitores do menor ou seu responsável. Eventualmente, se a mais adequada instituição para a internação não se situar onde residem os pais, ainda assim pode-se enviar o adolescente para lá. Mas, em caráter excepcional. Por isso, o ideal é a criação de unidades nos vários pontos de cada Estado e não concentrar todas as internações num só lugar, como, por exemplo, na capital. Conferir: TJCE: "O Estatuto da Criança e do Adolescente, no art. 147, § 2.º, determina que a execução das medidas será do local da residência dos pais ou responsável ou do local onde sediar-se a entidade que abrigar o adolescente, *in verbis*: Art. 147. A competência será determinada: (...) § 2.º A execução das medidas poderá ser delegada à autoridade competente da residência dos pais ou responsável, ou do local onde sediar-se a entidade que abrigar a criança ou adolescente. Como visto, o adolescente infrator foi encaminhado para cumprimento de medida socioeducativa de semiliberdade no Centro de Semiliberdade Regional da Comarca de Juazeiro do Norte, porque na sua comarca de origem não existe estabelecimento próprio para o cumprimento

Art. 148

da medida aplicada. Sendo assim, o juízo competente para decidir os incidentes da execução, bem como as questões inerentes ao cumprimento da medida, é o juízo da Comarca de Juazeiro do Norte (suscitado), eis que detém melhores condições para apreciar as circunstâncias do cumprimento da medida imposta, mesmo no caso de fuga do menor. 6. Conflito conhecido para declarar competente o d. Juízo de Direito da 2.ª Vara Cível da Comarca de Juazeiro do Norte/CE para o processamento e julgamento do feito" (CC 0001618-79.2016.8.06.0000-CE, 2.ª Câmara Direito Privado, rel. Carlos Alberto Mendes Forte, 21.06.2017, v.u.).

26. Infração administrativa: introduziu-se neste parágrafo, misturado a regras de competência acerca de medidas de ordem jurisdicional, uma infração puramente administrativa, que, no entanto, poderia dar margem a vários questionamentos. Trata-se do art. 247: "divulgar, total ou parcialmente, sem autorização devida, por qualquer meio de comunicação, nome, ato ou documento de procedimento policial, administrativo ou judicial relativo a criança ou adolescente a que se atribua ato infracional: Pena – multa de três a vinte salários de referência, aplicando-se o dobro em caso de reincidência. § 1.º Incorre na mesma pena quem exibe, total ou parcialmente, fotografia de criança ou adolescente envolvido em ato infracional, ou qualquer ilustração que lhe diga respeito ou se refira a atos que lhe sejam atribuídos, de forma a permitir sua identificação, direta ou indiretamente. § 2.º Se o fato for praticado por órgão de imprensa ou emissora de rádio ou televisão, além da pena prevista neste artigo, a autoridade judiciária poderá determinar a apreensão da publicação". Cabe ao juiz do lugar onde a emissora (ou rede) tem sua sede estadual, ainda que a transmissão atinja vários lugares. Tratando-se de transmissão nacional, possuindo a emissora várias sedes, deve-se resolver pela prevenção.

> **Art. 148.** A Justiça da Infância e da Juventude é competente para:[27-29-A]
>
> I – conhecer de representações promovidas pelo Ministério Público, para apuração de ato infracional atribuído a adolescente, aplicando as medidas cabíveis;[30]
>
> II – conceder a remissão, como forma de suspensão ou extinção do processo;[31]
>
> III – conhecer de pedidos de adoção e seus incidentes;[32]
>
> IV – conhecer de ações civis fundadas em interesses individuais, difusos ou coletivos afetos à criança e ao adolescente, observado o disposto no art. 209;[33]
>
> V – conhecer de ações decorrentes de irregularidades em entidades de atendimento, aplicando as medidas cabíveis;[34]
>
> VI – aplicar penalidades administrativas nos casos de infrações contra norma de proteção à criança ou adolescente;[35]
>
> VII – conhecer de casos encaminhados pelo Conselho Tutelar, aplicando as medidas cabíveis.[36]
>
> **Parágrafo único.** Quando se tratar de criança ou adolescente nas hipóteses do art. 98, é também competente a Justiça da Infância e da Juventude para o fim de:[37]
>
> a) conhecer de pedidos de guarda e tutela;[38]
>
> b) conhecer de ações de destituição do poder familiar, perda ou modificação da tutela ou guarda;[39]
>
> c) suprir a capacidade[40] ou o consentimento para o casamento;[41]
>
> d) conhecer de pedidos baseados em discordância paterna ou materna, em relação ao exercício do poder familiar;[42]

> e) conceder a emancipação, nos termos da lei civil, quando faltarem os pais;[43]
>
> f) designar curador especial em casos de apresentação de queixa ou representação, ou de outros procedimentos judiciais ou extrajudiciais em que haja interesses de criança ou adolescente;[44]
>
> g) conhecer de ações de alimentos;[45]
>
> h) determinar o cancelamento, a retificação e o suprimento dos registros de nascimento e óbito.[46]

27. Competência da Justiça da Infância e Juventude: utiliza-se, corretamente, o termo *competência*, que é o limite da jurisdição – poder de *dizer o direito*, aplicando a norma abstrata ao caso concreto –, diversamente da terminologia utilizada para o Conselho Tutelar, em que a lei se valeu da expressão *são atribuições do Conselho Tutelar* (art. 136). Por outro lado, cumpre destacar tratar-se de competência em razão da matéria, logo, tem caráter absoluto, não comportando modificação nem prorrogação.

28. Competência prevalente em face da Vara da Fazenda Pública: o disposto neste Estatuto é considerado lei especial, em confronto com regra geral de fixação da competência das Varas de Fazenda Pública, quando envolver demandas contra o Estado ou Município.

29. Alienação parental: segundo o art. 2.º da Lei 12.318/2010, "considera-se ato de alienação parental a interferência na formação psicológica da criança ou do adolescente promovida ou induzida por um dos genitores, pelos avós ou pelos que tenham a criança ou adolescente sob a sua autoridade, guarda ou vigilância para que repudie genitor ou que cause prejuízo ao estabelecimento ou à manutenção de vínculos com este. Parágrafo único. São formas exemplificativas de alienação parental, além dos atos assim declarados pelo juiz ou constatados por perícia, praticados diretamente ou com auxílio de terceiros: I – realizar campanha de desqualificação da conduta do genitor no exercício da paternidade ou maternidade; II – dificultar o exercício da autoridade parental; III – dificultar contato de criança ou adolescente com genitor; IV – dificultar o exercício do direito regulamentado de convivência familiar; V – omitir deliberadamente a genitor informações pessoais relevantes sobre a criança ou adolescente, inclusive escolares, médicas e alterações de endereço; VI – apresentar falsa denúncia contra genitor, contra familiares deste ou contra avós, para obstar ou dificultar a convivência deles com a criança ou adolescente; VII – mudar o domicílio para local distante, sem justificativa, visando dificultar a convivência da criança ou adolescente com o outro genitor, com familiares deste ou com avós". Observe-se que a prática de ato de alienação parental "fere *direito fundamental da criança ou do adolescente* de convivência familiar saudável, *prejudica a realização de afeto* nas relações com genitor e com o grupo familiar, constitui *abuso moral* contra a criança ou o adolescente e *descumprimento dos deveres* inerentes à autoridade parental ou decorrentes de tutela ou guarda" (art. 3.º, grifamos). Observa-se, pelas atitudes praticadas e suas consequências, tratar-se de nítido abuso do pai ou mãe em relação ao filho menor de 18 anos. Portanto, segundo nos parece, a competência para apurar e tomar as providências é da Vara da Infância e Juventude (art. 98, II, deste Estatuto). Será, no entanto, da Vara de Família, quando os pais estiverem, de algum modo, litigando e a alienação parental tratar-se de procedimento incidente. Na jurisprudência: TJGO: "1. A regulamentação do direito de visitas, assim como todas as questões que envolvem menores, deve prestigiar sempre e primordialmente o melhor interesse da criança (art. 227, *caput*, da Constituição Federal), já que a convivência familiar assegura não só a formação de liames afetivos, como contribui, ainda, para a formação físico-psicológica do infante. 2. A coibição da alienação parental encontra

Art. 148

Estatuto da Criança e do Adolescente Comentado · **Nucci**

amparo direto na Constituição Federal, especialmente no capítulo destinado à proteção da família pelo Estado, que, obviamente, compreende, a convivência saudável e harmônica com ambos os genitores e as respectivas famílias, ainda que dissolvida a sociedade conjugal. Logo, a prática deve ser coibida com rigor e severidade pelo Poder Judiciário, dadas as consequências deletérias e irreparáveis que podem causar aos filhos menores envolvidos nessa situação. 3. A denegrição da figura paterna junto aos filhos, a imposição de óbices à visitação e convivência familiar entre pai e filhos, além da apresentação de denúncia falsa contra o pai, configuram, claramente, atos de alienação parental praticados pela mãe. 4. Visando cessar a prática de alienação parental, deve o magistrado impor medidas eficazes e que visem ao melhor interesse dos menores. 5. Apelos conhecidos e desprovidos" (Ap. Cív. 111874-14.2006.8.09.0079/GO, 4.ª Câm. Cível, rel. Elizabeth Maria da Silva, 30.06.2016, v.u.).

29-A. Ampliação da competência por legislação estadual ou decisões administra-tivas do Tribunal: são válidas. O importante é jamais reduzir a competência estabelecida pelo art. 148 deste Estatuto. Porém, ampliá-la, em benefício da criança e do adolescente é viável. Na jurisprudência: STJ: "1. Esta Corte Superior, perfilhando orientação emanada de ambas as Turmas do Supremo Tribunal Federal, tem reconhecido ser possível a norma estadual atri-buir competência à Vara do Juizado da Infância e Juventude para julgar crimes de natureza sexual praticados contra crianças e adolescentes. 2. Agravo regimental desprovido" (AgRg no HC 213.154/RS, 5.ª T., rel. Gurgel de Faria, 10.02.2015, v.u.); "Esta eg. Corte, acompanhando entendimento firmado pelo col. Supremo Tribunal Federal, tem reconhecido a possibilidade de lei estadual atribuir competência à Vara da Infância e Juventude para julgar crimes de na-tureza sexual praticado contra criança e adolescente (precedentes). IV – Não obstante, após a edição da Resolução 943/2013 – COMAG, alterou-se a competência dos Juizados da Infância e Juventude, para determinar a redistribuição das demandas criminais à 6.ª Vara Criminal do Foro Central de Porto Alegre. V – Na hipótese, foram ratificados todos os atos processuais, inclusive o recebimento da denúncia, prosseguindo-se o regular processamento do feito, razão pela qual não há se falar em nulidade por incompetência do juízo. *Habeas Corpus* não conhecido" (HC 304.244/RS, 5.ª T., rel. Felix Fischer, 24.03.2015, v.u.).

30. Apuração de ato infracional de adolescente: é competência exclusiva do juiz da infância e juventude, não podendo ser transferida, em qualquer hipótese, ao Conselho Tutelar. Por vezes, a organização judiciária do Estado divide as Varas da Infância e Juventude em Varas exclusivamente voltadas às crianças e adolescentes em situação de vulnerabilidade, para aplicação de medidas de proteção, condução de procedimentos de destituição do poder familiar e colocação em família substituta, além de outros similares, e outra Varas, dedicadas apenas a adolescentes autores de atos infracionais. Em grandes cidades, especialmente capitais de Estado, essa separação tem nítidas vantagens, até para não misturar, no mesmo recinto, as crianças e adolescentes em risco e os adolescentes infratores. Os cenários são diversos, por mais que se deseje o melhor para todos; afinal, os menores vulneráveis vão ao fórum com seus pais ou responsáveis, apresentando situações de abandono, sofrimento, enfim, são vítimas; os adolescentes infratores podem chegar acompanhados de policiais e terminam confrontando as suas vítimas. Enfim, são situações diferentes, que merecem consideração específica por parte do magistrado. Sob outro aspecto, acompanhando a competência para conhecer de represen-tações, pode o juiz receber pedidos de arquivamento e também de remissão encaminhados pelo Ministério Público. Quanto à execução da medida socioeducativa imposta, depende da organização judiciária. Pode ser do juízo que a impôs, como também de juízo especializado em execuções juvenis.

31. Remissão judicial: é a clemência concedida pelo magistrado durante o processo apuratório do ato infracional, podendo suspender o feito, enquanto o adolescente cumpre alguma medida condicional, bem como pode extingui-lo, caso se entenda não mais necessitar o jovem de qualquer medida educativa.

32. Adoção: em quase todas as hipóteses passa a ser da competência da Vara da Infância e Juventude, tratando-se de menores de 18 anos e, igualmente, quando o estágio de convivência se inicia antes dos 18 e a adoção se consuma após. Para maiores de 18 anos, cuida-se de competência da Vara de Família. Muitos incidentes, referentes à adoção, concernem à guarda e à destituição do poder familiar. O primeiro, como regra, é o procedimento preliminar para determinar o estágio de convivência entre criança ou adolescente e pretendentes à adoção. O segundo é o procedimento antecedente, pois é imprescindível para a adoção que os pais já não detenham o poder familiar. Entretanto, eles já encontram previsão no art. 148, parágrafo único, *a*, quando a criança ou adolescente estiver em situação de risco – a imensa maioria dos casos de adoção. Mas é possível referir-se, ainda, ao procedimento de inscrição no cadastro para adotantes, que inclui entrevistas com a equipe técnica do Juizado, além de cursos e palestras.

33. Ações civis de interesse infantojuvenil: várias são as possibilidades em que se devem resguardar os direitos das crianças ou adolescentes de maneira geral, vale dizer, buscando atender vários interessados de uma só vez. Geralmente, o autor é o Ministério Público, mas também podem ser organizações não governamentais de proteção aos direitos de crianças ou adolescentes. Essa situação tem ocorrido nos casos de falta de vagas em creches ou escolas de ensino fundamental para crianças, quando o poder público se omite; pode se dar a hipótese de o Conselho Tutelar determinar a inserção do menor em tratamento de saúde ou especializado e não se conseguir vaga em hospitais públicos ou entidades de atendimento; dentre outras. Sobre a competência: STJ: "2. O Tribunal fluminense acolheu a preliminar de incompetência absoluta da Vara de Fazenda Pública, uma vez que o recorrente se encontra em situação de risco, visto que o poder familiar da genitora está suspenso e ele está segregado em unidade de acolhimento municipal. 3. A partir disso, conclui-se que estão presentes os requisitos para o exercício da competência especializada da Vara da Infância e da Juventude, por se tratar de questão afeta a direitos individuais, difusos ou coletivos do infante, nos termos dos arts. 148, inciso IV, 208, § 1.º, e 209, do Estatuto da Criança e do Adolescente. 4. No mais, a competência da Vara da Infância e da Juventude é absoluta e justifica-se pelo relevante interesse social e pela importância do bem jurídico a ser tutelado, bem como por se tratar de questão afeta a direitos individuais, difusos ou coletivos do infante, nos termos dos arts. 148, inciso IV, 208, § 1.º, e 209, do Estatuto da Criança e do Adolescente. 5. Por fim, porquanto o Estatuto da Criança e Adolescente é *lex specialis*, ele prevalece sobre a regra geral de competência das Varas Cíveis, quando o feito envolver a defesa dos interesses individuais, difusos ou coletivos, próprios da infância e da adolescência, protegidos pela Constituição e pela Lei. 6. Tendo em vista que o Tribunal estadual decidiu que o menor se encontra em situação de risco, a reforma da conclusão do que foi decidido pressupõe o revolvimento do conjunto fático-probatório produzido nos autos, o que é vedado pela Súmula 7/STJ" (REsp 1.749.422/RJ, 2.ª T., rel. Herman Benjamin, 20.09.2018, v.u.); "Esta Corte já consolidou o entendimento de que a competência da vara da infância e juventude para apreciar pedidos referentes ao menor de idade é absoluta, consoante art. 148, inciso IV, do Estatuto da Criança e do Adolescente. 5. Agravo regimental a que se nega provimento" (AgRg no REsp 1.464.637/ES, 1.ª T., rel. Sérgio Kukina, 10.03.2016, v.u.).

34. Ações de interdição ou similar: as instituições de atendimento devem ter vários requisitos para receber bem os menores de 18 anos (vide o art. 94 deste Estatuto); não o fazendo, cabe a propositura de demanda para exigir a correção dos problemas ou até mesmo a interdição. Conforme dispõe o art. 97 desta Lei, "são medidas aplicáveis às entidades de atendimento que descumprirem obrigação constante do art. 94, sem prejuízo da responsabilidade civil e criminal de seus dirigentes ou prepostos: I – às entidades governamentais: a) advertência; b) afastamento provisório de seus dirigentes; c) afastamento definitivo de seus dirigentes; d) fechamento de unidade ou interdição de programa. II – às entidades não governamentais: a) advertência; b) suspensão total ou parcial do repasse de verbas públicas; c) interdição de unidades ou suspensão de programa; d) cassação do registro". Para aplicar qualquer sanção, é essencial garantir o direito ao contraditório e à ampla defesa, razão pela qual se demanda a ação pertinente. Como regra, proposta pelo Ministério Público.

35. Penalidades administrativas: as infrações administrativas previstas nos arts. 245 a 258-C deste Estatuto devem ser conhecidas, processadas e julgadas no juízo da infância e juventude, apto a tutelar os diversos interesses infantojuvenis. Bem lembrado por Francisco Lamenza que a infração prevista pelo art. 258-A pode ser cometida pelo juiz da infância e juventude, razão pela qual deve ser julgado pelo Tribunal de Justiça, para a imposição da sanção cabível (*Estatuto da Criança e do Adolescente comentado*, p. 249).

36. Casos encaminhados pelo Conselho Tutelar: quando atuante no município, várias situações de abandono, abuso, violência ou maus-tratos à criança ou adolescente são noticiadas ao Conselho Tutelar. Por vezes, ele mesmo pode atuar, retirando a criança, por exemplo, da moradia onde se deu a opressão, encaminhando-a ao abrigo, mas necessita comunicar o juízo para que se possam tomar providências efetivas no tocante à família e ao próprio infante. Sob aspecto diverso, o Conselho pode aplicar medidas não cumpridas por pais ou responsável, motivo pelo qual deverá representar junto à autoridade judiciária para a imposição de atos coercitivos. Particularmente, vide o art. 136, III, *b*, e V, desta Lei.

37. Situações excepcionais de extensão da competência: são as previstas no art. 98 deste Estatuto ("as medidas de proteção à criança e ao adolescente são aplicáveis sempre que os direitos reconhecidos nesta Lei forem ameaçados ou violados: I – por ação ou omissão da sociedade ou do Estado; II – por falta, omissão ou abuso dos pais ou responsável; III – em razão de sua conduta"). Noutros termos, as crianças e adolescentes em situação de risco terão seus casos avaliados pelo juízo da infância e juventude. Não fosse isso, as ações enumeradas nas alíneas a seguir poderiam correr em Varas de Família ou de Registros Públicos, conforme o caso. Na jurisprudência: TJDFT: "1. Consoante se infere do art. 148 da Lei 8.069/90, a competência da Vara da Infância e da Juventude é assentada em razão da matéria e da pessoa. 2. Quando houver clara situação de risco para a criança ou o adolescente, com flagrante ameaça à sua vida e à sua saúde, a competência para julgar tal demanda será do juízo mais específico – tendo em vista o princípio do melhor interesse da criança, qual seja, o da Vara da Infância e da Juventude. 3. Recurso desprovido. Sentença mantida" (Ap. 20140130083357APC-DFT, 5.ª T. Cível, rel. Josapha Francisco dos Santos, 17.03.2016, v.u.).

38. Guarda e tutela: uma disputa pela guarda de filhos, havida entre os pais naturais, tramita em Vara de Família; no entanto, quando se trata da ação de guarda, como procedimento preliminar à ação de adoção, seu trâmite se desloca para o juízo da infância e juventude. Diga-se o mesmo em relação à tutela, quando o menor não estiver em situação vulnerável. Na jurisprudência: TJGO: "1. Nos termos do art. 98 cumulado com o parágrafo único, alínea 'a', do art. 148, todos do Estatuto da Criança e do Adolescente, compete ao Juizado da Infância e Juventude apreciar os pedidos de guarda, quando a criança ou o adolescente se encontrarem em situação de risco ou na iminência de sofrer alguma violação a seus direitos fundamentais. 2. Compete ao Juízo da Vara de Família processar e julgar a ação de guarda e responsabilidade proposta pela avó, que vem proporcionado aos netos toda proteção material e afetiva, imprescindível ao pleno desenvolvimento biopsicossocial dos infantes, cujos direitos fundamentais não estão sendo violados, nem ameaçados de lesão, de modo que não concorrem nenhuma das situações de risco social, positivadas no art. 98 do ECA, capazes de justificar o julgamento da causa perante o Juizado da Infância e Juventude. Precedentes do TJGO. 3. Conflito negativo de competência acolhido, para declarar competente o juízo suscitado" (CC 19067-66.2016.8.09.0000/GO, 2.ª Seção Cível, rel. Elizabeth Maria da Silva, 18.05.2016, v.u.).

39. Destituição do poder familiar, perda ou alteração de tutela ou guarda: como mencionado na nota anterior, são típicos casos de discussão em Vara de Família, quando envolver menores de 18 anos em convívio familiar natural, além de terem o suporte da família extensa. Mas, cuidando-se de crianças e adolescentes abandonados ou maltratados, desloca-se a competência para o juízo da infância e juventude. Aliás, como já mencionamos nos comentários ao inciso III *supra*, para haver adoção, torna-se indispensável a destituição do poder familiar, cujo trâmite deve ocorrer no juízo especial.

40. Suprimento de capacidade: atinge-se a capacidade para o casamento aos 16 anos (art. 1.517, *caput*, do Código Civil); mesmo assim, com autorização dos pais. Não há mais suprimento de consentimento, segundo a atual redação do art. 1.520 do Código Civil.

41. Suprimento de consentimento: os pais podem autorizar o casamento quando seu filho tiver mais de 16 anos (e menos de 18). Entretanto, se um deles discordar, pode-se recorrer ao juiz para suprir o consentimento, nos termos do art. 1.631, parágrafo único, do Código Civil. O pedido será apresentado em Vara de Família, quando a família natural cuidar normalmente de seu filho; será proposto em Vara da Infância e Juventude caso o adolescente se encontre em situação de risco, sem representação legal.

42. Discordância dos pais no exercício do poder familiar: trata-se de hipótese muito rara para tramitar em Vara da Infância e Juventude, pois, como regra, a criança ou adolescente pelo menos tem pais a discordar entre si a respeito de critérios de educação, orientação, correção e outros; logo, o juízo competente é o da Família. Entretanto, caso a criança tenha bens e, ao mesmo tempo, seja maltratada pelo pai ou pela mãe, caindo em situação de risco, até que se apure o destino dos pais em relação ao infante, havendo necessidade de administrar tais bens, pode ser preciso intervenção judicial.

43. Emancipação: esta é outra hipótese de difícil ocorrência no tocante ao adolescente que se encontra em situação de risco ou é autor de ato infracional. Sem representação legal que lhe possa conferir a emancipação, dependeria do juiz da infância e juventude; entretanto, haveria de existir uma razão de extremada relevância para que isso ocorresse. Não bastasse o fato de o jovem encontrar-se desamparado, ser emancipado somente poderia piorar a sua situação, pois teria que cuidar de si mesmo sozinho.

44. Designação de curador especial: cuidando-se de crianças ou adolescentes em situação de risco, havendo necessidade de curador para defender seus interesses, enquanto não possui idade para isso, cabe ao juiz da infância e juventude fazê-lo. Exemplo de nomeação de curador especial ao menor de 18 anos pode ser encontrado no art. 33 do Código de Processo Penal: "se o ofendido for menor de 18 (dezoito) anos, ou mentalmente enfermo, ou retardado mental, e não tiver representante legal, ou colidirem os interesses deste com os daquele, o direito de queixa poderá ser exercido por curador especial, nomeado, de ofício ou a requerimento do Ministério Público, pelo juiz competente para o processo penal".

45. Ação de alimentos: normalmente, quando os pais se separam e o(s) filho(s) menor(es) fica(m) com um deles, cabe ao outro prestar alimentos para ajudar na criação e sustento. É competência da Vara de Família. Porém, cuidando-se de menores de 18 anos em situação de risco, transfere-se o caso à Vara da Infância e Juventude. Note-se, neste Estatuto, o conteúdo do art. 33, § 4.º: "salvo expressa e fundamentada determinação em contrário, da autoridade judiciária competente, ou quando a medida for aplicada em preparação para

Art. 149

Estatuto da Criança e do Adolescente Comentado · Nucci

adoção, o deferimento da guarda de criança ou adolescente a terceiros não impede o exercício do direito de visitas pelos pais, assim como o *dever de prestar alimentos*, que serão objeto de regulamentação específica, a pedido do interessado ou do Ministério Público" (grifamos). Assim também a discussão sobre alimentos pode dar-se no cenário descrito pelo art. 130: "verificada a hipótese de maus-tratos, opressão ou abuso sexual impostos pelos pais ou responsável, a autoridade judiciária poderá determinar, como medida cautelar, o afastamento do agressor da moradia comum. Parágrafo único. Da medida cautelar constará, ainda, a *fixação provisória dos alimentos* de que necessitem a criança ou o adolescente dependentes do agressor" (grifo nosso). Vale mencionar, ainda, a Súmula 594 do STJ: "O Ministério Público tem legitimidade ativa para ajuizar ação de alimentos em proveito de criança ou adolescente independentemente do exercício do poder familiar dos pais, ou do fato de o menor se encontrar nas situações de risco descritas no art. 98 do Estatuto da Criança e do Adolescente, ou de quaisquer outros questionamentos acerca da existência ou eficiência da Defensoria Pública na comarca." Na jurisprudência: TJAM: "I – A competência da Justiça da Infância e da Juventude é ditada pelo art. 148 do ECA, estendendo-se aos pedidos de guarda e tutela apenas quando se tratar de criança ou adolescente que se encontre nas hipóteses elencadas no art. 98 do ECA. II – Como regra, as ações de alimentos devem ser resolvidas no juízo de família; apenas excepcionalmente é que são resolvidas perante o juízo especializado da infância e juventude. III – Em se tratando de verificar se a criança está ou não em situação de risco, a ação deve tramitar perante o Juizado da Infância e da Juventude; ausente a situação de risco ao menor, a competência para julgamento da ação é da Vara especializada em Família. IV – Conflito de Competência improcedente para declarar a competência do Juízo da 1.ª Vara da Comarca de Iranduba/AM" (CC 0002243-70.2016.8.04.0000/AM, Câmaras Reunidas, rel. João de Jesus Abdala Simões, 29.06.2016, v.u.).

46. Registros de nascimento e óbito: como regra, as modificações de qualquer espécie são feitas pela Vara dos Registros Públicos, tratando-se de crianças e adolescentes em situação normal, em convívio familiar, com representação legal. Mas, focando-se os menores vulneráveis, sem representantes legais ou cujos pais estão com o poder familiar suspenso, depende-se do juízo da infância e juventude para isso.

> **Art. 149.** Compete à autoridade judiciária disciplinar, através de portaria,[47] ou autorizar, mediante alvará:[48]
>
> I – a entrada e permanência de criança ou adolescente, desacompanhado dos pais ou responsável, em:[49]
>
> a) estádio, ginásio e campo desportivo;
>
> b) bailes ou promoções dançantes;
>
> c) boate ou congêneres;
>
> d) casa que explore comercialmente diversões eletrônicas;
>
> e) estúdios cinematográficos, de teatro, rádio e televisão.
>
> II – a participação de criança e adolescente em:[50]
>
> a) espetáculos públicos e seus ensaios;
>
> b) certames de beleza.
>
> § 1.º Para os fins do disposto neste artigo, a autoridade judiciária levará em conta, dentre outros fatores:[51]
>
> a) os princípios desta Lei;
>
> b) as peculiaridades locais;

> c) a existência de instalações adequadas;
>
> d) o tipo de frequência habitual ao local;
>
> e) a adequação do ambiente a eventual participação ou frequência de crianças e adolescentes;
>
> f) a natureza do espetáculo.
>
> § 2.º As medidas adotadas na conformidade deste artigo deverão ser fundamentadas, caso a caso, vedadas as determinações de caráter geral.[52-53]

47. Portaria: trata-se de um ato administrativo emitido por autoridade de baixo escalão de determinado Poder de Estado. Como explica Celso Antonio Bandeira de Mello, "o ato administrativo é a declaração do Estado (...), no exercício de prerrogativas públicas, manifestada mediante providências jurídicas complementares da lei a título de lhe dar cumprimento, e sujeitas a controle de legalidade por órgão jurisdicional" (*Curso de direito administrativo*, p. 389). Mais adiante, define a *portaria* como "a fórmula pela qual autoridades de *nível inferior* ao de Chefe do Executivo, sejam de qualquer escalão de comandos que forem, dirigem-se a seus subordinados, transmitindo decisões de efeito interno, quer com relação ao andamento das atividades que lhes são afetas, quer com relação à vida funcional de servidores, ou, até mesmo, por via delas, abrem-se inquéritos, sindicâncias, processos administrativos" (*Curso de direito administrativo*, p. 449). Hely Lopes Meirelles conceitua a portaria da seguinte forma: "são atos administrativos internos pelos quais os chefes de órgãos, repartições ou serviços expedem determinações gerais ou especiais a seus subordinados, ou designam servidores para funções e cargos secundários. Por portaria também se iniciam sindicâncias e processos administrativos. (...) As *portarias*, como os demais atos administrativos internos, não atingem nem obrigam aos particulares, pela manifesta razão de que os cidadãos não estão sujeitos ao poder hierárquico da Administração Pública" (*Direito administrativo brasileiro*, p. 195). Não há dúvida de que o juiz pode, no exercício de seu cargo, sob o prisma administrativo, baixar portaria para disciplinar o serviço no cartório judicial; pode, ainda, valer-se dela para instaurar sindicância ou processo administrativo em relação a funcionários sob sua chefia. No entanto, não vemos como pode o magistrado baixar *portaria* para disciplinar as liberdades de terceiros, alheios à Administração Pública, como quer fazer crer este artigo. Há muito tempo esse *poder de polícia* foi entregue ao juiz da infância e juventude, o que nos parece incabível. Deveria a lei disciplinar os limites gerais de entrada e permanência de menores desacompanhados em lugares públicos. Mas não pertine à atividade típica do Judiciário regulamentar idas e vindas de crianças e adolescentes, o que, em várias situações, tem dado margem a nítidos abusos, como portarias proibindo o beijo de menores de 18 anos em lugar público. Ou o denominado *toque de recolher*, fixando horário para a criança ou adolescente voltar para casa. Nota-se, inclusive, que tais *portarias* somente têm algum efeito em cidades do interior, pois em metrópoles, se existissem, seriam praticamente ignoradas; nem mesmo efeito fiscalizatório haveria. Embora não se possa tratar de autêntica *delegação*, pois seria juridicamente inviável, na redação deste artigo o legislador conferiu ao magistrado uma atribuição típica sua, que é reger a liberdade individual de crianças e adolescentes, inclusive no que pertine ao direito de se divertir, como está previsto neste Estatuto. Somos contrários à edição de *portarias* por juízes da infância e juventude e cremos ser inconstitucional esse *poder disciplinar* conferido pelo art. 149. "As portarias judiciais de caráter genérico, portanto, se justificam apenas com o sentido de trazer a pleno conhecimento dos jurisdicionados a norma legal estatal, traduzindo-a ao entendimento cotidiano da comunidade, no que pode atingir mais eficazmente aos cidadãos, como, *e.g.* explicitando a proibição de crianças acompanharem pais em ambientes de jogo, como a sinuca (art. 80 c/c 258 do ECA e 247, I, do CPB), ou a proibição de venda de bebidas alcoólicas

Art. 149

a menores (art. 81, inciso II e 243 do Diploma Estatutário). Prestam-se, nesta ótica, a meras reproduções de comandos legais cogentes, sem estabelecerem qualquer inovação, restringindo seus termos aos diplomas a que faz referência, sendo vedado ampliar o sentido restritivo das proibições ou amenizá-las a seu critério" (Márcio Thadeu Silva Marques, *Melhor interesse da criança: do subjetivismo ao garantismo*, p. 476). Mas a maior parte da doutrina aceita e a jurisprudência, igualmente. Coíbem-se, na prática, as portarias mais abusadas, mas mantém-se o *padrão*. Se a portaria for manifestamente abusiva, em nosso entendimento, por se tratar de ato administrativo, deveria haver recurso interno, para a Presidência do Tribunal de Justiça ou para a Corregedoria-Geral da Justiça, conforme o Regimento Interno da cada Corte. Entretanto, o art. 199 deste Estatuto foi expresso em mencionar que, contra as decisões do art. 149, cabe apelação. Significa que a própria lei pretende conceder natureza jurisdicional a tal ato. Há quem concorde: Rossato, Lépore e Sanches (*Estatuto da Criança e do Adolescente comentado*, p. 433). Em nosso pensamento, o disposto no art. 149 nada mais é do que buscar, pela letra da lei, transformar a natureza jurídica de algo. Aliás, o mesmo erro do Código de Processo Penal, que considerou o *habeas corpus* um recurso. Depois de muito tempo, prevaleceu o entendimento de se tratar de autêntica ação constitucional. Espera-se que tal posição se altere com o passar dos anos; mas sabemos que isso somente acontecerá, realmente, quando alguns juízes se excederem, de fato, nas suas portarias. Por outro lado, causa-nos surpresa indicar a apelação para *atacar* uma portaria ou um alvará, pois, até o processamento e a decisão a respeito do ato, muitos eventos já aconteceram, envolvendo a participação de crianças e adolescentes. Ou lhe negando tal direito. Enfim, na situação concreta, visualizando-se uma portaria absurda, o melhor caminho é o mandado de segurança (ou até mesmo o *habeas corpus*, se houver cerceamento à liberdade de locomoção). Na jurisprudência: TJMT: "O artigo 149 do ECA atribui competência à autoridade judiciária, para disciplinar através de portaria ou autorizar, mediante alvará, a entrada de menores desacompanhados dos pais ou responsáveis, em bailes, boates ou congêneres. No caso versado, a portaria acima autorizou o acesso de adolescentes entre 16 anos e 18 anos incompletos, devidamente autorizados, até as 04h00min, no entanto, condicionando o encerramento do evento neste horário. Houve descumprimento das regras estabelecidas na portaria acima referida, com e encerramento da festa após o horário estabelecido na Portaria 02/2013 expedida pelo Juízo da Infância e Juventude da Comarca de Barra do Garças; tinha a mesma o dever de fiscalizar o evento realizado, deve, assim, suportar as penas previstas no tipo legal supracitado" (Ap. 96043/2016-MT, 1.ª Câmara de Direito Privado, rel. Sebastião Barbosa Farias, 31.01.2017, v.u.). TJGO: "1. O artigo 149 do ECA regulamenta a presença e permanência de crianças e adolescentes em eventos, nos casos em que os menores estiverem desacompanhados dos pais ou responsáveis. Entretanto, as hipóteses de regulamentação previstas no referido artigo são taxativas, sendo que as decisões judiciais e portarias disciplinadoras a ele deve obediência, observando a fundamentação caso a caso (art. 93, IX, da CF), uma vez que são vedadas determinações de caráter genérico, e, ainda, atingirão apenas crianças e/ou adolescentes que estiverem desacompanhados de seus pais ou responsável legal, não havendo falar em limite de horário nesta hipótese, haja vista que não se submete ao arbítrio do magistrado" (Ap. 0275369-41.2014.8.09.0085, 1.ª Câm. Cível, rel. Maria das Graças Carneiro, 07.11.2017, v.u.).

48. Alvará: trata-se, também, de um ato administrativo (ver o conceito na nota anterior), cujo propósito é fornecer uma autorização específica a alguém – pessoa física ou jurídica. É o que se faz para o funcionamento de um estabelecimento comercial – concede-se alvará. Mas, no âmbito do juízo da infância e juventude, de modo mais aceitável que a portaria, concede-se alvará para que crianças ou adolescentes realizem certas atividades, como participar de um programa na TV. Ou se concede um alvará ao clube da cidade para realizar um baile infantojuvenil em determinada data. Entretanto, segundo nos parece, não é atividade típica do

Título VI – Do Acesso à Justiça

Art. 149

juiz; deveria ocupar-se disso algum órgão do Executivo Municipal, disciplinando a questão conforme as peculiaridades locais. Se o alvará fosse expedido de maneira imprópria, poderia haver a intervenção jurisdicional do magistrado, zelando pela legalidade. Sobre o instrumento cabível contra a concessão ou denegação de alvará, ver os comentários feitos na nota anterior, que se aplicam integralmente.

49. Entrada e permanência de criança ou adolescente desacompanhado dos pais ou responsável em lugares de acesso público: invoca-se o juiz de direito para disciplinar quando, como e em que circunstâncias pode o menor de 18 anos divertir-se na sua cidade, entrando em estádios, ginásios e campos desportivos, em bailes ou outras promoções dançantes, em boates ou congêneres (danceteria, balada etc.), casa de exploração de *diversão eletrônica*, muitas delas nítidos jogos de azar em formato eletrônico, estúdios cinematográficos, de teatro, rádio e tv. Somos contrários a essa atividade atípica do Judiciário. Se – e somente se – houver necessidade de dar algumas balizas a isso, deveria ser incumbência da lei. No mais, cabe aos pais ou responsável determinar onde e como seus filhos ou pupilos passeiam. Incentiva-se, com leis desse tipo, o *paternalismo* estatal, exercido pelo magistrado, que deveria julgar excessos e abusos e não os cometer, ainda que autorizado por lei ordinária. Ademais, baixando-se a portaria, qual é o seu alcance para efeito de fiscalização? Sabe-se ser mínimo. Quanto maior a cidade, menor a eficiência. Além de tudo, cada vez mais o jovem se afasta de lugares públicos, passando a *consumir* a internet, em casa, com acesso ao *mundo inteiro*, navegando por sítios de conteúdo extremamente prejudicial à sua formação, além de terem contato de salas de bate-papo com inúmeros criminosos adultos. Não será, jamais, uma simples portaria a regular isso. Eis a tarefa dos pais – e sempre eles, na exata medida da boa educação. O infante e, depois, adolescente bem-criado, com limites, dentro do bom senso, pode ir aonde quiser e não se envolverá em encrenca. Mas, sem apoio e formação em casa, de nada resolve a portaria do juiz. Ele tenderá a ir aonde não pode; onde nem a portaria sonha existir. Fora a internet, que plugou os jovens em geral, a adolescência vive em grupos, que se reúnem em qualquer lugar e, quando não há controle paterno ou materno, para "divertir-se", bebendo, tendo relações sexuais e usando drogas. Não há portaria que resolva isso também. Em nosso entendimento, a portaria somente poderia disciplinar acessos de crianças ou adolescentes *desacompanhados* e, mesmo assim, dentro do rol taxativo deste artigo.

50. Participação de criança e adolescente em eventos: segundo nos parece, nos casos mencionados no inciso II, aponta-se para o ingresso ativo do menor nos espetáculos e seus ensaios, como protagonista – e não como espectador. Se fosse como mero apreciador, não se mencionariam os ensaios. O mesmo no tocante aos certames de beleza: entra como protagonista e não fica na plateia. Assim sendo, parece-nos adequado o alvará – licença específica –, e não a portaria. Porém, ainda assim, cremos ser um assunto que deveria ser resolvido unicamente pelos pais ou responsável. O poder público tem mais o que fazer, garantindo educação, saúde, segurança etc., o que não opera a contento, do que se preocupar com a participação de um jovem numa peça teatral. Na jurisprudência: STF: "Ausente controvérsia a envolver relação de trabalho, compete ao Juízo da Infância e da Juventude, inserido no âmbito da Justiça Comum, apreciar, no campo da jurisdição voluntária, pedido de autorização visando a participação de crianças e adolescentes em eventos de caráter artístico" (ADI 5.326 MC, Pleno, Marco Aurélio, 27.09.2018, m.v.).

51. Limites impostos ao juiz: na esteira do vulgar método *morde e assopra*, depois de autorizar o magistrado, em atividade atípica, regulamentar a diversão de crianças e adolescentes, pretende o legislador colocar-lhe limites, *evitando* o abuso. Enumera, então, o óbvio (de novo), *determinando* que sejam levados em consideração os "princípios desta Lei" (vagos e abertos demais); "as peculiaridades locais" (se for para controlar abuso, não quer dizer

Art. 149

nada); "a existência de instalações adequadas" (o juiz se transformaria em fiscal ou inspetor da Prefeitura ou do Corpo de Bombeiros, o que é absurdo, pois o magistrado expede portarias e alvarás sem nunca ter pisado no local para o qual é destinado o ato); "tipo de frequência do local" (questão simples: onde o juiz obtém esse dado? Só se ele mesmo frequentar o local, antes de expedir portaria ou alvará, conforme o caso); "adequação do ambiente a eventual participação ou frequência de crianças ou adolescentes" (o juiz *paizão*, que se substitui aos verdadeiros pais ou responsável, colocando a sua própria opinião e formação em jogo, para saber se menores podem ir ou deixar de ir em determinado *ambiente* – outra ilogicidade, num Estatuto que tanto privilegia a família natural); "natureza do espetáculo" (retirando da lista a pornografia, que é vedada ao menor de 18 anos, coloca-se o magistrado em posição de *censor* da arte alheia, ao menos no tocante às crianças e jovens, o que nos soa inadequado).

52. Medidas específicas e não genéricas: cuidando-se de alvará, é compreensível que o juiz o expeça para uma específica situação, devendo fundamentar o seu ato. Porém, tratando-se de portaria, que tem o caráter geral, justamente para acomodar vários casos num só ato, parece-nos difícil. Por outro lado, na prática, observa-se que a tal *fundamentação* não passa dos *considerandos*, que abrem a portaria (considerando isto, considerando aquilo, considerando aqueloutro, baixo portaria para disciplinar o seguinte: seguem-se vários artigos com ampla abrangência).

53. Toque de recolher: esse é o resultado do *poder* outorgado ao juiz por este art. 149, que algumas vozes dizem não ter sido para tanto, enquanto outras aplaudem o ato. O assunto é delicado, pois envolve a questão ideológica a respeito de *como lidar com crianças e adolescentes no tocante à sua formação*. Os mais liberais posicionaram-se contrários às portarias do *toque de recolher*, que determinam um horário para o menor de 18 anos voltar para casa, sob pena de ser apreendido na via pública. Os mais rígidos posicionaram-se favoráveis, pois os menores não têm direitos absolutos e devem ser controlados; além disso, os problemas diminuíram quando o toque de recolher foi cumprido à risca. Com a devida vênia, parece-nos que o *toque de recolher* configura um abuso de poder fora dos padrões constitucionais do Estado Democrático de Direito. Em primeiro lugar, ele contraria o disposto neste § 2.º do art. 149, que veda *determinações de caráter geral*. Sem especificar qualquer criança ou adolescente, tampouco um lugar, impõe-se que todos se recolham em suas casas a partir de certa hora. Em segundo, esse tipo de cerceamento de liberdade é peculiar ao Estado de Defesa ou Estado de Sítio, em gravíssima situação vivida pela nação, nos termos dos arts. 136 a 139 da Constituição Federal. Crianças e adolescentes têm direito à liberdade de ir, vir e ficar, como prega o texto constitucional (art. 227, *caput*, CF) e este Estatuto (art. 16), na mesma linha imposta ao adulto. Em terceiro, nem deveria ser levada em consideração qualquer linha argumentativa no sentido de *dar certo* o tal toque de recolher, narrando-se que os problemas diminuem. Ora, se todos os adultos também forem submetidos ao toque de recolher (todos em casa após as 22 horas), os crimes podem diminuir e outros problemas também podem se resolver, mas jamais se pode cercear a tão cara liberdade individual à custa de solucionar qualquer dilema social. Nada justifica a supressão de um direito humano fundamental sob o argumento de garantir outro. Em suma, somos contrários ao *toque de recolher*, como também somos ao próprio ato judicial de editar portarias para controlar a atividade de menores de 18 anos. Baixando-se a portaria nesse sentido, cabe apelação (art. 199, ECA). Quem se sentir prejudicado, pode impetrar *habeas corpus*, pois é a medida mais rápida para solucionar a questão. E basta um indivíduo para que o Judiciário possa analisar a portaria, cassando-a. Parece-nos cabível, inclusive, representar o juiz à Corregedoria-Geral da Justiça, pois, como ato administrativo que é (em nossa visão), pode ser cassado pela autoridade hierarquicamente superior. Outra solução é enfrentar a questão na prática. Ninguém é obrigado a fazer ou deixar de fazer algo senão em virtude de lei – e portaria não é lei. Poder-se-ia dizer que a portaria está autorizada por lei (art. 149, ECA), mas nunca para esse fim, bastando ler os incisos do referido artigo. Então, o menor que for apreendido pela polícia e entregue aos seus pais *à força*, deve processar o Estado e quem assim agiu por abuso de autoridade. Naturalmente, com a ajuda dos pais é mais fácil, mas lembremos do conteúdo do art. 141 desta Lei ("é garantido o acesso de toda criança ou adolescente à Defensoria Pública, ao Ministério Público e ao Poder Judiciário, por qualquer de seus órgãos"). Além de tudo, conta-se com a atuação do Ministério Público para defender a liberdade individual dos infantes e jovens. Na jurisprudência, há posições contrárias e outras a favor. Inexiste pronunciamento do STF.

Seção III

Dos Serviços Auxiliares

> **Art. 150.** Cabe ao Poder Judiciário, na elaboração de sua proposta orçamentária, prever recursos para manutenção de equipe interprofissional, destinada a assessorar a Justiça da Infância e da Juventude.[54]

54. Orçamento do Judiciário: cabe ao Judiciário elaborar a sua proposta orçamentária, enviando-a ao Legislativo para aprovação, porém dentro dos limites estabelecidos pela Lei de Responsabilidade Fiscal (Lei Complementar 101/2000). O art. 20, II, *b*, da referida Lei Complementar fixa o teto de 6% do orçamento do Estado para o Judiciário. Na época da sua edição, ao menos no Estado de São Paulo, o Judiciário já consumia quantia superior aos 6% estabelecidos. Diante disso, a ampliação dos serviços em qualquer Vara sempre foi complicada; o mesmo se pode dizer da equipe técnica do Juizado da Infância e Juventude, que é indispensável ao apoio do magistrado. Enfim, trabalha-se com dificuldade na maioria dos Estados brasileiros. Termina-se desatendendo o princípio constitucional da absoluta prioridade da criança e do adolescente. "Apesar da clarividência do art. 150 do ECA, o qual assevera caber ao Poder Judiciário 'na elaboração de sua proposta orçamentária, prever recursos para manutenção de equipe interprofissional, destinada a assessorar a Justiça da Infância e da Juventude (Brasil, 2012, p. 965), passados quase 23 anos da promulgação do diploma em tela, pouquíssimos são os tribunais pátrios que se dispuseram a realizar concurso público para prover as Comarcas do país de profissionais da áreas do Serviço Social, Psicologia, Pedagogia, dentre outros. (...) Nesse contexto, os atores da justiça vão laborando às cegas, pautados em suas impressões pessoais acerca da demanda e na sua visão particular de mundo – que em muito pode diferir da que têm as partes ou das conclusões a que as outras ciências não jurídicas poderiam chegar. (...) o agravamento da situação se dá quando se percebe que os magistrados, promotores, defensores e advogados têm uma tendência 'natural', por assim dizer, de sentirem-se aptos a julgar as demandas relacionadas ao direito de família com base nas suas próprias experiências de vida, já que – pensam – se desempenham estes, em sua vida privada, algum dos papéis clássicos da família (são pais, mães, filhos, irmãos etc.), os mesmos estariam aptos a compreender os dramas familiares que lhes chegam. (...) Essa omissão do Judiciário brasileiro, já foi inclusive devidamente enquadrada na Recomendação CNJ 2, de 25.04.2006 que recomendou aos Tribunais de Justiça de toda a federação 'a implantação de equipe interprofissional em todas as comarcas do Estado, de acordo com o que preveem os arts. 150 e 151 do Estatuto da Criança e do Adolescente (Lei 8.069/90)' (Brasil, 2012, p. 985). Infelizmente, passados quase sete anos de sua edição, até esse momento, o destino do ato do Conselho Nacional de Justiça (CNJ) tem sido o mesmo do ECA: desatenção por parte da Justiça brasileira" (Manoel Onofre de Souza

Art. 151

Netto e Sasha Alves do Amaral, *A tutela de urgência e a criança e o adolescente: em defesa de uma atuação especializada efetiva*, p. 74-75).

> **Art. 151.** Compete à equipe interprofissional, dentre outras atribuições que lhe forem reservadas pela legislação local, fornecer subsídios por escrito, mediante laudos, ou verbalmente, na audiência, e bem assim desenvolver trabalhos de aconselhamento, orientação, encaminhamento, prevenção e outros, tudo sob a imediata subordinação à autoridade judiciária, assegurada a livre manifestação do ponto de vista técnico.[55-56]
>
> **Parágrafo único.** Na ausência ou insuficiência de servidores públicos integrantes do Poder Judiciário responsáveis pela realização dos estudos psicossociais ou de quaisquer outras espécies de avaliações técnicas exigidas por esta Lei ou por determinação judicial, a autoridade judiciária poderá proceder à nomeação de perito, nos termos do art. 156 da Lei n.º 13.105, de 16 de março de 2015 (Código de Processo Civil).[56-A]

55. Apoio ao magistrado: em inúmeros dispositivos desta Lei a equipe interprofissional encontra-se mencionada e, sempre, com grande importância para o trabalho com crianças e adolescentes, em todos os níveis de atuação. Deveria ser uma equipe com vários profissionais, contendo psicólogos, especializados em diversas áreas da infância e juventude, assistentes sociais, com diferentes especializações, terapeutas ocupacionais, fonoaudiólogos, psiquiatras, enfim, o máximo possível de operadores para captar integralmente as necessidades das crianças, dos jovens e de seus familiares ou responsável. Porém, no mínimo, em cada Vara, deve atuar um psicólogo e um assistente social. A equipe multidisciplinar é *subordinada* à autoridade judiciária, hierarquicamente falando, mas pode – e deve – emitir o seu parecer ou elaborar seu lado com integral liberdade, sob o ponto de vista técnico. Há alguns enfoques negativos recorrentes para a atuação dessas equipes: a) as que simplesmente *dominam* o juiz e este somente assina embaixo do que foi proposto – seja lá o que for. Trata-se de um erro lamentável, em particular do lado do magistrado, que se submete a tal posição, seja por ignorância, seja por comodismo. Esse *domínio*, por vezes, estende-se ao membro do Ministério Público e, em Comarcas menores, todos na cidade sabem muito bem que a primeira e última palavra é dada por uma ou duas pessoas (psicólogo e/ou assistente social). É um desvio da boa atuação, que chega a comprometer as decisões judiciais, pois a interpretação jurídica do fato apresentado deixa de ser feita a contento pelo magistrado; b) as que são meramente *burocráticas*, elaborando entrevistas rápidas, pareceres curtos e padronizados, pouco investindo no âmago das questões que lhe são apresentadas. O juiz e o promotor ficam praticamente sem elementos concretos para decidir o caso; muitas decisões terminam conflitando com a realidade vivida pelo menor; c) as que são integralmente *subordinadas* ao juiz (e/ou ao promotor) e somente fazem o que lhe é solicitado, emitindo pareceres e laudos de acordo com a visão do magistrado, acerca do problema social do menor, sem apego à sua posição independente, como profissional da psicologia ou da assistência social. As decisões proferidas constituem o império absoluto do pensamento do juiz, seja em qual sentido for. Mas a maioria, felizmente, é formada por valorosos profissionais, que operam com independência, a teor da parte final deste artigo, sempre auxiliando o juiz e o promotor quanto ao melhor caminho para a criança ou adolescente. Na jurisprudência: TJRS: "1. A avaliação por Equipe Interprofissional destina-se a assessorar a Justiça da Infância e da Juventude, a teor do disposto nos arts. 150 e 151 do ECA, não se tratando de laudo impositivo, mas mera orientação baseada em ponto de vista técnico, devendo o magistrado, ao decidir pelo abrigamento ou não, levar em consideração também os demais elementos indicativos contidos no processo. 2. Se a genitora não possui condições de exercer satisfatoriamente o seu papel, sem colocar em risco a integridade física e emocional das filhas, cabível o abrigamento, como medida protetiva. Recurso desprovido" (AI 70013629944, 7.ª Câm. Cível, rel. Sérgio Fernando de Vasconcellos Chaves, 15.02.2006, v.u.).

56. Incabível a atuação a requerimento do Ministério Público em fase pré-processual: a equipe técnica da Vara da Infância e Juventude deve atuar em procedimentos e processos em trâmite em juízo. É irregular a sua atividade em fase pré-processual, mesmo que a pedido do Ministério Público, pois é grupo composto de profissionais auxiliares da Justiça. Quando exercitarem a sua função, devem fazê-lo para instruir feitos já ajuizados. Nesse sentido: STJ: "1. Requerimento de verificação de situação de risco distribuído em 31.05.2010, da qual foi extraído o presente recurso especial, concluso ao Gabinete em 14.06.2012. 2. Discute-se a possibilidade de se determinar que o Núcleo de Perícias do Poder Judiciário Estadual realize estudo psicossocial, a requerimento do Ministério Público, para verificação de suposto abuso sexual praticado contra menor, como procedimento preparatório ao ajuizamento de ação para requerimento das medidas de proteção cabíveis. 3. O Núcleo de Perícias é serviço auxiliar do Poder Judiciário, e, como tal, deve atuar, sempre, 'sob a imediata subordinação à autoridade judiciária', como exige o art. 151 do ECA, prestando-lhe apoio, quando e como determinado pelo Juiz, nos processos em trâmite. 4. Tratando-se de órgão de assessoramento técnico, instituído e organizado pelo Tribunal de Justiça, não é razoável permitir que dele se valha o Ministério Público, em procedimento de caráter meramente administrativo e preparatório, especialmente quando, de outro lado, tal providência acarreta evidente assoberbamento do serviço de apoio e, em consequência, o atraso irremediável na entrega da prestação jurisdicional nos processos em que dele se necessita. 5. No particular, inclusive, os elementos trazidos pelo Órgão Ministerial para justificar o requerimento são, por si sós, suficientes para revelar uma situação de perigo, consubstanciada em suposto abuso sexual de menor, a exigir a intervenção precoce e imediata da autoridade competente, a teor do que dispõe o art. 100, VI, do ECA, propondo-se, desde logo, a ação pertinente. 6. Ademais, a preocupação de evitar que o menor, em juízo, seja outra vez provocado a falar sobre acontecimentos que lhe causam constrangimento e dor, ou submetido, novamente, à exposição da situação traumatizante, impõe que a realização de tais perícias, em regra, se dê sob o crivo do contraditório, poupando-o da revitimização e oportunizando-lhe o difícil esquecimento dos fatos. 7. Recurso especial conhecido e desprovido" (REsp 1.295.020/SE, 3.ª T., rel. Nancy Andrighi, 20.05.2014, v.u.). Em outro sentido: STJ: "1. O Núcleo de Perícias é serviço auxiliar do Poder Judiciário, devendo atuar sob a imediata subordinação da autoridade judiciária, como exige o art. 151 do ECA, prestando-lhe apoio, quando e como determinado pelo Juiz, nos processos em trâmite. Contudo, nos locais onde inexista outros órgãos de apoio dos quais o Ministério Público possa se valer para realização de estudos prévios sobre potencial situação de risco de menor, não é lícito ao Juiz indeferir seu pedido de estudo pelo Núcleo de Perícias, sob o único argumento de que a demanda possa prejudicar o andamento das ações judiciais. 2. O Poder Judiciário está sim assoberbado, mas o retardo na entrega da prestação jurisdicional passa ao largo de tais demandas formuladas pelo Ministério Público. Atribuir a solicitações da espécie o pejo de retardo das ações judiciais é encontrar solução simplista e descontextualizada de tudo o que realmente ocasiona acúmulo de demandas judiciais e, pior, deixar a descoberto das medidas previstas no ECA um menor que pode estar em potencial situação de risco. 3. Recurso especial conhecido e provido" (REsp 1.318.386/SE, 3.ª T., rel. João Otávio de Noronha, 26.04.2016, v.u.).

56-A. Perito nomeado pelo juiz: em várias comarcas, o juízo da Infância e Juventude alega não possuir profissionais suficientes para compor sua equipe técnica ou nem mesmo possuir uma equipe multidisciplinar para acompanhar casos de perda de poder familiar ou

Art. 152

processos de adoção, motivo pelo qual as crianças e adolescentes terminam permanecendo aos cuidados insatisfatórios de sua família natural ou em acolhimento institucional por tempo indeterminado. Por isso, a Lei 13.509/2017 inseriu este parágrafo único autorizando o juiz a nomear perito, nos termos do Código de Processo Civil, art. 156 (*in verbis*): "O juiz será assistido por perito quando a prova do fato depender de conhecimento técnico ou científico. § 1.º Os peritos serão nomeados entre os profissionais legalmente habilitados e os órgãos técnicos ou científicos devidamente inscritos em cadastro mantido pelo tribunal ao qual o juiz está vinculado. § 2.º Para formação do cadastro, os tribunais devem realizar consulta pública, por meio de divulgação na rede mundial de computadores ou em jornais de grande circulação, além de consulta direta a universidades, a conselhos de classe, ao Ministério Público, à Defensoria Pública e à Ordem dos Advogados do Brasil, para a indicação de profissionais ou de órgãos técnicos interessados. § 3.º Os tribunais realizarão avaliações e reavaliações periódicas para manutenção do cadastro, considerando a formação profissional, a atualização do conhecimento e a experiência dos peritos interessados. § 4.º Para verificação de eventual impedimento ou motivo de suspeição, nos termos dos arts. 148 e 467, o órgão técnico ou científico nomeado para realização da perícia informará ao juiz os nomes e os dados de qualificação dos profissionais que participarão da atividade. § 5.º Na localidade onde não houver inscrito no cadastro disponibilizado pelo tribunal, a nomeação do perito é de livre escolha pelo juiz e deverá recair sobre profissional ou órgão técnico ou científico comprovadamente detentor do conhecimento necessário à realização da perícia." Resta saber se a autoridade judiciária impulsionará os processos de adoção, bem como os de perda do poder familiar, nomeando perito não oficial, em lugar de permanecer aguardando que a equipe técnica do juizado prolongue o trabalho por períodos excessivos.

Capítulo III

DOS PROCEDIMENTOS

Seção I

Disposições Gerais

> **Art. 152.** Aos procedimentos[57] regulados nesta Lei aplicam-se subsidiariamente[58] as normas gerais previstas na legislação processual pertinente.[59-60]
>
> § 1.º É assegurada, sob pena de responsabilidade,[61] prioridade absoluta na tramitação dos processos e procedimentos previstos nesta Lei, assim como na execução dos atos e diligências judiciais a eles referentes.
>
> § 2.º Os prazos estabelecidos nesta Lei e aplicáveis aos seus procedimentos são contados em dias corridos, excluído o dia do começo e incluído o dia do vencimento, vedado o prazo em dobro para a Fazenda Pública e o Ministério Público.[61-A]

57. Procedimento: é o modo pelo qual o processo se desenvolve, em sequência de atos praticados pelas partes e pelo juiz, conforme o rito previsto em lei, até atingir a decisão final. Não se confunde com o *processo*, que é a relação estabelecida entre as partes e o juiz, quando promovida a ação – direito de pleitear ao Estado-juiz a aplicação do direito ao caso concreto. Costuma-se, muitas vezes, tomar a parte pelo todo, ou seja, chamar de *procedimento verificatório* o que ainda não se transformou em processo, pois inexistem partes definidas, mas somente o juiz condutor do feito. Pode estar já instalado no polo ativo o Ministério Público ou o Conselho Tutelar, sem um polo passivo certo; afinal, está-se *verificando* o que há, para se ter certeza do que fazer. Mas, assim que definida a situação concreta, o Ministério Público pode valer-se do procedimento verificatório para ajuizar a ação de destituição do poder familiar contra os pais de determinada criança, transformando o feito num autêntico processo. De toda forma, haverá um procedimento a ser seguido, basicamente um *ritual de atos sucessivos* para atingir a conclusão, com a decisão judicial. É justamente o conteúdo este Capítulo, que cuida dos vários *procedimentos* nominados.

58. Caráter subsidiário: a utilização da legislação processual penal (ou da processual civil) se faz em modalidade subsidiária – e não principal, pois conflitaria com os procedimentos estabelecidos por este Estatuto. Na jurisprudência: STJ: "3. Nos termos da jurisprudência pacífica do STJ, aos procedimentos regidos pelo Estatuto da Criança e do Adolescente aplica-se o sistema recursal do CPC com as adaptações previstas no art. 198 do ECA. Isso posto, com exceção dos embargos de declaração, o prazo aplicável será decenal e contado em dias corridos, nos termos dos arts. 152, § 2.º e 198, inciso II do ECA. Precedentes" (AgInt no AREsp 2.350.227/RS, 3.ª T., rel. Humberto Martins, 04.09.2023, v.u.).

59. Legislação processual pertinente: devem-se suprir eventuais lacunas desta Lei com o processo penal ou o processo civil. Cremos que a intenção deste dispositivo foi apontar *genericamente* a legislação processual, deixando ao caso concreto a decisão do juiz. Portanto, quando se cuidar de apuração de ato infracional, aplica-se o Código de Processo Penal. Tratando-se de destituição de poder familiar, adoção e similares, aplica-se o Código de Processo Civil. Na jurisprudência: STJ: "3. O art. 152 do Estatuto da Criança e do Adolescente estatui que lhe são aplicáveis, 'subsidiariamente as normas gerais previstas na legislação processual pertinente'. No caso de processo para apuração de ato infracional, as regras subsidiárias a serem aplicadas ao Estatuto da Criança e do Adolescente, são aquelas relativas ao Código de Processo Penal que estabelece, em seu arts. 621 e 626, que a revisão criminal é cabível tão-somente contra sentença condenatória e que o julgamento proferido na revisional nunca pode agravar a situação do condenado" (REsp 1.923.142/DF, 6.ª T., rel. Laurita Vaz, 22.11.2022, v.u.).

60. Sistema processual: segundo Ana Paula Motta Costa, "trata-se de modelo processual confuso, referenciado nos princípios constitucionais de orientação acusatória, mas com elementos essencialmente inquisitórios. Agrava-se tal situação pela incorporação, em alguma medida, dos princípios e da lógica própria do Processo Civil, o que pode significar maior agilidade de procedimentos em certos momentos, mas que contribui para reforçar a concepção de que o Direito da Criança e do Adolescente não contém um Processo Penal e, portanto, na sua aplicação, são dispensáveis as observações de garantias processuais reconhecidas para o conjunto da população" (*As garantias processuais e o direito penal juvenil como limite na aplicação da medida socioeducativa de internação*, p. 106).

61. Sob pena de responsabilidade: trata-se de previsão que necessita de mais efetividade na prática, exigindo-se das Varas da Infância e Juventude e das que detêm similar competência o trâmite célere aos procedimentos. Cuida-se de dever funcional dos servidores públicos o particular zelo para conduzir os processos de interesse de crianças e adolescentes. É preciso evitar a alegação de *excesso de serviço* como fundamento para haver descuido nesse contexto, pois, ao menos, torna-se viável selecionar os mais urgentes. Infelizmente, muitas Varas cumulativas, em que tramitam feitos da infância e juventude, tendem a priorizar outros processos, em que há um número expressivo de advogados a cobrar celeridade de procedimentos cíveis e criminais. Os feitos envolvendo direito infantojuvenil podem não ter o patrocínio de advogados, motivo pelo qual inexiste o acompanhamento permanente e, quando os servidores deles não cuidam, são esquecidos e terminam prejudicando crianças

Art. 153

Estatuto da Criança e do Adolescente Comentado · **Nucci**

e jovens. Os órgãos correcionais do Poder Judiciário devem estar atentos a esse contraste, tomando efetivas providências a respeito.

61-A. Contagem do prazo: buscando acelerar os processos relacionados aos menores, em particular a perda do poder familiar e a adoção, a Lei 13.509/2017 acrescentou esse parágrafo ao art. 152. A contagem obedece a regra processual comum, excluído o dia do começo e incluído o do vencimento. Exemplificando, se a parte é intimada a se manifestar em 5 dias, no dia 10 de março, começa-se a contar a partir do dia 11, findando-se no dia 15. A parte mais importante diz respeito à vedação de cômputo em dobro, no tocante aos prazos da Fazenda Pública, incluindo, por óbvio, a Defensoria Pública, e o Ministério Público. Na jurisprudência: STJ: "3. Portanto, nos procedimentos vinculados à Justiça da Infância e da Juventude regidos pelo ECA, os prazos para manifestação da Defensoria Pública contar-se-ão em dobro e em dias corridos, nos termos dos arts. 152, *caput* e § 2.º, do ECA e do art. 186, *caput*, do CPC/2015, de modo que o prazo recursal de 10 (dez) dias previsto no art. 198, II, do ECA será, na verdade, de 20 (vinte) dias corridos para a Defensoria Pública" (REsp 2.042.708/DF, 3.ª T., rel. Marco Aurélio Bellizze, 22.08.2023, v.u.).

> **Art. 153.** Se a medida judicial a ser adotada não corresponder a procedimento previsto nesta ou em outra lei, a autoridade judiciária poderá investigar os fatos e ordenar de ofício as providências necessárias, ouvido o Ministério Público.[62-64]
>
> **Parágrafo único.** O disposto neste artigo não se aplica para o fim de afastamento da criança ou do adolescente de sua família de origem e em outros procedimentos necessariamente contenciosos.[65]

62. Procedimento verificatório: não será pela ausência de um procedimento específico, previsto nesta Lei, que deixarão as autoridades responsáveis pelas crianças e adolescentes de agir. Por isso, formula-se esta norma, admitindo a instauração de um *procedimento inominado*, que preferimos denominar *verificatório*, como se faz há muito, para reconhecer um problema e buscar um caminho a seguir. Instaura-se por portaria do juiz, de ofício, se preciso, ou por provocação do Conselho Tutelar ou do Ministério Público. Detectada a situação de vulnerabilidade do infante ou adolescente, encaminha-se o feito para quem de direito. Dependendo do caso, o próprio juiz profere a ordem (como no caso de inclusão de menor em ensino obrigatório; suspensão do poder familiar). Outras possibilidades, após a conclusão do procedimento instaurado de ofício pelo juiz: pode seguir ao Ministério Público para a propositura da destituição do poder familiar; pode ser arquivado, pois a situação encontra-se resolvida; pode seguir para a equipe técnica para estudos e diligências; dentre outros. Na jurisprudência: STJ: "3. A peculiaridade reside nos limites da atuação administrativa do juízo da infância e da juventude, ao se deparar com situações urgentes que demandem a sua atuação protetiva; em síntese, a pergunta é: pode o órgão jurisdicional da infância e da juventude demandar, de ofício, providências, com base no art. 153, da Lei 8.069/90. 4. A doutrina é pacífica no sentido de que o juízo da infância pode agir de ofício para demandar providência em prol dos direitos de crianças e de adolescentes, que bem se amoldam ao caso concreto; Leciona Tarcísio José Martins Costa: 'O poder geral de cautela do Juiz de Menores, atual Juiz da Infância e da Juventude, reconhecido universalmente, sempre foi exercido independentemente de provocação, já que consiste nas medidas protecionais e preventivas que deve tomar, tendo em vista o bem-estar do próprio menor – criança e adolescente – que deve ser resguardado e protegido por determinações judiciais, mesmo que as providências acauteladoras não estejam contempladas na própria lei' (*Estatuto da Criança e do Adolescente Comentado*. Belo Horizonte: Del Rey, 2004, p. 315-316).

5. O controle jurisdicional de tais medidas deve ocorrer pelo prisma da juridicidade, ou seja, pela avaliação; por um lado, da necessidade de concretizar direitos dos menores, previstos na Constituição Federal e na legislação; por outro, da proporcionalidade e razoabilidade da medida. No escrever de Roberto João Elias, 'A faculdade concedida, entretanto, deve sempre ser utilizada em favor da criança ou do adolescente, não podendo, de forma alguma, se transformar em atitude arbitrária, que contrarie a finalidade primordial da lei, que é a proteção integral do menor. É na busca de tal desiderato que se permite a utilização de meios não considerados na legislação. Tais meios, entretanto, devem se harmonizar completamente com os princípios que regem a matéria, devendo-se sempre recordar que o menor é sujeito e não objeto de direitos' (*Comentários ao Estatuto da Criança e do Adolescente* – Lei n. 8.069, de 13 de julho de 1990, 4 ed. São Paulo: Saraiva, 2010, p. 211-212). 6. Em síntese, não é possível reconhecer a existência de direito líquido e certo ao município impetrante, que objetive anular determinação de providências no sentido de concretizar o direito a educação de menores em situação de urgência, tal como pedido pelo Conselho Tutelar. Recurso ordinário improvido" (STJ, RMS 36.949/SP, 2.ª T., rel. Humberto Martins, 19.03.2012). TJRS: "Possibilidade de aplicação de medida protetiva, de ofício. Suspensão do poder familiar. Suficientes elementos comprobatórios da negligência e violência a que submetidos os menores. 1. O art. 101 do Estatuto da Criança e do Adolescente autoriza a aplicação de medidas protetivas pela autoridade competente quando verificada qualquer das hipóteses de ameaça ou de violação a direitos da criança e do adolescente, previstas no art. 98 do Estatuto. Desse modo, tendo o Juízo *a quo* verificado que as visitas realizadas pelos agravantes representavam grave prejuízo ao bem-estar e à integridade psicológica dos infantes, bem poderia aplicar, de ofício, medida de proteção suficiente para colocá-los a salvo de qualquer situação de risco – como, de fato, o fez. 2. Os elementos probatórios coligidos nos autos do procedimento para aplicação de medida de proteção ajuizada em favor dos menores são suficientes para respaldar a decisão liminar de suspensão do poder familiar, haja vista que os genitores negligenciam a prole nos cuidados com a higiene e saúde, além do fato de o genitor perpetrar agressões físicas tanto em relação aos filhos, quanto em relação à própria genitora. Tal medida, que tem por finalidade o resguardo dos interesses dos infantes, não é definitiva e poderá ser revertida, bastando para tanto que os genitores demonstrem, a contento, que reúnem condições de exercer plenamente os deveres inerentes àquele poder, não expondo os menores a qualquer situação de risco" (AI 70057248197/RS, 8.ª Câm. Cível, rel. Luiz Felipe Brasil Santos, 04.02.2014).

63. Prévio esgotamento de outras vias: é desnecessário. A atuação do Conselho Tutelar, por exemplo, é distinta da atividade judicial. A autoridade judiciária tem o seu campo de ação; o Conselho Tutelar, o seu; o Ministério Público, âmbito próprio. O magistrado, como mencionado na nota anterior, pode agir para verificar situações de risco para crianças e adolescentes sem depender de prévia intervenção do Conselho Tutelar. Na jurisprudência: STJ: "2. No mérito, quanto à necessidade de exaurimento das instâncias administrativas junto ao Conselho Tutelar para, então, poder recorrer ao Juizado da Infância e Juventude, verifica--se que este Sodalício possui o entendimento de que o art. 153 do Estatuto da Criança e do Adolescente permite ao Juiz, até mesmo de ofício, ouvido o Ministério Público, adequar o procedimento às peculiaridades do caso, ordenando as providências necessárias para assegurar a proteção integral da criança e do adolescente. Precedente do STJ. 3. Deve ser mantida, a toda evidência, a decisão agravada, considerando a gravidade da situação, que relata a existência de notícia de fatos concretos que possam comprometer a integridade dos menores envolvidos – envolvimento com tráfico de drogas e evasão escolar. Por essa razão, ratifica-se que o presente recurso especial deve ser provido a fim de que sejam determinadas as medidas necessárias para superação desta situação de vulnerabilidade social pelo Juízo de Primeiro Grau, que está mais próximo dos fatos e, portanto, está mais habilitado para a tomada de todas as medidas

Art. 153

Estatuto da Criança e do Adolescente Comentado • **Nucci**

necessárias em articulação com o Poder Executivo e demais instâncias competentes. 4. Agravo regimental a que se nega provimento" (AgRg no REsp 1.323.470/SE, 6.ª T., rel. Mauro Campbell Marques, 04.12.2012, v.u.).

64. Aditamento de pedido após a citação: inspirado no poder geral de cautela atribuído ao magistrado por este dispositivo, em prol do superior interesse da criança ou adolescente, é natural que possa haver menor rigorismo às fórmulas processuais, admitindo-se o aditamento do pedido inicial, mesmo depois da citação, desde que se assegure a ampla defesa. Nesse sentido: TJMG: "Ação ordinária de obrigação de fazer. Fornecimento de insumos a paciente menor e carente. Tutela antecipada concedida. Indicação superveniente de outro medicamento. Aditamento deferido após citação. Possibilidade, em face das circunstâncias especiais do presente caso. Art. 153 do ECA. Contestação. Reabertura do prazo. O aditamento do pedido é justificável, mesmo após a citação, em se tratando de fato superveniente envolvendo acréscimo de medicamentos a menor portador de grave doença neurológica, nos termos do art. 153, da Lei 8.069/90. É recomendada a reabertura do prazo de contestação, em atenção ao princípio do contraditório" (AI 1.0145.10.571351-8/002, 6.ª Câm. Cível, rel. Edilson Fernandes, 29.06.2010, v.u.).

65. Alcance da inaplicabilidade da previsão feita no *caput*: a inclusão do parágrafo único pela Lei 12.010/2009 seria um desserviço prestado pelo Legislativo se confrontasse a proteção integral e a absoluta prioridade da criança e do adolescente. Jamais um juiz pode deparar-se com uma criança violentamente espancada (ou maltratada, abandonada, oprimida) pelos pais (ou sem genitores conhecidos), largada num abrigo ou lugar pior, sem qualquer responsável, e ficar omisso, aguardando que outrem atue (Conselho Tutelar ou MP). Deve instaurar, sim, procedimento verificatório, determinando *cautelarmente* a suspensão do poder familiar, para, na sequência, abrir vista ao MP e contar com a equipe técnica para iniciar o estudo familiar. Entendimento diverso levaria à inconstitucionalidade desta previsão, pois estaria sendo negada proteção infantojuvenil. Mas não nos parece seja preciso tal posicionamento. Basta compreender a amplitude da vedação, nos seus precisos termos. O juiz não deve, de ofício, instaurar procedimento de destituição do poder familiar *contra* os pais, constituindo, ao mesmo tempo, o polo ativo e o julgador da demanda. Fere-se o devido processo legal, levando o magistrado à parcialidade. Noutros termos, o juiz não deve *litigar* contra alguém (por isso, fala-se em procedimento necessariamente contencioso). E quando este parágrafo menciona o afastamento da criança ou adolescente da família de origem, acrescente-se: de maneira definitiva, o que não envolve, pelo absoluto superior interesse infantojuvenil, a medida cautelar indispensável para a proteção do menor. Enquanto Kazuo Watanabe elogia o *caput* deste artigo (antes da introdução do parágrafo único), dizendo caber "ao magistrado adotar a iniciativa para 'investigar os fatos e ordenar de ofício as providências necessárias, como é explícito o dispositivo comentado, o que bem revela que o Estatuto perfilhou a *tendência doutrinária* que procura *conferir ao juiz, cada vez mais, um papel mais ativo no processo*. Isso conduz, por outro lado, à atenuação do formalismo processual" (Munir Cury [org.], *Estatuto da Criança e do Adolescente comentado*, p. 773, grifamos), Munir Cury, comentando este parágrafo, para sustentar a inviabilidade da atuação de ofício do juiz, apregoa que o "legislador ressalta o grande respeito que nutre pela família, ao exigir a sua participação ativa, quando se tratar de afastamento do filho, estabelecendo a sua participação indispensável, com a oportunidade para produzir as provas que desejar, no sentido de preservar o vínculo familiar, como verdadeiro reconhecimento da célula sadia da sociedade" (Munir Cury [org.], *Estatuto da Criança e do Adolescente comentado*, p. 774). Segundo entendemos, o meio-termo é a solução para *salvar* o artigo, sem estabelecer uma antinomia entre o *caput* e o parágrafo único. São complementares. Como mencionado, o juiz *deve* investigar, de ofício, dramas infantojuvenis, que não podem aguardar, sob pena de o menor sofrer danos irreparáveis. Portanto, pode – e deve – afastar a criança ou adolescente de sua família natural se for a única forma de garantir a sua imediata proteção. Mas não pode – e não deve – instaurar ação contra alguém, dando ensejo a figurar, ele mesmo, no polo ativo, enquanto também atua como julgador. Preservar os laços familiares, como "célula sadia" da sociedade, é muito importante, desde que seja, realmente, *sadia*. Pais que espancam, aprisionam, violentam, maltratam seus filhos não formam nenhum ambiente sadio. Assim sendo, a emergência da situação continua a exigir o juiz atuante e nunca omisso. Para a solução definitiva, implicando destituição do poder familiar, aguarda-se a propositura da demanda.

> **Art. 154.** Aplica-se às multas o disposto no art. 214.[66]

66. Regras para a multa: dispõe o art. 214: "os valores das multas reverterão ao fundo gerido pelo Conselho dos Direitos da Criança e do Adolescente do respectivo município. § 1.º As multas não recolhidas até trinta dias após o trânsito em julgado da decisão serão exigidas através de execução promovida pelo Ministério Público, nos mesmos autos, facultada igual iniciativa aos demais legitimados. § 2.º Enquanto o fundo não for regulamentado, o dinheiro ficará depositado em estabelecimento oficial de crédito, em conta com correção monetária". Não se compreende a necessidade de existência do art. 154 para, singelamente, remeter ao art. 214. É o ratificado pelos tribunais: STJ: "1. Os valores das multas administrativas aplicadas com fundamento na Lei 8.069/90 – Estatuto da Criança e do Adolescente – devem ser destinados ao fundo gerido pelo Conselho dos Direitos da Criança e do Adolescente do respectivo município, conforme dispõe o art. 214 da referida norma. Precedentes das Primeira e Segunda Turmas desta Corte. 2. Recurso especial provido" (REsp 703.241/ES, 2.ª T., rel. Mauro Campbell Marques, 16.09.2008, v.u.); "1. O valor da multa aplicada por infração administrativa ou por descumprimento de obrigação de fazer ou de não fazer, previstas no Estatuto da Criança e do Adolescente, deve ser revertido ao Fundo Municipal da Infância e Adolescência. 2. As multas cominadas pelo ECA, sejam elas decorrentes de infrações administrativas ou originárias de obrigação de fazer ou não fazer, só divergem quanto à sua origem e não quanto à sua destinação, motivo pelo qual, em ambos os casos, incide o art. 214, da Lei 8.069/90, *verbis*: 'Os valores das multas reverterão ao fundo gerido pelo Conselho dos Direitos da Criança e do Adolescente do Respectivo Município.' 3. Precedentes: RESP 562.391/ES, rel. Min. Felix Fischer, *DJ* de 30.08.2004; RESP 614.985/ES, rel. Min. Laurita Vaz, *DJ* de 23.08.2004; RESP 512.145/ES, rel. Min. José Arnaldo da Fonseca, *DJ* de 24.11.2003. 4. Recurso conhecido e provido" (REsp 564.722/ES, 1.ª T., rel. Luiz Fux, 21.10.2004, v.u.).

Seção II
Da Perda e da Suspensão do Poder Familiar

> **Art. 155.** O procedimento para a perda ou a suspensão do poder familiar[67-68] terá início por provocação do Ministério Público[69] ou de quem tenha legítimo interesse.[70-71]

67. Poder familiar: preceitua o art. 1.634 do Código Civil competir aos pais "quanto aos filhos: I – dirigir-lhes a criação e a educação; II – exercer a guarda unilateral ou compartilhada nos termos do art. 1.584; III – conceder-lhes ou negar-lhes consentimento para casarem; IV

Art. 155

Estatuto da Criança e do Adolescente Comentado • **Nucci**

– conceder-lhes ou negar-lhes consentimento para viajarem ao exterior; V – conceder-lhes ou negar-lhes consentimento para mudarem sua residência permanente para outro Município; VI – nomear-lhes tutor por testamento ou documento autêntico, se o outro dos pais não lhe sobreviver, ou o sobrevivo não puder exercer o poder familiar; VII – representá-los judicial e extrajudicialmente até os 16 (dezesseis) anos, nos atos da vida civil, e assisti-los, após essa idade, nos atos em que forem partes, suprindo-lhes o consentimento; VIII – reclamá-los de quem ilegalmente os detenha; IX – exigir que lhes prestem obediência, respeito e os serviços próprios de sua idade e condição". O termo *poder* já confere ao tema um aspecto ímpar, condizente com *autoridade, mando, decisão*. Portanto, associado à família, refere-se à autoridade que os pais possuem no tocante aos seus filhos, enquanto forem menores de 18 anos. Mas, a par da capacidade de mando, estão as obrigações, aliás, muito mais desgastantes do que simplesmente pensar no comando da prole. Os pais *devem* dirigir a criação e educação dos filhos, tê-los sob guarda, ao seu lado, em convívio diuturno, representando-os ou assistindo-os nos atos da vida civil. E *devem* ser respeitados e obedecidos. Quando os pais falham em suas obrigações, permitindo que os filhos menores passem por privações desnecessárias, chegando ao ponto de maltratá-los ou oprimi-los, o que era *poder familiar* torna-se *abuso de poder familiar*. Além disso, constituem, por óbvio, infrações aos deveres paternos ou maternos abandoná-los ou torná-los vítimas de seus crimes. E não se pode olvidar que o cometimento de delitos, pelos pais, implicando sua prisão, pode lançar o(s) filho(s) em situação de risco, configurando abandono. Portanto, quando esta lei refere-se à garantia de convivência do condenado criminalmente com seu filho menor de 18 anos (art. 19, § 4.º) e que a simples condenação, *não havendo outro motivo*, não permite a destituição do poder familiar (art. 23, § 1.º), deve haver uma interpretação sistemática, considerando os princípios envolvidos e os demais preceitos deste Estatuto. Ilustrando, o pai que comete um latrocínio, sabendo ser o único responsável pela criação e educação de seu filho menor, tem perfeita noção de que, ao ser condenado e preso, passará muitos anos afastado, lançando a criança ao abandono. Diante disso, nem se incomodou com o filho, antes da prática da infração penal. Essa situação não difere ao pai que simplesmente se ausenta e desaparece, largando para trás o filho sob sua dependência. É mais que motivo para a destituição do poder familiar. Por certo, como já citamos, se o filho encontra-se sob proteção da mãe, enquanto o pai cumpre pena, inexiste motivo para destitui--lo do poder familiar, garantindo-se o vínculo por meio de visitas. O *poder familiar* é muito mais que um dever e muito menos que um poder: é a garantia de estabilidade a quem não pode se defender sozinho, como as crianças e os adolescentes.

68. Perda ou suspensão do poder familiar: a opção pode dar-se apenas pela suspensão, somente pela destituição ou por ambos, funcionando a suspensão como medida liminar e a destituição como o pedido de mérito. Propõe-se apenas a suspensão do poder familiar quando o Ministério Público vislumbra a possibilidade de reconexão da criança ou adolescente com seus pais ou familiares. Necessita-se retirar, por um período, o menor dos cuidados de quem lhe está ocasionando algum mal; por isso, enquanto transcorre o trabalho da equipe interprofissional para a reorganização da família, suspende-se o poder familiar. A criança ou adolescente pode ficar com um guardião nomeado pelo juiz ou, à sua falta, em acolhimento institucional ou familiar. Ajuíza-se a destituição do poder familiar quando a reintegração familiar é inviável (casos graves de agressão, abandono, opressão, abuso sexual etc.); pode não ser necessária a suspensão do poder familiar, pois a criança está em acolhimento institucional e o agressor está preso. O mais comum, no entanto, é a cumulação dos pedidos de suspensão do poder familiar, como pleito liminar, para, ao final, culminar com a destituição. Na jurisprudência: TJSC: "Destituição do poder familiar, com pedido de acolhimento institucional ajuizada pelo Ministério Público. Fortes indícios de violência doméstica e sexual contra os infantes perpetradas pelo genitor. Longo histórico de maus tratos, negligência e desídia. Situações com grande repercussão na personalidade dos menores. Atitude conivente da genitora que, apesar do comportamento daquele, não aceita o seu afastamento do lar. Despreparo para o exercício da função parental. Estudo social e relatório situacional favoráveis à destituição. Descumprimento injustificado e reiterado dos deveres de guarda e de educação dos menores, inerente ao poder familiar. Violação aos arts. 1.637, 1.638, II, III e IV, do CC, e 22 e 24 do ECA, que fundamentam a perda do poder familiar. Obediência ao princípio constitucional da proteção integral e do melhor interesse da criança e do adolescente. Contexto que impede a reforma da decisão de primeiro grau. Demonstrada a negligência com deveres de sustento, guarda e educação dos filhos, em processo no qual seja assegurado o contraditório, e com pareceres técnicos baseados em estudo psicossocial, a perda da guarda é medida que se impõe, a fim de se preservar a integridade da criança (ECA, art. 23, CC, art. 1.638). 'É dever da família, da sociedade e do Estado assegurar à criança e ao adolescente, com a mais absoluta prioridade, o direito à vida, à saúde, à alimentação, à educação, ao lazer, à dignidade, ao respeito, à liberdade, e, especialmente, à convivência familiar, ainda que em família substituta, além de colocá-los a salvo de toda forma de negligência, discriminação, exploração, violência, crueldade e opressão. Nesse contexto de total proteção aos interesses da criança, é que se defere a medida extrema de destituição do poder familiar' (Apelação Cível 2014.013.141-8, de Joinville, rel. Fernando Carioni, j. 08.04.2014)" (2015.005.566-1, 1.ª Câm. de Direito Civil, São José, rel. Sebastião César Evangelista, 12.03.2015, v.u.).

69. Dever do Ministério Público: há um paralelo a fazer entre a ação de destituição do poder familiar e a ação penal pública incondicionada: o princípio da obrigatoriedade. Ajuizar – ou não – a ação independe da *vontade* do membro do Ministério Público, pois é seu dever fazê-lo, desde que tenha provas suficientes para tanto. Ambas são avessas ao critério da oportunidade, que se regula pela discricionariedade do autor. Dispõe o art. 101, § 10: "recebido o relatório, o Ministério Público terá o prazo de 15 (quinze) dias para o ingresso com a ação de destituição do poder familiar, salvo se entender necessária a realização de estudos complementares ou de outras providências indispensáveis ao ajuizamento da demanda". Havendo provas do abandono, maus-tratos, opressão ou violência contra a criança ou adolescente, sem viabilidade de recuperação dos laços familiares, o MP *deve* propor a demanda em 15 dias. Se não o fizer, prejudica a solução definitiva do problema enfrentado pelo menor, impedindo-o de ser encaminhado, por exemplo, à adoção. Da mesma forma que o juiz *deve* ser responsabilizado por não assegurar a prioridade absoluta na tramitação dos processos e procedimentos desta Lei (art. 152, § 1.º, desta Lei), o promotor desidioso também precisa responder funcionalmente. Sob outro lado, se o juiz constatar que o procedimento verificatório está nas mãos do Ministério Público, sem o oferecimento da inicial para a destituição do poder familiar, deve acionar o Procurador-Geral da Justiça, nos termos análogos ao que se faz quando o *Parquet* concede indevidamente a remissão ou pede o arquivamento (art. 181, § 2.º, desta Lei). O mesmo se aplica à suspensão do poder familiar.

70. Legítimo interesse: poderia este dispositivo ter especificado quem, além do Ministério Público, tem *legítimo* interesse em propor a ação de suspensão e/ou destituição do poder familiar. Em primeiro plano, deve-se ressaltar que o Conselho Tutelar não pode propor a demanda, nos precisos termos do art. 136, XI, pois lhe cabe representar ao Ministério Público para isso. Em nossa visão, o Conselho deveria ser legitimado a propor diretamente a ação, pois é órgão encarregado de zelar pelo bem-estar da criança e do adolescente. Afora o Conselho, restam as pessoas conectadas, de algum modo, ao menor. Pode tratar-se de: a) guardião de fato (embora a guarda de fato não seja juridicamente aceita para ajustar a permanência definitiva da criança ou adolescente com o guardião, devem merecer a consideração do juiz os motivos pelos quais aquele menor se encontra com determinada pessoa); b) guardião nomeado pelo juiz (suspenso o poder familiar, pode o magistrado nomear alguém de confiança como guardião da criança ou adolescente); c) a pessoa que pretenda a tutela do menor (dispõe o art. 1.731 do Código Civil: "em falta de tutor nomeado pelos pais incumbe a tutela aos parentes consanguíneos do menor, por esta ordem: I – aos ascendentes, preferindo o de grau mais próximo ao mais remoto; II – aos colaterais até o terceiro grau, preferindo os mais próximos aos mais remotos, e, no mesmo grau, os mais velhos aos mais moços; em qualquer dos casos, o juiz escolherá entre eles o mais apto a exercer a tutela em benefício do menor"); d) o pretendente à adoção, quando regularmente cadastrado; e) um genitor em relação ao outro, quando este falhar gravemente com seus deveres. Como temos argumentado, é preciso ampliar, *expressamente*, o rol dos interessados em proteger crianças e adolescentes, como organizações não governamentais, defensores públicos em atuação na Vara da Infância e Juventude, Conselho Tutelar, enfim, aquele que demonstrar ao juiz o seu interesse, não por ser parente, guardião ou tutor, mas porque *ninguém* mais age em nome do menor e este, embora possa acessar o juízo sozinho (art. 141, *caput*, desta Lei), não sabe como concretizar tal direito. Note-se a lição de Luiz Carlos de Azevedo: "o pedido de perda ou suspensão do poder familiar pode ser proposto pelo representante do Ministério Público ou por quem se achar investido de legitimidade e interesse para agir, assim se qualificando os ascendentes, colaterais ou parentes por afinidade do menor, bem como qualquer pessoa que reúna condições para o exercício da ação, como, por exemplo, os pretendentes à tutela ou adoção" (Munir Cury [org.], *Estatuto da Criança e do Adolescente comentado*, p. 777). Considerando legitimados os pretendentes à tutela e à adoção, encontram-se Cury, Garrido e Marçura (*Estatuto da Criança e do Adolescente anotado*, p. 82). Segue, no mesmo prisma, a posição de Roberto João Elias: "é óbvio que um dos pais pode e deve requerer a destituição em relação ao outro, se houver motivo justificado. Entretanto, qualquer pessoa que pretenda tutelar ou adotar o menor também terá legitimidade para requerer a inibição do poder familiar, ainda que seja pelo simples motivo de pretender a guarda" (*Comentários ao Estatuto da Criança e do Adolescente*, p. 214). Na jurisprudência: STJ: "A controvérsia reside em saber se, nos termos do art. 155 do Estatuto da Criança e do Adolescente, constitui requisito para o pedido de adoção cumulada com pedido de destituição do poder familiar que o interessado ostente algum laço familiar com o adotando. 1. O art. 155 do ECA estabelece hipótese de legitimação ativa concorrente para o procedimento de perda ou suspensão do poder familiar, atribuindo a iniciativa tanto ao Ministério Público como a quem tenha o legítimo interesse, esse caracterizado pela estreita relação/vínculo pessoal do sujeito ativo e o bem-estar da criança ou adolescente. 2. O legislador não definiu quem teria, em tese, o 'legítimo interesse' para pleitear a medida, tampouco fixou requisitos estanques para a legitimação ativa, tratando-se de efetivo conceito jurídico indeterminado. A omissão, longe de ser considerada um esquecimento ou displicência, constitui uma consciente opção legislativa derivada do sistema normativo protetivo estatuído pelo Estatuto da Criança e do Adolescente, que tem como baliza central os princípios do melhor interesse da criança e da proteção integral. Eventuais limitações e recrudescimento aos procedimentos de proteção e garantia de direitos previstos no ECA são evitados para abarcar, na prática, um maior número de hipóteses benéficas aos seus destinatários. 3. A existência de vínculo familiar ou de parentesco não constitui requisito para a legitimidade ativa do interessado na requisição da medida de perda ou suspensão do poder familiar, devendo a aferição do legítimo interesse ocorrer na análise do caso concreto, a fim de se perquirir acerca do vínculo pessoal do sujeito ativo com o menor em estado de vulnerabilidade" (REsp 1.203.968/MG, 4.ª T., rel. Marco Buzzi, 10.10.2019, v.u.); "O procedimento para a perda do poder familiar terá início por provocação do Ministério Público ou de pessoa dotada de legítimo interesse, que se caracteriza por uma estreita relação entre o interesse pessoal do sujeito ativo e o bem-estar da criança. O pedido de adoção, formulado neste processo, funda-se no art. 41, § 1.º, do ECA (correspondente ao art. 1.626, parágrafo único, do CC/2002), em que um dos cônjuges pretende adotar o filho do outro, o que permite ao padrasto invocar o legítimo interesse para a destituição do poder familiar do pai biológico, arvorado na convivência familiar, ligada, essencialmente, à paternidade social, ou seja, à socioafetividade, que representa, conforme ensina Tânia da Silva Pereira, um convívio de carinho e participação no desenvolvimento e formação da criança, sem a concorrência do vínculo biológico (*Direito da criança e do adolescente* – uma proposta interdisciplinar, 2.ª ed. Rio de Janeiro: Renovar, 2008. p. 735). O alicerce, portanto, do pedido de adoção reside no estabelecimento de relação afetiva mantida entre o padrasto e a criança, em decorrência de ter formado verdadeira entidade familiar com a mulher e a adotanda, atualmente composta também por filha comum do casal. Desse arranjo familiar, sobressai o cuidado inerente aos cônjuges, em reciprocidade e em relação aos filhos, seja a prole comum, seja ela oriunda de relacionamentos anteriores de cada consorte, considerando a família como espaço para dar e receber cuidados. (...) Com fundamento na paternidade responsável, 'o poder familiar é instituído no interesse dos filhos e da família, não em proveito dos genitores' e com base nessa premissa deve ser analisada sua permanência ou destituição. Citando Laurent, 'o poder do pai e da mãe não é outra coisa senão proteção e direção' (*Principes de Droit Civil Français*, 4/350), segundo as balizas do direito de cuidado a envolver a criança e o adolescente. Sob a tônica do legítimo interesse amparado na socioafetividade, ao padrasto é conferida legitimidade ativa e interesse de agir para postular a destituição do poder familiar do pai biológico da criança. Entretanto, todas as circunstâncias deverão ser analisadas detidamente no curso do processo, com a necessária instrução probatória e amplo contraditório, determinando-se, outrossim, a realização de estudo social ou, se possível, de perícia por equipe interprofissional, segundo estabelece o art. 162, § 1.º [hoje revogado], do Estatuto protetivo, sem descurar que as hipóteses autorizadoras das destituição do poder familiar – que devem estar sobejamente comprovadas – são aquelas contempladas no art. 1.638 do CC/2002 c/c art. 24 do ECA, em *numerus clausus*. Isto é, tão somente diante da inequívoca comprovação de uma das causas de destituição do poder familiar, em que efetivamente seja demonstrado o risco social e pessoal a que esteja sujeita a criança ou de ameaça de lesão aos seus direitos, é que o genitor poderá ter extirpado o poder familiar, em caráter preparatório à adoção, a qual tem a capacidade de cortar quaisquer vínculos existentes entre a criança e a família paterna. O direito fundamental da criança e do adolescente de ser criado e educado no seio da sua família, preconizado no art. 19 do ECA, engloba a convivência familiar ampla, para que o menor alcance em sua plenitude um desenvolvimento sadio e completo. Atento a isso é que o Juiz deverá colher os elementos para decidir consoante o melhor interesse da criança. Diante dos complexos e intrincados arranjos familiares que se delineiam no universo jurídico ampliados pelo entrecruzar de interesses, direitos e deveres dos diversos componentes de famílias redimensionadas, deve o Juiz pautar-se, em todos os casos e circunstâncias, no princípio do melhor interesse da criança, exigindo dos pais biológicos e socioafetivos coerência de atitudes, a fim de promover maior harmonia familiar e consequente segurança às crianças introduzidas nessas inusitadas tessituras. Por tudo isso 'consideradas as peculiaridades do processo', é que deve ser concedido ao padrasto 'legitimado ativamente e detentor de interesse de agir' o direito de postular em juízo a destituição do poder familiar – pressuposto lógico da medida principal de adoção por ele requerida – em face do pai biológico, em procedimento contraditório, consonante o que prevê o art. 169 do ECA. Nada há para reformar no acórdão recorrido, porquanto a regra inserta no art. 155 do ECA foi devidamente observada, ao contemplar o padrasto como detentor de legítimo interesse para o pleito destituitório, em procedimento contraditório. Recurso especial não provido" (REsp 1.106.637/SP, 3.ª T., rel. Nancy Andrighi, 01.06.2010).

Art. 156

71. Curador especial aos menores: é desnecessário. Quando o Ministério Público ajuíza a ação contra os pais, está zelando pelo interesse das crianças ou adolescentes; no caso de propositura por terceiro legitimado, o Ministério Público atua como fiscal da lei e no interesse do menor. Conferir: STJ: "1. Compete ao Ministério Público, a teor do art. 201, III e VIII da Lei 8.069/90 (ECA), promover e acompanhar o processo de destituição do poder familiar, zelando pelo efetivo respeito aos direitos e garantias legais assegurados às crianças e adolescentes. Precedentes. 2. Resguardados os interesses da criança e do adolescente, não se justifica a nomeação de curador especial na ação de destituição do poder familiar" (AgRg no Ag 1.410.666/RJ, 4.ª T., rel. Maria Isabel Gallotti, 21.06.2012, v.u.).

> **Art. 156.** A petição inicial indicará:[72]
>
> I – a autoridade judiciária a que for dirigida;
>
> II – o nome, o estado civil, a profissão e a residência do requerente e do requerido, dispensada a qualificação em se tratando de pedido formulado por representante do Ministério Público;[73]
>
> III – a exposição sumária do fato e o pedido;[74]
>
> IV – as provas que serão produzidas, oferecendo, desde logo, o rol de testemunhas e documentos.

72. Requisitos da petição inicial: os elementos da inicial são, basicamente, os mesmos encontrados no processo civil ou penal. É preciso dirigir a peça à autoridade competente, que é o Juiz da Infância e Juventude do local onde residem os pais (art. 147, I); se desconhecido ou ignorado o seu paradeiro, onde se encontra a criança ou adolescente (art. 147, II). Como em qualquer demanda, a petição inicial deve conter a precisa qualificação das partes – autor(es) e réu(s) –, exceto quando se tratar do Ministério Público, inclusive para orientar a citação. Inclui-se a exposição do fato (tudo o que os requeridos fizeram para gerar o motivo da destituição – ou suspensão – do poder familiar deve ser detalhadamente narrado, possibilitando a ampla defesa e o contraditório) e o pedido (suspensão ou destituição do poder familiar). Embora a lei mencione a exposição *sumária* do fato, não nos parece seja compatível com o devido processo legal. *Resumir* o fato pode acarretar restrição à defesa, devendo ser evitado. A especificação das provas é apenas uma formalidade, exceto pelo momento de arrolar testemunhas, que, como ocorre na denúncia, no processo criminal, *deve* ser feito na inicial, sob pena de preclusão. Mas, quanto à juntada de documentos, embora a inicial deva trazer os cabíveis e pertinentes ao caso, a qualquer tempo outros podem ser juntados. Após a contestação, se houver, as partes ainda podem especificar outras provas, como estudo social, perícia etc.

73. Especificação do proponente: somente para ratificar a viabilidade de ser proposta a ação de destituição do poder familiar por outra parte que não o Ministério Público, este inciso demonstra a necessidade de qualificação do requerente, quando não se tratar do *Parquet*.

74. Exposição sumária do fato e o pedido: o fato principal, norteador do pedido (causa de pedir), deve ser exposto com todos os detalhes imprescindíveis à exata compreensão do caso, sem omissões, mas, por óbvio, sem a indevida extensão (contendo doutrina, jurisprudência etc.), assemelhando-se mais a uma inicial do campo processual penal do que do processo civil. É uma peça *instrumental*, cujo propósito é demonstrar ao juiz as falhas no exercício do poder familiar.

Art. 157

Art. 157. Havendo motivo grave,[75] poderá a autoridade judiciária, ouvido o Ministério Público, decretar a suspensão do poder familiar, liminar ou incidentalmente,[76] até o julgamento definitivo da causa, ficando a criança ou adolescente confiado a pessoa idônea, mediante termo de responsabilidade.[77]

§ 1.º Recebida a petição inicial, a autoridade judiciária determinará, concomitantemente ao despacho de citação e independentemente de requerimento do interessado, a realização de estudo social ou perícia por equipe interprofissional ou multidisciplinar para comprovar a presença de uma das causas de suspensão ou destituição do poder familiar, ressalvado o disposto no § 10 do art. 101 desta Lei, e observada a Lei n.º 13.431, de 4 de abril de 2017.[77-A]

§ 2.º Em sendo os pais oriundos de comunidades indígenas, é ainda obrigatória a intervenção, junto à equipe interprofissional ou multidisciplinar referida no § 1.º deste artigo, de representantes do órgão federal responsável pela política indigenista, observado o disposto no § 6.º do art. 28 desta Lei.[77-B]

§ 3.º A concessão da liminar será, preferencialmente, precedida de entrevista da criança ou do adolescente perante equipe multidisciplinar e de oitiva da outra parte, nos termos da Lei n.º 13.431, de 4 de abril de 2017.[77-C]

§ 4.º Se houver indícios de ato de violação de direitos de criança ou de adolescente, o juiz comunicará o fato ao Ministério Público e encaminhará os documentos pertinentes.[77-D]

75. Motivo grave: segundo este dispositivo, *se houver motivo grave*, pode haver a suspensão do poder familiar em caráter liminar, logo que proposta a ação de destituição do poder familiar, ou durante o seu curso. Entretanto, para se promover a referida ação de destituição do poder familiar, é preciso existir um *motivo grave*; sem este, cabe manter o filho com seus pais naturais. O art. 24 desta Lei indica as fontes legais para a perda do poder familiar (art. 1.638, CC; arts. 22 e 23, ECA). De qualquer forma, parece-nos que a regra é a suspensão do poder familiar, durante o trâmite da ação de destituição, pois nos soa ilógico manter o filho com os pais se há motivo para a perda do poder familiar. O abandono, os maus-tratos, o castigo imoderado, a opressão e o abuso sexual devem cessar, de imediato, não podendo aguardar a finalização da ação principal. Em suma, salvo raras exceções, sempre há motivo grave para a suspensão cautelar do poder familiar, que, nessa hipótese, pode ser decretada de ofício pelo juiz – nesse aspecto, a doutrina é pacífica, pois já existe demanda em andamento. Na jurisprudência: STJ: "As medidas protetivas fixadas pela Lei 8.069/90 têm como objeto primário a proteção integral da criança e do adolescente, os titulares do sistema legal protetivo. Na espécie, abstraindo os debates sobre como se deu a retirada da criança e sua colocação em família substituta, devidamente registrada em cadastro de adoção, como se pode inferir dos fatos historiados e do excerto transcrito anteriormente, a capacidade da recorrente, desde antes do nascimento de seu filho, já era objeto de avaliação e preocupação das autoridades responsáveis pela proteção aos menores no Município, notadamente o Ministério Público estadual e o próprio Poder Judiciário, não ocorrendo, assim, a aludida atuação açodada do Estado no sentido de suspender o Poder Familiar da recorrente e já encaminhar a criança para a adoção" (REsp 1.654.099/MS, 3.ª T., rel. Nancy Andrighi, 04.04.2017, v.u.).

76. Liminar ou incidentalmente: significa que o juiz pode decretar a suspensão do poder familiar assim que recebe a petição inicial da ação de destituição do referido poder familiar, em caráter liminar, ou pode fazê-lo durante o trâmite da ação, quando perceba a necessidade. Denomina-se *incidental*, pois incide sobre o processo principal, embora se constitua medida de cunho cautelar. Como dissemos na nota anterior, a regra é suspender o poder familiar tão

Art. 157 Estatuto da Criança e do Adolescente Comentado · **Nucci**

logo receba a ação principal, portanto, liminarmente. Na jurisprudência: TJRS: "1. É cabível a suspensão do poder familiar e a colocação em programa de acolhimento familiar, em sede liminar, quando existem elementos de prova suficientes que recomendam tal providência, devendo-se levar em conta também o interesse da menor. 2. A suspensão do poder familiar e a colocação em família substituta constituem medidas drásticas e, para a sua decretação, é necessário que reste demonstrada a completa negligência e o estado de abandono da filha, configurando uma situação grave de risco, que é conduta ilícita e atingida na órbita civil por essa sanção. 3. Se os autos dão conta de indícios de que poderia estar ocorrendo uma adoção à brasileira encobrindo interesse escuso, mostra-se correta a adoção de todas as providências necessárias a mais ampla proteção do interesse da infante e ao cabal esclarecimento dos fatos. Recurso desprovido" (AI 70067329144/RS, 7.ª Câm. Cível, rel. Sérgio Fernando de Vasconcellos Chaves, 16.03.2016, v.u.). TJSC: "Conquanto a suspensão do poder familiar seja medida excepcional, necessário se faz o seu deferimento quando presentes elementos que denotem o descumprimento do dever quanto à efetivação dos direitos da criança e do adolescente insertos no art. 4.º da lei especial. Recurso conhecido e desprovido" (AI 0143824-52.2015.8.24.0000/SC, 6.ª Câm. de Direito Civil, rel. Rubens Schulz, 21.06.2016, v.u.).

77. Menor confiado a pessoa idônea: o ideal, por certo, seria a entrega da criança ou adolescente a uma pessoa de confiança do juiz, que pode ser parente do menor ou não. Uma das possibilidades é convocar alguém do cadastro de adoção, que se adapte àquela criança ou adolescente, para assumir a guarda provisória, pois há intuito de permanência definitiva, o que reduz o trauma para o infante ou jovem. Na maior parte dos casos, a ação de destituição do poder familiar é procedente, pois o Ministério Público somente a propõe quando esgotadas as chances de reintegração da família natural. Por outro lado, há casos em que inexiste pessoa disposta a assumir a guarda, razão pela qual o menor pode ser enviado a acolhimento institucional ou familiar. Não se deixará de separar a criança ou adolescente de seus pais (ou do pai, ou da mãe) com quem convive de maneira opressiva. Na jurisprudência: TJSP: "Execução de medida de acolhimento institucional. Insurgência da genitora contra decisão que deferiu a aproximação dos filhos a pretendentes à adoção localizados pelo setor psicossocial por meio de busca ativa. Não cabimento. Crianças em situação de abandono. Ausência de efetiva adesão dos genitores aos encaminhamentos propostos e falta de perspectiva de desacolhimento a curto ou médio prazo pela família natural ou extensa. Tramitação de ação de destituição do poder familiar, com decisão de suspensão do poder familiar, anterior à decisão agravada. Ausência de violação às resoluções do Conselho Nacional de Justiça no que se refere à colocação em família substituta antes do trânsito em julgado da ação de destituição do poder familiar. Inteligência do art. 157 do ECA. Colocação dos infantes em família substituta que se mostra como medida necessária para assegurar aos infantes o pleno desenvolvimento de ordem física e mental, bem como a convivência familiar e comunitária" (AI 20074785920228260000/SP, Câm. Especial, rel. Ana Luiza Villa Nova, 26.05.2022, v.u.).

77-A. Realização imediata de estudo social ou perícia: tratando-se de processo para a suspensão ou perda do poder familiar, visando-se à aceleração do trâmite, em prol da criança ou adolescente, assim que receber a petição inicial – ação, como regra, proposta pelo Ministério Público –, o juiz já determina, de pronto, a realização de estudo junto à família natural onde se encontra o menor ou perícia necessária para apurar alguma forma de violência. Ganha-se tempo, pois em casos desta espécie, questionando o poder familiar, o estudo social é essencial ao perfeito conhecimento da causa pela autoridade judiciária. Logo, a avaliação multidisciplinar passa a ser obrigatória, independentemente de requerimento de qualquer das partes. Na jurisprudência: TJSP: "Destituição do poder familiar. Sentença de procedência. Apelo da genitora. Preliminar de nulidade. Violação aos princípios do contraditório, do devido processo legal e da isonomia. Inocorrência. O estudo social encartado aos autos observou expressamente a norma contida no § 1.º do art. 157 do ECA. Obrigatoriedade da avaliação, independentemente de requerimento das partes. Procedimento para a perda do múnus observado. Desnecessidade de apresentação de quesitos e indicação de assistente técnico. Pronunciamento acerca do laudo. Ambas as partes se manifestaram sobre o parecer técnico, nas alegações finais. Causa instruída com elementos de convicção bastantes à formação do livre convencimento motivado do juízo. Ademais, o julgador tem o poder de averiguar a pertinência, conveniência e necessidade da prova para o deslinde do feito. Alegado desacerto da decisão, porque ausente hipótese a legitimar a medida excepcional. Descabimento. Conjunto probatório suficiente ao esclarecimento do tema. Mãe dependente química e portadora de sífilis, que sequer realizara o pré-natal. Não aderência ao tratamento para drogadição. Vivência de rua. Abandono do filho. Descumprimento dos deveres de guarda, proteção e educação caracterizados. Destituição que se impõe, fundada no superior interesse da criança. Inteligência do art. 1.638, II e III, do Código Civil, e art. 24, ECA. Impossibilidade de colocação do menor na família extensa. Sentença mantida. Precedentes" (Apelação Cível 1028782-59.2016.8.26.0577, Câmara Especial, rel. Sulaiman Miguel, 07.02.2020, v.u.).

77-B. Comunidade indígena: a particularidade da situação do índio, especialmente não integrado culturalmente, exige a presença dos órgãos competentes, como a Funai. Na jurisprudência: STJ: "4 – A intervenção da FUNAI nos litígios relacionados à destituição do poder familiar e à adoção de menores indígenas ou menores cujos pais são indígenas é obrigatória e apresenta caráter de ordem pública, visando-se, em ambas as hipóteses, que sejam consideradas e respeitadas a identidade social e cultural do povo indígena, os seus costumes e tradições, bem como suas instituições, bem como que a colocação familiar ocorra prioritariamente no seio de sua comunidade ou junto a membros da mesma etnia. 5 – As regras do art. 28, § 6.º, I e II, do ECA, visam conferir às crianças de origem indígena um tratamento verdadeiramente diferenciado, pois, além de crianças, pertencem elas a uma etnia minoritária, historicamente discriminada e marginalizada no Brasil, bem como pretendem, reconhecendo a existência de uma série de vulnerabilidades dessa etnia, adequadamente tutelar a comunidade e a cultura indígena, de modo a minimizar a sua assimilação ou absorção pela cultura dominante. 6 – Nesse contexto, a obrigatoriedade e a relevância da intervenção obrigatória da FUNAI decorre do fato de se tratar do órgão especializado, interdisciplinar e com conhecimentos aprofundados sobre as diferentes culturas indígenas, o que possibilita uma melhor verificação das condições e idiossincrasias da família biológica, com vistas a propiciar o adequado acolhimento do menor e, consequentemente, a proteção de seus melhores interesses, não se tratando, pois, de formalismo processual exacerbado apener de nulidade a sua ausência. 7 – Na específica hipótese em exame, as crianças, cuja genitora biológica é de origem indígena, mas que há muito convive na sociedade urbana, estão acolhidas cautelarmente em virtude da comprovada e absoluta inaptidão da genitora para exercer o poder familiar em razão de fatos gravíssimos, razão pela qual, rompidos os vínculos socioafetivos com a genitora, não seria adequada a nulificação integral do processo em que se pretende apenas a destituição do poder familiar, observando-se, contudo, a obrigatoriedade de intervenção da FUNAI, daqui em diante, em quaisquer procedimentos ou ações que envolvam as menores, assegurando-lhes a possibilidade de resgate ou de manutenção da cultura indígena" (REsp 1.698.635/MS, 3.ª T., rel. Nancy Andrighi, 01.09.2020, v.u.).

77-C. Medida preventiva para análise da liminar: o disposto neste parágrafo foi introduzido pela Lei 14.340/2022, consagrando o direito ao contraditório prévio e à ampla defesa antecipada, permitindo que os detentores do poder familiar sejam ouvidos, por cautela, antes de uma medida drástica, desde que seja propício. Por vezes, conforme a gravidade da situação,

Art. 158

Estatuto da Criança e do Adolescente Comentado · Nucci

a oitiva de quem detém o poder familiar pode ser prejudicial à criança ou adolescente, que pode sofrer alguma represália. Depende do caso concreto. Além disso, outro cuidado se volta à inquirição do infante ou jovem por equipe de apoio do juízo, nos termos da Lei 13.431/2017. Utilizam-se a escuta especializada ("Art. 7.º Escuta especializada é o procedimento de entrevista sobre situação de violência com criança ou adolescente perante órgão da rede de proteção, limitado o relato estritamente ao necessário para o cumprimento de sua finalidade") e o depoimento especial ("Art. 8.º Depoimento especial é o procedimento de oitiva de criança ou adolescente vítima ou testemunha de violência perante autoridade policial ou judiciária").

77-D. Comunicação ao Ministério Público: constata-se que o membro do Ministério Público, atuando na Vara da Infância e Juventude, acompanha o procedimento de perda e suspensão do poder familiar e, por consequência, será ouvido antes da concessão da liminar. Aliás, pode ser o próprio Ministério Público o autor da ação. Portanto, deduz-se que, havendo violação de direitos da criança ou adolescente, cientificado disso, o *Parquet* tome as providências cabíveis, várias delas previstas na Lei 14.344/2022 (medidas protetivas de urgência), além da apuração de eventual crime. Desse modo, dispor que cabe ao juiz comunicar o fato ao MP soa estranho, pois a instituição está ciente do que se passa. Quer-se acreditar seja uma dupla proteção: oficia-se ao Ministério Público, formalizando a entrega de documentos dos autos, para instruir as providências a tomar.

> **Art. 158.** O requerido será citado para, no prazo de dez dias, oferecer resposta escrita, indicando as provas a serem produzidas e oferecendo desde logo o rol de testemunhas e documentos.[78]
>
> § 1.º A citação será pessoal,[79] salvo se esgotados todos os meios para sua realização.[80-82]
>
> § 2.º O requerido privado de liberdade deverá ser citado pessoalmente.[83]
>
> § 3.º Quando, por duas vezes, o oficial de justiça houver procurado o citando em seu domicílio ou residência sem o encontrar, deverá, havendo suspeita de ocultação, informar qualquer pessoa da família ou, em sua falta, qualquer vizinho do dia útil em que voltará a fim de efetuar a citação, na hora que designar, nos termos do art. 252 e seguintes da Lei n.º 13.105, de 16 de março de 2015 (Código de Processo Civil).[83-A]
>
> § 4.º Na hipótese de os genitores encontrarem-se em local incerto ou não sabido, serão citados por edital no prazo de dez dias, em publicação única, dispensado o envio de ofícios para a localização.[83-B]

78. Contestação: denomina a lei que o requerido será citado para, no prazo de dez dias, conforme dispõe a lei processual civil para a sua contagem, ofertar *resposta escrita*, que não passa da *contestação*. Nessa peça, indicará as provas a produzir e juntará, necessariamente, o rol de testemunhas, sob pena de preclusão. Os documentos podem ser ofertados junto com a contestação ou em qualquer outro momento processual. Entretanto, há uma razão para constar do artigo a expressão *resposta escrita* e não contestação ou impugnação. Na realidade, há vários casos de concordância com o pedido; é o pai que não reconhece o filho, apesar de registrado no seu nome, e não faz questão de perder o poder familiar; é a mãe que sabe não ter condições mínimas para cuidar de seu filho e aquiesce à perda do poder familiar, enfim, apresenta-se a resposta escrita, mas não é uma impugnação.

79. Citação pessoal: é a regra, fazendo-se por mandado, apresentado pelo oficial de justiça diretamente ao pai ou à mãe (ou ambos), colhendo-se a assinatura do citado e devolvendo-se em cartório, devidamente certificado. Se o citado recusar-se a assinar, serão descritas as suas características físicas pelo oficial e o ato será, do mesmo modo, válido.

80. Esgotamento dos meios de localização: espera-se que o juiz determine as diligências de praxe para localizar o(s) requerido(s). Isso normalmente ocorre quando a criança ou jovem se encontra em abandono; tratando-se de violência, abuso sexual ou outra forma de opressão, como regra, os pais estão em local conhecido. De toda forma, o magistrado deve expedir os ofícios de hábito para órgãos públicos e/ou privados, além de, necessariamente, determinar ao oficial de justiça a checagem de todos os endereços constantes dos autos, desde o início da investigação. Na jurisprudência: TJBA: "A decretação da perda ou suspensão do poder familiar requer a tentativa de localização da genitora, pois, consoante jurisprudência do Superior Tribunal de Justiça, a citação por edital somente é admitida após o esgotamento de todos os meios para a localização da parte demandada, na forma do artigo 256, § 3.º, do CPC/15, c/c o artigo 158 do ECA. A nulidade da citação editalícia sem a realização de diligências para tentativa de localização da ré impõe a anulação da sentença e retorno dos autos à instância de origem para regular processamento. Recurso provido" (Ap. 0301795-96.2013.8.05.0001-BA, 3.ª Câmara Cível, rel. Moacyr Montenegro Souto, 19.09.2017, v.u.). TJMG: "Válida a citação por edital realizada com fundamento na declaração da parte autora de ser desconhecida a localização do requerido e respaldada nos acompanhamentos assistenciais, que antecederam a propositura da ação e se desenvolveram por vários anos, sem que se tivesse notícias do paradeiro do genitor dos menores. O réu revel que comparece espontaneamente nos autos recebe o processo no estado em que se encontra, não se exigindo a repetição do ato de intimação das partes sobre a designação de audiência, sobretudo se, com a concessão da vista dos autos, foi-lhe oportunizado o conhecimento de todo trâmite processual até então desenvolvido. Incorre em abandono material e afetivo o pai que, deixando a guarda dos filhos para a genitora destes, negligencia os deveres de supervisionar os seus interesses e fiscalizar a sua manutenção e educação, além do dever de sustento e de cuidado, manifestado na convivência e no cultivo dos laços afetivos, lesando os direitos dos menores que foram expostos a graves situações de risco e que, institucionalizados, se mantiveram destituídos do direito à convivência familiar por longo período, sem qualquer intervenção do pai" (Apelação Cível 1.0223.13.002650-1/001, 4.ª Câm. Cível, rel. Heloisa Combat, 12.03.2015).

81. Citação por edital ou por hora certa: se o requerido não for localizado, deve-se citá-lo por edital. Dispõe o art. 257 do Código de Processo Civil: "São requisitos da citação por edital: I – a afirmação do autor ou a certidão do oficial informando a presença das circunstâncias autorizadoras; II – a publicação do edital na rede mundial de computadores, no sítio do respectivo tribunal e na plataforma de editais do Conselho Nacional de Justiça, que deve ser certificada nos autos; III – a determinação, pelo juiz, do prazo, que variará entre 20 (vinte) e 60 (sessenta) dias, fluindo da data da publicação única ou, havendo mais de uma, da primeira; IV – a advertência de que será nomeado curador especial em caso de revelia. Parágrafo único. O juiz poderá determinar que a publicação do edital seja feita também em jornal local de ampla circulação ou por outros meios, considerando as peculiaridades da comarca, da seção ou da subseção judiciárias". Caso o requerido esteja se ocultando para não receber a citação pessoal, poderá ser citado por hora certa. Preceitua o art. 252 do Código de Processo Civil: "quando, por 2 (duas) vezes, o oficial de justiça houver procurado o citando em seu domicílio ou residência sem o encontrar, deverá, havendo suspeita de ocultação, intimar qualquer pessoa da família ou, em sua falta, qualquer vizinho de que, no dia útil imediato, voltará a fim de efetuar a citação, na hora que designar Parágrafo único. Nos condomínios edilícios ou nos loteamentos com controle de acesso, será válida a intimação a que se refere o *caput* feita a funcionário da portaria responsável pelo recebimento de correspondência".

Art. 159

Estatuto da Criança e do Adolescente Comentado • **Nucci**

E o art. 253: "No dia e na hora designados, o oficial de justiça, independentemente de novo despacho, comparecerá ao domicílio ou à residência do citando a fim de realizar a diligência. § 1.º Se o citando não estiver presente, o oficial de justiça procurará informar-se das razões da ausência, dando por feita a citação, ainda que o citando se tenha ocultado em outra comarca, seção ou subseção judiciárias. § 2.º A citação com hora certa será efetivada mesmo que a pessoa da família ou o vizinho que houver sido intimado esteja ausente, ou se, embora presente, a pessoa da família ou o vizinho se recusar a receber o mandado. § 3.º Da certidão da ocorrência, o oficial de justiça deixará contrafé com qualquer pessoa da família ou vizinho, conforme o caso, declarando-lhe o nome. § 4.º O oficial de justiça fará constar do mandado a advertência de que será nomeado curador especial se houver revelia". Finaliza o art. 254: "feita a citação com hora certa, o escrivão ou chefe de secretaria enviará ao réu, executado ou interessado, no prazo de 10 (dez) dias, contado da data da juntada do mandado aos autos, carta, telegrama ou correspondência eletrônica, dando-lhe de tudo ciência."

82. Curador especial: nos termos do art. 72, II, do CPC, o juiz nomeará curador especial ao réu preso revel, bem como ao réu revel citado por edital ou com hora certa, enquanto não for constituído advogado. Geralmente, nomeia-se o defensor encarregado da defesa do requerido.

83. Citação do preso: houve época em que o preso não era citado pessoalmente, nos processos criminais comuns; bastava a requisição feita pelo juiz para que fosse apresentado em audiência, em lugar do mandado de citação. O erro era visível, pois impedia a ampla defesa, já que o réu não recebia cópia da denúncia nem tinha tempo para constituir defensor. Hoje, a situação modificou-se no Código de Processo Penal e a citação do preso deve ser pessoal. O mesmo se faz no caso deste dispositivo, alinhando-se ao critério da garantia da ampla defesa.

83-A. Citação por hora certa: sempre foi o caminho adequado para os casos em que o citando se oculta, tanto que já mencionamos na nota 81 *supra*. A partir da edição da Lei 13.509/2017 fica expresso neste Estatuto.

83-B. Citação por edital: trata-se de outra forma de citação, prevista no Código de Processo Civil, indicada para o caso de não localização da pessoa a ser citada, tanto que mencionamos na nota 81 *supra*. A única diferença, a prevalecer nesta Lei, é o prazo do edital, que se torna mais curto (10 dias). A dispensa de ofícios para a localização dos genitores do menor pode ser medida interessante para a celeridade do procedimento, porém nem sempre é justificável. Garantir a ampla defesa, para a perda do poder familiar, é fundamental para o devido processo legal; por isso, cremos que essa decisão cabe ao magistrado, conforme o caso concreto.

> **Art. 159.** Se o requerido não tiver possibilidade de constituir advogado, sem prejuízo do próprio sustento e de sua família, poderá requerer, em cartório, que lhe seja nomeado dativo, ao qual incumbirá a apresentação de resposta, contando-se o prazo a partir da intimação do despacho de nomeação.[84]
>
> **Parágrafo único.** Na hipótese de requerido privado de liberdade, o oficial de justiça deverá perguntar, no momento da citação pessoal, se deseja que lhe seja nomeado defensor.[85]

84. Defensor público ou dativo: o poder familiar não constitui um direito indisponível, que obrigue, necessariamente, o contraditório e a ampla defesa, como ocorre nos processos criminais, em que está em jogo a liberdade individual – esta, sim, indisponível. Tanto não se trata de direito indisponível que os pais podem abrir mão do filho, entregando-o para adoção. Indisponível, de fato, é a liberdade, pois o réu não pode declarar-se culpado e inserir-se no cárcere, por sua conta. Eis o motivo pelo qual, quando citado, o requerido (pai, mãe ou ambos), se carente de recursos, pode comparecer ao cartório, *dentro do prazo de dez dias*, assegurados para a sua defesa, pleiteando a nomeação de um defensor dativo ou o seu encaminhamento à Defensoria Pública. A partir da nomeação, contam-se novamente *dez dias* para a apresentação de defesa escrita. Se foi citado pessoalmente e deixa transcorrer, em branco, o seu prazo, torna-se ausente dos autos. Em nossa visão, deveriam ser aplicados os efeitos da revelia (art. 344 do CPC), julgando-se procedente a ação. Mas a maioria da doutrina entende tratar-se de direito *indisponível*, aplicando-se, então, o art. 345, II, do CPC, ou seja, não se aplica a consequência da revelia. Ver, ainda, a próxima nota.

85. Requerido preso e direito à defesa: o disposto no parágrafo único deste artigo é, no mínimo, contraditório à ideia de que o poder familiar cuida-se de direito indisponível. Quando citado, no presídio, deve o oficial perguntar ao requerido se *deseja* a nomeação de um defensor. Facilita, sem dúvida, o procedimento, até porque ele não poderá comparecer em cartório, como aponta o *caput* deste artigo, para solicitar um defensor. Mas, se o direito fosse, realmente, indisponível, como é a liberdade, no campo criminal, o requerido *teria* defesa de qualquer modo, queira ou não. Logo, perguntar a ele se *deseja* ser defendido é o mesmo que lhe indagar se pretende contestar a ação ou concorda com seus termos, já que abre mão de qualquer defesa. Porém, segue-se o preceituado no Código de Processo Civil ("Art. 344. Se o réu não contestar a ação, será considerado revel e presumir-se-ão verdadeiras as alegações de fato formuladas pelo autor"). Inexistindo contestação, não se podendo considerar o efeito da revelia, por se tratar de direito "indisponível", o autor deve provar as suas alegações de qualquer forma. No entanto, o requerente está sozinho nos autos, devendo demonstrar a veracidade dos fatos sem contraditório e sem ampla defesa, o que nos soa um *peculiar direito indisponível*; é tão indisponível que permite a integral ausência de defesa, parecendo-nos uma ambiguidade digna de alteração, seja para permitir os efeitos da revelia, seja para garantir a defesa técnica obrigatória.

> **Art. 160.** Sendo necessário, a autoridade judiciária requisitará de qualquer repartição ou órgão público a apresentação de documento que interesse à causa, de ofício ou a requerimento das partes ou do Ministério Público.[86]

86. Instrução da causa pela busca de documentos: determina-se deva o autor apresentar os documentos que possui junto com a inicial (art. 156, IV, desta Lei) e, o requerido, junto à contestação (art. 158, *caput*, deste Estatuto). Porém, como mencionamos anteriormente, nada impede a juntada de outros documentos em momento posterior. Aliás, quando o documento for considerado sigiloso (como a declaração de imposto de renda), é preciso a intervenção do juiz, requisitando-o ao órgão competente. Assim ocorrendo, o magistrado pode requisitar o documento que achar conveniente, de ofício, como também pode atender pedido de qualquer das partes.

> **Art. 161.** Se não for contestado o pedido e tiver sido concluído o estudo social ou a perícia realizada por equipe interprofissional ou multidisciplinar, a autoridade judiciária dará vista dos autos ao Ministério Público, por 5 (cinco) dias, salvo quando este for o requerente, e decidirá em igual prazo.[87]
>
> § 1.º A autoridade judiciária, de ofício ou a requerimento das partes ou do Ministério Público, determinará[88] a oitiva de testemunhas que comprovem a

Art. 161

> presença de uma das causas de suspensão ou destituição do poder familiar previstas nos arts. 1.637 e 1.638 da Lei n.º 10.406, de 10 de janeiro de 2002 (Código Civil), ou no art. 24 desta Lei.[89]
>
> § 2.º (REVOGADO)[90]
>
> § 3.º Se o pedido importar em modificação de guarda, será obrigatória, desde que possível e razoável, a oitiva da criança ou adolescente, respeitado seu estágio de desenvolvimento e grau de compreensão sobre as implicações da medida.[91]
>
> § 4.º É obrigatória a oitiva dos pais sempre que eles forem identificados e estiverem em local conhecido, ressalvados os casos de não comparecimento perante a Justiça quando devidamente citados.[92-93]
>
> § 5.º Se o pai ou a mãe estiverem privados de liberdade, a autoridade judicial requisitará sua apresentação para a oitiva.[94]

87. Ausência de contestação: se tiver sido concluído estudo social ou perícia, abre-se vista ao Ministério Público, quando se tratar de fiscal da lei, sendo outro o autor da ação. O objetivo é colher o seu parecer no tocante à instrução ou mesmo propor alguma prova. Caso o Ministério Público seja o autor, já tendo indicado na inicial as provas pretendidas, o juiz decide diretamente o próximo passo. Em nossa visão, inexistindo testemunhas arroladas e já tendo sido realizado o estudo social, a única diligência obrigatória – embora ilógica – é a oitiva dos pais (ver os comentários ao § 4.º, a seguir), designando-se audiência de instrução e julgamento.

88. Instrução compulsória: a anterior redação deste artigo era muito superior – antes do advento da Lei 12.010/2009 –, pois facultava ao juiz determinar a produção de provas quando fosse necessário. Por vezes, já estão nos autos documentos suficientes para demonstrar, de modo eficiente, a imperiosidade da destituição do poder familiar. Imagine-se um procedimento verificatório instaurado antes, contendo laudos, pareceres, oitiva de testemunhas, até culminar com a formalização da ação proposta pelo Ministério Público. Não há contestação, embora o requerido (ou ambos os pais) tenha sido pessoalmente citado. Pelo teor deste artigo, o juiz *determinará* a oitiva de testemunhas. O legislador deu a esse novo dispositivo uma redação incongruente: a) em primeiro lugar, estipulou que o magistrado *determinará* a produção de provas; porém, inseriu a frase explicativa "de ofício ou a requerimento das partes ou do Ministério Público". Ora, se a instrução será realizada de qualquer modo, torna-se inócuo prever a possibilidade de "requerimento das partes ou do MP", assim como também é inútil mencionar "de ofício". Somente se menciona a iniciativa do juiz ou das partes quando há facultatividade; se é obrigatório, nada disso deve ser incluído em lei; b) as partes *podem* arrolar testemunhas; não são – e nunca foram – obrigadas a fazê-lo. Portanto, imagine-se que o Ministério Público não arrolou nenhuma e o requerido nem mesmo contestou; quem o juiz vai ouvir? Afinal, o texto diz que o magistrado *determinará* a oitiva de testemunha. Deverá ele, julgador, sair em busca de pessoas para ouvir? Óbvio que não. Isso é fruto da falta de bom senso. Se o legislador entende ser absolutamente relevante produzir prova em favor do requerido, o mínimo que deveria ter feito – e não é possível que ignorasse essa possibilidade – era garantir a defesa técnica obrigatória, como se faz na órbita criminal. Em suma, se já houver estudo social ou outro parecer da equipe multidisciplinar nos autos, o juiz *pode* (e não *deve*) mandar realizar algum outro, em complemento, se necessário. Se houver testemunhas arroladas, marca-se audiência para ouvi-las. Não existindo, não se *inventa* a prova. Com inteira razão, Luiz Carlos de Barros Figueiredo pondera: "priorizam-se os pais, que maltrataram, abandonaram, não se interessam em defender-se, mantendo-se por tempo bem maior de que o indispensável a criança ou adolescente à instituição de acolhimento. Será que a institucionalização deixou de ser excepcional e transitória? Como vamos fazer para desobstruir as pautas de audiência, de forma a agilizar o julgamento do caso concreto? Como vamos dispor de equipes técnicas em quantidade suficiente para atender até os casos consolidados? (...) Não se alegue que casos existiram de uso abusivo do permissivo legal. Isto pode ocorrer em qualquer atividade humana. O remédio para isso é denunciar, apurar e punir, quando for o caso, jamais generalizações medíocres. Os redatores dessa ignomínia devem satisfações não à opinião pública, mas às milhares de crianças e adolescentes que por conta desse parágrafo deixarão de ter direito à convivência familiar" (*Comentários à nova lei nacional da adoção*, p. 97-98). Na jurisprudência: TJGO: "2. A inobservância do procedimento preconizado no § 4.º do artigo 161 do Estatuto da Criança e do Adolescente, consistente na ausência da obrigatória oitiva dos pais impõe a cassação da sentença" (Ap. 02031399420148090151, 5.ª Câm. Cível, rel. Alan Sebastião de Sena Conceição, 08.02.2022, v.u.).

89. Ônus da prova e conteúdo dos depoimentos das testemunhas: ao que parece, a Lei 12.010/2009 pode ter inserido muitas ilogicidades neste Estatuto, mas não alterou o ônus da prova, tampouco pretendeu ensinar o autor a agir, durante a instrução, bem como o juiz a decidir. Em primeiro plano, o ônus da prova cabe a quem alega o fato, constitutivo do seu direito; no caso, ao autor (art. 373, I, do CPC; art. 156, CPP). O requerente da ação de destituição do poder familiar, na maioria dos casos, o Ministério Público, sabe muito bem os fundamentos jurídicos de seu pedido e os fatos que os preenchem; logo, suas testemunhas devem comprovar o alegado na inicial. Esta peça, sob pena de inépcia, deve conter exatamente a causa de pedir apta a gerar a destituição do poder familiar. Então, não se compreende a pretensa *lição* de processo dada pelo legislador, ao escrever que as testemunhas devem *comprovar a presença de uma das causas de suspensão ou destituição do poder familiar previstas nos arts. 1.637 e 1.638 da Lei 10.406, de 10 de janeiro de 2002 [Código Civil], ou no art. 24 desta Lei.* E há doutrinador que concorda com isso, afirmando dever a testemunha depor *não somente a respeito dos fatos da inicial*, mas também sobre os fundamentos jurídicos do pedido. Com a devida vênia, testemunhas depõem sobre *fatos*; jamais sobre direito. Elas devem, quando arroladas pelo autor, servir para comprovar os *fatos da inicial*, que, por uma questão de lógica, serão calcados nos fundamentos jurídicos para a destituição do poder familiar. Enfim, não há *duas* versões para os depoimentos das testemunhas – o conteúdo da inicial e o conteúdo dos artigos supramencionados. A verdade é uma só: o legislador da Lei 12.010/2009 ficou no meio-termo. Pretendeu ser mais rigoroso para a destituição do poder familiar, mas não soube fazer valer seu intento. Exige uma instrução, mas nem mesmo defensor técnico obrigatório fornece ao requerido. *Quer, mas não tanto.* Esse é o conhecido fruto das reformas pontuais, feitas em Códigos e Estatutos, sem uma base sistemática e um amplo conhecimento da matéria.

90. Comunidade indígena: já consta do art. 157, § 2º, desta Lei.

91. Oitiva do menor para a alteração da guarda: está-se no contexto da destituição ou suspensão do poder familiar, motivo pelo qual a *obrigatória* oitiva da criança ou adolescente deve ser vista com reservas. Aliás, pode-se até ouvir a criança, que tenha entendimento suficiente para se expressar, e o adolescente, não significando que se deva acolher a sua opinião. Não se trata de uma mera disputa de guarda entre pai e mãe, quando, então, o juiz ouvirá a vontade do menor: com quem deseja ficar. No caso presente, para existir a ação de destituição do poder familiar, há um motivo muito grave – violência, opressão, abuso sexual, abandono, maus-tratos – gerando consequências sérias para o infante ou jovem. Mesmo que ele queira permanecer com o pai (ou pais), sabendo ter sido agredido, *acima de tudo* encontra-se o superior interesse infantojuvenil, e o juiz não pode flexibilizá-lo. De outra parte, ouvir a criança ou adolescente pode colocá-lo em posição ingrata, tendo que depor *contra* o(s) pai(s) ou, noutra hipótese, mentir para não

Art. 161

compromenter seu(s) pai(s). Surge o temor de que, não dando certo a proteção do Estado, ele voltará a morar com quem o agrediu; assim sendo, prefere não falar a verdade, para não se comprometer. Por outro lado, como regra, é mais do que óbvio haver modificação da guarda, já que se pretende o mais, consistente na perda do poder familiar. Então, a única maneira de se compreender este dispositivo com racionalidade é ouvir o menor durante a instrução do processo de destituição (ou suspensão) do poder familiar, mas a liminar alteração da guarda pode (e deve) ser feita sem essa inquirição, ante o caráter emergencial. Na jurisprudência: TJSP: "Regulamentação de Guarda. Pelo estudo psicossocial realizado, denota-se que a menor está adaptada ao convívio com a família paterna, na casa dos avós paternos, e denota bom relacionamento com todos eles. Quanto ao lar materno, só ficou reafirmado o conflito com o padrasto, que se tornou agressivo com ela, e instabilidade psicológica da mãe, que está sob tratamento medicamentoso, e na atual situação esta não está apta a estabelecer contatos afetivos com a filha que permitam o retorno desta para casa. Pela idade da menor, que atingirá a maioridade em março de 2013, deve ser levada em conta a sua vontade, conforme o que se estabelece no art. 161, § 2.º do ECA [hoje, revogado]. Recurso improvido pela d. maioria, contra o voto do Relator sorteado, que lhe dava provimento" (Apelação 0004717-06.2010.8.26.0196, 8.ª Câm. de Direito Privado, rel. Ribeiro da Silva, 27.06.2012, não unânime).

92. Oitiva obrigatória dos pais: a inclusão deste parágrafo pela Lei 12.010/2009 foi a nítida demonstração da *parcialidade* do legislador em prol da reunião quase compulsória da família natural. Decidiu-se que o filho *precisa* dos seus pais biológicos, motivo pelo qual *tudo* se faz para que isso aconteça. Pouco importa quem são seus pais; pouco importa se eles espancaram ou violentaram o filho; desprezava-se se o abandonaram numa lata de lixo; enfim, nada disso é relevante. Desconsiderava-se, por meio da Lei 12.010/2009, a importância da adoção no cenário do desenvolvimento infantojuvenil. Desprezava-se o autêntico superior interesse da criança e do adolescente, pois o interesse dos pais é *supervalorizado*, mesmo que os genitores não liguem a mínima para a prole. Então, na verdade, o interesse é de terceiro (aquele que idealizou a família perfeita), pois, citados pessoalmente, não apresentaram resposta. Ignorava-se a burocratização à adoção, criando-se um cadastro formado, na verdade, por uma fila de interessados em crianças e jovens, como se verá mais adiante. A doutrina infantojuvenilista não conseguiu explicar a contento a razão de inclusão deste parágrafo. Menciona-se a *importância dada pelo legislador à perda do poder familiar*, ao mesmo tempo em que se reconhece não se poder adiar, indefinidamente, a destituição do poder dos pais, mormente quando eles não estão conectados ao filho e não contestaram (confira-se em Munir Cury, *Estatuto da Criança e do Adolescente comentado*, p. 792; Francismar Lamenza, *Estatuto da Criança e do Adolescente interpretado*, p. 267). Em nosso ponto de vista, este parágrafo é lamentável. Para se atingir o ponto em que o Ministério Público ajuíza a ação de destituição do poder familiar, vários passos foram dados pelas equipes interprofissionais do Município e do Juizado; esgotaram-se todas as possibilidades de reestruturação entre pais e filhos; ou, então, a conduta praticada pelos pais foi tão grave (estupro, por exemplo) que não mais há reconexão. Com o advento da Lei 13.509/2017, amenizou-se a situação. Os pais devem ser ouvidos se identificados e estiverem em local conhecido, *ressalvados os casos de não comparecimento perante a Justiça quando devidamente citados*. Pelo menos isso. Citados pessoalmente, se não ofertam impugnação alguma, não precisam ser ouvidos em audiência. Espera-se que os juízes da infância e juventude sejam enérgicos o suficiente para não permitir a prorrogação indefinida do feito, prejudicando a criança ou adolescente. Diz Luiz Carlos de Barros Figueiredo que o legislador "pensou mais em preservar direitos dos pais do que dos filhos vitimizados" (*Comentários à nova lei nacional da adoção*, p. 99). Por tais motivos, a Lei 12.010/2009 tem muito mais pontos fracos do que positivos; olvidou a criança e o adolescente, enxergando os pais; enfocou-se a família natural como a salvação da verdadeira família, passando a família substituta a um segundo plano; desdenhou o interesse do menor em prol da burocracia. Na jurisprudência: TJRS: "Considerando que a requerida não foi ouvida em Juízo, e nem sequer foi intimada para a audiência de instrução, resta violado o disposto no art. 161, § 4.º, do Estatuto da Criança e do Adolescente, que dispõe ser obrigatória a oitiva dos pais sempre que esses forem identificados e estiverem em local conhecido, devendo ser desconstituída a sentença, a fim de que seja reaberta a instrução, para que se proceda à oitiva da demandada. Acolheram a preliminar suscitada pelo Ministério Público, desconstituindo a sentença. Unânime" (Apelação 70052666195, 8.ª Câm. Cível, rel. Luiz Felipe Brasil Santos, 04.07.2013, v.u.). TJSC: "Ação de destituição do poder familiar. Procedência na origem. Reclamo dos réus. Genitores que não foram ouvidos em audiência de instrução e julgamento. Desatenção ao disposto no art. 161, § 4.º, do ECA. Nulidade absoluta. Retorno dos autos à origem para o regular processamento do feito. Sentença desconstituída. Recursos prejudicados" (Apelação 2012.064992-6, 5.ª Câm. Cível, rel. Des. Odson Cardoso Filho, 11.07.2013, v.u.).

93. _Amplíssima_ defesa: a atual redação conferida ao Estatuto já conferiu aos desidiosos pais, quando réus em ação de destituição do poder familiar, inúmeras possibilidades de defesa. Assegura-se a citação pessoal, esgotando-se todos os meios para a sua localização. Citados pessoalmente, podem requerer defensor dativo ou público. E, _mesmo que não queiram se defender_, serão chamados pessoalmente, em audiência, para oitiva perante o juiz. Se, mesmo assim não quiserem o filho, é preciso compreender o que está por trás disso: o seu descaso como pai ou mãe, em desfavor da criança ou adolescente. Na jurisprudência: TJSC: "Apesar de sua revelia, a recorrente fora citada pessoalmente, observado o art. 158 do Estatuto da Criança e do Adolescente, sendo-lhe facultado pelo art. 159, do mesmo Diploma Legal, a nomeação de advogado dativo. Intimada da audiência de instrução e julgamento, compareceu acompanhada de advogado constituído, depondo por ele assistida, na presença do Ministério Público, como dispõe o art. 161, § 4.º, do ECA. A pálida participação nos autos, por opção da própria parte demandada, não pode servir de fundamento de invalidade da sentença por cerceamento do direito de defesa que, uma vez oportunizado, deixou de ser amplamente exercido. Conjunto probatório consistente e seguro no sentido de demonstrar a propriedade da decisão, a toda evidência fundamentada no melhor interesse dos infantes" (Apelação 2013.001913-3, 6.ª Câm. Cível, rel. Ronei Danielli, 21.02.2013, v.u.).

94. Requisição de pais presos: como consequência do disposto pelo parágrafo anterior, já que a oitiva dos pais é obrigatória, encontrando-se presos, devem ser requisitados, afinal, estão em lugar conhecido.

> **Art. 162.** Apresentada a resposta,[95] a autoridade judiciária dará vista dos autos ao Ministério Público, por cinco dias, salvo quando este for o requerente, designando, desde logo, audiência de instrução e julgamento.[96]
>
> § 1.º (REVOGADO).
>
> § 2.º Na audiência, presentes as partes e o Ministério Público, serão ouvidas as testemunhas, colhendo-se oralmente o parecer técnico, salvo quando apresentado por escrito, manifestando-se sucessivamente o requerente, o requerido e o Ministério Público, pelo tempo de 20 minutos cada um, prorrogável por mais 10 minutos.[97]
>
> § 3.º A decisão será proferida na audiência, podendo a autoridade judiciária, excepcionalmente, designar data para sua leitura no prazo máximo de cinco dias.[97-A]

Art. 163

> § 4.º Quando o procedimento de destituição de poder familiar for iniciado pelo Ministério Público, não haverá necessidade de nomeação de curador especial em favor da criança ou adolescente.[97-B]

95. Apresentação da resposta: ofertada a resposta, há duas possibilidades: a) o requerido contesta o pedido; b) o requerido concorda com o pedido. Nesta segunda hipótese, equivale a não ofertar resposta, seguindo-se o disposto pelo art. 161. Porém, se houver impugnação, segue-se praticamente o mesmo rito descrito no mencionado art. 161, com a diferença de que a oitiva dos pais não é obrigatória, afinal, houve contestação. O juiz abre vista ao Ministério Público, quando atuar como fiscal da lei, para, querendo, propor alguma prova. De todo modo, designa audiência de instrução e julgamento.

96. Realização de estudo social: é preciso lembrar que, tão logo seja recebida a petição inicial, o juiz determinará a sua elaboração, independentemente de pedido da parte.

97. Concentração da produção da prova: na audiência, realizam-se todos os atos probatórios programados para que o juiz possa decidir de pronto. Este parágrafo menciona *partes* e *Ministério Público*, pois há a hipótese de alguém propor a ação (guardião, parente etc.) e o MP funcionar como fiscal da lei. Não sendo assim, estarão presentes apenas o membro do Ministério Público e o requerido, ambos como partes. Ouvem-se as testemunhas arroladas (se houver). Chama-se representante da equipe técnica para expor a conclusão do estudo oralmente, a menos que já tenha sido entregue por escrito. Ocorrem os debates orais.

97-A. Decisão judicial: o ideal, em nome da celeridade, seria proferir a sentença em audiência. Se não o fizer naquele momento, preceitua a lei, sem lógica alguma, haverá a designação de outra data para a leitura da sentença. Em lugar disso, basta que o magistrado profira a decisão e determine a sua publicação. Um ponto é importante: se a sentença não for lida em audiência, para a qual as partes foram intimadas, logo, tomando ciência de imediato, é preciso intimar as partes pessoalmente acerca da decisão.

97-B. Desnecessidade de curador especial: o dispositivo inserido pela Lei 13.509/2017 menciona a dispensa de nomeação de curador especial ao menor, se a ação for proposta pelo Ministério Público. Entretanto, havendo sempre a participação do *Parquet*, mesmo atuando como fiscal da lei – caso a demanda seja proposta por outro interessado, por exemplo, os pretendentes à adoção –, os interesses da criança ou adolescente serão assegurados. Diante disso, soa-nos dispensável, em qualquer hipótese, o curador especial ao menor.

> **Art. 163.** O prazo máximo para conclusão do procedimento será de 120 dias,[98] e caberá ao juiz, no caso de notória inviabilidade de manutenção do poder familiar, dirigir esforços para preparar a criança ou o adolescente com vistas à colocação em família substituta.[98-A]
>
> **Parágrafo único.** A sentença que decretar a perda ou a suspensão do poder familiar será averbada à margem do registro de nascimento da criança ou do adolescente.[99]

98. Prazo impróprio na lei; prazo próprio na consciência dos juízes: mais uma vez, lança-se mão de um prazo, sem qualquer responsabilidade concreta para o seu descumprimento. O procedimento para a destituição do poder familiar deve estar concluído em, no máximo, 120 dias. Se não estiver, absolutamente nada acontece no campo da responsabilização pela demora. É correto prever um prazo; o incorreto é a ausência de sanção. Porém, magistrados conscientes da relevância do seu trabalho na Vara da Infância e Juventude farão o possível para terminar em tempo curto do processo de destituição do poder familiar. A espera das crianças e adolescentes é um período torturante, pelo qual passam abrigadas em instituições (essa é a regra), sem o carinho e o afeto merecidos. Sem o apoio familiar indispensável ao seu crescimento e à sua formação. Por isso, o prazo é *próprio* para a consciência dos operadores do Direito; a lentidão causa danos irrecuperáveis nos jovens e infantes. Na doutrina, Valdeci Ataíde Cápua explica: "outro item constatado durante os trabalhos foi a demora em se fazer a destituição do poder familiar, pois, em muitos casos, a criança fica anos esperando a reintegração em sua família, e, consequentemente, quando não ocorre, por vezes passa-se o 'prazo de validade', expressão utilizada por alguns autores que militam nessa matéria, discorrendo sobre o perfil da criança desejada, no que tange à adoção tardia" (*Adoção internacional. Procedimentos legais*, p. 161). "Por que a destituição do poder familiar demora? Por parte da Justiça existe um pequeno grupo de equipe interprofissional para realizar o estudo psicossocial e averiguar a situação. Por parte da criança a dificuldade é a tentativa da reintegração familiar, que é difícil e muito demorada. Outro problema é encontrar a família da criança ou adolescente, que muda de endereço, que estão em tratamento ou qualquer outra situação que faz com que a demora aconteça. (...) A infância é torturada. Há o trabalho escravo dos adultos e jovens, preconceito social, crueldade, humilhação e falta de políticas públicas, que substituem a educação pela doação de alimentos. Está na hora de se substituir o assistencialismo pela vida saudável e com direito à completa cidadania. (...) As alternativas para sanar estas dificuldades deveriam ser mais rápidas, mas falta material humano preparado para este trabalho. Ou seja, um estudo para a reintegração familiar ou tratamentos psicológicos (ou psiquiátricos) não tornam esses pais 'bons' em pouco tempo. É um processo longo, leva anos. A destituição do poder familiar deveria ser mais rápida, evitando as sequelas do abandono. A criança cresce muito rápido e os pretendentes às adoções sentem medo em adotar uma criança maior ou que ficou abrigada por muito tempo" (Hália Pauliv de Souza & Renata Pauliv de Souza Casanova, *Adoção. O amor faz o mundo girar mais rápido*, p. 91).

98-A. Atuação judicial preventiva: estabelece-se, na nova redação ao *caput* do art. 163, a responsabilidade do magistrado, percebendo ser visível a proximidade da decisão de perda do poder familiar, para preparar o menor à sua colocação em família adotiva. Esses *esforços* demandados da autoridade judiciária são impraticáveis, pois, avizinhando-se a viabilidade de perda do poder familiar, quer-se crer que o infante ou jovem esteja sofrendo alguma espécie de privação, maltrato ou violência, de modo que estará livrando-se de um problema. Inexiste preparo maior do que a convivência afetuosa de uma família substituta. Se o juiz cuidar de acelerar o processo, permitindo a rápida inserção da criança ou adolescente em lar adotivo, já terá cumprido, com êxito, a sua função.

99. Averbação da sentença: deve ser providenciada de imediato, logo após a publicação, pois eventual recurso será recebido somente no efeito devolutivo. Dispõe o art. 102 da Lei dos Registros Públicos: "no livro de nascimento, serão averbados: (...) 6.º a perda e a suspensão do pátrio poder".

Seção III

Da Destituição da Tutela

Art. 164. Na destituição da tutela, observar-se-á o procedimento para a remoção de tutor previsto na lei processual civil e, no que couber, o disposto na seção anterior.[100]

Art. 165

Estatuto da Criança e do Adolescente Comentado • Nucci

100. Procedimento e fundamento para destituição da tutela: no Código Civil, dispõe o art. 1.766: "será destituído o tutor, quando negligente, prevaricador ou incurso em incapacidade". Neste Estatuto, preceitua o art. 22: "aos pais incumbe o dever de sustento, guarda e educação dos filhos menores, cabendo-lhes ainda, no interesse destes, a obrigação de cumprir e fazer cumprir as determinações judiciais". E prossegue o art. 24: "a perda e a suspensão do poder familiar serão decretadas judicialmente, em procedimento contraditório, nos casos previstos na legislação civil, bem como na hipótese de descumprimento injustificado dos deveres e obrigações a que alude o art. 22". O art. 38 desta Lei regular: "aplica-se à destituição da tutela o disposto no art. 24". Quanto ao procedimento, estabelece o Código de Processo Civil: "Art. 761. Incumbe ao Ministério Público ou a quem tenha legítimo interesse requerer, nos casos previstos em lei, a remoção do tutor ou do curador. Parágrafo único. O tutor ou o curador será citado para contestar a arguição no prazo de 5 (cinco) dias, findo o qual observar-se-á o procedimento comum. Art. 762. Em caso de extrema gravidade, o juiz poderá suspender o tutor ou o curador do exercício de suas funções, nomeando substituto interino. Art. 763. Cessando as funções do tutor ou do curador pelo decurso do prazo em que era obrigado a servir, ser-lhe-á lícito requerer a exoneração do encargo. § 1.º Caso o tutor ou o curador não requeira a exoneração do encargo dentro dos 10 (dez) dias seguintes à expiração do termo, entender-se-á reconduzido, salvo se o juiz o dispensar. § 2.º Cessada a tutela ou a curatela, é indispensável a prestação de contas pelo tutor ou pelo curador, na forma da lei civil".

Seção IV

Da Colocação em Família Substituta

> **Art. 165.** São requisitos para a concessão de pedidos de colocação em família substituta:[101-103]
>
> I – qualificação completa do requerente e de seu eventual cônjuge, ou companheiro, com expressa anuência deste;[104]
>
> II – indicação de eventual parentesco do requerente e de seu cônjuge, ou companheiro, com a criança ou adolescente, especificando se tem ou não parente vivo;[105]
>
> III – qualificação completa da criança ou adolescente e de seus pais, se conhecidos;[106]
>
> IV – indicação do cartório onde foi inscrito nascimento, anexando, se possível, uma cópia da respectiva certidão;[107]
>
> V – declaração sobre a existência de bens, direitos ou rendimentos relativos à criança ou ao adolescente.[108]
>
> **Parágrafo único.** Em se tratando de adoção, observar-se-ão também os requisitos específicos.[109]

101. Família substituta: trata-se da família *sucessiva*, que irá ocupar o lugar da família natural ou biológica. Por vezes, os pais de sangue não possuem condições de criar, sustentar e educar o filho gerado, obrigações decorrentes do poder familiar; sabendo-se que a Constituição Federal assegura, em primeiro plano, o *superior interesse da criança e do adolescente* (absoluta prioridade + proteção integral), o mais importante é a *boa formação* do infante ou jovem, podendo dar-se na família substituta. Essa família se forma a partir da adoção, tutela ou guarda. A primeira delas – adoção – é inequivocamente a mais intensa forma de nascimento e fortalecimento dos laços familiares.

102. Requisitos da petição inicial: são as indicações mínimas a constar da inicial, observando-se que se ligam, basicamente, às qualificações do(s) requerente(s) e do(s) requerido(s). Não há necessidade de detalhada exposição dos fatos, pois, a essa altura, o menor já se encontra sem representação legal – pais destituídos do poder familiar – de forma que ingressa a necessidade de tutela ou adoção, como medida principal, ou mesmo a guarda, geralmente procedimento preliminar à tutela ou adoção.

103. Rol taxativo: para a inserção em família substituta, os requisitos estão expostos neste artigo. Para a adoção, existindo prévia habilitação, há também os requisitos previstos no art. 197-A. Os Tribunais costumam editar Provimentos, prevendo requisitos para quem pretende receber crianças e adolescentes, especialmente em adoção. Mas não podem extrapolar o que a lei exige, dificultando sobremaneira o pedido. Na jurisprudência: TJSC: "O deferimento do pedido de inscrição de interessado no cadastro de pretendentes à adoção condiciona-se, apenas e somente, ao atendimento dos requisitos dos arts. 29 e 165 do Estatuto da Criança e do Adolescente, c/c as disposições do Provimento n. 11/95, da Corregedoria-Geral da Justiça. E, nos termos de tal Provimento, incumbe ao pretendente à adoção juntar apenas atestado de sanidade física, não se fazendo indispensável, nem sendo dado à autoridade judiciária assim exigir, a trazida a juízo de laudo psicológico minudentemente fundamentado" (AC 154.479/ SC 2008.015447-9, 2.ª Câm. de Direito Civil, rel. Sérgio Izidoro Heil, *DJ* 27.07.2010).

104. Qualificação do(a) requerente e anuência do cônjuge ou companheiro(a): pode-se admitir a hipótese de uma criança ou adolescente ser tutelada por apenas um dos cônjuges ou companheiros; até mesmo no tocante à guarda. Entretanto, não nos parece adequado que esse quadro se desenhe no cenário da adoção. Se há um casal, espera-se que estejam em vida comum harmônica, a ponto de ambos desejarem um filho. Não há cabimento na adoção, por exemplo, da mulher em relação à criança, enquanto o marido não a adota. Seria uma família parcialmente substituta. Não se nega a viabilidade da adoção feita por uma só pessoa, mas quando solteira ou separada, que viva sozinha, assumindo integralmente a paternidade ou a maternidade.

105. Indicação de parentesco: se há ou não parentesco entre o(s) requerente(s) e a criança ou adolescente, há de ser informado porque pode auxiliar no procedimento de escolha do tutor (o parente mais próximo tem preferência), bem como pode afastar algum candidato à adoção (alguns parentes não podem adotar, como os avós). Por outro lado, indicar se o menor tem algum parente vivo pode alertar o juízo a respeito de eventual prioridade para tutela ou guarda.

106. Qualificação da criança ou adolescente e dos pais: por vezes, é desnecessário, pois o processo de tutela, adoção ou guarda corre em apenso ao feito onde se debate (ou já se debateu) a destituição do poder familiar. Assim sendo, o menor já está qualificado, bastando fazer referência ao outro feito. Se, porventura, houver o ingresso do pedido de colocação em família substituta e, paralelamente, o ajuizamento da destituição, convém especificar os dados da criança ou adolescente para não haver qualquer dúvida. Quanto aos pais, embora devam ser identificados, não nos parece deva haver qualquer contencioso no processo de tutela, adoção ou guarda em face dos genitores do menor. Eles devem ser acionados em processo específico, em que se discuta apenas o poder familiar.

107. Indicação do cartório de registro civil do menor: o mais indiciado é a juntada da certidão de nascimento da criança ou adolescente em relação ao qual se pede a tutela ou adoção. Raramente o requerente já não terá obtido a cópia da certidão. Entretanto, o mínimo que se espera, se não possuir a referida certidão para juntada à inicial, é que se indique ao juízo o lugar do registro, para que se faça a requisição do documento.

Art. 166

Estatuto da Criança e do Adolescente Comentado · Nucci

108. Declaração de bens: tratando-se de adoção, é muito raro que se tenha algum tipo de bem, direito ou valor, pois a criança ou adolescente advém, como regra, de um lar carente de recursos, em situação econômica miserável. Porém, no caso de tutela, é mais importante que se verifique a eventual existência de bens em geral. Preceitua o Código Civil: "Art. 1.745. Os bens do menor serão entregues ao tutor mediante termo especificado deles e seus valores, ainda que os pais o tenham dispensado. Parágrafo único. Se o patrimônio do menor for de valor considerável, poderá o juiz condicionar o exercício da tutela à prestação de caução bastante, podendo dispensá-la se o tutor for de reconhecida idoneidade. Art. 1.746. Se o menor possuir bens, será sustentado e educado a expensas deles, arbitrando o juiz para tal fim as quantias que lhe pareçam necessárias, considerado o rendimento da fortuna do pupilo quando o pai ou a mãe não as houver fixado".

109. Requisitos específicos da adoção: além dos enumerados nos incisos I a V deste artigo, deve-se observar o disposto pelo art. 197-A desta Lei: "os postulantes à adoção, domiciliados no Brasil, apresentarão petição inicial na qual conste: I – qualificação completa; II – dados familiares; III – cópias autenticadas de certidão de nascimento ou casamento, ou declaração relativa ao período de união estável; IV – cópias da cédula de identidade e inscrição no Cadastro de Pessoas Físicas; V – comprovante de renda e domicílio; VI – atestados de sanidade física e mental; VII – certidão de antecedentes criminais; VIII – certidão negativa de distribuição cível". Entretanto, deve-se observar que a maior parte dos candidatos à adoção é cadastrada – e, para tanto, os interessados foram previamente aprovados pelo juiz –, motivo pelo qual *todos* os seus dados já constam do referido cadastro. Eventualmente, podem pleitear a adoção os que não estiverem cadastrados, mas nas limitadas hipóteses do art. 50, § 13: "Somente poderá ser deferida adoção em favor de candidato domiciliado no Brasil não cadastrado previamente nos termos desta Lei quando: I – se tratar de pedido de adoção unilateral; II – for formulada por parente com o qual a criança ou adolescente mantenha vínculos de afinidade e afetividade; III – oriundo o pedido de quem detém a tutela ou guarda legal de criança maior de 3 (três) anos ou adolescente, desde que o lapso de tempo de convivência comprove a fixação de laços de afinidade e afetividade, e não seja constatada a ocorrência de má-fé ou qualquer das situações previstas nos arts. 237 ou 238 desta Lei". E completa o § 14: "Nas hipóteses previstas no § 13 deste artigo, o candidato deverá comprovar, no curso do procedimento, que preenche os requisitos necessários à adoção, conforme previsto nesta Lei".

> **Art. 166.** Se os pais forem falecidos, tiverem sido destituídos ou suspensos do poder familiar, ou houverem aderido expressamente ao pedido de colocação em família substituta, este poderá ser formulado diretamente em cartório, em petição assinada pelos próprios requerentes, dispensada[110] a assistência de advogado.[111-113]
>
> § 1.º Na hipótese de concordância dos pais, o juiz:
>
> I – na presença do Ministério Público, ouvirá as partes,[114] devidamente assistidas por advogado ou por defensor público, para verificar sua concordância com a adoção, no prazo máximo de dez dias,[114-A] contado da data do protocolo da petição ou da entrega da criança em juízo, tomando por termo as declarações; e
>
> II – declarará a extinção do poder familiar.
>
> § 2.º O consentimento dos titulares do poder familiar será precedido de orientações e esclarecimentos prestados pela equipe interprofissional da Justiça da Infância e da Juventude, em especial, no caso de adoção, sobre a irrevogabilidade da medida.[115]

> § 3.º São garantidos a livre manifestação de vontade dos detentores do poder familiar e o direito ao sigilo das informações.[116]
>
> § 4.º O consentimento prestado por escrito não terá validade se não for ratificado na audiência a que se refere o § 1º deste artigo.[117]
>
> § 5.º O consentimento é retratável até a data da realização da audiência especificada no § 1º deste artigo, e os pais podem exercer o arrependimento no prazo de dez dias, contado da data de prolação da sentença de extinção do poder familiar.[118]
>
> § 6.º O consentimento somente terá valor se for dado após o nascimento da criança.[119]
>
> § 7.º A família natural e a família substituta receberão a devida orientação por intermédio de equipe técnica interprofissional a serviço da Justiça da Infância e da Juventude, preferencialmente com apoio dos técnicos responsáveis pela execução da política municipal de garantia do direito à convivência familiar.[120]

110. Dispensa do advogado: parece-nos viável o disposto neste artigo, pois se leva em consideração dois focos: a) o *superior interesse* da criança e do adolescente, constitucionalmente previsto; b) o procedimento não possui contraditório, visto que o pedido de adoção parte de quem já está habilitado e visa à formalização do seu intento. Por isso, o advogado pouco ou nada teria a fazer nesse campo. A lei pode dispensar a sua participação, desde que não haja contraditório e, portanto, um litígio. Aliás, entendemos que, se houver qualquer resistência (ex.: a disputa de uma criança por mais de um interessado), a presença do advogado se torna indispensável, inclusive para apresentar recursos ao Tribunal. Em sentido diverso, José de Farias Tavares argumenta ser inconstitucional a dispensa do advogado, pois o STF declarou que ele somente é dispensável nos casos de *habeas corpus*, Juizados Especiais e Justiça do Trabalho (*Comentários ao Estatuto da Criança e do Adolescente*, p. 149). Na jurisprudência: TJSC: "Ação de adoção. Extinção sem resolução do mérito na origem. (1) pedido formulado sem procurador constituído. Desnecessidade. Exegese do art. 166 do ECA. Regularização igualmente não oportunizada. Ausência de cadastro na lista de adotantes. Requisito transponível. Sentença terminativa precipitada. – O art. 166 do Estatuto da Criança e do Adolescente permite a formulação de pleito de adoção diretamente em cartório, sem a representação por advogado, no que precipitada a extinção do feito por ausência de capacidade postulatória, sobretudo se não oportunizada a regularização do vício. Irrelevante para a caracterização do interesse processual, outrossim, a ausência de cadastro dos autores na lista de adotantes, porquanto requisito passível de mitigação a depender do caso concreto (...)" (AC 20130275676/SC 2013.027567-6 (Acórdão), 5.ª Câm. de Direito Civil Julgado, rel. Henry Petry Junior, *DJ* 19.06.2013).

111. Procedimento impróprio para adoção: após a edição da Lei 12.010/2009, instalou-se, no âmbito deste Estatuto, uma confusão de princípios e regras no tocante aos direitos e interesses das crianças e adolescentes, quando confrontados aos dos pais naturais e, ainda, quando colocados diante das pessoas interessadas na adoção. Em primeiro plano, esta Lei insiste em manter os laços sanguíneos à frente de qualquer outro, buscando todos os mecanismos possíveis para segurar o filho em sua família natural. Em segundo lugar, mesmo quando os pais maltratam, violentam, abusam ou oprimem seus filhos, ingressando ação de destituição do poder familiar, pelo Ministério Público, por exemplo, insiste-se em ouvi-los em audiência, produzindo-se prova de qualquer modo, sob a assertiva de que o poder familiar é *direito indisponível*. Em terceiro ponto, vislumbra-se no art. 166 desta Lei a viabilidade de

Art. 166

os pais simplesmente anuírem à perda do poder familiar, desde que ouvidos em audiência; porém, esse consentimento se dará no pedido de adoção feito por um interessado qualquer. Em quarto lugar, observa-se ser inoperante o pleito formulado por qualquer interessado na adoção, mesmo com a anuência dos pais biológicos, pois há de se respeitar a ordem firmada num cadastro. Pessoas que não estejam nesse cadastro somente podem adotar em situações excepcionais (art. 50, § 13). Independentemente das críticas que faremos ao tal cadastro, a verdade é que o disposto neste art. 166 é, basicamente, inútil. Eliminou-se – embora não devesse ter ocorrido – a adoção dirigida, quando os pais naturais poderiam indicar o casal para adotar seu filho. Se assim ainda fosse, o procedimento estabelecido pelo art. 166 teria algum sentido. Como não é desse modo, de nada adianta alguém ingressar com pedido de adoção, sem estar no cadastro e, mais, nas primeiras colocações deste.

112. Pela existência da adoção dirigida: sobre a indicação dos pais biológicos quanto aos pais adotivos desejados para seu filho, defendendo a viabilidade de sua realização, ainda hoje, Simone Franzoni Bochnia diz: "a manutenção da impossibilidade do exercício da declaração de vontade dos genitores para fim de escolha dos futuros 'pais' de seu filho tem gerado dissabores e, por certo, não tem impedido que este exercício de vontade continue sendo prática normal, mesmo sendo proibida por lei. Assim, sabe-se que as adoções irregulares continuam ocorrendo, e são muitas vezes motivadas pela questão de ausência de liberdade de escolha ou por questões decorrentes da burocracia que o instituto carrega com a finalidade de proteção das crianças e dos adolescentes. (...) Por outro lado, ao pai afetivo se impõe o cadastro de adoção e ao pai biológico não lhe permite a manifestação de vontade quanto à escolha de quem deva ser pai afetivo de seu filho. Conclui-se, portanto, ora válida a declaração de vontade, ora ineficaz. Dúvida não padece que, ao se cumprir uma lei, todos os abrangidos por ela hão de receber tratamento parificado, sendo certo, que ao próprio ditame legal é interdito deferir disciplinas diversas para situações equivalentes. (...) a lei não permite que os pais biológicos se arroguem ao direito de escolher a família em que seu filho irá ser colocado em adoção, o Poder Judiciário tem se rendido à homologação dessas situações. (...) não seria a hora de ser ampliada a possibilidade de os pais biológicos não só decidirem sobre a entrega de seu filho para adoção, como também de poderem, se assim desejarem, decidir entregar esse filho a uma família por eles escolhida, fato que liberaria o Poder Judiciário a se dedicar às outras crianças que continuam dependentes de proteção e da tutela do Estado (...) Assim sendo, se os genitores pudessem escolher as pessoas a quem entregariam seu filho para adoção, sentir-se-iam muito mais aliviados por terem certeza de que essas pessoas, imbuídas dos sentimentos mais sublimes de amor, solidariedade e amizade, seriam aquelas que os substituiriam na criação de seu filho. (...) Manter a atual sistemática do cadastro de adoção como única forma legal de realizar a adoção, desprezando a possibilidade de acatar a vontade emanada pelos genitores, é tirar deles talvez a única possibilidade de se manifestarem dignamente, protegendo a sua prole, vez que o Estado, pouco, ou nada está fazendo para transformar a triste realidade social em que vivem" (*Da adoção. Categorias, paradigmas e práticas do direito de família*, p. 93-96). Para Dimas Messias de Carvalho, "o Estatuto não disciplina, mas também não veda, a hipótese de os pais escolherem adotantes não cadastrados e entregarem o filho, autorizando a adoção. O art. 13, parágrafo único, do Estatuto Menorista, incluído pela Lei 12.010/2009, dispõe que *as gestantes ou mães que manifestem interesse em entregar seus filhos para adoção serão obrigatoriamente encaminhados à Justiça da Infância e da Juventude*, a determinação, entretanto, não pode ser observada de forma absoluta, devendo ser aplicada naquelas situações em que as gestantes ou mães se encontrarem em hospitais e abrigos e não interessam em ficar com o filho, evitando comercialização de crianças, promessa de pagamento ou até mesmo burlar a fila de inscrição dos pretendentes a adotar; (...) não se vislumbra nenhum impedimento aos próprios pais escolherem os adotantes e entregarem seus filhos para adoção direta, permitindo-se aos pretensos adotante, preliminarmente, requerer a guarda para regularizar a posse de fato, nos termos do art. 33 do ECA, e, após, conforme art. 50, § 13, III, requerer a adoção. Evidentemente que ninguém é melhor que pais conscientes para escolherem aqueles que considerem ideal para tornarem-se os pais afetivos de seus filhos biológicos, pois o consentimento para adoção, na maioria das vezes, é um ato de amor extremo, buscando o melhor para os filhos que não podem cuidar. (...) Cabe à Justiça da Infância e Juventude, nos casos de filhos entregues pelos pais diretamente, examinar se a solução atende aos melhores interesses da criança e do adolescente (art. 197-E, § 1.º, ECA), se a adoção se funda em motivos legítimos, sem má-fé, se os requisitos legais estão preenchidos e se não ocorreu subtração de menores, promessa ou pagamento no consentimento e entrega (arts. 237 e 238, ECA), para definir ou não a adoção, independente do cadastro dos habilitados para adotarem" (*Adoção, guarda e convivência familiar*, p. 24). Em posição crítica à modificação havida: "soma-se o art. 197-E ao parágrafo único do art. 13: 'as gestantes ou mães que manifestem interesse em entregar seus filhos para adoção serão obrigatoriamente encaminhadas para a Justiça da Infância e da Juventude'. Desrespeita-se o poder familiar da mãe. Não é a sua vontade que prevalece na escolha de um casal para dar em adoção o filho que não pode criar. Quem decide isso é o Estado" (Eunice Ferreira Rodrigues Granato, *Adoção – doutrina e prática, com comentários à nova lei de adoção*, p. 105). "Assim, os casos devem ser analisados conforme suas próprias características, individualmente, pois muitas vezes a genitora escolheu uma boa família a que entregar seu filho. Seria completamente desproposital que tal família fosse impossibilitada de manter e integrar a criança ao seu convívio, estabelecendo, assim, uma nova família" (Artur Marques da Silvia Filho, *Adoção*, p. 114). Ver, também, a nota 176 ao art. 45, *caput*.

113. Procedimento incomum para tutela: a tutela se destina ao menor que perde os pais, em virtude do falecimento, ou quando eles decaem do poder familiar, havendo parentes a assumir a responsabilidade pela criação. O normal, então, é a ocorrência da morte dos genitores, para, depois, inaugurar-se o pedido de tutela. Segue-se o disposto no art. 165 e seguintes. Outra situação normal é a perda do poder familiar em face dos pais, para, depois, algum parente requerer a tutela. Segue-se, igualmente, o disposto nestes artigos. Mas a situação incomum seria a seguinte: alguém (mesmo sendo parente) ingressa com pedido de tutela em relação a uma criança ou adolescente, sabendo que os pais detêm o poder familiar; estes, no entanto, anuem ao pedido, concordando que seu filho seja tutelado pelo requerente. Ilustrando, pode ser o caso da avó que, sabendo do descaso da filha com o neto em tenra idade, requer a tutela, com a concordância de sua filha, nem mesmo havendo pai conhecido. Deferido o pleito, o menor passa a ser criado sob tutela da avó.

114. Concordância dos pais: havendo a formulação do pedido de tutela ou de adoção (neste último caso, independentemente se será bem-sucedido ou não, por conta da ordem de preferência do cadastro), se os pais do menor ainda detiverem o poder familiar, serão consultados e podem anuir. Essa concordância precisa ser feita em audiência, logo, diretamente ao juiz, com a presença do membro do Ministério Público, tomando-se por termo as suas declarações. Quer-se crer sejam os genitores bem esclarecidos pela autoridade judiciária ou pelo promotor a respeito da definitividade da perda do poder familiar. Por outro lado, a modificação do § 1º pela Lei 13.509/2017 passa a exigir a presença de advogado ou defensor público *para as partes*, enquanto o *caput* aponta a dispensa de causídico. O que era para significar um incremento à celeridade, na prática, não contribuiu com efetividade para esse objetivo. Sob outro aspecto, cabe lembrar que a oitiva pode dar-se por precatória: TJDF: "I – Nos termos do art. 166, § 1.º, do ECA, a homologação do acordo de guarda depende da oitiva da mãe do menor, cuja diligência pode ser realizada por carta precatória. Infere-se dos autos que a genitora é pessoa humilde e residente no estado do Piauí, sendo plausível a alegação de que não tem condições

Art. 166

financeiras para arcar com os custos da viagem e comparecer à audiência em São Sebastião/DF. II – O art. 152 do ECA determina a aplicação subsidiária das normas gerais previstas na legislação processual pertinente para os procedimentos regulados no estatuto. III – Agravo de instrumento provido" (AGI 20140020042683/DF 0004294-41.2014.8.07.0000, 6.ª T. Cível, rel. Vera Andrighi, *DJ* 28.05.2014).

114-A. Celeridade inoperante: ao mesmo tempo que busca acelerar o processo de perda do poder familiar, a Lei 13.509/2017 introduz mais burocracia e fixa prazos quase impossíveis de cumprir. Não bastasse, após a decisão judicial de extinção do poder familiar, prevê-se o novel instituto do arrependimento, como se pode ver pela nova redação do § 5º. Enfim, o legislador brasileiro não sabe exatamente o que pretende, ora insistindo na manutença dos laços biológicos, ora apontando para a rapidez quanto à perda do poder familiar.

115. Orientação psicossocial: parte-se do pressuposto de que os pais concordam com a perda do poder familiar, logo, este procedimento não se liga ao contraditório instaurado *contra* os genitores pelo MP ou por quem tenha legítimo interesse. Nessa hipótese, inexiste orientação da equipe interprofissional, pois se pretende retirar, compulsoriamente, o poder familiar. Quando houver anuência, o trabalho da equipe técnica é deixar claro a irrevogabilidade da medida, o que nos parece uma excessiva preocupação, pois se trata de adultos conscientes do que representa *entregar* um filho a terceiros. Conferir: TJMG: "O prévio atendimento da mãe biológica por equipe interprofissional, na forma prevista no art. 166, § 2.º do ECA, visa sanar eventuais dúvidas existentes pela genitora em relação à adoção de seu filho, alertando sobre os efeitos jurídicos da medida extrema de desfazimento do vínculo biológico impugnado judicialmente. Embora no caso concreto a mãe biológica do infante não tenha sido atendida pela equipe interprofissional da Justiça da Infância e da Adolescência, teve a ascendente materna ciência sobre os efeitos da adoção do filho, não havendo dúvidas sobre sua real intenção de desfazimento do vínculo biológico existente, merecendo ser mantida a sentença de procedência do pedido inicial" (Apelação Cível 1.0429.06.011567-3/001, 6.ª Câm. Cível, rel. Des. Edilson Fernandes, *DJ* 27.08.2013).

116. Livre manifestação da família natural: reitera-se, outra vez mais, o que já ficou claro em dispositivos anteriores, como no *caput* e no § 1º, inciso I, deste artigo.

117. Consentimento por escrito: dispõe-se ser inválido se não for ratificado em audiência, na presença do juiz, com a participação do Ministério Público. Porém, este parágrafo é desnecessário na exata medida em que a lei já fixou que os pais *devem* ser ouvidos pessoalmente (§§ 1.º, I). Na jurisprudência: TJMG: "A teor do art. 166, § 4.º, do ECA, acrescentado pela Lei 12.010/2009, a validade do consentimento dos pais sobre o pedido de guarda, modalidade de colocação do menor em família substituta, quando pronunciado por escrito, depende da ratificação em audiência" (Apelação Cível 1.0607.11.003634-2/001, 4.ª Câm. Cível, rel. Heloisa Combat, *DJ* 04.04.2013).

118. Retratabilidade do consentimento: os pais podem consentir – segundo dispõe esta Lei –, devem anuir, formalmente, em audiência, na presença do juiz e do promotor, são orientados pela equipe técnica, enfim, há uma série de precauções – inclusive excessivas, para culminar com a autorização para ocorrer *retratação* até a realização da audiência e, pior, o arrependimento dentro de dez dias, a contar da decisão de extinção do poder familiar. Acelera-se o procedimento e, ao mesmo tempo, insere-se outro obstáculo. Continua o desserviço do legislador. Aliás, quanto a isso, Francismar Lamenza indica o risco de haver retratação quando a criança ou adolescente já se encontra em lar substituto há muito tempo, perfeitamente adaptado, em estágio de convivência. E sugere, com o que concordamos, o seguinte: "se o adotando já estiver adaptado ao novo lar, havendo demora para a conclusão do processo de adoção, e os pais biológicos apresentarem retratação ao consentimento outrora por eles concedido em audiência, somente restará aos adotantes a possibilidade de propositura de ação de destituição do poder familiar para solucionar esse impasse – alegando, por exemplo, abandono vivenciado pelo adotando com relação aos pais biológicos" (*Estatuto da Criança e do Adolescente interpretado*, p. 275). Na jurisprudência: STJ: "1. A criança adotanda é o objeto de proteção legal primário em um processo de adoção, devendo a ela ser assegurada condições básicas para o seu bem-estar e desenvolvimento sociopsicológico. 2. À luz desse comando principiológico, a retratação ao consentimento de entrega de filho para adoção, mesmo que feito antes da publicação da sentença constitutiva da adoção, não gera direito potestativo aos pais biológicos de recuperarem o infante, mas será sopesado com outros elementos para se definir o melhor interesse do menor. 3. Apontando as circunstâncias fáticas para o significativo lapso temporal de quase 04 (quatro) anos de convívio do adotado com sua nova família, e ainda, que não houve contato anterior do infante com sua mãe biológica, tendo em vista que foi entregue para doação após o nascimento, deve-se manter íntegro o núcleo familiar" (REsp 1.578.913/MG, 3.ª T., Nancy Andrighi, 16.02.2017, v.u.).

119. Consentimento após o nascimento: em função da meta da Lei 12.010/2009 de manter o filho com sua família natural a qualquer custo, é natural que o consentimento somente possa ser dado após o nascimento da criança. Assim sendo, conta-se com a possibilidade de haver a sensibilização da mãe, após o nascimento de seu filho, querendo mantê-lo consigo, além de submetê-la a um procedimento insistente de colheita de sua anuência para a perda do poder familiar. Essa questão envolveria, ainda, a ideia de uma *barriga de aluguel*, situação por meio da qual um casal poderia contratar uma moça para ter um filho, que lhe seria dado em adoção (com ou sem doação de espermatozoide ou óvulo do referido casal). No entanto, tudo cai por terra quando se vislumbra a reforma, introduzida pela mesma Lei 12.010/2009, no tocante à *fila de adoção*. Esse consentimento do pai ou da mãe (ou de ambos) somente tem sentido para *liberar* a criança para ser adotada, embora não possa haver – infelizmente – a adoção dirigida a determinada(s) pessoa(s).

120. Apoio às famílias natural e substituta: será prestado, basicamente, pela equipe interprofissional do Juizado da Infância e Juventude, que cuida do processo de adoção (ou tutela), acompanha o estágio de convivência e opinará, ao final, pelo deferimento, ou não, do pedido inicial. A referência aos "técnicos responsáveis pela execução da política municipal de garantia do direito à convivência familiar" soa-nos como *norma programática*, pois são raros, senão inexistentes, na imensa maioria dos Municípios.

> **Art. 167.** A autoridade judiciária, de ofício ou a requerimento das partes ou do Ministério Público, determinará a realização de estudo social ou, se possível, perícia por equipe interprofissional, decidindo sobre a concessão de guarda provisória, bem como, no caso de adoção, sobre o estágio de convivência.[121]
>
> **Parágrafo único.** Deferida a concessão da guarda provisória ou do estágio de convivência, a criança ou o adolescente será entregue ao interessado, mediante termo de responsabilidade.[122]

121. Guarda provisória e estágio de convivência: é essencial para o processo de adoção, ou mesmo para a tutela, determinar-se um estágio de convivência, que se concretiza por meio da guarda provisória aos requerentes. É a forma mais adequada para se certificar a

Art. 168

Estatuto da Criança e do Adolescente Comentado • **Nucci**

boa convivência em família substituta. Como consequência natural, elabora-se o estudo social do caso, permitindo ao juiz formar o seu convencimento.

122. Termo de responsabilidade: na realidade, é o termo de guarda, que gera responsabilidades para os guardiães, como expõe o art. 33 desta Lei.

> **Art. 168.** Apresentado o relatório social ou o laudo pericial, e ouvida, sempre que possível, a criança ou o adolescente, dar-se-á vista dos autos ao Ministério Público, pelo prazo de cinco dias, decidindo a autoridade judiciária em igual prazo.[123]

123. Oitiva da criança ou adolescente: esta Lei, como já pudemos expor inúmeras vezes, é repetitiva e desorganizada, perdendo a forma sistematizada. Um dos fatores para esse resultado são as reformas pontuais, cada hora num sentido, de acordo com uma política infantojuvenil diferente, a gerar contradições e normas supérfluas. O conteúdo deste artigo não é inédito; ao contrário, já foi repetido várias vezes. Em suma, quer-se o estudo social (realizado por assistente social para verificar a situação familiar no local onde vivem) ou perícia da equipe interprofissional (mais completa, pois abrange, além do assistente social, o psicólogo, para apontar o grau de estabilidade emocional e amadurecimento para o novo *status* familiar). Impõe-se a oitiva da criança, quando possível (se tiver discernimento para se expressar), e a do adolescente, em todas as oportunidades (quando implicar alteração familiar).

> **Art. 169.** Nas hipóteses em que a destituição da tutela, a perda ou a suspensão do poder familiar constituir pressuposto lógico[124] da medida principal de colocação em família substituta, será observado o procedimento contraditório previsto nas Seções II e III deste Capítulo.[125]
>
> **Parágrafo único.** A perda ou a modificação da guarda poderá ser decretada nos mesmos autos do procedimento, observado o disposto no art. 35.[126]

124. Pressuposto lógico: a busca pela adoção ou tutela, medidas de caráter permanente, tem como pressuposto a perda do poder familiar pelos pais, liberando, então, o filho para a consumação do ato. Entretanto, há decisão permitindo a adoção, sem passar previamente pela destituição do poder familiar: STJ: "1. As instâncias ordinárias apuraram que a genitora casou-se com o adotante e anuiu com a adoção, sendo patente a situação de abandono do adotando, em relação ao seu genitor, que foi citado por edital e cujo paradeiro é desconhecido. 2. No caso, diante dessa moldura fática, afigura-se desnecessária a prévia ação objetivando destituição do poder familiar paterno, pois a adoção do menor, que desde a tenra idade tem salutar relação paternal de afeto com o adotante – situação que perdura há mais de dez anos –, privilegiará o seu interesse. Precedentes do STJ. 3. Recurso especial não provido" (REsp 1.207.185/MG, 4.ª T., rel. Luis Felipe Salomão, *DJ* 11.10.2011).

125. Procedimento contraditório para destituição do poder familiar: esse procedimento é regrado em outras seções; na realidade, nesta seção IV, cuida-se da colocação em família substituta quando os pais aquiescem à perda do poder familiar.

126. Perda ou alteração da guarda: como regra, o procedimento de guarda é preparatório para o principal – tutela ou adoção. Vez ou outra, pode cuidar-se de processo principal, embora de caráter temporário, justificado pela ausência provisória dos pais ou responsável.

Assim sendo, como preceitua o art. 35, a guarda pode ser revogada ou modificada a qualquer tempo, desde que por meio de decisão judicial *fundamentada*, ouvido o Ministério Público. Pode-se, numa primeira leitura, captar a sua extrema informalidade, utilizando-se o mesmo procedimento pelo qual foi concedida para retirá-la, sem qualquer contraditório ou ampla defesa. Eis o erro se esta for a tendência. O guardião tem uma criança ou adolescente sob sua responsabilidade e merece ser ouvido, defendendo-se, antes que possa perder a guarda. Aliás, se ela for o procedimento preliminar à tutela ou adoção, é possível que passe um longo período, no qual o infante ou jovem habituou-se à nova família, motivo pelo qual há de se ter cautela nessa decisão. O superior interesse infantojuvenil deve ditar o caminho ideal para manter, perder ou alterar a guarda.

> **Art. 170.** Concedida a guarda ou a tutela, observar-se-á o disposto no art. 32, e, quanto à adoção, o contido no art. 47.[127]
>
> **Parágrafo único.** A colocação de criança ou adolescente sob a guarda de pessoa inscrita em programa de acolhimento familiar será comunicada pela autoridade judiciária à entidade por este responsável no prazo máximo de 5 (cinco) dias.[128]

127. Formalização: este dispositivo é dispensável, pois não passa de um *lembrete* de artigos já constantes desta Lei e que devem ser seguidos. Assumindo a guarda ou tutela, dispõe o art. 32, o responsável prestará o compromisso de bem e fielmente desempenhar o encargo, mediante termo nos autos. A adoção, por seu turno, será concedida por sentença, como estabelece o art. 47.

128. Guarda em acolhimento familiar: parte este dispositivo do pressuposto de que a criança ou adolescente encontra-se em acolhimento institucional e passará ao acolhimento familiar, deferindo-se a guarda a quem está inscrito nesse programa (pessoa sozinha ou casal). Já se encontra o menor separado da sua família natural, pois o objetivo é *comunicar* à entidade de acolhimento a transferência à família acolhedora. Outra hipótese, também compatível, significa que há um programa de acolhimento familiar, coordenado por entidade separada do Juizado da Infância e Juventude; assim sendo, quando o magistrado inserir o menor em acolhimento familiar, deferindo a guarda ao responsável (pessoa sozinha ou casal), avisará a coordenação do programa para controle. Entretanto, se este parágrafo desce a tal detalhe, após ter sido inserido pela Lei 12.010/2009, o legislador deveria também ter especificado minuciosamente – o que não fez – como se daria exatamente o programa de acolhimento familiar, quem seria por ele responsável, qual seria o meio de fiscalização, dentre outros fatores.

Seção V

Da Apuração de Ato Infracional Atribuído a Adolescente

> **Art. 171.** O adolescente apreendido por força de ordem judicial será, desde logo, encaminhado à autoridade judiciária.[129]

129. Apreensão é privação da liberdade: o tema desta nota precisa ser este (apreensão é prisão), pois a redação deste artigo, por apresentar ilogicidade, pode dar a entender que apreender o menor significaria intimá-lo ou notificá-lo. Afinal, seria a única razão para que ele

Art. 172

Estatuto da Criança e do Adolescente Comentado · **Nucci**

518

seguisse à presença do juiz. Do contrário, uma singela análise do art. 106 desta Lei demonstra a inoperância do art. 171 *da forma como redigido*. Só há duas razões para se privar a liberdade do adolescente: a) por flagrante de ato infracional; b) por ordem escrita e fundamentada da autoridade judiciária competente. Descartando a primeira, que vem regulada no art. 172, resta a ordem do magistrado. Este, por seu turno, somente manda *apreender* (eufemismo para *prender*) o adolescente quando o seu destino é a internação. Se é para ser internado, uma vez apreendido, não há o que fazer na presença do juiz; deve ser imediatamente encaminhado à unidade apropriada. Poder-se-ia dizer – e esse é o real significado desta norma – que, feita a apreensão, *comunica-se*, de pronto, o juízo, para que se tenha conhecimento da internação. Afinal, há um prazo a contar desde o momento da apreensão, que pode dar-se: a) tão logo ofertada a representação do Ministério Público, como medida provisória, não ultrapassando 45 dias; b) como medida socioeducativa, em sentença; c) durante o procedimento apuratório do ato infracional, mas também como medida provisória. Em suma, somente a ordem de internação equivale à privação da liberdade, impondo a apreensão. Nem mesmo a semili-berdade justifica a apreensão; intima-se o menor a cumpri-la. Enfim, quando for apreendido por ordem do juiz, deve seguir para a unidade respectiva, comunicando-se o juízo em, no máximo, 24 horas (significado de "desde logo").

> **Art. 172.** O adolescente apreendido em flagrante de ato infracional será, desde logo, encaminhado à autoridade policial competente.[130]
>
> **Parágrafo único.** Havendo repartição policial especializada para aten-dimento de adolescente e em se tratando de ato infracional praticado em coautoria com maior, prevalecerá a atribuição da repartição especializada, que, após as providências necessárias e conforme o caso, encaminhará o adulto à repartição policial própria.[131]

130. Flagrante de ato infracional: o dispositivo demonstra ter sido o adolescente apre-endido (preso) pela polícia militar ou civil em pleno desenvolvimento de situação de flagrante, como já comentado no art. 106 desta Lei, devendo ser conduzido à presença da autoridade policial para a formalização do ato (aliás, como se faz com o adulto). É interessante observar que o Código de Processo Penal nem mesmo menciona o *tempo* para tal apresentação, pois todos sabem deva ela ocorrer *ato contínuo* à prisão. Este Estatuto, no entanto, preferiu utilizar a expressão de múltiplas interpretações: *desde logo*. No art. 171 precedente, segundo nos parece, permite-se um prazo maior para chegar a apreensão ao conhecimento do juiz (até 24 horas), mas neste artigo seria absurdo aguardar tanto tempo para apresentar o menor ao delegado. Então, deve-se simplesmente cumprir o óbvio em matéria de prisões em flagrante: realizada a prisão/apreensão, por quem quer que seja, segue-se direto para a delegacia mais próxima (no caso do menor, pode haver especializada, que terá preferência).

131. Delegacia especializada: sem dúvida, onde for possível, a existência de uma delegacia apenas para receber adolescentes em estado de flagrante é o ideal, evitando-se a mistura indevida com a criminalidade adulta. Lamentavelmente, sabe-se constituir a mais ab-soluta exceção no Brasil. De todo modo, quando houver maior preso em flagrante, juntamente com o menor, no caso de concurso de agentes, o adolescente fica na delegacia especializada e o adulto segue para outra. A redação deste artigo pode induzir à ideia de que se lavrariam *dois autos de prisão em flagrante*, um em cada repartição. Entretanto, é preciso ter bom senso e respeito aos policiais que fizeram a prisão do maior e a apreensão do menor, juntamente com a vítima e as testemunhas. Não vemos sentido em se lavrar um auto de apreensão num lugar, ouvindo-se todos os envolvidos (art. 173) para, depois, obrigá-los a ir a outra delegacia repetir tudo o que já fizeram. A delegacia especializada é uma particularidade positiva para o adolescente, mas não significa que a autoridade policial não tenha atribuição para lavrar o auto de apreensão e, ato contínuo, o auto de flagrante. Ouvem-se todos de uma só vez. Após o término, o menor ali fica, enquanto o adulto segue a outro local. Se não houver flagrante de ato infracional, por não se tratar de conduta violenta, lavra-se o boletim de ocorrência circunstanciado; nessa hipótese, havendo adulto coautor, este seguirá para outra delegacia para lavratura do flagrante e para lá irão todos (condutor, vítima, testemunhas). Na jurisprudência: STJ: "1. Ação Civil Pública ajuizada com o intuito de obrigar o Estado de Mato Grosso do Sul a implantar plantão de 24 horas na Delegacia Especializada de Atendimento à Infância e à Juventude – DEAIJ na cidade de Campo Grande/MS, a fim de que todo menor apreendido em flagrante seja conduzido a ambiente próprio, constituído para a proteção de sua integridade, ante a alegação de indevida colocação de jovens em ambiente carcerário destinado a imputáveis, de maior idade. 2. Após sentença de procedência, a Corte de origem, em Apelação, reformou o julgado primitivo, ao alicerce da impossibilidade de interferência do Poder Judiciário no mérito administrativo, considerando que a medida pugnada fere o campo de liberdade concedido à Administração, que deveria ser exercido, exclusivamente, segundo critérios de conveniência e oportunidade. 3. O art. 227 da CF/88 dispõe ser dever da família, da sociedade e do Estado assegurar à criança, ao adolescente e ao jovem, com absoluta prioridade, o direito à vida, à saúde, à alimentação, à educação, ao lazer, à profissionalização, à cultura, à dignidade, ao respeito, à liberdade e à convivência familiar e comunitária, além de colocá-los a salvo de toda forma de negligência, discriminação, exploração, violência, crueldade e opressão. 4. A discricionariedade da Administração Pública não é absoluta, sendo certo que os seus desvios podem e devem ser submetidos à apreciação do Poder Judiciário, a quem cabe o controle de sua legalidade, bem como dos motivos e da finalidade dos atos praticados sob o seu manto. Precedentes: AgRg no REsp. 1.087.443/SC, Rel. Min. Marco Aurélio Bellizze, *DJe* 11.6.2013; AgRg no REsp. 1.280.729/RJ, Rel. Min. Humberto Martins, *DJe* 19.4.2012. 5. O controle dos atos discricionários pelo Poder Judiciário, porém, deve ser visto com extrema cautela, para não servir de subterfúgio para substituir uma escolha legítima da autoridade competente. Não cabe ao Magistrado, nesse contexto, declarar ilegal um ato discricionário tão só por discordar dos valores morais ou dos fundamentos invocados pela Administração, quando ambos são válidos e admissíveis perante a sociedade. (...) 7. O item 12.1 das Regras Mínimas das Nações Unidas para a Administração da Justiça da Infância e da Juventude, comumente referidas como Regras de Beijing (Resolução ONU 40/33, de 29.11.85), incorporadas às regras e princípios nacionais pelo Decreto 99.710/90, determina que, para melhor desempenho de suas funções, os Policiais que tratem frequentemente ou de maneira exclusiva com jovens ou que se dediquem fundamentalmente à prevenção de delinquência de jovens receberão instrução e capacitação especial. Nas grandes cidades, haverá contingentes especiais de Polícia com essa finalidade. 8. Veja-se, portanto, que não se está diante de uma escolha aceitável do Estado sob os aspectos moral e ético, mas de induvidosa preterição de uma prioridade imposta pela Constituição Federal de 1988, e de uma conduta contrária à lei, nacional e internacional, constituindo hipótese legalmente aceita de intervenção do Poder Judiciário nos atos da Administração Pública praticados com suporte no poder discricionário. 9. Recurso Especial do Ministério Público do Estado de Mato Grosso do Sul provido, para impor ao Estado do Mato Grosso do Sul a obrigação de fazer consistente na implantação do regime de plantão de 24 horas na Delegacia Especializada de Atendimento à Infância e Juventude – DEAIJ de Campo Grande/MS, no prazo máximo de 120 dias, sob a pena de multa diária de R$ 10.000,00, a partir do 120.º dia da eventual omissão" (REsp 1.612.931/MS, 1.ª T., rel. Napoleão Nunes Maia Filho, 20.06.2017, v.u.).

Art. 173

Art. 173. Em caso de flagrante de ato infracional cometido mediante violência ou grave ameaça a pessoa,[132] a autoridade policial, sem prejuízo do disposto nos arts. 106, parágrafo único, e 107,[133] deverá:

I – lavrar auto de apreensão, ouvidos as testemunhas e o adolescente;[134]

II – apreender o produto e os instrumentos da infração;[135]

III – requisitar os exames ou perícias necessários à comprovação da materialidade e autoria da infração.[136]

Parágrafo único. Nas demais hipóteses de flagrante, a lavratura do auto poderá ser substituída por boletim de ocorrência circunstanciada.[137]

132. Formalização do auto de apreensão: somente se dá no caso de ato infracional cometido com violência ou grave ameaça à pessoa, tais como homicídio, roubo, extorsão, estupro, dentre outros. Alguns outros atos infracionais graves, como tráfico ilícito de drogas ou porte ilegal de arma de fogo, ficam excluídos do auto, bastando a lavratura do boletim de ocorrência circunstanciado. O objetivo é abrandar ao máximo a presença do adolescente em repartição policial, para que ele fique o menor tempo possível nesse local. Assim, somente as condutas consideradas realmente graves, envolvendo violência pessoal, serão formalizadas, não permitindo a imediata liberação do adolescente.

133. Comunicações indispensáveis: deve-se informar o jovem apreendido de seus direitos constitucionais: identificação de quem o prendeu; a oportunidade de chamar sua família ou quem indicar e um advogado; o direito de permanecer em silêncio. E, mais importante, assim como se faz no processo penal, quando da prisão em flagrante de adulto, comunicar a autoridade judiciária competente, enviando-lhe cópia do auto de apreensão ou do boletim de ocorrência circunstanciada, com as providências tomadas (liberação do menor, mediante termo de compromisso e responsabilidade, ou mantença da apreensão). A falta dessas comunicações pode configurar o crime previsto no art. 231 desta Lei.

134. Auto de apreensão: à falta de regras específicas para a lavratura, deve-se seguir o disposto pelo Código de Processo Penal, particularmente o disposto pelo art. 304. Apresentado o adolescente à autoridade policial, em primeiro lugar, deve ser ouvido o condutor – a pessoa que deu voz de prisão ao apreendido –, na sequência, ouvem-se a vítima (se houver) e as testemunhas (pelo menos duas). Preferencialmente, precisam ser inquiridas testemunhas do fato; entretanto, se não for possível, pelo menos ouvem-se duas testemunhas da apresentação do menor à polícia; em seguida, abre-se a oportunidade para o adolescente se manifestar, se quiser, pois tem o direito de permanecer calado. Ao final, todos assinam o auto; se o menor não quiser fazê-lo, duas pessoas o assinarão em seu lugar.

135. Apreensão do produto e dos instrumentos da infração: nos mesmos termos da lavratura do auto de prisão em flagrante, deve-se formalizar o termo de apreensão do produto da infração (o objeto conseguido pela conduta ao agente, como as coisas subtraídas, no crime patrimonial), bem como do instrumento utilizado para o cometimento do ato infracional (arma, droga, chave, ferramenta etc.). Note-se que, havendo coautor, maior de 18 anos, o ideal é lavrar o auto de apreensão no mesmo local em que se lavra o de prisão em flagrante; afinal, a apreensão do produto e do instrumento servirá como prova tanto da materialidade como da autoria para ambos os casos. Assim ocorrendo, os objetos ficam apreendidos no auto de prisão em flagrante do adulto, extraindo-se certidão do termo da apreensão para a juntada no auto de apreensão do menor.

Art. 174

136. Exames e perícias necessárias: na verdade, os termos utilizados são tautológicos, pois *exame* é prova pericial; logo, bastaria mencionar exame ou perícia. De todo modo, apreendidos os objetos pertinentes ao ato infracional (produto ou instrumento), devem ser encaminhados à perícia. Ilustrando, é indispensável o exame toxicológico para se comprovar que o objeto apreendido é, de fato, substância entorpecente. O mesmo se diga da arma de fogo, a fim de comprovar se é apta a disparo, dentre outros exames fundamentais.

137. Boletim de ocorrência circunstanciada: havendo flagrante de ato infracional não violento, não se lavra o auto de apreensão, mas apenas um boletim de ocorrência, cuja distinção se encontra nos detalhes. Aproxima-se esta peça do termo circunstanciado, do Juizado Especial Criminal, contendo todo o histórico da ocorrência, identificando a autoria, a vítima e todas as testemunhas. De todo modo, lavra-se o termo de apreensão do produto ou instrumento da infração. E, se necessário, determina-se a realização de perícia. Na jurisprudência: TJDFT: "1. Diante da redação expressa do art. 173, parágrafo único, do ECA, não há ilegalidade na atuação da autoridade policial no momento em que substitui a lavratura do auto de prisão em flagrante pelo boletim de ocorrência circunstanciada, uma vez que os atos infracionais praticados pelo adolescente não estavam envoltos de violência ou grave ameaça a pessoa. 2. Apelação provida, determinando o recebimento da representação e o regular andamento do procedimento para apuração de ato infracional" (APR 20170130006504-DFT, 2.ª T. Criminal, rel. João Timóteo de Oliveira, 25.05.2017, v.u.).

> **Art. 174.** Comparecendo qualquer dos pais ou responsável, o adolescente será prontamente liberado[138] pela autoridade policial, sob termo de compromisso e responsabilidade de sua apresentação ao representante do Ministério Público, no mesmo dia ou, sendo impossível, no primeiro dia útil imediato, exceto[139] quando, pela gravidade do ato infracional[140] e sua repercussão social,[141] deva o adolescente permanecer sob internação para garantia de sua segurança pessoal[142] ou manutenção da ordem[143] pública.[144-145]

138. Liberação do adolescente aos pais ou responsável: havendo apreensão do adolescente, durante flagrante de ato infracional, será o menor levado à delegacia de polícia. Ali chegando, há duas opções: a) lavra-se o auto de apreensão (casos de condutas violentas); b) elabora-se o boletim de ocorrência circunstanciada. Comparecendo ao local o pai (a mãe) ou o responsável, o jovem deverá ser imediatamente liberado e entregue a quem foi buscá-lo, mediante termo de compromisso e responsabilidade de bem cuidar do seu destino, para futura apresentação ao Ministério Público. Conforme a hora e o lugar, o contato com o promotor pode dar-se no mesmo dia; como regra, será marcada uma data adiante.

139. Não liberação: a exceção à entrega do menor aos seus pais ou responsável se dará, nos estritos termos deste artigo, no caso de constatação de ato infracional *grave*, associado à *repercussão social* para *garantia da segurança pessoal* do apreendido ou *manutenção da ordem pública*. Se não for liberado pela autoridade policial, a única forma de permanecer detido é por ordem judicial de internação. Assim que o magistrado for comunicado da apreensão, deve decidir se libera o jovem – o que o delegado não fez – ou o mantém detido, determinando a sua internação provisória. "Também não se fará a liberação do adolescente quando os pais ou responsável não existirem, não residirem na cidade ou, simplesmente, não comparecerem à delegacia de polícia, ocasião em que a autoridade policial encaminhará o adolescente para a entidade de atendimento. O que não se pode admitir é que a autoridade policial colha o compromisso do próprio adolescente para que se apresente ao Ministério Público. Não teria

Art. 174

sentido tal providência" (Wilson Donizeti Liberati, *Comentários ao Estatuto da Criança e do Adolescente*, p. 205). Pode o juiz, não liberando o menor, determinar a sua internação provisória, mesmo antes da representação do Ministério Público. Conferir: STJ: "1. A representação do Ministério Público não é pressuposto para a expedição de busca e apreensão de menor, o decreto de internação provisória pode acontecer antes desse ato. 2. A decisão que decreta a internação antes da sentença deve demonstrar não só os indícios suficientes de autoria e a materialidade da infração, mas também as razões da inevitável medida extrema e emergencial (...)" (HC 193.614/RJ, 6.ª T., rel. Sebastião Reis Junior, *DJ* 06.10.2011, v.u.). TJMG: "2. Dispõe o art. 174 do Estatuto da Criança e do Adolescente que a liberação do adolescente é medida a rigor, exceto quando, pela gravidade do ato infracional e sua repercussão social, deva o adolescente permanecer sob internação para garantia de sua segurança pessoal ou manutenção da ordem pública. 2. Dessa forma, a medida socioeducativa extrema está autorizada tão somente nas hipóteses taxativamente elencadas no art. 174 do Estatuto da Criança e do Adolescente. 3. Na hipótese, não há nos autos nenhum elemento concreto que justifique a imposição da medida mais gravosa. 4. Ordem concedida para determinar a aplicação da medida socioeducativa de prestação de serviços a comunidade ao paciente. v.v. Presentes os requisitos autorizadores da medida extrema, a manutenção da internação do adolescente é medida que se impõe, nos termos do art. 174 do ECA" (HC 12809427820238130000, 9.ª Câm. Criminal, rel. Daniela Villani Bonaccorsi Rodrigues, 12.07.2023, m.v.).

140. Gravidade do ato infracional: não importa a gravidade abstrata do ato infracional, cujo paralelo se dá com o crime ou contravenção penal, mas a gravidade concreta. Em primeiro lugar, deve-se descartar a contravenção penal, considerada infração penal de menor importância. Quanto aos delitos, descartam-se, também, os apenados com detenção, de média relevância. Concentrando-se nos crimes submetidos a reclusão, em primeiro plano estão os violentos contra a pessoa (homicídio, roubo, extorsão, estupro). Após, os não violentos (furto, receptação, estelionato, tráfico de drogas, porte ilegal de armas). De toda forma, seja qual for, o foco deve voltar-se à gravidade *concreta*, ou seja, como o ato foi praticado, a quem atingiu, qual sua consequência, podendo-se concluir que um homicídio é sempre abstratamente grave, mas pode não ser no plano concreto. Ilustrando, um homicídio concretamente grave é o que atinge criança, executado de modo cruel, provocando traumas em terceiros, dentre outros fatores.

141. Repercussão social: este elemento, por si só, não representa fundamento para a internação provisória (aliás, nem para a prisão preventiva). Tanto crimes cometidos por adultos, quanto atos infracionais praticados por adolescentes podem chocar a sociedade de uma maneira mais ou menos intensa. Entretanto, essa situação não tem o condão de permitir a segregação provisória de alguém. A repercussão, também conhecida como *clamor social*, precisa associar-se ao fator *garantia da ordem pública*. Este, por seu turno, forma-se da junção de fatores variados: gravidade concreta da infração, reincidência, associação ao crime organizado, execução anômala da infração, incluindo o clamor social. Em conclusão, este elemento não tem valor individual; precisa ser avaliado junto com a *manutenção da ordem pública*.

142. Garantia da segurança pessoal: há muito tempo, na esfera processual penal, deixou-se de levar em consideração esse elemento para o fim de decretação de prisão preventiva. Nenhum acusado, em sã consciência, prefere estar preso, em lugar de solto, porque se sente de algum modo ameaçado. Não se deve, portanto, levar em conta a mesma situação para internar o adolescente. A internação é privação da liberdade, sempre um mal, uma exceção, uma anormalidade. Inexiste fundamento lógico para segregar o menor *para o seu próprio bem*. Diz Pedro Caetano de Carvalho, "há situações em que o crime (*sic*) cometido causa clamor público ou revolta familiares e amigos da vítima, levados, muitas vezes, a querer vingança ou fazer justiça pelas próprias mãos. Para estes casos, o bom senso indica que a não liberação pode representar a sobrevivência do adolescente" (Munir Cury [org.], *Estatuto da Criança e do Adolescente comentado*, p. 818). Todos os dias, inúmeros delitos, cometidos por adultos, são praticados, muitos deles envolvendo vítimas fatais, gerando revolta na sociedade e, em particular, na família do ofendido. Nem por isso – e somente por isso – decreta-se a prisão preventiva do réu. Quem deseja desafiar o Estado e, por exemplo, linchar o acusado, é tão – ou mais – criminoso que o próprio agente. Aliás, existe até mesmo a agravante de delito praticado contra quem se encontra sob autoridade estatal. Quem almeja vingança pelas próprias mãos e inicia algum ato executório, torna-se delinquente e deve ser preso e processado. O mesmo acontece no cenário do adolescente infrator. Ele não pode ser internado para *evitar* que terceiros cometam crimes contra a sua pessoa. O Estado existe para garantir a segurança de quem é inocente – e não culpado. No caso apresentado, todos os que se voltarem contra o agente do crime ou do ato infracional torna-se delinquente, contra o qual deve o poder público agir. Mas não tem o menor cabimento agir *contra* a eventual futura vítima. O absurdo seria o mesmo que, a título de ilustração, a mulher registrar uma ocorrência de estupro, apontando à autoridade que o agente pretende retornar; assim, em lugar de sair à cata do estuprador, recolhe-se a vítima a uma cela, para que ela fique protegida.

143. Manutenção da ordem pública: encontra o seu equivalente, em processo penal, na *garantia da ordem pública*, um dos mais complexos elementos para determinar a decretação da prisão preventiva. Por isso, o mesmo ocorre no cenário do ato infracional. Apreender o adolescente, colocando-o em internação provisória, por conta da manutenção da ordem pública, envolve cautela. O art. 174 exige a associação da manutenção da ordem pública com a gravidade do ato infracional ou a sua repercussão social. Entretanto, foi mal redigido esse dispositivo, certamente por quem desconhece as bases do processo penal brasileiro, uma vez que a manutenção da ordem pública abrange tanto a gravidade do ato infracional quanto a repercussão social. Diante disso, a associação entre os elementos, a respeito da qual fizemos referência linhas acima, perde o sentido. Retirando-se o fator acerca da *garantia da segurança pessoal do jovem*, como esclarecemos na nota 142 *supra*, praticamente sobra um único requisito, que é a *manutenção da ordem pública*. No cenário adulto, a garantia da ordem pública pode ser afetada pelos seguintes pontos principais: a) cometimento de crime concretamente grave, ou seja, a sua gravidade decorre do modo de realização, de quem é a vítima, qual a consequência real provocada, dentre outros similares; b) associação do agente ao crime organizado, demonstrando a sua periculosidade e o elevado potencial de incidir noutras infrações; c) reincidência ou maus antecedentes, demonstrativos, igualmente, da periculosidade individual do agente, capaz de reiterar a prática delituosa a qualquer momento; d) execução premeditada ou anômala do delito, evidenciando o potencial de reincidir; e) clamor social, significando que determinada comunidade, geralmente onde a infração foi cometida, sentiu a sua gravidade, gerando temor concreto de sair à rua sem risco. Diante disso, associando--se tais pontos, pode-se afirmar a existência de perturbação à ordem pública, justificando a prisão cautelar. O raciocínio deve ser, no mínimo, o mesmo para a imposição de internação provisória ao adolescente. Aliás, deve haver redobrada cautela, pois a internação norteia-se pelos princípios da brevidade, excepcionalidade e respeito à condição peculiar de pessoa em desenvolvimento (art. 121 desta Lei). E vamos além: tais princípios orientam a medida socioeducativa definitiva. Cuidando-se de internação provisória, pode-se sustentar a sua excepcionalíssima decretação. Na jurisprudência: TJSE: "1. A gravidade do ato infracional praticado justifica a necessidade de garantir a ordem pública e recomenda a prorrogação da internação provisória do adolescente. 2. O regramento previsto no art. 174 da Lei 8.069/90 prevê hipóteses em que se mostra recomendável a manutenção da internação, 'pela gravidade do ato infracional e sua repercussão social, deva o adolescente permanecer sob internação para garantia de sua segurança pessoal ou manutenção da ordem pública'. 3. Excepcionalidade da

Art. 174

medida justificada. 4. *Writ* denegado. Decisão por maioria" (HC 201700309864/SE, Câmara Criminal, rel. Ana Lúcia Freire de A. dos Anjos, 23.05.2017, m.v.). TJDFT: "1. Suficientemente fundamentada a decisão que decretou a internação cautelar do paciente sob argumento da situação de vulnerabilidade do adolescente, evidenciada, especialmente, pelo fato em tese, cometido com violência e grave ameaça, uma vez que se trata de ato infracional equiparado ao crime de roubo majorado pelo emprego de arma e concurso de pessoas (CP art. 157, § 2.º, incisos I e II). 2. O artigo 174 da Lei 8.069/1990 dispõe que, em face da gravidade do ato infracional e da sua repercussão social, o adolescente deve permanecer sob internação para garantia de sua segurança pessoal ou manutenção da ordem pública. 3. As demais condições sociais e pessoais do adolescente, os registros de passagens do adolescente pela prática dos atos infracionais análogos aos crimes do art. 33 da Lei 11.343/2006 e art. 155 do CP (fls. 28-28v), tem-se como adequada a imposição de medida de internação. 4. Ordem denegada" (HBC 20160020487732-DFT, 2.ª T. Criminal, rel. Maria Ivatônia, 15.12.2016, v.u.).

144. Requisitos para a internação provisória: este dispositivo refere-se a *ato infracional grave* e *repercussão social* como elementos associados à garantia da *segurança pessoal* do adolescente ou *manutenção da ordem pública*. Embora possamos – e o fizemos nas notas acima – analisar cada uma dessas condições, na realidade, o principal é que a *internação provisória*, por ser medida extrema, excepcional e, sempre que possível, evitável, somente pode ser aplicada aos casos em que há cabimento a medida socioeducativa de internação ao final ("Art. 122. A medida de internação só poderá ser aplicada quando: I – tratar-se de ato infracional cometido mediante grave ameaça ou violência a pessoa; II – por reiteração no cometimento de outras infrações graves; III – por descumprimento reiterado e injustificável da medida anteriormente imposta"). Por uma questão de razoabilidade e proporcionalidade, é inviável, por exemplo, aplicar internação provisória ao menor cujo ato infracional é o tráfico de drogas, se não é a reiteração ou se ele ainda não descumpriu medida anteriormente imposta, mesmo que se possa sustentar tratar-se de ato infracional grave. Noutros termos, em primeiro lugar, para se manter o jovem detido, é preciso avaliar a possibilidade de aplicação da medida de internação, ou seja, a internação provisória é aplicável para as seguintes hipóteses: a) ato infracional cometido mediante grave ameaça ou violência a pessoa; b) ato infracional praticado após o menor ter cometido reiteradamente outras infrações; c) ato infracional praticado após o adolescente ter descumprido repetidamente, de modo injustificável, medida socioeducativa anterior. Mas não basta uma dessas três alternativas. Constatando-se uma delas, deve-se associar aos critérios expostos pelo art. 174, conforme exposto nas notas anteriores. Conferir: TJBA: "A simples alusão à gravidade do ato praticado é motivação genérica que não basta a fundamentar a medida restritiva de liberdade, principalmente quando o menor não registra outras passagens pela Vara da Infância e da Juventude. A internação provisória é medida de exceção, de ser decretada somente quando evidenciada a sua necessidade. No caso, o paciente reside na companhia da mãe, frequenta escola e trabalha, pelo que não existe necessidade imperiosa para decretar a sua internação provisória, podendo a orientação familiar ser mais importante para a sua reeducação. Ordem concedida, confirmando-se a liminar deferida, para revogar a decisão que decretou a internação provisória do paciente" (HC 03175344920128050000, 2.ª Câm. Criminal, rel. Carlos Roberto Santos Araújo, *DJ* 25.09.2013, v.u.).

145. Quadro resumido da internação provisória: são os seguintes pontos: 1) só pode ser decretada para os casos de ato infracional, cuja medida socioeducativa final possa ser *internação* (conferir as três hipóteses do art. 122 desta Lei). Não há cabimento em se manter o adolescente internado durante a instrução para, concluindo o feito, aplicar-lhe liberdade assistida (porque a única medida possível); configura-se, em nosso ponto de vista, teratologia evidente; 2) associado do primeiro item, somente se pode decretar a internação provisória quando o motivo for a manutenção da ordem pública, abrangendo, ao menos, dois elementos que a constituem (ex.: gravidade concreta do ato infracional + clamor social; antecedentes + inserção no crime organizado). Não se pode decretar a internação provisória, evitando-se medida ilógica e abusiva: a) para atos infracionais cuja finalização não poderá ser, jamais, internação, em tese; b) para garantir a segurança pessoal do adolescente; c) cuidando-se de gravidade abstrata do ato infracional, isoladamente considerada; d) tratando-se de clamor social, individualmente colocado em foco.

> **Art. 175.** Em caso de não liberação, a autoridade policial encaminhará, desde logo, o adolescente ao representante do Ministério Público, juntamente com cópia do auto de apreensão ou boletim de ocorrência.[146]
>
> § 1.º Sendo impossível a apresentação imediata, a autoridade policial encaminhará o adolescente à entidade de atendimento, que fará a apresentação ao representante do Ministério Público no prazo de vinte e quatro horas.[147]
>
> § 2.º Nas localidades onde não houver entidade de atendimento, a apresentação far-se-á pela autoridade policial. À falta de repartição policial especializada, o adolescente aguardará a apresentação em dependência separada da destinada a maiores, não podendo, em qualquer hipótese, exceder o prazo referido no parágrafo anterior.[148]

146. Encaminhamento ao Ministério Público: há duas alternativas para a não liberação do adolescente, com o seu encaminhamento ao *Parquet*: a) trata-se de ato infracional grave, preenchendo os requisitos para a internação provisória (ver nota 144 acima); b) embora pudesse ser liberado, não comparece à delegacia nenhum responsável legal pelo jovem. Diante disso, o menor deve ser levado à presença do promotor em, no máximo, 24 horas (é como se traduz a expressão *desde logo*), juntamente com a cópia do auto de apreensão ou do boletim de ocorrência. O não cumprimento pode dar ensejo ao crime previsto no art. 235 desta Lei. O procedimento previsto nesta Lei difere do estabelecido no Código de Processo Penal para o criminoso, pois este, quando preso em flagrante, se não tiver fiança arbitrada pela autoridade policial, será levado ao cárcere, comunicando-se a sua prisão ao juiz. Este, por sua vez, poderá relaxar a prisão, quando ilegal, converter o flagrante em preventiva ou soltar o indiciado em liberdade provisória, com ou sem fiança. Logo, nem mesmo se avista com o preso. O adolescente é encaminhado ao promotor – e não ao juiz –, porque pode receber, de pronto, a remissão, encerrando-se o caso. Paralelamente, a autoridade judiciária tomará conhecimento da ocorrência, determinando a imediata liberação do menor, quando houver ilegalidade no flagrante, na lavratura do auto de apreensão ou no tocante à sua não liberação.

147. Encaminhamento à unidade de atendimento: o ideal seria apresentar o adolescente imediatamente ao promotor, caso não seja possível a liberação aos pais ou responsável. No entanto, na maioria das Comarcas, inexiste plantão 24 horas, de forma que a única alternativa é enviar o jovem à unidade de atendimento apta a internações de infratores. Não se deve encaminhar o autor de ato infracional para uma instituição de acolhimento de menores vulneráveis, pois o contato entre eles poderia ser extremamente prejudicial. A referida entidade de internação tem o prazo de 24 horas para apresentar o jovem ao Ministério Público. Não seguir o prazo fixado pode configurar o crime do art. 235 desta Lei. Na jurisprudência: TJAP: "A mera irregularidade na apresentação do adolescente à autoridade ministerial (09h00min do dia 09/05/2017), além das 24 h previstas no § 1.º do art. 175 do ECA, resta superada na medida em que a apreensão ocorreu na madrugada de uma segunda (08/05/2017, as 02h05min), após o domingo, dia de intenso movimento nas delegacias, além de que este

Art. 176

Estatuto da Criança e do Adolescente Comentado · **Nucci**

fato não foi determinante para a decisão combatida, que em verdade serviu para a garantia da segurança pessoal do paciente. 3) Ordem denegada" (HC 0001106-46.2017.8.03.0000-AP, Seção Única, rel. Sueli Pereira Pini, 08.06.2017, v.u.).

148. Mantença do adolescente em dependência policial: é situação a ser evitada, mas não pode ser totalmente excluída. Em primeiro lugar, busca-se encaminhar o menor não liberado diretamente ao Ministério Público; não sendo possível, ele é levado a uma unidade de internação, de onde seguirá ao *Parquet*. Mas, ainda assim, existem lugares onde não existe unidade apropriada para receber o adolescente infrator. A primeira hipótese, a partir daí, que seria a mais conveniente, é a sua permanência em delegacia especializada em menores de 18 anos. A segunda, muito mais provável, é mantê-lo na delegacia onde foi detido. Aliás, se na Comarca não há unidade de internação, com muito maior probabilidade inexistirá delegacia especializada. Desse modo, essa norma assegura a completa separação do jovem e de outros adultos presos no mesmo local, evitando-se a nefasta convivência entre eles. Fica o delegado obrigado a apresentar o menor ao Ministério Público em, no máximo, 24 horas. Se não o fizer no prazo, pode configurar o delito do art. 235 deste Estatuto. Na jurisprudência: TJMG: "Desnecessária a interferência do Poder Judiciário na atuação da Administração de Ente Público Municipal, obrigando-o a criar cela para acolhimento provisório de menores até que seja possível a apresentação destes ao Ministério Público, porquanto, além de ser ato discricionário do Administrador Público a construção de cela, de acordo com a sua conveniência e oportunidade, o Município já dispõe de local apropriado e separado para manter o menor, conforme autoriza o art. 175, § 2.º, do ECA, em atendimento a prioridade absoluta dos cuidados com as crianças e adolescentes" (AC 01202967020148130439, 2.ª Câm. Cível, rel. Afrânio Vilela, 14.06.2016, v.u.).

> **Art. 176.** Sendo o adolescente liberado, a autoridade policial encaminhará imediatamente ao representante do Ministério Público cópia do auto de apreensão ou boletim de ocorrência.[149]

149. Encaminhamento de peças ao Ministério Público: se o adolescente for liberado, nos termos do art. 174, não será apresentado pela autoridade policial ao promotor, mas, por consequência natural, ao *Parquet* serão remetidas as cópias do auto de apreensão ou do boletim de ocorrência. Em tese, nessas peças já existirão elementos suficientes para a formação do seu convencimento, decidindo o que fazer, nos termos do art. 180. Nada impede que outras diligências sejam requisitas à autoridade policial para completar a investigação. Não estando o adolescente internado, há mais tempo para deliberar a respeito.

> **Art. 177.** Se, afastada a hipótese de flagrante, houver indícios de participação de adolescente na prática de ato infracional, a autoridade policial encaminhará ao representante do Ministério Público relatório das investigações e demais documentos.[150]

150. Investigação acerca de ato infracional e representação pela internação: afastada a hipótese do flagrante, quando se lavra o auto de apreensão ou o boletim de ocorrência circunstanciada, tendo conhecimento da prática de ato infracional, a autoridade policial pode tomar dois caminhos: a) se essa ciência advém de inquérito instaurado para apurar delito cometido por adulto, finda a investigação, remetem-se os autos do inquérito para o

Ministério Público criminal, bem como cópias ao Promotor da Infância e Juventude; b) se a ciência advém do próprio fato, a autoridade policial elabora a investigação, colhe documentos, ouve testemunhas e envia ao Ministério Público da Infância e Juventude. Pode, inclusive, em qualquer caso, representar pela internação provisória do adolescente. Nessa hipótese, ouve-se o Ministério Público, mas o juiz somente pode decretar a internação se houver representação. Não há cabimento em se transformar a internação provisória num arremedo de prisão temporária, que somente é deferida durante a investigação policial; nem mesmo se pode igualar a internação provisória à prisão preventiva, já que esta admite a decretação antes do oferecimento da denúncia. Considerando-se a excepcionalidade absoluta da internação provisória, se há prova suficiente da materialidade e indícios suficientes de autoria, certamente existem para a representação; assim sendo, ofertada esta, poderá caber a internação cautelar. Entretanto, inexiste fundamento para internar o adolescente, sem o concomitante oferecimento da representação.

> **Art. 178.** O adolescente a quem se atribua autoria de ato infracional não poderá ser conduzido ou transportado em compartimento fechado de veículo policial, em condições atentatórias à sua dignidade, ou que impliquem risco à sua integridade física ou mental, sob pena de responsabilidade.[151-152]

151. Transporte adequado ao adolescente: o deslocamento do jovem apreendido da delegacia ao Ministério Público, à unidade de internação, ao fórum ou a outro local deve ser feito em veículo apropriado, que não possua compartimento fechado, como os existentes para o transporte de presos adultos. A doutrina é praticamente unânime ao apontar como exemplo o denominado *camburão*, com compartimento fechado na parte de trás da viatura, fora do ambiente da cabine. O correto é manter o adolescente no banco de trás da viatura, mesmo que, para tanto, seja necessário o uso de algemas, conforme o caso concreto. Ou quando o acesso ao banco dianteiro esteja impedido por grade, vidro ou outro mecanismo de segurança (nesta visão: Cury, Garrido e Marçura, *Estatuto da Criança e do Adolescente anotado*, p. 93). Este dispositivo prevê, ainda, que se evite qualquer mecanismo atentatório à sua dignidade (condução de modo humilhante, como, por exemplo, colocando-o bem visível na janela da viatura) ou em situação que possa gerar risco à sua integridade física ou moral, típico cenário para a mistura entre menores e maiores, na mesma viatura e, particularmente, no mesmo espaço físico. Afirma-se que, descumpridas tais regras, acarreta responsabilidade à autoridade conduta do procedimento de transporte. Poderá responder com base no art. 232 deste Estatuto, afora procedimento de natureza disciplinar. Paula Inez Cunha Gomide afirma: "quando o adolescente é trancafiado, espancado ou aviltado na sua dignidade pela ação policial, ficam extremamente prejudicadas as tentativas de reintegrá-lo ao meio social. Entende-se que o adolescente comete atos antissociais como forma de contestação aos valores estabelecidos ou de reação à miséria à qual está subjugado. Sendo assim, deve-se tratar de submetê-lo a medidas educativas e não punitivas, evitando-se traumas que podem dificultar, se não inviabilizar, as propostas terapêuticas. O *camburão* é um transporte caracterizado pelo confinamento, gerador de tensão, que propicia o desenvolvimento de traumas e da identidade infratora. Nos estágios iniciais do aparecimento do comportamento infrator é preciso que o adolescente seja tratado como ser humano, com possibilidade de transformação, e não como criminoso irrecuperável" (Munir Cury [org.], *Estatuto da Criança e do Adolescente comentado*, p. 824). Embora somente se fale de adolescente, com muita propriedade, essa vedação é ainda mais intensa no tocante às crianças. Assim também: Cury, Garrido e Marçura (*Estatuto da Criança e do Adolescente anotado*, p. 93). Na jurisprudência: TJRJ: "Necessidade de observância ao princípio da dignidade humana e ao respeito ao adolescente, a teor do art. 227 da CFRB/88 e dos art. 1.º,

Art. 179

124, inciso V, 125 e 178 da Lei 8.069/90. Precedentes jurisprudenciais desta Corte. Provimento da apelação para o fim de condenar o réu a se abster de proceder ao transporte de adolescentes em compartimentos fechados de veículos e inadequados para o transporte, assim entendidos aqueles desprovidos de janelas e de ventilação satisfatória, em condições atentatórias à sua dignidade, ou que impliquem risco à sua integridade física ou mental, bem como para condenar genericamente o réu, nos termos do art. 95 do CDC, a compensar os adolescentes privados de liberdade que foram transportados em compartimentos fechados de veículos, em desacordo com o art. 178 da Lei 8.069/90, em razão do dano moral por eles experimentado, na ordem de R$ 500,00 por hora de permanência nos veículos, limitado a R$ 5.000,00 por cada deslocamento, devendo o valor ser apurado em sede de liquidação de sentença" (Ap. 02549622520168190001, 13.ª Câm. Cível, rel. Juarez Fernandes Folhes, 20.07.2023). TJSP: "Ação indenizatória. Condução de adolescente à delegacia para esclarecimentos, pela Guarda Municipal Jovem acusada, na rua, da prática de roubo ocorrido há dois dias antes. Equívoco constatado na Delegacia, pela vítima. Violação ao disposto no art. 178 da Lei 8.069/90 (Estatuto da Criança e do Adolescente). Procedência da ação. Recurso do Município. Pretensão de inversão do julgamento. Impossibilidade. Encaminhamento da jovem para autoridade policial, irregular. Ausência de situação de flagrância ou ordem da autoridade competente a autorizar o encaminhamento. Ausência de prova, contudo da extensão do abuso ou constrangimento narrado pela autora. Valor excessivo da indenização. Cabimento de sua redução. Provimento parcial do recurso e do reexame necessário. Recurso da autora. Elevação da indenização ou da verba honorária. Recurso prejudicado. Provimento parcial do recurso do Município, com solução extensiva ao reexame necessário. Recurso da autora prejudicado" (Apel. 0022560-07.2008.8.26.0114, 6.ª Câm. de D. Público, rel. Maria Olívia Alves, *DJ* 04.11.2013).

152. Uso de algemas: embora deva ser evitado, em face do trauma gerado ao adolescente, que pode assimilar a figura do desprezo social e da marca criminosa, não se pode descartar completamente. Há de se aplicar o conteúdo da Súmula Vinculante 11 do STF: "só é lícito o uso de algemas em casos de resistência e de fundado receio de fuga ou de perigo à integridade física própria ou alheia, por parte do preso ou de terceiros, justificada a excepcionalidade por escrito, sob pena de responsabilidade disciplinar, civil e penal do agente ou da autoridade e de nulidade da prisão ou do ato processual a que se refere, sem prejuízo da responsabilidade civil do Estado". Pode ser que a maioria dos adolescentes permita o transporte de um local a outro sem algemas, bastando o acompanhamento de agentes policiais; entretanto, não se pode descartar, infelizmente, a existência de jovens extremamente violentos, com porte físico avantajado, que demandam a utilização de algemas, sob pena de se gerar uma tragédia, com fuga, lesões em pessoas inocentes e uma série de danos correlatos.

> **Art. 179.** Apresentado o adolescente,[153] o representante do Ministério Público, no mesmo dia e à vista do auto de apreensão, boletim de ocorrência ou relatório policial, devidamente autuados pelo cartório judicial e com informação sobre os antecedentes do adolescente, procederá imediata e informalmente à sua oitiva[154-154-A] e, em sendo possível, de seus pais ou responsável, vítima e testemunhas.[155-157]
>
> **Parágrafo único.** Em caso de não apresentação, o representante do Ministério Público notificará os pais ou responsável para apresentação do adolescente, podendo requisitar o concurso das polícias civil e militar.[158-159]

153. Na presença do membro do Ministério Público: este dispositivo permite que o promotor estabeleça, em seu gabinete, embora *informalmente* (sem necessidade de redução das declarações prestadas por escrito), uma *audiência concentrada*, na qual ouvirá, pelo menos, o adolescente. *Se for possível* (caso os pais acompanhem o filho, estejam vivos ou em local sabido; quanto à vítima e testemunhas se, intimadas, comparecerem voluntariamente), poderá ouvir todos os envolvidos. Indaga-se: para qual finalidade, se todos já foram ouvidos pela polícia e serão novamente inquiridos em juízo, caso haja representação? A única razão plausível consiste na viabilidade de aplicar a remissão (ou até mesmo o arquivamento dos autos, por falta de provas). Então, o promotor só deve chamar à sua presença os pais, a vítima e testemunhas, quando vislumbrar a hipótese de remissão ou precisar sanar alguma dúvida que o levará a pedir o arquivamento. Não tem cabimento convocar todo mundo já sabendo que irá representar, pois seria perda de tempo para todos. Aliás, esse é um dos motivos pelos quais o cartório já providencia os antecedentes do adolescente, a fim de permitir a avaliação de eventual remissão. Tratando-se de menor apreendido, com maior razão, tudo deve ser realizado num único dia, pois o tempo de *apreensão cautelar*, antes do oferecimento da representação, é curto. Segundo nos parece, tem o Ministério Público 24 horas para, apresentado o menor à sua presença, representar ao juiz para aplicação da medida socioeducativa, ocasião em que pode sugerir a decretação da internação provisória. Se optar pela remissão ou pelo arquivamento, por óbvio, o menor será imediatamente liberado. Retornando-se à apresentação do jovem apreendido, o ideal é que a autoridade policial já intime, pelo menos, seus pais a comparecer ao gabinete do promotor. Se este fizer questão, deve orientar o delegado a intimar, também, vítima e testemunhas a comparecer. O que não se pode tolerar é a apresentação do menor 24 horas depois da apreensão (ou 48 horas, quando houver a internação em unidade específica) para, depois, o promotor levar dias ouvindo, informalmente, o menor, seus pais, vítima e testemunhas, enquanto o adolescente permanece preso.

154. Oitiva imediata e informal: trata-se de uma providência importante para auxiliar a formação do convencimento do membro do Ministério Público para que possa decidir o que fazer: promover o arquivamento dos autos, conceder a remissão ou representar. Além disso, poderá opinar pela liberação do jovem ou manutenção da internação provisória. Essa oitiva não é condição de procedibilidade para o oferecimento da representação, pelas seguintes razões: a) inexiste previsão legal expressa para isso; b) a ampla defesa se realiza em juízo – e não fora dele; c) trata-se de oitiva *informal*, não reduzida a termo, de modo que é inócua a sua obrigatoriedade para dar prosseguimento à ação socioeducativa, pois nada fica documentado; d) este artigo ainda sugere a oitiva *informal*, além dos pais do menor, da vítima e testemunhas, evidenciando a formação da convicção do promotor a respeito de como proceder. "A escuta informal do adolescente, de seus pais ou responsável, vítima e testemunhas, busca, inicialmente, fornecer maiores elementos de convicção ao *Parquet*, imprimindo celeridade à fase investigatória. O contato direto com o adolescente busca angariar outros dados acerca da imputação infracional e, até mesmo, evitar o ajuizamento de procedimentos considerados desnecessários, constrangedores e estigmatizantes para a pessoa em condição peculiar de desenvolvimento. Logo, essa fase preliminar de apuração de ato infracional teria a função de valorar à pré-admissibilidade da representação. (...) Trata-se, assim, de etapa pré-processual intermediária entre a fase policial e a fase judicial do procedimento de apuração do ato infracional, regida pelo sistema inquisitório, uma vez que é somente com o oferecimento da representação que o processo infracional se instaura" (Claudia Aparecida de Camargo Barros. *A (in) constitucionalidade da fase ministerial do procedimento de apuração de ato infracional*, p. 127). E completa a autora: "tal determinação nos leva a crer que o legislador pretendeu evitar que a escuta do adolescente, caso restasse formalizada, pudesse consistir em produção de prova pelo Ministério Público. (...) Na prática forense constata-se que a formalização da oitiva perante o Ministério Público e sua juntada aos autos têm gerado sérios prejuízos aos adolescentes, vez que adquirem uma transcendência valorativa incompatível com sua natureza, de modo a contaminar o julgador. (...) Não raramente a oitiva formalizada traz a 'confissão espontânea'

Art. 179

do adolescente, utilizada como espécie de 'prova antecipada' da autoria do ato infracional ou como instrumento de pressão para a aceitação da remissão cumulada com medida socioeducativa" (Claudia Aparecida de Camargo Barros. *A (in)constitucionalidade da fase ministerial do procedimento de apuração de ato infracional*, p. 129). "Assim é que a lei, em seu art. 179, outorgou poderes de instrução ao órgão do Ministério Público, determinando que proceda à oitiva do adolescente autor de ato infracional, de seus pais, da vítima e das testemunhas do fato. Esta função administrativa exercida pelo Promotor de Justiça na sistemática do Estatuto é da mesma natureza daquela exercida pelo presidente do inquérito policial no regime do CPP e semelhante aos atos praticados pelo órgão do Ministério Público na presidência do inquérito civil público" (João Batista Costa Saraiva, *Compêndio de direito penal juvenil. Adolescente e ato infracional*, p. 119). Ver a nota 165 ao art. 180, III. Na jurisprudência: STJ: "1. A audiência de oitiva informal tem natureza de procedimento administrativo, que antecede a fase judicial, oportunidade em que o membro do Ministério Público, diante da notícia da prática de um ato infracional pelo menor, reunirá elementos de convicção suficientes para decidir acerca da conveniência da representação, do oferecimento da proposta de remissão ou do pedido de arquivamento do processo. Por se tratar de procedimento extrajudicial, não está submetido aos princípios do contraditório e da ampla defesa. 2. Ordem denegada" (HC 109.242/SP, 5.ª T., rel. Arnaldo Esteves Lima, *DJ* 04.03.2010). TJSC: "Preliminar de nulidade do feito. Oitiva do adolescente realizada na promotoria de justiça. Não realização de ressalva de não produzir prova contra si. Violação dos princípios do contraditório e da ampla defesa. Inocorrência. Audiência prevista no art. 179, *caput*, do Estatuto da Criança e do Adolescente. Natureza jurídica de mera oitiva informal. Procedimento administrativo que não contamina o processo. Preliminar rechaçada. A audiência prevista no art. 179, *caput*, do Estatuto da Criança e do Adolescente é mera oitiva informal, destinando-se, fundamentalmente, 'a fornecer elementos de convicção ao representante do Ministério Público, em substituição à sindicância ou inquérito policial, de sorte a imprimir celeridade à fase investigatória, permitindo rápida solução a casos de somenos importância, mormente quando a família e a sociedade já tenham reagido de forma eficaz' (CURY, Munir. *Estatuto da Criança e do Adolescente comentado*. 12 ed. São Paulo: Malheiros, 2013, p. 826)" (Apelação/Estatuto da Criança e do Adolescente 2013.066235-0, rel. Jorge Schaefer Martins, *DJ* 20.03.2014).

154-A. Oitiva informal não é condição de procedibilidade: cuida-se de um meio de informação direto ao membro do Ministério Público, ajudando à formação do seu convencimento. Porém, se ele tiver provas suficientes do ato infracional, pode dispensar esse contato inicial e informal, apresentando a representação. Na jurisprudência: TJDFT: "1. O Juízo da Vara da Infância e da Juventude rejeitou a representação contra o menor por ato infracional análogo ao tipo do art. 217-A, *caput*, do Código Penal, sob o argumento de faltar condição de procedibilidade, por não ter havido a oitiva informal do adolescente. 2. A oitiva informal do adolescente não constitui condição essencial de procedibilidade para possibilitar o oferecimento da representação, consistindo num instrumento útil para o fim de subsidiar o Promotor de Justiça na análise da medida mais conveniente e adequada à ressocialização, podendo promover o arquivamento dos autos, conceder remissão ou representar à autoridade judiciária, conforme o art. 180 do ECA. Todavia, havendo elementos suficientes para justificar a representação, é dispensável a oitiva informal do menor. 3. Recurso conhecido e provido" (Ap. 20150910045975APR-DFT, 3.ª T. Criminal, rel. Humberto Ulhôa, 12.05.2016, v.u.).

155. Presença do defensor: não somente porque a lei silencia, mas por se tratar de procedimento extrajudicial, cremos dispensável. Somos contrários – o que já expusemos em nota anterior – à aplicação da remissão cumulada com medida socioeducativa, pois nessa hipótese, para quem admite tal possibilidade, o advogado seria presença imperiosa.

Em nosso entendimento, autoriza-se uma forma simples de remissão (perdão extrajudicial), que independe de processo contraditório e, por óbvio, ampla defesa. Está bem claro, nesta norma, a oitiva *informal* do adolescente, seus pais ou responsável e, eventualmente, vítima e testemunhas, tão somente para o fim de avaliar o perdão. Concedida a remissão, finaliza-se o caso. Do contrário, haverá representação, ingressando o devido processo legal, com a indispensabilidade do defensor. Ademais, tratando-se de ouvida *informal* (frise-se), o que fará o defensor nesse ato? Conversará, informalmente, com o promotor? Absolutamente impróprio o procedimento nesses parâmetros, pois as declarações *não devem* ser reduzidas a termo. Descumprir a lei, em nossa ótica, não é dispensar a presença do advogado, mas transformar o *informal* em *formal*, fazendo com que um encontro entre promotor e adolescente se transfigure para uma audiência extrajudicial – ilógica e incabível. Dizem Fuller, Dezem e Martins o seguinte: "a despeito da ausência de previsão legal específica, sustentamos a necessidade da presença do advogado (constituído ou nomeado) na oitiva informal (art. 179, *caput*, do ECA), com fundamento nos arts. 110, 111, III, 141, § 1.º, 206 e 207 do ECA, notadamente porque a audiência do adolescente pode influenciar a formação da convicção do órgão do Ministério Público (arquivamento, remissão ou representação)" (*Estatuto da Criança e do Adolescente*, p. 209). Com a devida vênia, em primeiro lugar, todos os dispositivos legais invocados são inadequados ao caso: a) o art. 110 preceitua que nenhum adolescente será privado da sua liberdade *sem o devido processo legal*. Com absoluta segurança, o encontro no gabinete do promotor está bem longe de se configurar em *processo legal*, além do que ele também não pode, em nenhuma hipótese, privar a liberdade do adolescente; b) o art. 111, III, garante ao jovem uma *defesa técnica* por advogado. Certamente, faz parte do princípio constitucional da ampla defesa em contraditório *judicial*. O comparecimento diante do membro do Ministério Público é parte da fase extrajudicial, onde não imperam tais princípios. Aliás, ainda *não há acusação alguma*, logo, contra quem incidiria a *defesa técnica*? Contra ninguém; c) o art. 141, § 1.º, diz somente que o Estado providenciará assistência judiciária gratuita a quem necessitar, não tendo absolutamente nada a ver com a análise técnica do caso; d) o art. 206 preceitua o direito da criança ou adolescente, seus pais ou responsável e qualquer pessoa, com legítimo interesse, na *solução da lide*, intervir nos procedimentos desta Lei, por meio de advogado. Nem se precisa ir muito adiante do óbvio: onde existe *lide* a não ser no processo? Não vislumbramos *lide* (pretensão resistida) em inquérito, investigações e outros atos ou procedimentos extrajudiciais. O referido art. 206 é aberto o suficiente para permitir a intervenção de terceiros interessados em procedimentos desta Lei, leia-se, procedimentos judiciais, que terminarão numa decisão judicial, compondo a *lide* e gerando coisa julgada; e) o art. 207 é cristalino ao dizer que nenhum jovem será *processado* sem defensor. O contato *informal* entre menor e promotor nem mesmo é uma audiência, no estrito significado do termo, para fins processuais, mas, com certeza, *processo não é mesmo*. Se a formação do convencimento do membro do Ministério Público depender de advogado, então, automaticamente, o inquérito policial se transforma em procedimento contraditório, o que não é admitido, ao menos pela imensa maioria da doutrina e jurisprudência pátrias. Note-se a opinião de Franscismar Lamenza: "por ocasião da oitiva informal não se faz obrigatória a assistência do jovem por advogado, posto que se trata de providência que não se sujeita ao crivo do contraditório, apenas servindo para que o promotor de Justiça forme sua convicção a respeito dos fatos e tome uma das providências previstas no art. 180 do ECA" (*Estatuto da Criança e do Adolescente interpretado*, p. 286). Na jurisprudência: STJ: "Nos termos da jurisprudência desta Corte, a ausência de defesa técnica na audiência de oitiva informal do menor perante o Ministério Público não configura nulidade, porquanto não implica prejuízo à defesa, em razão da necessidade de ratificação do depoimento do menor perante o Juízo competente, sob o crivo do contraditório. Com efeito, a audiência de oitiva informal tem natureza de procedimento administrativo, que antecede

Art. 179

Estatuto da Criança e do Adolescente Comentado · **Nucci**

a fase judicial, oportunidade em que o membro do Ministério Público, diante da notícia da prática de um ato infracional pelo menor, reunirá elementos de convicção suficientes para decidir acerca da conveniência da representação, do oferecimento da proposta de remissão ou do pedido de arquivamento do processo (HC 109.242/SP, Rel. Ministro Arnaldo Esteves Lima). Precedentes" (HC 349.147/RJ, 5.ª T., rel. Reynaldo Soares da Fonseca, 01.06.2017, v.u.). TJSP: "Preliminar – Inconstitucionalidade do art. 179 do ECA – Aventada violação aos princípios constitucionais do contraditório e da ampla defesa – Inocorrência – Oitiva informal que possui natureza administrativa, de interesse do Ministério Público, órgão que possui a incumbência constitucional de velar pelos interesses sociais e individuais indisponíveis – Oitiva informal que precede à instauração do procedimento de apuração de prática infracional (fase judicial) e que proporciona subsídios ao membro do Ministério Público para promover não só a instauração do processo, mas também seu arquivamento ou o oferecimento de remissão como forma de exclusão do processo – Precedentes do STJ – Oitiva do adolescente, ademais, que não exclui a obrigatoriedade de ser promovida a audiência de apresentação, de modo a não ensejar qualquer prejuízo à defesa técnica – Rito especial previsto no ECA que não encerra violação aos princípios constitucionais supracitados – Preliminar afastada" (Apelação Cível 1500922-32.2019.8.26.0347, Câmara Especial, rel. Renato Genzani Filho, 30.10.2019, v.u.).

156. Prejuízo ao adolescente se o defensor comparecer: somos absolutamente contrários ao comparecimento do advogado nesse *encontro informal* entre promotor e jovem, com seus pais, pelas seguintes razões: a) a presença do advogado não torna aquele momento em *procedimento contraditório*, pois quem o *preside* (promotor) também o *decide* (promotor); cuida-se de um momento extrajudicial inquisitivo puro, logo, o defensor estaria ali avaliando um ato do órgão acusatório; b) a presença do defensor pode *legitimar*, para alguns, a aplicação cumulativa da remissão com medida socioeducativa, agora, sim, sem o devido processo legal; o defensor presente traduz o papel de algoz do próprio jovem, defendendo o indefensável; ele *legitima* que o menor sofra medida socioeducativa *sem o devido processo legal*. Note-se o alerta de Rossato, Lépore e Sanches: "não existe prejuízo ao adolescente no caso de não ser o mesmo acompanhado por defensor na oitiva informal. Contudo, se acaso houver a proposta de concessão de remissão, como forma de exclusão do processo, cumulada com medida socioeducativa não restritiva de liberdade, a participação de Defensor é obrigatória" (*Estatuto da Criança e do Adolescente comentado*, p. 461). Indaga-se: *obrigatória* em que termos? Não se pode *obrigar* o advogado a comparecer no gabinete do promotor. Inexiste qualquer previsão legal para tanto. Se o adolescente comparecer desacompanhado de defensor, mas disser que já possui um constituído, não pode o promotor *nomear* um *defensor "ad hoc"* somente para legitimar uma remissão com aplicação de medida socioeducativa. Em conclusão, cabe aos defensores recusarem-se a concordar com remissão cumulada com medida socioeducativa, pois estarão guarnecidos pela Súmula 108 do STJ; c) a presença do defensor pode levar o promotor a reduzir a termo todas as declarações, que deveriam ser *informais* – incompatíveis com o termo –, levando o jovem a produzir prova contra si mesmo, uma vez que o *condutor* daquela *audiência* é o mesmo órgão que, posteriormente, poderá apresentar representação *contra* o adolescente; imagine-se o defensor, em juízo, tentando desacreditar a *prova produzida no gabinete do promotor com a sua presença*; seria um autêntico *tiro no pé*; d) a presença do defensor, naquele momento, pode transformar o ato em *audiência oficial*, pois se ouve o menor, seus pais, a vítima e as testemunhas; havendo representação e instauração do processo, o que se fará em juízo? A homologação da já realizada audiência no gabinete ministerial, com o aval da defesa? Anote-se a gravidade disso: já se colheram tais declarações na polícia, renova-se no MP e segue-se, pela terceira vez, em juízo. Se as provas coletadas na fase policial são frequentemente *desacreditadas* pelos defensores, quando estão em juízo, como podem eles (advogados) concordar em participar da *audiência* no Ministério Público? Seria ratificar o inquisitivismo. Pode-se dizer que a presença do advogado *incentivaria* o promotor a propor a remissão. Pode ser. Entretanto, o risco é elevado, pois, se ele preferir representar, terá consigo mais provas conseguidas sem o real contraditório, diante do Poder Judiciário. Em suma, para nós, o defensor deve sempre *recusar-se* a participar desse encontro informal no gabinete do promotor. E, conforme o caso, orientar seu cliente – adolescente – e seus pais a não darem nenhuma declaração por escrito. Se o que for dito informalmente, terminar reduzido a termo, não devem assinar. Ou, ainda, tratando-se de fase extrajudicial, o direito ao silêncio pode ser a melhor opção. Afinal, a remissão não é a única solução naquele momento, pois ela pode ser concedida em juízo também.

157. Informalidade e redução a termo: já mencionamos nas notas anteriores que não se devem reduzir a termo as declarações colhidas no gabinete do Ministério Público. Porém, há de existir um termo geral, com o resumo dos acontecimentos, para que se possa justificar a aplicação da remissão ou o arquivamento dos autos. Nesse ponto, concordamos com Jurandir Norberto Marçura: "a oitiva do adolescente e, sendo possível, de seus pais ou responsável, vítima e testemunhas deve ser *informal* (grifo no original), ou seja, destituída de formalidade, não havendo, portanto, necessidade de serem reduzidas a termo as declarações. Isso não significa, entretanto, que nenhum registro das oitivas deva ficar consignado nos autos, mormente nos casos de promoção de arquivamento ou concessão de remissão, para o quê exige-se 'termo fundamentado, que conterá o resumo dos fatos' (art. 181)" (Munir Cury [org.], *Estatuto da Criança e do Adolescente comentado*, p. 826). Embora seja interessante registrar o ocorrido nesse encontro resumidamente, não nos parece seja esse o *termo fundamentado* mencionado no art. 181, *caput*. Como explicaremos a seguir, a fundamentação é parcela da cota de arquivamento ou de remissão do promotor.

158. Não apresentação: o parágrafo único cuida, naturalmente, da hipótese de não apresentação de adolescente liberado, sob a responsabilidade de seus pais ou terceiro. Afinal, cuidando-se de menor apreendido, cumpre a órgãos estatais realizar a apresentação; se não o fizerem, podem responder criminal e funcionalmente. Portanto, o promotor providencia a notificação (ou intimação) dos pais ou responsável para que levem o adolescente ao seu gabinete. O ideal seria intimar também o jovem, para que entenda a importância da situação, intentando ir por sua própria conta. Se, notificados (intimados), não comparecerem, diz a letra da lei que é possível *requisitar o concurso das polícias civil e militar*. Sobre a condução coercitiva, ver a nota abaixo. Mas outra solução pode haver: simplesmente ignorar a ausência, tomando uma das medidas do art. 180. Existindo provas suficientes, o promotor apresenta representação; inexistindo, pede o arquivamento; havendo provas, mas não reputando necessária medida socioeducativa, concede remissão.

159. Condução coercitiva: temos sustentado, em nossas obras *Código de Processo Penal comentado, Manual de processo penal e execução penal* e *Prisão e liberdade*, que a condução coercitiva é uma espécie de *prisão por curto espaço de tempo*, mas não deixa de ser privação da liberdade. Note-se ser ela executada pela polícia militar ou civil, que o faz à força, algemando o conduzido se ele resistir, levando-o em viatura policial ao fórum. Até que seja atendido pelo juiz (em casa de audiência) ou pelo promotor (no gabinete), pode ficar em cela, onde se guardam os presos. Em suma, somente desconhecendo a realidade é que se pode sustentar que a *condução coercitiva* não é uma privação da liberdade. Se não é prisão, qual é a sua natureza jurídica? Dir-se-ia, ironicamente, ser apenas uma *condução à força*. Separar a condução coercitiva da prisão é confortável para que autoridades policiais levem pessoas à força para serem ouvidas na delegacia, sem ordem judicial; é igualmente cômodo para que promotores obriguem qualquer pessoa a comparecer em seus gabinetes *debaixo de força física*. Entretanto, desponta contradição evidente quando se registra que a Comissão Parlamentar de Inquérito

Art. 180

Estatuto da Criança e do Adolescente Comentado · Nucci

534

(CPI), com poder investigatório próprio das autoridades judiciais (art. 58, § 3.º, CF), não determina, diretamente, a condução coercitiva de testemunhas, mas se solicita o concurso do juiz criminal da localidade para que o faça, conforme dispõe o art. 3.º da Lei 1.579/1952. Em suma, caso os pais não compareçam, levando o adolescente, deve o promotor requerer ao juiz que determine a apreensão do jovem e a condução coercitiva do responsável. Afinal, qualquer espécie de privação da liberdade constitui *reserva de jurisdição*, como já decidiu o STF no tocante à CPI.

> **Art. 180.** Adotadas as providências a que alude o artigo anterior, o representante do Ministério Público poderá:[160-161]
>
> I – promover o arquivamento dos autos;[162-163]
>
> II – conceder a remissão;[164-164-A]
>
> III – representar à autoridade judiciária para aplicação de medida socioeducativa.[165]

160. Alternativas do Ministério Público: apresentado o adolescente, como regra, ouvidos este e seus pais ou responsável, pelo menos, pode o promotor optar pela concessão da remissão (espécie de perdão extrajudicial), encaminhando as peças para homologação do juiz. Em nossa visão, é perfeitamente viável que o Ministério Público conceda a remissão, em casos simples, advindos de registro de boletim de ocorrência circunstanciada, mesmo sem a presença do menor ou de seus pais. Imagine-se o ato infracional equiparado a contravenção penal, quase significando infração de bagatela; aplica-se a remissão sem maiores delongas. Nos casos de atos infracionais mais graves, para que haja remissão, é conveniente maior cautela, devendo-se ouvir o adolescente e seus responsáveis, no mínimo. Pode, ainda, o promotor pleitear o arquivamento dos autos, por falta de provas da materialidade ou de autoria, sem aplicação de qualquer medida ao menor. Finalmente, havendo provas suficientes e não sendo o caso de remissão, deve representar ao juízo para aplicar a medida socioeducativa cabível, desenvolvendo-se o devido processo legal. A ouvida do adolescente não é obrigatória nem constitui pressuposto para o oferecimento da representação: STJ: "1. De acordo com a jurisprudência do Superior Tribunal de Justiça, a oitiva informal do adolescente, ato de natureza extrajudicial, não é pressuposto para o oferecimento da representação, servindo apenas para auxiliar o representante do Ministério Público a decidir sobre a necessidade ou não da instauração da ação socioeducativa, nos termos do art. 180 da Lei 8.069/90. Precedentes" (AgRg no HC 244.399/SP, 5.ª T., rel. Marco Aurélio Bellizze, j. 27.11.2012, *DJe* 04.12.2012). Em contrário: TJSC: "Somente em casos excepcionalíssimos, quando a apresentação do adolescente revelar-se impraticável, é admissível o oferecimento de representação sem a sua prévia oitiva pelo Ministério Público (Ap. Crim. 2003.029820-7, rel. Des. Newton Janke – j. 02.03.2004). (...) Não pode o Ministério Público pautar-se exclusivamente na sua íntima convicção e na gravidade abstrata do delito para dispensar a exigência legal" (Apelação/Estatuto da Criança e do Adolescente 2013.090856-2, rel. Sérgio Rizelo, *DJ* 20.05.2014).

161. Novas diligências: embora não conste expressamente nesta Lei, não vemos nenhum óbice – ao contrário, é recomendável – que o promotor requisite mais diligências da autoridade policial ou ele mesmo as providencie, antes de tomar um dos caminhos sugeridos pelo art. 180.

162. Arquivamento dos autos: considerando-se o princípio da obrigatoriedade da ação socioeducativa – tal como o é a ação penal pública incondicionada –, o Ministério Público, obtendo provas suficientes da materialidade do ato infracional e indícios suficientes de autoria, *deve* apresentar representação ao juiz. Entretanto, inexistindo provas a sustentar a justa causa para a representação, tampouco seja o caso de remissão, cabe ao promotor requerer o arquivamento dos autos. A única hipótese para contornar a obrigatoriedade da ação, sem haver o arquivamento, é a concessão da remissão (perdão extrajudicial autorizado em lei). Na jurisprudência: TJRS: "Conforme se infere do disposto nos arts. 180, I, e 182, ambos do ECA, compete exclusivamente ao Ministério Público o pedido de arquivamento do procedimento para apuração de ato infracional, considerando que é o titular da ação socioeducativa, sendo vedado ao Magistrado determiná-lo, *ex officio*" (Apelação Cível 70078432861, 7.ª Câm. Cível, rel. Sandra Brisolara Medeiros, j. 13.08.2018, m.v.).

163. Ato infracional de bagatela: no âmbito penal, tem sido admitida pelos tribunais pátrios e pela maioria da doutrina a tese da atipicidade do fato em virtude do princípio da insignificância (o delito de bagatela). O mesmo benefício deve ser aplicado no cenário da infância e juventude, aliás, com maior ênfase, pois seria inadequado impor medida socioeducativa para um ato infracional de bagatela, cuja lesão ao bem jurídico foi ínfima. São requisitos para a consideração da insignificância: a) valor do bem unitariamente considerado, envolvendo ínfimo montante; b) valor do bem para a vítima, considerados seu *status* social e condições econômicas; c) valor do bem para a sociedade, quando envolver bem jurídico difuso ou coletivo; d) condições pessoais do agente (primário, com ou sem antecedentes, personalidade etc.).

164. Concessão da remissão: nos termos do art. 126 desta Lei, com os nossos comentários, a remissão é um perdão extrajudicial embasado em lei. Cuidando-se de crianças e adolescentes, trata-se de uma forma a mais de evitar o desgaste da ação socioeducativa, visualizando-se atos infracionais mais brandos. Além disso, volta-se ao adolescente primário, sem antecedentes. Embora o membro do Ministério Público possa conceder a remissão para qualquer espécie de ato infracional, inclusive graves, depende-se da homologação judicial, quando, então, pode-se invocar o disposto no § 2.º deste artigo.

164-A. Rejeição da representação para que o MP oferte remissão: é indevida postura do magistrado. A remissão, na fase extrajudicial, é pertinente apenas ao membro do Ministério Público. Ele pode ofertar representação, que deve ser recebida, se cabível, independentemente da remissão. Conferir: TJDFT: "I. A admissibilidade da remissão na fase extrajudicial, prevista no art. 180, inciso II, do ECA, constitui prerrogativa do representante ministerial. Só depois de cumpridas as formalidades do art. 184 do Estatuto Menorista é que a autoridade judiciária poderá manifestar-se pela aplicação do benefício, mediante prévia oitiva do Ministério Público. II. As condições de procedibilidade da representação estão previstas no § 1.º do art. 182 do ECA e devem conter breve resumo dos fatos, a classificação do ato infracional e, se necessário, o rol de testemunhas. Preenchidos os requisitos, cabe ao magistrado apenas designar audiência de apresentação do adolescente e decidir sobre decretação ou manutenção da internação, nos moldes definidos no art. 184 do mesmo diploma legal. III. Recurso provido" (Ap. 20150910152934APR-DFT, 1.ª T. Criminal, rel. Sandra de Santis, 04.02.2016, v.u.).

165. Representação: equivale à denúncia, no processo penal comum, contendo a narrativa completa do fato e seu(s) autor(es), possibilitando a perfeita compreensão da imputação, viabilizando o contraditório e a ampla defesa. Esta se compõe da autodefesa (feita pelo próprio adolescente em contato com o juiz) e da defesa técnica (realizada por advogado). Se a peça estiver incompleta, confusa ou não se basear nas provas pré-constituídas, deve o juiz rejeitá-la por inépcia. Em nosso entendimento, há evidente abuso quanto ao disposto pelo art. 182, § 2.º, afirmando que a representação independe de prova pré-constituída da autoria e da materialidade (ver a nota a esse dispositivo).

Art. 181

Art. 181. Promovido o arquivamento dos autos ou concedida a remissão pelo representante do Ministério Público, mediante termo fundamentado,[166] que conterá o resumo dos fatos, os autos serão conclusos à autoridade judiciária para homologação.

§ 1.º Homologado o arquivamento ou a remissão, a autoridade judiciária determinará, conforme o caso, o cumprimento da medida.[167]

§ 2.º Discordando,[168] a autoridade judiciária fará remessa dos autos ao Procurador-Geral de Justiça, mediante despacho fundamentado,[169] e este oferecerá representação,[170] designará outro membro do Ministério Público para apresentá-la,[171] ou ratificará o arquivamento ou a remissão, que só então estará a autoridade judiciária obrigada a homologar.

166. Termo fundamentado: *termo*, em processo, significa uma peça escrita formal, indicando a realização de um ato procedimental. Geralmente, costuma-se indicar, como exemplo, o *termo de audiência*, que concentra o resumo dos atos praticados, peça escrita e assinada pelos que ali compareceram. No caso presente, não se está referindo ao *termo* do encontro informal entre MP e adolescente, com seus pais; diz respeito à formal manifestação do promotor quanto à concessão da remissão e, também, do pedido de arquivamento, ambos a exigirem *fundamentação*, pois não se trata de ato puramente discricionário. Eis o motivo da exigência, concomitante, do *resumo dos fatos*, como um autêntico *relatório*, a levar à conclusão do *Parquet* pelo arquivamento ou pela remissão. É dever do Ministério Público ofertar uma peça escrita, contendo relatório e fundamentos, para apoiar o pleito de arquivamento ou a concessão da remissão, pois ambos serão submetidos à análise do juiz.

167. Homologação e determinação indevida: *homologar*, em processo, diz respeito à aprovação judicial no tocante a determinado ato provocado pela parte interessada. Por exemplo, *homologa-se* um acordo para que ele tenha validade de título judicial. Nesse caso, homologa-se o arquivamento, pois se está de acordo com o promotor. Certamente, não havia materialidade ou provas de autoria; ou ficou demonstrada a falta de tipicidade, ilicitude ou culpabilidade. Quanto à remissão, havendo fundamentos razoáveis, o magistrado também pode homologá-la, encerrando-se o caso. A menção final é um equívoco: "determinará, conforme o caso, o cumprimento da medida". Segue o disposto pelo art. 127, segunda parte, autorizando o promotor a estabelecer qualquer medida socioeducativa, exceto semiliberdade e internação. A Súmula 108 do STJ é bem clara: "a aplicação de medidas socioeducativas ao adolescente, pela prática de ato infracional, é da competência exclusiva do juiz". Faltou dizer o que, em nosso entendimento, está implícito, após o devido processo legal. Algumas vozes passaram a interpretar, com respaldo jurisprudencial, que essa *aplicação judicial* pode equivaler à simples homologação da verdadeira aplicação da medida feita pelo Ministério Público. Assim não pensamos. Como se disse antes, *homologar* é apenas *aprovar judicialmente* algo promovido por terceiro. Quando o promotor concede remissão, pura e simples, o juiz, verificando a legalidade do ato em si, conforme os requisitos do art. 126 desta Lei, *homologa* tal ato para finalizar o procedimento. Mas, se o Ministério Público concede remissão *cumulada* com medida socioeducativa, esta não partiu do juiz, mas de parte interessada, motivo pelo qual a simples homologação não tem o condão de equivaler aos termos da referida Súmula 108: a aplicação *compete* ao juiz. O que cabe ao juiz, não compete a mais ninguém. Desse modo, quem decide acerca de aplicação da medida socioeducativa é a autoridade judiciária. Vamos a alguns raciocínios em torno disso: 1) se o juiz discordar da remissão cumulada com medida socioeducativa, ele remete o feito ao Procurador-Geral da Justiça (art. 182, § 2.º); se essa autoridade concordar com o magistrado, pode designar outro promotor para representar em face do adolescente; mas se concordar com o promotor, *ratificará* a remissão (junto com a medida socioeducativa?), estando o juiz obrigado a homologar. Surge o ponto nevrálgico: pode o Procurador-Geral da Justiça ratificar a remissão cumulada com a aplicação da medida socioeducativa? Se pudesse, obrigaria o juiz a acatar tal decisão? E se acatasse, quem, na realidade, estaria aplicando a medida socioeducativa? Resposta simples: o Ministério Público, mesmo contra a vontade do Judiciário. O absurdo é evidente. Então, em primeira análise, se o magistrado discordar da remissão com cumulação de medida socioeducativa, deve mandar o feito ao Procurador-Geral *apenas* para avaliar a remissão. Se ele insistir no perdão, o juiz homologa e está findo o procedimento. Porém, se o magistrado concordar com a remissão, mas não com a cumulação da medida socioeducativa, deve simplesmente homologar a primeira e indeferir a segunda. Nesse caso, caberá ao promotor recorrer ao Tribunal. E, segundo nosso entendimento, o juiz *deve* indeferir, *sempre*, a aplicação cumulativa de medida socioeducativa, pois fere o direito do adolescente ao contraditório e à ampla defesa; 2) se homologar uma proposta ou acordo fosse decisão de cunho originalmente judicial – o que não é –, poderia o promotor impor a prisão, no processo penal comum, bastando o juiz homologar, saindo o mandado de prisão. Em princípio, afirmar tal possibilidade pode soar teratológico, mas não vemos diferença da imposição de medida socioeducativa, com restrição a direitos do jovem, pelo MP, com a singela *homologação* judicial. Retornemos à referida Súmula 108: *aplicar* a medida é da *competência exclusiva* do juiz. Não conseguimos ver outra alternativa a não ser o magistrado, sem se valer de mais ninguém (por isso, exclusivo), aplicar, diretamente, ao menor a medida socioeducativa. E, para que o faça, depende do devido processo legal. Concordando que o Ministério Público somente pode ofertar a remissão: Roberto João Elias (*Comentários ao Estatuto da Criança e do Adolescente*, p. 246). Pela possibilidade de aplicação cumulada da remissão com medida socioeducativa: Francismar Lamenza (*Estatuto da Criança e do Adolescente interpretado*, p. 289); Paulo Afonso Garrido de Paulo, mencionando que a remissão cumulada com medida socioeducativa tem o "mérito de antecipar a execução de medida socioeducativa, sem necessidade de instauração de procedimento formal de apuração, sendo portanto de baixo custo e célere, desde que o adolescente e seu representante legal concordem com a decisão ministerial" (Munir Cury [org.], *Estatuto da Criança e do Adolescente comentado*, p. 830). Na verdade, a remissão cumulada com medida socioeducativa tem o mérito de afundar o devido processo legal, em nome de baixo custo (de quê?) e da celeridade (defesa como entrave à economia processual), além de inaugurar na área da infância e juventude na nova modalidade de *transação* (se o menor e seus pais concordarem), não prevista na Constituição Federal. E qual foi a razão de se prever, expressamente, a admissibilidade da transação para infrações de menor potencial ofensivo no texto magno? Evitar a inconstitucionalidade de se aplicar uma restrição de direito ao autor de infração penal (multa ou restrição de direito) *sem o devido processo legal*. Ora, se para o adulto é fundamental lembrar que a transação goza de *status* constitucional, é igualmente essencial lembrar que a transação entre promotor e adolescente (com seus pais) não tem essa autorização. O menor de 18 anos não pode ser prejudicado, recebendo, por exemplo, a medida de prestação de serviços à comunidade enquanto o maior de 18 somente pode receber tal medida por meio do devido processo legal (exceto no caso de transação, *autorizada* pela CF). Na jurisprudência: STJ: "1. É prerrogativa do Ministério Público, como titular da representação por ato infracional, a iniciativa de propor a remissão pré-processual como forma de exclusão do processo, a qual, por expressa previsão do art. 127 do ECA, já declarado constitucional pelo Supremo Tribunal Federal, pode ser cumulada com medidas socioeducativas em meio aberto, as quais não pressupõem a apuração de responsabilidade e não prevalecem para fins de antecedentes, possuindo apenas caráter pedagógico. 2. O Juiz, no ato da homologação exigida pelo art. 181, § 1.º, do ECA, se discordar da remissão concedida pelo Ministério Público, fará remessa dos autos ao Procurador-Geral de Justiça e este oferecerá

Art. 181

Estatuto da Criança e do Adolescente Comentado • **Nucci**

representação, designará outro promotor para apresentá-la ou ratificará o arquivamento ou a remissão, que só então estará a autoridade judiciária obrigada a homologar. 3. Em caso de discordância parcial quanto aos termos da remissão, não pode o juiz modificar os termos da proposta do Ministério Público no ato da homologação, para fins de excluir medida em meio aberto cumulada com o perdão. 4. Recurso especial provido para anular a homologação da remissão e determinar que o Juízo de primeiro grau adote o rito do art. 181, § 2.º, do ECA" (REsp 1.392.888/MS, 6.ª T., rel. Rogerio Schietti Cruz, 30.06.2016, v.u.).

168. Obrigatoriedade da atuação do Ministério Público: se a ação socioeducativa fizesse parte do critério da oportunidade, permitindo ao seu titular exclusivo – o Ministério Público – ajuizá-la quando achasse conveniente, inexistiria razão para submeter o pedido de arquivamento ao juiz. Submete-se o requerimento tanto de arquivamento quanto de remissão à autoridade judiciária, pois eles simbolizam a fiscalização ao princípio da obrigatoriedade da ação socioeducativa. Se houver discordância, exatamente como se faz no processo penal comum, remete-se o feito ao Procurador-Geral de Justiça, que poderá: a) concordar com o juiz, designando outro promotor para promover a representação; respeita-se a independência funcional de quem pleiteou o arquivamento ou a remissão; b) discordar do juiz, concordando com o promotor, ocasião em que *ratificará* o pedido de arquivamento ou de remissão, obrigando, então, o juiz a homologá-lo. Na jurisprudência: STJ: "o procedimento de apuração de ato infracional é sempre de iniciativa exclusiva do Ministério Público, a quem cabe decidir acerca da propositura da ação socioeducativa, independentemente da manifestação do ofendido" (HC 160.292/MG, 5.ª T., rel. Jorge Mussi, *DJ* 24.05.2011). TJDFT: "Enquanto não houver pronunciamento final da questão acerca da constitucionalidade do art. 28 da Lei n. 11.343/2006 (Lei de Drogas) pelo STF, em discussão nos autos do Recurso Extraordinário n.º 635.659/SP, com repercussão geral reconhecida, entende-se que o tipo penal em questão é compatível com a CF/88, sendo possível se falar na sua tipicidade, para fins de ato infracional. Tratando-se de suposta prática de ato infracional, é possível ao *Parquet* a proposta de remissão, nos termos dos arts. 126 e 180, II, do Estatuto da Criança e do Adolescente. E nos termos do art. 181, § 2.º, do ECA, caso o magistrado discorde da remissão ofertada, 'fará remessa dos autos ao Procurador-Geral de Justiça, mediante despacho fundamentado, e este oferecerá representação, designará outro membro do Ministério Público para apresentá-la, ou ratificará o arquivamento ou a remissão, que só então estará a autoridade judiciária obrigada a homologar'. A decisão que deixa de homologar a remissão e determina o arquivamento parcial dos autos deve ser reformada, a fim de que o juiz, caso discorde da proposta de remissão em relação ao ato infracional análogo ao porte de droga para uso próprio (art. 28 da Lei de Drogas), adote o procedimento previsto no art. 181, § 2.º, do Estatuto da Criança e do Adolescente. Agravo conhecido e parcialmente provido" (AGI 20160020416145-DFT, 1.ª T. Criminal, rel. Ana Maria Amarante, 23.02.2017, v.u.).

169. Despacho fundamentado: toda decisão judicial *deve* ser motivada e não seria diferente a discordância do juiz em face do pleito de arquivamento ou de remissão proposto pelo membro do Ministério Público. Pode o Procurador-Geral da Justiça deixar de conhecer a remessa do feito, caso seja feita sem o despacho fundamentado? Cremos que não, pois, acima disso, encontra-se a obrigatoriedade da ação socioeducativa. Deve manifestar-se nos termos legais, mas também oficiar à Corregedoria-Geral da Justiça para as providências cabíveis em relação ao magistrado.

170. Oferecimento de representação pelo Procurador-Geral: é viável, pois é ele o chefe da instituição, considerada uma e indivisível. Entretanto, não é adequado, pois quem vai acompanhar o trâmite não será o PGJ em pessoa. O ideal é designar um promotor para atuar em seu nome, por delegação.

171. Designação de outro promotor: quem receber a incumbência, não pode recusá-la, alegando, por exemplo, independência funcional, tampouco que concorda com o pedido feito pelo primeiro promotor. O designado *deve* ofertar a representação, pois não age em seu nome próprio, mas do Procurador-Geral da Justiça. Para resguardar o seu entendimento, em futuros casos, deve assinar e colocar embaixo "por delegação do PGJ".

> **Art. 182.** Se, por qualquer razão, o representante do Ministério Público não promover o arquivamento ou conceder a remissão, oferecerá representação à autoridade judiciária, propondo a instauração de procedimento[172] para aplicação da medida socioeducativa que se afigurar a mais adequada.
>
> § 1.º A representação será oferecida por petição,[173] que conterá o breve resumo dos fatos e a classificação do ato infracional e, quando necessário, o rol de testemunhas,[174] podendo ser deduzida oralmente,[175] em sessão diária instalada pela autoridade judiciária.
>
> § 2.º A representação independe de prova pré-constituída da autoria e materialidade.[176]

172. Instauração de processo: embora a lei mencione *procedimento*, para abrandar o cenário em que se insere o ato infracional, a verdade é que se trata de um processo, com os polos ativo e passivo e o julgador. Esse processo tramita de acordo com um procedimento previsto em lei. Há um conflito de interesses, tanto que a defesa é obrigatória e este Estatuto menciona, claramente, o devido processo legal.

173. Conteúdo da representação: encontra a sua peça equivalente, no processo penal, na denúncia, não havendo, para fins formais, nenhuma diferença substancial entre elas. Deduzida por petição, deverá conter a exposição do fato, com todas as suas circunstâncias. A referência ao *breve resumo dos fatos* diz respeito apenas à concisão e objetividade exigidas de toda peça inaugural de um processo criminal ou socioeducativo. Essa forma compacta não pode eliminar dados fundamentais, mas servir de modelo para que o adolescente entenda do que está sendo acusado, afinal, ele também se defende diretamente ao juiz. A representação é a imputação de ato infracional ao jovem, pretendendo a aplicação de medida socioeducativa, sempre uma restrição de algum direito. Inclui-se, ainda, a classificação do ato infracional, que deve fazer referência ao crime ou contravenção ao qual se vincula. Finalmente, o rol das testemunhas, sob pena de preclusão.

174. Rol de testemunhas: à falta de um número especificado nesta Lei, serve-se do disposto pelo processo penal. O número máximo é de oito testemunhas, para crimes cuja pena máxima for igual ou superior a quatro anos. Se o ato infracional equivaler a crime desse jaez, são oito testemunhas. O número máximo é de cinco testemunhas, para delitos cuja pena máxima for inferior a quatro anos. Lembre-se que a vítima não se inclui no número de testemunhas, devendo ser arrolada à parte (mesmo sendo mais de uma).

175. Representação oral: basicamente inexiste, pois dependeria da instalação, pelo juiz da infância e juventude, de audiência diária, justamente a fim de receber requerimentos orais de toda ordem, decidindo na hora.

176. Dispensa de prova pré-constituída e inconstitucionalidade do dispositivo: não se pode aceitar possa o menor de 18 anos ser processado, ficando exposto à aplicação de medida socioeducativa, inclusive de privação da liberdade, sem *justa causa*. Durante séculos, lutou-se pelo aprimoramento do processo penal, até se chegar à conclusão de que a prova pré-constituída, normalmente captada pelo inquérito policial, é de suma importância para dar base à denúncia ou queixa; durante muitos anos, combateu-se a ideia anteriormente existente no extinto Código de Menores de que o Estado é paternalista e, independente de defesa, de acusação formal ou de qualquer formalidade, pode inserir um menor em internação *para o seu próprio bem*. Noutros termos, sempre se lutou pela tese de um Direito da Infância e Juventude calcado na Constituição Federal, em todos os sentidos, celebrizado pelas linhas garantistas do processo penal brasileiro. Não se compreende o desastroso § 2.º deste artigo do Estatuto. Alega-se, em prol de sua aplicação, princípios adversos à ampla defesa, ao contraditório e ao próprio devido processo legal, como celeridade, informalidade e economia. Um dos autores participantes da elaboração deste Estatuto, Paulo Afonso Garrido de Paula, busca explicar este preceito, afirmando que a intenção foi minimizar a "severidade da avaliação da justa causa para a invocação da tutela jurisdicional" (Munir Cury [org.], *Estatuto da Criança e do Adolescente comentado*, p. 840). Ora, mas é justamente essa "severidade" que confere o mínimo de legitimidade para se levar alguém a juízo criminal, a fim de debater sua culpa. Na sequência, Garrido afirma que a meta foi criar um "juizado de instrução, estabelecendo um procedimento *judicial de apuração* de ato infracional", motivo pelo qual dispensou-se a figura do inquérito (Munir Cury [org.], *Estatuto da Criança e do Adolescente comentado*, p. 840). O juízo de instrução precede o juízo de mérito, onde é adotado. O juiz capta provas mínimas para levar o caso a julgamento. Logo, significa a garantia de não haver ações penais irresponsáveis e levianas. Pelo que se entende da elaboração deste Estatuto, pretendeu-se, justamente, o oposto da garantia de uma ampla defesa e de um sistema autenticamente contraditório. Muito se fala, ao longo do texto desta Lei, em direitos e garantais do menor e do devido processo legal, mas não se pretende aplicar nada disso, no momento mais importante de todos: o processo por ato infracional. Criou-se um *fenômeno* alheio ao sistema constitucional brasileiro de processo; pode-se ingressar com uma representação, obrigando o adolescente a ser citado, contratar advogado, quando a imputação pode ser completamente leviana, sem lastro algum. A única explicação é facilitar os trabalhos da polícia e do Ministério Público, que, com qualquer pedaço de papel, contendo um relatório singelo, ingressa com ação socioeducativa contra um adolescente. Esse não pode ser o Estatuto que prometeu dignificar a criança e o adolescente, colocando, acima de tudo, o seu *superior interesse*, com *absoluta prioridade*. Para arrematar, ainda Garrido afirma que "isso não significa que a representação possa brotar de irrefletidas e vagas suposições, beirando a inidoneidade; é mister um mínimo de viabilidade, resultante de elementos colhidos nas fases precedentes, notadamente em relação à autoria, de sorte a que a *apuração* dos fatos revele-se necessária" (Munir Cury [org.], *Estatuto da Criança e do Adolescente comentado*, p. 840). Essa finalização, com a devida vênia, soa-nos como um *pedido de compreensão* se as coisas desandarem. Se o § 2.º é cristalino ao dizer que "a representação *independe* de prova pré-constituída de autoria e materialidade" (grifamos), a imputação feita pelo promotor pode, sim, nascer de irrefletidas e vagas suposições, atingindo em cheio a inidoneidade; pode, sem dúvida, partir de estaca zero, sem nenhum elemento de materialidade ou autoria, como na esfera cível, bastando uma petição, carregada de fatos para dar início ao feito. Só se pode reputar inconstitucional. É um dever do juiz zelar pelo devido processo legal. Acima de tudo, é seu dever não permitir uma representação leviana, sem lastro algum em provas pré-colhidas. Não é crível se possa levar um adolescente – logo ele, pessoa em desenvolvimento ao juízo para se defender do que não fez ou daquilo que não existe. Sem prova da materialidade, poder-se-ia representar contra o menor pela simples suspeita de ter ele matado um sujeito que desapareceu. Sem prova da autoria, poder-se-ia representar contra o jovem que, por passar ao lado de um cadáver, poderia ter sido o agente do homicídio. Para contornar o abusivo § 2.º, vários doutrinadores tentam *minimizar* seus nefastos efeitos, alegando que é preciso um *mínimo* de provas, é fundamental contar com o bom senso do promotor e, mais que tudo, pelo menos privilegia a celeridade. Segundo nos parece, este dispositivo somente ainda existe porque a imensa maioria dos adolescentes infratores é proveniente das classes mais baixas da população – social e economicamente. São esses jovens, quando cometem atos infracionais, que são obrigados a assimilar uma remição cumulada com medida socioeducativa; são eles que podem ser representados sem provas pré-constituídas. São os jovens que não são cidadãos e o Estado, apesar de dizer o contrário, nesta Lei e na Constituição Federal, os trata dessa maneira. Ninguém, em sã consciência, aceita qualquer restrição a direito seu, gratuitamente. O jovem pobre, sem pais com força para protegê-lo (muitas vezes, sem nem ter pais), fica à mercê da remissão imposta pelo promotor, a pretexto de ter havido "acordo"; é o mesmo jovem que será representado sem provas. E o mais assustador, talvez seja esse adolescente a receber, ao final do processo, uma medida socioeducativa, igualmente sem provas. Espera-se que o Judiciário se erga contra representações sem provas pré-constituídas, com base no devido processo legal. Espera-se que a defensoria pública, cada vez mais atuante, não permita o ajuizamento de representações sem prova da materialidade e de indícios suficientes de autoria, propondo *habeas corpus* para trancar o procedimento instaurado. Na jurisprudência: TJMG: "Nos termos do art. 182, §§ 1.º e 2.º, do Estatuto da Criança e do Adolescente, a representação independe de prova pré-constituída da autoria e materialidade infracional, devendo conter a narrativa concisa dos fatos, a classificação do ato infracional supostamente perpetrado e, se necessário, rol de testemunhas, as quais podem ser deduzidas oralmente. Constatada que a representação atende aos requisitos necessários o feito deve prosseguir, nos termos da Lei" (HC 1743467-94.2024.8.13.0000, 9.ª Câm. Criminal, rel. Valeria Rodrigues, 03.04.2024, v.u.). TJDFT: "Evidenciados indícios de autoria do ato infracional, nos termos do art. 182, § 2.º, do ECA, haja vista que os elementos informativos apontam a participação dos menores, que foram reconhecidos pela vítima em sede inquisitorial como sendo os autores do fato, deve-se reconhecer a presença de justa causa, ensejadora do recebimento da representação" (APR 20160910025449-DFT, 1.ª T. Criminal, rel. Romão C. Oliveira, 13.07.2017, v.u.).

> **Art. 183.** O prazo máximo e improrrogável para a conclusão do procedimento, estando o adolescente internado provisoriamente, será de quarenta e cinco dias.[177]

177. Prazo de 45 dias: inicia-se este comentário relembrando, textualmente, o conteúdo do art. 121 desta Lei: "a internação constitui medida privativa da liberdade, sujeita aos princípios de brevidade, excepcionalidade e respeito à condição peculiar de pessoa em desenvolvimento". A medida final, após o devido processo legal, de internação precisa ser excepcionalmente aplicada, de curta duração e respeitando o fato de ela destinar-se a uma pessoa em pleno desenvolvimento. Imagine-se a *internação provisória*, aplicada ao jovem sem culpa evidenciada, podendo ele, ao final, ser absolvido. Seria um duplo desastre para a sua formação. Por isso, se for indispensável a referida internação provisória, não poderá, em hipótese alguma, ultrapassar o período de 45 dias. A lei, nessa hipótese, é claríssima: prazo *máximo* e *improrrogável*. Diversamente do que ocorre no processo penal comum, não se inserem, nesse contexto, os princípios da razoabilidade e da proporcionalidade para a contagem do prazo. Deve utilizá-los para checar se é cabível decretar a internação provisória, mas não para o período. Os argumentos usados para prolongar a prisão cautelar do adulto não servem neste cenário: não interessa se a defesa protelou (significa que o juiz permitiu, sem considerar o jovem indefenso, nomeando-lhe outro defensor); nem se foram expedidas precatórias (o juiz deve cobrá-las a qualquer custo e, não chegando, julgar sem elas); não importa se a instrução

Art. 184

Estatuto da Criança e do Adolescente Comentado · **Nucci**

já se encerrou (os 45 dias envolvem a prolação da sentença); é irrelevante se houve greve no fórum ou em qualquer outro lugar, assim como o advento de férias forenses, feriados, fins de semana etc. Findo tal prazo, o magistrado determina a soltura do menor. Se ele não for colocado em liberdade por conta de outra ordem judicial, é problema alheio ao juízo que o liberou. Protelar a soltura sujeita a autoridade ao crime do art. 235 desta Lei. Na doutrina: é constrangimento ilegal. O adolescente deve ser liberado. Tipifica crime do art. 235 do ECA se não for (Fuller, Dezem e Martins, *Estatuto da Criança e do Adolescente*, p. 102). "A tolerância quanto à extrapolação deste prazo legal, manifestada em algumas decisões judiciais (há decisões de Tribunais denegando *habeas corpus* em casos de superação do prazo de 45 dias sem sentença), viola frontalmente o Princípio da Celeridade e se constitui em flagrante ilegalidade, violadora de preceito expresso em defesa do adolescente a que se atribui a prática infracional" (João Batista Costa Saraiva, *Compêndio de direito penal juvenil. Adolescente e ato infracional*, p. 98). Na jurisprudência: STJ: "1. 'É pacífico nesta Corte Superior que o prazo de internação provisória de menor infrator não pode ultrapassar aquele previsto no Estatuto da Criança e do Adolescente – 45 dias – sob pena de se contrariar o propósito da Legislação do Menor, que pretende a celeridade dos processos e a internação como medida adotada apenas excepcionalmente' (HC n. 374.060/RS, relator Ministro Nefi Cordeiro, 6.ª T., j. 30.03.2017, *DJe* 07.04.2017). 2. Ordem concedida. Liminar ratificada" (HC 462.881/RJ, 6.ª T., rel. Antonio Saldanha Palheiro, 13.11.2018, v.u.). TJSP: "Insurgência contra a revogação de internação provisória. Recurso do Ministério Público visando a continuidade da medida cautelar. Impossibilidade. Adolescente custodiado há cerca de 45 dias. Inteligência do artigo 108 e 183 do ECA. Prazo improrrogável, que não é afetado pela suspensão de prazos processuais estabelecida pelo Provimento CSM n.º 2.549/2020, já que se trata de regra oriunda de Lei federal que trata da restrição de direito fundamental à liberdade, impassível de interpretação extensiva *in malam partem*. Decisão legítima e acertada, e em conformidade com o prazo legal. Agravo não provido" (Agravo de Instrumento 2082679-28.2020.8.26.0000, Câmara Especial, rel. Renato Genzani Filho, 19.08.2020, v.u.).

> **Art. 184.** Oferecida a representação,[178-181] a autoridade judiciária designará audiência de apresentação do adolescente, decidindo, desde logo, sobre a decretação ou manutenção da internação,[182] observado o disposto no art. 108 e parágrafo.[183-184-A]
>
> § 1.º O adolescente e seus pais ou responsável serão cientificados do teor da representação, e notificados a comparecer à audiência, acompanhados de advogado.[185]
>
> § 2.º Se os pais ou responsável não forem localizados, a autoridade judiciária dará curador especial ao adolescente.[186]
>
> § 3.º Não sendo localizado o adolescente, a autoridade judiciária expedirá mandado de busca e apreensão, determinando o sobrestamento do feito, até a efetiva apresentação.[187]
>
> § 4.º Estando o adolescente internado, será requisitada a sua apresentação, sem prejuízo da notificação dos pais ou responsável.[188]

178. Procedimento confuso, com pontos inconstitucionais: oferecida a representação, inicia-se uma sucessão de atos confusos, pois não apresentam a clareza, a simplicidade, a objetividade e, mais que tudo, a completude que se almeja de um procedimento com começo, meio e fim. Sem contar o *esquecimento* da ampla defesa em alguns momentos cruciais.

179. Recebimento da representação: a lei silencia como se não houvesse o juízo de admissibilidade da peça inicial, talvez embevecida pelo sistema informal que *criou*, achando que menores de 18 anos são menos importantes que os adultos para o fim de serem sancionados. É evidente deva existir o juízo de admissibilidade, devendo o juiz receber a representação, designando a audiência, ou rejeitando a peça inaugural, por inépcia, falta de justa causa ou de qualquer condição da ação. Contra o recebimento, cabe a impetração de *habeas corpus*, buscando trancar a demanda, com fundamento das causas de rejeição (ver a nota abaixo). Se o fizer (rejeição), seguindo-se o modelo processual civil de recursos neste Estatuto, cabe apelação, em dez dias (art. 198, desta Lei).

180. Fundamentação para o recebimento: é desnecessária, por duas razões: a) não está prevista em lei (aliás, nem mesmo o recebimento); b) como no processo penal, havendo provas pré-constituídas acompanhando a representação (eis a importância de tais provas), pressupõe-se que o juiz tomou conhecimento de todas e, por conta disso, acolheu a peça inaugural. Há um fundamento implícito.

181. Causas de rejeição da representação: são os seguintes: a) inépcia da peça: a.1) incompletude, pela não exposição integral do fato, omitindo-se dados relevantes para a ampla defesa; a.2) confusa, pela contradição no relato do fato, prejudicando o entendimento da imputação; a.3) extremamente extensa, provocando incompreensão, em particular no tocante à autodefesa do adolescente; a.4) conteúdo impróprio, acolhendo termos em língua estrangeira, jurisprudência ou citações doutrinárias; b) falta de condição da ação: b.1) impossibilidade jurídica do pedido: imputa-se fato atípico ao jovem; trata-se de ato típico, mas lícito; cuida--se de fato típico, ilícito, mas não culpável (situações que ficam bem claras pela leitura dos documentos que acompanham a inicial); b.2) interesse de agir: b.2.1) adequação: confunde-se com a justa causa para a demanda, pois é preciso prova pré-constituída a sustentar a materialidade e indícios suficientes de autoria; b.2.2) necessidade: é presumido, pois o processo é indispensável para a aplicação da medida socioeducativa; b.2.3) utilidade: é preciso existir fato punível, não colhido, por exemplo, pela prescrição; b.3) legitimidade: b.3.1) ativa: somente o promotor pode ofertar representação; não existe viabilidade para a vítima tomar seu lugar; há de ser promotor designado para a infância e juventude; b.3.2) passiva: deve estar ali o jovem maior de 12 e menor de 18 anos a quem se imputa a prática do ato infracional; c) falta de justa causa: temos sustentado ser o conjunto das condições da ação, além de representar o fator residual para dar legitimidade à ação. Portanto, qualquer óbice ao pleno exercício da demanda pode representar a falta de justa causa.

182. Decretação ou manutenção da internação provisória: esse juízo deve ser feito por ocasião do recebimento da representação e não na audiência de apresentação do adolescente. Portanto, se houve apreensão em flagrante e o delegado não liberou o jovem, passando pelo promotor, sem remissão ou arquivamento, oferece-se representação e, junto com esta, o pedido de internação provisória. Assim, a apreensão em flagrante torna-se internação provisória, embora o prazo de 45 dias tenha começado do dia em que foi detido. Caso o menor esteja solto, apresentada a representação, com pedido de internação provisória, o juiz pode decidir de imediato ou deixar para fazê-lo na audiência, quando tiver contato com o adolescente e seu responsável. A qualquer momento, o juiz, a requerimento da parte ou de ofício, pode rever o decidido quanto à internação provisória.

183. Designação de audiência de apresentação e citação: recebida a representação, na mesma decisão o juiz designa a audiência de apresentação do adolescente (internado ou solto), determinando-se a *citação* do menor (e não *cientificação + notificação*, como diz a lei, buscando *abrandar* os termos de uma autêntica ação) e de seus pais, dando conhecimento

Art. 184

da ação e da obrigação de comparecimento no dia e hora marcados. Aliás, o art. 111, I, desta lei, refere-se claramente a *citação* – termo correto. Não se aplicaria o disposto pelo CPP, por se tratar de lei especial. No entanto, o STJ alterou seu entendimento por conta de decisões advindas do STF. Logo, o adolescente deve ser ouvido ao final da instrução. Na jurisprudência: STJ: "1. O Supremo Tribunal Federal, em recentes decisões monocráticas, tem aplicado a orientação firmada no HC n. 127.900/AM ao procedimento de apuração de ato infracional, sob o fundamento de que o art. 400 do Código de Processo Penal possibilita ao representado exercer de modo mais eficaz a sua defesa e, por essa razão, em uma aplicação sistemática do direito, tal dispositivo legal deve suplantar o estatuído no art. 184 da Lei n. 8.069/1990. 2. Nessa conjuntura, propõe-se a revisão do entendimento consolidado no Superior Tribunal de Justiça para adequá-lo à jurisprudência atual da Suprema Corte, no sentido de que a oitiva do representado deve ser o último ato da instrução no procedimento de apuração de ato infracional. Assim, o adolescente irá prestar suas declarações após ter contato com todo o acervo probatório produzido, tendo maiores elementos para exercer sua autodefesa ou, se for caso, valer-se do direito ao silêncio, sob pena de evidente prejuízo à concretização dos princípios do contraditório e da ampla defesa. 3. Tal conclusão se justifica também porque o adolescente não pode receber tratamento mais gravoso do aquele conferido ao adulto, de acordo com o art. 35, inciso I, da Lei n. 12.594/2012 (Sistema Nacional de Atendimento Socioeducativo) e o item 54 das Diretrizes das Nações Unidas para a Prevenção da Delinquência Juvenil (Diretrizes de Riad). 4. Agravo regimental provido para restabelecer a decisão do Juízo de primeiro grau que fixou a oitiva do adolescente ao final da instrução" (AgRg no HC 772.228/SC, 6.ª T., rel. Laurita Vaz, 28.02.2023, v.u.).

184. Assistente do Ministério Público: é incabível no processo socioeducativo a intervenção da vítima, como se faz no processo penal comum. Em primeiro lugar, porque não há previsão legal para tanto. Em segundo, é incompatível com a finalidade da medida socioeducativa, cujo objetivo principal é educar (ou reeducar) o adolescente, considerando-se a punição como simples decorrência do primeiro. Logo, o ofendido não tem interesse direto nessa ação. Em contrário, Nazir David Milano Filho e Rodolfo Cesar Milano dizem: "embora não contemplada a possibilidade de admissão de assistente de maneira expressa, por outro lado proibição não há; não traz qualquer nulidade ou prejuízo ao processo a admissão referida, não obstante tratar-se de procedimento socioeducativo, mas que, por certo, em muitos casos, haverá interesse de terceiro voltado para a solução da lide, quiçá na busca de algum elemento para no futuro intentar alguma ação de indenização ou para algum outro feito, até mesmo de natureza criminal, onde o mesmo interessado já exerça a assistência, pois são constantes os casos de coautoria de adolescentes e infratores imputáveis" (*Estatuto da Criança e do Adolescente comentado e interpretado de acordo com o novo Código Civil*, p. 214). Na jurisprudência: STJ: "1. O art. 206 do Estatuto da Criança e do Adolescente, ao admitir a intervenção nos procedimentos ali regulados de qualquer pessoa que tenha legítimo interesse na solução da lide deve ser interpretado de acordo com os princípios que regem a legislação menorista, nos termos do seu art. 6.º, dentre os quais destaca-se o da proteção integral. 2. Não se admite a intervenção no procedimento para apuração de ato infracional que não seja a voltada para a garantia dos interesses do menor. 3. Ordem concedida, nos termos do voto do Relator" (HC 190.651/SC, 5.ª T., rel. Jorge Mussi, *DJ* 08.11.2011, v.u.); "1. Deve-se entender que o art. 206 da Lei 8.069/90, ao permitir que 'a criança ou o adolescente, seus pais ou responsável, e qualquer pessoa que tenha legítimo interesse na solução da lide poderão intervir nos procedimentos de que trata esta Lei (...)', aumenta o espectro de proteção ao menor, não se permitindo, portanto, intervenções em seu desfavor" (AgRg no Ag 899.653/RJ, 6.ª T., rel. Maria Thereza de Assis Moura, *DJ* 24.08.2009, v.u.).

184-A. Presença do membro do Ministério Público: não é indispensável, pois já ouviu o menor antes dessa ocasião. Na jurisprudência: STJ: "A ausência do membro do *Parquet* na audiência de apresentação não evidencia nulidade, tendo em vista que a Defesa não demonstrou qualquer prejuízo quanto à adolescente. Registra-se que, no momento da realização da referida audiência, não houve por parte da Defesa, a qual se fez presente, oposição ao fato de não ter comparecido o membro do *Parquet*, até porque, certamente, era sabido que a adolescente havia sido ouvida pelo órgão ministerial na mesma data da mencionada audiência (26.03.2015)" (HC 348.104/SP, 6.ª T., rel. Maria Thereza de Assis Moura, 05.04.2016, v.u.).

185. Citação com obrigação de comparecimento: a citação do adolescente e de seus pais ou responsável deve ser pessoal, feita por mandado. O ato deve abranger a ciência da ação ajuizada e o dever de comparecimento em juízo na audiência designada. Equivale, como no antigo procedimento do processo penal, à audiência de interrogatório do acusado como primeiro ato processual; hoje, é o último ato, no final da instrução. Além disso, no mandado, deve estar clara a necessidade de estarem acompanhados de advogado; constará, também, o aviso de que, não tendo condições de arcar com o custo do defensor, o Estado nomeará quem o faça. Uma ressalva importante: diferentemente do *direito* de audiência do maior, quando criminalmente processado, o menor *deve* comparecer (se sumir do local, expede-se mandado de busca e apreensão; se citado, não comparecer, será conduzido coercitivamente). O mesmo será feito no tocante aos pais quando forem intimados e não comparecerem. A diversidade de tratamento deve-se à natureza da medida a ser aplicada: ao maior, pena; ao menor, socioeducativa. Por isso, o magistrado, neste último caso, deve ter contato pessoal com o adolescente, para conhecê-lo melhor, sabendo com quem lida e do que ele, em tese, precisa. Na jurisprudência: STF: "1. O art. 184, § 1.º, do ECA dispõe a respeito da imprescindibilidade do comparecimento, em audiência, do menor e seus pais ou responsáveis, ao passo que o § 3.º desse artigo preceitua que '[n]ão sendo localizado o adolescente, a autoridade judiciária expedirá mandado de busca e apreensão, determinando o sobrestamento do feito, até efetiva apresentação'. 2. *In casu*, o adolescente responde por ato infracional equiparado ao crime de roubo, tipificado no art. 157 do Código Penal e, segundo as razões da impetração, foi realizada a audiência em que determinada sua internação, sem que tenha comparecido ao referido ato judicial. 3. Há nos autos, todavia, duas informações: uma no sentido de que o adolescente teria comparecido à audiência acompanhado de seu genitor e de sua advogada, e outra em sentido contrário. Por isso que o Ministério Público Federal opinou pelo não conhecimento da impetração fundado em que '... ao que parece, o menor teria sido ouvido em juízo, não foi intimado para a audiência, pois não teria sido localizado e contou com a presença de advogado na audiência de instrução e julgamento.' Não há, portanto, ilegalidade que possa ser imediatamente reconhecida'. 4. Deveras, não ressaindo nítida a demonstração de constrangimento ilegal, afigura-se inviável a concessão da ordem *ex officio, a fortiori* quando pendente, como *in casu*, julgamento de mérito de outra impetração no Tribunal local" (HC 121.646/SP, 1.ª T., rel. Luiz Fux, 03.06.2014, m.v.).

186. Ausência dos pais ou responsável: deve-se empreender todos os esforços para localizá-los; não sendo possível, não haverá intimação por edital – que, aliás, é mesmo inútil –, tampouco se adia ou suspende a audiência. Nomeia-se curador especial (somente para o processo) ao adolescente. Geralmente, o juiz nomeia o próprio defensor. Se eles forem localizados e intimados, não comparecendo, cabe a determinação de condução coercitiva. O ideal é que se faça na hora; não sendo possível, é preciso marcar data bem próxima, pois o adolescente pode estar internado provisoriamente. Conferir: STJ: "Não há nulidade a ser declarada com base na ausência de notificação do responsável pelo adolescente para comparecer à audiência de apresentação, pois houve a nomeação de curador especial na referida audiência, de acordo

Art. 185

com o art. 184, § 2.º, do Estatuto da Criança e do Adolescente, que prevê a possibilidade de nomeação de curador especial ao adolescente infrator, caso os pais não sejam localizados" (HC 260.793/MG, 6.ª T., rel. Min. Sebastião Reis Júnior, *DJ* 22.10.2013). No sentido de ser nomeado curador diverso da pessoa do advogado: TJRS: "Ausentes os pais ou responsáveis, necessária a presença tanto do curador quanto do defensor para o ato. Logo, a nomeação do defensor como curador viola a norma incidente. Por conseguinte, cumpre desconstituir a sentença para suprir a nulidade. Análise de mérito prejudicada" (AC 70058154030/RS, 8.ª Câm. Cível, rel. Alzir Felippe Schmitz, *DJ* 27.02.2014).

187. Adolescente não localizado: estando solto, é possível que não seja localizado para a citação. Nessa hipótese, também se excluiu a citação por edital – e andou bem o legislador, pois inócua. Expede-se mandado de busca e apreensão para o jovem; enquanto isso, o processo fica sobrestado, aguardando a apresentação. No cenário da infância e juventude, não se utiliza o termo *prisão*, mas apreensão. Por isso, a ordem do juiz é para encontrar e apreender o menor, o que equivale, na prática, a prendê-lo, levando-o à unidade de internação, até ser apresentado em juízo. Assim que for apreendido, deve ser imediatamente (no máximo, em 24 horas) apresentado ao magistrado, que decidirá se mantém ou revoga a sua internação provisória. Aproveita, no entanto, para ouvi-lo. Na jurisprudência: STJ: "A expedição de mandado de busca e apreensão para fins de localizar e trazer ao Juízo o Adolescente que não se apresenta espontaneamente está embasado no art. 184, § 3.º, do ECA, sendo que, após sua apreensão, deverá ser designada audiência especial, para que o menor apresente suas justificativas, a partir das quais a Autoridade Judiciária estará apta a analisar a necessidade de alteração da medida socioeducativa imposta ao Paciente" (HC 207.018/RJ, 5.ª T., rel. Min. Laurita Vaz, *DJ* 13.11.2012). TJSP: "Internação provisória. Adolescente foragido. Expedição e renovação de mandado de busca e apreensão. Possibilidade. Norma do § 3.º do art. 184 do ECA dispondo que, não sendo localizado o adolescente, a autoridade judiciária expedirá mandado de busca e apreensão, determinando o sobrestamento do feito, até a efetiva apresentação – Decisão legítima e acertada. Ordem denegada" (*Habeas Corpus* Cível 2146023-80.2020.8.26.0000, Câmara Especial, rel. Renato Genzani Filho, 29.07.2020, v.u.).

188. Requisição de adolescente internado: não podendo comparecer voluntariamente, o menor será pelo juiz requisitado junto à unidade de internação. Lembre-se, a requisição não supre a citação, que será feita, do mesmo modo, por mandado. Por outro lado, não se deve olvidar o chamamento dos pais ou responsável para a mesma data.

> **Art. 185.** A internação, decretada ou mantida pela autoridade judiciária, não poderá ser cumprida em estabelecimento prisional.[189-189-A]
>
> § 1.º Inexistindo na comarca entidade com as características definidas no art. 123, o adolescente deverá ser imediatamente transferido para a localidade mais próxima.[190]
>
> § 2.º Sendo impossível a pronta transferência, o adolescente aguardará sua remoção em repartição policial, desde que em seção isolada dos adultos e com instalações apropriadas, não podendo ultrapassar o prazo máximo de cinco dias, sob pena de responsabilidade.[191-191-A]

189. Inviabilidade de inserção do adolescente em estabelecimento prisional: embora medida óbvia, nunca é demais constar em lei, pois, no Brasil, nem mesmo assim é cumprida. Quando essa situação ocorre, vale dizer, esse preceito é desrespeitado, ninguém termina responsabilizado, sempre em função das inúmeras escusas estatais de falta de vagas aqui ou ali. É preciso romper esse círculo vicioso e vedar, sob pena de cometimento de crime, a colocação de menor de 18 anos em estabelecimento prisional voltado a maiores. Este Estatuto já possui vários anos, tempo mais que suficiente para o Poder Executivo criar, manter e providenciar unidades apropriadas para a internação do jovem. Na jurisprudência: STJ: "1. Em observância às regras mínimas de aplicação das medidas socioeducativas, tais como a brevidade, excepcionalidade e respeito à condição peculiar de pessoa em desenvolvimento, e no intuito de obedecer, estritamente, ao que dispõe o artigo 123 do ECA, que expressamente determina que a 'internação deverá ser cumprida em entidade exclusiva para adolescentes, em local distinto daquele destinado ao abrigo, obedecida rigorosa separação por critérios de idade, compleição física e gravidade da infração', faz-se necessária a reforma do *decisum* impugnado. Precedentes. Recurso em *habeas corpus* provido para determinar que o recorrente seja imediatamente transferido para estabelecimento próprio ao cumprimento de medida socioeducativa, ou, na ausência de vaga, que aguarde a disponibilidade de local adequado em medida socioeducativa de liberdade assistida" (RHC 92.302/MG, 5.ª T., rel. Joel Ilan Paciornik, 09.10.2018, v.u.).

189-A. *Habeas corpus* coletivo: inviabilidade, como regra. Esta ação constitucional, que tutela a liberdade individual de locomoção, é voltada à defesa de pessoas determinadas, por variadas razões, dentre as quais: a) o *habeas corpus* coletivo não encontra previsão legal; b) a situação de constrangimento ilegal ao direito de ir e vir é pessoal, devendo ser individualizada; c) busca-se, no HC, igualmente, a existência de direito líquido e certo, demonstrado por documentos juntados à inicial, o que se torna praticamente inviável em impetração coletiva. Porém, a 2.ª Turma do Supremo Tribunal Federal (HC 143.641/SP, 20.02.2018, rel. Ricardo Lewandowski) conheceu da impetração coletiva, por unanimidade, concedendo-a, por maioria, para substituir a prisão preventiva pela domiciliar, sem prejuízo da aplicação concomitante de medidas alternativas do art. 319 do CPP, em favor de todas as mulheres presas, gestantes, puérperas, ou mães de crianças e deficientes sob sua guarda, enquanto perdurar tal condição, excetuados os casos de crimes praticados por elas mediante violência ou grave ameaça, contra seus descendentes ou, ainda, em situações excepcionalíssimas, as quais deverão ser devidamente fundamentadas pelos juízes que denegarem o benefício. Estendeu a ordem, de ofício, às demais mulheres presas, gestantes, puérperas ou mães de crianças e de pessoas com deficiência, bem assim às adolescentes sujeitas a medidas socioeducativas em idêntica situação no território nacional, observadas as restrições previstas acima. Por certo, é fato público e notório encontrar-se o sistema prisional, em geral, em estado de coisas inconstitucional, pois superlotado, sem seguir exatamente as leis penais e de execução penal. Assim sendo, em tese, poder-se-ia conceder ordem de *habeas corpus* coletivo para ordenar a soltura de todos os presos que estivessem detidos fora dos padrões legais, mas isso poderia gerar o caos na segurança pública, visto ser um comando geral, sem especificar ponto por ponto de cada envolvido; afinal, nem sempre a situação de um detento será idêntica a outro. Outro ponto seguro é ter o *habeas corpus* se tornado uma ação constitucional muito flexível, envolvendo hipóteses nem sempre diretamente ligadas à liberdade de ir e vir, como, por exemplo, permitir o trancamento da ação penal por falta de justa causa. Porém, a admissão do *habeas corpus* coletivo pode ser uma extensão excessiva por conta da insegurança gerada no tocante à sua real abrangência. Parece-nos que o pedido, na ação de *habeas corpus*, deve ser certo, assim como a ordem também precisa ser concedida de maneira clara e direta para fazer cessar determinado constrangimento ilegal, devidamente provado. No caso do *habeas corpus* coletivo, verifica-se inexistir a certeza fática de constrangimento ilegal, tanto assim que várias são as ressalvas colocadas e muitas delas devem ser verificadas concretamente pelo juiz ou tribunal. Portanto, a ordem coletiva pode não ter eficácia, quando aplicada caso a caso. Na jurisprudência: STJ: "1. Decisão monocrática no sentido de indeferir liminarmente a petição inicial, na medida em que o *habeas corpus* coletivo não era cabível na espécie e, quanto aos pacientes discriminados, a instrução encontrava-se deficiente. 2. Agravo regimental que insurge-se apenas quanto ao pedido coletivo, na medida em que houve perda do objeto em relação aos pacientes nominados. 3. Pedido de tutela coletiva que pretendia a concessão de ordem de *habeas corpus* em favor de todos os adolescentes que sejam futuramente internados provisoriamente pela Vara da Infância e da Juventude da Comarca de Santo André/SP. 4. Não se admite a impetração de *habeas corpus* para a tutela de direitos coletivos sem que sejam individualizados, ou ao menos identificáveis, as pessoas que efetivamente sofrem a suposta coação ilegal ao tempo da impetração. 5. É verdade que, nos autos do HC 143.641-SP, da relatoria do eminente Ministro Ricardo Lewandowski, a colenda Segunda Turma do STF assentou entendimento no sentido do cabimento do chamado HC coletivo (j. em 20/02/2018), apontando como pacientes identificáveis (presas grávidas ou mães de filhos menores de 12 anos ou portadores de necessidades especiais), relação fornecida pelo Departamento Penitenciário Nacional – DEPEN. Não se transformou, portanto o *writ* coletivo em ordem genérica e abstrata. 6. Aliás, em situação próxima e subsequente (decisão lavrada em 19/03/2018), o Ministro Gilmar Mendes julgou incabível *Habeas Corpus* coletivo que pedia a suspensão da prisão de todos os condenados em segunda instância (execução provisória da pena), uma vez que tal pedido não pode sequer ser concedido por não especificar a quem se destina (HC 154.322-DF). Rechaçou, portanto, a pretensão genérica deduzida. 7. Nessa linha de raciocínio, qualquer determinação, de forma abstrata e prospectiva, no sentido de determinar que as instâncias ordinárias observem o prazo previsto no § 2.º do art. 185 do ECA, traduziria mera repetição da Lei, cuja coercitividade decorre de sua vigência, tornando inócuo o comando jurisdicional, em desprestígio desse relevante e constitucional instrumento de proteção da liberdade de locomoção. 8. Ademais, o exame dos documentos acostados aos autos revela que a Corte local não praticou nenhum ato ou se omitiu de forma a contribuir para que o prazo previsto no § 2.º do art. 185 do ECA não fosse observado. Ao contrário, extrai-se que diversas insurgências contra a inobservância do referido prazo, em prol de inúmeras pessoas, foram direcionadas ao Juízo processante e, apenas pontualmente, ao Tribunal *a quo* em sede de *habeas corpus*, sempre prejudicados em virtude da efetiva transferência dos adolescentes para unidades da Fundação CASA, de forma a inviabilizar que o tema de fundo fosse objeto de exame. Portanto, na espécie, inexiste constrangimento ilegal a ser reparado em *habeas corpus*, seja a título individual ou coletivo, posto que as decisões que julgaram os pedidos prejudicados sempre o foram em hipóteses de efetiva perda do objeto do pedido ou da impetração. Em consequência, não há falar em ilegalidade ou negativa de prestação jurisdicional, impondo-se o efetivo desprovimento do agravo regimental. 9. Embora a decisão agravada não comporte reforma, incumbe tecer algumas considerações a respeito da questão de fundo, qual seja, a necessidade de observância do prazo máximo de 5 dias para a internação em repartição policial, previsto no § 2.º do art. 185 do ECA, com responsabilização dos responsáveis pelo descumprimento, conforme o expresso comando dessa norma. O descumprimento injustificado do referido prazo configura o crime previsto no art. 235 do próprio estatuto da Criança e do Adolescente. Além disso, nos termos do art. 201 do ECA, compete ao Ministério Público instaurar sindicâncias, requisitar diligências investigatórias e determinar a instauração de inquérito policial, para apuração de ilícitos ou infrações às normas de proteção à infância e à juventude (inciso VII), caso em que pode efetuar recomendações visando à melhoria dos serviços públicos e de relevância pública afetos à criança e ao adolescente, fixando prazo razoável para sua perfeita adequação (§ 5.º, alínea *c*); zelar pelo efetivo respeito aos direitos e garantias legais assegurados às crianças e adolescentes, promovendo as medidas judiciais e extrajudiciais cabíveis (inciso VIII); e representar ao juízo visando à aplicação de penalidade por infrações cometidas contra as normas de proteção à infância e à juventude, sem prejuízo da promoção da responsabilidade civil e penal do infrator, quando cabível (inciso X). 10. Todos esses mecanismos de controle não retiram da impetrante a legitimidade para impetrar *habeas corpus* em favor de menores identificados ou identificáveis ao tempo da impetração, propor ações cíveis para a tutela dos seus interesses, inclusive de cunho cominatório contra o Poder Público, além de representar, em âmbito administrativo-disciplinar ou penal, contra aqueles que renitem em não cumprir as regras de proteção previstas no Estatuto da Criança e do Adolescente. 11. Agravo regimental improvido" (AgRg no HC 359.374/SP, 5.ª T., rel. Reynaldo Soares da Fonseca, 26.06.2018, v.u.).

190. Transferência para unidade mais próxima: já prevendo as dificuldades encontradas em muitas Comarcas, de não possuírem unidades de internação para adolescentes, autoriza-se a transferência imediata para a *localidade mais próxima*, onde haja tal unidade. O grande problema surge quando não há, nem mesmo, unidade em local próximo. Algumas vozes defendem que o menor fique guardado em unidade prisional, embora *separado* dos maiores. Essa solução já foi adotada para *infrator perigoso*: TJMG: "A internação do adolescente não poderá ser cumprida em estabelecimento prisional, devendo ser imediatamente transferido para o estabelecimento próprio da localidade mais próxima e, em caso de impossibilidade de transferência imediata, o adolescente aguardará sua remoção em repartição policial, pelo prazo máximo de cinco dias. Em casos excepcionais, em razão da alta periculosidade da soltura do menor infrator, mister se faz a interpretação sistemática entre os arts. 108 e 185 e parágrafos, do ECA, para que se defira, em decisão devidamente fundamentada, a internação provisória em estabelecimento prisional comum, pelo prazo máximo de quarenta e cinco dias, na hipótese de não haver vagas em estabelecimento adequado, desde que o menor infrator esteja separado dos demais presos. Segurança parcialmente concedida, para limitar a possibilidade de internação em quarenta e cinco dias, em casos de homicídio, tráfico de drogas e roubos reiterados" (Mandado de Segurança 1.0000.12.068342-0/000, 6.ª Câm. Cível, rel. Antônio Sérvulo, *DJ* 06.11.2012). Outras, com as quais concordamos, dissentem, como veremos na nota ao próximo parágrafo.

191. Alternativa à transferência para unidade de internação: o parágrafo anterior determina a *imediata* transferência do jovem para a unidade de internação próxima do local onde se encontra. Isso significa no mesmo dia. Entretanto, abrindo caminho para a contemporização da lamentável omissão do Estado no cumprimento de seus deveres, institui-se o prazo de cinco dias para que essa remoção aconteça. Nesse meio tempo, o jovem pode aguardar em repartição policial (delegacia), em sala ou setor separado dos maiores ali detidos, com *instalações adequadas* (que nunca se sabe o que significam na prática). Se os cinco dias forem ultrapassados, haverá responsabilidade. Para quem? Não será do delegado, mas do juiz, que determinou a internação e não cuidou da transferência obrigatória no prazo impostergável de cinco dias. Pode responder pelo crime do art. 235 desta Lei. Inexiste escusa ao magistrado, pois, à falta da transferência requisitada aos órgãos do Poder Executivo, deve ele liberar imediatamente o adolescente. A par disso, pode processar por desobediência a quem mandou intimar *pessoalmente* para providenciar a transferência do menor, sem cumprimento. Surge a questão: como se pode liberar um adolescente autor de ato infracional gravíssimo, com violência contra a pessoa? Infelizmente, o descaso do poder público, leia-se Executivo, não pode ser debitado da conta do jovem, mas da coletividade. Esta, por sua vez, deveria ter voz para cobrar a responsabilidade de seus governantes. Entretanto, o que muito se observa é a crítica velada ao próprio Poder Judiciário, justamente o órgão encarregado de zelar pelo fiel cumprimento da lei. Nesse ponto, é importante mencionar a lição de Paulo Afonso Garrido de Paula: "não providenciada a transferência no prazo legal (cinco dias), o adolescente deverá ser liberado, sob pena de incidência do crime previsto no art. 235 do ECA, que estabelece

Art. 185

detenção de seis meses a dois anos àquele que descumprir, injustificadamente, prazo fixado no Estatuto em benefício do adolescente privado de liberdade. O que, à primeira vista, pode parecer inconsequência do legislador (como liberar um adolescente autor de ato infracional grave?), revela uma corajosa opção política em favor da dignidade. Explicando: no passado, na vigência do Código de Menores (Lei 6.697/79), a exceção (possibilidade de cumprimento da internação em estabelecimento prisional, na falta de entidade adequada) transformou-se em regra, acarretando a permanência de crianças e adolescentes, às vezes por longos períodos, em celas de delegacias de polícia, penitenciárias e outros estabelecimentos destinados à contenção de adultos autores de infração penal. (...) O Estatuto, ao contrário de responsabilizar o adolescente, ainda que infrator, pela omissão do Poder Público, penaliza a sociedade em geral pelo descuramento dos governantes. Assim, ou se encetam iniciativas tendentes à construção e manutenção dos internatos, municipalizados ou regionalizados, ou paga-se o preço da liberação indevida" (Munir Cury [org.], *Estatuto da Criança e do Adolescente comentado*, p. 848-849). Acrescente-se que a sociedade vem pagando o alto preço do descaso do poder público também na área criminal, pois os regimes fechado, semiaberto e aberto não correspondem à lei, contribuindo para a reincidência e para a insegurança pública rotineira. Na jurisprudência: STJ: "2. Inexistente ofensa ao artigo 185, § 2.º, da Lei n. 8.069/90, uma vez que, ao contrário do alegado pela defesa, a medida objurgada não vem sendo cumprida em estabelecimento policial, mas em unidade de acautelamento da SUASE junto à DOPCAD da Comarca, apesar de superlotação e da inexistência de atividades pedagógicas regulares, não se confunde com uma dependência policial, sendo nitidamente apartada da Delegacia Especializada, com administração própria através de Diretor e agentes socioeducativos providos pela citada pasta, inclusive sendo recente a inauguração de uma biblioteca/videoteca para desenvolvimento de atividades culturais e de lazer; o que afasta as alegações de ilegalidade, ainda mais em face dos esforços empreendidos pelo magistrado com vistas ao cumprimento da medida de internação em estabelecimento que terá melhores condições que o atual" (RHC 91.167/MG, 6.ª T., rel. Nefi Cordeiro, 12.12.2017, v.u.). TJSP: "*Habeas Corpus*. Internação provisória. Ato infracional equiparado ao crime de roubo qualificado (art. 157, § 2.º, II, e § 2.º-A, I, do Código Penal). Impossibilidade de pronta transferência dos adolescentes para unidade de internação. Art. 185, § 2.º, do ECA que autoriza que os jovens aguardem em repartição policial a disponibilização de vaga em estabelecimento adequado para cumprimento da medida socioeducativa que lhes foi imposta. Prazo máximo de cinco dias que foi observado. Colocação dos menores em liberdade ante a inviabilidade de remoção após o decurso daquele lapso temporal. Posterior expedição de mandado de busca e apreensão para cumprimento da pretérita decisão que decretou a internação provisória. Admissibilidade. Inexistência de constrangimento ilegal. Excesso de prazo para custódia em repartição policial não configurado. Mandado de busca e apreensão que consubstancia mero cumprimento do *decisum* anterior. Despicienda fundamentação para sua expedição. Recomendação n.º 62 do CNJ que não possui caráter vinculante e nem impede a internação provisória de menores em conflito com a lei. Ordem denegada" (Habeas Corpus Cível 2120046-86.2020.8.26.0000, Câmara Especial, rel. Daniela Maria Cilento Morsello, 31.07.2020, v.u.). TJRS: "1. Os representados praticaram, em tese, ato infracional de natureza grave (roubo majorado), o que justifica a segregação provisória, dado o cometimento mediante grave ameaça à pessoa (art. 122, inciso I, do ECA), a repercussão social e a imperiosidade de garantir-se a ordem pública (art. 174 do ECA). 2. O ordenamento jurídico atual prevê que, não sendo possível a pronta transferência para instituição adequada, o adolescente aguardará sua remoção em repartição policial, desde que em seção isolada dos adultos e com instalações apropriadas, não podendo ultrapassar o prazo máximo de cinco dias, sob pena de responsabilidade, nos termos do art. 185, § 2.º, do ECA (...)" (AI 70074088154/RS, 8.ª Câm. Cível, rel. Ricardo Moreira Lins Pastl, 14.09.2017, v.u.).

191-A. Internação e liberdade: atualmente, encontra-se em vigor a Súmula Vinculante 56 do STF, garantindo que o condenado ao regime fechado, recebendo o direito ao semiaberto, não pode ser mantido no regime mais rigoroso. Dá-se o mesmo com relação a quem for condenado diretamente ao regime semiaberto; não deve permanecer no fechado. Assim, muitos presos têm sido transferidos ao regime aberto, enquanto aguarda vaga no regime semiaberto. É preciso idêntico procedimento no âmbito da infância e juventude, quanto à falta de vagas para internação. Conferir: TJMG: "1– A Constituição da República de 1988 atribui à família, à sociedade e ao Estado, 'com absoluta prioridade', a garantia ao direito à vida digna à criança, ao adolescente e ao jovem, com acesso à educação, ao lazer, à profissionalização, à cultura, à dignidade, ao respeito, à liberdade e à convivência familiar e comunitária, além de protegê-los de negligência, discriminação, exploração, violência, crueldade e opressão (art. 227, *caput*); 2– As medidas socioeducativas são instrumento de defesa social e de educação do adolescente; 3– Cabe ao Estado, entre outras competências, instituir o Sistema Estadual de Atendimento Socioeducativo (Lei 12.594/2012, art. 4.º, I), além de criar, desenvolver e manter programas para a execução das medidas socioeducativas de semiliberdade e internação (III); 4– É direito do menor infrator submetido ao cumprimento de medida socioeducativa, pela prática de ato infracional sem grave ameaça ou violência à pessoa, ser incluído em programa de meio aberto (prestação de serviços à comunidade e liberdade assistida) quando inexistir vaga para o cumprimento de medida de privação da liberdade (art. 49, II, da Lei 12.594/2012). Essa conclusão não afasta, contudo, a possibilidade de o Poder Judiciário decidir que medida diferente seja determinada, caso comprovada a existência de vaga para cumprimento da medida socioeducativa aplicada ao menor infrator, considerada a condição peculiar do adolescente como pessoa em desenvolvimento (ECA, art. 6.º)" (AI 1.0701.15.028626-1/001/MG, 4.ª Câm. Cível, rel. Renato Dresch, 02.06.2016).

> **Art. 186.** Comparecendo o adolescente, seus pais ou responsável, a autoridade judiciária procederá à oitiva dos mesmos,[192-194] podendo solicitar opinião de profissional qualificado.[195]
>
> § 1.º Se a autoridade judiciária entender adequada a remissão, ouvirá o representante do Ministério Público, proferindo decisão.[196]
>
> § 2.º Sendo o fato grave, passível de aplicação de medida de internação ou colocação em regime de semiliberdade, a autoridade judiciária, verificando que o adolescente não possui advogado constituído, nomeará defensor, designando, desde logo, audiência em continuação, podendo determinar a realização de diligências e estudo do caso.[197-198]
>
> § 3.º O advogado constituído ou o defensor nomeado, no prazo de três dias contado da audiência de apresentação, oferecerá defesa prévia e rol de testemunhas.[199]
>
> § 4.º Na audiência em continuação,[200-201] ouvidas as testemunhas[202] arroladas na representação e na defesa prévia, cumpridas as diligências e juntado o relatório da equipe interprofissional, será dada a palavra ao representante do Ministério Público e ao defensor, sucessivamente, pelo tempo de vinte minutos para cada um, prorrogável por mais dez, a critério da autoridade judiciária, que em seguida proferirá decisão.[203-204]

192. Prévia audiência com o defensor: a previsão deste artigo guarda correspondência com a vetusta redação do Código de Processo Penal, hoje já reformulada, permitindo o interrogatório do réu, sem que ele tivesse se avistado *antes* com seu defensor. Somente na

Art. 186

Estatuto da Criança e do Adolescente Comentado • **Nucci**

audiência de interrogatório, verificando que ele não possuía advogado – mas já fora ouvido –, nomeava-se um, abrindo-se prazo para a defesa prévia. Cuidava-se de ferida aparente ao princípio constitucional da ampla defesa. Por isso, não se deve repetir o mesmo equívoco. Assim que citado, deve haver clara menção ao direito de ter defensor, bem como o alerta de que lhe será nomeado um, se não puder arcar. Daí por que, assim que comparecer em juízo, deve-se indagar se já teve oportunidade de avistar-se com seu defensor e se ele está presente. Sendo negativa a resposta, o juiz deve nomear defensor dativo ou encaminhar o caso à Defensoria Pública, permitindo a prévia entrevista do menor com seu defensor. Somente depois colherá suas declarações. Na sequência, ouvirá seus pais ou responsável.

193. Conteúdo das declarações: a oitiva do adolescente equivale ao interrogatório no processo penal comum, razão pela qual há três partes: qualificação, individualização e mérito. Em primeiro lugar, obtêm-se os dados de qualificação do menor (nome, filiação, endereço, profissão etc.). Em segundo, indaga-se tudo o que for viável a respeito da sua vida familiar, social, estudantil, profissional, quais oportunidades teve, se vive bem adaptado em família, se tem irmãos e se se entende com eles, se há família extensa etc. Em terceiro, salientando, desde logo, não estar obrigado a responder, em face do direito ao silêncio, o que tem a dizer a respeito da imputação constante da representação. Aos pais devem ser dirigidas questões relativas à vida familiar, criação e educação do filho e dados similares. Quanto à imputação, aplicando-se por analogia o disposto pelo art. 206 do Código de Processo Penal, devem-se alertar os pais que eles não estão obrigados a responder qualquer pergunta que possa prejudicar seu filho; eles têm o direito de se recusar a depor quanto à imputação; somente em último caso, porque não há outra fonte de prova, o juiz pode ouvi-los, mesmo assim sem o compromisso de dizer a verdade.

194. Valor da confissão do adolescente: caso ele admita integralmente a prática do ato infracional, nem por isso o processo ali termina, com aplicação de medida socioeducativa. Eventualmente, pode o magistrado aplicar-lhe a remissão, para beneficiá-lo, não para lhe causar qualquer prejuízo. Sob outro enfoque, deve-se utilizar o disposto pelo art. 197 do CPP, devendo-se confrontar a confissão com outras provas do processo para se apurar se ela é autêntica e confiável; mesmo assim, jamais será usada para formar a materialidade do ato infracional. Como preceitua a Súmula 342 do STJ: "no procedimento para aplicação de medida socioeducativa, é nula a desistência de outras provas em face da confissão do adolescente".

195. Opinião de profissional qualificado: se o magistrado entender complexo o caso, pode servir-se de profissional qualificado, como psicólogo ou psiquiatra, para acompanhar a declaração do adolescente e, depois, opinar, oralmente ou por escrito. Na jurisprudência: TJBA: "1. A ausência do laudo de exame multidisciplinar no momento da prolação da sentença não acarreta nulidade do processo, pois a sua realização é providência facultativa e não vincula o julgador. Inteligência do art. 186 do ECA. Precedente do STJ (...)" (Ap. 0531076-74.2017.8.05.0001/BA, 1.ª Câmara Criminal, rel. Aracy Lima Borges, 05.09.2017, v.u.). TJMS: "Não é obrigatória a realização de estudo psicossocial do representado (art. 186, § 4.º, ECA) para aplicação da respectiva medida socioeducativa quando existentes nos autos outros elementos de convicção suficientes a formar a convicção do magistrado, até mesmo porque não está o julgador vinculado ao resultado do referido estudo, em observância ao princípio do livre convencimento motivado" (ED 0005472-65.2012.8.12.0029/MS, 1.ª Câmara Criminal, rel. Paschoal Carmello Leandro, 15.08.2017, v.u.).

196. Remissão judicial: a remissão significa perdão ou clemência, assemelhando-se ao perdão judicial, no processo penal comum. A diferença concentra-se no seguinte: no processo criminal, o perdão deve estar autorizado em lei para crime específico e muitos deles contêm requisitos específicos; no processo infantojuvenil, a remissão é aberta e discricionária, embora fundamentada. O juiz pode concedê-la se considerar conveniente ao processo de educação e formação do adolescente. Aliás, justamente por isso é importante ouvir o menor e seus pais; notando-se a existência de fortes laços entre eles, bem como ter sido o ato infracional um episódio ocasional na vida do jovem, torna-se adequada a remissão. Antes de optar pela sua aplicação, ouve o Ministério Público que, ademais, deve estar presente na audiência. Concedida, se o promotor tiver sido contrário, cabe-lhe apelação, no prazo de dez dias. Se o próprio membro do MP pleitear a sua aplicação e for indeferido, cabe agravo.

197. Nomeação de defensor: como expusemos na nota 192 *supra*, a primeira cautela do juiz é verificar se o adolescente, sozinho ou com seus pais ou responsável, comparece à audiência de apresentação acompanhado de advogado. Se não possuir, deverá ser nomeado naquele ato (ou encaminhado ao defensor público), *antes* de qualquer declaração ser colhida. Desse modo, independentemente da gravidade do ato infracional ou da espécie de medida socioeducativa que pode ser aplicada, o defensor deve estar presente desde o início. Nesse sentido, conferir também: Paulo Afonso Garrido de Paula (*in* Munir Cury [org.], *Estatuto da Criança e do Adolescente comentado*, p. 853).

198. Diligências e estudo social: parece-nos útil seja determinada pelo juiz a realização de estudo psicossocial do caso, pela equipe técnica do Juizado, a fim de orientar o magistrado acerca do quadro geral (familiar, social, profissional etc.) do adolescente; porém, constitui faculdade do juízo – e não imposição legal –, pois depende do conjunto probatório coletado. Nesse sentido: STF: "A realização do estudo técnico interdisciplinar previsto no art. 186, § 2.º, da Lei 8.069/90 constitui faculdade do juiz do processo por ato infracional e não medida obrigatória. Embora seja preferível a sua realização, dificuldades de ordem prática ou o entendimento do magistrado acerca de sua prescindibilidade podem autorizar a sua dispensa. 3. A prática por adolescente de crimes graves com violência extremada contra a pessoa justifica a medida socioeducativa de internação (art. 122, I, da Lei 8.069/90)" (HC 107.473, 1.ª T., rel. Rosa Weber, *DJ* 11.12.2012). STJ: "É dispensável a realização do estudo técnico interdisciplinar previsto no art. 186, § 2.º, do Estatuto da Criança e do Adolescente, sendo necessário apenas nas situações em que as informações constantes dos autos não forem suficientes para se averiguar a medida socioeducativa pertinente" (AgRg nos EDcl no REsp 1.319.704/RS, 6.ª T., rel. Sebastião Reis Júnior, *DJ* 04.12.2012). TJRS: "1. Constitui mera faculdade do julgador a determinação de que seja realizado estudo por equipe interdisciplinar, cujo laudo não vincula o julgador e sua realização não enseja nulidade processual" (AC 70047022819/RS, 7.ª Câm. Cível, rel. Sérgio Fernando de Vasconcellos Chaves, *DJ* 28.03.2012).

199. Prazo para defesa prévia e rol de testemunhas: seguindo o antigo procedimento ordinário do processo penal comum, após a audiência de interrogatório, concedia-se o prazo de três dias para o defensor do réu apresentar defesa prévia e juntar o rol das suas testemunhas. Faz-se o mesmo neste Estatuto. Lembremos que o rol deve conter o máximo de oito testemunhas (ato infracional equiparado a crime cuja pena máxima seja igual ou superior a quatro anos) ou cinco (ato infracional equiparado a crime cuja pena máxima seja inferior a quatro anos). O oferecimento de alegações defensivas é facultativo, pois o advogado pode preferir aguardar a produção da prova para apresentar sua tese; o importante é abrir-lhe o prazo. Se ele estiver presente na audiência de apresentação, sai ciente. Se não estiver, deve ser intimado. Na jurisprudência: STJ: "Verifica-se, no caso dos autos, que o indeferimento da oitiva da testemunha foi devidamente motivado pelo magistrado, uma vez que a defesa não apresentou justificativa plausível para a indicação da testemunha a destempo, bem como não demonstrou a imprescindibilidade da sua oitiva, à vista do conjunto probatório colhido nos autos" (RHC 35.369/PA, 6.ª T., rel. Marilza Maynard, *DJ* 13.05.2014). TJRS: "Rol de testemunhas. Prazo de

Art. 186

Estatuto da Criança e do Adolescente Comentado · Nucci

apresentação. Defesa prévia. Art. 186, § 3.º, ECA. Decisão que indeferiu a apresentação do rol de testemunhas, a destempo, mantida. Precedentes. Agravo de instrumento desprovido" (Agravo de Instrumento 70056100399, 7.ª Câm. Cível, rel. Jorge Luís Dall'Agnol, j. 06.11.2013).

200. Audiência única de instrução e julgamento: a denominada *audiência em continuação* à primeira (audiência de apresentação) é a que concentrará todos os atos do processo. Ouve-se a vítima (se houver); embora não mencionado, deve o juiz intimá-la a dar declarações, independentemente de pedido das partes. Na sequência, ouvem-se as testemunhas do rol do promotor e, após, as testemunhas do rol da defesa. A essa altura, o estudo determinado já deve estar juntado aos autos. Assim sendo, os debates orais ocorrerão e o juiz proferirá decisão. A ideia de substituir os debates, que são simples e rápidos, por alegações escritas deve ser firmemente evitada. A modificação introduzida no processo penal comum, na reforma de 2008, consagrou o princípio da oralidade, abolindo as alegações finais por escrito, substituindo-as por debates orais. Não há nada mais imediato, colhendo-se a decisão judicial. Igualmente, o ideal é que o magistrado decida na audiência, saindo todos dali intimados. Porém, pode chamar o processo à conclusão a fim de proferir a sua sentença noutro momento. Deverá, no entanto, intimar o adolescente, seu defensor e o Ministério Público pessoalmente, pois eles estavam presentes na audiência, onde deveria ter sido prolatada a decisão. Conferir: STJ: "Não restou demonstrado qualquer prejuízo suportado pela defesa, em razão da determinação de produção de alegações finais orais, porquanto o magistrado seguiu procedimento previsto no art. 186, § 4.º do ECA" (RHC 35.369/PA, 6.ª T., rel. Marilza Maynard, *DJ* 13.05.2014).

201. Oitiva da vítima: como ocorre no processo penal, de onde se extrai subsídio para este procedimento, a vítima (quando houver) deve ser ouvida em primeiro lugar, na audiência de instrução e julgamento. Quanto à credibilidade da palavra da pessoa ofendida, depende do caso concreto, exatamente como em qualquer feito criminal. Na jurisprudência: STJ: "1. A relação processual é pautada pelo princípio da boa-fé objetiva, da qual deriva o subprincípio da vedação do *venire contra factum proprium* (proibição de comportamentos contraditórios). Na espécie, depreende-se que, em sede de *habeas corpus*, a defesa pleiteou a nulidade do processo de apuração de ato infracional imputado ao adolescente, sob o argumento de que as provas foram colhidas apenas na fase inquisitorial, uma vez que a oitiva da vítima, realizada na mencionada etapa, foi dispensada em juízo pelo *Parquet*. Todavia, verifica-se que a Defesa, em audiência de continuação, concordou com a dispensa de outros meios de prova, declarando, ainda, que não haveria mais provas a serem produzidas. Ademais, constata-se que ao conjunto probatório elencado pelo magistrado soma-se a oitiva de testemunha em juízo. 2. Recurso ordinário em *habeas corpus* a que se nega provimento" (RHC 54292 – SP, 6.ª T., rel. Maria Thereza de Assis Moura, 03.02.2015, v.u.). TJRS: "A palavra da vítima, especialmente nos crimes contra o patrimônio, possui especial valor probatório, não havendo motivo algum para que se cogite que, como pessoa séria e idônea, esteja a imputar falsa infração a indivíduo inocente; por outro lado, o mesmo não se pode asseverar acerca do infrator, que busca, evidentemente, isentar-se da responsabilidade pelo ato infracional" (Apelação 70051409829, 8.ª Câm. Cível, rel. Ricardo Moreira Lins Pastl, 29.11.2012, v.u.).

202. Inquirição das testemunhas: deve-se seguir o mesmo procedimento previsto pelo Código de Processo Penal. As testemunhas devem ser compromissadas (art. 203, CPP). Podem recusar-se a depor apenas os parentes do infrator, exceto quando a sua oitiva for indispensável para compor o quadro probatório, quando, então, serão ouvidos como meros declarantes (art. 206, CPP). Somente não prestam compromisso de dizer a verdade os menores de 14 anos e os enfermos ou deficientes mentais (art. 208, CPP). São proibidos de depor os profissionais que devam guardar sigilo do que sabem em virtude da sua atividade, como médicos, padres, dentre outros (art. 207, CPP). As testemunhas podem ser contraditadas pela parte interessada, para levantar ao juiz algum motivo de suspeição, mas somente serão dispensadas aquelas que não puderem depor (proibidas) ou que se recusarem (parentes do infrator). É perfeitamente aplicável o disposto no art. 217 do CPP, no sentido de se retirar da sala de audiência o adolescente infrator, caso haja o temor de vítima ou testemunha em depor na sua presença. Na jurisprudência: TJRS: "1. Não implica afronta ao contraditório nem ao exercício da ampla defesa a determinação de retirada do infrator da sala de audiências para preservação das testemunhas, tendo em mira o natural temor de represálias quando se trata do gravíssimo envolvimento do adolescente com o tráfico de entorpecentes. Incidência dos art. 152 do ECA e art. 217 do CPP" (Apelação 70058233016, 7.ª Câm. Cível, rel. Sérgio Fernando de Vasconcellos Chaves, 26.02.2014, v.u.).

203. Efeitos da sentença condenatória: o sistema recursal eleito, expressamente, por esta Lei é o vigente no Código de Processo Civil, pouco importando a natureza da decisão (art. 198, *caput*, deste Estatuto). Portanto, se o adolescente se encontra provisoriamente internado (medida cautelar antecipatória da tutela), assim continuará, desde que o juiz confirme, na decisão, a tutela concedida e aplique a medida de internação. A apelação será recebida apenas no efeito devolutivo (art. 1.012, § 1.º, V, do CPC). Entretanto, o sistema adotado guarda perfeita similitude com o processo penal, em que se permite que os efeitos da prisão preventiva se estendam até o julgamento final do recurso. Somente se o magistrado aplicar medida diversa da internação ou não confirmar a tutela antecipada, o menor será posto em liberdade. Por outro lado, se ele aguarda o processo em liberdade, dada a sentença de internação, deve-se aguardar o trânsito em julgado para que ele seja apreendido. Há quem sustente o contrário, pela impossibilidade de manter o menor recolhido após a sentença, sob a alegação de que este Estatuto não previu expressamente a internação provisória após a decisão sancionatória, embora faça a ressalva de que não é esse o entendimento do STJ (Fuller, Dezem e Martins, *Estatuto da Criança e do Adolescente*, p. 224). Porém, pode-se argumentar que esta Lei não previu a internação provisória após a sentença simplesmente pelo fato de ter adotado o sistema recursal do processo civil, ou seja, a antecipação da tutela pode ser confirmada na decisão e a apelação será recebida apenas no efeito devolutivo. Diz Jefferson Moreira de Carvalho estar clara na lei processual civil a possibilidade de receber a apelação apenas no efeito devolutivo, "visto que se enquadra como antecipação de tutela, que, repetimos, tem como finalidade a recuperação social do jovem, para que o mesmo possa retornar a viver em sociedade. Concluindo, mesmo que agora não haja disposição expressa no Estatuto quanto aos efeitos do recebimento do recurso de apelação, a aplicação somente do efeito devolutivo continua com amparo legal diante de aplicação da interpretação sistemática do Estatuto da Criança e do Adolescente com o Código de Processo Civil" (Munir Cury [org.], *Estatuto da Criança e do Adolescente comentado*, p. 942). É também o pensamento de Franscismar Lamenza (*Estatuto da Criança e do Adolescente interpretado*, p. 321); Rossato, Lépore e Sanches (*Estatuto da Criança e do Adolescente comentado*, p. 488-489). Na jurisprudência: STJ: "A jurisprudência desta Corte pacificou o entendimento de que, com a revogação do art. 198 do Estatuto da Criança e do Adolescente pela Lei 12.010/2009, adotou-se a regra do art. 520 do Código de Processo Civil [atual art. 1.012], segundo a qual o recurso de apelação deverá ser recebido no seu duplo efeito. Diante disso, já não se admite a execução provisória de sentença que impõe medida socioeducativa. Precedentes. Entretanto, o art. 520 do Código de Processo Civil [idem] prevê exceção ao duplo efeito da apelação, notadamente nos casos de interposição do apelo contra sentença que confirmar a antecipação dos efeitos da tutela, nos termos do inciso VII do referido dispositivo. O art. 108, parágrafo único, do Estatuto da Criança e do Adolescente, ao indicar a possibilidade de decretação de internação provisória, apresenta-se como uma tutela antecipada, de forma que é possível a concessão de efeito meramente

Art. 186

Estatuto da Criança e do Adolescente Comentado · **Nucci**

556

devolutivo à apelação, nos casos como o dos autos, em que o menor permaneceu, durante a instrução, internado provisoriamente, em razão do preenchimento dos requisitos para a aplicação da medida antecipada. *Habeas corpus* não conhecido" (HC 338.475/SP, 5.ª T., rel. Reynaldo Soares da Fonseca, 24.05.2016, v.u.); "1. A despeito da revogação do inciso VI do art. 198 do ECA, que conferia apenas o efeito devolutivo ao recebimento dos recursos, poderá o magistrado conferir efeito suspensivo para evitar dano irreparável à parte, conforme o disposto no art. 215 do ECA. É de se concluir, portanto, que o recebimento dos recursos será, em regra, no efeito devolutivo, principalmente quando interpostos contra sentença de procedência da representação que impõe medida socioeducativa adequada ao caso do adolescente infrator. Precedentes. 2. Agravo regimental improvido" (AgRg no HC 353.715/PR, 6.ª T., rel. Nefi Cordeiro, 19.05.2016, v.u.); "É possível o cumprimento de medida socio-educativa, mesmo diante da interposição de recurso de apelação, quando a sentença tiver confirmado a antecipação dos efeitos da tutela (execução provisória), nos termos do disposto no art. 198 do Estatuto da Criança e do Adolescente combinado com o art. 520 do Código de Processo Civil. Precedentes. *Habeas corpus* não conhecido" (HC 345.549/SC, 6.ª T., rel. Maria Thereza de Assis Moura, 01.03.2016, v.u.). TJPR: "1. Não obstante a revogação do inciso VI do art. 198 do ECA, não existe vedação legal para a imediata aplicação da medida socioeducativa imposta na sentença, sob pena de esvaziar o caráter pedagógico de todas as medidas socioeducativas em decorrência do lapso temporal entre o Recurso de Apelação – ECA 1.504.516, a infração e o julgamento do recurso. 2. É pacífico o entendimento no sentido de que as medidas socioeducativas aplicadas ao menor infrator com base no ECA, incluída a liberdade assistida, podem ser estendidas até que ele complete 21 (vinte e um) anos, sendo irrelevante a implementação da maioridade civil ou penal no decorrer de seu cumprimento" (Ap. 1504516-0/PR, 2.ª Câm. Criminal, rel. Luís Carlos Xavier, 12.05.2016, v.u.). TJDFT: "Embora a regra, após a revogação do inciso VI do art. 198 do ECA pela Lei 12.010/2009, seja que os recursos na seara infracional tenham duplo efeito (devolutivo e suspensivo), por força do disposto no *caput* do art. 1.012, do Código de Processo Civil, diante da necessidade, no caso concreto, de imposição imediata de medida socioeducativa voltada à ressocialização do adolescente infrator, é possível determinar-se o cumprimento imediato da decisão, que se traduz imprescindível instrumento de tutela cautelar. É o caso dos autos, mantido o recebimento do recurso apenas no efeito devolutivo. Conjunto proba-tório firme a comprovar a autoria do ato infracional imputado ao representado. A concreta gravidade do ato infracional, correspondente a homicídio qualificado tentado, além de situação de risco do menor, são circunstâncias que preenchem os requisitos do art. 122 do ECA e permitem a imposição de medida socioeducativa de internação. Apelo desprovido" (Ap. 20150130054033APR-DFT, 1.ª T. Criminal, rel. Mario Machado, 23.06.2016, v.u.). TJRS: "O paciente permaneceu internado provisoriamente durante toda a instrução processual, havendo a sentença apenas confirmado, no aspecto de sua internação, a antecipação de tutela anteriormente deferida, com o que a apelação deve ser recebida apenas no efeito devolutivo (art. 520, VII, CPC), [atual art. 1.012, § 1.º, V, CPC] ante a sistemática do CPC, como expressamente estatui o *caput* do art. 198 do ECA, de modo que a medida aplicada pode ser, desde já, executada. Ordem denegada" (HC 70059429191, 8.ª Câm. Cível, rel. Ricardo Moreira Lins Pastl, 05.06.2014).

204. Prazo da internação provisória: os 45 dias terminam na data da prolação da sentença. Se for imposta a medida socioeducativa de internação, confirmando-se a antecipação da tutela, o jovem continuará detido, agora por força da decisão definitiva, já que a apelação será recebida no efeito devolutivo. É o disposto pelo art. 1.012, § 1.º, V, CPC. É o mesmo raciocínio utilizado em processo penal, com algumas modificações. Porém, calcula-se um prazo razoável para o término da instrução e, depois, outro prazo razoável para o julgamento do recurso, estando o réu preso. É fundamental lembrar que a segregação cautelar, mormente de menores de 18 anos, deve dar-se em caráter excepcional; portanto, do mesmo modo, a continuidade da internação provisória, enquanto o jovem recorre ao Tribunal, depende de justificativa do julgador, não podendo dar-se de maneira *automática*. Conferir: STF: "(...) 3. O princípio da presunção de inocência (art. 5.º, LVII, CF), como norma de tratamento, veda a imposição de medidas cautelares automáticas ou obrigatórias, isto é, que decorram, por si sós, da existência de uma imputação e, por essa razão, importem em verdadeira antecipação de pena. 4. A presunção de inocência se aplica ao processo em que se apura a prática de ato infracional, uma vez que as medidas socioeducativas, ainda que primordialmente tenham natureza pedagógica e finalidade protetiva, podem importar na compressão da liberdade do adolescente, e, portanto, revestem-se de caráter sancionatório-aflitivo. 5. A internação provisória, antes do trânsito em julgado da sentença, assim como a prisão preventiva, tem natureza cautelar, e não satisfativa, uma vez que visa resguardar os meios ou os fins do processo, a exigir, nos termos do art. 108, parágrafo único, do Estatuto da Criança e do Adolescente, a demonstração da imperiosa necessidade da medida, com base em elementos fáticos concretos. 6. Revogada, no curso da instrução, a internação provisória, somente a superveniência de fatos novos poderia ensejar o restabelecimento da medida. 7. Constitui manifesto constrangimento ilegal, por ofensa ao princípio da presunção de inocência e ao dever de motivação, previsto no art. 93, IX, da Constituição Federal e no art. 106 da Lei 8.069/90, a determinação, constante da sentença, de imediata execução da medida de internação, 'independentemente da interposição de recurso'. 8. Nos termos do art. 198 da Lei 8.069/90 e do art. 520, *caput*, [atual art. 1.012]do Código de Processo Civil, a apelação interposta contra sentença que impõe medida socioeducativa de internação deve ser recebida em seu efeito devolutivo e suspensivo, uma vez que não importa em 'decidir o processo cautelar' nem em 'confirmar a antecipação dos efeitos da tutela' (art. 520, IV e VII, do Código de Processo Civil) [atual art. 1.012, § 1.º, V, CPC]. Inadmissível, portanto, sua execução antecipada. 9. Somente a interpretação sistemática do art. 108, parágrafo único, da Lei 8.069/90 – no sentido de que, antes do trânsito em julgado, admite-se apenas internação de natureza cautelar, cuja necessidade cumpre ao juiz demonstrar – autoriza imunizar a internação cautelar contra o efeito suspensivo da apelação. 10. Ordem concedida, para determinar a desinternação do paciente, a fim de que aguarde, em liberdade, o trânsito em julgado da sentença que lhe impôs a medida socioeducativa de internação, salvo a superveniência de fatos que justifiquem a adoção dessa providência cautelar" (HC 122.072/SP, 1.ª T., rel. Dias Toffoli, 02.09.2014, v.u.); "*Habeas corpus*. Estatuto da Criança e do Adolescente. Atos infracionais análogos aos crimes de ameaça e de lesão corporal. Condenação. Aplicação da medida socioeducativa de internação. Cumprimento antes do trânsito em julgado da condenação. Impossibilidade. Superação da Súmula 691/STF. 1. Em casos teratológicos e excepcionais, como na hipótese, viável a superação do óbice da Súmula 691 desta Suprema Corte. Precedentes. 2. Alteração da jurisprudência desta Suprema Corte a partir do julgamento do HC 84.078/MG (Pleno, rel. Min. Eros Grau, por maioria, j. 05.02.2009, *Dje*-035, de 25.02.2010), no sentido de que 'ofende o princípio da não culpabilidade a execução da pena privativa de liberdade antes do trânsito em julgado da sentença condenatória, ressalvada a hipótese de prisão cautelar do réu, desde que presentes os requisitos autorizadores previstos no art. 312 do CPP'. 3. O comando de cumprimento imediato da medida socioeducativa de internação, exarado em antecipação de tutela concedida em agravo de instrumento manejado contra a decisão da magistrada singular de soltura da paciente, encontra óbice, ausente motivação válida, no princípio da não culpabilidade, uma vez inocorrente o trânsito em julgado do acórdão em que imposta. 4. Ordem concedida" (HC 121.727/SP, 1.ª T., rel. Rosa Weber, 03.06.2014, v.u.).

Art. 187

Art. 187. Se o adolescente, devidamente notificado, não comparecer, injustificadamente à audiência de apresentação, a autoridade judiciária designará nova data, determinando sua condução coercitiva.[205]

205. Condução coercitiva: o adolescente contra o qual se imputa a prática de ato infracional deve ter todos os direitos, no mínimo, do acusado no processo penal comum. Por isso, soa estranha a determinação da condução coercitiva para a audiência de apresentação, embora a intenção seja positiva, que é permitir o contato direto entre menor e juiz. Mas somente na primeira audiência. Na seguinte, o menor passa a exercitar o seu *direito de audiência*, comparecendo para acompanhar a produção da prova, se quiser. Segundo nos parece, não deve ser conduzido coercitivamente, como os réus em geral não são. Na jurisprudência: TJSP: "Pedido de cassação da sentença pela ofensa aos princípios do contraditório e da ampla defesa. Nulidade reconhecida. Adolescente ausente em audiência de apresentação. Sentença de procedência proferida. Nulidade. Artigo 187 do ECA. Necessidade de determinação de condução coercitiva do adolescente. Violação dos princípios de ampla defesa e do contraditório. Sentença anulada, desde a audiência de apresentação" (Apelação Cível 0003783-19.2017.8.26.0191, Câmara Especial, rel. Dora Aparecida Martins, 11.10.2019).

Art. 188. A remissão, como forma de extinção ou suspensão do processo, poderá ser aplicada em qualquer fase do procedimento, antes da sentença.[206]

206. Remissão judicial para suspensão ou extinção do processo: não vemos necessidade em se repetir em dois dispositivos próximos a viabilidade de se conceder a remissão durante o curso do feito (art. 186, § 1.º; art. 188). Bastaria a menção neste artigo. Possui a remissão judicial dois formatos: a) suspensão do processo: quer-se crer seja a concessão de um período para verificar se o adolescente volta ao convívio familiar, à escola, enfim, à normalidade, sendo, depois, concedida a remissão terminativa; b) extinção do processo: desde logo, em qualquer das audiências – ou entre elas – o juiz pode aplicar a remissão, finalizando o processo. Não aquiescemos à aplicação de remissão judicial cumulada com medida socioeducativa, pois significa um autêntico blefe, vale dizer, dá-se o perdão, mas se exige o cumprimento de algo. Seria, na realidade, uma autêntica *remição* – como há em Direito Penal, em que se troca a pena pelo trabalho ou estudo. Mas, no caso do Estatuto, cuida-se de remissão, ou seja, clemência pura e simples. Quanto à suspensão do processo, em decorrência da remissão, havendo a imposição de uma medida, como a prestação de serviços à comunidade, termina-se por transformar a remissão numa medida *similar* à suspensão condicional da pena, que, aliás, nem foi aplicada por sentença, após o término da instrução. Quanto à extinção do processo com aplicação cumulativa de medida socioeducativa, pode-se dizer ser vantajoso ao adolescente pelo simples fato de não figurar como antecedente. Por outro lado, pode ser prejudicial na seguinte medida. Imagine-se que, colhidas todas as provas em audiência, verifique-se não haver material suficiente para aplicar qualquer medida socioeducativa ao adolescente, devendo-se seguir o disposto pelo art. 189. Nesse caso, ao arrepio da vontade do menor e de sua defesa, o juiz, antes da sentença, concede-lhe remição e consegue aplicar-lhe, por exemplo, a medida de liberdade assistida. Um ledo engodo. Iria ser *absolvido*, sem nenhuma medida, mas termina *perdoado* com restrição a seu direito. Por outro lado, fazendo o percurso contrário, igualmente ilógico, imagine-se terminar a colheita da prova e o juiz percebe que há motivo mais que suficiente para aplicar medida socioeducativa, inclusive severa (como semiliberdade ou internação). Em lugar disso, concede remissão, cumulada com advertência. Outro blefe, agora em prejuízo da sociedade. A remissão, como perdão que é, deve ser concedida, quando for o caso excepcional, pura e simples. E mais: no início da instrução, logo após a audiência de apresentação. Chegar ao final da instrução para aplicar a remissão é, no mínimo, falta de bom senso e de política infantojuvenil. Os recursos cabíveis contra a remissão podem ser a apelação (se terminativa) ou o agravo (se suspensiva), interpostos em dez dias, pela parte que se sentiu prejudicada. Por óbvio, se ambos concordaram exatamente com os termos da remissão judicial proposta, não haverá interesse recursal, salvo no caso do menor, que pode ser considerado indefeso, por ter seu defensor concordado com remissão prejudicial ao seu interesse (naquele exemplo, ele poderia ter sido absolvido e terminou cumprindo medida socioeducativa decorrente de remissão judicial). Na jurisprudência: STJ: "A remissão judicial, após iniciado o procedimento da Representação, pode ser aplicada a qualquer momento antes da prolação da sentença (art. 188 do Estatuto da Criança e do Adolescente), como forma de suspensão do processo, podendo ainda ser cumulada com medidas socioeducativas em meio aberto, conforme a previsão dos arts. 126 e 127 do mesmo Estatuto. No caso, ao menor foi aplicada a remissão como forma de suspensão do processo, cumulada à medida socioeducativa de liberdade assistida. Antes do término da medida, tendo em vista o seu descumprimento, foi determinada a retomada do trâmite processual, intimando-se o adolescente para audiência de continuação. Não há que se falar, portanto, em constrangimento ilegal, por alegada violação ao contraditório e à ampla defesa, uma vez que a determinação judicial apenas seguiu a previsão legal do Estatuto da Criança e do Adolescente, a qual permite a retomada da marcha processual, tendo em vista prever a figura da remissão como forma de suspensão do processo. Ademais, não se verificou a imposição de medida mais gravosa (restritiva da liberdade do menor), mas apenas o prosseguimento do feito, com a devida instrução processual, a fim de serem averiguados os fatos descritos pelo representante do *Parquet* na Representação, ocasião em que serão observadas as garantias atinentes à ampla defesa e ao devido processo legal. Precedentes. *Habeas corpus* não conhecido" (HC 402.997/PR, 5.ª T., rel. Reynaldo Soares da Fonseca, 22.03.2018, v.u.). TJDF: "1. É certo que o juiz pode conceder remissão, com o fim de suspender ou extinguir o processo, em qualquer fase do procedimento, antes da prolação da sentença de mérito, conforme preconizam o art. 126, parágrafo único, e o art. 188, ambos do Estatuto da Criança e do Adolescente. Porém, a concessão de remissão judicial está condicionada à realização da audiência de apresentação do adolescente, bem como à oitiva do representante do Ministério Público, na forma do art. 184, *caput*, e do art. 186, § 1.º, do Estatuto da Criança e do Adolescente, sob pena de violação ao devido processo legal. Precedentes. 2. Recurso conhecido e provido para cassar a sentença" (Ap. 07035695920208070013, 1.ª T. Criminal, rel. J. J. Costa Carvalho, 20.10.2022, v.u.).

> **Art. 189.** A autoridade judiciária não aplicará qualquer medida, desde que reconheça na sentença:[207]
>
> I – estar provada a inexistência do fato;[208]
>
> II – não haver prova da existência do fato;[209]
>
> III – não constituir o fato ato infracional;[210-211]
>
> IV – não existir prova de ter o adolescente concorrido para o ato infracional.[212-213]
>
> **Parágrafo único.** Na hipótese deste artigo, estando o adolescente internado, será imediatamente colocado em liberdade.[214-215]

207. Não aplicação de medida socioeducativa: é o eufemismo legal para a decisão de absolvição do adolescente. Deve o juiz julgar improcedente a representação, apontando o inciso deste art. 189, sem nem mesmo mencionar o termo *absolvição*, que dá a ideia contraposta de

Art. 189

Estatuto da Criança e do Adolescente Comentado · **Nucci**

condenação, caso houvesse aplicação da medida socioeducativa. De todo modo, a decisão é *vinculada*, não bastando julgar improcedente a ação. Há que se apontar o fundamento jurídico.

208. Inexistência do fato: trata-se da melhor hipótese de improcedência da ação socioeducativa, pois nem mesmo dá ensejo à discussão da questão, novamente, na órbita civil. Aliás, é um dos motivos pelos quais a defesa pode insurgir-se contra a remissão judicial, ofertada no último momento processual, tendo em vista que o fechamento dessa forma não termina o debate acerca da culpa do menor. Na órbita civil, a responsabilidade pode ser novamente questionada. Afirmar o magistrado estar *provada* a inexistência do *fato* significa que desaparece, por completo, a tipicidade e, por consequência, o ato infracional. Quer dizer que o jovem não cometeu absolutamente nada de ilícito no campo infantojuvenil, nem em outra área do direito. Fatos inexistentes não geram danos a ninguém. Imputa-se ao adolescente o furto de um relógio; a vítima, no entanto, reconhece seu engano, encontrando o objeto noutro lugar. Inexistiu *subtração de coisa alheia móvel*.

209. Não provada a existência do fato: é hipótese subalterna à primeira. Afirmar que o fato inexistiu é mais intenso e favorável ao imputado do que dizer que não se encontrou prova suficiente de ter o fato ocorrido. Noutros termos, na primeira situação o Judiciário atesta: não houve fato; na segunda, o Judiciário diz: não se sabe. Assim sendo, a mais adequada solução é não aplicar medida socioeducativa ao jovem. Porém, as portas estão abertas para a discussão da questão, novamente, na esfera civil.

210. Fato não infracional: como o ato infracional vincula-se ao crime ou à contravenção penal, esta hipótese afirma que o praticado pelo adolescente não é infração penal, logo, também não é ato infracional. Como já tivemos a oportunidade de expor, o crime (abrangendo a contravenção) é um fato típico, ilícito e culpável. Ausente um desses três elementos, não há crime. Ver os comentários ao art. 103 desta lei e, também, a próxima nota.

211. Interpretação extensiva necessária: no processo penal comum, este inciso é traduzido como ausência de tipicidade apenas. O fato não constituir infração penal (art. 386, III, CPP) significa não haver tipo penal incriminador. Mas, em compensação, para os casos de ausência de ilicitude ou culpabilidade há o inciso VI do art. 386 do CPP. Neste Estatuto, omitiu-se a viabilidade de se afastar a culpa do jovem se ele agiu acobertado por excludente de ilicitude ou culpabilidade, o que seria um absurdo. Portanto, deve-se empreender uma interpretação extensiva. Onde se lê "não constituir o fato ato infracional", leia-se "não encontrar o fato qualquer correspondência a fato típico, ilícito e culpável".

212. Ausência de prova da concorrência do adolescente para o ato infracional: o termo *concorrência* abrange tanto autoria como participação. Essa hipótese demonstra não haver prova suficiente de ter o jovem executado ou auxiliado de algum modo a ocorrência do ato infracional. Entretanto, o fato existiu; alguém o praticou; não se pode afirmar ter sido o menor. Permite a reabertura da discussão na esfera civil. Faltou a alternativa existente no processo penal comum: estar provado que o adolescente não concorreu para o ato infracional. Isso encerraria o debate, inclusive noutra órbita do direito.

213. Insuficiência de provas: o legislador deste Estatuto considerou ter esgotado todas as possibilidades com os quatro incisos do art. 189. Quanto à materialidade: não há (inciso I); não está devidamente provada (inciso II). Quanto ao ilícito infantojuvenil: não demonstrado (inciso III). Quanto à autoria: não demonstrada (inciso IV). Mas faltou, sim, o elemento de arremate, calcado no princípio da presunção de inocência, que se aplica aos menores de 18 anos, por óbvio. Esse princípio traz, ainda, o princípio da prevalência do interesse do acusado, consubstanciado no conhecido *in dubio pro reo* (na dúvida, em favor do réu). Muitos são os casos em que o juiz tem certeza da materialidade e há provas da concorrência do infrator, mas não suficientes para a procedência da ação. É o critério residual, que precisaria constar do Estatuto. Na dúvida, em prol do adolescente, de sua liberdade em todos os sentidos, sem aplicação de medida socioeducativa.

214. Liberação imediata: embora nem precisasse constar, o dispositivo aclara o óbvio. Se o adolescente foi *absolvido*, é completamente inviável a mantença da sua internação. Se esta já é excepcional, torna-se ainda mais absurda.

215. Sentença de procedência e seus efeitos: ver os comentários ao art. 198.

> **Art. 190.** A intimação da sentença que aplicar medida de internação ou regime de semiliberdade será feita:[216]
>
> I – ao adolescente e ao seu defensor;[217]
>
> II – quando não for encontrado o adolescente, a seus pais ou responsável, sem prejuízo do defensor.[218]
>
> § 1.º Sendo outra a medida aplicada, a intimação far-se-á unicamente na pessoa do defensor.[219]
>
> § 2.º Recaindo a intimação na pessoa do adolescente, deverá este manifestar se deseja ou não recorrer da sentença.[220-221]

216. Intimação da sentença: deve ser pessoal, feita por mandado. O objetivo é o mesmo que se busca no processo penal comum: permitir que o adolescente (assim como faz o réu) possa manifestar o seu desejo de recorrer, independentemente de seu defensor.

217. Dupla intimação: tendo em vista a severidade da medida socioeducativa – semiliberdade ou internação –, intima-se o adolescente, para o exercício da autodefesa, bem como seu defensor – para exercitar a defesa técnica, ambas integrantes da ampla defesa. Tal como no processo penal, é viável a apelação interposta pelo próprio jovem infrator, no exercício da sua autodefesa, independentemente de seu defensor técnico. Após a interposição, deve-se abrir vista ao defensor para oferecer razões. O prazo para as razões é impróprio, ou seja, se não for seguido à risca não gera a intempestividade do recurso. Afinal, manifestado o intento de apelar, a oferta de razões é natural consequência disso e não pode ser feita por leigo (como é o caso do menor). Se houver conflito entre o interesse em recorrer e o de não ofertar apelo (menor e seu defensor), prevalece o de quem *deseja* apelar. Na jurisprudência: STJ: "1. O art. 190 do ECA dispõe que a intimação da sentença que aplicar medida de internação ou semiliberdade será feita ao adolescente e ao seu defensor e, quando não for encontrado o jovem, a seus pais ou responsável, sem prejuízo do defensor. Ademais, o § 2.º do mesmo dispositivo estabelece que, 'Recaindo a intimação na pessoa do adolescente, deverá este manifestar se deseja ou não recorrer da sentença'. 2. Quando o jovem infrator, cientificado da sentença, manifesta tempestivamente a sua vontade de recorrer, a apresentação serôdia das razões recursais pela Defensoria Pública não impede o conhecimento do apelo pela segunda instância, sob pena de contrariedade à ampla defesa e ao escopo protetivo da Lei 8.090/90. 3. *Habeas corpus* não conhecido. Ordem concedida, de ofício para determinar que o Tribunal de Justiça do Estado de São Paulo conheça do recurso de apelação e o julgue como entender de direito" (HC 268.100/SP, 6.ª T., rel. Rogerio Schietti Cruz, 24.03.2015, v.u.).

218. Pais em lugar do jovem: não localizado o adolescente, intimam-se seus pais ou responsável, em seu lugar, que também podem manifestar o intento de recorrer; além disso, intima-se o defensor.

219. Intimação apenas do defensor: não se cuidando das mais graves medidas socioeducativas – semiliberdade ou internação –, basta intimar o defensor, pessoalmente. Nesse caso, o direito de recorrer é transferido apenas à defesa técnica.

220. Autodefesa no recurso: garante-se, como se faz no processo penal comum, o direito de exercitar a autodefesa, intimando-se pessoalmente o adolescente, que deverá manifestar ao oficial de justiça se deseja ou não recorrer da decisão. Essa manifestação será firmada pelo próprio jovem no termo que segue junto com o mandado (termo de recurso ou de renúncia ao recurso).

221. Divergência entre menor e defensor: a mesma situação acontece no processo penal comum; por vezes, o réu deseja recorrer e seu defensor, não (ou vice-versa). Já que o adolescente é intimado pessoalmente, pode manifestar seu intuito de recorrer, por exemplo, enquanto seu defensor, não. Pode, ainda, não desejar o recurso, mas seu defensor, sim. Como solucionar o impasse? Algumas vozes sustentam que sempre deve prevalecer a defesa técnica. Outros afirmam dever prevalecer a vontade de quem deseja recorrer. É o que nos parece justo. As medidas socioeducativas de semiliberdade e internação são severas, de modo que, havendo intenção de recorrer ao Tribunal (menor ou defensor), deve-se dar seguimento ao recurso. Quando o adolescente recorrer, mesmo que seu defensor discorde, por algum motivo, deve estar disposto a arrazoar o apelo. Se não o fizer, o juiz considera o jovem indefeso, nomeando outro defensor para que apresente as razões recursais.

Seção V-A

Da Infiltração de Agentes de Polícia para a Investigação de Crimes contra a Dignidade Sexual de Criança e de Adolescente

Art. 190-A. A infiltração de agentes de polícia na internet com o fim de investigar os crimes previstos nos arts. 240, 241, 241-A, 241-B, 241-C e 241-D desta Lei e nos arts. 154-A, 217-A, 218, 218-A e 218-B do Decreto-Lei n.º 2.848, de 7 de dezembro de 1940 (Código Penal), obedecerá às seguintes regras:[221-A]

I – será precedida de autorização judicial devidamente circunstanciada e fundamentada, que estabelecerá os limites da infiltração para obtenção de prova, ouvido o Ministério Público;[221-B]

II – dar-se-á mediante requerimento do Ministério Público ou representação de delegado de polícia e conterá a demonstração de sua necessidade, o alcance das tarefas dos policiais, os nomes ou apelidos das pessoas investigadas e, quando possível, os dados de conexão ou cadastrais que permitam a identificação dessas pessoas;[221-C]

III – não poderá exceder o prazo de noventa dias, sem prejuízo de eventuais renovações, desde que o total não exceda a 720 dias e seja demonstrada sua efetiva necessidade, a critério da autoridade judicial.[221-D]

§ 1.º A autoridade judicial e o Ministério Público poderão requisitar relatórios parciais da operação de infiltração antes do término do prazo de que trata o inciso II do § 1.º deste artigo.[221-E]

§ 2.º Para efeitos do disposto no inciso I do § 1.º deste artigo, consideram-se:[221-F]

I – dados de conexão: informações referentes a hora, data, início, término, duração, endereço de Protocolo de Internet (IP) utilizado e terminal de origem da conexão;

> II – dados cadastrais: informações referentes a nome e endereço de assinante ou de usuário registrado ou autenticado para a conexão a quem endereço de IP, identificação de usuário ou código de acesso tenha sido atribuído no momento da conexão.
>
> § 3.º A infiltração de agentes de polícia na internet não será admitida se a prova puder ser obtida por outros meios.[221-G]

221-A. Infiltração de agentes: trata-se de um meio de prova constante da Lei 12.850/2013 (Lei da Organização Criminosa), conforme se vê da leitura do art. 3.º, VII. A infiltração representa uma penetração no âmbito criminoso, realizada por policiais, como forma de conhecer e captar provas, a fim de fazer cessar o crime e permitir a acusação e o processo contra os seus autores. Em outros países, já se utiliza esse mecanismo de invasão no hermético universo do crime organizado para romper o selo de proteção criado pela *lei do silêncio*. A natureza jurídica da infiltração de agentes é um meio de prova misto, consistente em busca (e apreensão de material, quando possível), além de significar um testemunho, pois o agente policial terá condições de narrar, em juízo, tudo o que colheu. Na hipótese prevista neste artigo do Estatuto da Criança e do Adolescente, o objetivo é a descoberta de crimes cometidos pela Internet, relacionados, majoritariamente, a delitos contra a dignidade sexual de crianças e adolescentes. Além dos tipos penais desta Lei, incluem-se os seguintes artigos do Código Penal: a) violação de dispositivo informático (art. 154-A); b) estupro de vulnerável (arts. 217-A e 218); c) satisfação de lascívia mediante presença de criança ou adolescente (art. 218-A); d) favorecimento da prostituição ou de outra forma de exploração sexual de criança ou adolescente ou de vulnerável (art. 218-B); e) divulgação de cena de estupro ou de cena de estupro de vulnerável, de cena de sexo ou de pornografia (art. 218-C). Muitos desses crimes fazem parte do conjunto de delitos atribuídos, vulgarmente, à denominada *pedofilia*.

221-B. Autorização judicial: para a legitimação da atividade do policial é preciso autorização judicial, de forma fundamentada, com ciência do Ministério Público, fixando-se os limites para a colheita da prova. O objetivo é o mesmo constante do art. 10 da Lei 12.850/2013, de modo a *oficializar* a infiltração; afinal, nada impede que um policial cometa um dos crimes contra a dignidade sexual da criança e do adolescente e, quando descoberto, alegue estar *infiltrado*. Essa invasão no âmbito criminal precisa ser previamente autorizada, do contrário trata-se de crime. O estabelecimento de *limites* pelo magistrado depende do conjunto de provas amealhadas para justificar a infiltração. Como ilustração, é preciso considerar uma situação de foro por prerrogativa de função (foro privilegiado), em relação a um ou mais dos investigados; nessa situação, torna-se indispensável que a autorização para a infiltração seja feita pela autoridade competente para o processo (ainda exemplificando, se o investigado for um deputado federal, a autorização deve partir de um Ministro do STF).

221-C. Impulso inicial: não cabe ao juiz deferir, de ofício, a infiltração de agentes, pois esta é uma típica atividade de investigação, concernente à polícia judiciária ou ao Ministério Público, preservando-se a imparcialidade do magistrado. A lei se vale dos termos *requerimento* (pedido, pleito) do MP e *representação* (exposição de um fato, sugerindo diligência) do delegado de polícia, o que está certo, pois o membro do Ministério Público será *parte* em futuro processo-crime, mas o delegado não é, nem será, parte, logo, não lhe cabe requerer, mas expor fatos, sugerindo providência. Outro aspecto relevante diz respeito à função exercida pelo infiltrado: agente policial. Significa, portanto, não caber a nenhum funcionário do Ministério Público essa atividade. Caso o MP esteja conduzindo uma investigação, almejando valer-se da infiltração, deve buscar o apoio da polícia judiciária. Quanto ao delegado, trata-se da sua

Art. 190-B

Estatuto da Criança e do Adolescente Comentado • **Nucci**

função investigar, motivo pelo qual, ao pretender o uso da infiltração, basta representar ao juízo, ocasião na qual se ouvirá o Ministério Público.

221-D. Prazo da infiltração: estabelece-se prazo de 90 dias para a captação dos dados pelo(s) agente(s) infiltrado(s). No entanto, a própria lei autoriza renovações (sempre por outros 90 dias) até o limite de 720 dias (quase dois anos). Esses limites sempre foram e continuarão sendo um problema sério na órbita da invasão de privacidade alheia. Do mesmo modo como se dá no tocante à escuta telefônica, que possui um prazo legal (15 dias, prorrogáveis por outros 15, conforme o art. 5.º da Lei 9.296/1996) não cumprido, pois estendido muito além dos 30 dias, é possível que neste caso ocorra o mesmo. Entretanto, entendemos que, desta vez, o legislador foi bem realista. Não há razão plausível para uma infiltração durar mais que dois anos, sem que se tenha prova suficiente para colocar um ponto final na atividade criminosa, apresentando os autores à justiça criminal. Aliás, a bem da verdade, quando se tem prova pré-constituída, para que o juiz autorize a infiltração, 90 dias são mais que suficientes. Não há cabimento em estender o prazo de maneira indefinida, pois há uma violação à intimidade e à vida privada de quem está sob investigação. Não havendo motivo *efetivamente* plausível, passar do prazo legal torna a prova ilícita.

221-E. Equívoco da redação legal: não há inciso II do § 1º. Refere-se este dispositivo ao inciso III do *caput*. Portanto, antes de terminar o prazo de 90 dias (ou suas eventuais prorrogações), é viável que o juiz ou o membro do Ministério Público, responsáveis pela supervisão da infiltração, requisitem relatórios parciais, ou seja, como anda a investigação, antes de findar o período determinado. Aliás, nem mesmo precisaria existir essa norma, visto que a autoridade judiciária, ao autorizar a infiltração, pode cobrar relatórios tantas vezes quantas achar conveniente. O mesmo se diga do MP, a quem se destina a prova para a formação da sua *opinio delicti*, visando à eventual futura denúncia. É até salutar que relatórios parciais sejam exigidos.

221-F. Equívoco da redação legal: há, neste dispositivo, outro lapso, pois a referência, na realidade, dá-se em relação ao inciso II do *caput*.

221-G. Meio subsidiário de prova: a norma estabelecida nesse parágrafo é extremamente útil e positiva, almejando-se que os operadores do direito a cumpram. A infiltração de agentes na Internet constitui, sempre, uma violação de privacidade, um dos direitos individuais fundamentais (art. 5º, X, CF). Logo, não pode ser a primeira opção no conjunto de investigações realizadas para apurar a prática de crimes contra a dignidade sexual de crianças e adolescentes. Afinal, do mesmo modo que a interceptação telefônica não deve ser a *primeira* prova a ser coletada, pois viola a intimidade alheia, a infiltração de agentes precisa acomodar-se com a derradeira prova. Noutros termos, quando a polícia judiciária ou o Ministério Público já contarem com variadas provas, necessitando de um fecho, buscar-se-á a infiltração de agentes. É fundamental que essa norma seja respeitada; do contrário, vários *espiões* legalizados serão espalhados pela Internet, colhendo dados gerais de várias pessoas, sem um rumo definido, o que atenta contra direitos e garantias fundamentais.

> **Art. 190-B.** As informações da operação de infiltração serão encaminhadas diretamente ao juiz responsável pela autorização da medida, que zelará por seu sigilo.[221-H]
>
> **Parágrafo único.** Antes da conclusão da operação, o acesso aos autos será reservado ao juiz, ao Ministério Público e ao delegado de polícia responsável pela operação, com o objetivo de garantir o sigilo das investigações.[221-I]

221-H. Sigilo da investigação: na mesma toada de vários outros dispositivos que preceituam o segredo de justiça para as invasões de privacidade essenciais à apuração de crimes, em nível de *exceção* – e não como regra –, este artigo faz o mesmo. Como exemplos, há a interceptação telefônica e o resultado das gravações, a delação premiada, entre outros. No entanto, temos acompanhado a violação de regras elementares fixadas claramente em lei, sem que providências efetivas sejam tomadas contra quem as transgrediu. No Estado Democrático de Direito, normas de sigilo *precisam* ser respeitadas, sob pena de se configurar abuso de autoridade. Não pode o agente estatal combater o crime mediante a prática de outros delitos. Em suma, a infiltração de agentes na Internet é *sigilosa*. Devem respeitar o referido sigilo não somente os policiais infiltrados, mas também o delegado condutor do inquérito, o juiz que supervisiona a investigação e o membro do Ministério Público a quem se dá ciência da colheita da prova.

221-I. Autoridades com acesso aos autos: pressupõe-se exista um inquérito policial instaurado, com a colheita de prova preexistente, a fim de que a infiltração de agentes policiais possa ser autorizada judicialmente. Logo, a lei indica como autoridades responsáveis pelo acesso a esses autos o delegado, que preside o inquérito, o membro do Ministério Público, que o fiscaliza e acompanha, bem como o juiz que autoriza as necessárias violações legais de privacidade. No entanto, é preciso que essas autoridades, se a prova colhida vier a público antes da hora, assumam também o ônus de investigar, processar e punir quem for responsável pelo vazamento.

> **Art. 190-C.** Não comete crime o policial que oculta a sua identidade para, por meio da internet, colher indícios de autoria e materialidade dos crimes previstos nos arts. 240, 241, 241-A, 241-B, 241-C e 241-D desta Lei e nos arts. 154-A, 217-A, 218, 218-A e 218-B do Decreto-Lei n.º 2.848, de 7 de dezembro de 1940 (Código Penal).[221-J]
>
> **Parágrafo único.** O agente policial infiltrado que deixar de observar a estrita finalidade da investigação responderá pelos excessos praticados.

221-J. Responsabilidade do agente infiltrado: a norma em referência nem precisaria existir, pois a infiltração, como menciona o art. 190-A, inciso I, exige prévia autorização judicial. Assim sendo, por óbvio, o que é lícito jamais poderá constituir crime. No entanto, o dispositivo referenda a estratégia legal de invasão de privacidade para evitar um mal maior, que é a ofensa à dignidade infantojuvenil. Há de se ressaltar que a infiltração tem endereço certo, ou seja, tem validade para os tipos penais elencados neste artigo. Pode ocorrer, eventualmente, a descoberta de outro(s) delito(s), quando se apurarem os crimes indicados nesta Lei. Tendo em vista a legalidade da infiltração do agente na Internet, nada impede a colheita de prova para produzir efeito em investigação diversa. A cautela a ser preservada é *apurar indiretamente* a prova pertinente a delito diferente dos enumerados no *caput* deste artigo, vale dizer, é indispensável existir inquérito instaurado para os crimes sexuais (ou violação de dispositivo informático) para, então, poder-se coletar alguma prova de outra infração penal. É ilícita a captação de prova, por meio de infiltração de agentes pela Internet, para delitos diversos daqueles constantes nos arts. 190-A e 190-C, se for feita de maneira direta, olvidando-se o real objetivo de apuração de infrações contra a criança e o adolescente, no cenário da dignidade sexual. Aliás, o conteúdo do parágrafo único é bem claro quanto à responsabilidade do agente policial infiltrado, mas se deve incluir igualmente as autoridades que deixarem de zelar pela objetividade da investigação (delegado, membro do MP e juiz). Esses excessos podem dar margem à responsabilidade penal, civil e administrativa.

Art. 190-D

> **Art. 190-D.** Os órgãos de registro e cadastro público poderão incluir nos bancos de dados próprios, mediante procedimento sigiloso e requisição da autoridade judicial, as informações necessárias à efetividade da identidade fictícia criada.[221-K]
>
> **Parágrafo único.** O procedimento sigiloso de que trata esta Seção será numerado e tombado em livro específico.

221-K. Banco de dados: prevê-se a criação de um banco de dados contendo os elementos informativos sigilosos dos agentes policiais infiltrados, por exemplo, os nomes falsos, alcunhas e apelidos usados. É preciso lembrar que a infiltração pela Internet é muito mais simples de ser realizada do que aquela demandada para o combate ao crime organizado, este, na maior parte, violento e hostil, podendo redundar em morte do agente policial. Por isso, pouco se vê a infiltração em quadrilhas de tráfico de drogas e crimes afins. Mas, no contexto da violação da dignidade sexual pela Internet, torna-se muito mais fácil a organização de um grupo de agentes dispostos a *navegar* em busca de provas para esse fim.

> **Art. 190-E.** Concluída a investigação, todos os atos eletrônicos praticados durante a operação deverão ser registrados, gravados, armazenados e encaminhados ao juiz e ao Ministério Público, juntamente com relatório circunstanciado.[221-L]
>
> **Parágrafo único.** Os atos eletrônicos registrados citados no *caput* deste artigo serão reunidos em autos apartados e apensados ao processo criminal juntamente com o inquérito policial, assegurando-se a preservação da identidade do agente policial infiltrado e a intimidade das crianças e dos adolescentes envolvidos.

221-L. Registro da captação: finda a investigação, deve haver um registro da *navegação* feita pelos agentes policiais, justamente para se apurar se houve excesso ou fuga à finalidade específica da diligência. O sigilo é fundamental, tanto para o agente infiltrado quanto – e principalmente – para as vítimas (crianças e adolescentes). É provável que o juiz e o membro do Ministério Público não possuam conhecimento suficiente de informática ou de visitas a sítios na Internet para decifrar todos os atos eletrônicos registrados, gravados e armazenados, a ponto de captar integralmente o conteúdo do relatório apresentado. Se isto ocorrer, a fim de manter a lisura da colheita da prova, demonstrando-se não ter havido abuso ou excesso, é razoável a nomeação de perito para examinar o material e transmitir os dados em linguagem comum. Aliás, essa medida tornar-se-á essencial se houver suspeita de tergiversação durante o curso da infiltração de agentes.

Seção VI
Da Apuração de Irregularidades em Entidade de Atendimento

> **Art. 191.** O procedimento de apuração de irregularidades em entidade governamental e não governamental terá início mediante portaria[222] da autoridade judiciária ou representação[223] do Ministério Público ou do Conselho Tutelar, onde conste, necessariamente, resumo dos fatos.

> **Parágrafo único.** Havendo motivo grave, poderá a autoridade judiciária, ouvido o Ministério Público, decretar liminarmente o afastamento provisório do dirigente da entidade, mediante decisão fundamentada.[224]

222. Portaria: trata-se de um ato administrativo emitido por autoridade de baixo escalão de determinado Poder de Estado, no caso, o juiz da Vara da Infância e Juventude. Confira-se, ainda, a respeito do conceito de portaria, a nota 47 ao art. 149.

223. Representação: trata-se, formalmente, da peça que contém a explanação de um fato juridicamente relevante, acompanhado de um pedido de providências. Difere da petição, pois esta contém expressamente um pedido de interesse de quem a apresenta. Por isso, cabe ao Ministério Público ou ao Conselho Tutelar *representar* em relação a uma unidade de atendimento, demonstrando irregularidades, para que providências sejam tomadas.

224. Afastamento provisório do dirigente: na própria representação, quando subscrita pelo Ministério Público, pode constar o pedido liminar de afastamento do dirigente da entidade, cabendo ao juiz apreciar juntamente com o recebimento da peça inaugural. É preciso estar devidamente instruída com documentos suficientes para chegar ao ponto de pleitear o imediato afastamento do dirigente da entidade. Nada impede que o Ministério Público colha tais provas, valendo-se do seu poder de requisição e oitiva de testemunhas. Quando o pleito for feito pelo Conselho Tutelar, ouve-se, antes, o Ministério Público. Por óbvio, a decisão judicial será fundamentada, como, aliás, *todas* as decisões o serão (art. 93, IX, CF). Deferindo ou indeferindo o afastamento, cabe agravo apresentado pela parte prejudicada.

> **Art. 192.** O dirigente da entidade será citado para, no prazo de dez dias, oferecer resposta escrita, podendo juntar documentos e indicar as provas a produzir.[225]

225. Devido processo legal: assegura-se o contraditório e a ampla defesa, pois se trata de destituição de função, além de tomada de providências, ao final, de variados matizes, inclusive a interdição do local, gerando responsabilidade civil e até mesmo criminal aos coordenadores. A falta de resposta não induz à revelia e seus efeitos, pois se trata de um procedimento de averiguação de irregularidades – e não de um processo civil comum de interesses contrapostos. Deve o juiz produzir as provas necessárias para checar as condições da entidade; afinal, qualquer medida drástica poderá prejudicar, em última análise, as próprias crianças ou adolescentes.

> **Art. 193.** Apresentada ou não a resposta, e sendo necessário, a autoridade judiciária designará audiência de instrução e julgamento, intimando as partes.[226]
>
> § 1.º Salvo manifestação em audiência, as partes e o Ministério Público terão cinco dias para oferecer alegações finais, decidindo a autoridade judiciária em igual prazo.[227]
>
> § 2.º Em se tratando de afastamento provisório ou definitivo de dirigente de entidade governamental, a autoridade judiciária oficiará à autoridade administrativa imediatamente superior ao afastado, marcando prazo para a substituição.[228]

Art. 194

Estatuto da Criança e do Adolescente Comentado · **Nucci**

§ 3.º Antes de aplicar qualquer das medidas, a autoridade judiciária poderá fixar prazo para a remoção das irregularidades verificadas. Satisfeitas as exigências, o processo será extinto, sem julgamento de mérito.[229]

§ 4.º A multa e a advertência serão impostas ao dirigente da entidade ou programa de atendimento.[230]

226. Audiência de instrução e julgamento: como mencionado na nota anterior, nesse caso, não se dá o efeito da revelia, caso não ofertada resposta, pois o interesse em jogo é muito superior a qualquer direito pessoal do dirigente da entidade; abrange, em última análise, o bem-estar dos acolhidos ou internados. Se houver farta documentação, o juiz pode dispensar a produção de outras provas; do contrário, convém realizar a oitiva de testemunhas em audiência. Estudos e laudos podem ser determinados igualmente. Outra prova importante é a vistoria judicial à entidade, lavrando-se termo do que foi encontrado.

227. Debates orais ou alegações escritas: a lei faculta a realização de debates orais, ao término da audiência, podendo o juiz sentenciar em seguida, bem como se permite a fixação do prazo de cinco dias para alegações finais – primeiro o autor, na sequência o requerido. Após, em cinco dias, o magistrado profere a decisão.

228. Viabilização do afastamento: cuidando-se de entidade governamental, o afastamento provisório (em caráter liminar) ou definitivo (aplicado na sentença) deve ser providenciado pelo superior hierárquico do dirigente da entidade; por isso, o magistrado oficia a essa autoridade administrativa, assinalando-lhe um prazo para cumprimento, que implica a substituição da pessoa. Se, após o recebimento do primeiro ofício, não se cumprir a ordem judicial, cabe a expedição de mandado, com a fixação de outro prazo, intimando-se pessoalmente a autoridade administrativa para cumprir, sob pena de responder por desobediência ou prevaricação, conforme o caso.

229. Prazo para sanar as irregularidades: há duas formas para o juiz resolver as irregularidades existentes na unidade de atendimento, após o início do procedimento de apuração: a) recebida a resposta da entidade, antes de designar audiência, concede um prazo para a regularização, intimando-se as partes; decorrendo o período, marca a audiência para se certificar se houve o cumprimento ou não; b) finda a audiência, o juiz converte o julgamento em diligência para que a entidade regularize todos os pontos apontados ao longo da instrução; fixa-lhe um prazo; decorrido, colhem-se as alegações das partes e julga-se. Em qualquer das duas situações, se tudo for regularizado, profere-se decisão de extinção do processo sem julgamento de mérito.

230. Aplicação direta ao dirigente: o art. 97, que prevê as sanções às entidades, não mais estipula multa, mas somente advertência, que será feita ao dirigente da unidade ou programa de atendimento. Noutros termos, trata-se de penalidade de cunho pessoal. Como é a mais branda, justifica-se, numa próxima etapa, o afastamento desse dirigente, já advertido.

Seção VII
Da Apuração de Infração Administrativa às Normas de Proteção à Criança e ao Adolescente

Art. 194. O procedimento para imposição de penalidade administrativa por infração às normas de proteção à criança e ao adolescente[231] terá início por representação do Ministério Público, ou do Conselho Tutelar,[232] ou auto de infração elaborado por servidor efetivo ou voluntário credenciado, e assinado por duas testemunhas, se possível.[233]

> § 1.º No procedimento iniciado com o auto de infração, poderão ser usadas fórmulas impressas, especificando-se a natureza e as circunstâncias da infração.[234]
>
> § 2.º Sempre que possível, à verificação da infração seguir-se-á a lavratura do auto, certificando-se, em caso contrário, dos motivos do retardamento.[235]

231. Infrações administrativas: são as infrações constantes dos arts. 245 a 258-B desta Lei. Quando envolver a autoridade judiciária (art. 258-A), deve-se remeter cópias ao Tribunal de Justiça para a tomada das providências cabíveis.

232. Início do processo: trata-se de procedimento contraditório, garantindo-se ampla defesa ao requerido, com a atuação de um juiz imparcial, de modo que não pode ter início de ofício, por portaria do juízo. Depende de representação do Ministério Público ou do Conselho Tutelar. Essa peça não depende de acompanhamento de prova pré-constituída, pois não se trata de feito com finalidade criminal, mas administrativa. Pode-se produzir prova durante o seu trâmite.

233. Servidor efetivo ou voluntário: se houver, no Juizado da Infância e Juventude, servidores públicos credenciados pelo magistrado para atuar como fiscais do juízo (como, antigamente, se dava com os comissários de menores) ou se existirem pessoas voluntárias, igualmente credenciadas para tanto, poderá haver a lavratura de um auto de infração (como faz qualquer fiscal do Executivo no tocante às infrações administrativas), descrevendo-se a situação encontrada, com o acompanhamento de duas testemunhas (se possível), que poderão ser ouvidas em juízo oportunamente. "Embora não esteja expresso no Estatuto, o Poder Judiciário poderá manter um quadro de voluntários que servirá de 'suporte' para as funções administrativas do Juizado e as concernentes à fiscalização" (Wilson Donizeti Liberati, *Comentários ao Estatuto da Criança e do Adolescente*, p. 223). Discordamos de Francismar Lamenza, que sustenta poderem os conselheiros tutelares lavrar esse auto de infração (*Estatuto da Criança e do Adolescente interpretado*, p. 305). Inexiste, no rol *taxativo* de atribuições do Conselho Tutelar (art. 136 desta Lei), qualquer menção a tal atividade. Aliás, para manter a imparcialidade dos membros do Conselho, não vemos tampouco a viabilidade de serem credenciados pelo juiz para essa atividade. Sobre os servidores legitimados à lavratura do auto de infração, escreve Ademir de Carvalho Benedito que eles "nada mais são do que os antigos comissários de menores, expressão, esta, não utilizada pela nova lei, mas que, tudo leva a crer, permanecerá sendo usada popularmente por muito tempo. São pessoas que se habilitam perante a Justiça da Infância e da Juventude para auxiliá-la das mais variadas maneiras, sem remuneração (em alguns Estados da Federação existe o cargo efetivo e remunerado de comissário de menores). Para poder atuar legalmente e legitimamente, deverão estar credenciados pelo respectivo juiz de direito. Além disso, é óbvio, somente poderão atuar no limite jurisdicional do respectivo juízo ao qual servem. O mesmo se aplica aos servidores efetivos legitimados a iniciar o procedimento: são os funcionários com vínculo estatutário ou contratual com o Poder Judiciário, em exercício na Vara da Infância e da Juventude, e que só podem atuar perante a mesma. Tanto os servidores como os voluntaries, para iniciar o procedimento, deverão lavrar auto de infração, o que corresponde praticamente a uma constatação *in loco* da infração que está sendo cometida, a um flagrante" (Munir Cury [org.], *Estatuto da Criança e do Adolescente comentado*, p. 888).

234. Formalização do auto de infração e presunção de veracidade: embora desnecessário, especifica-se neste dispositivo que o auto de infração pode se consubstanciar de um impresso, previamente elaborado, já contendo termos e fórmulas pré-concebidas, bastando o

Art. 195

Estatuto da Criança e do Adolescente Comentado · Nucci

570

preenchimento dos espaços em claro. O referido auto precisa apontar exatamente o autor da infração, com todos os dados possíveis, os dados da infração (fato e suas circunstâncias), bem como a natureza da infração, segundo disposto neste Estatuto. É, basicamente, um *flagrante de infração administrativa*. Quando integralmente preenchido, constando, ainda, ao menos duas testemunhas, goza da presunção de veracidade. Na jurisprudência: TJRJ: "Apelação cível. Estatuto da criança e do adolescente. Auto de infração lavrado pelo Comissariado da Vara de Família, da Infância, da Juventude e do Idoso, em razão da ausência de alvará judicial para a participação de atriz mirim, com 14 anos de idade, na novela 'Terra Prometida'. Infração prevista no art. 258 ECA. Presunção de veracidade e legitimidade do auto lavrado por agente público. Assinatura de duas testemunhas no auto de infração que se mostra imprescindível, sendo certo que o art. 194 ECA apenas recomenda, sem impor. Lavratura tardia e sem indicação do dia e hora que se encontra em consonância com o § 2.º do art. 194 ECA. Apelante que não se desincumbiu de comprovar que a infração não restou configurada. Fato público e notório que a novela 'Terra Prometida' foi gravada e exibida entre os anos de 2016 e 2017, quando a apelante não possuía o alvará de autorização para a participação da menor como personagem na obra. Requerimento de autorização judicial que dependia da apresentação de laudo atualizado do Corpo de Bombeiros, exigência que visa sobretudo a segurança da criança, em observância à proteção integral da mesma. Inteligência do art. 227 CRFB/88. Manutenção da sentença. Recurso desprovido" (Ap. 00827580420188190001, 4.ª Câm. Direito Privado, rel. Cristina Tereza Gaulia, 24.10.2023, v.u.).

235. Lavratura do auto imediata à infração: como mencionamos na nota anterior, o auto de infração equivale ao auto de prisão em flagrante, no sentido de que o servidor credenciado visualiza a ocorrência da infração e, diante do *flagrante*, lavra o auto imediatamente. Se não o fizer de pronto, deve justificar as razões do retardamento (por exemplo, ter recebido ameaça de morte, se o fizesse, no local da infração).

> **Art. 195.** O requerido terá prazo de dez dias para apresentação de defesa, contado da data da intimação, que será feita:[236]
>
> I – pelo autuante, no próprio auto, quando este for lavrado na presença do requerido;[237]
>
> II – por oficial de justiça ou funcionário legalmente habilitado, que entregará cópia do auto ou da representação ao requerido, ou a seu representante legal, lavrando certidão;[238]
>
> III – por via postal, com aviso de recebimento, se não for encontrado o requerido ou seu representante legal;[239-240]
>
> IV – por edital, com prazo de trinta dias, se incerto ou não sabido o paradeiro do requerido ou de seu representante legal.[241]

236. Prazo para a defesa: concede-se dez dias, a contar da data da *intimação*, que pode dar-se nos termos expressos dos incisos I a IV deste artigo. Correta a observação de Roberto João Elias: "como se trata de procedimento contraditório, o correto seria se referir a 'citação' e não intimação, uma vez que, nos termos do art. 213 do Código de Processo Civil, é o ato pelo qual se chama a juízo o réu ou o interessado, a fim de se defender" (*Comentários ao Estatuto da Criança e do Adolescente*, p. 264). A falta de oportunidade de defesa gera nulidade do feito: TJRS: "Apelação cível. ECA. Frequência escolar. Obrigação do genitor em manter a filha na escola. Condenação do genitor ao pagamento de multa. Ausência de oportunização de defesa. Violação dos princípios da ampla defesa e do contraditório. Inobservância das disposições do art. 195 do ECA. Nulidade do feito. Apelação provida" (Apelação Cível 70030752877, 7.ª Câm. Cível, rel. José Conrado Kurtz de Souza, 06.08.2009).

237. Autuação e intimação: quando houver *flagrante*, o servidor lavra o auto de infração, na presença do requerido, em tese. Se realmente o responsável pela infração ou pelo estabelecimento estiver presente, ele pode ser intimado para a resposta, em dez dias. Mas é preciso cautela, pois não é viável intimar um funcionário qualquer, no lugar do gerente ou diretor do estabelecimento, na medida em que se pode sacrificar, indevidamente, o direito de defesa. Confira-se o disposto pelo art. 242 do CPC: "A citação será pessoal, podendo, no entanto, ser feita na pessoa do representante legal ou do procurador do réu, do executado ou do interessado. § 1.º Na ausência do citando, a citação será feita na pessoa de seu mandatário, administrador, preposto ou gerente, quando a ação se originar de atos por eles praticados. § 2.º O locador que se ausentar do Brasil sem cientificar o locatário de que deixou, na localidade onde estiver situado o imóvel, procurador com poderes para receber citação será citado na pessoa do administrador do imóvel encarregado do recebimento dos aluguéis, que será considerado habilitado para representar o locador em juízo. § 3.º A citação da União, dos Estados, do Distrito Federal, dos Municípios e de suas respectivas autarquias e fundações de direito público será realizada perante o órgão de Advocacia Pública responsável por sua representação judicial". Conferir: TJMG: "1. Se o autuado apõe sua assinatura no auto de infração que, de forma expressa, dispõe sobre o prazo para apresentação de defesa por advogado legalmente habilitado, não há que se cogitar de ausência de intimação 2. Auto de Infração. Art. 149 do ECA. Portaria 01/99. Infração administrativa. Intimação. Preclusão temporal. Conduta típica estabelecida no art. 258 do ECA. 3. Recurso não provido" (Apelação Cível 1.0481.08.090018-8/001, 2.ª Câm. Cível, rel. Raimundo Messias Júnior, *DJ* 14.08.2012, v.u.).

238. Por mandado: é incumbência do oficial de justiça realizar a citação (no caso, intimação) pessoal do requerido (autor da infração ou representante legal do estabelecimento). Conta o prazo a partir da juntada do mandado cumprido aos autos (art. 231, II, do CPC). A menção a funcionário legalmente habilitado é restrita, não se devendo ampliar para qualquer pessoa. Exemplo válido é a intimação feita no cartório, pelo escrivão ou escrevente, quando o autuado – que não estava presente no momento da lavratura do auto – vai até lá para saber do que se trata; ou quando o requerido toma ciência de que houve uma representação formulada pelo MP ou pelo Conselho Tutelar e segue ao cartório da Vara da Infância e Juventude para informar-se. De qualquer forma, deve ser entregue ao requerido uma cópia do auto de infração ou da representação para viabilizar a sua defesa. Na jurisprudência: TJMG: "A citação por edital constitui modalidade excepcional de citação e apenas é admitida quando não se mostra possível a citação pessoal, sob pena de ofensa ao contraditório e à ampla defesa. A intimação realizada por Oficiala do Ministério Público, antes da instauração do procedimento, não supre aquela prevista no art. 195, inciso II do ECA. Deve ser declarada a nulidade do processo para aplicação de penalidade por infração administrativa prevista no art. 249 do ECA, quando os réus foram citados, na primeira tentativa por edital" (Ap. 10479140210432001, 1.ª Câm. Cível, rel. Alberto Vilas Boas, 06.08.2019, v.u.).

239. Via postal: somente se usa essa modalidade de intimação caso seja infrutífera a tentativa feita por mandado. Ela, na realidade, está substituindo a *citação por hora certa*, quando a pessoa a ser cientificada se oculta para não a receber. Parece-nos que o ideal seria ter sido prevista a *intimação por hora certa*, pois mais eficaz. Afinal, a intimação por via postal deve atingir pessoa com poderes de gerência ou administração. Dispõe o art. 248 do CPC: "Deferida a citação pelo correio, o escrivão ou o chefe de secretaria remeterá ao citando cópias da petição inicial e do despacho do juiz e comunicará o prazo para resposta, o endereço do juízo e o respectivo cartório. § 1.º A carta será registrada para entrega ao citando, exigindo-lhe

Art. 196

Estatuto da Criança e do Adolescente Comentado · **Nucci**

o carteiro, ao fazer a entrega, que assine o recibo. § 2.º Sendo o citando pessoa jurídica, será válida a entrega do mandado a pessoa com poderes de gerência geral ou de administração ou, ainda, a funcionário responsável pelo recebimento de correspondências. § 3.º Da carta de citação no processo de conhecimento constarão os requisitos do art. 250. § 4.º Nos condomínios edilícios ou nos loteamentos com controle de acesso, será válida a entrega do mandado a funcionário da portaria responsável pelo recebimento de correspondência, que, entretanto, poderá recusar o recebimento, se declarar, por escrito, sob as penas da lei, que o destinatário da correspondência está ausente". O prazo começa a ser computado da data da juntada aos autos do aviso de recebimento (art. 231, I, do CPC).

240. Teoria da aparência: muito bem esclarece Ademir de Carvalho Benedito a respeito da teoria da aparência, no tocante às três formas de citação, previstas nos incisos I, II e III deste artigo: "deve-se deixar anotado que tem aplicação a teoria da aparência do direito, não estando obrigado o oficial de justiça, o funcionário legalmente habilitado para o ato ou o voluntário credenciado a pesquisar se a pessoa que se apresenta como diretor do estabelecimento autuado, por exemplo, ou ao qual se atribua a prática de um ato infringente às normas de proteção à criança ou ao jovem, é ou não, efetiva e juridicamente, seu representante legal. Parte-se do princípio da 'aparência de direito', ou 'aparência do direito' (…). Essa a tendência do Direito moderno, que vem sendo adotada pelos tribunais, dada a necessidade de se proteger a boa-fé daquele que agiu pensando estar tratando com quem efetivamente tinha poderes, ilação tirada de sua atuação à frente de determinado estabelecimento. Nessa linha de pensamento não poderá ser alegada a nulidade da intimação realizada, p. ex., na pessoa que sempre esteve à frente dos negócios de certa casa comercial, ou respondendo pela administração de uma clínica médica, sob o fundamento de que o contrato social de uma ou de outra não dava àquela pessoa poderes de representação. Em tais hipóteses, prevalecerá, sem dúvida, a validade do ato, que dará ensejo ao início do decurso de prazo para a apresentação de defesa" (Munir Cury [org.], *Estatuto da Criança e do Adolescente comentado*, p. 895-896).

241. Por edital: é o formato fictício de comunicação de atos processuais, seja citação ou intimação. Parece-nos inócua e deveria ser eliminada, em qualquer processo, pois é uma abstração, que não tem efeito prático algum. Entretanto, não localizado o requerido ou seu representante legal, por estar em lugar desconhecido, empreende-se a intimação por edital. Preceitua o art. 257 do Código de Processo Civil: "São requisitos da citação por edital: I – a afirmação do autor ou a certidão do oficial informando a presença das circunstâncias autorizadoras; II – a publicação do edital na rede mundial de computadores, no sítio do respectivo tribunal e na plataforma de editais do Conselho Nacional de Justiça, que deve ser certificada nos autos; III – a determinação, pelo juiz, do prazo, que variará entre 20 (vinte) e 60 (sessenta) dias, fluindo da data da publicação única ou, havendo mais de uma, da primeira; IV – a advertência de que será nomeado curador especial em caso de revelia. Parágrafo único. O juiz poderá determinar que a publicação do edital seja feita também em jornal local de ampla circulação ou por outros meios, considerando as peculiaridades da comarca, da seção ou da subseção judiciárias". O prazo para a resposta começa a correr da fluência do prazo fixado no edital (art. 231, IV, do CPC).

> **Art. 196.** Não sendo apresentada a defesa no prazo legal, a autoridade judiciária dará vista dos autos do Ministério Público, por cinco dias, decidindo em igual prazo.[242-243]

242. Prazos impróprios: vários dos prazos previstos neste Estatuto são impróprios – o que temos ressaltado em outras notas –, razão pela qual, quando praticados intempestivamente, são válidos, não gerando nulidade. Conferir: TJDF: "O prazo previsto no art. 196 do ECA tem natureza imprópria. Desta forma, o seu descumprimento acarreta sanção apenas na órbita administrativa, de tal sorte que, praticado fora do prazo, o ato processual reputa-se válido e eficaz" (Apelação 315.489, 6.ª T. Cível, rel. José Divino de Oliveira, *DJ* 23.07.2008, v.u.).

243. Revelia: tratando-se de infração administrativa, pensamos correto aplicar os efeitos da revelia (art. 344 do CPC), considerando-se verdadeiros os fatos narrados na representação ou no auto de infração. Cabe o julgamento imediato, após a oitiva do Ministério Público, impondo-se a sanção cabível.

> **Art. 197.** Apresentada a defesa, a autoridade judiciária procederá na conformidade do artigo anterior, ou, sendo necessário, designará audiência de instrução e julgamento.[244]
>
> **Parágrafo único.** Colhida a prova oral, manifestar-se-ão sucessivamente o Ministério Público e o procurador do requerido, pelo tempo de vinte minutos para cada um, prorrogável por mais dez, a critério da autoridade judiciária, que em seguida proferirá sentença.[245]

244. Apresentada a resposta: depende do conteúdo da resposta, que pode envolver a admissão da falta ou negar peremptoriamente, além de envolver vários outros fundamentos (motivo de força maior, desconhecimento do ocorrido, estado de necessidade etc.). Conforme o teor, o juiz pode abrir vista ao Ministério Público e julgar em seguida (caso de admissão da falha). Entretanto, se houver negativa, especialmente com pedido de produção de provas, deve o magistrado designar audiência de instrução de julgamento. Se não o fizer, pode-se alegar cerceamento de defesa, anulando-se o feito. Nessa audiência, são ouvidas as pessoas arroladas na representação ou as que constarem do auto de infração, além das arroladas pelo requerido.

245. Princípio da concentração: é o adotado para a maioria dos procedimentos previstos nesta Lei, ou seja, concentram-se todos os atos probatórios numa única audiência, onde também se fazem os debates orais e o juiz já pode julgar no termo. É o ideal, embora nada impeça, conforme o caso concreto, possam as partes apresentar alegações finais por escrito e, após, o magistrado sentenciar.

Seção VIII

Da Habilitação de Pretendentes à Adoção[246]

> **Art. 197-A.** Os postulantes à adoção,[247-248] domiciliados no Brasil, apresentarão petição inicial[249-250] na qual conste:[251]
>
> I – qualificação completa;[252]
>
> II – dados familiares;[253]
>
> III – cópias autenticadas[254] de certidão de nascimento ou casamento, ou declaração[255] relativa ao período de união estável;[256-257]
>
> IV – cópias da cédula de identidade e inscrição no Cadastro de Pessoas Físicas[258];
>
> V – comprovante de renda[259] e domicílio;[260]
>
> VI – atestados de sanidade física e mental;[261]

Art. 197-A Estatuto da Criança e do Adolescente Comentado · Nucci 574

> VII – certidão de antecedentes criminais;[262]
> VIII – certidão negativa de distribuição cível.[263]

246. Pretendentes à adoção: quando foi editada a Lei 12.010/2009, muitos deduziram tratar-se da *Lei da Adoção*, em complemento às normas deste estatuto. Pode ser que ela tenha assim sido denominada apenas e tão somente pela inclusão da Seção VIII (arts. 197-A a 197-F). Entretanto, essa lei está bem longe de ser a lei em prol da adoção. Ao contrário, deveria ser chamada de *Lei da Família Biológica*, pois é exatamente isso que ela pretende: manter a criança ou adolescente, a qualquer custo, em sua família natural, como se os laços de sangue fossem os únicos verdadeiros para o fim de formação de uma família. Essa lei, na essência, não somente coloca a adoção em segundo plano, como meio de garantir o bem-estar e a felicidade de crianças e adolescentes, como também, ao tratar do tema, privilegia, indevidamente, os adultos – candidatos à adoção – em detrimento dos menores de 18 anos. A Lei 12.010/2009, a pretexto de ser inovadora, é um equívoco para o campo da adoção, pois elimina a *adoção dirigida*, quando os pais biológicos entregam seu filho para determinado casal ou conhecido, para fins de adoção. Não bastasse, como será analisado nesta Seção, cria a *fila da adoção*, cujos beneficiários são os pretendentes a ela e não as crianças e adolescentes. Sob os mais diversos argumentos, dentre os quais, evitar o tráfico infantojuvenil, em lugar de buscar uma família para uma criança, como privilegiam a Convenção sobre os Direitos da Criança e a doutrina mundial, passa-se, em nosso país, a buscar uma criança para uma família (ao menos, na prática). "Observa-se que, no Brasil, é comum utilizar-se a expressão 'uma criança para um lar', enquanto, no exterior, diz-se 'um lar para uma criança'" (Valdeci Ataíde Cápua, *Adoção internacional. Procedimentos legais*, p. 139). "Sob a ótica dos direitos da criança e do adolescente, não são os pais ou os tios que têm direito ao filho/sobrinho, mas sim, e sobretudo, é o menor que tem direito a uma estrutura familiar que lhe confira segurança e todos os elementos necessários a um crescimento equilibrado" (Ruy Barbosa Marinho Ferreira, *Adoção*, p. 24). Esperamos que o Judiciário possa corrigir essas distorções e não se amedronte diante de um insípido cadastro de cidadãos ávidos por um filho, para contentar a si mesmos, ainda que não sejam os adequados pais para aquela criança. Afora os equívocos, muitos deles decorrentes não da lei, mas da interpretação errônea feita por operadores do Direito, há também vários acertos, que pretendemos apontar.

247. Habilitação para pretendentes à adoção: parece-nos inquestionável a validade de um procedimento de habilitação para quem pretenda adotar uma criança ou adolescente, demonstrando possuir condições desejáveis nos campos emocional e material. Afinal, "adotar não é um direito dado a todos" (Luiz Antonio Miguel Ferreira, citando Carlos Eduardo Pachi, *in* Munir Cury [org.], *Estatuto da Criança e do Adolescente comentado*, p. 908). E completaríamos assegurando: *adotar não é um direito dado a qualquer pessoa, mas a aceitação de um encargo, cujo titular do direito é a criança ou adolescente*. Assim sendo, a habilitação deve demonstrar que o pretendente à adoção é um bom candidato para ser escolhido para certo infante ou jovem. A adoção deveria ser equivalente a um *concurso público*, com os candidatos apresentados às crianças e adolescentes disponíveis para que estes apontassem os mais indicados pais – quem faria isso por eles seria o juiz. Em princípio, concordamos com a visão de que "o cadastramento dos adotantes é de suma importância para que haja uma democratização na entrega de infantes e jovens para fins de adoção, formando-se uma ordem a ser seguida" (Francismar Lamenza, *Estatuto da Criança e do Adolescente interpretado*, p. 309). Até esse ponto, a Lei 12.010/2009 pode ter acertado. Entretanto, tornar a democratização da adoção em *direito dos adultos a uma criança* torna-se absoluto equívoco. Sob outra ótica, Eunice Ferreira Rodrigues Granato comenta: "revelando dar uma importância imensa ao cadastro, houve por bem a nova Lei (12.010/2009) estabelecer todo um procedimento, tão complexo como uma ação judicial, para, ao fim e ao cabo, considerar o interessado apto a adotar, o que não significa, porém, que não deverá deixar ele de comprovar, por ocasião da adoção, tudo o que já foi comprovado por ocasião da sua inscrição no cadastro. (...) Não foi feliz o legislador na regulamentação do cadastro" (*Adoção - doutrina e prática, com comentários à nova lei de adoção*, p. 86).

248. Perfil dos candidatos à adoção e itens relevantes para analisar: no levantamento feito por Hália Pauliv de Souza, o quadro dos candidatos à adoção é composto dos seguintes interessados: "1) casais estéreis; 2) casais com filhos biológicos, que desejam aumentar a família; 3) casais em nova união matrimonial; 4) casais com problema genético; 5) pessoas que não desejam gestar; 6) casais com um filho que não podem mais gestar; 7) casais cujo filho faleceu; 8) pessoas solteiras; 9) mulher viúva ou separada; 10) pessoas em 'recasamento' 11) uniões homoafetivas" ("Preparando os candidatos para adoção". *In*: Luiz Schettini Filho e Suzana Sofia Moeller Schettini (org.). *Adoção. Os vários lados dessa história*, p. 71-73). Após, enumera os itens mais importantes para que se habilite o interessado a adotar: "1) disponibilidade afetiva; 2) maturidade e equilíbrio emocional; 3) desejo de exercitar a maternidade/paternidade; 4) se casal, ter a mesma linha de pensamento; 5) demonstrar motivações adequadas; 6) estar livre de preconceitos e ser responsável; 7) ter idoneidade e estar informado; 8) ter capacidade de amor e doação; 9) casal em harmonia, feliz e em união estável; 10) ter preocupação com a educação dos filhos; 11) ser paciente e ter bom senso; 12) confiar na Justiça e seu rigor, pois criança não é objeto; 13) nível socioeconômico, isto é, ter condições mínimas para atender as necessidades básicas da criança" ("Preparando os candidatos para adoção". *In*: Luiz Schettini Filho e Suzana Sofia Moeller Schettini (org.). *Adoção. Os vários lados dessa história*, p. 97). Para o procedimento de habilitação, reputamos correto esse rol de fatores a serem preenchidos por quem é candidato à adoção.

249. Conteúdo da petição: geralmente, as Varas da Infância e Juventude possuem impressos próprios, nos quais os interessados preenchem somente os espaços em branco com seus dados. A lista dos documentos é apresentada a quem busca orientação acerca da adoção, de forma que, devolvendo a *petição* (formulário) completa, segue com a documentação necessária. Cada juiz da Infância e Juventude pode exigir algo a mais do que o constante desta lista do art. 197-A, desde que não comprometa o processo seletivo, tornando, por exemplo, impossível o cadastramento por meio de critérios objetivos. Exemplo disso seria a exigência de um *teste de personalidade*, realizado por psicólogo.

250. Finalidade da petição inicial: é a habilitação do postulante à adoção, em Vara da Infância e Juventude do local de seu domicílio. Deferida a referida habilitação, quando chamado pelo juiz, não há necessidade de se juntar, na petição inicial, todos os documentos novamente. Afinal, quem é cadastrado goza de presunção de idoneidade para adotar. No caso concreto, no entanto, o juiz pode exigir qualquer complemento que entender necessário para demonstrar a viabilidade da adoção.

251. Natureza do rol: é taxativo, pois não cabe ao Judiciário ampliar requisitos não previstos em lei, dificultando o procedimento de habilitação à adoção. Porém, como mencionamos na nota anterior, o magistrado pode exigir *algo mais*, sempre no interesse da criança ou adolescente, de preferência, *no caso concreto*. Não concordamos com a edição de Provimento ou Resolução, de caráter administrativo, pelo Tribunal, para o fim de criar regras, não previstas em lei, impondo requisitos de ordem geral.

252. Qualificação: é o conjunto de dados individualizadores de uma pessoa, tais como o nome completo, o estado civil, a nacionalidade, filiação, os números do RG e do CPF, a profissão, o endereço residencial, o endereço comercial, telefones de contato, e-mail.

253. Dados familiares: é o conjunto de informações voltado ao ambiente familiar onde vive e convive o pretendente à adoção (singular ou casal). Informa-se a eventual existência de filhos biológicos – de um ou dos dois candidatos, seus nomes e idades, com quem residem, os nomes dos pais do(s) pretendente(s), se ainda vivem e se convivem sob o mesmo teto, se há algum outro familiar residindo no mesmo imóvel, enfim, pretende-se obter um quadro de onde o adotado irá morar. Não interessam menções a tios, sobrinhos, primos e outros parentes que vivam suas vidas independentes.

254. Cópias autenticadas de certidão de nascimento ou casamento: em primeiro lugar, deve-se destacar o ranço burocrático em face da exigência de documentos *autenticados*, como se eles provassem alguma coisa *a mais* do que a simples fotocópia. É preciso cessar com essa exigência supérflua, pois quem é bom em falsificação, é capaz de contrafazer um documento inteiro original (nem precisa da fotocópia). Outro ponto é o procedimento de habilitação, que tem inúmeras etapas, não sendo crível que alguém juntará documentos falsos junto à inicial para esse desiderato. Outro ponto interessante é a exigência de certidões atualizadas (no máximo, um ano de expedição, que consta em exigências feitas por algumas Varas da Infância e Juventude). Por quê? Para evitar que uma pessoa se valha de uma certidão de casamento antiga, quando, atualmente, ela já é divorciada? Para evitar que um sujeito use a certidão de nascimento emitida há 20 anos, quando ele possuía um outro nome, agora retificado? Enfim, são cautelas inúteis, pois o que importa é a declaração feita em juízo, sob as penas do falso testemunho, bem como a apresentação de documentos ideologicamente falsos, que constituem crimes graves. Não se pode acreditar que o candidato à adoção precise cometer um delito para habilitar-se. Aliás, se a expedição de certidão recente adiantasse alguma coisa, para evitar os vários problemas de pessoas incapazes de adotar, assinaríamos embaixo. Mas não importa em nada. Ademais, quando se trata de união estável, à falta de um documento autenticado, aceita-se a simples declaração do casal, quanto à existência e período da união. Para quem é casado, certidão atualizada e cópia autenticada; para quem vive em união estável, um simples pedaço de papel contendo uma declaração de próprio punho.

255. Declaração de união estável: contrastando com o pretenso rigor da apresentação de cópia *autenticada* de certidão de casamento *recente* (a parte relativa ao *recente* – menos de um ano – tem constado nas exigências feitas pelas Varas da Infância e Juventude, por sua própria conta), para a união estável – corretamente – basta uma declaração do casal, afirmando a sua existência e o período de duração.

256. União estável de casal homossexual: é perfeitamente válida para fins de adoção, como tem se posicionado a maioria absoluta da doutrina e da jurisprudência. Aliás, depois da decisão histórica do STF, declarando legítima a união estável entre pessoas do mesmo sexo, nem se deveria questionar esse fator. E vamos além: em muitos Estados, como São Paulo, os casais homossexuais podem casar-se. No tocante à adoção em si, quem é contrário apresenta argumentos nitidamente preconceituosos. Inexiste fundamento lógico para impedir que um casal homoafetivo adote uma criança, dandolhe um lar, criação e educação, condições materiais para estudo, lazer, diversão, esportes, enfim, tudo aquilo que este Estatuto quer garantir aos infantes e jovens. Alguns dizem ser *estranho* que a criança tenha *dois pais* ou *duas mães*. Cuida-se apenas de estereotipo social apontar para o casal e vislumbrar um homem e uma mulher. Pode-se abrir a mente para enxergar um autêntico casal em qualquer dupla de seres humanos. O que forma um casal, basicamente, é o sentimento de união, amor, afetividade, desejo de criar um núcleo familiar e desenvolver atividades comuns. Vergonha maior são os casais heterossexuais unidos por valores materiais, tradições de família, junções comerciais etc. Porém, aos olhos da parcela hipócrita da sociedade, são casais dignos, apenas e tão somente porque formados por homem e mulher. Se ambos são criminosos, possuem péssima personalidade, são desonestos, falta-lhes ética, enfim, detêm os piores defeitos, para muitos não importa; afinal, o casal é o espelho do compulsório costume da união entre homem e mulher. Dá-se muito valor à aparência e não ao conteúdo das relações, mormente no Brasil, uma das mais conservadoras sociedades do mundo. Esse é um dos motivos pelos quais a Lei 12.010/2009 nem quis saber o que é, de fato, afetividade, pois insiste, de maneira abusiva, à mantença do filho com seus pais biológicos. Somente para argumentar, os criadores da referida lei, por certo, nem mesmo conseguiriam entender a adoção feita por um casal homossexual, pois ele não tem condições de procriar e os laços de sangue parecem ser os mais relevantes da história da humanidade. Voltando ao casal homoafetivo, deve ter chances idênticas a um casal heterossexual na inclusão no cadastro, para ser apresentado como opção a uma criança ou adolescente. "O argumento de que tão somente crianças institucionalizadas e que não tiveram encontrado outros candidatos a adotantes poderiam ser adotadas por homoafetivos é insustentável, haja vista que seria 'discriminatório, tanto em relação às crianças e adolescentes nessa situação como em relação aos homoafetivos dispostos a adotá-las'. E fica ainda mais sério quando se evidencia a demonstração da intenção da sociedade de segregar aqueles que são diferentes, 'aqueles que ela rejeita, permitindo a 'adoção de excluídos por excluídos', formando uma casta de cidadãos de menor categoria, o que é inaceitável em uma sociedade como a nossa que se pretende seja livre, igualitária, pluralista, fraterna e solidária'" (Sílvia Ozelame Rigo Moschetta, *Homoparentalidade. Direito à adoção e reprodução humana assistida por casais homoafetivos*, p. 156-157). "Se o par tem um comportamento digno, conduta social adequada, trabalha e pode atender às necessidades básicas da criança, poderá adotar. Terá que percorrer todo caminho necessário para a adoção: organizar documentos, preparar-se, passar pelas entrevistas, avaliação psicossocial e esperar o tempo necessário (...) Convém lembrar que um indivíduo homossexual é filho de pais heterossexuais" (Hália Pauliv de Souza & Renata Pauliv de Souza Casanova, *Adoção. O amor faz o mundo girar mais rápido*, p. 30). Ver também as notas 113 e 114 ao art. 34, § 2.º.

257. Pessoa singular: embora velada, costuma-se, também, discriminar o pretendente à adoção, quando se apresenta sozinho (solteiro, viúvo, separado, divorciado). Chega-se a afirmar que, pelo bem da criança, conceder a adoção a uma só pessoa geraria uma lacuna na certidão de nascimento e nos demais documentos. Seria filho de *pai solteiro* ou de *mãe solteira*. Outro estereotipo social, aliás, movido, há anos, pelo preconceito envolvido pela *mãe solteira*, que é, inclusive, mãe biológica de seu filho. É preciso romper todos esses entraves para se atingir uma sociedade verdadeiramente democrática, na qual se respeita a minoria tanto quanto qualquer integrante da maioria, em qualquer campo.

258. Cópias da cédula de identidade e inscrição no CPF: pelo menos não se exige a autenticação, esperando-se que os juízes da Infância e Juventude não o façam. Aliás, um ponto a merecer destaque é a cópia do CPF, hoje nem mais existente, pois o número é inscrito na cédula de identidade, na carteira de habilitação, na carteira funcional etc. A Receita Federal nem mais expede essa *carteira*.

259. Comprovante de renda e importância do poder aquisitivo: é documento fundamental para o processo de habilitação, embora muitas vozes se ergam em defesa dos pobres de recursos econômicos para fins de adoção, alegando que isso não constitui obstáculo à adoção. Em tese, por si só, esse quadro de parcos recursos não é entrave à habilitação, mas pode ser, sim, fator impeditivo à adoção. Justamente para não parecer *preconceituoso*, o juiz

Art. 197-A

Estatuto da Criança e do Adolescente Comentado · **Nucci**

acaba deferindo a habilitação de quem ganha um salário mínimo por mês (ou menos) e já tem família para sustentar. Esse casal entra na *fila*; quando se encontra em primeiro lugar, de acordo com a ideia de que tem *direito* a uma criança, termina por levar para casa um infante que já foi abandonado por seus pais biológicos, justamente pela situação de pobreza extrema. É preciso cautela para não trocar um problema por outro. Se o abandono foi causado pela miserabilidade da família de sangue, inexiste razão plausível para permitir que outra família de parcos recursos adote aquela criança. Afinal, dentre os vários direitos infantojuvenis, além de amor, carinho, atenção, existem aqueles que são auferidos por ganhos materiais, como acesso ao estudo, à saúde, à diversão, aos esportes, à moradia etc. É preciso lembrar que, no Brasil, os serviços públicos efetivamente *não funcionam* bem. Ademais, se funcionassem, talvez a família biológica estivesse ainda com seu filho. Por isso, o rendimento da família substituta deve ser razoável para suportar os gastos inerentes à filiação. Na doutrina, Simone Franzoni Bochnia demonstra que "não basta simplesmente juntar documentos, demonstrando, em tese, ter condições de adotar. Faz-se necessário ser pessoa idônea com condições financeiras para sustentar o infante" (*Da adoção. Categorias, paradigmas e práticas do direito de família*, p. 144). E Leila Dutra de Paiva demonstra a maior procura de filhos adotivos por famílias pobres: "um dado comumente observado nas inscrições de candidatos nacionais é que, para a população de baixa renda, a adoção emerge como uma boa opção logo que se constata a impossibilidade de uma gravidez. Alguns casais chegam até a realizar exames diagnósticos (geralmente os mais simples, como espermograma ou controle hormonal), mas, ao perceberem os altos custos dos tratamentos ou as intermináveis filas de espera em hospitais públicos, decidem, sem muito questionar, partir para a adoção. Com relação às pessoas de maior poder aquisitivo, o projeto da adoção quase sempre desponta como um dos últimos recursos, ao qual recorrem somente quando se esgotam todas as tentativas de procriação, até porque o *status* da família biológica parece superar os esforços e sofrimentos relativos aos tratamentos médicos" (Leila Dutra de Paiva, *Adoção. Significados e possibilidades*, p. 61). "Sobre a situação econômico-financeira dos inscritos, também são colhidos dados sobre o histórico do casal: constituição familiar, relações parentais e comunitárias. Sobre a situação econômico-financeira dos inscritos, também são colhidas informações sobre as receitas (salários, participação de rendas, aluguel, poupança e outros) e despesas (convênios, prestações, aluguel, alimentação, vestuário, transportes, medicamentos, água, luz, telefone e outros), apurando-se, no final, a renda líquida. *Deve ser descrito o patrimônio, condições habitacionais (moradia, se própria ou alugada, número de quartos e outros dados)*" (Artur Marques da Silvia Filho, *Adoção*, p. 125, grifamos).

260. Comprovante de endereço: qualquer documento demonstrativo do local onde reside o interessado (conta de luz, conta de água, conta de gás, conta de telefone, conta de cartão de crédito, extrato de banco, dentre outros). Na verdade, esse comprovante deveria ser substituído pela simples declaração de residência feita na petição (formulário) inicial. Se, eventualmente, for comprovada a mentira, fica o pretendente automaticamente excluído do cadastro ou do procedimento de habilitação. E, conforme o caso, ainda pode responder por crime de falso.

261. Atestados de sanidade física e mental: são os conhecidos atestados conseguidos de qualquer médico, que nem ao menos examina o beneficiário do documento. Não provam absolutamente nada. Deveriam ser sumariamente eliminados. Esses atestados demonstram a mesma coisa que uma *declaração de boa pessoa*, conseguida do amigo ou até de um estranho. Durante o procedimento de habilitação, em entrevistas com a equipe técnica do Juizado, verificando-se qualquer anomalia física ou psíquica, deve-se encaminhar o pretendente a uma avaliação médica oficial. Ou exigir exames médicos mais apurados.

262. Certidão de antecedentes criminais: está-se habilitando em Vara da Infância e Juventude, um órgão do Poder Judiciário, que poderia e deveria verificar os antecedentes diretamente no sistema informatizado do Tribunal. A precaução se deve para que constem todos os dados, desde processos findos até investigações e processos criminais em andamento.

263. Certidão negativa de distribuição cível: talvez o conteúdo dessa certidão seja um pouco mais preciso e completo. Entretanto, quer-se avaliar a idoneidade de um pretendente à adoção pelo número ou tipo de anotação civil que ele possua, o que nem sempre espelha real empecilho para adotar. Aliás, este item é peculiar, pois consta como *requisito* para a inscrição apresentar uma certidão *negativa* de distribuição cível. Ilustrando, se alguém tiver uma ação de indenização por reparação de dano por conta de uma batida de veículo em andamento, sua certidão será *positiva* e ele estará *desqualificado* a adotar. Somente para argumentar, olvidou--se, então, a certidão negativa de todos os cartórios de protesto do Brasil, afinal, o cadastro de adoção é nacional.

> **Art. 197-B.** A autoridade judiciária, no prazo de 48 (quarenta e oito) horas, dará vista dos autos ao Ministério Público[264], que no prazo de 5 (cinco) dias poderá:
>
> I – apresentar quesitos a serem respondidos pela equipe interprofissional encarregada de elaborar o estudo técnico a que se refere o art. 197-C desta Lei;
>
> II – requerer a designação de audiência para oitiva dos postulantes em juízo e testemunhas;
>
> III – requerer a juntada de documentos complementares e a realização de outras diligências que entender necessárias.

264. Fiscalização do Ministério Público: o conteúdo deste artigo é extremamente relevante, pois permitiria que o *Parquet* controlasse, com eficiência, a inserção de pretendentes no cadastro de adotantes. Seria possível separar, nos casos concretos, os aptos e os inaptos. Em primeiro lugar, o membro do Ministério Público participaria do estudo psicossocial feito pela equipe técnica, apresentando quesitos a serem respondidos no laudo. Depois, solicitaria a designação de audiência para ouvir, pessoalmente, os candidatos à adoção, permitindo sanar uma série de dúvidas advindas da juntada da documentação inicial, inclusive, por exemplo, conhecer o plano de sustento do adotado por aquele que ganha menos de um salário mínimo ou nem tem rendimentos. Haveria, inclusive, a oportunidade de ouvir testemunhas, comprovar a idoneidade do pretendente e prestar outros esclarecimentos. E, para finalizar, seriam requeridos vários documentos complementares, bem como seriam determinadas várias outras diligências para comprovar a plena capacidade de receber, em sua vida, um infante ou um jovem. Tudo perfeito. Só falta o detalhe de ser realmente implementado.

> **Art. 197-C.** Intervirá no feito, obrigatoriamente, equipe interprofissional a serviço da Justiça da Infância e da Juventude, que deverá elaborar estudo psicossocial, que conterá subsídios que permitam aferir a capacidade e o preparo dos postulantes para o exercício de uma paternidade ou maternidade responsável, à luz dos requisitos e princípios desta Lei.[265]
>
> § 1.º É obrigatória a participação dos postulantes em programa oferecido pela Justiça da Infância e da Juventude,[266] preferencialmente com apoio dos técnicos responsáveis pela execução da política municipal de garantia do direito à convivência familiar e dos grupos de apoio à adoção devidamente

Art. 197-C

Estatuto da Criança e do Adolescente Comentado · NUCCI

> habilitados perante a Justiça da Infância e da Juventude, que inclua preparação psicológica, orientação e estímulo[267-268] à adoção inter-racial, de crianças ou de adolescentes com deficiência, com doenças crônicas ou com necessidades específicas de saúde, e de grupos de irmãos.
>
> § 2.º Sempre que possível e recomendável,[269] a etapa obrigatória da preparação referida no § 1.º deste artigo incluirá o contato com crianças e adolescentes em regime de acolhimento familiar ou institucional, a ser realizado sob orientação, supervisão e avaliação da equipe técnica da Justiça da Infância e da Juventude e dos grupos de apoio à adoção, com apoio dos técnicos responsáveis[270] pelo programa de acolhimento familiar e institucional e pela execução da política municipal de garantia do direito à convivência familiar.
>
> § 3.º É recomendável que as crianças e os adolescentes acolhidos institucionalmente ou por família acolhedora sejam preparados por equipe interprofissional antes da inclusão em família adotiva.[270-A]

265. Estudo psicossocial por equipe técnica: se cumprido fielmente o disposto no *caput* deste artigo, não teríamos dúvida em afirmar a confiabilidade da formação do cadastro de adoção, ao menos em grande parte. A equipe interprofissional, constituída, no mínimo, por psicólogo e assistente social, estaria de prontidão na Vara da Infância e Juventude para, além das inúmeras outras atribuições do dia a dia, entrevistar os pretendentes à adoção, tantas vezes quantas forem necessárias, até formar uma convicção acerca da aptidão ou inaptidão para adotar. Esse estudo é essencial para auxiliar a formação do convencimento do magistrado. Entretanto, os operadores do Direito, que são militantes, conhecem muitas Varas e fóruns brasileiros e sabem da carência desse relevante setor. Os juízes, promotores, defensores, advogados e até estagiários têm perfeita noção de que, na maioria das Comarcas, com muito custo, há um psicólogo no fórum ou um assistente social. Com muita sorte, ambos estão presentes. Mas é preciso ter muito mais sorte que isso, ou seja, eles precisam ter tempo para o estudo minucioso que este artigo requer. Infelizmente, como a realidade brasileira dificilmente acompanha o idealismo da lei, os cadastros de adoção são formados pela simples inscrição dos candidatos, sem maiores estudos ou detalhes. Eis por que, mais uma vez, renovamos a nossa preocupação com a *ordem cronológica* de habilitação, como fator único, para se deferir uma adoção. Se assim for feito, *joga-se* com a vida alheia de uma maneira irresponsável. O estudo técnico é relevante, mas não vincula o juiz. O deferimento ou indeferimento da habilitação exige fundamentação complexa e não simples referência ao estudo realizado. Na jurisprudência: TJRS: "Para que se defira a habilitação para a adoção, é necessário perquirir a adequação e capacidade dos postulantes para o exercício da função parental, através da realização de estudo psicossocial, porquanto imperiosa a observância dos superiores interesses da criança, segundo a doutrina da proteção integral preconizada pelo Estatuto da Criança e do Adolescente. Tendo em vista que o laudo social assim como os pareceres psicológicos realizados apontam para uma boa condição social e econômica do casal postulante, há que deferir a habilitação para adoção. Eventuais traços de insegurança apontados nos estudos não podem servir unicamente de substrato para o indeferimento da habilitação, impondo-se analisar os demais aspectos que integram a avaliação" (Apelação Cível 70063061733, 8.ª Câm. Cível, rel. Luiz Felipe Brasil Santos, 23.04.2015, v.u.).

266. Programa oferecido pela Justiça da Infância e Juventude: temos firme convicção de que, em algumas Varas da Infância e Juventude, cumpre-se exatamente o disposto neste parágrafo. É uma excelente forma de preparar os pretendentes à adoção e até de desestimular os aventureiros, que pensam na adoção como a solução para qualquer problema imediato, de curta duração, sem perceber que se trata de uma decisão permanente. Não temos dúvidas de que seria promissor um curso voltado a extirpar preconceitos, fomentar o convívio inter-racial, incentivar a denominada *adoção tardia*, promover a adoção de deficientes e grupo de irmãos, enfim, o ápice do ideal. Quiçá cheguemos a esse patamar um dia. Porém, em muitos locais, não há programação alguma para orientar os pretendentes à adoção; inexiste curso; não se conhece qualquer técnico municipal encarregado disso. Por vezes, em face da boa vontade do magistrado, ele mesmo fornece o curso, composto por palestras de técnicos do Juizado, depoimentos de pais adotivos, filmes de esclarecimento, histórias de sucesso e insucesso, enfim, todos os dados compilados na própria Vara, com o esforço dos ali atuantes. Noutras vezes, o curso é ministrado por um técnico qualquer do Juizado, em uma tarde ou noite, sem maiores detalhes. E, por fim, há os que optam pelo simples cadastramento dos interessados, sem nenhuma orientação. "Apenas palestras não são capazes de mudar comportamentos, nem avaliar efetivamente candidatos ou prepará-los sobre tantas questões inerentes à construção de uma filiação pela adoção e à educação de filhos" (Hália Pauliv de Souza, *Adoção tardia. Devolução ou desistência de um filho? A necessária preparação para adoção*, p. 15).

267. Preparo psicológico, orientação e estímulo à adoção comum: quase todos os pretendentes à adoção devem ser preparados psicologicamente, orientados e estimulados, pois é uma decisão permanente e extremamente relevante para muitas vidas. Mencionamos *quase todos*, pois há os que já adotaram com sucesso outras crianças e pretendem mais um filho, não necessitando passar pelo básico da adoção, que, para eles, é natural e conhecido. Porém, é preciso ressaltar a existência de pessoas com boa vontade, mas completamente ingênuas em relação ao que significa adotar. E, pior, ao que representa *ter um filho*. Desse modo, precisam de preparo psicológico para: a) saber se são capazes de ter um filho, já que não será uma escolha Divina, mas do juiz; b) saber se são aptas a adotar um filho, pois integrarão à família um estranho no tocante aos laços de sangue; c) conhecer as suas expectativas em relação à adoção, mais precisamente, o motivo do ato (amor puro; salvar casamento; segurar cônjuge; afastar o tédio da vida; resolver o problema da infertilidade; fazer caridade; ser participativo na comunidade etc.); d) saber se o casal (ou a pessoa) tem condições emocionais para enfrentar os vários "nãos" que os filhos emitem, mormente os adotados; e) ter noção do grau de abertura que pretende ter em relação à *verdade*, ou seja, contar ao adotado o seu laço com a família; f) se pretende ocultar o filho da família extensa ou dos amigos etc. Somente pelo estudo psicológico, muito se apura para fins de habilitação. Há situações temíveis para quem pretende adotar, como, por exemplo, usar a criança para salvar um casamento. Além disso, no campo da orientação, feita por assistente social, torna-se crucial explicar para muitos *pais de primeira viagem* o que significa *ter um filho*, inclusive em matéria de gastos e planejamento orçamentário. Crianças e adolescentes consomem – e muito. O adotante precisa ter plena noção de que sua vida não será, nunca mais, a mesma, nem com a esposa, companheira ou companheiro, nem consigo mesmo. Já tivemos a oportunidade de ver a desistência de casais e pessoas logo após o curso realizado, com muito empenho, pela Vara da Infância e Juventude. Mas desistiram os que precisavam se afastar. Ainda bem que o fizeram com coragem, antes de partir para atos mais definitivos. Muito digno desistir no meio do percurso do que insistir, contra a sua própria natureza, para, mais tarde, *devolver* o adotado, rejeitando-o. Aliás, está faltando uma penalidade, prevista expressamente em lei, para essa atitude.

268. Preparo psicológico, orientação e estímulo às formas raras de adoção: seria inestimável esse apoio aos pretendentes à adoção e a todos aqueles que, um dia, pensaram em adotar, mas ainda não se candidataram. Porém, os dados estatísticos colhidos por vários órgãos estatais no Brasil demonstram a inexistência de todo esse aparato. É rara a adoção de grupos de irmãos, até pelo fato de se permitir o cadastramento de quem não tem condições financeiras, logo, não pode receber mais de uma criança. Muitos irmãos são separados, contrariamente

Art. 197-D

Estatuto da Criança e do Adolescente Comentado · **Nucci**

582

ao espírito deste estatuto, porque várias famílias – as primeiras do cadastro – não têm como sustentá-los. É difícil a adoção inter-racial, que, em nosso País, lamentavelmente, ainda significa a adoção de crianças e adolescentes negros por casais brancos (e não o contrário). É raríssima a adoção de menores com problemas físico-mentais ou enfermos. É muito difícil a adoção tardia, quando a criança supera os três anos e segue piorando, gradativamente, até atingir a adolescência. Isso ocorre pela completa falta de preparo, orientação e incentivo. Portanto, pode-se constatar que *quase nada* deste parágrafo é autenticamente seguido.

269. Válvula de escape: na legislação brasileira, costuma-se descumprir, com singeleza, preceitos obrigatórios. Acabamos de citar como exemplo o cadastramento de pretendentes à adoção, em algumas Comarcas, sem curso ou programação de orientação. Mas toda vez que se encontra na lei a expressão *sempre que possível* já se pode deduzir, em grande parte, que não se implementará. Para muitos cadastramentos, não se faz o contato dos candidatos com crianças e adolescentes. Entretanto, nesse caso particular, não estamos convencidos do acerto deste dispositivo. Talvez seja melhor o não cumprimento desta norma, afinal, quem tem, no fundo do âmago, o desejo sincero e responsável de adotar não precisa visitar abrigos, como se estivesse indo numa exposição de seres para escolher um. Ou para conhecer esses seres *estranhos*, em seu atual *habitat*. Além disso, há poucos menores (ao menos, crianças) aptos à adoção; se os juízes esperarem todo o procedimento de reintegração familiar e, depois, o de destituição familiar, a criança pode virar adolescente e ingressar na zona cinzenta mais difícil da indesejada adoção tardia. É preciso inserir em famílias substitutas as crianças cujo poder familiar está em vias de ser extraído, ou seja, basta a suspensão do poder familiar.

270. Técnicos responsáveis pela execução da política municipal de garantia do direito à convivência familiar: somos levados a expressar a nossa imensa curiosidade para conhecer tal corpo técnico, que imaginamos ser da Municipalidade e trabalhe, intensamente, em vários procedimentos da Vara da Infância e Juventude. Nunca os vimos em lugar algum. Em livros de doutrina da área da Infância e Juventude, nenhuma menção concreta. Estamos em busca, pois, afinal de contas, eles são citados várias vezes pela Lei 12.010/2009; imagina-se que alguém os viu e sabe onde achá-los.

270-A. Preparo dos menores em regime de acolhimento: *recomenda* o § 3.º que as crianças e adolescentes em acolhimento institucional ou familiar (este último é praticamente inexistente no Brasil) sejam *preparados* por equipe multidisciplinar para futura adoção. Embora se trate de medida ideal, na prática, torna-se inviável, pois as equipes técnicas mal conseguem dar conta dos estudos sociais a seu encargo, quando em exercício junto ao juízo da Infância e Juventude, ou não têm tempo para cuidar das atividades cotidianas do abrigo e assumir, ainda, a função de preparar menores para adoção. Ademais, o preparo recomendado é questionável, visto que pode trazer expectativas excessivas à criança ou adolescente, havendo a frustração mais adiante por falta de candidatos à adoção. Parece-nos muito mais interessante a criação ou indicação de equipes interprofissionais para *apoiar* o infante ou jovem em sua inserção em família adotiva; além disso, vale dar *suporte* também aos adotantes, pois os primeiros meses são cruciais para a adaptação de ambas as partes envolvidas na adoção.

> **Art. 197-D.** Certificada nos autos a conclusão da participação no programa referido no art. 197-C desta Lei, a autoridade judiciária, no prazo de 48 (quarenta e oito) horas, decidirá acerca das diligências requeridas pelo Ministério Público e determinará a juntada do estudo psicossocial, designando, conforme o caso, audiência de instrução e julgamento.[271]

> **Parágrafo único.** Caso não sejam requeridas diligências, ou sendo essas indeferidas, a autoridade judiciária determinará a juntada do estudo psicossocial, abrindo a seguir vista dos autos ao Ministério Público, por 5 (cinco) dias, decidindo em igual prazo.

271. Finalização de um procedimento complexo: em tese, como se viu, o procedimento de habilitação é complexo, repleto de informes, detalhes, cursos, programas, diligências, provas e atos solenes. Se for fielmente seguido, pode-se até dizer que todos os pretendentes à adoção são inseridos no cadastro *em igualdade de condições*, podendo-se respeitar a ordem de sua habilitação. Mas isso não é verdade. Pessoas são habilitadas a adotar, inseridas no cadastro local, passando ao estadual e depois ao nacional *sem preparo algum*, *sem nenhum estudo específico*, enfim, *sem condições de adotar*. São esses candidatos que, somente porque ocupam o primeiro lugar da lista, *têm direito* a uma criança. Espera-se que isso não seja jamais acolhido pelo Judiciário. "Em que pese o enaltecimento feito à atuação das Varas da Infância e Juventude nos cursos preparatórios, Lidia Natalia Dobrianskyi Weber faz severas críticas ao processo de seleção dos pais adotivos, argumentando que no trabalho desenvolvido pelos técnicos dos Juizados da Infância e Juventude nem sempre se leva em conta a *possibilidade de mudança e aprendizagem do ser humano* e no que se refere aos *candidatos à adoção*, como também não fornece uma proposta de mudança de atitude dessas pessoas" (Simone Franzoni Bochnia, *Da adoção. Categorias, paradigmas e práticas do direito de família*, p. 147).

> **Art. 197-E.** Deferida a habilitação,[272-273] o postulante será inscrito nos cadastros referidos no art. 50 desta Lei,[274] sendo a sua convocação para a adoção feita de acordo com ordem cronológica de habilitação e conforme a disponibilidade[275-277] de crianças ou adolescentes adotáveis.[278-281]
>
> § 1.º A ordem cronológica das habilitações[282] somente poderá deixar de ser observada pela autoridade judiciária nas hipóteses previstas no § 13 do art. 50 desta Lei,[283] quando comprovado ser essa a melhor solução no interesse do adotando.
>
> § 2.º A habilitação à adoção deverá ser renovada no mínimo trienalmente mediante avaliação por equipe interprofissional.[283-A]
>
> § 3.º Quando o adotante candidatar-se a uma nova adoção, será dispensável a renovação da habilitação, bastando a avaliação por equipe interprofissional.[283-B]
>
> § 4.º Após três recusas injustificadas, pelo habilitado, à adoção de crianças ou adolescentes indicados dentro do perfil escolhido, haverá reavaliação da habilitação concedida.[284]
>
> § 5.º A desistência do pretendente em relação à guarda para fins de adoção ou a devolução da criança ou do adolescente depois do trânsito em julgado da sentença de adoção importará na sua exclusão dos cadastros de adoção e na vedação de renovação da habilitação, salvo decisão judicial fundamentada, sem prejuízo das demais sanções previstas na legislação vigente.[284-A]

272. Deferimento da habilitação: autorizada a inscrição, não há menção, na lei, para qual cadastro segue o nome do pretendente (municipal, estadual, nacional). Neste artigo, menciona-se um cadastro local em cada Comarca ou foro regional; outro estadual; um terceiro, nacional. Pela leitura do § 8.º do art. 50, pode-se deduzir que, em primeiro lugar, busca-se inserir a criança ou adolescente aos candidatos locais; não conseguindo, inscrevem-se os

Art. 197-E

Estatuto da Criança e do Adolescente Comentado · **Nucci**

584

insucessos locais nos cadastros estadual e nacional. O mais importante é a interligação entre todos para que as chances de adoção da criança ou adolescente cresçam.

272-A. Indeferimento da habilitação: é possível ocorrer o indeferimento, desde que se conclua não preencher o candidato os requisitos do art. 29 desta Lei. Cabe recurso de apelação, pois o procedimento de habilitação findou, com julgamento de mérito. Na jurisprudência: TJDFT: "1. A adoção de criança e adolescente na legislação brasileira é medida excepcional e rege-se pelo disposto na Lei 8.069/90 – Estatuto da Criança e do Adolescente. 2. Nos processos de habilitação à adoção, o Estatuto da Criança e do Adolescente prevê, expressamente, a necessidade da realização de estudo interprofissional para verificar se aqueles que pretendem adotar possuem condições do exercício da paternidade ou da maternidade. 3. A finalidade da adoção é oferecer um ambiente familiar favorável ao desenvolvimento de uma criança, que, por algum motivo, ficou privada da sua família biológica. Objetivo primordial é atender às reais necessidades da criança, dando-lhe uma família, onde ela se sinta acolhida, protegida, segura e amada. 4. Nos processos de adoção o juiz deve observar as cautelas legais que se destinam à proteção da criança, bem como o superior interesse dos adotados. 5. Constatando-se que a motivação da pretendente à adoção não atende as determinações do art. 29 do ECA, o pedido de inscrição deve ser indeferido. 6. Recurso improvido" (Ap. Cív. 20080130034415APC-DFT, 2.ª T. Cível, rel. Gislene Pinheiro, 29.06.2016, v.u.); "1) Segundo o art. 29 do ECA, 'não se deferirá colocação em família substituta a pessoa que revele, por qualquer modo, incompatibilidade com a natureza da medida ou não ofereça ambiente familiar adequado'. 2) Se a equipe multiprofissional concluiu pela não recomendação do postulante à adoção, sendo possível também notar ausência de estabilidade emocional que indique adequação para o perfil exigido do pelo ECA, deve ser mantida a decisão de exclusão do Cadastro de Inscritos para Adoção, em nome do melhor interesse da criança" (AI 20140020279662AGI-DFT, 2.ª T. Cível, rel. J. J. Costa Carvalho, 25.02.2015, v.u.).

273. Habilitação e preconceito: o poder público permite a *habilitação seletiva*, que pode, perfeitamente, espelhar o preconceito, incentivando, mesmo que de modo indireto, a discriminação. Se o Estado Democrático de Direito insere em seus preceitos fundamentais constituir o racismo um crime imprescritível (art. 5.º, XLII, CF), é sinal de que o considera conduta abjeta e repulsiva. Há lei criminalizando a discriminação racial. Debate-se a inclusão dos negros por meio de cotas raciais em universidades e concursos públicos. Apesar de tanto esforço, permite-se que interessados em adotar uma criança ou adolescente *escolha* o filho pela cor. Argumenta-se que é mecanismo positivo, pois não se pode obrigar uma pessoa (ou casal) a adotar uma criança indesejada (por ser negro, por exemplo). De fato, não se pode, nem se deve obrigar ninguém a adotar; aliás, a bem da verdade, ninguém é obrigado a adotar. Portanto, quem não está disposto a *doar amor e afeto* a um ser humano, independentemente de caracteres pessoais, encontra-se despreparado à adoção; ou, pelo menos, não está à altura dos interessados que não fazem nenhuma restrição racial ou similar. Segundo nos parece, deveria ser vedada a escolha nesse nível, sob pena de indeferimento da habilitação. O Estado não deve jamais permitir a discriminação indireta. Note-se o exemplo citado por Ana Maria da Silveira: "um pretendente de 37 anos, branco, estrangeiro, e sua esposa de 35 anos, parda escura, brasileira, ambos com escolaridade de nível universitário, sem filhos, indagados acerca do perfil da criança que desejavam adotar, revelaram que gostariam de adotar uma criança branca, do sexo masculino, de zero a um ano, que não fosse portadora do vírus HIV, nem sofresse de transtorno mental. Gostariam de conhecê-la antes da adoção e ter um check-up completo da saúde do bebê. Para a mulher a criança poderia ser de qualquer cor, mas o marido queria uma criança mais ou menos neutra, para que ela não viesse a enfrentar o preconceito racial do europeu, que segundo ele é muito conservador em relação aos traços raciais. Revelou não sentir-se preparado e amadurecido para assumir uma criança diferente dele ou de sua esposa" (*Adoção de crianças negras – inclusão ou exclusão?*, p. 111-112). E arremata a autora: "o ideal de um filho está fortemente relacionado ao fator racial e à ideologia dos modelos estéticos de beleza predominantes na sociedade brasileira. A maioria dos pretendentes, ao se manifestar acerca das características da criança, apresenta a cor como o principal critério de escolha. Com base na amostra pesquisada, constatou-se que apenas 1,4% dos candidatos a pais adotivos não se importa com o traço racial da criança pretendida" (*Adoção de crianças negras – inclusão ou exclusão?*, p. 114).

274. Três cadastros: instituídos pela Lei 12010/2009, foi-se insuficiente no tocante ao funcionamento dos três cadastros (local, estadual e nacional), permitindo-se que prevaleça o local. Ora, se o objetivo é nacionalizar a busca da família ideal para a criança – e não a criança perfeita para uma família –, o primeiro cadastro a ser consultado deveria ser o nacional.

275. Ordem cronológica de habilitação *versus* disponibilidade de crianças ou adolescentes adotáveis: interpretar literalmente o disposto neste artigo é colocar a lei ordinária acima dos princípios constitucionais acerca dos direitos e garantias da criança e do adolescente. Em primeiro lugar encontra-se o *superior interesse da criança e do adolescente*, que deve ser considerado com *absoluta prioridade*. Quem se inscreveu há mais tempo pode não ser a pessoa ou família adequada àquela criança. "Encontramos aqui mais uma manifestação equivocada de preferência dos interesses dos adultos sobre os das crianças e adolescentes. Quem garante que um candidato mais antigo é melhor que um mais moderno apenas pela questão da antiguidade? A única verdade que deveria ser inquestionável diz respeito a que, pelo menos em tese, todos os inscritos são bons candidatos, pois, caso contrário, suas inscrições deveriam ter sido indeferidas. Penso que o melhor para os adotandos deva ser a definição de critérios objetivos de prioridade, de forma que salte aos olhos que visam eles defender primordialmente os interesses dos adotandos e, subsidiariamente, dos adotantes" (Luiz Carlos de Barros Figueiredo, *Comentários à nova lei nacional da adoção*, p. 111). Se o respeito à *fila da adoção* for absoluto, está-se invertendo tudo e escolhendo uma criança para um pretendente, quando o correto é escolher um candidato para uma criança. Vamos à prática, preservando a *democracia* da lista, mas *também* o interesse infantojuvenil. Porém, é fundamental que o juiz da Vara da Infância e Juventude, o promotor e a equipe técnica tenham um pouco mais de trabalho nessa seleção. Em primeiro ponto, devem todos trabalhar arduamente para organizar o melhor cadastro possível, habilitando somente quem realmente tenha condições de adotar. Em segundo, quando chegar o momento de chamar o pretendente, pois surgiu uma criança, não se deve agir burocraticamente, vale dizer, quem é o primeiro da fila *leva* o infante. Não se trata de mercadoria. Não se está esperando um bem de consumo, cuja *ordem de chegada* é fundamental. Deve-se analisar os candidatos inscritos no cadastro, num limite que atenda o bom senso. Pode-se analisar *os primeiros* para promover a adequação ideal entre adotante e adotando. Não se entrega o infante ao primeiro pretendente da lista de modo automático. O processo será *transparente* e devidamente *fundamentado* pelo juiz. Esse é o exercício do seu poder jurisdicional, cujo limite é a Constituição Federal, atendendo o *superior interesse da criança*. O processo de seleção deve tornar-se ainda mais apurado quando a criança já não é recém-nascida e tem compreensão do que se passa. Não há como negar que uma seleção minuciosa nesses moldes não frauda absolutamente nada, ao contrário, supera-se a burocracia num assunto sensível como é a adoção. Privilegia-se o superior interesse de quem interessa: a criança. Possa o Judiciário compreender a importantíssima missão que possui, escolhendo para um ser humano a sua família para o resto de seus dias. Nesse sentido, Simone Franzoni Bochnia argumenta: "em todas as hipóteses levantadas é necessário sempre ter em mente o direito da criança ou adolescente de ser adotado, por quem lhe dedica os cuidados inerentes a filho, em vez de priorizar as pessoas que estão incluídas no cadastro de adoção. (...) Tem-se que é aconselhável o respeito à ordem cronológica de inscrição no cadastro, mas o que deve prevalecer é o interesse da criança ou do adolescente. Consigne-se que a habilitação ou inscrição não implica o deferimento do pedido de adoção feito na Vara da Infância e Juventude competente" (*Da adoção. Categorias, paradigmas e práticas do direito de família*, p. 112 e 146). Igualmente criticando, Eunice Ferreira Rodrigues Granato diz: "ao estabelecer o art. 197-E que a convocação para a adoção será feita pela ordem cronológica da inscrição no cadastro dos pretendentes à adoção, retira do juiz e do corpo técnico a opção da entrega da criança ou do adolescente aos pretendentes que melhor atendam ao interesse da criança. Choca-se, também, com o direito que tem o adolescente de concordar ou não com a adoção por parte do candidato que está em primeiro lugar na fila. Poderá ele querer ser adotado por um casal que esteja em último lugar e com o qual melhor se adapta. Se os pretendentes que estão em primeiro lugar são um casal sexagenário, que aceita crianças de qualquer idade, é justo que se entregue a ele o recém-nascido, que é desejado por um casalzinho novo, que não pode ter filhos? Mal andou, portanto, o legislador em estabelecer uma 'fila' de pretendentes a ser obedecida" (*Adoção – doutrina e prática, com comentários à nova lei de adoção*, p. 87). Ver também as notas aos §§ 12 e 13 ao art. 50. Na jurisprudência, dando prevalência ao interesse da criança e não à ordem do cadastro: STJ: "1. O Estatuto da Criança e do Adolescente – ECA –, ao preconizar a doutrina da proteção integral (art. 1.º da Lei n.º 8.069/1990), torna imperativa a observância do melhor interesse da criança. 2. Ressalvado o risco evidente à integridade física e psíquica, que não é a hipótese dos autos, o acolhimento institucional não re-presenta o melhor interesse da criança. 3. A observância do cadastro de adotantes não é absoluta porque deve ser sopesada com o princípio do melhor interesse da criança, fundamento de todo o sistema de proteção ao menor. 4. O risco de contaminação pela Covid-19 em casa de acolhimento justifica a manutenção da criança com a família substituta. 5. Ordem concedida" (HC 572.854/SP, 3.ª T., rel. Ricardo Villas Bôas Cueva, 04.08.2020, v.u.); "1. O Estatuto da Criança e do Adolescente-ECA, ao preconizar a doutrina da proteção integral (art. 1.º da Lei 8.069/90), torna imperativa a observância do melhor interesse da criança. As medidas de proteção, tais como o acolhimento institucional, são adotadas quando verificada quaisquer das hipóteses do art. 98 do ECA. 2. No caso em exame, a avaliação realizada pelo serviço social judiciário constatou que a criança E K está recebendo os cuidados e atenção adequados às suas necessidades básicas e afetivas na residência do impetrante. Não há, assim, em princípio, qualquer perigo em sua permanência com o pai registral, a despeito da alegação do Ministério Público de que houve adoção *intuitu personae*, a chamada 'adoção à brasileira', ao menos até o julgamento final da lide principal. 3. A hipótese dos autos, excepcionalíssima, justifica a concessão da ordem, porquanto parece inválida a determinação de acolhimento de abrigamento da criança, vez que não se subsume a nenhuma das hipóteses do art. 98 do ECA. 4. Esta Corte tem entendimento firmado no sentido de que, salvo evidente risco à integridade física ou psíquica do infante, não é de seu melhor interesse o acolhimento institucional ou o acolhimento familiar temporário. 5. É verdade que o art. 50 do ECA preconiza a manutenção, em comarca ou foro regional, de um registro de pessoas interessadas na adoção. Porém, a observância da preferência das pessoas cronologicamente cadastradas para adotar criança não é absoluta, pois há de prevalecer o princípio do melhor interesse do menor, norteador do sistema protecionista da criança. 6. As questões suscitadas nesta Corte na presente via não infirmam a necessidade de efetiva instauração do processo de adoção, que não pode ser descartado pelas partes. Na ocasião, será imperiosa a realização de estudo social e aferição das condições morais e materiais para a adoção da menor. Entretanto, não vislumbro razoabilidade na transferência da guarda da criança – primeiro a um abrigo e depois a outro casal cadastrado na lista geral –, sem que se desatenda ou ignore o real interesse da menor e com risco de danos irreparáveis à formação de sua personalidade na fase mais vulnerável do ser humano. 7. Ordem concedida" (HC 279.059/RS, 4.ª T., rel. Luis Felipe Salomão, *DJ* 10.12.2013). TJMG: "Por força da Convenção Internacional dos Direitos da Criança, ratificada pelo Governo Brasileiro e promulgada pelo Decreto Federal n. 99.710/90, 'todas as ações relativas às crianças, levadas a efeito por instituições públicas ou privadas de bem-estar social, tribunais, autoridades administrativas ou órgãos legislativos, devem considerar, primordialmente, o melhor interesse da criança'. E conforme estatuído na Constituição da República, no Código Civil e no Estatuto da Criança e do Adolescente, compete aos pais garantir o pleno e sadio desenvolvimento do filho menor, responsabilizando-se por sua criação, proteção, educação, guarda e assistência material, moral e psíquica. O poder familiar pertence naturalmente aos pais biológicos, como decorrência da consanguinidade, sendo admitida, excepcionalmente, a sua extinção caso constatado o descumprimento dos deveres e responsabilidades a eles inerentes, mormente à vista do periclitante estado da mãe biológica, usuária de drogas. A necessidade de prévia inscrição no Cadastro Nacional de adotantes, nos termos do art. 50 do ECA, cede ante as circunstâncias fáticas do caso concreto, e deve ser mitigada em razão, e por prestígio, a proteção integral e melhor interesse da criança" (Apelação Cível 1.0342.12.007817-1/001, 5.ª Câm. Cível, rel. Versiani Penna, *DJ* 27.03.2014); "O cadastro de adoção se destina a dar maior agilidade e segurança ao processo de adoção, uma vez que permitem averiguar previamente o cumprimento dos requisitos legais pelo adotante, bem como traçar um perfil em torno de suas expectativas. Evita influências outras, negativas ou não, que, por vezes, levam à sempre indesejada 'adoção à brasileira'. Todavia, deve-se ter em mente sempre o melhor interesse da criança. É certo que existem casos, excepcionais, em que se mitiga a habilitação dos adotantes no competente cadastro para o deferimento do pedido de adoção, possibilitando a chamada adoção direta ou 'intuito *personae*'. Retirar uma criança com 05 (cinco) anos de idade do seio da família substituta, que hoje também é a sua, e lhe privar, inclusive, da convivência com seus 02 (dois) irmãos biológicos, sob o pretexto de coibir a adoção direta, é medida extremamente prejudicial. O menor poderá ser exposto à grande instabilidade emocional, em face de uma brusca mudança. A retirada do infante da casa de sua guardiã após o transcurso de longo período de convivência e constatada a formação de fortes laços de afetividade, não se mostra recomendável, pois certamente resultará em traumas e frustrações para o menor, com prejuízo ao seu ideal desenvolvimento, inserido que está como verdadeiro membro daquele núcleo familiar" (Apelação Cível 1.0194.12.006162-8/002, 2.ª Câm. Cível, rel. Hilda Teixeira da Costa, 27.01.2015). *Em seguimento à ordem de habilitação do cadastro:* TJRS: "A convocação dos habilitados para a adoção é feita de acordo com a ordem cronológica de habilitação e a disponibilidade de crianças adotáveis, como preconiza o art. 197-E do Estatuto da Criança e do Adolescente." (Apelação Cível 70061725347, 7.ª Câm. Cível, rel. Sandra Brisolara Medeiros, 25.03.2015). TJRJ: "Os agravantes receberam a infante diretamente das mãos da mãe biológica, ainda na maternidade, possuindo a intenção de reaver a guarda provisória da menor com intuito de futuramente adotá-la. Ocorre que a legislação vigente neste país possui uma série de procedimentos e normas que devem ser respeitados quando se resolve adotar uma criança, um desses requisitos é a inscrição prévia no cadastro nacional de adotantes, previsto no art. 50 do ECA. Nesse contexto, as pessoas interessadas em adotar criança devem se cadastrar na lista de pretendentes; o principal objetivo dessa medida, além de preparar os futuros pais e mães, é a realização de um estudo social dessas famílias, pois, mediante essa análise, é possível encaminhar a criança para um lar que atenda suas necessidades. Esse cadastro é uma lista de espera que tem por finalidade evitar fraudes, zelar pela moralidade e transparência no ato de adoção. Com efeito, o cadastro exerce função singular dentro de nosso ordenamento, pois impede ou visa impedir que a paternidade adotiva em nosso país seja fruto da clandestinidade ou tenha interesses outros que

Art. 197-E

Estatuto da Criança e do Adolescente Comentado • **Nucci**

não a afetividade, fundamental para tais relações. Nessa quadra, em primeiro plano, o cadastro atende à necessidade de prévio registro dos pretendentes à adoção, fazendo a seleção dos aptos e retirando, ou minorando, a possibilidade de adoções dirigidas. Em segundo plano, estabelece ordem de precedência dos interessados, conforme as características da criança que se quer adotar, criando critério justo para a escolha de adotantes, em igualdade de condições. É, portanto, instrumento que visa atender ao melhor interesse da criança a ser adotada, ou melhor, de todas as crianças na espera de uma família definitiva, sob perspectiva ampla. O desatendimento à ordem da lista de espera somente é admissível em casos excepcionais, em que evidenciada ampla e duradoura relação de afetividade entre a infante e os pretensos adotantes, situação essa, em análise perfunctória, não retratada nos autos, conforme parecer técnico que instrui o presente recurso. Recurso ao qual se nega provimento" (AI 0042568-07.2015.8.19.0000/RJ, 11.ª Câm. Cível, rel. Luiz Henrique Oliveira Marques, 15.06.2016).

276. Inexistência de direito a um filho: ninguém tem *direito* a um filho; aliás, a bem da verdade, nem mesmo na Natureza existe essa possibilidade. Não são todos os casais que são férteis; dentre estes, nem todos conseguem a concepção; os que conseguem, podem não a manter, abortando de forma natural. Dos que mantêm a gestação até o final, muitos perdem o filho recém-nascido por doenças variadas; outros perdem o filho mais tarde, por enfermidade ou acidente. Enfim, ter um filho é uma possibilidade; criá-lo, com saúde até a idade adulta, outra mera possibilidade. Não poderia ser diferente no campo da adoção. Adultos, sozinhos ou casais, não têm *direito* a um filho. Trata-se de uma possibilidade. Crianças e adolescentes, por seu turno, possuem o direito *constitucional* de ter todo o amparo viável, preferencialmente em ambiente familiar. Cabe aos juízes escolher a mais adequada família a cada menor sob sua jurisdição, independentemente de lista de espera. "O 'desejo de filho' a qualquer preço pode se transformar abusivamente em um 'direito ao filho', como se o desejo fosse o criador de um direito (Ringel e Putman, 1991). (...) A adoção não se baseia num direito ao filho, nem num desejo fundado na compaixão. Nenhum Estado, nenhuma convenção internacional reconhecem um direito à adoção. Esta não vem para reparar uma injustiça, preencher um vazio ou autenticar uma necessidade. A situação adotiva mostra até que ponto ela está emaranhada com o caráter instituído da filiação e não pode ser modelada a qualquer demanda parental. Não nos parece ser do interesse da criança fazer pesar sobre ela a validação filiativa de todas as situações de vida dos adultos, independentemente do sexo, da idade, dos estados psíquicos. A situação adotiva não deve validar uma situação filiativa de adulto e sim continuar a serviço da criança, na criação de uma família marital ou conjugal, de acordo com as normas filiativas próprias das estruturas da paternidade universal" (Ivonita Trindade-Salavert, *Os novos desafios da adoção*, p. 63 e 105-106). Embora pudesse ser mencionado no item anterior, vale fortalecer a ideia de que ninguém tem direito a um filho somente porque ingressou num cadastro: TJMG: "1. A observância da lista de interessados no Cadastro Nacional de Adoção não deve se sobrepor aos interesses do menor, visto que, consoante as normas esculpidas no ECA, há prevalência do direito da criança à convivência preferencialmente no seio familiar. 2. A inserção do menor em abrigo deve ser a última alternativa, uma vez que vai de encontro ao melhor interesse da criança" (Agravo de Instrumento-Cv 1.0327.14.001811-7/001, 2.ª Câm. Cível, rel. Raimundo Messias Júnior, 10.02.2015).

277. Recurso contra a convocação de interessado para adoção: a decisão do juiz, ao convocar uma pessoa para assumir a guarda de uma criança ou adolescente, embora pareça um *despacho de mero expediente*, logo, desprovido de qualquer recurso, na realidade, trata-se de uma decisão interlocutória, que envolve um critério de inserção de menor em lar substituto. Diante disso, se a convocação feita por irregular – por qualquer motivo – a pessoa que se julgar prejudicada, pode interpor agravo de instrumento. O procedimento, nessa hipótese, é cível. Logo, a decisão tomada não é terminativa, nem julga o mérito da questão; parece-nos, então, impugnável por agravo. Ilustrando, se o juiz convocar alguém fora do cadastro, quem estiver cadastrado poderia recorrer; se convocar quem está no cadastro, mas outro interessado, ligado à criança, quiser contestar essa *ordem de chamamento* etc.

278. Escolha de filhos: a Lei 12.010/2009 simplesmente ignorou um dos piores pesadelos no Brasil: o preconceito associado à discriminação, em vários prismas. Por isso, concentrou-se em insistir, em vários tópicos, para manter o filho biológico junto à sua família natural. Quanto à adoção, dedicou-se muito menos e ainda criou o método burocrático da fila: quem chegar primeiro, leva. Não contente, estabeleceu um procedimento de habilitação de pretendentes à adoção de Primeiro Mundo, mas já devia saber que assim não ocorre no Brasil. Vários ingressam nos cadastros sem ter condições, razão pela qual *não deveria* jamais ser dada prioridade à ordem cronológica, mas ao interesse da criança e do adolescente. Enfim, em nosso modesto entendimento, há erros variados. Mas um deles, em particular, precisa ser apontado: permite-se a *escolha* de crianças e adolescentes justamente por critérios que se pretende combater no nosso País. O Estado, pela omissão, patrocina a discriminação. Autoriza-se, dentre outros fatores, a escolha da *cor* do infante ou jovem. Com a devida vênia dos pensamentos contrários, consideramos injustificável. Sobre o tema, já ouvimos os seguintes argumentos: a) se não se permitir a escolha da cor, do sexo, da idade, da origem nacional etc., não haverá candidatos a preencher o cadastro de adoção; b) se não se autorizar a escolha, pode dar problema depois; o casal branco *obrigado* a receber a criança negra pode rejeitá-la, causando-lhe um trauma ainda maior; c) se não se permitir a escolha, pode haver total incompatibilidade, exemplificando-se com a criança enferma para um casal sem condições financeiras. Há outras notas em defesa da livre escolha: "ao falarmos de pais que desejam muito adotar bebês com biótipo e aparência mais próximos possíveis do padrão das famílias dos adotantes, percebemos a necessidade de um filho que possa vir a atender a desejos narcísicos. Este é um desejo genuíno e frequentemente presente na vontade de ter filhos, biológicos ou não" (Cynthia Peiter, *Adoção. Vínculos e rupturas: do abrigo à família adotivo*, p. 95). Permitimo-nos discordar dessa lógica. Em primeiro lugar, trata-se de uma pura suposição de que, sem a escolha, não haveria candidatos suficientes à adoção, pois nunca se tentou algo parecido. Em segundo, melhor que o cadastro espelhe algo real, ou seja, pessoas interessadas de verdade *na adoção* e não em satisfazer um capricho ou uma carência pessoal. Em terceiro, com o cadastro preenchido em formato natural, somente por pessoas idealistas quanto à adoção, haveria maior vazão, se considerarmos o cadastro nacional. Como esclarece Maria Cristina Rauch Baranoski, comentando os números contraditórios dos cadastros de adoção: "(...) 70% só aceitam crianças brancas. A grande maioria dos que querem adotar é também branca (70%); 80,7% exigem crianças com no máximo três anos; o sistema mostra que apenas 7% das disponíveis para adoção possuem essa idade. Além disso, 86% só aceitam adotar crianças ou adolescentes sozinhos, quando é grande o número dos que possuem irmãos, e separá-los constituiria um novo rompimento, o que deve ser evitado a todo custo. Todos esses pontos se apresentam como um grande fator de restrição (Pachá; Oliveira Neto, 2009). Em consequência disso, inúmeras crianças e adolescentes têm reduzida a possibilidade de encontrar uma família. Para os adolescentes, a possibilidade é praticamente nula; e o que dizer, então, dos grupos de irmãos, dos negros, dos doentes? Enfim, resta uma legião de crianças e adolescentes que não estão enquadradas nas expectativas dos pretendentes à adoção, implicando, assim, uma negação de cidadania para os menores" (*A adoção em relações homoafetivas*, p. 48). O segundo argumento é interessante, pois hoje, com todas as escolhas possíveis, há pessoas que devolvem crianças ou adolescentes que livremente apontaram como filhos. Portanto, quanto mais seletividade, menor perfil tem o postulante para a adoção. Há casais, legalmente habilitados (indevidamente), que escolhem o filho para encaixar-se exatamente no seu perfil físico, pois querem *mentir* para a sociedade

Art. 197-E   Estatuto da Criança e do Adolescente Comentado · Nucci   590

dizendo ser filho natural. Ou até mentir para si mesmos. São aqueles que pretendem ocultar do filho adotivo a sua condição, com o intuito de passá-lo por biológico. Esses pretendentes, num estudo detalhado da equipe técnica do Juizado, são perfeitamente detectados. E deveriam ser inabilitados. O terceiro argumento pode ser fruto da falta de critério para habilitar um casal ou pessoa. Não pretendemos com isso sustentar a passagem abrupta do atual critério seletivo para a total abolição de qualquer espécie de escolha. O meio-termo, no entanto, precisa ser urgentemente buscado. Esse meio-termo significa permitir poucas escolhas, como, por exemplo: criança ou adolescente; saudável ou enfermo. E vedar, totalmente, os critérios preconceituosos de cor, sexo e origem nacional. Quem achar que adotar uma criança cuja cor não bate com o seu perfil é inviável, na verdade, é um postulante inadequado para a adoção. Aliás, deve ser vedada, também, de pronto, a seleção negativa para quem é portador do vírus HIV. Acaba de ser editada a Lei 12.984/2014, proibindo qualquer discriminação dos portadores de vírus HIV e doentes de AIDS. Verônica Petersen Chaves explica que "o perfil destas crianças faz com que a exigência com relação aos pais adotivos seja cada vez maior em termos de desprendimento do 'filho idealizado' e construção do 'filho possível'" (*Algumas informações sobre a adoção no Brasil. In:* Anete Hilgemann, *Adoção: duas mães para uma vida,* p. 132). "O estigma do 'menor carente, abandonado e infrator' ainda é visível, sobretudo para as crianças consideradas diferentes – pobres, negros, portadores de transtorno mental ou deficiência física, portadores do vírus HIV. Diante de razões vinculadas a certas particularidades, crianças e jovens, mesmo declarados pela autoridade judiciária como abandonadas, não conseguem ser inseridos em famílias adotivas. São sujeitos que são discriminados em razão de não atenderem aos modelos estéticos, culturais e econômicos produzidos por uma estrutura social e antagônica" (Ana Maria da Silveira, *Adoção de crianças negras – inclusão ou exclusão?,* p. 31). "Preconceitos são como amarras existenciais. Cadeados subjetivos. Fechaduras ideológicas e culturais que impedem o conhecimento incondicional do mundo. Uma pessoa que toma a decisão de adotar uma criança cujas características raciais, ou de cor da pele, sejam diferentes das suas tem grande probabilidade de enfrentar preconceitos em dobro no Brasil – pela adoção e pelo preconceito racial" (Lidia Natalia Dobrianskyj Weber, *Laços de ternura. Pesquisas e histórias de adoção,* p. 117). Na realidade, diversamente do que se costuma defender, no sentido de que os candidatos à adoção devem poder escolher, quanto mais a seletividade se fizer presente, tanto maior será a futura decepção com o filho real. É o eterno duelo entre o *filho idealizado* e o *filho possível*. Se na concepção biológica não se escolhe padrão algum, também na adoção esse molde precisaria de alteração.

279. Escolha de árvore genealógica: não há sentido em pesquisar a origem dos pais biológicos da criança ou adolescente em vias de ser adotado. Afinal, eventual falha dos genitores não conduz à mesma situação do descendente. Se essa seleção for permitida, o preconceito pode iniciar-se desde o início da habilitação. "O fenótipo da cor, do cabelo (encaracolado, carapinha etc.), a aceitação ou não de crianças com problemas mentais, físicos, a aceitação ou não de filhos de pais aidéticos ou viciados e de crianças fruto de relacionamento incestuoso etc. são questões apresentadas no cadastro que visam selecionar o adotando, muitas vezes sem levar em conta suas necessidades" (Ana Maria da Silveira, *Adoção de crianças negras – inclusão ou exclusão?,* p. 48).

280. Contradição sistêmica: no procedimento de habilitação dos pretendentes à adoção não se discrimina ninguém – cor, sexo, estado civil, orientação sexual, idade, capacidade econômica, deficiência física etc.; em compensação, a legislação permite a *seleção* de crianças e adolescentes com bases discriminatórias visíveis, como se a cor mudasse a pessoa humana, o sexo alterasse a condição de filho, a origem do Estado brasileiro modificasse o amor dos pais. "Os sujeitos discriminados por particularidades raciais e que integram o rol dos excluídos nos procedimentos de adoção são provenientes das camadas mais pobres da sociedade e, devido à cor, parecem se destacar negativamente dos demais. Essa forma negativa e estereotipada de ver crianças e adolescentes com tais características aparece sobretudo no discurso e nas ações de pessoas que, de alguma maneira, estão em contato com o universo da adoção. A intolerância às diferenças raciais se configura principalmente na fala de pessoas que buscam o Judiciário para se cadastrar. Muitos adotantes, ao expressarem suas preferências, referem-se à cor da criança, salientando que desejam um bebê saudável, de pele clara. Verbalizam ainda que não se sentem em condições de assumir crianças com problemas. Desse modo, muitas vezes, o traço racial demonstra ser um impedimento para que a adoção se consolide. O fenótipo da cor aparece como se fosse um mal, uma doença com a qual é difícil conviver. (...) A busca pelos assemelhados e a dificuldade em aceitar crianças e adolescentes que não se encaixam nos padrões da estética vigente no imaginário da sociedade brasileira são concepções que vêm sendo incorporadas à prática adotiva e reforçadas por alguns agentes institucionais que defendem a ideia de que é melhor encaminhar os adotandos a seus próprios grupos raciais. Por trás desse modo de pensar pode estar uma ação discriminatória que poderá contribuir para a relação desigual entre descendentes de brancos e não brancos" (Ana Maria da Silveira, *Adoção de crianças negras – inclusão ou exclusão?*, p. 19-20).

281. O temor da adoção de crianças maiores: trata-se da denominada *adoção tardia*, referente às crianças maiores de dois anos. Tem-se recomendado eliminar a expressão *adoção tardia*, substituindo-a por *adoção de crianças maiores*. "Conforme sublinham Carvalho e Ferreira (2000, p. 69), vários profissionais defendem a ideia de abolição do termo *adoção tardia*. Entendem que remete à ideia de uma adoção fora do tempo conveniente ou da existência de um tempo adequado para adotar, reforçando o preconceito de que ser adotado seja uma prerrogativa de bebês, prejudicando a viabilidade dessas adoções. Sugerem a utilização de expressão mais apropriada, referindose a esse tipo de filiação como *adoção de crianças maiores*" (Cynthia Peiter, *Adoção. Vínculos e rupturas: do abrigo à família adotiva*, p. 88). É fato que interessados em adoção procuram evitar crianças maiores de dois anos, porque acima dessa idade o infante começa a ter maior noção do mundo que o cerca, consegue expressar-se, acumula vivências e pode expor, por meio de palavras e atitudes, eventuais traumas. "Além disso, essa pesquisa revela a existência de receios em relação a acolher crianças maiores, manifestados por medo das sequelas deixadas pelo abandono e pela institucionalização; das influências provocadas pelo ambiente de origem; das dificuldades de adaptação; da criança guardar 'ressentimentos'; trazer 'maus costumes'; e de que as lembranças da família de origem impeçam a criação de novos vínculos familiares" (Cynthia Peiter, *Adoção. Vínculos e rupturas: do abrigo à família adotiva*, p. 93). É fundamental alterar esse ponto de vista, baseado no aumento do conhecimento, no ganho de experiência e nas campanhas elucidativas, em torno da realidade – e não de meras suposições. Muitas crianças maiores de três anos são amorosas, afetivas e sociáveis, sem ressentimentos ou mágoas incontornáveis, que necessitem de suporte psicológico. Por outro lado, é preciso considerar a parcela de responsabilidade do Estado na institucionalização de infantes e jovens por tempo muito extenso, a ponto de gerar o sentimento de abandono, nem sempre presente quando se desliga da família natural. Há crianças tão maltratadas em casa, junto aos pais biológicos, que preferem transferir-se para outro lar, onde possa receber o carinho merecido e a compreensão idealizada pelo ser humano, independentemente da idade. Houve o caso de um menino de 11 anos – recentemente noticiado na imprensa nacional – que, sofrendo o descaso e os maus-tratos em sua família natural, compareceu, sozinho, ao fórum de sua cidade, procurando a promotoria de justiça para pedir *mudança* de família. Desejava ser adotado por outras pessoas. Lamentavelmente, terminou vítima de homicídio, cometido pelo pai biológico e pela madrasta. Tivesse o Judiciário agido a tempo, retirando-o do convívio familiar natural, possivelmente o resultado trágico não teria ocorrido. Não há

Art. 197-E | Estatuto da Criança e do Adolescente Comentado · Nucci

que se confundir a idade da criança ou do jovem com seu grau de docilidade, sensibilidade e flexibilidade para fazer parte de família substituta. Na doutrina: "A criança ou adolescente se esforçará para agradar, pois sente medo de ser novamente rejeitada. Ficará ansiosa, visto que tem a dor de não ter ficado com a família de sangue e baixa autoestima, mas se esforçará para conquistar seu espaço. Quanto maior a criança, a possibilidade de adoção se torna mais difícil para ela. Muitos casais são receosos temendo a influência do ambiente de origem, que traga maus costumes, sequelas psicológicas ou que não estabeleça o vínculo familiar. Muitas crianças captam essa angústia dos novos pais, se desorientam e até passam a apresentar dificuldades frente a essa nova situação. A criança poderá passar por sentimentos dolorosos de ter sido abandonada pela sua família natural, passando pela sua cabecinha não ter sido gerada pelos pais adotivos e poderá sentir-se insegura. Precisará elaborar a dor da separação dos pais biológicos, a dor de não ter sido acolhida por eles. Como consequência, ela está altamente vulnerável" (Hália Pauliv de Souza & Renata Pauliv de Souza Casanova, *Adoção. O amor faz o mundo girar mais rápido*, p. 23).

282. Respeito à ordem cronológica das habilitações: deve ser feito em condições normais, dentro do superior interesse da criança e do adolescente e não para satisfazer uma fila de pretendentes à adoção, como se o adotado fosse um bem de consumo. Escolhe-se a família ideal para uma criança. Não é a família que escolhe um filho. Afinal, "as mesmas razões que fundamentam a ordem criteriosa de convocação, também autorizam sua quebra: o melhor interesse da criança pode apontar para adotante ou casal de adotantes que não estejam na melhor colocação, ou mesmo não estejam no cadastro. (...) O cadastramento não pode ser visto como regra absoluta para os casos de adoção, diante da singularidade que envolve o desejo e o afeto já sacralizados entre os maiores envolvidos: crianças a serem adotadas e pessoas que querem adotar. Portanto, a exceção deve ser analisada e levada a termo, se o caso assim o ensejar. Há que se trabalhar casos, em que o casal não está inscrito no Cadastro Nacional de Adoção. Os propósitos contidos no art. 50 do Estatuto da Criança e do Adolescente (ECA) são nobres, mas a inscrição cronológica dos adotantes não pode prevalecer sobre o melhor interesse da criança ou do adolescente. A frustração de ver interrompido um processo de adoção, por falta de requisito técnico, burocrático ou meramente legal, é a declaração clara que a criança foi abandonada, mais uma vez, e que o seu interesse prioritário é uma mera declaração constitucional" (Paulo Hermano Soares Ribeiro, Vivian Cristina Maria Santos & Ionete de Magalhães Souza, *Nova lei de adoção comentada*, p. 169 e 172). Ozéias J. Santos afirma, com razão: "quanto ao critério utilizado no cadastro nacional de adoção para a fixação da posição na 'fila' da adoção, o Estatuto da Criança e do Adolescente não estabelece os critérios de prioridade para a convocação de pretendentes. Em alguns Estados e Comarcas, os habilitados são indicados exclusivamente de acordo com a ordem cronológica de habilitação. Em outros, há apreciação de dados acerca dos pretendentes, como, por exemplo, se são estéreis, se possuem outros filhos etc. Diante da missão constitucional do Conselho Nacional de Justiça, não cabe ao CNJ estabelecer tais critérios" (*Adoção. Novas regras da adoção no Estatuto da Criança e do Adolescente*, p. 30). Em defesa do respeito à fila da adoção, contrária à adoção dirigida, Maria Antonieta Pisano Motta argumenta: "como dizer a um casal que espera na fila se a cada reunião do grupo de apoio, dois ou três aparecem com seus bebês que conseguiram em 'entrega direta'? Esta é uma realidade nacional à qual é necessário que se faça frente sob pena de não sermos capazes de modificar o *status quo* vigente e de vermos fortalecida a rede paralela de entrega e recepção de crianças para adoção" ("As mães que abandonam e as mães abandonadas". *In*: Luiz Schettini Filho e Suzana Sofia Moeller Schettini (org.). *Adoção. Os vários lados dessa história*, p. 31). Há várias respostas: a) em primeiro lugar, os integrantes das filas de adoção não formam um clube ou associação, de modo que um conhece a vida do outro, para que se dê explicação do motivo pelo qual um casal recebeu uma criança na frente de outro; b) em segundo, é preciso explicar (ensinar) aos interessados em adotar que eles não têm *direito* a um filho; na realidade, as crianças e adolescentes é que possuem *direito* de ter a mais adequada família; c) em terceiro, a adoção dirigida não é uma situação comum e frequente, a ponto de interromper a fila do cadastro, inclusive porque ela não é legalmente permitida hoje; d) em quarto, inexiste *rede paralela* de entrega de crianças para adoção, como se fosse um *mercado clandestino* do gigantismo do tráfico de drogas ou similar; e) em quinto, deveria ser legalizada a adoção dirigida, pois a entrega do filho, pela mãe biológica, a um casal conhecido e amigo permite o fortalecimento dos laços entre ambas as famílias, o que é favorável ao adotado. Porém, de todas as respostas, a mais relevante é exterminar a ideia de que os adultos podem ingressar num cadastro – como qualquer consumidor de um produto – para receber a criança ideal, por ela previamente selecionada.

283. Ausência de cadastramento: nos casos apresentados pelo art. 50, § 13, desta Lei, não se trata nem mesmo de descumprimento da ordem do cadastro, mas de não se necessitar de cadastro. O procedimento de habilitação se faz juntamente com o pedido de adoção. Por outro lado, concordamos com a opinião de quem sustenta a viabilidade de se analisar um interessado à adoção, mesmo fora das exceções do § 13, desde que atenda o superior interesse da criança ou adolescente. "O certo seria, em cada caso concreto, com o indispensável estudo feito pela equipe técnica, o magistrado avaliar se aquele casal que pleiteia a adoção, ainda que não cadastrado, reúne condições para criar e educar um filho e se aquela é a família adequada para aquela criança" (Eunice Ferreira Rodrigues Granato, "O processo de adoção". *In*: Luiz Schettini Filho e Suzana Sofia Moeller Schettini (org.). *Adoção. Os vários lados dessa história*, p. 51).

283-A. Renovação da habilitação: a mencionada renovação, a ser feita a cada três anos, seria desnecessária se a legislação, nesse cenário, deixasse de ser tão permissiva, permitindo a escolha do filho *ideal* – e não real. Passar três anos no cadastro, sem indicação de criança ou adolescente, é muito raro; mais fácil ter faltado a referida indicação porque o perfil do infante é quase inatingível (nem se fale do adolescente). Além disso, renovar a habilitação, de forma séria, a cada triênio significa impor outra medida burocrática a ocupar as já abarrotadas equipes técnicas dos Juizados infantojuvenis. Essa *renovação* deveria ocorrer de forma natural: a) em primeiro lugar, inviabilizar a *escolha* da criança ideal; b) em segundo, chamando o(s) pretendente(s) para assumir a guarda de alguém, havendo recusa, salvo motivo de força maior, já deveria haver exclusão. É preciso conscientizar o candidato à adoção que se trata de um ato de amor e não da seleção de um concurso de beleza e higidez físico-psicológica.

283-B. Dispensa da renovação: esse § 3.º aponta situação válida a eliminar a renovação da habilitação do pretendente à adoção: quando ele se "candidatar a uma nova adoção". Havendo um cadastro e uma ordem de chamada, quem ali se encontra poderá ser chamado a qualquer momento, ou seja, está em posição permanente de *candidato à adoção*. Logo, para ter algum sentido este novel parágrafo, quer-se crer que o pretendente *altere* o perfil da criança ou jovem desejável, motivo pelo qual se faz *nova avaliação* pela equipe técnica – e não a simples renovação da habilitação.

284. Recusa sistemática: se for chamado o pretendente à adoção e não aceitar por três vezes (quer-se crer sejam consecutivas), de maneira injustificada, em lugar de ser excluído do cadastro, impõe-se a *reavaliação* do seu caso, vale dizer, conforme as desculpas dadas, ainda pode permanecer. Pergunta-se: se ficar no cadastro, continuará em primeiro lugar? Não há nenhuma referência na lei para que seja rebaixado. Na realidade, muitos juízes têm interpretado que a recusa sistemática precisa dar-se exatamente no tocante à criança ou adolescente cujo perfil ele escolheu. Na doutrina: "o problema ocorre, quando, *mesmo atendendo às expectativas*

Art. 197-F

Estatuto da Criança e do Adolescente Comentado · Nucci

dos pretendentes, a adoção não se concretiza em face da recusa peremptória" (Luiz Antonio Miguel Ferreira, *in* Munir Cury [org.], *Estatuto da Criança e do Adolescente comentado*, p. 917, grifamos). Aliás, pelos critérios cadastrais, somente chamarão o pretendente quando surgir a criança que ele escolheu. Assim sendo, quem recusar por três vezes o infante ou jovem que ele mesmo selecionou previamente, precisa, na verdade, ser excluído.

284-A. Desistência do pretendente à adoção: estipula-se nesse parágrafo 5º, como penalidade, a exclusão do cadastro de adoção, bem como a vedação a nova habilitação, salvo decisão judicial fundamentada e sem prejuízo de outras sanções previstas em lei. Essa desistência pode ocorrer durante o período de convivência, quando o pretendente possui a guarda da criança ou adolescente para fins de adoção *ou* quando o adotante *devolve* a criança ou jovem depois do trânsito em julgado da sentença de adoção. É questionável o conteúdo desse dispositivo. Em primeiro lugar, quem desiste da guarda, sem razão plausível, já deve ser excluído do cadastro pelo juiz e, para tanto, nem haveria necessidade de existir norma específica a respeito. Afinal, o cadastro é judicialmente controlado e somente nele permanece quem é considerado *habilitado* a adotar. O desistente de guarda, sem justo motivo, não pode mesmo permanecer candidato. Por outro lado, como consequência da exclusão do cadastro, que deve ser nacional, impõe-se a vedação a nova habilitação, pois seria permitir a repetição do erro. Em segundo lugar, o legislador cometeu um nítido equívoco ao equiparar situações desiguais. Desistir da guarda tem um significado completamente diverso do que devolver um filho. Pode-se afirmar *ser filho*, pois já houve sentença de adoção, transitada em julgado. Esta última conduta é muito mais grave e, se ocorrer, nem precisava existir o § 5º para que o pretendente fosse excluído do cadastro e vedada a renovação da habilitação para adotar. Por outro lado, ainda nos soa incompreensível essa *devolução de filho*, pois não se vê o mesmo ocorrer no tocante ao filho biológico. Pais desidiosos largam seus filhos naturais, sem os cuidados devidos, maltratam-nos, submetem-nos a atos violentos, mas não os entregam na porta do fórum. Ao contrário, cabe ao Conselho Tutelar ou agente da autoridade retirar essa criança ou jovem do convívio nocivo com sua família natural. No entanto, o adotante julga-se no *direito* de devolver um filho, o que precisa ser coibido com maior intensidade pela lei. A simples exclusão do cadastro é ineficaz. Há que se tratar o pai (ou mãe) adotivo como criminoso que é, seja por abandono de incapaz (art. 133 do Código Penal), seja por abandono material (art. 244 do Código Penal), conforme o caso. O Juizado da Infância e Juventude não é balcão de devolução de filhos e não deve aceitar esse procedimento. Além do eventual processo-crime, cabem, ainda, outras medidas civis para amparar o filho abandonado pelo(s) pai(s).

> **Art. 197-F.** O prazo máximo para conclusão da habilitação à adoção será de 120 dias, prorrogável por igual período, mediante decisão fundamentada da autoridade judiciária.[284-B]

284-B. Prazo para habilitação: para agilizar a adoção, por certo, convém acelerar o procedimento de habilitação dos interessados; para tanto, a fixação de prazo sempre é relevante. No entanto, como outros prazos deste Estatuto, uma vez não cumpridos, inexiste qualquer sanção. Sob outro aspecto, demandar do juiz uma *decisão fundamentada* nada mais é do que prever em lei uma obrigação constitucional de todos os magistrados; mesmo assim, há os que simplesmente prorrogam procedimentos ou instruções de feitos mediante singelo despacho, sem motivação alguma. Ausente qualquer consequência legal imediata, ultrapassar os prazos previstos nesta Lei torna-se apenas um problema de consciência de cada autoridade judiciária.

Capítulo IV
DOS RECURSOS

Art. 198. Nos procedimentos afetos à Justiça da Infância e da Juventude, inclusive os relativos à execução das medidas socioeducativas, adotar-se-á o sistema recursal[285] da Lei n.º 5.869, de 11 de janeiro de 1973 (Código de Processo Civil),[286] com as seguintes adaptações:

I – os recursos serão interpostos independentemente de preparo;[287]

II – em todos os recursos,[288] salvo nos embargos de declaração,[289-290] o prazo para o Ministério Público e para a defesa será sempre de 10 (dez) dias;

III – os recursos terão preferência de julgamento e dispensarão revisor;[291]

IV – (revogado pela Lei 12.010/2009);

V – (revogado pela Lei 12.010/2009);

VI – (revogado pela Lei 12.010/2009);[292]

VII – antes de determinar a remessa dos autos à superior instância, no caso de apelação, ou do instrumento, no caso de agravo, a autoridade judiciária proferirá despacho fundamentado, mantendo ou reformando a decisão, no prazo de cinco dias;[293]

VIII – mantida a decisão apelada ou agravada, o escrivão remeterá os autos ou o instrumento à superior instância dentro de vinte e quatro horas, independentemente de novo pedido do recorrente; se a reformar, a remessa dos autos dependerá de pedido expresso da parte interessada ou do Ministério Público, no prazo de cinco dias, contados da intimação.[294]

285. Recurso: é o desdobramento do direito de ação, permitindo que a parte prejudicada pela decisão proferida em instância inferior dirija-se a instância superior, pleiteando a revisão do julgado. Cuida-se do segundo estágio do direito de ação, desenvolvido em primeiro grau; inconformado pela aplicação do direito ao caso concreto, realizada pelo juiz, o interessado segue ao tribunal almejando a reforma do julgado. Ingressam, nesse contexto, os princípios do duplo grau de jurisdição, que permite a revisão da decisão de primeiro grau por órgão jurisdicional superior, e da colegialidade, que exige o julgamento, em grau recursal, por um órgão colegiado, permitindo o debate da causa e uma decisão por maioria de votos.

286. Sistema recursal do Código de Processo Civil: não importando a natureza jurídica da decisão proferida, se afeta ao campo civil ou penal, segue-se o panorama de recursos oferecidos pelo processo civil. Hoje, utiliza-se a Lei 13.105/2015 (novo CPC).

287. Preparo para recorrer: nada se recolhe ou paga, a qualquer título, para apresentar recurso relativo à Infância e Juventude. Aliás, estipula o art. 141, § 2.º, desta Lei, o seguinte: "as ações judiciais da competência da Justiça da Infância e da Juventude são isentas de custas e emolumentos, ressalvada a hipótese de litigância de má-fé".

288. Prazo unificado: para todos os recursos – basicamente, agravo e apelação –, seja para o Ministério Público, Defensoria Pública ou outra parte, é de dez dias. Não se usa o prazo do CPC, pois prevalece o prazo especial do ECA. Na jurisprudência: STJ: "1. 'Nos procedimentos regulados pelo Estatuto da Criança e do Adolescente, adotar-se-á o sistema recursal do Código de Processo Civil, com as adaptações da lei especial (art. 198 do ECA). Consoante o texto expresso da lei especial, em todos os recursos, salvo os embargos de declaração, o prazo será decenal (art. 198, II, ECA) e a sua contagem ocorrerá de forma corrida (art. 152, § 2.º, do ECA). É intempestivo o recurso especial interposto após o prazo de 10 dias, nos termos do art. 198, II, c/c o art. 152, § 2.º, do ECA' (AgRg no AREsp 1.569.416/RS, relator Ministro Rogerio Schietti Cruz, 6.ª T., j. 09.06.2020, *DJe* 17.06.2020). 2. Agravo regimental desprovido" (AgRg no AREsp 2.154.011/PA, 5.ª T., rel. Ribeiro Dantas, 11.10.2022, v.u.); "1. Ação de suspensão do poder familiar. 2. Os procedimentos especiais expressamente enumerados pelo ECA submetem-se ao prazo recursal decenal do seu artigo 198. 3. Agravo interno não provido" (AgInt no REsp 1.831.903/PA, 3.ª T., rel. Nancy Andrighi, 10.02.2020, v.u.); "1. Nos procedimentos afetos à Justiça da Infância e da Juventude, prevalece o prazo recursal decendial previsto no art. 198, II, do Estatuto da Criança e do Adolescente, combinado com os arts. 152, § 2.º, da Lei n. 8.069/1990 e 186, *caput*, 994 e incisos, e 1.003, § 5.º, do CPC/2015. Precedentes. 2. Como se trata de autos de ação de destituição do poder familiar e a defensoria pública foi intimada da decisão agravada em 11/2/2019, o prazo para agravo interno encerrou em 6/3/2019. Nesses termos, o recurso interposto em 27/3/2019 não deve ser conhecido, diante de sua intempestividade. 3. Agravo interno não conhecido" (AgInt no AREsp 1.420.909/MS, 4.ª T., rel. Antonio Carlos Ferreira, 29.06.2020, v.u.).

289. Embargos de declaração: é o recurso previsto para a parte impugnar o julgado, quanto ao conteúdo, evidenciando obscuridade (falta de clareza na exposição, não permitindo a exata compreensão), contradição (afirmações contrapostas que permitem interpretações diversas sobre o mesmo assunto) e omissão (falta de abordagem sobre algum ponto expressamente deduzido pela parte). Conforme dispõe o art. 1.022 do CPC, "cabem embargos de declaração contra qualquer decisão judicial para: I – esclarecer obscuridade ou eliminar contradição; II – suprir omissão de ponto ou questão sobre o qual devia se pronunciar o juiz de ofício ou a requerimento; III – corrigir erro material. Parágrafo único. Considera-se omissa a decisão que: I – deixe de se manifestar sobre tese firmada em julgamento de casos repetitivos ou em incidente de assunção de competência aplicável ao caso sob julgamento; II – incorra em qualquer das condutas descritas no art. 489, § 1.º".

290. Prazo dos embargos de declaração: em primeiro ou segundo grau, o prazo é de cinco dias, pois os dez dias seriam, de fato, excessivos para a sua finalidade, que é corrigir eventuais lacunas ou equívocos da decisão proferida (art. 1.023 do CPC: "Os embargos serão opostos, no prazo de 5 (cinco) dias, em petição dirigida ao juiz, com indicação do erro, obscuridade, contradição ou omissão, e não se sujeitam a preparo. § 1.º Aplica-se aos embargos de declaração o art. 229. § 2.º O juiz intimará o embargado para, querendo, manifestar-se, no prazo de 5 (cinco) dias, sobre os embargos opostos, caso seu eventual acolhimento implique a modificação da decisão embargada").

291. Preferência de julgamento e dispensa de revisor: a prioridade de trâmite no Tribunal advém do princípio da *absoluta prioridade*, ao qual se submetem todos os procedimentos previstos nesta Lei; não poderia ser diferente em grau de recurso. Por outro lado, quando há relator e revisor, a tramitação é, naturalmente, mais lenta. Analisado o recurso pelo relator, transmite-se o feito ao revisor, que terá outro prazo para a sua verificação; somente após, seguirá à mesa de julgamento. Extraindo-se o revisor, tão logo o relator o examine, será apresentado à turma.

292. Revogação questionável: estabelecia este inciso que a apelação seria recebida em seu efeito devolutivo (devolve-se o conhecimento da matéria objeto do recurso ao Tribunal), como regra. O efeito suspensivo (a sentença precisa aguardar o trânsito em julgado para produzir qualquer efeito) somente era imposto nas adoções feitas por estrangeiros e quando o juiz entendesse haver perigo de dano irreparável ou de difícil reparação. Hoje, em tese, todas as apelações devem ser recebidas no duplo efeito. Entretanto, o próprio legislador estabeleceu exceções, para o recebimento somente no efeito devolutivo (arts. 199-A e 199-B), cuidando da destituição do poder familiar e da concessão da adoção. Por outro lado, também haverá efeito meramente devolutivo quando se tratar de sentença confirmando a antecipação da tutela (art. 1.012, § 1.º, V, do CPC), como nos casos de imposição de internação provisória, a ser mantida durante a fase recursal. Ver a nota 203 ao art. 186, § 4.º.

293. Juízo de retratação: não é efeito comum para as sentenças, seja no processo civil, seja no processo penal (efeito regressivo), permitindo que o juiz volte atrás e refaça a decisão noutro sentido. No entanto, tendo em vista as complexas e delicadas questões envolvendo crianças e adolescentes, permite-se que o magistrado reavalie o julgado, mudando sua posição, quando as partes ofertarem suas razões e contrarrazões. O julgador tem cinco dias para proferir decisão de manutenção da sentença ou de reforma, sempre fundamentando. Tratando-se de agravo de instrumento, interposto diretamente no Tribunal (art. 1.016 do CPC), não há juízo de retratação, a menos que o magistrado volte atrás, depois de tomar ciência das razões do agravante. Havendo a retratação, a outra parte tem o direito de pleitear o conhecimento do recurso e a subida, no prazo de cinco dias, contados da data em que souber da nova decisão, conforme exposto no inciso seguinte.

294. Processamento do apelo ou do agravo: caso o magistrado mantenha sua decisão, o escrivão deve remeter o feito ao Tribunal em 24 horas (absoluta prioridade no trâmite), sem mais necessidade de pedido do recorrente. Havendo reforma do julgado, em cinco dias, a outra parte, ou o Ministério Público, deve pedir a subida do recurso, sob pena de preclusão. O importante é empregar trâmite célere no processamento, pois se trata da meta dos procedimentos da Infância e Juventude.

> **Art. 199.** Contra as decisões proferidas com base no art. 149 caberá recurso de apelação.[295]

295. Portaria ou alvará: essas decisões de cunho administrativo do juiz poderiam ser consideradas interlocutórias, passíveis de interposição de agravo. Porém, optou a lei pela apelação, como indica neste artigo. Entretanto, conforme a decisão tomada, gerando lesão grave e irreparável, é cabível a impugnação pela via do mandado de segurança, que não se trata de recurso, mas de ação constitucional. Dependendo, inclusive, do objeto da portaria, como impedir menores de transitar na cidade, torna-se cabível, também, o *habeas corpus*.

> **Art. 199-A.** A sentença que deferir a adoção produz efeito desde logo, embora sujeita a apelação, que será recebida exclusivamente no efeito devolutivo, salvo se se tratar de adoção internacional ou se houver perigo de dano irreparável ou de difícil reparação ao adotando.[296-296-A]

296. Sentença de adoção e risco calculado: a sentença deferindo a adoção pode ser impugnada pela apelação, mas produz efeito desde logo, permitindo que o menor seja inserido ou continue (a hipótese mais provável é que já esteja em convívio) com a família substituta. É um risco calculado. Pode ser reformada pelo Tribunal, colocando a criança ou adolescente na situação anterior, gerando desgosto ou trauma, mas a hipótese é muito rara. Isso porque o procedimento para a adoção é longo, complexo, repleto de estudos e laudos;

em suma, dificilmente termina com uma adoção erroneamente deferida. Mas, para adoções internacionais, cujo menor é levado do território nacional, há o efeito suspensivo. Insere-se, ainda, o efeito suspensivo se houver perigo de dano irreparável ou de difícil reparação ao adotando. Para essa hipótese, o juiz não pode alegar pura e simplesmente que toda e qualquer adoção, se for revertida pelo Tribunal, pode gerar trauma ao menor, logo, conferir sempre o efeito suspensivo. É um erro, pois essa é uma exceção, e não a regra. Pode-se imaginar, como exemplo, a disputa entre duas famílias (não naturais) pela mesma criança, uma das quais detém a guarda. No entanto, a outra vence a disputa e a adoção lhe é conferida. É mais sensato manter a criança onde se encontra para somente mover todos os mecanismos de transferência à família diversa, caso a sentença seja confirmada.

296-A. Sentença de adoção e seus efeitos: ver a nota 297-A, cuidando da indispensabilidade de haver decisão judicial no caso de adoção, durante o período em que há recurso contra a decisão de destituição do poder familiar.

> **Art. 199-B.** A sentença que destituir ambos ou qualquer dos genitores do poder familiar fica sujeita a apelação, que deverá ser recebida apenas no efeito devolutivo.[297-297-B]

297. Sentença de destituição do poder familiar: pode-se dizer que, no mesmo caminho exposto na nota anterior, o legislador arrisca conceder efeito meramente devolutivo à decisão de destituição do poder familiar. Assim ocorrendo, com maior rapidez a criança ou adolescente pode ingressar no cadastro para adoção – algo que sempre demora para se concretizar –, bem como pode ingressar, cautelarmente, em família substituta. Melhor para o infante ou jovem. Aliás, na maioria dos casos, os pais já estão suspensos do poder familiar, motivo pelo qual a sentença de destituição apenas consolida a situação. É certo que pode haver reforma, mas o procedimento para a destituição é, igualmente, demorado, complexo e repleto de provas; dificilmente há erro. Porém, vale ressaltar a posição de Luiz Carlos de Barros Figueiredo: "aqui pode ser detectado um conflito aparente de normas. O teor do artigo diz peremptoriamente que as sentenças de destituição do poder familiar devem ser recebidas apenas no efeito devolutivo, enquanto que o artigo antecedente diz que deve se receber em duplo efeito, quando possa causar dano irreparável ou de difícil reparação para o adotando" (*Comentários à nova lei nacional da adoção*, p. 115). Na jurisprudência: TJSP: "Execução de medidas protetivas. Colocação do menor no Sistema Nacional de Adoção. Insurgência da genitora. Decisão de primeiro grau que apenas prosseguiu com os atos necessários para a tutela do menor, uma vez que houve a prolação da r. sentença, na ação de destituição do poder familiar, resultando na procedência do pedido. Estudos do setor técnico do juízo a indicar a situação de vulnerabilidade do infante. Apelação interposta nos autos da ação de destituição do poder familiar que não possui efeito suspensivo, conforme expressamente disposto no artigo 199-B do Estatuto da Criança e do Adolescente. Decisão que merece ser mantida. Observância do melhor interesse do infante. Recurso não provido" (AI 21821813220238260000, Câm. Especial, rel. Claudio Teixeira Villar, 29.08.2023, v.u.). Em contrário ao disposto neste artigo: TJRS: "Agravo de instrumento. Ações de guarda, adoção e destituição do poder familiar. Sentença de procedência. Efeitos da apelação. Previsão do art. 199-B do ECA afastada, excepcionalmente. Caso concreto que reclama o recebimento do apelo interposto pela genitora no duplo efeito. Garantia do direito à visitação e manutenção do comprovado vínculo existente até o desate definitivo da questão pelo colegiado. Diante da elevada complexidade da causa, mostra-se prudente, excepcionalmente, afastar a aplicação do art. 199-B do ECA e atribuir o tratamento diferenciado que o caso reclama, acolhendo a pretensão da agravante, para receber no duplo efeito a apelação interposta contra a sentença de procedência dos pedidos ventilados nas ações de guarda, adoção e destituição do poder familiar, porquanto assim os laços estarão preservados enquanto persistir a questão *sub judice*, já que à parte sucumbente é assegurado o direito ao duplo grau de jurisdição e, portanto, inevitável será a reapreciação da matéria devolvida em sua apelação" (Agravo de Instrumento 70056502651, 8.ª Câm. Cível, rel. Ricardo Moreira Lins Pastl, j. 17.10.2013).

297-A. Indispensabilidade da decisão judicial de destituição do poder familiar produzir apenas efeito devolutivo em caso de recurso e *solução* de eventual conflito entre decisões, se proferida a sentença de adoção: embora esta lei faça referência expressa ao sistema recursal do Código de Processo Civil (art. 198, *caput*, deste Estatuto), a realidade aponta para outro lado, que absolutamente nada tem a ver com a lei ordinária, mas à Constituição Federal, na qual está previsto o princípio da prevalência do interesse da criança e do adolescente. Note--se que, mesmo levando em conta o Processo Civil, esta lei é clara ao mencionar ser *devolutivo* apenas o efeito da destituição do poder familiar e da decisão de adoção. Vale ressaltar que tal norma se encontra em perfeita consonância com o interesse do menor de 18 anos, evitando-se o protelamento do feito por tempo excessivo. O legislador, nesse ponto, acolheu o princípio constitucional, em primeiro lugar, valendo-se da *proteção integral* à criança e ao adolescente e garantindo atingir o seu *melhor interesse*. Por isso, conferiu efeito devolutivo à destituição do poder familiar (depois de ter concedido inúmeros direitos de defesa aos genitores biológicos) e à sentença de adoção (depois de vários procedimentos investigatórios da família adotante). Se houver reforma do julgado, há de ser a minoria; por isso, a maioria precisa contar com a imediata execução da decisão, proporcionando sequência à vida do infante ou jovem.

297-B. Medida processual cabível: trata-se do agravo, tal como disposto no processo civil. Se o juiz proferir decisão no processo de destituição do poder familiar e *paralisar* o feito, caso ingresse recurso, cabe agravo da parte interessada. Geralmente, espera-se que o Ministério Público atue, provocando a continuidade do feito para que o menor seja desabrigado e entregue à família substituta. Entretanto, se a criança ou jovem já estiver sob a guarda de família substituta, pode esta, pretendendo a adoção, ingressar com o agravo para que o processo de adoção prossiga. Sob outro aspecto, se o feito de adoção tiver andamento, mas houver paralisação quando da prolação da decisão, cabe igualmente agravo para que o magistrado a profira. Nesta hipótese, o recurso pode ser interposto também pelo MP e pelo interessado na adoção.

> **Art. 199-C.** Os recursos nos procedimentos de adoção e de destituição de poder familiar, em face da relevância das questões, serão processados com prioridade absoluta, devendo ser imediatamente distribuídos, ficando vedado que aguardem, em qualquer situação, oportuna distribuição, e serão colocados em mesa para julgamento sem revisão e com parecer urgente do Ministério Público.[298]

298. Absoluta prioridade nos tribunais: a norma encontra perfeita harmonia com as demais, previstas neste Estatuto, estabelecendo celeridade no trâmite dos procedimentos, para atender, com absoluta prioridade, os interesses da criança e do adolescente. Não poderia ser diferente no Tribunal; se fosse, de nada adiantaria a rapidez de primeiro grau, pois tudo ficaria parado na Corte. Portanto, espera-se que os Regimentos Internos dos Tribunais brasileiros contenham regras específicas para as apelações e agravos advindos da Infância e Juventude. Distribui-se, de imediato, ao relator, que, sem revisão, coloca em mesa.

Art. 199-D

> **Art. 199-D.** O relator deverá colocar o processo em mesa para julgamento no prazo máximo de 60 (sessenta) dias, contado da sua conclusão.[299]
>
> **Parágrafo único.** O Ministério Público será intimado da data do julgamento e poderá na sessão, se entender necessário, apresentar oralmente seu parecer.[300]

299. Prazo de 60 dias: esse prazo confronta com a absoluta prioridade e a celeridade. Se o menor somente pode ficar provisoriamente internado por 45 dias, o prazo de 60 dias para o relator analisar o caso é muito extenso. Imagine-se se o jovem continua detido, por força da sentença impondo internação; não vemos sentido em aguardar tanto tempo. Se o relator tem vários outros casos a apreciar – de matérias diversas –, deve priorizar a infância e juventude. Espera-se que, na prática, esse período máximo não seja utilizado.

300. Parecer: o objetivo deste dispositivo é permitir que o Ministério Público, atuando junto à Corte, porque deve apresentar seu parecer urgentemente, possa fazê-lo diretamente na sessão, de maneira oral. Torna mais simples o procedimento. Por isso, não é necessário intimar a defesa para também sustentar oralmente, visto ser o oferecimento de um parecer. Mas, para não haver surpresa, ao ser intimado da sessão, é preciso que o *Parquet* indique a apresentação do parecer oralmente. Assim sendo, as partes ficam prevenidas e podem comparecer à referida sessão, inclusive para sustentação oral.

> **Art. 199-E.** O Ministério Público poderá requerer a instauração de procedimento para apuração de responsabilidades se constatar o descumprimento das providências e do prazo previstos nos artigos anteriores.[301]

301. Apuração de responsabilidade: seria mesmo produtivo e muito positivo se essa fiscalização ocorresse com efetividade, sem qualquer temor de desagradar membro do Judiciário ou do próprio Ministério Público. Infelizmente, sabe-se não ser a realidade. Muitos passam dos prazos e absolutamente nada é feito. Em todos os graus de jurisdição, envolvendo inclusive a instituição do Ministério Público. É fundamental rever o conteúdo desta norma, atribuindo outros mecanismos de controle.

Capítulo V

DO MINISTÉRIO PÚBLICO

> **Art. 200.** As funções do Ministério Público previstas nesta Lei serão exercidas nos termos da respectiva lei orgânica.[302]

302. Atuação conforme a lei: o artigo em comento é integralmente supérfluo. Estabelecer em lei que o Ministério Público deve agir nos termos da sua Lei Orgânica é literalmente óbvio. Seria o mesmo que abrir o capítulo referente ao juiz estabelecendo deva ele cumprir o disposto na Lei Orgânica da Magistratura; na abertura do capítulo referente ao advogado, uma norma fazendo referência ao cumprimento do Estatuto da Advocacia. Se a instituição que, por sua própria natureza constitucional, fiscaliza os Poderes da República não atuar de acordo com a lei regente da sua carreira, o que se poderia esperar? Portanto, vamos participar do empenho legal e comentar o clarividente texto, indicando ao leitor a Lei 8.625/1993 (Lei Orgânica Nacional do Ministério Público) e os arts. 127 e 129 da Constituição Federal. Valdeci Ataíde Cáputa sugere "que o Ministério Público designe promotores que tenham afinidade nessa área, disponibilizando-os para cuidar especificamente da questão das crianças institucionalizadas, pois, na maior parte das vezes, em decorrência de sobrecarga de trabalho, eles se veem impossibilitados de se dedicar mais intensamente a essa causa" (*Adoção internacional. Procedimentos legais*, p. 162).

Art. 201. Compete ao Ministério Público:[303]

I – conceder a remissão como forma de exclusão do processo;[304]

II – promover e acompanhar os procedimentos relativos às infrações atribuídas a adolescentes;[305]

III – promover e acompanhar as ações de alimentos e os procedimentos de suspensão e destituição do poder familiar, nomeação e remoção de tutores, curadores e guardiães, bem como oficiar em todos os demais procedimentos da competência da Justiça da Infância e da Juventude;[306]

IV – promover, de ofício ou por solicitação dos interessados, a especialização e a inscrição de hipoteca legal e a prestação de contas dos tutores, curadores e quaisquer administradores de bens de crianças e adolescentes nas hipóteses do art. 98;[307]

V – promover o inquérito civil e a ação civil pública para a proteção dos interesses individuais, difusos ou coletivos relativos à infância e à adolescência, inclusive os definidos no art. 220, § 3.º inciso II, da Constituição Federal;[308]

VI – instaurar procedimentos administrativos e, para instruí-los:[309]

a) expedir notificações para colher depoimentos ou esclarecimentos e, em caso de não comparecimento injustificado, requisitar condução coercitiva,[310] inclusive pela polícia civil ou militar;

b) requisitar[311] informações, exames, perícias e documentos de autoridades municipais, estaduais e federais, da administração direta ou indireta, bem como promover inspeções[312] e diligências investigatórias;

c) requisitar informações e documentos a particulares e instituições privadas;[313]

VII – instaurar sindicâncias, requisitar diligências investigatórias[314] e determinar a instauração de inquérito policial,[315] para apuração de ilícitos ou infrações às normas de proteção à infância e à juventude;

VIII – zelar pelo efetivo respeito aos direitos e garantias legais assegurados às crianças e adolescentes, promovendo as medidas judiciais e extrajudiciais cabíveis;[316]

IX – impetrar mandado de segurança, de injunção e *habeas corpus*, em qualquer juízo, instância ou tribunal, na defesa dos interesses sociais e individuais indisponíveis afetos à criança e ao adolescente;[317]

X – representar ao juízo visando à aplicação de penalidade por infrações cometidas contra as normas de proteção à infância e à juventude, sem prejuízo da promoção da responsabilidade civil e penal do infrator, quando cabível;[318]

XI – inspecionar as entidades públicas e particulares de atendimento e os programas de que trata esta Lei, adotando de pronto as medidas administrativas ou judiciais necessárias à remoção de irregularidades porventura verificadas;[319]

XII – requisitar força policial, bem como a colaboração dos serviços médicos, hospitalares, educacionais e de assistência social, públicos ou privados, para o desempenho de suas atribuições;[320]

XIII – intervir, quando não for parte, nas causas cíveis e criminais decorrentes de violência doméstica e familiar contra a criança e o adolescente.[320-A]

§ 1.º A legitimação do Ministério Público para as ações cíveis previstas neste artigo não impede a de terceiros, nas mesmas hipóteses, segundo dispuserem a Constituição e esta Lei.[321]

§ 2.º As atribuições constantes deste artigo não excluem outras, desde que compatíveis com a finalidade do Ministério Público.[322]

§ 3.º O representante do Ministério Público, no exercício de suas funções, terá livre acesso a todo local onde se encontre criança ou adolescente.[323]

§ 4.º O representante do Ministério Público será responsável pelo uso indevido das informações e documentos que requisitar, nas hipóteses legais de sigilo.[324]

§ 5.º Para o exercício da atribuição de que trata o inciso VIII deste artigo, poderá o representante do Ministério Público:[325]

a) reduzir a termo as declarações do reclamante, instaurando o competente procedimento, sob sua presidência;[326]

b) entender-se diretamente com a pessoa ou autoridade reclamada, em dia, local e horário previamente notificados ou acertados;[327]

c) efetuar recomendações visando à melhoria dos serviços públicos e de relevância pública afetos à criança e ao adolescente, fixando prazo razoável para sua perfeita adequação.[328]

303. Rol de *atribuições*: já que o legislador chegou a indicar, no artigo anterior, dever o Ministério Público atuar segundo a sua lei orgânica, deveria ter sido mais preciso e técnico neste artigo ao enumerar as *atribuições* do Ministério Público, pois somente a autoridade judiciária é regida pela *competência*, vale dizer, o limite de exercício do poder jurisdicional.

304. Concessão da remissão: ver os comentários aos arts. 126 a 128 desta Lei.

305. Promoção da ação socioeducativa: insiste, erroneamente, o legislador em utilizar o termo *procedimento* em lugar dos corretos: *ação* (para determinadas hipóteses) e *processo* (para outras). No caso presente, não é o caso de se afirmar a promoção de procedimento, mas sim de *ação*. O Ministério Público, tal qual no campo da ação penal, é o titular exclusivo da ação socioeducativa, que, embora, possua natureza eminentemente educativa, não deixa de trazer ínsita a carga sancionatória. Por outro lado, quem promove, por decorrência lógica, deve acompanhar. Portanto, o disposto no inciso II, para seguir a linha repetitiva do legislador deste Estatuto, é tecnicamente errôneo. Deveria constar somente *promover a ação relativa às infrações atribuídas a adolescentes*.

306. Promoção de ações de alimentos, suspensão e destituição do poder familiar (e similares) e atuação como fiscal da lei: o Ministério Público é legitimado, mas não de maneira exclusiva, a propor ação de alimentos em benefícios de crianças e adolescentes, quando estiverem em situação de vulnerabilidade, bem como a ação (e não procedimento) de suspensão e destituição do poder familiar, assim como as demandas relativas à nomeação e remoção de tutores, curadores e guardiães, embora, nesses casos, possa haver o pedido incidentalmente a processo já ajuizado por outra causa. Deve o *Parquet* atuar, como fiscal da lei, em todos os processos e simples procedimentos instaurados com base neste Estatuto, demonstrando a relevância dos direitos em foco, que são difusos, coletivos ou individuais indisponíveis, na maioria dos casos. De qualquer forma, atuando o Ministério Público, não há necessidade de nomeação de curador especial ao menor: STJ: "1. Compete ao Ministério Público, a teor do art. 201, III e VIII, da Lei 8.069/90 (ECA), promover e acompanhar o processo de destituição do poder familiar, zelando pelo efetivo respeito aos direitos e às garantias legais assegurados a crianças e adolescentes. 2. Resguardados os interesses da criança e do adolescente, não se justifica a nomeação de curador especial na ação de destituição do poder familiar" (AgRg no REsp 1.177.622/RJ, 3.ª T., rel. Ricardo Villas Bôas Cueva, *DJ* 22.04.2014, v.u.). Por outro lado, tem legitimidade para ingressar com ação de alimentos em favor de criança ou adolescente: STJ: "O Ministério Público tem legitimidade para a propositura de execução de alimentos em favor de criança ou adolescente, nos termos do art. 201, III, do ECA, dado o caráter indisponível do direito à alimentação" (REsp 1.269.299/BA, 3.ª T., rel. Nancy Andrighi, *DJ* 15.10.2013, v.u.).

307. Especialização e inscrição de hipoteca legal e prestação de contas: dispõe o art. 1.473 do Código Civil que "podem ser objeto de hipoteca: I – os imóveis e os acessórios dos imóveis conjuntamente com eles; II – o domínio direto; III – o domínio útil; IV – as estradas de ferro; V – os recursos naturais a que se refere o art. 1.230, independentemente do solo onde se acham; VI – os navios; VII – as aeronaves; VIII – o direito de uso especial para fins de moradia; IX – o direito real de uso; X – a propriedade superficiária". Pode o proprietário valer-se do seu bem para garantir negócios ou levantar empréstimo. Trata-se da hipoteca voluntária. Mas a lei estabelece, ainda, outra forma de hipoteca: a *legal*, vale dizer, o imóvel de propriedade de alguém (ou outros bens) é considerado, automaticamente, *hipotecado*, quando se configura a situação descrita em lei. Exemplo disso é o cometimento de um crime. Preceitua o art. 1.489 do Código Civil: "a lei confere hipoteca: (...) III – ao ofendido, ou aos seus herdeiros, sobre os imóveis do delinquente, para satisfação do dano causado pelo delito e pagamento das despesas judiciais". No mesmo sentido, estabelece o art. 134 do Código de Processo Penal: "a hipoteca legal sobre os imóveis do indiciado poderá ser requerida pelo ofendido em qualquer fase do processo, desde que haja certeza da infração e indícios suficientes da autoria". No entanto, embora a hipoteca decorra da lei – e não da vontade do dono do imóvel –, é preciso *especializá-la*, isto é, tornar claro e evidente qual imóvel (ou quais imóveis) é o objeto da garantia, pois ele se tornará indisponível. Assim dispõe o art. 1.497 do Código Civil: "as hipotecas legais, de qualquer natureza, deverão ser registradas e especializadas". O CPP também estabelece um procedimento para especializar os bens do acusado, tornando-os indisponíveis até o julgamento final da ação criminal. No caso deste Estatuto, inexiste procedimento para especialização de hipoteca, além de nem mesmo haver menção expressa quanto à hipoteca legal dos bens do tutor, do curador ou qualquer outro administrador de bens. Diante disso, nos casos previstos no art. 98 desta Lei, quando as crianças e adolescentes encontram-se, de algum modo, em situação de risco, cabe ao Ministério Público promover o procedimento de especialização da hipoteca legal e a sua inscrição. Finalmente, é atribuição do promotor, caso não seja realizada voluntariamente, exigir, em juízo, a prestação de contas. *In verbis*: "Art. 1.755. Os tutores, embora o contrário tivessem disposto os pais dos tutelados, são obrigados a prestar contas da sua administração. Art. 1.756. No fim de cada ano de administração, os tutores submeterão ao juiz o balanço respectivo, que, depois de aprovado, se anexará aos autos do inventário. Art. 1.757. Os tutores prestarão contas de dois em dois anos, e também quando, por qualquer motivo, deixarem o exercício da tutela ou toda vez que o juiz achar conveniente. Parágrafo único. As contas serão prestadas em juízo, e julgadas depois da audiência dos interessados, recolhendo o tutor imediatamente a estabelecimento

Art. 201

Estatuto da Criança e do Adolescente Comentado • **Nucci**

604

bancário oficial os saldos, ou adquirindo bens imóveis, ou títulos, obrigações ou letras, na forma do § 1.º do art. 1.753".

308. Inquérito civil e ação civil pública: dispõe o art. 129 da Constituição Federal: "são funções institucionais do Ministério Público: (...) III – promover o inquérito civil e a ação civil pública, para a proteção do patrimônio público e social, do meio ambiente e de outros interesses difusos e coletivos". O inquérito é uma investigação, consistente num procedimento administrativo, cuja finalidade é descobrir provas para apurar fatos ilícitos; assim fazendo, consegue-se material suficiente para o ajuizamento de ação futura. Há o inquérito policial, presidido pela autoridade policial, cuja finalidade é amealhar provas para demonstrar a ocorrência de uma infração penal e sua autoria. No caso do inquérito civil, a condução cabe ao membro do Ministério Público, visando à formação do conjunto probatório suficiente e adequado para promover a ação civil pública, cuja finalidade é assegurar algum direito essencial a um grupo de pessoas, à sociedade em geral ou a um indivíduo cujo interesse é indisponível. O *Parquet* deve investigar e acionar quem prejudicar, ativa ou passivamente, os direitos de crianças e adolescentes. Quanto ao art. 220, § 3.º, II, temos: "a manifestação do pensamento, a criação, a expressão e a informação, sob qualquer forma, processo ou veículo não sofrerão qualquer restrição, observado o disposto nesta Constituição (...) § 3.º Compete à lei federal: (...) II – estabelecer os meios legais que garantam à pessoa e à família a possibilidade de se defenderem de programas ou programações de rádio e televisão que contrariem o disposto no art. 221, bem como da propaganda de produtos, práticas e serviços que possam ser nocivos à saúde e ao meio ambiente". Esta é, portanto, mais uma das possibilidades de atuação do Ministério Público instaurando inquérito civil e, eventualmente, propondo ação civil pública. Na jurisprudência: TJRS: "A competência do Ministério Público para propor ação civil pública em defesa de interesses individuais das crianças e dos adolescentes está prevista no inciso V do art. 201 do ECA. É possível a concessão de medidas liminares contra a Fazenda Pública, inobstante as disposições das Leis n.º 8.437/92 e n.º 9.494/97, preponderando o dever de conferir efetividade às garantias constitucionais essenciais, entre elas o direito à educação e à proteção dos menores. A inexistência de prévia inscrição da criança nas listas de espera do Município para obtenção de vaga em escola de ensino infantil não é requisito de admissibilidade do correspondente pedido judicial, porquanto não se faz necessário o esgotamento da via administrativa quando não há garantia de atendimento da postulação sem a intervenção judicial. Compete ao Município garantir as vagas pleiteadas, diante da obrigatoriedade de acesso ao ensino gratuito, sob pena de ofensa aos direitos constitucionalmente assegurados à criança" (Agravo de Instrumento 70055775571, 7.ª Câm. Cível, rel. Sandra Brisolara Medeiros, 01.08.2013).

309. Procedimentos administrativos: segundo cremos, não são muitas as opções de procedimentos administrativos autônomos, promovidos pelo Ministério Público, que fujam ao inquérito civil público, ao inquérito policial – para apurar infrações penais –, bem como aos procedimentos contraditórios, pois terminam por ferir direito alheio (ex.: retirar um dirigente de estabelecimento; interditar uma unidade etc.), exigindo o contraditório e a ampla defesa. Restaria alguma questão relevante, não passível de ação civil pública, logo, sem inquérito civil público, tal como investigar o funcionamento de uma unidade de internação, para, obtendo dados significativos, propor medidas judiciais adequadas.

310. Condução coercitiva: ver a nota 159 ao art. 179, parágrafo único.

311. Requisição: é a exigência legal de uma autoridade dirigida a servidor ou agente público ou outra autoridade hierarquicamente inferior na estrutura do Estado, para que faça ou providencie algo. Note-se que a *requisição* difere de *ordem*, pois esta é dada a subalterno, no campo administrativo. A requisição é uma demanda, prevista em lei, autorizando que uma autoridade se dirija a outrem, solicitando algo que *deverá* ser providenciado. O poder requisitório, no entanto, não legitima a exigência no tocante a autoridades superiores ou *imunes* a essa demanda. Ilustrando, o promotor não tem poder de requisição em relação a qualquer membro do Judiciário. Assim como não pode requisitar nada de um Procurador de Justiça, no exercício da função.

312. Inspeção: é o ato pelo qual a autoridade se dirige, diretamente, a um certo local para ver e constatar uma situação juridicamente relevante. O Ministério Público pode fazer *inspeções* para checar entidades de acolhimento a crianças e adolescentes e unidades de internação de infratores. Realizada a vistoria, lavra-se um termo, assinado pela autoridade vistoriante e pelas demais pessoas que acompanharam a diligência.

313. Requisição a particular: a exigência deve dirigir-se a um particular ou a instituições privadas, exceto quando se tratar de assunto vinculado ao sigilo fiscal, bancário ou de dados, pois a estes somente o Poder Judiciário tem acesso. Afinal, ligam-se à intimidade, direito constitucionalmente preservado (art. 5.º, X, CF); porém, o juiz pode violar essa intimidade, pois todos devem colaborar com o Poder Judiciário, vez que nenhuma lesão será excluída da sua apreciação (art. 5.º, XXXV, CF).

314. Sindicâncias e diligências investigatórias: pode a sindicância ser instaurada pelo promotor, como, aliás, já consta do inciso VI (instaurar procedimentos administrativos), que abrange a primeira parte deste inciso VII (sindicâncias e diligências investigatórias), para apurar as infrações administrativas descritas nos arts. 245 a 258-B. Quanto a instaurar *sindicância* para apurar infração penal, não vemos qualquer razão ou fundamento jurídico para tanto. Temos defendido que o Ministério Público somente pode investigar criminalmente *sozinho* em hipóteses raras, particularmente onde polícia judiciária possa estar comprometida (como ilícitos cometidos por policiais). Ademais, este inciso indica que, havendo um crime, o promotor pode *requisitar* a instauração de inquérito policial (o termo *determinar* é completamente inadequado).

315. *Determinar* a instauração de inquérito policial: o termo utilizado neste inciso é inadequado e desvinculado da realidade jurídica das instituições envolvidas (Ministério Público e Polícia Judiciária). Quem o redigiu desconhece o óbvio. Somente pode haver *determinação* (ordem) entre autoridade superior e seu subalterno, na hierarquia administrativa. Portanto, o promotor pode *determinar* ao oficial da promotoria que faça qualquer diligência, mas jamais pode dar ordens ao delegado de polícia. Portanto, o correto é *requisitar* (exigir de acordo com a lei) a instauração de inquérito policial para a apuração de infrações penais.

316. Zelo pelos direitos infantojuvenis: este inciso explicita mais uma da série de obviedades deste Estatuto; sua utilidade consiste em *deixar clara* a legitimidade ativa do Ministério Público em ajuizar demandas em favor de criança ou adolescente, mesmo em caráter individual, desde que indisponíveis. Conferir: STJ: "O Ministério Público tem legitimidade para propor ação ordinária com o objetivo de tutelar os direitos individuais indisponíveis de menor, mesmo quando a ação vise à tutela de pessoa individualmente considerada. Inteligência dos art. 127 da Constituição Federal c/c arts. 11, 201, inciso VIII, e 208, incisos VI e VII, do ECA" (AgRg no REsp 1.016.847/SC, 2.ª T., rel. Castro Moreira, *DJ* 17.09.2013, v.u.). Por óbvio, pode também ajuizar ação visando ao interesse coletivo das crianças e adolescentes: TJMG: "1 – O *Parquet*, consoante o art. 127 da CRFB/88, tem a incumbência de promover a defesa dos interesses sociais e individuais indisponíveis, bem como, nos termos do art. 201, VIII, do ECA, de zelar pelo efetivo respeito aos direitos e garantias legais assegurados às crianças e adolescentes, promovendo as medidas judiciais e extrajudiciais cabíveis. 2 – O dever do Município

Art. 201

Estatuto da Criança e do Adolescente Comentado • **Nucci**

com a educação será efetivado mediante a garantia de atendimento em creche e pré-escola às crianças de zero a seis anos de idade, em consideração ao atendimento prioritário às crianças pelas políticas públicas (art. 208, IV, c/c 211, § 2.º e 226, *caput*, da Constituição)" (Ap. Cível/ Reex. Necessário 1.0024.12.097987-7/002, 3.ª Câm. Cível, rel. Jair Varão, *DJ* 29.05.2014, v.u.). Não há cabimento para ajuizamento de ação por dano moral: TJBA: "Uma das atribuições constitucionais do Ministério Público foi a defesa dos direitos individuais, que possuam caráter indisponível, a ser aferido no caso concreto. Verifica-se que a pretensão de indenização por danos morais em favor de menor não se reveste da indisponibilidade necessária a permitir o ajuizamento de ação pelo Ministério Público, caracterizando a ilegitimidade ativa. O próprio *Parquet*, atuando como *custos legis*, opinou pela extinção da ação sem julgamento do mérito, por falta de uma das condições da ação, por entender que, a partir da análise do art. 201 do ECA, extrair-se-ia a ilegitimidade do Ministério Público para promover a referida ação de indenização. Portanto, acertada a extinção do processo pela digna *a quo*, quando entendeu pela carência da ação, ante a 'clara' ilegitimidade ativa do Ministério Público, por tratar-se de direito disponível. Recurso improvido" (Ap. 0002800-18.2002.8.05.0001/BA, 3.ª Câm. Cível, rel. Maria do Socorro Barreto Santiago, 22.08.2017, v.u.).

317. Ações constitucionais: o promotor, atuando em área da infância e juventude, deve propor as ações constitucionais necessárias para garantir os direitos das crianças e adolescentes. A norma em comento menciona a legitimação para a propositura em qualquer juízo, instância ou tribunal, o que nos parece ilógico, pois o termo *instância* abrangeria os dois outros. Lembre-se de que o *habeas corpus* somente pode ser impetrado *em favor* do adolescente; jamais para prejudicá-lo, garantindo seu direito de locomoção.

318. Representação pela aplicação de penalidade administrativa: a ação para apurar e punir o autor de infração administrativa (arts. 245 a 258-B desta Lei) deve ser proposta pelo Ministério Público (como indica este inciso), mas também pelo Conselho Tutelar ou outro servidor ou voluntário credenciado (art. 194 deste Estatuto).

319. Inspeção de entidades públicas e particulares: o disposto neste inciso não passa de decorrência de outros, como a expressa menção à promoção de *inspeções* (inciso VI, *b*), a instauração de sindicâncias para apurar ilícitos às normas de proteção à infância e juventude (inciso VII), o zelo pelos direitos e garantias das crianças e adolescentes (inciso VIII), enfim, inspecionar (comparecer pessoalmente para checar algo) significa *fiscalizar*, atribuição básica da instituição.

320. Outras requisições: como já mencionado em notas anteriores, a *requisição* é apenas a exigência legal para que se cumpra ou providencie alguma coisa. Não se cuida de *determinação*, pois somente se dá ordem a quem é subalterno. Dessa forma, há que se ter cautela ao interpretar este inciso, pois o Ministério Público pode exigir que a força policial o acompanhe dentro das limitações naturais do exercício do poder de fiscalização. O mesmo se diga no tocante à cooperação de outras atividades de apoio (médico, educacional etc.) para fins de detectar, por exemplo, a desorganização da entidade de acolhimento de crianças ou algum abuso ocorrido em unidade de internação. Ressalte-se que *ninguém é obrigado a fazer algo contra a lei*, logo, a requisição é uma exigência *dentro da lei*; se extravasar a demanda, alcançando qualquer ilegalidade, não há que se cumprir o requisitado. Exemplo disso seria o promotor requisitar força policial para invadir um domicílio, *sem mandado judicial* e *ausente qualquer flagrante*. Ou ainda o membro do Ministério Público requisitar a ficha clínica de um paciente, resguardada pelo sigilo médico, que só pode ser rompido pela requisição judicial e, mesmo assim, para apurar a materialidade de um delito.

320-A. Intervenção em causas, quando não for parte: este inciso foi introduzido pela Lei 14.344/2022 (denominada Lei Henry Borel), com a finalidade de legitimar o ingresso do Ministério Público em qualquer causa em andamento, que trate, de algum modo, de violência doméstica e familiar contra o infante ou jovem. Como regra, o MP deve participar dessas demandas, como ocorre nas criminais, onde atua como órgão acusatório ou fiscal da lei (*custos legis*); dá-se o mesmo em questões em trâmite nas Varas de Família, como fiscal da lei (*custos legis*). Assim, a menção a *parte* pode ser entendida como participante da demanda no polo ativo, mas, igualmente, como *parte imparcial*, fiscal da lei. Portanto, em caráter residual, a legitimação é inserida em lei para abranger situação em que o órgão do Ministério Público ainda não esteja figurando na demanda.

321. Legitimação concorrente: muitas das ações possuem a viabilidade de serem propostas por outros entes, tais como o Conselho Tutelar, parentes do menor de 18 anos, guardiães ou tutores etc. A legitimidade ativa concorrente somente se dá no cenário civil; quando se tratar de medidas socioeducativas (para adolescentes infratores) ou punitivas (no contexto das infrações administrativas), a legitimação é exclusiva do MP.

322. Rol exemplificativo: naturalmente, por questão de lógica, pode-se deduzir que o rol do art. 201 é exemplificativo, até porque as atribuições do Ministério Público estão previstas na Constituição Federal e na Lei Orgânica da instituição. Aliás, o excesso de previsão dos *poderes ministeriais* é desnecessário. Observe-se a abertura do capítulo V, com o art. 200, mencionando, superfluamente, que o MP deve exercer suas funções "nos termos da respectiva lei orgânica". Enfim, há uma sobreposição de normas em relação às atribuições do promotor. Espera-se que sejam exercitados, pois, se assim for feito, os problemas existentes na área da infância e juventude serão em menor extensão.

323. Livre acesso a locais onde se encontre criança ou adolescente: este dispositivo deve ser analisado e aplicado com cautela, pois há limitações constitucionais acima disso. Em primeiro lugar, somente o promotor da infância e juventude dispõe dessa prerrogativa, ainda assim no *exercício da sua função* e *no âmbito da sua Comarca*. Em segundo, deve-se respeitar o domicílio como asilo inviolável do indivíduo (art. 5.º, XI, CF), nele só se podendo ingressar com ordem judicial, para socorrer pessoa, em caso de desastre e flagrante delito. Em terceiro, o livre acesso não pode dar margem ao abuso, permitindo o ingresso em clubes ou festas privadas, por exemplo, sem a *fundada* suspeita de haver algum ilícito envolvendo menores de 18 anos.

324. Informações e documentos sigilosos: este Estatuto foi editado quase dois anos depois da Constituição de 1988, quando o STF ainda não havia firmado posição de que somente o Judiciário pode quebrar vários sigilos ligados à intimidade e à vida privada do indivíduo. Hoje, esse entendimento predomina e o acesso, por requisição direta do Ministério Público, é diminuto. A maioria das situações envolve um requerimento ao juiz, que, então, poderá requisitar a quebra do sigilo bancário, fiscal, médico, dentre outros. De toda forma, quando o promotor tiver acesso a documentos e informes sigilosos, pouco importando quem os tenha requisitado e obtido, deve utilizá-los, exclusivamente, no âmbito processual ou procedimental, na Vara da Infância e Juventude. Ou ainda para instruir ação civil pública ou ação penal. E, mesmo assim, requerendo ao juízo a preservação do segredo de justiça. Se houver a divulgação indevida, há responsabilidade funcional e criminal.

325. Exercício prático do zelo pelo respeito aos direitos das crianças e adolescentes: no inciso VIII, ao qual faz referência este inciso, menciona-se a propositura de medidas judiciais e extrajudiciais. No caso presente, cuida-se da atividade extrajudicial do Ministério Público.

Art. 202

Estatuto da Criança e do Adolescente Comentado • **Nucci**

326. Sindicância: havendo um reclamante, que pode ser qualquer pessoa levando uma notícia comprometedora da segurança ou bem-estar de crianças e adolescentes, não se tratando de uma infração penal, em relação à qual se deve requisitar a instauração de inquérito policial, pode o promotor colher as declarações a termo, inaugurando a sindicância, cuja condução lhe cabe. O objetivo pode ser avaliar o atendimento de uma instituição acolhedora de crianças, uma unidade de internação de adolescentes, o serviço de atendimento de um hospital público quanto a gestantes, crianças e adolescentes, dentre outros similares. Pode, também, ouvir testemunhas (inciso VI, *a*), requisitar documentos e exames (VI, *b* e *c*), instruindo o procedimento administrativo *não para o fim de aplicar qualquer sanção*, mas para ter prova pré-constituída, quando levar o caso a juízo, onde o requerido poderá exercer o contraditório e a ampla defesa.

327. Entendimento direto com a reclamada: dependendo de quem seja a parte reclamada – pessoa física ou jurídica –, pode o promotor agendar uma reunião, com o objetivo de haver um entendimento no tocante ao problema aventado pelo reclamante. Isso pode dar-se no contexto da sindicância, como também pode acontecer sem a necessidade de instauração de procedimento administrativo. Para o agendamento do encontro, pode-se valer da notificação, quando se cuidar de pessoa física, por exemplo, sem ocupar cargo público; utiliza o acertamento de dia, hora e local, tratando-se de autoridades ou ocupantes de cargos públicos.

328. Efetuar recomendações: como consequência da sindicância instaurada ou em virtude do encontro com a parte reclamada, nos termos das alíneas *a* e *b* deste inciso, é viável que o Ministério Público, ciente dos problemas afetando crianças ou adolescentes, efetue recomendações, com um prazo para cumprimento. Se a reclamada não as cumprir, o promotor ajuíza a demanda cabível. Na verdade, trata-se de uma oportunidade de se resolver consensualmente qualquer falha ou falta no atendimento aos menores de 18 anos.

> **Art. 202.** Nos processos e procedimentos em que não for parte, atuará obrigatoriamente o Ministério Público na defesa dos direitos e interesses de que cuida esta Lei, hipótese em que terá vista dos autos depois das partes, podendo juntar documentos e requerer diligências, usando os recursos cabíveis.[329]

329. Fiscal da lei: embora a sua atuação, como fiscal da lei, esteja garantida por vários outros dispositivos, este artigo torna clara e genérica a participação do Ministério Público em todos os processos (onde há lide – pretensão controversa) e procedimentos (pode ou não haver lide) em que não atuar como parte. Fica definido, portanto, que a atuação da instituição no polo ativo de qualquer demanda afasta a necessidade de outro promotor fiscalizando a demanda, afinal, o Ministério Público é uno e indivisível, bastando um de seus membros em atividade. Quando atua no polo ativo, age como parte, mas aquela denominada *parte imparcial*, que tem liberdade para, ao final, pedir o arquivamento do procedimento ou a improcedência da demanda que propôs, desde que avalie inexistir provas para outra decisão. No mais, fixa-se a sua intervenção sempre depois das partes, como regra, para que possa avaliar os dois lados da questão e propor um parecer compatível com a fiscalização exercida de maneira imparcial. Desse modo, é-lhe viável propor a produção de provas em geral. Na jurisprudência: STJ: "1. Compete ao Ministério Público, a teor do art. 201, III e VIII, da Lei 8.069/90 (ECA), promover e acompanhar o processo de destituição do poder familiar, zelando pelo efetivo respeito aos direitos e garantias legais assegurados às crianças e adolescentes. Precedente. 2. Nas ações de destituição do poder familiar, figurando o Ministério Público em um dos polos da demanda, pode ainda atuar como fiscal da lei, razão pela qual se dispensa a nomeação de curador especial" (REsp 1.370.537/RJ, 3.ª T., rel. João Otávio de Noronha, 03.03.2015, v.u.). TJRS: "Tem o agente ministerial legitimidade para postular diligências nos autos em que atua na defesa de interesse de incapaz, nos termos do determina o art. 202 do ECA, combinado com o art. 82, inc. I do CPC. Recomendável a realização de estudo social na residência materna porque não houve tal perícia quando das entrevistas junto à casa da tia, que detém a guarda do menor. Ademais, o infante, nas visitas realizadas nas dependências do Conselho Tutelar, manifestou interesse em permanecer residindo na companhia da tia, não demonstrando qualquer vinculação afetiva com a mãe" (Apelação Cível 70053034898, 8.ª Câm. Cível, rel. Luiz Felipe Brasil Santos, 02.05.2013).

> **Art. 203.** A intimação do Ministério Público, em qualquer caso, será feita pessoalmente.[330]

330. Intimação pessoal: trata-se de uma cautela razoável, pois o promotor atua diretamente nos autos e está próximo (ou dentro) do fórum; além disso, é uma só pessoa para cuidar de vários processos ao mesmo tempo. A intimação pessoal é destinada a partes consideradas *especiais*, pois *devem* tomar parte no feito obrigatoriamente, não podendo alegar desconhecimento ou até mesmo a perda de um prazo, pedindo a nulidade mais tarde. O mesmo se assegura à Defensoria Pública e instituições similares. Conferir: TJMG: "Considerando-se que é prerrogativa do Ministério Público intervir em todo e qualquer ato decisório emanado pelo juízo de origem quando houver nos autos interesse de menores – art. 204, do ECA – a ausência de intimação pessoal do órgão ministerial – art. 203, do ECA – para comparecer em audiência em que se revogou a medida socioeducativa de internação, gera nulidade do ato" (Agravo de Instrumento-Cr 1.0701.08.209728-1/001, 4.ª Câm. Criminal, rel. Helbert Carneiro, *DJ* 21.07.2010, v.u.).

> **Art. 204.** A falta de intervenção do Ministério Público acarreta a nulidade do feito, que será declarada de ofício pelo juiz ou a requerimento de qualquer interessado.[331]

331. Nulidade: no campo processual penal, cada vez mais prevalece o entendimento de que, sem prejuízo, não se proclama qualquer nulidade, perdendo-se, inclusive, o parâmetro tradicional entre as denominadas nulidades *absolutas* e *relativas*. No processo civil, não se divide o campo das nulidades da mesma forma. Quanto à intervenção do MP, dispõe o art. 279, *caput*, do Código de Processo Civil: "É nulo o processo quando o membro do Ministério Público não for intimado a acompanhar o feito em que deva intervir". Esse art. 204 do Estatuto assemelha-se ao referido art. 279 do CPC. Associando-se o disposto nos Códigos Processuais Civil e Penal, deve-se concluir pela nulidade absoluta do feito se o membro do Ministério Público não intervier em nenhum momento, em procedimentos e processos abrangendo os direitos de crianças e adolescentes. Porém, não necessariamente essa intervenção precisa ocorrer antes da realização de algum ato ou diligência (ex.: o juiz requisita um documento; não precisa ouvir o MP antes, pois o faz de ofício). O importante é ter o acompanhamento do promotor durante o transcurso do feito. E, quando algum ato porventura for realizado, sem a participação do órgão ministerial, inexistindo prejuízo algum, não se deve proclamar a nulidade. É preciso cessar com a ideia de que as formalidades constituem um fim em si

Art. 205

Estatuto da Criança e do Adolescente Comentado • **Nucci**   610

mesmas. As formas legais são garantias processuais para as partes – e não dogmas sagrados. Está correto o processo penal ao flexibilizar o reconhecimento de nulidades, terminando por desfazer um longo percurso por conta de uma falha procedimental qualquer, sem resultado negativo a quem quer que seja. O caminho ideal, no campo das nulidades, é analisar cada caso concretamente, sem fórmulas predefinidas e livres de questionamento. Aliás, acima de qualquer direito ou forma legal encontra-se o princípio constitucional do *superior interesse* da criança e do adolescente, que deve gozar de *absoluta prioridade*. Na jurisprudência: STJ: "1. Nos termos dos arts. 186, § 1.º, e 204, ambos da Lei 8.069/90, a concessão da remissão suspensiva ou extintiva deve ser precedida da oitiva do Ministério Público, sob pena de acarretar a nulidade do feito. Precedentes" (REsp 1.024.580/MG, 5.ª T., rel. Laurita Vaz, *DJ* 26.08.2008, v.u.).

> **Art. 205.** As manifestações processuais do representante do Ministério Público deverão ser fundamentadas.[332]

332. Manifestações fundamentadas: dispõe o art. 129, § 4.º, da Constituição Federal, que se aplica ao Ministério Público, *no que couber*, o preceituado pelo art. 93, que cuida dos princípios regentes do Poder Judiciário. Um deles é a exigência da motivação das suas decisões (art. 93, IX, CF), perfeitamente cabível ao *Parquet*. Diante disso, este art. 205 do Estatuto nada mais faz do que ratificar esse entendimento. Pode-se, por certo, dividir tais manifestações no mesmo prisma dos *despachos* de mero expediente do juiz e das suas *decisões*. Os primeiros, de expediente, não precisam de fundamentação, pois são impulsos oficiais, dados pelo juiz, ao andamento processual. As decisões, entretanto, envolvem alguma controvérsia a ser dirimida, exigindo a motivação. O mesmo se pode dizer da manifestação de mero expediente, como a concordância ou a ciência em relação a uma juntada de documentos ou ao pedido da parte, e da manifestação de fundo decisório, pois implica tomar uma posição favorecendo ou desfavorecendo uma parte, levando o magistrado a uma decisão de controvérsia. Essa manifestação do promotor *precisa* ser fundamentada. Surge a indagação: e se não for? Gera nulidade do processo? Cremos que não. Acarreta falta funcional, a ser apurada em sede administrativa da instituição. A lei assegura a intervenção do *Parquet*, mas não a *qualidade* dessa interferência.

Capítulo VI

Do Advogado

> **Art. 206.** A criança ou o adolescente, seus pais ou responsável, e qualquer pessoa que tenha legítimo interesse na solução da lide poderão intervir[333] nos procedimentos de que trata esta Lei, através de advogado,[334] o qual será intimado para todos os atos, pessoalmente ou por publicação oficial,[335] respeitado o segredo de justiça.[336]
>
> **Parágrafo único.** Será prestada assistência judiciária integral e gratuita àqueles que dela necessitarem.[337]

333. Intervenção em favor do menor de 18 anos: há vários procedimentos de natureza civil que permitem o ingresso de terceiro interessado, mas o procedimento de fundo socioeducativo, similar ao punitivo, não admite qualquer espécie de intervenção, pois o titular é o Ministério Público, sem que a vítima possa ingressar como assistente. Afinal, o conteúdo deste artigo é garantista, visando ao interesse infantojuvenil. Na jurisprudência: STJ: "1. O art. 206 do Estatuto da Criança e do Adolescente, ao admitir a intervenção nos procedimentos ali regulados de qualquer pessoa que tenha legítimo interesse na solução da lide deve ser interpretado de acordo com os princípios que regem a legislação menorista, nos termos do seu art. 6.º, dentre os quais destaca-se o da proteção integral. 2. Não se admite a intervenção no procedimento para apuração de ato infracional que não seja a voltada para a garantia dos interesses do menor. 3. Ordem concedida, nos termos do voto do Relator" (HC 190.651/SC, 5.ª T., rel. Jorge Mussi, *DJ* 08.11.2011, v.u.); "1. Deve-se entender que o art. 206 da Lei 8.069/90, ao permitir que 'a criança ou o adolescente, seus pais ou responsável, e qualquer pessoa que tenha legítimo interesse na solução da lide poderão intervir nos procedimentos de que trata esta Lei (...)', aumenta o espectro de proteção ao menor, não se permitindo, portanto, intervenções em seu desfavor" (AgRg no Ag 899.653/RJ, 6.ª T., rel. Maria Thereza de Assis Moura, *DJ* 24.08.2009, v.u.).

334. Base constitucional: segundo preceitua o art. 133 da Constituição Federal: "o advogado é indispensável à administração da justiça, sendo inviolável por seus atos e manifestações no exercício da profissão, nos limites da lei".

335. Intimação do advogado: pode dar-se pessoalmente ou por intermédio de publicação no *Diário Oficial*, quando ele é constituído pela parte interessada. Atualmente, os atos processuais são publicados via internet, de modo que o advogado pode acompanhar o andamento do feito de seu escritório, o que muito facilita o andamento do feito.

336. Respeito ao segredo de justiça: a parte final deste dispositivo precisa ser analisada com critério e não genericamente. O advogado, atuando em determinando feito, de interesse de um menor ou de seus pais, não possui, *automaticamente*, acesso a todos os procedimentos e processos em trâmite na Vara da Infância e Juventude. Igualmente, mesmo em casos conexos, ele também não possui acessibilidade. Ilustrando, o advogado defensor dos pais, no processo de destituição do poder familiar, *não tem acesso* ao procedimento, que corre paralelamente, de colocação do menor em família substituta, pois este é um caso de segredo de justiça de interesse fundamental da criança ou adolescente. Afinal, não tem cabimento os destituídos pais biológicos terem ciência de quem são os pais adotivos de seu filho, permitindo um contato negativo e prejudicial. Mas o contrário pode dar-se. Os guardiões, interessados na adoção, têm legítimo interesse em intervir (ou até mesmo propor) no processo de destituição do poder familiar. Pode-se dizer que eles estariam se expondo, nessa hipótese, o que não deixa de ser verdade, mas o fazem por livre opção. Por vezes, pode ser o único meio de acelerar o feito em que se debate a perda do poder familiar ou até mesmo iniciá-lo, já que a legitimidade ativa não pertence somente ao Ministério Público. De todo modo, sempre que o advogado de uma das partes desejar acessar outro processo ou procedimento, em segredo de justiça, deve requerer ao magistrado, expondo suas razões. Havendo fundamento, o juiz deve deferir a vista. Se não houver, por óbvio, indeferirá. Dessa decisão, cabe agravo.

337. Preceito constitucional: desnecessário incluir neste Estatuto o disposto, claramente, no texto constitucional: "o Estado prestará assistência jurídica integral e gratuita aos que comprovarem insuficiência de recursos" (art. 5.º, LXXIV, CF).

Art. 207. Nenhum adolescente a quem se atribua a prática de ato infracional, ainda que ausente ou foragido, será processado sem defensor.[338]

§ 1.º Se o adolescente não tiver defensor, ser-lhe-á nomeado pelo juiz, ressalvado o direito de, a todo tempo, constituir outro de sua preferência.[339-340]

Art. 207

> § 2.º A ausência do defensor não determinará o adiamento de nenhum ato do processo, devendo o juiz nomear substituto, ainda que provisoriamente, ou para o só efeito do ato.[341]
>
> § 3.º Será dispensada a outorga de mandato, quando se tratar de defensor nomeado ou, sido constituído, tiver sido indicado por ocasião de ato formal com a presença da autoridade judiciária.[342]

338. Ampla defesa: esse princípio constitucional (art. 5.º, LV, CF) desdobra-se em *autodefesa* (direito do acusado de se defender, fornecendo a sua versão da imputação que lhe é feita diretamente à autoridade judiciária) e *defesa técnica* (direito de ter advogado, patrocinando a sua defesa de maneira eficiente). O disposto neste artigo é similar ao art. 261 do Código de Processo Penal ("nenhum acusado, ainda que ausente ou foragido, será processado ou julgado sem defensor"). Observa-se a nítida tendência deste Estatuto de conceder ao menor infrator *todos* os direitos e garantias essenciais do adulto, quando processado criminalmente. O fundamento extrai-se do pano de fundo da medida socioeducativa, que possui, mesmo que secundariamente, o prisma punitivo, cerceando direitos individuais. Ana Paula Motta Costa demonstra, com propriedade, que, "diante dessa parceria de atuação, que acaba caracterizando a especialidade da Justiça ou do Direito da Infância e da Juventude, os defensores constituem-se como estranhos ao ambiente do Juizado e à relação entre promotores e juízes. Os advogados particulares são muito poucos, tendo em vista o público de adolescentes que está afeto à jurisdição, que geralmente é pertencente às mais baixas camadas sociais. Os defensores públicos são em muito menor número que promotores e juízes e respondem nas comarcas por vários ramos do Direito. E os advogados dativos, nomeados quando inexiste outro tipo de defensor, não chegam a estabelecer maior vínculo, seja com seus clientes, seja com os promotores e juízes. Os adolescentes são frequentadores das Promotorias da Infância e da Juventude; os familiares procuram os promotores buscando solução para seus problemas de caráter social e de relacionamento; a comunidade apela por providências que, de preferência, tirem de circulação por algum tempo os adolescentes perturbadores da ordem; e o promotor, por sua vez, reúne o conjunto de 'desvios de comportamento', que em outros contextos poderiam ser considerados característicos da adolescência, como brigas com os pais, saída de casa ou mesmo envolvimento com drogadição, e buscam enquadrar tais atitudes como atos infracionais. Os juízes, identificados com as dificuldades enfrentadas pelos promotores, admitem a tramitação de processos de apuração de atos infracionais com estas características e acabam por aplicar a medida socioeducativa de internação, a qual parece satisfazer a todos: promotor, familiares, comunidade, como se desde o princípio do processo houvesse um consenso de interesses em torno do suposto 'bem-estar' dos adolescentes" (*As garantias processuais e o direito penal juvenil como limite na aplicação da medida socioeducativa de internação*, p. 124). Na jurisprudência: STJ: "1. Extrai-se de diversos dispositivos do Estatuto da Criança e do Adolescente (arts. 111, inciso III, 184, § 1.º, 186, § 2.º e 207) que o menor deve estar acompanhado durante todo o procedimento de apuração de ato infracional por advogado ou defensor público. 2. Se o adolescente e seus pais não se apresentarem à audiência marcada para a oitiva do menor na companhia de profissional da advocacia, deve ser possibilitada a assistência por defensor público, ou mesmo nomeado um advogado dativo, tudo com a finalidade de garantir-lhes o exercício da ampla defesa e do contraditório. 3. *In casu*, depreende-se do termo de assentada, assinado apenas pelo menor e sua mãe, que a audiência de apresentação foi realizada sem a presença de advogado ou da Defensoria Pública, cuja atuação só se deu a partir do oferecimento da defesa prévia, razão pela qual está caracterizada a eiva de natureza absoluta. Doutrina. Precedentes. 4. Ordem concedida para anular a audiência de apresentação e todos os atos subsequentes, a fim de que sejam renovados com a prévia cientificação do adolescente e de seus pais ou representante legal, garantindo-lhe a assistência jurídica por profissional habilitado, seja por meio de defensor constituído ou pela Defensoria Pública" (HC 147.069/ MG, 5.ª T., rel. Jorge Mussi, *DJ* 16.09.2010, v.u.). TJMG: "A presença do defensor do menor, dativo ou constituído, na audiência de apresentação é imprescindível, a teor do art. 207 do ECA, cujos ditames albergam o princípio da ampla defesa. Assim, a ausência do defensor no aludido ato processual o inquina de nulidade, a qual deverá ser decretada na instância revisora. O não comparecimento do representante legal do menor infrator na audiência de apresentação é mera irregularidade que não origina a nulidade deste ato, caso o menor compareça acompanhado de defensor e não ocorra prejuízo à defesa, em face do princípio insculpido no brocardo: *pas de nullité sans grief*" (Apelação Criminal 1.0223.09.280725-2/001, 1.ª Câm. Criminal, rel. Delmival de Almeida Campos, *DJ* 09.11.2010, v.u.).

339. Direito de escolha do defensor: nos mesmos termos ocorridos no cenário do acusado adulto, tem o adolescente o direito de optar pelo seu defensor, constituindo-o. Não pode o juiz impor-lhe um determinado advogado. Por isso, se ele não possui defensor, o magistrado indica um dativo para patrocinar a sua defesa, mas, a qualquer tempo, pode ingressar um outro profissional apontado pelo menor. Entretanto, é preciso considerar o fato de ser o adolescente patrocinado pela Defensoria Pública. No mesmo prisma, a qualquer momento, pode ele indicar um defensor para ingressar nos autos, substituindo o defensor público. Conferir: TJRS: "Na audiência de apresentação o representado foi assistido por defensor dativo, nos termos do art. 111, III, e do art. 207, § 1.º, ambos do ECA, em razão das férias do agente da Defensoria Pública local. Inocorrência de cerceamento de defesa" (Apelação Cível 70055987473, 8.ª Câm. Cível, rel. Ricardo Moreira Lins Pastl, 26.09.2013).

340. Adolescente indefeso: a ampla defesa, princípio constitucional dos mais relevantes, não é meramente formal, mas deve ser exercida em caráter material. Por isso, temos demonstrado, no processo penal, baseado no art. 497, V, do CPP, extensível a qualquer outro procedimento além do júri, ter o réu o direito a uma *defesa efetiva*, não somente pelo aspecto da *ampla* defesa, mas sobretudo pela *dignidade da pessoa humana*. Ser defendido *pro forma* é desastroso para o devido processo legal. Diante disso, o juiz deve zelar pela defesa eficaz. Detectando atos incompatíveis com o real interesse do menor, descaso no acompanhamento do feito, ausência de atos essenciais, como audiência de instrução e julgamento, de maneira injustificada, é preciso considerar o adolescente indefeso, nomeando-lhe outro defensor. Pouco importa se o defensor ineficiente era constituído, dativo ou mesmo defensor público. Acima de qualquer preceito legal, encontra-se a Constituição Federal, garantindo *ampla* defesa, que jamais pode ser formal, mas eficiente. Sempre que considerar o menor indefeso, deve comunicar a Ordem dos Advogados do Brasil, enviando as peças dos autos para as providências necessárias. Quando se tratar de defensor público, deve oficiar à chefia da instituição, comunicando o fato e solicitando outro defensor. Ana Paula Motta Costa lembra, no tocante à defesa dos menores na Vara da Infância e Juventude: "em função da cultura ainda presente originária da doutrina da situação irregular, muitas vezes o defensor comporta-se como se estivesse em comum acordo com o Ministério Público, os técnicos da equipe interprofissional e o juiz, buscando, todos juntos, o que consideram melhor para o adolescente. Assim, afirma o autor [referência a Ricardo Pérez Manrique], concorda-se, por exemplo, que é melhor o adolescente estar internado, mesmo sem ter sido exercido sua defesa técnica, porque tal medida seria melhor para ele do que permanecer na rua ou sem o tratamento psicológico adequado". (...) "Nota-se que, quando existe defesa material, estas são feitas por profissionais que, ou não dominam a matéria de Direito Penal ou, muito menos, demonstram qualquer intimidade com o Direito Penal e o Processo Penal contido no Estatuto da Criança e do Adolescente" (*As garantias processuais e o direito penal juvenil como limite na aplicação*

Art. 208

Estatuto da Criança e do Adolescente Comentado · Nucci   614

da medida socioeducativa de internação, p. 138 e 146). E finaliza: "em síntese, na medida em que não existe suficiente defesa, vê-se que os processos acabam prejudicados em seu equilíbrio e legitimidade. De outra parte, também fica evidente a necessidade de qualificação da defesa diante do seu potencial provocador da mudança de cultura no sentido da compreensão acerca da natureza sancionatória das medidas socioeducativas e, portanto, da necessidade de respeito às garantias processuais para legitimar a sua aplicação" (*As garantias processuais e o direito penal juvenil como limite na aplicação da medida socioeducativa de internação*, p. 147).

341. Ausência do defensor e nomeação *ad hoc*: dependendo do caso concreto, a nomeação de defensor *ad hoc* (para o ato) pode ser inviável. Se houver a realização de um ato processual de menor importância, ausente o defensor, que foi devidamente intimado, nomeia-se um *ad hoc* e não se adia a sua concretização. Porém, não vemos nenhum sentido em se nomear um defensor *ad hoc* para a audiência de instrução e julgamento, permitindo, inclusive, que o profissional recém-ingresso nos autos chegue ao ponto de debater oralmente o caso, permitindo o advento da sentença. Que defesa efetiva teve o menor? Uma simples formalidade, pois o advogado não conhece o adolescente pessoalmente, não tem noção da estratégia de defesa, leu os autos superficialmente e nem mesmo pode ter *interesse* no deslinde da causa. É inadmissível que tal situação ocorra. Se o defensor se ausenta, injustificadamente, da audiência de instrução e julgamento, o menor não pode arcar com o fardo; considera-se o adolescente indefeso, nomeando-se outro e redesignando-se a audiência para data futura. Pode-se, inclusive, punir o faltoso, por abandono da causa, nos termos do art. 265 do CPP. Outra hipótese é a ausência justificada dessa audiência, devendo o magistrado adiar o ato para outra data, sem nomear defensor em substituição.

342. Dispensa de mandato: trata-se de prática comum no processo penal. O acusado constitui o seu defensor no termo de qualquer audiência na presença do juiz. Assim também pode fazer o adolescente. Cuidando-se de defensor nomeado (dativo), por óbvio, o mandato inexiste. O mesmo se diga do defensor público. Entretanto, quem peticionar *antes* do advento de *ato formal* na presença da autoridade judiciária, deve apresentar a procuração. Este dispositivo é aplicável aos casos de adolescentes infratores. Para outras situações, o advogado constituído deve juntar aos autos o instrumento de mandato.

Capítulo VII
Da Proteção Judicial dos Interesses Individuais, Difusos e Coletivos

> **Art. 208.** Regem-se pelas disposições desta Lei as ações de responsabilidade por ofensa aos direitos assegurados à criança e ao adolescente, referentes ao não oferecimento ou oferta irregular:[343-344]
>
> I – do ensino obrigatório;[345]
>
> II – de atendimento educacional especializado aos portadores de deficiência;[346]
>
> III – de atendimento em creche e pré-escola às crianças de zero a cinco anos de idade;[347]
>
> IV – de ensino noturno regular, adequado às condições do educando;[348]
>
> V – de programas suplementares de oferta de material didático-escolar, transporte e assistência à saúde do educando do ensino fundamental;[349]
>
> VI – de serviço de assistência social visando à proteção à família, à maternidade, à infância e à adolescência, bem como ao amparo às crianças e adolescentes que dele necessitem;[350]

Título VI – Do Acesso à Justiça

Art. 208

VII – de acesso às ações e serviços de saúde;[351]

VIII – de escolarização e profissionalização dos adolescentes privados de liberdade.[352]

IX – de ações, serviços e programas de orientação, apoio e promoção social de famílias e destinados ao pleno exercício do direito à convivência familiar por crianças e adolescentes;[353]

X – de programas de atendimento para a execução das medidas socioeducativas e aplicação de medidas de proteção.[354]

XI – de políticas e programas integrados de atendimento à criança e ao adolescente vítima ou testemunha de violência.[354-A]

§ 1.º As hipóteses previstas neste artigo não excluem da proteção judicial outros interesses individuais, difusos ou coletivos, próprios da infância e da adolescência, protegidos pela Constituição e pela Lei.[355]

§ 2.º A investigação do desaparecimento de crianças ou adolescentes será realizada imediatamente após notificação aos órgãos competentes, que deverão comunicar o fato aos portos, aeroportos, Polícia Rodoviária e companhias de transporte interestaduais e internacionais, fornecendo-lhes todos os dados necessários à identificação do desaparecido.[356]

§ 3.º A notificação a que se refere o § 2.º deste artigo será imediatamente comunicada ao Cadastro Nacional de Pessoas Desaparecidas e ao Cadastro Nacional de Crianças e Adolescentes Desaparecidos, que deverão ser prontamente atualizados a cada nova informação.[356-A]

343. Delimitação da competência: este artigo seria dispensável, a não ser pela sua utilidade em apontar, com clareza, o juízo competente para apreciar todas as ações decorrentes dos direitos e garantias de crianças e adolescentes. Trata-se da Vara da Infância e Juventude da região onde o fato se realiza ou a omissão se verifica.

344. Rol de direitos já enunciados em outros dispositivos: todos os incisos deste artigo contêm direitos claramente previstos noutros pontos deste Estatuto. Nenhum deles é novidade, motivo pelo qual é supérflua a sua repetição no art. 208. De qualquer forma, a maioria deles comportaria imediata intervenção do Ministério Público, propondo as ações civis públicas cabíveis para corrigir defeitos e sanar inúmeras omissões.

345. Ensino obrigatório: ver os comentários ao art. 54, I, desta Lei.

346. Atendimento educacional personalizado a deficientes: ver os comentários ao art. 54, III, deste Estatuto.

347. Atendimento em creche e pré-escola: ver os comentários ao art. 54, IV, desta Lei.

348. Ensino noturno regular: ver os comentários ao art. 54, VI, deste Estatuto.

349. Programas suplementares: ver os comentários ao art. 54, VII, desta Lei.

350. Assistência social: ver os comentários ao art. 87, II, deste Estatuto. Por outro lado, vale ressaltar que, na prática, no Brasil, o serviço de assistência social para a proteção da família, da maternidade, da infância e da adolescência é minimamente ofertado e ainda omisso na maioria dos municípios. É preciso ressaltar a *tese* e a *prática*. Em tese, os Municípios possuem serviços de assistência social; na prática, poucos funcionam com eficácia. Eis um bom motivo para justificar a ação civil pública, ajuizada pelo Ministério Público, a fim de garantir o direito apregoado no art. 87, II, repetido neste inciso.

Art. 208

Estatuto da Criança e do Adolescente Comentado • **Nucci**

351. Acesso à saúde: ver os comentários feitos ao art. 4.º e seguintes do Título II, Capítulo I, deste Estatuto. Na jurisprudência: TJAL: "Não há que se falar em competência das Varas da Fazenda Pública Estadual, pois, em que pese uma das consequências do pedido da parte autora gerar despesas ao Erário estadual, o principal intuito é garantir o princípio da prioridade absoluta dos interesses coletivos dos adolescentes internados. A competência da Vara da Infância e da Juventude é absoluta e justifica-se pelo relevante interesse social e pela importância do bem jurídico a ser tutelado nos termos do art. 208, VII, do ECA, bem como por se tratar de questão afeta a direitos individuais, difusos ou coletivos do infante, nos termos dos arts. 148, inciso IV, e 209, do Estatuto da Criança e do Adolescente. Decisão anulada. Precedentes do STJ" (AI 0803367-80.2014.8.02.0000-AL, 3.ª Câm. Cível, rel. Celyrio Adamastor Tenório Accioly, 06.10.2016, v.u.).

352. Escolarização e profissionalização dos adolescentes privados da liberdade: ver os comentários ao art. 94, X, desta Lei.

353. Proteção ao convívio familiar natural: introduzido pela Lei 12.010/2009, indevidamente conhecida por *Lei da Adoção*, pois, em verdade, é a *Lei do Convívio da Família Biológica*, estabelece, não somente neste artigo, providências gerais (ações, serviços, programas de orientação) para assegurar o *pleno* exercício do *direito* à convivência familiar por crianças e adolescentes. O foco é colocar a família substituta em segundo plano, visando à promoção de ações estatais, mesmo assistenciais, para fortalecer os laços de sangue, a qualquer custo. Por isso, dificultou-se a adoção dirigida, bem como o processo para a destituição do poder familiar. Olvida-se a realidade de mães que entregam seus filhos ao abandono assim que nascem; pais que geram filhos simplesmente porque se recusam a usar métodos para evitar, mas não cuidam nem se importam com o seu bem-estar; pais viciados, criminosos, drogados, cujos objetivos estão bem distantes de criar, convenientemente, um filho. Quer-se *impor* um programa estatal de assistência social, como se houvesse o *milagre* do nascimento ou renascimento do amor entre pessoas do mesmo sangue. Além de a estrutura do poder público ser deficiente para esses passos de suporte social, esquece-se de que, quanto mais o tempo corre, a partir do nascimento da criança, maiores são os traumas enfrentados pela rejeição paterno--materna biológica; maiores são os obstáculos para a inserção em família substituta; imensas são as máculas sentimentais e emocionais de infantes abrigados à espera de um pretenso *reencontro* com a família biológica, que não vai acontecer, porque inexiste interesse – e não somente porque há pobreza. Em suma, a convivência com a família natural é promissora na exata medida em que se detecte força de vontade da mãe ou do pai (ou de ambos) para criar, corretamente, seus filhos. Insistir, por força de ações estatais artificiais, somente prorroga o sofrimento de crianças e adolescentes.

354. Atendimento à execução de medidas socioeducativas e de proteção: este inciso foi introduzido pela Lei 12.594/2012, que cuida da execução dessas medidas, instituindo a obrigação do Estado em "criar, desenvolver e manter programas para a execução das medidas socioeducativas de semiliberdade e internação" (art. 4.º, III, Lei 12.594/2012) e do Município em "criar e manter programas de atendimento para a execução das medidas socioeducativas em meio aberto" (art. 5.º, III, Lei 12.594/2012). Portanto, se o Estado ou o Município não cumprirem seus deveres, cabe ação civil pública para compeli-los a tanto.

354-A. Vítima ou testemunha de violência: quando a criança ou adolescente é vítima de alguma forma de violência, como regra, há lei específica para punir o infrator; torna-se conveniente, também, prever programas de apoio à parte ofendida. No entanto, é preciso assegurar, ainda, particular tutela, por meio de programa estatal especial, ao infante ou jovem que testemunha a violência, seja ela doméstica ou em outro lugar, constituindo crime ou

Título VI – Do Acesso à Justiça

Art. 209

apenas um ilícito civil. Testemunhar a violência pode ser tão dramático quanto experimentá-la como vítima. Trata-se de uma das preocupações da sociedade, prevista, atualmente, na Lei 13.431/2017.

355. Rol exemplificativo: embora não houvesse necessidade, este dispositivo deixa clara a natureza do rol do art. 208, como sendo meramente exemplificativo. Portanto, vários outros direitos de crianças e adolescentes podem ser assegurados por meio de ações de responsabilidade, embora não constantes desta lista.

356. Desaparecimento de crianças ou adolescentes: inserido pela Lei 11.259/2005, cuida o dispositivo de investigação do desaparecimento de infantes e jovens. O problema tornou-se grave, ao longo dos anos, razão pela qual, além da comunicação aos pontos de entrada e saída do país, da polícia responsável pelas rodovias e das companhias de transporte, mais medidas foram implementadas, como se verifica no § 3.º deste artigo.

356-A. Cadastro Nacional de Pessoas Desaparecidas: a criação desse mecanismo de controle unifica as medidas protetivas e investigatórias para a localização de pessoas adultas e menores de 18 anos em todo o País. No tocante às providências para buscar crianças e adolescentes, criou-se um específico tipo penal incriminador, quando as pessoas responsáveis se omitem nessa comunicação. Verificar o art. 244-C desta lei.

> **Art. 209.** As ações previstas neste Capítulo serão propostas no foro do local onde ocorreu ou deva ocorrer a ação ou omissão, cujo juízo terá competência absoluta[357] para processar a causa, ressalvadas a competência da Justiça Federal e a competência originária dos tribunais superiores.

357. Competência absoluta: as ações de responsabilidade por ofensa aos direitos de crianças e adolescentes devem ser ajuizadas em Varas da Infância e Juventude do lugar onde a falha ou falta ocorreu ou onde deveria ter acontecido a ação ou omissão do poder público. Em suma, cuidando-se de competência *absoluta*, o juiz pode declinar de ofício, enviando o feito ao juízo competente, no seu entendimento. Conforme o caso, pode dar ensejo ao conflito negativo de competência (quando dois ou mais juízes se negam a assumir a causa) ou ao conflito positivo de competência (quando dois ou mais juízes pretendem assumir a mesma causa). Se o conflito se der entre autoridades judiciárias do mesmo Estado da Federação, deve ser julgado pelo Tribunal de Justiça ao qual estão subordinados os juízes. Se o conflito abranger magistrados de Estados diversos, cabe ao STJ dirimi-lo. O mesmo acontece se o conflito envolver autoridade judiciária estadual e autoridade judiciária federal: o STJ deve decidir. De todo modo, a competência é absoluta tanto no tocante à matéria (infância e juventude) como no tocante ao local (território). Nesse ponto, cremos correta a norma, pois não teria cabimento o juiz da Comarca Y decidir qualquer situação de falha ou falta ocorrida na Comarca X, onde há juízo da infância e juventude igualmente. As peculiaridades locais devem ser verificadas e avaliadas pelo juízo desse lugar em benefício das crianças e adolescentes. Como regra, o feito será decidido em Vara da Infância e Juventude (competência estadual), pois a maioria dos casos é de responsabilidade do Estado ou do Município. Excepcionalmente, quando envolver a União, suas autarquias e empresas públicas federais (art. 109, I, CF), desloca-se a competência para a Justiça Federal, atuando o Ministério Público Federal. Outra ressalva diz respeito à competência originária dos Tribunais Superiores, que também, como regra, estarão alheios à contenda. Porém, se o governador do Estado cometer um delito previsto neste Estatuto, será julgado no Superior Tribunal de Justiça. Na jurisprudência: STJ: "I – Em se tratando de ação

Art. 210

de natureza previdenciária, ainda que figure em um dos polos da relação processual menor, a competência para processar e julgar será sempre da Justiça Federal, nos termos do art. 209 do Estatuto da Criança e do Adolescente. II – Inexistindo, no local de domicílio do menor, vara federal, prevalecerá a regra da competência federal delegada das causas previdenciárias à Justiça Estadual, insculpida no § 3.º do art. 109 da Constituição Federal de 1988. III – Conflito de competência conhecido para declarar competente para a causa o Juízo da 2.ª Vara Cível da Comarca de Formiga/MG" (CC 161.373/MG, 1.ª Seção, rel. Francisco Falcão, 14.08.2019, v.u.); "1. De acordo com o entendimento desta Corte, em se tratando de competência para o julgamento de mandado de segurança, o critério é estabelecido em razão da função ou da categoria funcional da autoridade indicada como coatora (*ratione auctoritatis*), mostrando-se despicienda a matéria tratada na impetração, a natureza do ato impugnado ou a pessoa do impetrante. 2. Assim, voltada a medida judicial contra ato do Comandante do Colégio Militar de Manaus – autoridade federal – firma-se a competência da Justiça Federal. 3. Frise-se, ainda, que o Estatuto da Criança e do Adolescente ressalva as hipóteses de competência da Justiça Federal: 'Art. 209. As ações previstas neste Capítulo serão propostas no foro do local onde ocorreu ou deva ocorrer a ação ou omissão, cujo juízo terá competência absoluta para processar a causa, ressalvadas a competência da Justiça Federal e a competência originária dos tribunais superiores'. 4. Agravo regimental a que se nega provimento" (AgRg no REsp 1.167.254/AM, 2.ª T., rel. Og Fernandes, *DJ* 18.06.2014, v.u.); "1. Conforme já asseverado pela Segunda Seção deste Superior Tribunal, 'a aprendizagem se configura relação de trabalho' (CC 83.804/MS, rel. Min. Nancy Andrighi, Segunda Seção, *DJe* 05.03.2008). 2. Na espécie, porém, não está em jogo imediata e atual relação conflituosa de trabalho entre aprendiz e a Caixa Econômica Federal-CEF, mas, antes, autônoma controvérsia judicial instalada entre a CEF e o Conselho Municipal dos Direitos da Criança e do Adolescente de Vitória/ES (CONCAV), cujo Conselho se recusa a efetuar o registro de programa de aprendizagem apresentado pela CEF, restando, assim, afastada a aplicação da regra de competência trabalhista fincada no art. 114, I, da CF. 3. Por outro lado, a presença de empresa pública federal no polo ativo da ação (no caso, a CEF), e estando afastada a competência da justiça laboral, faz atrair a consequente e residual competência da justiça federal, a teor do art. 109, I, da Carta Magna, previsão, de resto, também seguida pelo art. 209, do ECA. 4. Conflito conhecido para declarar competente o Juízo Federal suscitado" (CC 132.669/ES, 1.ª Seção, rel. Sérgio Kukina, *DJ* 23.04.2014, v.u.).

> **Art. 210.** Para as ações cíveis fundadas em interesses coletivos ou difusos, consideram-se legitimados concorrentemente:[358]
>
> I – o Ministério Público;
>
> II – a União, os estados, os municípios, o Distrito Federal e os territórios;
>
> III – as associações legalmente constituídas há pelo menos um ano e que incluam entre seus fins institucionais a defesa dos interesses e direitos protegidos por esta Lei, dispensada a autorização da assembleia, se houver prévia autorização estatutária.
>
> § 1.º Admitir-se-á litisconsórcio facultativo entre os Ministérios Públicos da União e dos estados na defesa dos interesses e direitos de que cuida esta Lei.[359]
>
> § 2.º Em caso de desistência ou abandono da ação por associação legitimada, o Ministério Público ou outro legitimado poderá assumir a titularidade ativa.[360]

358. Legitimidade ativa: as ações de responsabilidade por ofensa aos direitos infantojuvenis podem ser propostas pelos órgãos apontados nos incisos deste artigo. Cuida-se de legitimação concorrente; quem propuser em primeiro lugar, tem preferência. Por outro lado, se o Ministério Público não for o autor, participará como fiscal da lei. Além disso, como regra, a União, os Estados, os Municípios e o Distrito Federal tendem a ser requeridos nessas demandas, figurando no polo passivo. Finalmente, as associações em defesa dos direitos de crianças e adolescentes (ONGs) podem ingressar com essa espécie de demanda, de modo facilitado (sem autorização da assembleia), bastando previsão nos seus estatutos.

359. Litisconsórcio facultativo: se a ação for movida pelo Ministério Público Federal contra a União ou ente autárquico federal na Justiça Federal, envolvendo, também, o Estado ou autarquia estadual (ou o Município), poderá o Ministério Público Estadual integrar o polo ativo, em litisconsórcio. A demanda contra a União e o Estado deve ser proposta no juízo federal, que atrai o julgamento da causa.

360. Desistência ou abandono: em função do *superior* interesse da criança ou adolescente, que tem *absoluta prioridade*, estabelece-se a possibilidade de a associação (inciso III deste artigo), desistindo da ação expressamente ou simplesmente abandonando o polo ativo, não mais dando andamento ao feito, ser substituída pelo Ministério Público ou pelas pessoas jurídicas enumeradas no inciso II. Entretanto, vale destacar que se trata de *facultatividade* e não de obrigação, pois a causa proposta pela organização não governamental pode ser infundada. Não é o Ministério Público, por exemplo, obrigado a assumir causa sem substrato jurídico defensável.

> **Art. 211.** Os órgãos públicos legitimados poderão tomar dos interessados compromisso de ajustamento de sua conduta às exigências legais, o qual terá eficácia de título executivo extrajudicial.[361]

361. Termo de ajustamento de conduta: a Lei 7.347/1985 (Lei da Ação Civil Pública) dispõe no art. 5.º, § 6.º, o seguinte: "os órgãos públicos legitimados poderão tomar dos interessados compromisso de ajustamento de sua conduta às exigências legais, mediante cominações, que terá eficácia de título executivo extrajudicial". Na sequência, encontra-se no art. 784 do Código de Processo Civil: "são títulos executivos extrajudiciais: (...) XII – todos os demais títulos aos quais, por disposição expressa, a lei atribuir força executiva". Portanto, o disposto pelo art. 211 deste Estatuto busca facilitar o cumprimento dos direitos infantojuvenis, em fase pré-processual, geralmente investigatória, mediante o estabelecimento do termo de ajustamento de conduta, por meio do qual a entidade *devedora* compromete-se a sanar a falha ou omissão em determinado prazo. Não o fazendo, pode-se executar diretamente o acordo, sem necessidade de processo de conhecimento.

> **Art. 212.** Para defesa dos direitos e interesses protegidos por esta Lei, são admissíveis todas as espécies de ações pertinentes.[362]
>
> § 1.º Aplicam-se às ações previstas neste Capítulo as normas do Código de Processo Civil.[363]
>
> § 2.º Contra atos ilegais ou abusivos de autoridade pública ou agente de pessoa jurídica no exercício de atribuições do poder público, que lesem direito líquido e certo previsto nesta Lei, caberá ação mandamental, que se regerá pelas normas da lei do mandado de segurança.[364]

Art. 213

Estatuto da Criança e do Adolescente Comentado · **Nucci**

362. Lei pedagógica e didática: não bastassem tantas repetições de normas praticamente idênticas, pretende o legislador ministrar *ensinamentos doutrinários*, típicos das faculdades de Direito. Não se trata nem mesmo de aclarar a lei, mas de *ensinar* o operador do Direito a trabalhar o sistema jurídico-legislativo. Diz este preceito que se pode utilizar, para a defesa dos direitos e interesses das crianças e adolescentes, *todas* as espécies de ações *pertinentes*. Eis o ponto fulcral: pode-se utilizar qualquer ação *cabível*. Não se pode valer de *todas* as ações, mas somente das *pertinentes*. E não é exatamente isso que se aprende na faculdade, nas aulas de processo? Lembramo-nos que sim. Dispensam-se maiores comentários, por óbvio.

363. Aplicação subsidiária do CPC: enquanto no art. 152 desta Lei menciona-se a aplicação subsidiária da legislação processual *pertinente*, podendo ser tanto processo civil quanto processo penal, nesta hipótese, opta-se, claramente, pelo Código de Processo Civil. Facilita-se, pois, o entendimento e a integração da via processual adequada. Não há um sistema processual próprio para as ações de responsabilidade, previstas no art. 208. Utiliza-se, em tudo, o CPC.

364. Mandado de segurança: uma singela comparação entre o disposto neste preceito e o art. 5.º, LXIX, da Constituição Federal: "conceder-se-á mandado de segurança para proteger direito líquido e certo, não amparado por *habeas corpus* ou *habeas data*, quando o responsável pela ilegalidade ou abuso de poder for autoridade pública ou agente de pessoa jurídica no exercício de atribuições do Poder Público". Se vislumbrássemos uma única diferença entre ambos, poderíamos tecer algum comentário. O leitor, por certo, também não visualiza absolutamente nada. O estudo do mandado de segurança não é objeto dos comentários a este Estatuto. Aliás, só para completar, nos dizeres de Ada Pellegrini Grinover, "o dispositivo do Estatuto é inócuo, limitando-se a repetir o que já existe na norma autoaplicável da Constituição..." (Munir Cury [org.], *Estatuto da Criança e do Adolescente comentado*, p. 1.024).

> **Art. 213.** Na ação que tenha por objeto o cumprimento de obrigação de fazer ou não fazer, o juiz concederá a tutela específica da obrigação ou determinará providências que assegurem o resultado prático equivalente ao do adimplemento.[365]
>
> § 1.º Sendo relevante o fundamento da demanda e havendo justificado receio de ineficácia do provimento final, é lícito ao juiz conceder a tutela liminarmente ou após justificação prévia, citando o réu.[366]
>
> § 2.º O juiz poderá, na hipótese do parágrafo anterior ou na sentença, impor multa diária ao réu, independentemente de pedido do autor, se for suficiente ou compatível com a obrigação, fixando prazo razoável para o cumprimento do preceito.[367]
>
> § 3.º A multa só será exigível do réu após o trânsito em julgado da sentença favorável ao autor, mas será devida desde o dia em que se houver configurado o descumprimento.[368]

365. Obrigação de fazer ou deixar de fazer: o objetivo deste dispositivo é garantir que o provimento jurisdicional seja eficaz para a criança ou adolescente, mesmo que não seja possível determinar exatamente o que o pedido inicial requer. Pretende-se a matrícula de crianças em escola municipal do bairro X. Inexistente escola nesse local, o juiz não deixará de determinar providência similar, determinando a matrícula dos infantes na escola do bairro próximo. Conferir: STJ: "É legítima a determinação da obrigação de fazer pelo Judiciário para tutelar o direito subjetivo do menor a tal assistência educacional, não havendo falar em discricionariedade da Administração Pública, que tem o dever legal de assegurá-lo. Precedentes do STJ e do STF" (REsp 511.645/SP, 2.ª T., rel. Herman Benjamin, *DJ* 18.08.2009, v.u.).

366. Tutela antecipada: em caráter liminar, antes de se discutir o mérito, pode – e deve – o juiz conceder a tutela antecipada, que nada mais é do que adiantar parte do pedido – ou mesmo a sua totalidade – a depender do caso concreto, quando vislumbrar *fumus boni juris* (a fumaça do bom direito) e o *periculum in mora* (o perigo na demora). O *fumus boni juris* significa a verossimilhança do pleito apresentado pelo autor, vale dizer, a elevada probabilidade, em face dos argumentos tecidos na inicial e da documentação juntada, de ser julgado procedente ao final. O *periculum in mora* simboliza a necessidade de se antecipar o conteúdo decisório, quanto ao mérito, sob pena de se tornar completamente inútil ao término da demanda. Nem sempre a antecipação da tutela, conforme o pedido formulado e os documentos ofertados, pode ser imediatamente concedida, logo após o recebimento da inicial, pois depende da produção de mais alguma prova, mesmo em caráter liminar. Diante disso, pode designar audiência de justificação, citando-se o requerido para dela participar. Na data marcada, compareçam requerente e requerido para apresentar suas razões – e mais alguma prova –, para que seja concedida a tutela antecipada (pelo autor) e para que não seja (pelo réu). Na jurisprudência: TJRS: "Ação civil pública. ECA. Interdição provisória de estabelecimento comercial. Acusação de favorecimento de exploração sexual de menores. Liminar. Mantida. Restando comprovado, dentro da cognição sumária apresentada, que o estabelecimento comercial pratica atividade ilícita, afrontando os princípios constitucionais e legais de proteção à Infância e Juventude, em razão de permitir que adolescente seja submetida à exploração sexual, necessária a interdição provisória do comércio. Inteligência do art. 213 do ECA. Recurso desprovido" (Agravo de Instrumento 70022759286, 8.ª Câm. Cível, rel. José Ataídes Siqueira Trindade, j. 18.03.2008).

367. Multa cominatória: a obrigação de fazer ou não fazer alguma coisa, quando não cumprida voluntariamente, pode necessitar de um implemento, de natureza sancionatória, com o fim de forçar o seu adimplemento. Portanto, o juiz pode impor uma multa diária ao requerido, para que cumpra a tutela antecipada ou para que siga o mandamento da sentença. A lei não estabelece limites – mínimo e máximo – para a referida multa, devendo o magistrado atuar com cautela, pois essa sanção pecuniária não pode ter o caráter confiscatório, nem se basear em excesso. Afinal, o excesso é sempre um *abuso de direito*, configurando algo ilícito. Por outro lado, não pode ser fixada em quantia ínfima, pois não produzirá efeito algum; o requerido pode preferir arcar com o seu custo a cumprir a obrigação imposta. Outro ponto importante é o estabelecimento de um prazo *razoável* para seguir a ordem judicial. Mais uma vez, conta-se com o prudente critério do magistrado. Nem muito prazo a ponto de perder a eficiência; nem tão pouco a ponto de ser impossível cumprir. Note-se, inclusive, mais um ponto de poder conferido ao juiz: fixar a multa cominatória de ofício, sem pedido do autor. Por isso, muito bem lembra Kazuo Watanabe: "para isso, evidentemente, os juízes deverão estar muito bem preparados, com a reciclagem permanente de seus conhecimentos jurídicos e de outras áreas do saber humano e com a perfeita aderência à realidade socioeconômica-política em que se encontram inseridos, de tal modo que os direitos dos menores e dos adolescentes consagrados no Estatuto sejam efetivamente tutelados. O maior preparo dos juízes mais ainda se impõe quando se tem presente a ampliação de seus poderes, pela clara adoção pelo Estatuto de novos e mais eficazes tipos de provimentos jurisdicionais, como a *ação mandamental* de eficácia assemelhada à *injunction* do sistema da *common law* e à ação *inibitória* do direito italiano" (Munir Cury [org.], *Estatuto da Criança e do Adolescente comentado*, p. 1.028-1.029). Na jurisprudência: TJMG: "De acordo com os arts. 213, § 2.º, e 214, ambos da Lei 8.069/90 (Estatuto da Criança e do Adolescente), os valores das multas deverão ser revertidos ao

Art. 214

Estatuto da Criança e do Adolescente Comentado · **Nucci**

Fundo Municipal dos Direitos da Criança e do Adolescente do respectivo Município, não havendo previsão legal de destiná-los diretamente à criança" (Agravo de Instrumento Cv 1.0223.10.009599-9/001, 3.ª Câm. Cível, rel. Silas Vieira, *DJ* 17.02.2011, v.u.).

368. Exigibilidade da multa: corretamente, a multa pode ser fixada tanto na fase da tutela antecipada quanto por ocasião da sentença de mérito, mas somente será passível de cobrança quando do trânsito em julgado. É nesse momento que se tem certeza da imutabilidade da decisão, seja a inicial, seja a final, em favor do autor. A multa é devida desde a tutela antecipada, quando concedida nesse momento processual, pois, se assim não fosse, perderia seu caráter cominatório.

> **Art. 214.** Os valores das multas reverterão ao fundo gerido pelo Conselho dos Direitos da Criança e do Adolescente do respectivo município.[369]
>
> § 1.º As multas não recolhidas até trinta dias após o trânsito em julgado da decisão serão exigidas através de execução promovida pelo Ministério Público, nos mesmos autos, facultada igual iniciativa aos demais legitimados.[370]
>
> § 2.º Enquanto o fundo não for regulamentado, o dinheiro ficará depositado em estabelecimento oficial de crédito, em conta com correção monetária.[371]

369. Destino da multa: embora o número de multas cominatórias nessa área da infância e juventude seja diminuto, inclusive porque há vários termos de ajustamento de conduta celebrados, quando estabelecido – e executado –, devem reverter, corretamente, para um fundo gerido pelo Conselho Municipal dos Direitos da Criança e do Adolescente, primeiro responsável pela política de atendimento. Explica Antonio Herman V. Benjamin que, "no sistema tradicional, as multas, uma vez recolhidas, passam a integrar o erário público. Ora, tal encaminhamento contraria o *fundamento social* que inspira, nos casos de interesses e direitos transindividuais, a decisão sancionadora. A opção pela multa não visa simplesmente impor gravame ao sancionado, como resposta à reprovabilidade social de sua atividade. A multa tem, igualmente, um componente econômico para a reparação dos *componentes difusos* dos danos causados pelo agente, componentes, estes, que, de regra, não integram (até por dificuldade de cálculo) o valor da indenização pelo dano efetivo causado" (Munir Cury [org.], *Estatuto da Criança e do Adolescente comentado*, p. 1.031).

370. Execução da multa: embora pudesse essa matéria ser disciplinada pela legislação processual civil, como indicado pelo art. 212, § 1.º, desta Lei, indica-se regra básica para a cobrança. Concede-se o prazo de 30 dias, após o trânsito em julgado, para pagamento voluntário. Fora desse quadro, cabe ao Ministério Público a legitimação ativa para a execução, embora com todas as dificuldades, caso seja cobrança contra a Fazenda Pública Municipal, Estadual ou Federal. Nos tribunais: STJ: "Pela leitura do art. 214, § 1.º, do ECA, verifica-se que a multa por infração administrativa, não paga espontaneamente no prazo de trinta dias, só pode ser executada pelo Ministério Público após o trânsito em julgado da decisão que a aplicou. Assim, não havendo o trânsito em julgado da decisão condenatória, não corre prazo para o pagamento espontâneo, não podendo se falar em prescrição da execução. O marco inicial para a contagem do prazo prescricional para a cobrança da multa administrativa imposta, em razão de infração prevista no ECA, é o trânsito em julgado para efeito de pagamento da multa e não a data da infração administrativa" (REsp 1.323.653/SC, 2.ª T., rel. Mauro Campbell Marques, *DJ* 19.03.2013, v.u.).

371. Alternativa ao fundo: o fundo precisa ser criado por lei e devidamente regulamentado; nem sempre o Município cuida disso a tempo de receber o valor de uma multa relativa a ação de responsabilidade. Portanto, deposita-se em banco, com correção monetária, até o dia em que possa ser transferido ao fundo.

> **Art. 215.** O juiz poderá conferir efeito suspensivo aos recursos, para evitar dano irreparável à parte.[372]

372. Efeito do recurso: cabe apelação contra a decisão de mérito, nos termos do Código de Processo Civil. Mas o efeito não é duplo (devolutivo e suspensivo), como é a regra na legislação processual civil; depende do juiz essa decisão, que é facultativa. *Pode* o julgador conceder efeito suspensivo, aliado ao devolutivo, caso vislumbre *dano irreparável à parte*, seja autor, seja réu. Imagine-se decisão de mérito, confirmando tutela antecipada, para determinar a matrícula de várias crianças em ensino fundamental nas escolas do Município, para que ninguém fique sem estudo. Já foi concedida a antecipação, em sede liminar, razão pela qual não há sentido algum em se conceder efeito suspensivo a essa sentença. Noutro prisma, negando-se tutela antecipada, a sentença de mérito pode determinar que se construa nova unidade de internação no município. Parece-nos ideal conceder efeito suspensivo, pois pode ser inviável uma construção sem a confirmação definitiva do julgado. Na jurisprudência: STJ: "1. Inadmissível a análise da alegação de decretação da internação pelo Magistrado sentenciante de ofício, pois tal matéria não foi apreciada pelo Tribunal *a quo*, no julgamento do *habeas corpus*, ficando esta Corte impedida de apreciar o tema sob pena de incidir em indesejada supressão de instância. 2. O entendimento deste STJ é no sentido de que, 'À despeito de a Lei 12.010/2009 ter revogado o inciso VI do artigo 198 do Estatuto da Criança e do Adolescente, que conferia apenas o efeito devolutivo ao recebimento dos recursos – e inobstante a nova redação conferida ao *caput* do art. 198 pela Lei n. 12.594/2012 –, continua em vigor o disposto no artigo 215 do ECA, o qual prevê que o juiz poderá conferir efeito suspensivo aos recursos, para evitar dano irreparável à parte' (AgRg no HC 722.607/SC, relator Ministro Olindo Menezes (Desembargador Convocado do TRF 1.ª Região), Sexta Turma, julgado em 5/4/2022, *DJe* de 8/4/2022). 3. A pendência de julgamento de apelação não é óbice ao imediato cumprimento da internação, pois, na linha da jurisprudência de ambas as Turmas que compõe a Terceira Seção dessa Corte Superior, a aplicação do princípio da intervenção precoce e da atualidade não contraria o princípio da presunção de inocência. 4. O art. 122 do Estatuto da Criança e do Adolescente – ECA autoriza a imposição da medida socioeducativa de internação somente nas hipóteses de ato infracional praticado com grave ameaça ou violência contra a pessoa, reiteração no cometimento de outras infrações graves ou descumprimento reiterado e injustificável de medida anteriormente imposta. *In casu*, observa-se que a imposição da internação por prazo indeterminado deveu-se ao fato de o ora agravante ter abusado sexualmente de uma criança de 7 anos de idade. Destacou-se, ainda, que responde a representação anterior pela prática de ato infracional de mesma natureza, praticado contra criança de 10 anos de idade, justificando, assim, a medida socioeducativa imposta pelas instâncias ordinárias. Precedentes.5. Agravo regimental desprovido" (AgRg no HC 820.465/SP, 5.ª T., rel. Joel Ilan Paciornik, 26.06.2023, v.u.).

> **Art. 216.** Transitada em julgado a sentença que impuser condenação ao poder público, o juiz determinará a remessa de peças à autoridade competente, para apuração da responsabilidade civil e administrativa do agente a que se atribua a ação ou omissão.[373]

Art. 217

Estatuto da Criança e do Adolescente Comentado • Nucci

373. Responsabilidade civil e administrativa: condenando-se o poder público, há sempre um agente público por trás da falta ou da omissão. Quanto a isso, parece-nos irrefutável; entretanto, não acreditamos em localizar e punir uma pessoa determinada, nem no campo civil, nem no administrativo. Ademais, olvidou-se o aspecto penal, pois, havendo irregularidades provocadas por um agente específico, é evidente poder tratar-se de uma infração penal. Diante disso, o julgador deve extrair peças dos autos para remeter a todas as esferas: civil, administrativa e penal. Neste último caso, ao Ministério Público ou à Polícia Judiciária. Quanto à responsabilidade civil, ao Ministério Público. No tocante à administrativa, ao superior hierárquico do referido agente. Somente para argumentar, aproveitando exemplo já dado em nota anterior, inexistindo vagas suficientes em escolas do município, geralmente um problema crônico, que atravessa gestões, quem será pessoalmente responsabilizado? O Prefeito que estiver à frente do Executivo Municipal no momento do início do processo ou aquele que estava no cargo por ocasião da constatação do problema? O ex-prefeito, caso a ação inicie-se numa gestão, mas termine em outra? Certamente, o chefe do Executivo alegará que a culpa cabe à gestão anterior. Em suma, cremos ser rara a *individualização* da responsabilidade.

> **Art. 217.** Decorridos sessenta dias do trânsito em julgado da sentença condenatória sem que a associação autora lhe promova a execução, deverá fazê-lo o Ministério Público, facultada igual iniciativa aos demais legitimados.[374]

374. Legitimidade ativa para a execução: cabe, inicialmente, à parte autora. Cuidando-se do Ministério Público, a própria instituição. Porém, tratando-se de associações, conforme dispõe o art. 210, III, desta Lei, há o prazo de 60 dias para a execução; não o fazendo, transfere-se ao Ministério Público esse dever. Nada se mencionou, embora devesse, quanto às pessoas jurídicas descritas no inciso II. Se elas também não propuserem a execução, resta ao Ministério Público. O *Parquet deve* promover a execução; não o fazendo, haverá falta funcional, com responsabilização administrativa, civil e até mesmo criminal (prevaricação, por exemplo). Admite-se o litisconsórcio, ou seja, proposta a execução pelo MP, os outros legitimados primitivos podem aderir (associações ou entes públicos).

> **Art. 218.** O juiz condenará a associação autora a pagar ao réu os honorários advocatícios arbitrados na conformidade do § 4.º do art. 20 da Lei n.º 5.869, de 11 de janeiro de 1973 (Código de Processo Civil), quando reconhecer que a pretensão é manifestamente infundada.[375]
>
> **Parágrafo único.** Em caso de litigância de má-fé, a associação autora e os diretores responsáveis pela propositura da ação serão solidariamente condenados ao décuplo das custas, sem prejuízo de responsabilidade por perdas e danos.[376]

375. Ação manifestamente infundada: quando a pretensão da associação autora for nitidamente desarrazoada, cabe condenação da associação autora em honorários advocatícios, nos termos do art. 85 do CPC: "A sentença condenará o vencido a pagar honorários ao advogado do vencedor. (...) § 2.º Os honorários serão fixados entre o mínimo de dez e o máximo de vinte por cento sobre o valor da condenação, do proveito econômico obtido ou, não sendo possível mensurá-lo, sobre o valor atualizado da causa, atendidos: I – o grau de zelo do profissional; II – o lugar de prestação do serviço; III – a natureza e a importância da causa; IV – o trabalho realizado pelo advogado e o tempo exigido para o seu serviço. (...) § 17. Os honorários serão devidos quando o advogado atuar em causa própria". Porém, algumas observações merecem relevo: a) se a pretensão é *manifestamente infundada*, visível desde a inicial, é caso de indeferimento liminar. Admite-se, no entanto, que essa ausência de plausibilidade somente seja detectada durante a instrução; eis o motivo de ser viável apenas na sentença considerar essa falta de fundamento; b) a carência de fundamento não se confunde com a litigância de má-fé. A primeira condiz com atitude imprudente, leviana ou excessivamente ousada; a segunda diz respeito à intenção de causar um dano, gerar um fato desastroso à imagem do requerido ou um fato político adverso, enfim, a intenção de macular a imagem do réu; c) deveria haver previsão para alguma punição no tocante a ações levianamente propostas também pelo Ministério Público, pela União, Estados, Municípios e Distrito Federal. Mesmo que não seja a condenação em honorários, alguma outra responsabilização, pois demandas temerárias podem ser ajuizadas por qualquer um.

376. Litigância de má-fé: preceitua o art. 141, § 2.º: "as ações judiciais da competência da Justiça da Infância e da Juventude são isentas de custas e emolumentos, ressalvada a hipótese de litigância de má-fé". Nesse compasso, este parágrafo disciplina a condenação da associação autora – nenhuma menção faz ao Ministério Público ou às pessoas jurídicas do inciso II do art. 210 – e os diretores por ela responsáveis, solidariamente, ao décuplo das custas (que seriam devidas), além da responsabilidade por perdas e danos. Segundo cremos, deveria haver previsão para responsabilizar, de algum modo, os entes descritos no art. 210, I e II, desta Lei, quando agirem de má-fé. Na realidade, não é a instituição a agir desse modo, mas quem o faz em seu nome. Nos termos dos arts. 80 e 81 do Código de Processo Civil: "Art. 80. Considera-se litigante de má-fé aquele que: I – deduzir pretensão ou defesa contra texto expresso de lei ou fato incontroverso; II – alterar a verdade dos fatos; III – usar do processo para conseguir objetivo ilegal; IV – opuser resistência injustificada ao andamento do processo; V – proceder de modo temerário em qualquer incidente ou ato do processo; VI – provocar incidente manifestamente infundado; VII – interpuser recurso com intuito manifestamente protelatório. Art. 81. De ofício ou a requerimento, o juiz condenará o litigante de má-fé a pagar multa, que deverá ser superior a um por cento e inferior a dez por cento do valor corrigido da causa, a indenizar a parte contrária pelos prejuízos que esta sofreu e a arcar com os honorários advocatícios e com todas as despesas que efetuou. § 1.º Quando forem 2 (dois) ou mais os litigantes de má-fé, o juiz condenará cada um na proporção de seu respectivo interesse na causa ou solidariamente aqueles que se coligaram para lesar a parte contrária. § 2.º Quando o valor da causa for irrisório ou inestimável, a multa poderá ser fixada em até 10 (dez) vezes o valor do salário mínimo. § 3.º O valor da indenização será fixado pelo juiz ou, caso não seja possível mensurá-lo, liquidado por arbitramento ou pelo procedimento comum, nos próprios autos".

> **Art. 219.** Nas ações de que trata este Capítulo, não haverá adiantamento de custas, emolumentos, honorários periciais e quaisquer outras despesas.[377]

377. Adiantamento de custas e outras despesas: facilitando o ajuizamento da ação de responsabilidade por ofensa aos direitos infantojuvenis, não se exige o recolhimento de custas, junto com a inicial, nem qualquer outra despesa, durante o trâmite da demanda, como, por exemplo, horários periciais. No entanto, em caso de litigância de má-fé, as custas são devidas ao décuplo, mas ao final.

Art. 220

Estatuto da Criança e do Adolescente Comentado • Nucci

> **Art. 220.** Qualquer pessoa poderá e o servidor público deverá provocar a iniciativa do Ministério Público, prestando-lhe informações sobre fatos que constituam objeto de ação civil, e indicando-lhe os elementos de convicção.[378]

378. Provocação da iniciativa do Ministério Público: prestar informações úteis ao *Parquet* para que possa instaurar investigação e, após, propor a ação de responsabilidade cabível, é uma faculdade de qualquer pessoa – na verdade, um dever cívico –, mas uma obrigação do agente público. Entretanto, neste último caso, não se prevê sanção específica em caso de omissão. Algumas vozes sugerem o crime de prevaricação (art. 319, CP), mas essa tipificação é questionável por três motivos: a) para configurar o delito é indispensável o dolo, vale dizer, a intenção de retardar ou deixar de praticar ato de ofício; nem sempre o servidor deixa de provocar a iniciativa do MP de propósito; b) a configuração do crime depende, ainda, além do dolo, do elemento subjetivo específico, consistente da vontade de satisfazer interesse ou sentimento pessoal, o que é, praticamente, impossível de acontecer; c) a prevaricação é voltada ao descumprimento de *ato de ofício*, vale dizer, ato relativo ao exercício das suas funções. Enfim, a simples omissão do servidor não presta para configurar o crime de prevaricação. Logo, se esta Lei achasse realmente importante a responsabilização do omisso, deveria ter criado regra específica, o que não fez. Eventualmente, pode-se alegar falta funcional. Mesmo assim, de difícil comprovação, pois há de se amealhar prova de que o servidor tinha material suficiente para provocar a iniciativa do Ministério Público.

> **Art. 221.** Se, no exercício de suas funções, os juízos e tribunais tiverem conhecimento de fatos que possam ensejar a propositura de ação civil, remeterão peças ao Ministério Público para as providências cabíveis.[379]

379. Remessa de peças por iniciativa do Judiciário: o dispositivo estabelece a *obrigação* dos juízos e Tribunais, tomando conhecimento de fatos que possam propiciar a propositura da ação de responsabilidade, de remeter peças ao Ministério Público *para as providências cabíveis*. Esta norma, na prática, é uma mera recomendação voltada a casos excepcionais. Em primeiro lugar, para que o órgão do Judiciário *entenda ser cabível* a remessa de peças, passa a questão pelo seu crivo, conforme o seu entendimento a respeito do caso analisado em qualquer instância. Logo, o primeiro juízo de avaliação do cabimento é do juiz ou Tribunal. Dessa forma, já não tem cabimento ser uma *obrigação*. Em segundo lugar, não há sanção alguma para a não remessa de tais peças. Este dispositivo é somente uma recomendação feita a quem *entenda* plausível provocar o Ministério Público em assuntos ligados aos direitos da criança e do adolescente. Nada mais que isso. Não se pode perder de vista que a remessa das peças, de quem quer que seja, não obriga o promotor a agir. Logo, *recomenda-se* o envio de informes para que o Ministério Público *avalie* a conveniência de tomar providências.

> **Art. 222.** Para instruir a petição inicial, o interessado poderá requerer às autoridades competentes as certidões e informações que julgar necessárias, que serão fornecidas no prazo de quinze dias.[380]

380. Instrução da petição inicial: outro artigo desnecessário, ingressando no extenso rol das superficialidades deste longo Estatuto. Certamente, qualquer pessoa, para qualquer ação, deve instruir a sua inicial com documentos. Para tanto, pode requerer das autoridades, de qualquer nível, certidões e informações de acesso público, como é assegurado pelo texto constitucional (art. 5.º, XXXIV, CF). Se há alguma novidade neste dispositivo é o prazo a serem fornecidas as certidões ou informes: 15 dias. Mas tal prazo não serve para absolutamente nada, pois inexiste sanção para o descumprimento. Finalmente, quando o interessado (art. 210, II e III, desta Lei) precisar de qualquer documento, que lhe for negado, a maneira mais simples de resolver o impasse é apresentar o caso ao Ministério Público, que terá poder de requisição, na maior parte das vezes. Pode ocorrer de o *Parquet* também não ter acesso ao informe, pois resguardado pelo sigilo fiscal, bancário, de dados, ocasião em que se socorrerá do juiz da infância e juventude para requisitar o necessário.

> **Art. 223.** O Ministério Público poderá instaurar, sob sua presidência, inquérito civil, ou requisitar, de qualquer pessoa, organismo público ou particular, certidões, informações, exames ou perícias, no prazo que assinalar, o qual não poderá ser inferior a dez dias úteis.[381]
>
> § 1.º Se o órgão do Ministério Público, esgotadas todas as diligências, se convencer da inexistência de fundamento para a propositura da ação cível, promoverá o arquivamento dos autos do inquérito civil ou das peças informativas, fazendo-o fundamentadamente.[382]
>
> § 2.º Os autos do inquérito civil ou as peças de informação arquivados serão remetidos, sob pena de se incorrer em falta grave, no prazo de três dias, ao Conselho Superior do Ministério Público.[383]
>
> § 3.º Até que seja homologada ou rejeitada a promoção de arquivamento, em sessão do Conselho Superior do Ministério público, poderão as associações legitimadas apresentar razões escritas ou documentos, que serão juntados aos autos do inquérito ou anexados às peças de informação.[384]
>
> § 4.º A promoção de arquivamento será submetida a exame e deliberação do Conselho Superior do Ministério Público, conforme dispuser o seu regimento.[385]
>
> § 5.º Deixando o Conselho Superior de homologar a promoção de arquivamento, designará, desde logo, outro órgão do Ministério Público para o ajuizamento da ação.[386]

381. Ministério Público e inquérito civil público: repete-se, neste artigo, o preceituado na Lei 7.347/1985 (Lei da Ação Civil Pública), de modo que é integralmente desnecessário. Afinal, o operador do Direito conhece tanto aquela Lei quanto este Estatuto; inexiste razão plausível para a reiteração dos termos. Na realidade, quem busca preciosismo, encontrará uma diferença entre este artigo e o art. 8.º da Lei 7.347/1985: o prazo para o material requisitado neste artigo é de, no mínimo, dez dias úteis; no art. 8.º, é de quinze dias. Parece-nos insuficiente para a repetição de normas em duas Leis que se encontram vigentes.

382. Arquivamento da investigação: nos mesmos termos do art. 9.º da Lei 7.347/1985, se esgotadas as diligências, não houver o membro do Ministério Público formado o seu convencimento pelo ajuizamento da ação, deve propor o arquivamento do inquérito civil, fazendo-o de maneira fundamentada.

383. Remessa ao Conselho Superior do Ministério Público: o controle do arquivamento, diversamente do que ocorre na esfera criminal, que é feito pelo juiz, deve ser realizado pelo Conselho Superior do Ministério Público, ao qual deve ser remetido o feito, em três dias,

Art. 224

Estatuto da Criança e do Adolescente Comentado · NUCCI 628

sob pena de falta grave. É a repetição pura e simples do disposto pelo art. 9.º, § 1.º, da Lei 7.347/1985. Pelo menos nesta hipótese há previsão de responsabilização para o promotor que não cumprir o prazo para enviar a promoção de arquivamento ao órgão superior.

384. Razões escritas ou documentos pelos interessados: nos mesmos termos do art. 9.º, § 2.º, da Lei 7.347/1985, este parágrafo permite a intervenção de interessados legitimados, tais como as associações que cuidam dos direitos das crianças e adolescentes, para, discordando da visão do promotor, que é pelo arquivamento, apresentar razões escritas e mais documentos, se houver, buscando convencer o Conselho Superior do Ministério Público a não arquivar, determinando o ingresso da ação civil.

385. Conselho Superior do Ministério Público: dispõe a Lei 8.625/1993 (Lei Orgânica Nacional do Ministério Público), quanto ao Conselho Superior do Ministério Público: "Art. 14. Lei Orgânica de cada Ministério Público disporá sobre a composição, inelegibilidade e prazos de sua cessação, posse e duração do mandato dos integrantes do Conselho Superior do Ministério Público, respeitadas as seguintes disposições: I – o Conselho Superior terá como membros natos apenas o Procurador-Geral de Justiça e o Corregedor-Geral do Ministério Público; II – são elegíveis somente Procuradores de Justiça que não estejam afastados da carreira; III – o eleitor poderá votar em cada um dos elegíveis até o número de cargos postos em eleição, na forma da lei complementar estadual. Art. 15. Ao Conselho Superior do Ministério Público compete: (...) XIII – *exercer outras atribuições previstas em lei*. § 1.º As decisões do Conselho Superior do Ministério Público serão motivadas e publicadas, por extrato, salvo nas hipóteses legais de sigilo ou por deliberação da maioria de seus integrantes" (grifamos, pois é exatamente a atribuição de controlar o arquivamento de inquérito civil público).

386. Não homologação do arquivamento: em idênticos termos, encontra-se o art. 9.º, § 4.º, da Lei 7.347/1985. Encontra paralelo com o pedido de arquivamento de inquérito policial, formulado pelo promotor ao juiz, que, não concordando, remete os autos ao Procurador-Geral de Justiça para avaliação. Se este entender correto o promotor, insistirá no arquivamento, estando o magistrado obrigado a acatar. Se discordar, designa outro promotor para promover a ação penal. No caso presente, dá-se o mesmo, mas quem avalia, em lugar do Procurador--Geral de Justiça, é o Conselho Superior do Ministério Público. Discordando da promoção de arquivamento, designará outro membro da instituição para ajuizar a ação civil pública.

> **Art. 224.** Aplicam-se subsidiariamente, no que couber, as disposições da Lei n.º 7.347, de 24 de julho de 1985.[387]

387. Aplicação da Lei 7.347/1985: este artigo é interessante, pois teria sido melhor inserir neste Estatuto apenas ele, em lugar de repetir um a um dos dispositivos da Lei 7.347/1985, como apontamos nas notas acima.

Título VII
Dos Crimes e das
Infrações Administrativas

Capítulo I
DOS CRIMES

Seção I
Disposições Gerais

> **Art. 225.** Este Capítulo dispõe sobre crimes praticados contra a criança e o adolescente, por ação ou omissão, sem prejuízo do disposto na legislação penal.[1]

1. Disposições gerais: constituem a introdução a uma lei específica ou a um capítulo especial de um Código ou Estatuto. Não há necessidade de se *explicar* que um capítulo se destina a expor crimes, pois isso é facilmente detectável por qualquer operador do Direito, bastando visualizar o tipo penal, composto pelo preceito primário, descrevendo a conduta proibida, acompanhado do preceito secundário, em que consta a sanção, relativa a reclusão ou detenção, como regra. Em segundo, é integralmente inócuo afirmar, como se fosse uma autêntica *disposição geral*, que os delitos podem ser comissivos (ação) ou omissivos. Finalmente, toda legislação penal especial se vale da Parte Geral do Código Penal, que, aliás, assim dispõe no seu art. 12.

> **Art. 226.** Aplicam-se aos crimes definidos nesta Lei as normas da Parte Geral do Código Penal e, quanto ao processo, as pertinentes ao Código de Processo Penal.[2]
>
> § 1.º Aos crimes cometidos contra a criança e o adolescente, independentemente da pena prevista, não se aplica a Lei n.º 9.099, de 26 de setembro de 1995.[2-A]
>
> § 2.º Nos casos de violência doméstica e familiar contra a criança e o adolescente, é vedada a aplicação de penas de cesta básica ou de outras de prestação pecuniária, bem como a substituição de pena que implique o pagamento isolado de multa.[2-B]

Art. 226

2. Aplicação subsidiária: especifica-se que os delitos previstos neste Estatuto se valerão da Parte Geral do Código Penal e, quanto ao processo, do Código de Processo Penal. E não poderia ser diferente.

2-A. Exclusão da Lei 9.099/1995: tem sido a política criminal assumida pelo Legislativo o afastamento dos benefícios da referida Lei 9.099/1995, que permite a transação, a composição de danos e a suspensão condicional do processo, para infrações penais consideradas particularmente relevantes, tendo em vista a tutela de bens específicos. Assim foi feito na Lei 11.340/2006 (Maria da Penha) e torna a ser previsto neste estatuto, considerando a proteção a crianças e adolescentes. Surge questão a merecer destaque: se essa exclusão se volta apenas aos delitos previstos neste estatuto ou se envolve toda e qualquer infração penal que tenha por vítima a criança ou adolescente, mesmo prevista em outras leis. Sob o ponto de vista sistemático, inseriu-se o dispositivo de afastamento da Lei 9.099/1995 no contexto do Título VII, Capítulo I, Seção I, da Lei 8.069/1990, que disciplina os delitos previstos neste estatuto, como também deixa claro o art. 225 *supra*, de forma que a esse contexto se limitaria. Sob o prisma de política criminal, há que se estender a todas as infrações penais cuja vítima seja a criança ou adolescente, pois deve haver um tratamento uniforme em relação à especial proteção destinada às pessoas menores de 18 anos. É o que nos soa mais adequado, a menos que se permita a maior rigidez a certos crimes contra infantes e jovens somente porque se encontram tipificados nesta Lei 8.069/1990, enquanto outras infrações penais se submeteriam à maior flexibilidade permitida pela Lei 9.099/1995, quando o sujeito passivo é o mesmo, considerando-se a sua faixa etária. Ilustrando, tem sido o entendimento esposado pelos tribunais no tocante à contravenção de vias de fato (infração de menor potencial ofensivo) contra a mulher, em contexto de violência doméstica, excluindo-se a aplicação da Lei 9.099/1995. Na jurisprudência: TJSP: "2. *Apuração de suposto delito de lesão corporal culposa* (art. 129 § 6.º do C.P.). Vítima adolescente. Delito praticado antes da entrada em vigor da Lei n. 14.344/2022. Distribuição inicial à 1.ª Vara Criminal. Redistribuição ao Juizado Especial Criminal, após o Ministério Público considerar ser delito de menor potencial ofensivo. Impossibilidade. Lei n. 14.344/2022 que, ao incluir o § 1.º ao artigo 226 do ECA, afasta expressamente a competência do Juizado Especial Criminal para apurar crimes cometidos contra criança e adolescente" (CJ 2049725-84.2024.8.26.0000, Câm. Especial, rel. Torres de Carvalho, 10.06.2024, v.u., grifamos); "Nova redação do art. 226, § 1.º, ECA, dada pela Lei n.º 14.344/22, que afastou a incidência da Lei n.º 9.099/95 para os crimes cometidos contra criança e adolescente, independentemente da pena prevista. *Norma que não diferencia crimes previstos ou não no ECA.* Irretroatividade da lei penal que se adstringe aos aspectos de direito material desfavoráveis ao réu. Competência, afeita ao direito processual penal, que tem aplicação imediata. Precedentes" (CJ 00235571620238260000, Câm. Especial, rel. Beretta da Silveira, 11.09.2023, v.u., grifamos). TJMG: "1. A Lei n.º 14.344/22, ao incluir o § 1.º ao artigo 226 do ECA, afastou a aplicação do rito processual estabelecido na Lei 9.099/95 aos delitos praticados contra criança e adolescente, previsão que não se restringe aos delitos previstos naquele estatuto, aplicando-se a todos as infrações perpetradas contra criança e adolescente. 2. Tratando-se de crime supostamente perpetrado na vigência da intitulada Lei Henry Borel, cuja aplicação é imediata e imperativa, deve o delito perpetrado contra a criança e adolescente ser processado e julgado no âmbito da Justiça Comum Estadual" (CJ 2780320-22.2023.8.13.0000, 2.ª Câm. Criminal, rel. Daniela Villani Bonaccorsi Rodrigues, 07.03.2024, v.u.); "O afastamento da incidência da Lei n.º 9.099/1995 aos crimes praticados contra crianças e adolescentes, prevista no artigo 226, § 1.º, da Lei n.º 8.069/1990 (incluído pela Lei n.º 14.344/2022), aplica-se exclusivamente aos delitos previstos no Estatuto da Criança e do Adolescente. Compete ao Juizado Especial Criminal a conciliação, o julgamento e a execução de infrações penais de menor potencial ofensivo, nos termos dos artigos 60 e 61 da Lei n.º 9.099/95" (Conflito de Jurisdição 1486309-02.2023.8.13.0000, 8.ª Câm. Criminal, rel.

Henrique Abi-Ackel Torres, 23.11.2023, v.u.). TJMS: "A Lei n.º 14.344/2022 alterou somente o artigo 226 da Lei n.º 8.069/90, o que demonstra que a proibição refere-se apenas aos crimes definidos pelo próprio Estatuto da Criança e do Adolescente, e não em outras leis, como, no caso, crime de maus tratos, que está previsto no Código Penal. Se os elementos indicam que a criança foi vítima de maus-tratos (crime previsto no Código Penal) e considerando que a pena máxima prevista é inferior a 02 anos (ou seja, trata-se de delito de menor potencial ofensivo), compete ao juízo suscitante (2.ª Vara do Juizado Especial desta Capital) julgar o feito, nos termos do art. 61 da Lei n.º 9.099/95 e não ao juízo suscitado (7.ª Vara Criminal de Competência Especial), o qual não detém competência para processar e julgar feitos de menor potencial ofensivo (art. 2.º, z, 1, da Resolução n.º 221/1994 deste Sodalício)" (CJ 16003337020238120000, 1.ª Câm. Criminal, rel. Jonas Hass Silva Júnior, 03.03.2023, v.u.).

2-B. Exclusão de pena pecuniária e cesta básica: seguindo a mesma política criminal adotada na Lei 11.340/2006 (Maria da Penha), afasta-se das infrações penais contra criança e adolescente, quando em violência doméstica e familiar, a imposição isolada de pena pecuniária de qualquer espécie – considerada branda para esse contexto. Veda-se, ainda, a *pena de cesta básica*, que, em verdade, inexiste na legislação penal brasileira. A determinação judicial para que o infrator entregue cestas básicas em instituições assistenciais iniciou-se no âmbito do Juizado Especial Criminal, antes do advento da Lei Maria da Penha, em particular, quando os agentes agrediam esposas ou companheiras. Como havia transação entre acusação e acusado, *criou-se* essa modalidade irregular de pena, que se perpetuou e espalhou-se por diversos juizados. Busca-se proibir essa prática no cenário dos delitos contra infantes e jovens, embora o afastamento da Lei 9.099/1995 (parágrafo anterior) já surta o maior efeito para essa finalidade. Pode-se debater idêntica questão neste parágrafo: se aplicável somente aos crimes previstos neste estatuto ou a todas as infrações contra crianças e adolescentes. Mantemos a mesma posição, no sentido de ser aplicável a qualquer delito envolvendo os infantes e os jovens.

> **Art. 227.** Os crimes definidos nesta Lei são de ação pública incondicionada.[3]

3. Ação pública incondicionada: essa é a regra, que se encontra prevista na Parte Geral do Código Penal, indicando consistir em mera reiteração. Afinal, todo tipo penal que não acusar, expressamente, tratar-se de ação privada ("somente se procede mediante queixa") ou de ação pública condicionada ("somente se procede mediante representação da vítima" ou "somente se procede mediante requisição do Ministro da Justiça") é ação pública *incondicionada*. E esta significa que o Ministério Público pode agir, propondo a ação penal, independentemente de qualquer condição. Naturalmente, para o ajuizamento da demanda criminal, não basta o convencimento do órgão acusatório, mas é preciso existir prova pré-constituída, evidenciando a materialidade (prova da existência do crime) e indícios suficientes de autoria. Por outro lado, mesmo se tratando de ação pública incondicionada, permite-se a propositura da ação civil subsidiária da pública, pela vítima, quando o Ministério Público não agir, no prazo legal.

> **Art. 227-A.** Os efeitos da condenação prevista no inciso I do *caput* do art. 92 do Decreto-Lei n.º 2.848, de 7 de dezembro de 1940 (Código Penal), para os crimes previstos nesta Lei, praticados por servidores públicos com abuso de autoridade, são condicionados à ocorrência de reincidência.[3-A]
>
> **Parágrafo único.** A perda do cargo, do mandato ou da função, nesse caso, independerá da pena aplicada na reincidência.

Art. 228

Estatuto da Criança e do Adolescente Comentado • **Nucci**

3-A. Facilitação da perda do cargo, função ou mandato: especifica o art. 92, I, do Código Penal, o seguinte: "são também efeitos da condenação: I – a perda de cargo, função pública ou mandato eletivo: a) quando aplicada pena privativa de liberdade por tempo igual ou superior a um ano, nos crimes praticados com abuso de poder ou violação de dever para com a Administração Pública; b) quando for aplicada pena privativa de liberdade por tempo superior a 4 (quatro) anos nos demais casos". Em vez de manter a perda do cargo, função ou mandato tal como delineado no referido art. 92, I, do CP, quando houver abuso de autoridade, mormente no contexto dos crimes previstos no Estatuto da Criança e do Adolescente, dá-se uma chance mais extensa ao criminoso. Ele somente sofrerá os efeitos descritos no Código Penal quando houver reincidência. Pelo menos, havendo a reincidência já não importará o montante da pena, como preceitua o parágrafo único.

Seção II

Dos Crimes em Espécie[4]

4. Comentários aos crimes previstos neste estatuto: já o fizemos em nossa obra *Leis penais e processuais comentadas*. Portanto, para manter esta obra completa, transportamos o exposto naquela obra para este trabalho, com eventuais acréscimos.

> **Art. 228.** Deixar[5-7] o encarregado de serviço ou o dirigente de estabelecimento de atenção à saúde de gestante de manter registro das atividades desenvolvidas, na forma e prazo referidos no art. 10 desta Lei, bem como de fornecer à parturiente ou a seu responsável, por ocasião da alta médica, declaração de nascimento, onde constem as intercorrências do parto e do desenvolvimento do neonato:[8-9]
>
> Pena – detenção de seis meses a dois anos.[10]
>
> **Parágrafo único.** Se o crime é culposo:[11]
>
> Pena – detenção de dois a seis meses, ou multa.[12]

5. Análise do núcleo do tipo: *deixar* (não considerar, omitir) é a conduta central, que se une aos outros verbos *manter* (conservar ou preservar) e *fornecer* (entregar algo a alguém). Os objetos são o registro das atividades desenvolvidas nos estabelecimentos de saúde e o fornecimento de declaração de nascimento, com anotações sobre as intercorrências do parto e desenvolvimento do neonato (recém-nascido). Cuida-se de um tipo remetido, embora de redação criticável. Faz-se menção à obrigação de se manter registro das atividades desenvolvidas nos estabelecimentos de saúde, *na forma e prazo referidos no art. 10 desta Lei*, para onde se remete, então, o interessado em conhecer os detalhes acerca do tipo penal. Porém, na segunda parte, insere-se a obrigação de fornecimento à parturiente ou seu responsável da declaração de nascimento com os dados necessários, *algo que também faz parte do descrito no art. 10 da Lei 8.069/1990*. Portanto, a expressão *na forma e prazo referidos no art. 10 desta Lei* deveria ter sido deslocada para o final do tipo penal e sem necessidade de repetir parcela do art. 10 no texto do próprio art. 228, *caput*, desta Lei. Essa redação é remetida, e, ao mesmo tempo, tautológica. O objetivo, no entanto, é criminalizar a conduta daqueles que devem cumprir o disposto no art. 10 e não o fizerem, dolosa ou culposamente. Preceitua o art. 10 da Lei 8.069/1990 o seguinte: "Os hospitais e demais estabelecimentos de atenção à saúde de gestantes, públicos e particulares, são obrigados a: I – manter registro das atividades desenvolvidas, através de prontuários individuais, pelo prazo de 18 (dezoito) anos; II – identificar o recém-nascido mediante o registro de sua impressão plantar e digital e da impressão digital da mãe, sem prejuízo de outras formas normatizadas pela autoridade administrativa competente; III – proceder a exames visando ao diagnóstico e terapêutica de anormalidades no metabolismo do recém-nascido, bem como prestar orientação aos pais; IV – fornecer declaração de nascimento onde constem necessariamente as intercorrências do parto e do desenvolvimento do neonato; V – manter alojamento conjunto, possibilitando ao neonato a permanência junto à mãe; VI – acompanhar a prática do processo de amamentação, prestando orientações quanto à técnica adequada, enquanto a mãe permanecer na unidade hospitalar, utilizando o corpo técnico já existente; VII – desenvolver atividades de educação, de conscientização e de esclarecimentos a respeito da saúde mental da mulher no período da gravidez e do puerpério". Vale ressaltar que o tipo incriminador do art. 228 leva em consideração, em relação ao mencionado art. 10, apenas a não mantença de registro das atividades desenvolvidas e o não fornecimento de declaração de nascimento, com as anotações importantes. Porém, não se incluem, nesse tipo, a identificação do recém-nascido (inciso II do art. 10), a realização de exames para orientar os pais (inciso III do art. 10), nem mesmo a obrigação de manter alojamento conjunto do filho com a mãe (inciso V do art. 10), o acompanhamento da prática do processo de amamentação, prestando orientações quanto à técnica adequada, enquanto a mãe permanecer na unidade hospitalar, utilizando o corpo técnico já existente (inciso VI do art. 10) e o desenvolvimento de atividades de educação, conscientização e esclarecimentos (inciso VII do art. 10). Preferiu o legislador, valendo-se de critérios contestáveis, pois idênticas são as penas, criar outro tipo penal (art. 229). Cremos que, por uma questão de melhor sistematização, todas as figuras referentes ao art. 10 deveriam estar concentradas em um só tipo incriminador. Sem criminalização, entretanto, restou a parte concernente à mantença de alojamento conjunto para mãe e recém-nascido (inciso V do art. 10). Outro ponto relevante a salientar é quanto ao verbo *manter*, normalmente considerado ícone do crime denominado *habitual*. No caso do art. 228 desta Lei, foge-se à regra, justamente pela sua conjugação com o verbo *deixar*. Não se trata, pois, de *manter* (sustentar, prover) registro simplesmente, auferindo um caráter de habitualidade, mas de não cumprir a obrigação de anotar ou registrar a atividade desenvolvida. Logo, uma só vez que tal não se dê, desde que por dolo ou culpa, pode configurar-se o delito.

6. Sujeitos ativo e passivo: o sujeito ativo somente pode ser o encarregado do serviço ou o dirigente do estabelecimento de saúde, que lide com a gestante, porém, a depender de cada lugar, torna-se curial buscar o efetivo responsável pela realização dos registros das atividades desenvolvidas. Em suma, não se pode pretender a criminalização de eventual omissão de um diretor do hospital, se a este não cabe o controle do setor de registro das várias ações ali desenvolvidas. Por isso, quando a lei faz referência ao *dirigente* do estabelecimento, quer-se crer ser o responsável pelo encarregado das anotações. Em outros termos, pode-se punir o dirigente que, dolosa ou culposamente, deixa de determinar o registro; ou, tomando ciência de que o registro não é feito, podendo interferir para regularizar a situação, aceita a omissão como algo natural. A punição do encarregado do serviço de registro é mais fácil, pois de maior visibilidade. A do dirigente é complexa, uma vez que depende de prova de seu conhecimento da carência dos registros obrigatórios, aceitando-a como normal. O sujeito passivo principal, em nosso entendimento, é a criança recém-nascida. Lembremos que já é pessoa humana, logo, sujeito de direitos. Note-se que é a ela que se volta o Estatuto da Criança e do Adolescente nesse tópico. O registro das atividades é guardado por 18 anos, quando a pessoa humana atinge a maioridade. Além disso, a declaração de nascimento interessa, em primeiro plano, a quem nasceu, até pelo fato de que, no futuro, qualquer problema de saúde, advindo do parto, será igualmente do seu interesse. Como sujeitos passivos secundários, estão a parturiente e seu eventual responsável. Aliás, permitimo-nos incluir, também, o pai do recém-nascido, outro

Art. 229

Estatuto da Criança e do Adolescente Comentado · **Nucci**

interessado na declaração de nascimento de seu filho, contendo todas as intercorrências do parto e do desenvolvimento do neonato.

7. Elemento subjetivo: é o dolo ou a culpa, conforme o caso (*caput* ou parágrafo único). Não há elemento subjetivo específico.

8. Objetos material e jurídico: os objetos materiais são o registro das atividades desenvolvidas (por qualquer forma viável: livros, cadernos, fichas, CD, DVD, disco rígido de computador etc.) e a declaração de nascimento. O objeto jurídico é a proteção à vida e à saúde da criança.

9. Classificação: é crime próprio (só pode ser cometido por pessoa qualificada, conforme indicação feita no tipo); formal (independe da ocorrência de resultado naturalístico, consistente em efetivo prejuízo à criança ou aos seus pais); de forma vinculada (só pode ser cometido pelos modos aventados no tipo, inclusive em face da referência feita ao art. 10 desta Lei); omissivo (os verbos implicam inações); instantâneo (a consumação se dá em momento determinado), porém, na primeira modalidade, cuida-se da figura do crime instantâneo de efeitos permanentes, pois o reflexo do não registro se prolonga no tempo; de perigo abstrato (presume-se o prejuízo à criança, caso as condutas do tipo sejam praticadas); unissubjetivo (pode ser cometido por uma só pessoa); unissubsistente (praticada em um ato), como típico crime omissivo que é; não admite tentativa, pois delito omissivo e unissubsistente.

10. Benefícios penais: é infração de menor potencial ofensivo, nas formas dolosa e culposa, cabendo transação e os demais benefícios previstos na Lei 9.099/1995.

11. Culpa: é o comportamento descuidado, que infringe o dever de cuidado objetivo, gerando resultado involuntário, previsível, embora não previsto (forma inconsciente) ou previsto, mas esperando não aconteça (forma consciente), que poderia ter sido evitado. Segundo o art. 18, II, do Código Penal, a culpa se divide em imprudência (conduta comissiva e desatenciosa), negligência (conduta omissiva em face da desatenção) ou imperita (conduta de quem deveria ser especialista em determinada área, mas exerce a atividade sem o conhecimento necessário).

12. Benefícios penais: é infração de menor potencial ofensivo, nas formas dolosa e culposa, cabendo transação e os demais benefícios previstos na Lei 9.099/1995.

> **Art. 229.** Deixar[13-15] o médico, enfermeiro ou dirigente de estabelecimento de atenção à saúde de gestante de identificar corretamente o neonato e a parturiente, por ocasião do parto, bem como deixar de proceder aos exames referidos no art. 10 desta Lei:[16-17]
>
> Pena – detenção de seis meses a dois anos.[18]
>
> **Parágrafo único.** Se o crime é culposo:[19]
>
> Pena – detenção de dois a seis meses, ou multa.[20]

13. Análise do núcleo do tipo: *deixar* (não considerar, omitir) é o verbo central, que se associa aos outros dois: *identificar* (determinar o conjunto de características individuais de uma pessoa, de modo a torná-la única) e *proceder* (realizar, concretizar). Há, pois, em relação às condutas obrigatórias previstas no art. 10 desta Lei, duas figuras típicas a merecer análise: a) a omissão do médico, enfermeiro ou dirigente de estabelecimento de saúde quanto à identificação do neonato e sua mãe, por ocasião do parto; b) a omissão das mesmas pessoas em relação aos exames visando ao diagnóstico e terapêutica de anormalidades no metabolismo do recém-nascido. O tipo também é remetido, nos moldes do art. 228. Contém idêntica formulação equivocada. Deveria referir-se ao art. 10 da Lei 8.069/1990 nas duas condutas. Se assim tivesse feito, evitaria o uso da dúbia palavra *corretamente*, prevista na primeira parte. O que significa identificar o neonato e a parturiente *corretamente*? É natural que o termo é impróprio para a taxatividade que o tipo incriminador exige, além de ser frugal. Melhor seria a referência feita, de modo mais apurado, no art. 10: "(...) mediante o registro de sua impressão plantar e digital e da impressão digital da mãe, sem prejuízo de outras formas normatizadas pela autoridade administrativa competente". É assim que se identifica *corretamente* alguém. Além disso, abrir-se-ia espaço para uma norma penal em branco, levando-se em conta as regras normatizadas pela autoridade administrativa competente. Do modo como ficou redigido, tornou-se o termo *corretamente* sujeito a interpretações variadas, incompatíveis com a segurança exigível de um tipo penal. Entretanto, devemos utilizar o disposto no art. 10 desta Lei para lhe dar um sentido razoável. O importante é identificar o neonato pela impressão plantar e digital, assim como de sua mãe, para evitar os transtornos lamentáveis trazidos pela eventual "troca de bebês". Além disso, quanto aos demais exames, a Lei 13.436/2017 incluiu os §§ 1.º a 4.º no art. 10, especificando quais devem ser realizados no recém-nascido. Naturalmente, há de ter o suporte do SUS e a regulamentação do Ministério da Saúde para que o agente possa responder pela omissão dolosa ou culposa. Afinal, o autor somente pode responsabilizar-se pelos exames colocados à disposição pelo serviço público.

14. Sujeitos ativo e passivo: o sujeito ativo somente pode ser o médico, enfermeiro ou dirigente de estabelecimento de atenção à saúde da gestante. Cremos que o tipo penal deveria ter sido mais aberto, como se previu no art. 228. Olvidou-se o encarregado pelo estabelecimento de fazer a identificação e os exames. Não necessariamente há de ser o médico ou o enfermeiro e muito menos o dirigente do estabelecimento a fazê-lo pessoalmente. Quanto ao dirigente, valem as mesmas observações já traçadas anteriormente, ou seja, depende da sua ciência a respeito da não identificação ou não realização dos exames, com sua concordância expressa ou tácita, porém dolosa ou culposa. Dificilmente, será o dirigente incriminado pela conduta pessoal e direta em relação a tais atividades, que não são da sua alçada, como regra. Quanto ao médico, deve prescrever os exames, mas outro profissional pode ser o encarregado de concretizá-lo. Por isso, o tipo é falho. Se o médico determinar, mas alguém não fizer, torna-se impune, por falta de previsão legal. Por outro lado, é possível que o médico determine ao enfermeiro e este não realize o exame necessário. Nesse caso, será responsabilizado criminalmente, se agir com dolo ou culpa. Não se pode usar a figura genérica do art. 13, § 2.º, do Código Penal, para atingir outra pessoa, não prevista no art. 229, pois este é um tipo penal especial, que afasta a norma geral. O sujeito passivo, na primeira figura, é duplo: o neonato e a parturiente; na segunda, somente o recém-nascido. Secundariamente, encontra-se o pai da criança, também vítima do sofrimento causado pela eventual troca de bebês ou pelo advento de algum mal ao seu filho, caso os exames indispensáveis não sejam realizados.

15. Elemento subjetivo: é o dolo ou a culpa, conforme o caso (*caput* e parágrafo único). Não há elemento subjetivo específico.

16. Objetos material e jurídico: o objeto material é o neonato e a parturiente, quando não identificados, bem como o recém-nascido, privado dos exames necessários. O objeto jurídico é a proteção ao estado de filiação.

17. Classificação: é crime próprio (só pode ser cometido por pessoa qualificada, conforme indicação feita no tipo); formal (independe da ocorrência de resultado naturalístico, consistente em efetivo prejuízo à criança ou aos seus pais); de forma vinculada (só pode ser cometido pelos modos aventados no tipo, inclusive em face da referência feita ao art. 10 desta

Art. 230

Estatuto da Criança e do Adolescente Comentado • **Nucci**

Lei); omissivo (os verbos implicam em inações); instantâneo (a consumação se dá em momento determinado); de perigo abstrato (presume-se o prejuízo à criança, caso as condutas do tipo sejam praticadas); unissubjetivo (pode ser cometido por uma só pessoa); unissubsistente (praticada em um ato), como típico crime omissivo que é; não admite tentativa, pois omissivo e unissubsistente.

18. Benefícios penais: é infração de menor potencial ofensivo, nas formas dolosa e culposa, cabendo transação e os demais benefícios previstos na Lei 9.099/1995.

19. Culpa: é o comportamento descuidado, que infringe o dever de cuidado objetivo, gerando resultado involuntário, previsível, embora não previsto (forma inconsciente) ou previsto, mas esperando não aconteça (forma consciente), que poderia ter sido evitado. Segundo o art. 18, II, do Código Penal, a culpa se divide em imprudência (conduta comissiva e desatenciosa), negligência (conduta omissiva em face da desatenção) ou imperita (conduta de quem deveria ser especialista em determinada área, mas exerce a atividade sem o conhecimento necessário).

20. Benefícios penais: é infração de menor potencial ofensivo, nas formas dolosa e culposa, cabendo transação e os demais benefícios previstos na Lei 9.099/1995.

> **Art. 230.** Privar[21-23] a criança ou o adolescente de sua liberdade, procedendo à sua apreensão[24] sem estar em flagrante de ato infracional ou inexistindo ordem escrita da autoridade judiciária competente:[25-26]
>
> Pena – detenção de seis meses a dois anos.[27]
>
> **Parágrafo único.** Incide na mesma pena aquele que procede à apreensão sem observância das formalidades legais.[28]

21. Análise do núcleo do tipo: *privar* (tolher, tirar o gozo de algo) é o núcleo do tipo, possuindo como objeto a liberdade de locomoção (ir, vir e ficar) da pessoa humana, no caso a criança ou o adolescente. É uma modalidade branda de crime de sequestro ou cárcere privado, especialmente previsto na Lei 8.069/1990. Porém, não se confunde com o crime do art. 148 do Código Penal, em particular com a figura qualificada prevista no art. 148, § 1.º, IV. Cuida-se de figura mais amena que a prevista no Código Penal, envolvendo somente a *apreensão* de menor de 18 anos, sem flagrante ou ordem judicial. *Apreender* significa, nesse caso, prender, mas não colocar em cárcere. É uma das formas de se evitar a chamada *prisão para averiguação*, que, no caso do menor de 18 anos, seria a *apreensão para averiguação*. Em outros termos, quem fizer a apreensão do menor, sem as formalidades legais (cf. art. 106 desta Lei), incide na figura do art. 230. Aquele que privar o menor de 18 anos de sua liberdade, inserindo-o em cárcere, deve responder pelo art. 148, § 1.º, IV, do Código Penal, com pena mais grave. Insistimos: a mera apreensão (retenção, prisão por algumas horas, detenção para averiguação) configura o delito do art. 230; outras formas mais duradouras de privação de liberdade equivalem, em nosso entendimento, ao sequestro ou cárcere privado. Aliás, não teria o menor sentido uma lei de proteção à criança ou adolescente considerar infração de menor potencial ofensivo a privação ilegal e duradoura da liberdade do menor de 18 anos, prevendo pena de detenção, de seis meses a dois anos, enquanto o Código Penal comina pena de reclusão, de dois a cinco anos. Vale registrar o disposto no art. 106 desta Lei: "Nenhum adolescente será privado de sua liberdade senão em flagrante de ato infracional ou por ordem escrita e fundamentada da autoridade judiciária competente. Parágrafo único. O adolescente tem direito à identificação dos responsáveis pela sua apreensão, devendo ser informado acerca de seus direitos".

22. Sujeitos ativo e passivo: o sujeito ativo pode ser qualquer pessoa. O sujeito passivo é a criança ou adolescente.

23. Elemento subjetivo: é o dolo. Não se pune a forma culposa, nem existe elemento subjetivo específico. Conferir: TJSC: "Agindo o acusado impelido por intento outro que não o de privar o menor da sua liberdade, não se configura crime do art. 230 do ECA, por faltar o elemento subjetivo que o constitui, ou seja, a vontade livre e consciente de privar alguém de sua liberdade de locomoção" (Apelação 2000.008079-9, 1.ª Câm. Criminal, rel. Genésio Nolli, 15.08.2000).

24. Elementos normativos: ao mencionar que a privação da liberdade se dá por meio de *apreensão* do menor, queremos crer, como já expusemos em nota anterior, tratar-se de uma detenção momentânea, mas não uma inserção em cativeiro ou cárcere. Há quem abuse do poder (especialmente funcionários públicos), em relação a menores de 18 anos, *apreendendo--os,* como se fossem seres humanos privados de direitos, unicamente por não serem, ainda, adultos. Soltam, na sequência, mas não havia estado de flagrância ou ordem judicial. É o que se busca evitar com a figura típica do art. 230.

25. Objetos material e jurídico: o objeto material é a criança ou o adolescente. O objeto jurídico é a liberdade de locomoção da criança ou do adolescente.

26. Classificação: é crime comum (pode ser cometido por qualquer pessoa); material (depende da ocorrência de resultado naturalístico, consistente na efetiva privação da liberdade, ainda que momentânea, da criança ou do adolescente); de forma livre (pode ser cometido por qualquer meio eleito pelo agente); comissivo (o verbo implica em ação), excepcionalmente, comissivo por omissão (art. 13, § 2.º, CP); permanente (a consumação se prolonga, enquanto durar a apreensão); de dano; unissubjetivo (pode ser cometido por uma só pessoa); plurissubsistente (praticada em vários atos); admite-se a tentativa, embora de rara configuração, até pelo fato de se cuidar de *privação momentânea* da liberdade.

27. Benefícios penais: é infração de menor potencial ofensivo, cabendo transação e os demais benefícios previstos na Lei 9.099/1995.

28. Figura correlata: a privação da liberdade, ainda que momentânea, sob pena de incidir a figura típica mais grave do art. 148, § 1.º, IV, do Código Penal, quando realizada sem *outras* formalidades legais, diversas das que foram mencionadas no *caput* (estar em flagrante de ato infracional ou inexistir ordem escrita de autoridade judiciária competente), dá margem à aplicação do art. 230, parágrafo único. Nos arts. 106, parágrafo único, 107 e 109 da Lei 8.069/1990, podemos encontrar outros exemplos de formalidades a serem respeitadas para a apreensão de um menor. Na jurisprudência: TJMG: "Delito do art. 230, parágrafo único, do estatuto da criança e do adolescente (ECA). Militares que levam menor infrator para o necessário atendimento médico e, em seguida, conhecendo a menoridade do agente, o encaminham para o centro integrado de apoio ao adolescente cumprem a lei de forma absolutamente correta e satisfatória. (...) A prova dos autos, segundo a narrativa da própria vítima, então menor de idade, demonstra que os militares apenas tomaram conhecimento de que o mesmo não era maior de idade porque ele próprio revelou tal circunstância aos policiais. E mais. A tal vítima A. J. P. disse que comunicou aos militares sua condição de menoridade e, assim, foi imediatamente encaminhado para o Centro Integrado de Apoio ao Adolescente – CIA. Desse modo, estou absolutamente convencido do acerto da respeitável sentença" (00020309120179130001, rel. Osmar Duarte Marcelino, 23.03.2021).

Art. 231

> **Art. 231.** Deixar[29-31] a autoridade policial responsável pela apreensão de criança ou adolescente de fazer imediata comunicação à autoridade judiciária competente e à família do apreendido ou à pessoa por ele indicada:[32-33]
>
> Pena – detenção de seis meses a dois anos.[34]

29. Análise do núcleo do tipo: *deixar* (omitir, não considerar) é o núcleo do tipo, chamando como complemento a *imediata comunicação* (transmissão de notícia de modo urgente) ao juiz, à família do menor ou a outra pessoa por ele indicada. No caso deste artigo, nota-se que a apreensão ocorre em situação de flagrante de ato infracional, pois, do contrário, incidiria a figura do art. 230 ou mesmo o crime do art. 148, § 1.º, IV, do Código Penal. Não se trata, ainda, da aplicação do art. 230, parágrafo único, pois é situação alheia ao flagrante. Outro ponto merece destaque: cuida-se, realmente, de estado de flagrância, pois se menciona a comunicação à autoridade judiciária competente. Logo, não pode a ordem partir do juiz. Com relação a crianças e adolescentes, aplica-se o art. 231 desta Lei.

30. Sujeitos ativo e passivo: o sujeito ativo é a autoridade policial. Devemos entender tratar-se somente do delegado de polícia. Este seria a autoridade policial autêntica. Investigadores de polícia ou detetives, bem como policiais militares, devem ser considerados apenas agentes da autoridade policial, conforme o caso. Assim, a figura típica destina-se à autoridade que lavrou o termo de apreensão e deixou de fazer as comunicações exigidas por lei. Outros policiais que tenham apreendido o menor, sem as formalidades legais, devem ser inseridos em tipos diversos. O sujeito passivo é a criança ou adolescente. Na jurisprudência: TJMG: "2. O acompanhamento do adolescente apreendido e a sua condução até a residência e a localização de seus pais, nos casos em que for impossível a localização da família ou de sua locomoção até a unidade policial, cabe, por força do art. 107 c/c art. 231 do Estatuto da Criança e do Adolescente, à autoridade policial incumbida de lavrar o auto de apreensão, constituindo crime o seu descumprimento. 3. Fixada a competência por meio do Estatuto da Criança e do Adolescente, o Centro de Apoio Operacional às Promotorias de Justiça da Infância e Juventude do Estado de Minas Gerais não possui competência para, por meio de Nota Técnica, alterar a responsabilidade da autoridade policial e atribuí-la ao Conselho Tutelar ou ao Serviço de Assistência Social municipal" (AI 09793912020158130000, 4.ª Câm. Cível, rel. Renato Dresch, 30.06.2016, v.u.).

31. Elemento subjetivo: é o dolo. Não se exige elemento subjetivo do tipo específico, nem se pune a forma culposa. Se a comunicação deixar de ser feita por negligência ou outra causa correlata, deve a autoridade policial responder, somente, na órbita administrativa.

32. Objetos material e jurídico: o objeto material é a criança ou o adolescente. O objeto jurídico é a proteção à liberdade de locomoção da criança ou do adolescente.

33. Classificação: é crime próprio (só pode ser cometido pela autoridade policial); formal (independe da ocorrência de resultado naturalístico, consistente em efetivo prejuízo para a criança ou adolescente); de forma livre (pode ser cometido por qualquer meio eleito pelo agente); omissivo (os verbos conjugados implicam em inação); instantâneo (a consumação se dá em momento determinado); de perigo abstrato (presume-se prejuízo à criança e ao adolescente); unissubjetivo (pode ser cometido por uma só pessoa); unissubsistente (praticada em um ato, como é típico do delito omissivo próprio); não admite tentativa.

34. Benefícios penais: é infração de menor potencial ofensivo, cabendo transação e os demais benefícios previstos na Lei 9.099/1995.

Art. 232

> **Art. 232.** Submeter[35-37] criança ou adolescente sob sua autoridade, guarda ou vigilância a vexame ou a constrangimento:[38-39]
>
> Pena – detenção de seis meses a dois anos.[40]

35. Análise do núcleo do tipo: *submeter* (sujeitar, subjugar) é o núcleo do tipo, que se conjuga a *vexame* (vergonha, ultraje) ou *constrangimento* (situação de violência ou coação psicológica). O objeto dessa conduta é a criança ou o adolescente. Não se deve levar em conta a lei de abuso de autoridade, pois prevalece o art. 232, por se tratar de lei especial em relação àquela. Deve estar o menor, no caso do tipo do art. 232, legalmente sob custódia, guarda ou vigilância; do contrário, outras figuras típicas de privação da liberdade incidirão. Esse tipo penal é demasiadamente aberto, ferindo o princípio da taxatividade. Contém dois elementos normativos – vexame e constrangimento –, cuja valoração cultural é muito vaga, não se coadunando com a segurança exigida pelo princípio da legalidade. Na jurisprudência: STJ: "3. Neste caso, imputa-se ao paciente a conduta descrita no art. 232 do Estatuto da Criança e do Adolescente, porque ele teria causado constrangimento a um adolescente, durante uma aula de História. 4. A conduta narrada, embora possa, até certo ponto, ser considerada reprovável, não é suficiente para justificar seu enquadramento no tipo penal em discussão. De fato, não se consegue extrair dos autos a prática de atos que expressam a submissão da vítima a situação evidente de vexame e humilhação. A controvérsia girou em torno de questionamentos sobre a análise histórico-política de determinada época nos EUA (ideologias e opiniões pessoais). Exame da jurisprudência do STJ a respeito do art. 232 do ECA. Distanciamento da hipótese vertente. 5. Por mais que se vislumbre eventual excesso na conduta acadêmica do docente, não parece razoável a atribuição de responsabilidade criminal pelos fatos aqui narrados. Não se ignora a possibilidade de sancionamento da conduta por outros ramos do Direito. Porém, não se pode perder de vista que a lei penal não deve ser invocada para atuar em hipóteses desprovidas de significação social-criminal, razão pela qual o princípio da intervenção mínima surge para atuar como instrumento de interpretação restrita do tipo penal. 6. *Habeas corpus* não conhecido. Ordem concedida de ofício para determinar o trancamento da Ação Penal n. 0133059-42.2018.8.05.0001, ajuizada em desfavor do paciente, confirmando a liminar" (HC 548.875/BA, 5.ª T., rel. Reynaldo Soares da Fonseca, *DJe* 19.12.2019). TJDF: "1. O delito de expor ou submeter criança ou adolescente a vexame ou a constrangimento, previsto no art. 232 do ECA, requer o especial fim de agir, também chamado de dolo específico, que consiste na intenção do agente em expor ou submeter a vítima a situação vergonhosa ou a constrangê-la física ou moralmente. Precedente. 2. Não restou comprovado nos autos o dolo do réu em submeter o adolescente a vexame ou constrangimento, porque as ameaças, embora praticadas e encaminhadas para o celular do jovem, visavam atingir sua genitora" (Ap. 00094199720188070016, 1.ª T. Criminal, rel. Carlos Pires Soares Neto, 08.09.2022, v.u.). TJSP: "Revisão criminal. Art. 218-B do Código Penal. Pleito de desclassificação para o art. 232 do ECA. Necessidade. Genitor que obrigava a filha, maior de 14 anos de idade, a presenciar e registrar em vídeo relações sexuais homossexuais extraconjugais praticadas com o corréu. Inexistência de exploração sexual da ofendida. Necessária interpretação analógica da expressão exploração sexual, devendo ser interpretada como situação similar à prostituição, exigindo a prática de atos libidinosos pela vítima ou com a vítima. O ato de registrar a prática libidinosa não se configura em exploração sexual. Ademais, sendo a vítima maior de 14 anos, não se tipifica no art. 218-A do CP. Correta a desclassificação para o art. 232 do ECA, posto ter sido a ofendida submetida a constrangimento. Gravidade concreta da conduta. Pena-base fixada no patamar máximo, em 2 anos de detenção, posto ter sido a conduta revestida de grave ameaça. Regime semiaberto mantido. Revisão criminal julgada procedente" (Revisão Criminal

Art. 232

2167280-98.2019.8.26.0000. 8.º Grupo de Direito Criminal, rel. Guilherme de Souza Nucci, 12.06.2020). TJRS: "1. Ré que, na condição de mãe da vítima, posa para fotografia, juntamente com seu marido e filho de 5 anos, em uma banheira de motel, e omite-se com relação à exposição em rede social, pratica o crime previsto no art. 232 do ECA. 2. Prova produzida nos autos que comprova a presença das elementares do tipo penal" (Recurso Crime 71008081010, Turma Recursal Criminal, rel. Keila Lisiane Kloeckner Catta-Preta, j. 10.12.2018, v.u.). TJGO: "1 – Comprovadas a materialidade e autoria do crime de estupro de vulnerável, maus-tratos e submissão de criança a constrangimento (artigos 136 e 217-A do Código Penal e 232 do ECA), impossível acolher o pleito absolutório, mesmo porque a palavra da vítima, ainda que menor, quando corroborada com outros elementos de provas, adquire grande valor probante. Aplicação do princípio da consunção entre os crimes de maus-tratos e submissão de criança a constrangimento. Inviabilidade. 2 – Sendo o apelante condenado por delitos autônomos, previstos nos artigos 136 do CP e 232 do ECA, e presente a pluralidade de condutas e de resultados lesivos, torna-se inconcebível o reconhecimento do princípio da consunção (...)" (Ap. Crim. 128034-92.2016.8.09.0167-GO, 1.ª Câmara Criminal, rel. Eudelcio Machado Fagundes, 15.08.2017, v.u.). TJSC: "A conduta do agente que passa as mãos na vítima, embora reprovável, quando não evidenciado o intento lascivo de forma segura, configura o crime do artigo 232 da Lei 8.069/90, que protege a integridade física, moral e psicológica da criança ou adolescente. O crime previsto no artigo 232 da Lei 8.069/1990 é específico e prevalece sobre a contravenção penal disposta no artigo 65 do Decreto-Lei 3.688/1941 quando o caso envolver criança ou adolescente" (Ap. Crim. 0006081-78.2012.8.24.0008-SC, 1.ª Câmara Criminal, rel. Carlos Alberto Civinski, 27.07.2017, v.u.).

35-A. Desclassificação proveniente do art. 217-A do CP: tem-se utilizado o art. 232 deste estatuto, mas é preciso verificar o caso concreto, pois, a depender da situação, pode-se aplicar o crime de importunação sexual (art. 215-A, CP), que sucedeu a contravenção de importunação ofensiva ao pudor. No entanto, não é despido de viabilidade o enquadramento na figura típica do art. 232. A exposição do menor, sem qualquer toque físico, à contemplação da libidinagem alheia, desde que não adequado ao estupro de vulnerável, pode resultar em mero vexame ou constrangimento. Na jurisprudência: STJ: "1. Segundo a jurisprudência do Superior Tribunal de Justiça, 'o delito de estupro de vulnerável se consuma com a prática de qualquer ato de libidinagem ofensivo à dignidade sexual da vítima, incluindo toda ação atentatória contra o pudor praticada com o propósito lascivo, seja sucedâneo da conjunção carnal ou não, evidenciando-se com o contato físico entre o agente e a vítima durante o apontado ato voluptuoso' (HC 264.482/RJ, rel. Min. Gurgel de Faria, 5.ª T., j. 23.06.2015, *DJe* 03.08.2015). Assim, o crime de estupro de vulnerável, na redação dada pela Lei 12.015/2009, configura-se quando o agente mantém conjunção carnal ou qualquer ato libidinoso contra menor de 14 (catorze) anos, sendo irrelevante, ainda, o consentimento da vítima. 2. O Tribunal *a quo*, segundo as circunstâncias específicas do caso, concluiu pela desclassificação do segundo fato para o crime do art. 232 do ECA, uma vez que não ficou comprovado o dolo inerente ao atentado violento ao pudor, pois 'a prova colacionada indica que a conduta não revelou luxúria e desejo incontido'. 3. Para modificar o entendimento do Tribunal de origem e afastar desclassificação operada quanto ao segundo fato, seria imprescindível a incursão no conjunto fático-probatório e nos elementos de convicção dos autos, o que é vedado em sede de recurso especial a teor do enunciado da Súmula 7/STJ: 'A pretensão de simples reexame de prova não enseja recurso especial'. 4. Agravo regimental improvido" (AgRg no REsp 1.589.420/GO, 5.ª T., rel. Reynaldo Soares da Fonseca, 24.05.2016, v.u.).

36. Sujeitos ativo e passivo: o sujeito ativo somente pode ser a pessoa que possua autoridade, guarda ou poder de vigilância em relação à criança ou ao adolescente. Assim,

Art. 234

641 Título VII – Dos Crimes e das Infrações Administrativas

tanto pode ser o pai, como o agente do Estado que cuide do menor, tudo a depender do caso concreto. O sujeito passivo é a criança ou o adolescente.

37. Elemento subjetivo: é o dolo. Não se exige elemento subjetivo do tipo específico, nem se pune a forma culposa. Conferir: TJGO: "Não há previsão de modalidade culposa, sendo o tipo subjetivo formado pelo dolo, consistente na vontade consciente de submeter criança ou adolescente a vexame ou constrangimento. Então, para a subsunção da conduta ao tipo penal, não basta a ocorrência de vexame ou constrangimento" (Ap. Crim. 25146-65.2012.8.09.0044/GO, 2.ª Câmara Criminal, rel. Edison Miguel da Silva Jr., 16.02.2017, v.u.).

38. Objetos material e jurídico: o objeto material é a criança ou o adolescente. O objeto jurídico é a proteção às integridades física e moral da criança e do adolescente.

39. Classificação: é crime próprio (só pode ser cometido pela pessoa qualificada, indicada no tipo); material (depende da ocorrência de resultado naturalístico, consistente na efetiva prática de ato que exponha a criança ou o adolescente a vexame ou constrangimento); de forma livre (pode ser cometido por qualquer meio eleito pelo agente); comissivo (o verbo implica em ação); instantâneo (a consumação se dá em momento determinado), porém pode transformar-se em permanente, caso a situação constrangedora ou vexatória seja mantida sem qualquer interrupção; de dano; unissubjetivo (pode ser cometido por uma só pessoa); unissubsistente (praticada em um só ato) ou plurissubsistente (praticada em vários atos), conforme o meio eleito pelo autor; admite tentativa na forma plurissubsistente.

40. Benefícios penais: é infração de menor potencial ofensivo, cabendo transação e os demais benefícios previstos na Lei 9.099/1995.

> **Art. 233.** (*Revogado pela Lei 9.455/1997.*)
>
> **Art. 234.** Deixar[41-43] a autoridade competente, sem justa causa,[44] de ordenar a imediata[45] liberação de criança ou adolescente, tão logo tenha conhecimento da ilegalidade da apreensão:[46-47]
>
> Pena – detenção de seis meses a dois anos.[48]

41. Análise do núcleo do tipo: *deixar* (omitir, não considerar) associa-se a *ordenar* (mandar que se faça algo), tendo por objeto a liberação imediata da criança ou adolescente. Portanto, cuida-se de um tipo penal voltado, primordialmente, ao juiz, como regra. Em segundo plano, ao delegado de polícia. Se a apreensão é feita formalmente pela autoridade policial, cabe a esta oficiar ao magistrado, dando-lhe ciência (se não o fizer, pode incidir a figura prevista no art. 231 desta Lei). Se o juiz deixar de determinar a liberação, caso ilegal a apreensão, agindo com dolo, configura-se o crime do art. 234. Secundariamente, pode atuar o delegado de polícia, ao tomar conhecimento, por exemplo, de apreensão feita por subordinado seu, sem estado de flagrância, como na hipótese prevista no art. 230 desta Lei. Deve *ordenar* a liberação imediata do menor e tomar as providências para punir o responsável pela ilegal apreensão. Dentro das atribuições constitucionais e legais, vislumbramos somente o juiz e o delegado como sujeitos ativos dessa modalidade de crime.

42. Sujeitos ativo e passivo: o sujeito ativo é, principalmente, o magistrado. Secundariamente, o delegado de polícia. O sujeito passivo é a criança ou adolescente.

43. Elemento subjetivo: é o dolo. Não se exige elemento subjetivo do tipo específico, nem se pune a forma culposa.

Art. 235

44. Elementos normativos: a expressão *sem justa causa* faz parte do campo da licitude ou ilicitude da conduta. Porém, trazido para o contexto do tipo penal, caso a apreensão do menor tenha preenchido as formalidades legais, em lugar de se cuidar de um estrito cumprimento do dever legal, passa a ser fato atípico. Portanto, quando a apreensão for juridicamente correta, é natural que a autoridade possa deixar de ordenar a liberação imediata.

45. Imediatidade: é outro elemento normativo que depende de valoração. Tratando-se de privação da liberdade, mormente ilegal, deve-se dar ao termo interpretação literal, vale dizer, imediato é urgente, feito no momento, sem qualquer tipo de delonga.

46. Objetos material e jurídico: o objeto material é a criança ou o adolescente. O objeto jurídico é a proteção à liberdade de locomoção da criança ou do adolescente.

47. Classificação: é crime próprio (só pode ser cometido pela autoridade competente em dar ordem à liberação); material (depende da ocorrência de resultado naturalístico, consistente em efetivo prejuízo para a criança ou adolescente no que toca ao seu direito de ir, vir e ficar); de forma livre (pode ser cometido por qualquer meio eleito pelo agente); omissivo (os verbos conjugados implicam em inação); permanente (a consumação se protrai no tempo, enquanto durem a privação ilegal e a possibilidade de ordem para a liberação); de dano; unissubjetivo (pode ser cometido por uma só pessoa); unissubsistente (praticada em um ato, como é típico do delito omissivo próprio); não admite tentativa.

48. Benefícios penais: é infração de menor potencial ofensivo, cabendo transação e os demais benefícios previstos na Lei 9.099/1995.

> **Art. 235.** Descumprir,[49-51] injustificadamente,[52] prazo fixado nesta Lei em benefício de adolescente privado de liberdade:[53-54]
>
> Pena – detenção de seis meses a dois anos.[55]

49. Análise do núcleo do tipo: *descumprir* (deixar de executar ou tornar algo efetivo) é a conduta nuclear, cujo objeto é prazo relativo à privação da liberdade de adolescente. Em outros termos, há sempre um período de tempo máximo, em que se pode deter o adolescente, aplicando-lhe medidas socioeducativas ou por mera cautela. A Lei 8.069/1990 estabelece tais prazos e prevê, como figura típica incriminadora, a sua inobservância. Ilustrando, podemos conferir alguns prazos estabelecidos no Estatuto da Criança e do Adolescente: a) "a internação, antes da sentença, pode ser determinada pelo prazo máximo de quarenta e cinco dias" (art. 108, *caput*); b) "o prazo máximo e improrrogável para a conclusão do procedimento, estando o adolescente internado provisoriamente, será de quarenta e cinco dias" (art. 183); c) "a internação constitui medida privativa da liberdade, sujeita aos princípios de brevidade, excepcionalidade e respeito à condição peculiar de pessoa em desenvolvimento. (...) § 2.º A medida não comporta prazo determinado, devendo sua manutenção ser reavaliada, mediante decisão fundamentada, no máximo a cada 6 (seis) meses. § 3.º Em nenhuma hipótese o período máximo de internação excederá a 3 (três) anos. § 4.º Atingido o limite estabelecido no parágrafo anterior, o adolescente deverá ser liberado, colocado em regime de semiliberdade ou de liberdade assistida. § 5.º A liberação será compulsória aos vinte e um anos de idade. § 6.º Em qualquer hipótese a desinternação será precedida de autorização judicial, ouvido o Ministério Público. (...)" (art. 121); d) não havendo liberação do menor, "a autoridade policial encaminhará, desde logo, o adolescente ao representante do Ministério Público, juntamente com cópia do auto de apreensão ou boletim de ocorrência. § 1.º Sendo impossível a apresentação imediata, a autoridade policial encaminhará o adolescente a entidade de atendimento, que fará a apresentação ao representante do Ministério Público no prazo de vinte e quatro horas. § 2.º Nas localidades onde não houver entidade de atendimento, a apresentação far-se-á pela autoridade policial. À falta de repartição policial especializada, o adolescente aguardará a apresentação em dependência separada da destinada a maiores, não podendo, em qualquer hipótese, exceder o prazo referido no parágrafo anterior" (art. 175); e) quando a internação for a medida determinada pelo juiz, não pode ser cumprida em estabelecimento prisional comum. Por isso, não havendo na comarca lugar adequado, o adolescente deve ser transferido imediatamente para local próximo. "Sendo impossível a pronta transferência, o adolescente aguardará sua remoção em repartição policial, desde que em seção isolada dos adultos e com instalações apropriadas, não podendo ultrapassar o prazo máximo de cinco dias, sob pena de responsabilidade" (art. 185, § 2.º).

50. Sujeitos ativo e passivo: o sujeito ativo é, principalmente, o juiz; secundariamente, a autoridade policial, autoridades encarregadas de ordenar a liberação ou a apresentação do menor a outra autoridade. O sujeito passivo é o adolescente.

51. Elemento subjetivo: é o dolo. Não se exige elemento subjetivo do tipo específico, nem se pune a forma culposa.

52. Elemento normativo do tipo: inseriu-se, no tipo incriminador, o termo *injustificadamente*, concernente à esfera do ilícito, para demonstrar que a impossibilidade de cumprir os prazos estabelecidos pela Lei 8.069/1990 representa fato atípico e não mera excludente de antijuridicidade. Excesso de processos e falta de juízes e/ou funcionários em uma Vara que cuide de adolescentes infratores poderia redundar em detenções cautelares superiores a 45 dias, por exemplo, sem que se possa dizer ter havido crime. Pode-se até buscar a soltura do menor e exigir uma indenização do Estado, mas não se deve processar a autoridade judiciária que não deu causa à lentidão do trâmite processual.

53. Objetos material e jurídico: o objeto material é o prazo fixado em lei, que deixa de ser respeitado. O objeto jurídico é a proteção à liberdade do adolescente.

54. Classificação: é crime próprio (só pode ser cometido pela autoridade competente em providenciar o escorreito cumprimento dos prazos); material (depende da ocorrência de resultado naturalístico, consistente em efetivo prejuízo para a criança ou adolescente no que toca ao seu direito de ir, vir e ficar); de forma livre (pode ser cometido por qualquer meio eleito pelo agente); omissivo (o verbo implica em inação); permanente (a consumação se protrai no tempo, enquanto dure a privação ilegal e a possibilidade de ordem para a liberação); de dano; unissubjetivo (pode ser cometido por uma só pessoa); unissubsistente (praticada em um ato, como é típico do delito omissivo próprio); não admite tentativa.

55. Benefícios penais: é infração de menor potencial ofensivo, cabendo transação e os demais benefícios previstos na Lei 9.099/1995.

> **Art. 236.** Impedir ou embaraçar[56-58] a ação de autoridade judiciária, membro do Conselho Tutelar ou representante do Ministério Público no exercício de função prevista nesta Lei:[59-60]
>
> Pena – detenção de seis meses a dois anos.[61]

56. Análise do núcleo do tipo: *impedir* (colocar obstáculo, interromper) ou *embaraçar* (perturbar, complicar a realização de algo) são os verbos alternativos, cujo objeto é a ação de juiz, representante do Conselho Tutelar ou do Ministério Público, quando exercerem as

Art. 236

Estatuto da Criança e do Adolescente Comentado · **Nucci**

funções previstas na Lei 8.069/1990. Outros modos de impedimento ou embaraço às atividades de autoridades devem ser punidos por tipos penais diversos, previstos no Código Penal ou em diversas leis especiais. Registre-se que esse é um tipo misto alternativo, ou seja, se o autor praticar ambas as condutas (embaraçar e impedir), responde por um só delito. Cabe ao juiz, ao Conselho Tutelar e ao Ministério Público a fiscalização das entidades governamentais e não governamentais de atendimento à criança ou ao adolescente (art. 95 desta Lei). À Vara da Infância e da Juventude compete: "I – conhecer de representações promovidas pelo Ministério Público, para apuração de ato infracional atribuído a adolescente, aplicando as medidas cabíveis; II – conceder a remissão, como forma de suspensão ou extinção do processo; III – conhecer de pedidos de adoção e seus incidentes; IV – conhecer de ações civis fundadas em interesses individuais, difusos ou coletivos afetos à criança e ao adolescente, observado o disposto no art. 209; V – conhecer de ações decorrentes de irregularidades em entidades de atendimento, aplicando as medidas cabíveis; VI – aplicar penalidades administrativas nos casos de infrações contra norma de proteção a criança ou adolescentes; VII – conhecer de casos encaminhados pelo Conselho Tutelar, aplicando as medidas cabíveis. Parágrafo único. Quando se tratar de criança ou adolescente nas hipóteses do art. 98, é também competente a Justiça da Infância e da Juventude para o fim de: *a*) conhecer de pedidos de guarda e tutela; *b*) conhecer de ações de destituição do poder familiar, perda ou modificação da tutela ou guarda; *c*) suprir a capacidade ou o consentimento para o casamento; *d*) conhecer de pedidos baseados em discordância paterna ou materna, em relação ao exercício do poder familiar; *e*) conceder a emancipação, nos termos da lei civil, quando faltarem os pais; *f*) designar curador especial em casos de apresentação de queixa ou representação, ou de outros procedimentos judiciais ou extrajudiciais em que haja interesses de criança ou adolescente; *g*) conhecer de ações de alimentos; *h*) determinar o cancelamento, a retificação e o suprimento dos registros de nascimento e óbito" (art. 148 desta Lei). E, ainda, cabe ao juiz disciplinar, por meio de portaria, ou autorizar, mediante alvará: "I – a entrada e permanência de criança ou adolescente, desacompanhado dos pais ou responsável, em: *a*) estádio, ginásio e campo desportivo; *b*) bailes ou promoções dançantes; *c*) boate ou congêneres; *d*) casa que explore comercialmente diversões eletrônicas; *e*) estúdios cinematográficos, de teatro, rádio e televisão; II – a participação de criança e adolescente em: *a*) espetáculos públicos e seus ensaios; *b*) certames de beleza. § 1.º Para os fins do disposto neste artigo, a autoridade judiciária levará em conta, dentre outros fatores: *a*) os princípios desta Lei; *b*) as peculiaridades locais; *c*) a existência de instalações adequadas; *d*) o tipo de frequência habitual ao local; *e*) a adequação do ambiente a eventual participação ou frequência de crianças e adolescentes; *f*) a natureza do espetáculo. § 2.º As medidas adotadas na conformidade deste artigo deverão ser fundamentadas, caso a caso, vedadas as determinações de caráter geral" (art. 149 desta Lei). Por outro lado, as atribuições do Conselho Tutelar são as seguintes: "I – atender as crianças e adolescentes nas hipóteses previstas nos arts. 98 e 105, aplicando as medidas previstas no art. 101, I a VII; II – atender e aconselhar os pais ou responsável, aplicando as medidas previstas no art. 129, I a VII; III – promover a execução de suas decisões, podendo para tanto: a) requisitar serviços públicos nas áreas de saúde, educação, serviço social, previdência, trabalho e segurança; b) representar junto à autoridade judiciária nos casos de descumprimento injustificado de suas deliberações; IV – encaminhar ao Ministério Público notícia de fato que constitua infração administrativa ou penal contra os direitos da criança ou adolescente; V – encaminhar à autoridade judiciária os casos de sua competência; VI – providenciar a medida estabelecida pela autoridade judiciária, dentre as previstas no art. 101, de I a VI, para o adolescente autor de ato infracional; VII – expedir notificações; VIII – requisitar certidões de nascimento e de óbito de criança ou adolescente quando necessário; IX – assessorar o Poder Executivo local na elaboração da proposta orçamentária para planos e programas de atendimento dos direitos da criança e do adolescente; X – representar, em nome da pessoa e da família, contra a violação dos direitos previstos no art. 220, § 3.º, inciso II da Constituição Federal; XI – representar ao Ministério Público para efeito das ações de perda ou suspensão do poder familiar, após esgotadas as possibilidades de manutenção da criança ou do adolescente junto à família natural; XII – promover e incentivar, na comunidade e nos grupos profissionais, ações de divulgação e treinamento para o reconhecimento de sintomas de maus-tratos em crianças e adolescentes. Parágrafo único. Se, no exercício de suas atribuições, o Conselho Tutelar entender necessário o afastamento do convívio familiar, comunicará *incontinenti* o fato ao Ministério Público, prestando-lhe informações sobre os motivos de tal entendimento e as providências tomadas para a orientação, o apoio e a promoção social da família" (art. 136 desta Lei). Quanto ao Ministério Público, cabe-lhe: "I – conceder a remissão como forma de exclusão do processo; II – promover e acompanhar os procedimentos relativos às infrações atribuídas a adolescentes; III – promover e acompanhar as ações de alimentos e os procedimentos de suspensão e destituição do poder familiar, nomeação e remoção de tutores, curadores e guardiães, bem como oficiar em todos os demais procedimentos da competência da Justiça da Infância e da Juventude; IV – promover, de ofício ou por solicitação dos interessados, a especialização e a inscrição de hipoteca legal e a prestação de contas dos tutores, curadores e quaisquer administradores de bens de crianças e adolescentes nas hipóteses do art. 98; V – promover o inquérito civil e a ação civil pública para a proteção dos interesses individuais, difusos ou coletivos relativos à infância e à adolescência, inclusive os definidos no art. 220, § 3.º, inciso II, da Constituição Federal; VI – instaurar procedimentos administrativos e, para instruí-los: *a*) expedir notificações para colher depoimentos ou esclarecimentos e, em caso de não comparecimento injustificado, requisitar condução coercitiva, inclusive pela polícia civil ou militar; *b*) requisitar informações, exames, perícias e documentos de autoridades municipais, estaduais e federais, da administração direta ou indireta, bem como promover inspeções e diligências investigatórias; *c*) requisitar informações e documentos a particulares e instituições privadas; VII – instaurar sindicâncias, requisitar diligências investigatórias e determinar a instauração de inquérito policial, para apuração de ilícitos ou infrações às normas de proteção à infância e à juventude; VIII – zelar pelo efetivo respeito aos direitos e garantias legais assegurados às crianças e adolescentes, promovendo as medidas judiciais e extrajudiciais cabíveis; IX – impetrar mandado de segurança, de injunção e *habeas corpus*, em qualquer juízo, instância ou tribunal, na defesa dos interesses sociais e individuais indisponíveis afetos à criança e ao adolescente; X – representar ao juízo visando à aplicação de penalidade por infrações cometidas contra as normas de proteção à infância e à juventude, sem prejuízo da promoção da responsabilidade civil e penal do infrator, quando cabível; XI – inspecionar as entidades públicas e particulares de atendimento e os programas de que trata esta Lei, adotando de pronto as medidas administrativas ou judiciais necessárias à remoção de irregularidades porventura verificadas; XII – requisitar força policial, bem como a colaboração dos serviços médicos, hospitalares, educacionais e de assistência social, públicos ou privados, para o desempenho de suas atribuições. § 1.º A legitimação do Ministério Público para as ações cíveis previstas neste artigo não impede a de terceiros, nas mesmas hipóteses, segundo dispuserem a Constituição e esta Lei. § 2.º As atribuições constantes deste artigo não excluem outras, desde que compatíveis com a finalidade do Ministério Público. § 3.º O representante do Ministério Público, no exercício de suas funções, terá livre acesso a todo local onde se encontre criança ou adolescente. § 4.º O representante do Ministério Público será responsável pelo uso indevido das informações e documentos que requisitar, nas hipóteses legais de sigilo. § 5.º Para o exercício da atribuição de que trata o inciso VIII deste artigo, poderá o representante do Ministério Público: *a*) reduzir a termo as declarações do reclamante, instaurando o competente procedimento, sob sua presidência; *b*) entender-se

Art. 237

Estatuto da Criança e do Adolescente Comentado · Nucci

diretamente com a pessoa ou autoridade reclamada, em dia, local e horário previamente notificados ou acertados; *c*) efetuar recomendações visando à melhoria dos serviços públicos e de relevância pública afetos à criança e ao adolescente, fixando prazo razoável para sua perfeita adequação" (art. 201 desta Lei). Portanto, obstáculos interpostos por terceiros às atuações supradescritas são suficientes e capazes de gerar o crime descrito no art. 236 da Lei 8.069/1990. Na jurisprudência: STF: "A expressão envolve toda e qualquer autoridade judiciária no desempenho da função, não se restringindo à figura do juiz da Vara da Infância e do Adolescente" (HC 84.394, 1.ª T., rel. Marco Aurélio, 03.08.2004, v.u.). TJRS: "O conjunto probatório logrou demonstrar as elementares do tipo penal, uma vez que a ré agrediu Conselheiras Tutelares, impedindo sua atuação. Comprovada, portanto, a prática da conduta prevista no art. 236 do ECA. Sentença condenatória mantida, inclusive no tocante à pena" (Apelação Criminal 71008459737, Turma Recursal Criminal, rel. Edson Jorge Cechet, j. 25.11.2019, v.u.).

57. Sujeitos ativo e passivo: o sujeito ativo pode ser qualquer pessoa. O sujeito passivo é o Estado, no cenário da proteção aos interesses da criança e do adolescente.

58. Elemento subjetivo do tipo: é o dolo. Não há elemento subjetivo específico, nem se pune a forma culposa.

59. Objetos material e jurídico: o objeto material é a ação da autoridade judiciária, membro do Conselho Tutelar ou representante do Ministério Público. O objeto jurídico é o interesse da Administração da Justiça, no campo da proteção aos interesses da criança e do adolescente.

60. Classificação: é crime comum (pode ser cometido por qualquer pessoa); formal (independe da ocorrência de resultado naturalístico, consistente em efetivo prejuízo para a atuação dos órgãos mencionados no tipo); de forma livre (pode ser cometido por qualquer meio eleito pelo agente); comissivo (os verbos implicam em ações); instantâneo (a consumação se dá em momento determinado); de perigo abstrato (presume-se a probabilidade de dano); unissubjetivo (pode ser cometido por uma só pessoa); unissubsistente (praticada em um só ato) ou plurissubsistente (praticada em vários atos), conforme o meio eleito pelo autor; admite tentativa na forma plurissubsistente.

61. Benefícios penais: é infração de menor potencial ofensivo, cabendo transação e os demais benefícios previstos na Lei 9.099/1995.

> **Art. 237.** Subtrair[62-64] criança ou adolescente ao poder de quem o tem sob sua guarda em virtude de lei ou ordem judicial, com o fim de colocação em lar substituto:[65-66]
>
> Pena – reclusão de dois a seis anos, e multa.[67]

62. Análise do núcleo do tipo: *subtrair* (retirar de um lugar, levando a outro) é a conduta que tem por objeto a criança ou o adolescente sob guarda de terceiros. A conjugação que se faz do verbo *subtrair* com a expressão *ao poder de quem o tem sob sua guarda*, demonstra a ilegalidade do ato de retirada do menor do local onde se encontra, levando-o a outro diverso. Observa-se, ainda, na construção do tipo penal, de que a guarda sobre o menor é fruto de ordem judicial (ex.: tutor) ou de lei (ex.: pais). Há uma finalidade específica, que é a colocação em lar substituto, ou seja, fazer com que a criança ou o adolescente passe a viver em outra família, adotado oficialmente ou não. Em confronto com o disposto no art. 249 do

Código Penal (subtração de incapazes), verifica-se que o tipo do art. 237 deve prevalecer por existir finalidade especial para agir, além de ser lei mais recente. Na jurisprudência: TJSP: "Art. 237 da Lei n. 8.069/90 e art. 330 do Código Penal. Recurso defensivo. Absolvição por insuficiência probatória ou ausência de dolo. Insuficiência probatória. Inocorrência. Conjunto probatório harmônico e coeso que comprova a materialidade e autoria do delito. Alegação de ausência de dolo insubsistente. Apelante que ocultou o neto por quase quatro anos, não obstante a intimação da Justiça para que o entregasse à genitora. Desclassificação da conduta prevista no Estatuto da Criança e do Adolescente para o delito previsto no art. 249 do Código Penal. Impossibilidade. Finalidade de colocação em lar substituto devidamente demonstrada. Desobediência à ordem judicial que constituiu meio para a prática do crime de subtração de criança ou adolescente. Princípio da consunção reconhecido. Dosimetria. Possibilidade de redução da pena imposta pelo delito de desobediência. Regime aberto bem fixado. Substituição da pena privativa de liberdade por uma restritiva de direitos e multa corretamente operada. Recurso parcialmente provido" (Apelação Criminal 0008390-70.2011.8.26.0196, 16.ª Câmara de Direito Criminal, rel. Leme Garcia, j. 10.12.2018, v.u.).

63. Sujeitos ativo e passivo: o sujeito ativo pode ser qualquer pessoa. Basta não possuir a guarda do menor. O sujeito passivo é a criança ou o adolescente. Secundariamente, deve-se inserir, também, a pessoa que possui, legalmente, a guarda do menor.

64. Elemento subjetivo: é o dolo. Exige-se o elemento subjetivo do tipo específico, consistente na finalidade de inserção em lar substituto. Não se pune a forma culposa. Conferir: TJPR: "1. O tipo previsto no art. 237 do Estatuto da Criança e do Adolescente exige um especial fim de agir, consistente na subtração de criança ou de adolescente para colocação em família substituta, bem assim a ausência de autorização ou de ciência dos genitores. 2. Inconcebível manter a condenação nas sanções do referido art. 237 de pessoa que tem, junto de si, criança voluntariamente entregue pela própria mãe, por faltar a esta condições de sustento relativamente à prole" (Apelação 831.497-2, 2.ª Câm. Criminal, rel. José Mauricio Pinto de Almeida, 28.06.2012, v.u.).

65. Objetos material e jurídico: o objeto material é a criança ou o adolescente. O objeto jurídico é a proteção dos interesses da criança e do adolescente em ser orientado e guiado pela família indicada pela lei ou pelo juiz.

66. Classificação: é crime comum (pode ser cometido por qualquer pessoa); formal (independe da ocorrência de resultado naturalístico, consistente em efetivo prejuízo para o menor com a inserção em lar substituto. Se isso ocorrer, está-se diante do exaurimento do crime); de forma livre (pode ser cometido por qualquer meio eleito pelo agente); comissivo (o verbo implica em ação); instantâneo (a consumação se dá em momento determinado). Pode haver rastro do crime, mantendo-se, por exemplo, a criança subtraída no lar substituto, motivo pelo qual o delito não se torna permanente, mas deve ser considerado *instantâneo de efeitos permanentes*; de dano (fere-se o direito do menor de estar com a família legalmente prevista); unissubjetivo (pode ser cometido por uma só pessoa); plurissubsistente (praticada em vários atos); admite tentativa.

67. Benefícios penais: não é infração de menor potencial ofensivo, descabendo transação e os demais benefícios previstos na Lei 9.099/1995. Se houver condenação, no mínimo legal, cabe a aplicação de *sursis*. Acima do mínimo – e até quatro anos –, pode haver a substituição da pena privativa de liberdade por restritiva de direitos, por não se tratar de crime com violência ou grave ameaça à pessoa. Eventualmente, torna-se viável, ainda, o *sursis* etário ou humanitário (art. 77, § 2.º, CP), para montante de até quatro anos. Acima disso, o

Art. 238

Estatuto da Criança e do Adolescente Comentado · **Nucci**

regime carcerário pode ser o semiaberto ou fechado, conforme a análise das circunstâncias do art. 59 do Código Penal.

> **Art. 238.** Prometer ou efetivar[68-70] a entrega de filho ou pupilo a terceiro, mediante paga ou recompensa:[71-72]
>
> Pena – reclusão de um a quatro anos, e multa.[73]
>
> **Parágrafo único.** Incide nas mesmas penas quem oferece ou efetiva a paga ou recompensa.[74]

68. Análise do núcleo do tipo: *prometer* (obrigar-se a dar ou fazer algo no futuro) ou *efetivar* (concretizar algo, realizar) são os verbos, cujo objeto é a entrega de filho ou pupilo a terceiro, envolvendo paga (benefício pecuniário) ou recompensa (outro benefício qualquer). Busca-se evitar o *tráfico de crianças*, impedindo-se que famílias pobres, seduzidas por dinheiro ou outros bens, prometam a venda de filhos a terceiros endinheirados. Almeja-se, ainda, contornar o problema da denominada *barriga de aluguel*, situação em que mães, durante a gestação, prometem entregar seus filhos, após o nascimento, a outras famílias, mediante recompensa. A entrega do filho, em adoção, a terceiros, não é vedada, desde que ausente o fito de obter lucro ou vantagem. Por isso, conforme a situação concreta, torna-se muito complexa e difícil a prova de que houve a promessa ou a efetivação da entrega de filho, mediante paga ou recompensa. Se as partes envolvidas negarem o ocorrido, torna-se quase impossível ao Estado provar o contrário. Confrontando-se com o art. 245 do Código Penal, conclui-se pela concomitante vigência de ambos. Entretanto, o art. 238, por ser especial, afasta a aplicação do art. 245 do Código Penal. Este, por seu turno, fica reservado para outras hipóteses, mais genéricas, como o pai que entrega o filho menor de 18 anos a pessoa de má reputação, para simples convivência, com ou sem intuito de lucro, mas sem caráter definitivo. Na jurisprudência: TJRS: "Prova testemunhal segura a demonstrar que a mãe prometeu a entrega da filha, fruto de um relacionamento extraconjugal, para preservar o relacionamento com o seu companheiro, nutrida da ilusão de que lhe seria garantido o sigilo e a possibilidade de manter contato com a menina no futuro. Subsunção da conduta à norma inserta no parágrafo único do artigo 238 do ECA, que não exige, à sua conformação, seja a recompensa de natureza puramente patrimonial" (Apelação Crime 70069943512, 8.ª Câmara Criminal, rel. Dálvio Leite Dias Teixeira, j. 31.08.2016, v.u.).

69. Sujeitos ativo e passivo: o sujeito ativo é o pai, a mãe, o tutor ou o guardião. O sujeito passivo é a criança ou o adolescente privado de sua família biológica ou do tutor ou guardião determinado pelo juiz.

70. Elemento subjetivo: é o dolo. Exige-se o elemento subjetivo específico, consistente na obtenção de paga ou recompensa. Não se pune a forma culposa.

71. Objetos material e jurídico: o objeto material é a criança ou o adolescente (filho ou pupilo). O objeto jurídico é a proteção dos interesses da criança e do adolescente na mantença dos laços familiares legais ou mesmo da situação familiar determinada pelo juiz.

72. Classificação: é crime próprio (só pode ser cometido pelos pais, tutores ou guardiões); formal (independe da ocorrência de resultado naturalístico, consistente na entrega do menor a terceiros), na modalidade *prometer*, porém material (exige-se a efetiva entrega da criança ou do adolescente, mediante paga ou recompensa), no formato *efetivar*; de forma livre (pode ser cometido por qualquer meio eleito pelo agente); comissivo (os verbos implicam em ações); instantâneo (a consumação se dá em momento determinado); de dano (fere-se o direito do menor de estar com a família legalmente prevista); plurissubjetivo (somente pode ser cometido por mais de uma pessoa). Não visualizamos a possibilidade de alguém *prometer* ou *efetivar* a entrega de filho, por exemplo, a terceira pessoa, sem que esta nada lhe dê em troca. Assim ocorrendo, não se preencheria o tipo penal, que demanda a paga ou recompensa. Por isso, é fundamental a existência de alguém, além do pai ou da mãe, que corresponda, entregando o dinheiro ou outro valor qualquer. Tanto assim que se prevê a mesma pena para quem oferece ou efetiva a paga ou recompensa (art. 238, parágrafo único); plurissubsistente (praticada em vários atos); admite tentativa.

73. Benefícios penais: não é infração de menor potencial ofensivo, mas é admissível a suspensão condicional do processo, pois a pena mínima não ultrapassa um ano (art. 89, Lei 9.099/1995). Por se tratar de crime sem violência ou grave ameaça à pessoa, havendo condenação, é possível a substituição da pena privativa de liberdade por restritiva de direitos. Outra possibilidade, se a pena não ultrapassar dois anos, é a aplicação do *sursis*.

74. Figura correlata: a pessoa que oferece (a quem promete) ou paga (a quem efetiva) o dinheiro ou a recompensa também responderá pelo delito. Cuida-se de previsão óbvia, tendo em vista ser um delito plurissubjetivo. Para que se possa oferecer uma criança, *mediante paga*, é fundamental haver, de outro lado, quem efetue o pagamento.

> **Art. 239.** Promover ou auxiliar[75-77] a efetivação de ato destinado ao envio de criança ou adolescente para o exterior com inobservância das formalidades legais[78] ou com o fito de obter lucro:[79-82]
>
> **Pena** – reclusão de quatro a seis anos, e multa.[83]
>
> **Parágrafo único.** Se há emprego de violência, grave ameaça ou fraude:[84]
>
> **Pena** – reclusão, de 6 (seis) a 8 (oito) anos,[85] além da pena correspondente à violência.[86]

75. Análise do núcleo do tipo: *promover* (proporcionar o implemento de algo, impulsionar) ou *auxiliar* (fornecer ajuda ou suporte de qualquer espécie) são os verbos, cujo objeto é a efetivação de ato (concretização de determinada ação) voltado a enviar criança ou adolescente para o exterior. A conduta criminosa, no entanto, vem acompanhada de elementos normativos alternativos: a) sem observar as formalidades legais, ainda que sem o intuito de obter lucro; b) observando ou não as formalidades legais, mas com o objetivo de obter lucro. Busca-se evitar o tráfico internacional de crianças, preocupação reinante em todo o mundo. A consumação do delito, no entanto, independe da remessa efetiva da criança ou do adolescente para o estrangeiro. Basta a concretização de ato, cujo objetivo seja esse. Na realidade, se o menor for para o exterior, dá-se o exaurimento do crime. Conferir: STJ: "O delito tipificado no art. 239 do Estatuto da Criança e do Adolescente é formal, porque consuma-se com a simples conduta de auxiliar na efetivação de atos destinados ao envio de criança ao exterior, sem a observância das formalidades legais ou com a finalidade de obter lucro, não sendo exigido o efetivo envio do menor ao exterior" (REsp 1.023.002/PE, 6.ª T., rel. Alderita Ramos de Oliveira, 09.08.2012, v.u.). TRF-1: "1. O crime de que trata o art. 239 do ECA é crime formal, não se exigindo para sua consumação a saída do menor do país. Bastando, para tanto, que o ato destinado ao envio não observe as formalidades legais ou que tenha o agente o objetivo de lucro" (RESE 0009879-24.2010.4.01.3813, 4.ª T., rel. Hilton Queiroz, 30.10.2012, v.u.). TRF-2: "1. O art. 239 do Estatuto da Criança e do Adolescente se perfaz em duas hipóteses distintas, que são o tráfico oneroso de criança ou adolescente, quando a pessoa obtém lucro direto com a utilização da criança ou do adolescente como objeto material do crime, ou quando o agente

Art. 239

Estatuto da Criança e do Adolescente Comentado • **Nucci**

promove ou auxilia nos atos destinados ao envio de criança ou de adolescente ao exterior, sem a observação das formalidades legais, o que exatamente aconteceu no caso dos autos. 2. Encontram-se presentes todos os elementos descritos no tipo penal do art. 239 do ECA, restando comprovado, no decorrer da instrução criminal, que o réu auxiliou a efetivação de ato destinado ao envio de criança ou adolescente ao exterior com a inobservância das formalidades legais, tendo, conscientemente, fornecido ajuda à genitora do menor, providenciando a certidão de nascimento falsa, onde atribuía a si a paternidade da criança, para que, de posse deste documento, fosse concedida autorização para o requerimento de passaporte e para viajar ao exterior, consumando-se o referido crime, ainda que não se tenha logrado êxito em tal intento" (Apelação 2002.50.01.007654-6, 2.ª T., rel. Liliane Roriz, 24.11.2010, v.u.); Há decisão no sentido de que, existindo processo de adoção em andamento, o fato é atípico: TRF-5: "1. O crime encartado na Lei 8.069/90, em seu art. 239 ('promover ou auxiliar a efetivação de ato destinado ao envio de criança ou adolescente para o exterior com inobservância das formalidades legais ou com o fito de obter lucro'), não é compatível com a existência formal do processo de adoção, haja vista que, uma vez adotada a criança, o natural é que acompanhe os (novos e definitivos) pais – inclusive para o exterior, se estes forem, como são, estrangeiros; 2. A melhor inteligência acerca do tipo referido no item anterior diz, ao revés, com situações nas quais as crianças são enviadas para o exterior de modo informal, inoficioso, em franca violação ao Art. 85 daquele diploma legal ('sem prévia e expressa autorização judicial, nenhuma criança ou adolescente nascido em território nacional poderá sair do País em companhia de estrangeiro residente ou domiciliado no exterior'); 3. Porque atípicas as condutas debatidas nos autos, as apelações devem ser providas" (Apelação Criminal 0004917-13.2005.4.05.0000, 3.ª T., rel. Paulo Roberto de Oliveira Lima, 12.06.2008, v.u.).

76. Sujeitos ativo e passivo: o sujeito ativo pode ser qualquer pessoa. O sujeito passivo é a criança ou o adolescente.

77. Elemento subjetivo do tipo: é o dolo. Não se pune a forma culposa. Pode haver elemento subjetivo do tipo específico, consistente em "ter o fito de obter lucro". Na jurisprudência: TRF-1: "Conjunto probante que não comprovou o dolo necessário à configuração de atos tendentes, por um dos denunciados, ao envio de criança para o exterior mediante fraude consistente na troca da mãe biológica, em documentos públicos, pela mãe adotante 'à brasileira'. 3. Competência da Justiça Estadual para processamento e julgamento do crime previsto no art. 242 do Código Penal. 4. Recurso em sentido estrito não provido" (RESE 2007.35.00.009056-2, 3.ª T., rel. Tourinho Neto, 13.10.2009, v.u.). TRF-3: "I – Ré surpreendida pelas autoridades de imigração americanas ao tentar ingressar em Nova York/EUA, juntamente com sua filha menor, portando passaportes falsificados, inadmitida e repatriada. II – Caracterizada, em face da singularidade do caso, a inexigibilidade de conduta diversa, pois não é punível a conduta da genitora que utiliza passaporte falso buscando a reconstituição da família com melhores condições de vida no exterior, para tentar livrar-se da exclusão social e também reunir a família. V – Não restou caracterizado o delito de tráfico de menores, previsto no art. 239 do ECA, pois não houve o ato do envio da criança para fins de adoção ilegal, existiu, outrossim a intenção da mãe de levar a filha menor ao encontro do pai para construir uma vida melhor nos Estados Unidos" (Apelação 2002.61.19.000813-0, 1.ª T., rel. José Lunardelli, 30.08.2011, v.u.).

78. Formalidades legais: crianças e adolescentes podem seguir para o exterior, em situações variadas, desde que sejam respeitadas as regras estabelecidas pelo Estatuto da Criança e do Adolescente. Por exemplo, se um menor pretende estudar no exterior, autorizado pelos pais – ou pelo juiz da Vara da Infância e Juventude –, pode seguir viagem sem que isso represente um crime para quem o auxilie ou promova a sua ida.

Art. 239

79. Confronto com o art. 245, § 2.º, do Código Penal: analisando detidamente os dois tipos penais, cremos que o art. 239 da Lei 8.069/1990, por ser mais abrangente e também especial, revogou, tacitamente, o referido art. 245, § 2.º, do Código Penal. Neste, o agente auxilia a efetivação de ato destinado ao envio de menor para o exterior, *com o fito de obter lucro*. Naquele, o autor auxilia *ou promove* a efetivação de ato destinado a enviar criança ou adolescente ao exterior, com o fito de obter lucro ou *com inobservância das formalidades legais*. Logo, mais amplo e abrangente.

80. Objetos material e jurídico: o objeto material é o ato destinado ao envio de criança ou adolescente ao exterior. O objeto jurídico é proteção à família da criança e do adolescente.

81. Classificação: é crime comum (pode ser cometido por qualquer pessoa); formal (independe da ocorrência de resultado naturalístico, consistente em efetivo prejuízo para a família ou para a criança ou adolescente); de forma livre (pode ser cometido por qualquer meio eleito pelo agente); comissivo (os verbos implicam em ações); instantâneo (a consumação se dá em momento determinado); de perigo abstrato (presume-se a probabilidade de dano); unissubjetivo (pode ser cometido por uma só pessoa); plurissubsistente (praticada em vários atos); admite tentativa.

82. Competência: conforme o caso concreto, respeitado o disposto no art. 109, V, da Constituição Federal, é da Justiça Federal. Na jurisprudência: STF: "A suposta incompetência funcional do juiz estadual que, despachando processo de outra vara, determinou sua redistribuição à Justiça Federal, constitui nulidade relativa, a qual não gerou prejuízo algum ao paciente nem foi arguida em tempo oportuno, tornando-se preclusa. Questão, ademais, irrelevante e superada, diante da remessa do processo à Justiça Federal, competente para processar e julgar o crime descrito no art. 239 do Estatuto da Criança e do Adolescente (art. 109, V, Constituição Federal). Inexistência de flagrante ilegalidade ou teratologia que justifique a superação do óbice processual ao conhecimento da impetração" (HC 121.472/PE, 1.ª T., rel. Dias Toffoli, 19.08.2014, m.v.).

83. Benefícios penais: nesse caso, já que o objetivo do legislador é atingir o *traficante* de crianças e adolescentes, a pena é elevada. Se aplicada no mínimo legal, poderá o juiz conceder o regime aberto. Porém, acima disso, o regime pode ser o semiaberto ou fechado, conforme o caso. Em situações excepcionais (para maiores de 70 anos ou enfermos), poderia haver *sursis* (art. 77, § 2.º, CP).

84. Fraude: é o uso de artifício, mecanismos de engodo ou ardil, podendo configurar-se na forma de falsidade documental – material ou ideológica. Além disso, a utilização da fraude pode voltar-se contra a vítima ou qualquer outra pessoa, desde que facilite a execução do delito. Conferir: STJ: "O art. 239 do ECA pune quem promove ou auxilia o envio de criança ou adolescente para o Exterior com intuito de lucro independentemente da finalidade do envio, vale dizer, para fins lícitos ou ilícitos. E a fraude que qualifica o delito no seu parágrafo único pode se configurar na falsidade material e ideológica perpetrada para a consecução do objetivo criminoso, podendo ser empregada tanto contra a criança quanto contra a Administração Pública e seus agentes" (REsp 1.202.292/RJ, 6.ª T., rel. Maria Thereza de Assis Moura, *DJ* 21.05.2013).

85. Benefícios penais: havendo violência, grave ameaça ou fraude, a pena é ainda mais elevada. Aplicada no mínimo, o regime mais favorável é o semiaberto.

86. Acumulação material: o sistema adotado é o da acumulação material, vale dizer, ainda que o agente pratique uma só conduta (promover a efetivação de ato destinado ao envio de criança ou adolescente ao exterior, sem as formalidades legais ou com o intuito de lucro,

Art. 240

Estatuto da Criança e do Adolescente Comentado • **Nucci**

com fraude, violência ou grave ameaça), responderá pela pena prevista no art. 239, parágrafo único, associada àquela destinada ao tipo penal relacionado à violência.

> **Art. 240.** Produzir,[87] reproduzir, dirigir, fotografar, filmar ou registrar,[88-90] por qualquer meio, cena de sexo explícito ou pornográfica,[91] envolvendo criança ou adolescente:[92-93]
>
> Pena – reclusão, de 4 (quatro) a 8 (oito) anos, e multa.[94-95]
>
> § 1.º Incorre nas mesmas penas quem:
>
> I – agencia, facilita, recruta, coage[96-98] ou de qualquer modo intermedeia a participação de criança ou adolescente nas cenas referidas no *caput* deste artigo, ou ainda quem com esses contracena;[99-100]
>
> II – exibe, transmite, auxilia ou facilita[100-A-100-C] a exibição ou transmissão, em tempo real, pela internet, por aplicativos, por meio de dispositivo informático ou qualquer meio ou ambiente digital, de cena de sexo explícito ou pornográfica com a participação de criança ou adolescente.[100-D-100-E]
>
> § 2.º Aumenta-se a pena de 1/3 (um terço) se o agente comete o crime:[101]
>
> I – no exercício de cargo ou função pública ou a pretexto de exercê-la;[102]
>
> II – prevalecendo-se de relações domésticas, de coabitação ou de hospitalidade;[103] ou
>
> III – prevalecendo-se de relações de parentesco consanguíneo ou afim até o terceiro grau, ou por adoção, de tutor, curador, preceptor, empregador da vítima ou de quem, a qualquer outro título, tenha autoridade sobre ela, ou com seu consentimento.[104]

87. A dignidade da criança e do adolescente e sua liberdade sexual: a reforma introduzida pela Lei 11.829, de 25 de novembro de 2008, no Estatuto da Criança e do Adolescente, teve por finalidade acompanhar os passos da modernidade e da tecnologia, cada vez mais disseminada entre os jovens, com livre e fácil acesso, não somente no Brasil, mas também em outros países. Indiscutivelmente, uma das prioridades, no Estado Democrático de Direito, é assegurar a boa formação e o proveitoso desenvolvimento educacional das pessoas durante a fase infantojuvenil. Segue-se a meta proposta pelo art. 227 da Constituição Federal, proporcionando segurança para que toda criança e todo adolescente possam viver em ambiente saudável, com respeito à dignidade da pessoa e livre de qualquer forma de exploração. Dentre as mais comuns e nefastas formas de opressão, prejudicial à correta formação de personalidade humana, encontra-se a exploração sexual. O Código Penal busca assegurar, por meio dos tipos incriminadores, a punição dos agentes que cometam atos violentos contra a liberdade sexual, além de outros, configuradores de fraudes, assédios e investidas diretas em relação às vítimas. O Estatuto da Criança e do Adolescente, em visão mais particularizada, tem por fim a punição, no cenário da liberdade sexual, de agentes que envolvam crianças e adolescentes, em práticas sexuais, com o objetivo de satisfação da lascívia, em grande parte dos casos, porém sem haver o contato sexual direto, ao menos necessariamente. Volta-se a Lei 8.069/1990 aos crimes cometidos contra os menores de 18 anos no contexto da exposição visual, abrangendo fotos, filmes e outras formas de registro de imagens e sons. As anteriores redações dos arts. 240 e 241 cuidavam dos delitos relacionados à exploração das crianças e dos adolescentes, por meio da criação e divulgação, em geral, de imagens vinculadas a sexo explícito ou pornografia. Havia, entretanto, lacunas a serem supridas. Parece-nos positiva a edição da Lei 11.829/2008, com a geração de inéditas figuras típicas incriminadoras, mormente em tempos de Internet e fácil acesso dos jovens à informação. Ademais, cumpre salientar o maior detalhamento às atitudes dos denominados pedófilos, que se valem da rede mundial de computadores, em especial, para suas atividades criminosas. A pedofilia é um distúrbio psicossexual, consistente em intenso desejo de manter práticas sexuais, reais ou fantasiosas com crianças. É natural que, por extensão, possa-se entender como pedófilo, igualmente, aquele que se liga a adolescentes, em particular os mais novos, uma vez que a proteção legal se dá no mesmo diapasão. Nesse sentido, a Lei 11.829/2008 ampliou as possibilidades de punição, preenchendo determinados vazios e conferindo modernidade ao texto do Estatuto da Criança e do Adolescente. Em parte, o desiderato da novel lei teve por finalidade a alteração das penas, o que se deu no cenário dos arts. 240 e 241, ambos com outra redação. Sob outro aspecto, criaram-se figuras novas, buscando penalizar aqueles que mantêm fotos e outros registros de menores de 18 anos, envoltos em cenas pornográficas ou de sexo explícito. Além disso, visou-se à formação de tipos penais que pudessem alcançar os que se comprazem em montagens e edições de fotos e filmes em geral, igualmente contendo imagens sexuais de jovens. Finalmente, a lei ampliou a criminalização dos agentes que buscam jovens em programas de comunicação, com o fim de praticar ato libidinoso, mormente em *sites* específicos da Internet, como salas de bate-papo e outros sistemas de interação. Soa-nos positiva a reforma legislativa e promissoras as possibilidades de punir os agentes infratores no contexto dos delitos sexuais contra a criança e o adolescente. Na mesma linha de proteção, a Lei 12.650/2012 alterou o prazo prescricional dos crimes contra a dignidade sexual de crianças e adolescentes, previstos no Código Penal ou em legislação especial. Passa-se a computar a prescrição a partir da data em que a vítima completar 18 anos, salvo se a esse tempo já houver sido proposta a ação penal (art. 111, V, CP).

88. Análise do núcleo do tipo: *produzir* (criar, gerar, financiar, dar origem), *reproduzir* (significa tanto tornar a produzir como também imitar ou copiar), *dirigir* (comandar, orientar), *fotografar* (reproduzir imagem por meio de fotografia), *filmar* (registrar imagem e som em filme) e *registrar* (lançar imagem, som ou sinal em base material apropriada, de modo a reproduzir dados e informações) são os verbos componentes do núcleo do tipo, cujo objeto é cena de sexo explícito (atuação ou desenvolvimento de ato envolvendo o sexo às claras – ato libidinoso apto a dar prazer) ou pornográfica (atuação ou desenvolvimento de ato envolvendo devassidão ou obscenidade sexual, significando conduta apta a constranger o pudor ou excitar a licenciosidade). O tipo é misto alternativo, significando que qualquer das condutas empreendidas é suficiente para a configuração do delito. Por outro lado, se mais de uma conduta for realizada, no mesmo contexto, cuida-se de crime único (ex.: o agente fotografa e filma adolescente em cena de sexo explícito; comete um só delito, previsto no art. 240). Observe-se que o verbo *registrar* é o gênero, do qual se podem extrair as espécies de registro como *fotografar* e *filmar*. Por outro lado, incluiu a reforma trazida pela Lei 11.829/2008 a forma *reproduzir*, na realidade, voltada à tendência de copiar algo sob imitação, conduta que pode ser aplicada, também, para fotos e filmes modificados em relação ao original. Cumpre destacar, ainda, pretender o legislador envolver toda e qualquer maneira de lidar, manipular ou construir registros de imagens em geral, abarcando crianças e adolescentes em situações consideradas perniciosas (cenas de sexo explícito ou pornográficas). Por isso, valeu-se da genérica expressão "por qualquer meio". A finalidade do tipo penal é evitar o envolvimento de menores em produções de entretenimento sexual, o que não deixa de ser uma forma de *corrupção de menores*. O art. 218-A do Código Penal cuida de situação similar, porém sem o disfarce da produção artística, tratando de relacionamento pessoal. O art. 240 desta Lei envolve cenário de produção de imagens, não se exigindo a prática de relação sexual entre o agente e a vítima. Aliás, igualmente, não se demanda qualquer correção moral por parte do ofendido, pouco importando se é pessoa moralmente íntegra ou corrompida. Nem mesmo importa o seu consentimento. Na jurisprudência: STJ: "6. É típica a conduta de fotografar cena pornográfica (art. 241-B do ECA) e de armazenar fotografias de conteúdo pornográfico envolvendo criança ou adolescente (art. 240 do ECA) na hipótese em que restar incontroversa a finalidade sexual e libidinosa das fotografias, com enfoque nos órgãos genitais das vítimas – ainda que cobertos por peças de roupas –, e de poses nitidamente sensuais, em que explorada sua sexualidade com conotação obscena e pornográfica" (REsp 1.543.267/SC, 6.ª T., rel. Maria Thereza de Assis Moura, *DJe* 16.02.2016, v.u.). TJRS: "Com efeito, o Estatuto da Criança e do Adolescente, em visão mais particularizada, tem por fim a punição, no cenário da liberdade sexual, de agentes que envolvam crianças e adolescentes, em práticas sexuais, e o objetivo primordial da norma constante no Art. 240 do Estatuto da Criança e do Adolescente é, à luz da Constituição Federal, assegurar a boa formação educacional de pessoas que ainda estejam na fase infanto-juvenil. O crime previsto no Art. 240 do Estatuto da Criança e do Adolescente é formal, ou seja, não depende da ocorrência de resultado naturalístico, consistindo em efetivo prejuízo para a formação moral da criança e do adolescente, e de perigo abstrato, pois que se presume a probabilidade de dano, sendo irrelevante o objetivo do agente em tal conduta, já que a utilização da criança ou do adolescente em ambiente inadequado coloca em risco a sua formação moral. Trata o Art. 240 do Estatuto da Criança e do Adolescente de crime misto alternativo, de molde que qualquer uma das condutas previstas no dispositivo – filmar (registrar imagem e som em filme), fotografar (reproduzir imagem por fotografia) e registrar (lançar imagem, som ou sinal em base material apropriada, de modo a reproduzir dados e informações), entre outras – é suficiente à configuração do crime, não importando, à sua caracterização, que a vítima, criança ou adolescente, tenha consentido com o ato" (Ap. 70085022671/RS, 7.ª Câm. Criminal, rel. José Conrado Kurtz de Souza, 06.04.2022). TJSC: "I – As capturas, pelo acusado, de fotografias de adolescente em cenas de sexo explícito e pornográficas, com quem manteve relacionamento sem compromisso, é suficiente à condenação pelo crime do art. 240 do ECA. II – O consentimento da vítima é irrelevante para a configuração do crime previsto no art. 240 do ECA, vez que se trata de indivíduo em formação, vulnerável por conta do desenvolvimento incompleto, cuja anuência para registro e exposição da sua intimidade não apresenta validade jurídica. Ainda que a criança ou adolescente manifeste desejo de contracenar em cenas de sexo explícito ou pornográfica, veda-se ao indivíduo adulto a compactuação com essa prática; a lei lhe impõe, independentemente dos desejos do menor, garantir que os verdadeiros interesses deste sejam resguardados, haja vista que, nessa relação entre adulto e pessoa em desenvolvimento, marcada por flagrante desigualdade, o adulto assume o papel de responsável pela sua absoluta proteção (CF, art. 227, *caput*)" (Ap. Criminal 00104576620118240033, 4.ª Câm. Criminal, rel. Luiz Antônio Zanini Fornerolli, 22.08.2019, v.u.). TRF-3: "1. Réu que filmou e armazenou em seu aparelho celular cena de sexo explícito ou pornográfica com adolescente. Teria, ainda, compartilhado e disponibilizado o arquivo da gravação por meios eletrônicos através de rede social e aplicativos de mensagens. 2. Materialidade e autoria comprovados em relação a ambos os crimes. Dolo caracterizado. 3. Tese de absorção (ou consunção) da conduta de disponibilizar arquivos de conteúdo pornográfico infantojuvenil por aquela consistente em filmá-los ou registrá-los por qualquer meio. Rejeição em concreto. Condutas autônomas, adotadas com desígnios diversos, em momentos distintos, não se vislumbrando relação tão só de natureza 'meio-fim' entre a gravação e a disponibilização. A disponibilização em sítios da internet e por meio de mensagens eletrônicas ocorreu em outro contexto, após o rompimento do relacionamento, motivado, ao que as evidências dos autos indicam, por ciúmes do réu e como meio de vingança, eis que não se conformou com o término do namoro pela vítima. Objetos jurídicos distintos. Concurso material reconhecido. Condenação mantida" (Ap. Criminal 00003528320164036108, 11.ª T., rel. José Lunardelli, 25.07.2019, v.u.).

88-A. Fotografar e possuir ou armazenar fotos: tratando-se o ato de *fotografar* o menor "A", em cena pornográfica, configurando-se o delito previsto no art. 240, caso o sujeito ativo mantenha essa foto armazenada, em nosso entendimento, não configura o crime do art. 241-B, pois este último é somente *ato posterior não punível*. No entanto, fotografar "A" (art. 240) e possuir fotos de "B", também menor, em cena pornográfica, permite a configuração dos dois delitos (arts. 240 e 241-B). Na jurisprudência: TJRS: "A responsabilização pelo art. 241-B do ECA refere-se a inúmeras fotos e arquivos com diversas crianças e adolescentes (de identidade desconhecida) em cenas de sexo ou de pornografia, cuja origem e autoria são incógnitas, que o condenado possuía e armazenava, as quais não se confundem com as imagens que ele mesmo fotografou em sua residência com o adolescente W. (art. 240 do ECA). Condutas independentes, de modo que são plenamente puníveis todos os fatos narrados na denúncia" (Ap. Crim. 70068206101/RS, 6.ª Câm. Criminal, rel. Bernadete Coutinho Friedrich, 02.06.2016, v.u.).

89. Sujeitos ativo e passivo: o sujeito ativo pode ser qualquer pessoa. O sujeito passivo é a criança ou o adolescente. Fazíamos uma crítica à anterior redação do art. 240, que não abrangia as pessoas que pudessem agenciar ou intermediar, de um modo geral, as atividades artísticas pornográficas ou contendo cenas de sexo explícito com menores de 18 anos. A reforma introduzida pela Lei 11.829/2008 corrigiu essa distorção e passa a figurar, expressamente, no art. 240, § 1.º, todas as possibilidades de participação no evento criminoso.

90. Elemento subjetivo do tipo: é o dolo. Não há elemento subjetivo específico, nem se pune a forma culposa. É interessante observar que a proteção voltada aos menores de 18 anos prescinde de qualquer finalidade especial do agente, o que é correto. Portanto, se o autor do delito tem fim libidinoso, lucrativo, especulador, deletério, incerto ou mesmo gratuito, é inteiramente irrelevante. A utilização da criança ou adolescente em ambiente inadequado coloca em risco a sua formação moral, independentemente do objetivo do agente. Na jurisprudência: TJRS: "O crime previsto no art. 240 do ECA apresenta como elemento subjetivo o dolo, consubstanciado na vontade consciente de praticar quaisquer dos verbos nucleares previstos em lei, não sendo exigida finalidade específica – o que derrui o argumento apresentado no voto minoritário, que absolvia o réu por ausência de dolo de fomentar o mercado pedófilo ou de, preordenadamente, expor a vítima. Ainda que estivesse presente, o eventual consentimento da adolescente quanto ao uso pessoal do material registrado não afastaria a ocorrência do delito. Precedente do Superior Tribunal de Justiça" (EI e de Nulidade 70072329840/RS, 4.º Grupo de Câmaras Criminais, rel. José Conrado Kurtz de Souza, 27.04.2017, m.v.).

91. Elementos normativos do tipo: os termos utilizados em lei necessitam de valoração cultural, não se cuidando de expressões de conteúdo meramente descritivo. Cena pornográfica é a situação de libidinagem ou devassidão, com ou sem contato físico. Cena de sexo explícito é a que envolve relações sexuais aparentes e visíveis.

92. Objetos material e jurídico: o objeto material é a criança ou adolescente em cena de sexo explícito ou pornográfica. O objeto jurídico é a proteção à formação moral das crianças e adolescentes.

93. Classificação: é crime comum (pode ser cometido por qualquer pessoa); formal (independe da ocorrência de resultado naturalístico, consistente em efetivo prejuízo para a formação moral da criança ou do adolescente); de forma livre (pode ser cometido por qualquer meio eleito pelo agente); comissivo (os verbos implicam em ações); instantâneo (a consumação se dá em momento determinado); de perigo abstrato (presume-se a probabilidade de dano); unissubjetivo (pode ser cometido por uma só pessoa); plurissubsistente (praticada em vários atos); admite tentativa.

Art. 240

Estatuto da Criança e do Adolescente Comentado · Nucci

94. Benefícios penais: a Lei 11.829/2008 elevou substancialmente as penas em abstrato do delito, alterando a faixa anterior, de dois a seis anos, para quatro a oito anos de reclusão, mantida a cumulação com multa. Em face disso, diminuem muitos benefícios penais, não cabendo transação, suspensão condicional do processo e suspensão condicional da pena, como regra. A condenação à pena mínima – quatro anos – pode resultar na imposição de regime aberto (art. 33, § 2.º, *c*, CP). Se o magistrado aplicar mais de quatro anos, mas até oito anos, permite-se a fixação do regime semiaberto. Convém registrar, ainda, o cabimento, para o patamar mínimo de quatro anos, da substituição da pena privativa de liberdade por restritiva de direitos, já que não se trata de crime cometido com violência ou grave ameaça à pessoa.

95. Concurso material: é muito comum que o registro de cenas sexuais ou pornográficas praticadas com menores de 18 anos decorra justamente de atos libidinosos entre o agente e a vítima; por isso, admite-se concurso material entre estupro e o crime previsto neste artigo. Na jurisprudência: TJSP: "Apelação criminal. Atentado violento ao pudor. Dois consumados e um tentado. Art. 240, ECA. Materialidade e autoria demonstradas. Réu que constrangeu vítima, por duas vezes, mediante violência e grave ameaça, a praticar atos libidinosos diversos da conjunção carnal, e, em outra oportunidade, tentou constranger a vítima a praticar atos libidinosos diversos da conjunção carnal, bem como filmou cena pornográfica envolvendo criança e adolescente. Palavras da vítima. Validade. Coerência com as demais provas dos autos. Filmagem dos atos libidinosos que confirmam as declarações da vítima e do irmão dela. Concurso material. Delitos consumados foram praticados em circunstâncias diversas da do tentado e os consumados, embora praticados na mesma data, foram autônomos. Condenação inafastável. Pena corretamente fixada. Pena-base acima do mínimo legal. Circunstâncias e consequências do crime. Regime prisional fechado o adequado para prevenção e repressão do delito. Art. 2.º, § 1.º, da Lei 8.072/90. Preliminar rejeitada, recurso desprovido" (Apelação 990.10.405152-5, 6.ª Câm. Criminal, rel. Machado de Andrade, 24.03.2011, v.u.). TJRS: "No caso dos autos, há indícios suficientes de que o paciente teria praticado estupro contra sua sobrinha menor, havendo notícias, também, de fotografias da menor em poses sensuais, além da apreensão de uma arma de fogo" (HC 70058863952, 5.ª Câm. Criminal, rel. Lizete Andreis Sebben, 30.04.2014, v.u.).

96. Análise do núcleo do tipo: *agenciar* (promover o encontro entre duas ou mais pessoas como representante de uma das partes), *facilitar* (tornar algo possível de ser realizado sem custo ou esforço), *recrutar* (angariar adepto), *coagir* (constranger) e *intermediar* (colocar--se entre duas ou mais pessoas, com o fito de levar e trazer mensagens, promovendo contato) são as condutas alternativas, cujo objeto é a participação da criança ou do adolescente nas cenas de sexo explícito ou pornográficas (conferir a nota 88). A prática de uma ou mais das ações descritas neste parágrafo provoca a concretização de uma só infração penal. No *caput* do artigo, encontram-se as condutas dos agentes que, diretamente, lidam com o material inadequado, envolvendo menores. No § 1.º, estão as ações dos autores que, indiretamente, promovem o mesmo. Seriam autênticos partícipes das condutas de terceiros, mas a construção do tipo básico específico tem o condão de transformá-los em autores. Vale destacar, ainda, a inserção do verbo *coagir*, configurador de uma modalidade especial de constrangimento ilegal (art. 146, CP). Porém, a pena prevista no art. 240, § 1.º, da Lei 8.069/1990, modificado pela Lei 11.829/2008, é específica e muito superior, razão pela qual afasta a aplicação do tipo penal do art. 146 do Código Penal. *Contracenar* (participar de representação teatral, televisiva, cinematográfica ou fotográfica) é o verbo nuclear, que se associa ao envolvimento com crianças ou adolescentes. Cuida-se de uma figura suplementar àquelas previstas no *caput*. Em outros termos, quem produz, reproduz, dirige, fotografa, filma ou registra as cenas está sujeito a uma pena de quatro a oito anos, mas o ator, que trabalha com o menor, igualmente,

Art. 240

responde pela *corrupção moral*, devendo, como regra, receber a mesma pena. Na jurisprudência: TJPB: "Nos crimes de pedofilia, descritos no Estatuto da Criança e do Adolescente, o eventual consentimento da vítima menor é de todo irrelevante para a consumação dos delitos. Aquele que mantém conjunção carnal com adolescente de 15 anos e armazena, em mídia pessoal, fotos íntimas dos encontros sexuais, responde pelos ilícitos do art. 240, § 1.º, e art. 241-B, *caput*, ambos do ECA, em concurso material, não se falando em aplicação do princípio da consunção penal. Precedente" (Ap. Crim. 00012752020128150341-PB, Câmara Especializada Criminal, rel. Márcio Murilo da Cunha Ramos, 18.07.2017, v.u.).

97. Sujeitos ativo e passivo: o sujeito ativo pode ser qualquer pessoa. O sujeito passivo é a criança ou o adolescente.

98. Elemento subjetivo do tipo: é o dolo. Não há elemento subjetivo específico, nem se pune a forma culposa. Em grande parte dos casos, o agenciador ou intermediário tem fim lucrativo. A anterior redação do art. 240 previa esse específico intuito, punindo-o com sanção mais rigorosa. A Lei 11.829/2008, entretanto, expurgou qualquer causa de aumento de pena no tocante à intenção de obter vantagem patrimonial. Deve o magistrado, a despeito disso, no processo de aplicação da pena, analisar as finalidades do agente (os motivos do crime, como determina o art. 59 do Código Penal) e, sendo o caso, valorar o intuito de lucro para elevar a reprimenda. Afinal, agir com intenção de ganho patrimonial, em detrimento da formação moral de crianças e adolescentes, soa-nos motivação deveras negativa.

99. Objetos material e jurídico: o objeto material é a criança ou o adolescente. O objeto jurídico é a proteção à escorreita formação moral da criança ou do adolescente.

100. Classificação: é crime comum (pode ser cometido por qualquer pessoa); formal (independe da ocorrência de resultado naturalístico, consistente em efetivo prejuízo para a formação moral da criança ou do adolescente); de forma livre (pode ser cometido por qualquer meio eleito pelo agente); comissivo (os verbos implicam em ações); instantâneo (a consumação se dá em momento determinado); de perigo abstrato (presume-se a probabilidade de dano); unissubjetivo (pode ser cometido por uma só pessoa); plurissubsistente (praticada em vários atos); admite tentativa.

100-A. Análise do núcleo do tipo: *exibir* (mostrar, apresentar), *transmitir* (propagar, enviar), *auxiliar* (dar suporte) ou *facilitar* (tornar algo mais simples) a exibição (mostra, demonstração) ou transmissão (propagação) de cena de sexo explícito ou pornográfica (vide a nota 88). Essa conduta se liga a uma mostra realizada *em tempo real* (ao vivo), pela internet (rede mundial de computadores), valendo-se de aplicativos (*softwares* ou programas feitos para servir a dispositivos informáticos) e cujo instrumento é o dispositivo informático (*hardware* apto a armazenar dados) ou qualquer outro meio ou ambiente digital (fórmula residual, prevendo possíveis novas tecnologias capazes de transmitir dados por caminhos digitais inéditos). O objetivo é permitir a punição de quem reproduz a cena sexual ou pornográfica com criança ou jovem *ao vivo*, como se os espectadores estivessem no local. É um tipo misto alternativo, de modo que a prática de uma ou mais condutas permitem, no mesmo contexto, a punição por delito único. Cria-se este inciso para abranger não só a filmagem e a posterior transmissão ou recepção (arts. 241, 241-A e 241-B desta lei), mas a transmissão em tempo real.

100-B. Sujeitos ativo e passivo: o sujeito ativo pode ser qualquer pessoa. O sujeito passivo é a criança ou o adolescente.

100-C. Elemento subjetivo do tipo: é o dolo. Não há elemento subjetivo específico, nem se pune a forma culposa. Se houver intuito de lucro, deve o juiz levar em conta para agravar a pena quando da sua aplicação.

Art. 240

Estatuto da Criança e do Adolescente Comentado • **Nucci**

658

100-D. Objetos material e jurídico: o objeto material é a criança ou o adolescente. O objeto jurídico é a proteção à escorreita formação moral da criança ou do adolescente.

100-E. Classificação: é crime comum (pode ser cometido por qualquer pessoa); formal (independe da ocorrência de resultado naturalístico, consistente em efetivo prejuízo para a formação moral da criança ou do adolescente); de forma livre (pode ser cometido por qualquer meio eleito pelo agente); comissivo (os verbos implicam em ações); instantâneo (a consumação se dá em momento determinado); de perigo abstrato (presume-se a probabilidade de dano); unissubjetivo (pode ser cometido por uma só pessoa); plurissubsistente (praticada em vários atos); admite tentativa.

101. Causas de aumento de pena: para as situações descritas nos incisos do § 2.º, instituem-se causas de aumento de pena, que são de obrigatória aplicação e ingressam no terceiro estágio da fixação da pena, nos termos do art. 68, *caput*, do Código Penal. Na anterior redação do art. 240, § 2.º, previa-se a existência de qualificadoras, alterando-se a faixa abstrata das penas mínima e máxima. Com a edição da Lei 11.829/2008, manteve-se como causa de elevação da pena, com o acréscimo de um terço, o cometimento do delito no exercício de cargo ou função pública, aprimorando-se a redação do dispositivo. Eliminou-se a circunstância de haver finalidade específica do agente, consistente na obtenção de vantagem patrimonial. Acrescentaram-se novas situações para o aumento da pena, descritas nos incisos II e III.

102. Exercício de cargo ou função pública: *cargo* é o posto criado por lei, com denominação própria na estrutura administrativa, número certo e remunerado pelos cofres do Estado, vinculando o servidor à Administração estatutariamente; *função pública* é a atribuição feita pelo Estado aos seus servidores para que realizem serviços nos três Poderes, sem ocupar cargo ou emprego. Por interpretação extensiva, necessária para conferir lógica ao sistema, deve-se incluir, também, o *emprego público*, que é o posto criado por lei, na estrutura hierárquica da administração, com denominação própria e padrão de vencimentos específico, ocupado por servidor com vínculo contratual diverso do estatutário. A previsão legal é correta: o agente encontra-se no *exercício* do cargo, função ou emprego público ou, mesmo que não esteja, *vale-se disso* para a prática do crime (a pretexto de exercê-la).

103. Relações domésticas, coabitação e hospitalidade: as relações domésticas são as ligações estabelecidas entre participantes de uma mesma vida familiar, com ou sem laços de parentesco. Normalmente, as relações domésticas existem entre parentes, quando vivem sob o mesmo teto e possuem atividades em comum. Nada impede, entretanto, que amigos ou parentes mais distantes estabeleçam uma vida rotineira própria de integrantes da mesma família, constituindo, pois, um núcleo de relação doméstica. Exemplo disso é a família formada por companheiros, independentemente do matrimônio. As relações de coabitação consistem em ligações formadas por pessoas que habitam sob o mesmo teto. Não se exige amizade ou intimidade entre elas. Ilustrando, coabitam os moradores de uma pensão ou estudantes que dividam um apartamento. As relações de hospitalidade são formadas por ocasião de visitas ou estadas temporárias em lar alheio. Originam-se das relações sociais e de convívio. Cuida-se de causa inédita de aumento de pena no contexto dos crimes envolvendo sexo e pornografia, com inequívoco acerto por parte do legislador. Muitos produtores ou intermediários para fotos, filmes e outras atividades, nesse cenário, originam-se do núcleo de convivência da vítima, justamente pela maior proximidade que possuem e acesso facilitado.

104. Relações de parentesco: complementando o disposto no inciso anterior, insere-se no texto legal a possibilidade de haver laços de parentesco ou de qualquer forma de subordinação entre agente e vítima. Soa-nos correta a introdução dessas causas de aumento de pena, pois há maior proximidade e acesso livre do autor do delito em relação à pessoa ofendida. Não importa, para a configuração da causa de elevação da pena, se o parentesco é consanguíneo ou originário da adoção. Incluem-se, ainda, os vínculos formados entre tutor e tutelado, curador e curatelado, preceptor e aluno ou aprendiz, empregador e empregado. Afirma-se, por derradeiro, com correção, a viabilidade de qualquer outra forma de relação de autoridade criada entre agente e vítima, tal como a de guarda e pupilo. Neste cenário, admite-se a relação de autoridade criada com o consentimento do ofendido, algo razoável, pois se cuida de criança ou adolescente. A aquiescência do menor de 18 anos não deve ter relevo, quando se cuida da proteção de sua formação moral no âmbito sexual.

> **Art. 241.** Vender ou expor[105-107] à venda fotografia, vídeo ou outro registro que contenha cena de sexo explícito ou pornográfica envolvendo criança ou adolescente:[108-109]
>
> Pena – reclusão, de 4 (quatro) a 8 (oito) anos, e multa.[110-111]

105. Análise do núcleo do tipo: *vender* (alienar por determinado preço) e *expor à venda* (apresentar algo para que seja objeto de alienação) são as condutas alternativas, cujo objeto é a fotografia (processo de fixação da imagem estática de algo ou alguém em base material, valendo-se de câmaras aptas a tanto), vídeo (obra audiovisual, que proporciona a fixação de imagens e/ou som, em sequência) ou registro (base material apropriada, apta a fixar dados em geral) de criança ou adolescente em cenas de sexo explícito (relações sexuais aparentes e visíveis) ou em cenário pornográfico (situações de libidinagem ou devassidão). A figura típica é inédita e cuida, especificamente, do comerciante de fotos e imagens em geral de crianças e adolescentes envoltas em situações pornográficas ou de sexo explícito. Parece-nos correta a sua inserção na Lei 8.069/1990. Por outro lado, o adquirente das fotos ou vídeos, antes do advento da Lei 11.829/2008, por carência de tipo penal incriminador, poderia ficar impune. Essa situação foi modificada com a criação do art. 241-B, conforme se verá. Não há menção do meio circulante de tais fotos, vídeos ou registros, muito embora, atualmente, a maioria dos casos circunscreva-se à rede mundial de computadores (Internet). Na jurisprudência: STJ: "Inexiste no ordenamento jurídico norma penal não incriminadora explicativa que esclareça o conceito de pornografia infantil ou infantojuvenil, razão pela qual a previsão contida no art. 241 do Estatuto da Criança e do Adolescente, antes da redação dada pelas Leis n. 10.764/2003 e 11.829/2008, não se limita à criminalização somente da conduta de publicar fotos de crianças e adolescentes totalmente despidas. Cabe ao intérprete da lei, buscando a melhor aplicação da norma ali contida, diante do caso concreto, analisar se a conduta praticada pelo paciente se amolda à prevista no dispositivo em questão, de modo que nada impede que se analise, além das fotos, isoladamente, o contexto em que elas estão inseridas (publicadas). Deve o magistrado se valer dos meios de interpretação colocados à sua disposição para adequar condutas, preencher conceitos abertos e, por fim, buscar a melhor aplicação da norma de acordo com a finalidade do diploma em que ela está inserida, que, no caso dos autos, é a proteção da criança e do adolescente em condição peculiar de pessoas em desenvolvimento (art. 6.º do ECA). Dos documentos constantes dos autos, observa-se que foram publicadas na internet fotos de crianças e adolescentes seminuas, algumas de roupas de banho, outras mostrando partes do corpo e outras em poses relativamente sensuais, situação que reforça a impossibilidade de mudança do convencimento a respeito da conduta imputada ao paciente" (HC 168.610/BA, 6.ª T., rel. Sebastião Reis Júnior, 19.04.2012, v.u.).

106. Sujeitos ativo e passivo: o sujeito ativo pode ser qualquer pessoa. O sujeito passivo é a criança ou o adolescente.

Art. 241-A

Estatuto da Criança e do Adolescente Comentado · **Nucci**

107. Elemento subjetivo do tipo: é o dolo. Não há elemento subjetivo específico, nem se pune a forma culposa. Embora o tipo penal encerre a venda de fotos, vídeos e outros registros, o que, na maioria das vezes, implica em ânimo de lucro ou percepção de vantagem patrimonial, não se exige tal finalidade específica. O agente pode vender ou expor à venda as fotos, vídeos ou registros por motivo diverso da finalidade lucrativa, devendo ser punido da mesma forma.

108. Objetos material e jurídico: o objeto material é a foto, vídeo ou registro, contendo pornografia ou sexo explícito com criança ou adolescente. O objeto jurídico é a proteção à formação moral de crianças e adolescentes.

109. Classificação: é crime comum (pode ser cometido por qualquer pessoa); formal (independe da ocorrência de resultado naturalístico, consistente em efetivo prejuízo para a formação moral da criança ou do adolescente); de forma livre (pode ser cometido por qualquer meio eleito pelo agente); comissivo (os verbos implicam em ações); instantâneo (a consumação se dá em momento determinado); de perigo abstrato (presume-se a probabilidade de dano); unissubjetivo (pode ser cometido por uma só pessoa); plurissubsistente (praticada em vários atos); admite tentativa.

110. Benefícios penais: não cabe transação, suspensão condicional do processo e suspensão condicional da pena, como regra. A condenação à pena mínima – quatro anos – pode resultar na imposição de regime aberto (art. 33, § 2.º, *c*, CP). Se o magistrado aplicar mais de quatro anos, mas até oito anos, permite-se a fixação do regime semiaberto. Convém registrar, ainda, o cabimento, para o patamar mínimo de quatro anos, da substituição da pena privativa de liberdade por restritiva de direitos, já que não se trata de crime cometido com violência ou grave ameaça à pessoa.

111. Competência: se o trânsito das fotos, vídeos ou outros registros se der, exclusivamente, no território nacional, cabe à Justiça Estadual. Entretanto, havendo interligação com outros países, de modo que se possa considerar o delito iniciado ou finalizado no exterior, a competência é da Justiça Federal. Na jurisprudência: STJ: "Fixado nas instâncias ordinárias de que houve efetivo acesso das imagens pornográficas, envolvendo crianças e adolescentes, por pessoas de outros países, pois teria o paciente criado um sítio eletrônico na internet para fazer a publicação do material, inclusive enviando-o à Europa, o que atraiu a atenção da IN-TERPOL, caracterizada está a competência da Justiça Federal, pois há transnacionalidade dos fatos tidos por delituosos. Precedentes da Terceira Seção" (HC 200.356/PE, 6.ª T., rel. Maria Thereza de Assis Moura, 24.10.2013, v.u.). TRF-4: "O fato do crime ser cometido através da 'Internet' não é suficiente para firmar a competência da Justiça Federal, sendo necessária a prova de que houve execução ou consumação do delito no exterior. 3. Sendo o crime iniciado no Brasil, sem prova da publicização em outro país, não é caso de crime à distância, cuja competência para processar e julgar é da Justiça Estadual" (RESE 0000178-76.2010.404.7201, 7.ª T., rel. Sebastião Ogê Muniz, 13.04.2010, v.u.).

> **Art. 241-A.** Oferecer,[112-114] trocar, disponibilizar, transmitir, distribuir, publicar ou divulgar por qualquer meio, inclusive por meio de sistema de informática ou telemático, fotografia, vídeo ou outro registro que contenha cena de sexo explícito ou pornográfica envolvendo criança ou adolescente:[115-116]
>
> Pena – reclusão, de 3 (três) a 6 (seis) anos, e multa.[117]
>
> § 1.º Nas mesmas penas incorre quem:

> I – assegura[118-120] os meios ou serviços para o armazenamento das fotografias, cenas ou imagens de que trata o *caput* deste artigo;[121-122]
>
> II – assegura,[123-125] por qualquer meio, o acesso por rede de computadores às fotografias, cenas ou imagens de que trata o *caput* deste artigo.[126-127]
>
> § 2.º As condutas tipificadas nos incisos I e II do § 1.º deste artigo são puníveis[128] quando o responsável legal[129] pela prestação do serviço, oficialmente notificado,[130] deixa de desabilitar o acesso[131] ao conteúdo ilícito de que trata o *caput* deste artigo.[132-133]

112. Análise do núcleo do tipo: *oferecer* (dar como presente ou apresentar para aceitação), *trocar* (substituir determinada coisa por outra), *disponibilizar* (tornar acessível para aquisição), *transmitir* (enviar de um lugar a outro), *distribuir* (entregar a várias pessoas), *publicar* (tornar público, de maneira expressa e ampla) e *divulgar* (difundir, ainda que implicitamente) são as condutas alternativas, cujo objeto é a fotografia (processo de fixação da imagem estática de algo ou alguém em base material, valendo-se de câmaras aptas a tanto), o vídeo (obra audiovisual, que proporciona a fixação de imagens e/ou som, em sequência) ou registro (base material apropriada, apta a fixar dados em geral) de criança ou adolescente em cenas de sexo explícito (relações sexuais aparentes e visíveis) ou em cenário pornográfico (situações de libidinagem ou devassidão). A figura típica tem por escopo atingir *todos* os meios de comunicação, em especial a rede mundial de computadores (Internet). O tipo é misto alternativo, vale dizer, a prática de uma ou mais condutas sequenciais implica no cometimento de um único delito. O meio ligado a sistema de informática diz respeito a todos os instrumentos vinculados ao computador; a telemática liga-se a sistemas mistos de computador e meios de comunicação. Na jurisprudência: STF: "Crimes previstos nos arts. 241-A e 241-B do estatuto da criança e do adolescente. Princípio da consunção. Não incidência. Condutas autônomas" (224.310 AgR/AL, 1.ª T., rel. Alexandre de Moraes, 24.02.2023, v.u.). STJ: "2. A doutrina penalista, em geral, assim como a jurisprudência desta Corte Superior, entendem que, para ser aplicado o princípio da consunção, deve existir a relação de subordinação entre as condutas, o que não se verifica em relação às condutas tipificadas nos arts. 240 e 241-A da Lei n. 8.069/1990, pois são condutas autônomas, além de serem crimes formais, isto é, não dependem de resultado naturalístico, e, portanto, a consumação delitiva ocorre na própria prática da conduta criminosa, o que afasta a tese de relação de subordinação entre condutas típicas. 3. Agravo regimental provido para conhecer do agravo e prover o recurso especial, a fim de restabelecer a condenação do agravado pela prática do crime tipificado no art. 240, § 2.º, da Lei n. 8.069/1990, e, consequentemente, determinar que o Tribunal de origem refaça a dosimetria da pena considerando essa condenação" (AgRg no AREsp 1.859.898/SP 2021/0084570-9, 6.ª T., rel. Jesuíno Rissato, 08.08.2023, v.u.); "2. Delimitação da controvérsia: 'Os tipos penais trazidos nos arts. 241-A e 241-B do Estatuto da Criança e do Adolescente são autônomos, com verbos e condutas distintas, sendo que o crime do art. 241-B não configura fase normal tampouco meio de execução para o crime do art. 241-A, o que possibilita o reconhecimento de concurso material de crimes'. 3. TESE: 'Os tipos penais trazidos nos arts. 241-A e 241-B do Estatuto da Criança e do Adolescente são autônomos, com verbos e condutas distintas, sendo que o crime do art. 241-B não configura fase normal, tampouco meio de execução para o crime do art. 241-A, o que possibilita o reconhecimento de concurso material de crimes'" (REsp 1.970.216/SP, 3.ª Seção, rel. Reynaldo Soares da Fonseca, 03.08.2023, m.v.). TJMG: "A punição do réu, namorado da vítima, por enquadramento na descrição do tipo penal do art. 240, *caput*, do ECA, no caso dos autos, ensejará penalidade muito maior que os danos causados ao bem jurídico ora tutelado, principalmente considerando que ele já foi punido

Art. 241-A

Estatuto da Criança e do Adolescente Comentado • Nucci

com os constrangimentos que vem passando, juntamente com a vítima, perante a sociedade e familiares. Enquadra-se na conduta descrita no Art. 241-A do CP a transmissão em meio eletrônico de vídeo que continha cena de sexo explícito envolvendo adolescente" (Apelação 10043100013226001, 1.ª Câm. Criminal, rel. Silas Vieira, 16.04.2013, v.u.).

112-A. Competência: para facilitar a apuração do crime, levando-se em conta a consumação, o foro competente deve ser o do lugar da oferta, troca, disponibilização, transmissão, distribuição, publicação ou divulgação. Entretanto, se envolver a Internet, tendo em vista a viabilidade de acesso mundial, a competência é da Justiça Federal. Em outros casos, depende do local onde a conduta principal foi praticada. Na jurisprudência: STJ: "1. Fixou o Supremo Tribunal Federal, em sede de repercussão geral, nos autos do RE 628.624/SP, Relator para acórdão Ministro Edson Fachin, que: 'Compete à Justiça Federal processar e julgar os crimes consistentes em disponibilizar ou adquirir material pornográfico envolvendo criança ou adolescente (arts. 241, 241-A e 241-B da Lei n.º 8.069/1990) quando praticados por meio da rede mundial de computadores.' 2. No caso, a conduta foi praticada pela rede mundial de computadores, com utilização de programas de compartilhamento de arquivos, cujo acesso é franqueado a todos, em qualquer lugar, que fazem uso da ferramenta. 3. Sendo o Brasil signatário de tratados internacionais objetivando a repressão criminal de condutas relacionadas à pornografia infantil, bem como verificada a disponibilidade do material pornográfico inclusive no exterior, de rigor o reconhecimento da competência da Justiça Federal para a causa, nos termos do art. 109, inciso V, da Carta Magna. 4. Ordem concedida para declarar nulos os atos praticados pelo Juízo Estadual, com determinação de remessa dos autos à Justiça Federal, bem como de expedição de alvará de soltura" (HC 392644-SP, 6.ª T., rel. Maria Thereza de Assis Moura, 06.06.2017, v.u.).

113. Sujeitos ativo e passivo: o sujeito ativo pode ser qualquer pessoa. O sujeito passivo é a criança ou adolescente.

114. Elemento subjetivo do tipo: é o dolo. Não há elemento subjetivo específico, nem se pune a forma culposa. O ânimo específico do agente pode ser qualquer um (obtenção de vantagem patrimonial, satisfação da lascívia, entre outros), porém, parece-nos deva ser levado em consideração para a fixação da pena, nos termos do art. 59 do Código Penal (motivos do crime).

115. Objetos material e jurídico: o objeto material é a foto, o vídeo ou outro registro, contendo pornografia ou sexo explícito com criança ou adolescente. O objeto jurídico é a proteção à formação moral de crianças e adolescentes.

116. Classificação: é crime comum (pode ser cometido por qualquer pessoa); formal (independe da ocorrência de resultado naturalístico, consistente em efetivo prejuízo para a formação moral da criança ou do adolescente); de forma livre (pode ser cometido por qualquer meio eleito pelo agente); comissivo (os verbos implicam em ações); instantâneo (a consumação se dá em momento determinado), porém é viável considerá-lo permanente nas modalidades "disponibilizar" e "divulgar", conforme o meio escolhido pelo agente. A disponibilização de fotos ou vídeos, pela Internet, proporcionando o livre acesso de qualquer pessoa a qualquer momento, evidencia a contínua exposição da imagem da criança ou adolescente, resultando em permanência; de perigo abstrato (presume-se a probabilidade de dano), vide o acórdão citado acima; unissubjetivo (pode ser cometido por uma só pessoa); plurissubsistente (praticada em vários atos); admite tentativa.

117. Benefícios penais: não cabe transação, suspensão condicional do processo e suspensão condicional da pena, como regra. A condenação à pena mínima – três anos – pode resultar na imposição de regime aberto (art. 33, § 2.º, *c*, CP). Se o magistrado aplicar mais de quatro anos, mas até seis anos, permite-se a fixação do regime semiaberto. Convém registrar, ainda, o cabimento, para o patamar de três a quatro anos, da substituição da pena privativa de liberdade por restritiva de direitos, já que não se trata de crime cometido com violência ou grave ameaça à pessoa.

118. Análise do núcleo do tipo: *assegurar* (garantir, proporcionar a realização de algo com certeza) é o verbo nuclear, cujo objeto é o meio (recurso empregado para a obtenção de algo) ou serviço (desempenho de trabalho ou atividade, como regra, remunerada) para o armazenamento (manter em depósito ou outro lugar a isso destinado) das fotografias e demais imagens referidas no *caput*. Busca-se deixar clara a necessidade de punição do partícipe, que, embora não tenha divulgado, por exemplo, as fotos de pornografia infantojuvenil, em qualquer meio de comunicação, proporciona os mecanismos para o acúmulo do material. Ainda ilustrando, pode ser a pessoa que possui computadores com elevada capacidade de armazenamento, em discos rígidos, de fotografias digitais (que consomem muito espaço em base material apropriada, como cartuchos e CDs), propiciando àquele que oferece, troca, disponibiliza, transmite, distribui, publica ou divulga maiores opções de escolha quando inserir as fotos nos meios de comunicação, comumente a Internet.

119. Sujeitos ativo e passivo: o sujeito ativo pode ser qualquer pessoa. O sujeito passivo é a criança ou o adolescente.

120. Elemento subjetivo do tipo: é o dolo. Não há elemento subjetivo específico, nem se pune a forma culposa.

121. Objetos material e jurídico: o objeto material é o meio ou serviço de armazenamento de fotos, vídeos ou registros pornográficos, envolvendo menores. O objeto jurídico é a proteção à formação moral de crianças e adolescentes.

122. Classificação: é crime comum (pode ser cometido por qualquer pessoa); formal (independe da ocorrência de resultado naturalístico, consistente em efetivo prejuízo para a formação moral da criança ou do adolescente); de forma livre (pode ser cometido por qualquer meio eleito pelo agente); comissivo (o verbo implica em ação); permanente (a consumação se protrai no tempo, enquanto durar o armazenamento); de perigo abstrato (presume-se a probabilidade de dano); unissubjetivo (pode ser cometido por uma só pessoa); plurissubsistente (praticada em vários atos); admite tentativa.

123. Análise do núcleo do tipo: *assegurar* (garantir, proporcionar a realização de algo com certeza) é o verbo nuclear, cujo objeto é o acesso (estabelecer comunicação, como regra, por computador), por rede de computadores (Internet ou outra forma de sistema de conexão de máquinas), às fotos, cenas ou imagens pornográficas, envolvendo crianças ou adolescentes. É o partícipe ligado à mantença de *sites*, que hospedam o material inadequado, a ser visualizado por terceiros, usuários da Internet, como regra. Pode ser, inclusive, o provedor, que possibilita o acesso à Internet, bem como a navegação em *sites* de conteúdo indevido, como também o criador do *site*, hospedeiro do material pornográfico. Este último somente deve ser punido se tiver ciência do tipo de *site* que está criando e qual sua finalidade. A atual redação do art. 241-A, § 1.º, II, amplia a tipificação incriminadora antes existente no art. 241, § 1.º, III. Neste artigo mencionava-se apenas a rede mundial de computadores (Internet). Após a edição da Lei 11.829/2008, passa-se a punir a mantença de qualquer tipo de rede de computadores (inclusive, por exemplo, a existente dentro de uma empresa), que proporcione o acesso ao material pornográfico envolvendo menores de 18 anos. Logicamente, a ampliação mantém o foco voltado à Internet, pois esta não deixa de ser uma rede de computadores. Na

Art. 241-A

Estatuto da Criança e do Adolescente Comentado · **Nucci**

jurisprudência: STJ: "Não obstante a origem do material em questão seja, em tese, advinda da Internet, a conduta que se pretende apurar consiste no *download* realizado, pelo investigado, e na armazenagem de vídeos, em computadores de escolas municipais – o que se amolda ao crime previsto no art. 241-A, § 1.º, II, da Lei 8.069/90, cuja redação, vigente ao tempo dos fatos, é anterior a Lei 11.829/2008 –, inexistindo, por ora, como destacou o Ministério Público Federal, indícios de que o investigado tenha divulgado ou publicado o material pornográfico além das fronteiras nacionais" (CC 103.011/PR, 3.ª Seção, rel. Assusete Magalhães, 13.03.2013, v.u.).

124. Sujeitos ativo e passivo: o sujeito ativo pode ser qualquer pessoa. O sujeito passivo é a criança ou o adolescente.

125. Elemento subjetivo do tipo: é o dolo. Não há elemento subjetivo específico, nem se pune a forma culposa.

126. Objetos material e jurídico: o objeto material é o meio que permite o acesso às fotos, cenas ou imagens pornográficas, envolvendo menores, em navegação por rede de computadores. O objeto jurídico é a proteção à formação moral de crianças e adolescentes.

127. Classificação: é crime comum (pode ser cometido por qualquer pessoa); formal (independe da ocorrência de resultado naturalístico, consistente em efetivo prejuízo para a formação moral da criança ou do adolescente); de forma livre (pode ser cometido por qualquer meio eleito pelo agente); comissivo (o verbo implica em ação); permanente (a consumação se protrai no tempo, enquanto durar a manutenção do acesso ao material inadequado); de perigo abstrato (presume-se a probabilidade de dano); unissubjetivo (pode ser cometido por uma só pessoa); plurissubsistente (praticada em vários atos); admite tentativa.

128. Condição objetiva de punibilidade: considera-se *condição objetiva de punibilidade* a condição exterior à conduta delituosa, não abrangida pelo elemento subjetivo, que, como regra, encontra-se fora do tipo incriminador, tornando-se parâmetro para a punição do agente. A inserção do disposto no § 2.º do art. 241-A é inédita. A lei anterior, ao cuidar das mesmas condutas no art. 241, § 1.º, II e III, deixou de prever qualquer tipo de obstáculo para a punição do agente. A atual previsão evidencia cautela por parte do legislador e não deixa de ter significado prático, bem como utilidade razoável. Em primeiro lugar, vale destacar que as condutas incriminadas envolvem, em grande parte, as pessoas que lidam com a Internet, particularmente, os provedores de acesso e mantenedores de sites. Assim sendo, quando o material pornográfico infantojuvenil é viabilizado na rede mundial de computadores, torna-se mais fácil localizar o provedor do que propriamente o criador da imagem. No entanto, há inúmeros profissionais que alegam ignorância ou procuram isentar-se de responsabilidade, afirmando que única e tão somente sustentam o acesso aos sites, mas não fiscalizam o seu conteúdo. Alegam, ainda, ser impossível controlar todo o material circulante pela Internet, durante 24 horas, sem interrupção. Eis por que se insere essa condição objetiva de punibilidade, que passa a funcionar como anteparo às alegadas situações de erro ou ignorância. O tipo penal é preenchido, nas formas dos incisos I ou II, do § 1.º, do art. 241-A, porém, antes de qualquer medida penal, demanda-se a notificação do responsável pela prestação do serviço, alertando-o acerca do material pornográfico e, ao mesmo tempo, possibilitando-lhe que desative o acesso imediatamente, o que demonstraria a ausência de ligação com o agente criminoso. Naturalmente, muitos profissionais que atuam como autênticos partícipes da conduta delituosa, cientes e coniventes com a divulgação de imagens de menores envolvidos em pornografia, terminarão favorecidos pela condição estabelecida em lei. Afinal, ainda que eles tenham agido com dolo e bem certos de que o material acessível pela rede de computadores era ilícito, não poderão ser punidos enquanto não for preenchida a formalidade legalmente imposta. Por isso, voltamos a insistir, cuida-se de condição objetiva de punibilidade, que

Título VII – Dos Crimes e das Infrações Administrativas

Art. 241-A

não se liga ao dolo do agente. Havendo ou não a vontade de divulgar fotos ou imagens pornográficas, exige-se a notificação e, consequentemente, a possibilidade de evitar a punição criminal se o serviço for desabilitado. Os bons profissionais, que, porventura, possam ser ludibriados, possibilitando o acesso de pedófilos, por exemplo, à rede de computadores, assim que oficialmente alertados, terão condições de sustar a prestação do serviço, interrompendo o acesso ao material. De todo modo, parece-nos positiva a inserção dessa condição, uma vez que a maioria dos casos envolve operadores honestos, muitas vezes alheios ao conteúdo que circula pela rede de computadores, particularmente, a Internet.

129. Responsável legal: é a pessoa que possui condições técnicas e efetivas de alcançar a interrupção do serviço de acesso à rede de computadores. A referência ao *responsável legal* deve circunscrever-se àquele que detém poder de mando, vale dizer, o sujeito com possibilidade real de interferir no meio de acesso, ordenando a sua interrupção. De nada adiantaria notificar um funcionário qualquer de empresa provedora do serviço de acesso, quando ele nada possa fazer para bloquear, de imediato, a situação indesejada. Deve-se, pois, buscar a pessoa capaz de receber citação em nome da empresa, pois é legalmente capaz de, em nome desta, agir. A condição objetiva de punibilidade volta-se, basicamente, ao universo das empresas, que mantêm sites e serviços de acesso à Internet. Acrescente-se, ainda, que o responsável pela prestadora de serviços é justamente, como regra, aquele que ignora a circulação do material ilícito. Alertado, deve desabilitar o acesso. Não o fazendo, demonstra que a mantença do meio ou do serviço de acesso lhe é vantajosa de algum modo, razão pela qual o preenchimento do tipo incriminador fica patente, incluindo-se a condição para punir. Lembremos que, tecnicamente, inexiste obstáculo à configuração plena do tipo penal após a notificação, uma vez que as formas descritas nos incisos I e II do § 1.º do art. 241-A são permanentes. Desse modo, enquanto durar o acesso ao material pornográfico, o crime se encontra em fase de consumação.

130. Notificação oficial: é a comunicação formal emitida por autoridade competente para apurar o cometimento do crime. Cuida-se, portanto, de uma intimação, dando-se ciência da ocorrência de fato relevante (o serviço de armazenamento ou de acesso a material pornográfico infantojuvenil) e aguardando-se providência (a desativação do referido serviço). Parece-nos fundamental seja feita pessoalmente, por mandado, afinal, o descumprimento dos seus termos implica a viabilização de punição criminal. Entretanto, se for realizada por outra forma (meio eletrônico ou por correio), depende-se, para o preenchimento da condição objetiva de punibilidade, de prova idônea do seu recebimento pelo destinatário. Exemplos: pelo correio, o aviso de recebimento deve ser assinado diretamente pelo responsável legal; por meio eletrônico, o acesso ao e-mail deve ser validado pela assinatura digital, por certificação. Não são notificações oficiais outras formas de comunicação, como cartas enviadas pela vítima ou seus parentes; reportagens em meios de comunicação; cartas emitidas por organizações não governamentais, embora de apoio à criança ou adolescente. Preenche o perfil da notificação oficial a intimação realizada por juiz ou promotor da Infância e da Juventude, pois se trata de autoridade encarregada de zelar pelo bem-estar de crianças e adolescentes. Ademais, apurando-se o envolvimento de criança ou adolescente em pornografia, cabe às autoridades ligadas à Vara da Infância e da Juventude atuar imediatamente, antes mesmo que o fato chegue ao conhecimento da esfera criminal. Seria demasiado apego à forma exigir que a notificação fosse feita exclusivamente pela autoridade policial, representante do Ministério Público ou juiz criminal.

131. Prazo para as providências: é indispensável, evitando-se qualquer dúvida quanto ao preenchimento da condição objetiva de punibilidade. A lei menciona apenas a *notificação oficial*, mas há uma providência aguardada por parte do destinatário. Por isso, a cautela demanda a fixação de um prazo, ainda que curto, para a desativação do serviço, objeto da notificação. O período variável de 24 a 48 horas parece-nos suficiente.

Art. 241-B

132. Prisão em flagrante: é viável, pois os crimes tratados pelos incisos I e II do § 1.º são permanentes. Assim, ultrapassada a fase da notificação, não cessado o serviço de acesso ou armazenamento, preenche-se a condição objetiva de punibilidade, permitindo a ocorrência de prisão em flagrante do responsável legal. Por outro lado, convém salientar a inviabilidade dessa modalidade de prisão *antes* de efetivada a notificação. Aliás, para que não haja qualquer dúvida, é recomendável que tal notificação contenha um prazo para a desativação do serviço (ex.: 24 ou 48 horas). Acrescente-se, ainda, não ser possível a banalização da prisão em flagrante de funcionários ou prepostos da empresa provedora do serviço de armazenamento ou acesso, pois o crime é condicionado e a referida condição diz respeito ao responsável legal. Portanto, somente quando este for notificado e não desativar o serviço, pode-se falar em punição do autor principal – eleito, pela lei, como o responsável legal – e de eventuais coautores ou partícipes. Em suma, tornando-se viável a prisão em flagrante do responsável legal (após a notificação), inclui-se a possibilidade, em tese, de se prender, também, os colaboradores diretos, cientes do conteúdo ilícito do material.

133. Formalidades para a persecução penal: a notificação, constituindo condição objetiva de punibilidade, passa a representar, no âmbito processual, uma condição de procedibilidade. Portanto, permite-se a instauração de inquérito policial para investigar os delitos previstos nos incisos I e II do § 1.º do art. 241-A, mas o indiciamento dos autores e partícipes somente se fará após o decurso do prazo fixado pela notificação realizada com sucesso. Antes, a medida se constituirá em constrangimento ilegal. O mesmo se diga em relação ao início da ação penal. Somente cabe denúncia ou queixa quando a notificação tiver sido, efetivamente, realizada, e o serviço de armazenamento ou acesso não tiver sido desabilitado. Lembremos, ademais, que a tardia desativação não impede a consumação do crime, nem o preenchimento da condição objetiva de punibilidade. Em outras palavras, se o prazo da notificação decorrer, preenchida a condição, torna-se punível o fato. Se, porventura, em momento posterior, o responsável legal resolver interromper o serviço, não mais evitará a ação penal, que é pública incondicionada. Pode-se utilizar a sua atitude como atenuante (art. 65, III, *b*, CP).

> **Art. 241-B.** Adquirir,[134-136] possuir ou armazenar, por qualquer meio, fotografia, vídeo ou outra forma de registro que contenha cena de sexo explícito ou pornográfica envolvendo criança ou adolescente:[137-138]
>
> Pena – reclusão, de 1 (um) a 4 (quatro) anos, e multa.[139]
>
> § 1.º A pena é diminuída de 1 (um) a 2/3 (dois terços) se de pequena quantidade o material a que se refere o *caput* deste artigo.[140]
>
> § 2.º Não há crime[141] se a posse ou o armazenamento tem a finalidade de comunicar às autoridades competentes a ocorrência das condutas descritas nos arts. 240, 241, 241-A e 241-C desta Lei, quando a comunicação for feita por:
>
> I – agente público no exercício de suas funções;[142]
>
> II – membro de entidade, legalmente constituída, que inclua, entre suas finalidades institucionais, o recebimento, o processamento e o encaminhamento de notícia dos crimes referidos neste parágrafo;[143]
>
> III – representante legal e funcionários responsáveis de provedor de acesso ou serviço prestado por meio de rede de computadores, até o recebimento do material relativo à notícia feita à autoridade policial, ao Ministério Público ou ao Poder Judiciário.[144]
>
> § 3.º As pessoas referidas no § 2.º deste artigo deverão manter sob sigilo o material ilícito referido.[145]

134. Análise do núcleo do tipo: *adquirir* (obter ou alcançar algo), *possuir* (ter algo em sua posse ou detenção) e *armazenar* (manter em depósito) são as condutas alternativas do tipo penal, tendo por objeto fotografia (processo de fixação da imagem estática de algo ou alguém em base material, valendo-se de câmaras aptas a tanto), vídeo (obra audiovisual, que proporciona a fixação de imagens e/ou som, em sequência) ou registro (base material apropriada, apta a fixar dados em geral), contendo cenas de sexo explícito ou pornográfica, com criança ou adolescente. A prática de mais de uma conduta implica a realização de um só delito (ex.: adquirir e armazenar fotos pornográficas constitui um crime). O tipo penal é inédito e corretamente idealizado, tendo por finalidade atingir a pessoa que obtém o material, guardando-o consigo. Anteriormente, inexistia punição para essa situação, como regra. Em casos excepcionais, demandando prova mais detalhada e específica, poder-se-ia encaixar o receptor das fotos, vídeos ou outros registros como partícipe do delito cometido por aquele que apresentava, vendia, fornecia, divulgava ou publicava o material. Com a inclusão da figura criminosa prevista no art. 241-B, torna-se mais simples a possibilidade de punição do sujeito que mantém as imagens de menores de 18 anos, envolvidos em pornografia. Lembremos, no entanto, a maior cautela para verificar o dolo do agente, pois a posse de material pornográfico, por si só, não é crime. A figura delitiva surge quando abrange menores de 18 anos. Por isso, é fundamental analisar se não houve erro do agente quanto à idade das pessoas retratadas ou filmadas. A maneira pela qual o autor do crime adquire, possui ou armazena o material é livre, valendo-se o tipo da expressão "por qualquer meio". Comumente, com o avanço da tecnologia e da difusão dos computadores pessoais, dá-se a obtenção de extenso número de fotos e vídeos pela Internet, guardando-se o material no disco rígido do computador, em disquetes, DVDs, CDs, *pen drives*, entre outros. Na jurisprudência: STJ: "6. É típica a conduta de fotografar cena pornográfica (art. 241-B do ECA) e de armazenar fotografias de conteúdo pornográfico envolvendo criança ou adolescente (art. 240 do ECA) na hipótese em que restar incontroversa a finalidade sexual e libidinosa das fotografias, com enfoque nos órgãos genitais das vítimas – ainda que cobertos por peças de roupas –, e de poses nitidamente sensuais, em que explorada sua sexualidade com conotação obscena e pornográfica" (REsp 1.543.267/SC, 6.ª T., rel. Maria Thereza de Assis Moura, *DJe* 16.02.2016, v.u.). TJMS: "Não há falar em ausência de provas do crime de manter vídeo pornográfico envolvendo criança ou adolescente, se o apelante não comprovou de quem adquiriu o celular contendo o vídeo pornográfico, e os laudos periciais confirmam que o celular do apelante continha material pornográfico, incluindo cenas de sexo envolvendo criança/adolescente, do sexo feminino, fato também confirmado pelas testemunhas que atuaram nas investigações. Recurso improvido" (Ap. 0000884-04.2011.8.12.0044/MS, 1.ª Câmara Criminal, rel. Maria Isabel de Matos Rocha, 11.04.2017, v.u.).

134-A. Princípio da insignificância: é aplicável a qualquer delito, incluindo-se este, cujo bem jurídico tutelado é a formação moral de crianças e adolescentes, garantindo a sua dignidade sexual. Se a conduta do agente destina-se a fotografar e armazenar cenas sensuais de quem era ou é sua namorada, com idade superior a 14 anos, não há que se falar em crime. Confira-se: TJDFT: "2. Como se sabe, o Direito Penal é o segmento do ordenamento jurídico que tem por função selecionar os comportamentos humanos mais graves e nocivos à sociedade, capazes de colocar em risco valores fundamentais para convivência social. Assim, a conduta que expressa ofensividade insignificante, mesmo que formalmente típica, não deve ser alcançada pelo poder punitivo, ficando, assim, excluída da persecução penal por ausência da tipicidade material. 3. O Estatuto da Criança e do Adolescente traz em seu bojo artigos que combatem crimes relacionados à pedofilia na rede mundial de computadores, crimes que têm como foco principal a utilização de imagens pornográficas infantis. O art. 241-B, especificamente, tem o objetivo de criminalizar a aquisição e a posse de materiais de conteúdo relacionados à pornografia infantil. 4. O objeto de proteção da norma, ou seja, o bem jurídico

Art. 241-B

Estatuto da Criança e do Adolescente Comentado · **Nucci**

tutelado, é a dignidade da criança e do adolescente, pois busca protegê-los da exploração sexual decorrente da exposição de suas imagens em material pornográfico. 5. Na presente hipótese, não há ofensividade relevante ao bem jurídico protegido pelo tipo penal. Embora seja certo que o acusado possuiu e armazenou imagens de conteúdo sensual de adolescente, caracterizando formalmente a conduta típica, não se verifica uma ação relacionada à pedofilia, objeto de proteção do referido tipo penal. 6. O relacionamento íntimo havido entre as partes, o grau de maturidade da adolescente, a ausência de difusão das imagens e a falta de qualquer outro indício que sugira a predileção do acusado por pornografia infantil demonstram que, embora caracterizada a tipicidade formal, não há tipicidade material. É dizer: a adolescente sequer sofreu o risco de ser explorada sexualmente por meio da exposição de suas imagens com conteúdo pornográfico. 7. Preliminar rejeitada, e, no mérito, recurso provido" (Ap. 20140710069205APR-DFT, 2.ª T. Criminal., rel. Silvânio Barbosa dos Santos, 25.05.2016, v.u.).

134-B. Competência: ver a nota 112-A ao artigo anterior.

135. Sujeitos ativo e passivo: o sujeito ativo pode ser qualquer pessoa. O sujeito passivo é a criança ou o adolescente.

136. Elemento subjetivo do tipo: é o dolo. Não há elemento subjetivo específico, nem se pune a forma culposa.

137. Objetos material e jurídico: o objeto material é a foto, vídeo ou outro registro pornográfico, envolvendo menores de 18 anos. O objeto jurídico é a proteção à formação moral de crianças e adolescentes.

138. Classificação: é crime comum (pode ser cometido por qualquer pessoa); formal (independe da ocorrência de resultado naturalístico, consistente em efetivo prejuízo para a formação moral da criança ou do adolescente); de forma livre (pode ser cometido por qualquer meio eleito pelo agente); comissivo (os verbos implicam em ações); instantâneo (a consumação se dá em momento determinado), na forma *adquirir*, e permanente (a consumação se protrai no tempo, enquanto durar a posse ou armazenagem do material inadequado), nas modalidades *possuir* e *armazenar*; de perigo abstrato (presume-se a probabilidade de dano); unissubjetivo (pode ser cometido por uma só pessoa); plurissubsistente (praticada em vários atos); admite tentativa.

139. Benefícios penais: não cabe transação, mas é admissível a suspensão condicional do processo. Em hipótese de condenação, pode ser aplicada a suspensão condicional da pena. Além disso, é viável o regime aberto (art. 33, § 2.º, *c*, CP). Convém registrar, ainda, o cabimento da substituição da pena privativa de liberdade por restritiva de direitos, já que não se trata de crime cometido com violência ou grave ameaça à pessoa.

140. Causa de diminuição de pena: a possibilidade de diminuição da pena se volta ao volume do material apreendido, registrando-se, desde logo, tratar-se de infração penal que deixa vestígio material, razão pela qual é indispensável o exame pericial. O legislador foi sensível à existência de casos em que se apure ser mínima a quantidade de fotos, vídeos ou outros registros, envolvendo pornografia infantojuvenil. Por isso, a punição ocorrerá quase como um alerta para que tais fatos não se repitam, mas com uma diminuição razoável de pena. A medida da redução (1/3 a 2/3) deve dar-se no cenário da qualidade do material apreendido. Pensamos devam existir três faixas: a) ínfima quantidade (uma foto de conteúdo levemente obsceno, por exemplo), capaz de configurar o crime de bagatela, tornando o fato atípico; b) pequena quantidade (algumas fotos ou um vídeo, que é a composição sequencial de várias fotos), apta a gerar a diminuição de um a dois terços; c) grande quantidade (várias fotos ou inúmeros vídeos, ou mesmo um vídeo muito extenso), que fomenta a aplicação da pena nos patamares normais (de um a quatro anos de reclusão). Levando-se em conta que a pequena quantidade é fator desencadeante de redução da pena, resta, ainda, a análise do *quantum* a ser aplicado. Ora, outro elemento essencial para a avaliação do grau de censura merecido pela conduta criminosa é o conteúdo do material pornográfico. Há fotos, vídeos e registros expondo situações grotescas, envolvendo menores de 18 anos. Nesse caso, a apreensão de algumas fotografias desse quilate permite a diminuição da pena, porém valendo-se o juiz do mínimo possível (um terço). Em casos de fotos, vídeos e outros registros espelhando situações obscenas sutis ou indiretas, sugestivas de sexo, sem explicitação, pode-se operar a diminuição em patamar máximo (dois terços). Outros percentuais devem ser aplicados, conforme o prudente critério do magistrado no caso concreto. Na jurisprudência: TJSC: "Apreendido apenas um vídeo contendo cenas de sexo de uma infante com um adulto, não armazenado no *hard disc*, possível o reconhecimento da benesse contida no § 1.º do art. 241-B da Lei n. 8.069/90" (Ap. Crim. 0027177-83.2009.8.24.0064/SC, 3.ª Câmara Criminal, rel. Moacyr de Moraes Lima Filho, 16.05.2017, v.u.); "É viável a incidência da causa de diminuição de pena do art. 241-B, § 1.º, do Estatuto da Criança e do Adolescente em seu patamar máximo se o agente armazena quatro imagens de adolescentes em poses cândidas, e em apenas uma delas as menores aparecem despidas, sem que estivessem envolvidas em ato sexual explícito" (Ap. Crim. 0003153-85.2013.8.24.0052/SC, 2.ª Câmara Criminal, rel. Sérgio Rizelo, 15.08.2017, v.u.).

141. Excludente de ilicitude: a expressão *não há crime* é indicativa do afastamento da antijuridicidade da conduta, que não deixa de ser típica. Cuida-se, na hipótese retratada no § 2.º, de exercício regular de direito ou de estrito cumprimento do dever legal, conforme o caso (conferir o disposto no art. 5.º, I, e § 3.º, do Código de Processo Penal). Em verdade, nem seria necessária a existência do preceituado neste dispositivo, pois as excludentes estão previstas, de modo genérico, no art. 23, III, do Código Penal. Por cautela, entretanto, o legislador deixou bem clara a viabilidade de armazenamento do material para o fim de denúncia dos delitos envolvendo criança ou adolescente no âmbito da pornografia. Aliás, outra não poderia ser a hipótese, pois, como já mencionado, tratando-se de crime que deixa vestígios, torna-se fundamental a apreensão das fotos, vídeos ou registros para a elaboração do laudo pericial. Eis por que agentes públicos e outros entes ligados à proteção dos interesses infanto-juvenis podem – e devem – atuar. Não é demais ressaltar a precaução que se deve ter ao avaliar a posse ou o armazenamento desse tipo de material pornográfico, justamente para que não exista a *camuflagem* de agentes do crime, sob o pretexto de terem consigo fotos, vídeos e outros registros com o fim de comunicação à autoridade competente. É fundamental a produção de provas a respeito, demandando-se análise minuciosa em relação à quantidade de material guardado, o tempo de posse ou armazenagem, a específica atividade ou função exercida pelo agente, dentre outros pontos essenciais para a configuração da excludente de ilicitude.

142. Agente público: cuida-se do servidor ocupante de cargo, emprego ou função pública. Embora a lei não especifique, como regra, envolve o agente público cujas atividades se vinculam à área da infância e da juventude, além de abranger aquele que for ligado à investigação criminal em geral. Por outro lado, quando a posse ou o armazenamento se realizar, nesse cenário, trata-se de especial hipótese de estrito cumprimento do dever legal. Entretanto, se o agente não estiver *no exercício de suas funções*, ainda assim pode atuar, cuidando-se, então, de exercício regular de direito. Afinal, como já mencionado na nota anterior, qualquer pessoa pode levar ao conhecimento da autoridade a ocorrência de crime, mormente os de ação pública incondicionada.

143. Membro de entidade de proteção ao menor: o inciso II do § 2.º volta-se, em grande parte, às entidades não governamentais, que se envolvam em atividades de proteção à criança e ao adolescente, o que, certamente, abrange a manipulação de dados acerca da

Art. 241-C

Estatuto da Criança e do Adolescente Comentado • **Nucci** 670

exploração do menor de 18 anos. Por isso, vários desses entes recebem, registram, encaminham e acompanham as denúncias relativas ao envolvimento de crianças e adolescentes em atos pornográficos. É natural que, assim procedendo, devam reter material consigo, de modo a instruir as comunicações às autoridades competentes. Trata-se de hipótese específica de exercício regular de direito.

144. Representante legal ou funcionário de provedor: as empresas prestadoras de serviços na área da rede de computadores, particularmente os provedores de acesso à Internet, lidam com o armazenamento de material variado, podendo abranger fotos, vídeos e outros registros de crianças ou adolescentes em cena de sexo explícito ou pornográfica. Portanto, em razão da atividade diretamente ligada ao conhecimento desse material, torna-se natural que possam manter esses registros com o fim de comunicação à autoridade competente. Aliás, quando notificadas oficialmente, nos termos do art. 241-A, § 2.º, desta Lei, devem desabilitar o acesso do público ao conteúdo ilícito do material, não significando destruí-lo ou inutilizá-lo de qualquer forma. Mantém-se o volume de registros para que permita a utilização pelas autoridades competentes e para a feitura do exame de corpo de delito. Tal mantença deve ser breve, em tempo suficiente para transmitir os dados aos agentes públicos.

145. Dever de sigilo: impõe a lei o dever de ser mantido em sigilo o material ilícito sob posse ou armazenamento feito pelos agentes públicos, membros de entidades de proteção ao menor ou empregados de empresa provedora de serviços de acesso à rede de computadores. A violação desse preceito, quando dolosa, pode acarretar a configuração do crime previsto no art. 241-A desta Lei.

> **Art. 241-C.** Simular[146-148] a participação de criança ou adolescente em cena de sexo explícito ou pornográfica por meio de adulteração, montagem ou modificação de fotografia, vídeo ou qualquer outra forma de representação visual:[149-150]
>
> Pena – reclusão, de 1 (um) a 3 (três) anos, e multa.[151]
>
> **Parágrafo único.** Incorre nas mesmas penas quem vende,[152-154] expõe à venda, disponibiliza, distribui, publica ou divulga por qualquer meio, adquire, possui ou armazena o material produzido na forma do *caput* deste artigo.[155-156]

146. Análise do núcleo do tipo: *simular* significa representar ou reproduzir algo com a aparência de realidade. O objeto da conduta é a participação de criança ou adolescente em cena de sexo explícito ou pornográfica. Na realidade, o que se busca nesta figura típica é a punição daquele que, não possuindo material verdadeiro (fotos, vídeos ou outros registros contendo imagens de menores de 18 anos em cenas pornográficas), promove o simulacro necessário, alterando cenas, por meio de programas específicos, com o fim de *criar* imagens dissimuladas. Ilustrando, o agente possui fotos de cenas de sexo explícito, abrangendo maiores de 18 anos; entretanto, promove a modificação desse material, inserindo rostos de adolescentes no lugar dos verdadeiros protagonistas das referidas cenas. Embora não se esteja lidando com uma produção autêntica, de qualquer modo fere-se o bem jurídico tutelado, vale dizer, a boa formação moral da criança ou adolescente. Divulgar fotos ou outras imagens simuladas, contendo pornografia, causa, igualmente, prejuízo às pessoas retratadas, além de estimular outras a buscar cenas reais. As condutas possíveis são as seguintes: simular a participação do menor, adulterando (falsificar, modificar); simular a participação do menor, montando (reunir peças ou elementos para constituir um todo); simular a participação do menor, modificando (alterar, transformar). As ações de *adulterar* e *modificar* são similares, constituindo a primeira uma espécie de falsificação.

147. Sujeitos ativo e passivo: o sujeito ativo pode ser qualquer pessoa. O sujeito passivo é a criança ou adolescente envolvidas na cena simulada.

148. Elemento subjetivo do tipo: é o dolo. Não se exige elemento subjetivo específico, nem se pune a forma culposa.

149. Objetos material e jurídico: o objeto material é a foto, vídeo ou outra forma de representação visual pornográfica, envolvendo menores de 18 anos. O objeto jurídico é a proteção à formação moral de crianças e adolescentes.

150. Classificação: é crime comum (pode ser cometido por qualquer pessoa); formal (independe da ocorrência de resultado naturalístico, consistente em efetivo prejuízo para a formação moral da criança ou do adolescente); de forma livre (pode ser cometido por qualquer meio eleito pelo agente); comissivo (o verbo implica em ação); instantâneo (a consumação se dá em momento determinado); de perigo abstrato (presume-se a probabilidade de dano); unissubjetivo (pode ser cometido por uma só pessoa); plurissubsistente (praticada em vários atos); admite tentativa.

151. Benefícios penais: não cabe transação, mas é admissível a suspensão condicional do processo. Em hipótese de condenação, pode ser aplicada a suspensão condicional da pena. Além disso, é viável o regime aberto (art. 33, § 2.º, *c*, CP). Convém registrar, ainda, o cabimento da substituição da pena privativa de liberdade por restritiva de direitos, já que não se trata de crime cometido com violência ou grave ameaça à pessoa.

152. Análise do núcleo do tipo: *vender* (alienar por certo preço), *expor à venda* (oferecer algo para alienação), *disponibilizar* (tornar acessível para aquisição), *distribuir* (entregar a várias pessoas), *publicar* (tornar público, de maneira expressa e ampla), *divulgar* (difundir, ainda que implicitamente), *adquirir* (obter), *possuir* (ter em seu poder, sob posse ou detenção) e *armazenar* (guardar, manter em depósito) são as condutas alternativas, cujo objeto é o material adulterado, montado ou modificado, simulando a participação de criança ou adolescente em cena de sexo explícito ou pornográfica. Cuida-se de natural decorrência da figura criminosa descrita no *caput*, pois interessa punir, igualmente, quem, de qualquer forma, difunde ou mantém o material simulado.

153. Sujeitos ativo e passivo: o sujeito ativo pode ser qualquer pessoa. O sujeito passivo é a criança ou adolescente, participante da simulação realizada.

154. Elemento subjetivo do tipo: é o dolo. Não há elemento subjetivo específico, nem se pune a forma culposa.

155. Objetos material e jurídico: o objeto material é a foto, vídeo ou outra forma de representação visual pornográfica simulada, envolvendo menores de 18 anos. O objeto jurídico é a proteção à formação moral de crianças e adolescentes.

156. Classificação: é crime comum (pode ser cometido por qualquer pessoa); formal (independe da ocorrência de resultado naturalístico, consistente em efetivo prejuízo para a formação moral da criança ou do adolescente); de forma livre (pode ser cometido por qualquer meio eleito pelo agente); comissivo (os verbos implicam em ações); instantâneo (a consumação se dá em momento determinado) na maior parte das condutas, porém adquire o caráter permanente (a consumação se protrai no tempo) nos formatos *disponibilizar* e *divulgar*, dependendo do meio eleito pelo agente; de perigo abstrato (presume-se a probabilidade de

Art. 241-D

Estatuto da Criança e do Adolescente Comentado · **Nucci**

dano); unissubjetivo (pode ser cometido por uma só pessoa); plurissubsistente (praticada em vários atos); admite tentativa.

> **Art. 241-D.** Aliciar, assediar, instigar ou constranger,[157-159] por qualquer meio de comunicação, criança, com o fim de com ela praticar ato libidinoso:[160-161]
>
> Pena – reclusão, de 1 (um) a 3 (três) anos, e multa.[162]
>
> **Parágrafo único.** Nas mesmas penas incorre quem:
>
> I – facilita ou induz[163-165] o acesso à criança de material contendo cena de sexo explícito ou pornográfica com o fim de com ela praticar ato libidinoso;[166-167]
>
> II – pratica as condutas descritas no *caput* deste artigo com o fim de induzir criança a se exibir de forma pornográfica ou sexualmente explícita.[168]

157. Análise do núcleo do tipo: *aliciar* (seduzir, atrair), *assediar* (perseguir, importunar), *instigar* (incentivar, fomentar) e *constranger* (incomodar, obrigar pela força) são as condutas componentes de tipo misto alternativo, cujo objeto é a criança. A finalidade do cerco empreendido pelo agente é a prática de ato libidinoso (envolvimento lascivo, apto a gerar prazer sexual). O tipo incriminador é inédito e corretamente inserido no Estatuto da Criança e do Adolescente pela Lei 11.829/2008. Volta-se, primordialmente, ao agente que se comunica, via Internet (embora a lei mencione qualquer meio de comunicação), por intermédio de salas de bate-papo, sites, mensagens eletrônicas, dentre outros instrumentos, com crianças, buscando atraí-las para a mantença de relacionamento sexual. Lembremos que outros atos, cuidando do mero registro de imagens pornográficas, provoca a configuração de delitos diversos. No caso da figura do art. 241-D, preocupou-se o legislador com o sujeito que percorre diversificados meios de comunicação, mas basicamente a Internet, para encontrar crianças disponíveis ao sexo. E, atualmente, as crianças já possuem acesso facilitado à rede mundial de computadores. São os agentes denominados pedófilos. Note-se que não se exige o efetivo envolvimento sexual, pois, se tal ocorrer, configura-se estupro de vulnerável (art. 217-A, CP). Vale destacar que o tipo penal é essencialmente preventivo: punindo-se o pedófilo em atividade de captação do menor, evita-se o mal maior, que é, justamente, a ocorrência da relação ou outro envolvimento sexual. Cuida-se, por vezes, da preparação de um estupro de vulnerável. Outro ponto a merecer destaque é a não inclusão do adolescente. Afigura-se correta essa posição, pois o maior de 12 anos já possui discernimento suficiente, na maior parte dos casos, para evitar o assédio. Ademais, passados os 14 anos, nem mesmo a relação sexual efetiva é suficiente para configurar, por si só, crime contra a liberdade sexual. Por isso, o mero aliciamento deve circunscrever-se, em cenário de crime, ao contexto da criança. Na jurisprudência: STJ: "5. Da interpretação do art. 241-D, c/c art. 2.º, ambos do ECA, conclui-se que o crime imputado ao réu somente restará configurado se a vítima tiver menos de 12 anos na data do crime. Trata-se, em verdade, de critério objetivo para análise da figura típica, que proíbe que alguém alicie, assedie, instigue ou constranja, por qualquer meio de comunicação, criança, com o fim de com ela praticar ato libidinoso. Os bens jurídicos tutelados, por certo, são a dignidade sexual do menor de 12 anos, bem como o seu direito a um desenvolvimento sexual condizente com a sua idade. 6. Se comprovado que a vítima, à época dos fatos criminosos descritos na peça acusatória, contava como mais de 12 anos de idade, restaria flagrante a atipicidade da conduta, por não ter sido preenchida elementar do crime imputado ao réu, pois o tipo penal incriminador prevê como sujeito passivo a criança, não o adolescente. Assim, para que o agente possa ser responsabilizado penalmente, mister se

Art. 241-D

673 Título VII – Dos Crimes e das Infrações Administrativas

faz a comprovação da idade da vítima, através de documento fidedigno, tais como carteira de identidade, certidão de nascimento ou instrumento dotado de fé pública, nos termos do art. 155 do Código de Processo Penal. Precedente. 7. A Súmula 74/STJ estabelece que, 'para efeitos penais, o reconhecimento da menoridade do réu requer documento hábil'. Tal raciocínio deve ser estendido à idade da vítima, por igualmente versar sobre estado da pessoa. Logo, a mera indicação etária no bojo de documento produzido ainda na fase inquisitorial, que não restou acostado em sua integralidade, não permite concluir pela atipicidade da conduta, por ausência de elementar do crime. (...)" (HC 334.570/PE, 5.ª T., rel. Ribeiro Dantas, *DJe* 11.10.2017, v.u.). TJMG: "2. Muito embora as condutas tipificadas nos artigos 217-A do Código Penal e 241-D do ECA tenham ocorrido em um mesmo contexto fático, elas demonstram comportamentos autônomos e independentes, vez que o delito 241-D do ECA não é meio necessário à prática do crime previsto no art. 217-A, afastando-se, assim, a aplicação do princípio. 3. Impossível o decote da continuidade delitiva se foram praticados vários delitos em circunstâncias análogas e com idêntica forma de execução. 4. Sendo a reprimenda concretizada em patamar superior a quatro anos, é inviável a fixação do regime inicial aberto, a teor do que estabelece o art. 33 do Código Penal" (Ap. Criminal 00443306120168130074, 5.ª Câm. Criminal, rel. Eduardo Machado, 27.08.2019, v.u.).

158. Sujeitos ativo e passivo: o sujeito ativo pode ser qualquer pessoa. O sujeito passivo é a criança (pessoa com até 11 anos completos).

159. Elemento subjetivo do tipo: é o dolo. Exige-se o elemento subjetivo específico, consistente na finalidade de praticar ato libidinoso. Não se pune a forma culposa.

160. Objetos material e jurídico: o objeto material é a criança. O objeto jurídico é a proteção à formação moral de crianças, em primeiro plano. Porém, deve-se incluir a liberdade sexual da criança, sob outro prisma, pois o tipo penal é nitidamente preventivo. Evitando-se o assédio com finalidade libidinosa, impede-se a ocorrência de crime sexual (estupro).

161. Classificação: é crime comum (pode ser cometido por qualquer pessoa); formal (independe da ocorrência de resultado naturalístico, consistente em efetivo prejuízo para a formação moral da criança); de forma livre (pode ser cometido por qualquer meio eleito pelo agente); comissivo (os verbos implicam em ações); instantâneo (a consumação se dá em momento determinado); de perigo abstrato (presume-se a probabilidade de dano); unissubjetivo (pode ser cometido por uma só pessoa); plurissubsistente (praticada em vários atos); admite tentativa.

162. Benefícios penais: não cabe transação, mas é admissível a suspensão condicional do processo. Em hipótese de condenação, pode ser aplicada a suspensão condicional da pena. Além disso, é viável o regime aberto (art. 33, § 2.º, *c*, CP). Convém registrar, ainda, o cabimento da substituição da pena privativa de liberdade por restritiva de direitos, já que não se trata de crime cometido com violência ou grave ameaça à pessoa.

163. Análise do núcleo do tipo: *facilitar* (tornar simplificado) e *induzir* (dar a ideia) são as condutas alternativas, cujo objeto é o acesso da criança a material contendo cena de sexo explícito ou pornográfica. A figura típica constitui-se em desdobramento do *caput*, pois a maneira de aliciar, assediar, instigar ou constranger o menor dá-se de forma camuflada. Por intermédio do acesso da criança ao material pornográfico, o agente busca dar ar de *normalidade* àquelas cenas, visando manter com o infante ato libidinoso.

164. Sujeitos ativo e passivo: o sujeito ativo pode ser qualquer pessoa. O sujeito passivo é a criança (pessoa com até 11 anos completos).

Art. 241-E

Estatuto da Criança e do Adolescente Comentado · **Nucci**

165. Elemento subjetivo do tipo: é o dolo. Exige-se o elemento subjetivo do tipo, consistente na finalidade de praticar ato libidinoso. Não se pune a forma culposa.

166. Objetos material e jurídico: o objeto material é a criança. O objeto jurídico é a proteção à formação moral de crianças, em primeiro plano. Porém, deve-se incluir a liberdade sexual da criança, sob outro prisma, pois o tipo penal é nitidamente preventivo. Evitando-se o assédio com finalidade libidinosa, impede-se a ocorrência de crime sexual (por exemplo, estupro).

167. Classificação: é crime comum (pode ser cometido por qualquer pessoa); formal (independe da ocorrência de resultado naturalístico, consistente em efetivo prejuízo para a formação moral da criança); de forma livre (pode ser cometido por qualquer meio eleito pelo agente); comissivo (os verbos implicam em ações); instantâneo (a consumação se dá em momento determinado); de perigo abstrato (presume-se a probabilidade de dano); unissubjetivo (pode ser cometido por uma só pessoa); plurissubsistente (praticada em vários atos); admite tentativa.

168. Tipo remetido: a figura típica do inciso II do parágrafo único é constituída dos mesmos verbos constantes do *caput*, bem como se volta ao mesmo objeto, a criança. Entretanto, altera-se o elemento subjetivo específico, que, nesta hipótese, é a finalidade de obter cenas pornográficas ou de sexo explícito de criança ("com o fim de induzir criança a se exibir de forma pornográfica ou sexualmente explícita"). O agente deste delito não pretende manter relacionamento sexual com o infante, mas almeja conseguir fotos, vídeos ou outros registros. A infração penal do inciso II é a prevenção à configuração das outras figuras típicas dos arts. 240, 241 e 241-A, substancialmente.

> **Art. 241-E.** Para efeito dos crimes previstos nesta Lei, a expressão "cena de sexo explícito ou pornográfica" compreende qualquer situação que envolva criança ou adolescente em atividades sexuais explícitas, reais ou simuladas, ou exibição dos órgãos genitais de uma criança ou adolescente para fins primordialmente sexuais.[169]

169. Norma penal explicativa: pretendendo evitar contratempos em matéria de interpretação, define o legislador o que vem a ser a cena de sexo explícito ou pornográfica. É um conceito amplo, que, embora passível de captação pela vivência cultural, tornou-se legalmente explicitado. Entretanto, a busca pela definição perfeita não foi atingida. A pornografia pode envolver atividades sexuais implícitas e poses sensuais, sem a expressa mostra dos órgãos genitais, constituindo situações igualmente inadequadas. Entretanto, não há previsão, para tanto, no art. 241-E. Infelizmente, a tentativa de tornar mais clara a redação dos tipos incriminadores trouxe a redução do contexto da pornografia. Teria sido melhor permitir a interpretação dos operadores do Direito em relação às cenas de sexo explícito e, sobretudo, à cena pornográfica. Na jurisprudência: STJ: "5. A definição legal de pornografia infantil apresentada pelo artigo 241-E do Estatuto da Criança e do Adolescente não é completa e deve ser interpretada com vistas à proteção da criança e do adolescente em condição peculiar de pessoas em desenvolvimento (art. 6.º do ECA), tratando-se de norma penal explicativa que contribui para a interpretação dos tipos penais abertos criados pela Lei n.º 11.829/2008, sem contudo restringir-lhes o alcance" (REsp 1.543.267/SC, 6.ª T., rel. Maria Thereza de Assis Moura, *DJe* 16.02.2016, v.u.).

Art. 242

Título VII – Dos Crimes e das Infrações Administrativas

> **Art. 242.** Vender, fornecer ainda que gratuitamente ou entregar,[170-172] de qualquer forma, a criança ou adolescente arma,[173] munição[174] ou explosivo:[175-178-A]
>
> Pena – reclusão, de 3 (três) a 6 (seis) anos.[179]

170. Análise do núcleo do tipo: *vender* (alienar algo mediante preço determinado), *fornecer* (abastecer, munir do necessário) ou *entregar* (colocar algo à disposição de alguém) são as condutas alternativas, cujo objeto é arma, munição ou explosivo (ver as notas próprias sobre a definição de cada um dos termos). O destinatário da venda, fornecimento ou entrega é a criança ou adolescente. No caso do verbo *fornecer*, deixa claro o tipo penal poder ser a título gratuito, vale dizer, sem qualquer contraprestação, valor ou recompensa. Deve-se mencionar o disposto no art. 81, I, desta Lei: "É proibida a venda à criança ou ao adolescente de: I – armas, munições e explosivos". Sobre a aplicabilidade deste artigo, verificar a nota 178-A *infra*. Apontamos que o art. 242 continua vigendo para armas brancas. Para quem entende ainda ser aplicável o art. 242, elaboramos os comentários. Na jurisprudência: TJMG: "Com o advento do Estatuto do Desarmamento, o artigo 242 do Estatuto da Criança e do Adolescente somente incide quando se tratar de conduta de vender, fornecer e entregar a criança ou adolescente arma branca. Ausente prova da intenção de tornar o menor o destinatário do artefato bélico e comprovada a propriedade e o porte da arma de fogo, deve subsistir somente a condenação pelo delito do artigo 16, parágrafo único (atual § 1.º), IV, da Lei 10.826/03" (Ap. Criminal 10433120056869001, 1.ª Câm. Criminal, Rel. Flávio Leite, 23.02.2021, v.u.); "Com o advento do Estatuto do Desarmamento, o artigo 242 do Estatuto da Criança e do Adolescente somente incide quando se tratar de conduta de vender, fornecer e entregar a criança ou adolescente arma branca" (Ap. Criminal 10487200005618001, 1.ª Câm. Criminal. rel. Alberto Deodato Neto, 09.03.2021, m.v.). TJRS: "1. O porte ilegal de arma de fogo é crime de perigo abstrato e de mera conduta, mostrando-se prescindível a demonstração de perigo concreto. Precedentes. Na esteira do entendimento dos Tribunais, em especial o Supremo Tribunal Federal, não são inconstitucionais os crimes de perigo abstrato, a exemplo daqueles previstos na Lei 10.826/03, que teve sua constitucionalidade assentada na ADI 3.112/DF. 2. A partir das provas produzidas, não houve dúvida que a arma apreendida pertencia ao acusado, que a portava em via pública irregularmente. Os policiais ouvidos foram firmes ao apontar terem visto o denunciado jogar um objeto no pátio de uma casa, que posteriormente verificaram se tratar da arma apreendida. Condenação mantida. 3. As provas carreadas aos autos demonstram claramente, por meio de fotografias, que o réu entregou revólver ao seu sobrinho, incorrendo nas penas do art. 242, do ECA" (Apelação Criminal 70082304056, 4.ª Câmara Criminal, rel. Julio Cesar Finger, j. 07.05.2020, v.u.).

171. Sujeitos ativo e passivo: o sujeito ativo pode ser qualquer pessoa. O sujeito passivo é a criança ou adolescente. Secundariamente, devemos incluir a sociedade, uma vez que *crianças e adolescentes armados* configuram nítido perigo à coletividade.

172. Elemento subjetivo: é o dolo. Não há elemento subjetivo específico, nem se pune a forma culposa.

173. Arma: é o instrumento destinado à defesa ou ataque. Dividem-se em *armas próprias*, cuja finalidade primordial é servir para ataque ou defesa (ex.: revólver, espingarda, espada, punhal), e *armas impróprias*, cujo destino é diverso da utilização para ataque ou defesa, mas assim podem ser usadas (ex.: machado, foice, faca de cozinha). O tipo penal não fez referência específica à arma de fogo, razão pela qual se pode incluir qualquer modalidade de arma, capaz de gerar perigo à incolumidade física, desde que colocada em mãos de criança ou

Art. 242

Estatuto da Criança e do Adolescente Comentado • Nucci

adolescente. De fato, um machado entregue a uma criança pode causar tanto estrago quanto um revólver. Por isso, não há que se vender, fornecer ou entregar nenhum tipo de arma, *especialmente* as denominadas próprias a menores de 18 anos. Quanto às impróprias, no entanto, deve-se ter cautela para promover a tipificação da conduta, o que dependerá, em grande parte, da intenção do agente. Ilustrando: vender um conjunto de facas pontiagudas, mesmo que para cozinha, a um menino de oito anos, tendo noção de que ele utilizará os instrumentos para brincar, pode configurar o crime previsto no art. 242 desta Lei. Por outro lado, fazer o mesmo em relação a um rapaz de 17 anos, que deseja presentear alguém, é completamente diferente. Naturalmente, poder-se-ia dizer que, por uma questão de segurança jurídica, somente as armas próprias seriam passíveis de tipificação no referido art. 242. Porém, não tem cabimento pensarmos na exclusão do delito, quando o agente fornecedor da arma imprópria tem perfeito conhecimento de que a criança ou adolescente irá utilizar determinado instrumento (como um facão) para brincadeiras ou mesmo para a prática de atos infracionais. Pensamos, pois, ser mais adequado manter a possibilidade de se encaixar nesse tipo qualquer espécie de arma. Quanto às armas de fogo, cujo controle estatal deve ser absoluto, nem se tem dúvida. Em relação às demais armas, somente o caso concreto irá delimitar a possibilidade de adequação típica.

174. Munição: é, basicamente, o artefato explosivo utilizado pelas armas de fogo (ex.: cartucho íntegro, que permite o disparo de projétil de chumbo). Porém, no caso presente, pode-se considerar todo material disposto a abastecer o funcionamento de armas (ex.: flechas para serem usadas com um arco). Se as armas exigirem material específico para o seu funcionamento, podemos considerá-lo como munição (outro exemplo: o fornecimento de chumbo em formato pontiagudo ou setas de metal para serem disparadas com espingardas de pressão).

175. Explosivo: é a substância inflamável, capaz de produzir explosão (abalo seguido de forte ruído causado pelo surgimento repentino de uma energia física ou expansão de gás).

176. Objetos material e jurídico: o objeto material é a arma, munição ou explosivo. O objeto jurídico é a proteção à integridade física das crianças e adolescentes, bem como de outras pessoas com as quais tenham contato.

177. Classificação: é crime comum (pode ser praticado por qualquer pessoa); formal (não depende da ocorrência de resultado naturalístico, consistente em efetivo prejuízo para o menor ou para qualquer outra pessoa); de forma livre (pode ser cometido por qualquer meio eleito pelo agente); comissivo (os verbos indicam ações); instantâneo (a consumação ocorre em momento definido); unissubjetivo (pode ser cometido por uma só pessoa); plurissubsistente (cometido por mais de um ato); admite tentativa.

178. Confronto com o art. 13 da Lei 10.826/2003: preceitua o referido art. 13 o seguinte: "Deixar de observar as cautelas necessárias para impedir que menor de 18 (dezoito) anos ou pessoa portadora de deficiência mental se apodere de arma de fogo que esteja sob sua posse ou que seja de sua propriedade: Pena – detenção, de 1 (um) a 2 (dois) anos, e multa". Esse tipo penal é omissivo e o elemento subjetivo é a culpa. No caso do art. 242 da Lei 8.069/1990, cuida-se de conduta comissiva e o elemento subjetivo é o dolo. Portanto, ambos coexistem para aplicação conforme a hipótese do caso concreto.

178-A. Confronto com o art. 16, § 1.º, V, da Lei 10.826/2003: este dispositivo dispõe o seguinte: "V – vender, entregar ou fornecer, ainda que gratuitamente, arma de fogo, acessório, munição ou explosivo a criança ou adolescente". A pena é de reclusão, de 3 a 6 anos, e multa. Esse tipo deveria prevalecer sobre o art. 242 deste estatuto porque se aplica o princípio da sucessividade, ou seja, lei mais recente afasta a aplicação de lei mais antiga. O art. 242 foi modificado pela Lei 10.764/2003. No entanto, a Lei 10.826/2003, onde consta o referido art.

16, § 1.º, V, é mais recente. Ambas as leis são especiais, razão pela qual deve predominar a mais nova. Observa-se, na prática, que os julgados variam e não há uma análise detalhada a respeito do conflito aparente de normas. No entanto, a pena privativa de liberdade é a mesma. A única diferença é a existência da multa na Lei 10.826/2003. O art. 242 foi derrogado (revogado parcialmente pela Lei 10.826/2003), podendo ser aplicado em relação às armas brancas, não abrangidas pelo Estatuto do Desarmamento.

179. Benefícios penais: não se trata de infração de menor potencial ofensivo, nem se pode utilizar a suspensão condicional do processo. Afastada está a aplicação da Lei 9.099/1995. Havendo condenação no mínimo legal, como regra, não se aplica o *sursis*, mas se poderia substituir a pena privativa de liberdade por restritiva de direitos (condenação a até quatro anos de reclusão), por não se tratar de delito praticado com violência ou grave ameaça à pessoa. Se a pena ultrapassar os quatro anos, o regime inicial pode ser o semiaberto ou fechado, dependendo das circunstâncias do art. 59 do Código Penal.

> **Art. 243.** Vender, fornecer, servir, ministrar ou entregar,[180-182] ainda que gratuitamente, de qualquer forma, a criança ou o adolescente, bebida alcoólica ou, sem justa causa,[183] outros produtos cujos componentes possam causar dependência física ou psíquica:[184-188]
>
> Pena – detenção de 2 (dois) a 4 (quatro) anos, e multa,[189] se o fato não constitui crime mais grave.[190]

180. Análise do núcleo do tipo: *vender* (alienar algo mediante preço determinado), *servir* (colocar algo à disposição de alguém para consumo), *fornecer* (abastecer, munir do necessário), *ministrar* (aplicar algo em alguém) ou *entregar* (colocar algo à disposição de alguém) são as condutas alternativas, cujo objeto é o produto cujo componente pode causar dependência física ou psíquica. O destinatário da venda, fornecimento, apresentação, aplicação ou entrega é a criança ou adolescente. No caso do verbo *fornecer*, deixa claro o tipo penal poder ser a título gratuito, vale dizer, sem qualquer contraprestação, valor ou recompensa. A prática de mais de uma conduta, no mesmo cenário, para a mesma vítima, implica o cometimento de um só delito. Vale mencionar o disposto no art. 81, II e III, desta Lei: "É proibida a venda à criança ou ao adolescente de: (...) II – bebidas alcoólicas; III – produtos cujos componentes possam causar dependência física ou psíquica ainda que por utilização indevida". A Lei 13.106/2015 alterou a redação desse artigo para incluir, *claramente*, a bebida alcoólica, pois, infelizmente, seguia-se na jurisprudência a tendência, que não era a nossa posição, de somente aceitar *outros produtos*, exceto a bebida, causadores de dependência. Vide a nota 185 *infra*. Conferir, ainda, a Súmula 669 do STJ: "O fornecimento de bebida alcoólica para criança ou adolescente, após o advento da Lei 13.106, de 17 de março de 2015, configura o crime previsto no artigo 243 do ECA". Na jurisprudência: STJ: "III – O delito previsto no art. 243 do Estatuto da Criança e do Adolescente se consuma com a efetiva venda, ministração ou entrega à criança ou adolescente, de produtos cujos componentes possam causar dependência física ou psíquica. É, portanto, crime de perigo concreto, devendo haver perícia avaliando a potencialidade da substância" (AgInt no REsp 1.621.246/SC, 5.ª T., rel. Felix Fischer, *DJe* 06.04.2018, v.u.). TJMG: "2. Demonstrado cabalmente que o agente, dolosamente, forneceu bebida alcoólica à adolescente, deve ser acolhida a pretensão ministerial, reformando-se a r. sentença de primeiro grau de jurisdição, para o fim de submetê-lo às sanções do artigo 243 do Estatuto da Criança e do Adolescente. 3. O crime do artigo 243 do Estatuto da Criança e do Adolescente está materializado no mero fornecimento e entrega de bebida alcoólica ou

Art. 243

outra substância que possua componentes que possam causar dependência física ou psíquica a criança ou adolescente, caracterizando o dolo e a violação do objeto jurídico tutelado. 4. Tratando-se de crime formal, mostra-se desnecessário a constatação do estado de embriaguez" (Ap. Criminal 00170682320198130110, 4.ª Câm. Criminal, rel. Corrêa Camargo, 08.03.2023, m.v.). TJRS: "1. O art. 243 da Lei n.º 8.069/90 não contempla apenas a proteção da saúde de crianças e de adolescentes, mas salvaguarda a própria sociedade, pois o uso de bebida alcoólica afeta a saúde pública e traz como corolário o estímulo ao uso de outras substâncias causadoras de dependência física ou psíquica, reclamando a prevenção geral. 2. Pena de prestação de serviços à comunidade fixada de acordo com a pena privativa de liberdade (2 anos de detenção), não havendo qualquer reparo a ser feito. No que pertine à minoração da prestação pecuniária, nenhuma informação acerca da impossibilidade financeira veio aos autos. Apelação desprovida" (Ap. Crim. 70072466303/RS, 5.ª Câmara Criminal, rel. Lizete Andreis Sebben, 29.03.2017, v.u.).

181. Sujeitos ativo e passivo: o sujeito ativo pode ser qualquer pessoa. O sujeito passivo é a criança ou adolescente.

182. Elemento subjetivo: é o dolo. Não há elemento subjetivo específico, nem se pune a forma culposa.

183. Elementos normativos do tipo: acrescentou-se a expressão *sem justa causa*, particular forma de evidenciar aspecto ligado à ilicitude, no tipo penal. Portanto, se o agente ministra, como médico, por exemplo, uma droga capaz de gerar dependência física ou psíquica, com o intuito de curar qualquer enfermidade de criança ou adolescente, o fato é atípico.

184. Produtos geradores de dependência física ou psíquica: são todas as substâncias, geralmente químicas, aptas a produzir dependência, ou seja, viciar alguém na sua utilização. Os produtos proscritos, no Brasil, tais como as drogas constantes da relação apropriada da Agência Nacional de Vigilância Sanitária (ANVISA) – maconha, cocaína, heroína etc. –, se forem destinados a crianças e adolescentes, servem para configurar o tráfico ilícito de entorpecentes (art. 33, Lei 11.343/2006), inclusive com agravamento de pena (art. 40, VI, Lei 11.343/2006). Restam, pois, os produtos de utilização livre ou controlada, tais como o álcool, o cigarro, os remédios em geral, dentre outros.

185. Confronto com o art. 63 da Lei de Contravenções Penais: esta contravenção previa, no tipo penal, a seguinte conduta: *servir* bebidas alcoólicas a menor de 18 anos (inciso I). Está revogada, agora, pela nova redação desse artigo. Sob outro aspecto, quando a expressão *bebida alcoólica* não constava desse tipo, interpretávamos que ela estava incluída no rol de produtos causadores da dependência e dávamos aplicação ao art. 243 em detrimento do art. 63 da LCP. Era a nossa posição: "buscando-se resolver ao conflito aparente de normas, a solução encontra-se em aplicar o art. 243 deste Estatuto em detrimento do art. 63 da LCP. Em primeiro lugar, porque a lei especial afasta a geral. Esta Lei cuida, especificamente, da proteção dos menores de 18 anos, ao passo que a Lei de Contravenções Penais é genérica. Em segundo lugar, pelo critério da sucessividade, lei mais nova afasta a mais antiga, sendo o Estatuto mais recente que a Lei de Contravenções Penais. Indica-se, pois, como aplicável o art. 243 do CP, para *qualquer produto* apto a gerar dependência física ou psíquica, em que se encaixa, com perfeição, a bebida alcoólica. Há um argumento, afastando-se o art. 243 em favor do art. 63: alega-se que o art. 81, ao cuidar da proibição de venda à criança ou adolescente de certos produtos, separou em dois incisos o produto específico (bebida alcoólica – inciso II) e o produto genérico (cujo componente possa causar dependência física ou psíquica – inciso III); depois, ao redigir o tipo penal do art. 243, incluiu somente o genérico, significando, portanto, pretender excluir o específico. Com a devida vênia, o argumento é inconvincente pelos seguintes motivos: a) o tipo penal do art. 243 *não é* norma penal em branco, que precise de um complemento, razão pela qual o art. 81 não se presta a isso; b) o tipo penal *também não é* remetido, que necessite da explicação de outra norma, como o art. 81; c) a expressão *produtos cujos componentes possam causar dependência física ou psíquica* é absolutamente autônoma e constitui elemento normativo do tipo, passível de valoração cultural – e não jurídica; todo e qualquer produto capaz de gerar dependência inclui-se nesse contexto, exatamente o caso do álcool; d) não menos importante, há de se ressaltar os incontáveis erros de redação e as contradições que o legislador comete em inúmeras leis; especificamente, neste Estatuto, tivemos a oportunidade de apontar um expressivo montante de equívocos, repetições e contradições; assim sendo, cabe ao intérprete dar a solução às falhas legislativas. No art. 81, sem dúvida, bastaria a previsão do inciso III e já teria abrangido o cenário das bebidas alcoólicas. Por que separá-los? Pela força inequívoca que o álcool possui no universo infantojuvenil, muito mais do que qualquer outra droga lícita (lembremos que as ilícitas são regidas pela Lei de Drogas). Em suma, o art. 243 prevalece, sempre, sobre o art. 63 da Lei de Contravenções Penais quando qualquer adulto servir, entregar, vender, colocar em mãos do menor de 18 anos qualquer produto que provoque dependência física e psíquica, como é o caso do álcool. Ademais, a proteção criada pelo art. 243 atende o princípio maior do *superior interesse* da criança e do adolescente, constitucionalmente previsto". No entanto, caminhava a jurisprudência majoritária pela aplicação do art. 63 da LCP. Diante da gravidade do quadro, o legislador interveio e incluiu, explicitamente, a expressão *bebida alcoólica* no tipo do art. 243, pondo fim ao conflito aparente de normas e dando primazia ao crime em detrimento da contravenção penal.

186. Utilização indevida: esta é outra expressão que constava da antiga redação e foi retirada. Agora, basta a análise da *falta de justa causa* para se chegar ao mesmo destino configurador do delito.

187. Objetos material e jurídico: o objeto material é o produto capaz de gerar dependência física ou psíquica. O objeto jurídico é a proteção à integridade física da criança ou adolescente.

188. Classificação: é crime comum (pode ser praticado por qualquer pessoa); formal (não depende da ocorrência de resultado naturalístico, consistente em efetivo prejuízo para a criança ou adolescente, vale dizer, independe de causação de vício); de forma livre (pode ser cometido por qualquer meio eleito pelo agente), o que fica bem claro no tipo com a expressão *de qualquer forma*; comissivo (os verbos indicam ações); instantâneo (a consumação ocorre em momento definido); unissubjetivo (pode ser cometido por uma só pessoa); plurissubsistente (cometido por mais de um ato); admite tentativa.

189. Benefícios penais: não é infração de menor potencial ofensivo, descabendo transação e os demais benefícios previstos na Lei 9.099/1995. Se houver condenação, no mínimo legal, cabe a aplicação de *sursis*. Acima do mínimo, pode haver a substituição da pena privativa de liberdade por restritiva de direitos, por não se tratar de crime com violência ou grave ameaça à pessoa. Eventualmente, torna-se viável, ainda, o *sursis* etário ou humanitário (art. 77, § 2.º, CP).

190. Crime subsidiário: deixou claro o tipo penal tratar-se de infração penal subsidiária, ou seja, somente se aplica o art. 243 da Lei 8.069/1990 se não estiver configurado delito mais grave. Exemplo disso é o tráfico ilícito de drogas (art. 33, Lei 11.343/2006), como entregar cocaína a um adolescente, infração mais grave que a prevista no art. 243 desta Lei.

Art. 244

Art. 244. Vender,[191-193] fornecer ainda que gratuitamente ou entregar, de qualquer forma, a criança ou adolescente fogos de estampido[194] ou de artifício,[195] exceto[196] aqueles que, pelo seu reduzido potencial, sejam incapazes de provocar qualquer dano físico em caso de utilização indevida:[197-198]

Pena – detenção de seis meses a dois anos, e multa.[199]

191. Análise do núcleo do tipo: *vender* (alienar algo mediante preço determinado), *fornecer* (abastecer, munir do necessário) ou *entregar* (colocar algo à disposição de alguém) são as condutas alternativas, cujo objeto é fogo de estampido ou artifício (vide os conceitos nas notas próprias). O destinatário da venda, fornecimento ou entrega é a criança ou adolescente. No caso do verbo *fornecer*, deixa claro o tipo penal poder ser a título gratuito, vale dizer, sem qualquer contraprestação, valor ou recompensa. É fundamental ressaltar que tais fogos, em mãos de crianças e adolescentes, sem a supervisão de pessoa adulta e responsável, constituem situação de efetivo perigo à incolumidade física tanto do menor que os manipula, como também de quem estiver por perto. Há vários casos registrados de crianças e adolescentes, vítimas de mutilações de seus próprios corpos, em razão da má utilização dos fogos de estampido ou de artifício. A criminalização da conduta feita nesse tipo penal é correta. Vale mencionar o disposto no art. 81, IV, desta Lei: "É proibida a venda à criança ou ao adolescente de: (...) IV – fogos de estampido e de artifício, exceto aqueles que pelo seu reduzido potencial sejam incapazes de provocar qualquer dano físico em caso de utilização indevida".

192. Sujeitos ativo e passivo: o sujeito ativo pode ser qualquer pessoa. O sujeito passivo é a criança e o adolescente. Secundariamente, podemos incluir a sociedade, pois fogos de estampido ou de artifício em mãos de menores podem gerar perigo coletivo.

193. Elemento subjetivo: é o dolo. Não há elemento subjetivo específico, nem se pune a forma culposa.

194. Fogos de estampido: são as peças e instrumentos fabricados em atividade pirotécnica, capazes de queimar, produzindo barulho. Ex.: são os rojões e as bombinhas (também conhecidos como *fogos de São João*), capazes de gerar explosões, embora sem a produção de desenhos ou luzes coloridas.

195. Fogos de artifício: são as peças e instrumentos fabricados em atividade pirotécnica, capazes de queimar, produzindo luzes e fogo de caráter ornamental. Ex.: rojões ou foguetes disparados para o céu, que, ao explodir, provocam desenhos e figuras coloridas.

196. Exceção à criminalização da conduta: há determinados fogos de estampido ou de artifício, considerados inofensivos, ainda que sejam queimados ou sofram explosão. Ilustrando, é o que ocorre com as denominadas, vulgarmente, *biribinhas*, que são pequeninas bombinhas com quantidade ínfima de pólvora, cercada por pedrinhas e envoltas em papel que, atiradas ao chão ou contra outro objeto, estouram, produzindo barulho reduzido. Ainda que se pressione a *biribinha* entre os dedos, a explosão gerada não é suficiente para gerar qualquer mutilação. Aliás, atualmente, existem fogos, em formato de *vela*, para serem queimados em cima de bolos de aniversário, produzindo fagulhas coloridas, porém inofensivas.

197. Objetos material e jurídico: o objeto material é o fogo de estampido ou de artifício. O objeto jurídico é a proteção à incolumidade física de crianças e adolescentes. Secundariamente, protege-se a integridade física de outras pessoas.

198. Classificação: é crime comum (pode ser praticado por qualquer pessoa); formal (não depende da ocorrência de resultado naturalístico, consistente em efetivo dano à

Art. 244-A

Título VII – Dos Crimes e das Infrações Administrativas

integridade física da criança, do adolescente ou de outra pessoa); de forma livre (pode ser cometido por qualquer meio eleito pelo agente), o que o tipo penal deixa claro com a utilização da expressão *de qualquer forma*; comissivo (os verbos indicam ações); instantâneo (a consumação ocorre em momento definido); unissubjetivo (pode ser cometido por uma só pessoa); plurissubsistente (cometido por mais de um ato); admite tentativa.

199. Benefícios penais: é infração de menor potencial ofensivo, cabendo transação e os demais benefícios previstos na Lei 9.099/1995.

> **Art. 244-A.**[200] Submeter[201-203] criança ou adolescente, como tais definidos no *caput* do art. 2.º desta Lei,[204] à prostituição ou à exploração sexual:[205-206]
>
> Pena – reclusão de quatro a dez anos e multa, além da perda de bens e valores utilizados na prática criminosa em favor do Fundo dos Direitos da Criança e do Adolescente da unidade da Federação (Estado ou Distrito Federal) em que foi cometido o crime, ressalvado o direito de terceiro de boa-fé.[207]
>
> § 1.º Incorrem nas mesmas penas o proprietário, o gerente ou o responsável pelo local em que se verifique a submissão de criança ou adolescente às práticas referidas no *caput* deste artigo.[208]
>
> § 2.º Constitui efeito obrigatório da condenação a cassação da licença de localização e de funcionamento do estabelecimento.[209]

200. Confusão legislativa: todo o conteúdo do art. 244-A foi reproduzido pelo art. 218-B do Código Penal, inserido pela Lei 12.015/2009. Tratando-se esta de lei mais recente, o art. 218-B afastaria a aplicação do art. 244-A. Chegamos a opinar pela revogação tácita do art. 244-A. Entretanto, diante da edição da Lei 13.440/2017, alterando a pena do art. 244-A, quer-se crer tenha o legislador acreditado na mantença do mencionado art. 244-A. Vale-se, então, do critério de lei especial afastando lei geral. O art. 244-A deve afastar o art. 218-B, na parcela nele prevista. Subsistiria o referido art. 218-B quanto à conduta não tutelada pelo art. 244-A. No caso do art. 218-B, quanto ao *caput*, subsistiriam as condutas *induzir* e *atrair*. No § 2.º, permanece o inciso I. Quando ao inciso II, aplica-se no tocante às condutas de *induzir* e *atrair*. No entanto, a pena é a mesma para os dois tipos penais (art. 244-A desta lei e art. 218-B do Código Penal).

201. Análise do núcleo do tipo: *submeter* (subjugar, dominar moralmente) é o verbo nuclear, cujo objeto é a prostituição (realização de ato sexual mediante paga, em caráter habitual) ou exploração sexual (tirar proveito de ato sexual). O destinatário da submissão é a criança ou o adolescente. Menciona-se, primeiramente, a prostituição, que significa entregar-se à devassidão e à corrupção moral, relacionando-se sexualmente com alguém em troca de dinheiro ou outra vantagem. Cuida-se de conduta visivelmente habitual, exigindo regularidade. Não se pode sustentar haver prostituição se, em uma única ocasião, alguém se relaciona sexualmente em troca de alguma recompensa. Por outro lado, a exploração sexual não exige esse caráter duradouro. O agente que se vale de criança ou adolescente, obrigando-o, por domínio moral, à prática da prostituição ou de atos sexuais isolados, porém lucrativos, encaixa-se nesse tipo penal. O mesmo se diga do autor que, valendo-se de fraude ou engodo, consegue levar o menor à prática sexual. Se o domínio for físico, ou envolva menor de 14 anos, pode haver concurso com estupro. A pessoa que mantém relação sexual com o menor de 18 anos, tendo conhecimento da exploração sofrida pela criança ou adolescente, pode responder, como autor, pelo delito previsto no art. 218-B, § 2.º, I, do Código Penal (complementando o art. 244-A desta Lei). A configuração de um ou mais crimes, em relação a quem mantém

Art. 244-A | Estatuto da Criança e do Adolescente Comentado · Nucci | 682

com o menor de 18 anos relação sexual, depende do caso concreto. Eventualmente, nenhuma infração penal se configura (ex.: mantém-se relação sexual consentida com adolescente já prostituída(o), maior de 14 anos, sem estar sob exploração de quem quer que seja, mas atuando por conta própria). Observe-se, entretanto, ser o consentimento da vítima irrelevante, desde que haja a submissão provocada por outrem. Na jurisprudência: STJ: "Conquanto o paciente tenha realizado pelo menos três 'programas' com as adolescentes – condutas manifestamente atentatórias à integridade física, psíquica e moral das menores – importa reconhecer, repita--se, que tal comportamento não se adequa ao verbo 'submeter' para fins do art. 244-A do ECA, sendo certo que a novel legislação, que derrogou tal dispositivo de lei, trazendo maior repressão à prostituição infantojuvenil e ao chamado 'turismo sexual', somente entrou em vigor anos após os fatos apurados no processo-crime ora em exame. 9. *Writ* não conhecido. *Habeas corpus* concedido, de ofício, para reconhecer a atipicidade das condutas descritas na peça acusatória e, por consectário, absolver o paciente, com fulcro no art. 386, III, do CPP" (HC 160.901/GO, 5.ª T., rel. Ribeiro Dantas, *DJe* 25.09.2018, v.u.). Sobre o caráter eventual: STJ: "É entendimento consolidado nesta eg. Corte que a conduta praticada pelo cliente ocasional não configura o tipo penal do art. 244-A do ECA" (AgRg no REsp 1.334.507/MS, 5.ª T., rel. Félix Fischer, 12.02.2015, v.u.). TJMG: "Ainda que o acusado tenha se utilizado dos favores sexuais da menor envolvida, o STJ tem entendimento no sentido de que o cliente eventual da adolescente não comete o delito do art. 244-A do ECA, por falta de adequação típica" (Apelação Criminal 1.0520.05.009975-0/001, 4.ª Câm. Criminal, rel. Doorgal Andrada, 04.03.2015). Ainda, na jurisprudência: TJRS: "Ao enquadramento da conduta no disposto no art. 244-A do ECA, desimporta que a criança ou adolescente tenha consentido em prostituir-se ou ser explorada sexualmente. Interpretação sistemática das regras da novel legislação, que veio no intuito de aumentar a proteção das crianças e adolescentes, bem como o desenvolvimento psicológico incompleto desses indivíduos, tornando irrelevante o seu consentir. Exigir a submissão, tida como coerção física ou moral, seria fazer do preceito letra morta, privilegiando aqueles que auferem grande lucro na mantença de jovens em seus prostíbulos, atraindo toda sorte de pedófilos. Precedentes do E. STJ. Hipótese na qual a prova mostrou-se segura quanto ao fato de a ré, proprietária de um prostíbulo, ter submetido a vítima, adolescente com 16 anos de idade, à prostituição. Relatos coerentes e convincentes da ofendida, confirmando que estava na boate mantida pela acusada para realizar programas sexuais, sendo que recebera outro documento de identidade e orientação de decorar os dados nele constantes, o que corroborado pelos depoimentos dos policiais militares que efetivaram sua apreensão, em um dos quartos, momento em que confirmara que lá estava para trabalhar como prostituta. Acusada que, durante as investigações, negou soubesse a idade da adolescente e, em pretório, fez-se revel. Prova segura à condenação, que vai mantida" (Ap. Crim. 70063826515/RS, 8.ª Câmara Criminal, rel. Fabianne Breton Baisch, 28.06.2017, v.u.).

202. Sujeitos ativo e passivo: o sujeito ativo pode ser qualquer pessoa, inclusive os pais da criança ou adolescente. O sujeito passivo é o menor de 18 anos. Deve ser, entretanto, maior de 14 anos, pois, do contrário, configura-se estupro de vulnerável e não mera exploração sexual.

203. Elemento subjetivo: é o dolo. Não há elemento subjetivo específico, nem se pune a forma culposa. Embora a prostituição e a exploração sexual impliquem, naturalmente, proveito pecuniário ou de outra ordem, o agente do delito previsto no art. 244-A não precisa ter essa finalidade. Exemplificando, alguém pode submeter um adolescente à prostituição por achar que é um meio de vida adequado, até por também exercer o agente a mesma atividade. Logo, não visa ao lucro, que fica com o menor, mas comete o delito do mesmo modo.

204. Tipo remetido: a menção ao art. 2.º, *caput*, desta Lei, tem por fim deixar claro que os sujeitos passivos dessa infração penal são somente os menores de 18 anos. Isso porque o

Título VII – Dos Crimes e das Infrações Administrativas

Art. 244-B

parágrafo único do referido art. 2.º explicita que, excepcionalmente, aplica-se a Lei 8.069/1990 àqueles que possuem entre 18 e 21 anos.

205. Objetos material e jurídico: o objeto material é o menor de 18 e maior de 14 anos. O objeto jurídico é a proteção à formação moral da criança ou adolescente.

206. Classificação: é crime comum (pode ser praticado por qualquer pessoa); material (depende da ocorrência de resultado naturalístico, consistente em efetiva prática da prostituição ou da exploração sexual, que levam, automaticamente, ao prejuízo para a formação moral do menor); de forma livre (pode ser cometido por qualquer meio eleito pelo agente); comissivo (o verbo indica ação); instantâneo (a consumação ocorre em momento definido), porém, quando se tratar de prostituição, é o que denominamos de crime instantâneo de continuidade habitual (ver a nota 5 ao Título II da Parte Geral do nosso *Código Penal comentado*); unissubjetivo (pode ser cometido por uma só pessoa); plurissubsistente (cometido por mais de um ato). A figura típica do art. 218-B do Código Penal possui outros verbos, além de *submeter*. De toda forma, não cabe tentativa nos modelos *submeter, atrair, induzir e facilitar*, pois é crime condicionado, dependente da prática da prostituição ou da exploração sexual.

207. Benefícios penais: as penas são elevadas, em face da gravidade da situação, buscando-se o combate à prostituição infantojuvenil, que já gerou, inclusive, o denominado *turismo sexual*, especialmente em países com população muito pobre ou miserável. Se for aplicada a pena mínima, pode-se substituí-la por restritiva de direitos, por não se tratar de crime cometido com violência ou grave ameaça à pessoa. Acima do mínimo, pode o magistrado aplicar os regimes semiaberto ou fechado, conforme a pena concretizada e os elementos previstos no art. 59 do Código Penal. Acrescentou-se a "perda de bens e valores utilizados na prática criminosa em favor do Fundo dos Direitos da Criança e do Adolescente da unidade da Federação (Estado ou Distrito Federal) em que foi cometido o crime, ressalvado o direito de terceiro de boa-fé". Todo o produto ou proveito do crime é confiscado pelo Estado, algo já previsto pelo art. 91, II, do Código Penal. A modificação deve voltar-se ao destinatário dos bens apreendidos e dos valores confiscados, que passa a ser o Fundo dos Direitos da Criança e do Adolescente do Estado-membro, e não mais a União.

208. Explicitação do partícipe: embora desnecessária, pois se poderia aplicar o disposto no art. 29 do Código Penal, dispõe o art. 244-A, § 1.º, desta Lei, o dever de responder pelo crime o proprietário, gerente ou outro responsável pelo lugar onde o menor se prostitui ou é explorado sexualmente, desde que haja submissão a tais situações. Esse conteúdo é reproduzido pelo art. 218-B, § 2.º, II, do Código Penal.

209. Efeito específico e obrigatório da condenação: impõe o art. 244-A, § 2.º, desta Lei (reproduzido pelo art. 218-B, § 3.º, do CP), que, havendo condenação do proprietário, gerente ou responsável pelo lugar onde se dá a submissão do menor à prostituição ou exploração sexual, deve haver a cassação da licença de funcionamento (ex.: hotel, motel, bar, casa de massagem, sauna etc.).

Art. 244-B. Corromper[210-212] ou facilitar a corrupção de menor[213] de 18 (dezoito) anos, com ele praticando infração penal ou induzindo-o a praticá-la:[214-217]

Pena – reclusão, de 1 (um) a 4 (quatro) anos.[218]

§ 1.º Incorre nas penas previstas no *caput* deste artigo quem pratica as condutas ali tipificadas utilizando-se de quaisquer meios eletrônicos, inclusive salas de bate-papo da internet.[219]

Art. 244-B

Estatuto da Criança e do Adolescente Comentado • **Nucci**

> § 2.º As penas previstas no *caput* deste artigo são aumentadas de um terço no caso de a infração cometida ou induzida estar incluída no rol do art. 1.º da Lei n.º 8.072, de 25 de julho de 1990.[220]

210. Análise do núcleo do tipo: *corromper* (perverter, estragar) ou *facilitar a corrupção* (tornar mais fácil tal perversão) são os verbos do tipo misto alternativo, cujo objeto é o menor de 18 anos. O meio utilizado pelo agente, para atingir a corrupção da criança ou adolescente, desagregando sua personalidade, ainda em formação, é a sua inserção no mundo do crime, por dois modos: a) a prática conjunta (agente + vítima) de infração penal (crime ou contravenção penal); b) a indução (dar a ideia) à prática da infração penal, atuando a vítima por sua conta. Essa nova figura típica, inserida na Lei 8.069/1990, substitui a prevista anteriormente na Lei 2.252/1954, ora revogada pela Lei 12.015/2009. Lembremos que o menor de 18 anos, pela legislação brasileira, não comete *crime* ou *contravenção penal* (art. 228, CF; art. 27, CP). Portanto, quando o tipo penal faz referência ao termo *infração penal*, está-se referindo a dois prismas: a) do ponto de vista do maior de 18 anos, ele comete um crime ou uma contravenção penal; b) do ponto de vista do menor de 18 anos, ele comete um ato infracional (conduta descrita *como* crime ou contravenção, conforme dispõe o art. 103 do Estatuto da Criança e do Adolescente). De um modo ou de outro, o que se busca punir é a *associação* do maior com o menor, gerando a corrupção deste último que, precocemente, insere-se no mundo da criminalidade. Essa inserção tem origem, em grande parte das vezes, por atuação do maior, pessoa amadurecida, que se vale do menor, imaturo, para fins ilícitos. Na jurisprudência: STJ: "2. Tendo sido delineado no contexto fático-probatório analisado pelas instâncias ordinárias que o agente praticou o roubo majorado na companhia de dois adolescentes, verifica-se que o entendimento firmado no acórdão atacado não destoa da jurisprudência desta Corte, cristalizada na Súmula n. 500 do Superior Tribunal de Justiça, *in verbis*: 'A configuração do crime do art. 244-B do ECA independe da prova da efetiva corrupção do menor, por se tratar de delito formal'" (AgRg no REsp 1.969.914/SP, 6.ª T., rel. Antonio Saldanha Palheiro, 05.04.2022, v.u.); "1. O crime previsto no art. 244-B da Lei n. 8.069/1990 é delito de natureza formal, por isso sua configuração não depende de prova da efetiva corrupção de menor, bastando apenas evidências da participação dele em crime na companhia de agente imputável, independentemente da existência de dolo específico (Tema n. 221, fixado no julgamento de recurso especial repetitivo que resultou na edição da Súmula n. 500)" (AgRg no HC 614.106/PR, 5.ª T., rel. João Otávio de Noronha, 26.10.2021, v.u.); "1. Para a configuração do crime de corrupção de menores – atual artigo 244-B do Estatuto da Criança e do Adolescente –, a Terceira Seção do Superior Tribunal de Justiça, no julgamento do REsp n. 1127954/DF, *DJe* 01/02/2012, e do REsp n. 1112326/DF, *DJe* 08/02/2012, ambos julgados em 14/12/2011, de relatoria do Ministro Marco Aurélio Bellizze, sob o rito do art. 543-C, c/c o art. 3.º do CPP, consolidou o entendimento no sentido de que não se faz necessária a prova da efetiva corrupção do menor, uma vez que se trata de delito formal, cujo bem jurídico tutelado pela norma visa, sobretudo, a impedir que o maior imputável induza ou facilite a inserção ou a manutenção do menor na esfera criminal. 2. O tema está sedimentado, inclusive, na Súmula nº 500 do STJ, segundo a qual a configuração do crime do art. 244-B do ECA independe da prova da efetiva corrupção do menor, por se tratar de delito formal. 3. Agravo regimental não provido" (AgRg no REsp 1642271-SP, 5.ª T., rel. Reynaldo Soares da Fonseca, 17.03.2017, v.u.); "1. "A configuração do crime do art. 244-B do ECA independe da prova da efetiva corrupção do menor, por se tratar de delito formal." Súmula 500 desta Corte. Agravo regimental desprovido" (AgRg no REsp 1.574.831/RJ, 5.ª T., rel. Joel Ilan Paciornik, 04.04.2017, v.u.). TJMT: "A mera alegação de desconhecimento da idade do adolescente corréu não se mostra suficiente para o reconhecimento de eventual erro de tipo e consequente absolvição do crime previsto no art. 244-B do ECA" (Ap. Criminal 10074256720228110015, 2.ª Câm. Criminal, rel. Rui Ramos Ribeiro, 11.04.2023).

211. Sujeitos ativo e passivo: o sujeito ativo pode ser qualquer pessoa. O sujeito passivo deve ser o menor de 18 anos. Secundariamente, encontra-se a família do menor e, também, a sociedade, interessada na boa formação moral dos jovens. Para a condenação do corruptor (maior de 18 anos), é preciso prova concreta e indubitável da menoridade da vítima. Segundo o art. 155, parágrafo único, do CPP, o estado das pessoas, como é o caso da idade, somente se prova, conforme a lei civil, por documento, mitigando o princípio da persuasão racional do juiz para acolher, neste caso, o sistema da prova legal (sobre o tema, conferir a nota 6 ao art. 155 do nosso *Código de Processo Penal comentado*). Ademais, em hipótese de dúvida quanto à idade da vítima, adota-se o princípio constitucional da presunção de inocência, que conduz ao *in dubio pro reo* (na dúvida, decide-se em favor do réu). *Nesse sentido, exigindo documento hábil para provar a idade:* STF: "A menoridade para fins de tipificação do delito previsto no artigo 244-B da Lei n.º 8.069/1990 pode ser comprovada mediante documentos diversos da certidão de nascimento ou carteira de identidade" (HC 161557, 1.ª T., rel. Marco Aurélio, 11.05.2020, v.u.); "1. A Corte já decidiu que, 'para efeitos penais, a comprovação da idade, como as outras situações quanto ao estado das pessoas, há de ser realizada mediante prova documental hábil, de acordo com as restrições estabelecidas na lei civil' (HC n.º 132.204/DF, 2.ª T., rel. Ministro Teori Zavascki, *DJe* de 11.05.2016). 2. O art. 244-B do Estatuto da Criança e do Adolescente, ao descrever abstratamente a conduta punível, destacou a menoridade da vítima como elemento essencial do tipo penal, de tal modo que, ausente essa circunstância elementar, não restará configurado o delito de corrupção de menores. 3. O comando normativo consubstanciado nesse preceito primário de incriminação destaca, como um dos *essentialia delicti*, a circunstância de o sujeito passivo da ação delituosa ser, necessariamente, pessoa 'menor de 18 anos'. 4. A inexistência, nos autos da ação penal, de prova documental idônea que dê substrato à acusação concernente ao delito de corrupção de menores acarreta sua atipicidade. 5. Ordem concedida para restabelecer o acórdão proferido pelo Tribunal de Justiça de Minas Gerais na parte em que absolveu o paciente da imputação de corrupção de menores (art. 244-B da Lei n.º 8.069/90)" (HC 144.160/DF, 2.ª T., rel. Dias Toffoli, 29.08.2017, v.u.); "*Habeas corpus*. Processo Penal. Corrupção de menores. Art. 244-B do Estatuto da Criança e do Adolescente. Art. 155, parágrafo único, do Código de Processo Penal. Comprovação da menoridade do adolescente. Certidão de nascimento. 1. A regra do art. 155 do Código de Processo Penal não é absoluta. Em seu parágrafo único, com o intuito de resguardar as garantias do acusado e do devido processo legal na busca da verdade dos fatos, prevê a mitigação do princípio do livre convencimento quando a questão abrange o estado das pessoas, hipótese de prevalência das restrições estabelecidas na legislação civil. 2. Inexiste nos autos prova específica, idônea e inequívoca, para fins criminais, da idade do adolescente envolvido no delito, nos termos do parágrafo único do art. 155 do Código de Processo Penal, de modo a justificar a condenação quanto ao crime de corrupção de menores. 3. A jurisprudência deste Supremo Tribunal Federal é no sentido de que o reconhecimento da menoridade, para efeitos penais, supõe prova hábil (certidão de nascimento). Precedentes. 4. Ordem de *habeas corpus* concedida para restabelecer o juízo absolutório do acórdão da Corte Estadual quanto à prática, pelo paciente, do crime de corrupção de menores tipificado no art. 244-B da Lei 8.069/90" (HC 123.779/MG, 1.ª T., rel. Rosa Weber, 03.03.2015, v.u.); "*Habeas corpus*. Penal. Crime de corrupção de menores. Art. 244-B do Estatuto da Criança e do Adolescente. Menoridade do adolescente. Reconhecimento pelo juízo sentenciante. Comprovação nos autos. Revolvimento do conjunto fático-probatório. Inocorrência. Ordem denegada. I – Agiu bem o magistrado sentenciante, que, à luz do conjunto fático-probatório dos

Art. 244-B

Estatuto da Criança e do Adolescente Comentado · Nucci

autos, entendeu provada a materialidade do delito previsto no art. 244-B do Estatuto da Criança e do Adolescente. Como bem destacou o representante do *Parquet* Federal, o adolescente apresentou o documento de identidade à autoridade policial por ocasião da lavratura do Boletim de Ocorrência, no qual se comprova sua menoridade à época dos fatos" (HC 121.709/SC, 2.ª T., rel. Ricardo Lewandowski, 27.05.2014, v.u.). STJ: "1. Segundo o acórdão recorrido, o único documento utilizado para demonstrar a menoridade, apesar de ter sido lavrado perante a autoridade policial, possui em seu conteúdo somente as declarações prestadas pela suposta própria vítima do crime de corrupção de menores, que afirmou ter 16 anos. Tal declaração, contudo, não foi conferida pela autoridade pública, a partir da análise de qualquer outro documento idôneo, como, por exemplo, o registro civil ou a carteira de identidade, nem confirmada em consulta aos registros da polícia civil. 2. Embora se trate de documento formalmente público, o conteúdo nele trazido, por ter sido fruto apenas da declaração do particular, sem nenhum tipo de conferência da sua veracidade pelo agente estatal, não possui a idoneidade para a comprovação da menoridade do réu. Em outras palavras, é ele suficiente apenas para comprovar que a suposta vítima declarou-se menor de 18 anos, mas não para comprovar que essa assertiva correspondia à verdade. Nesse contexto, não está atendida a orientação da Súmula 74/STJ. 3. Agravo regimental provido para restabelecer a absolvição do agravante quanto ao crime previsto no art. 244-B do Estatuto da Criança e do Adolescente" (AgRg no REsp 1.544.141/DF, 6.ª T., rel. Sebastião Reis Júnior, 23.02.2016, v.u.). *Sobre a prova documental não se tratar necessariamente da certidão de nascimento*: STF: "O Supremo Tribunal Federal tem entendido revelar-se juridicamente idônea, para fins penais, seja para demonstrar a idade do acusado, seja para comprovar a idade da vítima, não só a certidão de nascimento, que constitui prova específica, como quaisquer outros documentos oficiais, emanados de órgãos estatais competentes e revestidos, por isso mesmo, de fé pública, à semelhança da cédula de identidade, do certificado de reservista e do título de eleitor, entre outros. Precedentes" (HC 145.688 AgR, 2.ª T., rel. Celso de Mello, 04.05.2020, v.u.). STJ: "1. A jurisprudência desta Corte Superior de Justiça firmou-se no sentido de que a comprovação do delito de corrupção de menores pode se dar por qualquer documento idôneo, sendo prescindível para tal fim a certidão de nascimento. Precedentes. 2. O termo de Comunicação de Ocorrência Policial expedido pela Delegacia de Polícia Civil do DF atestando a menoridade do agente é suficiente para a comprovação da corrupção de menores. 3. Agravo regimental a que se nega provimento" (AgRg no AREsp 721.386/DF, 5.ª T., rel. Jorge Mussi, 01.03.2016, v.u.); "1. A comprovação da menoridade da vítima do crime de corrupção de menores requer prova por documento hábil. Aplicação da Súmula 74 do STJ. 2. É assente na jurisprudência deste Superior Tribunal o entendimento de que a certidão de nascimento não é o único documento idôneo para comprovar a idade do adolescente corrompido, que também pode ser atestada por outros documentos oficiais, dotados de fé pública, emitidos por órgãos estatais de identificação civil e cuja veracidade somente pode ser afastada mediante prova em contrário. 3. O Ministério Público provou a menoridade da vítima de maneira idônea ao instruir a ação penal com certidão de antecedentes infracionais, na qual consta a filiação do adolescente, o número da cédula de identidade e a data de seu nascimento, além do registro de apuração de ato infracional e de execução de medida socioeducativa. Revaloração probatória que não fere o disposto na Súmula 7 do STJ. 4. Agravo regimental não provido" (AgRg no REsp 1.485.543/MG, 6.ª T., rel. Rogerio Schietti Cruz, 05.02.2015, v.u.).

212. Elemento subjetivo do tipo: é o dolo. Não há elemento subjetivo específico, nem se pune a forma culposa.

213. Conceito de corrupção de menores: há várias formas de se perverter a boa formação dos jovens, desde o aliciamento para a vida sexual precoce até o cometimento de crimes. Lembremos, pois fundamental, que a formação da personalidade ocorre, de forma decisiva e concentrada, durante a adolescência. *Personalidade*, como já tivemos oportunidade de explicitar em trabalho anterior, constitui o papel que desempenhamos em sociedade, formando o conjunto dos caracteres exclusivos de uma pessoa, parte herdada, parte adquirida. A personalidade é a síntese do "eu", compondo o núcleo inconfundível de cada indivíduo. A ela devem-se os valores e a particular visão do mundo de cada um. Revela a individualidade humana, com as escolhas e preferências dadas a determinado caminho ou a certo modo de agir e ser (do nosso *Individualização da pena*). Não há seres humanos idênticos no mundo, ao menos no que tange à formação da personalidade – seu modo particular de reação aos estímulos da vida em sociedade. Embora a constituição do ego (personalidade) dê-se, basicamente, na fase da adolescência, que segue, segundo o disposto no Estatuto da Criança e do Adolescente, a partir dos 12 anos, a infância (fase anterior aos 12 anos) não perde seu caráter essencial na formação equilibrada do ser humano. Traumas e sofrimentos atrozes vivenciados nesse estágio certamente podem levar ao descortino de uma personalidade repleta de aspectos negativos, por ausência de valores superiores a inspirar o jovem a portar-se de acordo com os regramentos sociais. Elege-se a idade de 18 anos como o marco – presunção absoluta – ideal para o alcance da maturidade civil e penal. Assim, antes dessa idade, o menor está sujeito às influências dos adultos, pois imaturo, podendo ser vítima de *corrupção* de seus valores positivos, o que representa problema grave para si mesmo e para a sociedade que o cerca. Há várias formas de deturpação da formação da personalidade do menor de 18 anos. O tipo penal construído pelo art. 244-B (antiga previsão da Lei 2.252/1954) cuida, apenas, de um aspecto, que é a inserção do jovem na criminalidade. Não se deve olvidar o disposto nos arts. 218-A e 218-B do Código Penal, que cuidam da corrupção de menores no campo sexual, favorecendo a depravação precoce do ser humano adolescente que, levado pelo adulto, passa a praticar o ato sexual como se fosse algo banal, prejudicando a boa formação de seus valores morais. No mesmo prisma, há o art. 240 da Lei 8.069/1990, referindo-se à produção, reprodução, direção, fotografia, filme ou outro registro de cenas de sexo explícito ou pornográfica, envolvendo criança ou adolescente, o que não deixa de constituir, igualmente, corrupção de menor no cenário da boa formação dos seus valores morais.

214. Objetos material e jurídico: o objeto material é o menor de 18 anos. O objeto jurídico é a boa formação moral da criança e do adolescente.

215. Classificação: é crime comum (pode ser praticado por qualquer pessoa); formal (basta a prática da conduta, possibilitando a depravação do menor, independentemente de resultado naturalístico). Nesse sentido: Súmula 500, STJ: "a configuração do crime previsto no art. 244-B do Estatuto da Criança e do adolescente independe da prova da efetiva corrupção do menor, por se tratar de delito formal". Alteramos a nossa anterior posição (ver a nota abaixo); de forma livre (pode ser cometido por qualquer meio eleito pelo agente); comissivo (os verbos indicam ações); instantâneo (a consumação ocorre em momento definido); unissubjetivo (pode ser cometido por uma só pessoa); plurissubsistente (cometido por mais de um ato); admite tentativa, embora de difícil configuração.

216. Crime de atividade: sustentávamos ser o delito de corrupção de menores, no contexto da classificação dos delitos de atividade e dos de resultado naturalístico, como material, ou seja, os dependentes da produção de um resultado visível no mundo fático para que possa consumar-se. Era o que nos soava mais lógico, pois, se o adolescente já fosse corrompido pelas próprias atitudes e pela força do tempo, não seria justo punir o agente. Entretanto, dois pontos de apoio nos fizeram alterar nosso entendimento: a) o estudo aprofundado deste Estatuto, suas metas e seus fundamentos, mormente o princípio da proteção integral, constitucionalmente assegurado; b) a confusão que ora se desfaz entre o delito material ou formal

Art. 244-B

Estatuto da Criança e do Adolescente Comentado · **Nucci**

e o crime impossível. O objeto jurídico deste e de outros crimes previstos nesta Lei é a boa formação *moral* da criança e do adolescente. Essa formação se desenvolve, na realidade, ao longo de toda a vida humana, constituindo-se na *personalidade*, sempre dinâmica e mutável. Ninguém passa pelos anos sem alterar o seu comportamento – para bem ou para mal. No tocante ao adulto, em face da sua liberdade de pensamento, expressão e julgamento crítico de seus próprios atos, o Direito Penal passa ao largo, não havendo tipo incriminador cuidando a *corrupção moral*. Na realidade, a corrupção ativa ou passiva, delitos previstos no Código Penal, tutela a Administração Pública, mas não a formação moral do agente. Aliás, a vítima é a própria Administração e não outro ser humano, que possa ser moralmente corrompido. Diante disso, vislumbra-se acerto nas posições daqueles que sustentam a confiança a ser depositada na formação moral permanente de crianças e adolescentes, vale dizer, deve-se preservar essa boa formação até que se chegue à maioridade. Não acreditar nisso, permitindo visualizar um quadro separatista entre *adolescentes corrompidos* e *adolescentes não corrompidos*, seria o mesmo que decretar a falência da medida socioeducativa, antes mesmo de aplicá-la. É preciso crer na reforma interior de cada menino ou menina, desde seus primeiros passos no caminho do entendimento e da compreensão, até atingir a juventude. Aliás, justamente para isso existem as várias normas previstas neste Estatuto. Nunca é tarde demais para *educar* ou *reeducar* o menor de 18 anos e com isso deve preocupar-se e ocupar-se o Estado. Precisa-se de fé na recuperação dos maus passos em direção oposta, motivo pelo qual apontar o adolescente (nem se pense na criança) como *corrompido*, inviável como vítima desse delito do art. 244-B, significa decretar a inviabilidade de sua reordenação de valores e princípios. Em face disso, convencemnos os argumentos que sustentam a plausibilidade de se condenar alguém pela corrupção de menores, quando o agente com ele (criança ou adolescente) pratica infração penal ou o induz a praticá-la, pois está obstando qualquer possibilidade de recuperação. Por outro lado, mesmo sendo formal o delito, é possível encontrar alternativas de configuração do crime impossível. Eis o fundamento pelo qual se torna mais adequada a classificação desse crime como formal. Sobre o crime impossível, ver a próxima nota. Sobre o delito ser formal, o STJ editou a Súmula 500: "A configuração do crime do art. 244-B do ECA independe da provada efetiva corrupção do menor, por se tratar de delito formal". Na jurisprudência: STJ: "1. Na esteira do entendimento firmado pela Terceira Seção desta Corte, no julgamento do REsp 1.112.326/DF, submetido ao rito dos recursos repetitivos, para a configuração do crime de corrupção de menores, atual art. 244-B do Estatuto da Criança e do Adolescente, não se faz necessária a prova da efetiva corrupção do menor. 2. Por se tratar de crime formal, exige-se apenas a participação do menor na empreitada criminosa para a configuração do delito, o que prescinde de revolvimento fático-probatório dos autos, a afastar a incidência da Súmula 7 do STJ. 3. Provido o recurso especial, imperativo o retorno dos autos ao Tribunal de origem para apreciação do pedido remanescente de redução da pena, deduzido no recurso de apelação da defesa, mostrando-se improcedente a pretensão acusatória de restabelecimento da pena imposta na sentença condenatória. 4. Agravos regimentais improvidos" (AgRg no REsp 1.539.475/MG, 6.ª T., rel. Nefi Cordeiro, 07.06.2016, v.u.); "1. Este Superior Tribunal de Justiça tem o entendimento de que o crime em referência é delito formal, portanto, não se faz necessária a prova da efetiva corrupção do menor. 2. 'Para a configuração do crime de corrupção de menores, atual art. 244-B do Estatuto da Criança e do Adolescente, não se faz necessária a prova da efetiva corrupção do menor, uma vez que se trata de delito formal, cujo bem jurídico tutelado pela norma visa, sobretudo, impedir que o maior imputável induza ou facilite a inserção ou a manutenção do menor na esfera criminal' (REsp 1.127.954/DF, rel. Min. Marco Aurélio Bellizze, Terceira Seção, *DJe* 01.02.2012)" (AgRg no AREsp 319.524/DF, 5.ª T., rel. Jorge Mussi, 25.06.2013, v.u.). TJSP: "Roubo e corrupção de menores. Conduta de subtrair, em concurso de pessoas e mediante grave ameaça, exercida com um canivete, a aliança, a carteira e o celular da vítima. Configuração. Prova. Prisão em flagrante do acusado e de seu comparsa ainda ao lado da vítima. Confissão. Suficiência para a condenação. Causa de aumento bem configurada. Tentativa. Tese inadmissível. *Iter criminis* integralmente percorrido. Suficiência da inversão da posse da *rei furtivae*. Corrupção de menor. Art. 244-B do ECA. Inteligência da Súmula n.º 500 do STJ. Penas e regime bem dosados. Apelo improvido" (Apelação 3000573-46.2013.8.26.0223, 16.ª Câm. Criminal, rel. Almeida Toledo, 20.05.2014, v.u.). TJMG: "Restando evidenciada a participação do menor na prática delituosa juntamente com o acusado maior de 18 anos, impossível a absolvição deste pelo delito previsto no art. 244-B do ECA, eis que por se tratar de crime formal, dispensa prova efetiva da corrupção do menor para sua configuração" (Apelação 10433130251419001, 6.ª Câm. Criminal, rel. Jaubert Carneiro Jaques, 06.05.2014, v.u.). TJES: "1. Havendo prova judicializada acerca da participação do réu nos eventos narrados na exordial, inviável a reforma da sentença condenatória. 2. O crime de corrupção de menores de que trata o art. 244-B do Estatuto da Criança e do Adolescente é tido como de natureza formal, tanto para a doutrina como para a jurisprudência pátrias, bastando para a sua caracterização a comprovação da participação de menor infrator em prática delituosa na companhia de maior imputável. 3. Embora tenha ficado clara a ocorrência de dois crimes em um mesmo contexto fático (roubo e corrupção de menores), não restou caracterizada a existência de mais de uma ação por parte do agente, já que o delito de corrupção dos menores se deu em concomitância com a prática do crime patrimonial, atraindo, assim, a regra do concurso formal. 4. Recurso ao qual se dá provimento parcial" (Ap. 0002561-92.2014.8.08.0006/ES, 1.ª Câm. Criminal, rel. Willian Silva, 08.06.2016, v.u.). TJPE: "1. O delito previsto no art. 244-B do ECA é crime formal, dispensando a comprovação da efetiva corrupção do adolescente, bastando a demonstração inequívoca de que o agente praticou a conduta criminosa em companhia de indivíduo menor de 18 (dezoito) anos. 2. Entendimento do STJ restou consolidado com a edição do Verbete Sumular 500: 'A configuração do crime do art. 244-B do Estatuto da Criança e do Adolescente (ECA) independe da prova da efetiva corrupção do menor, por se tratar de delito formal'. 3. Apelo provido. Decisão unânime" (Ap. Crim. 0000332-12.2012.8.17.1290/PE, 1.ª Câm. Criminal, rel. Fausto de Castro Campos, 17.05.2016, v.u.).

216-A. Crime formal e o princípio do *in dubio pro reo*: constituir o delito um crime de atividade (mera conduta ou formal) não o transforma em infração de condenação certa. Pode – e deve – haver a absolvição do acusado, quando o juiz tiver dúvida acerca de sua colaboração efetiva na atividade delituosa. Logo, embora não se exija qualquer resultado naturalístico para a consumação do crime, demanda-se o mínimo necessário para subjugar o princípio da prevalência do réu, significando haver provas suficientes de ter ele cometido a atividade prevista no tipo penal. Na jurisprudência: STJ: "1. Por ocasião do julgamento do Recurso Especial Representativo de Controvérsia 1.127.954/DF (*DJe* 1.º.02.2012), a Terceira Seção deste Superior Tribunal uniformizou o entendimento de que, para a configuração do crime de corrupção de menores, basta que haja evidências da participação de menor de 18 anos no delito e na companhia de agente imputável, sendo irrelevante o fato de o adolescente já estar corrompido, porquanto se trata de delito de natureza formal. 2. O ônus da prova, na ação penal condenatória, é todo da acusação, decorrência natural do princípio do favor rei, bem assim da presunção de inocência, sob a vertente da regra probatória, de maneira que o juiz deverá absolver quando não tenha prova suficiente de que o acusado cometeu o fato atribuído na exordial acusatória, bem como quando faltarem provas suficientes para afastar as excludentes de ilicitude e de culpabilidade. 3. A regra do *onus probandi*, prevista no art. 156 do Código de Processo Penal, serve apenas para permitir ao juiz que, mantida a dúvida, depois de esgotadas as possibilidades de descobrimento da verdade real, decida a causa de acordo com a orientação expressa na regra em apreço. 4. Embora o recorrido tenha praticado o delito

Art. 244-B

Estatuto da Criança e do Adolescente Comentado · **Nucci**

690

de tráfico de drogas na companhia de adolescente que, em tese, possuía 16 anos de idade na data dos fatos, tanto o Magistrado de primeiro grau quanto a Corte de origem afirmaram que estavam em dúvidas acerca da prática do crime previsto no art. 244-B da Lei 8.069/90, de modo que, sem a firme certeza quanto à autoria e à materialidade do delito e sem a ciência inequívoca do acusado acerca da menoridade da sua comparsa, impõe-se a sua absolvição, em homenagem ao princípio do *in dubio pro reo*. 5. Uma vez que o Tribunal de origem, após a análise do material fático-probatório amealhado aos autos, concluiu que não havia elementos concretos que, efetivamente, demonstrassem a estabilidade e a permanência da associação criminosa da qual o recorrido seria em tese integrante, qualquer outra solução que não a adotada pela Corte estadual esbarra no enunciado na Súmula 7 do STJ. (...) Recurso especial não provido" (REsp 1.501.842/PR, 6.ª T., rel. Rogerio Schietti Cruz, 05.04.2016, v.u.).

217. Crime impossível: é importante ressaltar não cometer o crime previsto neste artigo o agente que pratica crime ou contravenção na companhia do menor "incorruptível", no sentido material do termo. São hipóteses de *objeto absolutamente impróprio*, dentre outras: a) quando se trata de criança, cujo entendimento do ato ilícito inexiste, servindo de instrumento ao maior (ex.: o agente pede a uma criança que entre na loja e pegue o pacote esquecido no balcão; pensando ajudar, o infante assim age, quando, na verdade, está servindo de instrumento para furtar alguém); b) quando faltar ao menor condições físicas para entender o caráter ilícito do que faz (ex.: o agente, acompanhado de um adolescente cego, pede que ele o acompanhe para se tornar mais fácil subtrair objetos de uma loja); c) no cenário do erro de proibição, a ingenuidade do menor pode ser suficiente para que ele nem perceba o caráter ilícito do que realiza (com o maior ou por indução deste). Além disso, é preciso considerar situações em que o agente efetiva condutas, juntamente com uma criança ou adolescente, por meio integralmente inócuo para produzir qualquer resultado. São hipóteses de *instrumento absolutamente ineficaz*, dentre outros: a) maior e menor pensam matar determinada vítima, que, no entanto, nada sofre, pois o objeto eleito é inútil – se o delito de homicídio (ou tentativa) deixa de ser típico para o maior, por óbvio, também não pode se consumar o tipo do art. 244-B; b) maior induz menor a subtrair um lápis usado do balcão de um bar; considerando-se crime de bagatela, logo, fato atípico, o meio usado para "corromper" o jovem é ineficiente. Em suma, embora aquiesçamos ser formal o delito de corrupção de menores, isso não impede a eventual existência de crime impossível. Ainda assim, é preciso cautela em certas hipóteses, como já havíamos usado de exemplo antes: o rapaz com 17 anos, chefe do agrupamento, corrompe um moço de 18, que nunca cometeu crime antes. Praticam, juntos, um roubo. O de 17 já cumula dez atos infracionais (roubos) e o maior inaugura o seu primeiro. Presos, sob o ponto de vista formal, haveria corrupção de menor; entretanto, avaliando-se sob o prisma material, inexistiu corrupção alguma, tendo em vista que ela se deu, na essência, do menor para o maior. Quanto a outra ilustração que fizemos, noutro texto, o adolescente pode ser computado para compor o número mínimo de uma associação criminosa, pois, embora naquele momento tenha noção do ilícito, ao mesmo tempo está sendo impedido de se aprimorar para o lado correto, motivo pelo qual surge a corrupção. Em outras palavras, o menor pode cometer o ilícito, ciente disso – ainda que inimputável por força de lei –, permitindo a formação de associação criminosa ou organização criminosa; isso não afasta a posição do maior que com ele atua, pois o mantém no cenário do ilícito, degenerando a sua boa formação moral. Mantemos a nossa anterior posição, no sentido de que se está no âmbito de política criminal do Estado, ao adotar o critério meramente cronológico para distinguir, de maneira absoluta, menores (inimputáveis) de maiores (imputáveis). Por isso, algumas cenas terminam por parecer estranhas – e efetivamente são – quando dois rapazes, 17 e 18 anos, cometem um ilícito, seguindo cada qual para julgamento em Vara diversa, sob diferente legislação. A diferença cronológica entre eles pode ser de simplesmente um dia e, mesmo assim, seus

Título VII – Dos Crimes e das Infrações Administrativas

Art. 244-C

caminhos serão completamente distintos. Não vemos como acolher tal confronto no campo naturalístico, mas devemos nos conformar com ele no setor normativo.

218. Benefícios penais: admite-se suspensão condicional do processo, pois a pena mínima é de um ano (art. 89, Lei 9.099/95). Quanto à aplicação de penas alternativas, permite o art. 44, I, do Código Penal, a referida substituição, quando a pena privativa de liberdade não for superior a quatro anos, bem como quando o delito não for cometido com violência ou grave ameaça à pessoa. Em tese, em singela leitura desse tipo penal, não haveria óbice à substituição, ainda que o réu fosse apenado com quatro anos de reclusão (pena máxima) pela prática de corrupção de menores. Entretanto, deve-se ter cautela nesse caso. O tipo do art. 244-B faz referência à prática de infração penal pelo adulto juntamente com o menor ou à indução do menor a praticá-la, motivo pelo qual se deve analisar qual foi a conduta realizada pela criança ou adolescente. Se o adulto praticou um roubo com o menor, conseguindo, com isso, corrompê-lo, vislumbra-se a inserção da violência ou grave ameaça (por intermédio do delito patrimonial) no contexto do crime de corrupção de menores. Assim ocorrendo, parece-nos vedada a substituição da pena privativa de liberdade por restritiva de direitos. O cenário foi, ainda que indiretamente, tingido pela violência ou grave ameaça. Porém, se o menor pratica um furto com o maior, logo, um delito sem violência ou grave ameaça, podese aplicar a substituição prevista no art. 44 do Código Penal, desde que respeitadas as demais condições legais fixadas.

219. Meios eletrônicos: a modernidade trouxe a preocupação em ampliar o leque de possibilidades de atuação do agente corruptor. Portanto, mesmo à distância, é viável encontrar--se formas de aliciamento de menores de 18 anos para o cometimento de infrações penais. Cuidar-se-ia de uma *corrupção virtual*, praticada, basicamente, pela internet.

220. Aumento de pena: prevê-se o aumento da pena em um terço, caso a corrupção envolva a prática de crimes considerados hediondos. Sem dúvida, são delitos de maior potencial ofensivo, motivo pelo qual a corrupção do menor é mais grave. Entretanto, houve uma falha: dever-se-ia ter incluído, ao menos, o tráfico ilícito de drogas, *equiparado* a hediondo, que, atualmente, envolve vários jovens.

> **Art. 244-C.** Deixar o pai, a mãe ou o responsável legal,[220-A-220-C] de forma dolosa, de comunicar à autoridade pública o desaparecimento de criança ou adolescente:[220-D-220-E]
>
> Pena – reclusão, de 2 (dois) a 4 (quatro) anos, e multa.[220-F]

220-A. Análise do núcleo do tipo: *deixar* de *comunicar* (não fazer a transmissão ou envio de informe) é a conduta omissiva de quem é pai, mãe ou responsável legal (guarda, tutor, curador) de criança ou adolescente e não avisa a autoridade pública competente a respeito do desaparecimento de filho ou pupilo. A figura típica cria o dever de zelar pelo menor de 18 anos, cuidando da sua exata localização, a fim de protegê-lo de agressões físicas ou morais de terceiros. Quando o infante ou jovem sumir, constitui obrigação dos genitores ou outro responsável encontrá-lo, pois o desleixo em saber onde se encontra pode inseri-lo em conjuntura perigosa ou lesiva.

220-B. Sujeitos ativo e passivo: o sujeito ativo é indicado no tipo: pai, mãe ou responsável legal. O sujeito passivo é a criança ou adolescente desaparecido.

Art. 244-C

Estatuto da Criança e do Adolescente Comentado · **Nucci**

220-C. Elemento subjetivo: é o dolo, aliás, apontado de forma expressa no tipo, o que seria desnecessário, pois a regra é prevista no art. 18, I, do Código Penal. Noutros termos, quando não se menciona ser o crime culposo, é punido a título de dolo. Seria desnecessário mencionar a expressão *de forma dolosa* na descrição da conduta. No entanto, é preciso ressaltar que o dolo não é apenas direto, comportando, igualmente, o eventual. Aliás, esta última forma deve ser a mais comum para a configuração do delito. Ilustrando, seria a situação dos pais displicentes que assumem o risco de que seu filho, desaparecido, seja vítima de uma agressão qualquer, ao omitir da autoridade o sumiço.

220-D. Objetos material e jurídico: o objeto material é a criança ou jovem. O objeto jurídico é a incolumidade do infante ou jovem.

220-E. Classificação: é crime próprio (só pode ser praticado pelo pai, mãe ou responsável legal do menor de 18 anos); formal (não depende da ocorrência de resultado naturalístico, consistente em efetivo dano à integridade física da criança ou do adolescente); omissivo (o verbo *deixar* indica inação); instantâneo (a consumação ocorre em momento definido); unissubjetivo (pode ser cometido por uma só pessoa); unissubsistente (cometido em um só ato); não admite tentativa.

220-F. Benefícios penais: o crime comporta a fixação de regime aberto e, por ser violento, igualmente, pode ter as penas substituídas por restritivas de direitos.

Capítulo II

Das Infrações Administrativas[221-227]

221. Infrações administrativas: o campo do ilícito é vasto, dividindo-se entre infrações penais, civis, tributárias, trabalhistas, processuais, ambientais, dentre outras. Nesse cenário, por óbvio, encontram-se as infrações administrativas, cujo intento é assegurar a regularidade de algum campo sob tutela do poder público, no interesse da sociedade ou do Estado. Ilustrando, uma das mais frequentes e conhecidas infrações administrativas é a infração de trânsito. Para regular a segurança viária, estabelecem-se várias condutas ilícitas, que não devem ser praticadas pelos motoristas e, também, por pedestres. Os ilícitos dividem-se, no Código de Trânsito Brasileiro – aliás, como se dá neste Estatuto –, entre administrativos e penais. Os ilícitos penais são os mais graves, motivo pelo qual a punição é centrada na aplicação da pena, que pode ser privativa de liberdade, restritiva de direitos ou multa. Demanda-se, ainda, o elemento subjetivo do agente, calcado no dolo ou culpa. Os ilícitos administrativos são de menor gravidade, razão pela qual a punição é centrada na simples aplicação de multa – por vezes, algo mais como a interdição de uma atividade ou estabelecimento. Essa sanção jamais se torna prisão, mesmo que a multa não seja paga. Por isso, os ilícitos administrativos independem de dolo ou culpa, bastando a voluntariedade do agente, vale dizer, atuar livre de qualquer coação física ou moral. Além disso, eles fazem parte do poder de polícia do Estado, buscando disciplinar, organizar e controlar a sociedade por meio da coerção imposta pela aplicação da multa, como penalidade primária, mas também mediante outras sanções, dependendo do contexto (ex.: fechamento ou interdição de estabelecimento comercial).

222. Legitimidade para a ação: incumbe ao Ministério Público e, secundariamente, ao Conselho Tutelar. Pode haver, ainda, autuação provocada por voluntário credenciado da Vara da Infância e Juventude. "O procedimento será iniciado pelo Ministério Público, através de representação; neste caso, o representante do MP atuará até o final do processo como *parte*. Se, porventura, o procedimento for iniciado por conselheiro tutelar ou por agente de proteção, o Ministério Público atuará como *substituto processual*, tendo em vista que aqueles agentes não terão condições de prosseguir no processo. Como fiscal da lei e defensor dos interesses infantojuvenis atuará como *custos legis*" (Wilson Donizeti Liberati, *Comentários ao Estatuto da Criança e do Adolescente*, p. 223).

223. Prescrição: cuidando-se de infração administrativa, o prazo prescricional é de cinco anos, à falta de norma específica a respeito neste Estatuto. Portanto, cinco anos para iniciar o processo; depois, cinco anos para cobrar a multa imposta, após trânsito em julgado, valendo-se do disposto pelo Decreto 20.910/32. No mesmo prisma: Rossato, Lépore e Sanches (*Estatuto da Criança e do Adolescente comentado*, p. 593); Fuller, Dezem e Martins (*Estatuto da Criança e do Adolescente*, p. 232). Na jurisprudência: TJMG: "É de cinco anos a prescrição das infrações administrativas previstas no Estatuto da Criança e do Adolescente" (Apelação 10481070662137001, 5.ª Câm. Cível, rel. Versiani Penna, 21.02.2013).

224. Competência: cabe o processamento, sob o crivo do contraditório e da ampla defesa, e julgamento ao Juiz da Infância e Juventude do local da infração.

225. Tentativa: não se pune, à falta de previsão legal expressa para o campo das infrações administrativas.

226. Sujeito passivo em geral: as infrações administrativas não possuem como parte ofendida a sociedade, mas a Administração Pública. Aliás, até mesmo os crimes contra a Administração têm como sujeito passivo o Estado e não a coletividade. Pode-se, por certo, detectar um sujeito passivo secundário, prejudicado, de algum modo, pela conduta ilícita. No entanto, acolher a viabilidade de ser a sociedade sujeito passivo de uma infração administrativa é o mesmo que dizer que a sua prática não fere um bem jurídico definido, mas vago, o que não é adequado. O Estado, por meio das infrações administrativas, visa ao controle de várias situações, cuja *responsabilidade lhe pertence*. Por exemplo, uma infração de trânsito não fere diretamente a sociedade, mas o poder público, responsável pela segurança viária, na seara administrativa. Pode-se dizer, no entanto, que o crime de trânsito – de perigo –, violando a segurança viária, tem por sujeito passivo a sociedade, tendo em vista que o bem jurídico a ninguém pertence com exclusividade.

227. Responsabilidade objetiva: em matéria de infração administrativa, costuma-se defender a prevalência da responsabilidade objetiva, isto é, sem dolo ou culpa. Porém, há uma enorme diferença entre responsabilidade objetiva e voluntariedade da conduta. O mínimo que se espera é ter o agente atuado com vontade. Atos involuntários – provocados por terceiros, por motivo de força maior, enfim, completamente fora da alçada do agente – não são puníveis. Seria o mesmo que punir o sonâmbulo, porque ligou um aparelho e passou um filme inadequado para uma criança.

> **Art. 245.** Deixar[228] o médico, professor ou responsável[229-230] por estabelecimento de atenção à saúde e de ensino fundamental, pré-escola ou creche, de comunicar à autoridade competente[231] os casos de que tenha conhecimento, envolvendo suspeita ou confirmação[232] de maus-tratos contra criança ou adolescente:[233]
>
> Pena – multa de três a vinte salários de referência, aplicando-se o dobro em caso de reincidência.[234]
>
> **Redação dada pelo legislador, mas vetada pela Presidência da República:**

Art. 245

> "Art. 245. Deixar o profissional da saúde, da assistência social ou da educação ou qualquer pessoa que exerça cargo, emprego ou função pública de comunicar à autoridade competente os casos de que tenha conhecimento envolvendo suspeita ou confirmação de castigo físico, tratamento cruel ou degradante ou maus-tratos contra criança ou adolescente:
>
> Pena – multa de 3 (três) a 20 (vinte) salários mínimos, aplicando-se o dobro em caso de reincidência." (NR)[235]

228. Conduta ilícita: trata-se de omissão, consistente em *deixar de comunicar* (não avisar, não alertar) maus-tratos detectados em criança ou adolescente dos quais o agente tem conhecimento. Cuida-se de uma omissão administrativamente relevante, impondo o dever de garante aos profissionais mencionados no artigo (vide sujeito ativo). Não se trata de situação de fácil constatação, mas a lei indica ser viável a comunicação ainda que calcada em suspeita. Exige-se, entretanto, *fundada* suspeita, para que não se processe levianamente qualquer pessoa. Na jurisprudência: TJSP: "(...) Dessarte, sob suspeita de maus-tratos ou abuso a criança ou adolescente é imperiosa a intervenção e, nesse sentido, o entendimento deste C. Tribunal de Justiça fixado na Súmula 87: As infrações administrativas estabelecidas na Lei n.º 8.069/90 consumam-se com a mera realização da conduta prevista no tipo legal, independentemente da demonstração concreta de risco ou prejuízo à criança ou ao adolescente. É dizer, a mera suspeita exige a comunicação ao Conselho Tutelar, não apenas de fatos comprovados, a afastar ilegalidade ou imperícia no estrito cumprimento do dever legal pelos agentes do município" (AC 10330939620218260196, 13.ª Câm. Direito Público, rel. Borelli Thomaz, 19.06.2023, v.u.). TJPR: "Representação ministerial em face de professora e diretora de instituição de ensino. Omissão em comunicar as autoridades competentes sobre suspeita de violência sexual relatada por criança no ambiente escolar sentença de procedência. Recurso das representadas. Violação do disposto nos artigos 56, I, e 245, ambos do ECA. Configuração. Ausência de provas da comunicação e formalização dos relatos da criança. Orientação para buscar auxílio médico e policial que não suprem o dever legal de comunicar as autoridades protetivas. Princípio da proteção integral da criança. Omissão da instituição de ensino. Verificada. Conduta que não exige dolo ou culpa, mas mera inércia no dever de comunicação. Comunicação que deve ser imediata, no mesmo dia em que se tomar conhecimento do abuso. Sentença mantida. Recurso conhecido e não provido" (Ap. Cível 0004118-52.2022.8.16.0058, 11.ª C., rel. Sigurd Roberto Bengtsson, 22.05.2023, v.u.).

229. Sujeito ativo: cuida-se de infração própria, que somente pode ser cometida pelos indivíduos apontados na norma; nesse caso, o médico (exclui-se o enfermeiro, auxiliar de enfermagem, fisioterapeuta, dentre outros), o professor (exclui-se o auxiliar de sala, monitor, coordenador pedagógico etc.) e o responsável por estabelecimento de saúde ou ensino fundamental, pré-escola ou creche (diretor do local, excluindo-se funcionários subalternos). É preciso assegurar o nexo de causalidade entre a atuação do profissional mencionado na norma e a vítima de maus-tratos (criança ou adolescente). Noutros termos, ilustrando, somente pode ser sujeito ativo desta infração o médico que atendeu a criança, suspeitando de maus-tratos – e não todo médico do hospital, com o qual o infante tenha tido algum contato. Em suma, o liame entre o profissional e a criança ou adolescente vitimado é essencial para permitir a configuração dessa infração.

230. Sujeito passivo: cuidando-se de infrações administrativas, a primeira afetada é a Administração Pública, cujos interesses, nesse caso, são o bem-estar e a segurança de crianças e adolescentes; em segundo plano, os próprios infantes e jovens vitimados pelos maus-tratos.

231. Autoridade competente: pode ser o Ministério Público da Infância e Juventude, em atuação na área da infração, o Juízo da Infância e Juventude da região ou o Conselho Tutelar do Município onde se deu o fato. A autoridade policial não tem atribuição para apurar essa espécie de infração; entretanto, se o leigo procurar a delegacia para comunicar os maus-tratos contra criança ou adolescente, não se configura a infração administrativa. Em primeiro lugar, pelo fato de o delegado poder apurar crime daí advindo; em segundo, porque encaminhará o caso à apreciação do Juizado da Infância e Juventude. De todo modo, o poder público toma conhecimento. Nessa ótica, igualmente, Roberto João Elias (*Comentários ao Estatuto da Criança e do Adolescente*, p. 329). Ver art. 194 desta Lei.

232. Suspeita ou confirmação: a suspeita é inspirada na dúvida, que, ao menos, deve ser fundada; afinal, suspeitas levianas, sem qualquer base, devem ser rechaçadas pela autoridade. A confirmação é a certeza – convicção íntima da verdade de algo – acerca do fato.

233. Elemento subjetivo: basta a voluntariedade, significando a ação ou omissão exercida livremente, sem a influência de coação física ou moral. Entretanto, a prova da infração não é simples, pois há que se demonstrar, ao menos, a *vontade* de se omitir, ou seja, visualizar a situação da criança ou adolescente maltratado e ficar silente. Muitos profissionais, tomando contato com o menor, preferem não supor o pior e evitam invadir a privacidade da família, temendo até represálias por isso. Desse modo, a conduta omissiva necessita ser evidente para que haja punição.

234. Multa em salário de referência: ver a nota 235 à nova redação (vetada) do art. 245, bem como a nota 240 ao art. 246.

235. Razões do veto à nova redação do art. 245: são as seguintes: "a ampliação do rol de profissionais sujeitos à obrigação de comunicar à autoridade competente os casos de castigo físico, tratamento cruel ou degradante ou maus-tratos contra criança ou adolescente, inclusive com imposição de multa, acabaria por obrigar profissionais sem habilitações específicas e cujas atribuições não guardariam qualquer relação com a temática. Além disso, a alteração da multa de salários de referência para salários mínimos, além de destoar em relação aos demais dispositivos do Estatuto da Criança e do Adolescente – ECA, violaria o disposto no art. 7.º, inciso IV da Constituição". A primeira razão é razoável, pois envolveria muito mais conhecimento, em matéria de abuso infantojuvenil, do que alguns profissionais teriam capacidade de ter. A segunda não tem sentido algum. Em primeiro lugar, sabe-se que quase todas as infrações administrativas deste Estatuto estão completamente desatualizadas, ainda baseadas no salário de referência, que foi extinto em 1989. Portanto, era preciso corrigir essa distorção. Ao prever o salário mínimo, o legislador nada mais fez do que seguir a tendência geral nos últimos tempos, em matéria punitiva, de adotar o salário mínimo como base para o cálculo da penalidade pecuniária. Assim tem acontecido, no cenário do Código Penal e legislação especial, desde 1984. O STF já validou esse uso, demonstrando não afrontar o art. 7.º, IV, da CF, pois se cuida de *sanção* e não de índice indexador, com reflexo na economia do País.

> **Art. 246.** Impedir[236] o responsável ou funcionário[237-239] de entidade de atendimento o exercício dos direitos constantes nos incisos II, III, VII, VIII e XI do art. 124 desta Lei:
>
> Pena – multa de três a vinte salários de referência, aplicando-se o dobro em caso de reincidência.[240]

236. Conduta ilícita: *impedir* significa obstar, colocar empecilho, não permitir. O objeto da conduta comissiva é o exercício de alguns direitos de adolescentes infratores internados,

Art. 246

Estatuto da Criança e do Adolescente Comentado · **Nucci**

pouco importando a espécie de internação (se provisória ou sancionatória). Preceitua o art. 124 desta Lei: "são direitos do adolescente privado de liberdade, entre outros, os seguintes: I – entrevistar-se pessoalmente com o representante do Ministério Público; *II – peticionar diretamente a qualquer autoridade; III – avistar-se reservadamente com seu defensor;* IV – ser informado de sua situação processual, sempre que solicitada; V – ser tratado com respeito e dignidade; VI – permanecer internado na mesma localidade ou naquela mais próxima ao domicílio de seus pais ou responsável; *VII – receber visitas, ao menos, semanalmente; VIII – corresponder-se com seus familiares e amigos*; IX – ter acesso aos objetos necessários à higiene e asseio pessoal; X – habitar alojamento em condições adequadas de higiene e salubridade; *XI – receber escolarização e profissionalização*; XII – realizar atividades culturais, esportivas e de lazer: XIII – ter acesso aos meios de comunicação social; XIV – receber assistência religiosa, segundo a sua crença, e desde que assim o deseje; XV – manter a posse de seus objetos pessoais e dispor de local seguro para guardá-los, recebendo comprovante daqueles porventura depositados em poder da entidade; XVI – receber, quando de sua desinternação, os documentos pessoais indispensáveis à vida em sociedade" (grifamos). De maneira inexplicável, somente os direitos previstos nos incisos II, III, VII, VIII e XI constituem objeto de tutela deste artigo. Segundo nos parece, todos os direitos supramencionados são relevantes e não podem ser obstados durante a internação do menor. Entretanto, impedir o exercício de parcela deles configura a infração; outros, não. Ilustrando a contradição: se o responsável pelo presídio impedir o adolescente de postar uma carta, comete a infração, porém, se o impedir de ter acesso a objetos necessários à sua higiene e asseio pessoal, não.

237. Sujeito ativo: constitui infração própria, cuja prática é adstrita ao responsável (diretor ou coordenador) ou funcionário (empregado ou servidor na instituição), desde que algum deles tenha o poder de permitir ou obstar o exercício dos direitos juvenis. Há funcionários que não possuem autorização para permitir, por exemplo, visitas ou impedi-las. Logo, não estão sujeitos a essa infração.

238. Sujeito passivo: cuidando-se de infrações administrativas, a primeira afetada é a Administração Pública, cujos interesses, nesse caso, são o bem-estar e a segurança de crianças e adolescentes; em segundo plano, os próprios jovens internados.

239. Elemento subjetivo: basta a voluntariedade, significando a ação ou omissão exercida livremente, sem a influência de coação física ou moral. Entretanto, a prova da infração não é simples, pois há que se demonstrar, ao menos, a *vontade* de agir, colocando real obstáculo ao exercício do direito. Não se trata de impedimento casual, acidental, tampouco por motivo de força maior. Por vezes, o direito do adolescente não é fielmente seguido por sua própria culpa (indisciplina, que o impede de receber visita na semana em que houve um motim, por exemplo).

240. Multa em salário de referência: outra preciosidade construída pelo legislador é a edição deste estatuto, contendo sanções administrativas cujos valores estão calcados em *salários de referência*, quando essa modalidade de salário já tinha sido extinta no ano anterior. Entrou em vigor desatualizado. Mas há um aspecto pior: após vários anos de vigência, não houve interesse político em corrigir esse erro. Várias leis foram editadas nesse período, alterando inúmeros dispositivos, mas a proteção efetiva à criança e ao adolescente, consistente na eficácia das sanções administrativas, nem foi modificada. Por isso, para viabilizar a aplicação da multa, deve-se converter o salário de referência, à época da sua extinção, em valor de moeda, atualizando-o. Jamais se poderá simplesmente converter o salário de referência em salário mínimo, pois fere o princípio da legalidade, afinal, ambos não eram idênticos à época em que o primeiro deixou de existir. Entretanto, há posição aceitando a simples substituição do salário de referência pelo salário mínimo: STJ: "3. A infração administrativa prevista no art. 253 do ECA é destinada aos responsáveis pela apresentação de quaisquer espetáculos, assim como aos órgãos responsáveis pela divulgação e publicidade, sem a expressa indicação dos limites de idade recomendáveis. Precedentes do STJ. 4. Quanto ao valor da multa – inicialmente fixada em 60 salários mínimos e reduzida para 20 salários mínimos pelo Tribunal local –, sua revisão somente é possível quando o montante for exorbitante ou insignificante, em flagrante violação aos princípios da razoabilidade e da proporcionalidade, o que não é o caso dos autos. A verificação da razoabilidade do *quantum* esbarra no óbice da Súmula 7/STJ" (REsp 1.252.869/DF, 2.ª T., rel. Herman Benjamin, 15.08.2013, v.u.). TJMG: "1. O salário de referência, mencionado na Lei 8.069/2009, além de ter sido extinto pela Lei 7.789/89, não mais possui apreciação econômica, em virtude do advento de planos econômicos e de alterações na moeda nacional 2. Admite-se a apuração das penalidades previstas no Estatuto da Criança e do Adolescente com base em salários mínimos, por se tratar de conceito econômico atualizado. 3. Recurso provido" (Apelação Cível 1.0183.11.004306-8/001, 6.ª Câm. Cível, rel. Corrêa Junior, *DJ* 18.03.2014).

> **Art. 247.** Divulgar,[241-243] total ou parcialmente, sem autorização devida, por qualquer meio de comunicação, nome, ato ou documento de procedimento policial, administrativo ou judicial relativo a criança ou adolescente a que se atribua ato infracional:[244]
>
> Pena – multa de três a vinte salários de referência, aplicando-se o dobro em caso de reincidência.[245]
>
> § 1.º Incorre na mesma pena quem exibe ou transmite[246-248] imagem, vídeo ou corrente de vídeo de criança ou adolescente envolvido em ato infracional ou em outro ato ilícito que lhe seja atribuído, de forma a permitir sua identificação.[249]
>
> § 2.º Se o fato for praticado por órgão de imprensa ou emissora de rádio ou televisão, além da pena prevista neste artigo, a autoridade judiciária poderá determinar a apreensão da publicação[250] ou a suspensão da programação da emissora até por dois dias, bem como da publicação do periódico até por dois números. (Expressão declarada inconstitucional pela ADIN 869-2).[251]

241. Conduta ilícita: *divulgar* significa propagar, tornar público, difundir, tendo por objeto o nome (trata-se da criança ou adolescente), ato (procedimental ou processual) ou documento (qualquer base material apta a registrar fatos, como papel, filme, foto, DVD, CD etc.) proveniente de procedimento policial (inquérito), administrativo (instaurado pelo Ministério Público, Conselho Tutelar ou autoridade judiciária) ou judicial (tramitando em juízo) relativo a criança ou adolescente a que se atribua a prática de ato infracional. É o sigilo imposto por lei para todos os procedimentos, em sentido lato, envolvendo a apuração de ato infracional, a fim de não comprometer a formação do menor, deixando-o exposto aos meios de comunicação ou à sua comunidade. Configura-se a infração, mesmo que a divulgação seja parcial, vale dizer, mínima. Há a expressão *sem autorização devida*, que, nos tipos penais, representa o elemento normativo, referente à ilicitude. Nesse caso, não é diferente, pois, presente a licença legal para tornar público qualquer nome, ato ou documento, por natural, inexiste infração. A conduta somente se torna relevante, para efeito desse ilícito administrativo, quando se perfaz por *meio de comunicação (órgãos especializados em divulgar notícias, tais como TVs, rádio, jornal, revista, internet etc.).* Na jurisprudência: STJ: "1. O Tribunal de origem consignou estar caracterizada a infração administrativa, nos termos do art. 247 do ECA, porquanto é possível a identificação dos menores de idade na reportagem que o recorrente divulgou em sua página no Facebook, conforme se lê dos seguintes trechos (fls. 328-333, e--STJ): 'No caso, não restam dúvidas de que o representado/Apelado de fato divulgou, em sua página no Facebook, notícia acompanhada de fotos de adolescentes aprendidos na operação 'Balada Protegida', conforme demonstram os documentos de mov. 1.3 e 1.4, vinculando-os a ato infracional, incorrendo, assim, em conduta prevista no artigo 247, § 1.º, do ECA, questão que inclusive não restou impugnada pela defesa. (...) A imputação da responsabilidade por infração administrativa ora examinada é objetiva, de modo que irrelevantes para o deslinde do feito as alegações do representado quanto à intenção do apelante ou a inexistência de dolo ou culpa, pelo desconhecimento quanto à idade dos menores apreendidos. A divulgação da fotografia dos menores em carro da polícia, com descrição imputando autoria de ato infracional, em rede social com grande publicidade é suficiente para caracterizar a conduta prevista no parágrafo 1.º do artigo 247 do ECA'. 2. Com efeito, 'O artigo 247 do Estatuto da Criança e Adolescente pune, de forma objetiva, qualquer divulgação que identifique criança ou adolescente a quem se atribua ato infracional, independentemente do enfoque ou intenção do agente, tampouco se discute o dolo para responsabilização, restando caracterizada a infração pela simples constatação da divulgação indevida' (fl. 328, e-STJ) 3. A decisão regional está em conformidade com a jurisprudência do STJ conforme se destaca do REsp 1.636.815/DF, de relatoria do Ministro Og Fernandes, 2.ª T., *DJe* 18.12.2017, de cuja ementa transcreve-se o seguinte trecho: '(...) 3. O ECA veda a veiculação de notícias que permitam a identificação de menores infratores, de forma alinhada a normas internacionais de proteção à criança e ao adolescente. 4. A proteção do menor infrator contra a identificação visa proteger a integridade psíquica do ser humano em formação e assegurar sua reintegração familiar e social. 5. A prática vedada pelo ECA é, em essência, a divulgação, total ou parcial, de qualquer elemento, textual ou visual, que permita a identificação, direta ou indireta, da criança ou do adolescente a que se relacione ato infracional, sem a autorização, inequívoca e anterior, da autoridade judicial competente para a veiculação das informações. 6. Incide na prática interdita a veiculação de nome – inclusive iniciais –, apelido, filiação, parentesco ou residência do menor infrator, assim como fotografias ou qualquer outra ilustração referente a si que permita sua identificação associada a ato infracional. A norma impede o recurso a qualquer subterfúgio que possa resultar na identificação do menor. 7. Para configurar-se a conduta vedada, é desnecessário verificar a ocorrência concreta de identificação, sendo bastante que a notícia veiculada forneça elementos suficientes para tanto. Dispensa-se, também, que a identificação seja possibilitada ao público em geral, bastando que se permita particularizar o menor por sua comunidade ou família. 8. A transgressão ocorre ainda na hipótese em que, apesar de isoladamente incólumes, os elementos divulgados permitam, se conjugados, a identificação indireta do menor. 9. Para a ocorrência da infração é despicienda a análise da intenção dos jornalistas ou o enfoque da notícia. A prática é vedada de forma objetiva e ocorre com a divulgação dos elementos identificadores. (...)'" (REsp 1.820.891/PR, 2.ª T., rel. Herman Benjamin, 12.11.2019, v.u.). TJSP: "Apelação Cível. Indenização por danos morais. Veiculação de imagem de menor de idade em programa televisivo. Apelado não foi coberto por tarja durante a exibição do programa de modo a permitir sua identificação. Violação ao art. 247 do ECA. Uso indevido de imagem caracterizado. Resguardo ao direito à imagem do menor (art. 17 do ECA). Dano moral 'in re ipsa'. Suficiência da prova dos transtornos causados ao apelado em decorrência da conduta ilícita praticada pela apelante. Omissão quanto à apuração da qualificação das pessoas retratadas na matéria jornalística. Possibilidade de aplicação de sanção administrativa prevista no ECA que não inibe a busca por ressarcimento por danos morais no âmbito civil. Sentença mantida. Recurso provido" (Ap. 0007145-60.2012.8.26.0302/SP, 2.ª Câm. de Direito Privado, rel. José Joaquim dos Santos, 19.04.2016, v.u.).

Art. 247

Título VII – Dos Crimes e das Infrações Administrativas

242. Sujeito ativo: a infração é comum, podendo ser praticada por qualquer pessoa.

243. Sujeito passivo: cuidando-se de infrações administrativas, a primeira afetada é a Administração Pública, cujos interesses, nesse caso, são o bem-estar e a segurança de crianças e adolescentes; em segundo plano, as crianças e adolescentes aos quais se atribua a prática de ato infracional.

244. Elemento subjetivo: basta a voluntariedade, significando a ação ou omissão exercida livremente, sem a influência de coação física ou moral. Entretanto, a prova da infração não é simples, pois há que se demonstrar, ao menos, a *vontade* de agir, tornando público o material que deveria permanecer em sigilo. Não se configura o ilícito caso a conduta seja acidental ou decorrente de força maior.

245. Multa em salário de referência: ver a nota 240 ao art. 246.

246. Conduta ilícita: *exibir* significa mostrar, apresentar; *transmitir* quer dizer transferir, enviar; as condutas têm por objeto a *imagem* (antes, a referência era apenas fotografia; imagem é mais amplo, pois abrange desenho, ilustração, gravura, retrato), *vídeo* (filme gravado) ou *corrente de vídeo* (*streaming*), alcançando criança ou adolescente, que esteja em contexto de ato infracional ou outro ato ilícito. O cerne desse tipo é punir quem assim atue permitindo a identificação do menor de 18 anos, garantido pelo sigilo de todos os seus atos e nos procedimentos nos quais esteja envolvido. Há crime independentemente de ser a criança ou adolescente reconhecido por alguém. Na jurisprudência: TJMG: "O art. 247, § 1.º, do ECA, tipifica como infração administrativa a divulgação do nome, ato ou documento de procedimento policial, administrativo ou judicial relativo a criança ou adolescente, ainda que tenham efetivamente praticado o ato infracional, impondo pena de multa para o caso de descumprimento da norma, não ensejando, de forma automática, a indenização por danos morais, porquanto é necessária a comprovação dos prejuízos alegados" (Apelação Cível 1.0713.09.098875-7/001, 14.ª Câm. Cível, rel. Evangelina Castilho Duarte, *DJ* 13.02.2014); "A divulgação do nome completo de menor, envolvido em ocorrência policial de averiguação de crime, pode constituir infração administrativa prevista pelo art. 247, § 1.º do Estatuto da Criança e do Adolescente, a gerar multa a ser aplicada pelo Estado através do órgão próprio. O dever de indenizar a título de dano moral surge mediante a demonstração inequívoca da ofensa à honra e necessidade de proteção dos valores morais. Ausente referida comprovação, na medida em que a matéria jornalística apenas publicou fatos narrados no boletim de ocorrência pela própria parte autora, que demonstram conduta negligente por sua parte, bem como a existência de averiguação acerca da autoria de crime de abandono de incapaz, sem qualquer conteúdo sensacionalista, a improcedência do pleito indenizatório é medida que se impõe" (Apelação Cível 1.0027.11.016905-2/001, 14.ª Câm. Cível, rel. Valdez Leite Machado, *DJ* 03.10.2013).

247. Sujeito ativo: a infração é comum, podendo ser praticada por qualquer pessoa.

248. Sujeito passivo: cuidando-se de infrações administrativas, a primeira afetada é a Administração Pública, cujos interesses, nesse caso, são o bem-estar e a segurança de crianças e adolescentes; em segundo plano, as crianças e adolescentes aos quais se atribua a prática de ato infracional, que estiverem sujeitos à identificação por conta da exibição realizada.

249. Elemento subjetivo: basta a voluntariedade, significando a ação ou omissão exercida livremente, sem a influência de coação física ou moral. Entretanto, a prova da infração não é simples, pois há que se demonstrar, ao menos, a *vontade* de agir, tornando pública a foto ou ilustração que deveria permanecer em sigilo. Não se configura o ilícito caso a conduta seja acidental ou decorrente de força maior.

Art. 248

Estatuto da Criança e do Adolescente Comentado • **Nucci**

250. Penalidade suplementar: além da multa, pode-se apreender a publicação em que conste a exibição da foto ou ilustração permitindo a identificação do menor. Essa apreensão é proporcional ao potencial dano à imagem da criança ou adolescente. Mesmo assim, o juiz deve ter cautela. Ilustrando, a mera *possibilidade* de identificação justifica uma multa, mas não a apreensão da publicação. Reserva-se esta medida para o caso de efetiva identificação do menor.

251. Declaração de inconstitucionalidade: a expressão apontada (suspensão da programação da emissora até por dois dias, bem como da publicação do periódico até por dois números) foi declarada inconstitucional, nos termos da seguinte ementa: STF: "Ação Direta de Inconstitucionalidade. Lei Federal 8.069/90. Liberdade de manifestação do pensamento, de criação, de expressão e de informação. Impossibilidade de restrição. 1. Lei 8.069/90. Divulgação total ou parcial por qualquer meio de comunicação, nome, ato ou documento de procedimento policial, administrativo ou judicial relativo à criança ou adolescente a que se atribua ato infracional. Publicidade indevida. Penalidade: suspensão da programação da emissora até por dois dias, bem como da publicação do periódico até por dois números. Inconstitucionalidade. A Constituição de 1988 em seu art. 220 estabeleceu que a liberdade de manifestação do pensamento, de criação, de expressão e de informação, sob qualquer forma, processo ou veículo, não sofrerá qualquer restrição, observado o que nela estiver disposto. 2. Limitações à liberdade de manifestação do pensamento, pelas suas variadas formas. Restrição que há de estar explícita ou implicitamente prevista na própria Constituição. Ação direta de inconstitucionalidade julgada procedente" (ADI 869/DF, Pleno, rel. Ilmar Galvão, 04.08.1999, v.u.). Com a devida vênia, não nos parece acertado o motivo levantado para o referido julgamento, embora a conclusão tenha sido adequada. É certo que o art. 220, *caput*, estabelece que "a manifestação do pensamento, a criação, a expressão e a informação, sob qualquer forma, processo ou veículo não sofrerão qualquer restrição, *observado o disposto nesta Constituição*" (grifamos). Na sequência, segue a restrição: "nenhuma lei conterá dispositivo que possa constituir embaraço à plena liberdade de informação jornalística em qualquer veículo de comunicação social, *observado o disposto no art. 5.º, IV, V, X, XIII e XIV*" (grifamos). Exatamente no inciso X pode-se notar o direito à intimidade, à vida privada, à imagem, motivo pelo qual a lei poderá, sem dúvida, restringir a atividade de informação quando afrontar tais direitos fundamentais. Foi o que fez o art. 247, § 2.º, parte final. É verdade que houve um rigor exacerbado na penalidade – e talvez esse tenha sido o motivo real da intervenção do STF –, pois a suspensão da programação de uma emissora de televisão, por dois dias, implica o prejuízo de milhões de reais, o que configura evidente *desproporcionalidade*. O mesmo se diga da suspensão de publicação por até dois números. Portanto, ainda que pelo motivo inadequado, pois o certo seria o princípio da proporcionalidade, a decisão do STF impediu males maiores. A bem da verdade, se o direito à informação fosse absoluto, nem mesmo a multa prevista neste artigo poderia ser aplicada à emissora ou à editora.

> **Art. 248.** Revogado pela Lei 13.431/2017.[252]

252. Revogação: O art. 248 foi revogado pela Lei 13.431/2017, a partir de 4 de abril de 2018. A norma previa: "Art. 248. Deixar de apresentar à autoridade judiciária de seu domicílio, no prazo de cinco dias, com o fim de regularizar a guarda, adolescente trazido de outra comarca para a prestação de serviço doméstico, mesmo que autorizado pelos pais ou responsável: Pena – multa de três a vinte salários de referência, aplicando-se o dobro em caso de reincidência, independentemente das despesas de retorno do adolescente, se for o caso." A revogação desse tipo penal demonstra não haver razão para que um empregado doméstico seja colocado sob guarda do patrão, ou ainda, quem é guardião de um menor não deve submetê-lo a trabalhos domésticos profissionais. Por isso, descabe a previsão de punição para a apresentação de alguém ao juiz a fim de regularizar a guarda que tenha tal finalidade. Afinal, é preciso erradicar o trabalho infantojuvenil, incentivando-se o estudo como primeira opção.

> **Art. 249.** Descumprir,[253-255] dolosa ou culposamente,[256] os deveres inerentes ao poder familiar ou decorrente de tutela ou guarda, bem assim determinação da autoridade judiciária ou Conselho Tutelar:
>
> Pena – multa de três a vinte salários de referência, aplicando-se o dobro em caso de reincidência.[257]

253. Conduta ilícita: a infração é omissiva, consistindo em *descumprir* (não se submeter a determinação; deixar de seguir comando legal), tendo por objeto os deveres inerentes ao poder familiar ou advindos da tutela ou guarda, além de ordens dadas pelo juiz ou pelo Conselho Tutelar. Dispõe o art. 1.634 do Código Civil, quanto ao poder familiar: "compete a ambos os pais, qualquer que seja a sua situação conjugal, o pleno exercício do poder familiar, que consiste em, quanto aos filhos: I – dirigir-lhes a criação e a educação; II – exercer a guarda unilateral ou compartilhada nos termos do art. 1.584; III – conceder-lhes ou negar-lhes consentimento para casarem; IV – conceder-lhes ou negar-lhes consentimento para viajarem ao exterior; V – conceder-lhes ou negar-lhes consentimento para mudarem sua residência permanente para outro Município; VI – nomear-lhes tutor por testamento ou documento autêntico, se o outro dos pais não lhe sobreviver, ou o sobrevivo não puder exercer o poder familiar; VII – representá-los judicial e extrajudicialmente até os 16 (dezesseis) anos, nos atos da vida civil, e assisti-los, após essa idade, nos atos em que forem partes, suprindo-lhes o consentimento; VIII – reclamá-los de quem ilegalmente os detenha; IX – exigir que lhes prestem obediência, respeito e os serviços próprios de sua idade e condição". No tocante à tutela e à guarda, os poderes são similares. Além disso, existem os comandos dados aos pais ou responsável pela autoridade judiciária e pelo Conselho Tutelar (art. 129 desta Lei). Esta é uma infração corriqueira, pois há muitos pais que descumprem seus deveres inerentes ao poder e não são punidos de nenhuma maneira. Aliás, nem com base neste artigo (infração administrativa), tampouco com lastro no Código Penal, como o caso do delito de maus-tratos. Preferem os operadores do Direito, envolvidos na área da infância e juventude, resolver o problema *internamente*, ou seja, parecem acreditar que a destituição do poder familiar é o ápice da punição para um pai ou uma mãe desidiosa. Entretanto, vislumbramos um equívoco nessa postura, devendo haver a punição administrativa e, eventualmente, penal, que não se confundem com a medida tomada na órbita infantojuvenil. Na jurisprudência: STJ: "2. O propósito recursal consiste em definir se é possível deixar de aplicar a multa por descumprimento dos deveres inerentes ao poder familiar nas hipóteses de hipossuficiência financeira ou vulnerabilidade econômica da família. 3. A sanção prevista no art. 249 do ECA, segundo a qual quem descumprir os deveres inerentes ao poder familiar estará sujeito a multa, guarda indissociável relação com o rol de medidas preventivas, pedagógicas, educativas e sancionadoras previsto no art. 129 do mesmo Estatuto, de modo que o julgador está autorizado a sopesá-las no momento em que impõe sanções aos pais, sempre em busca daquela que se revele potencialmente mais adequada e eficaz na hipótese concreta. 4. A sanção pecuniária prevista no art. 249 do ECA é medida que, a despeito de seu cunho essencialmente sancionatório, também possui caráter preventivo, coercitivo e disciplinador, a fim de que as condutas censuradas não mais se repitam a bem dos filhos. 5. Estabelecido que a conduta é suficientemente grave para justificar a aplicação da multa, não é admissível que se exclua a sanção aos pais apenas ao fundamento de hipossuficiência

Art. 249

financeira ou vulnerabilidade econômica, circunstâncias que influenciam tão somente a fixação do valor da penalidade. 6. Hipótese em que a multa deve ser reduzida, inclusive para aquém do patamar legal, levando-se em consideração, de um lado, a gravidade das condutas do genitor e, de outro lado, a incontestável hipossuficiência financeira ou a vulnerabilidade da família. 7. Ausente o cotejo analítico entre o acórdão recorrido e o acórdão paradigma, não se conhece do recurso especial. 8. Recurso especial conhecido em parte e, nessa extensão, provido em menor extensão, apenas para reduzir o valor da multa, suspensa temporariamente a exigibilidade, enquanto perdurar a situação de pandemia causada pela Covid-19" (REsp 1.780.008/MG, 3.ª T., rel. Nancy Andrighi, j. 02.06.2020, v.u.); "2. O art. 249 do ECA prevê a aplicação de multa por descumprimento dos deveres inerentes ao poder familiar. 3. A medida sancionadora é aquela que visa prevenir e sancionar a omissão parental potencializada quando presente vulnerabilidade acentuada por natureza. 4. A negligência na estimulação precoce de pessoa com deficiência, especialmente se o tratamento é fomentado e disponibilizado pelo Estado, impõe a aplicação da medida sancionadora prevista no ordenamento jurídico pátrio. 5. A multa fixada no patamar mínimo retrata a justiça do caso concreto em virtude da gravidade da situação" (REsp 1.795.572/MS, 3.ª T., rel. Ricardo Villas Bôas Cueva, 23.04.2019, v.u.). TJSP: "O artigo 249 da Lei n.º 8.069/1990 exige o elemento subjetivo do tipo, ou seja, a vontade livre e consciente de descumprir os deveres decorrentes do poder familiar, tutela ou guarda, ou não agir, no exercício dessas funções, dentro do cuidado objetivo necessário. Prova dos autos que não permite aferir a negligência dos genitores na direção da criação da filha, adolescente de comportamento rebelde, que, refratária às orientações dos pais, subtrai coisas, mente, agride os irmãos, porta-se mal no ambiente escolar e não respeita regras e ordens. Sanção pecuniária que, ademais, não produziria o efeito satisfatório ou desejado, e serviria apenas para comprometer ainda mais o quadro de vulnerabilidade econômica da família. Recurso provido para decretar a improcedência da representação, com extensão dos efeitos do julgado também ao corréu (artigo 580 do Código de Processo Penal, combinado com o artigo 152 da Lei n.º 8.069/1990)" (Apelação Cível 0000003-26.2019.8.26.0248, Câmara Especial, rel. Issa Ahmed, j. 03.08.2020; v.u.). TJRJ: "3. Infração administrativa. Art. 249 do ECA. Restou demonstrado que a genitora descumpriu com seu dever inerente ao poder familiar, através de maus tratos e abandono do seu filho menor. Submetidos ao crivo do contraditório. Sentença proferida com base na prova contida nos autos e após a realização dos estudos psicológico e social. 4. Cabimento da multa. A situação de hipossuficiência da apelante não a desobriga de cumprir seus deveres inerentes ao poder familiar, tampouco de sofrer as penalidades decorrentes do descumprimento. 5. Parcelamento. Acolhimento do pleito do *Parquet*. Concessão do parcelamento da multa em doze vezes iguais e consecutivas, sob pena de se inviabilizar o próprio cumprimento da penalidade, garantindo-se, ainda, o caráter pedagógico" (Ap. Cível 00008496320128190028, 22.ª Câm. Cível, rel. Mônica de Faria Sardas, 24.03.2022, v.u.).

254. Sujeito ativo: a infração é própria, somente cometida pelos pais ou responsável em relação aos menores de 18 anos. Aliás, reputa-se *responsável* quem for legal ou judicialmente assim considerado. Ilustrando, não envolve o guardião de fato. O contexto é único, referente a quem deve cuidar dos filhos, tutelados ou pupilos, e não o faz. Portanto, as determinações judiciais ou do Conselho Tutelar se voltam a essas pessoas. Terceiros não têm absolutamente nada a ver com essa infração administrativa. Conferir: TJGO: "Conforme jurisprudência sedimentada pelo Superior Tribunal de Justiça, as infrações previstas no art. 249 do Estatuto da Criança e do Adolescente não se aplicam a terceiros, mas somente aos pais ou aqueles responsáveis pela guarda ou tutela, ou seja, aos detentores do poder familiar sobre a criança ou adolescente tutelado" (Apelação Cível 223789-08.2013.8.09.0052, 6.ª Câm. Cível, rel. Marcus da Costa Ferreira, 28.04.2015).

255. Sujeito passivo: cuidando-se de infrações administrativas, a primeira afetada é a Administração Pública, cujos interesses, nesse caso, são o bem-estar e a segurança de crianças e adolescentes; em segundo plano, a criança ou adolescente objeto do descuido.

256. Elemento subjetivo: excepcionalmente, no quadro das infrações administrativas, exige-se o dolo ou a culpa. Aliás, se essa infração se configurasse apenas pela prática voluntária do descumprimento de deveres ou determinações, seria uma *aplicação contínua* da penalidade. Muitos pais ou responsáveis terminam por descumprir seus deveres de cuidado, proteção, sustento e educação de crianças e adolescentes por motivos variados, mas sabem fazê-lo de maneira voluntária; entretanto, essa voluntariedade nem sempre é reprovável. Fez bem o legislador ao demandar dolo ou culpa. O dolo se consagra pela prática da conduta ciente de que se *descumpre* o dever ou a ordem, não podendo fazê-lo, pois gerará prejuízo ao filho, tutelado ou pupilo. Não há como dissociar, nessa hipótese, o dolo normativo, que inclui a consciência do ilícito, pois a estrutura da infração administrativa, que não goza do juízo de culpabilidade, assim admite. Quanto à culpa, cuida-se do comportamento descuidado, com infração do dever de cuidado objetivo, tendo condições de prever a potencialidade lesiva da sua atitude, embora não deseje qualquer resultado danoso. Ilustrando, os pais deixam de matricular o filho no ensino fundamental. Pode figurar mero esquecimento ou ignorância, embora tenha sido uma omissão voluntária. Para concretizar a infração administrativa, exige mais que isso. É preciso que os pais tenham recebido ordem do juiz ou do Conselho Tutelar, por exemplo, e, bem cientes da ilicitude da omissão, deixem de matricular o filho na escola. Ou, então, recebida a referida ordem, por negligência nítida, não a cumpram. Na jurisprudência: TJMG: "A evasão escolar de adolescente em estágio avançado de gravidez está justificada pela situação excepcional vivenciada pela menor, porquanto a imposição pelos pais de frequentar a escola pode representar grave dano psicológico, em razão do constrangimento a que estaria submetida a estudante. A demonstração de que as faltas não decorreram diretamente da conduta dos representados *afasta o elemento subjetivo indispensável* à configuração do ilícito administrativo" (Ap. Cível 0849623-29.2008.8.13.0439, rel. Sandra Fonseca, 10.11.2009, grifamos). TJRS: "1. É viável o oferecimento de representação buscando a imposição de multa quando os genitores revelam-se negligentes e, mesmo depois de devidamente advertidos de que os filhos menores deveriam frequentar regularmente a escola, não adotam as providências cabíveis. 2. No entanto, a ação mostra-se improcedente quando *não fica comprovado o dolo dos genitores* e a família vive em situação de pobreza. 3. Como o propósito não é punitivo, mas educativo, mostra-se mais proveitoso incluir a família, juntamente com os filhos, em programas assistenciais e educativos, assegurando também um acompanhamento psicológico aos menores, buscando mostrar-lhes a necessidade de inserção na escola e a importância da adequada formação escolar. Recurso desprovido" (AC 70057724304/RS, 7.ª Câm. Cível, rel. Sérgio Fernando de Vasconcellos Chaves, *DJ* 29.01.2014, grifamos).

257. Multa em salário de referência: ver a nota 240 ao art. 246.

> **Art. 250.** Hospedar[258-261] criança ou adolescente desacompanhado dos pais ou responsável, ou sem autorização escrita desses ou da autoridade judiciária, em hotel, pensão, motel ou congênere:[262]
>
> Pena – multa.[263]
>
> § 1.º Em caso de reincidência, sem prejuízo da pena de multa, a autoridade judiciária poderá determinar o fechamento do estabelecimento por até 15 (quinze) dias.[264]
>
> § 2.º Se comprovada a reincidência em período inferior a 30 (trinta) dias, o estabelecimento será definitivamente fechado e terá sua licença cassada.[265]

Art. 250

258. Inaplicabilidade da infração: tendo em vista a falha cometida pelo legislador, ao editar a Lei 12.038/2009, que não previu valor algum para a multa, como explicamos na nota 269 abaixo, essa infração não tem aplicabilidade. Entretanto, *ad cautelam*, para os que defendem a sua aplicação, caso seja o entendimento dos tribunais, comentaremos esta figura.

259. Conduta ilícita: a conduta é comissiva; *hospedar* significa dar abrigo, alojar, tendo por objeto a criança ou adolescente, sem o acompanhamento dos pais ou responsável, ou sem autorização escrita destes, ou, ainda, sem autorização judicial. Os lugares vedados são hotéis, pensões, motéis ou similares (*drive-in*, abrigo ou alojamento estudantil, albergue etc.). O foco da vedação é impedir a prática sexual indevida nesses lugares, bem como a fuga de casa. A autorização escrita dos pais ou responsável deve ter a firma reconhecida, pois, cuidando-se de menores, qualquer tipo de *falsificação* é possível (vide como se altera RG para ingresso em danceterias e lugares de diversão pública pelos próprios adolescentes). Para haver autorização judicial, em lugar dos pais ou responsável, é preciso uma situação anormal, pois não cabe, como regra, ao juiz substituir-se aos genitores para tais medidas. Logo, pode haver um processo de destituição do poder familiar e, nessa excepcional ocasião, o juiz autorize o adolescente, com 16 anos, a trabalhar noutra Comarca, hospedando-se em hotel até chegar ao seu destino. Sob outro aspecto, se é para levar a sério essa infração, a hospedagem pode dar-se por qualquer período, mesmo que tenha acontecido há poucos minutos; afinal, em motéis ou hotéis de grande rotatividade o tempo de ocupação é de minutos ou horas, jamais dias. O verbo utilizado (hospedar) foi correto, não havendo sentido algum em se utilizar o termo *entrar* ou *permanecer*, pois esses lugares são específicos para repouso, onde há, necessariamente, cama. Ninguém entra e sai de um hotel como se faz numa casa de diversão noturna. A meta desses locais é dar *abrigo*, como se casa fosse. Na jurisprudência: STJ: "1. Infração tipificada no art. 250 do ECA, com lavratura de auto contra a pessoa jurídica (hotel que recebeu uma adolescente desacompanhada dos pais e sem autorização). 2. A responsabilização das pessoas jurídicas, tanto na esfera penal, como administrativa, é perfeitamente compatível com o ordenamento jurídico vigente. 3. A redação dada ao art. 250 do ECA demonstra ter o legislador colocado pessoa jurídica no polo passivo da infração administrativa, ao prever como pena acessória à multa, no caso de reincidência na prática de infração, o 'fechamento do estabelecimento'. 4. É fundamental que os estabelecimentos negligentes – que fazem pouco caso das leis que amparam o menor – também sejam responsabilizados, sem prejuízo da responsabilização direta das pessoas físicas envolvidas em cada caso, com o intuito de dar efetividade à norma de proteção integral à criança e ao adolescente. 5. Recurso especial provido" (REsp 622.707/SC, 2.ª T., rel. Eliana Calmon, *DJ* 02.02.2010). TJRS: "Evidenciada ocorrência de infração administrativa, prevista no art. 250 do Estatuto da Criança e do Adolescente, devida a condenação do estabelecimento-motel ao pagamento de multa, independente do dolo ou culpa. Precedentes do TJRS" (AC 50013386920188210021/RS, 7.ª Câm. Cível, rel. Carlos Eduardo Zietlow Duro, 22.11.2021). TJRR: "Apelação cível. Presença de menor em motel. Ofensa aos arts. 82 e 250 do ECA. Penas de multa e fechamento temporário. Recurso desprovido. Sentença mantida" (0010.14.002193-1, Câm. Única, rel. Juíza Convocada Elaine Cristina Bianchi, 24.03.2015, v.u.). *Considerando, para o efeito de aplicação deste artigo, como lugar de hospedagem inadequado a casa de prostituição:* TJSC: "Hospedagem de adolescente desacompanhada dos pais e sem a autorização destes ou da autoridade judicial. Sentença condenatória. Recurso da ré Jani. Autoria e materialidade demonstradas. Adolescente encontrada dormindo no alojamento da casa de prostituição pelo comissário da infância e da juventude e pela conselheira tutelar acompanhados da polícia militar. Confissão das acusadas. Absolvição inviável. Pleito alternativo de mitigação da multa imposta. Impossibilidade. Sentença acertada e bem fundamentada nesse particular. Recurso a que se nega provimento" (Apelação 2012.020317-7, 4.ª Câm. Criminal, rel. Jorge Schaefer Martins, 19.09.2012, v.u.).

260. Sujeito ativo: a infração é própria, somente cometida pelos responsáveis do estabelecimento de hospedagem (pessoas físicas), quando identificada, mas também pela pessoa jurídica, que, acima de tudo, deve orientar seus funcionários a vedar o abrigamento de menores de 18 anos desacompanhados ou sem autorização. Na jurisprudência: TJMG: "Responde o estabelecimento comercial pelos atos de seus funcionários no exercício de suas funções, restando certo que compete àquele, através de seu proprietário, tomar as medidas fiscalizatórias necessárias para impedir o ingresso ou permanência de menores em tais estabelecimentos" (Apelação 1.0342.07.091610-7/001, 4.ª Câm. Cível, rel. Célio César Paduani, 04.09.2008, v.u.). Não envolve quem se hospeda junto com o menor: TJMG: "Aquele que se dirige a um motel acompanhado de diversas mulheres, dentre elas algumas menores de idade, não viola o disposto no art. 250, ECA, porquanto o ato de hospedar adolescente desacompanhado do responsável legal é direcionado ao proprietário do estabelecimento, não a quem aluga a acomodação por tempo certo e determinado" (Apelação 1.0431.07.033973-1/001, 1.ª Câm. Cível, rel. Alberto Vilas Boas, 16.11.2010, v.u.).

261. Sujeito passivo: cuidando-se de infrações administrativas, a primeira afetada é a Administração Pública, cujos interesses, nesse caso, são o bem-estar e a segurança de crianças e adolescentes; em segundo plano, é a criança ou adolescente que pode sofrer prejuízos nessa indevida hospedagem, além dos pais ou responsável, que ficam privados do convívio de seu filho, tutelado ou pupilo, em caso de fuga.

262. Elemento subjetivo: basta a voluntariedade, significando a ação ou omissão exercida livremente, sem a influência de coação física ou moral. Entretanto, a prova da infração não é simples, pois há que se demonstrar, ao menos, a *vontade* de receber o menor no estabelecimento, permitindo o seu ingresso e estada. Não se configura o ilícito caso a omissão seja acidental ou decorrente de força maior. Eventualmente, pode-se utilizar, também, o argumento do erro de tipo, quando o menor apresenta documento falso. Aliás, se houver erro escusável do funcionário, também não se pode punir o estabelecimento.

263. Multa sem valor: este artigo foi reformulado pela Lei 12.038/2009 e somente comprova o que vimos reiterando ao longo dos comentários aos artigos deste Estatuto: a péssima técnica legislativa. A pretexto de *endurecer* a sanção administrativa, neste caso, acrescendo o § 2.º, o legislador fez o desfavor de retirar qualquer valor de multa. O direito administrativo, especialmente a sua face sancionatória, é regido pela legalidade. Não há espaço para invenção, direito alternativo ou qualquer outra solução desejável, mas não legal. Por isso, *inexiste qualquer viabilidade* para impor valor de multa *criado* pelo juiz. Com a devida vênia, surpreendem-nos aqueles que defendem que, à falta do valor de multa, a solução é simples: aplica-se a multa *antes* existente no art. 250 *revogado* pela referida Lei 12.038/2009, pois substituído por outra redação. Dizem Lépore, Rossato e Sanches: "tal falha legislativa não pode ser óbice à responsabilização do estabelecimento. Assim, deve ser aplicada a multa que antes era cominada" (*Estatuto da Criança e do Adolescente comentado*, p. 602). No mesmo prisma: Fuller, Dezem e Martins (*Estatuto da Criança e do Adolescente,* p. 242). Simples assim, sem maiores explicações, baseado na doutrina de que é *justo* punir, mesmo não havendo previsão legal do *quantum*. Ora, não há autorização alguma para repristinar a lei anterior, de modo a aplicar aqueles valores de multa. Na jurisprudência: STJ: "4. Nos termos do art. 250, *caput*, do ECA, conforme nova redação dada pela Lei n. 12.038/2009, eliminou-se qualquer parâmetro de quantificação para a imposição da multa nele prevista (a qual, na redação originária do ECA, era cominada 'de dez a cinquenta salários de referência'). Logo, em atenção aos princípios da legalidade e da reserva legal, não pode prevalecer a multa imposta com base no tão só tino judicial. 5. Recurso especial parcialmente conhecido e, nessa extensão, provido, para se afastar a multa imposta ao recorrente" (REsp 1.896.769/PR, 1.ª T., rel. Sérgio Kukina, 18.04.2023, v.u.). TJSP: "Pena de multa que, fixada em salário mínimo,

Art. 251

Estatuto da Criança e do Adolescente Comentado · Nucci

deve ser convertida em salário de referência. Recurso improvido, com observação" (Apelação 0024414-82.2011.8.26.0000, Câm. Especial de Direito Privado, rel. Maria da Cunha, 21.06.2011, v.u.); "Recurso do Ministério Público para que a multa seja fixada em salários de referência e não em salários mínimos. Acolhimento. Expressa disposição do art. 250 da Lei 8.069/90. Recurso dos requeridos não provido e recurso ministerial provido para fixar a penalidade em salários de referência" (APL 35270320098260306/SP, Câm. Especial, rel. Martins Pinto, *DJ* 06.02.2012). TJRS: "1. A ausência de previsão legal acerca do limite mínimo e máximo da multa cominada à infração administrativa prevista no art. 250 do Estatuto da Criança e do Adolescente, bem como de critérios para a dosimetria da pena, impõe a observância dos parâmetros previstos para as demais infrações elencadas no ECA, por analogia" (AC 70057964157/RS, 8.ª Câm. Cível, rel. Luiz Felipe Brasil Santos, *DJ* 24.04.2014). Outras posições, ainda, singelamente, sem maior explicação, afirmam que o salário de referência foi extinto e deve ser substituído pelo *salário mínimo* – o único que restou: TJSC: "Pleito de fixação da multa em 'salários de referência'. Indexador extinto com a edição da Lei 7.789/89. Vigência tão somente do salário mínimo. 'Quantum' estabelecido acima do limite mínimo, sem a necessária justificativa. Redução ao limite mínimo previsto no dispositivo, que se impõe. Recurso parcialmente provido" (Apelação 2009.006229-6, 2.ª Câm. Criminal, rel. Irineu João da Silva, 18.12.2009, v.u.). Com correção, Jaques de Camargo Penteado afirma: "a chamada constitucionalização do direito administrativo abrange a questão da tipicidade dos preceitos infracionais administrativos. Ora, essa tipicidade implica preceito e sanção, aquele descrevendo a conduta administrativa proibida, e este estipulando a pena aplicável. Essa tarefa é legislativa, constitui uma reserva legal e não pode ser suprida pelo julgador. Seria recomendável que o legislador corrigisse essa falha que, por sua vez, enfraquece o sistema estatutário" (Munir Cury [org.], *Estatuto da Criança e do Adolescente comentado*, p. 1.184).

264. Penalidade inaplicável: em caso de *reincidência, sem prejuízo da multa*, pode--se fechar o estabelecimento por 15 dias. Ora, se a sanção original, para a primeira prática infracional, simplesmente *inexiste*, seria completamente incoerente determinar o fechamento do local, quando o seu proprietário nem mesmo pagou multa alguma. Parece-nos impossível condenar alguém sem aplicar qualquer sanção. Aliás, inexiste *infração administrativa* sem punição; seria uma mera proibição, sem maiores consequências. Logo, não há reincidência para o que não existiu antes. A lógica desse raciocínio consta também das palavras de Jaques de Camargo Penteado: "como se construiu um sistema progressivo de repressão administrativa, na hipótese de reincidência, aplicar-se-á o fechamento temporário, por até 15 dias. Vê-se que a *ratio legis* é a reiteração da conduta proibida, a persistência na violação da regra legal, nada obstante o precedente apenamento pecuniário. Ora, se não se pode aplicar a multa, por falta de previsão dos parâmetros legais, não parece lógico impor-se o fechamento temporário ou definitivo, sem a observância dessa gradação, que atende o critério da proporcionalidade" (Munir Cury [org.], *Estatuto da Criança e do Adolescente comentado*, p. 1.184).

265. Penalidade inexistente: ver a nota ao parágrafo anterior.

> **Art. 251.** Transportar[266-268] criança ou adolescente, por qualquer meio, com inobservância do disposto nos arts. 83, 84 e 85 desta Lei:[269]
>
> Pena – multa de três a vinte salários de referência, aplicando-se o dobro em caso de reincidência.[270]

266. Conduta ilícita: a infração é comissiva, consistente em *transportar* (levar algo ou alguém de um lugar a outro), cujo objeto é a criança ou adolescente, por qualquer meio (carro, trem, ônibus, avião etc.), sem observar as regras dos arts. 83, 84 e 85. São os seguintes preceitos: "Art. 83. Nenhuma criança ou adolescente menor de 16 (dezesseis) anos poderá viajar para fora da comarca onde reside desacompanhado dos pais ou dos responsáveis sem expressa autorização judicial. § 1.º A autorização não será exigida quando: a) tratar-se de comarca contígua à da residência da criança ou do adolescente menor de 16 (dezesseis) anos, se na mesma unidade da Federação, ou incluída na mesma região metropolitana; b) a criança estiver acompanhada: 1) de ascendente ou colateral maior, até o terceiro grau, comprovado documentalmente o parentesco; 2) de pessoa maior, expressamente autorizada pelo pai, mãe ou responsável. § 2.º A autoridade judiciária poderá, a pedido dos pais ou responsável, conceder autorização válida por dois anos. Art. 84. Quando se tratar de viagem ao exterior, a autorização é dispensável, se a criança ou adolescente: I – estiver acompanhado de ambos os pais ou responsável; II – viajar na companhia de um dos pais, autorizado expressamente pelo outro através de documento com firma reconhecida. Art. 85. Sem prévia e expressa autorização judicial, nenhuma criança ou adolescente nascido em território nacional poderá sair do País em companhia de estrangeiro residente ou domiciliado no exterior". Na jurisprudência: STJ: "Diferentemente do sistema penal, a responsabilização nas sanções administrativas não busca reprimir o indivíduo em sua subjetividade, mas liga-se, no Estatuto da Criança e do Adolescente, à responsabilidade social que advém do Princípio da Proteção Integral. A infração administrativa constante no art. 251 do ECA prescinde de certidões de nascimento ou documentos equivalentes. Com base no conteúdo fático inscrito aos autos pelo Tribunal *a quo*, forçoso concluir que a permissão do ingresso de 'R. da S. B. e D. da S. B., sem autorização judicial, e sem documentação que comprovasse o parentesco com as pessoas que as acompanhavam' é suficiente para a aplicação de multa sancionatória" (REsp 1.163.663/SC, 2.ª T., rel. Humberto Martins, 05.08.2010, v.u.); "1. Não enseja compensação por danos morais a negativa de embarque por parte de companhia aérea de menor acompanhado de um dos pais, desprovido de autorização judicial ou autorização do outro genitor com firma reconhecida, em observância ao art. 84 da Estatuto da Criança e do Adolescente. 2. A atuação do funcionário da companhia aérea revelou prudência e observância à expressa disposição legal, não ficando configurada prática de ato ilícito indenizável" (REsp 1.249.489 MS, 4.ª T., rel. Luis Felipe Salomão, 13.08.2013, v.u.). TJGO: "1. O artigo 84, II do Estatuto da Criança e do Adolescente, regulamentado pela Resolução 131/11 do CNJ, estabelece que a criança ou adolescente necessita de autorização judicial para viajar ao exterior, sendo esta dispensável se estiver acompanhado de ambos os pais ou responsável ou se a viagem ocorrer na companhia de um dos pais, desde que autorizado expressamente pelo outro através de documento com firma reconhecida. 2. A oportuna apresentação dos documentos necessários a viabilizar o embarque de menor de idade em voo internacional compete ao passageiro, que não pode invocar o desconhecimento das exigências legais e regulamentares a respeito do tema. 3. Não enseja indenização por danos morais a negativa de embarque, por parte de companhia aérea, de menor que não apresenta a documentação necessária, notadamente pelo fato de que tal documentação não é exigida, em última análise, pela companhia, decorrendo da aplicação dos dispositivos legais e regulamentares aplicáveis à espécie" (Ap. 5663888-23.2020.8.09.0051, 4.ª Câm. Cível, rel. Nelma Branco Ferreira Perilo, 01.03.2023, v.u.). TJMT: "Faz-se necessária a apresentação de documentos hábeis (certidão de nascimento) a comprovar o grau de parentesco entre o autor (menor de idade) e a sua acompanhante (avó) não apenas no embarque, mas durante todo do trajeto da viagem, razão pela qual não se verifica, na negativa de embarque do demandante pela companhia de viação, ilicitude capaz de gerar dever de indenizar, a qual apenas agiu no exercício regular do seu direito, nos termos do artigo 83, § 1.º da Lei 8.069/90" (10416746820198110041, 2.ª Câm. de Direito Privado, rel. Marilsen Andrade Addario, 23.06.2021, v.u.).

Art. 252

Estatuto da Criança e do Adolescente Comentado • **Nucci**

267. Sujeito ativo: a infração é comum, podendo ser cometida por qualquer pessoa. Como regra, será praticada pelos encarregados de empresas de transporte e, também, pela pessoa jurídica transportadora. Pode, também, ser agente o estranho que leve o menor em seu próprio carro. A infração não é dirigida aos próprios pais ou responsável, que, se o fizerem, infringem os seus deveres (art. 249), mas se exige dolo ou culpa.

268. Sujeito passivo: cuidando-se de infrações administrativas, a primeira afetada é a Administração Pública, cujos interesses, nesse caso, são o bem-estar e a segurança de crianças e adolescentes; em segundo plano, é a criança ou adolescente que pode sofrer prejuízos em face do indevido transporte, além dos pais ou responsável, que ficam privados do convívio de seu filho, tutelado ou pupilo, em caso de fuga.

269. Elemento subjetivo: basta a voluntariedade, significando a ação ou omissão exercida livremente, sem a influência de coação física ou moral. Entretanto, a prova da infração não é simples, pois há que se demonstrar, ao menos, a *vontade* de levar o menor de um local a outro. Não se configura o ilícito caso o transporte aconteça de forma acidental ou decorrente de força maior (exemplo disso seria o menor se esconder num ônibus, sem que o motorista perceba). Eventualmente, pode-se utilizar, também, o argumento do erro de tipo, quando o menor apresenta documento falso. Aliás, se houver erro escusável do funcionário, também não se pode punir o estabelecimento.

270. Multa em salário de referência: ver a nota 240 ao art. 246.

> **Art. 252.** Deixar[271-273] o responsável por diversão ou espetáculo público de afixar, em lugar visível e de fácil acesso, à entrada do local de exibição, informação destacada sobre a natureza da diversão ou espetáculo e a faixa etária especificada no certificado de classificação:[274]
>
> Pena – multa de três a vinte salários de referência, aplicando-se o dobro em caso de reincidência.[275]

271. Conduta ilícita: trata-se de infração omissiva, referente ao *não fazer*. O agente *deixa de afixar* (não colocar na parede ou lugar visível alguma coisa) informação sobre a natureza da diversão (lazer) ou espetáculo (show), bem como a faixa etária adequada (impróprio para menores de ___ anos). Configura-se a infração se o aviso não for colocado em lugar visível, de fácil acesso, mas também se for afixado em lugar não acessível ou desprovido de visibilidade pelo público em geral. Dispõe o art. 74 desta Lei: "o poder público, através do órgão competente, regulará as diversões e espetáculos públicos, informando sobre a natureza deles, as faixas etárias a que não se recomendem, locais e horários em que sua apresentação se mostre inadequada. Parágrafo único. Os responsáveis pelas diversões e espetáculos públicos deverão afixar, em lugar visível e de fácil acesso, à entrada do local de exibição, informação destacada sobre a natureza do espetáculo e a faixa etária especificada no certificado de classificação". Na jurisprudência: STJ: "1. Cinge-se a controvérsia à questão da responsabilização por multa decorrente de prática da infração consistente na ausência de indicação da faixa etária permitida no local de eventos, em ofensa ao art. 252 do ECA. 2. A norma prevista no art. 252 do ECA alcança tanto o organizador do evento quanto o responsável pelo estabelecimento, para efeito de responsabilização pela infração consistente na ausência de indicação da faixa etária permitida no local" (AgRg no AREsp 305.822/RJ, 2.ª T., rel. Humberto Martins, *DJ* 11.06.2013). TJDF: "1. Os promotores do evento, cujo conceito também alcança o responsável pelo estabelecimento comercial, respondem solidariamente pela inobservância às normas protetivas da criança e do adolescente. 2. A aplicação cumulativa das penas cominadas no ECA 252 e 258 não traduz *bis in idem*, porquanto diversas as hipóteses de incidência" (APC 20060130003735/ DF 0000455-47.2006.8.07.0013, 4.ª T. Cível, rel. Fernando Habibe, *DJ* 10.07.2013).

272. Sujeito ativo: a infração é própria, podendo ser cometida apenas pelo responsável pela diversão ou espetáculo público, abrangendo tanto a pessoa física como a jurídica.

273. Sujeito passivo: cuidando-se de infrações administrativas, a primeira afetada é a Administração Pública, cujos interesses, nesse caso, são o bem-estar e a segurança de crianças e adolescentes; em segundo plano, é a criança ou adolescente que pode sofrer prejuízos em face do indevido espetáculo ou diversão vivenciado, em desarmonia à sua faixa de idade.

274. Elemento subjetivo: basta a voluntariedade, significando a ação ou omissão exercida livremente, sem a influência de coação física ou moral. Entretanto, a prova da infração não é simples, pois há que se demonstrar, ao menos, a *vontade* de omitir o aviso, vale dizer, não se configura o ilícito caso ocorra algum acidente ou motivo de força maior. Exemplo de força maior é o gerente mandar colocar o aviso e seu funcionário relapso deixar de fazer, não havendo tempo para a verificação. Eventualmente, pode-se utilizar, também, o argumento do erro de proibição, quando o responsável confunde as portarias regentes da matéria. Entretanto, é preciso comprovar a escusabilidade do engano.

275. Multa em salário de referência: ver a nota 240 ao art. 246.

> **Art. 253.** Anunciar[276-278] peças teatrais, filmes ou quaisquer representações ou espetáculos, sem indicar os limites de idade a que não se recomendem:[279]
>
> Pena – multa de três a vinte salários de referência,[280] duplicada em caso de reincidência, aplicável, separadamente, à casa de espetáculo e aos órgãos de divulgação ou publicidade.[281]

276. Conduta ilícita: a infração é comissiva, consistente em *anunciar* (fazer propaganda de algo) peças teatrais (histórias encenadas em palcos de locais apropriados), filmes (quando passados em lugar público ou de acesso público) ou outras representações ou espetáculos (como circo, teatro de rua, evento musical etc.) omitindo os limites recomendáveis de idade (impróprio para menores de ___ anos). Para a sua configuração, dispensa-se o efetivo ingresso do menor em local inadequado à sua faixa etária. Conferir: STJ: "A infração administrativa prevista no art. 253 do ECA é destinada aos responsáveis pela apresentação de quaisquer espetáculos, assim como aos órgãos responsáveis pela divulgação e publicidade, sem a expressa indicação dos limites de idade recomendáveis. Precedentes do STJ" (REsp 1.252.869/ DF, 2.ª T., rel. Herman Benjamin, *DJ* 15.08.2013). TJDF: "A intenção do legislador ao editar o art. 253 do ECA '...é preservar a inviolabilidade da integridade psíquica e moral do menor, elementos constantes do direito ao respeito, tratado no art. 17 do Estatuto'. Depois, o conteúdo subjetivo da infração sancionada pela referida norma está *in re ipsa*, ou seja, 'basta que não se indiquem os limites de idade recomendáveis para que se configure a infração administrativa. Não é necessário que a falta de informação faça com que crianças ou adolescentes ingressem ou pretendam ingressar no local onde é exibido o espetáculo (...)', não se cogitando, pois, de dolo ou culpa" (Embargos de Declaração 0001969-03.2008.807.0001, 6.ª T. Cível, rel. José Divino de Oliveira, 20.05.2009, v.u.). TJMG: "Eis que responsável a autuada pela organização, produção, consultoria e infraestrutura do evento, e em não havendo tomado medidas quando da divulgação do espetáculo, no sentido de indicar os limites de idade recomendáveis, há de ser mantida a sentença que impôs à apelante o pagamento de multa pela infração administrativa

Art. 254

Estatuto da Criança e do Adolescente Comentado • **Nucci**

perpetrada, *ex vi* do disposto no art. 253, do ECA" (Apelação Cível 1.0056.10.235478-6/001, 6.ª Câm. Cível, rel. Corrêa Júnior, *DJ* 07.01.2014, v.u.).

277. Sujeito ativo: a infração é comum, podendo ser cometida por qualquer pessoa que promova o anúncio, independentemente de ser o produtor, diretor ou responsável direto pelo evento. Envolve, certamente, a pessoa jurídica também. Porém, é preciso cautela. Se o anunciante for ligado à pessoa jurídica patrocinadora da peça, filme, representação, espetáculo ou similar, devem ser sancionados tanto quem fez a propaganda (pessoa física e/ou jurídica) como a pessoa física e/ou jurídica produtora do evento. Caso o anunciante não se ligue à pessoa jurídica produtora do evento, deve ser punido somente aquele.

278. Sujeito passivo: cuidando-se de infrações administrativas, a primeira afetada é a Administração Pública, cujos interesses, nesse caso, são o bem-estar e a segurança de crianças e adolescentes; em segundo plano, é a criança ou adolescente que pode sofrer prejuízos em face do indevido evento que assista, em desarmonia à sua faixa de idade.

279. Elemento subjetivo: basta a voluntariedade, significando a ação ou omissão exercida livremente, sem a influência de coação física ou moral. Entretanto, a prova da infração não é simples, pois há que se demonstrar, ao menos, a *vontade* de anunciar algum evento, *sem* a indicação da faixa etária. Não se configura o ilícito caso ocorra algum acidente ou motivo de força maior. Eventualmente, pode-se utilizar, também, o argumento do erro de proibição, quando o responsável confunde as portarias regentes da matéria. Entretanto, é preciso comprovar a escusabilidade do engano.

280. Multa em salário de referência: ver a nota 240 ao art. 246.

281. Aplicação separada: como mencionamos na nota *supra*, acerca da *conduta ilícita*, a punição *pode* ser separada ou conjunta, dependendo do caso concreto, ou seja, de quem tem ciência – ou não – a respeito da falta de indicador dos limites de idade.

> **Art. 254.** Transmitir, através de rádio ou televisão, espetáculo[282] em horário diverso do autorizado[283] o ou sem aviso de sua classificação:[284-286]
>
> Pena – multa de vinte a cem salários de referência;[287] duplicada em caso de reincidência a autoridade judiciária poderá determinar a suspensão da programação da emissora por até dois dias.[288]

282. Conduta ilícita: a infração é comissiva, exigindo a prática da *transmissão* (passagem por cabos ou ondas) de *espetáculo* (em sentido amplo, abrange filme, show, peça etc.) em horário inadequado para a faixa de idade ou transmiti-lo sem o aviso da classificação etária. Hoje, a tecnologia faz incluir nesta figura a transmissão via internet, utilizando-se de interpretação extensiva, tendo em vista a facilidade de se assistir um simples filme pelo computador. Não se exige qualquer resultado lesivo para crianças ou adolescentes para configurar essa infração; basta a prática da conduta. Na jurisprudência: TJSP: "Infração administrativa. Art. 254 do ECA. Exibição de filme em horário incompatível com a classificação indicativa. Portaria 1.220/2007 do Ministério da Justiça que estabelece a classificação indicativa de programas e obras audiovisuais, assim como o horário adequado para sua exibição. Classificação que não importa em censura. Recurso improvido" (APL 2981641201182600002/SP, Câm. Especial, rel. Presidente Seção de Direito Privado, *DJ* 07.05.2012). TJRJ: "Conteúdo violador das normas de proteção das crianças e adolescentes. Divulgação, por terceiros, do nome e imagem de adolescente envolvido em ato infracional. Retirada do ar do site violador devidamente providenciada. Impossibilidade de responsabilização do provedor de aplicação.

Pronto cumprimento da determinação judicial. Afastamento da multa prevista no art. 254 do ECA" (Ap. Cível 00263132920198190001, 22.ª Câm. Cível, rel. Mônica de Faria Sardas, 13.04.2023, v.u.).

283. Sobre a expressão "em horário diverso do autorizado": verificar o julgamento de inconstitucionalidade proferido pelo STF: "1. A própria Constituição da República delineou as regras de sopesamento entre os valores da liberdade de expressão dos meios de comunicação e da proteção da criança e do adolescente. Apesar da garantia constitucional da liberdade de expressão, livre de censura ou licença, a própria Carta de 1988 conferiu à União, com exclusividade, no art. 21, inciso XVI, o desempenho da atividade material de 'exercer a classificação, para efeito indicativo, de diversões públicas e de programas de rádio e televisão'. A Constituição Federal estabeleceu mecanismo apto a oferecer aos telespectadores das diversões públicas e de programas de rádio e televisão as indicações, as informações e as recomendações necessárias acerca do conteúdo veiculado. É o sistema de classificação indicativa esse ponto de equilíbrio tênue, e ao mesmo tempo tenso, adotado pela Carta da República para compatibilizar esses dois axiomas, velando pela integridade das crianças e dos adolescentes sem deixar de lado a preocupação com a garantia da liberdade de expressão. 2. A classificação dos produtos audiovisuais busca esclarecer, informar, indicar aos pais a existência de conteúdo inadequado para as crianças e os adolescentes. O exercício da liberdade de programação pelas emissoras impede que a exibição de determinado espetáculo dependa de ação estatal prévia. A submissão ao Ministério da Justiça ocorre, exclusivamente, para que a União exerça sua competência administrativa prevista no inciso XVI do art. 21 da Constituição, qual seja, classificar, para efeito indicativo, as diversões públicas e os programas de rádio e televisão, o que não se confunde com autorização. Entretanto, essa atividade não pode ser confundida com um ato de licença, nem confere poder à União para determinar que a exibição da programação somente se dê nos horários determinados pelo Ministério da Justiça, de forma a caracterizar uma imposição, e não uma recomendação. Não há horário autorizado, mas horário recomendado. Esse caráter autorizativo, vinculativo e compulsório conferido pela norma questionada ao sistema de classificação, *data venia*, não se harmoniza com os arts. 5.º, IX; 21, inciso XVI; e 220, § 3.º, I, da Constituição da República. 3. Permanece o dever das emissoras de rádio e de televisão de exibir ao público o aviso de classificação etária, antes e no decorrer da veiculação do conteúdo, regra essa prevista no parágrafo único do art. 76 do ECA, sendo seu descumprimento tipificado como infração administrativa pelo art. 254, ora questionado (não sendo essa parte objeto de impugnação). Essa, sim, é uma importante área de atuação do Estado. É importante que se faça, portanto, um apelo aos órgãos competentes para que reforcem a necessidade de exibição destacada da informação sobre a faixa etária especificada, no início e durante a exibição da programação, e em intervalos de tempo não muito distantes (a cada quinze minutos, por exemplo), inclusive quanto às chamadas da programação, de forma que as crianças e os adolescentes não sejam estimulados a assistir programas inadequados para sua faixa etária. Deve o Estado, ainda, conferir maior publicidade aos avisos de classificação, bem como desenvolver programas educativos acerca do sistema de classificação indicativa, divulgando, para toda a sociedade, a importância de se fazer uma escolha refletida acerca da programação ofertada ao público infantojuvenil. 4. Sempre será possível a responsabilização judicial das emissoras de radiodifusão por abusos ou eventuais danos à integridade das crianças e dos adolescentes, levando-se em conta, inclusive, a recomendação do Ministério da Justiça quanto aos horários em que a referida programação se mostre inadequada. Afinal, a Constituição Federal também atribuiu à lei federal a competência para 'estabelecer meios legais que garantam à pessoa e à família a possibilidade de se defenderem de programas ou programações de rádio e televisão que contrariem o disposto no art. 221' (art. 220, § 3.º, II, CF/88). 5. Ação direta julgada procedente, com a declaração de inconstitucionalidade da

Art. 255

Estatuto da Criança e do Adolescente Comentado · **Nucci**

expressão 'em horário diverso do autorizado' contida no art. 254 da Lei n.º 8.069/90" (ADI 2.404/DF, Plenário, rel. Dias Toffoli, 31.08.2016, m.v.).

284. Sujeito ativo: a infração é própria, podendo ser cometida apenas por pessoa que tenha condições de realizar a transmissão, abrangendo a pessoa física responsável e a emissora.

285. Sujeito passivo: cuidando-se de infrações administrativas, a primeira afetada é a Administração Pública, cujos interesses, nesse caso, são o bem-estar e a segurança de crianças e adolescentes; em segundo plano, é a criança ou adolescente que pode sofrer prejuízos em face do indevido espetáculo que assista, em desarmonia à sua faixa de idade.

286. Elemento subjetivo: basta a voluntariedade, significando a ação ou omissão exercida livremente, sem a influência de coação física ou moral. Entretanto, a prova da infração não é simples. Antes, prevalecia o disposto na expressão "em horário diverso do autorizado", hoje julgada inconstitucional pelo STF (Adin 2.404, Pleno, rel. Dias Toffoli, 31.08.2016, m. v.), evitando-se censura prévia. O que não quer dizer estar liberada a transmissão de qualquer programa em qualquer horário, mas a responsabilidade é, diretamente, das emissoras. Não se configura o ilícito caso ocorra algum acidente ou motivo de força maior. Eventualmente, pode-se utilizar, também, o argumento do erro de proibição, quando o responsável confunde as portarias regentes da matéria. Entretanto, é preciso comprovar a escusabilidade do engano.

287. Multa em salário de referência: ver a nota 240 ao art. 246.

288. Suspensão da programação por até dois dias: em nosso entendimento, cuida-se de penalidade inconstitucional por ferir o princípio da proporcionalidade. Enquanto a multa, para a primeira infração, é constituída de valores de pouca monta, em caso de reincidência, se o magistrado utilizar a possibilidade máxima de suspender a programação da emissora por dois dias, certamente provocará milhões de prejuízo. Enfim, totalmente incompatível com a espécie de dano provocado.

> **Art. 255.** Exibir[289-291] filme, trailer, peça, amostra ou congênere classificado pelo órgão competente como inadequado às crianças ou adolescentes admitidos ao espetáculo:[292]
>
> Pena – multa de vinte a cem salários de referência;[293] na reincidência, a autoridade poderá determinar a suspensão do espetáculo ou o fechamento do estabelecimento por até quinze dias.[294]

289. Conduta ilícita: a infração é comissiva, consistente em *exibir* (expor algo para que terceiros tomem conhecimento) filme (história gravada em processo digital com a duração de algumas horas), trailer (peça de apresentação do filme, em curta duração, para atrair interessados para a película), peça (história redigida para ser representada por atores em teatro), amostra (exposição artística de peças ou sequência de filmes) ou similar inadequados à faixa de idade das crianças ou adolescentes, que foram admitidos no local. Na jurisprudência: STJ: "Os pais, no exercício do poder familiar, têm liberdade, ressalvados os limites legais, para conduzir a educação de seus filhos, segundo os preceitos morais, religiosos, científicos e sociais que considerem adequados. O ECA, como a maior parte da legislação contemporânea, não se satisfaz com a simples tarefa de indicar os meios legais para que se reparem os danos causados a este ou aquele bem jurídico. O legislador, antes de tudo, quer prevenir a ocorrência de lesão aos direitos que assegurou. Foi com intuito de criar especial prevenção à criança e ao adolescente que o legislador impôs ao poder público o dever de regular as diversões e espetáculos públicos, classificando-os por faixas etárias (art. 74, ECA). Na data dos fatos, 15.02.03, vigia a Portaria 796, de 08.09.2000, do Ministério da Justiça, regulamentando, de forma genérica e vaga, a classificação indicativa para filmes. Do texto dessa norma, não se extrai qualquer regra que expressamente autorizasse a entrada de menores, em sessão de cinema imprópria para sua idade, desde que acompanhados dos pais e/ou responsáveis. Era razoável que o empresário, ao explorar a cinematografia, vedasse a entrada de menor em espetáculo classificado como impróprio, ainda que acompanhado de seus pais. Havia motivos para crer que a classificação era impositiva, pois o art. 255 do ECA estabelecia sanções administrativas severas a quem exibisse 'filme, trailer, peça, amostra ou congênere classificado pelo órgão competente como inadequado às crianças ou adolescentes admitidos ao espetáculo'. A sanção poderia variar de 20 a 100 salários mínimos e, na reincidência, poderia resultar na suspensão do espetáculo ou no fechamento do estabelecimento por até quinze dias. Não se afigura razoável exigir que o recorrente, à época, interpretasse o art. 255 do ECA, sopesando os princípios próprios desse microssistema jurídico, para concluir que poderia eximir-se de sanção administrativa sempre que crianças e adolescentes estivessem em exibições impróprias, mas acompanhados de seus pais ou responsáveis. Com isso, tem-se que eventual erro do recorrente sobre o dever que lhe era imposto por lei é absolutamente escusável. Recurso especial provido" (STJ, REsp 1.072.035/RJ, 3.ª T., rel. Nancy Andrighi, 28.04.2009). TJRS: "2. A prova trazida aos autos, notadamente as imagens em DVD, revelam que o jantar beneficente organizado pela demandada, destinado exclusivamente a mulheres, contou com a apresentação de dançarinos homens, fantasiados, que exibiram seus corpos seminus, chegando um deles a baixar a sunga e mostrar as nádegas para o público. Tudo ocorreu na presença de crianças e adolescentes que se encontravam no evento e também assistiram a desfile de... roupas infantis, promovido por lojas locais, e à apresentação de grupo de dança tradicionalista, composto por menores. A responsabilidade da requerida pela infração administrativa é evidente, pois, além de ter participado da organização do jantar, locou o espaço para que o evento ocorresse. Embora a demandada alegue que não tinha conhecimento da atração, nada fez para impedir o show com nítida conotação erótica, agindo, no mínimo, com negligência. Assim, impondo-se a procedência da demanda. Contudo, a infração administrativa que ampara a presente representação deve ser melhor enquadrada, na medida em que não havia uma classificação etária pré-determinada pelo órgão competente, como previsto no art. 255 do ECA. A ré, como responsável pelo evento, deveria ter afixado, em lugar visível e de fácil acesso, na entrada do estabelecimento, informação destacada sobre a natureza do espetáculo (art. 74, parágrafo único, do ECA). Não o fazendo, incorreu na infração administrativa a que alude o art. 258 do ECA. Condenação ao pagamento de multa de 3 (três) salários mínimos nacionais" (Apelação Cível 70077166197, 8.ª Câm. Cível, rel. Luiz Felipe Brasil Santos, 19.07.2018, v.u.).

290. Sujeito ativo: a infração é própria, podendo ser cometida apenas por pessoa que tenha condições de efetuar a exibição, abrangendo a pessoa física responsável e a pessoa jurídica produtora do evento. Tratando-se de peça ou amostra, o artista, como regra, não deve ser sancionado, pois quem deve zelar pelo acesso de menores à sala de espetáculo é outra pessoa, salvo se o próprio ator ou autor for também produtor e souber do que se passa quanto ao ingresso no local.

291. Sujeito passivo: cuidando-se de infrações administrativas, a primeira afetada é a Administração Pública, cujos interesses, nesse caso, são o bem-estar e a segurança de crianças e adolescentes; em segundo plano, é a criança ou adolescente que pode sofrer prejuízos em face do indevido filme, peça, trailer, amostra ou similar que assista, em desarmonia à sua faixa de idade.

292. Elemento subjetivo: basta a voluntariedade, significando a ação ou omissão exercida livremente, sem a influência de coação física ou moral. Entretanto, a prova da infração

Art. 256

Estatuto da Criança e do Adolescente Comentado • **Nucci**

não é simples, pois há que se demonstrar, ao menos, a *vontade* de exibir o filme, trailer, peça, amostra e similar *em desacordo* com a faixa de idade. Não se configura o ilícito caso ocorra algum acidente ou motivo de força maior. Eventualmente, pode-se utilizar, também, o argumento do erro de proibição quando o responsável confunde as portarias regentes da matéria. Entretanto, é preciso comprovar a escusabilidade do engano.

293. Multa em salário de referência: ver a nota 240 ao art. 246.

294. Suspensão do espetáculo ou fechamento do estabelecimento por até quinze dias: em nosso entendimento, cuida-se de penalidade inconstitucional por ferir o princípio da proporcionalidade. Enquanto a multa, para a primeira infração, é constituída de valores de pouca monta, em caso de reincidência, se o magistrado utilizar a possibilidade máxima, certamente provocará milhares de reais de prejuízo. Enfim, totalmente incompatível com a espécie de dano provocado.

> **Art. 256.** Vender ou locar[295-297] a criança ou adolescente fita de programação em vídeo, em desacordo com a classificação atribuída pelo órgão competente:[298]
>
> Pena – multa de três a vinte salários de referência;[299] em caso de reincidência, a autoridade judiciária poderá determinar o fechamento do estabelecimento por até quinze dias.[300]

295. Conduta punível: a infração é comissiva alternativa, consistente em *vender* (entregar por um certo preço) ou *locar* (emprestar por certo período mediante remuneração) fita de programação em vídeo (hoje, merece ampliação para gravações feitas em DVD, CD e até mesmo transmitidas *on-line*, via internet). Lembremos que essa ampliação não equivale a analogia, mas a uma interpretação extensiva. Aliás, exatamente como se faz em processo penal, no tocante a documento, que não mais se cuida de papel, mas também de outras bases materiais, como DVD, CD, disco rígido etc. Sob outro aspecto, a analogia somente é vedada, claramente, em Direito Penal, que respeita a legalidade estrita. Ainda que fosse analogia, somente para argumentar, não seria proibido o seu emprego em matéria administrativa. A conduta é alternativa, de modo que o cometimento das duas, sucessivamente, gera uma só multa, desde que no mesmo contexto. Essa penalidade pecuniária pode, no entanto, ter maior valor. Por outro lado, é evidente que, ao cuidar de *fita de programação*, refere-se a lei ao conteúdo, que pode ser filme, desenho, espetáculo ou similar. O ponto fulcral é o desatendimento da classificação etária. Na jurisprudência: TJDF: "1. A conduta consistente em locação de fita de vídeo não recomendada para menores de dezoito (18) anos a adolescente, subsume-se à infração administrativa descrita no art. 256, do ECA, sendo certo que o fato de o genitor do menor ter concedido autorização para que este pudesse retirar filmes em seu nome não elide a responsabilidade da locadora pela não observância da referida norma, em especial, porque, tratando-se de relação de consumo, a responsabilidade do fornecedor do produto é objetiva, não lhe socorrendo a alegação de que 'por equívoco' locou a fita ao adolescente, tampouco a possibilidade de que o menor venha a ter acesso a filmes, impróprios para sua idade, 'baixados' pelo internet, ou por meio de TV por assinatura. 2. Eventual facilidade de acesso das crianças e adolescentes ao conteúdo de filmes em desacordo com sua faixa etária, por meio dos mais diversos meios de comunicação, não justifica o descumprimento da norma legal pela locadora, sem que isso constitua 'hipocrisia da sociedade'. 3. A finalidade precípua da norma administrativa, prevista no art. 256, da Lei n.º 8.069/90, consiste no dever de o Poder Público gerir o acesso às fitas de vídeos colocadas à disposição da população, informando a

715 Título VII – Dos Crimes e das Infrações Administrativas **Art. 257**

faixa etária a que não se recomendam e a sua natureza, em escorreita observância ao art. 227 da Constituição Federal" (20100130059298/DF, 4.ª T. Cível, rel. Arnoldo Camanho de Assis, 09.01.2013, v.u.).

296. Sujeito ativo: a infração é comum, pois qualquer pessoa pode vender uma fita, DVD ou similar a uma criança ou adolescente, sabendo ser inadequado à sua faixa etária. A locação pode ser mais específica, condizente com o comércio. De todo modo, não há sujeito especial para essa infração. É certo que o art. 77 desta Lei estabelece que "os proprietários, diretores, gerentes e funcionários de empresas que explorem a venda ou aluguel de fitas de programação em vídeo cuidarão para que não haja venda ou locação em desacordo com a classificação atribuída pelo órgão competente". São os principais autores dessa espécie de infração, mas não os únicos, pois a norma não fez ligação expressa a essa atividade.

297. Sujeito passivo: cuidando-se de infrações administrativas, a primeira afetada é a Administração Pública, cujos interesses, nesse caso, são o bem-estar e a segurança de crianças e adolescentes; em segundo plano, é a criança ou adolescente que pode sofrer prejuízos em face do indevido filme ou peça similar que assista, em desarmonia à sua faixa de idade.

298. Elemento subjetivo: basta a voluntariedade, significando a ação ou omissão exercida livremente, sem a influência de coação física ou moral. Entretanto, a prova da infração não é simples, pois há que se demonstrar, ao menos, a *vontade* de vender ou locar o material contendo filme, trailer e similar *em desacordo* com a faixa de idade. Não se configura o ilícito caso ocorra algum acidente ou motivo de força maior. Eventualmente, pode-se utilizar, também, o argumento do erro de proibição, quando o responsável confunde as portarias regentes da matéria. Entretanto, é preciso comprovar a escusabilidade do engano.

299. Multa em salário de referência: ver a nota 240 ao art. 246.

300. Fechamento do estabelecimento por até quinze dias: em nosso entendimento, cuida-se de penalidade inconstitucional por ferir o princípio da proporcionalidade. Enquanto a multa, para a primeira infração, é constituída de valores de pouca monta, em caso de reincidência, se o magistrado utilizar a possibilidade máxima, certamente provocará milhares de reais de prejuízo. Enfim, totalmente incompatível com a espécie de dano provocado.

> **Art. 257.** Descumprir[301-303] obrigação constante dos arts. 78 e 79 desta Lei:[304]
>
> Pena – multa de três a vinte salários de referência,[305] duplicando-se a pena em caso de reincidência, sem prejuízo de apreensão da revista ou publicação.[306]

301. Conduta punível: a infração é omissiva, consistente em *descumprir* (não obedecer a regra; não seguir exigência) obrigação constante dos arts. 78 e 79 desta Lei. Dispõem os referidos artigos: "Art. 78. As revistas e publicações contendo material impróprio ou inadequado a crianças e adolescentes deverão ser comercializadas em embalagem lacrada, com a advertência de seu conteúdo. Parágrafo único. As editoras cuidarão para que as capas que contenham mensagens pornográficas ou obscenas sejam protegidas com embalagem opaca. Art. 79. As revistas e publicações destinadas ao público infantojuvenil não poderão conter ilustrações, fotografias, legendas, crônicas ou anúncios de bebidas alcoólicas, tabaco, armas e munições, e deverão respeitar os valores éticos e sociais da pessoa e da família". Na jurisprudência: TJMG: "A veiculação de materiais com conteúdo impróprio ou inadequado a crianças sem a devida censura, configura infração administrativa, ensejando a aplicação

Art. 258

Estatuto da Criança e do Adolescente Comentado · **Nucci**

de multa, nos moldes do art. 257, do Estatuto da Criança e do Adolescente" (Apelação Cível 10433180086954001, 4.ª Câm. Cível, rel. Dárcio Lopardi Mendes, 03.10.2019, v.u.). TJRJ: "Exposição à venda de revista com conteúdo pornográfico ou obsceno, sem embalagem opaca. Desobediência à norma contida no parágrafo único do art. 78 do ECA caracterizada. Restrição legal que tem por escopo prevenir a ocorrência de ameaça ou violação dos direitos da criança e do adolescente, garantindo-lhe o acesso somente às revistas que respeitem sua condição peculiar de pessoa em desenvolvimento. Imposição de multa por infringência ao disposto no art. 257 do ECA. Cabimento. Sanção pecuniária fixada em três salários mínimos que não merece reforma" (APL 0246560622010819000/RJ, 7.ª Câm. Cível, rel. Luciano Saboia Rinaldi de Carvalho, *DJ* 03.12.2013).

302. Sujeito ativo: a infração é própria, pois as obrigações apontadas nos arts. 78 e 79 ligam-se apenas a quem comercializa revistas e publicações com material impróprio ou inadequado a menores de 18 anos.

303. Sujeito passivo: cuidando-se de infrações administrativas, a primeira afetada é a Administração Pública, cujos interesses, nesse caso, são o bem-estar e a segurança de crianças e adolescentes; em segundo plano, é a criança ou adolescente que pode sofrer prejuízos em face da leitura indevida à sua faixa de idade.

304. Elemento subjetivo: basta a voluntariedade, significando a ação ou omissão exercida livremente, sem a influência de coação física ou moral. Entretanto, a prova da infração não é simples, pois há que se demonstrar, ao menos, a *vontade* de comercializar publicações em desacordo com as precauções legais. Não se configura o ilícito caso ocorra algum acidente ou motivo de força maior.

305. Multa em salário de referência: ver a nota 240 ao art. 246.

306. Apreensão da revista ou publicação: cuida-se de providência razoável para a conduta praticada, que não representa um prejuízo desproporcional, a ponto de provocar a quebra da empresa.

> **Art. 258.** Deixar[307-309] o responsável pelo estabelecimento ou o empresário de observar o que dispõe esta Lei sobre o acesso de criança ou adolescente aos locais de diversão, ou sobre sua participação no espetáculo:[310]
>
> Pena – multa de três a vinte salários de referência;[311] em caso de reincidência, a autoridade judiciária poderá determinar o fechamento do estabelecimento por até quinze dias.[312]

307. Conduta punível: trata-se de infração omissiva, consistente em *deixar de observar* (não seguir regra ou imposição) o disposto nesta Lei (seria mais fácil se tivessem sido indicados os artigos deste Estatuto, como foi feito no art. 257) no tocante ao acesso de menores de 18 anos a lugares de diversão pública ou em relação à sua participação em espetáculo (teatro, circo etc.). Esses locais de diversão, atualmente, abrangem as denominadas *lan houses* (lugares que disponibilizam acesso à internet). Conferir: TJDF: "Tem legitimidade para responder à infração prevista no art. 258 da Lei 8.069/90 quem permite o ingresso de menores desacompanhados dos responsáveis legais em estabelecimento com acesso à rede mundial de computadores, inclusive com acesso a site pornográfico" (Apelação 315.489, 6.ª T. Cível, rel. José Divino de Oliveira, *DJ* 23.07.2008, v.u.). Veja-se os seguintes artigos: "Art. 75. Toda criança ou adolescente terá acesso às diversões e espetáculos públicos classificados como adequados à sua faixa etária. Parágrafo único. *As crianças menores de dez anos somente* *poderão ingressar e permanecer nos locais de apresentação ou exibição quando acompanhadas dos pais ou responsável.* (...) Art. 80. Os responsáveis por estabelecimentos que explorem comercialmente bilhar, sinuca ou congênere ou por casas de jogos, assim entendidas as que realizem apostas, ainda que eventualmente, cuidarão para que *não seja permitida a entrada e a permanência de crianças e adolescentes* no local, afixando aviso para orientação do público" (grifamos). E também: "Art. 149. Compete à autoridade judiciária disciplinar, através de portaria, ou autorizar, mediante alvará: I – a entrada e permanência de criança ou adolescente, desacompanhado dos pais ou responsável, em: a) estádio, ginásio e campo desportivo; b) bailes ou promoções dançantes; c) boate ou congêneres; d) casa que explore comercialmente diversões eletrônicas; e) estúdios cinematográficos, de teatro, rádio e televisão. II – a participação de criança e adolescente em: a) espetáculos públicos e seus ensaios; b) certames de beleza". Se essas regras não forem seguidas, configura-se a infração. Note-se haver lugares proibidos a crianças e jovens; locais em que os menores podem ir com seus pais ou responsável; estabelecimentos que podem frequentar desde que haja alvará judicial; participação em certames com autorização do juiz. Na jurisprudência, observando um *erro às avessas*, ou seja, o empresário vedou a entrada, quando podia permitir: STJ: "4. O ECA, como a maior parte da legislação contemporânea, não se satisfaz com a simples tarefa de indicar os meios legais para que se reparem os danos causados a este ou aquele bem jurídico. O legislador, antes de tudo, quer prevenir a ocorrência de lesão aos direitos que assegurou. Foi com intuito de criar especial prevenção à criança e ao adolescente que o legislador impôs ao poder público o dever de regular as diversões e espetáculos públicos, classificando-os por faixas etárias (art. 74, ECA). 5. Na data dos fatos, 02.02.2006, vigia a Portaria 796, de 08.09.2000, do Ministério da Justiça, regulamentando, de forma genérica e vaga, a classificação indicativa para espetáculos teatrais. Do texto dessa norma, não se extrai qualquer regra que expressamente autorizasse a entrada de menores, em espetáculos teatrais impróprios para sua idade, desde que acompanhados dos pais e/ou responsáveis. 6. Era razoável que o empresário vedasse a entrada de menor em espetáculo classificado como impróprio, ainda que acompanhado de seus pais. Havia motivos para crer que a classificação era impositiva, pois o art. 258 do ECA estabelecia sanções administrativas severas ao responsável por estabelecimento ou o empresário que deixasse de observar as disposições desse mesmo diploma legal 'sobre o acesso de criança ou adolescente aos locais de diversão, ou sobre sua participação no espetáculo'. A sanção poderia variar de 3 a 20 salários mínimos e, na reincidência, poderia resultar no fechamento do estabelecimento por até quinze dias. 7. Não se afigura razoável exigir que o recorrente, à época, interpretasse o art. 258 do ECA, sopesando os princípios próprios desse microssistema jurídico, para concluir que poderia eximir-se de sanção administrativa sempre que crianças e adolescentes estivessem em exibições impróprias, mas acompanhados de seus pais ou responsáveis. Com isso, eventual erro do recorrente sobre o dever que lhe era imposto por lei é absolutamente escusável. 8. Recurso especial provido" (REsp 1.209.792/RJ, 3.ª T., rel. Nancy Andrighi, 08.11.2011). Outras decisões: STJ: "1. O Tribunal de origem, a partir de ampla e pormenorizada análise do conjunto fático probatório dos autos, concluiu que o programa televisivo em questão tinha natureza equiparada a espetáculo público, de modo que, ao permitir a participação da criança em tal programa, 'sem autorização judicial a apelante violou objetivamente o art. 258 do Estatuto da Criança e do Adolescente, sendo configurada infração administrativa'. Destarte, o acolhimento da pretensão recursal, para reconhecer que a participação da criança não demandaria, na espécie, autorização judicial, dependeria do revolvimento do conjunto fático probatório dos autos, o que não é cabível em sede de recurso especial, nos termos da Súmula 7/STJ. 2. Tampouco é possível acolher a pretensão recursal no sentido de que o valor arbitrado a título de dano moral individual e dano moral difuso se revela desproporcional e desarrazoado. Ao manter o valor indenizatório fixado em primeira

Art. 258

Estatuto da Criança e do Adolescente Comentado • Nucci

instância (R$ 100.000,00, em favor do garoto e a mesma quantia em favor do Conselho dos Direitos da Criança e do Adolescente), o Tribunal de origem, atento às peculiaridades do caso em apreço consignou que o 'valor que pode ser plenamente arcado pela empresa sem impossibilitar o seu regular funcionamento ao mesmo tempo em que constitui impacto financeiro que não pode ser desprezado, causando repercussão positiva tanto na família do ofendido e como na Administração Pública voltada à promoção dos interesses da criança e do adolescente'. Por conseguinte, diante da ausência de flagrante desproporcionalidade do quantum indenizatório, seria necessário reexaminar o conjunto fático-probatório dos autos para acolher a pretensão do recorrente, o que não é possível em sede de recurso especial, em face do óbice da Súmula 7/STJ. Frise-se que o Superior Tribunal de Justiça só pode rever o quantum indenizatório fixado a títulos de danos morais em ações de responsabilidade civil quando irrisórios ou exorbitantes, o que não ocorreu na espécie" (AgInt no REsp 1.973.063/SP 2021/0077662-5, 2.ª T., rel. Mauro Capbell Marques, 02.05.2022, v.u.). TJMT: "Constatado o fornecimento de bebida alcoólica a adolescente em evento promocional, e restando configurada a responsabilização mediante assinatura em Auto de Infração, o qual não foi a tempo algum impugnado, impõe-se a aplicação de multa, nos termos do artigo 258 do Estatuto da Criança e do Adolescente, observando-se os princípios da razoabilidade e proporcionalidade. A falta de assinatura de um dos Conselheiros Tutelares não acarreta a nulidade do Relatório apresentado ao Ministério Público que efetuou a representação, eis que o documento assinado pelos demais Conselheiros possui fé pública. Recurso provido parcialmente" (Ap. 142267/2016-MT, 1.ª Câmara de Direito Privado, rel. Sebastião Barbosa Farias, 28.03.2017, v.u.). TJMG: "1 – Comprovada a entrada e permanência de menores de dezesseis anos em evento organizado pelo recorrente, em desatendimento ao previsto nos art. 149 do Estatuto da Criança e do Adolescente, resta configurada a infração administrativa prevista no art. 258 do mesmo texto normativo, a autorizar a aplicação de penalidade pecuniária. 2 – O responsável pelo evento deve se resguardar, tomando as medidas necessárias para evitar a entrada de menores de dezesseis anos no estabelecimento desacompanhados dos pais, sob pena de pagamento de multa por infração. 3 – Fixada a multa em valor permitido pela lei, deve ela ser confirmada, uma vez que condizente com as circunstâncias de fato evidenciadas na espécie, e com o postulado da proporcionalidade" (Ap. Cív. 1.0352.14.003622-4/001/MG, 6.ª Câm. Cível, rel. Sandra Fonseca, 07.06.2016).

308. Sujeito ativo: a infração é própria, pois o artigo aponta o responsável pelo estabelecimento (gerente, chefe ou similar) ou o empresário (proprietário do lugar). As normas contendo essas infrações administrativas não primam pela clareza. Portanto, deve-se captar o seu sentido, motivo pelo qual é viável punir também a pessoa jurídica, como se faz noutros casos. Na jurisprudência: STJ: "1. O Superior Tribunal de Justiça já se manifestou pela possibilidade de a pessoa jurídica responder pela infração administrativa prevista no art. 258 do Estatuto da Criança e do Adolescente (Lei 8.069/90), de modo que se reconhece tanto a legitimidade passiva do empresário ou do responsável pelo estabelecimento onde foi constatada a transgressão, quanto a da respectiva pessoa jurídica. Precedentes: REsp 937.748/SC, 1.ª T., rel. Min. Francisco Falcão, *DJ* 02.08.2007, p. 434; REsp 679.912/SC, rel. Min. Luiz Fux, 1.ª T., *DJ* 28.09.2006, p. 198). 2. A *ratio* da norma do art. 258 do ECA, em harmonia com a doutrina da proteção integral (art. 1.º), que inspira esse importantíssimo diploma especializado, é a da mais ampla tutela aos interesses da infância e da adolescência, inclusive no que respeita ao seu acesso às diversões públicas, por isso se revelando legítima, em tese, a autuação do estabelecimento ora recorrido, em cujo ambiente menores de dezoito anos, jogando sinuca, foram surpreendidos pelo Comissariado da Infância e da Juventude de Joinville/SC. 3. Consoante o magistério de Guilherme de Souza Nucci, na hipótese da infração prevista no art. 258 do ECA, 'é viável punir também a pessoa jurídica'" (*Estatuto da Criança e do Adolescente comentado.*

Rio de Janeiro: Forense, 2014, p. 766-767). 4. Compreensão do Tribunal de origem que diverge da orientação do STJ e de outras Cortes pátrias, com a consequente configuração do dissídio jurisprudencial alegado pela parte recorrente. 5. Recurso especial do Ministério Público de Santa Catarina provido" (REsp 601.141/SC, 1.ª T., rel. Sérgio Kukina, 19.05.2016, v.u.); "1. O Superior Tribunal de Justiça já se manifestou pela possibilidade de a pessoa jurídica responder pela infração administrativa prevista no art. 258 do Estatuto da Criança e do Adolescente (Lei 8.069/1990), de modo que se reconhece tanto a legitimidade passiva do empresário ou do responsável pelo estabelecimento onde foi constatada a transgressão, quanto a da respectiva pessoa jurídica. 2. Tratando-se de hipótese em que o representado, responsável pelo camarote empresarial, permitiu o acesso e a permanência de adolescentes em evento festivo, tendo deixado de fiscalizar o ingresso e permanência de menores de 18 anos no espaço, bem como o fornecimento de bebidas alcoólicas, está caracterizada a infração administrativa prevista no artigo 258 do Estatuto da Criança e do Adolescente. 3. A *ratio* da norma do art. 258 do ECA, em harmonia com a doutrina da proteção integral (art. 1.º), que inspira esse importantíssimo diploma especializado, é a da mais ampla tutela aos interesses da infância e da adolescência, inclusive no que respeita ao seu acesso às diversões públicas, por isso se revelando legítima, em tese, a autuação do estabelecimento ora recorrido, em cujo ambiente menores de dezoito anos, jogando sinuca, foram surpreendidos pelo Comissariado da Infância e da Juventude de Joinville-SC. 4. Rever o entendimento do Tribunal *a quo* demanda, necessariamente, o revolvimento do acervo fático-probatório dos autos, procedimento esse vedado em sede de Recurso Especial, conforme óbice previsto no enunciado n. 7 da Súmula do STJ" (REsp 1.727.270/MG, 2.ª T., rel. Herman Benjamin, 24.04.2018, v.u.). TJSP: "Representação. Infração administrativa. Auto de infração. Ausência de alvará. Prescindibilidade de dolo ou culpa. Súmula 87 do TJSP. Pretensa festa de aniversário não comprovada. Ingresso no evento mediante pagamento. Divulgação na internet. Presença de bebidas alcóolicas. Violação às normas contidas no art. 149, I, 'b', do Estatuto da Criança e do Adolescente. Infração prevista no art. 258 da Lei n.º 8.069/90 configurada. Responsabilidade solidária entre locador do espaço e organizador do evento. Fixação da multa que deve ser efetuada com base em salários de referência, não em salários mínimos. Recursos parcialmente providos apenas para o fim de alterar o valor da multa para 03 (três) salários de referência, em prestígio aos princípios da razoabilidade e proporcionalidade" (Apelação Cível 1000612-53.2019.8.26.0648, Câmara Especial, rel. Daniela Maria Cilento Morsello, 30.04.2020, v.u.).

309. Sujeito passivo: cuidando-se de infrações administrativas, a primeira afetada é a Administração Pública, cujos interesses, nesse caso, são o bem-estar e a segurança de crianças e adolescentes; em segundo plano, é a criança ou adolescente que pode sofrer prejuízos em frequentar lugar inadequado à sua idade.

310. Elemento subjetivo: basta a voluntariedade, significando a ação ou omissão exercida livremente, sem a influência de coação física ou moral. Entretanto, a prova da infração não é simples, pois há que se demonstrar, ao menos, a *vontade* de se omitir, permitindo o acesso indevido. Não se configura o ilícito caso ocorra algum acidente ou motivo de força maior.

311. Multa em salário de referência: ver a nota 240 ao art. 246.

312. Fechamento do estabelecimento por até quinze dias: em nosso entendimento, cuida-se de penalidade inconstitucional por ferir o princípio da proporcionalidade. Enquanto a multa, para a primeira infração, é constituída de valores de pouca monta, em caso de reincidência, se o magistrado utilizar a possibilidade máxima, certamente provocará milhares de reais de prejuízo. Enfim, totalmente incompatível com a espécie de dano provocado.

Art. 258-A

Art. 258-A. Deixar[313-315] a autoridade competente de providenciar a instalação e operacionalização dos cadastros previstos no art. 50 e no § 11 do art. 101 desta Lei:[316]

Pena – multa de R$ 1.000,00 (mil reais) a R$ 3.000,00 (três mil reais).[317]

Parágrafo único. Incorre nas mesmas penas[318] a autoridade que deixa de efetuar o cadastramento de crianças e de adolescentes em condições de serem adotadas, de pessoas ou casais habilitados à adoção e de crianças e adolescentes em regime de acolhimento institucional ou familiar.

313. Conduta ilícita: a infração é omissiva, consistente em *deixar de providenciar* (não tomar atitude para implementar algo) no tocante à instalação (criação) e operacionalização (funcionamento) dos cadastros de adoção (cadastro de crianças e adolescentes disponíveis; cadastro de candidatos à adoção) e de institucionalização de menores. Confiram-se os seguintes artigos: "Art. 50. A autoridade judiciária manterá, em cada comarca ou foro regional, um registro de crianças e adolescentes em condições de serem adotados e outro de pessoas interessadas na adoção"; Art. 101, § 11. "A autoridade judiciária manterá, em cada comarca ou foro regional, um cadastro contendo informações atualizadas sobre as crianças e adolescentes em regime de acolhimento familiar e institucional sob sua responsabilidade, com informações pormenorizadas sobre a situação jurídica de cada um, bem como as providências tomadas para sua reintegração familiar ou colocação em família substituta, em qualquer das modalidades previstas no art. 28 desta Lei". A autoridade responsável por tais cadastros é o juiz da Vara da Infância e Juventude.

314. Sujeito ativo: a infração é própria, pois o artigo aponta a autoridade competente, que é o juiz, conforme se vê nos arts. 50 e 101. Portanto, essa infração deve ser julgada pelo Tribunal de Justiça, foro competente para processar e julgar magistrados por crimes comuns e infrações funcionais. No caso presente, não adianta o juiz buscar fugir à sua responsabilidade de manter todos os cadastros criados e funcionando adequadamente, transmitindo o dever a terceiros (funcionários do cartório, por exemplo), pois a lei é clara ao indicar a sua obrigação.

315. Sujeito passivo: cuidando-se de infrações administrativas, a primeira afetada é a Administração Pública, cujos interesses, nesse caso, são o bem-estar e a segurança de crianças e adolescentes; em segundo plano, é a criança ou adolescente que pode sofrer prejuízos em deixar de ser adotado, por falha nos cadastros, ou permanecer institucionalizado por período excessivo.

316. Elemento subjetivo: basta a voluntariedade, significando a ação ou omissão exercida livremente, sem a influência de coação física ou moral. Entretanto, a prova da infração não é simples, pois há que se demonstrar, ao menos, a *vontade* de se omitir na criação e operacionalização dos cadastros. Não se configura o ilícito caso ocorra algum acidente ou motivo de força maior, como, por exemplo, a inexistência de material adequado, fornecido pelo Tribunal (computador, *software*, funcionário etc.).

317. Multa: diversamente do disposto nos outros artigos, foge-se à regra do salário de referência ou do salário mínimo, o que é incompreensível, pois valores em moeda acabam defasados com o tempo – e não há fórmula de atualização monetária nesta Lei.

318. Infração correlata: na realidade, valendo-se de puro bom senso, este parágrafo seria desnecessário; porém, o bom senso nem sempre está presente nas interpretações. O *caput* deste artigo determina que a autoridade judiciária deve manter todos os cadastros criados e funcionando. Ora, operacionalizar um cadastro, mais do que nunca, significa alimentá-lo, do contrário, é inútil. Entretanto, evitando qualquer dúvida, deixa-se bem claro que também é responsabilidade direta e pessoal do juiz providenciar a inserção de dados nesses cadastros. Está faltando a infração administrativa, para dizer o mínimo, relativa ao andamento célere dos procedimentos das Varas da Infância e Juventude. De nada adiante ter cadastro, alimentá-lo, se não há *movimentação efetiva*, providenciada pelo magistrado. Portanto, é preciso, ilustrando, um cadastro de crianças aptas à adoção, outro, formado de pessoas aptas a adotar, mas, acima de tudo, a concretização do liame entre criança ou jovem e adotante.

> **Art. 258-B.** Deixar[319-321] o médico, enfermeiro ou dirigente de estabelecimento de atenção à saúde de gestante de efetuar imediato encaminhamento à autoridade judiciária de caso de que tenha conhecimento de mãe ou gestante interessada em entregar seu filho para adoção:
>
> Pena – multa de R$ 1.000,00 (mil reais) a R$ 3.000,00 (três mil reais).[322]
>
> **Parágrafo único.** Incorre na mesma pena[323] o funcionário de programa oficial ou comunitário destinado à garantia do direito à convivência familiar que deixa de efetuar a comunicação referida no *caput* deste artigo.

319. Conduta ilícita: a infração é omissiva, consistente em *deixar de encaminhar* (não conduzir algo ou alguém a algum lugar) o caso de seu conhecimento, ao juiz, relativo a gestante ou mãe que deseje entregar seu filho para adoção. Essa infração foi introduzida pela Lei 12.010/2009, que vedou a adoção dirigida (entrega do filho pelos pais diretamente a uma pessoa de sua confiança, para adoção), pretendendo que o Estado interfira nessa situação com duas finalidades: a) evitar a qualquer custo a adoção, convencendo a mãe a permanecer com o filho, mesmo que ela não queira; essa é a política instituída pela referida Lei; b) se não conseguir evitar a entrega do filho, quer-se manter o critério obtuso da *fila da adoção*, ou seja, consumar o *direito do adotante* de ter um filho – e não o contrário, que é o correto. Por esses motivos, quer-se que o médico, enfermeiro ou dirigente de hospital, clínica, posto de saúde ou similar *denuncie* essa mãe ao juízo, evitando-se que ela possa entregar a criança a quem ela deseja. Uma típica *delação* legal. Na jurisprudência: TJMG: "1) O Estatuto da Criança e do Adolescente, para assegurar a observância aos ditames legais no processo de adoção, definiu como hipótese de infração administrativa, punível com multa, a não comunicação à autoridade judiciária quando a mãe ou gestante demonstra interesse em entregar seu filho para adoção (art. 258-B do ECA). 2) Restando incontroverso nos autos que a entidade ré, ciente da intenção da mãe/gestante em levar sua criança à adoção, descumpriu a determinação legal de comunicação à autoridade judiciária, confirma-se a sentença que julgou procedente o pedido de representação por infração administrativa, com cominação de multa, nos termos do dispositivo aplicável à espécie" (Ap. Cível 10024140451923001, 2.ª Câm. Cível, rel. Hilda Teixeira da Costa, 02.02.2016, v.u.).

320. Sujeito ativo: a infração é própria, pois o artigo aponta, claramente, o médico, o enfermeiro ou o dirigente de estabelecimento de atenção à saúde de gestante.

321. Sujeito passivo: cuidando-se de infrações administrativas, a primeira afetada é a Administração Pública, cujos interesses, nesse caso, são o bem-estar e a segurança de crianças e adolescentes. Não vislumbramos, nesse caso, a criança ou o adolescente como vítima, pois se quer garantir a política estatal de *convívio familiar* ou *adoção segundo a fila*. Isso não garante o bem-estar infantojuvenil.

322. Multa: diversamente do disposto nos outros artigos, foge-se à regra do salário de referência ou do salário mínimo, o que é incompreensível, pois valores em moeda acabam defasados com o tempo – e não há fórmula de atualização monetária nesta Lei.

323. Infração correlata: responde também pela infração o funcionário de programa oficial ou comunitário, cuja função é *garantir o direito à convivência familiar*, vale dizer, o encarregado de *insistir* nos lanços de sangue. Logo, se ele notar o desejo da mãe em não permanecer com seu filho – contrariando a política instituída pela Lei 12.010/2009 –, deve dedurá-la ao juiz. No mínimo, parte-se para o outro lado da moeda: entregar uma criança ao primeiro da fila do cadastro.

> **Art. 258-C.** Descumprir[324-325] a proibição estabelecida no inciso II do art. 81:
>
> Pena – multa de R$ 3.000,00 (três mil reais) a R$ 10.000,00 (dez mil reais);[326]
>
> Medida Administrativa – interdição do estabelecimento comercial até o recolhimento da multa aplicada.[327]

324. Conduta ilícita: além da expressa configuração de crime (art. 243 desta lei), cuida-se esta infração administrativa de vender bebida alcoólica a criança ou adolescente (art. 81, II, desta lei). Portanto, este artigo é completado pelo próprio Estatuto, não significando *norma penal em branco*. A infração é insuficiente, pois deveria ter seguido os mesmos critérios do art. 243: "vender, fornecer, servir, ministrar ou entregar". Vê-se uma contradição: pode ser crime servir bebida alcoólica a uma criança ou jovem, mas não uma infração administrativa. O *mais* (crime) tem mais condutas puníveis do que o *menos* (infração administrativa). Na jurisprudência: TJGO: "Os responsáveis pela venda de bebidas alcoólicas a menores violam o art. 81, II, da Lei n.º 8.069/80, devendo arcar com a sanção prevista no seu art. 258-C, cuja proibição destina-se à proteção daqueles que, até por presunção legal, não conseguem aquilatar os riscos do consumo" (Ap. Cível 0155872-54.2015.8.09.0002, Vara da Infância e Juventude Cível, rel. Leobino Valente Chaves, 09.05.2018, v.u.).

325. Sujeitos ativo e passivo: o sujeito ativo pode ser qualquer pessoa; afinal, *vender* bebida alcoólica não é monopólio de comerciantes. Sabe-se, no entanto, que a maior parte situa-se dentre os que comercializam tal substância. O sujeito passivo é a Administração Pública, que almeja impedir a venda desse tipo de bebida aos menores de 18 anos. Estes configuram o sujeito passivo secundário.

326. Multa: diversamente do disposto nos outros artigos, foge-se à regra do salário de referência ou do salário mínimo, o que é incompreensível, pois valores em moeda acabam defasados com o tempo – e não há fórmula de atualização monetária nesta Lei.

327. Medida inconstitucional: não se pode condicionar o pagamento da multa a qualquer situação mais gravosa, pois se está ferindo, de pronto, o princípio da proporcionalidade, resvalando na razoabilidade. Se o estabelecimento deve ser interditado, assim se fará. Porém, não há cabimento algum em *condicionar* o pagamento da multa a uma penalidade mais gravosa. Não há essa medida em Direito Penal, tampouco em outras áreas.

Disposições Finais
e Transitórias

> **Art. 259.** A União, no prazo de noventa dias contados da publicação deste Estatuto, elaborará projeto de lei dispondo sobre a criação ou adaptação de seus órgãos às diretrizes da política de atendimento fixadas no art. 88 e ao que estabelece o Título V do Livro II.[328]
>
> **Parágrafo único.** Compete aos estados e municípios promoverem a adaptação de seus órgãos e programas às diretrizes e princípios estabelecidos nesta Lei.

328. Implementação efetiva: como sói acontecer, leis são editadas, no Brasil, contendo várias previsões de melhorias neste ou naquele campo da vida em sociedade, inclusive com prazos específicos, mas todos sabem – público e notório, independente de prova – que, na maioria dos casos, nada é realizado concretamente. Segundo nos parece, as leis precisam ser mais realistas e menos idealistas, pois a frustração gerada por existirem, sem eficiência plena, é mais profunda do que possa parecer. Por outro lado, estipular prazos para não serem cumpridos, sob qualquer ângulo, é outro lado negativo das normas editadas em nosso país. Mais adequado seria não estabelecer tais prazos ou fixá-los, prevendo uma sanção eficiente para o descumprimento. Mais um fator merece destaque: equívocos legislativos são cometidos em várias normas e muitas dessas falhas não são corrigidas ao longo do tempo, situações que apontamos em nossos comentários. Há mais de dez anos, Maurício Neves de Jesus já demonstrava que os preceitos deste Estatuto nunca foram cumpridos a contento: "quatorze anos após a promulgação do Estatuto, pode-se dizer que ele realmente representa um progresso legislativo e que propôs um novo paradigma, mas que, na prática, pouco ou nada evoluiu. A lei possibilitou um avanço teórico que não se verificou na sua aplicação. O Estatuto é considerado uma legislação modelo, contudo, como toda lei, não traz consigo um dispositivo que lhe assegure a eficácia. Além disso, os motivos que os doutrinadores apontavam como formadores do comportamento desviante infantojuvenil às épocas dos antigos Códigos de Menores ainda se fazem presentes, como a estrutura social que exclui o indivíduo e privilegia o consumo, as desigualdades sociais e a transferência de responsabilidade do poder público para o setor privado e vice-versa. Elaboram-se discursos: quanto mais sedutores, mais vazios; falas que não evoluem para as práticas de inclusão, para um protagonismo transformador que faça de crianças e adolescentes sujeitos de direitos, donos legítimos de garantias constitucionalmente asseguradas, que podem exigir o cumprimento de obrigações delegadas pela Constituição da República à família, à sociedade e ao Estado, reafirmadas pelo Estatuto, que acrescenta ainda a responsabilidade da comunidade. O tratamento a ser dispensado ao adolescente em conflito com a lei penal, com a mudança de paradigma pretendida pelo Estatuto, depende do que se chamou de *salto triplo*, ou seja, mudar a lei, criar uma estrutura que permita a sua efetivação e capacitar os agentes responsáveis por aplicá-la e executá-la. Pouca valia tem um texto legal limitado ao seu arcabouço teórico e é assim que se encontra o Estatuto em relação à aplicação das medidas socioeducativas, com raras e pontuais exceções" (*Adolescente em conflito com a lei – prevenção e proteção integral*, p. 77-78).

> **Art. 260.** Os contribuintes poderão efetuar doações aos Fundos dos Direitos da Criança e do Adolescente nacional, distrital, estaduais ou municipais, devidamente comprovadas, sendo essas integralmente deduzidas do imposto de renda, obedecidos os seguintes limites:
>
> I – 1% (um por cento) do imposto sobre a renda devido apurado pelas pessoas jurídicas tributadas com base no lucro real; e
>
> II – 6% (seis por cento) do imposto sobre a renda apurado pelas pessoas físicas na Declaração de Ajuste Anual, observado o disposto no art. 22 da Lei n.º 9.532, de 10 de dezembro de 1997.
>
> § 1.º *(Revogado pela Lei 9.532/1997.)*
>
> § 1.º-A. Na definição das prioridades a serem atendidas com os recursos captados pelos fundos nacional, estaduais e municipais dos direitos da criança e do adolescente, serão consideradas as disposições do Plano Nacional de Promoção, Proteção e Defesa do Direito de Crianças e Adolescentes à Convivência Familiar e Comunitária e as do Plano Nacional pela Primeira Infância.
>
> § 2.º Os conselhos nacional, estaduais e municipais dos direitos da criança e do adolescente fixarão critérios de utilização, por meio de planos de aplicação, das dotações subsidiadas e demais receitas, aplicando necessariamente percentual para incentivo ao acolhimento, sob a forma de guarda, de crianças e adolescentes e para programas de atenção integral à primeira infância em áreas de maior carência socioeconômica e em situações de calamidade.
>
> § 2.º-A. O contribuinte poderá indicar o projeto que receberá a destinação de recursos, entre os projetos aprovados por conselho dos direitos da criança e do adolescente.
>
> § 2.º-B. É facultado aos conselhos chancelar projetos ou banco de projetos, por meio de regulamentação própria, observadas as seguintes regras:
>
> I – a chancela deverá ser entendida como a autorização para captação de recursos por meio dos Fundos dos Direitos da Criança e do Adolescente com a finalidade de viabilizar a execução dos projetos aprovados pelos conselhos;
>
> II – os projetos deverão garantir os direitos fundamentais e humanos das crianças e dos adolescentes;
>
> III – a captação de recursos por meio do Fundo dos Direitos da Criança e do Adolescente deverá ser realizada pela instituição proponente para o financiamento do respectivo projeto;
>
> IV – os recursos captados serão repassados para a instituição proponente mediante formalização de instrumento de repasse de recursos, conforme a legislação vigente;
>
> V – os conselhos deverão fixar percentual de retenção dos recursos captados, em cada chancela, que serão destinados ao Fundo dos Direitos da Criança e do Adolescente;
>
> VI – o tempo de duração entre a aprovação do projeto e a captação dos recursos deverá ser de 2 (dois) anos e poderá ser prorrogado por igual período;

VII – a chancela do projeto não deverá obrigar seu financiamento pelo Fundo dos Direitos da Criança e do Adolescente, caso não tenha sido captado valor suficiente.

§ 3.º O Departamento da Receita Federal, do Ministério da Economia, Fazenda e Planejamento, regulamentará a comprovação das doações feitas aos fundos, nos termos deste artigo.

§ 4.º O Ministério Público determinará em cada comarca a forma de fiscalização da aplicação, pelo Fundo Municipal dos Direitos da Criança e do Adolescente, dos incentivos fiscais referidos neste artigo.

§ 5.º Observado o disposto no § 4.º do art. 3.º da Lei n.º 9.249, de 26 de dezembro de 1995, a dedução de que trata o inciso I do *caput*:

I – será considerada isoladamente, não se submetendo a limite em conjunto com outras deduções do imposto; e

II – não poderá ser computada como despesa operacional na apuração do lucro real.

Art. 260-A. A partir do exercício de 2010, ano-calendário de 2009, a pessoa física poderá optar pela doação de que trata o inciso II do *caput* do art. 260 diretamente em sua Declaração de Ajuste Anual.

§ 1.º A doação de que trata o *caput* poderá ser deduzida até os seguintes percentuais aplicados sobre o imposto apurado na declaração:

I – (VETADO);

II – (VETADO);

III – 3% (três por cento) a partir do exercício de 2012.

§ 2.º A dedução de que trata o *caput*:

I – está sujeita ao limite de 6% (seis por cento) do imposto sobre a renda apurado na declaração de que trata o inciso II do *caput* do art. 260;

II – não se aplica à pessoa física que:

a) utilizar o desconto simplificado;

b) apresentar declaração em formulário; ou

c) entregar a declaração fora do prazo;

III – só se aplica às doações em espécie; e

IV – não exclui ou reduz outros benefícios ou deduções em vigor.

§ 3.º O pagamento da doação deve ser efetuado até a data de vencimento da primeira quota ou quota única do imposto, observadas instruções específicas da Secretaria da Receita Federal do Brasil.

§ 4.º O não pagamento da doação no prazo estabelecido no § 3.º implica a glosa definitiva desta parcela de dedução, ficando a pessoa física obrigada ao recolhimento da diferença de imposto devido apurado na Declaração de Ajuste Anual com os acréscimos legais previstos na legislação.

§ 5.º A pessoa física poderá deduzir do imposto apurado na Declaração de Ajuste Anual as doações feitas, no respectivo ano-calendário, aos fundos controlados pelos Conselhos dos Direitos da Criança e do Adolescente municipais, distrital, estaduais e nacional concomitantemente com a opção de que trata o *caput*, respeitado o limite previsto no inciso II do art. 260.

Art. 260-B. A doação de que trata o inciso I do art. 260 poderá ser deduzida:

I – do imposto devido no trimestre, para as pessoas jurídicas que apuram o imposto trimestralmente; e

II – do imposto devido mensalmente e no ajuste anual, para as pessoas jurídicas que apuram o imposto anualmente.

Parágrafo único. A doação deverá ser efetuada dentro do período a que se refere a apuração do imposto.

Art. 260-C. As doações de que trata o art. 260 desta Lei podem ser efetuadas em espécie ou em bens.

Parágrafo único. As doações efetuadas em espécie devem ser depositadas em conta específica, em instituição financeira pública, vinculadas aos respectivos fundos de que trata o art. 260.

Art. 260-D. Os órgãos responsáveis pela administração das contas dos Fundos dos Direitos da Criança e do Adolescente nacional, estaduais, distrital e municipais devem emitir recibo em favor do doador, assinado por pessoa competente e pelo presidente do Conselho correspondente, especificando:

I – número de ordem;

II – nome, Cadastro Nacional da Pessoa Jurídica (CNPJ) e endereço do emitente;

III – nome, CNPJ ou Cadastro de Pessoas Físicas (CPF) do doador;

IV – data da doação e valor efetivamente recebido; e

V – ano-calendário a que se refere a doação.

§ 1.º O comprovante de que trata o *caput* deste artigo pode ser emitido anualmente, desde que discrimine os valores doados mês a mês.

§ 2.º No caso de doação em bens, o comprovante deve conter a identificação dos bens, mediante descrição em campo próprio ou em relação anexa ao comprovante, informando também se houve avaliação, o nome, CPF ou CNPJ e endereço dos avaliadores.

Art. 260-E. Na hipótese da doação em bens, o doador deverá:

I – comprovar a propriedade dos bens, mediante documentação hábil;

II – baixar os bens doados na declaração de bens e direitos, quando se tratar de pessoa física, e na escrituração, no caso de pessoa jurídica; e

III – considerar como valor dos bens doados:

a) para as pessoas físicas, o valor constante da última declaração do imposto de renda, desde que não exceda o valor de mercado;

b) para as pessoas jurídicas, o valor contábil dos bens.

Parágrafo único. O preço obtido em caso de leilão não será considerado na determinação do valor dos bens doados, exceto se o leilão for determinado por autoridade judiciária.

Art. 260-F. Os documentos a que se referem os arts. 260-D e 260-E devem ser mantidos pelo contribuinte por um prazo de 5 (cinco) anos para fins de comprovação da dedução perante a Receita Federal do Brasil.

Art. 260-G. Os órgãos responsáveis pela administração das contas dos Fundos dos Direitos da Criança e do Adolescente nacional, estaduais, distrital e municipais devem:

I – manter conta bancária específica destinada exclusivamente a gerir os recursos do Fundo;

II – manter controle das doações recebidas; e

III – informar anualmente à Secretaria da Receita Federal do Brasil as doações recebidas mês a mês, identificando os seguintes dados por doador:

a) nome, CNPJ ou CPF;

b) valor doado, especificando se a doação foi em espécie ou em bens.

Art. 260-H. Em caso de descumprimento das obrigações previstas no art. 260-G, a Secretaria da Receita Federal do Brasil dará conhecimento do fato ao Ministério Público.

Art. 260-I. Os Conselhos dos Direitos da Criança e do Adolescente nacional, estaduais, distrital e municipais divulgarão amplamente à comunidade:

I – o calendário de suas reuniões;

II – as ações prioritárias para aplicação das políticas de atendimento à criança e ao adolescente;

III – os requisitos para a apresentação de projetos a serem beneficiados com recursos dos Fundos dos Direitos da Criança e do Adolescente nacional, estaduais, distrital ou municipais;

IV – a relação dos projetos aprovados em cada ano-calendário e o valor dos recursos previstos para implementação das ações, por projeto;

V – o total dos recursos recebidos e a respectiva destinação, por projeto atendido, inclusive com cadastramento na base de dados do Sistema de Informações sobre a Infância e a Adolescência; e

VI – a avaliação dos resultados dos projetos beneficiados com recursos dos Fundos dos Direitos da Criança e do Adolescente nacional, estaduais, distrital e municipais.

Art. 260-J. O Ministério Público determinará, em cada Comarca, a forma de fiscalização da aplicação dos incentivos fiscais referidos no art. 260 desta Lei.

Parágrafo único. O descumprimento do disposto nos arts. 260-G e 260-I sujeitará os infratores a responder por ação judicial proposta pelo Ministério Público, que poderá atuar de ofício, a requerimento ou representação de qualquer cidadão.

Art. 260-K. A Secretaria de Direitos Humanos da Presidência da República (SDH/PR) encaminhará à Secretaria da Receita Federal do Brasil, até 31 de outubro de cada ano, arquivo eletrônico contendo a relação atualizada dos Fundos dos Direitos da Criança e do Adolescente nacional, distrital, estaduais e municipais, com a indicação dos respectivos números de inscrição no CNPJ e das contas bancárias específicas mantidas em instituições financeiras públicas, destinadas exclusivamente a gerir os recursos dos Fundos.

Art. 260-L. A Secretaria da Receita Federal do Brasil expedirá as instruções necessárias à aplicação do disposto nos arts. 260 a 260-K.

Art. 261. A falta dos conselhos municipais dos direitos da criança e do adolescente, os registros, inscrições e alterações a que se referem os arts. 90, parágrafo único, e 91 desta Lei serão efetuados perante a autoridade judiciária da comarca a que pertencer a entidade.

Parágrafo único. A União fica autorizada a repassar aos estados e municípios, e os estados aos municípios, os recursos referentes aos programas e atividades previstos nesta Lei, tão logo estejam criados os conselhos dos direitos da criança e do adolescente nos seus respectivos níveis.

Art. 262. Enquanto não instalados os Conselhos Tutelares, as atribuições a eles conferidas serão exercidas pela autoridade judiciária.

Art. 263. O Decreto-Lei n.º 2.848, de 7 de dezembro de 1940 (Código Penal), passa a vigorar com as seguintes alterações:

"1) Art. 121. ....

§ 4.º No homicídio culposo, a pena é aumentada de um terço, se o crime resulta de inobservância de regra técnica de profissão, arte ou ofício, ou se o agente deixa de prestar imediato socorro à vítima, não procura diminuir as consequências do seu ato, ou foge para evitar prisão em flagrante. Sendo doloso o homicídio, a pena é aumentada de um terço, se o crime é praticado contra pessoa menor de catorze anos.

2) Art. 129. ....

§ 7.º Aumenta-se a pena de um terço, se ocorrer qualquer das hipóteses do art. 121, § 4.º.

§ 8.º Aplica-se à lesão culposa o disposto no § 5.º do art. 121.

3) Art. 136. ....

§ 3.º Aumenta-se a pena de um terço, se o crime é praticado contra pessoa menor de catorze anos.

4) Art. 213. ....

Parágrafo único. Se a ofendida é menor de catorze anos:

Pena – reclusão de quatro a dez anos.

5) Art. 214. ....

Parágrafo único. Se o ofendido é menor de catorze anos:

Pena – reclusão de três a nove anos."

Art. 264. O art. 102 da Lei n.º 6.015, de 31 de dezembro de 1973, fica acrescido do seguinte item:

"Art. 102. ....

6.º) a perda e a suspensão do pátrio poder".

Art. 265. A Imprensa Nacional e demais gráficas da União, da administração direta ou indireta, inclusive fundações instituídas e mantidas pelo poder público federal promoverão edição popular do texto integral deste Estatuto, que será posto à disposição das escolas e das entidades de atendimento e de defesa dos direitos da criança e do adolescente.

Art. 265-A. O poder público fará periodicamente ampla divulgação dos direitos da criança e do adolescente nos meios de comunicação social.

Parágrafo único. A divulgação a que se refere o *caput* será veiculada em linguagem clara, compreensível e adequada a crianças e adolescentes, especialmente às crianças com idade inferior a 6 (seis) anos.

Art. 266. Esta Lei entra em vigor noventa dias após sua publicação.

Parágrafo único. Durante o período de vacância deverão ser promovidas atividades e campanhas de divulgação e esclarecimentos acerca do disposto nesta Lei.

Art. 267. Revogam-se as Leis n.º 4.513, de 1964, e 6.697, de 10 de outubro de 1979 (Código de Menores), e as demais disposições em contrário.

Brasília, 13 de julho de 1990; 169.º da Independência e 102.º da República.

FERNANDO COLLOR
Bernardo Cabral
Carlos Chiarelli
Antônio Magri
Margarida Procópio

SINASE E EXECUÇÃO DAS MEDIDAS SOCIOEDUCATIVAS[1]

LEI 12.594, DE 18 DE JANEIRO DE 2012

Institui o Sistema Nacional de Atendimento Socio-educativo (Sinase), regulamenta a execução das medidas socioeducativas destinadas a adolescente que pratique ato infracional; e altera as Leis 8.069, de 13 de julho de 1990 (Estatuto da Criança e do Adolescente); 7.560, de 19 de dezembro de 1986, 7.998, de 11 de janeiro de 1990, 5.537, de 21 de novembro de 1968, 8.315, de 23 de dezembro de 1991, 8.706, de 14 de setembro de 1993, os Decretos-Leis 4.048, de 22 de janeiro de 1942, 8.621, de 10 de janeiro de 1946, e a Consolidação das Leis do Trabalho (CLT), aprovada pelo Decreto-Lei 5.452, de 1.º de maio de 1943.

Faço saber que o Congresso Nacional decreta e eu sanciono a seguinte Lei:

Título I
Do Sistema Nacional de Atendimento Socioeducativo (SINASE)

Capítulo I
DISPOSIÇÕES GERAIS

1. Divisão da Lei: há três Títulos, subdivididos em capítulos os dois primeiros. O primeiro cuida do SINASE propriamente dito, pretendendo expor, em detalhes, o conjunto de princípios, regras e critérios da execução da medida socioeducativa. É o Título dos conceitos e das obrigações estatais. O segundo é o mais importante, pois complementa o Estatuto da Criança e do Adolescente, estabelecendo as normas de execução propriamente ditas. Trata-se do Título mais útil aos fins desta obra e pelo qual passaremos com a indispensável minúcia. O terceiro dedica-se às disposições finais e transitórias, contendo as modificações legais cabíveis em outros textos.

> **Art. 1.º** Esta Lei institui o Sistema Nacional de Atendimento Socioeducativo (Sinase) e regulamenta a execução das medidas destinadas a adolescente que pratique ato infracional.[2]
>
> § 1.º Entende-se por Sinase[3] o conjunto ordenado de princípios, regras e critérios que envolvem a execução de medidas socioeducativas, incluindo-se nele, por adesão, os sistemas estaduais, distrital e municipais, bem como todos os planos, políticas e programas específicos de atendimento a adolescente[4] em conflito com a lei.
>
> § 2.º Entendem-se por medidas socioeducativas as previstas no art. 112 da Lei n.º 8.069, de 13 de julho de 1990 (Estatuto da Criança e do Adolescente), as quais têm por objetivos:[5]
>
> I – a responsabilização do adolescente quanto às consequências lesivas do ato infracional, sempre que possível incentivando a sua reparação;[6]
>
> II – a integração social do adolescente e a garantia de seus direitos individuais e sociais, por meio do cumprimento de seu plano individual de atendimento;[7] e
>
> III – a desaprovação da conduta infracional, efetivando as disposições da sentença como parâmetro máximo de privação de liberdade ou restrição de direitos, observados os limites previstos em lei.[8]

Art. 2.º

Estatuto da Criança e do Adolescente Comentado · **Nucci**

> § 3.º Entendem-se por programa de atendimento a organização e o funcionamento, por unidade, das condições necessárias para o cumprimento das medidas socioeducativas.
>
> § 4.º Entende-se por unidade a base física necessária para a organização e o funcionamento de programa de atendimento.
>
> § 5.º Entendem-se por entidade de atendimento a pessoa jurídica de direito público ou privado que instala e mantém a unidade e os recursos humanos e materiais necessários ao desenvolvimento de programas de atendimento.
>
> **Art. 2.º** O Sinase será coordenado pela União e integrado pelos sistemas estaduais, distrital e municipais responsáveis pela implementação dos seus respectivos programas de atendimento a adolescente ao qual seja aplicada medida socioeducativa, com liberdade de organização e funcionamento, respeitados os termos desta Lei.

2. Execução socioeducativa: em paralelo, cuidando-se do Direito Penal e da consequente aplicação da pena, terminou-se por julgar necessária a criação de uma lei independente para a execução da sanção penal. Portanto, o Código Penal, como regra, trata do delito e seus fundamentos, bem como da pena e sua aplicação concreta na sentença. A partir disso, cabe à Lei de Execução Penal (Lei 7.210/1984) disciplinar o efetivo cumprimento da pena e da medida de segurança, as duas espécies de sanção penal. Ganhou autonomia o Direito de Execução Penal, embora os seus princípios constitucionais regentes permaneçam calcados em Penal e Processo Penal. No caso presente, a Lei 12.594/2012 não chegou ao ponto de estabelecer um Direito de Execução Socioeducativa, mas atingiu o patamar de regrar, à parte do Estatuto da Criança e do Adolescente, o sistema da execução da medida socioeducativa, além de fixar vários princípios e regras para tanto. Do mesmo modo, manteve os princípios constitucionais voltados à criança e ao adolescente.

3. SINASE: em primeira leitura, quando se detecta o termo *SINASE*, logo se pensa na criação de *mais um* órgão estatal, com o objetivo de tutelar e proteger crianças e adolescentes – ou algo similar. Entretanto, é somente uma sigla, representativa de um *sistema*, voltado à execução das medidas socioeducativas. Noutros termos, esta lei propõe regras gerais para esse cenário, que devem ser adotadas por todas as Varas da Infância e Juventude, em busca da padronização de métodos para executar as medidas aplicadas aos adolescentes infratores. Tem o seu aspecto positivo, pois o Estatuto da Criança e do Adolescente falhou nesse importante ponto, deixando uma lacuna, suprida pela doutrina e pela aplicação prática de juízes. Considerando-se que *executar* a medida socioeducativa é tão ou mais relevante, na prática, para o menor do que aplicá-la, a regulamentação constitui caminho seguro. Mas, desde logo, para quem tomar conhecimento desta lei, precisa fazê-lo com espírito colaborador, despido de tecnicismo, buscando seus pontos positivos, pois encontrará várias repetições de critérios, regras e conceituações, além de enfrentar uma soma impressionante de princípios e diretrizes a serem seguidos pelo próprio Estado, em prol do adolescente, que, na realidade, terminam na mais pura omissão do poder público. É a *cortina de fumaça* legislativa a erguer-se em assuntos tão delicados quanto importantes para a sociedade. Para Mário Luiz Ramidoff, "o SINASE categoricamente tem por fim ordenar cada uma das atribuições legais que se destinem a efetivação das determinações judiciais relativas à responsabilização diferenciada do adolescente a quem se atribua a prática de ação conflitante com a lei" (*SINASE. Sistema Nacional de Atendimento Socioeducativo. Comentários à Lei n. 12.594, de 18 de janeiro de 2012*, p. 13).

Art. 2.º

4. Adolescente em conflito com a lei: trata-se de mais uma terminologia criada, em lei, para trazer *modernidade* ao contexto juvenil, quando ligado aos atos infracionais. Nada temos contra termos novos, mas repudiamos aqueles que pretendem, com isso, *vetar* o uso de expressões anteriores, como *adolescente infrator*. Hoje, os *censores* alheios criticam até mesmo quem se vale da terminologia *menor infrator*. Aliás, nem mesmo *menor* se pode falar ou escrever, pois dizem alguns que esse é o filho do pobre, enquanto o filho do rico é adolescente – ou ainda *teen*. Certamente, alguns já tomaram conhecimento dessa "crítica". O *policiamento* dos termos empregados por outras pessoas não leva a nada, a não ser como fenômeno autoritário. Várias leis, no País, servem-se da expressão *menor de 18 anos*, pois é exatamente o que significa, nem mais nem menos: a pessoa cuja idade é inferior aos 18 anos, um marco civil e penal relevante. O antigo *Código de Menores*, substituído pelo Estatuto da Criança e do Adolescente, para muitos constituía uma legislação arbitrária, razão pela qual se quer evitar o emprego da terminologia *menor* ou *menores*. Pode-se dizer que denominar os indivíduos por *criança* e *adolescente* é mais adequado, condizente com a terminologia do dia a dia, mas nem por isso a expressão *menor de 18 anos* desapareceu. E, quando utilizada, não significa o rebaixamento moral de ninguém. Portanto, com o advento desta lei, ao mencionar *adolescente em conflito com a lei*, retoma-se o cenário de crítica a quem se valer do termo *infrator*, embora se continue a referir a *ato infracional*. Em suma, no campo do Direito Infantojuvenil, o verdadeiro *policiamento* deveria voltar-se contra o poder público, que deixa de cumprir a maior parte das leis editadas e em plena vigência.

5. Objetivos das medidas socioeducativas: são as seguintes medidas: "I – advertência; II – obrigação de reparar o dano; III – prestação de serviços à comunidade; IV – liberdade assistida; V – inserção em regime de semiliberdade; VI – internação em estabelecimento educacional; VII – qualquer uma das previstas no art. 101, I a VI".

6. Responsabilização do adolescente: o primeiro inciso fornece uma visão punitivista acerca da medida socioeducativa, pois expressa, com nitidez, a ideia de *responsabilizar* – atribuir a alguém a culpa por algo ilícito neste contexto; ficar sujeito às consequências do que fez, abrindo um flanco retributivo. Se agiu errado (consequências lesivas de seu ato), deve arcar com isso (sempre que possível, reparando). Isso não afasta o caráter pedagógico, afinal, ensina-se justamente por conta da responsabilização. Na jurisprudência: TJRJ: "Adolescente representado pela prática de atos infracionais análogos a roubo circunstanciado e tráfico de drogas. Irresignação defensiva quanto á decisão proferida pelo juízo da vara de execuções de medidas socioeducativas que manteve o adolescente em regime de internação. Alegação de violação aos princípios da brevidade e excepcionalidade da medida socioeducativa. Princípios que, não obstante de imperiosa observância, devem ser lidos em conjunto com o objetivo da MSE previsto no artigo 1.º, § 2.º, inciso I, da Lei do Sinase, dentre eles o da *responsabilização do jovem, que deverá entender este caráter*. Plano individual de atendimento que não fora juntado aos autos para permitir uma análise do colegiado quanto ao processo evolutivo das metas socioeducadoras estabelecidas. Ausência de elementos sólidos que permitam a verificação efetiva das metas estabelecidas, não valendo a juntada de relatório, que, mais preocupado com a superlotação da unidade, deixa de trazer ao juízo de base informações consistentes sobre o alcance de todas as metas do PIA de forma plena. Manutenção do adolescente sob regime de internação que se impõe. Recurso desprovido" (AI 0003281-66.2017.8.19.0000-RJ, 4.ª Câmara Criminal, rel. João Ziraldo Maia, 25.04.2017, grifamos).

7. Individualização executória: nos mesmos moldes do princípio constitucional da *individualização da pena*, que apresenta uma face lastreada na *individualização executória*, está-se assegurando ao adolescente infrator o mesmo plano *individual* de execução da sua medida socioeducativa. Reconhece-se a diferença entre menores em conflito com a lei, cada

Art. 3.º

Estatuto da Criança e do Adolescente Comentado · Nucci

qual com sua personalidade, seu passado, suas condições familiares etc., de modo a fornecer um plano de atendimento exclusivo – e não padronizado. Esse plano visa à sua integração social, o que se poderia chamar de *ressocialização*, caso fosse um adulto. Tratando-se de pessoa em formação da personalidade, não se deve considerá-la, ainda, excluída da sociedade, logo, objetiva-se a sua *integração* (e não reintegração) social.

8. Desaprovação da conduta infracional: é interessante observar mais um ponto de *reprovação*, logo, condizente com o aspecto *punitivo* da medida socioeducativa. No mesmo foco do inciso I, toca-se no discutido e polêmico cenário do *castigo*. Frisa-se que a medida socioeducativa tem por um de seus fins *desaprovar* o ato infracional cometido. É dizer *não* ao adolescente; talvez, algo que nem mesmo seus pais souberam fazer até então. A parte final deste inciso pretende fixar a sentença como o título executivo delineador da sanção aplicada, ao menos quanto ao teto punitivo (ex.: se o juiz fixou semiliberdade, não se pode incluir o jovem em internação, salvo por regressão). Pode aplicar-se menos do que contém a decisão judicial (ex.: substituir uma semiliberdade por liberdade assistida), a qualquer momento da execução, sem maiores formalidades. Entretanto, a expressão "observados os limites previstos em lei" deixa a questão em aberto, justamente para favorecer a execução socioeducativa, que é individualizada. Aliás, adota o mesmo padrão da execução penal. O adolescente, ao receber, na sentença, a medida de semiliberdade, não pode ser inserido em regime de privação total da liberdade. Porém, durante a execução, por *ordem judicial*, calcada em lei, assegurado o devido processo legal, pode regredir à internação. Na jurisprudência: TJRJ: "Apelação criminal. ECA. Adolescente infrator. Ato análogo aos crimes contidos nos artigos 33 da Lei 11.343/06. Menor apreendida em flagrante delito. Robusto acervo probatório. Aplicação de medida socioeducativa de semiliberdade. Primeira passagem da adolescente de 17 anos pelo sistema socioeducativo. *Necessidade da imposição de limites* e fortalecimento dos laços familiares e afetivos. Aplicação condicionada aos preceitos dispostos no art. 227, § 3.º, inciso V, da Constituição Federal reiterados no art. 121 do ECA, e art. 1.º, § 2.º, da Lei do Sinase. Ausência de irresignação do *Parquet*. Recurso desprovido" (Ap. 0002633-69.2016.8.19.0017-RJ, 1.ª Câmara Criminal, rel. Katya Maria de Paula Menezes Monnerat, 25.04.2017, grifamos).

Capítulo II
Das Competências

> **Art. 3.º** Compete à União:[9]
>
> I – formular e coordenar a execução da política nacional de atendimento socioeducativo;
>
> II – elaborar o Plano Nacional de Atendimento Socioeducativo, em parceria com os Estados, o Distrito Federal e os Municípios;
>
> III – prestar assistência técnica e suplementação financeira aos Estados, ao Distrito Federal e aos Municípios para o desenvolvimento de seus sistemas;
>
> IV – instituir e manter o Sistema Nacional de Informações sobre o Atendimento Socioeducativo, seu funcionamento, entidades, programas, incluindo dados relativos a financiamento e população atendida;
>
> V – contribuir para a qualificação e ação em rede dos Sistemas de Atendimento Socioeducativo;
>
> VI – estabelecer diretrizes sobre a organização e funcionamento das unidades e programas de atendimento e as normas de referência destinadas ao cumprimento das medidas socioeducativas de internação e semiliberdade;

> VII – instituir e manter processo de avaliação dos Sistemas de Atendimento Socioeducativo, seus planos, entidades e programas;
>
> VIII – financiar, com os demais entes federados, a execução de programas e serviços do Sinase; e
>
> IX – garantir a publicidade de informações sobre repasses de recursos aos gestores estaduais, distrital e municipais, para financiamento de programas de atendimento socioeducativo.
>
> § 1.º São vedados à União o desenvolvimento e a oferta de programas próprios de atendimento.[10]
>
> § 2.º Ao Conselho Nacional dos Direitos da Criança e do Adolescente (Conanda) competem as funções normativa, deliberativa, de avaliação e de fiscalização do Sinase, nos termos previstos na Lei n.º 8.242, de 12 de outubro de 1991, que cria o referido Conselho.[11]
>
> § 3.º O Plano de que trata o inciso II do *caput* deste artigo será submetido à deliberação do Conanda.
>
> § 4.º À Secretaria de Direitos Humanos da Presidência da República (SDH/PR) competem as funções executiva e de gestão do Sinase.[12]

9. Competência da União: esmiúça-se o que cabe à União desenvolver no cenário da execução das medidas socioeducativas, embora com a costumeira repetição de normas. No art. 2.º, menciona-se que a União coordenará o SINASE, exatamente o previsto no inciso I deste artigo. Em lugar de comentar cada um dos encargos assumidos, o mais relevante é contar com a sua efetividade em breve tempo. Se assim for feito, não temos dúvida de que o atual patamar negativo da execução socioeducativa será integralmente alterado – para melhor.

10. Descentralização: mantém-se a divisão das responsabilidades quanto à efetivação da política de atendimento à criança e ao adolescente, em particular para conservar o encargo do Estado-membro e do Município nessa área. Noutros termos, a União não pode criar e manter uma unidade de atendimento ao adolescente infrator. Seria a *federalização* das entidades de internação, tal como foi feito no âmbito penal, com a criação dos presídios federais para abrigar presos considerados perigosos.

11. Responsabilidade do CONANDA: na realidade, a coordenação do SINASE, que é da União (art. 2.º; art. 3.º, I), haveria de se desenvolver, no plano real, por meio de algum órgão. Um deles é o Conselho Nacional dos Direitos da Criança e do Adolescente, cuja atividade será baixar normas complementares a esta Lei, avaliar o andamento das unidades em todo o Brasil e os planos de atendimento desenvolvidos, bem como fiscalizá-los. Vide, inclusive, o disposto pelo § 3.º a seguir. O outro órgão, mencionado pelo § 4.º, é a Secretaria dos Direitos Humanos da Presidência da República.

12. Responsabilidade da SDH/PR: juntamente com o Conselho Nacional dos Direitos da Criança e do Adolescente (ver a nota ao § 2.º. *supra*), a Secretaria dos Direitos Humanos da Presidência da República atuará como órgão gestor e executor do SINASE.

> **Art. 4.º** Compete aos Estados:[13]
>
> I – formular, instituir, coordenar e manter Sistema Estadual de Atendimento Socioeducativo, respeitadas as diretrizes fixadas pela União;
>
> II – elaborar o Plano Estadual de Atendimento Socioeducativo em conformidade com o Plano Nacional;

Art. 4.º

Estatuto da Criança e do Adolescente Comentado · **Nucci**

III – criar, desenvolver e manter programas para a execução das medidas socioeducativas de semiliberdade e internação;

IV – editar normas complementares para a organização e funcionamento do seu sistema de atendimento e dos sistemas municipais;

V – estabelecer com os Municípios formas de colaboração para o atendimento socioeducativo em meio aberto;

VI – prestar assessoria técnica e suplementação financeira aos Municípios para a oferta regular de programas de meio aberto;

VII – garantir o pleno funcionamento do plantão interinstitucional, nos termos previstos no inciso V do art. 88 da Lei n.º 8.069, de 13 de julho de 1990 (Estatuto da Criança e do Adolescente);

VIII – garantir defesa técnica do adolescente a quem se atribua prática de ato infracional;

IX – cadastrar-se no Sistema Nacional de Informações sobre o Atendimento Socioeducativo e fornecer regularmente os dados necessários ao povoamento e à atualização do Sistema; e

X – cofinanciar, com os demais entes federados, a execução de programas e ações destinados ao atendimento inicial de adolescente apreendido para apuração de ato infracional, bem como aqueles destinados a adolescente a quem foi aplicada medida socioeducativa privativa de liberdade.

§ 1.º Ao Conselho Estadual dos Direitos da Criança e do Adolescente competem as funções deliberativas e de controle do Sistema Estadual de Atendimento Socioeducativo, nos termos previstos no inciso II do art. 88 da Lei n.º 8.069, de 13 de julho de 1990 (Estatuto da Criança e do Adolescente), bem como outras definidas na legislação estadual ou distrital.

§ 2.º O Plano de que trata o inciso II do *caput* deste artigo será submetido à deliberação do Conselho Estadual dos Direitos da Criança e do Adolescente.

§ 3.º Competem ao órgão a ser designado no Plano de que trata o inciso II do *caput* deste artigo as funções executiva e de gestão do Sistema Estadual de Atendimento Socioeducativo.

13. Competência dos Estados: como já mencionamos na nota 9 ao art. 3.º, espera-se que o Estado cumpra suas obrigações de maneira integral; assim fazendo, o estado atual – que é negativo –, no plano de atendimento aos adolescentes infratores, poderá aprimorar-se em breve tempo. Afinal, é notório o descumprimento elementar de preceitos do próprio ECA no tocante ao lugar de cumprimento da internação provisória ou definitiva, que se dá em cadeias, delegacias, presídios etc. Observa-se, pelo conteúdo dos incisos, a meta de se fixar, como obrigação do Estado-membro, a criação e manutenção das entidades relativas à semiliberdade e à internação. Assim sendo, inexistirá unidades desse tipo no plano federal e na esfera municipal. Cuida-se de atuação exclusiva de cada Estado da Federação. Além dessa medida concreta, outra desponta no inciso VIII, que é prestar assistência judiciária gratuita ao adolescente. Portanto, quando realizada por meio da Defensoria Pública, será a estadual – e não a da União. Muito menos qualquer órgão similar do Município. Na jurisprudência: TJMG: "A Convenção sobre os Direitos da Criança estipula o dever do Estado brasileiro de zelar para que toda criança privada da liberdade seja tratada com a humanidade e o respeito que merece a dignidade inerente à pessoa humana, e levando-se em

Título I – Do Sistema Nacional de Atendimento Socioeducativo

Art. 6.º

consideração as necessidades de uma pessoa de sua idade (alínea *c* do artigo 37 do Decreto de n.º 99.710/90). É da competência dos Estados criar, desenvolver e manter programas para a execução das medidas socioeducativas de semiliberdade e internação (inciso III do artigo 4.º da Lei 12.594/12). Restando devidamente caracterizada a insuficiência do serviço público, se revela legítimo compelir o Estado de Minas Gerais a providenciar vaga em unidade devidamente adequada ao cumprimento das medidas socioeducativas aplicadas às crianças e aos adolescentes. Nos termos do § 1.º do artigo 536 e do artigo 537, ambos do CPC/15, se afigura possível a cominação de multa diária em face da Fazenda Pública, com o objetivo de promover o cumprimento da determinação judicial" (AI 1.0079.16.030159-8/001-MG, 4.ª Câmara Cível, rel. Ana Paula Caixeta, 27.07.2017).

Art. 5.º Compete aos Municípios:[14]

I – formular, instituir, coordenar e manter o Sistema Municipal de Atendimento Socioeducativo, respeitadas as diretrizes fixadas pela União e pelo respectivo Estado;

II – elaborar o Plano Municipal de Atendimento Socioeducativo, em conformidade com o Plano Nacional e o respectivo Plano Estadual;

III – criar e manter programas de atendimento para a execução das medidas socioeducativas em meio aberto;

IV – editar normas complementares para a organização e funcionamento dos programas do seu Sistema de Atendimento Socioeducativo;

V – cadastrar-se no Sistema Nacional de Informações sobre o Atendimento Socioeducativo e fornecer regularmente os dados necessários ao povoamento e à atualização do Sistema; e

VI – cofinanciar, conjuntamente com os demais entes federados, a execução de programas e ações destinados ao atendimento inicial de adolescente apreendido para apuração de ato infracional, bem como aqueles destinados a adolescente a quem foi aplicada medida socioeducativa em meio aberto.

§ 1.º Para garantir a oferta de programa de atendimento socioeducativo de meio aberto, os Municípios podem instituir os consórcios dos quais trata a Lei n.º 11.107, de 6 de abril de 2005, que dispõe sobre normas gerais de contratação de consórcios públicos e dá outras providências, ou qualquer outro instrumento jurídico adequado, como forma de compartilhar responsabilidades.

§ 2.º Ao Conselho Municipal dos Direitos da Criança e do Adolescente competem as funções deliberativas e de controle do Sistema Municipal de Atendimento Socioeducativo, nos termos previstos no inciso II do art. 88 da Lei n.º 8.069, de 13 de julho de 1990 (Estatuto da Criança e do Adolescente), bem como outras definidas na legislação municipal.

§ 3.º O Plano de que trata o inciso II do *caput* deste artigo será submetido à deliberação do Conselho Municipal dos Direitos da Criança e do Adolescente.

§ 4.º Competem ao órgão a ser designado no Plano de que trata o inciso II do *caput* deste artigo as funções executiva e de gestão do Sistema Municipal de Atendimento Socioeducativo.

Art. 6.º Ao Distrito Federal cabem, cumulativamente, as competências dos Estados e dos Municípios.

Art. 7.º

Estatuto da Criança e do Adolescente Comentado • **Nucci**

Capítulo III
Dos Planos de Atendimento Socioeducativo

Art. 7.º O Plano de que trata o inciso II do art. 3.º desta Lei deverá incluir um diagnóstico da situação do Sinase, as diretrizes, os objetivos, as metas, as prioridades e as formas de financiamento e gestão das ações de atendimento para os 10 (dez) anos seguintes, em sintonia com os princípios elencados na Lei n.º 8.069, de 13 de julho de 1990 (Estatuto da Criança e do Adolescente).

§ 1.º As normas nacionais de referência para o atendimento socioeducativo devem constituir anexo ao Plano de que trata o inciso II do art. 3.º desta Lei.

§ 2.º Os Estados, o Distrito Federal e os Municípios deverão, com base no Plano Nacional de Atendimento Socioeducativo, elaborar seus planos decenais correspondentes, em até 360 (trezentos e sessenta) dias a partir da aprovação do Plano Nacional.

Art. 8.º Os Planos de Atendimento Socioeducativo deverão, obrigatoriamente, prever ações articuladas nas áreas de educação, saúde, assistência social, cultura, capacitação para o trabalho e esporte, para os adolescentes atendidos, em conformidade com os princípios elencados na Lei n.º 8.069, de 13 de julho de 1990 (Estatuto da Criança e do Adolescente).

Parágrafo único. Os Poderes Legislativos federal, estaduais, distrital e municipais, por meio de suas comissões temáticas pertinentes, acompanharão a execução dos Planos de Atendimento Socioeducativo dos respectivos entes federados.

Capítulo IV
DOS PROGRAMAS DE ATENDIMENTO
Seção I
Disposições Gerais

Art. 9.º Os Estados e o Distrito Federal inscreverão seus programas de atendimento e alterações no Conselho Estadual ou Distrital dos Direitos da Criança e do Adolescente, conforme o caso.

Art. 10. Os Municípios inscreverão seus programas e alterações, bem como as entidades de atendimento executoras, no Conselho Municipal dos Direitos da Criança e do Adolescente.

Art. 11. Além da especificação do regime, são requisitos obrigatórios para a inscrição de programa de atendimento:

I – a exposição das linhas gerais dos métodos e técnicas pedagógicas, com a especificação das atividades de natureza coletiva;

II – a indicação da estrutura material, dos recursos humanos e das estratégias de segurança compatíveis com as necessidades da respectiva unidade;

III – regimento interno que regule o funcionamento da entidade, no qual deverá constar, no mínimo:

a) o detalhamento das atribuições e responsabilidades do dirigente, de seus prepostos, dos membros da equipe técnica e dos demais educadores;

Art. 12

> b) a previsão das condições do exercício da disciplina e concessão de benefícios e o respectivo procedimento de aplicação; e
>
> c) a previsão da concessão de benefícios extraordinários e enaltecimento, tendo em vista tornar público o reconhecimento ao adolescente pelo esforço realizado na consecução dos objetivos do plano individual;
>
> IV – a política de formação dos recursos humanos;
>
> V – a previsão das ações de acompanhamento do adolescente após o cumprimento de medida socioeducativa;
>
> VI – a indicação da equipe técnica, cuja quantidade e formação devem estar em conformidade com as normas de referência do sistema e dos conselhos profissionais e com o atendimento socioeducativo a ser realizado; e
>
> VII – a adesão ao Sistema de Informações sobre o Atendimento Socioeducativo, bem como sua operação efetiva.
>
> **Parágrafo único.** O não cumprimento do previsto neste artigo sujeita as entidades de atendimento, os órgãos gestores, seus dirigentes ou prepostos à aplicação das medidas previstas no art. 97 da Lei n.º 8.069, de 13 de julho de 1990 (Estatuto da Criança e do Adolescente).

14. Competência dos Municípios: em caráter residual, cabe ao Município, no plano prático, criar e manter os programas destinados a cuidar do adolescente no meio aberto, tais como prestação de serviços à comunidade e liberdade assistida. Porém, não se deve perder de vista a possibilidade de aplicação das medidas previstas no art. 101, I a VI (art. 112, VII) do Estatuto da Criança e do Adolescente, cujas bases para apoio à família carente, para o ensino fundamental, para tratamento médico e de desintoxicação precisa concentrar-se no Município. Tudo isso com o devido apoio do Estado (art. 4.º, V e VI, desta Lei). "A principal mudança trazida pela nova legislação é a municipalização do acompanhamento do cumprimento das medidas de prestação de serviços à comunidade e a de liberdade assistida, conforme adiante será tratado. Em razão disso, observa-se que os Estados permaneceram com a competência jurisdicional para o conhecimento (apuração e julgamento) das ações conflitantes com a lei, então atribuídas a adolescentes, e, assim, consequentemente, para a determinação judicial do cumprimento de medidas legais – protetivas e/ou socioeducativas. Contudo, os Estados apenas se responsabilizarão pela adoção das providências legais – organização, estruturação e funcionamento – que se destinem ao acompanhamento do cumprimento das medidas socioeducativas privativas de liberdade (semiliberdade e internação). (...) Os Municípios, assim, serão obrigados a organizar estrutural e funcionalmente os programas de atendimento socioeducativo das medidas de prestação de serviços à comunidade e de liberdade assistida. (...) Os Municípios restarão, assim, indevidamente sobrecarregados por determinações legais e judiciais que lhes comprometerão não só orçamentariamente, mas, também, a estruturação e o funcionamento do atendimento socioeducativo, sem que para tanto tenha deliberado ou mesmo concorrido" (Mário Luiz Ramidoff, *SINASE. Sistema Nacional de Atendimento Socioeducativo. Comentários à Lei n. 12.594, de 18 de janeiro de 2012*, p. 26-27).

> **Art. 12.** A composição da equipe técnica do programa de atendimento deverá ser interdisciplinar, compreendendo, no mínimo, profissionais das áreas de saúde, educação e assistência social, de acordo com as normas de referência.[15]
>
> § 1.º Outros profissionais podem ser acrescentados às equipes para atender necessidades específicas do programa.[16]

Art. 13

§ 2.º Regimento interno deve discriminar as atribuições de cada profissional, sendo proibida a sobreposição dessas atribuições na entidade de atendimento.

§ 3.º O não cumprimento do previsto neste artigo sujeita as entidades de atendimento, seus dirigentes ou prepostos à aplicação das medidas previstas no art. 97 da Lei n.º 8.069, de 13 de julho de 1990 (Estatuto da Criança e do Adolescente).[17]

15. Equipe técnica do programa de atendimento: há várias menções, nesta Lei e no Estatuto da Criança e do Adolescente, acerca de *equipe técnica, equipe interdisciplinar* e *equipe multiprofissional,* sem que se especifique a sua composição. Finalmente, neste dispositivo, encontra-se um parâmetro, que, embora não seja o ideal, é um começo. A equipe técnica *deve* ser formada por profissionais da saúde (nesse campo, para os seus fins, basicamente, demanda--se psicólogo, terapeuta e psiquiatra), educação (pedagogo, orientador pedagógico, professor de ensino básico, professor de ensino fundamental) e assistência social (serviço social). Essa composição deveria estender-se às equipes em atuação nas Varas da Infância e Juventude.

16. Outros profissionais: quanto mais completa a equipe técnica, para o programa de atendimento, sem dúvida, melhor para o adolescente. Pode-se visualizar igualmente o fonoaudiólogo, terapeuta ocupacional, dentista, nutricionista, professor de educação física, dentre outros.

17. Sanções aplicáveis: são punições previstas pelo art. 97 do ECA, "sem prejuízo da responsabilidade civil e criminal de seus dirigentes ou prepostos: I – às entidades governamentais: a) advertência; b) afastamento provisório de seus dirigentes; c) afastamento definitivo de seus dirigentes; d) fechamento de unidade ou interdição de programa. II – às entidades não governamentais: a) advertência; b) suspensão total ou parcial do repasse de verbas públicas; c) interdição de unidades ou suspensão de programa; d) cassação do registro".

Seção II
Dos Programas de Meio Aberto

Art. 13. Compete à direção do programa de prestação de serviços à comunidade[18] ou de liberdade assistida:[19-20]

I – selecionar e credenciar orientadores, designando-os, caso a caso, para acompanhar e avaliar o cumprimento da medida;

II – receber o adolescente e seus pais ou responsável e orientá-los sobre a finalidade da medida e a organização e funcionamento do programa;

III – encaminhar o adolescente para o orientador credenciado;

IV – supervisionar o desenvolvimento da medida; e

V – avaliar, com o orientador, a evolução do cumprimento da medida e, se necessário, propor à autoridade judiciária sua substituição, suspensão ou extinção.

Parágrafo único. O rol de orientadores credenciados deverá ser comunicado, semestralmente, à autoridade judiciária e ao Ministério Público.

18. Prestação de serviços à comunidade: trata-se da medida socioeducativa de natureza ideal, pois contempla o aspecto educativo, ensinando ao jovem como auxiliar a sua

Art. 14

Título I – Do Sistema Nacional de Atendimento Socioeducativo

comunidade, além de lhe servir de lição pelo que fez, pois implica a restrição de direitos. Deve o adolescente executar tarefas gratuitas em hospitais, asilos, abrigos, entidades de acolhimento e congêneres, com finalidade educativa e aprimoramento da formação moral.

19. Liberdade assistida: consiste na permanência do adolescente em liberdade, mas devidamente orientado por profissional qualificado a tanto, que deverá acompanhá-lo e auxiliá-lo no tocante às suas deficiências escolares ou laborativas.

20. Direção do programa de meio aberto: é o órgão encarregado de coordenar o desenvolvimento das medidas socioeducativas de prestação de serviços à comunidade e liberdade assistida. A principal meta é selecionar e credenciar os orientadores, profissionais destinados a acompanhar e assistir ao adolescente, tanto na liberdade assistida quanto na prestação de serviços à comunidade. A sua função não se restringe à pura orientação, mas também à fiscalização das atividades do jovem, que devem corresponder ao determinado em juízo. Além disso, a direção, por um ou mais coordenadores, é encarregada de receber o adolescente e seus pais ou responsável, pessoalmente, para tornar mais eficiente o seu trabalho e, consequentemente, o cumprimento da medida imposta. A conscientização dos genitores do jovem é essencial para o sucesso da atividade, pois haverá, também, a fiscalização familiar. Complementa o processo a avaliação, juntamente com o orientador do adolescente, acerca da evolução da prestação de serviços à comunidade ou da liberdade assistida, com o objetivo de informar o juízo. Esse relato deve trazer o retrato da situação presente e um prognóstico, podendo propor à autoridade judiciária a extinção da medida, sua substituição ou suspensão. De fato, executar a medida socioeducativa, como já mencionamos, é tão – ou mais – importante que aplicá-la. A eficácia da sanção impõe o ritmo de aprimoramento da personalidade do adolescente; se não for eficiente, por certo, impossibilita a educação (ou reeducação), tornando-a inócua. Era mesmo preciso editar uma lei voltada à execução das medidas socioeducativas. Entretanto, aguarda-se seja realmente implementada na prática.

> **Art. 14.** Incumbe ainda à direção do programa de medida de prestação de serviços à comunidade selecionar e credenciar entidades assistenciais, hospitais, escolas ou outros estabelecimentos congêneres, bem como os programas comunitários ou governamentais, de acordo com o perfil do socioeducando e o ambiente no qual a medida será cumprida.[21]
>
> **Parágrafo único.** Se o Ministério Público impugnar o credenciamento, ou a autoridade judiciária considerá-lo inadequado, instaurará incidente de impugnação,[22] com a aplicação subsidiária do procedimento[23] de apuração de irregularidade em entidade de atendimento regulamentado na Lei n.º 8.069, de 13 de julho de 1990 (Estatuto da Criança e do Adolescente), devendo citar o dirigente do programa e a direção da entidade ou órgão credenciado.

21. Atuação específica para a prestação de serviços à comunidade: para a liberdade assistida, basta o orientador; para a prestação de serviços é fundamental o local onde essa tarefa gratuita será desenvolvida. Portanto, a direção do programa precisa selecionar e credenciar os entes aptos a receber os jovens, de acordo com o seu perfil, idade, habilidade etc. No campo penal, o cumprimento da pena de prestação de serviços à comunidade enfrentou muitos obstáculos, pois as entidades assistenciais – muitas, por preconceito – não assimilavam a ideia de receber condenados para ali cumprir suas penas. O método mais eficiente para superar tais óbices foi o ingresso do Poder Executivo para organizar a Central de Penas Alternativas, em vários Estados, aceitando a incumbência de receber os sentenciados, encaminhando-os

Art. 15

à prestação de serviços em vários órgãos da Administração Pública (escolas e hospitais estaduais; Secretarias de Estado; universidades públicas etc.). Outra não poderia ser a solução para o campo infantojuvenil, assumindo o Município, por seus programas de atendimento específicos, o encargo de procurar, filtrar e cadastrar as entidades aptas a receber os jovens, podendo, inclusive, tratar-se de órgãos públicos municipais.

22. Incidente de impugnação: pode ser instaurado de ofício, pelo juiz, ou por representação do Ministério Público, para avaliar o credenciamento feito pela direção do programa de meio aberto da Municipalidade. Esse incidente procedimental pode ter autonomia, desvinculado de algum caso concreto, como também pode ser autuado em apenso ao processo socioeducativo de determinado adolescente. O importante é analisar as condições do local destinado à prestação de serviços pelo menor.

23. Procedimento: indica esta Lei deva ser utilizado o mesmo procedimento para apurar irregularidades em entidade de atendimento, qual seja o previsto nos arts. 191 a 193 do ECA. Assim, o juiz baixa portaria ou recebe representação formulada pelo Ministério Público (note-se que o Conselho Tutelar não tem legitimidade para provocar esse procedimento), em que conste o *resumo dos fatos*, vale dizer, os problemas verificados na entidade, dando ensejo à verificação. Se houver algo grave apontado – na portaria ou na representação –, pode a autoridade judiciária, mediante decisão fundamentada, determinar a suspensão do encaminhamento de jovens àquela entidade. Não há necessidade de afastar provisoriamente qualquer dirigente. Na sequência, autuada a portaria ou a representação, determina-se a citação do coordenador do programa de meio aberto, que credenciou o local, bem como do dirigente do ente objeto de impugnação. Ambos terão dez dias para ofertar resposta escrita, juntar documentos e indicar provas. Se não houver resposta, pode o juiz julgar antecipadamente o incidente, determinando o descredenciamento da entidade. Havendo resposta, conforme o caso concreto, designa-se audiência de instrução e julgamento, intimando-se as partes. Finalizando a produção das provas, pode-se realizar debates orais, vindo, na sequência, a decisão. Do contrário, fixa-se o prazo de cinco dias para alegações finais e, depois, profere o magistrado a sentença. Uma das alternativas, em lugar de descredenciar a entidade, é estabelecer um prazo para o afastamento das irregularidades; cumpridas as determinações, o processo será extinto.

Seção III
Dos Programas de Privação da Liberdade

> **Art. 15.** São requisitos específicos para a inscrição de programas de regime de semiliberdade ou internação:[24-25]
>
> I – a comprovação da existência de estabelecimento educacional com instalações adequadas e em conformidade com as normas de referência;
>
> II – a previsão do processo e dos requisitos para a escolha do dirigente;
>
> III – a apresentação das atividades de natureza coletiva;
>
> IV – a definição das estratégias para a gestão de conflitos, vedada a previsão de isolamento cautelar, exceto nos casos previstos no § 2.º do art. 49 desta Lei; e
>
> V – a previsão de regime disciplinar nos termos do art. 72 desta Lei.

24. Programas de semiliberdade e internação: este artigo complementa as normas do Estatuto da Criança e do Adolescente, como se pode verificar na nota abaixo, implementando outros requisitos mais gerais e abrangentes.

25. Internação: especificamente no tocante às unidades de internação de adolescentes, nos termos do art. 94 do ECA, devem ser observadas as seguintes regras: "I – observar os direitos e garantias de que são titulares os adolescentes; II – não restringir nenhum direito que não tenha sido objeto de restrição na decisão de internação; III – oferecer atendimento personalizado, em pequenas unidades e grupos reduzidos; IV – preservar a identidade e oferecer ambiente de respeito e dignidade ao adolescente; V – diligenciar no sentido do restabelecimento e da preservação dos vínculos familiares; VI – comunicar à autoridade judiciária, periodicamente, os casos em que se mostre inviável ou impossível o reatamento dos vínculos familiares; VII – oferecer instalações físicas em condições adequadas de habitabilidade, higiene, salubridade e segurança e os objetos necessários à higiene pessoal; VIII – oferecer vestuário e alimentação suficientes e adequados à faixa etária dos adolescentes atendidos; IX – oferecer cuidados médicos, psicológicos, odontológicos e farmacêuticos; X – propiciar escolarização e profissionalização; XI – propiciar atividades culturais, esportivas e de lazer; XII – propiciar assistência religiosa àqueles que desejarem, de acordo com suas crenças; XIII – proceder a estudo social e pessoal de cada caso; XIV – reavaliar periodicamente cada caso, com intervalo máximo de seis meses, dando ciência dos resultados à autoridade competente; XV – informar, periodicamente, o adolescente internado sobre sua situação processual; XVI – comunicar às autoridades competentes todos os casos de adolescentes portadores de moléstias infectocontagiosas; XVII – fornecer comprovante de depósito dos pertences dos adolescentes; XVIII – manter programas destinados ao apoio e acompanhamento de egressos; XIX – providenciar os documentos necessários ao exercício da cidadania àqueles que não os tiverem; XX – manter arquivo de anotações onde constem data e circunstâncias do atendimento, nome do adolescente, seus pais ou responsável, parentes, endereços, sexo, idade, acompanhamento da sua formação, relação de seus pertences e demais dados que possibilitem sua identificação e a individualização do atendimento".

> **Art. 16.** A estrutura física da unidade deverá ser compatível com as normas de referência do Sinase.
>
> § 1.º É vedada a edificação de unidades socioeducacionais em espaços contíguos, anexos, ou de qualquer outra forma integrados a estabelecimentos penais.[26]
>
> § 2.º A direção da unidade adotará, em caráter excepcional, medidas para proteção do interno em casos de risco à sua integridade física, à sua vida, ou à de outrem, comunicando, de imediato, seu defensor e o Ministério Público.[27]

26. Cautela de afastamento: uma das maiores preocupações dos operadores do Direito da Infância e Juventude sempre foi a separação total de adolescentes infratores e de criminosos adultos. Não há nada pior do que esse convívio intramuros entre maiores e menores. Desse modo, o dispositivo em comento cuida para que nem mesmo uma construção seja próxima a outra. Uma unidade de internação, destinada a adolescentes, deve ficar distante de complexos penitenciários, cadeias, presídios, colônias penais, dentre outros.

27. Proteção do interno: essas medidas de proteção consistem, quase sempre, no isolamento do jovem, seja porque encontra-se ameaçado por outros, seja porque é uma ameaça a outros. O dispositivo olvidou a comunicação essencial: ao juiz. Essa é a autoridade com poder para determinar qualquer outra medida no tocante ao menor em foco.

Art. 17

> **Art. 17.** Para o exercício da função de dirigente de programa de atendimento em regime de semiliberdade ou de internação, além dos requisitos específicos previstos no respectivo programa de atendimento, é necessário:[28]
>
> I – formação de nível superior compatível com a natureza da função;
>
> II – comprovada experiência no trabalho com adolescentes de, no mínimo, 2 (dois) anos; e
>
> III – reputação ilibada.

28. Formação do dirigente: é fundamental exigir do dirigente de qualquer instituição, que abrigue pessoas, em regime fechado especialmente, uma formação pessoal mínima, para que possa lidar com desenvoltura em face dos inúmeros problemas emergentes a todo instante. Na Lei de Execução Penal, segundo dispõe o art. 75, "o ocupante do cargo de diretor de estabelecimento deverá satisfazer os seguintes requisitos: I – ser portador de diploma de nível superior de Direito, ou Psicologia, ou Ciências Sociais, ou Pedagogia, ou Serviços Sociais; II – possuir experiência administrativa na área; III – ter idoneidade moral e reconhecida aptidão para o desempenho da função. Parágrafo único. O diretor deverá residir no estabelecimento, ou nas proximidades, e dedicará tempo integral à sua função". Como o art. 17, I, não indica, com precisão, qual a formação superior, pode-se indicar as mesmas exigidas para o diretor do presídio.

Capítulo V
DA AVALIAÇÃO E ACOMPANHAMENTO DA GESTÃO DO ATENDIMENTO SOCIOEDUCATIVO

> **Art. 18.** A União, em articulação com os Estados, o Distrito Federal e os Municípios, realizará avaliações periódicas da implementação dos Planos de Atendimento Socioeducativo em intervalos não superiores a 3 (três) anos.
>
> § 1.º O objetivo da avaliação é verificar o cumprimento das metas estabelecidas e elaborar recomendações aos gestores e operadores dos Sistemas.
>
> § 2.º O processo de avaliação deverá contar com a participação de representantes do Poder Judiciário, do Ministério Público, da Defensoria Pública e dos Conselhos Tutelares, na forma a ser definida em regulamento.
>
> § 3.º A primeira avaliação do Plano Nacional de Atendimento Socioeducativo realizar-se-á no terceiro ano de vigência desta Lei, cabendo ao Poder Legislativo federal acompanhar o trabalho por meio de suas comissões temáticas pertinentes.
>
> **Art. 19.** É instituído o Sistema Nacional de Avaliação e Acompanhamento do Atendimento Socioeducativo, com os seguintes objetivos:
>
> I – contribuir para a organização da rede de atendimento socioeducativo;
>
> II – assegurar conhecimento rigoroso sobre as ações do atendimento socioeducativo e seus resultados;
>
> III – promover a melhora da qualidade da gestão e do atendimento socioeducativo; e
>
> IV – disponibilizar informações sobre o atendimento socioeducativo.

§ 1.º A avaliação abrangerá, no mínimo, a gestão, as entidades de atendimento, os programas e os resultados da execução das medidas socioeducativas.

§ 2.º Ao final da avaliação, será elaborado relatório contendo histórico e diagnóstico da situação, as recomendações e os prazos para que essas sejam cumpridas, além de outros elementos a serem definidos em regulamento.

§ 3.º O relatório da avaliação deverá ser encaminhado aos respectivos Conselhos de Direitos, Conselhos Tutelares e ao Ministério Público.

§ 4.º Os gestores e entidades têm o dever de colaborar com o processo de avaliação, facilitando o acesso às suas instalações, à documentação e a todos os elementos necessários ao seu efetivo cumprimento.

§ 5.º O acompanhamento tem por objetivo verificar o cumprimento das metas dos Planos de Atendimento Socioeducativo.

Art. 20. O Sistema Nacional de Avaliação e Acompanhamento da Gestão do Atendimento Socioeducativo assegurará, na metodologia a ser empregada:

I – a realização da autoavaliação dos gestores e das instituições de atendimento;

II – a avaliação institucional externa, contemplando a análise global e integrada das instalações físicas, relações institucionais, compromisso social, atividades e finalidades das instituições de atendimento e seus programas;

III – o respeito à identidade e à diversidade de entidades e programas;

IV – a participação do corpo de funcionários das entidades de atendimento e dos Conselhos Tutelares da área de atuação da entidade avaliada; e

V – o caráter público de todos os procedimentos, dados e resultados dos processos avaliativos.

Art. 21. A avaliação será coordenada por uma comissão permanente e realizada por comissões temporárias, essas compostas, no mínimo, por 3 (três) especialistas com reconhecida atuação na área temática e definidas na forma do regulamento.

Parágrafo único. É vedado à comissão permanente designar avaliadores:

I – que sejam titulares ou servidores dos órgãos gestores avaliados ou funcionários das entidades avaliadas;

II – que tenham relação de parentesco até o 3.º grau com titulares ou servidores dos órgãos gestores avaliados e/ou funcionários das entidades avaliadas; e

III – que estejam respondendo a processos criminais.

Art. 22. A avaliação da gestão terá por objetivo:

I – verificar se o planejamento orçamentário e sua execução se processam de forma compatível com as necessidades do respectivo Sistema de Atendimento Socioeducativo;

II – verificar a manutenção do fluxo financeiro, considerando as necessidades operacionais do atendimento socioeducativo, as normas de referência e as condições previstas nos instrumentos jurídicos celebrados entre os órgãos gestores e as entidades de atendimento;

III – verificar a implementação de todos os demais compromissos assumidos por ocasião da celebração dos instrumentos jurídicos relativos ao atendimento socioeducativo; e

IV – a articulação interinstitucional e intersetorial das políticas.

Art. 23. A avaliação das entidades terá por objetivo identificar o perfil e o impacto de sua atuação, por meio de suas atividades, programas e projetos, considerando as diferentes dimensões institucionais e, entre elas, obrigatoriamente, as seguintes:

I – o plano de desenvolvimento institucional;

II – a responsabilidade social, considerada especialmente sua contribuição para a inclusão social e o desenvolvimento socioeconômico do adolescente e de sua família;

III – a comunicação e o intercâmbio com a sociedade;

IV – as políticas de pessoal quanto à qualificação, aperfeiçoamento, desenvolvimento profissional e condições de trabalho;

V – a adequação da infraestrutura física às normas de referência;

VI – o planejamento e a autoavaliação quanto aos processos, resultados, eficiência e eficácia do projeto pedagógico e da proposta socioeducativa;

VII – as políticas de atendimento para os adolescentes e suas famílias;

VIII – a atenção integral à saúde dos adolescentes em conformidade com as diretrizes do art. 60 desta Lei; e

IX – a sustentabilidade financeira.

Art. 24. A avaliação dos programas terá por objetivo verificar, no mínimo, o atendimento ao que determinam os arts. 94, 100, 117, 119, 120, 123 e 124 da Lei n.º 8.069, de 13 de julho de 1990 (Estatuto da Criança e do Adolescente).

Art. 25. A avaliação dos resultados da execução de medida socioeducativa terá por objetivo, no mínimo: [29]

I – verificar a situação do adolescente após cumprimento da medida socioeducativa, tomando por base suas perspectivas educacionais, sociais, profissionais e familiares; e

II – verificar reincidência de prática de ato infracional.

29. Avaliação dos resultados da execução de medida socioeducativa: cuida-se de providência positiva, que, aliás, deveria estender-se para a Lei de Execução Penal. Analisar o destino do jovem, após o cumprimento da medida, para saber o grau de eficiência do programa vivenciado é fundamental para o planejamento futuro. Se esse mecanismo for posto em nível concreto, os programas de atendimento certamente se aperfeiçoarão.

Art. 26. Os resultados da avaliação serão utilizados para:

I – planejamento de metas e eleição de prioridades do Sistema de Atendimento Socioeducativo e seu financiamento;

II – reestruturação e/ou ampliação da rede de atendimento socioeducativo, de acordo com as necessidades diagnosticadas;

III – adequação dos objetivos e da natureza do atendimento socioeducativo prestado pelas entidades avaliadas;

IV – celebração de instrumentos de cooperação com vistas à correção de problemas diagnosticados na avaliação;

V – reforço de financiamento para fortalecer a rede de atendimento socioeducativo;

Art. 30

VI – melhorar e ampliar a capacitação dos operadores do Sistema de Atendimento Socioeducativo; e

VII – os efeitos do art. 95 da Lei n.º 8.069, de 13 de julho de 1990 (Estatuto da Criança e do Adolescente).

Parágrafo único. As recomendações originadas da avaliação deverão indicar prazo para seu cumprimento por parte das entidades de atendimento e dos gestores avaliados, ao fim do qual estarão sujeitos às medidas previstas no art. 28 desta Lei.

Art. 27. As informações produzidas a partir do Sistema Nacional de Informações sobre Atendimento Socioeducativo serão utilizadas para subsidiar a avaliação, o acompanhamento, a gestão e o financiamento dos Sistemas Nacional, Distrital, Estaduais e Municipais de Atendimento Socioeducativo.

Capítulo VI
DA RESPONSABILIZAÇÃO DOS GESTORES, OPERADORES E ENTIDADES DE ATENDIMENTO

Art. 28. No caso do desrespeito, mesmo que parcial, ou do não cumprimento integral às diretrizes e determinações desta Lei, em todas as esferas, são sujeitos:

I – gestores, operadores e seus prepostos e entidades governamentais às medidas previstas no inciso I e no § 1.º do art. 97 da Lei n.º 8.069, de 13 de julho de 1990 (Estatuto da Criança e do Adolescente); e

II – entidades não governamentais, seus gestores, operadores e prepostos às medidas previstas no inciso II e no § 1.º do art. 97 da Lei n.º 8.069, de 13 de julho de 1990 (Estatuto da Criança e do Adolescente).

Parágrafo único. A aplicação das medidas previstas neste artigo dar-se-á a partir da análise de relatório circunstanciado elaborado após as avaliações, sem prejuízo do que determinam os arts. 191 a 197, 225 a 227, 230 a 236, 243 e 245 a 247 da Lei n.º 8.069, de 13 de julho de 1990 (Estatuto da Criança e do Adolescente).

Art. 29. Àqueles que, mesmo não sendo agentes públicos, induzam ou concorram, sob qualquer forma, direta ou indireta, para o não cumprimento desta Lei, aplicam-se, no que couber, as penalidades dispostas na Lei n.º 8.429, de 2 de junho de 1992, que dispõe sobre as sanções aplicáveis aos agentes públicos nos casos de enriquecimento ilícito no exercício de mandato, cargo, emprego ou função na administração pública direta, indireta ou fundacional e dá outras providências (Lei de Improbidade Administrativa).

Capítulo VII
DO FINANCIAMENTO E DAS PRIORIDADES

Art. 30. O Sinase será cofinanciado com recursos dos orçamentos fiscal e da seguridade social, além de outras fontes.

§ 1.º (VETADO).

§ 2.º Os entes federados que tenham instituído seus sistemas de atendimento socioeducativo terão acesso aos recursos na forma de transferência adotada pelos órgãos integrantes do Sinase.

§ 3.º Os entes federados beneficiados com recursos dos orçamentos dos órgãos responsáveis pelas políticas integrantes do Sinase, ou de outras fontes, estão sujeitos às normas e procedimentos de monitoramento estabelecidos pelas instâncias dos órgãos das políticas setoriais envolvidas, sem prejuízo do disposto nos incisos IX e X do art. 4.º, nos incisos V e VI do art. 5.º e no art. 6.º desta Lei.

Art. 31. Os Conselhos de Direitos, nas 3 (três) esferas de governo, definirão, anualmente, o percentual de recursos dos Fundos dos Direitos da Criança e do Adolescente a serem aplicados no financiamento das ações previstas nesta Lei, em especial para capacitação, sistemas de informação e de avaliação.

Parágrafo único. Os entes federados beneficiados com recursos do Fundo dos Direitos da Criança e do Adolescente para ações de atendimento socioeducativo prestarão informações sobre o desempenho dessas ações por meio do Sistema de Informações sobre Atendimento Socioeducativo.

Art. 32. A Lei n.º 7.560, de 19 de dezembro de 1986, passa a vigorar com as seguintes alterações:

"Art. 5.º Os recursos do Funad serão destinados:

(...)

X – às entidades governamentais e não governamentais integrantes do Sistema Nacional de Atendimento Socioeducativo (Sinase).

(...)" (NR)

"Art. 5.º-A. A Secretaria Nacional de Políticas sobre Drogas (Senad), órgão gestor do Fundo Nacional Antidrogas (Funad), poderá financiar projetos das entidades do Sinase desde que:

I – o ente federado de vinculação da entidade que solicita o recurso possua o respectivo Plano de Atendimento Socioeducativo aprovado;

II – as entidades governamentais e não governamentais integrantes do Sinase que solicitem recursos tenham participado da avaliação nacional do atendimento socioeducativo;

III – o projeto apresentado esteja de acordo com os pressupostos da Política Nacional sobre Drogas e legislação específica."

Art. 33. A Lei n.º 7.998, de 11 de janeiro de 1990, passa a vigorar acrescida do seguinte art. 19-A:

"Art. 19-A. O Codefat poderá priorizar projetos das entidades integrantes do Sistema Nacional de Atendimento Socioeducativo (Sinase) desde que:

I – o ente federado de vinculação da entidade que solicita o recurso possua o respectivo Plano de Atendimento Socioeducativo aprovado;

II – as entidades governamentais e não governamentais integrantes do Sinase que solicitem recursos tenham se submetido à avaliação nacional do atendimento socioeducativo."

Art. 34. O art. 2.º da Lei n.º 5.537, de 21 de novembro de 1968, passa a vigorar acrescido do seguinte § 3.º:

"Art. 2.º (...)

(...)

Art. 34

§ 3.º O fundo de que trata o art. 1.º poderá financiar, na forma das resoluções de seu conselho deliberativo, programas e projetos de educação básica relativos ao Sistema Nacional de Atendimento Socioeducativo (Sinase) desde que:

I – o ente federado que solicitar o recurso possua o respectivo Plano de Atendimento Socioeducativo aprovado;

II – as entidades de atendimento vinculadas ao ente federado que solicitar o recurso tenham se submetido à avaliação nacional do atendimento socioeducativo; e

III – o ente federado tenha assinado o Plano de Metas Compromisso Todos pela Educação e elaborado o respectivo Plano de Ações Articuladas (PAR)." (NR)

Título II
Da Execução das Medidas Socioeducativas

Capítulo I
DISPOSIÇÕES GERAIS

Art. 35. A execução das medidas socioeducativas reger-se-á pelos seguintes princípios:[30]

I – legalidade, não podendo o adolescente receber tratamento mais gravoso do que o conferido ao adulto;[31]

II – excepcionalidade da intervenção judicial e da imposição de medidas, favorecendo-se meios de autocomposição de conflitos;[32]

III – prioridade a práticas ou medidas que sejam restaurativas e, sempre que possível, atendam às necessidades das vítimas;[33]

IV – proporcionalidade em relação à ofensa cometida;[34]

V – brevidade da medida em resposta ao ato cometido, em especial o respeito ao que dispõe o art. 122 da Lei n.º 8.069, de 13 de julho de 1990 (Estatuto da Criança e do Adolescente);[35]

VI – individualização, considerando-se a idade, capacidades e circunstâncias pessoais do adolescente;[36]

VII – mínima intervenção, restrita ao necessário para a realização dos objetivos da medida;[37]

VIII – não discriminação do adolescente, notadamente em razão de etnia, gênero, nacionalidade, classe social, orientação religiosa, política ou sexual, ou associação ou pertencimento a qualquer minoria ou *status*;[38] e

IX – fortalecimento dos vínculos familiares e comunitários no processo socioeducativo.[39]

30. Princípios da execução das medidas socioeducativas: de maneira apropriada, estabeleceu-se um conjunto de princípios regentes da execução, alguns advindos do Estatuto da Criança e do Adolescente e outros do Direito Penal, quando adaptáveis à situação.

31. Legalidade: do modo como estabelecido neste inciso, não se trata, propriamente, do princípio da legalidade. Menciona-se não poder o jovem receber tratamento mais gravoso que

Art. 35

Estatuto da Criança e do Adolescente Comentado · **Nucci**

o conferido ao adulto; trata-se de medida correta, embora não diga respeito à legalidade, cuja finalidade é assegurar que ninguém será punido senão em virtude crime (ou ato infracional) previsto em lei, nem receber pena (ou medida socioeducativa) cominada em lei. O que se pretende, neste inciso, é afirmar a inviabilidade de uma sanção socioeducativa alcançar patamar punitivo superior àquele que seria cabível a uma pena. Afinal, se os menores de 18 anos são inimputáveis, não se submetendo ao sistema penal comum, seria uma contradição criar qualquer espécie de regra mais rigorosa do que o campo criminal dos adultos. Diante disso, além de não poderem sofrer sanções mais severas, também não podem receber *tratamento* mais gravoso, ingressando, nesse campo, a execução das medidas socioeducativas, quando feito o confronto com a execução penal. Trata-se, na realidade, do princípio da *punição mitigada*. Na jurisprudência: STJ: "3. Na execução de medida socioeducativa, a adolescente não pode ser submetida a condição mais gravosa do que a aplicável a um adulto que tenha praticado a mesma conduta ilícita. Inteligência do art. 35, I, da Lei 12.594/2012. 4. A medida de segurança imposta ao apenado adulto que desenvolve transtorno mental no curso da execução, com espeque no art. 183 da LEP, tem sua duração limitada ao tempo remanescente da pena privativa de liberdade. Impossibilidade de impor regramento mais severo à adolescente. 5. Se a contagem do prazo trienal previsto no art. 121, § 3.º, do ECA fosse suspensa durante o tratamento médico referido no art. 64 da Lei 12.594/2012 e até a alta hospitalar, a restrição da liberdade da jovem seria potencialmente perpétua, hipótese inadmissível em nosso sistema processual. 6. Recurso especial provido, a fim de que o período de tratamento médico seja contabilizado no prazo de 3 anos para a duração máxima da medida socioeducativa de internação, nos termos do art. 121, § 3.º, do ECA" (REsp 1.956.497/PR 2021/0253844-2, 5.ª T., rel. Ribeiro Dantas, 05.04.2022, v.u.). TJSC: "1. Não configura cerceamento de defesa a desclassificação do ato infracional análogo ao crime de coação no curso do processo (CP, art. 344) para o equiparado ao delito de ameaça quando presente na narrativa da representação descrição dos fatos que configurem a nova conduta (*emendatio libelli*, CPP, art. 383). 2. Gesto atemorizador provocado mediante a utilização de instrumento perfurocortante (faca) dirigido a uma das vítimas, e promessa verbal de destruição do patrimônio de ambas são circunstâncias suficientes para a configuração do ato infracional análogo ao crime de ameaça. 3. Segundo o princípio da legalidade condicionada previsto no art. 35, inc. I, da Lei 12.594/12, não é possível tratar o adolescente de forma mais gravosa que o adulto. 4. Faz jus à remuneração fixada de modo equitativo, em razão do trabalho adicional realizado em grau recursal, o defensor nomeado para atuar durante a instrução da ação que apresenta apelo. Recurso conhecido e parcialmente provido; de ofício, fixados honorários advocatícios recursais" (Ap. Crim. 0004132-65.2016.8.24.0012-SC, 2.ª Câmara Criminal, rel. Sérgio Rizelo, 18.07.2017, v.u.).

32. Excepcionalidade da intervenção judicial: conhece-se o subprincípio da *excepcionalidade*, inserido no contexto da proteção integral, voltado ao jovem infrator, cujo objetivo é garantir a aplicação de medida privativa de liberdade como *ultima ratio* (última opção). Porém, em sede de execução de medida socioeducativa, torna-se um tanto confuso afirmar que se deve *favorecer* os meios de autocomposição de conflitos. Afinal, a medida socioeducativa já foi aplicada na decisão judicial, com trânsito em julgado; cuida-se, agora, de executá-la. Ilustrando, tratando-se de uma internação, seria inviável a composição entre infrator e vítima. Portanto, o princípio criado neste inciso deve voltar-se à ideia de que, durante a execução de medidas socioeducativas, *compatíveis* com essa diretriz, deve-se *incentivar* a solução pacificadora de conflitos, como, por exemplo, impulsionando o adolescente a reparar o dano causado – desde que seja a medida aplicada.

33. Justiça restaurativa: a esfera punitivo-penal, voltada ao maior de 18 anos, sempre gozou do caráter retributivo, embora também se possa cuidar do aspecto preventivo. Na

Art. 35

753 Título II – Da Execução das Medidas Socioeducativas

evolução das ideias, acerca da mais adequada sanção destinada ao criminoso, volta-se os olhos à meta de *punir* e *pacificar*, como horizontes que se completam. Seria uma das formas de humanizar o âmbito penal, prestando atenção aos interesses da vítima do crime. Para tanto, fomenta-se a *justiça restaurativa*, em lugar da *justiça punitiva*. A realização dessa alteração de foco passa pela modificação de meta no direito criminal, permitindo que se introduza a parte ofendida no mecanismo estatal de punição. Há que se relativizar os bens jurídicos, não permitindo que a maioria deles seja considerada indisponível, o que tornaria inócua a manifestação da vítima. Assim fazendo, o Estado abandona a sua postura de punidor implacável para servir de mediador entre conflitos existentes, permitindo que agressor e agredido possam chegar a um lugar comum. Transportar esse ideal para o cenário infantojuvenil é, sem dúvida, positivo, inclusive para a boa formação da criança e do adolescente. Não foge o disposto neste inciso do mesmo conteúdo, com outras palavras, exposto no inciso anterior, afinal, a justiça restaurativa conta com a autocomposição no seu ideário. Entretanto, sem a modificação do Estatuto da Criança e do Adolescente, alterando-se o quadro das medidas socioeducativas, não se conseguirá impor o princípio previsto neste inciso. "A excepcionalidade como princípio, então, insculpido no inciso II [e, também, no III] do art. 35 da Lei 12.594/2012, vincula-se aos pressupostos lógicos do que se convencionou denominar 'justiça restaurativa', uma vez que expressamente incentiva a utilização dos 'meios de autocomposição de conflitos'. A redução da intervenção estatal (judicial) para o acertamento – que seja socioeducativamente adequado – do caso concreto (legal), por outro lado, é uma das proposições do primado da excepcionalidade" (Mário Luiz Ramidoff, *SINASE. Sistema Nacional de Atendimento Socioeducativo. Comentários à Lei n. 12.594, de 18 de janeiro de 2012*, p. 78). "Na Justiça Restaurativa, são construídos encontros embasados em processos dialógicos e inclusivos, fundados na autonomia da vontade e na participação das partes afetadas por um delito ou um conflito, onde, de modo coletivo, elas podem lidar com suas causas e consequências, buscando atender as necessidades de todos os envolvidos e suas implicações para o futuro. Podemos destacar as seguintes características do modelo restaurativo: (a) o olhar é para o futuro; (b) por meio de um processo dialógico e inclusivo, busca-se esclarecer as responsabilidades dos envolvidos, e realizar planos de ação que possam evitar nova recaída na situação conflitiva; (c) a vítima (diretamente atingida) e aqueles que indiretamente foram também afetados, são ouvidos em suas necessidades atuais; (d) busca-se refletir sobre a responsabilidade do ofensor, e de todos diretamente atingidos, onde cada qual se conscientiza de como foi afetado e de como sua ação afetou o outro; (e) a responsabilização se faz de modo ativo (através de dinâmicas ordenadas de comunicação), na qual a reparação ou os planos de ações são escolhidos a partir do entendimento de toda a situação" (Egberto de Almeida Penido, Cilene Silvia Terra e Maria Raimunda Vargas Rodriguez. *Justiça restaurativa: uma experiência com adolescentes em conflito com a lei*, p. 326).

    34. Proporcionalidade: este é um relevante princípio consagrado no âmbito penal, estabelecendo o equilíbrio entre a gravidade do crime praticado, logo, da ofensa ao bem jurídico tutelado, e a severidade da sanção penal aplicada. A desproporção entre um e outro é nefasta e ofensiva aos princípios elementares do Estado Democrático de Direito. Pretende-se o mesmo foco no contexto do ato infracional e da medida socioeducativa daí decorrente. Por um lado, o próprio ECA já delimita bastante o alcance das medidas mais rigorosas, como a internação (vide art. 122). Por outro, o caráter indeterminado de certas medidas ainda permite a ocorrência de desproporcionalidade. Assim sendo, ao menos o juiz da execução deve pautar-se na *justa proporção* entre o ato infracional cometido e a execução socioeducativa, para que esta não se torne mais severa do que o absolutamente necessário.

    35. Brevidade: é outro subprincípio da proteção integral, concernente ao adolescente infrator, quando recebe medida socioeducativa de privação da liberdade. Deve ser executada

Art. 35

Estatuto da Criança e do Adolescente Comentado • **Nucci**

em *breve* período, o suficiente para reequilibrar o menor, dando-lhe o apoio educacional indispensável. Considerando-se o prazo indeterminado da internação, que foi particularmente destacada neste inciso, com a menção ao art. 122 do ECA, cabe ao juiz da execução verificar o momento exato para abrandá-la. Na jurisprudência: TJDFT: "1. Trata-se de processo de execução de medida socioeducativa de internação por prazo indeterminado em razão da prática de ato infracional equiparado ao crime de latrocínio. 2. Apuração, aplicação e execução das medidas socioeducativas impostas aos adolescentes em conflito com a lei são reguladas pela Lei 12.594/2012 – Sinase, que dispõe sobre os objetivos das medidas (art. 1.º, § 2.º) e dá parâmetros para reger a execução das medidas (arts. 35 e 42) etc. 3. A execução da medida rege-se pelo princípio da brevidade, preconizado tanto no art. 121 do ECA como no art. 35, V, do Sinase, de modo que o tempo de seu cumprimento é regido pelos objetivos alcançados, independentemente do critério temporal. 4. A gravidade do ato infracional e o tempo de duração da medida não são fatores que, por si sós, justificam o indeferimento da liberação da medida de internação. 5. Não há que se falar em liberação prematura a liberação do jovem antes de atingir o prazo máximo de internação (3 anos). O prazo é de até 3 anos, com reavaliação periódica de 6 em 6 meses. Isso significa dizer que, a cada seis meses, é possível que, diante de uma avaliação positiva, o reeducando tenha sua medida substituída por uma menos gravosa ou mesmo seja liberado. Não há vinculação obrigatória com o prazo máximo, de sorte que o essencial é o alcance dos objetivos de ressocialização do adolescente. 6. O adolescente está em cumprimento de medida de internação há dois anos, tempo suficiente para aquilatar a sua reintegração no meio social e a reconstrução dos laços familiares, inclusive tendo satisfeito todos os objetivos traçados no seu plano individual. Ressalta-se que esse resultado decorre de uma conduta harmônica do reeducando que se revelou, desde o primeiro relatório, no qual já indicava sinais de comprometimento com os objetivos da medida. 7. Recurso conhecido e não provido" (APR 20140130028759-DFT, 2.ª T. Criminal, rel. Maria Ivatônia, 18.05.2017, v.u.).

36. Individualização da medida socioeducativa: embora não se consagre expressamente esse princípio no Estatuto da Criança e do Adolescente, por certo, está presente, quando da opção pela medida socioeducativa adequada ao caso concreto. E fizemos questão de destacar esse aspecto nos comentários ao ECA. Agora, na fase da execução, torna-se nítida a preocupação legislativa com o princípio da individualização, evitando-se o mal da padronização de sanções, pois os seres humanos são diferentes e praticam condutas igualmente diversas. Tem-se o princípio consagrado no cenário do direito penal comum, tanto na fase judicial (individualização da pena) quanto na fase executória (individualização executória). Ver também a nota 7 ao art. 1.º, § 2.º, II, desta Lei. O juiz da execução socioeducativa deve atentar para a idade do menor, que pode variar entre 12 e 20 anos, necessitando uma visão diferenciada para cada faixa etária; deve levar em conta a capacidade de cada um de executar determinadas atividades ou tarefas e, finalmente, precisa enxergar o menor tal como ele é e não como um padrão impõe. Suas circunstâncias e condições pessoais são essenciais para essa avaliação: personalidade, antecedentes, situação familiar, histórico de vida, *status* escolar etc. Na jurisprudência: TJPI: "1. A despeito disso, o Juízo menorista também deve estar ciente de que a interrupção prematura do processo de responsabilização e reintegração social do infrator pode fazer perecer todos os avanços obtidos com o jovem, jogando por terra todo o esforço multidisciplinar até então despendido. 2. Assim, mais do que o tempo (pura e simplesmente), a guia mestra da execução das medidas socioeducativas deve ser a avaliação da pertinência entre elas e as necessidades pedagógicas do infrator, tratando-se de uma das faces do princípio da individualização (Lei 12.594/2012, artigo 35, inciso VI). 3.Não obstante ser o parecer da assistente social favorável, a mesma na oportunidade relata que o agravante não soube informar o endereço da genitora deste, sabendo apenas que a mesma reside no bairro São Marcos, no município de Embu das Artes-SP, pois a mãe recentemente mudou de endereço e apesar de esta assessoria ter tentado contato telefônico com a mesma, não obteve êxito. 4. Ademais, na Audiência de Reavaliação foi relatado pela defesa que o agravante somente cometeu o delito em questão, roubos e latrocínios, após ser abonado pela sua genitora, fato que causou rebeldia no adolescente, que passou a usar drogas e pelo envolvimento com más companhias, passando, posteriormente, a residir com a família paterna. 5. Compulsando os autos, constatei que, de fato, o agravante vem tendo bom comportamento dentro da unidade de internação, entretanto, a meu ver, essa mudança de conduta está diretamente ligada à pertinência da medida socioeducativa de internação ao caso e retirá-la, nesse momento, seria um retrocesso, porque o Estado ainda pode oferecer muito ao jovem, seja em questão de disciplina. 6. Nada comprova, de forma cabal, que os avanços obtidos são indeléveis e já foram verdadeiramente assimilados pelo reeducando, porque a própria assistente social subscritora do relatório que instrui o recurso registrou que o agravante não soube informar o endereço da sua genitora, ou seja, incerto, por conseguinte impossibilitando a liberdade assistida, pois o mesmo não poderá ser localizado, logo ficaria frustrada a medida imposta. 7. Nada impede, porém, que, à luz de outras futuras reavaliações (ordinárias ou extraordinárias), o douto Magistrado conclua que os valores já foram sedimentados e que a medida Internação perdeu legitimidade frente às necessidades do jovem. 8. Agravo conhecido e improvido" (Ag 2016.0001.009338-1-PI, 1.ª Câmara Especializada Criminal, rel. José Francisco do Nascimento, 22.03.2017, v.u.).

37. Intervenção mínima: trata-se de um dos principais princípios penais, estabelecendo que o Estado intervenha minimamente na vida individual e nos conflitos sociais, por meio do Direito Penal. A punição deve ser a última hipótese. Embora esse princípio não conste no ECA com a mesma nitidez ora encartada nesta Lei, pode ser utilizado, em particular quando se acolhe o princípio da insignificância, também para os atos infracionais. Por outro lado, durante a execução da medida socioeducativa, pode-se visualizar a sanção aplicada como estritamente indispensável para cumprir sua função. Em especial, no campo das medidas socioeducativas de prazo indeterminado, é preciso que o juiz leve em conta a intervenção mínima, não prolongando em demasia o que pode ser resolvido de maneira breve.

38. Não discriminação: na verdade, cuida-se do princípio da igualdade de todos perante a lei, visto de maneira inversa; quem não iguala, discrimina. Por isso, para preservar, fielmente, a igualdade, deve-se cultivar a *não discriminação*. Enumera-se, neste inciso, o básico, sem prejuízo de outros aspectos: etnia (abrange raça e cor); gênero (masculino ou feminino); nacionalidade (brasileiro ou estrangeiro); classe social (ricos, médios e pobres); orientação religiosa (ateu, católico, espírita etc.); política (adepto de qualquer partido ou ideologia); sexual (heterossexual, homossexual ou transexual); associação ou ligação a qualquer minoria ou *status* (caráter residual, que procura abranger tudo o que, eventualmente, não ingresse nas hipóteses anteriores). Esse princípio, se lealmente executado pelos magistrados, poderá corrigir muitas distorções. Vê-se, por vezes, maior condescendência do Judiciário com jovens de *boas famílias*, ao cometerem atos infracionais, recebendo medidas socioeducativas. Estas já são mais brandas do que as aplicadas aos de classe social inferior, que, geralmente, caem na internação. Além disso, tendem a cumprir mais *rapidamente* a medida, pois a família lhes fornece suporte aberto e expresso – nem que seja formal, para aquela situação determinada. Vedando a discriminação, cria-se mais um elemento a incentivar os juízes a igualar a severidade ou a brandura da execução de medidas socioeducativas. Não pelo jovem, em função de seus atributos, qualificações e orientações pessoais, mas em decorrência do ato realizado e do progresso alcançado, devem ser conduzidas as execuções.

39. Fortalecimento de vínculos familiares e comunitários: não se trata de um princípio, mas de regra imposta pelo ECA, ora repetida nesta Lei. O objetivo maior do Estado e da

Art. 36

Estatuto da Criança e do Adolescente Comentado • **Nucci**

sociedade em geral, garantindo o bem-estar de crianças e adolescentes, é mantê-los integrados em suas famílias e comunidades. Com isso, apresentarão rendimento educacional positivo em vários ângulos. O princípio da proteção integral cuida disso. Reitera-se em execução da medida socioeducativa a mesma proposta.

Capítulo II
DOS PROCEDIMENTOS

> **Art. 36.** A competência para jurisdicionar a execução das medidas socioeducativas segue o determinado pelo art. 146 da Lei n.º 8.069, de 13 de julho de 1990 (Estatuto da Criança e do Adolescente).[40]

40. Juiz da execução da medida socioeducativa: é a mesma autoridade judiciária encarregada da sua aplicação, nos termos do art. 146 do ECA: "a autoridade a que se refere esta Lei é o Juiz da Infância e da Juventude, ou o juiz que exerce essa função, na forma da lei de organização judiciária local". Na jurisprudência: TJMG: "1 – A ação civil pública destina-se à proteção e reparação de danos envolvendo direitos difusos e coletivos, assim como direitos individuais homogêneos, nos termos do art. 1.º da Lei n.º 7.347/85 e art. 81 do Código de Defesa do Consumidor; 2 – A obtenção de vaga em estabelecimento para cumprimento de medida socioeducativa, de forma individualizada, é matéria que compete ao juízo responsável pela execução da medida socioeducativa, pois se trata de ato decorrente da execução da decisão que aplica a pena; 3 – A competência para jurisdicionar a execução das medidas socioeducativas cabe ao Juiz da Infância e da Juventude, ou ao juiz que exerce essa função, nos termos do art. 36 da Lei n.º 12.594/2012 e art. 146 do Estatuto da Criança e do Adolescente" (Ap. Cív. 1.0439.14.010622-0/001-MG, 4.ª Câmara Cível, rel. Renato Dresch, 15.12.2016).

> **Art. 37.** A defesa e o Ministério Público intervirão, sob pena de nulidade, no procedimento judicial de execução de medida socioeducativa, asseguradas aos seus membros as prerrogativas previstas na Lei n.º 8.069, de 13 de julho de 1990 (Estatuto da Criança e do Adolescente), podendo requerer as providências necessárias para adequar a execução aos ditames legais e regulamentares.[41]

41. Jurisdicionalização da execução socioeducativa: nos mesmos termos da execução penal, cabe ao juiz tomar as principais decisões acerca da execução da pena, assim como da medida socioeducativa. Noutros termos, não concerne às autoridades administrativas, encarregadas das unidades de internação, por exemplo, determinar os parâmetros a seguir pelo menor internado. Mas, não se deve deixar de destacar o caráter misto da execução, pois também possui o lado administrativo, visto que o Judiciário não cria, organiza, mantém ou administra qualquer unidade de atendimento em meio aberto ou fechado. Porém, como as decisões relevantes para o adolescente são tomadas pelo magistrado, devem participar da execução tanto o Ministério Público como a defensoria. Assim também tem ocorrido na execução penal. Essa intervenção se justifica em virtude dos princípios da ampla defesa e do contraditório. Na jurisprudência: TJRS: "A ausência de intimação prévia da defesa técnica para se manifestar quanto ao pedido de revogação da remissão configura nulidade, por ofensa ao disposto no art. 37 da Lei do SINASE (Lei n.º 12.594/2012) e aos princípios da ampla defesa e do contraditório. No caso, a Defensoria Pública foi intimada apenas quando homologada a remissão e quando proferida a sentença de extinção do feito. Dessa forma, considerando que a defesa técnica não foi intimada em nenhum momento durante a tramitação da execução para se manifestar sobre o pedido de revogação da remissão, nem para diligenciar o contato com a adolescente e apresentar as razões do descumprimento da medida socioeducativa, vislumbra-se configurada a nulidade, devendo ser desconstituída a sentença. Quanto ao pedido de determinação do sobrestamento da tramitação do processo de apuração do ato infracional ajuizado pelo Ministério Público, o pedido deverá ser feito, primeiramente, ao Juízo em que tramita o feito, para que não seja caracterizada supressão de instância" (Ap. Cível 50032149720158210010, 8.ª Câm. Cível, rel. Luiz Felipe Brasil Santos, 05.08.2021, v.u.).

> **Art. 38.** As medidas de proteção, de advertência e de reparação do dano, quando aplicadas de forma isolada, serão executadas nos próprios autos do processo de conhecimento, respeitado o disposto nos arts. 143 e 144 da Lei n.º 8.069, de 13 de julho de 1990 (Estatuto da Criança e do Adolescente).[42]

42. Execução nos autos do processo de conhecimento: pela simplicidade e facilidade de controle, a aplicação de advertência será feita nos autos do processo de conhecimento, após o trânsito em julgado da decisão que a aplicou. Portanto, cabe à autoridade judiciária convocar o adolescente para adverti-lo. O mesmo se faz no tocante à obrigação de reparar o dano, chamando-se o jovem e seus pais para comunicar-lhes tal dever. Do mesmo modo, as medidas de proteção (encaminhamento aos pais ou responsável, mediante termo de responsabilidade; orientação, apoio e acompanhamento temporários; matrícula e frequência obrigatórias em estabelecimento oficial de ensino fundamental; inclusão em programa comunitário ou oficial de auxílio à família, à criança e ao adolescente; requisição de tratamento médico, psicológico ou psiquiátrico, em regime hospitalar ou ambulatorial; inclusão em programa oficial ou comunitário de auxílio, orientação e tratamento a alcoólatras e toxicômanos) são executadas nos autos do processo onde foram impostas. Não se compreende a expressa menção aos arts. 143 e 144, que cuidam do sigilo do conteúdo do processo ou procedimento relativo a menores de 18 anos. Esse segredo de justiça, por óbvio, imanta-se à execução socioeducativa. Na jurisprudência: STJ: "1. A jurisprudência desta Corte Superior entende que compete ao respectivo Juízo da Vara da Infância e da Juventude a execução e a fiscalização do cumprimento das medidas por ele impostas, em respeito à doutrina da proteção integral da criança e do adolescente. O objetivo de tal entendimento é conferir efetividade à decisão judicial, de modo a se verificar que o menor infrator, destinatário da medida socioeducativa, responde à finalidade daquela, que é sua reintegração social. 2. A Lei n. 12.594/2012, que instituiu o Sistema Nacional de Atendimento Socioeducativo (Sinase), estabelece que 'as medidas de proteção, de advertência e de reparação do dano, quando aplicadas de forma isolada, serão executadas nos próprios autos do processo de conhecimento', a demonstrar que a competência do Juiz da Vara da Infância e da Juventude não se esgota com a imposição das medidas necessárias à reintegração e à proteção do menor" (AgRg no AREsp 444.783 MG, 6.ª T., rel. Rogerio Schietti Cruz, 23.06.2015, v.u.).

> **Art. 39.** Para aplicação das medidas socioeducativas de prestação de serviços à comunidade, liberdade assistida, semiliberdade ou internação, será constituído processo de execução[43] para cada adolescente, respeitado[44] o

Art. 39

Estatuto da Criança e do Adolescente Comentado • Nucci

> disposto nos arts. 143 e 144 da Lei n.º 8.069, de 13 de julho de 1990 (Estatuto da Criança e do Adolescente), e com autuação das seguintes peças:[45]
>
> I – documentos de caráter pessoal do adolescente existentes no processo de conhecimento, especialmente os que comprovem sua idade; e
>
> II – as indicadas pela autoridade judiciária, sempre que houver necessidade e, obrigatoriamente:
>
> a) cópia da representação;
>
> b) cópia da certidão de antecedentes;
>
> c) cópia da sentença ou acórdão; e
>
> d) cópia de estudos técnicos realizados durante a fase de conhecimento.
>
> **Parágrafo único.** Procedimento idêntico será observado na hipótese de medida aplicada em sede de remissão, como forma de suspensão do processo.[46]

43. Processo de execução e lugar adequado: nos moldes adotados para a execução penal, quando a condenação transita em julgado, extraem-se peças do processo de conhecimento e preenche-se a guia de recolhimento (peça inicial da execução, contendo todos os dados do sentenciado e do título a ser cumprido), promovendo-se a instauração de um processo autônomo, autuado à parte e dirigido ao juízo das execuções penais. No caso do adolescente, faz-se a autuação em separado, mas o juiz competente é o mesmo do processo de conhecimento. Entretanto, o art. 147, § 2.º, do ECA permite que a execução das medidas seja delegada à autoridade competente da residência dos pais do infrator ou seus responsáveis, bem como do local onde se situa a entidade que abrigar a criança ou adolescente. Na jurisprudência: TJMT: "Nos termos do que preceitua o art. 147, § 2.º, do Estatuto da Criança e do Adolescente, a execução das medidas poderá ser delegada à autoridade competente da residência dos pais ou responsável, ou do local onde sediar-se a entidade que abrigar a criança ou adolescente. Uma vez remetidos os autos pelo juízo do lugar dos fatos àquele da residência dos pais do menor, tem-se por inexorável a competência deste último para o processamento da execução das medidas aplicadas, mesmo em se tratando de hipótese de remissão, como forma de suspensão do processo" (Conflito de Jurisdição 0045564-63.2016.8.11.0000, T. de Câmaras Criminais Reunidas, rel. Pedro Sakamoto, 07.07.2016, v.u.).

44. Respeito ao sigilo: mais uma vez (vide o art. 38), repete-se o dever de se manter em sigilo os dados do adolescente infrator e a divulgação dos atos judiciais, policiais e administrativos, o que, por certo, abrange o processo de execução. Porém, por cautela, retoma-se o conteúdo dos referidos artigos do ECA: "Art. 143. É vedada a divulgação de atos judiciais, policiais e administrativos que digam respeito a crianças e adolescentes a que se atribua autoria de ato infracional. Parágrafo único. Qualquer notícia a respeito do fato não poderá identificar a criança ou adolescente, vedando-se fotografia, referência a nome, apelido, filiação, parentesco, residência e, inclusive, iniciais do nome e sobrenome. Art. 144. A expedição de cópia ou certidão de atos a que se refere o artigo anterior somente será deferida pela autoridade judiciária competente, se demonstrado o interesse e justificada a finalidade".

45. Conteúdo do processo de execução: deveria haver um documento inicial, tal como um *formulário*, a ser preenchido pelo cartório, contendo um resumo de *todos* os dados do processo de conhecimento – assim como se faz no tocante à guia de recolhimento da execução penal, pois facilita a checagem dos principais itens. Nada impede que o juiz determine a sua composição. De qualquer modo, juntam-se, obrigatoriamente, os documentos pessoais do adolescente, *especialmente os que comprovem a idade*, pois é justamente em cima disso que a execução pode prolongar-se mais ou menos. Lembre-se que, atingindo 21 anos, cessa toda e qualquer medida socioeducativa. O magistrado pode determinar a juntada de qualquer peça do feito original, desde que providencie, no mínimo, as indicadas nas alíneas do inciso II: a) cópia de representação (peça inicial ofertada pelo Ministério Público, contendo a narrativa do ato infracional); b) cópia da certidão de antecedentes (as anteriores medidas socioeducativas recebidas pelo menor); c) cópia da sentença ou acórdão (executa-se apenas um título judicial; não havendo recurso, é a sentença o título; porém, existindo recurso, o acórdão substitui a sentença e passa a ser o título executável); convém juntar ambos, pois nem todo acórdão reproduz, fielmente, o conteúdo da sentença, limitando-se a mantê-la na integralidade, sem maiores detalhes; somente não se junta a decisão judicial absolutória, pois não executável; d) cópia de estudos e pareceres técnicos ofertados durante o processo de execução, que servirão de apoio e ponto de partida para os próximos estudos a realizar. As avaliações realizadas durante a execução devem ser comparadas com estas, a fim de confrontar e deduzir se o jovem obteve progresso no cumprimento da medida imposta. Na jurisprudência: TJDFT: "1. Os termos de intimação da defesa e do adolescente, acerca da sentença que aplica medida socioeducativa, não constituem peças obrigatórias para a instrução do processo de execução, conforme o art. 39 da Lei n. 12.594/12 e os arts. 7.º, 8.º e 9.º da Resolução CNJ n. 165/2012. 2. Nos termos do art. 144 do ECA, a defesa possui meios de obter cópia do termo de intimação da sentença que impôs a medida socioeducativa de internação, pois o sigilo do processo de apuração de ato infracional não é oponível às partes. 3. A cópia da certidão do trânsito em julgado da sentença, que o juízo de conhecimento, por força do art. 10 da Resolução n. 165/2012 do CNJ, tem o dever de encaminhar ao juízo da execução, mostra-se documento hábil para o controle da prescrição. 4. Recurso conhecido e desprovido" (AGI 20170020122482-DFT, 3.ª T. Criminal, rel. Waldir Leôncio Lopes Júnior, 10.08.2017, v.u.).

46. Remissão suspensiva: uma das hipóteses previstas em lei, como forma de incentivo ao progresso do adolescente, sem implicar pura sanção, é a concessão da remissão suspensiva do processo, que apura ato infracional. Assim sendo, extraem-se cópias do processo original e envia-se ao juízo da execução para acompanhar o período de prova ao qual foi submetido o jovem. Tal como se fosse um *sursis* (suspensão condicional da pena), que é fiscalizado pelo juiz da execução.

> **Art. 40.** Autuadas as peças, a autoridade judiciária encaminhará, imediatamente, cópia integral do expediente ao órgão gestor do atendimento socioeducativo, solicitando designação do programa ou da unidade de cumprimento da medida.[47]

47. Duplicidade: em lugar de simplesmente informar o conteúdo básico do processo de execução da medida socioeducativa, determinando o que há de ser realizado, o juiz deve reproduzir, outra vez, todos os documentos juntados – advindos do feito principal – para remeter à unidade encarregada de desenvolver, na prática, a medida aplicada. Há, pois, quatro possibilidades de encaminhamento, duas para meio aberto (prestação de serviços à comunidade e liberdade assistida), que seguem a órgão municipal, e duas para o meio fechado (semiliberdade e internação), que se dirigem a órgão do Estado.

> **Art. 41.** A autoridade judiciária dará vistas da proposta de plano individual de que trata o art. 53 desta Lei ao defensor e ao Ministério Público pelo prazo sucessivo de 3 (três) dias, contados do recebimento da proposta encaminhada pela direção do programa de atendimento.[48]

Art. 41

> § 1.º O defensor e o Ministério Público poderão requerer, e o Juiz da Execução poderá determinar, de ofício, a realização de qualquer avaliação ou perícia que entenderem necessárias para complementação do plano individual.[49]
>
> § 2.º A impugnação ou complementação do plano individual, requerida pelo defensor ou pelo Ministério Público, deverá ser fundamentada, podendo a autoridade judiciária indeferi-la, se entender insuficiente a motivação.[50]
>
> § 3.º Admitida a impugnação, ou se entender que o plano é inadequado, a autoridade judiciária designará, se necessário, audiência da qual cientificará o defensor, o Ministério Público, a direção do programa de atendimento, o adolescente e seus pais ou responsável.[51]
>
> § 4.º A impugnação não suspenderá a execução do plano individual, salvo determinação judicial em contrário.[52]
>
> § 5.º Findo o prazo sem impugnação, considerar-se-á o plano individual homologado.[53]

48. Plano Individual de Atendimento: como será analisado nos comentários ao art. 53, elaborado o referido plano pelo órgão responsável pela execução prática da medida socioeducativa, remete-se à Vara da Infância e Juventude. Ato contínuo, segundo a literalidade da lei, o juiz dará vista sucessiva à defesa e, após, ao Ministério Público, numa inversão de ordem incompreensível. Afinal, muito embora o MP atue, na execução, como fiscal da lei – o mesmo ocorre na execução penal –, é ele o titular da ação socioeducativa, logo, também o é da execução da medida e deve impulsionar os atos necessários para o seu devido cumprimento. Diante disso, em observância ao princípio constitucional da ampla defesa, é preciso, primeiro, ouvir o Ministério Público; depois, a defesa do adolescente. Seja o que for requerido pelo *Parquet*, cabe à defesa não ser surpreendida, motivo pelo qual é a última a se manifestar. Na jurisprudência: TJSP: "Ato infracional equiparado ao crime de roubo majorado pelo concurso de pessoas, com o emprego de arma de fogo. Medida socioeducativa de internação. Relatório informativo conclusivo da Fundação CASA favorável à inserção do jovem em medida de liberdade assistida. Pleito defensivo pela substituição da medida socioeducativa. Alegação de decisão extra petita, carente de fundamentação. Circunstâncias do fato e condições pessoais do educando que evidenciam a necessidade da avaliação pela Equipe Técnica do Juízo (ETJ). Decisão fundamentada. Magistrado que não está adstrito à conclusão de relatórios emitidos pela unidade de internação e pela equipe técnica do juízo, tampouco às manifestações do *Parquet* e da defesa. Incidência do princípio do livre convencimento motivado. Inteligência da Súmula n.º 84, do E. Tribunal de Justiça do Estado de São Paulo. Determinação que auxiliará o Juízo de Primeiro Grau a reunir mais elementos para formar sua segura convicção acerca da possiblidade (ou não) de desinternação do paciente. Constrangimento ilegal não evidenciado. Ordem denegada" (HC 22003385320238260000, Câm. Especial, rel. Guilherme Gonçalves Strenger, 29.08.2023, v.u.).

49. Complementação do plano: tomando conhecimento do PIA (arts. 53 e 54 desta Lei), podem as partes apresentar alguma proposta de diligência complementar (estudo ou perícia), o que, convenhamos, será raro, em face da natureza detalhada do mencionado plano individual.

50. Manifestações fundamentadas: não poderia ser diferente, mas a lei explicita o óbvio: já que qualquer das partes pretende complementar o minucioso plano individual de atendimento, ao menos deve fazê-lo de maneira fundamentada. E, por óbvio, o juiz pode deferir ou indeferir esse requerimento, o que faz parte de qualquer processo, seja de conhecimento ou de execução. Contra essa decisão cabe agravo.

51. Audiência: eis outra medida prevista em lei, que será, com certeza, de rara utilização. Se aceita a impugnação ofertada por qualquer das partes ou, agindo de ofício, o juiz entender o plano inadequado, designa-se audiência para resolver o rumo a seguir, para o ato, convocam-se todos os envolvidos: MP, defesa, adolescente, seus pais e direção do programa executor da medida. O termo *cientificará* é inadequado, pois dá a entender constituir o ato mera ciência; assim não se dá, devendo as partes comparecer; por isso, serão intimadas da audiência. Imagine-se que fosse um simples *convite*; ninguém vai e o juiz fica sozinho, sem qualquer esclarecimento. Crê-se que, nessa audiência, chega-se a um consenso quanto ao plano individual de atendimento. De todo modo, não havendo consenso, o juiz determina o rumo a ser tomado.

52. Impugnação ao PIA: como regra, não suspende a execução, salvo determinação judicial em contrário. Esse é o teor do parágrafo. Crê-se, portanto, que, na eventualidade de haver impugnação – como dissemos, muito raro, em face do detalhismo do plano –, somente teria sentido suspender a execução, caso fosse algo muito grave (ex.: o plano prevê a internação do adolescente em sua própria residência).

53. Homologação tácita: opera-se, à ausência de impugnação formulada pelas partes, no prazo de três dias para cada uma, a concordância diante do PIA e, por consequência, a sua *homologação tácita* ou, melhor ainda, a *homologação por força de lei*. Porém, cuidando-se de execução socioeducativa, essa matéria não preclui, podendo qualquer das partes, fiscalizando a execução, bem como o juiz, interferir, caso se depare com qualquer desvio ou excesso.

> **Art. 42.** As medidas socioeducativas de liberdade assistida, de semiliberdade e de internação deverão ser reavaliadas no máximo a cada 6 (seis) meses, podendo a autoridade judiciária, se necessário, designar audiência, no prazo máximo de 10 (dez) dias, cientificando o defensor, o Ministério Público, a direção do programa de atendimento, o adolescente e seus pais ou responsável.[54]
>
> § 1.º A audiência será instruída com o relatório da equipe técnica do programa de atendimento sobre a evolução do plano de que trata o art. 52 desta Lei e com qualquer outro parecer técnico requerido pelas partes e deferido pela autoridade judiciária.[55]
>
> § 2.º A gravidade do ato infracional, os antecedentes e o tempo de duração da medida não são fatores que, por si, justifiquem a não substituição da medida por outra menos grave.[56]
>
> § 3.º Considera-se mais grave a internação, em relação a todas as demais medidas, e mais grave a semiliberdade, em relação às medidas de meio aberto.[57]

54. Reavaliação obrigatória para progressão ou regressão: a cada seis meses, no máximo (o que tende a se tornar a regra, pois dificilmente se fará em menor tempo), a autoridade judiciária deve reavaliar a medida socioeducativa, com a finalidade de mantê-la ou modificá-la, em função do menor. Essa alteração pode significar a imposição de medida mais restritiva, porém, levando-se em conta a necessidade para a educação do jovem. Havendo dúvida em relação a qualquer aspecto, o juiz designa audiência e *intima* (convoca) as partes para comparecimento. O termo *cientifica* é evidentemente equívoco, pois não se trata de mera

Art. 42

Estatuto da Criança e do Adolescente Comentado · Nucci 762

ciência. Ali, será decidido o futuro da execução de determinado jovem, razão pela qual *devem* comparecer o Ministério Público, a defesa, a direção do programa, o menor e seus pais. Naturalmente, não se inclui a prestação de serviços à comunidade, pois tem prazo certo para o seu cumprimento. Na jurisprudência: STJ: "1. 'As conclusões do relatório técnico, favoráveis à progressão de medida socioeducativa, não vinculam 'o magistrado, que pode, em face do princípio do livre convencimento motivado, justificar a continuidade da internação do menor com base em outros dados e provas constantes dos autos' (AgRg no HC 282.288/PE, rel. Ministra Regina Helena Costa, 5.ª T., j. 12.01.2013; HC 296.682/SP, rel. Ministro Felix Fischer, 5.ª T., j. 23.09.2014; RHC 37.107/PA, rel. Ministro Moura Ribeiro, 5.ª T., j. 19.12.2013)' (HC 520.845/SP, rel. Ministro Ribeiro Dantas, 5.ª T., j. 24.09.2019, *DJe* 30.09.2019). 2. Na espécie, o Tribunal de origem entendeu indevida a progressão, tendo em vista que o adolescente permaneceu internado apenas por 1 (um) mês e 24 (vinte e quatro) dias, período em que se envolveu 'em intercorrências dentro da Unidade, motivo pelo qual foi alojado na APE, local aonde ficam os socioeducandos que representam risco na unidade e na convivência regular, encontrando-se nessa condição dado conflito com outro adolescente e desafios com as normas e procedimentos'. Ademais, afirmou que não houve a elaboração do Plano Individual de Atendimento com as metas a serem atingidas em seu desenvolvimento, e ao histórico de atos infracionais praticados, fundamentação que se revela idônea para manter as conclusões da Corte de origem. 3. As circunstâncias do fato também são gravosas, eis que o adolescente efetuou disparos de arma de fogo contra os agentes públicos, demonstrando maior periculosidade, o que afasta o elemento subjetivo necessário à progressão para a semiliberdade. 4. Agravo desprovido" (AgRg no HC 532.211/ES, 5.ª T., rel. Jorge Mussi, j. 17.12.2019, v.u.); "1. Apresentada fundamentação concreta para justificar a progressão da medida de internação para a medida de semiliberdade, evidenciada, não somente na gravidade do ato infracional, que foi praticado com grave ameaça, mas nos relatórios realizados pela equipe técnica da unidade onde o menor se encontrava internado, pois os relatórios social (Anexo 1, e-doc. 18, fls. 28/30), psicológico (Anexo 1, e-doc. 18, fls. 31/32) e o pedagógico (Anexo 1, e-doc. 18, fls. 33/34) sugeriram a progressão da medida socioeducativa para semiliberdade, tendo em vista a necessidade de afastar o menor do ambiente pernicioso da prática de atos infracionais (Anexo 1, e-doc. 18, fls. 27/34), não há ilegalidade. 2. A decisão sobre a possibilidade de progressão de medida socioeducativa é de livre convencimento do juiz, o qual deverá apresentar justificativa idônea, não estando vinculado apenas ao relatório multidisciplinar do paciente. Nessa linha de consideração, tem-se que a progressão da medida aplicada revela-se como um processo reativo ao processo de ressocialização, à medida que o jovem assimila a sua finalidade socioeducativa. 3. *Habeas corpus* denegado" (HC 437.119/RJ, 6.ª T., rel. Nefi Cordeiro, j. 12.06.2018, v.u.). TJRS: "1. Para o exame da progressão da medida socioeducativa, deve-se observar não apenas a conduta do adolescente dentro da instituição, mas também a sua personalidade, os seus antecedentes, a gravidade do ato infracional praticado, tendo em mira o aspecto retributivo da medida aplicada. 2. Descabe estabelecer a progressão para a medida socioeducativa de liberdade assistida cumulada com prestação de serviços à comunidade, quando não está claro o efeito ressocializante da medida aplicada, não tendo o adolescente desenvolvido ainda o esperado juízo crítico, tendo em mira o curto lapso de tempo de cumprimento da medida, sendo-se mais adequada a progressão para a medida socioeducativa de semiliberdade, como pretende o órgão ministerial. Recurso provido" (AI 70069429355/RS, 7.ª Câm. Cível, rel. Sérgio Fernando de Vasconcellos Chaves, 29.06.2016, v.u.). Ver também a nota 116 ao art. 58.

55. Instrução em audiência: este ato processual somente tem sentido em caso de dúvida, como já mencionamos, pois, do contrário, é pura perda de tempo. Havendo consenso para o mitigamento da medida imposta ao jovem (ou para maior restrição), dispensa-se a audiência. Por outro lado, embora este dispositivo faça referência à instrução com o relatório da equipe técnica do programa de atendimento a respeito da evolução do menor (ou qualquer outro parecer que tenha sido requerido pelas partes), pode o juiz ouvir o adolescente, seus pais e até mesmo os membros da equipe técnica, emissores do relatório ao qual se fez menção. O ponto principal é formar o convencimento da autoridade judiciária a respeito do próximo passo na execução da medida socioeducativa.

56. Diagnose e prognose: a diagnose é um juízo do presente, baseado no passado; a prognose é um juízo feito no presente, com vistas ao futuro. O disposto neste parágrafo é uma cautela para que a autoridade judiciária não se baseie no passado do menor, a fim de delinear o seu futuro. O mesmo ocorre no contexto da execução penal. Ao elaborar a sentença, optando pela medida socioeducativa cabível, o juiz faz uma diagnose: verifica quem é o menor, seus antecedentes antes da prática do ato infracional, a gravidade concreta deste ato e suas consequências. Diante dessa análise, impõe a sanção adequada e o seu tempo de duração, que, conforme o caso, pode ser indeterminado. Ultrapassada essa fase, iniciando-se a execução, não há mais que se falar em diagnose, pois seria um inadequado *bis in idem*. O jovem está cumprindo a medida com olhos para o futuro e assim também deve ser a avaliação judicial. Eis que surge a prognose. Ignorando-se a gravidade do ato infracional, os antecedentes e o tempo da medida, leva-se em consideração o comportamento do jovem, a sua dedicação, o seu comprometimento com o programa traçado, o seu envolvimento familiar, enfim, o modo como desenvolve o seu plano individual de atendimento. De acordo com o presente, pode o juiz vislumbrar melhora e, com isso, progressão para o adolescente. Na jurisprudência: TJPA: "1. Tem-se ainda que a gravidade da conduta e o tempo de aplicação da medida não são circunstâncias que se prestam a justificar a continuidade da internação, conforme preconiza o art. 42, § 2.º, da Lei Federal n.º 12.594/2012. 2. Por outro lado, consoante a jurisprudência do Superior Tribunal de Justiça, mesmo que o magistrado não esteja adstrito aos laudos elaborados pelas equipes de avaliação psicossocial, o não atendimento das sugestões quanto à substituição da medida aplicada precisa ser pautado em elementos concretos dos autos que demonstrem a ausência de evolução do reeducando. 3. Nesse contexto, o Relatório de Acompanhamento de Medida Socioeducativa atestou o êxito nas metas pactuadas no Plano Individual de Atendimento (PIA), ressaltando o bom desempenho do reeducando nas atividades realizadas (ID 4697189). 4. Recurso conhecido e provido" (AI 08020177720218140000, 2.ª T. de Direito Público, rel. José Maria Teixeira do Rosário, 02.05.2022).

57. Norma explicativa: explicitando o óbvio, como é de hábito, o legislador enuncia ser a internação a medida socioeducativa mais grave. Depois, escalona, em segundo lugar, a semiliberdade. Segundo cremos, dificilmente, alguém, em sã consciência, pensaria de modo diverso.

> **Art. 43.** A reavaliação da manutenção, da substituição ou da suspensão das medidas de meio aberto ou de privação da liberdade e do respectivo plano individual pode ser solicitada a qualquer tempo, a pedido da direção do programa de atendimento, do defensor, do Ministério Público, do adolescente, de seus pais ou responsável.[58]
>
> § 1.º Justifica o pedido de reavaliação, entre outros motivos:[59]
>
> I – o desempenho adequado do adolescente com base no seu plano de atendimento individual, antes do prazo da reavaliação obrigatória;[60]
>
> II – a inadaptação do adolescente ao programa e o reiterado descumprimento das atividades do plano individual;[61] e

Art. 43

> III – a necessidade de modificação das atividades do plano individual que importem em maior restrição da liberdade do adolescente.[62]
>
> § 2.º A autoridade judiciária poderá indeferir o pedido, de pronto, se entender insuficiente a motivação.[63]
>
> § 3.º Admitido o processamento do pedido, a autoridade judiciária, se necessário, designará audiência, observando o princípio do § 1.º do art. 42 desta Lei.[64]
>
> § 4.º A substituição por medida mais gravosa[65] somente ocorrerá em situações excepcionais, após o devido processo legal, inclusive na hipótese do inciso III do art. 122 da Lei n.º 8.069, de 13 de julho de 1990 (Estatuto da Criança e do Adolescente), e deve ser:
>
> I – fundamentada em parecer técnico;[66]
>
> II – precedida de prévia audiência, e nos termos do § 1.º do art. 42 desta Lei.[67]

58. Reavaliação a qualquer tempo: como já havíamos explicitado na nota 53 ao art. 41, § 5.º, inexiste preclusão para a maior parte das decisões tomadas em sede de execução, seja penal ou socioeducativa; afinal, busca-se o melhor para o sentenciado (maior ou menor). Se progride, ameniza sua situação quanto à restrição de direitos; se regride, tende a sofrer mais restrições. Eis o motivo da expressa autorização de revisão da medida aplicada por qualquer interessado (direção do PIA, defensor, MP, adolescente, seus pais ou responsável), bem como, de ofício, pelo juiz. Ver, também, a nota 116 ao art. 58.

59. Fundamentos para a reavaliação: o rol deste parágrafo é meramente exemplificativo, não esgotando todas as possibilidades para o interessado requerer a reavaliação da medida socioeducativa imposta. Observe-se, no entanto, o alvo dessa reavaliação: encurtar aquela, que será obrigatória, a cada seis meses. Há dois fundamentos para restringir os direitos do jovem e um deles para melhorar a sua situação.

60. Desempenho adequado: é obrigação do adolescente cumprir exatamente o que lhe foi estabelecido no seu plano individual de atendimento; por isso, não deveria constituir motivo para a reavaliação *antes do momento certo*. O ideal, neste dispositivo, seria descrever *desempenho acima do esperado*; *ótimo desempenho* ou similar. Portanto, o simples desenvolvimento do PIA não nos parece motivo suficiente para reavaliá-lo antes do tempo marcado pelo juiz. Possivelmente, o que se pretendeu afirmar foi o seguinte: o jovem atingiu todas as metas esperadas, dentro do seu plano individual, antes do prazo de reavaliação obrigatória; então, caberia uma antecipação.

61. Inadequação ao plano: esta é uma situação a demandar urgência na avaliação, não sendo cabível esperar muito tempo para reavaliar o plano estabelecido. Associa-se a referida inadequação ao programa com a reiteração do descumprimento das atividades esperadas. De fato, é preciso tomar uma atitude, pois a continuidade nesse prisma inviabilizará qualquer proposta real de rendimento positivo. Pode ser momento para substituir a medida ou impor mais condições para o seu desempenho. Eis um fator propício para a regressão. Na jurisprudência: TJSE: "Regressão da semiliberdade para a internação. Possibilidade. Art. 113 c/c arts. 99 e 100 do ECA. Fuga do paciente da instituição designada para o cumprimento da semiliberdade e notícia de que houve a prática de novo ato infracional. Necessidade concreta da regressão demonstrada pela denegação da ordem. Decisão unânime" (Tribunal de Justiça do Estado de Sergipe, HC 201400582, rel. Luiz Antônio Araújo Mendonça, j. 20.05.2014); "Regressão da medida socioeducativa de semiliberdade para internação. Prática de outro ato infracional quando da semiliberdade. Fuga da unidade onde se cumpria a medida socioeducativa de semiliberdade. Regressão para internação. Possibilidade. Precedentes do STJ. Constrangimento não verificado. *Habeas corpus* denegado. Decisão unânime" (HC 201400607, rel. Bethzamara Rocha Macedo, Juiz(a) Convocado(a), j. 20.05.2014).

62. Necessidade de modificação: na realidade, esta não é uma causa, mas a consequência. Se o adolescente tem um desempenho aquém do esperado, reitera em faltas ou está inadequado ao seu plano (inciso II *supra*), termina por justificar a *modificação* das atividades do PIA, gerando maiores restrições à sua liberdade.

63. Indeferimento de plano: o pleito de reavaliação da medida socioeducativa aplicada ou do plano individual de atendimento, feito pelo interessado, deve ser fundamentado. Alegações vazias, sem qualquer base nos elementos constantes dos autos da execução, podem ser rechaçadas de pronto pelo magistrado. É o mínimo a fazer, sob pena de conturbar o andamento do processo, prejudicando o ritmo da Vara da Infância e Juventude. Indeferido, cabe agravo.

64. Processamento da reavaliação antecipada: pode dar-se com ou sem audiência, dependendo das provas trazidas pelo interessado aos autos, ofertando-as à análise do juiz. Na realidade, criaram-se quatro alternativas para avaliar (ou reavaliar) a execução da medida socioeducativa de prazo indeterminado: a) a cada seis meses, obrigatoriamente, sem audiência; b) a cada seis meses, obrigatoriamente, com audiência; c) antes do prazo de seis meses, por antecipação requerida por algum interessado, dentre os legitimados, sem audiência; d) antes do prazo de seis meses, por antecipação solicitada por interessado, dentre os legitimados, com audiência. Na jurisprudência: TJSP: "O artigo 43, §§ 1.º e 3.º, II, da Lei n.º 12.594/12 (SINASE) possibilita a designação de audiência pelo magistrado em caso de descumprimento da medida: (...) Portanto, considerando que, *in casu*, o adolescente abandonou o cumprimento da medida de liberdade assistida, sem apresentar qualquer justificativa, apesar de ciente da obrigação que lhe incumbia, de rigor, por ora, a realização de audiência de justificação. Cumpre observar que a equipe técnica tentou contato com o paciente e sua genitora diversas vezes, sem sucesso, uma vez que não retornam e, tampouco, aderem às orientações da equipe (fls. 85 e 92). Como se não bastasse, extrai-se dos autos que desde novembro de 2020, o adolescente vinha se ausentando dos atendimentos, havendo dificuldade por parte da equipe, de conduzir com êxito o processo de ressocialização (fls. 55, 72 e 77)" (HC 22910826520218260000, Câm. Especial, rel. Daniela Cilento Morsello, 28.04.2022, v.u.).

65. Substituição por medida mais gravosa (regressão): cuida-se, na prática, da regressão. O adolescente pode iniciar a execução no regime de semiliberdade, mas passar, depois, à internação. Pode começar na liberdade assistida e migrar para a semiliberdade. Note-se que o fundamento para essa regressão é o não cumprimento, a contento, do seu plano individual de atendimento, independentemente da previsão feita no art. 122, III, do ECA. Noutros termos, pode haver regressão tanto nesta última situação, quando há descumprimento reiterado e injustificado de medida anteriormente imposta, como também em outras hipóteses de incompatibilidade da conduta do jovem ao programa estabelecido, lembrando, sempre, que tal programa foi fruto de um consenso, como demonstra o art. 53 desta Lei. Impõe-se, apenas, o respeito do *devido processo legal*, que demanda contraditório e ampla defesa (autodefesa e defesa técnica). É o teor da Súmula 265 do STJ: "É necessária a oitiva do menor infrator antes de decretar-se a regressão da medida socioeducativa." Além disso, os incisos fixam mais dois requisitos: parecer técnico e audiência prévia. Ver também a nota 116 ao art. 58. Brigitte Remor de Souza May reconhece ter esta Lei previsto a possibilidade de regressão da medida socioeducativa, embora teça crítica: "outrossim, frise-se reconhecer o art. 43, § 4.º, Lei do Sinase que é excepcional a substituição de medida socioeducativa por outra mais gravosa,

Art. 44

Estatuto da Criança e do Adolescente Comentado · Nucci

inclusive no caso de descumprimento reiterado, sendo tal gravidade dimensionada na proclamação de que, em relação a todas as demais medidas, a mais grave é a internação e, em relação às medidas de meio aberto, grave é a semiliberdade (art. 42, § 3.º, Lei 12.594/2012). (...) Dentro de raciocínio anteriormente explicitado, poderia surgir a seguinte indagação: qual o sentido do art. 43, § 4.º, da Lei do Sinase? A meu sentir, tal dispositivo não encontra sequer coerência interna com os princípios e objetivos da execução da medida socioeducativa e da própria Lei do Sinase" (*Reflexões sobre a substituição de medida socioeducativa por outra mais gravosa. Os princípios e objetivos da execução da medida socioeducativa na Lei 12.594/2012*, p. 128 e 131). Permitindo a regressão, respeitada a ampla defesa, com oitiva do menor: STJ: "O Supremo Tribunal Federal, por sua Primeira Turma, e a Terceira Seção deste Superior Tribunal de Justiça, diante da utilização crescente e sucessiva do *habeas corpus*, passaram a restringir a sua admissibilidade quando o ato ilegal for passível de impugnação pela via recursal própria, sem olvidar a possibilidade de concessão da ordem, de ofício, nos casos de flagrante ilegalidade. Nos termos do Enunciado 265 da Súmula do STJ, é necessária a oitiva do menor infrator antes de decretar-se a regressão da medida socioeducativa. Diante disso, não há constrangimento ilegal na expedição de mandado de busca e apreensão para que se localize adolescente que descumpriu medida aplicada em meio aberto, não encontrado nos endereços indicados nos autos, a fim de encaminhá-lo ao Juízo e apresentá-lo em audiência, oportunizando-lhe a apresentação de justificação. Nos termos da jurisprudência consolidada nesta Corte, a superveniência da maioridade penal ou civil não afasta a possibilidade de manutenção da medida socioeducativa anteriormente imposta, devendo-se levar em consideração apenas a idade do menor ao tempo do fato (HC 229476/RJ, rel. Min. Gurgel de Faria, *DJe* 11.02.2015). *Habeas corpus* não conhecido" (HC 313.714/SP, 5.ª T., rel. Reynaldo Soares da Fonseca, 24.05.2016, v.u.).

66. Parecer técnico: supõe-se, por óbvio, tenha sido feito um estudo pela equipe técnica do programa – mas também pode ser realizado pela equipe técnica do Juizado – constatando-se a necessidade de regressão a uma medida mais severa.

67. Prévia audiência: o juiz *deve* designar audiência, intimando-se todos os participantes da execução – Ministério Público, defesa, dirigente do programa, adolescente, seus pais ou responsável. Pode, também, determinar o comparecimento de algum técnico para ser ouvido. Nesse ato, o jovem *deve* ser ouvido pelo magistrado (direito à autodefesa). Eventualmente, se qualquer das partes desejar, pode propor provas (como ouvida de testemunhas).

> **Art. 44.** Na hipótese de substituição da medida ou modificação das atividades do plano individual, a autoridade judiciária remeterá o inteiro teor da decisão à direção do programa de atendimento, assim como as peças que entender relevantes à nova situação jurídica do adolescente.[68]
>
> **Parágrafo único.** No caso de a substituição da medida importar em vinculação do adolescente a outro programa de atendimento, o plano individual e o histórico do cumprimento da medida deverão acompanhar a transferência.[69]

68. Remessa de novas peças: no início da execução, o magistrado remete vários documentos para propiciar o cumprimento da medida socioeducativa imposta (art. 39, I e II, desta Lei). Ora, havendo alteração na medida ou nas suas condições, torna-se essencial enviar a decisão judicial de inteiro teor (cópia da decisão), além de outras peças consideradas importantes para tecer outro plano individual de atendimento.

69. Expressa alteração de programa: a lei é clara, permitindo a modificação do programa de atendimento, passando o jovem da liberdade assistida para a internação, por exemplo. Desse modo, há de se realizar um plano individual de atendimento (PIA) totalmente diverso, frente à nova realidade. Para auxiliar na sua composição, remete-se o plano individual anterior, juntamente com o histórico do cumprimento da medida.

> **Art. 45.** Se, no transcurso da execução, sobrevier sentença de aplicação de nova medida, a autoridade judiciária procederá à unificação,[70] ouvidos, previamente, o Ministério Público e o defensor, no prazo de 3 (três) dias sucessivos, decidindo-se em igual prazo.[71]
>
> § 1.º É vedado à autoridade judiciária determinar reinício de cumprimento de medida socioeducativa, ou deixar de considerar os prazos máximos, e de liberação compulsória[72] previstos na Lei n.º 8.069, de 13 de julho de 1990 (Estatuto da Criança e do Adolescente), excetuada a hipótese de medida aplicada por ato infracional praticado durante a execução.[73]
>
> § 2.º É vedado à autoridade judiciária aplicar nova medida de internação, por atos infracionais praticados anteriormente, a adolescente que já tenha concluído cumprimento de medida socioeducativa dessa natureza,[74] ou que tenha sido transferido para cumprimento de medida menos rigorosa,[75] sendo tais atos absorvidos por aqueles aos quais se impôs a medida socioeducativa extrema.[76]

70. Unificação de medidas socioeducativas: trata-se de providência similar à execução penal, quando se unificam penas, para que o condenado cumpra um único montante – e não várias penas esparsas, o que somente dificultaria a progressão de regime e a percepção de outros benefícios. *Unificar* significa transformar várias coisas em uma só. O sentido jurídico é o mesmo. Durante a execução de qualquer medida socioeducativa, é possível que outro juízo aplique medida diversa, em processo relativo a outro ato infracional. Transitando em julgado, remete as peças ao juízo da execução (pode ser de Comarca diversa ou da própria Comarca); este juízo é o encarregado de executar a primeira medida socioeducativa do menor; ficará prevento para as demais. Na jurisprudência: STJ: "2. Conforme o art. 45 da Lei n. 12.594/2012, se, em processos distintos, sobrevier aplicação de outra medida socioeducativa (MSE) ao adolescente, a autoridade judiciária procederá à unificação e poderá determinar o reinício de seu prazo máximo na hipótese de ato infracional posterior, praticado no transcurso da execução. 3. O agravante cumpria liberdade assistida e, em virtude de nova infração, foi submetido a internação. Se as duas medidas convergem nos mesmos objetivos e a execução visa as condições peculiares do adolescente, haverá inutilidade, em termos práticos, de sobrestamento daquela em meio aberto. Os fins da responsabilização no âmbito do paradigma da proteção integral já estão sendo efetivados por meio da intervenção com maior abrangência para a reversão do potencial criminógeno. 4. Ante a absorção lógica da liberdade assistida pela internação e a ausência de restrição legal expressa, impõe-se o restabelecimento da unificação das medidas diversas, reunidas pelo Juiz de primeiro grau sob a mais severa, o que cumprirá os objetivos do art. 1.º, § 2.º, I e III da Lei do Sinase. 5. Agravo regimental provido. Agravo conhecido para conhecer do recurso especial e dar-lhe provimento" (AgRg no AREsp 2.094.292, 6.ª T., rel. Rogerio Schietti Cruz, 23.08.2022, v.u.).

71. Procedimento de unificação: chegando à Vara mais uma medida socioeducativa, ouvem-se as partes, passando-se à decisão judicial. A unificação tem o objetivo de garantir equilíbrio e bom senso para o cumprimento das medidas, sem excesso ou desvio de execução.

Art. 45

Ilustre-se com hipóteses: a) o jovem cumpre medida de internação por prazo indeterminado, mas já transcorreu um ano; sabe-se que não poderá ultrapassar os três anos de internação; chega outra medida de internação por prazo indeterminado; o juiz a unifica, juntamente com a primeira e o prazo é um só, vale dizer, o adolescente continua no mesmo ponto – já cumpriu um ano e faltam dois; a nova medida de internação não altera absolutamente nada, pois advém de fato cometido *antes* do início do cumprimento da primeira internação; b) o jovem cumpre medida de semiliberdade, por prazo indeterminado; recebe-se medida de internação; unificam-se ambas para medida de internação, por ser a mais grave, mas respeitado o período já cumprido pelo menor quanto à semiliberdade; c) o rapaz cumpre liberdade assistida e chega medida de prestação de serviços à comunidade; a unificação permite que ele cumpra concomitantemente ambas, não havendo necessidade de absorção de uma em face da outra. Em suma, medida cumprida deve ser respeitada; medida mais grave absorve a mais leve com ela incompatível; medidas mais leves, em meio aberto, coexistem; o prazo de três anos, como teto, deve ser respeitado, mesmo que outra(s) medida(s) advenham àquela que se encontra em cumprimento, desde que por fato(s) *anterior(es)* ao início do cumprimento da primeira medida socioeducativa.

72. Tempo de cumprimento e limites: como mencionamos na nota anterior, o juiz deve respeitar o tempo de cumprimento da medida socioeducativa em andamento, quando recebe outra para unificar. Logo, é vedado determinar o *reinício* do cumprimento, como se a anterior não existisse. A segunda medida incorpora-se à primeira, respeitando o tempo já cumprido. Quanto aos limites, dá-se o mesmo: a) três anos é o máximo de internação, mesmo quando se unificam duas ou mais medidas de internação, por atos infracionais cometidos *antes* do início do cumprimento da primeira medida socioeducativa; b) 21 anos é a idade-limite para liberar o adolescente de qualquer medida socioeducativa, pouco importando cuidar-se de uma ou várias em andamento. Na jurisprudência: TJPR: "Nos termos do artigo 45, § 1.º, do Lei do Sinase, é vedada a determinação de reinício de cumprimento de medida socioeducativa. Confira-se: Art. 45. Se, no transcurso da execução, sobrevier sentença de aplicação de nova medida, a autoridade judiciária procederá à unificação, ouvidos, previamente, o Ministério Público e o defensor, no prazo de três dias sucessivos, decidindo-se em igual prazo. § 1.º É vedado à autoridade judiciária determinar reinício de cumprimento de medida socioeducativa, ou deixar de considerar os prazos máximos, e de liberação compulsória previstos na Lei n.º 8.069, de 13 de julho de 1990 (Estatuto da Criança e do Adolescente), excetuada a hipótese de medida aplicada por ato infracional praticado durante a execução. No presente caso, a imposição de nova medida acarretaria reinício de cumprimento, violando-se, portanto, o disposto no supracitado texto legal. Como bem pontuado pela douta Procuradoria-Geral de Justiça: Com efeito, a imposição de nova medida socioeducativa no presente momento implicaria reinício de cumprimento. Ademais, transcorridos mais de cinco anos da data do fato, inequívoco que a execução de medidas socioeducativas, a esta altura dos acontecimentos, teria uma conotação meramente "retributivo-punitiva", desvirtuando a natureza jurídica e finalidade da intervenção socioeducativa estatal. Diante do lapso temporal decorrido, da idade atual do jovem, maior de 18 anos, e das suas circunstâncias atuais (empregado), é difícil justificar a aplicação de qualquer medida ao apelante, sendo preferível, à luz das normas e princípios que regem a matéria, a pura e simples extinção da medida aplicada, em razão da perda do objeto socioeducativo (fl. 34). Outro não é o entendimento jurisprudencial" (Ap. Crim. 1630553-8-PR, 2.ª Câmara Criminal, rel. Kennedy Josué Greca de Mattos, 14.06.2017).

73. Ato infracional cometido durante a execução: inspirado no art. 75, § 2.º, do Código Penal, a última parte deste dispositivo pretende evitar a impunidade total, caso atos infracionais fossem cometidos durante a execução e não pudessem acarretar ao autor qualquer prejuízo. Portanto, se o jovem está internado e vem a matar alguém, recebendo por isso outra medida socioeducativa de internação, faz-se a unificação, mas desprezando-se o tempo já cumprido. Ilustrando: o menor cumpre medida socioeducativa por prazo indeterminado, já tendo atingido um ano, faltando-lhe dois para a liberação; comete ato infracional equivalente a homicídio *durante* a execução; recebe outra medida de internação; o juiz despreza o tempo já cumprido (um ano) e ele principia novo período indeterminado, condicionado a três anos à frente. Assim, aquele ato infracional, praticado durante a execução, significar-lhe-á, pelo menos, mais um ano de internação, na prática. Nada impede, por se tratar de medida com prazo indeterminado, que o magistrado possa liberar o adolescente antes do limite legal.

74. Respeito ao limite de três anos de internação: se o jovem já cumpriu os três anos de internação e encontra-se em liberdade, o juiz *não pode* aplicar-lhe outra medida de internação, por ato infracional cometido *antes* do cumprimento desse período de três anos. Seria uma burla ao teto, pois, caso a medida chegasse à execução, durante o cumprimento, seria unificada às demais. Diante disso, mesmo que atrase a apuração de certo ato infracional e seja ele grave, é vedada a aplicação de internação, quando o teto já foi atingido. Determina a lei seja esse ato infracional *absorvido* pelos que resultaram na medida socioeducativa de internação, que atingiu os três anos. Observe-se o teor da lei: o ato infracional é absorvido – e não a medida socioeducativa. Desse modo, o magistrado, percebendo que o menor já cumpriu três anos de internação e está apurando ato infracional praticado *antes* do início desse período, *deve* encerrar o feito, declarando a absorção do ato infracional, sem aplicar nenhuma medida socioeducativa. Na jurisprudência: TJDFT: "1. A Lei que institui o Sistema Nacional de Atendimento Socioeducativo (Sinase) determina a unificação da execução de medidas de segurança aplicadas ao mesmo adolescente em processos diversos, com o fim de adequá-las aos prazos máximos estabelecidos no ECA para o cumprimento (art. 45 da Lei n.º 12.594/2012). 2. A regra trazida no § 2.º do artigo 45 da Lei do Sinase refere-se especificamente à aplicação da medida socioeducativa de internação. Ela estabelece que é vedada a aplicação de uma nova medida de internação em razão de atos praticados anteriormente pelo adolescente que já concluiu o cumprimento da internação ou que tenha sido transferido para medida menos gravosa, hipótese inocorrente nos autos. 3. Dentre os princípios que regem a execução das medidas socioeducativas, está o da individualização, no sentido de que a execução deve considerar a idade, capacidades e circunstâncias pessoais do adolescente (art. 35, VI, da Lei do Sinase). 4. Sobrevindo sentença que julgue procedente a representação, será necessário promover a unificação das medidas, quando não demonstrada, cabalmente, ausência de resultado prático do processo, que justifique a remissão pré-processual. No caso dos autos, a nova medida poderá ter pertinência em relação à medida socioeducativa em execução, como, por exemplo, para fins de avaliação de eventual progressão para outra medida menos grave. 5. Recurso conhecido e provido" (APR 20150910220242-DFT, 1.ª T. Criminal, rel. Ana Maria Amarante, 11.05.2017, v.u.).

75. Respeito à progressão: se o adolescente cumpre corretamente a(s) medida(s) socioeducativa(s) imposta(s), recebendo o benefício da progressão, passando, por exemplo, da internação para a semiliberdade, caso surja outro processo, em razão de ato infracional praticado *antes* da execução da(s) medida(s) supramencionadas, deve-se extinguir o feito, considerando tal ato *absorvido* pelo(s) já cometido(s). A ideia é não atrapalhar a recuperação do menor, que se encontra em franco progresso, tanto que foi transferido da internação para a semiliberdade. Se o novo fato advém de data anterior à execução, significa que o jovem não piorou; apenas e tão somente não houve a apuração a tempo. Determina a lei a sua absorção pelo(s) outro(s) já julgado(s). Na jurisprudência: TJPB: "Tendo sido aplicada medida socioeducativa de internação em procedimento de apuração de ato infracional tramitado

Art. 45

Estatuto da Criança e do Adolescente Comentado · **Nucci**

anteriormente ao caso em comento, e estando a medida ainda em fase de cumprimento da execução, sem notícia de progressão do adolescente para medida menos gravosa, impossível se falar em subsunção dos fatos encartados nos autos ao preceptivo do art. 45, § 2.º, da Lei n.º 12.594/12. Precedente do STJ em que se apregoou a necessidade de retomada da marcha processual até o fim da instrução, cujo deslinde exigirá do Juízo da execução de medidas socioeducativas a providência cabível (STJ: HC 386.304/SP, julgado em 06/04/2017)" (Rec. Ap. 00000893520158150121-PB, Câmara Especializada Criminal, rel. Márcio Murilo da Cunha Ramos, 13.06.2017, v.u.).

76. Absorção: significa que um ato (criminoso ou infracional) é consumido por outro, de maior amplitude ou abrangência, por imposição legal ou em função de política criminal. No campo penal, o critério da absorção é utilizado no conflito aparente de normas, para evitar punição exagerada diante de fatos que coexistem no mesmo cenário, havendo um mais grave e outro mais leve. Entende-se suficiente punir o agente pelo mais grave. Exemplo: Fulano mata Beltrano com uma arma de uso restrito. Responde somente pelo homicídio; o porte ilegal de arma resta absorvido pelo delito mais grave. No caso da execução de medidas socioeducativas, por razões de política estatal, estabelece-se, em lei (o que não ocorre em Direito Penal), o critério da absorção. Assim sendo, todos os atos infracionais cometidos pelo menor, *antes* do início do cumprimento de medida socioeducativa, precisam ser visualizados como um conjunto único – e não como fatos isolados, gerando punições igualmente isoladas. Por isso, quando o adolescente se encontra em cumprimento de medida socioeducativa em razão de ato infracional, já tendo obtido progressão, em virtude de seu mérito, impõe a lei seja qualquer outro ato infracional absorvido pelo primeiro, que deu origem à execução. O objetivo é não prejudicar o bom andamento da execução, tratando-se de fruto de política estatal no campo infantojuvenil. Na prática, o juiz deve extinguir o feito, em que se apura o ato infracional, declarando ter sido ele absorvido, nos termos deste artigo. Por derradeiro, é preciso lembrar que o cometimento de ato infracional *após* o início do cumprimento da execução de medida socioeducativa, mesmo tendo havido progressão, não autoriza a absorção. Deve haver a apuração e imposição de outra medida, seguindo para o juízo de execução a fim de se operar a unificação. Sobre o tema: TJRS: "1. Comprovadas a autoria e a materialidade do ato infracional de porte ilegal de arma de fogo, impõe-se a procedência da representação e a aplicação da medida socioeducativa adequada tanto à gravidade do fato como também às condições pessoais do infrator. 2. Considerando que o adolescente foi flagrado pelos guardas municipais portando a arma de fogo municiada e com a numeração raspada, que foi apreendida, e confessou a prática infracional no inquérito policial, optando pelo silêncio em juízo, não se cogita de fragilidade da prova, pois os depoimentos testemunhais não deixam margem de dúvida acerca dos fatos. 3. Foi sumulada a interpretação do art. 45, § 2.º, da Lei do Sinase, através do Enunciado n.º 43 do 4.º Grupo Cível, no sentido de que 'os atos infracionais cometidos anteriormente ao cumprimento de medida socioeducativa de internação ou a progressão desta para uma menos gravosa são absorvidos por aquele ao qual se cominou a medida extrema, carecendo o Estado de interesse de agir', mas a representação foi oferecida antes do cumprimento da medida ou da progressão, descabendo a extinção do processo, pois, aplicada neste feito, terá relevância no cumprimento daquela medida socioeducativa já aplicada no processo anterior. 4. Tratando-se de um jovem que apresenta maus antecedentes graves, e já recebeu medida socioeducativa de internação anteriormente, que foi progredida para semiliberdade, mostra-se adequada a aplicação da medida socioeducativa de semiliberdade, pois em consonância do progresso obtido em razão do processo pedagógico de recuperação, sendo a adoção de outra medida mais branda ou mesmo a extinção pretendida pela defesa certamente não alcançaria o propósito de desenvolver nele a noção de limites e o senso de responsabilidade, havendo necessidade de mostrar a ele a reprovação da sociedade pela conduta que vinha desenvolvendo. Recurso desprovido" (Ap. Cív. 70074552928/RS, 7.ª Câmara Cível, rel. Sérgio Fernando de Vasconcellos Chaves, 30.08.2017, v.u.).

> **Art. 46.** A medida socioeducativa será declarada extinta:[77]
>
> I – pela morte do adolescente;[78]
>
> II – pela realização de sua finalidade;[79]
>
> III – pela aplicação de pena privativa de liberdade, a ser cumprida em regime fechado ou semiaberto, em execução provisória ou definitiva;[80]
>
> IV – pela condição de doença grave, que torne o adolescente incapaz de submeter-se ao cumprimento da medida;[81] e
>
> V – nas demais hipóteses previstas em lei.[82]
>
> § 1.º No caso de o maior de 18 (dezoito) anos, em cumprimento de medida socioeducativa, responder a processo-crime, caberá à autoridade judiciária decidir sobre eventual extinção da execução, cientificando da decisão o juízo criminal competente.[83]
>
> § 2.º Em qualquer caso, o tempo de prisão cautelar não convertida em pena privativa de liberdade deve ser descontado do prazo de cumprimento da medida socioeducativa.[84]

77. Extinção da medida socioeducativa: em paralelo à extinção da punibilidade, no campo penal, criam-se hipóteses específicas para o mesmo efeito no tocante à medida socioeducativa, o que está correto. Note-se ser o ato infracional uma conduta similar a um crime ou contravenção penal, logo, um fato típico, ilícito e culpável, de acordo com as normas penais. A punibilidade não integra o conceito de infração penal, mas significa apenas o seu complemento necessário, para dar eficácia à lei penal. Do mesmo modo, a exequibilidade socioeducativa não integra o ato infracional, mas confere eficiência ao Direito da Infância e Juventude. Porém, há situações concretas a demandar a abstenção estatal no que concerne à execução socioeducativa. São as enumeradas nos incisos deste artigo em caráter exemplificativo.

78. Morte do adolescente: atento ao princípio geral de que a *morte tudo resolve*, em paralelo ao direito penal, extingue-se a medida socioeducativa quando o adolescente morre. Afinal, se a pena não passará da pessoa do delinquente (art. 5.º, XLV, CF), com maior razão a medida socioeducativa se fixa no menor. Prova-se a morte pela exibição da certidão de óbito (art. 62, CPP). Somente para argumentar, se a certidão for falsa, deve-se processar quem a utilizou, pois cometeu crime (art. 304, CP), mas não se retoma a execução da medida socioeducativa. É o que também sustentamos em Direito Penal, pois não há revisão em favor da sociedade.

79. Realização da sua finalidade: significa o seu integral cumprimento. Tendo em vista que algumas medidas são fixadas em prazo indeterminado, quando atingirem o seu objetivo, que é a recomposição do adolescente, bem orientando-o a se integrar em sua família e comunidade, chegou ao seu ápice. Pode o magistrado declarar extinta a medida socioeducativa, seguindo o procedimento legal. Na jurisprudência: TJRJ: "Estatuto da Criança e do Adolescente. Ato análogo ao injusto insculpido no artigo 121, § 2.º, incisos I e IV, na forma do artigo 29, ambos do Código Penal. Sentença de procedência da representação, aplicando medida de internação, progredida para semiliberdade. Decisão posterior declarando extinta a medida socioeducativa, reputando-a cumprida. Recurso ministerial buscando a reforma do *decisum*, uma vez que as metas estabelecidas no Plano Individual de Atendimento não foram

Art. 46

Estatuto da Criança e do Adolescente Comentado · **Nucci**   772

atingidas. Improcedência dos argumentos. Os documentos constantes dos autos deixam claro que a medida atingiu seus objetivos, sendo o caso de extinção da medida pela realização de sua finalidade, nos termos do artigo 46, inciso II, do Sinase. Recurso desprovido" (Ap. 0205056-03.2015.8.19.0001-RJ, 1.ª Câmara Criminal, rel. Antonio Jayme Boente, 12.09.2017).

80. Perda de objeto em face de aplicação de pena: a medida socioeducativa tem por finalidade promover a integração do adolescente com sua família e comunidade, mostrando-lhe opções corretas de estudo e profissionalização. Funciona, muitas vezes, como uma *vacina*, prevenindo a prática de crimes, tão logo complete a maioridade. Entretanto, se o adolescente, em pleno cumprimento da medida, atingindo os 18 anos, comete um delito, sendo por isso preso, perde o objeto a execução socioeducativa. O que era para ser evitado, por evidente, não foi. Este dispositivo menciona a extinção da medida socioeducativa apenas pela aplicação de pena privativa de liberdade a ser cumprida em regime fechado ou semiaberto (provisória ou definitiva). No entanto, parece-nos ilógica a mantença da medida socioeducativa – qualquer uma delas – caso o adulto tenha cometido um crime e se encontre, por exemplo, no regime aberto. É caso de extinção da medida socioeducativa assim que o adolescente atinge a maioridade, praticando crime, sendo por ele preso ou condenado. Na jurisprudência: TJDFT: "1. Após o pedido de extinção da medida socioeducativa, 29/11/2016, o jovem foi preso em flagrante em 5/12/2016 por ter praticado um roubo circunstanciado, a demonstrar a temeridade de uma decisão precipitada acerca do mesmo. Razão pela qual mantém-se a decisão que indeferiu a extinção da medida socioeducativa e suspendeu o curso da mesma até o julgamento do processo criminal em curso, com fundamento no artigo 43, *caput*, c/c o § 2.º, e artigo 46, inciso III, c/c o § 1.º, ambos da Lei 12.594/2012. 2. Recurso desprovido" (AGI 20170020075576-DFT, 2.ª T. Criminal, rel. João Timóteo de Oliveira, 11.05.2017, v.u.). TJRS: "Extinção pela aplicação de pena em processo criminal. Caso em que não merece ser acolhida a preliminar de extinção da representação, tendo em vista que a pena aplicada ao representado em processo criminal foi substituída por prestação de serviços à comunidade, sendo inaplicável a hipótese prevista no art. 46, inciso III, da Lei 12.594/2012, que prevê a extinção em caso de pena restritiva de liberdade, a ser cumprida no regime fechado ou semiaberto" (Ap. Cív. 70068440544/RS, 8.ª Câm. Cível, rel. Rui Portanova, 28.04.2016, v.u.).

81. Fundamento humanitário consistente em doença grave: extingue-se a medida socioeducativa, por razões humanitárias, tendo em vista estar o adolescente acometido de enfermidade grave, que o torne incapaz de cumprir seus deveres, conforme o plano individual de atendimento. Não é necessário tratar-se de doença incurável (AIDS; câncer etc.), bastando ser grave (fratura da perna; tuberculose; falência renal; cirrose etc.).

82. Hipótese residual: como mencionamos nos comentários ao *caput*, trata-se de rol meramente exemplificativo, pois várias outras causas de extinção da medida socioeducativa podem advir de leis esparsas, possuindo o mesmo valor. Conferir: TJRJ: "É bem verdade que a Lei do Sinase elenca as hipóteses de extinção da medida socioeducativa, em seu artigo 46. 13. O argumento de que o rol é taxativo e dele não consta o alcance da maioridade não pode ser acolhido. Veja-se que o inciso V do artigo 46 menciona demais hipóteses previstas em lei como causa de extinção da medida socioeducativa. 14. Ora, se fosse, de fato, taxativo o referido rol, deveriam estar esgotadas nele todas as hipóteses legais. Então, o fato de não estar expressamente previsto o alcance da maioridade penal como causa extintiva da medida socioeducativa não autoriza a interpretação pretendida pelo *Parquet* em seu recurso. 15. Deve-se considerar, também, que a Lei do Sinase (Lei n.º 12.594), publicada em 2012, tem, entre outros objetos, regular a execução de medidas socioeducativas. Se, à época de sua publicação, já estava instalada a controvérsia jurisprudencial e doutrinária sobre o alcance da maioridade como causa de extinção da medida socioeducativa, caso o legislador pretendesse, de fato, ampliar a norma excepcional prevista no artigo 121, § 5.º, do ECA, concedendo-lhe alcance às demais medidas socioeducativas não privativas de liberdade, o teria feito. Mas não o fez. 16. Destarte, compreende-se que continuam vigentes as disposições do ECA sobre a excepcionalidade de aplicação daquele diploma legal às pessoas com idade entre 18 e 21 anos. A interpretação que se nos afigura mais adequada é a de que somente as medidas socioeducativas que importem restrição de liberdade poderão ultrapassar o limite da maioridade penal, em observâncias aos princípios de hermenêutica. 17. Por fim, deve-se consignar que o princípio da proteção integral é aplicável à criança e ao adolescente. O paciente, já estando entre 18 e 21 anos – como consignado nas premissas fixadas no início do presente voto – não pode ser mais classificado como criança ou adolescente. Assim, embora tenha cometido o ato infracional quando ainda menor de 18 anos, não está mais sob a proteção integral do artigo 227 da Constituição do Brasil. 18. A matéria objeto de prequestionamento foi amplamente debatida no corpo do voto, não havendo que se cogitar de descumprimento ou negativa de vigência das normas destacadas. Desprovimento do recurso" (Ap. 0326497-48.2015.8.19.0001/RJ, 2.ª Câmara Criminal, rel. José Muiños Piñeiro Filho, 28.03.2017).

83. Réu em processo-crime: esta é uma alternativa para extinguir a medida socioeducativa, que, segundo este dispositivo, constitui faculdade do juiz. Porém, é sensata a extinção da execução socioeducativa na maior parte dos casos em que o adolescente, completando a maioridade, pratica crime e por ele é condenado definitivamente. De que adianta prosseguir no processo de educação e integração sociofamiliar se o mal maior já foi cometido, que é o delito? Pensamos ser caso de extinção. Excepcionalmente, caso o adolescente esteja internado por fato grave (homicídio, latrocínio, estupro), sem atingir o teto de três anos, o simples fato de responder, aos 18 anos, por um caso de furto, não autoriza a extinção da internação, que, na prática, é mais eficaz tanto para ele como para a sociedade. Diz-se o mesmo enquanto estiver respondendo a processos. Na jurisprudência: STJ: "2. As instâncias locais, ao se pronunciarem sobre o art. 46, § 1.º, da lei do SINASE, apresentaram fundamentação idônea, ao justificarem a não extinção da execução de medida socioeducativa no fato de que, não obstante o paciente seja maior de 18 anos e responda pela prática de crimes cometidos após o atingimento da maioridade penal (encontrando-se preso provisoriamente), não houve ainda condenação à pena privativa de liberdade em nenhuma das ações, podendo este vir a ser absolvido. Ressaltou, ademais, que eventual extinção da medida socioeducativa deverá ser analisada pelo Juízo da Execução. 3. Tal manifestação encontra-se em consonância com a jurisprudência desta Corte, segundo a qual o mero ajuizamento de ação penal contra indivíduo maior de 18 e menor de 21 anos não implica a extinção automática de medida socioeducativa imposta. 4. Agravo regimental não provido" (AgRg no HC 732.634 SC, 5.ª T., rel. Reynaldo Soares da Fonseca, 10.05.2022, v.u.). TJCE: "1. O apelo reclama seja reconhecida a perda superveniente do objeto ante o alcance da maioridade e a atual incidência de um sistema punitivo mais rigoroso em face da prática de crime após completado 18 anos (fls. 150/153) e, em contrarrazões requer--se a procedência do apelo tendo em vista que a medida socioeducativa no momento atual se mostra inadequada (fls. 166/168). 2. É certo que o simples fato de o infrator ter completado a maioridade penal não afasta a possibilidade de aplicação de medida socioeducativa, uma vez que a lei leva em consideração a idade do representado na data do fato e não na data da fixação da medida, subsistindo a responsabilidade pelo ato infracional após o implemento da idade de 21 anos. Entretanto, não se cuida tão somente do alcance da maioridade penal, mas da prática de crime após atingida referida idade e se encontrar o jovem sob cumprimento de medida penal quando ainda pendente a aplicação da regra estatutária, da qual caberá extinção em situação desta natureza. 3. Aplicação do § 1.º do art. 46 da Lei 12.594/2012 (Sinase). 4. Preliminar acolhida. Recurso conhecido e provido" (Ap. 0008807-56.2014.8.06.0137-CE, 1.ª Câmara Direito Privado, rel. Heraclito Vieira de Sousa Neto, 24.05.2017, v.u.). TJMG: "A Lei

Art. 47

Estatuto da Criança e do Adolescente Comentado · **Nucci**

12.594/2012, que instituiu o Sistema Nacional de Atendimento Socioeducativo, em seu art. 46, § 1.º, facultou à autoridade judiciária a extinção da medida socioeducativa quando o menor infrator atingir a maioridade e responder a processo criminal. O julgador, ao decidir acerca da manutenção ou extermínio da medida, deve levar em conta a sua real utilidade pedagógica na ressocialização do representado. Caso em que a manutenção da medida socioeducativa se mostra recomendável, não só diante da sua compatibilidade com a pena restritiva de direito imposta ao representado, em condenação criminal, mas também como forma de atiçar, no transgressor, a consciência do desvalor de sua ação, de modo a levá-lo a refletir sobre sua conduta, possibilitando a sua reinserção social" (Ap. Crim. 1.0024.13.037454-9/001/MG, 6.ª Câm. Criminal, rel. Furtado de Mendonça, 03.05.2016).

84. Detração interdisciplinar: estabelece-se uma forma anômala e rara de detração, embora não impossível de ocorrer. Em primeiro lugar, o tempo de internação provisória, quando houver, será descontado na internação, como medida definitiva. Em segundo, estando o adolescente internado, por prazo indeterminado, mas até o máximo de três anos, se for preso pela prática de crime grave – ao completar 18 anos –, pode o juiz extinguir a medida socioeducativa, desde que haja prisão preventiva decretada. Porém, como expusemos na nota anterior, é viável que a medida socioeducativa conviva com o processo-crime, dependendo da situação. Ilustrando, o jovem cumpre semiliberdade e é preso em flagrante por furto. Depois de 20 dias, é colocado em liberdade. Continuando a cumprir a medida socioeducativa, se assim determinar o juiz, descontam-se os 20 dias de prisão no tempo total da semiliberdade.

> **Art. 47.** O mandado de busca e apreensão do adolescente terá vigência máxima de 6 (seis) meses, a contar da data da expedição, podendo, se necessário, ser renovado, fundamentadamente.[85]

85. Mandado de busca e apreensão: em lugar da expedição de mandado de prisão, destinado aos adultos, quando necessário inserir o adolescente em regime de internação, expede-se o mandado de busca e apreensão. Estipula-se a vigência do mandado em seis meses, que é justamente o prazo fixado para se rever a medida aplicada. E para que não fique em vigor anos a fio, por vezes ultrapassando o período limite para apreender o indivíduo (imagine-se que ele completa 21 anos). Por outro lado, é possível que esteja cumprindo outra medida socioeducativa, noutra cidade, sem que se saiba da emissão do mandado de busca e apreensão. A revisão obrigatória a cada seis meses favorece o seu não cumprimento, quando desnecessário.

> **Art. 48.** O defensor, o Ministério Público, o adolescente e seus pais ou responsável poderão postular revisão judicial[86] de qualquer sanção disciplinar[87] aplicada, podendo a autoridade judiciária suspender[88] a execução da sanção até decisão final do incidente.
>
> § 1.º Postulada a revisão após ouvida a autoridade colegiada que aplicou a sanção e havendo provas a produzir em audiência, procederá o magistrado na forma do § 1.º do art. 42 desta Lei.[89]
>
> § 2.º É vedada a aplicação de sanção disciplinar de isolamento a adolescente interno, exceto seja essa imprescindível para garantia da segurança de outros internos ou do próprio adolescente a quem seja imposta a sanção, sendo necessária ainda comunicação ao defensor, ao Ministério Público e à autoridade judiciária em até 24 (vinte e quatro) horas.[90]

86. Revisão judicial da sanção disciplinar: seguindo o mesmo molde da execução penal, pode o adolescente questionar a sanção disciplinar que lhe foi aplicada, diretamente ao juiz da execução socioeducativa. Está correto, pois se optou pela execução *jurisdicional* das medidas, de modo que nenhuma lesão pode ser afastada da apreciação judicial. Há outros legitimados a atuar em favor do menor: Ministério Público, defesa, seus pais ou responsável. Pensamos, inclusive, possa o juiz fazê-lo de ofício, em prol do interesse superior do jovem. "Os operadores do Direito – e não só o órgão julgador – devem desenvolver suas atividades profissionais como 'garantes' do adolescente em conflito com a lei, com vistas à efetivação de seus direitos individuais e o asseguramento de suas garantias fundamentais no âmbito do cumprimento de medida socioeducativa" (Mário Luiz Ramidoff, *SINASE. Sistema Nacional de Atendimento Socioeducativo. Comentários à Lei n. 12.594, de 18 de janeiro de 2012*, p. 106).

87. Sanção disciplinar: trata-se da punição interna, aplicada ao adolescente, que cumpre medida socioeducativa em meio fechado (internação ou semiliberdade). Esta Lei desperdiçou a oportunidade de regrar esse tema, pois o faria em âmbito nacional; preferiu, no art. 71, I, *delegar* às entidades de atendimento socioeducativo *tipificar* as infrações (leves, médias e graves), fixando as *sanções*. Isso será feito no Regimento Interno de cada instituição, o que poderá gerar contradições indevidas – o que é falta num lugar, não é em outro; o que é grave num local, é leve em outro, e assim por diante.

88. Suspensão cautelar: cuida-se de providência coerente *suspender*, na maior parte dos casos, a execução da sanção disciplinar, sob pena de não adiantar nada a revisão judicial instaurada. No entanto, fez bem a lei ao prever uma suspensão *facultativa*, pois há situações graves – como rebeliões – em que a separação do menor ou privação de alguns direitos é urgente. Se o mero pedido de revisão implicasse automática suspensão da sanção, o risco para a segurança da unidade seria desproporcional.

89. Procedimento da revisão judicial: ingressando o pedido, ouve-se a autoridade que impôs a sanção. Após, conforme o alegado na petição inicial (se houve a oferta de prova documental), pode o interessado pleitear a produção de provas em audiência (como a oitiva de testemunhas); deve, então, o magistrado providenciar o ato, intimando todos os interessados (adolescente, seus pais ou responsável, MP e defensor). Nessa audiência, colhe-se toda a prova e decide-se, sem mais delongas, sob pena de tornar infrutífera a sanção disciplinar aplicada.

90. Isolamento: como sanção disciplinar, o isolamento é regrado – nem é proibido, nem autorizado livremente. Deve-se evitá-lo. Sua aplicação obedece a critérios excepcionais – não descritos explicitamente em lei – concernentes à segurança do próprio adolescente e de outros internos. Verifica-se tal situação, como regra, em motins ou rebeliões, em que há tumulto e juras de morte. O menor colocado em isolamento tanto pode ser quem ameaça como também o ameaçado. A providência, após ter sido tomada essa medida, é comunicar ao juiz, ao Ministério Público e ao defensor em até 24 horas. Não o fazendo, gera responsabilidade funcional. "O isolamento, no entanto, poderá ser utilizado como medida de proteção quando for imprescindível para garantia do próprio adolescente, ou para segurança dos demais socioeducandos. De igual forma, entende-se o isolamento também para que se possa dar garantia de segurança aos dirigentes, prepostos, educadores e membros da equipe técnica interprofissional que diretamente realiza o acompanhamento do cumprimento da medida socioeducativa" (Mário Luiz Ramidoff, *SINASE. Sistema Nacional de Atendimento Socioeducativo. Comentários à Lei n. 12.594, de 18 de janeiro de 2012*, p. 108).

Art. 49

Estatuto da Criança e do Adolescente Comentado • **Nucci**

Capítulo III
DOS DIREITOS INDIVIDUAIS

> **Art. 49.** São direitos do adolescente submetido ao cumprimento de medida socioeducativa, sem prejuízo de outros previstos em lei:[91]
>
> I – ser acompanhado por seus pais ou responsável e por seu defensor, em qualquer fase do procedimento administrativo ou judicial;[92]
>
> II – ser incluído em programa de meio aberto quando inexistir vaga para o cumprimento de medida de privação da liberdade, exceto nos casos de ato infracional cometido mediante grave ameaça ou violência à pessoa, quando o adolescente deverá ser internado em Unidade mais próxima de seu local de residência;[93]
>
> III – ser respeitado em sua personalidade, intimidade, liberdade de pensamento e religião e em todos os direitos não expressamente limitados na sentença;[94]
>
> IV – peticionar, por escrito ou verbalmente, diretamente a qualquer autoridade ou órgão público, devendo, obrigatoriamente, ser respondido em até 15 (quinze) dias;[95]
>
> V – ser informado, inclusive por escrito, das normas de organização e funcionamento do programa de atendimento e também das previsões de natureza disciplinar;[96]
>
> VI – receber, sempre que solicitar, informações sobre a evolução de seu plano individual, participando, obrigatoriamente, de sua elaboração e, se for o caso, reavaliação;[97]
>
> VII – receber assistência integral à sua saúde, conforme o disposto no art. 60 desta Lei;[98] e
>
> VIII – ter atendimento garantido em creche e pré-escola aos filhos de 0 (zero) a 5 (cinco) anos.[99]
>
> § 1.º As garantias processuais destinadas a adolescente autor de ato infracional previstas na Lei n.º 8.069, de 13 de julho de 1990 (Estatuto da Criança e do Adolescente), aplicam-se integralmente na execução das medidas socioeducativas, inclusive no âmbito administrativo.[100]
>
> § 2.º A oferta irregular de programas de atendimento socioeducativo em meio aberto não poderá ser invocada como motivo para aplicação ou manutenção de medida de privação da liberdade.[101]

91. Direitos individuais: a relação estabelecida neste artigo é meramente exemplificativa e específica para o adolescente em cumprimento de medida socioeducativa. Por óbvio, todos os demais direitos humanos fundamentais, estabelecidos no art. 5.º da Constituição Federal, são aplicáveis, assim como os previstos nos arts. 227 e 228 do mesmo Texto Fundamental. Igualmente, todos os direitos afirmados pelo Estatuto da Criança e do Adolescente.

92. Acompanhamento protetivo: o jovem não deve sentir-se abandonado durante a execução de medida socioeducativa, mormente as que limitam a sua liberdade de locomoção. Por isso, a qualquer momento, pode contar com a presença de seus pais ou responsável, bem como de seu defensor. Mencionam-se os procedimentos administrativo e judicial, buscando evidenciar a viabilidade do acompanhamento dentro da unidade onde se encontra, assim como em qualquer ato procedimental a ser cumprido perante o juiz. O impedimento ao acesso ao menor dá ensejo ao ajuizamento de *habeas corpus*.

93. Ausência de vagas: o contínuo problema da carência de vagas em regimes penitenciários tem provocado soluções díspares dos juízes brasileiros. Exemplificando: o condenado, em regime fechado, obtém, por decisão judicial, o direito de ser transferido ao regime semiaberto; não há vaga e ele passa a integrar uma *fila*; muitos impetram *habeas corpus* e conseguem aguardar em regime aberto a tal vaga no semiaberto. Mas nem sempre essa é a solução. Há os que nada conseguem e terminam esperando, no fechado, a sua vaga no regime semiaberto. No caso presente, já prevendo situação similar, impõe-se o respeito ao regime fixado pelo juiz, no âmbito da medida socioeducativa. Assim sendo, tendo sido determinada a internação, com base no art. 122, II e III, do ECA, não havendo vaga na unidade local, o jovem *deve* aguardar em meio aberto (liberdade assistida, por exemplo). O tempo de programa em meio aberto conta como cumprimento da medida socioeducativa. Por outro lado, apenas no caso do art. 122, I, do ECA (ato infracional praticado com violência ou grave ameaça à pessoa), ele pode ser internado, mas em localidade diversa de sua residência, enquanto espera o surgimento da vaga. A solução dada neste dispositivo é correta, embora o grande culpado pela carência de vagas, obrigando soluções alternativas, seja o Poder Executivo estadual, responsável pelas unidades de internação. Na jurisprudência: STJ: "A regra prevista no art. 49, inciso II, do SINASE, deve incidir após a consideração do caso concreto, de forma que o julgador esteja atento às situações específicas do adolescente. Na hipótese, o Tribunal local entendeu que a manutenção da internação da menor se fazia necessária, não havendo excepcionalidade justificadora de sua liberação (fls. 139/141). Não há nos autos comprovação de que a agravante se encontra nas hipóteses previstas na Recomendação n. 62/2020 do CNJ (fls. 142/143). Não há se falar em possibilidade de aplicação de medida em meio aberto pelo fato de a agravante possuir filho menor de 12 anos de idade, porquanto a medida de internação, na hipótese, foi aplicada em razão da gravidade do caso que justificou a medida mais rigorosa" (AgRg no HC 683.959/SP, 5.ª T., rel. Reynaldo Soares da Fonseca, 17.08.2021, v.u.). TJSP: "A distância da residência dos familiares do adolescente da unidade em que ele está internado não é motivo suficiente para que a internação seja substituída, uma vez que as medidas socioeducativas em meio fechado são aplicáveis independentemente de haver unidade da Fundação Casa na Comarca do domicílio do educando. Dispõe o 49, II, da Lei n.º 12.594/12 que é direito do adolescente 'ser incluído em programa de meio aberto quando inexistir vaga para o cumprimento de medida de privação da liberdade, exceto nos casos de ato infracional cometido mediante grave ameaça ou violência à pessoa, quando o adolescente deverá ser internado em Unidade mais próxima de seu local de residência'. A este dispositivo, entretanto, não deve ser dada interpretação literal, visto que afrontaria o princípio da proteção integral do adolescente. (...) Além disso, o vínculo do adolescente com sua família ganhou nova proteção com a Portaria Normativa n.º 285/2016 da Fundação Casa, que autoriza a concessão de ajuda financeira para fins de deslocamento dos familiares à unidade onde esteja o educando cumprindo a medida socioeducativa" (HC 22709940620218260000, Câm. Especial, rel. Daniela Cilento Morsello, 31.01.2022, v.u.).

94. Individualidade: embora muitos desses direitos já estejam abrangidos pelo ECA e outros sejam decorrência explícita do texto constitucional, busca-se neste inciso reafirmar o respeito à individualidade do jovem, evitando-se a padronização comportamental. A personalidade é o principal fator, pois se encontra em plena formação; aliás, a medida socioeducativa tem a finalidade de auxiliar o seu positivo desenvolvimento. A intimidade é um dos mais relevantes direitos da sociedade contemporânea, com guarida constitucional; entretanto, quem se encontra em regime de internação, não terá a plenitude da sua intimidade respeitada, pois vive em grupo e sob fiscalização. Quer-se, pois, evitar o excesso ou o abuso estatal, imiscuindo-se

Art. 49

Estatuto da Criança e do Adolescente Comentado · **Nucci**

em assuntos familiares do menor ou procurando negar-lhe opções que, porventura, venha a tomar (como a orientação sexual). A liberdade de pensamento, a todos garantida pela Constituição Federal, no cenário das medidas socioeducativas, é um chamamento para que se permita a criatividade dos jovens, sem cerceamento, pois isso contribui – e muito – para a formação da personalidade. A expressão de ideias, críticas, sugestões e observações não pode ser considerada como manifestação impertinente ou rebelde, mas o fruto da liberdade de pensamento. A religião segue o mesmo padrão constitucional para todos: plena liberdade de culto ou crença, incluindo a de não acreditar em nada. Não se pode, pois, nas unidades estatais, impor cerimônias, cultos ou ritos sacramentais aos adolescentes. Põe-se, no máximo, oferecer o serviço, sem qualquer obrigatoriedade de frequência. Os entes de acolhimento do Estado não constituem *colégios internos*, muitos deles administrados por ordens religiosas, que impõem certos padrões comportamentais aos alunos.

95. Direito de petição: está assegurado a todos, nos termos do art. 5.º, XXXIV, *a*, da Constituição Federal. Nesse contexto, particularmente, inclui-se a obrigatoriedade de resposta em até 15 dias. Esse prazo é impróprio, ou seja, não cumprido, inexiste sanção. O direito de peticionar, diretamente, facilita o acesso ao juiz, em especial no tocante à execução da medida socioeducativa e auferição de benefícios ou reclamação contra abusos.

96. Direito à informação: cuida-se de direito similar ao condenado, que deve receber o atestado de pena a cumprir, anualmente, sob pena de responsabilidade da autoridade judiciária competente (art. 41, XVI, Lei de Execução Penal). Nesse prisma, o adolescente, em particular quando internado ou sujeito à semiliberdade, deve ser informado de todos os detalhes concernentes à sua vida naquela unidade (organização e funcionamento do programa), qual é o regimento interno (onde constam as infrações tipificadas e as sanções aplicáveis), nomes dos dirigentes e responsáveis. Esse informe deve ser passado, pelo menos, por escrito, fazendo-se acompanhar de esclarecimentos verbais.

97. Evolução do plano individual: conforme estabelece o art. 53 desta Lei, o plano individual de atendimento ao jovem será elaborado com múltipla participação; nada mais justo do que manter o adolescente informado do seu progresso ou de suas falhas, para que possa aprimorar-se.

98. Assistência integral à saúde: trata-se de norma associada a outra; prevê-se, neste dispositivo, o direito a receber assistência à saúde, nos termos do art. 60, ao qual se faz remissão. Qualquer pessoa, sob proteção estatal, deve receber toda a assistência no tocante à sua saúde, o mesmo se prevendo no tocante aos condenados (art. 41, VII, LEP).

99. Atendimento em creche ou pré-escola: os adolescentes podem ter filhos e, quando internados ou em semiliberdade, há de se dar um destino às crianças. Portanto, evitando-se cortar os laços sanguíneos, prevê-se a inserção dos infantes em creche ou pré-escola para que tenham não somente suporte material de suas necessidades, mas também para começarem o ensino. Aliás, nessa hipótese, o direito se estende ao jovem que estiver cumprindo liberdade assistida ou prestando serviços à comunidade.

100. Garantias processuais: evitando-se repetir, desnecessariamente, o conteúdo do Estatuto da Criança e do Adolescente, na parte relativa às garantias processuais dos menores de 18 anos, expõe-se, neste dispositivo, a viabilidade de aplicação integral daquelas normas a este cenário, no campo jurisdicional da execução, como no contexto administrativo da unidade de internação ou de semiliberdade. Dispõe o art. 110 do ECA: "nenhum adolescente será privado de sua liberdade sem o devido processo legal". Na sequência, preceitua o art. 111: "são asseguradas ao adolescente, entre outras, as seguintes garantias: I – pleno e formal conhecimento da atribuição de ato infracional, mediante citação ou meio equivalente; II – igualdade na relação processual, podendo confrontar-se com vítimas e testemunhas e produzir todas as provas necessárias à sua defesa; III – defesa técnica por advogado; IV – assistência judiciária gratuita e integral aos necessitados, na forma da lei; V – direito de ser ouvido pessoalmente pela autoridade competente; VI – direito de solicitar a presença de seus pais ou responsável em qualquer fase do procedimento". Na prática, durante a execução, o juiz deve atentar para os direitos básicos de defesa do jovem, devendo ouvi-lo, antes e obrigatoriamente, sempre que resolver tomar uma medida mais severa; deve assegurar-lhe defesa técnica, bem como a presença de seus pais ou responsável. Com isso, espalha-se para o âmbito interno da unidade as mesmas garantias. O menor não pode ser sancionado disciplinarmente sem ser ouvido e ter tido a possibilidade de se defender (autodefesa e defesa técnica), com apoio dos pais.

101. Oferta irregular de programa em meio aberto: os dois programas em meio aberto são a prestação de serviços à comunidade e a liberdade assistida. Este dispositivo pretende enunciar algo que, em nosso entendimento, é evidente. Se houver falha estatal em providenciar lugares e condições apropriadas para o desenvolvimento da prestação de serviços ou da liberdade assistida, não pode o jovem ser prejudicado, inserindo-o em regime mais rígido (semiliberdade ou internação). Possivelmente, inseriu-se esta norma, de modo explícito, porque autoridades judiciárias, a pretexto de *proteger* o menor, terminavam colocando-o em unidades de internação, enquanto não se encontrava o programa aberto ideal. Essa alternativa é nitidamente ilegal, gerando constrangimento, sanável por *habeas corpus*.

> **Art. 50.** Sem prejuízo do disposto no § 1.º do art. 121 da Lei n.º 8.069, de 13 de julho de 1990 (Estatuto da Criança e do Adolescente),[102] a direção do programa de execução de medida de privação da liberdade poderá autorizar a saída, monitorada, do adolescente nos casos de tratamento médico, doença grave ou falecimento, devidamente comprovados, de pai, mãe, filho, cônjuge, companheiro ou irmão, com imediata comunicação ao juízo competente.[103]

102. Observação inadequada: dispõe o art. 121, § 1.º, do ECA: "será permitida a realização de atividades externas, a critério da equipe técnica da entidade, salvo expressa determinação judicial em contrário". Essas atividades são pessoais, envolvendo estudo, trabalho, lazer e similares, não possuindo nenhum relacionamento com o restante do art. 50. Este dispositivo busca regrar a saída monitorada do jovem para tratamento de saúde ou acompanhamento de enterro, aliás, nos exatos moldes previstos na Lei de Execução Penal.

103. Autorização de saída monitorada: o dirigente do programa em que se encontra inserido o adolescente, em privação de liberdade, *pode* (faculdade que, no entanto, precisa ser exercida com fundamento, sob pena de caracterizar abuso, dando ensejo à intervenção judicial) permitir a ida do menor a hospitais ou clínicas, visando ao tratamento médico, não disponível na unidade, mediante *monitoramento* que, na prática, significa escolta. Do mesmo modo em que se dá no cenário da Lei de Execução Penal, o tratamento médico destina-se ao adolescente. Quanto à doença grave ou falecimento de pai, mãe, filho, cônjuge, companheiro ou irmão, refere-se a terceiros, que podem ser visitados pelo interno, sempre *monitorado*. Nessa hipótese, o dirigente autoriza a saída e depois comunica o juiz competente, que é o da Infância e Juventude.

Art. 51

Estatuto da Criança e do Adolescente Comentado · **Nucci**

> **Art. 51.** A decisão judicial relativa à execução de medida socioeducativa será proferida após manifestação do defensor e do Ministério Público.[104]

104. Exercício do contraditório e da ampla defesa: já se mencionou em vários dispositivos ter o adolescente direito ao *devido processo legal*, o que inclui, necessariamente, os seus principais corolários: contraditório e ampla defesa. Assim sendo, antes de tomar qualquer decisão relativa à execução de medida socioeducativa – para bem ou para mal –, deve o magistrado ouvir, *antes*, o Ministério Público e a defesa. Esta lei insiste em colocar a defesa à frente, mas tal não pode se dar, pois a ampla defesa pressupõe que o defensor seja o último a se manifestar, quando já conhece o teor da opinião do *Parquet*. Lembre-se que a defesa é *vinculada* ao interesse do jovem, não podendo pleitear contra seu patrocinado, sob pena de torná-lo indefeso. O Ministério Público pode opinar em qualquer sentido; assim sendo, quem se manifesta em último lugar é a defesa.

Capítulo IV
DO PLANO INDIVIDUAL DE ATENDIMENTO (PIA)

> **Art. 52.** O cumprimento das medidas socioeducativas, em regime de prestação de serviços à comunidade, liberdade assistida, semiliberdade ou internação, dependerá de Plano Individual de Atendimento (PIA), instrumento de previsão, registro e gestão das atividades a serem desenvolvidas com o adolescente.[105]
>
> **Parágrafo único.** O PIA deverá contemplar a participação dos pais ou responsáveis, os quais têm o dever de contribuir com o processo ressocializador do adolescente, sendo esses passíveis de responsabilização administrativa, nos termos do art. 249 da Lei n.º 8.069, de 13 de julho de 1990 (Estatuto da Criança e do Adolescente), civil e criminal.[106]

105. Plano individual de atendimento: trata-se da aplicação prática do princípio da individualização da medida socioeducativa, no âmbito da execução, dando cumprimento ao previsto pelo art. 35, VI, desta Lei. Esse mesmo plano deveria ser previsto, com as adaptações necessárias, ao condenado, na Lei de Execução Penal. Nada mais justo do que *individualizar* para cada jovem o caminho a percorrer durante o cumprimento da sanção imposta. Será aplicado tanto para o meio aberto (prestação de serviços à comunidade e liberdade assistida) como para o meio fechado (semiliberdade e internação). Note-se seus três fundamentos: a) previsão de atividades a desenvolver com o adolescente; b) registro dessas atividades; c) gestão de tais atividades. Há, portanto, um *planejamento* do programa; passa-se à *inscrição formal* do referido plano no sistema próprio, provavelmente informatizado; finda-se com o *gerenciamento* prático das atividades programadas. Qualquer falha, ao longo do percurso, poderá ser identificada com maior facilidade, corrigindo-se o problema. "Por mais breve que possa ser a 'internação provisória' de adolescente em conflito com a lei, entende-se que é extremamente importante a elaboração de um plano de atendimento individualizado; senão, que a elaboração desse plano específico deverá ter em conta a natureza jurídica dessa medida cautelar (protetiva). É preciso, pois, um atendimento minimamente individualizado do adolescente que está em conflito com a lei, como já se disse, desde o momento inicial de seu atendimento, motivo pelo qual se impõe a elaboração diferenciada de um plano de atendimento individual também na 'internação provisória'" (Mário Luiz Ramidoff, *SINASE. Sistema Nacional de Atendimento Socioeducativo. Comentários à Lei n.*

781 Título II – Da Execução das Medidas Socioeducativas **Art. 53**

12.594, de 18 de janeiro de 2012, p. 123). Na jurisprudência: TJRJ: "O art. 52 da Lei da Sinase estabelece que o cumprimento das medidas socioeducativas, em regime de prestação de serviços à comunidade, liberdade assistida, semiliberdade ou internação, dependerá de plano individual de atendimento (pia), instrumento de previsão, registro e gestão das atividades a serem desenvolvidas com o adolescente. *In casu*, conquanto tenham sido realizados os relatórios do PIA, eles não demonstram o desenvolvimento social, psicológico e pedagógico do adolescente, que permita concluir que o processo de ressocialização do adolescente foi alcançado. O transcurso do tempo em que o adolescente ficou afastado do cumprimento da medida socioeducativa, seja em virtude da sua não localização, seja em virtude da pandemia do covid-19, não acarreta na sua extinção automática, pois ainda que a estivesse cumprindo de forma regular, seria necessário a vinda de relatórios técnicos favoráveis para ser feita a reavaliação acerca da necessidade ou não da manutenção da medida. O Estatuto da Criança e do Adolescente adotou o princípio da atualidade como norteador da aplicação das medidas socioeducativas. Entretanto, o art. 100, parágrafo único, inciso VIII, do ECA, ao dispor acerca do mencionado princípio da atualidade, também prevê que a intervenção deve ser a necessária e adequada à situação de perigo em que a criança ou o adolescente se encontram no momento em que a decisão é tomada. No presente caso, constata-se que o cumprimento da medida socioeducativa apenas se iniciou, não havendo qualquer indicativo de que apenas pelo decurso do tempo o adolescente tenha atingido seu processo de ressocialização. Provimento do recurso do ministério público para cassar a sentença de extinção, determinando-se a continuação da execução da medida socioeducativa de internação" (Ap. 02520719420178190001, 1.ª Câm. Câmara Criminal, rel. Maria Sandra Rocha Kayat, 20.07.2021, v.u.).

106. Participação obrigatória dos pais ou responsável: é certo que os genitores do adolescente (ou quem lhes faça as vezes), em decorrência do poder familiar, têm o dever de criar, educar, manter e conduzir o filho pelo caminho correto, dando-lhe boa formação moral. Nada mais justo que, ao elaborar o plano individual de atendimento – por órgão estatal –, haja o dever de prestarem a sua colaboração. Cuida-se de um meio adequado de chamar os pais à sua responsabilidade, durante a execução da medida socioeducativa. Se não o fizerem, estariam sujeitos a sanções administrativas, civis e penais. No campo administrativo, menciona-se o art. 249 do ECA ("Descumprir, dolosa ou culposamente, os deveres inerentes ao poder familiar ou decorrente de tutela ou guarda, bem assim determinação da autoridade judiciária ou Conselho Tutelar: Pena – multa de três a vinte salários de referência, aplicando-se o dobro em caso de reincidência"). Pode-se punir os renitentes pais, desde que se prove o dolo ou a culpa, o que não é tão simples, pois muitos deixam de colaborar por completa ignorância; outros por problemas ligados à própria sobrevivência; outros, ainda, por vício em algum tipo de droga. Quanto à responsabilidade civil, retirando-se o cenário da indenização por danos morais, pois a maioria não tem condições financeiras para bancá-la, resta a possibilidade de suspensão ou destituição do poder familiar. Mesmo assim, surge outro problema para o Estado: raramente há interessados em adotar adolescentes. Por fim, a menção ao aspecto penal é a mais difícil, por ausência de previsão legal que se encaixe na hipótese aventada neste artigo (quiçá, poder-se-ia falar em crime de desobediência).

> **Art. 53.** O PIA será elaborado sob a responsabilidade da equipe técnica do respectivo programa de atendimento, com a participação efetiva do adolescente e de sua família, representada por seus pais ou responsável.[107]

107. Elaboração do PIA: embora repetitivo (vide o disposto no anterior art. 52), torna-se a mencionar que a elaboração do plano individual de atendimento contará com a

Art. 54

participação do adolescente e de sua família (pais ou responsável). Porém, a responsabilidade pela sua composição é da equipe técnica (psicólogos, assistentes sociais, pedagogos etc.) do programa de atendimento em que se insere o menor.

> **Art. 54.** Constarão do plano individual, no mínimo:[108]
>
> I – os resultados da avaliação interdisciplinar;
>
> II – os objetivos declarados pelo adolescente;
>
> III – a previsão de suas atividades de integração social e/ou capacitação profissional;
>
> IV – atividades de integração e apoio à família;
>
> V – formas de participação da família para efetivo cumprimento do plano individual; e
>
> VI – as medidas específicas de atenção à sua saúde.

108. Conteúdo do PIA: evidencia-se um rol meramente exemplificativo, de caráter mínimo, para constar do plano individual de atendimento ao adolescente. Os incisos demonstram a preocupação ampla do plano, envolvendo a visão do jovem, acerca de seus objetivos, o resultado de suas avaliações no programa, a previsão dos próximos passos, o apoio da família, presente e futuro, medidas para sua saúde (quando necessárias). Cuida-se de um planejamento ousado, mormente diante das várias dificuldades apresentadas pela carência de recursos humanos de unidades de acolhimento de jovens, além de se saber da enorme rejeição das famílias em participar desse tipo de programa. Porém, em nível ideal, não há o que se possa criticar.

> **Art. 55.** Para o cumprimento das medidas de semiliberdade ou de internação, o plano individual conterá, ainda:[109-110]
>
> I – a designação do programa de atendimento mais adequado para o cumprimento da medida;
>
> II – a definição das atividades internas e externas, individuais ou coletivas, das quais o adolescente poderá participar; e
>
> III – a fixação das metas para o alcance de desenvolvimento de atividades externas.
>
> **Parágrafo único.** O PIA será elaborado no prazo de até 45 (quarenta e cinco) dias da data do ingresso do adolescente no programa de atendimento.[111]

109. Complemento do PIA: em situações de semiliberdade e internação, além das medidas tomadas no artigo anterior, acrescentam-se as previstas neste dispositivo. Quanto ao programa de atendimento mais adequado, depende, essencialmente, da unidade; pode ser importante transferir o adolescente para outro local, conforme o caso. A definição de atividades dentro e fora da entidade de internação depende da prognose realizada pela equipe técnica em relação ao adolescente; porém, faz-se constar no plano individual, ainda que não seja viável realizar todas as que foram programadas. As metas para atividades externas, primordialmente, concentram-se em estudo, trabalho e integração familiar.

110. Semiliberdade invertida: é o cumprimento da semiliberdade de maneira oposta ao programado em lei. Pelo plano original, o adolescente estuda ou trabalha durante o dia e dorme na unidade especial de acolhimento; pela invertida, ele desenvolve suas atividades durante o dia, na unidade de atendimento, mas se recolhe em sua própria casa à noite, convivendo com a família. "O programa (regime) de 'semiliberdade invertida' constitui-se na variação plausível jurídico-legal do cumprimento da medida socioeducativa de privação parcial da liberdade, quando, então, o adolescente receber orientações e realiza atividades ao longo do dia na entidade de atendimento e tem, assim, a possibilidade de pernoitar na residência em que vive com o seu núcleo familiar. A 'semiliberdade invertida' realiza-se pela inversão do período de permanência do adolescente na unidade de atendimento socioeducativo, facultando-se, assim, a adequação do cumprimento da medida socioeducativa às suas reais necessidades pessoais, familiares e comunitárias (§ 1.º do art. 120 da Lei 8.069, de 13.7.1990). A 'semiliberdade', de outro lado, também deve ser tecnicamente sugerida (direção do programa) e judicialmente adotada quando se constituir no encaminhamento responsável para a liberação do adolescente ou mesmo para sua colocação em atendimento destinado ao acompanhamento do cumprimento de medidas socioeducativas menos rigorosas (*caput* do art. 120 da Lei 8.069). (...) O adolescente, assim, poderá cumprir ao longo do dia o período de permanência necessário para que receba orientações sociopedagógicas, profissionalizantes, culturais, esportivas, entre outras; e, de igual maneira, frequentar cursos e atividades externas que se destinem à sua formação. O adolescente, no entanto, poderá pernoitar juntamente com a sua família no local destinado à moradia, fortalecendo, assim, os vínculos familiares e comunitários (art. 100 da Lei 8.069/90), mediante a adoção de cautelas necessárias para tal desiderato" (Mário Luiz Ramidoff, *SINASE. Sistema Nacional de Atendimento Socioeducativo. Comentários à Lei n. 12.594, de 18 de janeiro de 2012*, p. 42-43).

111. Prazo de elaboração: parece-nos excessivo o tempo de 45 dias para compor o PIA, levando-se em consideração o caráter excepcional das medidas em meio fechado – ao menos para estas –, devendo-se prever a progressão do jovem o mais cedo possível. Cuida-se de prazo impróprio, para o qual, uma vez excedido, não se prevê sanção.

> **Art. 56.** Para o cumprimento das medidas de prestação de serviços à comunidade e de liberdade assistida, o PIA será elaborado no prazo de até 15 (quinze) dias do ingresso do adolescente no programa de atendimento.[112]

112. Prazo menor de elaboração: de maneira correta, prevê-se apenas 15 dias para compor o plano individual de atendimento, quando se tratar de prestação de serviços à comunidade e liberdade assistida. Há de ser curto espaço de tempo, pois tais medidas também são exercidas em breve período. No entanto, esse prazo (15 dias) deveria ser o padrão para toda e qualquer medida, em meio aberto ou fechado. Cuida-se de prazo impróprio, para o qual, uma vez excedido, não se prevê sanção.

> **Art. 57.** Para a elaboração do PIA, a direção do respectivo programa de atendimento, pessoalmente ou por meio de membro da equipe técnica, terá acesso aos autos do procedimento de apuração do ato infracional e aos dos procedimentos de apuração de outros atos infracionais atribuídos ao mesmo adolescente.[113]
>
> § 1.º O acesso aos documentos de que trata o *caput* deverá ser realizado por funcionário da entidade de atendimento, devidamente credenciado para tal atividade, ou por membro da direção, em conformidade com as normas a serem definidas pelo Poder Judiciário, de forma a preservar o que determinam

Art. 58

> os arts. 143 e 144 da Lei n.º 8.069, de 13 de julho de 1990 (Estatuto da Criança e do Adolescente).[114]
>
> § 2.º A direção poderá requisitar, ainda:[115]
>
> I – ao estabelecimento de ensino, o histórico escolar do adolescente e as anotações sobre o seu aproveitamento;
>
> II – os dados sobre o resultado de medida anteriormente aplicada e cumprida em outro programa de atendimento; e
>
> III – os resultados de acompanhamento especializado anterior.

113. Autorização para abrir o sigilo: o processo de execução tramita em segredo de justiça, nos termos do art. 39 desta Lei, assim como o processo de conhecimento, mas, para a elaboração do plano individual de atendimento, cuja responsabilidade primordial é da equipe técnica da unidade onde se encontra o adolescente, é imprescindível que os profissionais integrantes dessa equipe tenham acesso aos autos principais, em que foi aplicada a medida socioeducativa, bem como a todos os demais procedimentos ligados ao menor.

114. Cautela para preservação do sigilo: parece-nos excessiva a tutela imposta em relação aos processos envolvendo crianças e adolescentes, sejam referentes a situações de risco, sejam relativos a atos infracionais. Muitas vezes, o segredo de justiça termina por prejudicar o menor, pois inexiste quem possa controlar o andamento do feito, fiscalizando a sua celeridade, dentre outros fatores. É certo que, no processo por ato infracional, além da atuação do membro do Ministério Público, há também o defensor, em caráter obrigatório, mas, noutros procedimentos, atuam somente o juiz e o promotor, que, se retardarem os prazos impostos em lei, deixam de ser fiscalizados. Ademais, uma das razões de o princípio da publicidade, constitucionalmente assegurado, existir no processo em geral, é garantir a lisura do procedimento, fiscalizado pelo público. De qualquer forma, o acesso descrito neste parágrafo demanda o credenciamento do funcionário da entidade de atendimento, ou por dirigente do programa, tudo de modo a que se possa saber exatamente a pessoa a tomar conhecimento do conteúdo dos processos.

115. Dados complementares: além de acesso aos processos por atos infracionais, a direção do programa, para elaborar o plano individual de atendimento, precisa de outros dados, advindos de escola (histórico escolar, anotações sobre seu aproveitamento, registros de faltas etc.), de outro programa ao qual tenha se submetido o adolescente, resultados de acompanhamentos especializados, que podem ter ocorrido não só no programa de execução de medida socioeducativa, mas também durante o processo de conhecimento. O rol do § 2.º é exemplificativo, podendo ser requisitados elementos de outras fontes.

> **Art. 58.** Por ocasião da reavaliação da medida, é obrigatória a apresentação pela direção do programa de atendimento de relatório da equipe técnica sobre a evolução do adolescente no cumprimento do plano individual.[116]

116. Reavaliação da medida e progressão ou regressão: esta Lei ainda segue os parâmetros da original Lei de Execução Penal, que possibilitava o progresso do condenado, passando por vários regimes, desde que mostrassem merecimento, situação avaliada conforme o parecer da Comissão Técnica de Classificação, composta por profissionais especializados (psicólogo, assistente social, psiquiatra e diretores da unidade prisional). Atualmente, em face de seguidas alterações, desmobilizou-se o critério *autêntico* do mérito, aceitando-se poucos requisitos para a progressão. Em paralelo, esta Lei preceitua critérios ideias para reavaliar a medida aplicada; justamente por isso é obrigatória a realização de relatório da equipe técnica sobre a evolução do jovem no cumprimento de seu plano individual. A bem da verdade, como já mencionamos antes, o condenado deveria ter um plano similar, tal como se faz em relação ao adolescente infrator. Somente uma avaliação, feita por quem acompanha direta e minuciosamente o menor, pode ofertar elementos suficientes à autoridade judiciária para saber o destino a ser dado e se a medida merece revisão. Embora esse laudo não vincule o juiz, em sua decisão, serve como base para a sua avaliação. Conforme o caso, considerando--se positivo o desenvolvimento do adolescente, ele pode auferir a progressão, passando de um estágio fechado (como a internação) para outro mais brando (como a semiliberdade). Na jurisprudência: STJ: "Indubitável a possibilidade de progressão de medida socioeducativa, todavia, a decisão sobre tal situação é de livre convencimento do juiz, o qual deverá apresentar justificativa idônea, não estando vinculado ao relatório multidisciplinar do adolescente. Nessa linha de consideração, importante consignar que a progressão de medida revela-se como um processo reativo, à medida que o adolescente assimila a finalidade socioeducativa. No caso em apreço, observa-se que as instâncias de origem mantiveram a medida socioeducativa de internação sob argumentação plausível, que cuida da complexa situação do adolescente, o qual responde por outros atos infracionais graves (homicídio, tentativa de homicídio e furto). Além disso, ainda consta em desfavor do jovem o envolvimento em uma ocorrência na unidade de internação, sendo que o relatório multidisciplinar e o parecer ministerial recomendam a continuidade da medida mais severa" (HC 260.529/ES, 6.ª T., rel. Maria Thereza de Assis Moura, *DJ* 21.03.2013, v.u.). No próximo caso, observa-se a opção da Corte, no sentido de aplicar a exata progressão, sem permitir o "salto" da internação para liberdade assistida, mas também sem aceitar que o menor retornasse à internação, por conta de decisão monocrática do relator do Tribunal Estadual: "1. A princípio, não cabe *habeas corpus* contra decisão monocrática de Desembargador Relator – concessão de efeito ativo ao presente recurso (Agravo de Instrumento). Contudo, em situações de patente ilegalidade, tem-se admitido contornar-se a incidência do Enunciado Sumular 691 do Pretório Excelso, o que ocorre *in casu*. 2. 'Tratando-se de menor inimputável, não existe pretensão punitiva estatal propriamente, mas apenas pretensão educativa, que, na verdade, é dever não só do Estado, mas da família, da comunidade e da sociedade em geral, conforme disposto expressamente na legislação de regência (Lei 8.069/90, art. 4.º) e na Constituição Federal (art. 227). De fato, é nesse contexto que se deve enxergar o efeito primordial das medidas socioeducativas, mesmo que apresentem, eventualmente, características expiatórias (efeito secundário), pois o indiscutível e indispensável caráter pedagógico é que justifica a aplicação das aludidas medidas, da forma como previstas na legislação especial (Lei 8.069/90, arts. 112 a 125), que se destinam essencialmente à formação e reeducação do adolescente infrator, também considerado como pessoa em desenvolvimento (Lei 8.069/90, art. 6.º), sujeito à proteção integral (Lei 8.069/90, art. 1.º), por critério simplesmente etário (Lei 8.069/90, art. 2.º, *caput*).' (HC 149429/RS, rel. Min. Arnaldo Esteves Lima, 5.ª T., j. 04.03.2010, *DJe* 05.04.2010). 3. Indubitável a possibilidade de extinção e progressão de medida socioeducativa, todavia, a decisão sobre tais situações é de livre convencimento do juiz, o qual deverá apresentar justificativa idônea, não estando vinculado ao relatório multidisciplinar do adolescente. Nessa linha de consideração, importante consignar que tanto a progressão como a extinção de medida revelam-se como um processo reativo, à medida que o adolescente assimila a finalidade socioeducativa. 4. Na hipótese, o juiz de primeiro grau determinou a progressão da medida socioeducativa de internação para a liberdade assistida, contudo, o Tribunal de origem determinou o retorno do adolescente ao cumprimento da internação. Conclui-se – ao se ponderar as argumentações alinhavadas pelas instâncias de origem – pela aplicação da medida socioeducativa de semiliberdade, eis

Art. 59

que o retorno gradativo do paciente ao seio de sociedade revela, na hipótese, a opção mais adequada, tendo em vista, em especial, o princípio da proteção integral ao adolescente. 5. Em que pese a boa compreensão e participação do paciente nas atividades aplicadas na unidade de internação, conforme ressaltado pelo magistrado, não se pode desmerecer o significativo histórico de atos infracionais, encartado às fls. 29-41, sobre o qual fez menção a Corte local, a qual destacou inclusive que o adolescente reiterou a mesma conduta que é grave (ato infracional equiparado a crime contra o patrimônio – roubo circunstanciado) por mais de uma vez. 6. Ordem concedida, *ex officio*, para estabelecer a medida socioeducativa de semiliberdade, sem prejuízo de que a medida seja reavaliada no prazo determinado pelo juízo" (HC 353686/SP, 6.ª T., rel. Maria Thereza de Assis Moura, 03.05.2016, v.u.). TJRS: "Inexistem, nesse momento, elementos a possibilitar a progressão da medida merecendo credibilidade o parecer elaborado pela equipe técnica que acompanha a evolução do desenvolvimento do jovem em execução, que conclui pela manutenção da medida. Adolescente que já recebeu a aplicação de medidas em meio aberto e não as cumpriu adequadamente" (AI 70059900027, 7.ª Câm. Cível, rel. Sandra Brisolara Medeiros, 26.05.2014). Ver também as notas 54 e 58 aos arts. 42 e 43. Ver, também, a nota 54 ao art. 42.

> **Art. 59.** O acesso ao plano individual será restrito aos servidores do respectivo programa de atendimento, ao adolescente e a seus pais ou responsável, ao Ministério Público e ao defensor, exceto expressa autorização judicial.[117]

117. Sigilo do plano individual de atendimento: essa regra é desnecessária, pois todo o processo de execução é sigiloso, de modo que, por uma questão de lógica, também está guarnecido pelo segredo de justiça o PIA, parte fundamental da execução.

Capítulo V
DA ATENÇÃO INTEGRAL À SAÚDE DE ADOLESCENTE EM CUMPRIMENTO DE MEDIDA SOCIOEDUCATIVA

Seção I
Disposições Gerais

> **Art. 60.** A atenção integral à saúde do adolescente no Sistema de Atendimento Socioeducativo seguirá as seguintes diretrizes:
>
> I – previsão, nos planos de atendimento socioeducativo, em todas as esferas, da implantação de ações de promoção da saúde, com o objetivo de integrar as ações socioeducativas, estimulando a autonomia, a melhoria das relações interpessoais e o fortalecimento de redes de apoio aos adolescentes e suas famílias;
>
> II – inclusão de ações e serviços para a promoção, proteção, prevenção de agravos e doenças e recuperação da saúde;
>
> III – cuidados especiais em saúde mental, incluindo os relacionados ao uso de álcool e outras substâncias psicoativas, e atenção aos adolescentes com deficiências;
>
> IV – disponibilização de ações de atenção à saúde sexual e reprodutiva e à prevenção de doenças sexualmente transmissíveis;

Art. 64

V – garantia de acesso a todos os níveis de atenção à saúde, por meio de referência e contrarreferência, de acordo com as normas do Sistema Único de Saúde (SUS);

VI – capacitação das equipes de saúde e dos profissionais das entidades de atendimento, bem como daqueles que atuam nas unidades de saúde de referência voltadas às especificidades de saúde dessa população e de suas famílias;

VII – inclusão, nos Sistemas de Informação de Saúde do SUS, bem como no Sistema de Informações sobre Atendimento Socioeducativo, de dados e indicadores de saúde da população de adolescentes em atendimento socioeducativo; e

VIII – estruturação das unidades de internação conforme as normas de referência do SUS e do Sinase, visando ao atendimento das necessidades de Atenção Básica.

Art. 61. As entidades que ofereçam programas de atendimento socioeducativo em meio aberto e de semiliberdade deverão prestar orientações aos socioeducandos sobre o acesso aos serviços e às unidades do SUS.

Art. 62. As entidades que ofereçam programas de privação de liberdade deverão contar com uma equipe mínima de profissionais de saúde cuja composição esteja em conformidade com as normas de referência do SUS.

Art. 63. (VETADO).

§ 1.º O filho de adolescente nascido nos estabelecimentos referidos no *caput* deste artigo não terá tal informação lançada em seu registro de nascimento.

§ 2.º Serão asseguradas as condições necessárias para que a adolescente submetida à execução de medida socioeducativa de privação de liberdade permaneça com o seu filho durante o período de amamentação.[118]

118. Tutela constitucional: este dispositivo segue o art. 5.º, L, da Constituição Federal: "às presidiárias serão asseguradas condições para que possam permanecer com seus filhos durante o período de amamentação".

Seção II
Do Atendimento a Adolescente com Transtorno Mental e com Dependência de Álcool e de Substância Psicoativa

Art. 64. O adolescente em cumprimento de medida socioeducativa que apresente indícios de transtorno mental, de deficiência mental, ou associadas, deverá ser avaliado por equipe técnica multidisciplinar e multissetorial.[119]

§ 1.º As competências, a composição e a atuação da equipe técnica de que trata o *caput* deverão seguir, conjuntamente, as normas de referência do SUS e do Sinase, na forma do regulamento.

§ 2.º A avaliação de que trata o *caput* subsidiará a elaboração e execução da terapêutica a ser adotada, a qual será incluída no PIA do adolescente, prevendo, se necessário, ações voltadas para a família.

§ 3.º As informações produzidas na avaliação de que trata o *caput* são consideradas sigilosas.

Art. 64

Estatuto da Criança e do Adolescente Comentado · Nucci

> § 4.º Excepcionalmente, o juiz poderá suspender a execução da medida socioeducativa, ouvidos o defensor e o Ministério Público, com vistas a incluir o adolescente em programa de atenção integral à saúde mental que melhor atenda aos objetivos terapêuticos estabelecidos para o seu caso específico.[120]
>
> § 5.º Suspensa a execução da medida socioeducativa, o juiz designará o responsável por acompanhar e informar sobre a evolução do atendimento ao adolescente.
>
> § 6.º A suspensão da execução da medida socioeducativa será avaliada, no mínimo, a cada 6 (seis) meses.
>
> § 7.º O tratamento a que se submeterá o adolescente deverá observar o previsto na Lei n.º 10.216, de 6 de abril de 2001, que dispõe sobre a proteção e os direitos das pessoas portadoras de transtornos mentais e redireciona o modelo assistencial em saúde mental.[121]
>
> § 8.º (VETADO).

119. Transtorno mental: durante o cumprimento de medida socioeducativa, pode advir ao adolescente qualquer espécie de transtorno mental, de caráter provisório ou permanente. Na Lei de Execução Penal, se o condenado for acometido de enfermidade mental, cabe ao juiz converter a pena em medida de segurança (art. 183). Nesta Lei, o propósito é tratar o jovem e, no máximo, suspender a execução da medida socioeducativa. Inexiste a dualidade *pena* e *medida de segurança*, como há no sistema penal. Na jurisprudência: TJRS: "A avaliação do adolescente em cumprimento de medida socioeducativa que apresente indícios de transtorno mental, no caso, o risco de suicídio, será feita por equipe técnica multidisciplinar e multissetorial, de sorte que se afigura desnecessária a requisição judicial de laudo ao hospital em que o jovem se encontra internado. Inteligência do art. 64 da Lei n. 12.594/2012. Descabe a substituição da medida socioeducativa de semiliberdade por medida de proteção para tratamento psicológico e psiquiátrico em regime hospitalar, uma vez que ausente, neste momento, hipótese legal autorizadora dessa medida. Inteligência do art. 43 da Lei n. 12.594/2012. Caso em que, diante da internação do socioeducando e da suspensão da execução da medida socioeducativa pelo prazo de 60 (sessenta) dias, estará protegida a saúde do jovem, pois submetido aos cuidados médicos necessários para a preservação de sua saúde mental. Ademais, o Juízo de origem não desconsiderou a necessidade de avaliação das condições de saúde do socioeducando, apenas determinou que a FASE, tão logo encerrada a suspensão da medida socioeducativa, preste informações atualizadas sobre o estado de saúde. Precedentes do TJRS. Agravo de instrumento desprovido" (AI 51542777320238217000, 7.ª Câm. Cível, rel. Carlos Eduardo Zietlow Duro, 01.06.2023).

120. Programa de atenção integral à saúde: na realidade, cuida-se de uma alternativa à denominação de *medida de segurança*, mas tem um perfil similar, pois retira o jovem do cumprimento da medida socioeducativa, inserindo-o num programa de *atenção integral à saúde*. Assim sendo, ele passa a ser unicamente tratado, sem cumprir qualquer obrigação decorrente da medida socioeducativa. Essa suspensão e o tratamento serão reavaliados a cada seis meses, nos termos do § 6.º deste artigo.

121. Lei 10.216/2001: são seus preceitos: "Art. 1.º Os direitos e a proteção das pessoas acometidas de transtorno mental, de que trata esta Lei, são assegurados sem qualquer forma de discriminação quanto à raça, cor, sexo, orientação sexual, religião, opção política, nacionalidade, idade, família, recursos econômicos e ao grau de gravidade ou tempo de evolução de seu transtorno, ou qualquer outra. Art. 2.º Nos atendimentos em saúde mental, de qualquer natureza, a pessoa e seus familiares ou responsáveis serão formalmente cientificados dos direitos enumerados no parágrafo único deste artigo. Parágrafo único. São direitos da pessoa portadora de transtorno mental: I – ter acesso ao melhor tratamento do sistema de saúde, consentâneo às suas necessidades; II – ser tratada com humanidade e respeito e no interesse exclusivo de beneficiar sua saúde, visando alcançar sua recuperação pela inserção na família, no trabalho e na comunidade; III – ser protegida contra qualquer forma de abuso e exploração; IV – ter garantia de sigilo nas informações prestadas; V – ter direito à presença médica, em qualquer tempo, para esclarecer a necessidade ou não de sua hospitalização involuntária; VI – ter livre acesso aos meios de comunicação disponíveis; VII – receber o maior número de informações a respeito de sua doença e de seu tratamento; VIII – ser tratada em ambiente terapêutico pelos meios menos invasivos possíveis; IX – ser tratada, preferencialmente, em serviços comunitários de saúde mental. Art. 3.º É responsabilidade do Estado o desenvolvimento da política de saúde mental, a assistência e a promoção de ações de saúde aos portadores de transtornos mentais, com a devida participação da sociedade e da família, a qual será prestada em estabelecimento de saúde mental, assim entendidas as instituições ou unidades que ofereçam assistência em saúde aos portadores de transtornos mentais. Art. 4.º A internação, em qualquer de suas modalidades, só será indicada quando os recursos extra-hospitalares se mostrarem insuficientes. § 1.º O tratamento visará, como finalidade permanente, à reinserção social do paciente em seu meio. § 2.º O tratamento em regime de internação será estruturado de forma a oferecer assistência integral à pessoa portadora de transtornos mentais, incluindo serviços médicos, de assistência social, psicológicos, ocupacionais, de lazer, e outros. § 3.º É vedada a internação de pacientes portadores de transtornos mentais em instituições com características asilares, ou seja, aquelas desprovidas dos recursos mencionados no § 2.º e que não assegurem aos pacientes os direitos enumerados no parágrafo único do art. 2.º. Art. 5.º O paciente há longo tempo hospitalizado ou para o qual se caracterize situação de grave dependência institucional, decorrente de seu quadro clínico ou de ausência de suporte social, será objeto de política específica de alta planejada e reabilitação psicossocial assistida, sob responsabilidade da autoridade sanitária competente e supervisão de instância a ser definida pelo Poder Executivo, assegurada a continuidade do tratamento, quando necessário. Art. 6.º A internação psiquiátrica somente será realizada mediante laudo médico circunstanciado que caracterize os seus motivos. Parágrafo único. São considerados os seguintes tipos de internação psiquiátrica: I – internação voluntária: aquela que se dá com o consentimento do usuário; II – internação involuntária: aquela que se dá sem o consentimento do usuário e a pedido de terceiro; e III – internação compulsória: aquela determinada pela Justiça. Art. 7.º A pessoa que solicita voluntariamente sua internação, ou que a consente, deve assinar, no momento da admissão, uma declaração de que optou por esse regime de tratamento. Parágrafo único. O término da internação voluntária dar-se-á por solicitação escrita do paciente ou por determinação do médico assistente. Art. 8.º A internação voluntária ou involuntária somente será autorizada por médico devidamente registrado no Conselho Regional de Medicina – CRM do Estado onde se localize o estabelecimento. § 1.º A internação psiquiátrica involuntária deverá, no prazo de setenta e duas horas, ser comunicada ao Ministério Público Estadual pelo responsável técnico do estabelecimento no qual tenha ocorrido, devendo esse mesmo procedimento ser adotado quando da respectiva alta. § 2.º O término da internação involuntária dar-se-á por solicitação escrita do familiar, ou responsável legal, ou quando estabelecido pelo especialista responsável pelo tratamento. Art. 9.º A internação compulsória é determinada, de acordo com a legislação vigente, pelo juiz competente, que levará em conta as condições de segurança do estabelecimento, quanto à salvaguarda do paciente, dos demais internados e funcionários. Art. 10. Evasão, transferência, acidente, intercorrência clínica grave e falecimento serão comunicados pela direção do estabelecimento de saúde mental aos familiares, ou ao representante legal do paciente, bem como à autoridade sanitária responsável, no prazo

Art. 65

Estatuto da Criança e do Adolescente Comentado • Nucci

máximo de vinte e quatro horas da data da ocorrência. Art. 11. Pesquisas científicas para fins diagnósticos ou terapêuticos não poderão ser realizadas sem o consentimento expresso do paciente, ou de seu representante legal, e sem a devida comunicação aos conselhos profissionais competentes e ao Conselho Nacional de Saúde".

> **Art. 65.** Enquanto não cessada a jurisdição da Infância e Juventude, a autoridade judiciária, nas hipóteses tratadas no art. 64, poderá remeter cópia dos autos ao Ministério Público para eventual propositura de interdição e outras providências pertinentes.[122]
>
> **Art. 66.** (VETADO).

122. Alternativa permanente: enquanto a execução da medida socioeducativa estiver suspensa e o adolescente se encontrar em tratamento integral de saúde, percebendo-se, pelas avaliações semestrais, que a enfermidade mental tem caráter duradouro, peças devem ser remetidas ao Ministério Público para que possa promover a ação de interdição do jovem. Com isso, cessada a intervenção da Justiça da Infância e Juventude, ingressa a ordem judicial civil, entregando a curatela do interdito a quem de direito.

Capítulo VI

DAS VISITAS A ADOLESCENTE EM CUMPRIMENTO DE MEDIDA DE INTERNAÇÃO

> **Art. 67.** A visita do cônjuge, companheiro, pais ou responsáveis, parentes e amigos a adolescente a quem foi aplicada medida socioeducativa de internação observará dias e horários próprios definidos pela direção do programa de atendimento.
>
> **Art. 68.** É assegurado ao adolescente casado ou que viva, comprovadamente, em união estável o direito à visita íntima.[123]
>
> **Parágrafo único.** O visitante será identificado e registrado pela direção do programa de atendimento, que emitirá documento de identificação, pessoal e intransferível, específico para a realização da visita íntima.[124]

123. Visita íntima: esta Lei avança num tema que, até hoje, o cenário dos presos e condenados adultos evitou, infelizmente. Deveria haver uma previsão legal clara, disciplinando o tema. À sua falta, sabe-se que a visita íntima é uma realidade, que funciona por concessão dos diretores de presídios, conforme regras estipuladas internamente. O juiz da execução penal fica alheio a esse regulamento e, caso o preso peticione, exigindo a visita íntima, poderá ter seu pleito indeferido, pois direito consagrado em lei não é. Em presídios federais, há um decreto do Presidente da República regulamentando a visita íntima. Em lei, como deveria ocorrer, somente no caso dos adolescentes infratores. Mas esse dispositivo não é feito com precisão técnica, pois chega a se confrontar com o disposto pelo art. 217-A do Código Penal. Por esse tipo penal, qualquer ato libidinoso mantido com menor de 14 anos é considerado estupro de vulnerável. Se a vítima tiver 13 anos, por exemplo, e o agente, 18, é viável que este responda por estupro e seja punido com reclusão por, no mínimo, oito anos. Se o agente tiver 16 anos, ilustrando, comete ato infracional e deve, igualmente, ser sancionado. O ponto em questão, conflituoso, diz respeito a um casal – por exemplo, ela, com 13; ele, com 18 – em união estável. Se ela for internada, pode manter relação sexual com seu companheiro, com base no disposto neste artigo? Entendíamos que sim, mas atualizamos a nossa posição por entender que, de fato, os menores de 14 anos devem ser protegidos de relacionamentos sexuais em face da imaturidade nesse cenário. Ademais, configurando grave delito na lei penal – estupro de vulnerável –, não tem sentido permitir-se a relação em unidade tutelada pelo poder público. A referida ilustração sobre "união estável" não deve ser aceita, como regra, pois se encontra em campo da ilicitude penal. Entretanto, a depender de caso concreto, se houver uma união estável de longa duração, com filhos, temos defendido ser uma situação excepcional (*distinguishing*), em que a proteção à família e aos filhos deve prevalecer. Assim sendo, não se configura o estupro de vulnerável, afastando-se a ilicitude da situação, em nome da preservação da família, constitucionalmente tutelada. Mas a imensa maioria não se dá nessa conjuntura, razão pela qual é inadmissível o relacionamento sexual de menor de 14 anos em unidade de internação com outra pessoa.

124. Identificação e registro: no caso de adolescentes, o cuidado estabelecido neste parágrafo é razoável. O objetivo é garantir que somente cônjuges e companheiros possam ter acesso a internos, evitando-se outros tipos de relacionamento. Afinal, os jovens estão em formação de sua personalidade e o sexo deve ser tratado com seriedade.

> **Art. 69.** É garantido aos adolescentes em cumprimento de medida socioeducativa de internação o direito de receber visita dos filhos, independentemente da idade desses.[125]
>
> **Art. 70.** O regulamento interno estabelecerá as hipóteses de proibição da entrada de objetos na unidade de internação, vedando o acesso aos seus portadores.

125. Convívio familiar: assegura-se ao adolescente internado, que tenha filho, a convivência durante o período de visita, de modo a garantir a preservação da família natural. Idealizou-se o mesmo ao condenado, pela edição da Lei 12.962/2014, conforme art. 19, § 4.º, do ECA, para que possa haver contato entre pais e filhos. Entretanto, é preciso ressaltar a prevalência do interesse da criança e do adolescente. Noutros termos, se o(a) adolescente rejeitar o filho em tenra idade, não há que se impor um convívio forçado. Inexistindo outros parentes para cuidar da criança, em benefício desta, há de ser encaminhada para adoção, com a prévia perda do poder familiar.

Capítulo VII
DOS REGIMES DISCIPLINARES

> **Art. 71.** Todas as entidades de atendimento socioeducativo deverão, em seus respectivos regimentos, realizar a previsão de regime disciplinar que obedeça aos seguintes princípios:[126]
>
> I – tipificação explícita das infrações como leves, médias e graves e determinação das correspondentes sanções;[127]
>
> II – exigência da instauração formal de processo disciplinar para a aplicação de qualquer sanção, garantidos a ampla defesa e o contraditório;[128]

Art. 71

> III – obrigatoriedade de audiência do socioeducando nos casos em que seja necessária a instauração de processo disciplinar;[129]
>
> IV – sanção de duração determinada;[130]
>
> V – enumeração das causas ou circunstâncias que eximam, atenuem ou agravem a sanção a ser imposta ao socioeducando, bem como os requisitos para a extinção dessa;[131]
>
> VI – enumeração explícita das garantias de defesa;[132]
>
> VII – garantia de solicitação e rito de apreciação dos recursos cabíveis;[133] e
>
> VIII – apuração da falta disciplinar por comissão composta por, no mínimo, 3 (três) integrantes, sendo 1 (um), obrigatoriamente, oriundo da equipe técnica.[134]

126. Entidades de atendimento socioeducativo: referem-se às unidades de meio fechado (semiliberdade ou internação), obrigando-as a manterem regimentos internos, disciplinando infrações, sanções, procedimentos de apuração, dentre outros. Na realidade, seguindo-se o princípio da legalidade, são temas pertinentes à lei – e não para constar em simples regimentos. Assim ocorrendo, haverá falta de uniformidade, trazendo situações díspares para casos iguais (ex.: em certa unidade, uma conduta pode ser infração, enquanto noutra, considerada normal, sem qualquer sanção).

127. Tipificação das infrações: segue-se o padrão de Direito Penal, mencionando o termo *tipificação*, que significa prever, em lei (no caso presente, em Regimento), todos os modelos de condutas proibidas, fixando a sanção cabível. Dessa forma, *antes* da prática da infração, quem está sujeito ao Regimento já sabe as implicações de sua conduta. Nesse quadro, a normatização interna da unidade deve criar seções distintas, em que constarão infrações leves, médias e graves. Em cada seção, estipulam-se os tipos infracionais, contendo a sanção.

128. Processo disciplinar: é obrigatória a instauração de processo disciplinar, conferindo ao adolescente ampla oportunidade de defesa, contrariando, livremente, o teor da imputação. Realizada uma conduta infracional, baixa-se portaria, em que deve o fato ser devidamente descrito, indicando-se a ciência do jovem, bem como a oportunidade para se defender. Se não possuir meios, indica-se defensor público ou dativo.

129. Autodefesa: é a oportunidade de o adolescente se manifestar diretamente ao colegiado que irá julgar sua conduta.

130. Sanção determinada: ao contrário das medidas socioeducativas, que podem ter prazo indeterminado, a sanção de natureza disciplinar, seguindo o padrão estabelecido pela legalidade estrita, deve ter duração certa.

131. Causas e circunstâncias para apuração da infração e imposição da sanção: basicamente, pretende-se que o regimento se configure num verdadeiro *código penal*, pois deve ser composto por causas eximentes de culpabilidade, vale dizer, que desautorizam a reprovação pelo realizado; circunstâncias atenuantes e agravantes no tocante à sanção, além de causas de extinção da "punibilidade". Muito mais adequado que todos esses elementos constassem em lei.

132. Garantias explícitas de defesa: embora se saiba do direito à ampla defesa e ao contraditório, pretende-se que o regimento explicite, detalhadamente, todos os instrumentos defensivos do adolescente; possivelmente, para deixar bem claro o procedimento a ser adotado quando a portaria for baixada para apurar a infração administrativa.

Art. 74

133. Duplo grau recursal: exige-se a viabilidade de recurso contra a decisão sancionatória, demonstrando como interpor e qual procedimento.

134. Colegiado: o julgamento da infração disciplinar será realizado por um colegiado, composto por número ímpar (três, no mínimo), de modo a não levar ao empate. Esses integrantes são de livre escolha do dirigente da unidade, mas ao menos um deles deve ser originário da equipe técnica que acompanha o adolescente. Segundo nos parece, uma cautela de que o colegiado não seja totalmente distante da pessoa, cujo ato está em julgamento.

> **Art. 72.** O regime disciplinar é independente da responsabilidade civil ou penal que advenha do ato cometido.[135]

135. Regime disciplinar independente: desnecessário apontar a obviedade de que as infrações disciplinares, cometidas por jovens internados, são desvinculadas, completamente, de ilícitos civis ou penais. Caso o menor já tenha completado 18 anos, eventual infração cometida pode configurar, igualmente, infração penal, razão pela qual a apuração cabe à polícia.

> **Art. 73.** Nenhum socioeducando poderá desempenhar função ou tarefa de apuração disciplinar ou aplicação de sanção nas entidades de atendimento socioeducativo.[136]

136. Função de julgador: não pode, jamais, ser atribuída a um socioeducando, o que é absolutamente lógico. Seria inconcebível um adolescente *julgando* outro, tendo em vista que ali está para ser educado e não para avaliar terceiros.

> **Art. 74.** Não será aplicada sanção disciplinar sem expressa e anterior previsão legal ou regulamentar e o devido processo administrativo.[137]

137. Legalidade, anterioridade e devido processo: repete-se o teor dos princípios penais da legalidade e da anterioridade ("não há crime sem prévia lei que o defina; não há pena sem prévia lei que o comine"). Além disso, cultua-se – a bem da verdade, inúmeras vezes – o devido processo legal, denominado, nesta esfera, de *devido processo administrativo*. Na jurisprudência: TJGO: "I – Preserva-se a internação, mantida por decisão judicial orientada pelo relatório psicossocial de reavaliação da adolescente infratora, indicada a necessidade da medida, para a efetivação dos objetivos traçados no Plano Individual de Atendimento – PIA, expondo a não compreensão da gravidade e consequências da ato infracional praticado, e, ainda, a imprescindibilidade do acompanhamento técnico especializado, compatibilizada com o art. 122, inciso I, da Lei n.º 8.069/90, atendida a exigência do art. 93, inciso IX, da Constituição Federal. II – Comporta a exclusão da anotação do mau comportamento do registro da adolescente infratora, constatada a ausência do prévio procedimento administrativo disciplinar, imprescindível para a imposição de sanção no curso da execução de medida socioeducativa, consoante o art. 74 da Lei n.º 12.594/12. Ordem concedida, em parte" (HC 61844-32.2017.8.09.0000/GO, 2.ª Câmara Criminal, rel. 11.04.2017, v.u.).

Art. 75

Estatuto da Criança e do Adolescente Comentado · **Nucci**   794

> **Art. 75.** Não será aplicada sanção disciplinar ao socioeducando que tenha praticado a falta:[138]
>
> I – por coação irresistível ou por motivo de força maior;[139]
>
> II – em legítima defesa, própria ou de outrem.[140]

138. Excludentes legais: além de o regimento prever causas eximentes de culpa (art. 71, V, desta Lei), este artigo insere duas excludentes, a primeira pode afetar a tipicidade ou a culpabilidade; a segunda afasta a ilicitude.

139. Coação irresistível ou motivo de força maior: a coação pode ser exercida de duas formas: a) física, quando uma pessoa constrange a outra, pela força, a fazer ou deixar de fazer alguma coisa (ex.: um violento empurrão pode levar alguém a ferir terceiro); b) moral, quando há uma ameaça grave de mal insuportável para quem o coato desenvolva qualquer ato a mando do coator (ex.: subtrair remédio da enfermaria sob pena de ser violentado). O motivo de força maior ingressa, nesse campo, como algo imprevisível, que corta o nexo causal. Qualquer dessas três hipóteses desautoriza a aplicação de sanção.

140. Legítima defesa: valendo-se da previsão formulada pelo art. 25 do Código Penal, cuida-se da reação moderada, com os meios necessários, contra agressão injusta, atual ou iminente, a direito próprio ou de terceiro. Demanda-se a existência de uma agressão ilícita (contra a lei *lato sensu*), que esteja ocorrendo (presente) ou em vias de acontecer (futuro próximo), contra direito (bem tutelado por lei) próprio (de quem se defende) ou de terceiro (da vítima do ato agressivo). A partir daí, exige-se que o agredido aja moderadamente, sem intuito vingativo, ultrapassando os limites da defesa e partindo para o contra-ataque. A moderação implica repelir a agressão única e tão somente. Além disso, quem se defende deve utilizar os meios necessários, isto é, os que estiverem ao seu dispor, servindo exatamente ao propósito de defesa e não de lesão acima do razoável. O excesso na legítima defesa permite a aplicação de sanção disciplinar: mais grave, se houver dolo (intenção de abusar da reação); mais branda, se houver culpa (desatenção ou leviandade na reação).

Capítulo VIII

DA CAPACITAÇÃO PARA O TRABALHO

> **Art. 76.** O art. 2.º do Decreto-Lei n.º 4.048, de 22 de janeiro de 1942, passa a vigorar acrescido do seguinte § 1.º, renumerando-se o atual parágrafo único para § 2.º:
>
> "Art. 2.º (...)
>
> § 1.º As escolas do Senai poderão ofertar vagas aos usuários do Sistema Nacional de Atendimento Socioeducativo (Sinase) nas condições a serem dispostas em instrumentos de cooperação celebrados entre os operadores do Senai e os gestores dos Sistemas de Atendimento Socioeducativo locais.
>
> § 2.º (...)". (NR)
>
> **Art. 77.** O art. 3.º do Decreto-Lei n.º 8.621, de 10 de janeiro de 1946, passa a vigorar acrescido do seguinte § 1.º, renumerando-se o atual parágrafo único para § 2.º:
>
> "Art. 3.º (...)

§ 1.º As escolas do Senac poderão ofertar vagas aos usuários do Sistema Nacional de Atendimento Socioeducativo (Sinase) nas condições a serem dispostas em instrumentos de cooperação celebrados entre os operadores do Senac e os gestores dos Sistemas de Atendimento Socioeducativo locais.

§ 2.º (...)". (NR)

Art. 78. O art. 1.º da Lei n.º 8.315, de 23 de dezembro de 1991, passa a vigorar acrescido do seguinte parágrafo único:

"Art. 1.º (...)

Parágrafo único. Os programas de formação profissional rural do Senar poderão ofertar vagas aos usuários do Sistema Nacional de Atendimento Socioeducativo (Sinase) nas condições a serem dispostas em instrumentos de cooperação celebrados entre os operadores do Senar e os gestores dos Sistemas de Atendimento Socioeducativo locais." (NR)

Art. 79. O art. 3.º da Lei n.º 8.706, de 14 de setembro de 1993, passa a vigorar acrescido do seguinte parágrafo único:

"Art. 3.º (...)

Parágrafo único. Os programas de formação profissional do Senat poderão ofertar vagas aos usuários do Sistema Nacional de Atendimento Socioeducativo (Sinase) nas condições a serem dispostas em instrumentos de cooperação celebrados entre os operadores do Senat e os gestores dos Sistemas de Atendimento Socioeducativo locais." (NR)

Art. 80. O art. 429 do Decreto-Lei n.º 5.452, de 1.º de maio de 1943, passa a vigorar acrescido do seguinte § 2.º:

"Art. 429. (...)

(...)

§ 2.º Os estabelecimentos de que trata o *caput* ofertarão vagas de aprendizes a adolescentes usuários do Sistema Nacional de Atendimento Socioeducativo (Sinase) nas condições a serem dispostas em instrumentos de cooperação celebrados entre os estabelecimentos e os gestores dos Sistemas de Atendimento Socioeducativo locais." (NR)

Título III
Disposições Finais e Transitórias

Art. 81. As entidades que mantenham programas de atendimento têm o prazo de até 6 (seis) meses após a publicação desta Lei para encaminhar ao respectivo Conselho Estadual ou Municipal dos Direitos da Criança e do Adolescente proposta de adequação da sua inscrição, sob pena de interdição.

Art. 82. Os Conselhos dos Direitos da Criança e do Adolescente, em todos os níveis federados, com os órgãos responsáveis pelo sistema de educação pública e as entidades de atendimento, deverão, no prazo de 1 (um) ano a partir da publicação desta Lei, garantir a inserção de adolescentes em cumprimento de medida socioeducativa na rede pública de educação, em qualquer fase do período letivo, contemplando as diversas faixas etárias e níveis de instrução.

Art. 83. Os programas de atendimento socioeducativo sob a responsabilidade do Poder Judiciário serão, obrigatoriamente, transferidos ao Poder Executivo no prazo máximo de 1 (um) ano a partir da publicação desta Lei e de acordo com a política de oferta dos programas aqui definidos.

Art. 84. Os programas de internação e semiliberdade sob a responsabilidade dos Municípios serão, obrigatoriamente, transferidos para o Poder Executivo do respectivo Estado no prazo máximo de 1 (um) ano a partir da publicação desta Lei e de acordo com a política de oferta dos programas aqui definidos.

Art. 85. A não transferência de programas de atendimento para os devidos entes responsáveis, no prazo determinado nesta Lei, importará na interdição do programa e caracterizará ato de improbidade administrativa do agente responsável, vedada, ademais, ao Poder Judiciário e ao Poder Executivo municipal, ao final do referido prazo, a realização de despesas para a sua manutenção.

Art. 86. Os arts. 90, 97, 121, 122, 198 e 208 da Lei n.º 8.069, de 13 de julho de 1990 (Estatuto da Criança e do Adolescente), passam a vigorar com a seguinte redação:

"Art. 90. (...)

(...)

V – prestação de serviços à comunidade;

VI – liberdade assistida;

VII – semiliberdade; e

VIII – internação.

(...)". (NR)

"Art. 97. (VETADO)"

"Art. 121. (...)

(...)

§ 7.º A determinação judicial mencionada no § 1.º poderá ser revista a qualquer tempo pela autoridade judiciária." (NR)

"Art. 122. (...)

(...)

§ 1.º O prazo de internação na hipótese do inciso III deste artigo não poderá ser superior a 3 (três) meses, devendo ser decretada judicialmente após o devido processo legal.

(...)". (NR)

"Art. 198. Nos procedimentos afetos à Justiça da Infância e da Juventude, inclusive os relativos à execução das medidas socioeducativas, adotar-se-á o sistema recursal da Lei n.º 5.869, de 11 de janeiro de 1973 (Código de Processo Civil), com as seguintes adaptações:

(...)

II – em todos os recursos, salvo nos embargos de declaração, o prazo para o Ministério Público e para a defesa será sempre de 10 (dez) dias;

(...)". (NR)

"Art. 208. (...)

(...)

X – de programas de atendimento para a execução das medidas socioeducativas e aplicação de medidas de proteção.

(...)". (NR)

Art. 87. A Lei n.º 8.069, de 13 de julho de 1990 (Estatuto da Criança e do Adolescente), passa a vigorar com as seguintes alterações:

"Art. 260. Os contribuintes poderão efetuar doações aos Fundos dos Direitos da Criança e do Adolescente nacional, distrital, estaduais ou municipais, devidamente comprovadas, sendo essas integralmente deduzidas do imposto de renda, obedecidos os seguintes limites:

I – 1% (um por cento) do imposto sobre a renda devido apurado pelas pessoas jurídicas tributadas com base no lucro real; e

II – 6% (seis por cento) do imposto sobre a renda apurado pelas pessoas físicas na Declaração de Ajuste Anual, observado o disposto no art. 22 da Lei n.º 9.532, de 10 de dezembro de 1997.

(...)

§ 5.º Observado o disposto no § 4.º do art. 3.º da Lei n.º 9.249, de 26 de dezembro de 1995, a dedução de que trata o inciso I do *caput*:

I – será considerada isoladamente, não se submetendo a limite em conjunto com outras deduções do imposto; e

II – não poderá ser computada como despesa operacional na apuração do lucro real." (NR)

"Art. 260-A. A partir do exercício de 2010, ano-calendário de 2009, a pessoa física poderá optar pela doação de que trata o inciso II do *caput* do art. 260 diretamente em sua Declaração de Ajuste Anual.

§ 1.º A doação de que trata o *caput* poderá ser deduzida até os seguintes percentuais aplicados sobre o imposto apurado na declaração:

I – (VETADO);

II – (VETADO);

III – 3% (três por cento) a partir do exercício de 2012.

§ 2.º A dedução de que trata o *caput*:

I – está sujeita ao limite de 6% (seis por cento) do imposto sobre a renda apurado na declaração de que trata o inciso II do *caput* do art. 260;

II – não se aplica à pessoa física que:

a) utilizar o desconto simplificado;

b) apresentar declaração em formulário; ou

c) entregar a declaração fora do prazo;

III – só se aplica às doações em espécie; e

IV – não exclui ou reduz outros benefícios ou deduções em vigor.

§ 3.º O pagamento da doação deve ser efetuado até a data de vencimento da primeira quota ou quota única do imposto, observadas instruções específicas da Secretaria da Receita Federal do Brasil.

§ 4.º O não pagamento da doação no prazo estabelecido no § 3.º implica a glosa definitiva desta parcela de dedução, ficando a pessoa física obrigada ao recolhimento da diferença de imposto devido apurado na Declaração de Ajuste Anual com os acréscimos legais previstos na legislação.

§ 5.º A pessoa física poderá deduzir do imposto apurado na Declaração de Ajuste Anual as doações feitas, no respectivo ano-calendário, aos fundos controlados pelos Conselhos dos Direitos da Criança e do Adolescente municipais, distrital, estaduais e nacional concomitantemente com a opção de que trata o *caput*, respeitado o limite previsto no inciso II do art. 260."

"Art. 260-B. A doação de que trata o inciso I do art. 260 poderá ser deduzida:

I – do imposto devido no trimestre, para as pessoas jurídicas que apuram o imposto trimestralmente; e

II – do imposto devido mensalmente e no ajuste anual, para as pessoas jurídicas que apuram o imposto anualmente.

Parágrafo único. A doação deverá ser efetuada dentro do período a que se refere a apuração do imposto."

"Art. 260-C. As doações de que trata o art. 260 desta Lei podem ser efetuadas em espécie ou em bens.

Parágrafo único. As doações efetuadas em espécie devem ser depositadas em conta específica, em instituição financeira pública, vinculadas aos respectivos fundos de que trata o art. 260."

"Art. 260-D. Os órgãos responsáveis pela administração das contas dos Fundos dos Direitos da Criança e do Adolescente nacional, estaduais, distrital e municipais devem emitir recibo em favor do doador, assinado por pessoa competente e pelo presidente do Conselho correspondente, especificando:

I – número de ordem;

II – nome, Cadastro Nacional da Pessoa Jurídica (CNPJ) e endereço do emitente;

III – nome, CNPJ ou Cadastro de Pessoas Físicas (CPF) do doador;

IV – data da doação e valor efetivamente recebido; e

V – ano-calendário a que se refere a doação.

§ 1.º O comprovante de que trata o *caput* deste artigo pode ser emitido anualmente, desde que discrimine os valores doados mês a mês.

§ 2.º No caso de doação em bens, o comprovante deve conter a identificação dos bens, mediante descrição em campo próprio ou em relação anexa ao comprovante, informando também se houve avaliação, o nome, CPF ou CNPJ e endereço dos avaliadores."

"Art. 260-E. Na hipótese da doação em bens, o doador deverá:

I – comprovar a propriedade dos bens, mediante documentação hábil;

II – baixar os bens doados na declaração de bens e direitos, quando se tratar de pessoa física, e na escrituração, no caso de pessoa jurídica; e

III – considerar como valor dos bens doados:

a) para as pessoas físicas, o valor constante da última declaração do imposto de renda, desde que não exceda o valor de mercado;

b) para as pessoas jurídicas, o valor contábil dos bens.

Parágrafo único. O preço obtido em caso de leilão não será considerado na determinação do valor dos bens doados, exceto se o leilão for determinado por autoridade judiciária."

"Art. 260-F. Os documentos a que se referem os arts. 260-D e 260-E devem ser mantidos pelo contribuinte por um prazo de 5 (cinco) anos para fins de comprovação da dedução perante a Receita Federal do Brasil."

"Art. 260-G. Os órgãos responsáveis pela administração das contas dos Fundos dos Direitos da Criança e do Adolescente nacional, estaduais, distrital e municipais devem:

I – manter conta bancária específica destinada exclusivamente a gerir os recursos do Fundo;

II – manter controle das doações recebidas; e

III – informar anualmente à Secretaria da Receita Federal do Brasil as doações recebidas mês a mês, identificando os seguintes dados por doador:

a) nome, CNPJ ou CPF;

b) valor doado, especificando se a doação foi em espécie ou em bens."

"Art. 260-H. Em caso de descumprimento das obrigações previstas no art. 260-G, a Secretaria da Receita Federal do Brasil dará conhecimento do fato ao Ministério Público."

"Art. 260-I. Os Conselhos dos Direitos da Criança e do Adolescente nacional, estaduais, distrital e municipais divulgarão amplamente à comunidade:

I – o calendário de suas reuniões;

II – as ações prioritárias para aplicação das políticas de atendimento à criança e ao adolescente;

III – os requisitos para a apresentação de projetos a serem beneficiados com recursos dos Fundos dos Direitos da Criança e do Adolescente nacional, estaduais, distrital ou municipais;

IV – a relação dos projetos aprovados em cada ano-calendário e o valor dos recursos previstos para implementação das ações, por projeto;

V – o total dos recursos recebidos e a respectiva destinação, por projeto atendido, inclusive com cadastramento na base de dados do Sistema de Informações sobre a Infância e a Adolescência; e

VI – a avaliação dos resultados dos projetos beneficiados com recursos dos Fundos dos Direitos da Criança e do Adolescente nacional, estaduais, distrital e municipais."

"Art. 260-J. O Ministério Público determinará, em cada Comarca, a forma de fiscalização da aplicação dos incentivos fiscais referidos no art. 260 desta Lei.

Parágrafo único. O descumprimento do disposto nos arts. 260-G e 260-I sujeitará os infratores a responder por ação judicial proposta pelo Ministério Público, que poderá atuar de ofício, a requerimento ou representação de qualquer cidadão."

"Art. 260-K. A Secretaria de Direitos Humanos da Presidência da República (SDH/PR) encaminhará à Secretaria da Receita Federal do Brasil, até 31 de outubro de cada ano, arquivo eletrônico contendo a relação atualizada dos Fundos dos Direitos da Criança e do Adolescente nacional, distrital, estaduais e municipais, com a indicação dos respectivos números de inscrição no CNPJ e das contas bancárias específicas mantidas em instituições financeiras públicas, destinadas exclusivamente a gerir os recursos dos Fundos."

"Art. 260-L. A Secretaria da Receita Federal do Brasil expedirá as instruções necessárias à aplicação do disposto nos arts. 260 a 260-K."

Art. 88. O parágrafo único do art. 3.º da Lei n.º 12.213, de 20 de janeiro de 2010, passa a vigorar com a seguinte redação:

"Art. 3.º (...)

Parágrafo único. A dedução a que se refere o *caput* deste artigo não poderá ultrapassar 1% (um por cento) do imposto devido." (NR)

Art. 89. (VETADO).

Art. 90. Esta Lei entra em vigor após decorridos 90 (noventa) dias de sua publicação oficial.

Brasília, 18 de janeiro de 2012; 191.º da Independência e 124.º da República.

DILMA ROUSSEFF

José Eduardo Cardozo

Guido Mantega

Alexandre Rocha Santos Padilha

Miriam Belchior

Maria do Rosário Nunes

Referências Bibliográficas

AGOSTINI, Susanna; CICCIARELLO, Enrico; FRATI, Paola; MARSELLA, Luigi Tonino. *La delinquenza giovanile. Analisi del fenômeno sociale fra tutela dela giustizia ed esigenze di recupero*. Milano: Giuffrè, 2005.

ALEIXO, Délcio Balestero; BURLE FILHO, José Emmanuel; MEIRELLES, Hely Lopes. *Direito administrativo brasileiro*. 39. ed. São Paulo: Malheiros, 2013.

AMARAL, Sasha Alves do; SOUZA NETO, Manoel Onofre de. A tutela de urgência e a criança e o adolescente: em defesa de uma atuação especializada efetiva. *Revista de Direito da Infância e da Juventude*. Coord. Richard Pae Kim e João Batista Costa Saraiva. v. 1, ano 1, São Paulo: RT, jan.-jun., 2013.

AMIN, Andréa Rodrigues; SANTOS, Ângela Maria Silveira dos; MORAES, Bianca Mota de; CONDACK, Cláudia Canto; BORDALLO, Galdino Augusto Coelho; RAMOS, Helane Vieira; RAMOS, Patrícia Pimentel de Oliveira Chambers; TAVARES, Patrícia Silveira; MACIEL, Kátia Regina Ferreira Lobo Andrade (coord.). *Curso de direito da criança e do adolescente. Aspectos teóricos e práticos*. 6. ed. São Paulo: Saraiva, 2013.

ANTONIUK, Sergio Antonio; RIECHI, Tatiana Izabele Jaworski de Sá; VALIATI, Marcia Regina Machado Santos; BROMBERG, Maria Cristina. *Desenvolvimento da criança e do adolescente. Avaliação e intervenção*. Curitiba: Editoria Íthala, 2011.

ARAUJO JÚNIOR, Gediel Claudino de. *Prática no Estatuto da Criança e do Adolescente*. São Paulo: Atlas, 2010.

ARENHART, Sérgio Cruz; MARINONI, Luiz Guilherme. *Processo de conhecimento*. 11. ed. São Paulo: Thomson Reuters, 2013.

AZEVEDO, Álvaro Villaça. *Direito de família. Curso de direito civil*. São Paulo: Atlas, 2013.

AZEVEDO, Nayara Aline Schmitt. Apontamentos para uma abordagem criminológica do sistema socioeducativo a partir da aproximação entre o Estatuto da Criança e do Adolescente e a Lei dos Juizados Especiais. *Revista de Direito da Infância e da Juventude*. Coord. Richard Pae Kim e João Batista Costa Saraiva. v. 2, ano 1. São Paulo: RT, jul.-dez. 2013.

BANDINI, Tullio; GATTI, Uberto. *Delinquenza giovanile. Analisi di un processo di stigmatizzazione e di esclusione*. 3. ed. Milano: Giuffrè, 1987.

BAPTISTA, Myrian Veras; FÁVERO, Eunice Teresinha; VITALE, Maria Amália Faller (org.). *Famílias de crianças e adolescentes abrigados. Quem são, como vivem, o que pensam, o que desejam.* São Paulo: Paulus, 2009.

BAPTISTA, Rachel; RIZZINI, Irene; RIZZINI, Irma; NAIFF, Luciene. *Acolhendo crianças e adolescentes. Experiências de promoção do direito à convivência familiar e comunitária no Brasil.* 2. ed. São Paulo: Cortez Editora, 2006.

BARANOSKI, Maria Cristina Rauch. *A adoção em relações homoafetivas.* Ponta Grossa: Editora UEPG, 2011.

BARBOSA, Hélia. A arte de interpretar o princípio do interesse superior da criança e do adolescente à luz do direito internacional dos direitos humanos. *Revista de Direito da Infância e da Juventude.* Coord. Richard Pae Kim e João Batista Costa Saraiva. v. 1, ano 1. São Paulo: RT, jan.-jun. 2013.

BARROS, Claudia Aparecida de Camargo. A (in)constitucionalidade da fase ministerial do procedimento de apuração de ato infracional. *Revista de Direito da Infância e da Juventude.* Coord. Richard Pae Kim e João Batista Costa Saraiva. v. 2, ano 1. São Paulo: RT, jul.-dez. 2013.

BARROSO, Luís Roberto. *Curso de direito constitucional contemporâneo. Os conceitos fundamentais e a construção do novo modelo.* 4. ed. São Paulo: Saraiva, 2013.

BERTOLO, José Gilmar. *Estatuto da Criança e do Adolescente. Doutrina, legislação e prática forense.* Leme: JH Mizuno, 2012.

BISIO, Alessandra; ROAGNA, Ivana. *L'adozione Internazionale di minori. Normativa interna e giurisprudenza europea.* Milano: Giuffrè, 2009.

BOCHNIA, Simone Franzoni. *Da adoção. Categorias, paradigmas e práticas do direito de família.* Curitiba: Juruá, 2010.

BONAVIDES, Paulo. *Curso de direito constitucional.* 28. ed. São Paulo: Malheiros, 2013.

BORDALLO, Galdino Augusto Coelho; RAMOS, Helane Vieira; RAMOS, Patrícia Pimentel de Oliveira Chambers; TAVARES, Patrícia Silveira; MACIEL, Kátia Regina Ferreira Lobo Andrade; AMIN, Andréa Rodrigues; SANTOS, Ângela Maria Silveira dos; MORAES, Bianca Mota de; CONDACK, Cláudia Canto (coord.). *Curso de direito da criança e do adolescente. Aspectos teóricos e práticos.* 6. ed. São Paulo: Saraiva, 2013.

BROMBERG, Maria Cristina; ANTONIUK, Sergio Antonio; RIECHI, Tatiana Izabele Jaworski de Sá; VALIATI, Marcia Regina Machado Santos. *Desenvolvimento da criança e do adolescente. Avaliação e intervenção.* Curitiba: Editoria Íthala, 2011.

BUENO, Cássio Scarpinella. *Curso sistematizado de direito processual civil. Recursos. Processos e incidentes nos tribunais. Sucedâneos recursais: técnicas de controle das decisões judiciais.* 4. ed. São Paulo: Saraiva, 2013.

BURLE FILHO, José Emmanuel; MEIRELLES, Hely Lopes; ALEIXO, Délcio Balestero. *Direito administrativo brasileiro.* 39. ed. São Paulo: Malheiros, 2013.

CAMBI, Eduardo. *Neoconstitucionalismo e neoprocessualismo. Direitos fundamentais, políticas públicas e protagonismo judiciário.* 2. ed. São Paulo: RT, 2011.

CÁPUA, Valdeci Ataíde. *Adoção internacional. Procedimentos legais.* Curitiba: Juruá, 2012.

CARRION, Eduardo; CARRION, Valentin. *Comentários à Consolidação das Leis do Trabalho.* 38. ed. São Paulo: Saraiva, 2013.

CARRION, Valentin; CARRION, Eduardo. *Comentários à Consolidação das Leis do Trabalho.* 38. ed. São Paulo: Saraiva, 2013.

CARVALHO, Dimas Messias de. *Adoção, guarda e convivência familiar*. 2. ed. Belo Horizonte: Del Rey, 2013.

CARVALHO, Jeferson Moreira de. *Estatuto da Criança e do Adolescente. Manual funcional*. 3. ed. Belo Horizonte: Del Rey, 2012.

CASANOVA, Renata Pauliv de Souza; SOUZA, Hália Pauliv de. *Adoção. O amor faz o mundo girar mais rápido*. 1. ed., 4. tir. Curitiba: Juruá, 2012.

CICCIARELLO, Enrico; FRATI, Paola; MARSELLA, Luigi Tonino; AGOSTINI, Susanna. *La delinquenza giovanile. Analisi del fenômeno sociale fra tutela dela giustizia ed esigenze di recupero*. Milano: Giuffrè, 2005.

CONDACK, Cláudia Canto; BORDALLO, Galdino Augusto Coelho; RAMOS, Helane Vieira; RAMOS, Patrícia Pimentel de Oliveira Chambers; TAVARES, Patrícia Silveira; MACIEL, Kátia Regina Ferreira Lobo Andrade; AMIN, Andréa Rodrigues; SANTOS, Ângela Maria Silveira dos; MORAES, Bianca Mota de (coord.). *Curso de direito da criança e do adolescente. Aspectos teóricos e práticos*. 6. ed. São Paulo: Saraiva, 2013.

CORTI, Ines. *La maternità per sostituzione*. Milano: Giuffrè, 2000.

COSTA, Ana Paula Motta. *As garantias processuais e o direito penal juvenil como limite na aplicação da medida socioeducativa de internação*. Porto Alegre: Livraria do Advogado, 2005.

CROWELL, Nancy A.; McCORD, Joan; WIDOM, Cathy Spatz. *Juvenile crime. Juvenile justice. Panel on juvenile crime: prevention, treatment and control*. Washington: National Academy Press, 2001.

CULBERTSON, Robert G.; WEISHEIT, Ralph A. *Juvenile delinquency. A justice perspective*. 4. ed. Long Grove: Waveland Press, 2000.

CUNHA, Rogério Sanches; LÉPORE, Paulo Eduardo; ROSSATO, Luciano Alves. *Estatuto da Criança e do Adolescente comentado artigo por artigo*. 5. ed. São Paulo: RT, 2013.

CUNHA, Rogério Sanches; SILVA, Lillian Ponchio e; ROSSATO, Luciano Alves; LÉPORE, Paulo Eduardo. *Pedofilia e abuso sexual e crianças e adolescentes*. São Paulo: Saraiva, 2013.

CURY, Munir (coord.). *Estatuto da Criança e do Adolescente comentado. Comentários jurídicos e sociais*. 12. ed. São Paulo: Malheiros, 2013.

CURY, Munir; PAULA, Paulo Afonso Garrido de; MARÇURA, Jurandir Norberto. *Estatuto da Criança e do Adolescente anotado*. São Paulo: RT, 1991.

CURY, Munir. Reduzir a maioridade penal não é a solução. *Revista de Direito da Infância e da Juventude*. Coord. Richard Pae Kim e João Batista Costa Saraiva. v. 2, ano 1, São Paulo: RT, jul.-dez., 2013.

DEL-CAMPO, Eduardo Roberto Alcântara; OLIVEIRA, Thales Cezar de. *Estatuto da Criança e do Adolescente*. 7. ed. São Paulo: Atlas, 2012.

DEZEM, Guilherme Madeira; MARTINS, Flávio; FULLER, Paulo Henrique Aranda. *Estatuto da Criança e do Adolescente*. 3. ed. Coord. Marco Antonio Araujo Jr. e Darlan Barroso. São Paulo: RT, 2013.

DINIZ, Maria Helena. *Curso de direito civil brasileiro*. 28. ed. São Paulo: Saraiva, 2013. v. 5.

DOGLIOTTI, Massimo. *Adozione di maggiorenni e minori. Artt. 291-314*. Milano: Giuffrè, 2002.

DOLTO, Françoise. *Dialogando sobre crianças e adolescentes*. Trad. Maria Nurymar Brandão Benetti. Campinas: Papirus, 1989.

DOMINGOS, Sergio. A família como garantia fundamental ao pleno desenvolvimento da criança. *Revista de Direito da Infância e da Juventude.* Coord. Richard Pae Kim e João Batista Costa Saraiva. v. 1, ano 1. São Paulo: RT, jan.-jun. 2013.

DUARTE-FONSECA, António Carlos. *Internamento de menores delinquentes. A lei portuguesa e os seus modelos. Um século de tensão entre proteção e repressão, educação e punição.* Coimbra: Coimbra Editora, 2005.

DUPRET, Cristiane. *Curso de direito da criança e do adolescente.* 2. ed. Belo Horizonte: Ius Editora, 2012.

ELIAS, Roberto João. *Comentários ao Estatuto da Criança e do Adolescente.* 4. ed. São Paulo: Saraiva, 2010.

EZEQUIEL CRIVELLI, Aníbal. *Derecho penal juvenil. Un estudio sobre la transformación de los sistemas de justicia penal juvenil.* Montevideo-Buenos Aires: Editorial B de F, 2014.

FÁVERO, Eunice Teresinha; VITALE, Maria Amália Faller; BAPTISTA, Myrian Veras (org.). *Famílias de crianças e adolescentes abrigados. Quem são, como vivem, o que pensam, o que desejam.* São Paulo: Paulus, 2009.

FERREIRA, Luiz Antônio Miguel; KIM, Richard Pae. O novo regime jurídico dos Conselhos Tutelares pela Lei 12.696/2012. *Revista de Direito da Infância e da Juventude.* Coord. Richard Pae Kim e João Batista Costa Saraiva. v. 1, ano 1. São Paulo: RT, jan.-jun. 2013.

FERREIRA, Ruy Barbosa Marinho. *Adoção. Comentários à nova Lei de Adoção. Lei n. 12.010, de 3 de agosto de 2009.* Leme: Edijur, 2009.

FIGUEIREDO, Luiz Carlos de Barros. *Comentários à nova Lei Nacional da Adoção. Lei 2.010, de 2009.* Curitiba: Juruá, 2013.

FIGUEIREDO, Luiz Carlos de Barros. *Guarda. Estatuto da Criança e do Adolescente. Questões controvertidas.* Curitiba: Juruá, 2011.

FONSECA, Antonio Cezar Lima da. *Direitos da criança e do adolescente.* 2. ed. São Paulo: Atlas, 2012.

FONSECA, Priscila M. p. Corrêa da; WALD, Arnoldo. *Direito civil. Direito de família.* 18. ed. São Paulo: Saraiva, 2013.

FULLER, Paulo Henrique Aranda; DEZEM, Guilherme Madeira; MARTINS, Flávio. *Estatuto da Criança e do Adolescente.* 3. ed. Coord. Marco Antonio Araujo Jr. e Darlan Barroso. São Paulo: RT, 2013.

GAMA, Guilherme Calmon Nogueira da. *Princípios constitucionais de direito de família.* São Paulo: Atlas, 2008.

GATTI, Uberto; BANDINI, Tullio. *Delinquenza giovanile. Analisi di un processo di stigmatizzazione e di esclusione.* 3. ed. Milano: Giuffrè, 1987.

GAZONI, Carolina; NAVES, Rubens. *Direito ao futuro. Desafios para a efetivação dos direitos das crianças e dos adolescentes.* São Paulo: Imprensa Oficial, 2010.

GODWIN, Laura Beauvais. GODWIN, Raymond. *The complete adoption book. Everything you need to know to adopt a child.* 3. ed. Avon: Adams Media, 2005.

GODWIN, Raymond; GODWIN, Laura Beauvais. *The complete adoption book. Everything you need to know to adopt a child.* 3. ed. Avon: Adams Media, 2005.

GOUVÊA, Eduardo Cortez de Freitas. *Medidas socioeducativas – Histórico, procedimento, aplicação e recursos.* Disponível em: <http://www.epm.tjsp.jus.br/Sociedade/ArtigosView.aspx?ID=2878>. Acesso em: 23 jul. 2014.

GRANATO, Eunice Ferreira Rodrigues. *Adoção. Doutrina e prática. Com comentários à nova Lei da Adoção. Lei 12.010/09.* 2. ed. Curitiba: Juruá, 2012.

GUEIROS, Dalva Azevedo. *Adoção consentida do desenraizamento social da família à prática de adoção aberta.* São Paulo: Cortez Editora, 2007.

HILGEMANN, Anete. *Adoção: duas mães para uma vida.* Porto Alegre: Rígel, 2010.

HUMES, Edward. *No matter how loud I shout. A year in the life of juvenile court.* NY-London-Toronto-Sydney: Simon & Schuster Paperbacks, 1996.

ISHIDA, Válter Kenji. *Estatuto da Criança e do Adolescente. Doutrina e jurisprudência.* 14. ed. São Paulo: Atlas, 2013.

IUCKSCH, Marlene. O sujeito e seu ato, a diferença entre punição e vingança. *Revista de Direito da Infância e da Juventude.* Coord. Richard Pae Kim e João Batista Costa Saraiva. v. 2, ano 1. São Paulo: RT, jul.-dez., 2013.

JESUS, Mauricio Neves de. *Adolescente em conflito com a lei. Prevenção e proteção integral.* Campinas: Servanda, 2006.

JUNQUEIRA, Ivan de Carvalho. *Do ato infracional à luz dos direitos humanos.* Campinas: Russell Editora, 2009.

JUNQUEIRA, Lia. *Abandonados.* São Paulo: Ícone, 1986.

KAMINSKI, André Karst. *O conselho tutelar, a criança e o ato infracional: proteção ou punição?* Canoas: ULBRA, 2002.

KASKY, Jeffrey; KASKY, Robert A. *99 things you wish you knew before choosing adoption.* New York: 99 Book Series, 2012.

KASKY, Robert A.; KASKY, Jeffrey. *99 things you wish you knew before choosing adoption.* New York: 99 Book Series, 2012.

KIM, Richard Pae; FERREIRA, Luiz Antônio Miguel. O novo regime jurídico dos Conselhos Tutelares pela Lei 12.696/2012. *Revista de Direito da Infância e da Juventude.* Coord. Richard Pae Kim e João Batista Costa Saraiva. v. 1, ano 1. São Paulo: RT, jan.-jun. 2013.

LAB, Steven P.; WHITEHEAD, John T. *Juvenile justice. An introduction.* 7. ed. Amsterdam-Boston-Heidelberg-London-NY-Oxford-Paris-San Diego-San Francisco-Singapore-Sydney-Tokyo: Elsevier, 2013.

LAMENZA, Francismar; MACHADO, Costa. *Estatuto da Criança e do Adolescente interpretado, artigo por artigo, parágrafo por parágrafo.* São Paulo: Manole, 2012.

LÉPORE, Paulo Eduardo; ROSSATO, Luciano Alves; CUNHA, Rogério Sanches. *Estatuto da Criança e do Adolescente comentado artigo por artigo.* 5. ed. São Paulo: RT, 2013.

LÉPORE, Paulo Eduardo; SILVA, Lillian Ponchio e; ROSSATO, Luciano Alves; CUNHA, Rogério Sanches. *Pedofilia e abuso sexual e crianças e adolescentes.* São Paulo: Saraiva, 2013.

LEVINZON, Gina Khafif. *Adoção. Clínica Psicanalítica.* 3. ed. Itatiba: Casapsi Livraria, Editora e Gráfica, 2009.

LIBERATI, Wilson Donizeti. *Adolescente e ato infracional. Medida socioeducativa é pena?.* 2. ed. São Paulo: Malheiros, 2012.

LIBERATI, Wilson Donizeti. *Comentários ao Estatuto da Criança e do Adolescente.* 11. ed. São Paulo: 2010.

LIBERATI, Wilson Donizeti. *Processo penal juvenil. A garantia da legalidade na execução de medida socioeducativa.* São Paulo: Malheiros, 2006.

LIMA, Alessandro de Souza. Projeto família hospedeira. *Revista de Direito da Infância e da Juventude*. Coord. Richard Pae Kim e João Batista Costa Saraiva. v. 1, ano 1. São Paulo: RT, jan.-jun. 2013.

LÔBO, Paulo. *Direito civil. Famílias*. 4. ed., 2. tir. São Paulo: Saraiva, 2012.

LOPES, Ana Christina Brito Lopes; ROSA, Alexandre Morais da. *Introdução crítica ao ato infracional. Princípios e garantias constitucionais*. 2. ed. Rio de Janeiro: Lumen Juris, 2011.

MACHADO, Costa; LAMENZA, Francismar. *Estatuto da Criança e do Adolescente interpretado, artigo por artigo, parágrafo por parágrafo*. São Paulo: Manole, 2012.

MACIEL, Kátia Regina Ferreira Lobo Andrade; AMIN, Andréa Rodrigues; SANTOS, Ângela Maria Silveira dos; MORAES, Bianca Mota de; CONDACK, Cláudia Canto; BORDALLO, Galdino Augusto Coelho; RAMOS, Helane Vieira; RAMOS, Patrícia Pimentel de Oliveira Chambers; TAVARES, Patrícia Silveira (coord.). *Curso de direito da criança e do adolescente. Aspectos teóricos e práticos*. 6. ed. São Paulo: Saraiva, 2013.

MALTA, Cláudia Viana de Melo. *A (in)visibilidade de crianças e adolescentes. O avesso da regulação social do Estado e os caminhos de resistência*. Maceió: Ufal, 2009.

MARÇURA, Jurandir Noberto; PAULA, Paulo Afonso Garrido de; CURY, Munir. *Estatuto da Criança e do Adolescente anotado*. São Paulo: RT, 1991.

MARINONI, Luiz Guilherme; MITIDIERO, Daniel; SARLET, Ingo Wolfgang. *Curso de direito constitucional*. 2. ed. São Paulo: RT, 2013.

MARINONI, Luiz Guilherme; ARENHART, Sérgio Cruz. *Processo de conhecimento*. 11. ed. São Paulo: RT, 2013.

MARSELLA, Luigi Tonino; AGOSTINI, Susanna; CICCIARELLO, Enrico; FRATI, Paola. *La delinquenza giovanile. Analisi del fenômeno sociale fra tutela dela giustizia ed esigenze di recupero*. Milano: Giuffrè, 2005.

MARTINS, Flávio; FULLER, Paulo Henrique Aranda; DEZEM, Guilherme Madeira. *Estatuto da Criança e do Adolescente*. 3. ed. Coord. Marco Antonio Araujo Jr. e Darlan Barroso. São Paulo: RT, 2013.

MAY, Brigitte Remor de Souza. Reflexões sobre a substituição de medida socioeducativa por outra mais gravosa. Os princípios e objetivos da execução da medida socioeducativa na Lei 12.594/2012. *Revista de Direito da Infância e da Juventude*. Coord. Richard Pae Kim e João Batista Costa Saraiva. v. 1, ano 1. São Paulo: RT, jan.-jun. 2013.

MCCORD, Joan; WIDOM, Cathy Spatz; CROWELL, Nancy A. *Juvenile crime. Juvenile justice. Panel on juvenile crime: prevention, treatment and control*. Washington: National Academy Press, 2001.

MEDAUAR, Odete. *Direito administrativo moderno*. 17. ed. São Paulo: RT, 2013.

MEIRELLES, Hely Lopes; ALEIXO, Délcio Balestero; BURLE FILHO, José Emmanuel. *Direito administrativo brasileiro*. 39. ed. São Paulo: Malheiros, 2013.

MELLO, Celso Antônio Bandeira de. *Curso de direito administrativo*. 30. ed. São Paulo: Malheiros, 2013.

MELO, Eduardo Rezende. *Crianças e adolescentes em situação de rua: direitos humanos e justiça. Uma reflexão crítica sobre a garantia de direitos humanos de crianças e adolescentes em situação de rua e o sistema de justiça no Brasil*. São Paulo: Malheiros, 2011.

MELO, Eduardo Rezende. Justiça juvenil restaurativa em São Caetano do Sul/SP: bases para uma política geral sistêmica. *Revista de Direito da Infância e da Juventude*. Coord. Richard Pae Kim e João Batista Costa Saraiva. v. 1, ano 1. São Paulo: RT, jan.-jun. 2013.

MILANO FILHO, Nazir David; MILANO, Rodolfo Cesar. *Da apuração de ato infracional e a responsabilidade civil da criança e do adolescente. Teoria e prática*. São Paulo: LEUD, 1999.

MILANO FILHO, Nazir David; MILANO, Rodolfo Cesar. *Estatuto da Criança e do Adolescente comentado e interpretado de acordo com o novo Código Civil*. 2. ed. São Paulo: LEUD, 2004.

MITIDIERO, Daniel; SARLET, Ingo Wolfgang; MARINONI, Luiz Guilherme. *Curso de direito constitucional*. 2. ed. São Paulo: RT, 2013.

MORAES, Alexandre de. *Direito constitucional*. 29. ed. São Paulo: Atlas, 2013.

MORAES, Bianca Mota de; CONDACK, Cláudia Canto; BORDALLO, Galdino Augusto Coelho; RAMOS, Helane Vieira; RAMOS, Patrícia Pimentel de Oliveira Chambers; TAVARES, Patrícia Silveira; MACIEL, Kátia Regina Ferreira Lobo Andrade; AMIN, Andréa Rodrigues; SANTOS, Ângela Maria Silveira dos (coord.). *Curso de direito da criança e do adolescente. Aspectos teóricos e práticos*. 6. ed. São Paulo: Saraiva, 2013.

MOSCHETTA, Sílvia Ozelame Rigo. *Homoparentalidade. Direito à adoção e reprodução humana assistida por casais homoafetivos*. 2. ed. Curitiba: Juruá, 2011.

NAHRA, Clícia Maria Leite; BRAGAGLIA, Mônica (org.). *Conselho tutelar. Gênese, dinâmica e tendências*. Canoas: Ulbra, 2002.

NAIFF, Luciene; BAPTISTA, Rachel; RIZZINI, Irene; RIZZINI, Irma. *Acolhendo crianças e adolescentes. Experiências de promoção do direito à convivência familiar e comunitária no Brasil*. 2. ed. São Paulo: Cortez Editora, 2006.

NAVES, Rubens; GAZONI, Carolina. *Direito ao futuro. Desafios para a efetivação dos direitos das crianças e dos adolescentes*. São Paulo: Imprensa Oficial, 2010.

NOGUEIRA, Paulo Lúcio. *Estatuto da Criança e do Adolescente comentado*. 3. ed. São Paulo: Saraiva, 1996.

NUCCI, Guilherme de Souza. *Código de Processo Penal comentado*. 23. ed. Rio de Janeiro: Forense, 2024.

NUCCI, Guilherme de Souza. *Código Penal comentado*. 24. ed. Rio de Janeiro: Forense, 2024.

NUCCI, Guilherme de Souza. *Crimes contra a dignidade sexual*. 5. ed. Rio de Janeiro: Forense, 2014.

NUCCI, Guilherme de Souza. *Direitos Humanos Versus Segurança Pública*. Rio de Janeiro: Forense, 2016.

NUCCI, Guilherme de Souza. *Leis penais e processuais penais comentadas*. 15. ed. Rio de Janeiro: Forense, 2023. vol. 1 e 2.

NUCCI, Guilherme de Souza. *Manual de direito penal*. 20. ed. Rio de Janeiro: Forense, 2024.

NUCCI, Guilherme de Souza. *Manual de processo penal e execução penal*. 14. ed. Rio de Janeiro: Forense, 2017.

NUCCI, Guilherme de Souza. *Princípios constitucionais penais e processuais penais*. 4. ed. Rio de Janeiro: Forense, 2015.

O'HALLORAN, Kerry. *The politics of adoption. International perspectives on law, policy & practice*. 2. ed. Springer, 2009.

OLESKO, Mariana Assumpção; XAVIER, Marilia Pedroso. Características, requisitos e procedimentos legais para a adoção à luz da Lei 12.010/2009. *Revista de Direito da Infância e da Juventude*. Coord. Richard Pae Kim e João Batista Costa Saraiva. v. 1, ano 1. São Paulo: RT, jan.-jun. 2013.

OLIVEIRA, Elson Gonçalves de. *Estatuto da Criança e do Adolescente comentado*. Campinas: Servanda Editora, 2011.

OLIVEIRA, Thales Cezar de; DEL-CAMPO, Eduardo Roberto Alcântara. *Estatuto da Criança e do Adolescente*. 7. ed. São Paulo: Atlas, 2012.

PAIVA, Leila Dutra de. *Adoção. Significados e possibilidades*. 2. ed. São Paulo: Casa do Psicólogo, 2008.

PAULA, Paulo Afonso Garrido de; CURY, Munir; MARÇURA, Jurandir Noberto. *Estatuto da Criança e do Adolescente anotado*. São Paulo: RT, 1991.

PEITER, Cynthia. *Adoção. Vínculos e rupturas: do abrigo à família adotiva*. São Paulo: Zagodoni Editora, 2011.

PENIDO, Egberto de Almeida; TERRA, Cilene Silvia; RODRIGUEZ, Maria Raimunda Vargas. Justiça restaurativa: uma experiência com adolescentes em conflito com a lei. *Revista de Direito da Infância e da Juventude*. Coord. Richard Pae Kim e João Batista Costa Saraiva. v. 1, ano 1. São Paulo: RT, jan. -jun. 2013.

PIOVESAN, Flávia. *Direitos humanos e o direito constitucional internacional*. 14. ed. São Paulo: Saraiva, 2013.

RAMIDOFF, Mário Luiz. *Sinase. Sistema Nacional de Atendimento Socioeducativo. Comentários à Lei n. 12.594, de 18 de janeiro de 2012*. São Paulo: Saraiva, 2012.

RAMOS, André de Carvalho. *Teoria geral dos direitos humanos na ordem internacional*. 3. ed. São Paulo: Saraiva, 2013.

RAMOS, Helane Vieira; RAMOS, Patrícia Pimentel de Oliveira Chambers; TAVARES, Patrícia Silveira; MACIEL, Kátia Regina Ferreira Lobo Andrade; AMIN, Andréa Rodrigues; SANTOS, Ângela Maria Silveira dos; MORAES, Bianca Mota de; CONDACK, Cláudia Canto; BORDALLO, Galdino Augusto Coelho (coord.). *Curso de direito da criança e do adolescente. Aspectos teóricos e práticos*. 6. ed. São Paulo: Saraiva, 2013.

RAMOS, Patrícia Pimentel de Oliveira Chambers; TAVARES, Patrícia Silveira; MACIEL, Kátia Regina Ferreira Lobo Andrade; AMIN, Andréa Rodrigues; SANTOS, Ângela Maria Silveira dos; MORAES, Bianca Mota de; CONDACK, Cláudia Canto; BORDALLO, Galdino Augusto Coelho; RAMOS, Helane Vieira (coord.). *Curso de direito da criança e do adolescente. Aspectos teóricos e práticos*. 6. ed. São Paulo: Saraiva, 2013.

REIS, Jair Teixeira dos. *Direito da criança e do adolescente. Questões trabalhistas infanto-juvenis*. Campinas: Lacier Editora, 2011.

RIBEIRO, Paulo Hermano Soares; SANTOS, Vívian Cristina Maria; SOUZA, Ionete de Magalhães. *Nova Lei de Adoção comentada*. 2. ed. Leme: JH Mizuno, 2012.

RIECHI, Tatiana Izabele Jaworski de Sá; VALIATI, Marcia Regina Machado Santos; BROMBERG, Maria Cristina; ANTONIUK, Sergio Antonio. *Desenvolvimento da criança e do adolescente. Avaliação e intervenção*. Curitiba: Editoria Íthala, 2011.

RIZZINI, Irene; RIZZINI, Irma; NAIFF, Luciene; BAPTISTA, Rachel. *Acolhendo crianças e adolescentes. Experiências de promoção do direito à convivência familiar e comunitária no Brasil*. 2. ed. São Paulo: Cortez Editora, 2006.

RIZZINI, Irma; NAIFF, Luciene; BAPTISTA, Rachel; RIZZINI, Irene. *Acolhendo crianças e adolescentes. Experiências de promoção do direito à convivência familiar e comunitária no Brasil.* 2. ed. São Paulo: Cortez Editora, 2006.

ROAGNA, Ivana; BISIO, Alessandra. *L'adozione Internazionale di minori. Normativa interna e giurisprudenza europea.* Milano: Giuffrè, 2009.

RODRIGUEZ, Maria Raimunda Vargas; PENIDO, Egberto de Almeida; TERRA, Cilene Silvia. Justiça restaurativa: uma experiência com adolescentes em conflito com a lei. *Revista de Direito da Infância e da Juventude.* Coord. Richard Pae Kim e João Batista Costa Saraiva. v. 1, ano 1. São Paulo: RT, jan.-jun. 2013.

ROSA, Alexandre Morais da; LOPES, Ana Christina Brito Lopes. *Introdução crítica ao ato infracional. Princípios e garantias constitucionais.* 2. ed. Rio de Janeiro: Lumen Juris, 2011.

ROSSATO, Luciano Alves; CUNHA, Rogério Sanches; LÉPORE, Paulo Eduardo. *Estatuto da Criança e do Adolescente comentado artigo por artigo.* 5. ed. São Paulo: RT, 2013.

ROSSATO, Luciano Alves; SILVA, Lillian Ponchio e; LÉPORE, Paulo Eduardo; CUNHA, Rogério Sanches. *Pedofilia e abuso sexual e crianças e adolescentes.* São Paulo: Saraiva, 2013.

SANTOS, Ozéias J. *Adoção. Novas regras da adoção no Estatuto da Criança e do Adolescente.* Campinas: Syslook, 2011.

SANTOS, Vívian Cristina Maria; SOUZA, Ionete de Magalhães; RIBEIRO, Paulo Hermano Soares. *Nova Lei de Adoção Comentada.* 2. ed. Leme: JH Mizuno, 2012.

SARAIVA, João Batista Costa. *Adolescente em conflito com a lei. Da indiferença à proteção integral. Uma abordagem sobre a responsabilidade penal juvenil.* 4. ed. Porto Alegre: Livraria do Advogado, 2013.

SARAIVA, João Batista Costa. *Compêndio de direito penal juvenil. Adolescente e ato infracional.* 3. ed. Porto Alegre: Livraria do Advogado, 2006.

SARLET, Ingo Wolfgang; MARINONI, Luiz Guilherme; MITIDIERO, Daniel. *Curso de direito constitucional.* 2. ed. São Paulo: RT, 2013.

SCHETTINI FILHO, Luiz. *Pedagogia da adoção. Criando e educando filhos adotivos.* Petrópolis: Vozes, 2009.

SCHETTINI FILHO, Luiz; SCHETTINI, Suzana Sofia Moeller (org.). *Adoção. Os vários lados dessa história.* Recife: Edições Bagaço, 2006.

SCHMIDT, Fabiana. *Adolescentes privados de liberdade. A dialética dos direitos conquistados e violados.* Curitiba: Juruá, 2011.

SÊDA, Edson. *A proteção integral. Um relato sobre o cumprimento do novo direito da criança e do adolescente na América Latina.* Rio de Janeiro: Edição Adês, 1995.

SÊDA, Edson. *Construir o passado ou como mudar hábitos, usos e costumes, tendo como instrumento o Estatuto da Criança e do Adolescente.* São Paulo: Malheiros, 1993.

SILVA, Lillian Ponchio e; ROSSATO, Luciano Alves; LÉPORE, Paulo Eduardo; CUNHA, Rogério Sanches. *Pedofilia e abuso sexual e crianças e adolescentes.* São Paulo: Saraiva, 2013.

SILVA FILHO, Artur Marques da. *Adoção. Regime jurídico. Requisitos. Efeitos. Inexistência. Anulação.* 3. ed. São Paulo: RT, 2012.

SILVA JÚNIOR, Enézio de Deus. *A possibilidade jurídica de adoção por casais homossexuais.* 5. ed. Curitiba: Juruá, 2011.

SILVEIRA, Ana Maria da. *Adoção de crianças negras. Inclusão ou exclusão?* São Paulo: Editora Veras, 2005.

SOUZA, Hália Pauliv de. *Adoção tardia. Devolução ou desistência de um filho? A necessária preparação para adoção.* Curitiba: Juruá, 2012.

SOUZA, Hália Pauliv de; CASANOVA, Renata Pauliv de Souza. *Adoção. O amor faz o mundo girar mais rápido.* 1. ed., 4. tir. Curitiba: Juruá, 2012.

SOUZA, Ionete de Magalhães; RIBEIRO, Paulo Hermano Soares; SANTOS, Vívian Cristina Maria. *Nova Lei de Adoção comentada.* 2. ed. Leme: JH Mizuno Editora, 2012.

SOUZA, Motauri Ciocchetti de. *Ação civil pública e inquérito civil.* 5. ed. São Paulo: Saraiva, 2013.

SOUZA NETO, Manoel Onofre de; AMARAL, Sasha Alves do. A tutela de urgência e a criança e o adolescente: em defesa de uma atuação especializada efetiva. *Revista de Direito da Infância e da Juventude.* Coord. Richard Pae Kim e João Batista Costa Saraiva. v. 1, ano 1. São Paulo: RT, jan.-jun. 2013.

TAVARES, José de Farias. *Comentários ao Estatuto da Criança e do Adolescente.* 8. ed. Rio de Janeiro: Forense, 2013.

TAVARES, Patrícia Silveira; MACIEL, Kátia Regina Ferreira Lobo Andrade; AMIN, Andréa Rodrigues; SANTOS, Ângela Maria Silveira dos; MORAES, Bianca Mota de; CONDACK, Cláudia Canto; BORDALLO, Galdino Augusto Coelho; RAMOS, Helane Vieira; RAMOS, Patrícia Pimentel de Oliveira Chambers (coord.). *Curso de direito da criança e do adolescente. Aspectos teóricos e práticos.* 6. ed. São Paulo: Saraiva, 2013.

TEMER, Michel. *Elementos de direito constitucional.* 24. ed. São Paulo: Malheiros, 2012.

TERRA, Cilene Silvia; RODRIGUEZ, Maria Raimunda Vargas; PENIDO, Egberto de Almeida. Justiça restaurativa: uma experiência com adolescentes em conflito com a lei. *Revista de Direito da Infância e da Juventude.* Coord. Richard Pae Kim e João Batista Costa Saraiva. v. 1, ano 1. São Paulo: RT, jan.-jun. 2013.

TRINDADE-SALAVERT, Ivonita (org.). *Os novos desafios da adoção. Interações psíquicas, familiares e sociais.* Rio de Janeiro: Companhia de Freud, 2010.

VALIATI, Marcia Regina Machado Santos; BROMBERG, Maria Cristina; ANTONIUK, Sergio Antonio; RIECHI, Tatiana Izabele Jaworski de Sá. *Desenvolvimento da criança e do adolescente. Avaliação e intervenção.* Curitiba: Editoria Íthala, 2011.

VALLES, Edgar. *Menores.* Coimbra: Almedina, 2009.

VENOSA, Sílvio de Salvo. *Direito civil.* 13. ed. São Paulo: Atlas, 2013.

VITALE, Maria Amália Faller; BAPTISTA, Myrian Veras; FÁVERO, Eunice Teresinha (org.). *Famílias de crianças e adolescentes abrigados. Quem são, como vivem, o que pensam, o que desejam.* São Paulo: Paulus, 2009.

VOLPI, Mario (org.). *O adolescente e o ato infracional.* 9. ed. *São Paulo: Editora Cortez, 2012.*

XAVIER, Marilia Pedroso; OLESKO, Mariana Assumpção. Características, requisitos e procedimentos legais para a adoção à luz da Lei 12.010/2009. *Revista de Direito da Infância e da Juventude.* Coord. Richard Pae Kim e João Batista Costa Saraiva. v. 1, ano 1. São Paulo: RT, jan.-jun. 2013.

WALD, Arnoldo; FONSECA, Priscila M. p. Corrêa da. *Direito civil. Direito de família.* 18. ed. São Paulo: Saraiva, 2013.

WEBER, Lídia Natalia Dobrianskyj. *Laços de ternura. Pesquisas e histórias de adoção.* 3. ed. 7. reimp. Curitiba: Juruá, 2011.

WEISHEIT, Ralph A.; CULBERTSON, Robert G. *Juvenile delinquency. A justice perspective.* 4. ed. Long Grove: Waveland Press, 2000.

WHITEHEAD, John T.; LAB, Steven p. *Juvenile justice. An introduction.* 7. ed. Amsterdam-Boston-Heidelberg-London-NY-Oxford-Paris-San Diego-San Francisco-Singapore-Sydney-Tokyo: Elsevier, 2013.

WIDOM, Cathy Spatz; CROWELL, Nancy A.; McCORD, Joan. *Juvenile crime. Juvenile justice. Panel on juvenile crime: prevention, treatment and control.* Washington: National Academy Press, 2001.

Índice Alfabético-Remissivo

A

ACESSO A DETERMINADOS LUGARES
- livre acesso a locais onde se encontre criança ou adolescente: art. 201, § 3.º
- prevenção especial: art. 72
- regulamentação de diversões públicas: art. 74

ACESSO À JUSTIÇA
- advogado: arts. 206 e 207
- disposições gerais: arts. 141 a 144
- Justiça da Infância e da Juventude: arts. 145 a 151
- Ministério Público: arts. 200 a 205
- procedimentos: arts. 152 a 197-E
- proteção judicial dos interesses individuais, difusos e coletivos: arts. 208 a 224
- recursos: arts. 198 a 199-E

AÇÃO DE ADOÇÃO
- prazo máximo para conclusão: art. 47, § 10

AÇÃO DE DESTITUIÇÃO DE PODER FAMILIAR
- ausência de contestação: art. 161
- disciplina: art. 158
- estudo social ou perícia: art. 157, § 1.º
- formas de citação: art. 158
- genitores indígenas: art. 157, § 2.º
- nomeação de curador especial: art. 162, § 4.º
- obrigatoriedade da oitiva dos genitores: art. 161, § 4.º
- oitiva de testemunhas: art. 161, § 1.º
- prazo para conclusão do procedimento: art. 163
- suspensão liminar ou incidental do poder familiar: art. 157, *caput*

ACOLHIMENTO INSTITUCIONAL
- criança ou adolescente: art. 19
- prazo máximo: art. 19, § 2.º
- prazo para reavaliação: art. 19, § 1.º

ADOÇÃO
- à brasileira: art. 39, *caput*
- acesso ao processo de adoção: art. 48, p. ú.
- adoção por procuração: art. 39, § 2.º
- alteração provisória do nome: art. 47, § 5.º
- ascendentes e irmãos do adotando: art. 42, § 1.º
- audiência: art. 19-A, § 5.º
- ausência de pretendentes habilitados: art. 50, § 10
- avaliação do estado gestacional e puerperal da mãe: art. 19-A, § 1.º
- busca prévia por família extensa: art. 19-A, § 3.º
- cadastro: art. 50
- campanhas de estímulo: art. 87, VII
- casais separados: art. 42, § 4.º
- casal homossexual: arts. 34, § 2.º; 41, § 1.º; 43, *caput*; 47, 1.º
- civil: art. 40
- colocação em família substituta: art. 165, p. ú.
- condição de filho: art. 41, *caput*
- conjunta: art. 42, § 2.º
- conscientização: art. 8.º, § 5.º
- consentimento dirigido: art. 45, *caput*

- consentimento do maior de 12 anos: art. 45, § 2.º
- consentimento dos pais ou responsável: art. 45, *caput*
- criança ou adolescente institucionalizado: art. 19, § 2.º
- desistência dos pais de permitir a adoção: art. 19-A, § 8.º
- desligamento de vínculos anteriores: art. 41, *caput*
- devolução de crianças e adolescentes adotados ou em estágio de convivência: art. 39, § 1.º
- discriminação de filiação: art. 20
- dispensa do consentimento: art. 45, § 1.º
- embriões congelados: art. 39, *caput*
- encaminhamento obrigatório: art. 13, p. ú.
- estágio de convivência: art. 46
- exclusão do cadastro: art. 197-E, § 5.º
- extinção do poder familiar: art. 19, § 4.º
- família acolhedora: art. 50, § 11
- família inadequada: art. 29
- família substituta estrangeira: art. 31
- família substituta por exceção: art. 19, *caput*
- guarda compartilhada: art. 42, § 5.º
- guarda provisória pelo adotante: art. 19-A, § 4.º
- habilitação: art. 197-A
- histórico: art. 39, *caput*
- idade do adotando: art. 40
- idade mínima para adotar: art. 42, *caput*
- impedimentos matrimoniais: art. 41, *caput*
- Justiça da Infância e da Juventude: art. 148, III
- licença-maternidade e licença-paternidade: art. 20
- morte dos adotantes: art. 49
- natureza jurídica: art. 39, § 1.º
- origem biológica do adotando: art. 48
- *post mortem*: art. 42, § 6.º
- prazo máximo do processo: art. 47, § 10
- prazo para propositura da ação pelos detentores da guarda: art. 19-A, § 7.º
- princípio da dignidade da pessoa humana: art. 39, § 1.º
- princípio da verdade e filho adotivo: art. 41, *caput*
- prioridade no cadastro para adoção de deficientes, doentes, irmãos: art. 50, § 15
- separação de irmãos: art. 28, 4.º
- sigilo: art. 19-A, §§ 8.º e 9.º

- tutela constitucional da família substituta: art. 39, *caput*
- tutela constitucional da filiação: art. 41, *caput*
- união de irmãos adotivos: art. 28, § 4.º
- unilateral: arts. 41, § 1.º; 50, § 13, I

ADOÇÃO INTERNACIONAL

- Autoridades Centrais: arts. 51, § 3.º; 52
- brasileiro residente no exterior: art. 52-B
- conceito: art. 51, *caput*
- consulta ao adolescente: art. 51, § 1.º, III
- Convenção de Haia: art. 51, *caput*
- credenciamento: art. 52, §§ 2.º a 7.º
- esgotamento de interessados no Brasil: art. 51, § 1.º, II
- inserção em família adotiva: art. 51, § 1.º, I
- inversa: art. 52-C
- laudo de habilitação: art. 52, II
- prazo de estágio de convivência: art. 46, § 3.º
- requisitos gerais: art. 51, § 1.º

ADOLESCENTE

- acolhimento institucional: art. 19, § 2.º
- consentimento quanto a colocação em família substituta: art. 28, § 2.º
- faixa etária: art. 2.º, *caput*
- gravidez, prevenção: art. 8.º-A
- superior interesse: art. 39, § 3.º

ADVERTÊNCIA

- conteúdo e forma: art. 115
- dirigente de entidade: art. 193, § 4.º do ECA; arts. 12, § 3.º; 38 da Lei 12.594/2012
- entidades de atendimento governamentais: art. 97, I, *a*
- entidades de atendimento não governamentais: art. 97, II, *a*
- medida socioeducativa: art. 112, I
- sanção aos pais e demais responsáveis: arts. 18-B, V; 129, VII

ALEITAMENTO MATERNO

- condições adequadas: art. 9.º

ALIENAÇÃO PARENTAL

- competência da Justiça da Infância e da Juventude: art. 148
- conceito: arts. 20; 148

ALIMENTOS

- Justiça da Infância e da Juventude: art. 148, p. ú., *g*

- medida cautelar: art. 130, p. ú.
- Ministério Público: art. 201, III

AMAMENTAÇÃO
- obrigação de orientar dos hospitais: art. 10

APADRINHAMENTO
- disciplina: art. 19-B

APREENSÃO
- auto de apreensão: art. 173
- comunicações necessárias: art. 107
- identificação de quem apreende: art. 106, p. ú.
- integração operacional: art. 88, V
- material impróprio para crianças e adolescentes: art. 257
- ordem escrita e fundamentada: art. 106, *caput*; art. 230
- privação de liberdade: art. 171
- produto e instrumentos da infração: art. 173
- relaxamento ou liberação do adolescente: art. 107, p. ú.
- vigência do mandado de busca e apreensão: art. 47 da Lei 12.594/2012

APRENDIZ
- aprendizagem: art. 62
- bolsa de aprendizagem: art. 64
- deficiente: art. 66
- direitos trabalhistas e previdenciários: arts. 4.º e 65
- entidades de atendimento: art. 94, X
- proteção ao trabalho do adolescente: art. 61
- vedação ao trabalho: art. 60
- vedações constitucionais: art. 67

ARMAS, MUNIÇÕES E EXPLOSIVOS
- crime: art. 242
- proibição de venda: art. 81
- revistas e publicações: art. 79

ASSISTÊNCIA MÉDICA
- Sistema Único de Saúde: art. 14
- vacinação: art. 14, § 1.º

ASSISTÊNCIA RELIGIOSA
- direitos do adolescente: art. 124, XIV
- entidades de atendimento: art. 94, XII
- infração administrativa: art. 246

ASSISTÊNCIA SOCIAL
- acesso ao cadastro: art. 101, § 12
- dotações orçamentárias: art. 90, § 2.º
- políticas de atendimento: art. 87
- promoção social do adolescente e família: art. 119, I
- proteção integral: art. 1.º
- proteção judicial dos interesses individuais, difusos e coletivos: art. 208

ATO INFRACIONAL
- direitos individuais: arts. 106 a 109
- disposições gerais: arts. 103 a 105
- garantias processuais: arts. 110 e 11
- medidas socioeducativas: arts. 112 a 130

AUTORIDADE CENTRAL ESTADUAL
- adoção internacional inversa: art. 52-C
- adoção internacional: arts. 51; 52
- manutenção de cadastros de adoção: art. 50, § 9.º

AUTORIDADE CENTRAL FEDERAL BRASILEIRA
- Autoridade Central Estadual: art. 52

AUTORIZAÇÃO DE VIAGEM
- autorização prévia: art. 83
- crianças e adolescentes: art. 83
- crime: art. 239
- dispensável: art. 84
- formalidades para a saída: art. 52, § 9.º
- poder familiar exercido em igualdade de condições: art. 21

BEBIDAS ALCOÓLICAS
- contravenção penal: art. 243
- crime: arts. 243 e 258-C
- infração administrativa: art. 257
- proibição da venda: arts. 81, II e 258-C
- revistas e publicações: art. 79

CASAMENTO
- consentimento: art. 148, p. ú., *c*

CASTIGO FÍSICO
- comunicação: art. 13
- crime: art. 245 (*vetado*)
- definição: art. 18-A, p. ú., I
- políticas públicas destinadas a coibir o uso: arts. 70-A e 70-B
- proibição: art. 18-A
- sanção aos pais ou responsáveis: art. 18-B

CERTAMES DE BELEZA
- infração administrativa: art. 258
- regras de participação: art. 149, II, *b*

CINEMAS
- regulamentação de diversões públicas: arts. 74; 149, I, *e*

CITAÇÃO
- ação de destituição de poder familiar: art. 158
- genitores em local incerto e não sabido: art. 158, § 4.º
- por edital: art. 158, § 4.º
- por hora certa: art. 158, § 3.º

COLOCAÇÃO EM FAMÍLIA SUBSTITUTA
- adoção internacional: art. 51
- consentimento dos genitores: art. 166, §§ 1.º a 6.º
- contraditório: art. 169
- direito à convivência familiar e comunitária: art. 19, § 1.º
- estágio de convivência: art. 167
- guarda provisória: art. 167
- medida de proteção: art. 101
- pais falecidos: art. 166
- política de atendimento: art. 88, VI
- prazo para arrependimento: art. 166, § 5.º
- procedimento: arts. 28 a 32
- requisitos: art. 165
- retratação do consentimento: art. 166, § 5.º
- validade do consentimento escrito: art. 166, § 4.º

CONDENAÇÃO CRIMINAL DO PAI OU DA MÃE
- poder familiar: art. 23, § 2.º
- visitas de convivência: art. 19, § 4.º

CONFLITO
- prevalecimento dos direitos e interesses do adotando: art. 39, § 3.º

CONSELHO MUNICIPAL DOS DIREITOS DA CRIANÇA E DO ADOLESCENTE
- destinação de multas: art. 214
- escolha dos conselheiros: art. 139
- inscrição de programas: art. 90
- registro de entidades não governamentais: art. 91

CONSELHO TUTELAR
- ações de identificação de agressão à criança e ao adolescente: art. 136, XIII
- atendimento à criança e ao adolescente: art. 136, XIV
- atribuições do Conselho: arts. 136 e 137
- competência: art. 138
- disposições gerais: arts. 131 a 135
- escolha dos conselheiros: art. 139
- impedimentos: art. 140
- providências ao tomar conhecimento de violência contra criança ou adolescente: art. 136, XVIII
- recepção e encaminhamento de notícias de violência: art. 136, XIX
- reconhecimento de maus-tratos em crianças e adolescentes: art. 136, XII
- representação à autoridade judicial ou policial: art. 136, XV e XVI
- representação ao Ministério Público: art. 136, XVII
- representação às autoridades acerca de proteção: art. 136, XX

CONSELHOS DE DIREITOS DA CRIANÇA E DO ADOLESCENTE
- repasse de verbas: art. 52-A

CONSENTIMENTO
- casamento: art. 148, p. ú.
- colocação em família substituta: art. 28, § 2.º
- Justiça da Infância e da Juventude: art. 148, p. ú.
- maior de 12 anos: art. 28, § 2.º
- suprimento: art. 148, p. ú.

CONVENÇÃO DE HAIA
- adoção internacional: art. 51
- adoção por brasileiro residente no exterior: art. 52-B, *caput*
- adoção: art. 45
- credenciamento de organismos: art. 52, § 3.º
- dirigido: art. 45, *caput*

– dispensa: art. 45, § 1.º

CONVIVÊNCIA FAMILIAR E COMUNITÁRIA
– dever genérico: art. 4.º
– direito da criança e do adolescente: art. 19
– disposições gerais: arts. 19 a 24
– família natural: arts. 25 a 27
– família substituta: arts. 28 a 32
– guarda: arts. 33 a 38

CRIANÇA
– acolhimento institucional: art. 19, § 2.º
– faixa etária: arts. 2.º, *caput*
– princípio do melhor interesse: art. 43
– superior interesse: art. 39, § 3.º

CULTURA
– adolescente privado de liberdade: art. 124, XII
– criança ou adolescente indígena ou remanescente de quilombo: art. 28, § 6.º
– dever de toda a sociedade: art. 4.º
– emissoras de rádio e televisão: art. 76
– entidades de atendimento: art. 94, XI
– espetáculos públicos: art. 75
– inserção prioritária na comunidade: art. 28, § 6.º, I
– intervenção da Funai: art. 28, § 6.º, III
– Planos de Atendimento Socioeducativo: art. 8.º da Lei 12.594/2012
– programações culturais, esportivas e de lazer: art. 59
– respeito aos valores no contexto infantojuvenil: art. 58

D

DECLARAÇÃO DE NASCIMENTO
– crime: art. 228
– obrigatoriedade de fornecimento: art. 10, IV

DESENVOLVIMENTO FÍSICO, MENTAL, MORAL, ESPIRITUAL E SOCIAL
– norma programática: art. 3.º

DESINTERNAÇÃO
– autorização judicial para liberação: art. 121, § 6.º
– documentos pessoais: art. 124, XVI

DESISTÊNCIA
– dos pais de permitir a adoção: art. 19-A, § 8.º
– acompanhamento familiar: art. 19-A, § 8.º

DESTINAÇÃO PRIVILEGIADA
– recursos públicos: art. 4.º, p. ú., *d*

DESTITUIÇÃO DA TUTELA
– aplicabilidade: arts. 24; 38; 164
– pais e responsáveis: art. 129, IX
– pressuposto lógico: art. 169
– procedimento: art. 164

DEVER DE SUSTENTO
– pais: art. 22
– perda e suspensão do poder familiar: art. 24

DIGNIDADE
– direito fundamental da criança e do adolescente: arts. 3.º; 15; 124, V; 178
– dever da família: arts. 4.º; 18
– entidades de atendimento: art. 94, IV

DIREITO À INFORMAÇÃO
– direito individual: art. 49 da Lei 12.594/2012
– medidas de proteção: art. 100, p. ú.

DIREITO DE VISITAS
– adoção feita por casais separados: art. 42, § 4.º
– guarda: art. 33, § 4.º
– pais privados de liberdade: art. 19, § 4.º

DIREITO SUCESSÓRIO
– ordem de vocação hereditária: art. 41, § 2.º

DISCRIMINAÇÃO
– alienação parental: art. 20
– escolha de filhos: art. 197-E, § 4.º
– habilitação para adoção: art. 197-E
– medidas socioeducativas: art. 35 da Lei 12.594/2012
– participação da vida familiar e comunitária: art. 16, V
– políticas de atendimento: art. 87, III
– proibição: art. 5.º

DIVERSÕES
– direito à liberdade: art. 16, IV
– direito da criança e do adolescente: art. 71
– eletrônicas: art. 149, I, *d*
– faixa etária: art. 75

DROGAS
- Sistema nacional de políticas públicas: art. 53-A

EDUCAÇÃO
- antecedentes criminais de colaboradores: art. 59-A
- dever de todos: arts. 4.º; 22; 54
- direito da criança e do adolescente: art. 53
- ensino domiciliar: art. 55
- "Lei da Palmada": arts. 18-A, 18-B

ENTIDADES DE ATENDIMENTO
- disposições gerais: arts. 90 a 94-A
- fiscalização: arts. 95 a 97
- Justiça da Infância e da Juventude: art. 148, V

ENTIDADES NÃO GOVERNAMENTAIS
- integração de órgãos responsáveis pela área da infância e da juventude: art. 70
- medidas aplicáveis: art. 97, II
- registro no Conselho Municipal: art. 91

ESPETÁCULOS PÚBLICOS
- faixa etária: art. 75
- regulação pelo poder público: arts. 74; 149

ESPORTES
- adolescente privado de liberdade: art. 124, XII
- direito à liberdade: art. 16, IV
- direito da criança e do adolescente: art. 71

ESTÁGIO DE CONVIVÊNCIA
- adoção feita por pais separados: art. 42, § 4.º
- adoção: art. 46
- adotante domiciliado fora do país: art. 46, § 3.º
- devolução de crianças: art. 39, § 1.º
- dispensa: art. 46
- estrangeiros: art. 46
- guarda provisória: art. 167
- Justiça da Infância e da Juventude: art. 148
- local de cumprimento: art. 46, § 5.º
- prazo: art. 46, *caput*
- prorrogação do prazo: art. 46, § 2.º-A

ESTUDOS PSICOSSOCIAIS E OUTRAS AVALIAÇÕES
- ausência de servidores: art. 151, p. ú.
- equipe interprofissional: art. 151, caput
- nomeação de perito: art. 151, p. ú.

EXPLORAÇÃO
- crime: art. 244-A
- perda de bens e valores: art. 244-A
- políticas de atendimento: art. 87, III
- prevenção: art. 70
- proibição: art. 5.º

FAMÍLIA ESTRANGEIRA
- esgotamento dos interessados no Brasil: art. 51, § 1.º, II
- inserção em família adotiva: art. 51

FAMÍLIA EXTENSA
- busca: art. 19-A, § 3.º
- conceito: art. 25, p. ú.

FAMÍLIA NATURAL
- conceito: art. 25
- prevalência: art. 100, X

FAMÍLIA SUBSTITUTA
- adoção: arts. 39 a 52-D
- disposições gerais: arts. 28 a 32
- guarda: arts. 33 a 35
- preparação para adoção: art. 197-C, § 3.º

FILIAÇÃO
- reconhecimento do estado de: art. 27

GARANTIA DE PRIORIDADE
- destinação privilegiada de recursos públicos nas áreas relacionadas com a proteção à infância e à juventude: art. 4.º, p. ú., *d*
- precedência de atendimento nos serviços públicos ou de relevância pública: art. 4.º, p. ú., *b*
- preferência na formulação e na execução das políticas sociais públicas: art. 4.º, p. ú., *c*
- proteção e socorro: art. 4.º, p. ú., *a*

GARANTIAS PROCESSUAIS
- ampla defesa: art. 111
- assistência judiciária gratuita: art. 111
- autodefesa: art. 111
- conhecimento integral da imputação: art. 111
- defesa técnica: art. 111
- devido processo legal: art. 110
- direito à prova: art. 111
- igualdade na relação processual: art. 111
- presença dos pais ou responsável: art. 111

GESTANTE
- atendimento pré e pós-natal: art. 8.º
- crimes: arts. 228; 229
- direito a acompanhante: art. 8.º, § 6.º
- infração administrativa: art. 258-B
- licença-maternidade em caso de adoção: art. 20
- obrigações dos hospitais e estabelecimentos congêneres de atenção: art. 10
- orientação sobre amamentação: art. 10, VI

GUARDA
- caráter excepcional: art. 33, § 2.º
- definição: art. 33
- direito de visita dos pais: art. 33, § 4.º
- fins previdenciários: art. 33, § 3.º
- medida cautelar inicial ou incidental: art. 33, § 1.º
- oposição a terceiros: art. 33, § 1.º
- regularização da posse de fato: art. 33, § 1.º

GUARDA COMPARTILHADA
- casais separados: art. 42, §§ 4.º e 5.º

GUARDA PROVISÓRIA
- estágio de convivência: art. 167
- licença-maternidade ou paternidade: art. 20
- revogação: art. 35

HABILITAÇÃO
- disciplina: arts. 197-A a 197-F
- hipótese de dispensa: art. 197-E, § 3.º
- prazo máximo do procedimento: art. 197-F
- reavaliação diante de recusas injustificadas: art. 197-E, § 4.º
- renovação trienal: art. 197-E, § 2.º
- vedação de renovação: art. 197-E, § 5.º

IDENTIDADE SOCIAL E CULTURAL
- família substituta: art. 28, § 6.º, I

IMPEDIMENTOS MATRIMONIAIS
- rol: art. 41

INCENTIVOS FISCAIS
- fiscalização pelo Ministério Público: art. 260, § 4.º
- incentivo estatal à guarda em acolhimento familiar: art. 34, *caput*
- tutela constitucional jurídico-protetiva: art. 39, *caput*

INDÍGENAS
- família substituta: art. 28
- inserção prioritária: art. 28
- intervenção da Funai: art. 157, § 2.º

INFILTRAÇÃO DE AGENTES DE POLÍCIA
- crimes que autorizam a infiltração: art. 190-A
- disciplina: arts. 190-A a 190-E
- prazo: art. 190-A, III
- sigilo das informações: art. 190-B
- vedação: art. 190-A, § 3.º

INSTITUCIONALIZAÇÃO DA CRIANÇA OU ADOLESCENTE
- prazo máximo impróprio: art. 19, § 2.º

INTERNAÇÃO
- antes da sentença: art. 108
- direito de visita aos pais internados: art. 12, p. ú.
- disposições gerais: arts. 121 a 125
- entidades de atendimento: arts. 90, VIII; 94
- hospitais: art. 12
- medida socioeducativa: art. 112, VI

INTERNET
- corrupção de menor: art. 244-B, § 1.º

INTERVENÇÃO MÍNIMA
- definição: art. 100, p. ú., VII

INTERVENÇÃO PRECOCE
- aplicação das medidas: art. 100, p. u., VI

IRMÃOS
- adoção: arts. 28, § 4.º; 42
- não desmembramento: art. 92, V

J

JUSTIÇA DA INFÂNCIA E DA JUVENTUDE
– disposições gerais: art. 145
– juiz: arts. 146 a 149
– serviços auxiliares: arts. 150 a 151

L

LAZER
– direito da criança e do adolescente: arts. 4.º; 53 a 59; 71; 124, XII
– entidades de atendimento: art. 94, XI
– prevenção especial: arts. 74 a 80

LIBERDADE ASSISTIDA
– disposições gerais: arts. 118 e 119
– entidades de atendimento: art. 90, VI
– medida socioeducativa: art. 112, IV

M

MÃE ADOLESCENTE
– acolhimento institucional: art. 19, § 5.º
– assistência por equipe especializada multidisciplinar: art. 19, § 5.º
– convivência integral da criança: art. 19, § 5.º

MAUS-TRATOS
– ações para facilitar seu reconhecimento: art. 136, XII
– Conselho Tutelar: art. 136, XII
– definição: Lei 12.594/2012

MEDIDAS DE PROTEÇÃO
– disposições gerais: art. 98
– medidas específicas de proteção: art. 99 a 102

MEDIDAS SOCIOEDUCATIVAS
– advertência: art. 115
– disposições gerais: arts. 112 a 114
– internação: arts. 121 a 125
– liberdade assistida: arts. 118 e 119
– obrigação de reparar o dano: art. 116
– prestação de serviços à comunidade: art. 117
– regime de semiliberdade: art. 120

N

NASCIMENTO
– competência da Justiça da Infância e da Juventude: art. 148, p. ú., *h*
– Conselho Tutelar: art. 136
– declaração: art. 10
– medidas de proteção: art. 102
– reconhecimento: art. 26

O

OBRIGAÇÃO DE REPARAR O DANO
– medida socioeducativa: arts. 112, II e 117

ORIENTADOR
– incumbências: art. 119

P

PEDOFILIA
– crime: art. 241
– dignidade da criança e do adolescente: art. 240

PERDA DA GUARDA
– medidas pertinentes aos pais ou responsável: art. 129, VIII

PLANO INDIVIDUAL
– elaboração: art. 101, §§ 4.º a 6.º

PODER FAMILIAR
– ação de destituição: art. 101, §§ 9.º e 10
– condenação criminal do pai ou da mãe: art. 23, § 2.º
– decretação da perda: art. 24
– deferimento da tutela: art. 36, p. ú.
– falta de recursos materiais: art. 23, *caput* e § 1.º
– igualdade de condições: art. 21
– Justiça da Infância e da Juventude: art. 148, p. ú., *b* e *d*
– medidas pertinentes ao pai ou responsável: art. 129, X
– morte dos adotantes: art. 49
– perda e suspensão: arts. 155 a 163

POLÍTICA DE ATENDIMENTO
– disposições gerais: arts. 86 a 89
– entidades de atendimento: arts. 90 a 97

PORNOGRAFIA
- crimes: arts. 240 a 241-E
- revistas e publicações: art. 78

PORTADORES DE DEFICIÊNCIA
- atendimento especializado: art. 11
- dever do Estado: art. 54, III
- medidas socioeducativas: art. 112, § 3.º
- políticas de atendimento: art. 87, VII
- prioridade na tramitação de processos: art. 47, § 9.º
- proteção ao trabalho: art. 66
- proteção judicial: art. 208, II

PRAZO
- contagem na ação de destituição de poder familiar: art. 152, § 2.º
- vedação ao prazo em dobro: art. 152, § 2.º
- para ajuizar ação de destituição do poder familiar: art. 101, § 10

PRESERVAÇÃO DA IMAGEM
- direito ao respeito: art. 17

PRESTAÇÃO DE SERVIÇOS À COMUNIDADE
- disposições gerais: art. 117
- entidades de atendimento: art. 90, V
- medidas socioeducativas: art. 112, III

PREVENÇÃO
- autorização para viajar: arts. 83 a 85
- disposições gerais: arts. 70 a 73
- prevenção especial: arts. 74 a 85
- produtos e serviços: arts. 81 e 82

PRISÃO
- ambiente prisional: art. 8.º, § 10

PRIVACIDADE
- medidas de proteção: art. 100, p. ú., V

PROFISSIONALIZAÇÃO
- dever de todos: art. 4.º
- direito: art. 60 a 69
- semiliberdade: art. 120, § 1.º

PROGRAMA DE ACOLHIMENTO FAMILIAR OU INSTITUCIONAL
- caráter temporário e excepcional: art. 34, § 1.º
- entidades de atendimento: arts. 90, § 3.º, III; 92

PROGRAMAS DE ORIENTAÇÃO
- medidas pertinentes aos pais ou responsável: art. 18-B; 129
- proteção judicial dos interesses individuais, difusos e coletivos

PRONTUÁRIOS
- direito à vida e à saúde: art. 10, I

PROTEÇÃO INTEGRAL
- conceito: arts. 1.º; 3.º
- princípios que regem a aplicação das medidas: art. 100, p. ú., II

PROTEÇÃO NO TRABALHO
- direitos da criança e do adolescente: arts. 4.º e 60 a 69

QUILOMBOLAS
- família substituta: art. 28, § 6.º

RÁDIO
- entrada e permanência de criança e adolescente em estúdios: art. 149, I, e
- horário apropriado: art. 76
- infração cometida pelo rádio: arts. 147, § 3.º; 247, § 2.º; 254

RECONHECIMENTO DO ESTADO DE FILIAÇÃO
- natureza jurídica: art. 27

REMISSÃO
- disposições gerais: arts. 126 a 128
- Justiça da Infância e da Juventude: art. 148, II

REVISTAS E PUBLICAÇÕES
- conteúdo indevido: art. 79
- controle de publicações: art. 78
- infração administrativa: art. 257
- pornográficas e obscenas: art. 81

Estatuto da Criança e do Adolescente Comentado · Nucci

S

SEMILIBERDADE
- condições: art. 120
- medida socioeducativa: arts. 90, *caput*, VII; 112, V
- prescrição da medida socioeducativa: art. 112
- regime de: art. 120

SERVIÇOS AUXILIARES
- apoio ao magistrado: art. 151
- Ministério Público: art. 151
- orçamento do Judiciário: art. 150

SINASE
- avaliação e acompanhamento da gestão do atendimento socioeducativo: arts. 18 a 27 da Lei 12.594/2012
- competências: arts. 3.º a 6.º da Lei 12.594/2012
- disposições gerais: arts. 1.º e 2.º da Lei 12.594/2012
- financiamento e prioridades: art. 30 a 33 da Lei 12.594/2012
- planos de atendimento socioeducativo: arts. 7.º a 8.º da Lei 12.594/2012
- programas de atendimento: arts. 9.º a 17 da Lei 12.594/2012
- responsabilização dos gestores, operadores e entidades de atendimento: arts. 28 e 29 da Lei 12.594/2012

SISTEMA ÚNICO DE SAÚDE
- garantia de atendimento à criança e ao adolescente: arts. 11 e 14
- gestante: art. 8.º

SOCORRO
- prioridade: art. 4.º, p. ú., *a*

SOFRIMENTO FÍSICO
- castigo físico: art. 18-A, p. ú., I, *a*
- "Lei da Palmada": art. 18-A

T

TEATRO
- infração administrativa: art. 253
- regulação pela autoridade judiciária: art. 149, I, *e*

TELEVISÃO
- acesso aos meios de comunicação: art. 124, XIII
- conteúdos indevidos: art. 79
- entrada em estúdios de TV: art. 149, I, *e*
- exibição de programas: art. 76
- infração administrativa: art. 247, § 2.º
- infração em transmissão de TV: art. 147, § 3.º

TOXICÔMANOS
- inclusão em programa oficial ou comunitário de auxílio, orientação e tratamento: arts. 101, VI; 129, II

TRATAMENTO CRUEL OU DEGRADANTE
- comunicação expressa: arts. 13; 18-A
- crime: art. 245 (*vetado*)
- "Lei da Palmada": art. 18-A

TRATAMENTO DESUMANO, VIOLENTO, ATERRORIZANTE, VEXATÓRIO OU CONSTRANGEDOR
- dever de proteção: art. 18

TRATAMENTO PSICOLÓGICO OU PSIQUIÁTRICO
- medidas cabíveis aos pais e responsáveis: arts. 18-B; 129, III

TUTELA
- destituição: arts. 129, IX; 164
- disposições gerais: arts. 36 a 38

TUTOR
- compromisso: art. 32
- nomeado em testamento: art. 37
- prestação de contas: art. 44
- representação, assistência e maioridade civil: art. 142

V

VACINAÇÃO
- obrigatoriedade: art. 14, § 1.º

VIOLÊNCIA
- doméstica e familiar contra a criança e o adolescente: art. 136, XIII a XX

Obras do Autor

Drogas – De acordo com a Lei 11.343/2006. Rio de Janeiro: Forense, 2025.

Estatuto da Criança e do Adolescente Comentado. 6. ed. Rio de Janeiro: Forense, 2025.

Código de Processo Penal comentado. 23. ed. Rio de Janeiro: Forense, 2024.

Código Penal comentado. 24. ed. Rio de Janeiro: Forense, 2024.

Código Penal Militar Comentado. 5. ed. Rio de Janeiro: Forense, 2024.

Curso de Direito Penal. Parte geral. 8. ed. Rio de Janeiro: Forense, 2024. vol. 1.

Curso de Direito Penal. Parte especial. 8. ed. Rio de Janeiro: Forense, 2024. vol. 2.

Curso de Direito Penal. Parte especial. 8. ed. Rio de Janeiro: Forense, 2024. vol. 3.

Curso de Direito Processual Penal. 21. ed. Rio de Janeiro: Forense, 2024.

Curso de Execução Penal. 7. ed. Rio de Janeiro: Forense, 2024.

Direito Penal. Partes geral e especial. 9. ed. São Paulo: Método, 2024. Esquemas & Sistemas.

Manual de Direito Penal. 20. ed. Rio de Janeiro: Forense, 2024.

Manual de Processo Penal. 5. ed. Rio de Janeiro: Forense, 2024.

Prática Forense Penal. 15. ed. Rio de Janeiro: Forense, 2024.

Processo Penal e Execução Penal. 8. ed. São Paulo: Método, 2024. Esquemas & Sistemas.

Tribunal do Júri. 10. ed. Rio de Janeiro: Forense, 2024.

Leis Penais e Processuais Penais Comentadas. 15. ed. Rio de Janeiro: Forense, 2023. vol. 1 e 2.

Habeas Corpus. 4. ed. Rio de Janeiro: Forense, 2022.

Individualização da pena. 8. ed. Rio de Janeiro: Forense, 2022.

Provas no Processo Penal. 5. ed. Rio de Janeiro: Forense, 2022.

Prisão, medidas cautelares e liberdade. 7. ed. Rio de Janeiro: Forense, 2022.

Tratado de Crimes Sexuais. Rio de Janeiro: Forense, 2022.

Código de Processo Penal Militar comentado. 4. ed. Rio de Janeiro: Forense, 2021.

Criminologia. Rio de Janeiro: Forense, 2021.

Organização Criminosa. 5. ed. Rio de Janeiro: Forense, 2021.

Pacote Anticrime Comentado. 2. ed. Rio de Janeiro: Forense, 2021.

Execução Penal no Brasil – Estudos e Reflexões. Rio de Janeiro: Forense, 2019 (coordenação e autoria).

Instituições de Direito Público e Privado. Rio de Janeiro: Forense, 2019.

Manual de Processo Penal e Execução Penal. 14. ed. Rio de Janeiro: Forense, 2017.

Direitos Humanos versus *Segurança Pública.* Rio de Janeiro: Forense, 2016.

Corrupção e Anticorrupção. Rio de Janeiro: Forense, 2015.

Crimes contra a Dignidade Sexual. 5. ed. Rio de Janeiro: Forense, 2015.

Princípios Constitucionais Penais e Processuais Penais. 4. ed. Rio de Janeiro: Forense, 2015.

Prostituição, Lenocínio e Tráfico de Pessoas. 2. ed. Rio de Janeiro: Forense, 2015.

Código Penal Comentado - versão compacta. 2. ed. São Paulo: Ed. RT, 2013.

Dicionário Jurídico. São Paulo: Ed. RT, 2013.

Tratado Jurisprudencial e Doutrinário. Direito Penal. 2. ed. São Paulo: Ed. RT, 2012. vol. I e II.

Tratado Jurisprudencial e Doutrinário. Direito Processual Penal. São Paulo: Ed. RT, 2012. vol. I e II.

Doutrinas Essenciais. Direito Processual Penal. Organizador, em conjunto com Maria Thereza Rocha de Assis Moura. São Paulo: Ed. RT, 2012. vol. I a VI.

Doutrinas Essenciais. Direito Penal. Organizador, em conjunto com Alberto Silva Franco. São Paulo: Ed. RT, 2011. vol. I a IX.

Crimes de Trânsito. São Paulo: Juarez de Oliveira, 1999.

Júri – Princípios Constitucionais. São Paulo: Juarez de Oliveira, 1999.

O Valor da Confissão como Meio de Prova no Processo Penal. Com comentários à Lei da Tortura. 2. ed. São Paulo: Ed. RT, 1999.

Tratado de Direito Penal. Frederico Marques. Atualizador, em conjunto com outros autores. Campinas: Millenium, 1999. vol. 3.

Tratado de Direito Penal. Frederico Marques. Atualizador, em conjunto com outros autores. Campinas: Millenium, 1999. vol. 4.

Tratado de Direito Penal. Frederico Marques. Atualizador, em conjunto com outros autores. Campinas: Bookseller, 1997. vol. 1.

Tratado de Direito Penal. Frederico Marques. Atualizador, em conjunto com outros autores. Campinas: Bookseller, 1997. vol. 2.

Roteiro Prático do Júri. São Paulo: Oliveira Mendes e Del Rey, 1997.